新政策下财会管理全案丛书

最新内部控制
管理操作实务全案

贺志东　王　节　主编

电子工业出版社

Publishing House of Electronics Industry

北京·BEIJING

内 容 简 介

为了帮助全国广大企业搞好内部控制，建立健全各项内部控制制度、再造内部控制流程，实现全员、全过程的内部控制，由全国著名财税专家贺志东等担任主编，智董集团旗下中华第一财税网（又名"智董网"，www.tax.org.cn）组织编写了《最新内部控制管理操作实务全案》一书。全书共 19 章，内容包括组织架构、人力资源、发展战略、社会责任、企业文化、资金活动、担保业务、采购业务、生产业务、研究与开发、销售业务、工程项目、业务外包、成本费用、合同管理、全面预算、内部信息传递、信息系统等方面的内控管理。书中包含了大量的内部控制岗位职责范本，内部控制制度、办法范本，内部控制表格、单据范本，内部控制流程范本，以及其他内部控制文书范本。

本书为读者精心传授内部控制的知识和技巧，提供极齐全、极具实用性的内部控制方面岗位职责、制度、表格、单据、流程等范本，为企业实现内部控制科学化、精细化、规范化管理提供强大的"武器"和"工具"。读者在实际内部控制工作中若遇到问题，只要轻松一翻即可在书中找到相应的内容。

本书适用对象包括企业负责人和其他经营管理人员、企业财会人员、内部审计人员、国家审计人员、注册会计师、银行贷款业务人员和风险管控人员，财政、企业管理、税务、银行业监管部门相关人员，以及会计师事务所等专业化的企业服务机构从业人士、会计理论和教育工作者等。

未经许可，不得以任何方式复制或抄袭本书之部分或全部内容。
版权所有，侵权必究。

图书在版编目（CIP）数据

最新内部控制管理操作实务全案 / 贺志东，王节主编. —北京：电子工业出版社，2018.1
（新政策下财会管理全案丛书）
ISBN 978-7-121-33006-3

Ⅰ. ①最… Ⅱ. ①贺… ②王… Ⅲ. ①企业内部管理 Ⅳ. ①F272.3

中国版本图书馆 CIP 数据核字(2017)第 271986 号

策划编辑：杨洪军
责任编辑：杨洪军
印　　刷：三河市鑫金马印装有限公司
装　　订：三河市鑫金马印装有限公司
出版发行：电子工业出版社
　　　　　北京市海淀区万寿路 173 信箱　邮编 100036
开　　本：787×1092　1/16　印张：69　字数：1902 千字
版　　次：2018 年 1 月第 1 版
印　　次：2018 年 1 月第 1 次印刷
定　　价：138.00 元

凡所购买电子工业出版社图书有缺损问题，请向购买书店调换。若书店售缺，请与本社发行部联系，联系及邮购电话：(010) 88254888，88258888。

质量投诉请发邮件至 zlts@phei.com.cn，盗版侵权举报请发邮件至 dbqq@phei.com.cn。
本书咨询联系方式：(010) 88254199，sjb@phei.com.cn。

前　言

内部控制是为实现组织目标而实施的全员、全面、全过程的管控活动。内部控制的对象是组织的生产经营活动及其管理行为。

内部控制不同于外部控制，它是动力源于内部、设计结构基于内部、部署实施限于内部的管理行为，是各级管理部门在本部门、本单位内部因分工而产生的相互制约、相互联系、相互协同的基础上，采取的一系列具有控制功能的策略、计划、方法、措施和程序的总和。

内部控制工作的完善程度，反映了单位管理水平的高低，同时，内控体系建设是提升管理水平的有效手段。

为了帮助全国广大企业搞好内部控制，建立健全各项内部控制制度、再造内部控制流程，实现全员、全过程内部控制，由全国著名财税专家贺志东等担任主编，智董集团旗下中华第一财税网（又名"智董网"，www.tax.org.cn）组织编写了《最新内部控制管理操作实务全案》一书。全书共 19 章，内容包括组织架构、人力资源、发展战略、社会责任、企业文化、资金活动、担保业务、采购业务、生产业务、研究与开发、销售业务、工程项目、业务外包、成本费用、合同管理、全面预算、内部信息传递、信息系统等方面的内控管理。书中包含了大量的内部控制岗位职责范本，内部控制制度、办法范本，内部控制表格、单据范本，内部控制流程范本，以及其他内部控制文书范本。

本书为读者精心传授内部控制的知识和技巧，提供极齐全、极具实用性的内部控制方面岗位职责、制度、表格、单据、流程等范本，为企业实现内部控制科学化、精细化、规范化管理提供强大的"武器"、"工具"。读者在实际内部控制工作中若遇到问题，只要轻松一翻即可在书中找到相应的查阅、参考"工具"。

本书主要特色如下：

（1）高度的操作性、实用性。本书除有内部控制方面知识和技巧的讲解外，还包括许多文案范本，提供的每一套范本都特别实用，而且有立竿见影之功效，是广大企业管理、内部控制以及财会工作者的"绝妙武器"。

（2）资料详尽、丰富、具体，内部控制制度示例、表格范本多达上百份。

（3）专业性和严肃性。由全国著名财税专家主持编写，近 20 年来数易其稿，精益求精。

（4）新颖性。本书依据最新的内控体系、《企业会计准则》、《企业财务通则》、《审计准则》、税法体系等编写。

（5）博采众长。本书所列范本，是从众多企业内部控制制度中提炼而来的，并经过专家修正。

（6）条理清晰、查阅方便。

（7）标准性和通用性。本书提供的范本综合了所有企业的共性，适用于各个企业。

本书适用对象包括企业负责人和其他经营管理人员、企业财会人员、内部审计人员、国家　计人员、注册会计师、银行贷款业务人员和风险管控人员，财政、企业管理、税务、银行业　管部门相关人员，以及会计师事务所等专业化的企业服务机构从业人士、会计理论和教育工作者等。

本书仅作为学习参考之用，不作为决策建议或执法依据等。囿于学识、科研经费、编写时间等方面原因，书中倘有不足之处，请读者不吝批评指正，以便今后再版时修订（E-mail:jianyi@tax.org.cn）。

在本书编写过程中，我们参考和借鉴了国内外一些相关文献资料。本书的出版得到了电子工业出版社领导和编辑们以及智董集团旗下中华第一财税网的大力支持和帮助，在此均深表谢意。

【特别提示】建议读者关注中华第一财税网官方微信（公众号：zhdycsw，亦可用手机扫描右侧二维码）；关注成功后，请发送或回复"内控文案"四个字，可获取随书附赠文案资料电子文档。

目 录

第一章

内部控制管理综合知识

第一节　内部控制基础知识

一、内部控制

（一）内部控制的目标

内部控制应当达到以下基本目标：合理保证企业经营管理合法合规、资产安全、财务报告及相关信息真实完整，提高经营效率和效果，促进企业实现发展战略。

（二）内部控制系统的内容

1. 组织机构控制

组织机构控制指通过组织内部机构设置的合理性和有效性所进行的控制，主要包括采用合理的组织方案，采用合理的组织结构，建立组织系统等内容。

换句话说，就是将控制的功能置入单位的组织机构之中，不使某一部门拥有过分集中的权力，使权力适当分散，形成互相联系、互相制约的格局，防止或减少权力过于集中没有制衡而导致错弊发生的可能性。

机构控制和适当分权原则有利于管理控制，但布点过多和过度分散会造成业务效率的下降，有碍经济效益的提高，因此机构控制应把握合理的限度。

2. 职务分离控制

职务分离控制指对于组织内部的不相容职务（对一项或某几项职务，由一人承担容易造成差错和舞弊，且发生了错弊容易掩饰而不易发现和查处）必须进行分工负责，不能由一人同时兼任，因而达到互相控制的作用。

职务分离控制可在早期的内部牵制制度中找到踪影，它的初衷是不让某一个（些）人经办业务全程，而通过多人的介入，相互制约，以减少错弊发生的可能性。

常见的职位分离有管钱、管物和管账分离，出纳与对账分离，记账与复核分离，采购与付款、验收分离，保管与盘点分离，授权与执行分离，收款与发货分离等。

3. 授权批准控制

授权批准控制指组织内部各级工作人员必须经过授权和批准才能对有关的经济业务进行处理，未经授权和批准的人员不能接触和处理有关业务，以使管理者对有关业务实施有效控制。

授权控制分为一般授权（对常规业务进行的长期授权，授权后即可办理有关业务，而无须再行报告，除非所授权利收回）和特殊授权（对一些重大业务所采取的特批授权，此类授权仅一次有效，下不为列）。

对各类业务采取何种授权方式，应视单位的管理层次、管理幅度以及单位的管理特点和风格而定，授权应与被授权人的责任有关，与其业务活动的范围有关。例如，对采购人员授予多大的采购权，对财会人员和财务部门负责人授予多大的审批报销权，对生产调度人员授予多大的生产指挥权，这都可能与有关业务质量相关，也与其应负的责任相联系。

4．人员素质控制

人员素质控制者采用一定的方法和手段对员工的思想品德、业务能力和工作技能的控制，保证组织各级人员具有与其所负责的工作相适应的素质，从而保证业务活动处理的质量。

素质控制是一项带有根本性的控制，是单位治本性的控制。实施人员素质控制必须对人员素质有一明晰的标准，并依此来进行控制，否则众人各执一说，对人员要求各异，控制就可能落空。

5．信息质量控制

信息质量控制指采取一定的方法和措施及时地收集经济业务活动的信息，同时保证会计信息和其他经济信息的真实、及时、可靠、明晰和准确，保证组织内部和组织外部使用人的需要。

信息控制包括对信息产生、传递、集中、记录、加工、储存、报告、发送等环节的综合管理和控制，确保信息完整无缺地到达目的地，而不被截留、再加工和变形。除此之外还包括对经济信息应有的保密性、便于使用性和易于理解等，而后者较易为人所忽视，经常出现失控的真空。

6．财产安全控制

财产安全控制指为了保证财产物资的安全和完整所采取的各种方法和措施，如盘点制、日清月结制、财产清点制、账卡实定期核对等。

财产安全控制虽然强调了财产物资的管理和控制，但也涉及财产物资与账簿资料记录的平衡，并以账簿资料为依据作平行核对。

7．业务程序控制

业务程序控制（也称标准化控制）指对经常重复发生的业务建立规范化、标准化的业务程序进行控制，任何业务的办理不得超越规定程序，由此通过程序的科学化保证业务内容的合法性和合理性。

业务程序控制的内容有凭证传递程序的标准化、记账程序的标准化、供产销业务程序的标准化、重要生产经营管理业务的标准化、工艺标准化等。标准化控制使人们只要按照标准业务操作，便可以"自动"生成预期结果，这样可以减少非标准化下人为因素对正常业务的影响，且明确业务程序和管理责任，同时也为业务分析和账簿检查提供了明晰的检查路径。

8．目标控制

目标控制（也称结果控制）指对照有关标准，对业务的执行结果进行控制，而不对其执行过程进行管理，也就是通过对结果间接控制，影响其过程。

该类控制主要适用于对过程控制存在困难而不易实施的情形，如对相对独立的工作机构的管理，对外出采购的工作人员的控制。对工作地点处于流动状态工作人员等，管理当局无法采取直接控制的办法，管理相对较为薄弱，而只能采取间接控制，对其工作进行"遥控"或"监控"，对其工作的最终结果进行总结性评价考核。

9．执行控制

执行控制（也称直接控制），是结果控制的对称，指对某些业务设计若干互相联系、相互制约的环节，对其执行过程进行直接监控。

直接控制是对业务经办过程的跟踪控制，业务经办人不仅要对其结果负责，还要对其过程和手段负责。执行控制是一种更为细密的控制方式，主要用于重要业务之中。管理人员通过对某些重要业务过程的剖析，能够发现其业务结果的优劣好坏，因为结果来自过程，离开了过程结果便成为不可思议。在业务检查过程中，检查人员要利用单位已有的执行控制程序，对其业务处理过程，特别是重要的业务程序进行抽查，发现业务程序中存在错误所导致的核算结果的误差。

10．凭证控制

凭证控制（也称手续控制）指完成所有业务，经办人都必须办理有关手续，留下可供查考的凭证，以明确有关责任。

凭证控制是单位的基础控制，是会计检查人员确认其账务资料可靠程度的重要判别依据。凭证控制包括凭证的填制、传递、审核、归档和保管诸环节，也是会计核算系统运作的最初环节。

11．纪律控制

纪律控制指对单位内部某些业务经办人员制定出某些专门纪律，以警示其什么能为、什么不能为，增强其自律意识。

有关纪律不仅应存在，而且应具有相应的刚性，并确实得以认真实施，经常检查落实情况，实施奖惩兑现。

12．内部审计控制

内部审计控制指组织内部建立内部审计机构，对其经济活动进行有效的审计监督，以保证其财会资料和反映的经济活动的真实、合法和合理。

调查和了解单位内部审计控制，有助于确定是否可以利用内部审计形成的资料，是否可以利用内部审计专家的工作，并了解外部查账人员借以利用的工作环境。

（三）内部控制的原则

1．全面性原则

凡有经济活动的地方都应实施内部控制。

（1）内部控制是全过程控制，即对企业整个经营管理活动过程进行全面的控制。包括企业管理部门用来授权与指导、进行购货、生产、销售等经营管理活动的各种方式/方法，也包括核算、审核、分析等各种信息及进行报告的程序与步骤等。

（2）内部控制是全员性控制，即企业的全体员工都应结合自己工作实施控制。企业每一成员既是实施控制主体，又是受控的客体，保证每一位员工，包括高层管理人员及基层操作人员，都要受到相应的控制。实际工作中，有时会出现因一个细节的疏忽而导致整个组织失败的例证大量存在。

2．重要性原则

内部控制应当在全面控制的基础上，关注重要业务事项和高风险领域。因为这些事项及领域一旦发生失误，会给经营目标的实现带来巨大影响。因此应对业务流程进行风险评估，权衡成本效益，经过排序风险后确定关键控制点。

3．制衡性原则

内部控制应当在治理结构、机构设置及权责分配、业务流程等方面形成相互制约、相互监督，同时兼顾运营效率。

（1）治理结构制衡。公司治理结构包括股东（大）会、董事会、监事会和经理层，它们之间应按公司法要求，各司其职、各负其责，形成权利制衡的关系。

（2）机构设置及权责分配制衡。企业机构和人员的设置应符合内控制衡原则，做到内部机构、岗位和人员的合理设置、职责的合理划分，坚持不相容职务相分离，确保不同机构和岗位之间的相互制约和相互监督。

（3）业务流程制衡。在业务流程中，企业可以根据业务流程过程设置不同的岗位，使它们形成稽核或监督关系，从而防止错误和舞弊行为发生，实现业务流程制衡。

4．适应性原则

内部控制应当与企业经营规模、业务范围、竞争状况和风险水平等相适应，并随着情况的变化及时加以调整。

企业应根据目前及未来发展趋势，不断地、及时地修订和完善内部控制，才能发挥应有的积极作用。

5．成本效益原则

内部控制应当权衡实施成本与预期效益，以适当的成本实现其有效控制。

内部控制制度设置过程中应树立成本效益观念，避免控制制度的烦琐与复杂。那种不顾实际，过分强调所谓的"严密"要求，设计出十分庞杂的控制制度的做法，不但浪费人力、物力与财力，也会导致职工产生厌烦情绪。

当一些业务通过不断增加控制点来达到较高的控制程序时，就应当注意考虑采用多少控制点才能够使控制收益减去控制成本的值最大化。

（四）内部控制的要素

1．内部环境

（1）内部环境的构成。内部环境主要包括职业道德与企业文化、治理结构、管理理念与经营风格、机构设置、责权分配、内部审计、人力资源政策与措施等。

（2）内部环境存在的主要风险。

1）管理层无法通过其态度和行动显示公司品质、诚信和道德观念。

2）管理层的经营理念和风格无法倡导强有力的内部环境。

3）公司的组织机构设置无法保证建立健全的内部环境。

4）管理层无法保证组织具有承担责任的能力，没有通过适当的权责分配建立可追究责任的管理控制体系。

5）公司的人力资源政策和程序无法对员工的正直和道德行为以及工作能力进行规范和管理。

6）管理层无法确保员工的胜任能力。

7）董事会（治理层）或审计委员会没有积极参与公司对财务报告的内部控制并且不能对其产生重大影响。

8）内部审计的范围、职责和审计计划对于公司而言是不恰当的，没有遵循专业准则。

9）公司的生产经营情况未能得到持续的监控。

2．风险评估

（1）风险评估的控制目标。风险评估的控制目标为从发生的可能性和影响程度两个方面对识别出的风险进行评估。

识别风险后，需要采用定量或定性的方法对风险进行评估，评估的内容主要有：估计风险的重要性程度及产生的影响；评估风险发生的可能性（或频率、概率）。

（2）风险评估流程存在的主要风险。

1）公司没有建立战略目标、战略规划与业务计划，无法通过管理与控制措施，保证目标的实现。

2）公司没有建立风险识别机制对内部与外部风险因素进行预期与识别，无法对识别的风险因素采取适当的应对措施。

3）公司在法律事务的管理方面没有体现出风险防范的意识，无法保证法律和法规的遵循。

4）公司缺乏一套程序，无法保证采用恰当的会计准则和会计制度，避免会计报告方面的风险。

（3）风险评估的关键控制点。

1）风险评估过程得到完整记录，并被恰当地反馈给相关责任人。

2）管理层对风险评估过程建立风险评估的反馈及信息沟通机制。

3．控制活动

控制活动是指企业根据风险评估结果，结合风险应对策略，确保内部控制目标得以实现的方法和手段。

（1）控制活动的类型。

1）按控制活动的目标，控制活动可分为战略目标控制活动、经营控制活动、财务报告控制活动和合规性控制活动。

① 战略目标控制活动，指能够满足战略目标实现的控制活动。

② 经营控制活动，指能够满足经营活动效率与效果目标的控制活动。

③ 财务报告控制活动，指能够满足财务报告目标的控制活动。

④ 合规性控制活动，指能够满足合规性目标的控制活动。

2）按控制内容，控制活动可分为公司层面的控制和业务活动层面的控制。

① 公司层面的控制是管理层为确保在整个机构范围包括各业务单位内存在恰当的内部控制而设置的控制。主要包括：内部环境范围内的控制，包括高层管理者的态度、权限和职责分工、统一的政策和程序以及公司范围内的程序，如行为准则和舞弊行为防范；管理层的风险评估流程；集中化的处理和内部控制；监控其他内部控制的控制，包括内部审计职能、审核委员会及自我评估程序；经济活动分析；财务会计报告流程。

② 业务活动层面的控制是指直接作用于公司生产经营业务活动的具体控制，亦称业务控制。例如，业务处理程序中的批准与授权、审核与复核以及为保证资产安全而采用的限制接近等控制。

3）按控制活动的作用，控制活动可以分为预防性控制、检查性控制、纠正性控制和补偿性控制。

① 预防性控制可以用来防止问题的发生，是一种事前和事中的控制措施，相对其他控制措施而言其对风险控制的有效性最高，但基于成本效益原则的考量，预防性控制的控制成本相对而言也最高。因此，一般提倡对重要风险进行控制的基础上，考虑成本效益的原则，选择适合公司风险和控制目标的预防性控制活动。

② 在设计控制活动时须加入适当的检查性控制，以便在问题发生时，能够迅速地察觉风险所造成的潜在损失，并通知相关人员采取行动。检查性控制是一种事中和事后的控制概念，其成本相对于预防性控制较低。

③ 纠正性控制措施的作用在于改正被侦测到的问题，以利于企业顺利的运作，从而能够达成既定的目标。

纠正性控制程序包括：找出造成问题的原因；改正已发生错误或障碍；修改现有的控制制度或程序，以消除或降低未来发生类似问题的可能性。纠正性控制的成本相对较少。

④ 补偿性控制主要针对某些环节的不足或缺陷而采取的补充性质的内部控制。在某项控制措施无法完全满足控制目标的情况下，企业可以考虑采用附加性的控制活动，结合原先的控制措施，共同满足既定的控制目标的要求。

如果风险能在事前予以预防，则能保障组织的顺利运作与目标的达成。因此，在满足成本效益原则的前提下，企业应优先采用预防性控制。但是，企业必须认识到预防性控制等事前和事中的控制并非万能，它们因成本效益原则的考虑以及业务人员在实际操作中的故意规避而变得失效。因此，企业应该倡导各种类型的控制，包括检查性控制、纠正性控制和补偿性控制等综合发挥控制作用，以帮助企业整体控制目标的达成。

4）按控制手段，控制活动可分为手工控制和自动控制。

① 手工控制，即以手工方式执行，而不是计算机系统进行的控制。

② 自动控制，即由计算机执行的控制。

（2）控制活动要素：政策和程序。控制活动指为确保管理层指示得以执行的政策和程序（两个要素），它们有助于保证采取必要措施来管理风险以实现企业目标。政策描述应该做什么；程序描述应该怎样做，即实现该政策的程序。政策是程序的基础，同时，程序又影响政策的执行。

控制程序设计中必须贯彻不相容职务分离的原则，这是控制程序能否有效的基础。它包括下列内容：经济业务和经济活动的批准权；明确各个人员的职责分工，防止有关人员对正常业务图谋不轨的隐藏错弊，其中职责分工包括指派不同人员分别承担批准业务、记录业务和保管财产的职责；凭证和账单的设置和使用，应保证业务和活动得到正确的记载；对财产及其记录的接触和使用要有保护措施；对已登记的业务及其计价要进行复核。

政策通常以书面形式传达。当政策是长期存在和被广泛接受的，且在沟通渠道只涉及有限的管理层、人员之间联系密切、易于监管的小企业中，非书面的政策也是有效的。不管政策是否是书面的，都必须被仔细地、尽责地、一贯地执行。当然执行程序中发现情况并采取适当纠正措施也很关键。追踪活动由于企业规模和组织结构的不同而千差万别，包括从大公司正式的报告程序——部门阐述为何目标未能实现以及采取何种措施避免这类情形重复发生，到小企业的所有者/经理与车间经理讨论哪里出错并需要做什么。

（3）不相容职务分离控制。不相容职务分离是指那些如果由一个人担任，既可能发生错误或舞弊行为，又可能掩盖其错误或弊端行为的职务。不相容职务分离的核心是"内部牵制"，它要求每项经济业务都要经过两个或两个以上的部门或人员的处理，使得单个人或部门的工作必须与其他人或部门的工作相一致或相联系，并受其监督和制约。不相容职务主要包括授权批准、业务经办、会计记录、财产保管、稽核检查等。

不相容职务分离控制要求企业全面系统地分析、梳理业务流程中所涉及的不相容职务，实施相应的分离措施，形成各司其职、各负其责、相互制约的工作机制。概括而言，在企业内部应加以分离的不相容职务主要有：

1）授权进行某项经济业务和执行该项业务的职务要分离，如有权决定或审批材料采购的人员不能同时兼任采购员职务；

2）执行某些经济业务和审核这些经济业务的职务要分离，如填写销货发票的人员不能兼任审核人员；

3）执行某项经济业务和记录该项业务的职务要分离，如销货人员不能兼任会计记账工作；

4）保管某些财产物资和对其进行记录的职务要分离，如会计部门的出纳员与记账员要分离，不能兼任；

5）保管某些财产物资和核对实存数与账存数的职务要分离；

6）记录明细账和记录总账的职务要分离；

7）登记日记账和登记总账的职务要分离。

（4）授权审批控制。有效的内部控制要求每项经济业务活动都须经过适当的授权批准，以防止内部员工随意处理、盗窃财产物资或歪曲记录。

授权的形式通常有一般授权和特别授权之分。

1）一般授权，是指企业内部各级管理人员在其职权范围内，根据既定的预算、计划、制度等标准，对常规性的经济业务活动或行为进行的授权。它主要是由管理当局制定整个组织应当遵循的政策，内部员工在日常业务处理中，可以按照规定的权限范围和有关职责自行办理或执行各项业务。

一般授权在企业大量存在，通常是在管理部门中采用政策说明书或指令的形式，或在经济业务中规定其办理条件、范围和对该类经济业务责任者予以任命的形式反映的。例如，生产部门领用原材料、仓库发出商品；管理部门规定某些赊销政策，当符合这些政策的顾客申请赊销时，业务人员就可按这些政策的授权办理赊销业务等。

2）特别授权，一般涉及特定的经济业务处理的具体条件及有关具体人员，主要由管理当局通过对某些特殊经济业务采取逐个审批来进行授权控制。例如，公司股票发行和重大投资决策等重要事项就远远超过财务部门等单个部门的职责权限，对于类似的业务，必须有公司董事会进行特别的授权。特别授权的对象是某些例外的经济业务，这些业务往往是个别的、特殊的，在企业内部发生的次数相对较少，一般事前难以预料，因此也就没有既定的预算、计划、制度等标准可依。各基层管理人员对此不能自行做主，需要报请上级领导或最高管理当局，由其针对具体情况进行具体的分析和研究后，才能作出决定。有时特别授权也可用于超过一般授权范围的常规业务。

授权审批控制要求企业根据一般授权和特别授权的规定，明确各岗位办理业务和事项的权限范围、审批程序和相应责任（见表1-1）。

表 1-1　合理的授权及注意要点

合理的授权		企业所有的经济业务活动或行为未经授权不能被执行
		企业所有人员不经合法授权，不能行使相应的权力，即有权授权者和被授权者均应在规定的权限范围内行事，不能随意越权授权和越权执行有关的权力
		无特殊情况，所有业务与人员一经授权必须予以严格执行
授权时注意要点	明确授权的目的	授权者必须向被授权者明确所授事项的任务目标及权责范围，以使员工能十分清楚地工作
	职、权、责、利相当	为保证被授权者能够完成所分派的任务，并承担起相应的责任，授权者必须授予其充分的权力，并许以相应的利益，做到"有职有权、有权有责、有责有利"
	保持命令的统一性，避免政出多门	即通常要求一个下级只能接受一个上级的授权，并仅对一个上级负责。授权者不应越过下级干涉下级职权范围内的事务，否则会使其直接下级失去对其职责范围内事务的有效控制，从而难以尽责

续表

授权时注意要点	正确选择被使用者	由于授权者对分派的职责负有最终的责任，因此选择时必须慎重，尽可能做到"因事择人、视能授权"。为此，在授权前，除对被授权者进行严格的考察、挑选外，还可以采取先试用、合格后再行授权等方式
	加强监督控制	即通过检查被授权者的权力使用情况和工作进展情况，制止和查处不良行为，防止滥用职权，确保内部控制目标的有效实现

（5）会计系统控制。会计系统是企业管理系统的核心之一，通过经济业务的记录和报告，一方面反映企业的资产状况、经营成果及现金流量；另一方面也为企业经营者、投资者、利益相关者、政府部门等提供决策依据。财务报告的真实、完整性是财务信息的灵魂。

1）会计系统控制的要求及目标。

要求：

① 会计系统控制要求企业严格执行国家统一的会计准则、制度；

② 加强会计基础工作，明确会计凭证、会计账簿和财务会计报告的处理程序；

③ 保证会计资料真实完整。

目标：

① 规范会计行为，保证会计资料的真实完整；

② 堵塞漏洞、消除隐患，防范与纠正错误及舞弊，保护资产的安全、完整；

③ 确保企业贯彻执行国家有关的法律法规和企业规章制度。

企业在设计会计系统内部控制时，应遵循统一性与灵活性相结合、约束与权限相结合、全面与重点相结合、岗位与职责相结合、成本与效益相结合的原则。

2）会计机构与会计人员控制。企业应当依法设置会计机构，配备会计从业人员。从事会计工作的人员，必须取得会计从业资格证书。会计机构负责人应具备会计师以上的专业技术职务资格。

合格的会计机构负责人（会计主管）除上述特点外还应具备：

① 坚持原则，廉洁奉公；

② 具有会计专业技术资格；

③ 曾经主管一个单位或者单位内一个重要方面的财务会计工作不少于二年；

④ 熟悉国家财经法律、法规、规章和方针、政策，掌握本行业业务管理的有关知识；

⑤ 具有较强的组织能力；

⑥ 身体状况能适应本职工作的要求。

大中型企业应当设置总会计师。设置总会计师的企业，不得设置与其职权重叠的副职。

会计人员调动或离职应与接管人员办理交接手续。一般会计人员办理交接手续由会计机构负责人监交；会计机构负责人办理交接手续，由单位负责人负责监交，必要时主管单位可以派人会同监交。会计人员岗位调动，必须将本人经管的会计工作全部移交给接替人员。没有办清手续的，不得调动或离职。

3）会计信息系统内部控制。

① 会计核算制度控制。企业进行会计核算时，应当根据企业的性质、规模、行业特点和财政部的规定等，确定企业执行的会计准则、制度，制度一经确定不得任意变更。

② 会计凭证填制控制。会计凭证包括原始凭证和记账凭证两种。其性质、用途及填制要求也不相同。

原始凭证是记载业务事项的最初证明文件，它具有法律效力。填制要求：填写的业务、事项及内容必须是已经发生的事实，没有发生或不符合事实的不准填制；所有原始凭证必须合规合法，手续齐全，不得随意涂改、销毁等。不合规的原始凭证不能作为记账的依据。

记账凭证是由会计根据原始凭证填制的作为记账的依据。填制要求：所附原始凭证必须合法；有关业务或事项的会计处理必须合规。

其中最重要也是最关键的环节是原始凭证的真实性及有效性。因此，会计人员应坚决拒绝接受不符合规定的原始凭证，对于填制不全或不正确的凭证，应要求经办人补充和重新填制，对于弄虚作假的凭证，会计人员应当扣留并向上级部门报告，由上级部门追查有关人员的责任。凭证应连续编号，记录有错误的凭证应按规定手续处理。

会计凭证应按月装订成册妥善保管。

有关会计人员在处理会计业务时，应关注的控制内容有：账务处理期间正确性，会计科目使用的正确性，会计政策及会计评估的合规性。有关会计科目调整、合并或拆分时，必须获得财会部门负责人或总会计师的书面批准，并按照会计调整的要求，编制科目调整对照表。

③ 账簿登记控制。账簿按记录详细程度可分为总账、明细账和日记账。账簿使用应填好启用表。

账簿应及时登记并结出余额，做到日清月结。账簿记录有错误应按规定的改错方法进行更正，并由经办人盖章。会计账簿一般不允许不相关人员借阅和查看，确有必要，须报经会计主管或负责人批准。严禁对账簿的涂改、撕毁或转移，年度终了整理后，交档案室按制度规定统一保管，个人不准私自保存账簿及凭证。

实施电算化的企业应当定期检查科目设计是否合理、账务处理是否合规、信息资料保密是否完善，有无被盗用的可能。

日常账务处理过程中应及时核对账簿，将账簿记录与实物资产、会计凭证、往来单位或个人等进行相互核对，银行存款应由会计（不得由出纳）编制余额调节表。保证账证相符、账账相符、账实相符，确保记入数据真实、内容完整、手续齐全、处理合规、计量合理、计算准确、依据充分、期间正确、保存完好。

④ 编制会计报表控制。为确保会计报表达成客观公允、真实可靠，应做好下列控制活动。

清查资产、核实债务。企业应全面清查核实所有资产、核实债权债务，并将清查核实结果及处理方法向董事会及有关机构报告，以确保财务报告的真实可靠和资产的安全完整。

复核成本，正确计量资产价值。做好各项生产成本和期间费用的归集，正确计算和结转销售成本，合理确认期末资产的价值。正确计提减值准备，确保期末资产计价的公允性。

计算盈亏，正确核缴税金。年终应根据规定正确计算报告期的经营成果和现金流量，按税法规定计缴各种税金，根据董事会的决议处理税后利润的分配。

做好内部调账和结账。需要调整的内容有资产减值准备、投资性房地产转自用、无形资产摊销、应计利息预提、盘盈盘亏的账务处理、外币账户的调整、汇兑损益的计算等，并结出科目余额结束账户。

试算平衡，编制财务报告。调整账项后编制试算平衡表，并将存有钩稽关系的项目进行核查，然后填制资产负债表、利润表及现金流量。根据准则要求，编写财务报表附注，详细说明企业执行会计政策、计税依据、报表各主要项目，账龄分析、关联单位往来等。

财务报告完成后，提交董事会进行审核。批准后由企业法人及会计负责人签字并盖章，向有关单位报送。有的还需要中介机构审核，并签署审计意见，出具审计报告。

4）会计信息真实性控制。企业应建立保密通报制度，确保有关人员在隐藏身份的情况下可以向董事会（或类似机构）监事会及审计委员会等揭发造假行为，任何企业和个人不得对依法履行职责、抵制违法乱纪的财会人员进行打击报复。

任何企业和个人不得以任何方式授意、指使、强令财会部门、财会人员伪造或变造会计凭证、会计账簿和其他财会资料，提供虚假财务报告。对授意、指使、强令企业编制虚假或者隐瞒重要事实的财务报告，有关人员有权拒绝并及时向上一级领导汇报。董事会应制定一套处理类似事项的程序和制度，确保财会信息真实有效。

（6）业务流程与操作规程控制。业务流程是指企业为确保经济业务活动的顺利进行，在明确各个岗位职责的基础上而规定并实施的业务处理手续和程序。例如，在材料采购业务中，企业规定应首先由申请单位或人员根据需要填写请购单，经计划部门同意，主管厂长或经理批准，然后由供应部门的采购人员负责采购；材料到达后，由供应部门和仓库保管部门负责检查验收，财务部门的出纳负责付款，会计负责记账。这样经过几个部门或人员，能够有效地防范和及时发现错弊，且有助于相互监督和制约。

操作规程详细规定每个事项怎么操作，员工所要做的只是按照操作规程的规定行事。一般来说，操作规程在责任中心管理者的主持下，由本责任中心管理人员或专业技术人员来具体制定。科学的操作规程可以使员工的操作最优，从而为本责任中心的效益性目标提供有力保证。操作规程一般可以分为两种类型。

1）管理规程。一般由管理人员或外部专家提出规程草案，由责任中心管理人员最后审查批准并发布执行。通常可按岗位制定，但对于关系密切的岗位，也可统一制定综合的管理规程，一般多直接体现于企业的各项专业管理之中，如设备管理、生产管理、财务管理、营销管理等。

2）作业规程。主要是分岗位来制定，有时也可合并几个岗位统一制定，如由两个工人共同操作一台机床，则可将这两个岗位一起制定。

业务流程与操作规程控制就是利用业务流程来实现内控目标。需明确的是，业务流程是业务操作的程序和方法，不是专门为内部控制而设计的，但在设计业务流程时，应考虑内部控制的要求，使业务流程中含有内部控制节点。一般来说，流程控制主要体现在以下几方面。

① 流程设计。流程设计是对功能作业完成程序和方法所做的策划。在进行流程设计时，要考虑交易运作过程中存在的风险，通过设计一定程序来防范这些风险。

② 记录环节。功能和作业完成过程中会有许多记录环节，记录环节设计首先要满足管理信息的需要，但在设计记录内容、格式及记录的流转程序时，同时也要考虑内部控制的要求，将控制要素加入记录内容和流转程序中。例如，报销业务必须要有经办人员签字，就是这一指导思想的体现。

③ 控制标准。功能和作业完成过程中必须遵循一定的内部管理规定，这些规定就是控制标准。例如，费用开支限额就是一项控制标准。控制标准设计要满足企业内部管理的需要，并考虑内部控制的要求，将内部控制要素体现在控制标准中。例如，对于货币资金支付，不同层级不同批准权限的规定，就是这种指导思想的体现。

（7）财产保护控制。财产保护控制要求单位限制未经授权的人员对财产的直接接触，采取定期盘点、财产记录、账实核对、财产保险等措施，确保各种财产的安全完整。企业应当严格限制未经授权的人员接触和处置财产。财产保护控制主要有以下内容。

1）限制接近。限制接近主要指严格限制无关人员对实物资产的直接接触，只有经过授权批准的人员才能够接触资产，包括对直接接触实物实体的限制、对接近实物的使用或支配的批准文件的限制、对接近计划资料及有关经济核算资料的限制等。

一般情况下，现金、银行存款、其他货币资金、有价证券和存货等变现能力较强的资产及贵重材料、精密仪器设备和其他易挪为私人使用或占有的实物资产必须限制无关人员直接接触。

例如，货币资金的收支管理只限于特定的出纳员；股票、债券等有价证券必须确保两人以上同时接触的方式加以控制；存货的实物保护应有专职的仓库保管员控制等。

2）定期盘点。建立对资产定期盘点制度，并保证盘点时资产的安全性，通常可采用先盘点实物，再核对账册来防止盘盈资产流失的可能性，对盘点中出现的差异应进行调查，对盘亏资产应分析原因、查明责任、完善相关制度。

定期盘点制度包括了确定各账户余额下的财产的数量和金额；将财产物资的结存数量与实物保管部门的保管账、卡及实存数量的核对。具体包括：

① 实地盘存，即通过定期或不定期的财产清查与盘点，及时发现财产物资的盘盈或盘亏情况，然后查明原因并作出相应处理；

② 永续盘存，即从账面上随时反映财产物资的收入、发生和结存情况，并与实存数进行核对，以确保账账相符、账实相符。如果不一致，则可能说明资产管理上出现错误、浪费、损失或其他不正常现象。

3）记录保护。企业应对各种文件资料（尤其是资产、财务、会计等资料）妥善保管，避免记录受损、被盗、被毁的可能。

会计记录的保护首先应严格限制接近会计记录的人员，以保持保管批准和记录职务分离的有效性；其次应妥善保存会计记录，以防丢失、毁损或被篡改；最后对某些重要资料（如定期的财务报告）留有后备记录以便在遭受意外损失或毁损时重新恢复，尤其是在计算机系统处理的情况下。例如，对应收客户账款设有后备记录，即使计算机处理系统发生故障，亦可据此查考等。

4）财产保险。通过对资产投保（如火灾险、盗窃险、责任险或一切险）增加实物受损后的补偿机会，减少或部分地弥补财产物资的损失，从而保护实物的安全。

5）财产记录监控。对企业要建立资产个体档案，资产增减变动应及时全面予以记录。加强财产所有权证的管理。应改革现有低值易耗品等核销模式，减少备查簿的形式，使其价值纳入财务报表体系内，从而保证账实的一致性。

（8）建立重大风险预警机制和应急处理机制。企业应当建立重大风险预警机制和突发事件应急处理机制，明确风险预警标准，对可能发生的重大风险或突发事件，制定应急预案、明确责任人员、规范处置程序，确保突发事件得到及时妥善处理。

由于外部环境的不确定性，企业内部决策失效性或某些无法预料的突发事件出现，往往使企业处于危机之中，面临巨大的风险。同时随着经济全球化、资本国际化及科学技术的发展，不仅企业间依赖性较强，而且国际间也越加紧密，一些突发事件产生，很容易使大范围企业面临危险。针对这类突如其来的风险，最有效的方法是建立应急管理机制。

1）建立应急管理机制。

① 应急处理机制的任务及目标。应急处理机制至少应包括应急预案、责任人员、处理程序等。建立应急处理方案应遵循全面性原则，企业所有可能的应急方案都应作为备选方案。应急处理的责任应落实到人，应急方案中涉及的部门及人员都应明确相应的责任，并建立奖惩制度。企业要制定详细合理的处理程序，并严格要求相关人员按程序办事。如确实需要变更程序，应提前申请批准后再执行，确实紧急特殊程序则应得到特别授权。

应急管理的根本任务是对突发事件作出快速有效的应对。其主要任务是："面对突发事件，有效地组织调动企业各方面资源，快速有效地防范和控制突发事件蔓延，尽可能降低企业损失。"但是，由于突发事件多是突如其来，而且错综复杂多种多样，事前准备的应急措施有时难以应对。为此，在应急管理中，应更加注重应急措施的规划，形成一个系统有效的应急管理体系。

应急管理体系的目标是"统一指挥、分工协作、预防为主、平战结合、及时灵活、科学有效"地处理突发事件。

② 应急管理程序。突发事件预警。预警是指根据以往突发事件的特征，对可能出现的突发事件的相关信息进行收集、整理和分析，并根据分析结果给出的警示，是应急管理中的重要环节。预警的目的是尽早发现及防范可能发生的重大突发事件，以避免突发事件的发生和进一步扩大，从而最大限度地降低不利后果。

预案管理。它是由一系列决策点和措施集合组成，它贯穿于应急管理的全过程。例如，预案管理的准备和制定就是对突发事件处理经验的总结，用以指导未来可能发生的同类事件；预案管理还可预测和分析可能出现事件的规律，通过研究它们之间的内在联系，寻找一些规律特征，从而更好地准备和制定预案。

突发事件的处理。它是应急管理的核心，表现为当突发事件发生后对各种资源的组织和利用，从各种备选方案中进行选择。突发事件爆发后各种表现形式和特点都会暴露出来，这时企业就应预测和分析这些事件可能发展趋势及产生的后果，并作出相应的措施决策。

事件后的处理。它是在突发事件的影响逐渐减弱或完全结束后，对原有状态的恢复，以及对相关部门和人员进行奖惩等事后事项，并将该事件及时形成案例，总结经验教训。

③ 应急管理体系的运行动态。应急管理体系的运行可分为平时状态、警戒状态和战时状态。当某种突发事件发生的可能性提升至警戒点以上时，整个保证体系就进入警戒状态，这时一方面要启动保护程序，另一方面要防止突发性事件的侵入。当各种手段和方法都无法避免突发事件发生时，应急管理系统即进入战时状态。这时应立即启动相应的评估和决策系统，尽快作出决策，调度相应的应急预案，调动各种资源，协调各方面进行事件处理。

2）建立预警机制。建立预警机制的主要手段是通过构建预警指标体系确定指标临界值，再将实际（预测）状况与预警临界值对比，从而预测出企业所处的危险程度并发出警报。预警通常用预警临界值反映，经济类指标的预警临界值的计算公式为

预警临界值完成度=（监测/实际完成值–预警临界值）÷预警临界值

从该指标可以看出完成度越低，面临的风险越大。

3）危机管理。在任何时候，都必须强调适应力与高应变力，大胆创新，谨慎经营，防范和抑制危机产生，降低危机带来的损害。

① 危机类别及形成原因。危机按起源可分为外部危机和内部危机。企业危机又可细分为公共关系危机、营销危机、人力资源危机、信用与财务危机、速度危机、创新危机等。

公共关系危机是指企业与社会公众之间，因某种非常性因素引发的具有危险性的非常态联系状态，它是企业公共关系严重失常的一种反映。例如，三鹿奶粉质量问题、三株公司因口服液破产问题、虚假广告等引发的问题。从企业内部分析，导致的因素是人员素质差、产品质量不到位、经营决策失误、违法违规经营等。

营销危机是指产品市场的占有率不断下降、部分市场丧失、产品卖不出去、大量产品积压、收入不抵成本等。可通过市场占有率、销售增长率、销售收入、库存商品期限等指标反映。形成原因可能是经营观念落后、市场发展战略和营销策略失误、市场调查和预测不充分、产品样式品种落后等。

人力资源危机是指主要技术、业务骨干及高管流失，人力资源管理不善，企业与员工发生冲突、人心涣散等。其信号是重要岗位骨干及负责人离职、不利企业的职工舆论等。形成的原因是缺乏以人为本意识，未重视人的作用，不重视开发人才战略等。

信用危机是指在信用交往过程中，不能履行合约等信用条款，到期不能收回货款而引发的

危机。其信号是应收账款大量占用、逾期或长期不能收回，或客户破产等。形成原因是对客户调查了解不清，销售和信用政策失误等。

财务危机指企业在财务方面陷入困境，主要表现是财务指标出现异常，如资产负债率过高，资金周转不灵，不能如期偿还到期的债务及银行借款，长时间入不抵出。形成原因是经营决策失误，市场预测不准或发生欺诈等。

速度危机是指企业盲目追求发展速度，忽视企业质量的提升而导致的危机，如盲目并购、大量搞基础建设投资等。速度危机潜伏期很长，没有明显的预警信号，只能以企业各阶段的投入与产出相比，与行业水平相比，通过比较才能发现。产生原因通常是片面追求速度、盲目扩张和多元化经营等所导致。

创新危机是指企业因忽视新产品的市场潜力及新技术改进，老产品缺乏市场竞争力；或盲目创新与开发产品或新技术而没有市场等，使企业陷入危机。其表现是产品或技术没有市场，收入急速下降，或市场太小不足以弥补开发成本，大量出现亏损等。导致原因：一是对新产品新技术开发重视不够，没有及时投入必要资源；二是盲目开发，背离了市场的需求。

② 危机应对策略。危机产生的原因极其复杂，其应对措施也需多种多样，应针对不同对象选用不同方法。具体来讲，除规范提出的几种应对策略外，还应关注以下几点。

成立危机处理小组，协调各方面工作是成功的经验：全面、清晰地分析可能遇到的危机并进行预测；做好危机的预防工作；为各类危机处理分别制定有关策略和计划；监督危机管理的规定和程序正确实施；在危机实际发生时，及时作出快速反应、建议和指导。

做好危机管理计划：任命危机控制和检查专案小组；确定能受到影响的公众和机构；为最大限度减少损害，建立有效传播和公关渠道；把计划落实成文字，并不断演习，提高员工应对能力。

做好员工培训，提高员工应对危机的意识、素质和技能：素质包括敏感性素质、应变性素质和凝聚力素质。

通过以上措施，可有效地提高应对危机能力，减少企业损失。

（9）预算控制。运用预算对企业内部各部门、各单位的各种财务和资源进行分配、考核与控制，以便有效地组织和协调企业的生产经营活动，完成既定经营目标。企业应当重视预算控制，将它作为制定、落实内部经济责任制的依据。

预算控制主要做好以下各项工作。

1）预算管理机构、权责及流程控制。企业应建立预算工作岗位责任制，明确相关部门和岗位的职责、权限，确保预算工作不相容岗位相互分离、制约和监督。

2）预算编制控制。要求对预算编制依据、编制程序及流程，以及编制方法等作出明确的规定，使编制工作合理有效地进行，达成预期的效果。

3）预算执行控制。要求企业根据全面预算管理的要求，组织各项生产经营活动，严格预算执行和收支控制，加强预算执行中的信息与沟通，分析预算执行中出现的问题，及时加以解决。由于外部因素发生重大变化需要调整预算的，应当履行审批程序。

4）预算考核控制。对企业内部各责任单位或部门预算执行结果的考核和评价。考核应坚持公开、公平、公正的原则，并根据考评结果实施奖罚分明，以提高预算的权威性。

（10）运营分析控制。运营分析是指根据综合信息，运用专门方法对企业的产、供、销、存及投资等运营状况进行分析，寻找产生差异原因，拟定改进措施，确保目标实现。

运营分析控制制度应明确运营分析的内容、使用方法、分析程序以及分析主体和审核主体。具体分析程序：

1）确定分析对象。

① 筹资状况分析。筹资状况是指企业筹集吸收生产经营所需资金的能力，主要包括两方面：企业内部筹资状况，通常取决于企业的获利水平，获利水平越高，筹资能力越强；外部筹资状况，包括权益筹资和证券筹资。

外部筹资主要源于金融机构、证券市场、商业信用、租赁市场等。外部筹资能力主要取决于企业的资产状况、信用状况、公关能力、经营状况、盈利能力、发展趋势和潜力等因素，同时也取决于金融市场的供需情况。

分析筹资状况主要分析企业资金构成比例、资金获利能力、资金筹措成本等。

② 偿债状况分析。偿债状况分析主要分析企业的偿债能力，即企业偿还到期债务的状况。偿债能力又分为短期偿债能力和长期偿债能力。

短期偿债能力是指企业偿还一年内需要偿还的流动负债能力。反映这一能力的指标主要有流动比率、速动比率、现金比率等。在分析这一能力时还应考虑可动用的银行贷款指标，能随时可变现的流动资产、资金周转能力与担保有关的或有负债、融资租赁合同中的承诺付款等。

长期偿债能力是指偿还长期债务的能力。反映长期偿债能力的指标有资产负债率、权益乘数、产权比例、利息保证倍数等。

企业在分析偿债状况时还应考虑或有负债、担保责任、租赁合同、可动用贷款指标等。

③ 运营能力状况分析。企业的运营状况分析就是对企业供、产、销的运转情况进行的分析。其中任何一个环节出现问题，都会影响资金的正常循环。资金只有顺利地通过各经营环节，才能完成一次循环。因此运营能力的状况分析就是对企业整个经营状况运转的分析。

分析评价运营能力的指标有存货周转率、应收账款周转率、固定资产使用效率、总资产周转率等。周转率越快，表明运营效率高、运营效果会更好。

④ 资产管理水平分析。资产管理水平实质是指对企业持有或控制资产的利用状况。企业的生产经营过程就是运用持有资源取得收益的过程。

资产的管理水平直接影响到企业的收益，利用水平的高低体现了企业的整体素质。企业应通过分析资产的保值和增值状况、资金周转状况、现金流量状况等指标，来评价企业经营管理水平的优劣。

⑤ 盈利状况分析。盈利状况实质是指企业赚取利润的能力。盈利能力关系到企业的生存和发展，关系到企业所有的利益相关者。

盈利能力有狭义与广义之分。前者取决于企业生产能力、销售产品、提供服务等获利的能力，受产品价格、成本、技术及管理水平等影响。评价企业盈利状况的指标有销售毛利率、销售利润率、成本费用利润率、每股现金流量等。而后者还包括投资获利能力，取决于对资本市场的洞察力、决策能力及资本市场的状况。评价投资获利能力的指标有内含报酬率、净现值、投资回收期等。

2）收集分析资料。在确定分析对象后，其主要工作是收集与分析与对象相关的信息资料。这些信息既包括企业内部的也包括企业外部的，既包括财务的也包括非财务的，既包括数据型的也包括非数据型的等指标，总之要面面俱到，越多越好，才有助于分析。

3）选择分析方法。运营分析的方法有多种，常用的有因素分析、对比分析、比例分析、趋势分析、综合分析等方法。运用时应针对不同的分析对象选用不同方法。

4）做出分析结论。分析是一种手段不是目的，分析的目的是找出存在的问题，针对问题产生的原因，拟定改进措施，然后将改进措施的责任落实到有关的部门和个人，配备必要资源，并明确预期实现的日期及其效果。

措施落实后，还应实施进展追踪，领导应定期听取汇报，检查措施进度，遇有问题应协助解决，确保经营目标实现。

（11）绩效考评控制。绩效考评（也称绩效考核）是一种激励机制，它采用科学的方法、按一定的标准，考察、审核和评价员工对职务所规定的职责、任务的履行状况，从而确定工作绩效的一种系统管理方法。它是衡量、影响、评价员工工作行为的一种激励措施，也是员工相互评价、相互比较、相互监督、相互影响，实现自我教育和控制的手段。

绩效考核的目的是通过考核结果这一反馈信息使员工不断完善自我，改进工作中的不足，更加清楚地认识自己，不断增强员工信心，使考核成为一种督促力量，引导员工为实现企业的经营目标而奋斗。另外，绩效考核还是制定人力资源规划的依据，是企业招聘员工、培训员工、确定薪酬、奖惩以及晋升、调迁的依据。可见有效的业绩考评将有利于发挥员工积极性，有效地利用人才，形成高效的工作氛围，使员工的个人目标与企业的目标相一致，促使员工和企业共同发展，较好地达成企业的经营目标。这就是绩效考核的目的。

但是，如果绩效考评搞形式走过场、强调客观、相互攻击、推脱责任，使其成为员工的负担、心理的阴影，将会极大打击员工的信心，降低工作积极性，使考评目的不能实现。

绩效考评控制要求企业：建立和实施绩效考评制度；科学设置考核指标体系；对企业内部各责任单位和全体员工的业绩进行定期考核和客观评价；将考评结果作为确定员工薪酬以及职务晋升、评优、降级、调岗、辞退等的依据。

要较好完成绩效考评，应关注以下几项工作。

1）科学设置考核指标体系。考评必须设有指标与标准并形成指标体系。指标要科学、标准要合理、体系要完整，而且应简便易行。这是绩效考核的基础。为此在指标选择上应做到：定义明确、内容清晰，并具有针对性；在标准确定时应做到：界限分明（如优、良、中、差的区分）、标准先进可行，并具有可测量性；在指标体系构建时应做到：因地制宜、定性与定量相结合，硬指标（业务量）与软指标（道德行为）相兼顾，并权数设定合理。指标应具备三要素：一是指标名称（考核的内容和对象）；二是指标量度（数字化或非数字化）；三是指标定义（内在性质及范围）。

绩效考核的最终目的是促进企业经营目标的实现。因此绩效考核指标只有和战略目标、经营目标保持一致，才能实现考核的价值。

绩效考核指标通常分为业绩考核类指标、能力考核类指标和态度考核类指标。业绩考核指标，就是考核工作行为所产生的结果，如销售额、市场份额增长率、产品产量、资金周转等指标。业绩考核指标反映了绩效管理的目的，即提高企业的整体业绩，实现既定的经营目标。能力考核指标，就是考核员工与岗位和内容相关的工作技能，如电脑维护人员的技术能力、工程师设计与创新能力，技术人员技术能力等。工作能力和工作业绩虽然没有必然的联系，但工作能力好的员工其他工作往往也不错。能力考核制度有利于鼓励员工提高与工作相关的工作能力，从而提高企业的应变能力。态度考核指标，是指不考虑员工的业绩和能力，只考虑他们在工作时的精神状态。将工作态度也作为考核指标是因为态度往往决定一切。即便某些员工工作能力较强，但如果工作态度不正确，其工作业绩也往往不理想。为此，为了引导员工积极向上的工作态度，从而达到业绩考核目的，将态度纳入绩效考核范围也是非常必要的。

绩效考核指标形成有三种来源，即绩效目标、岗位职责及工作要求。通常具体落实到每位员工的绩效目标是层层分解而形成的，员工绩效目标是绩效考核指标的直接来源。例如，某企业在某年的战略目标是产品市场份额增长 2%，达到××亿元。那么该指标进行层层分解依次落实到销售部（销售地区）销售小组，最终落实到具体销售人员的业绩目标，就是每一位员工在该计划年度至少应完成的销售金额。该销售额就是业绩考核的指标，它直接源于绩效目标。员工除了要完成层层分解的指标任务外，还要完成职责范围内的其他工作，如销售人员在销售产品的过程中，还应做好销售记录工作，收集顾客意见、收回货款等。工作要求是指工作性质决定员工必须满足的行为和结果，如销售人员在完成既定销售额的同时，还应保证客户满意度，不能说把产品卖出去，完成任务就行了，这是不利于企业长期发展的。

指标体系设定应根据考评对象的不同而有所区别。通常分为以下三种情况。

① 企业经营绩效考核评价指标体系。

财政部等五部委颁布指标体系。为正确进行企业绩效考核评价，财政部、国家经贸委、中央企业工委、劳动保障部、国家计委关于印发《国有资本金效绩评价规则》《企业效绩评价操作细则（修订）》，规定了评价企业经营效绩的指标体系。该体系由 20 个定量指标和 8 个定性指标组成。从四个方面评价分析了企业的绩效，如表 1-2 所示。

表 1-2   综合绩效评价指标及权重表

评价内容与权数		财务绩效（70%）				管理绩效（30%）	
		基本指标	权数	修正指标	权数	评议指标	权数
盈利能力状况	34	净资产收益率 总资产报酬率	20 14	销售（营业）利润率 盈余现金保障倍数 成本费用利润率 资本收益率	10 9 8 7	战略管理	18
资产质量状况	22	总资产周转率 应收账款周转率	10 12	不良资产比率 流动资产周转率 资产现金回收率	9 7 6	发展创新 经营决策 风险控制	15 16 13
债务风险状况	22	资产负债率 已获利息倍数	12 10	速动比率 现金流动负债比率 带息负债比率 或有负债比率	6 6 5 5	基础管理 人力资源 行业影响 社会贡献	14 8 8 8
经营增长状况	22	销售（营业）增长率 资本保值增值率	12 10	销售（营业）利润增长率 总资产增长率 技术投入比率	10 7 5		

杜邦考核评价指标体系。它是 20 世纪 80 年代以后欧美许多公司放弃使用分析体系，取而代之的是采用经济增加值（EVA）。

杜邦分析体系作为一种对公司业绩分析考核的工具还是非常有效的，并且比较适合中国大多数中小企业。它以"净资产权益率"为起点和基础，从影响净产收益率的因素着手，以会计历史数据为依据，将影响净资产收益率中各项指标"抽丝剥茧"，从财务角度构建了一套比较完整的企业业绩考核、评价体系。从实践来看，合理运用"净资产收益率"进行公司管理对许多中小企业来说也是一种非常便捷的手段。

② 各责任中心绩效考核评价指标体系。企业可根据各责任中心的业务特点及其责任来确定指标构成。

成本责任中心绩效考评指标体系构成，其价值量指标有产品成本、直接材料费、直接人工费、制造费用、资金周转率等。除价值量指标还有产品产量、产品的质量、材料消耗定额、劳动生产率、安全生产等。

利润责任中心绩效考核评价指标体系构成,包括利润额、销售收入、销售成本(生产成本)、销售毛利、销售利润率、应收账款周转率、资金周转率、销售费用等。

投资中心绩效考核评价指标体系构成,包括投资利润率、投资回收期,内含报酬率、净现金流量、剩余收益、经营资产平均占用额、经营利润等。

$$剩余收益=经营利润-(经营资产×预算规定最低收益率)$$

③ 部门、小组及个人绩效考核评价指标体系。其考核评价指标体系构成,应结合预算编制所确定责任指标及标准作为考核的依据。通常有销售收入、产品成本、材料消耗、资金占有、资金周转期、费用限额、产品质量、安全生产等。

绩效考核指标设定,应结合企业特点并具有可操作性,同时指标体系要科学合理,既有数量指标又有质量指标,既有硬指标又有软指标,更要注重诚实守信、思想意识和企业文化素质的培养,因地制宜形成科学完整的指标体系。

2)合理确定考核主体。考核要达到预期的效果,就必须合理确定考核主体。也就是说,由谁进行考核、有多少层次实施考核。要实现企业绩效考核的目的,企业应在两方面进行周全的考虑。一般来说,考核者通常是被考核者的主管领导。考核者通常又可分为第一层考核者、第二层考核者,还可设第三层、第四层考核者。考核设多少层通常依据职务从低到高的顺序来进行。

企业在确定考核主体时应遵循的一个重要原则是:考核者对被考核者的工作性质、岗位要求、工作状况等必须有一定的了解,否则考核者很难合理评价被考核者的工作成果。另外,企业应根据人力资源的实际状况来确定考核者的人数,但对于一个考核对象通常不得少于两个考核主体。

还有一个很重要的事项是,企业应对考核主体进行必要的培训,其中包括道德、纪律、考核资料收集、考核体系等方面的培训,力求使考核主体具有更高的考核技能、更公正的考核心态,从而进行更客观的绩效考核,实现考评的目的。

3)选用正确的绩效考评方法。对企业绩效的考核,企业可自行组织考评,聘请中介机构测评、上级主管机构考评等。通常采用功效系数法。对个人及部门绩效评价方法有许多种,如360°反馈评价法、企业绩效考核评价法、图尺度评价法、交替排序法、配对比较法、强制分布法、关键事件法、描述表格法、行为锚定等级评价法以及目标管理法等。企业应根据不同目的选择不同方法。

① 360°反馈评价法。360°反馈评价也称全景式反馈或称多源评价,是一个组织中由了解和熟悉被评价对象的人员(如直接主管或老板、同事及下属等),以及与其经常打交道的外部顾客和供应商,对被评价者的工作能力和核定的工作行为与技巧等,提供客观、真实反馈信息,帮助找出及个人素质在这些方面的优势与发展需求的过程。

显然,这种评价模式较单一评价来源的评价方式更为公正、客观、真实、准确与可信。同时,通过360°评价方式,人们可以客观地了解自己在职业发展中所存在的不足,从而激励他们更有效地发挥自己的能力,克服缺点,赢得更多的发展机会。就一个组织而言,只有从不同的角度、不同的来源获得所有的反馈信息,客观地分析和使用这些信息,才能使其克服错误的自我概念、盲点与偏见,作出正确的评价与决策。这一方法既可以很好地应用于员工个人的考核评价,也可以服务于一个组织的变化、发展需求。

② 企业绩效考核评价法。它是由财政部、国家经贸委、人事部和国家计委于1999年联合颁布的,用以考核评价企业经营业绩的文件。于2002年2月又进行部分修订。修订后考评指

标体系由 30 个指标构成，其中定量指标 22 个，定性指标 8 个。同时按行业划分为 11 个大类、47 个中类和 97 个小类。每个行业又分别按全行业、大型企业、中型企业、小型企业四种类型，每种类型又分为优秀值、良好值、平均值、较低值、较差值五个等级。从而为企业绩效评价提供了依据。为便于企业考核评价，国务院国资委统计评价局每年发布《企业绩效评价标准值》作为考核评价依据。

③ 图尺度评价法。图尺度评价法是最简单和运用最普遍的工作绩效评价技术之一。表 1-3 所示为一种典型的评价尺度表。它列举出了一些绩效构成要素（如"质量"和"数量"），还列举出了跨越范围很宽的工作绩效等级（从"不令人满意"到"非常优异"）。在进行工作绩效评价时，首先针对每一位下属雇员从每一项评价要素中找出最能符合其绩效状况的分数。然后将每一位雇员所得到的所有分值进行加总，即得到其最终的工作绩效评价结果。

表 1-3　工作绩效评价表

员工姓名：　　　　部门：　　　　　职位：　　　　　　薪号：

绩效评价原因：□年度例行评价　　□晋升　　　　□绩效不佳
　　　　　　　□工资　　　　　　□试用期结束　□其他

员工到现职时间：

最后一次评价时间：　　　　　　　正式评价日期时间：

说明：请根据员工所从事工作的现有要求仔细地对员工的工作绩效加以评价。请核查各代表员工绩效等级的小方框。如果绩效等级不合适，请以 N/A 字样标明。请按照所标明的等级来核定员工的工作绩效分数，并将其填写在相应分数的方框内。最终的工作绩效结果通过将所有分数进行加总和平均而得出

一般性工作绩效评价要素	等级	评价尺度	评价事实依据或评语
1. 质量：所完成工作的精确度、彻底性和可接受性	O□	100～90	
	V□	90～80	
	G□	80～70	
	I□	70～60	
	U□	60 以下	
2. 生产率：在某一特定的时间段中所生产的产品数量和效率	O□	100～90	
	V□	90～80	
	G□	80～70	
	I□	70～60	
	U□	60 以下	
3. 工作知识：实践经验和技术能力以及在工作中所运用的信息	O□	100～90	
	V□	90～80	
	G□	80～70	
	I□	70～60	
	U□	60 以下	
4. 可信度：某一雇员在完成任务和听从指挥方面的可信任程度	O□	100～90	
	V□	90～80	
	G□	80～70	

续表

一般性工作绩效评价要素	等级	评价尺度	评价事实依据或评语
	I□	70～60	
	U□	60 以下	
5. 勤勉性：雇员上下班的准时程度、遵守规定的工间休息或用餐时间的情况以及总体的出勤率	O□	100～90	
	V□	90～80	
	G□	80～70	
	I□	70～60	
	U□	60 以下	
6. 独立性：完成工作时不需要监督和只需要很少监督的程度	O□	100～90	
	V□	90～80	
	G□	80～70	
	I□	70～60	
	U□	60 以下	

评价等级说明：

O：杰出。在所有各方面的绩效都十分突出，并且明显地比其他人的绩效优异得多。

V：很好。工作绩效的大多数方面明显超出职位的要求。工作绩效是高质量的并且在考核期间一贯如此。

G：好。是一种称职的和可信赖的工作绩效水平，达到了工作绩效标准的要求。

I：需要改进。在绩效的某一方面存在缺陷，需要进行改进。

U：不令人满意。工作绩效水平总的来说无法让人接受，必须立即加以改进。绩效评价等级在这一水平上的员工不能增加工资。

（12）独立检查。即检查和验证由另一个人或部门所执行的工作并验证所记录金额的准确性，包括复核有关原始单据，如发票、工资计算表、存货汇总表；比较现有资产与相关会计记录，进行盘点核对；管理当局复核汇总账户余额详细情况的报告等。

企业内部若没有一种经常性复核检查机制，内控制度就有可能随着时间及内外部环境的变化而变得不再适用。每个企业应在何时采用何种方式进行独立检查，须视具体情况而定。管理当局对报告的复核及资产与记录的比较可以定期进行检查；对于人工计算可以于每日对所有交易或选出的交易进行检查；而对于有些独立性的检查，如零用金的盘点，就应采用突击检查，以免有关人员临时应付。

4．信息与沟通

（1）信息与沟通系统的功能框架。一个有效的信息与沟通系统能够使公司有效管理内部控制流程。

1）为实现财务报告的目标，公司机构内的各个层面都应广泛地收集相关信息，在源头获取准确数据，有效地利用技术来保证数据信息的一致性和精确性，并且保证高质量。

2）内控有关部门应收集整理信息，以帮助员工和公司内各部门落实其控制职责。保证符合政策和法规要求，收集相关数据以帮助快速识别和理解控制出现缺陷或漏洞的根本原因，并且保证高质量。

3）通过内部沟通，促进员工相互理解，以便更好地完成控制目标，包括与董事会的有效沟通、员工之间沟通以及举报流程。

4）影响控制目标实现的事项应在一定条件下与外界沟通，包含与供应商和客户，以及重要股东的开放式沟通。

5）需要对信息与沟通的有效性进行评估。

信息与沟通有效的标准是：通过员工的沟通帮助公司完成各级机构的内部控制目标；能够及时有效地识别信息，并进行控制措施分类；与外界有开放的沟通渠道；公司内具备有效的举报流程。

（2）信息与沟通流程存在的主要风险。

1）管理层无法获取适当和必需的信息。

2）无法及时地向相关的人士收集或发送信息。

3）信息披露委员会无法有效地履行工作职责。

4）公司没有建立有效的期末报告程序。

5）财务报告和相关的应用和信息系统是不可靠的。

6）公司未建立预防、识别舞弊风险的内部控制措施与程序，无法预防可能存在的舞弊行为。

5. 内部监督

内部监督是在尽可能不影响企业正常经营管理活动的情况下，对内部控制实施情况进行评价，及时纠正企业发生的错误和舞弊，将内部控制制度的缺陷和改进意见反馈给管理者，对发现的内部控制缺陷及时予以弥补。

（1）内部监督分类及内容。内部监督分为日常监督和专项监督。

1）专项监督是指在企业发展战略、组织结构、经营活动、业务流程、关键岗位员工等发生较大调整和变化的情况下，对内部控制的某一或者某些方面进行有针对性的监督与检查。

2）日常监督是指企业对建立与实施内部控制的情况进行常规、持续的监督检查。内部日常监督包括对内部控制制度的执行情况的监督，对内部控制采取的政策和措施的监督，并注意获取相关的证据。

① 对内部控制的维护、变更、考评等活动进行监督，从而保证内部控制体系的有效运行。

② 企业管理层搜集汇总各部门的信息所出现的问题，监督各方面的工作进展，相关职能部门进行自我检查、监督，确保内部控制体系的有效运行的记录。

③ 外部来自监管等部门的信息和来自客户信息的印证、企业通过各种方式与客户沟通、搜集客户信息、制定整改措施并监督措施的执行情况的资料。

④ 定期将会计记录的账簿、数据与实物资产进行核对，做到账与账、账与实物、账与报表等相符，做到信息真实可靠。

⑤ 企业对内部、外部审计提出问题及建议是否作出积极的响应，并根据实际情况作出整改方案，监督该方案的执行，使问题得到有效解决。

⑥ 管理层对内控执行情况的监督，可通过各种渠道如审计委员会关于接收、保留及处理各种投诉、举报及其保密性；管理层在会议及培训中了解的内部控制执行情况；管理层认真审核员工提出的各项合理化建议，并不断完善建议的情况；监督管理部门定期组织专项检查和调研，对发现问题提出的整改建议情况。

⑦ 监督内部审计的有效性。企业应制定内部审计规范，明确审计的范围、责任和计划，并以此为基础合理配置审计人员，要求他们遵守职业道德规范及内部审计规则，审计部门应具有适当的地位并有足够的资源履行其职责；审计部门对管理中存在的薄弱环节及漏洞、违反国

家法律法规的行为等，向管理层及时提出整改意见等。

通过上述各种渠道，监督企业内控制度设计的完整及有效性和运行有效性。专项监督的范围和频率应当根据风险评估结果以及日常监督的有效性等予以确定。

（2）持续监控。

1）持续监控的控制目标。持续监控的控制目标为管理层对日常经营过程中的内部控制进行持续评估，以确保控制活动按照既定方式进行。

2）持续监控的关键控制点。

① 员工在执行日常工作中获得的数据与信息系统中产生的数据核对。

公司通过生产经营分析会的形式对生产经营活动进行综合分析，分析生产经营中出现的问题，下发经营分析通报。各业务部门将生产经营数据与财务数据及外部关系方数据进行核对。公司财务部在编制财务会计报告前，核对账证、账账、账表是否一致，对差异情况进行调整，对账表不符属非正常原因的进行警告或通报。

② 定期核对账面记录与实物资产，保证资产的安全性。

制定书面的实物资产管理制度，对资产、记录及文档的接触限制。公司通过下发年度、半年度财务会计报告的编报制度，要求各部门进行全面资产清查和债权债务核实。公司制定有关实物盘点的流程及政策。相关部门负责对实物资产的记录、保护和定期核对。例如，采购与物流中心对存货、账销案存等实物资产建立备查簿，定期盘点；财务部对银行存款、现金日清月结，定期对账。

③ 通过培训、计划会议或其他方式向管理层提供内部控制是否有效的反馈。

公司通过召开总经理办公会议和公司领导专题办公会议制定内部管理体制、听取下级单位的汇报，讨论决策重要事项。公司通过组织内部流程质量审核，评价流程体系的适宜性、充分性和有效性，并对不适宜的部分进行调整。公司通过效能监察工作，检查各部门落实企业内部制度和实施管理活动的情况，发现问题，提出整改意见或建议，纠正违规违纪行为。

（3）内部监督流程存在的主要风险。内部监督流程存在的主要风险包括：自我评估无法提升对控制的认知和责任；对发现的重大内部控制缺陷缺少报告与改正措施。

（五）内部控制制度的方法

1．内部控制制度的基本方法

（1）组织机构控制，指对组织内部的组织机构设置的合理性和有效性所进行的控制。其主要内容如下。

1）采用合理的组织方案，即明确划分组织各个部门的权力、责任，并以书面形式明确各个职能部门权责的边界。

2）采用合理的组织结构，即明确各职能部门的相互关系，满足集中领导、分级管理的要求。组织结构的形式有直线制、职能制和事业部制等。

3）建立组织系统图。组织系统图用来反映组织内部各部门之间的垂直领导关系和横向协作关系，可以清楚地反映各部门的地位及相互关系，使各部门能各尽其责、各司其职。根据组织系统图还可分析组织功能的健全性和合理性。

（2）职务分离控制，指对组织内部的不相容职务必须进行分工负责，不能由一个人同时兼任。这一控制能使有关人员在处理业务时得到互相制约。

通常对于以下一些不相容职务必须进行职务分离。

1）某项经济业务授权批准的职务和该项经济业务执行的职务应分离。

2）执行某项经济业务的职务和审查稽核该项经济业务的职务应分离。

3）执行某项经济业务的职务与该项经济业务的记录职务应分离。

4）保管某项财产物资的职务和该项财产物资的记录职务应分离。

5）保管某项财产物资的职务和对该项财产物资进行清查的职务应分离。

6）记录总账的职务和记录明细账、日记账的职务应分离。

（3）授权批准控制，指组织内各级工作人员必须经过授权和批准才能对有关的经济业务进行处理，未经授权和批准的人员不允许接触和处理这些业务。这一控制方式使经济业务在发生时就得到了有效的控制。

授权批准控制同时要求明确各级管理人员所承担的责任，使他们对于自己的业务处理行为和结果负责，以加强工作的责任心。

授权批准控制有一般授权和特殊授权两种情况。一般授权是授予有关人员处理正常范围内经济业务的权限。特殊授权是授予他们处理超出一般授权范围特殊业务的权限。

在进行授权控制时，一般授权的范围不宜太大，也不可太小。如果一般授权的范围太大，会使组织的领导失去对重要业务的控制，从而冒较大的经营风险。因此，过大的授权范围会削弱内部控制制度。相反，如果一般授权范围过小，凡事均需请示、批准，使一般授权名存实亡，也会削弱管理人员的积极性和责任心，对企业经营管理产生不利。

（4）人员素质控制，指采用一定的方法和手段对职工的思想品德、业务技能和工作能力的控制，保证组织各级人员具有与他们所负责的工作相适应的素质，从而保证业务活动处理的质量，并使每个人员能在各自的岗位上尽责尽力，完成任务。

人员素质控制主要包括以下内容。

1）根据各级人员的品德和业务能力来委派工作，使他们能够胜任各自的工作。

2）建立职工技术业务的考核制度，职工必须通过技术业务考核才能上岗担任工作。

3）建立管理人员业绩考核制度，对于不能胜任管理工作的人员应调离管理岗位。

4）建立人员职业道德和技术轮训制度，提高人员的职业道德素质和技术业务素质。

5）建立奖惩制度，提高职工的责任心。

6）建立职务轮换制度，定期调换职工的工作，并全面检查职工的工作情况，培养职工全面工作的能力。

（5）信息质量控制，即采取一系列的措施和方法，以保证会计信息的真实、及时、可靠和准确，保证会计信息能够满足组织内部和组织外部使用人的需要。信息质量控制最重要的方面就是会计记录体系的建立。

信息质量控制的措施和方法是多方面的，以下是一些常见的控制手段。

1）原始凭证必须经过专人审核，只有经过专人审核的原始凭证方可作为会计记录的原始依据。

2）记账凭证的内容必须与原始凭证的内容保持一致。

3）凭证必须连续编号，凭证的使用必须按编号次序依次使用，领用空白凭证必须经过登记备案。

4）凭证正、副联必须复写填制，各联凭证必须注明用途，严格按规定用途使用各联凭证，报废凭证必须注明报废字样，并妥善保管。

5）建立定期复核制度，定期对凭证的填制、记账、过账和编制报表的工作进行复核。

6）建立总分类账和明细分类账的核对、总分类账和日记账的核对制度。

7）业务经办人员在处理有关业务后必须签名盖章，以备今后追溯责任。

8）建立完善的凭证传递程序。凭证传递程序是凭证填制和取得后如何经过各个部门和有关人员记入账簿系统。凭证传递程序应该有利于各个部门的相互制约和相互联系。

9）建立会计信息的定期分析制度，及时发现信息的谬误等。

（6）财产安全控制，指为了确保企业财产物资安全完整所采取的各种方法和措施。

上述控制的各项措施其实都和财产安全有关。除了上述控制方法外，还有其他一些直接和财产安全有关的控制方法和措施。

1）发生经济业务要立即记账，特别是现金、银行存款等业务，尤其要重视这一控制，以防现金被挪用。

2）财产物资必须采用永续盘存的方法，以便在账上随时反映财产物资收入、发出和结存情况。

3）建立定期和不定期的财产清点制度，保证财产物资处于账实一致的状态。

4）财产物资发生盘盈、盘亏都应查明原因，并及时按规定程序经批准后才能进行账面处理，并应追究有关人员的管理责任。

5）建立财务档案的保管制度，并编制清册妥善保管，防止抽换和篡改档案资料，便于进行业务复查。

6）对财产物资进行科学编号和存放，便于清查、点数和保管。

（7）业务程序控制，指对重复发生的业务采用规范化、标准化的手段对业务处理过程进行控制。

业务程序控制包括了凭证传递程序的标准化、记账程序的标准化、供产销业务处理过程的标准化等。

业务程序控制还包括了将业务处理过程的程序、要求、注意事项等的书面文件化，以便于有关人员执行。对于组织的经营方针和经营政策，业务处理过程中各级人员的业务范围、权限和责任，业务处理的各种规章制度，业务处理的基本程序、凭证传递程序等都应制作为书面文件，使有关部门和职工更好地执行，也可防止工作的杂乱无章、职责不清。必要时可将有关要求编制成工作手册，为业务处理提供指导，并作为控制的依据。

（8）内部审计控制，指组织通过建立内部审计部门对组织的各项业务进行审计的一种监督手段。

通过内部审计制度可以保证各级管理部门所提供的财务会计信息的真实性和可靠性，保证经营目标和方针的实现。通过内部审计，对组织内部控制的各个环节、控制点的设置、人员分工、规章制度的实施等进行评价，有利于加强和完善内部控制制度。

2．内部控制制度的描述方法

内部控制制度的描述是按照一定的方法把内部控制的现状以书面的形式加以反映。通常在对内部控制制度进行描述时，可以采用两种主要的描述方法，即文字说明法和流程图法。

（1）文字说明法。将内部控制制度的实际情况完全以文字说明的形式记录下来的方法即为文字说明法。

内部控制制度的各个控制环节和控制方式均可以用文字说明法详细地加以描述。用文字说明会计制度的有关内容，这是会计制度设计中使用最多的方法。该方法在使用时可用文字单独说明，如会计制度的总体说明、会计科目及其使用说明、内部控制要点等；也可以文字辅以图式说明，如对会计组织机构及岗位职责、凭证、账簿、报表的使用说明，对各类业务会计处理程序的说明等。

运用文字说明法，要恰当表达有关内容，行文要规范，定义要严谨，语句要确切，要避免无关紧要的修饰，要防止过于冗长，避免使用易于误解的句子。以文字说明法表示的会计制度的内容要注意排列得体，同一层次的语句段落要采用相同的字号排列，不同层次的要采用合适的编号形式。

采用文字说明法进行描述，主要说明业务发生以后从何处取得原始凭证，或者由哪个部门来填制原始凭证，凭证的联数以及凭证各联分别传递的过程，审核和批准业务的人员或部门，记账的人员、记账的时间和分工的情况，与业务处理有关的规定和制度等。

（2）流程图法。流程图法是用一定图形反映各项业务的处理程序。

流程图法采用特定的符号，以业务流程线加以联结，辅之以简要的文字和数字，将某项业务处理程序和内部控制制度反映出来的一种描述方法。采用流程图进行描述是目前世界各国在描述内部控制制度时普遍采用的方法之一。该方法反映业务处理程序要比文字说明法易为人们所了解和掌握，使用流程图有利于提高工作效率，同时，也助于审计人员进行内部控制测试，从而确定审计工作重点和审查的详细程度。流程图有多种类型，常见的有以下几种。

1）框图式流程图。它是用矩形框图和直线组成的一种流程图，框图内反映所处理的内容，直线反映信息及其载体的传递；框图亦可反映信息及其载体，直线反映处理要求。它常用于简单的业务处理流程。

2）符号式流程图。它是用具有一定意义的符号，形象反映业务处理过程的图表。它比框图式流程图反映更直观全面，不仅能反映业务处理部门、人员，还能反映信息传递、变换的过程和信息载体生成、传递、记录、存档的情况。所以，它被广泛用于业务处理程序设计中。符号式流程图要事先规定符号及其含义，并规定绘制规则。

① 符号及其含义。目前，用于流程图的符号，国际会计界尚未专门统一，但在某些国家中已有专门的规定，如美国、澳大利亚、日本等国均由国家、行业或协会专门规定流程图符号。我国尚未制定出统一的业务流程图符号，参考国外经验并考虑我国实际情况，常用的流程图符号如图 1-1 所示。

② 绘制方式。业务流程图的绘制方式一般有两种，一种是纵式流程图，另一种是横式流程图。

纵式流程图的绘制方法：将一项业务处理过程按照次序先后，用一条主线垂直串联起来，业务处理过程中发生的单据、凭证以及凭证的分类、记录、归集、汇总等处理步骤，都用具体图式描绘出来。这种纵式流程图的一个显著特点是：对每个处理步骤都有相应的注释，以简明扼要的文字阐明各步骤的工作内容、控制性质和特点。这种方式较易为人理解，但难以反映各部门之间的联系。

横式流程图的绘制方法：以业务处理过程中各部门的控制和实施范围以及部门之间的联系为基础，横向表示凭证、单据在部门之间和部门内部的传递、分配、记录、归档等步骤。这种方式可系统地、完整地反映业务处理过程中各职能部门之间的联系，但不便于对各步骤的活动作简单的文字叙述，如果业务内容过于复杂，或图形符号过多时，会使整个业务的控制系统图显得复杂化。

横式流程图的绘制，一般应遵循如下规则：业务部门设置以业务处理程序先后为序；业务流程一般从上到下，从左到右；业务流程中信息载体符号（如凭证、账簿、报表）在上端，信息处理操作（如作业、转记、汇总）及存档符号在下端。

1. 凭证、文档		11. 资料销毁	
2. 账簿		12. 业务去向	××单位（或个人）
3. 报表		13. 业务来源	××单位（或个人）
4. 作业/业务处理		14. 转某控制点	签订采购合同
5. 流程汇总		15. 某控制点转来	编制销售计划
6. 决策/选择判断		16. 转其他业务流程	产品销售业务流程
7. 非永久存储		17. 其他业务流程转来	产品销售业务流程
8. 永久存储		18. 流程交叉	
9. 流程线		19. 权限控制业务点	
10. 核对		20. 判断字符	是/否

图 1-1　流程图符号

此外，横式流程图在反映凭证、报表生成、传递、保存时，亦有两种处理方式。一种是凭证、报表符号及联数只在生成时一次反映，以后传递、保存不再显示其符号，而用联数编号来反映。这种处理方式简单明了，凭证报表与处理符号的位置有一定的规律可循，但是，一旦某一经济业务涉及较多凭证或报表时，联数编号就变得困难，从而影响了流程图的可读性。另一种是凭证、报表符号及联数在生成、传递、保存过程中多次重复显示。这种处理方式虽然较之前一种需花费些时间，但最大好处是与客观实际比较接近，符合人们的视觉习惯。

不论采用何种绘制方式，流程图必须满足以下要求：注明业务处理流程经过的部门和经办人；注明凭证、报表名称和份数，用流程线反映其传递的流程；反映业务处理记账情况及凭证和报表归档保存情况。

（六）内部控制制度实用性的测试

1．测试内容的确定

（1）控制设计测试。其测试的主要内容包括：内部控制设计是否合理、是否健全，现有的内部控制设计与应有的（或理想的）内部控制设计是否相符，以及现有内部控制是否能有效地防止和发现特定财务报表的重大差错。

（2）控制执行测试。同任何制度一样，如果没有贯彻执行，控制制度设计得再好，也不能达到降低风险的目的。因此企业在实践中，为了确保控制制度发挥其应有的作用，需要加强对控制执行的力度进行测试。

2．测试数量的确定

在实施测试前，常常需用抽样的方法，根据某项会计事项发生的频率来确定需要测试的样本量规模。确定测试数量的方法主要有如下两种。

（1）统计抽样法。它指按照估计的差错率、允许的误差大小、应该达到的保证程度以及总体业务量的多少等，运用公式计算或查表确定应该抽查的业务量。

（2）经验估计法。它是指凭经验按业务活动执行的次数多少来估计应该抽查的业务量。通常，业务事项发生的频率应该与抽查的样本量之间成正比关系。

3．测试方法的运用

（1）证据检查法。检查与某些业务有关的原始凭证和其他文件，沿着这些凭证和文件上所留下的业务处理踪迹跟踪检查，以判断业务处理过程中有关的控制措施是否被认真执行。

（2）实地考察法。在不事先通知的情况下亲临现场，考察有关人员操作业务时，执行内部控制规定的情况。

（3）重复执行法。按照内部控制系统所规定的程序，选择若干笔业务独立地重新执行一遍，以复核验证与该业务有关的控制手续的遵循情况。

如果内控制度缺乏实用性，那么内控制度的作用将大打折扣。因此，职业经理人要进行内控制度实用性测试，并在此基础上提高内控制度的实用性。

（七）内部控制的组合

内部控制的组合方式或者分类形式，除了按照控制目标为标志，划分为会计控制和管理控制外，还可按照其他标志组合为下列类别。

1．按照控制功能为标志划分

（1）预防式控制，是指为防止错误和非法行为的发生，或尽量减少其发生机会所进行的一种控制。它主要解决"如何能够在一开始就防止错弊的发生"这个问题。例如，对业务人员事先作出明确的指示和实施严格的现场监督，就能避免误解指令和发生错弊。

（2）侦察式控制，是指为及时查明已发生的错误和非法行为或增强发现错弊机会的能力所进行的各项控制。它主要是解决"如果错弊仍然发生，如何查明"的问题。例如，通过账账核对、实物盘点，以发现记账错误和货物短缺等。

2．按照控制时序为标志划分

（1）原因控制，也称事先控制，是指企业单位为防止人力、物力、财力等资源在质和量上发生偏差，而在行为发生之前所实施的内部控制。例如，领取现金支票前的核准、报销费用前的审批等。

（2）过程控制，也称事中控制，是指企业单位在生产经营活动过程中针对正在发生的行为所进行的控制。例如，对生产过程中使用材料的核算，对在制造产品的监督和对加工工艺的记录等。

（3）结果控制，也称事后控制，是指企业单位针对生产经营活动的最终结果而采取的各项控制措施。例如，对产出产品的质量进行检验，对产品数量加以验收和记录等。

此外，内部控制还可按照管理目标、业务循环和职能部门等标志，划分为相应类别的组合形式。需要说明的是，各种类型的内部控制，在实际工作中多是交叉存在的。同一种内部控制措施，在不同划分标志下，也可转化为不同的类型形态。

3．按照控制内容为标志划分

（1）一般控制，是指对企业经营活动赖以进行的内部环境所实施的总体控制，因而亦称基础控制或环境控制。它包括组织控制、人员控制、业务记录以及内部审计等项内容。

这类控制的特征，是并不直接地作用于企业的生产经营活动，而是通过应用控制对全部业务活动产生影响。

（2）应用控制，是指直接作用于企业生产经营业务活动的具体控制，因此亦称业务控制，如业务处理程序中的批准与授权、审核与复核，以及为保证资产安全而采用的限制接近等项控制。

这类控制的特征，在于它们构成了生产经营业务处理程序的一部分，并都具有防止和纠正一种或几种错弊的作用。

4．按照控制地位为标志划分

（1）主导性控制，是指为实现某项控制目标而首先实施的控制。例如，凭证连续编号可以保证所有业务活动都得到记录和反映，因此，凭证连续号对于保证业务记录的完整性就是主导性控制。

在正常情况下，主导性控制能够防止错弊的发生，但如果主导性控制存在缺陷，不能正常运行时，就必须有其他的控制措施进行补充。

（2）补偿性控制，是指能够全部或部分弥补主导性控制缺陷的控制。如果凭证没有连续编号，有些业务活动就可能得不到记录。这时，实施凭证、账证、账账之间的严格核对，就可以基本上保证业务记录的完整性，避免遗漏重大的业务事项。因此，"核对"相对于凭证"连续编号"来说，就是保证业务记录完整性的一项补偿性控制。

（八）内部控制的实施

1．内部控制重在执行

设计再好的内部控制也必须得到有效的执行，否则内部控制规定成为一纸空文，执行落实也只是纸上谈兵。

现实生活中许多单位出现问题，并不是内部控制不健全，而是内部控制并没有得到有效的执行。

2．内部控制的有效执行

企业要有强烈的责任感、压力感、紧迫感，注重执行技巧、执行质量和效率。全体员工对企业明确赋予的工作职责不折不扣的执行，同时要建立完善的内部控制监督机制，确保内部控制得到持久的执行，并在此基础上实现内部控制的自我完善和动态调整。

（1）内部控制权责体系的界定。内部控制的有效执行有赖于全员参与，而只有企业内每个人均清楚地知道自己所拥有的责任和权力，才能认真履行自己的职责，提高内部控制的执行力度。所以首先应界定各层次人员的责任，同时营造"企业文化"引导员工主动加强内部控制。另外需要明确的是，我国由于机制的原因大多数公司的董事会形同虚设，经营者"内部人控制"的现象尤为突出，以致内部控制的高层责任机制先天性缺失，在这一层次上，要配合公司治理的改革以理顺高层负责人的关系，再界定具体责任。

1）管理层。总裁或总经理对内部控制负有全面的责任，可以看作内部控制系统的"责任人"。总裁或总经理的态度对内控环境的影响很大。总经理的任务是领导和指导高级管理人员，并与这些高级管理人员一起制定价值观、原则以及重要的经营策略，如企业的总目标、组织机构、重大制度等，并检查他们是否履行职责。

高级管理人员负责建立更为具体的内部控制政策和程序，并向企业员工分配。基层的管理人员则直接参与控制政策和程序的实施。其中财务总监和他的员工的内控活动贯穿于企业各部门，是内部控制的关键。

2）董事会。管理层向董事会负责，董事会指导和监督管理层的工作。一个强大的、活跃的董事会通常能够结合有效的汇报渠道和有力的财务、法律和内部审计职能来发现和纠正管理层存在的问题。有效的董事会必须是客观的、有能力的和善于调查的，他们具有业务活动方面的知识，并有充足的时间履行董事的责任。

3）内部审计师。内部审计师在评价和维护内部控制有效性方面起着重要的作用。内部审计职能部门因为其在企业中的地位和权利，还起着重要的监督作用。

4）其他人员。内部控制从某种程度上是组织中每个人的责任，每个员工都产生内部控制系统中所使用的信息，或者用行动来影响着内部控制，因此所有的人都有责任向上汇报、沟通组织中的问题，汇报违反行为准则的情况，以及违反政策或法律的行为。

必须明确，内部控制是每一位主管人员的责任。制定标准的工作可以由计划人员来做；收集信息、分析偏差和造成偏差的原因等工作可以由财务人员、统计人员、销售人员来完成，这些工作甚至可以完全由机器来完成；但是采取纠正措施的职责，必须主要由主管人员来履行，因为他们掌握着职权，承担着实现组织目标和计划的主要职责。

（2）执行过程中的有效监督和独立的评估。监督机制的建立要注重自我监督与独立评估并重。

1）各级管理层应在日常的经营管理过程中注重对内部控制有效性的监督，如果发现错误、舞弊等异常情况，不仅要就事论事的加以处理，还必须考虑其中是否隐含了内部控制出现漏洞的信号，亡羊补牢，惩前毖后。同时，单位或者流程的负责人应考虑使用专业化的工具，或在有关咨询机构的协助下，依据其自身对风险情况的掌握，定期对所辖单位或流程的内部控制有效性进行自我评价，并将自我评价的结果上报上级单位。这样，一方面能够提高普通员工对内部控制工作重要性的认识，提升控制环境水平；另一方面管理者主导的内部控制自我评估工作往往能够比外部独立评估做得更加细致，对成本和收益的把握能够更加准确，对于发现的漏洞所设计的改善措施也更加容易推行。

2）企业应考虑建立和完善内部审计职能，使内部审计的独立评估成为企业内控监督机制中的重要力量。内部审计机构独立于其他经营管理部门，直接受董事会领导，以确保内部审计的独立性和权威性。内部审计人员的责任不再局限于监督企业的内部控制是否被执行，而是通过独立的检查和评价活动，针对内部控制的缺陷、管理的漏洞，提出确实可行的建议和措施，促进管理当局进一步改善经营管理，提高企业的综合实力。

3）企业还应着重建立有效的舞弊汇报、监察机制，使各种舞弊事件或舞弊迹象能够迅速、有效地汇报给有能力采取行动的管理层级甚至董事会。这就要求企业有顺畅的沟通渠道，如专门的举报邮箱、举报热线等。同时企业应有效地保护汇报人的利益不受损害，并运用经济等手段对有效举报行为加以鼓励。监察力量应有能力根据公司书面政策和有关法律法规，及时有效地采取行动，纠正、处理舞弊事件，同时应检讨导致舞弊事件出现的内部控制漏洞，查漏补缺，使内部控制真正成为闭环运行的良好过程。

（3）动态调整。企业的经营环境、经营业务、公司规模和组织结构是处于变化之中的，因此无论是公司层面的，还是业务层面的内部控制也应随之改变。企业应适时地对内部控制进行评估和调整，以适应快速变化的经济环境。制定内部控制制度重点在于解决单位经营管理中的薄弱环节和问题，但也要充分考虑管理工作的发展趋势和经济发展的要求，考虑先进的管理思想和方法，既有适应性，又有前瞻性，在解决问题的同时，又能引导各单位向更好、更高的管理方向努力和发展。此外，企业生命周期各阶段内部控制的动态波动，也充分体现了企业内部控制应当是一种螺旋上升的动态过程。随着环境的变化，它应当能够根据经济环境的变化和业务的特点做出适时的调整和改进。

二、内部控制制度设计

（一）内部控制制度的设计思路

1. 总体设计思路

把企业作为一个整体进行设计内控制度可采用以下思路。

（1）静态设计。企业内部控制制度在总体上是组织、项目和流程三个方面的综合，静态设计是在综合考虑这三方面的基础上进行的制度设计。

（2）动态设计。内部控制必须是动态、可改进的，能够不断地进行完善和提高。

2. 单项内控制度的设计思路

单项内控制度就是指针对一个内制项目所进行的控制制度设计。通常可考虑按部门、按项目、按流程进行设计。

（1）按部门设计。按部门设计内控制度应该注意下列几个问题。

1）将部门既看成组织中相对独立部分，又看成与组织中其他部门相互连接的环节，各个部门甚至形成一个投入产出的网络。

进行部门内控制度设计时，先要营造良好的控制环境。控制环境因素包括部门内每一个人的诚信、道德价值和能力；管理层的管理理念和经营风格；管理层授权方式和发展其员工的方法；部门的组织结构和岗位设置等。而要形成良好的控制环境，就需要从部门的组织结构和岗位设置，明确责任的分派和权力的授予出发，注重提高本部门员工的诚信和工作能力，奠定良好的控制基础。同时，还应发现该部门与其他部门的联系。

2）分析部门在企业中可以涉及的项目，分析部门处于项目工作流程的哪一个环节，或属于流程中的哪一个作业链条之中，存在何种风险，部门需要参与哪些工作任务，在执行任务的过程中可能会遇到的风险种类及大小，初步评估部门面临的风险，并进而确定关键的控制点。

3）根据控制点确定所要进行的控制活动，进行责任和权力的具体分派，制定业绩考核标准。一个部门是由若干流程组成；一个流程由若干作业组成；一项作业由若干项任务组成；一项任务都是由一个或几个人来完成；而为了完成任务，每个人都必须被指定明确的责任。在部门设计中，可以按 ABM 的方式来进行设计，即按价值链或作业链来进行设计：

① 明确各部门涉及的作业（如部门的作业可分为三种：接受顾客需求作业、满足顾客需求作业及辅助作业），明确部门的作业链和价值链以及作业结构；

② 确定部门的主要工作流程以及各流程的投入与产出；

③ 确定流程中的各项作业以及相应任务；

④ 从按作业收集耗费的资源成本数据出发，确定作业的产出指标；

⑤ 制定作业的业绩指标，即将部门的业绩指标分解到各项作业，并根据部门的实际业绩作出评价。

设计部门内控制度时建立部门内部以及部门间的信息与沟通，部门内上下级、同级、部门间能迅速取得他们在执行任务、管理和控制企业运营过程中所需的信息，并互相交换这些信息。

部门的内控制度应具有监督职能，包括例行的管理和监督活动，为确保内控制度的执行，还应具有协调小组，即纵向协调或横向协调小组。

设计部门的内控制度也应区分常规性事件、非常规性事件和混合性事件。常规性事件的控制可按上述方法进行，而非常规性事件和混合性事件的控制可按总体设计中的有关思路进行。

内控制度设计后，应在部门内部进行测试。

（2）按项目设计。一个项目，有其自身的业务流程，跨越不同的组织部门。在分析项目涉及的部门、部门的层级、部门间的相互关系以及业务流程的基础上，制定项目内部控制的执行测试方法、测试标准和操作程序。

按项目设计应遵循以下步骤。

1）分析每个项目的组织维度和流程维度，即分析在执行该项目时都会涉及哪些部门，部门的层级、部门之间的相互关系怎样，组织结构如何，以及该项目会牵扯到哪些业务流程。同时分析在执行项目时可能面临的相关风险，然后按项目的业务流程来进行具体设计，根据执行项目的环节和流程，确定控制点，从组织和流程两方面来制定相应的内控制度，即项目的审批、授权、核实查证、责权分离、确保资产安全以及检查等，还应建立完善的信息与沟通以及监督机制。

2）制定项目内控制度的执行测试方法并形成测试报告。在项目设计中，设计一套内控制度的制定、内控制度的执行、内控制度的测试、内控制度的测试报告程序，来考证项目的组织结构方面，包括层级、单位和责任是否合理，以及项目的业务流程方面是否能进行实际操作，测试需结合内控的五个要素进行，即查看项目的控制环境、风险评估、控制活动、信息与沟通和监控。

3）设计项目内控制度的修订和增补程序。形成测试报告后，就可以根据报告结果决定是否对该内控制度进行修订。经由内控制度的制定、执行、测试、报告、修订等一系列循环周转的过程进行项目内控设计，可以使制定的内控制度符合企业实际，具有可操作性。

（3）按流程设计。按流程设计，是对企业某项业务流程的控制制度进行设计，如对销售流程、生产流程、采购流程进行内控制度的设计。一个业务流程中包括若干作业，而每项作业又由若干任务组成。

按流程设计的思路如下。

1）明确业务流程前后相互衔接的各工作环节，确定流程的投入与产出。

2）明确业务流程中涉及的作业及作业间的相互关系，建立一条作业链，并制定每一作业相应的作业标准，根据每一项作业的投入与产出，制定相应的考核指标，即将总投入与产出指标进行细化，落实到每一项作业中。

3）明确每一项作业的任务组合。对每一项任务规定出相应的标准，即制定完成任务的指标，包括量化指标和非量化指标。

4）将每一项任务落实到执行任务的每一个组织成员，即用上述量化和非量化指标作为考核组织成员的业绩指标，同时，任务需要落实到组织、单位直到个人，涉及授权与责任，所以，流程设计与组织设计达到了有效的结合。在一项业务流程的执行过程中，又可能涉及不同的内控项目，也即组织、项目、流程的三维组合。

需要注意的是，上述流程设计必须建立在企业的业务流程比较合理的基础之上，而为了达到这一点，就应对企业的业务流程进行优化分析，进行业务流程再造，并将对流程中各关键控制点的控制落实到决策、执行、监督、反馈等各个环节。

（二）内部控制制度的设计原则

1．相互牵制原则

相互牵制原则，是指一项完整的经济业务活动，必须分配给具有互相制约关系的两个或两个以上的职位，分别完成。即在横向关系上，至少要由彼此独立的两个部门或人员办理以使该部门或人员的工作接受另一个部门或人员的检查和制约；在纵向关系上，至少要经过互不隶属的两个或两个以上的岗位和环节，以使下级受上级监督，上级受下级牵制。

需要分离的职责，主要是授权、执行、记录、保管、核对。

2. 协调配合原则

协调配合原则，是指在各项经营管理活动中，各部门或人员必须相互配合，各岗位和环节都应协调同步，各项业务程序和办理手续需要紧密衔接，从而避免扯皮和脱节现象，减少矛盾和内耗，以保证经营管理活动的连续性和有效性。

协调配合原则，是对相互牵制原则的深化和补充。贯彻这一原则，尤其要求避免只管牵制错弊而不顾办事效率的机械做法，而必须做到既相互牵制又相互协调，从而在保证质量提高效率的前提下完成经营任务。

3. 程式定位原则

程式定位原则，是指企业单位应该根据各岗位业务性质和人员要求，相应地赋予作业任务和职责权限，规定操作规程和处理手续，明确纪律规则和检查标准，以使职、责、权、利相结合。

岗位工作程式化，要求做到事事有人管，人人有专职，办事有标准，工作有检查，以此定奖罚，以增加每个人的事业心和责任感，提高工作质量和效率。

4. 成本效益原则

贯彻成本效益原则，即要求企业力争以最小的控制成本取得最大的控制效果。

在实行内部控制花费的成本和由此而产生的经济效益之间要保持适当的比例，也就是说，因实行内部控制所花费的代价不能超过由此而获得的效益，否则应舍弃该控制措施。

5. 整体结构原则

企业内部控制系统，必须包括控制环境、风险评估、控制活动、信息与沟通、监督五项要素，并覆盖各项业务和部门。

各项控制要素、各业务循环或部门的子控制系统，必须有机构成为企业内部控制的整体架构。这就要求，各子系统的具体控制目标，必须对应整体控制系统的一般目标。

（三）内部控制制度的设计重点

1. 以预防为主、查处为辅

进行预防控制首先应规定业务活动的规则和程序，并在企业内部设置有关的规章制度，保证业务活动能够有条不紊地进行，同时尽量避免经济运行中的错误、舞弊或浪费现象。例如，任用值得信任和有能力的人员，防止故意越轨行为而实行的职责分工；为防止资源不恰当使用而进行的明确授权；为防止发生不正当业务而建立的文件、记录以及恰当的记账程序；为防止将资产不恰当转换或占为己有而实施的资产实物控制等。在实行预防控制时还要注意，一定要预测到差错发生概率的高低及其可能造成的影响，并根据具体差错的特性采取有效措施，特别要注意多重措施和综合措施的采用。

在坚持预防为主的前提下，还必须采取内部稽核、内部审计等方式，加大对事后不法或无效率行为的查处力度，多方面、多渠道堵塞漏洞，充分发挥制度的控制效能。

2. 注重选择关键控制点

抓住了关键点，也就抓住了全局。内部控制的重点应放在避免和减少效率低下、违法乱纪事件的发生上。管理者要在众多的甚至相互矛盾的目标中选择出关键的反映工作本质和需要的目标，并加以控制。

选择关键控制点的能力是管理工作的一种艺术，有效的控制在很大程度上取决于这种能力。目前在内部控制设计中运用比较普遍且比较有成效、能够帮助主管人员选择关键控制点的方法很多，诸如计划评审技术（又叫网络计划技术）、价值工程（VE）等，各企业管理当局可结合其实际情况酌情选用，在具体选择关键控制点时，还应考虑以下几个环节。

（1）选择关键的成本费用项目。内部成本控制的重点应逐渐转移到产品投产前的事前控制，做好经营预测，通过开展价值工程活动，对产品的成本与功能关系进行分析研究，找出支出最大或节约潜力最大的产品或项目，然后利用因素分析法，找出主次因素，将影响成本费用项目的主要因素作为关键控制点，并采取适当的控制措施，从而达到既能保证产品的必要功能，降低产品的寿命周期成本，又能满足消费者的需求，提高企业产品的经营管理水平和市场竞争力的目的。

（2）选择关键的业务活动或关键的业务环节。应着重选择那些对企业竞争力、盈利能力有重大影响的活动或最易发生错误与舞弊且可能造成重大损失的环节进行监督和控制。例如，在材料采购业务中的"验收"控制点，对于保证材料采购业务的完整性、物资安全性等控制目标起着重要的保障作用，因而是材料采购控制系统中的关键控制点，相比之下，"审批""签约""登记""记账"等控制点，则属于一般控制点。

（3）选择重要的要素或资源。选择重要的要素或资源必须确保能抓住问题的关键。选择的依据就是对企业的竞争力、盈利能力影响重大或具有较大的节约潜力。例如，在库存物资控制中，运用 ABC 分类法将其分为 A、B、C 三类，并对 A 类重要物资实施严格的控制，包括最完整、精确的记录及管理人员经常性的检查；加强对企业内部财会人员会计准则等的教育培训等。

当然在选择控制有形资源的同时，还要特别重视各种无形资产或资源的监督和控制，包括对时间的节约和信息技术的有效利用等。

需加说明的是，不同的经济业务活动有着不同的关键控制点。在某项经济业务活动中属于关键控制点，而在其他业务活动中则有可能属于一般控制点；反之亦然。管理当局应当根据管理或内部控制目标的具体要求，业务活动的类型、特点等来选择和确定其内部控制的关键控制点。

3．注重相互牵制

相互牵制是以事务分管为核心的自检系统，通过职责分工和作业程序的适当安排，使各项业务活动能自动地被其他作业人员查证核对。内部牵制主要包括以下内容。

（1）体制牵制，是指通过组织规划与结构设计，把各项业务活动按其作业环节划分后交由不同的部门或人员，实行分工负责，即实现不相容职务的适当分离，以防止错弊的发生。

体制牵制主要采取程序制约，如规定会计凭证的处理程序和传递路线，一方面把单、证、账、表整个记录系统连接起来，使其能够及时、完整、准确地反映单位各项经济业务活动的全过程，另一方面则把各职能部门连成一个相互制约、相互监督的有机整体，从而也达到了相互牵制的目的。

（2）簿记牵制，即在账簿组织方面，利用复式计账原理和账簿之间的钩稽关系，互相制约、监督和牵制，一般主要是指原始凭证与计账凭证、会计凭证与账簿、账簿与财务报表之间的核对。

（3）实物牵制，即指对某项实物须由两个或两个以上的人员共同掌管或共同操作才能完成一定程序的牵制，如由两三个人共同保管保险柜或金库的钥匙。

在内部控制的设计过程中，通常要做到在横向关系上，一项业务至少要经过彼此独立的两个或多个部门或人员，以使该部门或人员的工作能够接受另一部门或人员的检查和制约；在纵向关系上，一项业务至少也要经过互不隶属的两个或两个以上的岗位和环节，以便使上下级互相监督。具体包括：分离经济业务的授权批准职务与执行职务，如有权审批发料的人员不能同时担任仓库保管员；分离经济业务的执行与审查的职务，如采购人员不得兼任会计；分离资产保管与相关登记记录的职务，如仓库的保管人员不能担任材料物资明细账的登记工作，会计出纳不得兼任；分离财产保管与账实核对的职务，如在库存物资的盘存时，账实核对工作不能由仓库保管人员单独担任；分离总账与明细账登记的职务，分离日记账与总分类账登记的职务。

4．设立补救措施

内部控制必须保证在发生了一些未能预测的事件情况下，如环境突变、计划变更、计划失败等，控制工作仍然有效，不受剧烈影响。

一个有效的内部控制系统，除了能够防止意外事件或不良后果的产生，并具备及时发现和揭示出已经产生的差错、舞弊和其他不规范行为的能力外，还应确保能及时采取适当的纠正措施。尤其是随着现代科学技术的发展，使得企业能够利用计算机进行信息传递，测量实施情况，把测量的结果同标准进行比较并找出偏差。在这种情况下，设置补救措施尤为必要。内部控制系统必须有替代方案，具备自我完善的机制。

此外，管理当局还应充分认识到，再完善的内部控制制度也会因以下原因而难以发挥应有的功能：

（1）提供片面或错误的信息，制造内部控制的假象，即下级在向上级汇报工作情况或有关信息时，或故意拖延有关信息的传递，或提供其他错误信息，使管理当局产生内部控制运行正常的假象。

（2）直接或间接对抗某项制度，如在成本费用控制中，各部门经理为防止其所在部门的经费被削减，经常会虚报预算等。

（3）故意怠工与破坏。

这些潜在的特殊情况也迫使管理当局必须采取预防性控制或补救措施。

（四）内控制度建设应关注的问题

1．坚持实事求是及风险导向

要根据企业自身的经营特点、特有的风险和人员机构安排，从实际情况出发，全面考虑后，建立适合自身的内部控制制度，不能盲目照搬其他企业的现有制度。

2．保证制度的可理解性

必须要让所有内部控制的参与者都能明白内部控制制度的要求，只有保证可理解性才能实现制度实施的效果。

3．内部控制制度制定权的分配

企业各个部门都应建立自己的内部控制文件，企业高层管理者应将制定权分配到各部门，自己只掌握重要控制制度的制定和部门制度的审批权，这样才能发挥各部门的信息优势和管理积极性。

4．注重对控制执行情况的监督与评估

企业内部审计等专门机构要定期或不定期地对各部门内部控制制度的执行情况进行考核。如果发现内部控制制度存在缺陷（无论是设计缺陷还是运行缺陷），应及时报告和修正。

5．注意量与质的平衡

企业应当跟踪内部控制缺陷整改情况，并就内部监督中发现的重大缺陷，追究相关单位或者责任人的责任。

6．在对内部控制进行自我评估时应特别考虑的问题

（1）自上次评估以来，重要风险的性质和程度所发生的变化，以及公司对这些商业风险和外部环境变化所作出反应的能力。

（2）管理层对内部控制系统和风险持续监督的范围和质量，以及内部审计功能和其他保证方式的工作状况如何。

（3）就监督的结果与董事会交流的程度和频率，以便在公司内建立起累计评估体系，对内部控制状况及风险管理有效程度加以评估。

（4）期间内任一时间所确认的重大控制失败或弱点，及其所导致或可能导致的不可预见的结果及或有事项的程度，以及对公司财务状况和业绩产生的重大影响。

（5）公司公开报告程序的有效性。一旦知道内部控制中存在重大失败或弱点，董事会应明确这种失败或弱点是如何产生的，并对内部控制系统的有效性进行重新评估。内部控制自我评估不仅仅是一种时尚，它也是两个较强趋势的组合，第一是内部审计师将在组织中充当顾问的角色，第二是内部控制将成为每个人自己的责任。内部控制自我评估对形成组织内部控制精神意义重大。

（五）内部控制制度的设计方法

1. 一般控制法

一般控制法是指企业根据其经济业务的性质、特点等，针对容易经常发生错弊的业务或环节所实施的控制程序、方法和措施等。

目前国内外大多数中小企业通常是针对人、财、物等要素，分别按内部管理控制制度和内部会计控制制度进行设计的。

（1）内部管理控制的范围涉及企业生产、技术经营、管理的各部门、各层次、各环节，内容主要如下。

1）组织规划控制，包括组织机构的设置、权责分派体系、部门与岗位责任制、人员配备等。

2）人员素质及行为控制，包括企业从人员选拔、录用、培训、考核、奖惩等一系列过程中所采取的程序、方法和措施等。在人员行为控制中经常使用的控制方法是制定规章制度和各种工作表现鉴定法。

3）质量与统计控制，包括对投入产出等记录与计算；产品质量的统计与分析；根据各原始记录形成的各种统计台账；统计报表的编制等。

4）时间控制，其关键是要确定各项活动的进行是否符合既定的时间要求。在企业生产过程中表现为控制产品的生产周期、投入时间、完工时间、工时定额、交货日期等。在时间控制中，目前企业通常利用甘特图和网络计划技术等工具来对其人力、物资、设备等实施控制，以按期实现组织目标。

5）安全控制，包括人身安全控制；财产安全控制，如防盗、防损措施和手段等；资料安全控制，如资料的定期归档及专人保管等。

（2）财务会计控制应约束单位内部涉及财务与会计管理工作的所有部门及人员，内容主要如下。

1）会计控制包括严格的凭证制度，即合规合法的凭证及传递程序；会计业务处理程序，即从填制、登记账簿到编制报表等的一系列的方法和程序；会计复核与会计监督等。

2）财务控制是通过对企业资金运动状况的监督与分析，来对企业中各部门及人员的活动与工作所实施的控制，包括预算控制，如货币资金控制、债权债务控制、成本费用控制等；财产物资管理，如存货管理、固定资产管理等；会计报表分析等。

此外，有些企业还将内部审计控制也作为一项内容单独设计。内部审计控制是根据企业的内部控制目标和管理要求，按照一定的方法、手段和程序而对企业的经营业务活动或工作环节所进行的审查、调节等控制活动，其主要程序是查明问题、比较标准、分析差距与错弊、提出建议与措施、监督纠正。

2．业务循环控制法

循环控制法就是按照处理企业内部某类经济业务事项的方法和程序的先后顺序而实施控制的方法。

一般而言，不同类型的企业，其业务循环的划分也有所不同，但任何企业的所有交易和账户余额均可划分为关键几个业务循环。对于工业企业而言，可将企业的整个交易事项的处理过程划分为销售和收入循环、采购和付款循环、生产循环、筹资和投资循环、货币资金循环五个关键性的环节，并据此设计和实施相关的控制措施。

（1）销售与收款循环。主要包括接受客户订货单，核准信用条件，发运商品，开列销售发票，记录收益和应收款项，开具账单，处理和记录收入现金等业务。

1）明确职责分工，实行职务分离。例如，接受客户订单、填制销货通知单、批准赊销信用、按销售单供货及发运货物、办理和记录销货折让与退回、收取货款、会计记录及核对账目等应有不同的人员分别办理，防止作弊行为的发生。

2）销售业务审批，尤其是对大宗销售及销售折让与退回等业务要严加审核与控制。

3）业务记录与处理记录控制。会计部门要利用会计科目和会计账簿，正确归集不同性质类型的销售业务（如赊销、现销、代销、分期付款等），及时登记入账。

4）现金收入及应收款控制。现金收入应有专人负责并及时入库；对于赊销业务应首先进行客户信用分析，以确定不同客户的信用程度，对已赊销应收款应有专人负责，并严格控制。

（2）采购和付款循环。一般而言，采购和付款循环由制定采购计划、签订采购合同或发出订货单、购买存货、其他资产和劳务，货物验收入库及编制验收报告，记录应付债务，核准付款、支付并记录现金支出等程序构成。

1）对采购和付款循环中的各项业务建立职责分工，实行职务分离控制。

2）建立采购申请审批制度。

3）建立订货控制制度，如选择哪家供货单位？由谁负责订货？何时发出采购单？所有订单是否预先编号？已发出订单是否进行详细登记？每次采购的数量或批量是多少？何时应该到货？

4）建立后续检查制度，如是否定期检查未到货的订单？有无完整的记录？

5）建立严格的货款支付制度，包括应付款控制和现金支付控制等，如编制付款凭单、记录现金与银行存款支出等。

（3）生产循环控制。生产循环是将原材料加工成为零部件或产成品的过程，包括储存原料、燃料、生产领用原材料，以及制造成本的归集方法和程序等业务。

这一循环包括了制造产品品种和数量的生产计划和控制、保持存货水平和与制造过程有关的交易或事项。

1）生产过程中有关职务的必要分离，如材料物资的保管与记录职务相分离，产成品的验收、保管、记账要分离等。

2）产品计划管理与控制，即通过市场预测，结合本企业生产能力，编制生产计划，经管理当局批准后分解落实到有关部门或岗位。

3）产品进度控制，实质是对原材料从投入生产到产成品入库止的整个生产过程所进行的控制，包括投入进度控制、产出进度控制、在制品管理控制和工序进度控制。

4）产品质量控制，主要是通过对生产操作人员、材料和工艺方法、机器设备等影响质量的关键因素所进行的控制。

5）产品成本控制，即指在生产过程中将原材料、人工等成本费用指标分解到各个部门予以实施和考核，以保证各项费用支出限制在规定的标准范围之内。

6）财产物资与设备控制，包括实地盘存控制、永续盘存控制等。

（4）筹资和投资循环。

1）筹资循环。筹资活动是指企业为满足生存和发展的需要，通过改变企业资本及债务规模和构成而筹集资金的活动，它一般是由审批授权、筹资计划、执行筹资业务、取得资金、还本付息及相关记录等环节组成。

因此，筹资循环内部控制包括对筹资的授权审批控制、筹资收入款项的控制、还本付息与支付股利等付出款项的控制、实物保管控制、会计记录控制。

2）投资循环。投资活动是指通过分配来增加财富，或为谋求其他利益，将资产让渡给其他单位而获取另一项资产的活动，一般由审批授权、投资计划、投资实施、投资交割、收益与处置及相关记录等环节组成。

因此，投资循环包括对投资的审批控制、投资计划、对投资业务的会计核算控制、证券记名登记制度、定期盘点投资资产。

（5）货币资金循环。货币资金包括现金、银行存款和其他货币资金，是企业流动资金中最活跃的部分。货币资金循环与其他业务循环存在着直接或间接的联系，它一般包括对银行存款、借款、租赁，以及处理公司债务和股本等交易事项进行授权、执行和记录的程序。具体包括预算审核控制、付款和收入控制、库存现金控制、银行存款控制和备用金控制，有时也可以将货币资金的内部控制简单分为收款内部控制、付款内部控制和备用金内部控制三种。

应该指出的是，如何划分业务循环，应视企业的业务性质和规模而定。例如，对于银行业就没有生产循环，但其有贷放款循环和活期业务存款循环，上述业务循环的划分方法显然就不适用，银行业根据自身的业务特点可以考虑按贷款与利息收入循环、存款与利息支出循环和投资与财务管理循环进行分类。又例如，对于大型制造业企业而言，如果管理需要还可以考虑将上述的销售与收款循环按照销货的程序和现金收入的程序细化为两个循环进行设计与管理。

（六）内部控制的设计形式

内部控制的设计形式，主要有内部控制流程图、内部控制调查表和文字记录。下面简要介绍内部控制流程图和内部控制调查表的设计。

1. 内部控制流程图

内部控制流程图的绘制步骤如下。

（1）选定流程图符号。流程图符号是流程图的语言，它由一系列几何图形符号组成。目前，我们还没有全国统一的流程图符号，世界各国的流程图符号也不一致。

（2）确定流程图主线。流程图通常以控制流程为主线，自始至终绘制，并涉及分支流程走向。

（3）确定流程图重点。流程图应重点反映控制点、关键控制点及其控制措施，并显示各种不相容职务的分离。

（4）编制流程图说明。鉴于在流程图中难以显示各控制点的控制措施，则另行编制文字说明表，以配合对流程图的理解。

该文字说明表，应主要反映各控制点的控制措施以及对应的控制目标。在"现金控制系统流程图说明"中，第一个控带点"审批"，应实现的控制目标为"保证现金收付真实、合法，并按照授权进行"，对应的控制措施为"授权办理现金收支业务；经办人员在现金收支原始凭证上签章、部门负责人审核该凭证并签章批准"；最后一个控制点"清查"，对应的控制目标为"保证现金完整、正确、账实相符"，应实施的控制措施为"清查小组盘点库存现金：核对现金日记账；编报现金盘点报告单"。通过该表，就可将流程图符号难以表达以及控制流程不便涉及的控制措施，充分、详细地显示出来，从而弥补流程图的固有缺陷。

2. 内部控制调查表

编制内部控制调查表，关键是针对需要调查了解的控制系统及控制点，设计拟调查的问题条款。

调查问题的提出，要紧紧围绕控制系统中各个控制点和关键控制点及其控制措施。即对控制点设置的各项控制措施,逐一设计调查问题条款,并补充控制环境、一般控制等调查问题条款。

（1）设计步骤。设计调查问题一般可分三步进行：一是确定被审计单位内部控制系统的调查目标；二是根据调查目标，确定所要调查的控制点及其控制措施；三是根据控制点及其控制措施拟定具有针对性的调查问题。

（2）调查表的格式。调查表的格式通常有封闭式和开放式两种。其要素包括：调查单位、调查项目、调查时间、调查问题、调查答案，以及被调查人、审计负责人和审计调查人等。

（七）内部控制制度的设计步骤

设计内部控制的步骤，主要是确定控制目标，整合控制流程，鉴别控制环节，确定控制措施，最终以流程图或调查表的形成加以体现。

1. 控制目标

设计内部控制，首先应该根据经济活动的内容特点和管理要求提炼内部控制目标，然后据以选择具有相应功能的内部控制要素，组成该控制系统。

可以将内部控制的基本目标概括为六项：

（1）维护财产物资的完整性；

（2）保证会计信息的准确性；

（3）保证财务活动的合法性；

（4）保证经营决策的贯彻执行；

（5）保证生产经营活动的经济性、效率性和效果性；

（6）保证国家法律法规的遵守执行。

需要指出的是，以上六项目标均为基本目标或一般目标。在每项基本控制目标下，还可细化为若干具体控制目标。例如，第二项基本目标"保证会计信息的准确性"，即可分解为：① 保证会计凭证的准确性；② 保证会计账簿的准确性；③ 保证会计报表的准确性等几项具体目标。而第① 项具体控制目标"保证会计凭证的准确性"，又可进一步分解为保证会计原始凭证的准确性、保证会计记账凭证的准确性，第②、③项具体控制目标同样也可分解为若干更具体的控制目标。

2. 整合控制流程

控制流程，是依次贯穿于某项业务活动始终的基本控制步骤及相应环节。控制流程通常同业务流程相吻合，主要由控制点组成。当企业的业务流程存在控制缺陷时，则需要根据控制目标和控制原则加以整合。

3. 鉴别控制环节

实现控制目标，主要是控制容易发生偏差的业务环节。这些可能发生错弊因而需要控制的业务环节，通常称为控制环节或控制点。

控制点按其发挥作用的程度而论，可以分为关键控制点和一般控制点。

4. 确定控制措施

控制点的功能，是通过设置具体的控制技术和手续而实现的。这些为预防和发现错弊而在某控制点所运用的各种控制技术和手续等，通常被概括为控制措施。例如，现金控制系统中的"审批"控制点，就设有：① 主管人员授权办理现金收支业务；② 经办人员在现金收支原始凭证上签字或盖章；③ 部门负责人审核该凭证并签章批准等控制措施。

银行存款控制系统的"结算"控制点则设有：① 出纳员核查原始凭证；② 填制或取得结算凭证；③ 加盖收讫或付讫戳记；④ 签字或盖章；⑤ 登记结算登记簿等控制措施。

以上两个控制点的差异，说明由于其控制的业务内容不同，所要实现的控制目标不同，因而相匹配的控制措施也不相同。因此，实际工作中，必须根据控制目标和对象设置相应的控制技术和手续。

制度设计工作计划表

序号	设计项目	设计负责人	计划开始时间			计划完成时间			实际完成时间			备注
			年	月	日	年	月	日	年	月	日	
1	初步调查											
2	纲要设计											
3	财务政策设计											
4	基本财务制度设计											
5	财务管理体制设计											
6	财务组织结构及岗位责任设计											
…	……											

第二节　内部控制基本规范

请参阅以下相关文案。

企业内部控制基本规范

第一章　总　　则

第一条　为了加强和规范企业内部控制，提高企业经营管理水平和风险防范能力，促进企业可持续发展，维护社会主义市场经济秩序和社会公众利益，根据《中华人民共和国公司法》《中华人民共和国证券法》《中华人民共和国会计法》和其他有关法律法规，制定本规范。

第二条　本规范适用于中华人民共和国境内设立的大中型企业。

小企业和其他单位可以参照本规范建立与实施内部控制。

大中型企业和小企业的划分标准根据国家有关规定执行。

第三条　本规范所称内部控制，是由企业董事会、监事会、经理层和全体员工实施的、旨在实现控制目标的过程。

内部控制的目标是合理保证企业经营管理合法合规、资产安全、财务报告及相关信息真实完整，提高经营效率和效果，促进企业实现发展战略。

第四条　企业建立与实施内部控制，应当遵循下列原则：

（一）全面性原则。内部控制应当贯穿决策、执行和监督全过程，覆盖企业及其所属单位的各种业务和事项。

（二）重要性原则。内部控制应当在全面控制的基础上，关注重要业务事项和高风险领域。

（三）制衡性原则。内部控制应当在治理结构、机构设置及权责分配、业务流程等方面形成相互制约、相互监督，同时兼顾运营效率。

（四）适应性原则。内部控制应当与企业经营规模、业务范围、竞争状况和风险水平等相适应，并随着情况的变化及时加以调整。

（五）成本效益原则。内部控制应当权衡实施成本与预期效益，以适当的成本实现有效控制。

第五条　企业建立与实施有效的内部控制，应当包括下列要素：

（一）内部环境。内部环境是企业实施内部控制的基础，一般包括治理结构、机构设置及权责分配、内部审计、人力资源政策、企业文化等。

（二）风险评估。风险评估是企业及时识别、系统分析经营活动中与实现内部控制目标相关的风险，合理确定风险应对策略。

（三）控制活动。控制活动是企业根据风险评估结果，采用相应的控制措施，将风险控制在可承受度之内。

（四）信息与沟通。信息与沟通是企业及时、准确地收集、传递与内部控制相关的信息，确保信息在企业内部、企业与外部之间进行有效沟通。

（五）内部监督。内部监督是企业对内部控制建立与实施情况进行监督检查，评价内部控制的有效性，发现内部控制缺陷，应当及时加以改进。

第六条　企业应当根据有关法律法规、本规范及其配套办法，制定本企业的内部控制制度并组织实施。

第七条　企业应当运用信息技术加强内部控制，建立与经营管理相适应的信息系统，促进内部控制流程与信息系统的有机结合，实现对业务和事项的自动控制，减少或消除人为操纵因素。

第八条　企业应当建立内部控制实施的激励约束机制，将各责任单位和全体员工实施内部控制的情况纳入绩效考评体系，促进内部控制的有效实施。

第九条　国务院有关部门可以根据法律法规、本规范及其配套办法，明确贯彻实施本规范的具体要求，对企业建立与实施内部控制的情况进行监督检查。

第十条　接受企业委托从事内部控制审计的会计师事务所，应当根据本规范及其配套办法和相关执业准则，对企业内部控制的有效性进行审计，出具审计报告。会计师事务所及其签字的从业人员应当对发表的内部控制审计意见负责。

为企业内部控制提供咨询的会计师事务所，不得同时为同一企业提供内部控制审计服务。

第二章　内部环境

第十一条　企业应当根据国家有关法律法规和企业章程，建立规范的公司治理结构和议事规则，明确决策、执行、监督等方面的职责权限，形成科学有效的职责分工和制衡机制。

股东（大）会享有法律法规和企业章程规定的合法权利，依法行使企业经营方针、筹资、投资、利润分配等重大事项的表决权。

董事会对股东（大）会负责，依法行使企业的经营决策权。

监事会对股东（大）会负责，监督企业董事、经理和其他高级管理人员依法履行职责。

经理层负责组织实施股东（大）会、董事会决议事项，主持企业的生产经营管理工作。

第十二条 董事会负责内部控制的建立健全和有效实施。监事会对董事会建立与实施内部控制进行监督。经理层负责组织领导企业内部控制的日常运行。

企业应当成立专门机构或者指定适当的机构具体负责组织协调内部控制的建立实施及日常工作。

第十三条 企业应当在董事会下设立审计委员会。审计委员会负责审查企业内部控制，监督内部控制的有效实施和内部控制自我评价情况，协调内部控制审计及其他相关事宜等。

审计委员会负责人应当具备相应的独立性、良好的职业操守和专业胜任能力。

第十四条 企业应当结合业务特点和内部控制要求设置内部机构，明确职责权限，将权利与责任落实到各责任单位。

企业应当通过编制内部管理手册，使全体员工掌握内部机构设置、岗位职责、业务流程等情况，明确权责分配，正确行使职权。

第十五条 企业应当加强内部审计工作，保证内部审计机构设置、人员配备和工作的独立性。

内部审计机构应当结合内部审计监督，对内部控制的有效性进行监督检查。内部审计机构对监督检查中发现的内部控制缺陷，应当按照企业内部审计工作程序进行报告；对监督检查中发现的内部控制重大缺陷，有权直接向董事会及其审计委员会、监事会报告。

第十六条 企业应当制定和实施有利于企业可持续发展的人力资源政策。人力资源政策应当包括下列内容：

（一）员工的聘用、培训、辞退与辞职。

（二）员工的薪酬、考核、晋升与奖惩。

（三）关键岗位员工的强制休假制度和定期岗位轮换制度。

（四）掌握国家秘密或重要商业秘密的员工离岗的限制性规定。

（五）有关人力资源管理的其他政策。

第十七条 企业应当将职业道德修养和专业胜任能力作为选拔和聘用员工的重要标准，切实加强员工培训和继续教育，不断提升员工素质。

第十八条 企业应当加强文化建设，培育积极向上的价值观和社会责任感，倡导诚实守信、爱岗敬业、开拓创新和团队协作精神，树立现代管理理念，强化风险意识。

董事、监事、经理及其他高级管理人员应当在企业文化建设中发挥主导作用。

企业员工应当遵守员工行为守则，认真履行岗位职责。

第十九条 企业应当加强法制教育，增强董事、监事、经理及其他高级管理人员和员工的法制观念，严格依法决策、依法办事、依法监督，建立健全法律顾问制度和重大法律纠纷案件备案制度。

第三章　风险评估

第二十条 企业应当根据设定的控制目标，全面系统持续地收集相关信息，结合实际情况，及时进行风险评估。

第二十一条 企业开展风险评估，应当准确识别与实现控制目标相关的内部风险和外部风险，确定相应的风险承受度。

风险承受度是企业能够承担的风险限度，包括整体风险承受能力和业务层面的可接受风险水平。

第二十二条　企业识别内部风险，应当关注下列因素：

（一）董事、监事、经理及其他高级管理人员的职业操守、员工专业胜任能力等人力资源因素。

（二）组织机构、经营方式、资产管理、业务流程等管理因素。

（三）研究开发、技术投入、信息技术运用等自主创新因素。

（四）财务状况、经营成果、现金流量等财务因素。

（五）营运安全、员工健康、环境保护等安全环保因素。

（六）其他有关内部风险因素。

第二十三条　企业识别外部风险，应当关注下列因素：

（一）经济形势、产业政策、融资环境、市场竞争、资源供给等经济因素。

（二）法律法规、监管要求等法律因素。

（三）安全稳定、文化传统、社会信用、教育水平、消费者行为等社会因素。

（四）技术进步、工艺改进等科学技术因素。

（五）自然灾害、环境状况等自然环境因素。

（六）其他有关外部风险因素。

第二十四条　企业应当采用定性与定量相结合的方法，按照风险发生的可能性及其影响程度等，对识别的风险进行分析和排序，确定关注重点和优先控制的风险。

企业进行风险分析，应当充分吸收专业人员，组成风险分析团队，按照严格规范的程序开展工作，确保风险分析结果的准确性。

第二十五条　企业应当根据风险分析的结果，结合风险承受度，权衡风险与收益，确定风险应对策略。

企业应当合理分析、准确掌握董事、经理及其他高级管理人员、关键岗位员工的风险偏好，采取适当的控制措施，避免因个人风险偏好给企业经营带来重大损失。

第二十六条　企业应当综合运用风险规避、风险降低、风险分担和风险承受等风险应对策略，实现对风险的有效控制。

风险规避是企业对超出风险承受度的风险，通过放弃或者停止与该风险相关的业务活动以避免和减轻损失的策略。

风险降低是企业在权衡成本效益之后，准备采取适当的控制措施降低风险或者减轻损失，将风险控制在风险承受度之内的策略。

风险分担是企业准备借助他人力量，采取业务分包、购买保险等方式和适当的控制措施，将风险控制在风险承受度之内的策略。

风险承受是企业对风险承受度之内的风险，在权衡成本效益之后，不准备采取控制措施降低风险或者减轻损失的策略。

第二十七条　企业应当结合不同发展阶段和业务拓展情况，持续收集与风险变化相关的信息，进行风险识别和风险分析，及时调整风险应对策略。

第四章　控制活动

第二十八条　企业应当结合风险评估结果，通过手工控制与自动控制、预防性控制与发现性控制相结合的方法，运用相应的控制措施，将风险控制在可承受度之内。

控制措施一般包括：不相容职务分离控制、授权审批控制、会计系统控制、财产保护控制、预算控制、运营分析控制和绩效考评控制等。

第二十九条　不相容职务分离控制要求企业全面系统地分析、梳理业务流程中所涉及的不相容职务，实施相应的分离措施，形成各司其职、各负其责、相互制约的工作机制。

第三十条　授权审批控制要求企业根据常规授权和特别授权的规定，明确各岗位办理业务和事项的权限范围、审批程序和相应责任。

企业应当编制常规授权的权限指引，规范特别授权的范围、权限、程序和责任，严格控制特别授权。常规授权是指企业在日常经营管理活动中按照既定的职责和程序进行的授权。特别授权是指企业在特殊情况、特定条件下进行的授权。

企业各级管理人员应当在授权范围内行使职权和承担责任。

企业对于重大的业务和事项，应当实行集体决策审批或者联签制度，任何个人不得单独进行决策或者擅自改变集体决策。

第三十一条　会计系统控制要求企业严格执行国家统一的会计准则制度，加强会计基础工作，明确会计凭证、会计账簿和财务会计报告的处理程序，保证会计资料真实完整。

企业应当依法设置会计机构，配备会计从业人员。从事会计工作的人员，必须取得会计从业资格证书。会计机构负责人应当具备会计师以上专业技术职务资格。

大中型企业应当设置总会计师。设置总会计师的企业，不得设置与其职权重叠的副职。

第三十二条　财产保护控制要求企业建立财产日常管理制度和定期清查制度，采取财产记录、实物保管、定期盘点、账实核对等措施，确保财产安全。

企业应当严格限制未经授权的人员接触和处置财产。

第三十三条　预算控制要求企业实施全面预算管理制度，明确各责任单位在预算管理中的职责权限，规范预算的编制、审定、下达和执行程序，强化预算约束。

第三十四条　运营分析控制要求企业建立运营情况分析制度，经理层应当综合运用生产、购销、投资、筹资、财务等方面的信息，通过因素分析、对比分析、趋势分析等方法，定期开展运营情况分析，发现存在的问题，及时查明原因并加以改进。

第三十五条　绩效考评控制要求企业建立和实施绩效考评制度，科学设置考核指标体系，对企业内部各责任单位和全体员工的业绩进行定期考核和客观评价，将考评结果作为确定员工薪酬以及职务晋升、评优、降级、调岗、辞退等的依据。

第三十六条　企业应当根据内部控制目标，结合风险应对策略，综合运用控制措施，对各种业务和事项实施有效控制。

第三十七条　企业应当建立重大风险预警机制和突发事件应急处理机制，明确风险预警标准，对可能发生的重大风险或突发事件，制定应急预案、明确责任人员、规范处置程序，确保突发事件得到及时妥善处理。

第五章　信息与沟通

第三十八条　企业应当建立信息与沟通制度，明确内部控制相关信息的收集、处理和传递程序，确保信息及时沟通，促进内部控制有效运行。

第三十九条　企业应当对收集的各种内部信息和外部信息进行合理筛选、核对、整合，提高信息的有用性。

企业可以通过财务会计资料、经营管理资料、调研报告、专项信息、内部刊物、办公网络等渠道，获取内部信息。

企业可以通过行业协会组织、社会中介机构、业务往来单位、市场调查、来信来访、网络媒体以及有关监管部门等渠道，获取外部信息。

第四十条　企业应当将内部控制相关信息在企业内部各管理级次、责任单位、业务环节之间，以及企业与外部投资者、债权人、客户、供应商、中介机构和监管部门等有关方面之间进行沟通和反馈。信息沟通过程中发现的问题，应当及时报告并加以解决。

重要信息应当及时传递给董事会、监事会和经理层。

第四十一条　企业应当利用信息技术促进信息的集成与共享，充分发挥信息技术在信息与沟通中的作用。

企业应当加强对信息系统开发与维护、访问与变更、数据输入与输出、文件储存与保管、网络安全等方面的控制，保证信息系统安全稳定运行。

第四十二条　企业应当建立反舞弊机制，坚持惩防并举、重在预防的原则，明确反舞弊工作的重点领域、关键环节和有关机构在反舞弊工作中的职责权限，规范舞弊案件的举报、调查、处理、报告和补救程序。

企业至少应当将下列情形作为反舞弊工作的重点：

（一）未经授权或者采取其他不法方式侵占、挪用企业资产，牟取不当利益。

（二）在财务会计报告和信息披露等方面存在的虚假记载、误导性陈述或者重大遗漏等。

（三）董事、监事、经理及其他高级管理人员滥用职权。

（四）相关机构或人员串通舞弊。

第四十三条　企业应当建立举报投诉制度和举报人保护制度，设置举报专线，明确举报投诉处理程序、办理时限和办结要求，确保举报、投诉成为企业有效掌握信息的重要途径。

举报投诉制度和举报人保护制度应当及时传达至全体员工。

第六章　内部监督

第四十四条　企业应当根据本规范及其配套办法，制定内部控制监督制度，明确内部审计机构（或经授权的其他监督机构）和其他内部机构在内部监督中的职责权限，规范内部监督的程序、方法和要求。

内部监督分为日常监督和专项监督。日常监督是指企业对建立与实施内部控制的情况进行常规、持续的监督检查；专项监督是指在企业发展战略、组织结构、经营活动、业务流程、关键岗位员工等发生较大调整或变化的情况下，对内部控制的某一或者某些方面进行有针对性的监督检查。

专项监督的范围和频率应当根据风险评估结果以及日常监督的有效性等予以确定。

第四十五条　企业应当制定内部控制缺陷认定标准，对监督过程中发现的内部控制缺陷，应当分析缺陷的性质和产生的原因，提出整改方案，采取适当的形式及时向董事会、监事会或者经理层报告。

内部控制缺陷包括设计缺陷和运行缺陷。企业应当跟踪内部控制缺陷整改情况，并就内部监督中发现的重大缺陷，追究相关责任单位或者责任人的责任。

第四十六条　企业应当结合内部监督情况，定期对内部控制的有效性进行自我评价，出具内部控制自我评价报告。

内部控制自我评价的方式、范围、程序和频率，由企业根据经营业务调整、经营环境变化、业务发展状况、实际风险水平等自行确定。

国家有关法律法规另有规定的，从其规定。

第四十七条　企业应当以书面或者其他适当的形式，妥善保存内部控制建立与实施过程中的相关记录或者资料，确保内部控制建立与实施过程的可验证性。

第七章 附 则

第四十八条 本规范由财政部会同国务院其他有关部门解释。

第四十九条 本规范的配套办法由财政部会同国务院其他有关部门另行制定。

第五十条 本规范自 2009 年 7 月 1 日起实施。

第二章

组织架构方面内控管理

第一节 组织架构管理综述

组织架构，是指企业按照国家有关法律法规、股东（大）会决议和企业章程，明确董事会、监事会、经理层和企业内部各层级机构设置、人员编制、职责权限、工作程序和相关要求的制度安排。企业组织架构主要包括治理结构和内部机构。

一、组织架构的设计

（一）企业治理结构的设计

1. 企业治理结构设计一般要求

治理结构涉及股东（大）会、董事会、监事会和经理层。

企业应当根据国家有关法律法规的规定，明确董事会、监事会和经理层的职责权限、任职条件、议事规则和工作程序等，确保决策、执行和监督相互分离，形成制衡。

从内部控制建设角度看，新设企业或转制企业如果一开始就在治理结构设计方面存在缺陷，必然对以后企业的长远发展造成严重损害。例如，在组织架构指引起草调研过程中发现，部分上市公司在董事会下没有设立"真正意义上"的审计委员会，其成员只是"形式上"符合有关法律法规的要求，但实质上难以胜任工作，甚至也"不愿"去履行职能。又如，部分上市公司监事会成员，或多或少地与上市董事长存在某种关系，在后续工作中难以秉公办事，直接或间接损害了股东尤其是小股东的合法权益。

还有些上市公司因为在上市改制时组织架构设计不合理，出于照顾等因素让某人担任董事长，而实际上公司总经理是幕后真正的"董事长"。凡此种种，都值得引起关注，应当在组织架构设计时尽力避免。正因如此，组织架构指引明确，董事会、监事会和经理层的产生程序应当合法合规，其人员构成、知识结构、能力素质应当满足履行职责的要求。

2. 上市公司治理结构设计的特殊性

上市公司治理结构的设计，应当充分反映其"公众性"。其特殊性主要表现在以下几方面

（1）建立独立董事制度。上市公司董事会应当设立独立董事，独立董事应独立于所受聘的公司及其主要股东。独立董事不得在上市公司担任除独立董事外的其他任何职务。独立董事应按照有关法律法规和公司章程的规定，认真履行职责，维护公司整体利益，尤其要关注中小股东的合法权益不受损害。独立董事应独立履行职责，不受公司主要股东、实际控制人以及其他与上市公司存在利害关系的单位或个人的影响。

（2）完善专门委员会。上市公司董事会下设的审计委员会、薪酬与考核委员会中，独立董事应当占多数并担任负责人，审计委员会中至少还应有一名独立董事是会计专业人士。在董事会各专业委员会中，审计委员会对内部控制的建立健全和有效实施发挥着重要作用。审计委员会对董事会负责，并代表董事会对经理层进行监督，侧重加强对经理层提供的财务报告和内部控制评价报告的监督，同时通过指导和监督内部审计和外部审计工作，提高内部审计和外部审计的独立性，在信息披露、内部审计和外部审计之间建立起一个独立的监督或控制机制。

（3）设立董事会秘书。上市公司应当设立董事会秘书，董事会秘书为上市公司的高级管理人员，直接对董事会负责，并由董事长提名，董事会负责任免。在上市公司实务中，董事会秘书是一个重要的角色，负责公司股东大会和董事会会议的筹备，文件保管以及公司股东资料的管理，办理信息披露事务等事宜。

3．国有独资企业治理结构设计的特殊要求

国有独资企业是我国比较独特的企业群体，治理结构设计应充分反映其特色。

（1）国有资产监督管理机构代行股东（大）会职权。国有独资企业不设股东（大）会，由国有资产监督管理机构行使股东（大）会职权。国有独资企业董事会可以根据授权，部分行使股东（大）会的职权，决定公司的重大事项，但公司的合并、分立、解散、增加或者减少注册资本和发行公司债券，必须由国有资产监督管理机构决定。

（2）国有独资企业董事会成员应有公司职工代表。董事会成员由国有资产监督管理机构委派，但是董事会成员中的职工代表应由公司职工代表大会选举产生。国有独资企业董事长、副董事长由国有资产监督管理机构从董事会成员中指定产生。

（3）国有独资企业监事会成员由国有资产监督管理机构委派，但是监事会成员中的职工代表由公司职工代表大会选举产生。监事会主席由国有资产监督管理机构从监事会成员中指定产生。

（4）外部董事由国有资产监督管理机构提名推荐，由任职公司以外的人员担任。外部董事在任期内，不得在任职企业担任其他职务。外部董事制度对于规范国有独资公司治理结构、提高决策科学性、防范重大风险具有重要意义。

（二）企业内部机构的设计

内部机构的设计是组织架构设计的关键环节。只有切合企业经营业务特点和内部控制要求的内部机构，才能为实现企业发展目标发挥积极促进作用。

根据指引要求在设计内部机构时应具体关注以下三点。

1．机构设计应遵循原则

企业应当按照科学、精简、高效、透明、制衡的原则，综合考虑企业性质、发展战略、文化理念和管理要求等因素，合理设置内部职能机构，明确各机构的职责权限，避免职能交叉、缺失或权责过于集中，形成各司其职、各负其责、相互制约、相互协调的工作机制。

2．职能应科学合理分解

企业应当对各机构的职能进行科学合理的分解，确定具体岗位的名称、职责和工作要求等，明确各个岗位的权限和相互关系。

在内部机构设计过程中，应当体现不相容岗位相分离原则，努力识别出不相容职务，并根据相关的风险评估结果设立内部牵制机制，特别是涉及重大或高风险业务处理程序时，必须考虑建立各层级、各部门、各岗位之间的分离和牵制，对因机构人员较少且业务简单而无法分离处理的某些不相容职务，企业应当制定切实可行的替代控制措施。

3. 权限体系的分配

企业应当制定组织结构图、业务流程图、岗（职）位说明书和权限指引等内部管理制度或相关文件，使员工了解和掌握组织架构设计及权责分配情况，正确履行职责。

值得特别指出的是，就内部机构设计而言，建立权限指引和授权机制是非常重要的。有了它，不同层级的员工就知道该如何行使职权并承担相应责任，也有利于事后考核评价。"授权"表明，企业各项决策和业务必须由具备适当权限的人员办理，这一权限通过公司章程约定或其他适当方式授予。企业内部各级员工必须获得相应的授权，才能实施决策或执行业务，严禁越权办理。按照授权对象和形式的不同，授权分为常规授权和特别授权。常规授权一般针对企业日常经营管理过程中发生的程序性和重复性工作，可以在企业正式颁布的岗（职）位说明书中予以明确，或通过制定专门的权限指引予以明确。特别授权一般是由董事会给经理层或经理层给内部机构及其员工授予处理某一突发事件（如法律纠纷）作出某项重大决策、代替上级处理日常工作的临时性权力。

 文案范本

企业组织结构图

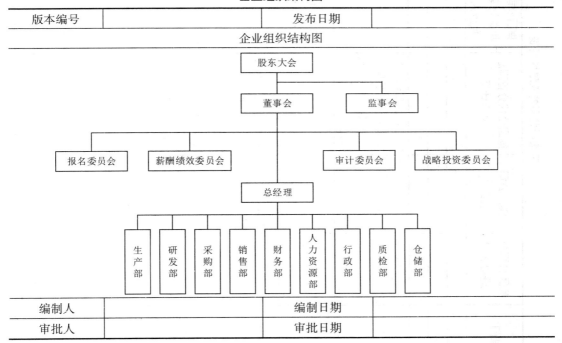

版本编号		发布日期	
企业组织结构图			
编制人		编制日期	
审批人		审批日期	

 文案范本

企业权限指引表编制示范

"权限指引表"一般以矩阵式表格描述，由横向、纵向两个指标体系构成。权限项目按照业务流程和控制点编号的顺序依次单列而成，一一对应。

下表为"某集团公司的权限指引表"：

某集团公司的权限指引表

	执行部门	集团公司总经理办公会	集团公司总经理	集团公司分管副总/总会计师	集团公司机关处室负责人	分（子）公司总经理办公会	分（子）公司总经理	分（子）公司分管副总/总会计师	会签部门或复核岗位
一、采购									
1. 总部集中采购									
（1）采购合同/协议									
（2）长期采购协议/框架采购协议	采购部			审批：总部组织集中采购项下长期采购协议/框架采购协议					企划部
（3）长期采购协议或框架采购协议项下合同	所属分（子）公司				审批：单笔≥100万元			审批：单笔<100万元	分（子）公司合同管理部门
（4）非长期采购协议、非框架采购协议项下采购合同	采购部/所属分（子）公司		审批：单笔≥300万元	审批：单笔100万（含）~300万元			审批：单笔20万（含）~100万元	审批：单笔<20万元	企划部/财务部/所属分（子）公司合同管理员
（5）供货协议	采购部			审批：年度供货协议代理采购协议					企划部/财务部
（6）对外付款	采购部/财务部/所属分（子）公司		批准：单笔≥300万元	批准：单笔100万（含）~300万元			批准：单笔20万（含）~100万元	批准：单笔<20万元	采购部/财务部/所属分（子）公司
2. 企业自行采购									
（1）需求计划	所有分（子）公司	审批年度计划						审批月度计划	
（2）采购计划	所有分（子）公司				审批：年，月（季）度计划		审批：年，月（季）度计划		
（3）采购合同/协议									

续表

执行部门	集团公司总经理办公会	集团公司总经理	集团公司分管副总/总会计师	分（子）公司经理办公会	集团公司机关处室负责人	分（子）公司总经理	分（子）公司分管副总/总会计师	签会部门或复核岗位
①框架采购协议	采购部/所属分（子）公司			审批					企划部
②框架采购协议下合同/内部采购合同	采购部/所属分（子）公司					审批:分公司组织集中采购		审批	企划部财务部/所属分（子）公司合同管理员
③外部采购合同（非框架采购协议下）	采购部/所属分（子）公司		审批：单笔≥300万元	审批：单笔100万（含）~300万元			审批：单笔20万（含）~100万元	审批：单笔<20万元	企划部财务部/所属分（子）公司合同管理员
（4）对外付款									
①货到付款	财务部/采购部/所属分（子）公司财务部		批准：单笔≥300万元	批准：单笔100万（含）~300万元			批准：单笔20万（含）~100万元	批准：单笔<20万元	企划部财务部/所属分（子）公司合同管理员
②预付款	财务部/采购部/所属分（子）公司财务部			批准		○			企划部财务部/所属分（子）公司合同管理员
二、全面预算管理									
全面预算管理	集团及所属分（子）公司								
（1）年度预算	财务部及所属分（子）公司财务部	审批：集团预算分解/实施方案							集团相关部门及所属分（子）公司相关部门
（2）月度预算	财务部及所属分（子）公司财务部			审批：集团月度预算					集团相关部门及所属分（子）公司相关部门

续表

	执行部门	集团公司总经理办公会	集团公司总经理	集团公司分管副总会计师/总会计师	集团公司机关处室负责人	分(子)公司总经理办公会	分(子)公司总经理	分(子)公司分管副总/总会计师	会签部门或复核岗位
(3)集团内部预算外事项	财务部及所属分(子)公司财务部	审批:集团内部预算外事项							集团相关部门及所属分(子)公司相关部门
(4)集团内部年度预算调整	财务部及所属分(子)公司财务部	审批:集团内部年度预算调整							集团相关部门及所属分(子)公司相关部门
三、成本费用管理									
1.生产计划	集团及所属分(子)公司责任部门		审批本公司生产计划和预算并批准下达						财务部/分(子)公司财务部门
2.生产成本管理	财务部及分(子)公司财务部门		分解成本预算指标,批准下属单位成本计划						集团及所属分(子)公司责任部门
3.管理费用、销售费用预算额度	集团、分(子)公司责任部门		批准下属单位费用额度						财务部/分(子)公司财务部门
4.管理费用、销售费用									
(1)办公费	集团及所属分(子)公司费用责任部门		批准:单笔≥1万元	批准:单笔5000(含)~1万元	批准:单笔<5000元		批准:单笔2000(含)~1万元	批准:单笔<2000元	财务部/分(子)公司财务部门
(2)差旅费	集团及所属分(子)公司费用责任部门		批准:单人单笔≥2万元	批准:单人单笔5000(含)~2万元	批准:单人单笔<5000元		批准:单人单笔5000(含)~2万元	批准:单人单笔<5000元	财务部及所属分(子)公司财务部门

续表

执行部门	集团公司总经理办公会	集团公司总经理	集团公司分管副总/总会计师	集团公司机关处室负责人	分（子）公司总经理办公会	分（子）公司总经理	分（子）公司分管副总/总会计师	会签部门或核岗位
（3）会议费 集团及所属分（子）公司费用责任部门		批准：单笔≥5万元	批准：单笔3万（含）~5万元	批准：单笔<3万元		批准：单笔2万（含）~5万元	批准：单笔<2万元	财务部及所属分（子）公司财务部门
（4）业务招待费 集团及所属分（子）公司费用责任部门		批准：单笔≥1万元	批准：单笔4000（含）~1万元	批准：单笔<4000元		批准：单笔2000（含）~1万元	批准：单笔<2000元	财务部及所属分（子）公司财务部门
（5）行政经费 集团及所属分（子）公司费用责任部门			批准		批准			财务部及所属分（子）公司财务部门
（6）运杂费 集团及所属分（子）公司费用责任部门		批准：单笔≥100万元	批准：单笔50万（含）~1000万元	批准：单笔20万（含）~50万元		批准：单笔20万（含）~50万元	批准：单笔<20万元	财务部及所属分（子）公司财务部门
5. 修理费用	批准年度固定资产修理计划							
（1）修理计划 生产部/所属分（子）公司资产管理部门							批准月度修理计划	财务部（子）公司部门
（2）修理合同（视情况采用招标方式选择施工单位） 生产部/所属分（子）公司		审批：单笔≥100万元	审批：单笔20万（含）~100万元			审批：单笔20万（含）~30万元	审批：单笔<20万元	企划部/所属分（子）公司
（3）对外付款 分公司财务部门		批准：单笔≥100万元	批准：单笔20万（含）~1000万元			批准：单笔20万（含）~50万元	批准：单笔<20万元	生产部/所属分（子）公司
6. 技术研发费								
（1）技术研发项目计划/预算 生产部/所属分（子）公司研发部门	年度研发专题计划			○				财务部/所属分（子）公司财务部门

续表

	执行部门	集团公司总经理办公会	集团公司总经理	集团公司分管副总/总会计师	集团公司机关处室负责人	分（子）公司总经理办公会	分（子）公司总经理	分（子）公司分管副总/总会计师	会签部门或复核岗位
（2）技术研发项目/合同（内部课题任务书）	生产部/所属分（子）公司研发部门	与集团签署内部课题任务书；对外审批：单笔50万（含）~1000万元		与所属分（子）公司签署内部课题任务书；对外审批：单笔<50万元	○				企划部/所属分（子）公司法律事务部门
（3）对外付款	财务部/所属分（子）公司财务部门	批准：单笔≥50万元		批准：单笔20万（含）~50万元				批准：单笔<20万元	所属分（子）公司研发部门
四、销售									
1. 一般产品销售									
（1）销售计划	市场营销部/所属分（子）公司		年度产品销售计划	月度产品销售计划					发展计划部/所属分（子）公司计划部门
（2）客户信用管理	市场营销部/所属分（子）公司营销部门	信用政策	客户信用等级/客户信用体限额、时限						财务部/所属分（子）公司财务部门
（3）销售价格管理	市场营销部/所属分（子）公司营销部门	批准销售价格/价格浮动权限		明确价格浮动权限执行人					财务部/所属分（子）公司财务部门
（4）产品销售合同	市场营销部/所属分（子）公司营销部门		审批：单笔≥500万元合同；单笔≥50万元赊销合同	审批：单笔300万（含）~500万元合同；单笔30万（含）~50万元赊销合同			审批：单笔<300万元合同；单笔<30万元赊销合同	○	企业策划部/所属分（子）公司法律事务部门

续表

项目	执行部门	集团公司总经理办公会	集团公司总经理	集团公司分管副总会计师/总会计师	集团公司机关处室负责人	分(子)公司总经理办公会	分(子)公司总经理	分(子)公司分管副总会计师	会签部门或复核岗位
2. 一般产品出口									
(1) 出口代理协议					审批出口代理协议				
(2) 出口销售合同			审批：单笔≥3000万美元	审批：1000万美元≤单笔<3000万美元	审批：单笔<1000万美元	0			
五、资金管理									
1. 筹资	财务部								
间接融资	财务部及所属分(子)公司财务部门			在授信额度内审批借款					分(子)公司法律事务部门
2. 货币资金	财务部								
(1) 银行账户管理	财务部及所属分(子)公司财务部门								
(2) 货币资金管理	财务部及所属分(子)公司财务部门			审批下列事项：下属单位开户/销账户；现金开支范围和库存限额	0				集团公司相关职能业务部门
(3) 预算内支付	财务部及所属分(子)公司财务部门								
①内部付款	财务部及所属分(子)公司财务部门		批准：单笔≥100万元	批准：单笔≥200万元	批准：单笔20万(含)~200万元			批准：单笔<20万元	集团及所属分(子)公司业务部门
②对外付款	财务部及所属分(子)公司财务部门			批准：单笔20万(含)~100万元	批准：单笔<20万元			批准：单笔<20万元	集团及所属分(子)公司业务部门

续表

执行部门	集团公司总经理办公会	集团公司总经理	集团公司分管副总会计师/总会计师	集团公司机关处室负责人	分（子）公司总经理办公会	分（子）公司总经理	分（子）公司分管副总会计师	会签部门或核岗位
（4）预算外支付 — 财务部及所属分（子）公司财务部门		○						集团相关部门
3. 资金收、拨款								
（1）固定资产投资拨款 — 财务部及分（子）公司财务部门				批准				分（子）公司财务部门
（2）拨付补亏资金 — 财务部及分（子）公司财务部门				批准				分（子）公司财务部门
（3）拨付经费及专项资金 — 财务部及分（子）公司财务部门				批准				分（子）公司财务部门
六、投资								
1. 资本支出								
（1）单项投资								
①研发试验基地建设、非安装设备购置、大型技术装备和科研仪器购置及引进 — 发展计划部		<100万元的项目	批准：单笔50万（含）~100万元	批准：单笔<50万元		批准：单笔20万（含）~50万元	批准：单笔<20万元	分（子）公司财务部/生产部
②信息系统项目建设（含计算机软硬件） — 生产部		一般技措和零购项目	项目管理部副经理	项目管理部门经理				财务部/发展计划部
（2）对外付款 — 财务部		批准：单笔≥100万元／项目管理部经理	批准：单笔50万（含）~100万元／项目管理部部经理	批准：单笔<50万元		批准：单笔20万（含）~50万元	批准：单笔<20万元	分（子）公司各级计划部门

续表

	执行部门	集团公司总经理办公会	集团公司总经理	集团公司分管副总/总会计师	集团公司机关处室负责人	分（子）公司总经理办公会	分（子）公司总经理	分（子）公司分管副总/总会计师	会签部门或复核岗位
2. 工程项目管理									
（1）工程建设类合同	分公司相关部门		审批：单笔≥100万元	审批：单笔50万（含）~100万元	审批：单笔<50万元		审批：单笔20万（含）~50万元	审批：单笔<20万元	企划部/财务部/发展计划部/所属分（子）公司相关职能部门
（2）项目实施管理	工程部/分公司有关管理部门		项目过程管理	总投资1000万~3000万元的过程管理	总投资<1000万元项目的过程管理		总投资<1000万元的过程项目管理		发展计划部/所属分（子）公司相关职能部门
七、资产管理与处置									
1. 应收账款									
（1）计提坏账准备	财务部及所属各分（子）公司财务部门			审定					市场营销部及所属分（子）公司相关部门
（2）坏账核销	财务部及所属各分（子）公司财务部门		0						市场营销部及所属分（子）公司相关部门
（3）非现金清偿欠款协议	财务部及所属各分（子）公司财务部门		审批：单笔50万（含）~100万元	审批：单笔<50万元	0				子公司及所属各分（子）公司相关部门法律事务部门
2. 存货									
（1）存货准备	财务资产部/所属分（子）公司财务部门		审批：单笔资产净值50万元	审批：单笔净值<50万元	0				生产部/采购部/审计部/所属分

	执行部门	集团公司总经理办公会	集团公司总经理	集团公司分管副总会计师/总会计师	集团公司机关处室负责人	分(子)公司总经理办公会	分(子)公司总经理	分(子)公司分管副总/总会计师	会签部门或复核岗位
（2）存货处置	财务部门	（含）~100万元							（子）公司
	财务资产部/所属分（子）公司部门财务部门	审批：单笔资产净值50万（含）~100万元	审批：单笔净值<50万元	○					生产部/采购部/审计部/所属分（子）公司
3. 固定资产 固定资产处置	财务部	审批：单笔资产净值50万（含）~100万元	审批：单笔净值<50万元	○					生产部/企划部
4. 无形资产									
（1）商标许可项目	企划部		○						企划部
（2）技术许可项目	生产部		○						企划部
（3）技术许可合同	生产部			审批：股份公司内部分公司间技术许可合同/总部批准的项目合同					企划部
（4）土地（处理）	财务部		○						企划部
（5）无形资产处置	财务部	单项资产净值50万（含）~100万元	单项资产净值<50万元	○					企划部
（6）其他无形资产转	财务部	单项资产净值	单项资产净值	○					生产部/企划部

续表

	执行部门	集团公司总经理办公会	集团公司总经理	集团公司分管副总/总会计师	集团公司机关处室负责人	分（子）公司经理办公会	分（子）公司总经理	分（子）公司分管副总/总会计师	会签部门或复核岗位
让、投资（除专利、专有技术、商标之外）		值 50 万（含）～100万元	<50万元						
（7）无形资产减值准备	财务部		〇						生产部/企划部
八、关联交易									
1.持续性（经常性）关联交易	财务部		审批：分公司关联交易协议						集团及所属分（子）公司相关部门
2.非持续性（非经常性）关联交易	集团公司相关部门		〇						
九、财务报告									
1.会计信息									
（1）月度报表	财务部		审定						人力资源部/发展计划部
（2）季度报表	财务部		审定						人力资源部/发展计划部
（3）年度报表	财务部		审定						人力资源部/发展计划部
（4）对外提供会计信息	财务部		审定						人力资源部/发展计划部
2.会计档案									
会计档案管理	财务部								相关管理部门
十、生产调度与运营									

续表

执行部门	集团公司总经理办公会	集团公司总经理	集团公司分管副总/总会计师	集团公司机关处室负责人	分（子）公司总经理办公会	分（子）公司总经理	分（子）公司分管副总/总会计师	会签部门或复核岗位
1. 生产调度运行　生产部/所属分（子）公司							批准:月度生产运行计划	
2. 生产经营计划调整　生产部/所属分（子）公司			批准：分公司控制的计划指标调整				批准:本单位控制的计划指标调整	
十一、人力资源管理								
1. 人力资源需求计划　人力资源部/所属分（子）公司人力资源部门	制定人力资源需求计划		内部用工管理办法及人力资源计划指标具体分解方案					
2. 工资总额　人力资源部/所属分（子）公司人力资源部门	工资总额使用安排意见							财务部/所属分（子）公司财务部门
3. 工资附加（可控部分）								
（1）医疗保险、养老保险（基本、补充）　人力资源部/所属分（子）公司人力资源、部门	按照总部补充养老保险和补充医疗保险指导意见（总公司规划）制定具体计划	依照国家、地方政府统一规定执行基本保险部分						财务部/所属分（子）公司财务部门
（2）住房公积金　人力资源部/所属分（子）公司人力资源部门	拟定或调整住房公积金等重大福利							财务部/所属分（子）公司财务部门

续表

执行部门	集团公司总经理办公会	集团公司总经理	集团公司分管副总会计师/总会计师	集团公司机关处室负责人	分（子）公司总经理办公会	分（子）公司总经理	分（子）公司分管副总/总会计师	会签部门或复核岗位
（3）住房补贴 人力资源部/所属分（子）公司人力资源部门	制度	O						财务部/所属分（子）公司财务部门
4. 劳务费 人力资源部/所属分（子）公司人力资源部门	劳务费总额使用安排意见							财务部/所属分（子）公司财务部门
5. 工资及附加、保险、住房公积金、住房补贴、劳务费等支付 财务部/所属分（子）公司财务部门				批准			批准	人力资源部/所属分（子）公司人力资源部门
十二、内部审计管理								
1. 年度审计工作计划及调整计划 审计部				审批				
2. 年度审计项目计划 审计部				审批				
3. 审计结论确认 审计部				审批				

说明：

1. 本表横向左端为业务的执行部门，右端为该业务的会签部门或复核岗位，体现了不相容职责分开和独立监控的要求。

2. 表格中"O"表示该业务在该层级上无权限；空格部分表示本栏不牵涉审批权限。

文案范本

组织架构设计规范

第一章 总 则

第一条 目的。

为规范公司人力资源部相关人员的组织架构设计作业，使其设计出具有防范和化解各种舞弊风险能力的组织架构，特制定本规范。

第二条 适用范围。

本规范适用于集团公司以及各下属子公司的组织架构设计。

第三条 含义界定。

本规范中所指的组织架构设计是指为了保证公司目标的实现，使公司现有的资源能最大限度地发挥作用，对公司内各个要素的职务范围、权利、责任、架构进行确立、调整的过程。

第四条 组织结构设计时机。

1. 公司创立时。
2. 公司经过一段时间高速发展，需进行规范管理时。
3. 公司业务发生重大转型时。
4. 公司经营环境发生剧烈变化时。
5. 并购、重组后。

第二章 组织架构设计原则

第五条 目的性原则。

各职能部门的设立要围绕组织目标和任务进行，要确保完成组织的经营活动，实现公司的战略目标。

第六条 适应性原则。

在进行组织架构设计时，考虑内、外部环境对组织运行的影响与制约，应使组织架构与内、外部环境处于"最佳适应状态"。

第七条 明确性原则。

在进行组织架构设计时要清晰界定公司内各层级的报告关系，明确各岗位的具体职责，以避免重复管辖和多头领导的情况，从而有利于经营活动的开展和公司运作效率的提高。

第八条 合理管理幅度原则。

在进行组织架构设计时，要为每一位管理人员设计合理的管理幅度。管理幅度过大或过小，都会导致公司运营效率下降的不良后果。

第九条 分工协作原则。

公司应根据自身特点和条件，选择适合自身的组织架构模式，通过分工协作提高工作效率。

第十条 协调配合原则。

将公司作为一个有机整体，保证公司内各部门之间的有机联系及相互协调配合。

第十一条 适度分权原则。

在进行组织架构设计时，应考虑权力的分配模式，要将集权与分权控制在合适的基准上，既不影响公司的运作效率，也不影响管理层和基层员工的工作积极性，使组织具有高度的开放性和协作性。

第十二条 责权对等原则。

在组织架构设计下，所设计的职能部门应在具备一定职责的同时，还需具备相应的权力。若没有与责任相对等的权力，也就无法完成相应的职责。

第十三条　精简性原则。

在保证公司战略目标的前提下，力求部门数量最少，以避免公司庞大和冗繁，有利于节省沟通成本和缩短各项业务的流程，从而大大提高公司的运营效率。

第十四条　执行监督分设原则。

在设计组织结构时，应将执行部门与监督部门分开设立，这样可以有效防范与化解营私舞弊的风险。

第三章　组织架构设计程序

第十五条　核算事务工作总量和分量。

组织架构设计人员应对公司为达成目标所要完成的事务工作做一个全面的清理和核算，从总量和分量上进行计量，并详细列出。

第十六条　界定公司员工相互之间的事务工作关系。

1. 界定公司员工相互之间的事务工作关系即选择组织架构的基础模式。

2. 组织架构设计人员应根据公司的规模、公司内部主要事务工作的性质等客观实际，分析、界定公司员工相互之间的事务工作关系，以便最大限度地保证公司运行的效率。员工相互之间的事务工作关系主要有三种，如下所示。

（1）指挥与被指挥、控制与被控制的关系。

（2）相互依存和相互补充的关系。

（3）相互支持和彼此配合的关系。

第十七条　设置单位、部门和岗位。

组织架构设计人员根据不同事务工作之间的性质，及不同事务工作量的大小，确定具体承担的单位、部门和岗位。

第十八条　绘制组织结构图。

组织架构设计人员勾画出整个公司的组织结构图，并提交董事会进行审核。

第十九条　界订单位、部门和岗位的工作标准。

组织架构设计人员在对公司内部的单位、部门和岗位相互之间的关系进行界定的基础上，明确界定各自的工作标准，使相应的单位、部门和岗位角色明确自身的工作职责、标准要求和履职条件，以保证在公司整体目标所要求的时间、质量和数量标准范围之内完成相应的工作。

第四章　附　　则

第二十条　本规范制定权归总经办所有，其修订权和解释权亦归总经办所有。

第二十一条　本规范自董事会审批之日起实施。

**文案范本**

组织架构设计流程

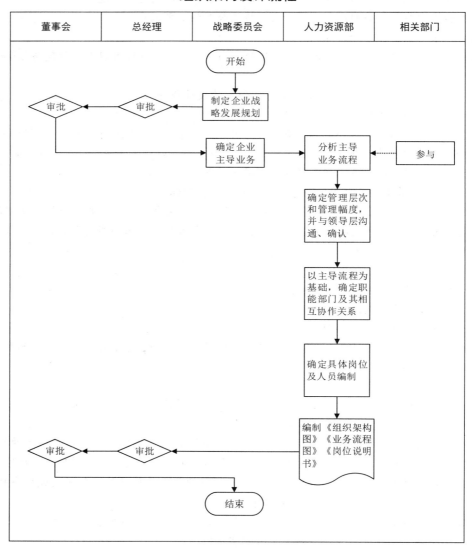

董事会	总经理	战略委员会	人力资源部	相关部门

二、组织架构的运行

企业应当根据组织架构的设计规范，对现有治理结构和内部机构设置进行全面梳理，确保本企业治理结构、内部机构设置和运行机制等符合现代企业制度要求。

（一）治理结构进行梳理

1. 关注董事、监事、经理及其他高级管理人员的任职资格和履职情况

就任职资格而言，重点关注行为能力、道德诚信、经营管理素质、任职程序等方面。就履职情况而言，着重关注合规、业绩以及履行忠实、勤勉义务等方面。

2．关注董事会、监事会和经理层的运行效果

这方面要着重关注：董事会是否按时定期或不定期召集股东大会并向股东大会报告；是否严格认真地执行了股东大会的所有决议；是否合理地聘任或解聘经理及其他高级人员等。监事会是否按照规定对董事、高级管理人员行为进行监督；在发现违反相关法律法规或损害公司利益时，是否能够对其提出罢免建议或制止纠正其行为等。经理层是否认真有效地组织实施董事会决议；是否认真有效地组织实施董事会制定的年度生产经营计划和投资方案；是否能够完成董事会确定的生产经营计划和绩效目标等。

（二）内部机构运行梳理

1．从合理性角度梳理

应重点关注：内部机构设置是否适应内外部环境的变化；是否以发展目标为导向；是否满足专业化的分工和协作，有助于企业提高劳动生产率；是否明确界定各机构和岗位的权利和责任，不存在权责交叉重叠，不存在只有权利而没有相对应的责任和义务的情况等。

2．从运行的高效性角度梳理

应重点关注：内部各机构的职责分工是否针对市场环境的变化作出及时调整。特别是当企业面临重要事件或重大危机时，各机构间表现出的职责分工协调性，可以较好地检验内部机构运行的效率。

（三）集团公司对组织架构的梳理要点

当企业发展壮大为集团公司时，对组织架构进行梳理时应给予足够重视。为此：企业拥有子公司的，应当建立科学的投资管控制度，通过合法有效的形式履行出资人职责、维护出资人权益，重点关注子公司特别是异地、境外子公司的发展战略、年度财务预决算、重大投融资、重大担保、大额资金使用、主要资产处置、重要人事任免、内部控制体系建设等重要事项。

这既是呼应组织架构设计的要求，同时也是现行企业实务中特别值得注意的问题。

（四）评价与改进

企业在对治理结构和内部机构进行全面梳理的基础上，"应当定期对组织架构设计与运行的效率和效果进行全面评价"，其目的在于发现组织架构设计与运行中可能存在的缺陷，并及时进行优化调整，使公司的组织架构始终处于高效运行状态。

总之，只有不断完善公司治理结构、健全企业内部管理体制和运行机制，才能为风险管理奠定扎实基础、提升经营管理效能，在激烈的国内外市场竞争中保持健康可持续发展。

三、组织架构设计与运行关键点控制

针对组织架构设计与运行过程中存在的上述风险，企业在实施组织架构内部控制的过程中，应至少加强对相关关键点的控制，具体内容如下。

（一）治理结构的设计

（1）明确董事会、监事会和经理层的职责权限、任职条件、议事规则和工作程序，确保决策、执行和监督相互分离，形成制衡。

（2）按股东（大）会决议，设立战略、审计、薪酬与考核等专门委员会，明确各专门委员会的职责权限、任职资格、议事规则和工作程序。

（3）董事会、监事会和经理层的产生程序应当合法合规，其人员构成、知识结构、能力素质应当满足履行职责的要求。

（二）内部机构的设置

（1）合理设置内部职能机构，明确各机构的职责权限，避免职能交叉、缺失或权责过于集中，形成各司其职、各负其责、相互制约、相互协调的工作机制。

（2）应当对各机构的职能进行科学合理的分解，确定具体岗位的名称、职责和工作要求等，明确各个岗位的权限和相互关系。

（3）企业在确定职权和岗位分工的过程中，应当体现不相容职责。

（三）组织架构的运行

（1）全面梳理企业现有的治理结构和内部机构设置，确保企业组织架构与运行机制符合现代企业制度要求。

（2）重点关注董事、监事、经理及其他高级管理人员的任职资格和履职情况，以及董事会、监事会和经理层的运行效果。

（3）及时解决内部设置和运行中存在的职能交叉、缺失或运行效率低下等情形。

（4）定期对组织架构设计与运行的效率和效果进行全面评估，发现组织架构设计与运行中存在缺陷的，应当进行优化调整。

四、组织架构的调整

请参阅以下相关文案。

文案范本

组织架构调整规范

第一章　总　则

第一条　目的。

1. 规范公司组织架构管理，使公司组织架构调整规范化、合理化和程序化。

2. 加强各部门内部结构调整以及部门内部人员变动管理。

第二条　适用范围。

1. 本办法规定了公司范围内所有组织架构调整的流程和规范。

2. 本办法适用于公司内部各种组织架构的调整以及部门内部人员的岗位变动。

第三条　含义界定。

组织架构调整包括工作模块或工作团队的增加、减少、合并、分裂，工作职责和工作分工的变动；人员配置的变动等。

第四条　组织架构调整依据。

1. 各部门、各员工的内部考核结果。

2. 公司经营目标和生产经营变化情况。

3. 组织架构设计中存在职能交叉、缺失情况。

第五条　公司组织架构调整分级。

1. 一级组织架构调整主要是指公司级组织架构调整。

2. 二级组织架构调整主要是指职能模块级组织架构调整，以各副总所管理的模块区域为单位。

3. 三级组织架构调整主要是指部门内部组织架构调整。

第二章　组织架构调整责任划分

第六条　董事长、总经理。

1. 负责对公司级组织结构调整提出意见并责成相关部门组织相关人员进行讨论。

2. 负责把公司级组织结构调整上报董事长（董事会）以获得批准。

3. 负责对职能模块级组织结构调整进行审批。

4. 负责对涉及管理/技术人员增加及主管级以上人事变动的部门级组织结构调整进行审批。

第七条　各主管副总经理。

1. 负责对所管理的职能模块的组织结构调整提出意见并组织相关人员进行讨论。

2. 负责把职能模块级组织结构调整上报总经理以获得批准。

3. 负责对所属部门的部门级组织结构调整进行审核/审批。

第八条　各部门负责人。

1. 负责对本部门的组织结构调整提出意见并组织相关人员进行讨论。

2. 负责把本部门的组织结构调整上报主管副总和首席营运官（涉及管理/技术人员增加及主管级以上人事变动的）以获得批准。

3. 负责组织结构调整后涉及本部门相关人事变动的申请流程的履行。

第九条　人力资源部。

1. 负责各种调整方案的分析、整理，并提供专业意见。

2. 对出现的不符合公司发展要求的调整需求有权予以否决。

3. 负责对职能模块及部门的职能职责进行整合，并在审核后予以公布。

4. 负责涉及人事变动相关手续的办理。

5. 负责经审批的组织结构调整及相关资料原件的归档保存。

第十条　其他。

公司组织结构及部门职能、职责增加或删减等被批准后，相关部门在体系文件中应及时予以更新和替换。

第三章　组织架构调整程序

第十一条　公司级组织架构调整程序。

1. 由公司董事会提出组织架构调整意见。

2. 公司人力资源部按照董事会所提出的调整意见，拟定公司组织架构调整方案，并明确相关的职责变动、工作分工和人员配置。

3. 公司级组织架构调整方案上报董事长审批。

4. 对于公司级组织架构调整中涉及的人事调整问题，参照公司的人事调整相关规定执行。

5. 经批准的新组织架构以及相关人事调整在公司内颁布实施。

第十二条　各主管副总所管理的职能模块级组织架构调整程序。

1. 由各主管副总提出调整意见。

2. 公司人力资源部按照各主管副总所提出的调整意见，整理汇总出调整方案，并明确相关的职责变动、工作分工和人员配置。

3. 调整方案上报总经理审批。

4. 对于职能模块级组织架构调整中涉及的人事调整问题，参照公司的人事调整相关规定执行。

5. 经批准的新组织架构以及相关人事调整在公司内颁布实施。

第十三条　部门级组织结构调整程序。

1. 由各部门负责人提出调整意见。

2. 由各部门内部安排人员，整理汇总出调整方案，并明确相关的职责变动、工作分工、人员配置。

3. 调整方案上报人力资源部审核，主管副总审批。对于调整过程中涉及管理/技术人员增加及主管级以上人事变动的调整，须报总经理审批。

4. 对于调整方案中涉及的人事调整问题，参照公司的人事调整相关规定执行。但属于部门内部除升职外人事变动的，需填写"部门内部人事变动审批表"。

5. 经审批的组织结构及相关资料原件由人力资源部归档保存。

第四章　附　　则

第十四条　本规范经董事会审批通过后生效。

第十五条　本规范的最终解释权归人力资源部所有。

第十六条　本规范与公司其他相关人事管理制度相抵触之处，请以相关人事管理制度为准。

文案范本

组织架构调整流程

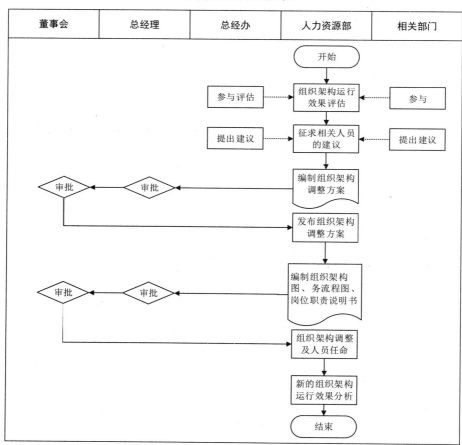

五、组织架构授权审批

企业组织架构的设计、运行以及调整应充分听取董事、监事、高级管理人员和其他员工的意见，按照规定的权限和程序进行决策和审批。

组织架构授权审批情况如表 2-1 所示。

表 2-1　组织架构授权审批情况

事　项	文件或文本名称	编制及审批机构			
		业务部门	总经理	董事会	股东大会
组织架构设计				审核	审批
	业务流程图		审核	审批	
	岗位说明书	编制	审批		
	员工手册	编制	审批		
	企业法人治理类制度			审批	
组织架构运行	高管任职资格文件			审批	
	部门编制表	编制	审批		
组织架构完善	组织架构运行评估报告			审批	
	组织架构调整方案			审核	审批
	业务流程优化方案		审核	审批	

六、组织架构方面风险

（一）从治理结构层面看

治理结构的主要风险是：治理结构形同虚设，缺乏科学决策、良性运行机制和执行力，可能导致企业经营失败，难以实现发展战略。

具体表现为 10 个方面：

（1）股东大会是否规范而有效地召开，股东是否可以通过股东大会行使自己的权利；

（2）企业与控股股东是否在资产、财务、人员方面实现相互独立，企业与控股股东的关联交易是否贯彻平等、公开、自愿的原则；

（3）对于控股股东相关的信息是否根据规定及时完整地披露；

（4）企业是否对中小股东权益采取了必要的保护措施，使中小股东能够和大股东同等条件参加股东大会，获得与大股东一致的信息，并行使相应的权利；

（5）董事会是否独立于经理层和大股东；董事会及其审计委员会中是否有适当数量的独立董事存在且能有效发挥作用；

（6）董事对于自身的权利和责任是否有明确的认知，并且有足够的知识、经验和时间来勤勉、诚信、尽责地履行职责；

（7）董事会是否能够保证企业建立并实施有效的内部控制，审批企业发展战略和重大决策并定期检查、评价其执行情况，明确设立企业可接受的风险承受度，并督促经理层对内部控制有效性进行监督和评价；

（8）监事会的构成是否能够保证其独立性，监事能力是否与相关领域匹配；

（9）监事会是否能够规范而有效地运行，监督董事会、经理层正确履行职责并纠正损害企业利益的行为；

（10）对经理层的权力是否存在必要的监督和约束机制。

上述问题将严重影响组织架构的有效运行。

（二）从内部机构层面看

内部机构主要风险是：机构设计不科学，权责分配不合理，可能导致机构重叠、职能交叉或缺失、推诿扯皮、运行效率低下。

具体表现为8个方面：

（1）企业内部组织机构是否考虑经营业务的性质，按照适当集中或分散的管理方式设置；

（2）企业是否对内部组织机构设置、各职能部门的职责权限、组织的运行流程等有明确的书面说明和规定，是否存在关键职能缺位或职能交叉的现象；

（3）企业内部组织机构是否支持发展战略的实施，并根据环境变化及时作出调整；

（4）企业内部组织机构的设计与运行是否适应信息沟通的要求，有利于信息的上传、下达和在各层级、各业务活动间的传递，有利于为员工提供履行职权所需的信息；

（5）关键岗位员工是否对自身权责有明确的认识，有足够的胜任能力去履行权责，是否建立了关键岗位员工轮换制度和强制休假制度；

（6）企业是否对董事、监事、高级管理人员及全体员工的权限有明确的制度规定，对授权情况是否有正式的记录；

（7）企业是否对岗位职责进行了恰当的描述和说明，是否存在不相容职务未分离的情况；

（8）企业是否对权限的设置和履行情况进行了审核和监督，对于越权或权限缺位的行为是否及时予以纠正和处理。

上述问题将严重影响组织架构运行效率。

第二节　组织架构管理细述

一、股东大会

请参阅以下相关文案。

文案范本

××股份有限公司股东大会议事规则

（经××××年××股东大会审议通过）

第一章　总　则

第一条　为促进××股份有限公司（以下简称"公司"）的规范运作，提高股东大会议事效率，保障股东合法权益，保证大会程序及决议内容的合法有效性，根据《中华人民共和国公司法》（以下简称《公司法》）、《中华人民共和国证券法》、《上市公司股东大会规则》、《上市公司章程指引》等法律、法规、规范性文件和《××股份有限公司章程》（以下简称《公司章程》）的规定，并结合公司实际情况，特制定本规则。

第二条　公司股东大会由全体股东组成，是公司最高权力机构。出席股东大会的还可包括：非股东的董事、监事及公司高级管理人员；公司聘请的会计师事务所会计师、律师事务所律师及法规另有规定或会议主持人同意的其他人员。

第三条　本规则自生效之日起，即成为规范股东大会、股东、董事、监事、董事会秘书、经理和其他高级管理人员的具有约束力的文件。

第二章 股东大会的职权

第四条 股东大会是公司的权力机构，依法行使下列职权：

（一）决定公司的经营方针和投资计划；

（二）选举和更换非由职工代表担任的董事、监事，决定有关董事、监事的报酬事项；

（三）审议批准董事会的报告；

（四）审议批准监事会报告；

（五）审议批准公司的年度财务预算方案、决算方案；

（六）审议批准公司的利润分配方案和弥补亏损方案；

（七）对公司增加或者减少注册资本作出决议；

（八）对发行公司债券作出决议；

（九）对公司合并、分立、解散、清算或者变更公司形式作出决议；

（十）修改《公司章程》；

（十一）对公司聘用、解聘会计师事务所作出决议；

（十二）审议批准《公司章程》第四十一条规定的担保事项；

（十三）审议公司在一年内购买、出售重大资产超过公司最近一期经审计总资产30%的事项；

（十四）审议批准变更募集资金用途事项；

（十五）审议股权激励计划；

（十六）审议法律、行政法规、部门规章或《公司章程》规定应当由股东大会决定的其他事项。

上述股东大会的职权不得通过授权的形式由董事会或其他机构和个人代为行使。

第三章 公司股东大会的召集程序

第五条 股东大会分为年度股东大会和临时股东大会，年度股东大会每年召开一次，并应于上一个会计年度完结之后的六个月之内举行。

第六条 有下列情形之一的，公司在事实发生之日起2个月以内召开临时股东大会：

（一）董事人数不足《公司法》规定人数或者《公司章程》所定人数的2/3时；

（二）公司未弥补的亏损达实收股本总额1/3时；

（三）单独或者合计持有公司10%以上股份的股东请求时；

（四）董事会认为必要时；

（五）监事会提议召开时；

（六）法律、行政法规、部门规章或《公司章程》规定的其他情形。

第七条 本公司召开股东大会的地点为：西安市南二环西段27号××大厦七层公司总部大会议室。

股东大会将设置会场，以现场会议形式召开。公司还将提供网络或其他方式为股东参加股东大会提供便利。股东通过上述方式参加股东大会的，视为出席。

股东大会审议下列事项之一时，公司应当通过网络投票方式为中小股东参加股东大会提供便利：

（一）证券发行；

（二）重大资产重组；

（三）股权激励；

（四）股份回购；

（五）拟以超过募集资金金额 10%的闲置募集资金补充流动资金；

（六）投资总额占净资产 50%以上且超过 5 000 万元人民币的证券投资；

（七）对社会公众股股东利益有重大影响的其他事项；

（八）中国证监会、深圳证券交易所要求采取网络投票等方式的其他事项。

第八条 本公司召开股东大会时将聘请律师对以下问题出具法律意见并公告：

（一）会议的召集、召开程序是否符合法律、行政法规、《公司章程》；

（二）出席会议人员的资格、召集人资格是否合法有效；

（三）会议的表决程序、表决结果是否合法有效；

（四）应本公司要求对其他有关问题出具的法律意见。

第九条 独立董事有权向董事会提议召开临时股东大会。对独立董事要求召开临时股东大会的提议，董事会应当根据法律、行政法规和《公司章程》的规定，在收到提议后 10 日内提出同意或不同意召开临时股东大会的书面反馈意见。

董事会同意召开临时股东大会的，将在作出董事会决议后的 5 日内发出召开股东大会的通知；董事会不同意召开临时股东大会的，将说明理由并公告。

第十条 监事会有权向董事会提议召开临时股东大会，并应当以书面形式向董事会提出。董事会应当根据法律、行政法规和《公司章程》的规定，在收到提案后 10 日内提出同意或不同意召开临时股东大会的书面反馈意见。

董事会同意召开临时股东大会的，将在作出董事会决议后的 5 日内发出召开股东大会的通知，通知中对原提议的变更，应征得监事会的同意。

董事会不同意召开临时股东大会，或者在收到提案后 10 日内未作出反馈的，视为董事会不能履行或者不履行召集股东大会会议职责，监事会可以自行召集和主持。

第十一条 连续 90 日以上单独或者合计持有公司 10%以上股份的股东有权向董事会请求召开临时股东大会，并应当以书面形式向董事会提出。董事会应当根据法律、行政法规和《公司章程》的规定，在收到请求后 10 日内提出同意或不同意召开临时股东大会的书面反馈意见。

董事会同意召开临时股东大会的，应当在作出董事会决议后的 5 日内发出召开股东大会的通知，通知中对原请求的变更，应当征得相关股东的同意。

董事会不同意召开临时股东大会，或者在收到请求后 10 日内未作出反馈的，连续 90 日以上单独或者合计持有公司 10%以上股份的股东有权向监事会提议召开临时股东大会，并应当以书面形式向监事会提出请求。

监事会同意召开临时股东大会的，应在收到请求 5 日内发出召开股东大会的通知，通知中对原提案的变更，应当征得相关股东的同意。

监事会未在规定期限内发出股东大会通知的，视为监事会不召集和主持股东大会，连续 90 日以上单独或者合计持有公司 10%以上股份的股东可以自行召集和主持。

第十二条 监事会或股东决定自行召集股东大会的，须书面通知董事会，同时向公司所在地中国证监会派出机构和证券交易所备案。

在股东大会决议公告前，召集股东持股比例不得低于 10%。

召集股东应在发出股东大会通知及股东大会决议公告时，向公司所在地中国证监会派出机构和证券交易所提交有关证明材料。

第十三条 对于监事会或股东自行召集的股东大会，董事会和董事会秘书将予配合。董事会应当提供股权登记日的股东名册。

第十四条　监事会或股东自行召集的股东大会，会议所必需的费用由本公司承担。

第十五条　临时股东大会只对通知中列明的事项作出决议。

第十六条　股东大会由董事长主持。董事长不能履行职务或不履行职务时，由副董事长主持，副董事长不能履行职务或者不履行职务时，由半数以上董事共同推举的一名董事主持。

监事会自行召集的股东大会，由监事会主席主持。监事会主席不能履行职务或不履行职务时，由监事会副主席主持，监事会副主席不能履行职务或者不履行职务时，由半数以上监事共同推举的一名监事主持。

股东自行召集的股东大会，由召集人推举代表主持。

召开股东大会时，会议主持人违反议事规则使股东大会无法继续进行的，经现场出席股东大会有表决权过半数的股东同意，股东大会可推举一人担任会议主持人，继续开会。

第十七条　股东大会召集人将在年度股东大会召开 20 日前以公告方式通知各股东，临时股东大会将于会议召开 15 日前以公告方式通知各股东。

第十八条　股东大会的通知包括以下内容：

（一）会议的时间、地点和会议期限；

（二）提交会议审议的事项和提案；

（三）以明显的文字说明：全体股东均有权出席股东大会，并可以书面委托代理人出席会议和参加表决，该股东代理人不必是公司的股东；

（四）有权出席股东大会股东的股权登记日；

（五）会务常设联系人姓名，电话号码。

股东大会通知和补充通知中应当充分、完整披露所有提案的全部具体内容。拟讨论的事项需要独立董事发表意见的，发布股东大会通知或补充通知时将同时披露独立董事的意见及理由。

股东大会采用网络或其他方式的，应当在股东大会通知中明确载明网络或其他方式的表决时间及表决程序。股东大会网络或其他方式投票的开始时间，不得早于现场股东大会召开前一日下午 3:00，并不得迟于现场股东大会召开当日上午 9:30，其结束时间不得早于现场股东大会结束当日下午 3:00。

股权登记日与会议日期之间的间隔应当不多于 7 个工作日。股权登记日一旦确认，不得变更。

第十九条　发出股东大会通知后，无正当理由，股东大会不应延期或取消，股东大会通知中列明的提案不应取消。一旦出现延期或取消的情形，召集人应当在原定召开日前至少 2 个工作日公告并说明原因。

第二十条　董事会发布召开股东大会的公告后，不得随意更改会议议题。确需更改会议议题的，应在原定股东大会召开日前至少 15 个工作日，在刊登原公告的报刊上发布公告，说明更改后议题。

第二十一条　凡延期召开股东大会的，不得变更原通知规定的有权出席股东大会股东的股权登记日。已办理出席会议报名登记的股东（股东代理人），其手续继续有效，无须重新办理。

第二十二条　因不可抗力导致股东大会不能正常召开，未能作出任何决议的，公司董事会应向证券交易所说明原因并公告，并有义务采取措施尽快恢复召开股东大会。

第二十三条　股权登记日登记在册的所有股东或其代理人，均有权出席股东大会，并依照有关法律、法规及《公司章程》行使表决权。

股东可以亲自出席股东大会，也可以委托代理人代为出席和表决。

第二十四条　个人股东亲自出席会议的，应出示本人身份证或其他能够表明其身份的有效证件或证明、股票账户卡;委托代理他人出席会议的,应出示本人有效身份证件、股东授权委托书。

法人股东应由法定代表人或者法定代表人委托的代理人出席会议。

法定代表人出席会议的,应出示本人身份证、能证明其具有法定代表人资格的有效证明;委托代理人出席会议的,代理人应出示本人身份证、法人股东单位的法定代表人依法出具的书面授权委托书。

第二十五条 股东出具的委托他人出席股东大会的授权委托书应当载明下列内容:

(一)代理人的姓名;

(二)是否具有表决权;

(三)分别对列入股东大会议程的每一审议事项投赞成、反对或弃权票的指示;

(四)委托书签发日期和有效期限;

(五)委托人签名(或盖章)。委托人为法人股东的,应加盖法人单位印章。

第二十六条 委托书应当注明如果股东不作具体指示,股东代理人是否可以按自己的意思表决。

第二十七条 代理投票授权委托书由委托人授权他人签署的,授权签署的授权书或者其他授权文件应当经过公证。经公证的授权书或者其他授权文件,和投票代理委托书均需备置于公司住所或者召集会议的通知中指定的其他地方。

委托人为法人的,由其法定代表人或者董事会、其他决策机构决议授权的人作为代表出席公司的股东大会。

第二十八条 出席会议人员的会议登记册由公司负责制作。会议登记册载明参加会议人员姓名(或单位名称)身份证号码、住所地址、持有或者代表有表决权的股份数额、被代理人姓名(或单位名称)等事项。

第二十九条 为维护股东大会的严肃性,大会主持人可责令下列人员退场:

(一)无出席会议资格或未履行规定手续者;

(二)扰乱会场秩序者;

(三)衣帽不整有伤风化者;

(四)携带危险物或动物者。

前款所列人员不服从退场命令时,大会主持人可令工作人员强制其退场。必要时,可请公安机关给予协助。

第四章 股东大会议事程序
第一节 股东大会提案

第三十条 股东大会的提案是针对应当由股东大会讨论的事项所提出的具体议案,股东大会应当对具体的提案作出决议。

第三十一条 董事会在召开股东大会的通知中应列出本次股东大会讨论的事项,并将董事会提出的所有提案的内容充分披露。需要变更前次股东大会决议涉及的事项的,提案内容应当完整,不能只列出变更的内容。

第三十二条 公司召开股东大会,董事会、监事会以及单独或者合并持有公司 3%以上股份的股东,有权向公司提出提案。

单独或者合计持有公司 3%以上股份的股东,可以在股东大会召开 10 日前提出临时提案并书面提交召集人。召集人应当在收到提案后 2 日内发出股东大会补充通知,公告临时提案的内容。

除前款规定的情形外，召集人在发出股东大会通知公告后，不得修改股东大会通知中已列明的提案或增加新的提案。

股东大会通知中未列明或不符合《公司章程》第五十二条规定的提案，股东大会不得进行表决并作出决议。

第三十三条　提出涉及投资、财产处置和收购兼并等提案的，应当充分说明该事项的详情，包括涉及金额、价格（或计价方法）资产的账面值、对公司的影响、审批情况等。如果按照有关规定需进行资产评估、审计或出具独立财务顾问报告的，董事会应当在股东大会召开前至少5个工作日公布资产评估情况、审计结果或独立财务顾问报告。

第三十四条　董事会提出改变募股资金用途提案的，应在召开股东大会的通知中说明改变募股资金用途的原因、新项目的概况及对公司未来的影响。

第三十五条　涉及公开发行股票等需要报送中国证监会核准的事项，应当作为专项提案提出。

第三十六条　董事会审议通过年度报告后，应当对利润分配方案做出决议，并作为年度股东大会的提案。董事会在提出资本公积转增股本方案时，需详细说明转增原因，并在公告中披露。董事会在公告股份派送或资本公积转增方案时，应披露送转前后对比的每股收益和每股净资产，以及对公司今后发展的影响。

第三十七条　股东大会提案应当符合下列条件：

（一）内容与法律、法规和《公司章程》的规定不相抵触，并且属于公司经营范围和股东大会职责范围；

（二）有明确议题和具体决议事项；

（三）以书面形式提交或送达董事会。

第三十八条　公司董事会应当以公司和股东的最大利益为行为准则，按照本规则的规定对股东大会提案进行审查。

第三十九条　董事会决定不将股东大会提案列入会议议程的，应当在该次股东大会上进行解释和说明，并将提案内容和董事会的说明在股东大会结束后与股东大会决议一并公告。

第四十条　提出提案的股东对董事会不将其提案列入股东大会会议议程的决定持有异议的，可以按照本规则的规定程序要求召集临时股东大会。

第二节　股东大会进行的步骤

第四十一条　股东大会会议按下列程序依次进行：

（一）会议主持人宣布股东大会会议开始；

（二）董事会秘书向大会报告出席股东代表人数，所代表股份占总股本的比率；

（三）董事会秘书主持选举监票人（以举手的简单表决方式进行，以出席大会股东总人数的过半数同意通过）；

（四）逐个审议股东大会提案并给予参会股东时间对大会提案进行讨论（按一个议案一讨论的顺序进行）；

（五）会议主持人宣布休会；

（六）进行表决；

（七）会议工作人员在监票人及见证律师的监视下对表决进行收集并进行票数统计；

（八）会议继续，由监票人代表宣读表决结果；

（九）会议主持人宣读股东大会决议；

（十）律师宣读所出具的股东大会法律意见书；

（十一）会议主持人宣布股东大会会议结束。

第三节　大会发言与质询

第四十二条　股东出席股东大会，可以要求在大会上发言和提出质询。股东的发言与质询包括口头和书面两种方式。

第四十三条　股东发言和质询应紧紧围绕会议审议议题进行，并应遵守以下规定。

（一）要求发言的股东，应在会前进行登记。登记发言人数一般不超过10人，发言顺序按登记顺序或持股比例大小安排。

（二）在审议过程中，有股东临时就有关问题提出质询的，由主持人视具体情况予以安排。股东要求质询时，应举手示意，经主持人许可后方可提问。有多名股东要求质询时，先举手者先发言。不能确定先后时，由主持人指定发言者。

（三）股东发言和质询时应首先报告其姓名或代表的公司名称和所持有的股份数额。

（四）股东发言和质询应言简意赅，不得重复。

（五）股东要求发言和质询时，不得打断会议报告人的报告或其他股东的发言。

（六）每一股东发言和质询一般不得超过两次，第一次时间不得超过五分钟，第二次不得超过三分钟。

第四十四条　除涉及公司商业秘密不能在股东大会上公开外，公司的董事会、监事会应有义务认真负责地回答股东提出的质询。回答质询的时间一般不得超过五分钟。

第四十五条　对股东在股东大会上临时提出的发言要求，会议主持人按下列情况分别处理：

（一）股东发言如与本次股东大会的议题无关，而是股东欲向公司了解某方面的具体情况，则建议该股东在会后向公司董事会秘书咨询；

（二）股东发言按法律、法规和《公司章程》规定属股东大会职权范围并要求本次股东大会表决的事项，如本次股东大会系年度股东大会，并且该股东发言内容按本规则规定可作为临时议案提出的，建议该股东或联合其他股东（保证其持有股份占有公司有表决权总数百分之三以上）将该发言内容作为新的提案提出，经大会主持人召集到会董事讨论通过后提交本次股东大会审议；如本次股东大会为临时股东大会，则建议其视其必要性在下一次股东大会上提出。

第四十六条　对违反本规则的发言和质询，大会主持人可以拒绝或制止。

第四十七条　在进行大会表决时，股东不得进行大会发言或质询。

第四节　股东大会决议（投票与表决）

第四十八条　公司董事会应保证股东大会在合理的工作时间内连续举行，股东大会就大会议案进行审议后，应立即进行表决，形成最终决议。

第四十九条　股东（股东代理人）以其所持有效表决权的股份数额行使表决权，每一股份享有一票表决权。

第五十条　股东大会决议分为普通决议和特别决议。

股东大会作出普通决议，应当由出席股东大会的股东（包括股东代理人）所持表决权的二分之一以上通过。

股东大会作出特别决议，应当由出席股东大会的股东（包括股东代理人）所持表决权的三分之二以上通过。

第五十一条　下列事项由股东大会以普通决议通过：

（一）董事会和监事会的工作报告；

（二）董事会拟定的利润分配方案和弥补亏损方案；

（三）董事会和监事会成员的任免及其报酬和支付方法；

（四）公司年度预算方案、决算方案；

（五）公司年度报告；

（六）除法律、行政法规规定或者《公司章程》规定应当以特别决议通过以外的其他事项。

第五十二条　下列事项由股东大会以特别决议通过：

（一）公司增加或者减少注册资本；

（二）公司的分立、合并、解散和清算；

（三）《公司章程》的修改；

（四）公司在一年内购买、出售重大资产或者担保金额超过公司最近一期经审计总资产30%的；

（五）股权激励计划；

（六）法律、行政法规或《公司章程》规定的，以及股东大会以普通决议认定会对公司产生重大影响的、需要以特别决议通过的其他事项。

第五十三条　非经股东大会以特别决议批准，公司不得与董事、经理和其他高级管理人员以外的人订立将公司全部或者重要业务的管理交予该人负责的合同。

第五十四条　股东大会采取记名方式投票表决。

第五十五条　股东大会对提案进行表决前，应当推举两名股东代表参加计票和监票。审议事项与股东有利害关系的，相关股东及代理人不得参加计票、监票。

股东大会对提案进行表决时，应当由律师、股东代表与监事代表共同负责计票、监票，并当场公布表决结果，决议的表决结果载入会议记录。

通过网络或其他方式投票的上市公司股东或其代理人，有权通过相应的投票系统查验自己的投票结果。

第五十六条　会议主持人如果对提交表决的决议结果有任何怀疑，可以对所投票数进行点算；如果会议主持人未进行点票，出席会议的股东或者股东代理人对会议主持人宣布结果有异议的，有权在宣布表决结果后立即要求点票，会议主持人应当即时点票。

第五十七条　股东大会审议有关关联交易事项时，关联股东不应当参与投票表决，其所代表的有表决权的股份数不计入有效表决总数；股东大会决议的公告应当充分披露非关联股东的表决情况。如有特殊情况关联股东无法回避时，公司在征得有权部门的同意后，可以按照正常程序进行表决，并在股东大会决议公告中作出详细说明。关联股东不应当参与投票表决的关联交易事项的决议，应当由出席股东大会的非关联股东所持表决权的二分之一以上通过方可生效。

第五十八条　会议提案未获通过或者本次股东大会变更前次股东大会决议的，董事会应在股东大会决议公告中作出说明。

第五节　会议记录

第五十九条　股东大会应有会议记录，由董事会秘书负责。会议记录记载以下内容：

（一）会议时间、地点、议程和召集人姓名或名称；

（二）会议主持人以及出席或列席会议的董事、监事、董事会秘书、经理和其他高级管理人员姓名；

（三）出席会议的股东和代理人人数、所持有表决权的股份总数及占公司股份总数的比例；

（四）对每一提案的审议经过、发言要点和表决结果；

（五）股东的质询意见或建议以及相应的答复或说明；

（六）律师及计票人、监票人姓名；

（七）《公司章程》规定应当载入会议记录的其他内容。

第六十条　股东大会记录由出席会议的董事、董事会秘书、召集人或其代表、会议主持人和记录员签名，保证会议记录内容真实、准确和完整。会议记录与现场出席股东的签名册及代理出席的委托书、网络及其他方式表决情况的有效资料一并作为公司档案由董事会秘书保存，保存期限为15年。

第六十一条 对股东大会到会人数、参与股东持有的股份数额、授权委托书、每一表决事项的表决结果、会议记录、会议程序的合法性等事项，可以进行公证。

第五章 股东大会决议的执行和信息披露

第六十二条 股东大会形成的决议，由董事会负责执行或按决议的内容交由公司总经理组织有关人员具体实施承办；股东大会决议要求监事会办理的事项，直接由监事会组织实施。

第六十三条 股东大会决议的执行情况由总经理向董事会报告，并由董事会向下次股东大会报告；涉及监事会实施的事项，由监事会直接向股东大会报告，监事会认为必要时也可先向董事会通报。

第六十四条 公司董事长对除应由监事会实施以外的股东大会决议执行情况进行督促检查，必要时可召集董事会临时会议听取和审议关于股东大会决议执行情况的汇报。

第六十五条 公司股东大会召开当日，应按《公司章程》和国家有关法律及行政法规进行信息披露公告，股东大会决议公告包括以下内容：

（一）会议召开的时间、地点、方式、召集人和主持人，以及是否符合有关法律、行政法规、部门规章、规范性文件和公司章程的说明；

（二）出席会议的股东（代理人）人数、所持（代理）股份及占上市公司有表决权总股份的比例，未完成股权分置改革的上市公司还应当披露流通股股东和非流通股股东分别出席会议情况；

（三）每项提案的表决方式；

（四）每项提案的表决结果。

对股东提案作出决议的，应当列明提案股东的名称或者姓名、持股比例和提案内容；涉及关联交易事项的，应当说明关联股东回避表决情况；未完成股权分置改革的上市公司还应披露流通股股东和非流通股股东分别对每项提案同意、反对、弃权的股份数，涉及需要流通股股东单独表决的提案，应当专门作出说明。

公司确定《证券日报》《证券时报》为刊登公司公告和其他需要披露信息的报刊。必要时公司董事会可选择《证券日报》《证券时报》中的一种为披露信息的报刊。

公司确定巨潮资讯网（http://www.cninfo.com.cn）为刊登公司公告和其他需要披露信息的网站。

第六十六条 公司向股东和社会公众披露信息的内容由董事长按有关规定进行审查，由董事会秘书负责具体实施。

第六十七条 股东大会决议公告应列明出席会议的股东和代理人人数、所持有表决权的股份总数及占公司有表决权股份总数的比例、表决方式、每项提案的表决结果和通过的各项决议的详细内容。

第六章 附 则

第六十八条 本规则自公司股东大会通过之日起实施。

第六十九条 本规则为《公司章程》的附件，内容条款与《公司章程》相悖时，以《公司章程》为准。

第七十条 本规则进行修改时，由董事会提出修订方案，提请股东大会审议批准。

第七十一条 本规则由公司董事会负责解释。

二、大股东、实际控制人

请参阅以下相关文案。

××控股股东、实际控制人行为规范

审批通过日期：2013 年 12 月 26 日

（经公司第七届董事会第二十八次会议审议通过）

第一章　总　则

第一条　为进一步规范××工业区股份有限公司（以下简称"公司"）控股股东、实际控制人行为，完善公司治理结构，切实保护公司和中小股东的合法权益，根据《公司法》《证券法》《深圳证券交易所主板上市公司规范运作指引》等法律、行政法规、部门规章，以及《××工业区股份有限公司章程》（以下简称《公司章程》）等公司治理制度，结合公司的实际情况，特制定本规范。

第二条　本规范所称控股股东是指持有的股份占公司股本总额 50% 以上的股东，或持有股份的比例虽然不足 50%，但依其持有的股份所享有的表决权已足以对股东大会的决议产生重大影响的股东。

第三条　实际控制人是指虽不直接持有公司股份，或其直接持有的股份达不到控股股东要求的比例，但通过投资关系、协议或者其他安排，能够实际支配公司行为的自然人或法人。

第四条　以下主体与公司相关的行为视同控股股东、实际控制人行为，适用本规范相关规定：

（一）控股股东、实际控制人直接或间接控制的法人、非法人组织；

（二）前项所述法人的董事、监事及高级管理人员；

（三）控股股东、实际控制人为自然人的，其关系密切的家庭成员，包括配偶、父母及配偶的父母、兄弟姐妹及其配偶、年满 18 周岁的子女及其配偶、配偶的兄弟姐妹和子女配偶的父母；

（四）前项所述自然人直接或间接控制的、或者担任董事、高级管理人员的法人；

（五）深圳证券交易所认定的其他主体。控股股东、实际控制人的其他关联人与公司相关的行为，参照本规范相关规定。

第二章　一般原则

第五条　控股股东、实际控制人对公司和中小股东承担忠实勤勉义务，当控股股东、实际控制人的自身利益与公司、中小股东利益产生冲突时，应将公司和中小股东利益置于自身利益之上。

第六条　控股股东、实际控制人对公司及其他股东负有诚信义务，控股股东对其所控股的公司应严格依法行使出资人的权利，控股股东、实际控制人不得利用关联交易、利润分配、资产重组、对外投资、资金占用、借款、担保等任何方式损害公司和其他股东的合法权益。

第七条　控股股东、实际控制人不得通过任何方式违规占用公司资金。

第八条　控股股东、实际控制人应当善意使用其控制权，不得利用其控制权从事有损于公司和中小股东合法权益的行为。

第九条　控股股东、实际控制人应当保证公司资产完整、人员独立、财务独立、机构独立和业务独立，不得通过任何方式影响公司的独立性。

第十条 控股股东、实际控制人与公司之间进行交易，应当严格遵守公平性原则，不得通过任何方式影响公司的独立决策。

第十一条 控股股东、实际控制人以及其他知情人员不得以任何方式泄漏有关公司的未公开重大信息，不得利用公司未公开重大信息牟取利益，不得进行内幕交易、操纵市场或者其他欺诈活动。

第十二条 控股股东、实际控制人应当严格按照有关规定履行信息披露义务，并保证披露的信息真实、准确、完整，不得有虚假记载、误导性陈述或者重大遗漏。

第十三条 控股股东、实际控制人应当积极配合公司履行信息披露义务，并如实回答深圳证券交易所的相关问询。

第三章 恪守承诺和善意行使控制权

第十四条 控股股东、实际控制人应当按照证券监管部门关联人档案信息库的要求，配合公司完成与信息披露相关的问询、调查以及查证工作，如实填报并及时更新包括但不限于控股股东股权结构变化、实际控制人变更及其关联方名单、一致行动人关系情况说明等相关信息，保证所提供的信息真实、准确、完整。

第十五条 控股股东、实际控制人应当严格履行其作出的公开声明和各项承诺，采取有效措施确保承诺的履行，不得擅自变更或解除。

第十六条 控股股东、实际控制人在相关承诺尚未履行完毕前转让所持公司股份的，不得影响相关承诺的履行。

第十七条 控股股东、实际控制人应当明确承诺如存在控股股东、实际控制人及其关联人占用公司资金、要求公司违法违规提供担保的，在占用资金全部归还、违规担保全部解除前不转让所持有、控制的公司股份，并授权公司董事会办理股份锁定手续。公司董事会应当自知悉控股股东、实际控制人及其关联人占用公司资金、由公司违法违规提供担保的事实之日起五个交易日内，办理有关当事人所持公司股份的锁定手续。

第十八条 控股股东、实际控制人作出的承诺应当具体、明确、无歧义、具有可操作性，并采取有效措施保证其作出的承诺能够有效履行，对于存在较大履约风险的承诺事项，控股股东、实际控制人应当提供深圳证券交易所认可的履约担保。控股股东、实际控制人应当关注自身经营、财务状况、评价履约能力，在其经营、财务状况恶化、担保人或履约担保物发生变化导致或可能导致其无法履行承诺时，应当及时告知公司，并予以披露，说明有关影响承诺履行的具体情况，同时提供新的履约担保。

第十九条 控股股东、实际控制人应当保证公司人员独立，不得通过下列任何方式影响公司人员独立：

（一）通过行使提案权、表决权以外的方式影响公司人事任免；

（二）通过行使提案权、表决权以外的方式限制公司董事、监事、高级管理人员以及其他在公司任职的人员履行职责；

（三）聘任公司高级管理人员在本企业或其控制的企业担任除董事、监事以外的职务；

（四）向公司高级管理人员支付薪金或其他报酬；

（五）无偿要求公司人员为其提供服务；

（六）有关法律、行政法规、部门规章和规范性文件规定及深圳证券交易所认定的其他情形。

第二十条 控股股东、实际控制人应当保证公司财务独立，不得通过下列任何方式影响公司财务独立：

（一）与公司共用银行账户；

（二）将公司资金以任何方式存入控股股东、实际控制人及其关联人控制的账户；

（三）通过借款、违规担保等方式占用公司资金；

（四）将公司财务核算体系纳入控股股东、实际控制人管理系统之内，如共用财务会计核算系统或控股股东、实际控制人可以通过财务会计核算系统直接查询公司经营情况、财务状况等信息；

（五）有关法律、行政法规、部门规章和规范性文件规定及深圳证券交易所认定的其他情形。

第二十一条 控股股东、实际控制人不得以下列任何方式占用公司资金：

（一）要求公司为其垫付、承担工资、福利、保险、广告等费用、成本和其他支出；

（二）要求公司代其偿还债务；

（三）要求公司有偿或无偿、直接或间接拆借资金给其使用；

（四）要求公司通过银行或非银行金融机构向其提供委托贷款；

（五）要求公司委托其进行投资活动；

（六）要求公司为其开具没有真实交易背景的商业承兑汇票；

（七）要求公司在没有商品和劳务对价情况下以其他方式向其提供资金；

（八）不及时偿还公司承担对其的担保责任而形成的债务；

（九）中国证监会及深圳证券交易所认定的其他情形。

第二十二条 控股股东、实际控制人及其控制的其他企业应当保证公司业务独立，不得通过下列任何方式影响公司业务独立：

（一）与公司进行同业竞争；

（二）要求公司与其进行显失公平的关联交易；

（三）无偿或以明显不公平的条件要求公司为其提供商品、服务或其他资产；

（四）有关法律、行政法规、部门规章和规范性文件规定及深圳证券交易所认定的其他情形。

第二十三条 控股股东、实际控制人应当保证公司机构独立和资产完整，不得通过下列任何方式影响公司机构独立和资产完整：

（一）与公司共用主要机器设备、厂房、专利、非专利技术等；

（二）与公司共用原材料采购和产品销售系统；

（三）与公司共用机构和人员；

（四）通过行使提案权、表决权以外的方式对公司董事会、监事会和其他机构行使职权进行限制或施加其他不正当影响；

（五）有关法律、行政法规、部门规章和规范性文件规定及深圳证券交易所认定的其他情形。

第二十四条 控股股东、实际控制人应当充分保护中小股东的提案权、表决权、董事提名权等权利，不得以任何理由限制、阻挠其合法权利的行使。

第二十五条 控股股东、实际控制人与公司之间进行交易，应当遵循平等、自愿、等价、有偿的原则，不得通过任何方式影响公司的独立决策，不得通过欺诈、虚假陈述或者其他不正当行为等方式损害公司和中小股东的合法权益。

第二十六条 控股股东、实际控制人不得利用其对公司的控制地位，牟取属于公司的商业机会。

第二十七条　控股股东、实际控制人提出议案时应当充分考虑和把握议案对公司和中小股东利益的影响。

<h3 style="text-align:center">第四章　买卖公司股份行为规范</h3>

第二十八条　控股股东、实际控制人不得利用他人账户或向他人提供资金的方式买卖公司股份。

第二十九条　控股股东、实际控制人应当严格遵守股份转让的法律规定和出具的各项承诺，尽量保持公司股权结构的稳定。

第三十条　控股股东、实际控制人买卖公司股份时，应当严格遵守公平信息披露原则，不得利用未公开重大信息牟取利益。

第三十一条　控股股东、实际控制人买卖公司股份，应当严格按照法律、行政法规、部门规章、规范性文件、深圳证券交易所规定履行审批程序和信息披露义务，不得以任何方式规避审批程序和信息披露义务。

第三十二条　控股股东、实际控制人在下列期间不得买卖公司股份：

（一）公司年度报告公告前三十日内；

（二）公司业绩快报和业绩预告公告前十日内；

（三）自可能对公司股票及其衍生品种交易价格产生较大影响的重大事件发生之日或进入决策程序之日，至依法披露后两个交易日内；

（四）中国证监会及深圳证券交易所认定的其他情形。

因特殊原因推迟公告日期的，自年度报告原预约公告日前三十日起或业绩快报和业绩预告计划公告日前十日起至最终公告日。

第三十三条　控股股东、实际控制人转让公司控制权时，应当就受让人下列情况进行合理调查：

（一）受让人受让股份意图；

（二）受让人的资产以及资产结构；

（三）受让人的经营业务及其性质；

（四）受让人是否拟对公司进行重组，重组是否符合公司的整体利益，是否会侵害其他中小股东的利益；

（五）对公司或中小股东可能产生重大影响的其他情形。

控股股东、实际控制人应当在刊登《权益变动报告书》或《收购报告书》前向深圳证券交易所报送合理调查情况的书面报告，并与《权益变动报告书》或《收购报告书》同时披露。

第三十四条　控股股东、实际控制人转让公司控制权时，应当注意协调新老股东更换，防止公司出现动荡，并确保公司董事会以及公司管理层稳定过渡。

第三十五条　控股股东、实际控制人预计未来六个月内通过证券交易系统出售其持有或控制的公司股份可能达到或超过公司股份总数 5%，应当在首次出售两个交易日前刊登提示性公告。

第三十六条　前条提示性公告包括以下内容：

（一）拟出售的股份数量；

（二）拟出售的时间；

（三）拟出售价格区间（如有）；

（四）减持原因；

（五）深圳证券交易所要求的其他内容。

控股股东、实际控制人未按照前述规定刊登提示性公告的，任意连续六个月内通过证券交易系统出售公司股份不得达到或超过公司股份总数的5%。

第三十七条　控股股东、实际控制人通过信托或其他管理方式买卖公司股份的，适用本章规定。

第五章　信息披露管理

第三十八条　控股股东、实际控制人应当建立信息披露管理制度，明确规定涉及公司重大信息的范围、内部保密、报告和披露等事项。

第三十九条　控股股东、实际控制人不得通过直接调阅、要求公司向其报告等方式获取公司未公开重大信息，但法律、行政法规规定的除外。

第四十条　控股股东、实际控制人对涉及公司的未公开重大信息应当采取严格的保密措施。对应当披露的重大信息，应当第一时间通知公司并通过公司对外公平披露，不得提前泄露。一旦出现泄漏应当立即通知公司、报告深圳证券交易所并督促公司立即公告。

第四十一条　控股股东、实际控制人应当特别注意筹划阶段重大事项的保密工作，出现以下情形之一的，控股股东、实际控制人应当立即通知公司，并依法披露相关筹划情况和既定事实：

（一）该事件难以保密；

（二）该事件已经泄漏或者市场出现有关该事项的传闻；

（三）公司股票及其衍生品种交易已发生异常波动。

第四十二条　控股股东、实际控制人及其相关人员应当慎重对待有关公司的媒体采访或投资者调研，不得提供与公司相关的未公开重大信息，不得进行误导性陈述，不得提供、传播虚假信息。

第四十三条　控股股东、实际控制人应当按照深圳证券交易所的要求如实填报并及时更新关联人，保证所提供的信息真实、准确、完整。

第四十四条　深圳证券交易所、公司向控股股东、实际控制人进行调查、问询时，控股股东、实际控制人应当积极配合并及时、如实回复，保证相关信息和资料的真实、准确和完整。

第六章　附　　则

第四十五条　本规范未尽事宜，按国家有关法律、行政法规、部门规章、深圳证券交易所相关业务规则和《公司章程》的规定执行；本规范如与国家日后颁布的法律、行政法规、部门规章、深圳证券交易所相关业务规则或经合法程序修改后的《公司章程》相抵触时，按国家有关法律、行政法规、部门规章、深圳证券交易所相关业务规则和《公司章程》的规定执行，并立即修订。

第四十六条　本规范自公司董事会通过之日实施，修改时亦同，解释权归属公司董事会。

三、董事会

请参阅以下相关文案。

 文案范本

董事会权责示范

机构名称	董事会		部门名称/编号		直接上级	董事长
工作联系	内部	董事会成员、股东大会、监事会、经营管理层				
	外部	外部投资机构、政府				
序号	职　责			职权（董事长代为行使）		
1	负责召集股东会，执行股东会决议并向股东会报告工作			主持股东大会，召集、主持董事会会议，提议召开临时董事会		
2	确定企业生产经营计划和投资方案			召集和主持本企业管理委员会会议，组织讨论和决定企业发展规划、经营方针、年度计划以及日常经营工作中的重大事项		
3	确定企业内部管理机构的设置			检查董事会决议的实施情况，并向董事会提出报告		
4	批准企业基本管理制度			签署或授权签署企业合同及其他重要文件，签署由董事会聘任人员的聘任书		
5	听取总经理工作报告并作出决议			签署企业股票、债券发行的相关文件		
6	制定企业年度财务预决算方案和利润分配方案、弥补亏损方案，报股东大会审议			审查总经理提出的各项发展计划及执行结果		
7	对企业增加或减少注册资本、分立、合并、终止和清算等重大事项提出方案			定期审阅公司的财务报表和其他重要报表，全盘控制全公司系统的财务状况		
8	聘任或解聘本企业总经理、副总经理、总监、财务部门负责人，并决定其奖惩事宜			在发生战争、特大自然灾害等重大事件时，可对一切事务行使特别裁决权和处置权		
9				除章程规定须由股东大会和董事会决定的事项外，董事长对企业重大业务事项和行政事项有权作出决定		
确认	我已准确理解，完全接受以上职责安排，并承诺全力履行以上职责！ 　　　　　　　　　　　　　　　　确认人： 　　　　　　　　　　　　　　　　确认日期：					
生效日期				批准日期		

 文案范本

××集团股份有限公司董事会议事规则

（2013 年 11 月 15 日经 2013 年第二次临时股东大会批准）

第一章　总　则

第一条　为了进一步规范××集团股份有限公司（以下简称"公司"）董事会的议事方式和决策程序，促使董事和董事会有效地履行其职责，提高董事会规范运作和科学决策水平，根据《中华人民共和国公司法》（以下 简称《公司法》）、《中华人民共和国证券法》（以下简称《证

券法》)、《上市公司治理准则》《深圳证券交易所股票上市规则》《××集团股份有限公司章程》(以下简称《公司章程》)的有关规定，制定公司董事会议事规则（以下简称"本规则"）。

第二条　制定本规则的目的是根据公司章程，进一步明确董事会的职责和权限，规范董事会的工作程序和行为方式，保证董事会强化责任，依法行使职权，履行职责，承担义务，充分发挥董事会在公司管理中的决策作用，实现董事会工作的规范化。

第二章　董事会的组成机构

第三条　公司依法设立董事会。董事会执行股东大会的决议，负责公司的重大决策事项，对股东大会负责。

第四条　董事会由 12 名董事组成，设董事长一人，副董事长一人。董事为自然人，公司全体董事根据法律、行政法规、部门规章和《公司章程》等有关规定对公司负有忠实义务和勤勉业务。

第五条　董事会的人数及人员构成应符合有关法律、法规的要求，确保董事会能够进行富有成效的讨论，作出科学、迅速和谨慎的决策。

第六条　公司董事会应有二分之一以上的外部董事，并应有三分之一以上的独立董事，其中至少一名会计专业人士。

第七条　董事由股东大会选举产生，任期三年。董事任期届满，可以连选连任。

第八条　董事长、副董事长由全体董事的过半数选举和罢免，董事长、副董事长任期三年，可以连选连任。

董事无须持有公司股份。

第九条　非独立董事候选人名单由上届董事会或连续一百八十个交易日单独或合计持有公司发行在外表决权股份总数百分之三以上的股东提出。

独立董事的选举根据有关法规执行。

第十条　公司应和董事签订聘任合同，明确公司和董事之间的权利义务、董事的任期、董事违反法律法规和公司章程的责任以及公司因故提前解除合同的补偿等内容。

公司与董事签订的聘任合同不因公司章程的修改而无效、终止或变更，除非公司与董事自愿协商一致，才能对合同进行修改、终止或变更。

第十一条　董事任期从就任之日起计算，至本届董事会任期届满时为止。

董事任期届满未及时改选，在改选出的董事就任前，原董事仍应当依照法律、行政法规、部门规章和本章程的规定，履行董事职务。

第十二条　董事在任期届满以前，股东大会不得无故解除其职务。

董事可以兼任经理或者其他高级管理人员，但兼任经理或者其他高级管理人员职务的董事，总计不得超过公司董事总数的二分之一。

第十三条　董事因故离职，补选董事任期从股东大会通过之日起计算，至本届董事会任期届满时为止。董事任期届满未及时改选，在改选出的董事就任前，原董事仍应当依照法律、行政法规、部门规章和本章程的规定，履行董事职务。

第十四条　控股股东、实际控制人的董事长、副董事长、执行董事兼任公司董事长、副董事长、执行董事职务的人数不得超过两名。

第十五条　董事应保证有足够的时间和精力履行其应尽的职责，并严格遵守其公开作出的承诺。

董事应积极参加有关培训，以了解作为董事的权利、义务和责任，熟悉有关法律法规，掌握作为董事应具备的相关知识。

第十六条 外部董事应有足够的时间和必要的知识能力以履行其职责。

外部董事履行职责时，公司必须提供必要的信息。独立董事可直接向股东大会、中国证券监督管理机构和其他有关部门报告情况。

第十七条 董事会按照股东大会决议可以设立审计委员会、战略委员会、提名委员会、薪酬与考核委员会等专门委员会。专门委员会成员全部由董事组成，其中审计委员会、提名委员会、薪酬与考核委员会中独立董事应占多数并担任召集人，审计委员会中至少有一名独立董事是会计专业人士。

第十八条 各专门委员会下设工作小组，负责日常工作联络和会议组织等工作。

第十九条 董事会专门委员会的职责、议事程序等工作实施细则由董事会另行制定。

第二十条 董事会设董事会秘书，负责公司股东大会和董事会会议的筹备，管理公司股权、证券和有关法律文件档案及公司董事会的有关资料，办理信息披露等事务。董事会秘书由董事长提名，经董事会聘任或解聘。

第二十一条 董事会秘书应遵守法律、行政法规、部门规章及公司章程的有关规定。

第三章　董事会的职权

第二十二条 公司董事会应当在《公司法》《证券法》《公司章程》和本规则规定的范围内行使职权。董事会应当严格按照股东大会和本公司《公司章程》的授权行事，不得越权形成决议。

第二十三条 董事会行使下列职权：

（一）召集股东大会，并向股东大会报告工作；

（二）执行股东大会的决议；

（三）决定公司的经营计划和投资方案；

（四）制定公司的年度财务预算方案、决算方案；

（五）制定公司的利润分配方案和弥补亏损方案；

（六）制定公司增加或者减少注册资本的方案以及发行公司债券或其他证券及上市方案；

（七）拟订公司重大收购、收购公司股票的方案；

（八）拟定公司合并、分立、解散及变更公司形式的方案；

（九）在股东大会授权范围内，决定公司对外投资、收购出售资产、资产抵押、对外担保事项、委托理财、关联交易等事项；

（十）决定公司内部管理机构的设置；

（十一）聘任或者解聘公司经理、董事会秘书，根据经理的提名，聘任或者解聘公司副经理、财务负责人等高级管理人员，决定其报酬奖励情况；

（十二）制定公司的基本管理制度；

（十三）制定公司章程修改方案；

（十四）管理公司信息披露事项；

（十五）向股东大会提请聘请或更换为公司审计的会计师事务所；

（十六）听取公司经理的工作汇报并检查经理的工作；

（十七）公司章程规定或者股东大会授予的其他职权。

董事会作出前款决议事项，除第（六）（八）（十三）项必须由三分之二以上的董事表决同意外，其余可以由半数以上的董事表决同意。董事会作出关于公司关联交易的决议时，必须由独立（非执行）董事签字后方能生效。独立（非执行）董事所发表的意见应在董事会决议中列明。

第二十四条　下列报告事项由董事会负责：

（一）公司章程第一百七十七条中第（一）条款；

（二）股东大会决议执行情况及结果；

（三）董事会决议执行情况及结果；

（四）监事会要求的报告事项；

（五）证券管理机构、证券交易所要求的报告事项；

（六）董事会认为必要的其他事项。

第二十五条　董事长根据法律、行政法规、《公司章程》的规定及股东大会、董事会决议行使其职权和承担相应义务。

第二十六条　董事会授权董事长在董事会闭会期间行使董事会部分职权的，原则上应针对具体事件或有具体金额限制，授权内容应当明确、具体。凡涉及公司重大利益的事项应由董事会集体决策。

第二十七条　公司副董事长协助董事长工作，董事长不能履行职务或者不履行职务的，由副董事长履行职务；副董事长不能履行职务或者不履行职务的，由半数以上董事共同推举一名董事履行职务。

第四章　董事会会议的召集、主持、提案

第二十八条　董事会应定期召开会议，每年至少召开两次会议并根据需要及时召开临时会议。董事会会议应有事先拟定的议题。

第二十九条　董事会会议由董事长召集并主持，但每届第一次董事会会议由拟推荐出任董事长的董事召集并主持会议。

第三十条　代表十分之一以上表决权的股东、董事长、二分之一以上独立董事、三分之一以上董事或者监事会、总经理，可以提议召开董事会临时会议。董事长应当自接到提议后 10 日内，召集和主持董事会会议。

第三十一条　董事长不能履行召集并主持会议职责时，由副董事长召集并主持；副董事长不能履行职责时，由二分之一以上董事共同推举一名董事负责召集并主持会议。

第三十二条　公司董事会会议应严格按照规定的程序进行。董事会应按规定的时间事先通知所有董事，并提供足够的资料，包括会议议题的相关背景材料和有助于董事理解公司业务进展的信息和数据。当两名以上独立董事认为资料不充分或论证不明确时，可联名以书面形式向董事会提出延期召开董事会会议或延期审议该事项，董事会应予以采纳。

第三十三条　董事会会议应于会议召开 10 日以前书面通知全体董事和监事。

第三十四条　董事会召开临时董事会会议的通知原则上以书面形式下达，必要时亦可用其他方式下达，通知应于会议召开五日以前下达到全体董事 。

第三十五条　董事会会议通知应采用中文，必要时可附英文，并包括会议议程。任何董事可放弃要求获得董事会会议通知的权利。

第三十六条　董事如已出席会议，并且未在到会前或会议开始时提出未收到会议通知的异议，应视作已向其发出会议通知。

第三十七条　董事会会议通知包括以下内容：

（一）会议日期和地点；

（二）会议期限；

（三）事由及议题；

（四）发出通知的日期。

第五章　董事会的召开及表决

第三十八条　董事会会议应由二分之一以上的董事出席方可举行。

第三十九条　当四分之一以上董事或两名以上外部董事认为决议事项的资料不够充分或论证不明确时，可以联名提出缓开董事会或缓议董事会所议的部分事项，董事会应予采纳。

第四十条　董事会会议应由董事本人出席，董事因故不能出席的，可以书面委托其他董事代为出席董事会，委托其他董事代为出席董事会的董事可视为亲自出席，但要独立承担法律责任。

第四十一条　委托书应当载明代理人的姓名、代理事项、授权范围和有效期限，并由委托人签名或盖章。

第四十二条　委托和受托出席董事会会议应当遵循以下原则：

（一）在审议关联交易事项时，非关联董事不得委托关联董事代为出席；关联董事也不得接受非关联董事的委托；

（二）在审议按照有关法律法规需独立董事发表独立意见的事项时，独立董事不得委托非独立董事代为出席，非独立董事也不得接受独立董事的委托。

第四十三条　代为出席会议的董事应当在授权范围内行使董事的权利。董事未能出席某次董事会会议，亦无委托其他董事出席的，应当视作已放弃在该次会议上的投票权。

第四十四条　董事会决议采用记名方式投票表决。每名董事有一票表决权。董事会作出决议，需符合公司章程的相关规定。当反对票和赞成票相等时，董事长有权多投一票。

第四十五条　董事会会议决议事项与某位董事或其联系人有利害关系时，该董事应予回避，且无表决权，而在计算出席会议的法定董事人数时，该董事亦不计入。

第四十六条　董事与董事会会议决议事项所涉及的企业有关联关系的，不得对该项决议行使表决权，也不得代理其他董事行使表决权。该董事会会议由过半数的无关联关系董事出席即可举行，董事会会议所作决议须经无关联关系董事按照公司章程的相关规定表决通过。出席董事会的无关联董事人数不足3人的，应将该事项提交股东大会审议。

第四十七条　董事会决议存在瑕疵，不管是存在于决议的成立过程，即召集程序或决议方式违反法律或公司章程的规定，还是存在于决议的内容，即决议的内容违反法律或公司章程的规定，该等决议均属无效。

利害关系人可以在任何时候以任何方式提出无效的主张。

第四十八条　董事会临时会议在保障董事充分表达意见的前提下，可以用传真方式进行并作出决议，但此种决议必须由全体董事传阅签署，并以最后一名董事签署的当日开始生效。

第四十九条　董事应当在董事会决议上签字并对董事会的决议承担责任。董事会的决议违反法律、行政法规或者公司章程、股东大会决议，致使公司遭受损失的，参与决议的董事对公司负赔偿责任。但经证明在表决时曾表明异议并记载于会议记录的，该董事可以免除责任。

第五十条　董事会应当对会议所议事项的决定作会议记录，出席会议的董事和记录人，应当在会议记录上签名。董事会会议记录作为公司档案由董事会秘书保存，保管期限为十年。董事既不按前款规定进行签字确认，又不对其不同意见作出书面说明的，视为完全同意会议记录和决议记录的内容。

第五十一条　董事会会议记录包括下列内容：

（一）会议召开的日期、地点和召集人姓名；

（二）出席董事的姓名以及受他人委托出席董事会的董事（代理人）姓名；

（三）会议议程；

（四）董事发言要点；

（五）每一决议事项的表决方式和结果（表决结果应载明赞成、反对或弃权的票数）。

第五十二条　董事会决议公告事宜，由董事会秘书根据《深圳证券交易所股票上市规则》等有关规定办理。在决议公告披露之前，与会董事和会议列席人员、记录和其他有关人员等负有对决议内容保密的义务。

第六章　附　则

第五十三条　本规则未尽事宜，依据《公司法》《公司章程》和其他有关法律、法规的规定办理。

第五十四条　本规则经股东大会审议批准后颁布实行，由公司董事会负责解释和修改。

 **文案范本**

审计委员会组织结构与责权

部门名称	审计委员会		部门编号	
直属上级	董事会		部门定员	
部门组织结构	主任委员 委员　委员　委员			
部门责权	职责	1. 负责审核公司的财务信息及其披露		
		2. 监督公司的内部审计制度及其实施		
		3. 负责公司内部控制制度审查以及重大关联交易情况的审计		
		4. 负责监督与审核外部审计机构是否独立客观及审计程序是否合法		
		5. 负责内部审计与外部审计的沟通		
	权限	1. 拥有公司财务信息审核权		
		2. 拥有企业内部控制制度审核及执行监督权		
		3. 对外部审计机构的审计结果拥有核查权		
		4. 拥有高级经理人员离职的审计监督权		
		5. 拥有企业内部审计制度完善的建议权		
备　注				
编制人		编制日期		
审批人		审批日期		

 文案范本

提名委员会组织结构与责权

部门名称	提名委员会	部门编号	
直属上级	董事会	部门定员	

部门组织结构	主任委员 → 委员 / 委员 / 委员			

部门责权	职责	1. 根据企业经营规模和业务范围，对董事会的规模和构成提供建议		
		2. 研究董事会、高级管理人员的选择标准、选择程序		
		3. 搜寻董事会、高级管理人员的候选人		
		4. 负责审查董事及高级管理人员候选人资格，并提出相关建议		
		5. 对公司高级管理人员的续聘、解聘提供建议		
	权限	1. 拥有董事会规模及构成的建议权		
		2. 拥有公司高级管理人员选聘标准制定的参与权		
		3. 拥有公司高级管理人员候选人的提名权		
		4. 拥有公司高级管理人员候选人资格的审查权		
		5. 拥有公司高级管理人员续聘、解聘的建议权		
备　注				
编制人		编制日期		
审批人		审批日期		

 文案范本

薪酬绩效委员会组织结构与责权

部门名称	薪酬绩效委员会	部门编号	
直属上级	董事会	部门定员	

部门组织结构	主任委员 → 委员 / 委员 / 委员			

部门责权	职责	1. 负责编制董事、监事、高级管理人员的薪酬计划方案		
		2. 负责审查董事、监事、高级管理人员的履职情况，并对其进行年度绩效考评		
		3. 负责对公司薪酬制度执行情况进行监督		
		4. 负责组织对本行业高级管理人员的薪酬水平调查工作		
		5. 完成董事会临时交办的工作		

续表

部门责权	权限	1. 对企业高级管理人员的薪酬有建议权
		2. 对全员薪酬水平策略的制定拥有建议权
		3. 公司薪酬与绩效考核制的执行拥有监督权
		4. 与外界单位、政府部门的联络权
		5. 对企业高级管理人员拥有履职监督权
备 注		
编制人		编制日期
审批人		审批日期

四、独立董事

引入独立董事后的董事会组织结构如图 2-1 所示。

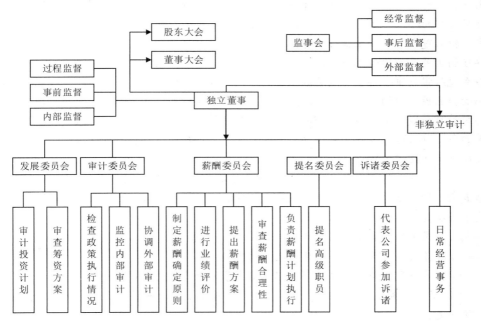

图 2-1 引入独立董事后的董事会组织结构

由图 2-1 可见，独立董事会在上述公司中的作用主要表现在：

（1）审查公司的重要决策；

（2）监督财务报告的真实性；

（3）保证股东准确、及时、完整地掌握公司的有关信息；

（4）根据市场行业的变化情况为公司提出合适的战略发展建议。

除了从组织结构方面加强独立董事自身的因素考虑，一方面其必须"有钱"，即必须从上市公司及证监会取得必要的先进奖励和声誉激励，在促使其积极履行职责的同时，避免与经营者或大股东合谋，损害其他利益相关者的利益；另一方面"有闲"，以保证其能够有充足的时间和精力了解公司的情况，并发表意见。

在董事会中引入独立董事旨在发挥其客观性、公开性、开拓性。因此，笔者认为，要使独立董事能够真正发挥作用，需要解决好独立董事的独立性、来源、表决权以及薪酬等问题。

××股份有限公司独立董事制度

（经 2014 年 4 月 10 日公司第五届董事会第十九次会议审议通过）

第一章 总　　则

第一条　为了进一步完善公司治理结构、促进公司规范化运作，根据中国证监会《在上市公司建立独立董事制度的指导意见》（以下简称《指导意见》）、《深圳证券交易所上市规则》《深圳证券交易所主板上市公司规范运作指引》和《深圳证券交易所独立董事备案办法》等规定，结合公司实际情况制定本制度。

第二条　独立董事是指不在公司担任除董事以外的其他职务，并与公司及公司主要股东不存在可能妨碍其进行独立客观判断关系的董事。

第三条　独立董事对公司及全体股东负有诚信与勤勉义务。独立董事应当按照相关法律法规、公司章程的要求，认真履行职责，维护公司整体利益，尤其要关注中小股东的合法权益不受损害。独立董事应当独立履行职责，不受上市公司主要股东、实际控制人、或者其他与上市公司存在利害关系的单位或个人的影响。

若发现所审议事项存在影响其独立性的情况，应当向公司申明并实行回避。任职期间出现明显影响独立性情形的，应当及时通知公司，提出解决措施，必要时应当提出辞职。

公司董事会成员中应当有三分之一以上为独立董事，其中应当至少包括一名会计专业人士。

第四条　独立董事及拟担任独立董事的人士应当按照中国证监会的要求，参加中国证监会及其授权机构所组织的培训。

第二章　任职资格

第五条　独立董事应当符合下列法律、行政法规、部门规章、规范性文件和业务规则有关独立董事任职资格、条件和要求的规定：

（一）《公司法》关于董事任职资格的规定；

（二）《公务员法》关于公务员兼任职务的规定（如适用）；

（三）《指导意见》关于独立董事任职资格、条件和要求的规定；

（四）深交所业务规则、细则、指引、办法、通知等关于董事、独立董事任职资格、条件和要求的规定；

（五）其他法律、行政法规、部门规章和规范性文件有关董事、独立董事任职资格、条件和要求的规定。

第六条　独立董事应当具备公司运作的基本知识，熟悉相关法律、行政法规、部门规章及规范性文件，具有五年以上法律、经济、财务、管理或者其他履行独立董事职责所必需的工作经验，并取得深交所认可的独立董事资格证书。

第七条　以会计专业人士身份被提名为独立董事候选人的，应当具备丰富的会计专业知识和经验，并具备注册会计师资格、高级会计师或者会计学副教授以上职称等专业资质。

第八条　存在下列情形之一的人员，不得担任本公司独立董事：

（一）在公司或者其附属企业任职的人员及其直系亲属和主要社会关系；

（二）直接或间接持有公司已发行股份1%以上或者是公司前十名股东中的自然人股东及其直系亲属；

（三）在直接或间接持有公司已发行股份5%以上的股东单位或者在公司前五名股东单位任

职的人员及其直系亲属；

（四）在公司控股股东、实际控制人及其附属企业任职的人员及其直系亲属；

（五）为公司及公司控股股东或者其各自附属企业提供财务、法律、咨询等服务的人员，包括但不限于提供服务的中介机构的项目组全体人员、各级复核人员、在报告上签字的人员、合伙人及主要负责人；

（六）在与公司及公司控股股东、实际控制人或者其各自的附属企业有重大业务往来的单位任职，或者在有重大业务往来单位的控股股东单位任职；

（七）近一年内曾经具有前六项所列情形之一的人员；

（八）被中国证监会采取证券市场禁入措施，且仍处于禁入期的；

（九）被证券交易所公开认定不适合担任上市公司董事、监事和高级管理人员的；

（十）最近三年内受到中国证监会处罚的；

（十一）最近三年内受到证券交易所公开谴责或三次以上通报批评的；

（十二）深交所认定的其他情形。

第九条　在公司连续任职独立董事已满六年的，自该事实发生之日起一年内不得被提名为本公司独立董事候选人。

独立董事最多在五家上市公司兼任独立董事。

第三章　提名、选举与更换

第十条　公司董事会、监事会、单独或者合并持有本公司已发行股份1%以上的股东可以提出独立董事候选人，并经股东大会选举决定。

第十一条　独立董事的提名人在提名前应当征得被提名人的同意。提名人应当充分了解被提名人职业、学历、职称、详细的工作经历等基本情况并对其担任独立董事的资格和独立性发表意见，被提名人应当就其本人与本公司之间不存在任何影响其独立客观判断的关系发表公开声明。

在选举独立董事的股东大会召开前，公司董事会应当按照规定公布上述内容。

第十二条　公司在发布召开关于选举独立董事的股东大会通知时，应当将所有独立董事候选人的有关材料（包括但不限于提名人声明、候选人声明、独立董事履历表）报送深交所备案。

公司董事会对独立董事候选人的有关情况有异议的，应当同时报送董事会的书面意见。

第十三条　深交所在收到前条所述材料的五个交易日内，对独立董事候选人的任职资格和独立性进行审核。对于深交所提出异议的独立董事候选人，公司不得将其提交股东大会选举为独立董事。

在召开股东大会选举独立董事时，公司董事会应当对独立董事候选人是否被深交所提出异议的情况进行说明。

第十四条　独立董事每届任期与本公司其他董事任期相同，任期届满，连选可以连任，但是连任时间不得超过六年。

第十五条　独立董事连续三次未亲自出席董事会会议的，由董事会提请股东大会予以撤换。除出现上述情况及《公司法》中规定的不得担任董事的情形外，独立董事任期届满前不得无故被免职。提前免职的，公司应将其作为特别披露事项予以披露，被免职的独立董事认为公司的免职理由不当的，可以作出公开的声明。

第十六条　独立董事在任期届满前可以提出辞职。独立董事辞职应向董事会提交书面辞职报告，对任何与其辞职有关或其认为有必要引起公司股东和债权人注意的情况进行说明。如因独立董事辞职导致公司董事会中独立董事所占的比例低于《指导意见》规定的最低要求时，该独立董事的辞职报告应当在下任独立董事填补其缺额后生效。

第四章　权利、义务与责任

第十七条　独立董事除应当具有公司法和其他相关法律、法规赋予董事的职权外，还应当充分行使下列特别职权：

（一）公司拟与关联人达成的总额高于300万元人民币或高于公司最近经审计净资产的5%的关联交易，应当由独立董事认可后，提交董事会讨论；独立董事在作出判断前，可以聘请中介机构出具独立财务顾问报告；

（二）向董事会提议聘用或解聘会计师事务所；

（三）向董事会提请召开临时股东大会；

（四）提议召开董事会；

（五）独立聘请外部审计机构和咨询机构；

（六）在股东大会召开前公开向股东征集投票权。

独立董事行使上述职权应当取得全体独立董事的二分之一以上同意。

第十八条　独立董事应在公司年报编制和披露过程中切实履行独立董事的责任和义务，勤勉尽责。独立董事依法履行年报审计、编制、审核和信息披露方面的工作职责。

第十九条　独立董事应当对下列公司重大事项发表独立意见：

（一）提名、任免董事；

（二）聘任、解聘高级管理人员；

（三）董事、高级管理人员的薪酬；

（四）公司当年盈利但年度董事会未提出包含现金分红的利润分配预案；

（五）需要披露的关联交易、对外担保（不含对合并报表范围内子公司提供担保）委托理财、对外提供财务资助、变更募集资金用途、股票及其衍生品种投资等重大事项；

（六）重大资产重组方案、股权激励计划；

（七）独立董事认为有可能损害中小股东合法权益的事项；

（八）有关法律、行政法规、部门规章、规范性文件、深交所业务规则及公司章程规定的其他事项。

独立董事发表的独立意见类型包括同意、保留意见及其理由、反对意见及其理由和无法发表意见及其障碍，所发表的意见应当明确、清楚。

第二十条　独立董事对重大事项出具的独立意见至少应当包括下列内容：

（一）重大事项的基本情况；

（二）发表意见的依据，包括所履行的程序、核查的文件、现场检查的内容等；

（三）重大事项的合法合规性；

（四）对上市公司和中小股东权益的影响、可能存在的风险以及公司采取的措施是否有效；

（五）发表的结论性意见。

对重大事项提出保留意见、反对意见或无法发表意见的，相关独立董事应当明确说明理由。

独立董事应当对出具的独立意见签字确认，并将上述意见及时报告董事会，与公司相关公告同时披露。

第二十一条　独立董事原则上每年应当保证有不少于十天的时间，对上市公司生产经营状况、管理和内部控制等制度的建设及执行情况等进行现场了解，对董事会决议执行情况等进行现场检查。

第二十二条　公司应当为独立董事行使职权提供必要的条件。

（一）独立董事享有与其他董事同等的知情权。

　　凡须经董事会决策的重大事项，公司必须按法定的时间提前通知独立董事并同时提供足够的资料，独立董事认为资料不充分的，可以要求补充。当三名或二名以上独立董事认为资料不充分或论证不明确时，可书面联名提出延期召开董事会或延期审议董事会所讨论的部分事项，董事会应予以采纳。

　　公司向独立董事提供的资料，公司及独立董事本人应当至少保存五年。

　　（二）公司应提供独立董事履行职责所必需的工作条件，公司董事会秘书应积极为独立董事履行职责提供协助。独立董事发表的独立意见、提案及书面说明应当公告的，董事会秘书应及时到深交所办理公告事宜。

　　（三）独立董事行使职权时，公司有关人员应当积极配合，不得拒绝、阻碍或隐瞒，不得干预其独立行使职权。

　　（四）独立董事聘请中介机构的费用及其他行使职权时所需的费用由公司承担。

　　（五）公司给予独立董事适当的津贴，津贴的标准应当由董事会制定预案，股东大会审议通过，并在公司年报中进行披露。

　　第二十三条　独立董事应当向公司年度股东大会提交述职报告并披露。述职报告应当包括下列内容：

　　（一）全年出席董事会方式、次数及投票情况，列席股东大会次数；

　　（二）发表独立意见的情况；

　　（三）提议召开董事会、提议聘用或解聘会计师事务所、独立聘请外部审计机构和咨询机构、进行现场了解和检查等情况；

　　（四）保护中小股东合法权益方面所做的其他工作。

　　第二十四条　独立董事应当对其履行职责的情况进行书面记载，深交所可随时调阅独立董事的工作档案。

第五章　附　　则

　　第二十五条　本制度未尽事宜，依照国家有关法律、行政法规及规范性文件的有关规定执行。

　　第二十六条　本制度由公司董事会负责制定、修改和解释。

　　第二十七条　本制度自公司董事会审议通过之日起生效并实施。

五、监事会

　　请参阅以下相关文案。

 **文案范本**

监事会组织机构与责权

部门名称	监事会	部门编号	
直属上级	股东大会	部门定员	
部门 组织 结构			

续表

部门责权	职责	1. 对股东大会负责，监督企业董事、经理和其他高级管理人员依法履行职责
		2. 负责监督企业财务状况和经营管理状况
		3. 负责监督企业重大合同的签订、执行以及资金盈亏状况
		4. 发现董事、经理和其他高级管理人员有违纪现象及时向董事会、股东大会反映
		5. 定期对企业经营情况及高级管理人员履职情况进行评估、分析，并上报股东大会
	权限	1. 拥有企业财务监督与核查权
		2. 拥有股东大会召开提议权
		3. 拥有企业高级管理人员履职监督权
		4. 在董事会不能履职时，有权召集和主持股东大会
		5. 公司章程规定的其他职权
备　注		
编制人		编制日期
审批人		审批日期

文案范本

监事会权责示范

机构名称	监事会		部门名称/编号		直接上级	监事会主席
工作联系	内部	董事会、股东大会、经营管理层				
	外部	会计师事务所、律师事务所等专业机构、政府相关机构				
序　号	职　责			职　权		
1	向股东大会汇报监事会工作情况			审查企业财务报表和资料，评价企业业绩和经营状况（审核权）		
2	针对股东大会决议的执行情况进行报告			对董事、总经理执行职务时违反法律、法规或公司章程的行为进行监督（监督权）		
3	检查本企业财务、业务状况并得出结论			当董事、总经理的行为损害企业利益时，要求董事和经理予以纠正（告诫权）		
4	对董事、经理的监督情况进行报告			必要时提请召开临时股东会（提议权）		
5	对董事会提交股东大会的报表审查意见进行报告			就职权范围内的事情向股东大会提出提案（提案权）		
6	对企业的经营状况进行监督、检查，并负相关连带法律责任			代表本企业与董事、高层管理人员交涉或对董事、高级管理人员起诉（诉讼权）		
7				对企业经营情况有权进行调查，必要时，可请外部专业机构协助调查（调查权）		
8				有权列席董事会会议，并对董事会决议的事项提出质疑或建议（知情权）		
确认	我已准确理解，完全接受以上职责安排，并承诺全力履行以上职责！ 确认人： 确认日期：					
生效日期				批准日期		

××科技集团股份有限公司监事会议事规则

（2013 年修订草案，待股东大会审议通过）

第一条　为规范××科技集团股份有限公司（以下简称"公司"）监事会的运作，根据《中华人民共和国公司法》（以下简称《公司法》）、《中华人民共和国证券法》、《深交所股票上市规则》（以下简称《上市规则》）、《深圳证券交易所主板上市公司规范运作指引》（以下简称《规范运作指引》）和《××科技集团股份有限公司章程》（以下简称《公司章程》）的规定，制定本规则。

第二条　本规则是监事会及监事会议事的行为准则，除非有主体限制，其内容适用于公司全体监事及其他监事会参加人。

第三条　公司监事会应当向全体股东负责，对公司财务以及公司董事、总裁及其他高级管理人员履行职责的合法合规性进行监督，维护公司及股东的合法权益。

第一章　监　　事

第四条　公司监事为自然人，有下列情形之一的，不能担任公司的监事：

（一）无民事行为能力人或者限制民事行为能力人；

（二）因贪污、贿赂、侵占财产、挪用财产或者破坏社会主义市场经济秩序，被判处刑罚，执行期满未逾五年，或者因犯罪被剥夺政治权利，执行期满未逾五年；

（三）担任破产清算的公司、企业的董事或者厂长、经理，对该公司、企业的破产负有个人责任的，自该公司、企业破产清算完结之日起未逾三年；

（四）担任因违法被吊销营业执照、责令关闭的公司、企业的法定代表人，并负有个人责任的，自该公司、企业被吊销营业执照之日起未逾三年；

（五）个人所负数额较大的债务到期未清偿；

（六）被中国证监会处以证券市场禁入处罚，期限未满的；

（七）被证券交易所公开认定为不适合担任上市公司监事；

（八）法律、行政法规或部门规章规定的其他内容。

以上期间，按拟选任监事的股东大会或者监事会等机构审议监事受聘议案的时间截止起算。违反本条规定选举、委派董事的，该选举、委派或者聘任无效。监事在任职期间出现本条情形的，公司解除其职务。

第五条　监事由股东代表和公司职工代表担任。公司职工代表担任的监事不得少于监事人数的三分之一。

董事、总裁和其他高级管理人员不得兼任监事。

第六条　监事每届任期三年，监事任期届满，连选可以连任。股东担任的监事由股东大会选举或更换。

下列机构或股东有权向公司提名非职工代表监事候选人：

（一）监事会；

（二）单独或合计持有公司发行在外有表决权股份总数 3%以上的股东。

提名人应在提名期内向公司监事会提名非职工代表监事候选人并提交相关文件，由公司监事会对非职工代表监事候选人进行资格审查并确定监事候选人名单。

非职工代表的监事候选人名单由监事会以提案方式提出，经监事会决议后，提请股东大会表决。

职工监事由公司职工通过职工代表大会、职工大会或者其他形式民主选举产生或更换。

第七条　监事候选人被提名后，应当自查是否符合任职资格，及时向公司提供其是否符合任职资格的书面说明和相关资格证书（如适用）。

公司监事会应当对候选人的任职资格进行核查，发现不符合任职资格的，应当要求提名人撤销对该候选人的提名。

第八条　监事候选人在股东大会、监事会或职工代表大会等有权机构审议其受聘议案时，应当亲自出席会议，就其任职资格、专业能力、从业经历、违法违规情况、与公司是否存在利益冲突，与公司控股股东、实际控制人以及其他董事、监事和高级管理人员的关系等情况进行说明。

第九条　监事应当具备正常履行职责所需的必要的知识、技能和经验，并保证有足够的时间和精力履行职责。

第十条　监事应当遵守法律、行政法规和《公司章程》的规定，对公司负有忠实义务和勤勉义务，不得利用职权收受贿赂或者其他非法收入，不得侵占公司的财产。

第十一条　监事辞职应当提交书面辞职报告。除下列情形外，监事辞职自辞职报告送达监事会时生效：

（一）监事辞职导致监事会成员低于法定最低人数；

（二）职工代表监事辞职导致职工代表监事人数少于监事会成员的三分之一。

在上述情形下，辞职报告应当在下任监事填补因其辞职产生的空缺后方能生效。在辞职报告尚未生效之前，拟辞职监事仍应当按照有关法律、行政法规和《公司章程》的规定继续履行职责。

出现上述情形的，公司应当在两个月内完成补选。

第十二条　监事任期届满未及时改选的，在改选出的监事就任前，原监事仍应当依照法律、行政法规和《公司章程》的规定，履行监事职务。

第十三条　监事应当严格按照有关规定履行报告义务和信息披露义务，并保证报告和披露的信息真实、准确、完整，不存在虚假记载、误导性陈述或者重大遗漏。

第十四条　监事应当严格遵守公平信息披露原则，做好公司未公开重大信息的保密工作，不得以任何方式泄露公司未公开重大信息，不得进行内幕交易、操纵市场或者其他欺诈活动。一旦出现泄露，应当立即通知公司并督促其公告，公司不予披露的，应当立即向深圳证券交易所（以下简称"深交所"）报告。

第十五条　监事可以列席董事会会议，并对董事会决议事项提出质询或者建议。

第十六条　监事在履行监督职责过程中，对违反法律、行政法规、部门规章、规范性文件、《上市规则》《规范运作指引》、深交所其他相关规定、《公司章程》或股东大会决议的董事、高级管理人员，可以提出罢免的建议。

第十七条　监事发现董事、高级管理人员及公司存在违反法律、行政法规、部门规章、规范性文件、《上市规则》《规范运作指引》、深交所其他相关规定、《公司章程》或股东大会决议的行为，已经或者可能给公司造成重大损失的，应当及时向董事会、监事会报告，提请董事会及高级管理人员予以纠正，并向中国证监会、深交所或者其他有关部门报告。

第十八条　监事应当确保监事会能够独立有效地行使对董事、高级管理人员以及公司财务监督和检查的权利。

第十九条　监事应当对独立董事履行职责的情况进行监督，充分关注独立董事是否持续具备应有的独立性，是否有足够的时间和精力有效履行职责，履行职责时是否受到公司主要股东、实际控制人或非独立董事、监事、高级管理人员的不当影响等。

第二十条　监事应当对董事会专门委员会的执行情况进行监督，检查董事会专门委员会成员是否按照董事会专门委员会议事规则履行职责。

第二十一条　监事至少应当每季度查阅一次公司与关联人之间的资金往来情况，了解公司是否存在被董事、监事、高级管理人员、控股股东、实际控制人及其关联人占用、转移公司资金、资产及其他资源的情况，如发现异常情况，应当及时提请公司董事会采取相应措施。

第二十二条　监事不得利用其在公司的职权牟取个人利益，不得因其作为监事身份从第三方获取不当利益，不得利用其关联关系损害公司利益，若给公司造成损失的，应当承担赔偿责任。

第二十三条　监事应当保护公司资产的安全、完整，不得挪用公司资金和侵占公司财产。监事应当严格区分公务支出和个人支出，不得利用公司为其支付应当由其个人负担的费用。

第二十四条　监事与公司订立合同或进行交易应当经过公司股东大会审议通过，并严格遵守公平性原则。

第二十五条　监事不得利用职务便利为自己或者他人牟取属于公司的商业机会，不得自营或者为他人经营与公司相同或类似的业务。

第二十六条　监事应当积极配合深交所的日常监管，在规定期限内回答问询并按要求提交书面说明和相关资料，按时参加深交所的约见谈话，并按照要求按时参加其组织的相关培训和会议。

第二十七条　监事获悉公司控股股东、实际控制人及其关联人出现下列情形之一的，应当及时向公司董事会或监事会报告，并督促公司按照有关规定履行信息披露义务：

（一）占用公司资金，挪用、侵占公司资产的；

（二）要求公司违法违规提供担保的；

（三）对公司进行或拟进行重大资产重组的；

（四）持股或控制公司的情况已发生或拟发生较大变化的；

（五）持有、控制公司 5% 以上的股份被质押、冻结、司法拍卖、托管、设置信托或被依法限制表决权的；

（六）自身经营状况恶化，进入或拟进入破产、清算等程序的；

（七）对公司股票及其衍生品种交易价格有较大影响的其他情形。

公司未及时履行信息披露义务，或者披露内容与实际情况不符的，相关监事应当立即向深交所报告。

第二十八条　监事执行公司职务时违反法律、行政法规、部门规章或《公司章程》的规定，给公司造成损失的，应当承担赔偿责任。

第二章　监事会

第二十九条　监事会由九名监事组成，设监事会召集人一名。监事会召集人由全体监事过半数选举产生。监事会召集人召集和主持监事会会议；监事会召集人不能履行职务或者不履行职务的，由半数以上监事共同推举一名监事召集和主持监事会会议。

监事会应当包括股东代表和适当比例的公司职工代表，其中职工代表的比例不少于三分之一。监事会中的职工代表由公司职工通过职工代表大会、职工大会或者其他形式民主选举产生。

第三十条　监事会召集人主持监事会的工作并对监事会的工作全面负责；负责召集并主持监事会会议；代表监事会向股东大会做工作报告。

第三十一条 监事会行使下列职权：

（一）应当对董事会编制的公司定期报告进行审核并提出书面审核意见，说明董事会对定期报告的编制和审核程序是否符合法律、行政法规、中国证监会和深交所的规定，报告的内容是否能够真实、准确、完整地反映公司的实际情况；

（二）检查公司财务；

（三）对董事、高级管理人员执行公司职务的行为进行监督，对违反法律、行政法规、《公司章程》或者股东大会决议的董事、高级管理人员提出罢免的建议；

（四）当董事、高级管理人员的行为损害公司的利益时，要求董事、高级管理人员予以纠正；

（五）提议召开临时股东大会，在董事会不履行《公司法》规定的召集和主持股东大会职责时召集和主持股东大会；

（六）向股东大会提出提案；

（七）依照《公司法》的规定，对董事、高级管理人员提起诉讼；

（八）发现公司经营情况异常，可以进行调查；必要时，可以聘请会计师事务所、律师事务所等专业机构协助其工作，费用由公司承担。

第三十二条 公司应当采取有效措施保障监事的知情权，为监事正常履行职责提供必要的协助，任何人不得干预、阻挠。

第三十三条 监事会每年至少召开两次会议。会议通知应于会议召开十日前书面送达全体监事。

监事可以提议召开临时监事会会议。会议通知至少应提前五日通知全体监事。

第三十四条 监事会会议通知包括以下内容：

（一）举行会议的日期、地点和会议期限；

（二）事由及议题；

（三）发出通知的日期。

第三章　监事会决议

第三十五条 监事会决议实行一人一票。监事会决议应当经半数以上监事通过。

第三十六条 监事因故不能出席监事会会议的，可书面委托其他监事代为行使表决权。

第三十七条 监事连续两次不能出席监事会会议的，视为不能履行职责，监事会应当建议股东大会予以撤换。

第三十八条 监事会的表决程序为记名书面表决方式。特殊情况下，可在保证监事充分知情的情况下，采用传真等书面签字方式进行表决。

第三十九条 监事会应妥善保管股东大会、董事会、监事会有关文件资料并将其整理成册，以供备查。

第四十条 监事会应当将所议事项的决定做成会议记录。监事会会议记录应当真实、准确、完整，充分反映与会人员对所审议事项提出的意见，出席会议的监事和记录人员应当在会议记录上签字。

监事有权要求在记录上对其在会议上的发言作出说明性记载。监事会会议记录作为公司重要档案保存十年。

第四章　监事会会议决议公告

第四十一条 监事会决议形成后，公司监事会应遵照国家有关法律、法规和证券监管部门的有关规定，履行信息披露义务。监事会决议公告的内容根据《上市规则》的相关规定拟定，由公司董事会秘书负责提交深交所审定并对外公告。

第五章　附　则

第四十二条　本规则经股东大会审议通过生效，由公司股东大会授权公司监事会负责解释。监事会可根据相关法律法规规定及公司实际情况适时对本规则提出修正案，并提请股东大会批准。

第四十三条　本规则未尽事宜，或与法律、法规、规范性文件和《公司章程》的规定不一致时，依照国家有关法律、法规、规范性文件和《公司章程》的有关规定执行。

 文案范本

××股份有限公司
董事会、管理层支持配合监事会开展监督工作制度

（经 2013 年 3 月 31 日第七届董事会五次会议审议通过）

第一条　为了规范××股份有限公司（以下简称"公司"）法人治理结构，保障监事会开展监督工作，提高监督质量和效率，根据《中华人民共和国公司法》《中华人民共和国证券法》和《公司章程》，结合公司实际，制定本制度。

第二条　本制度适用于公司、公司控股子公司，参股公司参照执行。

第三条　本制度所称管理层是指总经理、副总经理、财务负责人、董事会秘书，以及总经理领导下的其他经营管理层。

第四条　董事会、管理层应当与监事会建立工作联系，董事会办公室、财务、审计、纪检监察等部门应指定专人为监事会监督工作日常联系人员。

第五条　监事会有权列席公司的重大会议，包括：

（一）股东大会，董事会及其专门委员会会议，党委会议，总经理办公会议；

（二）年度（年中）工作会议；

（三）财务工作会议，财务预决算会议，生产经营（经济形势）专题分析会议以及纪检监察、审计方面的重要会议；

（四）涉及公司重大经营决策、重要人事任免、重大项目投资、大额资金使用以及其他与经营管理活动有关的重要会议。

第六条　上述会议召开前，会议召集人应当将会议时间、地点和议题提前通知监事会，并提供相关材料；会议结束后，应将相关决议事项、会议纪要等有关会议材料报送监事会。

第七条　董事会办公室应将以下公司重要情况向监事会报告：

（一）公司重大对外投资、收购出售资产、资产抵押、对外担保事项、委托理财、关联交易等事项；

（二）公司重大资产收购、收购本公司股票或者合并、分立、解散及变更公司形式等事项；

（三）公司增加或者减少注册资本、发行债券或其他证券等事项；

（四）公司的利润分配和弥补亏损事项；

（五）关于聘任或者解聘公司高级管理人员事项；

（六）聘请或更换为公司审计的会计师事务所事项；

（七）涉及公司重要机构及人事变动、遭受重大损失或者发生重大经营危机、违法违纪违规、法律诉讼和仲裁、安全生产责任事故、突发公共事件等重要情况。

第八条　公司财务部门应定期将公司财务报表及经营管理等信息资料报送监事会。

第九条　公司审计部门应当支持配合监事会与会计师事务所的联系和沟通，就审计计划、审计重点、审计安排等事项与会计师事务所进行协调；公司与会计师事务所在审计过程中和审计报告阶段，就重要审计事项交换意见的有关会议，应当请监事会参加；公司内审部门年度或阶段审计工作计划、审计报告等资料应报送监事会，审计发现重大问题及时报告监事会。

第十条　公司纪检监察部门应将案件及查处情况报告监事会，重大案件应及时与监事会沟通。

第十一条　公司其他部门协同配合，就其职责范围事项协助监事会依法履行监督职责。

第十二条　监事会要求自行核查的监督事项，所涉及部门应当纳入工作计划，组织开展检查，并将检查结果报送监事会。

第十三条　监事会在监督工作中发现需要公司自行纠正和改进的问题，承办部门负责人应及时向监事会反馈纠纷和改进情况。

第十四条　涉及公司内幕信息情况汇报及资料报送的，报送人应做好内幕信息知情人登记工作。

第十五条　董事会、管理层应积极支持和配合监事会开展监督工作，否则按照公司有关制度进行处罚。

第十六条　本制度由公司董事会负责解释、修订。

第十七条　本制度自董事会通过后施行。

 文案范本

××集团股份有限公司监事会议事规则

（2013 年 11 月 15 日经 2013 年第二次临时股东大会批准）

第一章　总　　则

第一条　为进一步规范××集团股份有限公司（以下简称"公司"）监事会的议事方式和表决程序，促使监事和监事会有效地履行监督职责，完善公司法人治理结构，根据《中华人民共和国公司法》（以下简称《公司法》）、《中华人民共和国证券法》（以下简称《证券法》）、《上市公司治理准则》、《深圳证券交易所股票上市规则》、《××集团股份有限公司章程》（以下简称《公司章程》）的有关规定，制定公司监事会议事规则（以下简称"本规则"）。

第二条　监事会代表股东大会执行监督职能，独立行使监督职权。

第三条　监事依法行使监督权的活动受法律保护，任何单位和个人不得干涉。监事履行职责时，公司各业务部门应当予以协助，不得拒绝、推诿或阻挠。

第二章　监事会的组织机构

第四条　监事会成员由三名外部监事、二名职工代表监事组成。外部监事由股东大会选举或罢免，职工代表出任的监事由公司职工民主选举和罢免。公司董事、经理、财务负责人、董事会秘书不得兼任监事。

监事会设监事会主席一名。监事会主席的任免，应当经三分之二以上监事会成员表决通过。

第五条　监事任期届满未及时改选，或者监事在任期内辞职导致监事会成员低于法定人数的，在改选出的监事就任前，原监事仍应当依照法律、行政法规和公司章程的规定，履行监事职务。

第三章　监事会及监事会主席的职权

第六条　监事会应当在《公司法》《证券法》《公司章程》和本规则规定的范围内行使职权。

监事应对公司财务以及高级管理人员履行职责的合法合规性进行监督，维护公司、股东及员工的合法权益。监事应对高级管理人员损害公司利益、违反股东大会决议的行为，要求其予以纠正，并向董事会、股东大会反映或向有关机关报告。监事可以列席董事会会议，并对董事会决议事项提出质询或者建议。

监事会发现公司经营情况异常，可以进行调查；必要时，可以聘请会计师事务所、律师事务所等专业机构协助其工作。监事会行使职权所必需的费用，由公司承担。

第七条　监事会主席行使下列职权：

（一）召集和主持监事会会议；

（二）检查监事会决议的执行情况；

（三）代表监事会向股东大会报告工作。

第四章　监事会的召集、召开

第八条　监事会每六个月至少召开一次会议，根据实际需要或者三分之一以上的监事要求时，可以召开监事会临时会议。监事要求召开监事会临时会议时，应说明召开会议的事由和目的。

监事会会议因故不能如期召开，应公告说明原因。

第九条　监事会会议通知应当在会议召开十日以前书面送达全体监事。监事会临时会议的通知原则上以书面形式下达，必要时可以用其他方式下达，通知应于会议召开五日前下达到全体监事。

第十条　监事会会议的通知包括以下内容：

（一）会议的日期和地点；

（二）会议期限；

（三）事由及议题；

（四）发出通知的日期。

第十一条　监事会会议的召集与召开：

（一）监事会会议（含监事会临时会议）必须有三分之二以上的监事出席方能召开；

（二）监事会会议由监事会主席召集，监事会主席不能履行职务或不履行职务的，由半数以上监事共同推举一名监事主持会议。

第十二条　监事会决议公告应该包括以下内容：

（一）会议召开的时间、地点、方式，以及是否符合有关法律、法规、规章和公司章程规定的说明；

（二）亲自出席、缺席的监事人数、姓名，以及缺席的理由；

（三）每项议案获得的同意、反对、弃权票数，以及有关监事反对或弃权的理由；

（四）审议事项的具体内容和会议形成的决议。

第十三条　监事会可要求公司董事、经理及其他高级管理人员、内部及外部审计人员出席监事会会议，回答所关注的问题。

第十四条　监事会决议采用记名方式投票表决，每一监事享有一票表决权。监事会决议应由三分之二以上的监事表决同意方能通过。任何一位监事所提的议案，监事会均应予以审议。

第十五条　监事会会议应有记录，出席会议的监事和记录人，应当在会议记录上签名。监事有权要求在记录上对其在会议上的发言作出某种说明性记载。监事会会议记录作为公司的档案，由董事会秘书保存，保管期限为十年。

第五章 附 则

第十六条 本规则未尽事宜，依据《公司法》《公司章程》和其他有关法律、法规的规定办理。

第十七条 本规则经股东大会审议批准后颁布实行，由公司董事会负责解释和修改。

六、各个部门组织结构与责权

请参阅以下相关文案。

 **文案范本**

财务部组织结构与责权

部门名称	财务部	部门编号	
直属上级	总经理	部门定员	
部门组织结构			
部门责权	职责	1. 负责公司财务管理工作计划拟订和实施工作	
		2. 负责日常财务管控和成本费用控制工作	
		3. 负责日常现金收支、会计登录等工作	
		4. 负责对投资项目、高层离职的审计工作	
		5. 负责财务状况规划、优化工作	
	权限	1. 拥有财务监督权	
		2. 拥有财务规划建议权	
		3. 拥有现金收支审核权	
		4. 拥有财务费用监督权	
		5. 拥有对离职高管财务审查权	
备 注			
编制人		编制日期	
审批人		审批日期	

在"部门组织结构"一行中包含如下组织结构图：

财务部经理 → 审计主管、会计主管

审计主管 → 审计员

会计主管 → 成本会计、一般会计、出纳员

文案范本

技术部组织结构与责权

部门名称	技术部	部门编号	
直属上级	总经理	部门定员	

部门组织结构	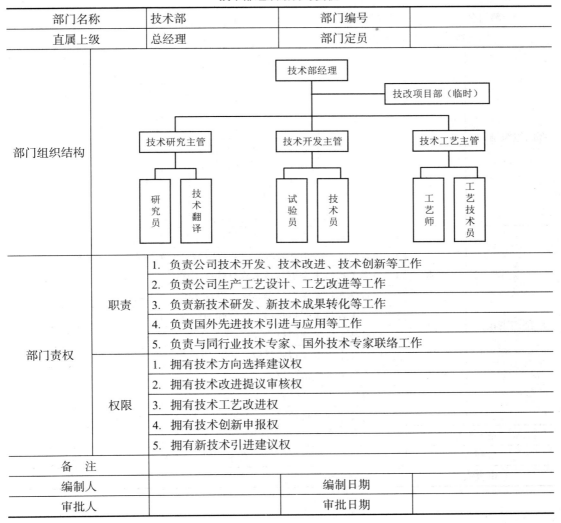

部门责权	职责	1. 负责公司技术开发、技术改进、技术创新等工作
		2. 负责公司生产工艺设计、工艺改进等工作
		3. 负责新技术研发、新技术成果转化等工作
		4. 负责国外先进技术引进与应用等工作
		5. 负责与同行业技术专家、国外技术专家联络工作
	权限	1. 拥有技术方向选择建议权
		2. 拥有技术改进提议审核权
		3. 拥有技术工艺改进权
		4. 拥有技术创新申报权
		5. 拥有新技术引进建议权

备　注	
编制人		编制日期	
审批人		审批日期	

 文案范本

工程部组织结构与责权

部门名称	工程部	部门编号	
直属上级	总经理	部门定员	
部门组织结构	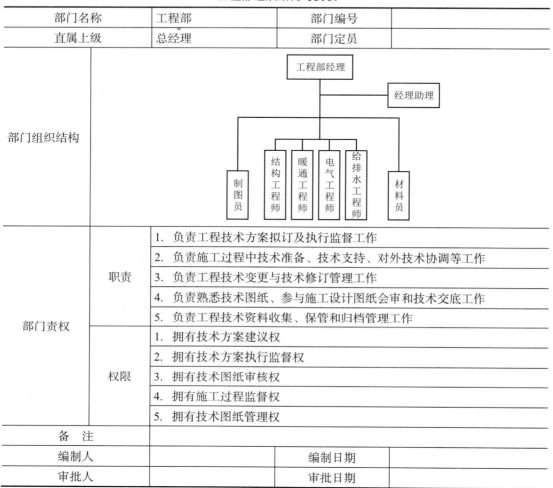		

部门组织结构图：
- 工程部经理
  - 经理助理
  - 制图员
  - 结构工程师
  - 暖通工程师
  - 电气工程师
  - 给排水工程师
  - 材料员

部门责权	职责	1. 负责工程技术方案拟订及执行监督工作
		2. 负责施工过程中技术准备、技术支持、对外技术协调等工作
		3. 负责工程技术变更与技术修订管理工作
		4. 负责熟悉技术图纸、参与施工设计图纸会审和技术交底工作
		5. 负责工程技术资料收集、保管和归档管理工作
	权限	1. 拥有技术方案建议权
		2. 拥有技术方案执行监督权
		3. 拥有技术图纸审核权
		4. 拥有施工过程监督权
		5. 拥有技术图纸管理权
备　注		
编制人		编制日期	
审批人		审批日期	

文案范本

质检部组织结构与责权

部门名称	质检部	部门编号	
直属上级	总经理	部门定员	
部门组织结构	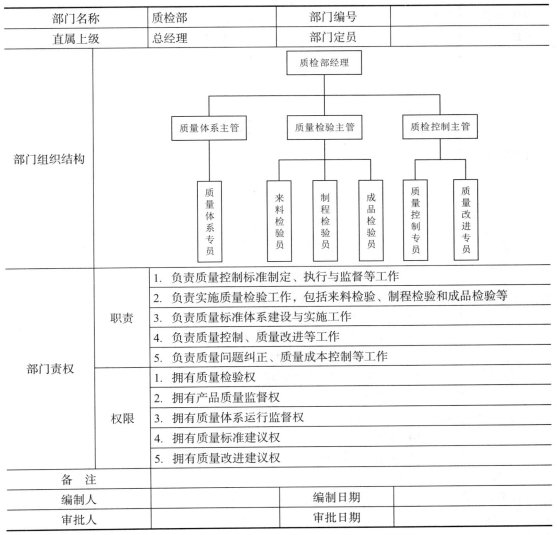		

部门责权	职责	1. 负责质量控制标准制定、执行与监督等工作
		2. 负责实施质量检验工作，包括来料检验、制程检验和成品检验等
		3. 负责质量标准体系建设与实施工作
		4. 负责质量控制、质量改进等工作
		5. 负责质量问题纠正、质量成本控制等工作
	权限	1. 拥有质量检验权
		2. 拥有产品质量监督权
		3. 拥有质量体系运行监督权
		4. 拥有质量标准建议权
		5. 拥有质量改进建议权

备　注			
编制人		编制日期	
审批人		审批日期	

 文案范本

客服部组织结构与责权

部门名称	客服部		部门编号	
直属上级	总经理		部门定员	
部门组织结构	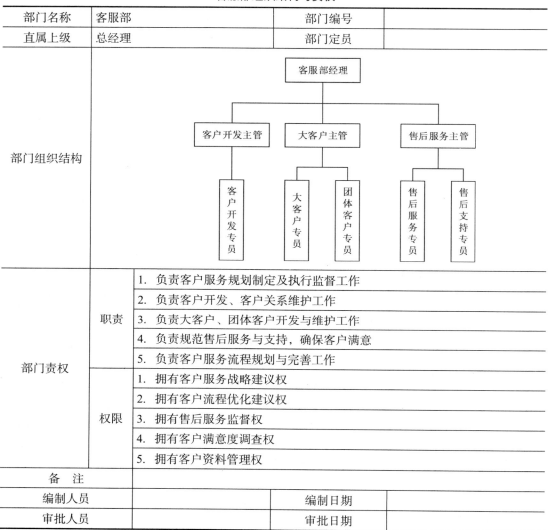			
部门责权	职责	1. 负责客户服务规划制定及执行监督工作		
		2. 负责客户开发、客户关系维护工作		
		3. 负责大客户、团体客户开发与维护工作		
		4. 负责规范售后服务与支持，确保客户满意		
		5. 负责客户服务流程规划与完善工作		
	权限	1. 拥有客户服务战略建议权		
		2. 拥有客户流程优化建议权		
		3. 拥有售后服务监督权		
		4. 拥有客户满意度调查权		
		5. 拥有客户资料管理权		
备　注				
编制人员			编制日期	
审批人员			审批日期	

**文案范本**

人力资源部组织结构与责权

部门名称	人力资源部		部门编号	
直属上级	总经理		部门定员	
部门组织结构				
部门责权	职责	1. 负责人力资源规划、战略的拟订及实施		
		2. 负责员工招聘、选拔、配置、培训管理工作		
		3. 负责员工绩效考核与薪酬管理工作		
		4. 负责合同管理、满意度调查等员工关系管理工作		
		5. 负责公司人力资源制度、规范的拟订与执行工作		
	权限	1. 拥有人力资源战略建议权		
		2. 拥有员工聘任、调配权		
		3. 拥有员工绩效考核权		
		4. 拥有员工工资调整权		
		5. 拥有员工关系调解权		
备 注				
编制人			编制日期	
审批人			审批日期	

文案范本

行政部组织结构与责权

部门名称	行政部	部门编号	
直属上级	总经理	部门定员	

部门组织结构	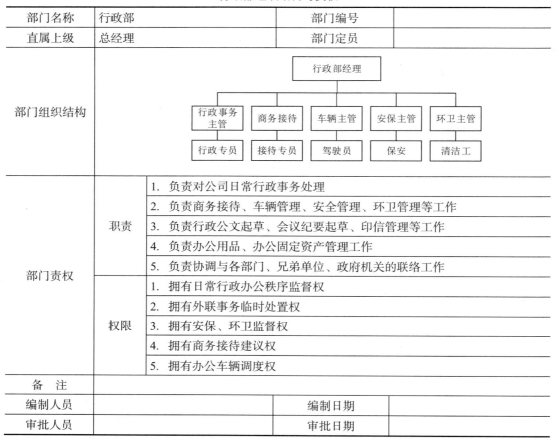

部门责权	职责	1. 负责对公司日常行政事务处理
		2. 负责商务接待、车辆管理、安全管理、环卫管理等工作
		3. 负责行政公文起草、会议纪要起草、印信管理等工作
		4. 负责办公用品、办公固定资产管理工作
		5. 负责协调与各部门、兄弟单位、政府机关的联络工作
	权限	1. 拥有日常行政办公秩序监督权
		2. 拥有外联事务临时处置权
		3. 拥有安保、环卫监督权
		4. 拥有商务接待建议权
		5. 拥有办公车辆调度权

备　注	
编制人员		编制日期	
审批人员		审批日期	

七、经理

请参阅以下框关文案。

文案范本

经理层权责示范

机构名称	经理层	部门名称/编号		直接上级	
工作联系	内部	董事会、股东大会、监事会、企业其他专业委员会			
	外部	会计师事务所、律师事务所等专业机构、政府相关机构			

序　号	职　　责	职权（总裁代为行使）
1	主持企业生产经营管理工作，组织实施董事会决议	有制定企业生产经营政策、参与发展战略制定的权力

续表

序 号	职 责	职权（总裁代为行使）
2	组织实施企业年度经营计划和投资方案	有权参与企业经营计划、投资方案的敲定
3	拟订企业内部管理机构设置方案	有企业组织结构建设或调整的权力
4	发布本企业基本管理制度和具体规章	对本企业资源有调拨使用权，对企业资源的使用有监督权
5	提请聘任或解聘本企业副总经理、财务负责人	有副总、财务负责人的聘用与解聘提请权
6	决定聘任或解聘除应由董事会决定聘任或解聘以外的责任管理人员	有对本企业员工的聘用权和解聘权
7	董事会授予的其他职责	有权限范围内的资金使用权
8		对企业日常运营情况有监督核查的权力
确认	我已准确理解，完全接受以上职责安排，并承诺全力履行以上职责！ 确认人： 确认日期：	
生效日期		批准日期

文案范本

总经理办公会议事规则
第一章 总 则

第一条 目的。

为明确总经理办公会议事程序，保证经理层依法行使职权、履行职责、勤勉高效地工作，依据《中华人民共和国公司法》和《×××有限公司章程》，结合公司实际，特制定本规则。

第二条 总经理办公会参加人员。

1. 总经理办公会参加人员包括总经理、副总经理、财务总监、总工程师、总经济师、总经理助理、办公室主任等经理层人员。

2. 总经理认为必要时，可邀请公司董事或其他人员列席。

第三条 总经理办公会议事目标。

总经理办公会要在实行总经理负责制的前提下，坚持依法议事、权责统一的原则，以达到互相协调、科学决策、高效运行的管理目标。

第二章 总经理办公会的召集

第四条 总经理办公会的具体形式。

总经理办公会主要包括公司调度例会、经理层办公会、经理办公扩大会等形式。

第五条 总经理办公会的召开时间及通知方式。

1. 总经理办公会至少每周召开一次，遇特殊情况时，总经理可临时召开办公会。

2. 会议由总经理办公室主任于会议召开前以书面、电话或口头形式通知。

第六条 总经理办公会的召集和主持。

总经理办公会由公司总经理召集和主持，总经理因故不能履行职责时，可指定一名副总经理代为召集和主持。

第七条 总经理办公会的召开方式。

总经理办公会一般以现场方式召开。必要时，也可通过视频、电话、传真或电子邮件等方式发表意见或形成决议。

第八条 总经理办公会议题。

1. 总经理办公会议题由部门负责人或经理人提出书面议案，议案必须做到情况清楚、内容准确，附有议题的相关依据说明等附件，并加盖部门印章或经提议人签字。

2. 总经理办公室应做好议题的收集、整理和审核工作，并及时报告总经理。

第三章 总经理办公会的召开

第九条 总经理办公会议事范围。

依照《中华人民共和国公司法》和《××有限公司章程》，总经理办公会议事范围如下。

1. 研究实施经董事会讨论决定的公司年度生产计划、发展规划、新项目开发、资金投向、财务预算、利润分配、职工培训、职工工资分配、职工福利等方案。

2. 审定月度生产经营计划及阶段性中心工作方案。

3. 拟定、修改公司的基本管理制度；制定、调整公司内部管理机构设置方案。

4. 制定公司行政序列工作人员配备方案，提交公司中层管理人员的选拔、考察、任免和奖惩意见。

5. 董事会决议的执行措施及提交董事会的工作报告。

6. 确定向董事会汇报的重大问题，通报经理层的日常工作，研究日常安全、生产、销售、经营管理等工作，及时解决工作中遇到的问题。

7. 协调处理涉及与其他分管部门交叉业务和上级部门、地方关系的重要事宜。

8. 研究确定总经理班子政务公开报告、（半）年度总经理工作报告和向职代会报告的有关事项。

9. 研究确定公司章程规定的和董事会授予的其他职权范围内的工作。

第十条 总经理办公会的议事与决议。

1. 凡提交总经理办公会研究的议题，应事先经分管副总提交可供会议决策的方案。

2. 总经理办公会实行总经理负责制。在总经理办公会上研究的事项意见不能统一时，一般性问题可缓议，如遇时间性较强或安全生产等方面的紧迫问题，可由总经理裁定。

3. 经理办公会议所议事项一般不允许议而不决。

4. 当总经理对经理办公会议所议重大事项也不能裁定时，应向董事会提议召开临时董事会议议定。

5. 凡上次办公会研究的重要事项，需由分管副总（或指定承办人）向当次办公会汇报落实情况。

6. 总经理办公会应当严格按照《公司章程》和董事会的授权行事，不得越权形成决议。

7. 凡总经理办公会研究决定的重大事项，必须有半数以上会议组成人员到会方能决议。

第十一条 总经理办公会会议纪要。

1. 总经理办公会会议纪要应包括以下内容：会议召开的日期、地点和召集人姓名；出席经理办公会议的人员；会议议程；会议所议事项内容；与会人员的汇报要点及所议事项的发言要点；对所议事项形成的结论。

2. 会议纪要需用专用纪要簿记录，要求记录真实、准确、完整，参加会议的人员应在会议记录上签名。

3. 会议纪要及相关会议资料作为公司档案保存，保存期限为＿＿＿年。

4. 总经理办公会会议纪要，由总经理办公室指定专人负责，并由记录人员整理会议要点，及时转告因故缺席的会议人员。

第四章　总经理办公会会后管理

第十二条　总经理办公会决议事项的落实。

总经理办公会讨论决定的事项，由分管副总按分工督促检查，并及时通报贯彻落实情况。

第十三条　总经理办公会内容的保密。

出席和列席总经理办公会的人员必须严格遵守保密制度，不得随意泄露会议研究决定事项的过程和内容。

第五章　附　则

第十四条　本规则未尽事宜，依据《中华人民共和国公司法》和《公司章程》等相关规定执行。

第十五条　本规则自通过之日起执行。

八、母子公司、总分机构

（一）综合

1. 合并财务报表管理

请参阅以下相关文案。

母子公司合并财务报表管理办法

第一条　为了真实、准确、全面地反映本集团公司（母公司）及其子公司形成的企业整体财务状况、经营成果和现金流量，根据国家统一的会计准则的相关规定，结合本集团公司的实际情况，特制定本办法。

第二条　本办法适用于集团公司（母公司）及其下属的全资子公司、控股子公司之间合并财务报表的管理活动。

第三条　合并财务报表编制主体及其主要职责。

集团公司（母公司）财务部为母子公司合并财务报表的编制主体，其主要职责如下：

1. 根据每年集团公司母子公司关系的变化情况，确定具体的财务报表合并范围；

2. 负责制定合并财务报表编制方案，以指导合并财务报表工作的开展；

3. 根据合并财务报表的编制需要，统一纳入合并范围的子公司所采用的会计政策和会计期间；

4. 根据合并财务报表的编制需要，统一纳入合并范围的子公司的重大事项会计核算办法；

5. 实施具体的合并财务报表工作，编制合并后的各项报表，并按照审核审批程序上报集团公司董事会审批；

6. 其他出于合并财务报表需要而履行的职责。

第四条　定期审核被纳入合并范围的子公司的会计科目和会计报表。

1. 母公司财务部定期对纳入合并范围的子公司之间的内部交易及往来会计科目进行审核，确保内部交易和往来业务已准确、完整地进行账务处理并核对一致。

2. 母公司财务部定期对纳入合并范围的子公司的会计报表进行审核，并及时通知相关人员对存在的错误和疏漏进行修改。

第五条 子公司财务报表上报流程。

1. 被纳入合并财务报表范围的子公司财务部门主管会计根据合并要求整理、汇总需上报的财务报表，财务部经理对拟上报的财务报表进行审核，审核发现问题的，责成财务部主管会计限期改正并及时重新上报，经财务部经理审核无误后提交给子公司的总会计师。

2. 子公司的总会计师对财务部经理提交的拟合并的财务报表进行复核，复核无误后报子公司总经理签章。

3. 经子公司总经理签章后的子公司的合并财务报表应及时上报集团公司（母公司）财务部，财务部对接收到的各子公司的财务报表进行详细记录。

第六条 母公司合并财务报表管理流程。

1. 合并财务报表编制。

（1）母公司财务部指派专人及时归集、整理合并抵消基础事项和数据，编制合并抵消分录，并依据与纳入合并范围的子公司之间的内部交易及往来对账结果，对抵消分录的准确性进行审核，并保留书面记录。

（2）母公司财务部指定专人对子公司上报的财务报表进行审核，确保子公司上交的财务报表符合母公司合并财务报表的具体要求。

（3）母公司财务部指定专人根据合并范围内的子公司会计报表、合并抵消分录以及有关调整事项等资料，按照国家统一的会计准则制度的规定，编制合并财务报表。

2. 合并财务报表审核。

（1）母公司财务部经理对编制的合并财务报表进行审核，审核无误后提交给母公司总会计师。

（2）母公司总会计师对合并财务报表进行复核，发现错误的应责令母公司财务部经理组织改正；若出现无法判断的问题时，总会计师可组织就某个问题进行专门讨论，若有必要，可邀请外部专家或会计师事务所协助判断和解决。

（3）母公司总会计师将审核无误的合并会计报表报总经理签字后，提交给母公司董事会审批，母公司对合并财务报表进行审批，审批通过后根据国家相关制度予以披露。

第七条 参与合并财务报表的相关人员必须按照国家相关法律、法规的要求和母公司财务报表编制要求开展，母公司对任何违规行为人将给予警告、罚款、记过、开除等处分。

第八条 本办法自____年__月__日起实施。

文案范本

母子公司"合并财务报表"编制流程

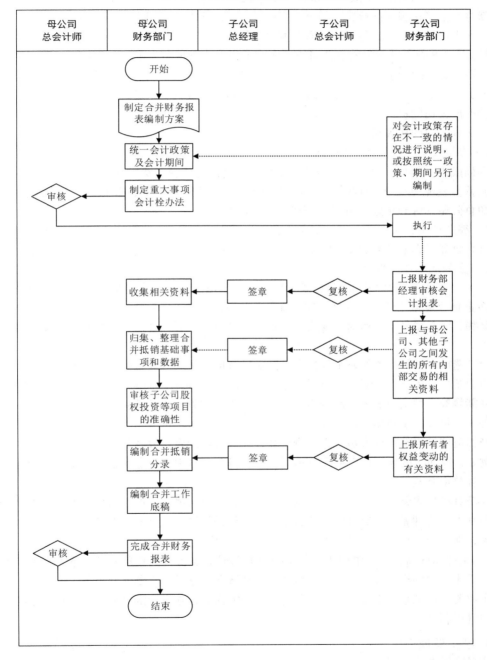

2. 防范下属公司的舞弊行为

随着企业经营规模的扩大，难免要建立下属公司，以扩展经营的范围和规模。但是，下属公司一般都有较强的独立性，职业经理人必须加强对其控制，防范下属公司的**舞弊**行为。

（1）子公司的舞弊行为。

1）为多留利润而少报收益。子公司和母公司在利润分配上往往有一个协议，为了多留利润，子公司的经营者会采取少报收益的方式。

2）为多留收益而虚报成本。多报成本，就等于是减少了利润，账面利润少了，母公司拿走的就少。很多在国外进行投资的公司，其子公司的成本支出很大，一般都说是为了扩展海外市场而不得已的花费。这种理由的真实程度有多大，需进一步调查。

3）虚列投资项目，骗取总公司的资金。子公司的管理者为了让子公司的经营有更大的灵活性，需要更多的资金。但是这一部分资金很难从银行贷到，因为贷款协议一般要经母公司批准。为了多要资金，子公司可能会虚编一些有吸引力的投资项目，并把它形容成非投资不可的样子骗取母公司的资金。

（2）分公司的舞弊行为。

1）多报成本，从而减少公司整体收益。分公司如果在销售方面无决定权，那么，分公司可以多列成本。例如，将分公司经营者的日常开销列为"管理费用"。成本一旦加大，总公司的利润就会表现为减少。有些分公司也会在销售上做手脚，将总公司的产品直接卖出去，但并不通知总公司，等到年底，可以找个理由报为意外损失。

2）编造理由，骗取总公司的资金。在销售单据上做手脚，风险很大，分公司一般不会冒这个险。而多记成本又不能没有限制地记下去，不符合逻辑的成本支出必然会引起总公司的怀疑，而且多列成本在数量上是有限的。因此，有的分公司采取编造理由，来骗取总公司的资金。

（3）建立完善的内部控制制度，适当授权。公司可以为分支机构管理者选出一名辅助人员，而不是由他自己任命，这样，这名辅助人员可以及时将经营情况报告给总公司。还可以规定，某些支出必须由经理和副经理共同签字才可以列支，下属公司一定数额以上支出由总公司批准等。

（4）选择合适的人去经营下属公司。其实最直接的防范措施就是选择职业经理人最信任或者董事会最信任的人去经营子公司或分公司。如果这个人可以时时刻刻以全公司的利益为重，事情就能解决。最信任的人一般不能由职业经理人主观判断，还需要征求人事部门的意见。除此之外，还可以征求董事会的意见。

（5）定期派内部审计人员亲自检查。开设下属公司的企业或者公司，必须建立一种监督机制。例如，定期派内部审计人员进行审计，对不符合财务制度规定和企业制度规定的项目进行检查，并督促其改正。

（6）对参与舞弊的管理者处以较重的处罚。管理上的严格还体现在处罚的严格上，对于那些参与其中的管理者，要处以比一般员工更加严厉的处罚。如果该管理者还存在侵吞企业财产的现象，那就应该让其受到法律的制裁。

（7）亲自检查下属公司的工作。这种做法可以让下属公司的管理者随时感到有人在关注自己，对下属公司的经营既起到一定的鼓励作用，又限制了管理者的不正当行为。

企业要尽可能减少下属公司的舞弊行为，一方面要建立完善的激励机制，另一方面要建立有效的管理制度。

3. 委派管理

请参阅以下相关文案。

 文案范本

委派董事管理办法

第一章 总 则

第一条 目的。

为规范____股份有限公司（简称母公司）对外投资行为，加强对子公司的管理，切实保障母公司作为投资者的合法权益，依据相关法律法规及公司章程特制定本办法。

第二条 适用范围。

1. 本办法所指的委派董事是指由母公司董事会按本办法规定程序向子公司委派并经子公司股东（大）会选举就任的董事。

2. 本办法适用于母公司控制的所有全资子公司和控股子公司。

第二章 委派董事的选任标准

第三条 委派董事必须具备的任职条件。

1. 自觉遵守国家法律、法规和公司章程，诚实守信，勤勉尽责，切实维护公司利益，具有高度的责任感和敬业精神。

2. 熟悉母公司或派驻公司的经营业务，具有相应经济管理、法律、财务等专业技术中级以上职称，并在母公司中层以上管理岗位任职____年以上（对通过社会公开招聘程序产生的委派董事不作要求）。

3. 身体健康，有足够的精力和能力履行董事职责。

4. 董事会认为担任委派董事必须具备的其他条件。

第四条 有下列情形之一的人员不得担任委派董事。

1. 按公司法相关条款规定不得担任董事的情形。

2. 证监会及交易所规定的不得担任董事的情形。

3. 与派驻子公司存在关联关系、妨碍其独立履行职责的情形。

4. 董事会认为不宜担任委派董事的其他情形。

第三章 委派董事的选任、罢免和变更程序

第五条 委派董事选任方式。

可以采用母公司管理层提名或者公开竞聘、招聘、选聘方式择优产生委派董事候选人。

第六条 委派董事选任程序。

1. 由母公司管理层提名，报母公司董事会，经董事会决议批准后向子公司正式提名或推荐。

2. 根据母公司管理层拟制的委派董事的规则采用合理的方式选任委派董事，并报董事会批准，母公司人力资源部门负责具体实施。

3. 母公司董事会批准委派董事后，由母公司董事会秘书处代表母公司与委派董事签订《委派董事承诺书》，明确委派董事的职责、权利和义务。

4. 母公司董事会秘书处拟定委派文件后，由母公司董事长签发，以此作为推荐委派凭证发往派驻子公司，派驻子公司依据公司法、子公司章程的有关规定将委派董事人选提交子公司股东大会表决。

第七条 委派董事的选任与罢免。

1. 依据公司法、公司章程的规定，委派董事任期未满，派驻子公司股东大会不得无故罢免其职务。

2. 被委派董事本人提出辞呈，或被委派董事因工作调动，或到退休年龄，或母公司对其进行考核后认为其不能胜任，或该委派董事违反《委派董事承诺书》并对母公司利益造成损失时，母公司应及时向子公司董事会下达要求变更董事的公函。

第八条 委派董事的变更。

1. 被委派人本人提出辞呈的，其书面辞呈应递交母公司董事长，董事长根据其辞职理由的充分与否，决定是否准许其辞职。

2. 被委派人因工作调动，或到退休年龄提出辞职的，董事长根据其身体及任职状况决定是否准许其卸任委派董事职务。

3. 被委派人经母公司考核后被认定为不能胜任的，由相关职能部门出具考核意见，并经母公司董事会审核，由董事会作出撤销委派其职务或劝其辞职的决议。

4. 被委派人违反《委派董事承诺书》并对母公司利益造成损失的，由母公司董事长提出建议，由母公司董事会作出撤销委派其职务或劝其辞职的决议。

5. 变更委派董事时，按照本办法规定的程序重新选任委派；委派董事任期届满后，经考核合格可以连选连任，但一般不超过两届。

第四章　委派董事的职权

第九条 委派董事的主要职责。

1. 委派董事代表母公司行使公司法、公司章程及本办法赋予董事的各项职责和权力，在对所任职子公司董事会和股东大会负责的同时，维护母公司利益。

2. 谨慎、认真、勤勉地行使派驻子公司章程赋予董事的各项职权；在行使职权过程中，以公司利益最大化为行为准则，坚决维护母公司的利益。

3. 按派驻子公司章程相关规定出席该派驻子公司股东大会、董事会，代表母公司行使出资者相应职权。

4. 认真阅读派驻子公司的财务报告和其他工作报告，及时了解派驻子公司业务经营管理状况并负责向母公司董事会、管理层汇报。

5. 委派董事应按照母公司《重大事项内部报告制度》及《信息披露管理制度》的规定督促所在子公司相关部门和负责人向母公司报送相关资料、报告相关重大事项；发生重大事项时，委派董事应立即单独向母公司董事会、管理层报告。

6. 对母公司投入派驻子公司的资产保值增值负责。

7. 委派董事在年底向母公司董事会提交书面述职报告，汇报派驻子公司上一年度的经营状况、本人履行职务情况等内容。

第十条 委派董事的主要权限。

1. 有权获取为履行职务所需的派驻子公司经营分析报告、财务报告及其他相关资料。

2. 有资格出任公司控股子公司的董事长、总经理及其他高级管理人员，根据母公司董事会的授权行使派驻子公司的经营管理、财务监督等职权。

3. 有权对派驻子公司的经营发展及投资计划提出建议。

4. 有权就增加或减少母公司对派驻子公司的投资、聘任和罢免派驻子公司总经理等高级管理人员等重大事项提出决策建议。

5. 行使母公司及派驻子公司董事会赋予的其他职权。

第五章　委派董事的考核和奖惩

第十一条 母公司董事会负责组织对委派董事的考核及奖惩事宜，母公司人力资源部负责实施具体工作。

第十二条　具体考核办法及奖惩参见母公司董事会通过的《委派子公司高级管理人员绩效薪酬制度》。

第十三条　对于违反本办法或没有尽责履行职务的委派董事，母公司董事会有权给予其警告直至撤销委派职务的处分或处分建议。

第六章　附　　则

第十四条　本办法未尽事宜按照有关法律法规、公司章程及其他规范性文件等相关规定执行。

第十五条　本办法由母公司董事会审议批准后生效。

第十六条　本办法自____年__月__日起实施。

 文案范本

委派子公司高管人员绩效薪酬制度

第一章　总　　则

第一条　为充分调动委派、选任至子公司的高级管理人员（简称高管人员）的积极性和创造性，加强母公司对子公司的控制管理，维护整个公司的利益，根据相关法律法规及公司章程，特制定本制度。

第二条　本制度中的高级管理人员主要指由母公司委派至子公司的委派董事、财务经理及由母公司提名选任的子公司总经理。

第三条　子公司高管人员绩效考核与薪酬以企业经济效益为出发点，根据子公司年度经营计划和高管人员分管工作的工作目标，进行综合考核，依据考核结果确定子公司高管人员的年度薪酬分配。

第四条　本制度适用于母公司控制下所有全资和控股子公司的高管人员。

第二章　委派子公司高管人员绩效薪酬管理机构

第五条　母公司董事会绩效薪酬委员会是对子公司高管人员进行绩效考核以及确定薪酬分配的管理机构，绩效薪酬的具体测算和兑现由母公司人力资源部和财务部负责。子公司董事会绩效薪酬委员会对子公司总经理有初步考核评估的权力。

第六条　子公司董事会绩效薪酬委员会的主要职责如下。

1. 根据子公司高管人员管理岗位的主要范围、职责、重要性以及其他相关企业岗位的薪酬水平，制定子公司高级管理人员的薪酬政策与方案，并提交董事会审议。薪酬政策与方案主要包括但不限于绩效评价标准、程序及主要评价体系，奖励和惩罚的主要方案和制度等。

2. 研究子公司高管人员的绩效考核标准和方案，向母公司董事会提供决策意见和建议。

3. 审查子公司高管人员的职责履行情况，并组织对其进行年度绩效考评，考评结果提请母公司董事会审议。

4. 负责对子公司高管人员薪酬制度执行情况进行监督。

5. 母公司董事会授权或委托的其他相关事宜。

第三章　委派子公司高管人员薪酬的构成与确定

第七条　子公司高管人员薪酬由基本薪酬、保险和福利、绩效薪酬三部分组成。计算公式如下：

$$年度薪酬 = 基本薪酬 + 保险和福利 + 绩效薪酬$$

第八条　基本薪酬：由母公司董事会绩效薪酬委员会根子公司高管人员所任职位的价值、

责任、能力、市场薪资行情等因素提出方案，报母公司董事会审议通过后执行。

第九条 保险和福利：根据国家和公司有关规定执行，包括养老保险、医疗保险、失业保险、住房公积金、住房补贴等。

第十条 绩效薪酬：根据子公司经营目标实现情况及高管人员工作目标完成情况，由薪酬考核委员会进行综合考核。

第四章 委派子公司高管人员绩效考核内容与实施程序

第十一条 根据委派董事在派驻子公司中的职责，对其绩效考核的内容设计如下。

1. 维护母公司合法权益和派驻子公司利益方面的情况。

2. 参加派驻子公司董事会、监事会发表的重要意见以及为该公司重大问题决策提供依据情况。

3. 工作请示与报告要求执行情况。

4. 在履职过程中遵纪守法、廉洁自律情况等。

第十二条 根据子公司总经理在子公司经营管理中所担当的职责，其考核内容设计如下。

1. 子公司投资回报完成情况。

2. 子公司当期经营生产指标完成情况。

3. 执行母公司决议、年度述职要求的情况。

4. 执行重大事项及时报告和处理情况。

5. 子公司发展战略规划实施情况等。

第十三条 根据委派财务经理在子公司中的主要职责，其考核内容设计如下。

1. 子公司会计核算规范性、会计信息质量，以及子公司财务预算、决算和财务动态编制工作质量情况。

2. 子公司经营成果及财务状况，资金管理和成本费用控制情况。

3. 子公司财会内部控制制度的完整性和有效性，子公司财务风险控制情况。

4. 在子公司重大经营决策中的监督制衡情况，有无重大经营决策失误。

5. 财务信息化建设情况等。

第十四条 在母公司董事会确定子公司年度经营目标之后，高管人员根据子公司的总体经营目标制定工作计划和目标，并签署目标责任书。

第十五条 子公司高管人员的目标责任书由子公司董事会绩效薪酬委员会根据子公司的总体经营目标及各高管人员所分管的工作提出，并由绩效薪酬委员会根据子公司各高管人员的岗位职责，结合子公司经营目标审核确认。目标责任书应对高管人员的工作计划与目标中各项内容的权重、分值予以确认。

第十六条 子公司高管人员签订的目标责任书将作为其薪酬考核的依据。在经营年度中，如经营环境等外界条件发生重大变化，子公司董事会绩效薪酬委员会有权调整子公司高管人员的工作计划和目标。

第十七条 子公司董事会绩效薪酬委员会对子公司高管人员的年度考评程序如下。

1. 子公司高管人员向母公司董事会绩效薪酬委员会作书面述职和自我评价。

2. 母公司董事会绩效薪酬委员会按绩效考核标准以及子公司各高管人员签署的年度目标责任书和程序，对子公司高管人员进行绩效评价。

3. 母公司董事会绩效薪酬委员会根据岗位绩效评价结果及薪酬分配政策提出子公司高管人员的绩效薪酬数额和奖惩方式，提交母公司董事会审核批准。如母公司董事会审议后未予通过，绩效薪酬委员会应根据母公司董事会审议意见对薪酬方案进行修改，直至母公司董事会审议通过。

第十八条　经营年度结束后，在会计师事务所完成审计后一个月内，绩效薪酬委员会应完成子公司高管人员的薪酬考核工作，并将考核结果以书面形式通知考核对象。

第十九条　子公司高管人员在收到绩效考核结果通知后如有异议，可在收到通知后一周内向母公司董事会提出申诉，由母公司董事会裁决。

第二十条　母公司董事会依据会计师审计报告和董事会审计委员会审计情况对子公司高管人员进行年度经营业绩考核，如出现财务数据不实或子公司高管人员重要决策失误等情况，母公司董事会将视情节轻重予以处理。

第二十一条　年度绩效考核的结果与续聘挂钩，母公司董事会有权依据考核结果依法定程序对子公司高管人员任职进行相应调整。

第二十二条　子公司高管人员在工作中有重大失误及违法、违规行为，给子公司及母公司造成重大损失的，不予发放年度奖励，并根据违法、违规行为的严重性给予相应的法律责任或党纪处分。

第五章　附　　则

第二十三条　本制度仅作为建立子公司高管人员绩效考核与薪酬激励机制的总则，具体执行细则由母公司人力资源部根据子公司年度经营目标制定，由母公司董事会绩效薪酬委员会负责审核、确认。

第二十四条　本制度由母公司董事会负责解释。

第二十五条　本制度自母公司董事会审议通过之日起执行。

文案范本

总会计师委派管理办法

第一章　总　　则

第一条　为行使××股份有限公司（简称母公司）作为出资者的权益，强化财务监督与管理，保证会计信息质量，建立健全内部约束机制和会计监督体系，根据有关法律法规及公司章程，特制定本办法。

第二条　委派总会计师是母公司作为子公司的出资人，向子公司派出的总会计师，由子公司董事会聘任、母公司财务部门统一管理。

第三条　委派总会计师在母公司财务部和派驻子公司的双重领导下，负责派驻子公司的企业会计基础管理、财务管理与监督、财会内控机制建设、重大财务事项监督等工作。

第四条　本办法适用于母公司控制的所有全资子公司和控股子公司。

第二章　委派总会计师的任职资格

第五条　委派总会计师必须具备以下任职资格。

1. 遵守职业道德，树立良好的职业品质、严谨的工作作风，坚持原则，严守工作纪律。

2. 熟悉财经法律法规，按照国家统一会计制度规定的程序和要求进行会计工作，保证所提供的会计信息合法、真实、准确、及时、完整。

3. 熟悉母、子公司的生产经营和业务管理情况，运用掌握的会计信息和会计方法，为改善企业内部管理、提高经济效益服务。

4. 身体健康，适应岗位工作需要，持有注册会计师证书，具备任职所需要的工作能力、经验、学历及会计职称的要求。

5. 与派驻子公司管理人员符合近亲回避原则。

6. 母公司规定的其他任职资格要求。

第六条 有下列情形之一的不得担任委派总会计师。

1. 不具备本办法第五条规定的任职资格。

2. 曾因渎职或者决策失误对企业造成重大经济损失。

3. 严重违反财经纪律，有弄虚作假、贪污受贿等违法违纪行为。

4. 曾在因经营不善而破产清算的企业中担任财务主管及以上职务，且对该企业的破产负有个人责任的，自该企业破产清算完结之日起未逾三年。

5. 个人负债数额较大到期未清偿。

6. 有直系亲属担任其他出资方或者能够控制派驻子公司。

7. 其他法律法规及母公司规定不允许担任此类职务的情况。

第三章　委派总会计师的任免程序

第七条 总会计师由母公司总经理或财务部提名，经董事会审批后任命，受子公司总经理的直接领导；总会计师任命后，须与母公司签订委派责任书，由母公司董事会颁发总会计师委派证。

第八条 除以上程序外，母公司也可面向社会采用公开竞聘、招聘、选聘的方式，择优产生委派总会计师。公开招聘委派总会计师的规则由母公司管理层或财务部门拟制，报董事会批准，母公司人力资源部门具体实施。

第九条 总会计师实行定期轮岗制度，在同一子公司连续任职不超过三年。

第十条 母公司已决定实行会计委派制的子公司，不得再另行任命或聘任总会计师、副总会计师或相当级别的财务管理人员。

第十一条 委派总会计师在其任职期间不得被随意撤换，如因工作需要或确实不适合该工作需要撤换、调离、解聘的，由母公司财务管理部门审核，经母公司董事会批准，方可办理有关手续。

第十二条 委派总会计师任职期间有下列情形之一的，将取消其任职资格。

1. 患病不能正常履行岗位职责。

2. 经母公司或子公司考核不称职。

3. 工作中有违法违纪、渎职失职行为，造成重大失误。

4. 执业期间违反会计人员职业道德，有弄虚作假、贪污受贿、徇私舞弊等行为。

5. 本人申请获准辞职。

6. 公司规定的其他不宜担任总会计师的情形。

第四章　委派总会计师的职权

第十三条 总会计师的职责包括但不限于以下 11 个方面。

1. 贯彻执行母公司的财务目标、财务管理政策、财务管理制度、章程，并依此编制和执行子公司的预算、财务收支计划、信贷计划等。

2. 进行成本费用预测、计划、控制、核算、分析和考核，督促子公司有关部门降低消耗、节约费用、提高经济效益。

3. 建立、健全经济核算制度，利用财务会计资料进行经济活动分析，协助子公司管理层做好各项重大财务决策。

4. 负责子公司财会机构的设置和财务会计人员的配备；组织会计人员的业务培训和考核。

5. 审批子公司重大的财务收支或者上报母公司会签。

6. 审核子公司对外报送的财务报表、报告，确认其真实性、合法性和准确性。

7. 参与子公司年度财务预决算、利润分配、弥补亏损等方案和费用开支、筹资融资计划的拟订。

8. 参与贷款担保、对外投资、产权转让、资产重组等重大决策活动，签署审核意见并对其实施过程及结果进行监督。

9. 积极参与子公司生产经营，对违反法律、法规、方针、政策、制度和有可能在经济上造成损失的经济行为予以制止或者纠正，并及时上报母公司。

10. 定期向母公司汇报派驻子公司的生产经营及财务状况，及时报告经营活动中的重大问题。

11. 在会计年度终了时向母公司董事会述职，报告子公司当年的重大经营活动、财务状况、资产质量、经营风险、内控机制等内容以及本人的履职情况。

第十四条 为有效履行职责，委派总会计师具有以下权限。

1. 有权参加子公司总经理办公会议或者其他重大决策会议，参与表决子公司的重大经营决策。

2. 有权监督子公司重大决策和规章制度的执行情况。

3. 有权对子公司财会人员的人事管理提出意见并参与业务培训和考核工作。

4. 具有大额资金支出联签权，对于应当实施联签的资金，未经总会计师签署授权，会计人员不得支出。

5. 对子公司有重大缺陷、偏离、违背以致损害母公司总体目标和利益的决策行为，有权提出重新论证并进行复议。

第五章 委派总会计师的考核和奖惩

第十五条 结合本人工作情况、子公司财务状况及工作中的有关问题，总会计师每年向母公司财务部至少做一次述职报告。根据述职报告及工作实际情况由母公司财务部对其进行业务考核。

第十六条 每年年终由母公司董事会组织有关部门等进行全面的工作考核。具体考核办法参见母公司董事会通过的《委派子公司高级管理人员绩效薪酬制度》。

第十七条 委派总会计师的薪酬由母公司统一发放，总会计师不得在派驻子公司获取任何经济利益和报销与工作无关的费用。

第十八条 委派总会计师执行会计法律、法规和会计制度成绩显著，或检举、抵制违法违纪行为事迹突出者，由母公司给予表彰和奖励。

第十九条 委派总会计师凡违反《中华人民共和国会计法》等国家相关法律法规，导致派驻子公司出现违法、违纪现象，或在其主管的工作范围内发生严重失误，或由于玩忽职守导致子公司及母公司遭受损失等情形的，根据情节轻重，依照有关规定给予处分。

第六章 附 则

第二十条 本办法未尽事宜，按有关法律法规、公司章程及其他规范性文件的规定执行。

第二十一条 本办法由母公司董事会审议批准后生效。

第二十二条 本办法由母公司董事会负责解释。

 文案范本

财务人员委派实施办法（试行）

第一章 总 则

一、为加强各分部及其所辖单位财务管理，规范各级单位财务监督，提高财务委派工作质

量，特制定本办法。

二、总部财务委派工作是指总部对所辖各分部及分部所辖单位委派财务人员（主管会计、出纳、中心所辖队部备用金管理员）。委派财务人员代表总部负责所在单位的会计核算、监督财务收支、保证资产完整、维护总部合法权益。

三、总部对独立核算的各分部及分部所辖单位财务工作实行财务人员委派制度。

四、总部对其管理的各级单位的财务委派工作由总部管理委员会统一领导，总部财务负责具体实施。

五、各级单位领导及工作人员必须支持委派财务人员的工作，保障委派财务人员的职权不受侵犯，不得以任何理由故意刁难和打击报复委派财务人员。

第二章　委派财务人员的条件

一、坚持原则，依法办事，廉洁奉公。

二、熟悉财会法规和政策，熟悉会计电算知识并能熟练操作计算机，熟悉施工企业财务会计业务。

三、持有会计人员从业资格证。

第三章　委派财务人员的聘用

一、当各级单位需要财务人员时，提前一个月向总部财务提出书面要求，总部财务负责聘用、培训、委派。

二、总部没有符合条件的人员委派，各级单位可推荐符合总部委派条件的财务人员，以书面形式报总部，总部经过培训、考核确定委派或不委派。

第四章　委派财务人员的管理

一、总部对委派财务人员实行"考核委派"，择优录用。具体由总部财务从思想素质、工作能力、工作业绩等方面综合考察，经总部批准后实施委派。委派财务人员实行回避制度。

二、委派财务人员的行政工资关系隶属总部财务，由总部统一安排在所辖单位范围内流动任用。

三、委派财务人员不得在所在委派单位获取任何经济利益或报销与工作无关的费用。

1. 委派财务人员的岗位工资、福利由总部按标准统一核定，由所在单位发放，计入所在单位间接费用开支。

2. 委派财务人员的绩效工资、奖金由总部根据考核结果按规定定期发放。

3. 因工程项目衔接造成的委派财务人员暂时待岗，其工资由总部发放。

四、总部对委派财务人员下发委派文件。被委派到各单位的财务人员，其任期原则上至该单位竣工决算结灵止。

五、委派财务人员由总部领导组织总部财务及有关部门实施考核。考核实行工作业绩双重考核，按有关规定定期进行。所在单位对委派会计人员业务能力及工作态度的意见作为考核参照（包括考勤等）。

六、委派财务人员的考核结果分为优秀、称职、不称职三档。考核结果作为核定绩效工资、续派、解派、奖惩的主要依据。

七、委派财务人员考核结果为称职以上的，总部可继续委派、或根据需要轮换交流使用、或另行任用；委派财务人员考核结果为不称职或不服从工作安排的，免去其委派资格，实行待岗教育，经处理后视情况由总部决定予以再上岗或予以解聘。

八、委派期间，如委派财务人员发生工作失误，但未造成经济损失，经教育处理后仍从事委派会计工作；如委派财务人员发生工作严重失职，影响极坏或造成单位经济损失，取消其委派资格。

第五章　总部及所在单位的双重领导

委派财务人员的行政关系隶属总部，但由总部委派至各级单位工作，因此委派财务人员必须接受总部和所在单位的双重领导。

委派财务人员必须正确理解双重领导的含义，不能因为行政关系隶属总部而拒绝所在单位的领导或干涉所在单位的正常工作，也不能因为在单位工作而放弃总部赋予的财务监督职责。

一、接受总部的领导。

1. 按总部的要求在单位严格贯彻执行总部的各项财务制度，充分发挥财务监督作用。

2. 当所在单位的指示与总部指示有冲突时，委派财务人员必须服从总部的指示。

二、接受所在单位的领导：根据单位的安排，及时完成各项工作任务，充分发挥当家理财的作用。

第六章　委派财务人员的职责、职权

一、认真贯彻落实总部财务管理制度，据总部《会计核算办法》《财务管理办法》《费用管理办法》等有关规定制定适合本单位内部实际情况的会计核算办法、财务管理办法、费用管理办法及有关操作流程报总部批准后执行。

二、参与拟定所在单位的成本费用预决算方案和财务收支计划，分析预算和生产经营、财务（资金）计划的执行情况，监督检查内部财务和资金收支情况。

三、按照经总部批准的单位内部会计核算办法、财务管理办法及费用管理办法的有关规定要求认真做好会计核算工作，及时、准确地核算出经营成果；按规定的费用标准和开支范围，合理使用资金、正确核算成本，并分析存在的问题，提出改进意见。

四、按有关规定要求及时、准确、真实地向总部、财政、税务等有关部门报送财务会计报表。

五、接受所在单位的领导，协同单位各职能部门，做好成本预算、成本核算和资产管理、财务管理等工作，积极支持单位正常的施工生产活动，保证合理的、正常的经营成本支出，为所在单位提供优质服务，为总部领导、所在单位当家理财。

六、参与单位重大事项的决策和财务经营活动全过程的管理；参与对内、对外经济合同的洽谈签订并监督和落实合同的实施；对各部门报送的核算资料的时间和内容提出要求并督促落实。

七、委派财务人员有权根据总部相关规定，对所在单位违反总部有关财经制度和纪律的下列行为，予以制止、纠正和拒绝执行；对抵制无效的，有权向总部领导报告。

1. 弄虚作假截留收入；

2. 虚列成本费用、虚报盈亏；

3. 私设小金库；

4. 可能在经济上造成较大损失的行为；

5. 可能导致总部资产流失的行为；

6. 其他可能损害总部或单位利益的行为。

八、总部规定的其他职责、职权。

九、被委派会计人员对总部负责，每年按规定定期向总部汇报本人履行职责、行使职权情况（个人工作述职）。

第七章　被委派单位的责任

一、被委派单位要支持委派人员工作，为委派人员创造良好的工作和生活环境，为其开展财务工作提供必要的条件，确保被委派人员按规定行使职权。

二、被委派单位领导人要领导财会机构、会计人员和其他人员执行《会计法》，保证会计资料合法、真实、准确、完整，保障会计人员的职权不受侵犯。

三、被委派单位领导人要切实履行总部赋予的职责，督促财务部门加强规章制度建设，保证本单位财务收支活动严格按照总部规章制度进行，并对报送的财务信息的及时性、真实性、完整性负责。

第八章　委派财务人员的奖惩

一、委派财务人员必须在工作中遵纪守法，严格执行总部有关规章制度，维护总部合法权益；必须规范财务基础工作，建立健全财务规章制度；必须加强单位成本管理，严格控制成本费用；必须按时全额上划工程收入资金，按时报送财务报告及总部要求的其他资料。

二、委派财务人员经考核成绩显著，季度考核得分在80分以上，全额发放岗位绩效工资。年度考核得分在80分以上，根据总部年度奖金分配方案计发年度奖金。

三、委派财务人员不履行职责、弄虚作假、营私舞弊，以权谋私、贪污受贿造成总部财产损失的，不严格遵守总部财务规章制度的，经调查核实后根据情节轻重分别给予经济处罚、调离岗位、解聘等的处理。

第九章　委派会计考核标准

项目部：　　　　　　　　　　　年　月　日　　　　　　　　　　单位：分

序号		考核项目	考核内容	标准分	扣分	扣分标准	得分
一、建制报批工作				**15**			
	1		建立健全适合本单位的会计核算办法、财务管理办法、费用管理办法、报账办法及工作流程	10		每项不合格扣3分	
	2		建立健全适合本单位的资产、材料物资管理办法（主要是收、发、存管理）	5		每项不合格扣3分	
二、财务基础工作				**25**			
	1	凭证	制证及时，原始凭证手续齐全，凭证装订整洁	5		每项不合格扣3分	
	2	账簿	按规定设置会计科目、科目运用正确，账面整洁，登账及时，账实相符、账账相符	10		每项不合格扣3分	
	3	报表	报表齐全，数字准确，报送及时，说明中有分析，账表相符，表表相符	10		每项不合格扣4分	
三、成本管理工作				**35**			
	1	成本核算	成本项目清楚、五项成本费用分摊合理，成本与进度配比，无漏进和挤占成本现象	15		每项不合格扣5分	
	2	成本控制	制度健全，有控制办法，办法落实，控制见成效	10		每项不合格扣3分	
	3	成本分析	对照成本费用预算，对照执行情况进行分析，提出有价值的建议和要求	10		每项不合格扣4分	
四、财经法规执行			敢于抵制不合理开支，严格控制费用标准，书面反映项目存在的问题	**5**		每项不合格扣3分	

续表

序号	考核项目	考核内容	标准分	扣分	扣分标准	得分
五、项目表现		遵守单位劳力纪律，遵守有关财经法规，工作态度好，完成单位交给的其他任务，积极与其他职能部沟通，交流、配合完成工作	5		每项不合格扣3分	
六、工程收入		及时性全额完成上报任务	15		上报不及时扣5分，坐支一次扣5分	
合　计			100			

考核小组：　　　　　　　项目经理：　　　　　　委派会计：

4．分支机构经理季（月）度绩效评价

请参阅以下相关文案。

文案范本

分支机构经理季（月）度绩效评价表

年　季度（月）

部门：　　　　　　姓名：　　　　　　工号：

评价要素及权重	工作目标计划	完成情况	主管评价	得分（分）
1．多产品覆盖率目标完成率　20%				
2．新产品销售增长目标完成率　15%				
3．销售目标完成率　15%				
4．关键行为 组织制定个性化的网络引导和技术方案并组织实施10%				
5．贯彻落实执行公司网络营销和组合销售政策　5%				
6．组织制定区域市场技术推广计划并监控实施　5%				
7．控制组织销售合同的质量　5%				
8．培训、辅导与下属沟通的数量和质量　5%				
9．组织技术培训的数量和质量　5%				
10．有效沟通与合作　5%				
11．由上级主管确定的其他关键行为或用来调节上述关键行为权重的部分　10%				

工作目标计划沟通确认： 主管：　　　　责任人：	工作评价： 总分： 评价结果： □A　　□B　　□C　　□D
评价沟通记录： 主管：　　　员工： 　　　　　　年　月　日　　　　　　年　月　日	二级评价： 调整人： 　　　　　　　　年　月　日

5．分子公司考核管理

请参阅以下相关文案。

 文案范本

分子公司考核管理办法

考核内容	分数（分）	考核措施
一、财务报表报送：权重 30%		
1．报表的内容是否完整	20	报表项目填写不全、漏报报表每发现一次扣 5 分，并要求及时补报
2．质量要求	55	
◇ 报表的整体外观及签署	5	报表内容每有一处涂改或不清的扣 5 分，每缺少一人签章或单位公章扣 5 分
◇ 报表说明翔实、明晰	10	没有报表说明的，扣 10 分，报表说明不清、敷衍了事的扣 5 分
◇ 按照会计准则及企业会计手册进行核算	15	每发现一次未按会计手册核算扣 5 分，如属重大差错扣 15 分
◇ 报表中是否有错误	20	每有一处错误扣 10 分，如属重大错误影响会计信息真实性的扣 20 分
◇ 不同期报表之间数据是否连续、一致	5	不同期报表之间数据连续、一致得 5 分，每发现一处不一致扣 5 分
3．上报是否及时	25	按时上报得 25 分，迟报一天扣 20 分
二、偏差分析：权重 40%		
1．分析内容是否完整	20	偏差 10% 以上的项目未作分析每一项扣 10 分
2．质量要求	55	
◇ 偏差原因分析是否认真、详尽、准确	45	当月对于每项偏差在 6% 以上（含 6%）偏差原因不明、分析不准确的扣 10 分；10% 以上（含 10%）偏差原因不明、分析不准确的扣 25 分
◇ 重大偏差是否有改进措施	5	对于重大偏差没有提出改进措施或解决办法的扣 5 分
◇ 反映上期重大偏差的纠偏结果	5	对于没有反映上期重大偏差纠偏结果的扣 5 分
3．报送是否及时	25	及时上报得 25 分，迟报一天扣 20 分
三、财务管理：权重 30%		
1．财务系统升级工作	40	配合财务升级工作不力扣 20 分，未按期完成财务升级工作扣 40 分
2．执行财务政策及财经纪律	30	公司审计部门或其他集团内部外部检查监督部门发现严重违反财经纪律者扣 30 分
3．会计报表计会计信息反映的真实性	30	故意隐瞒财务信息或财务信息不实者扣 30 分

注：

1．全年平均分数≥90 分为优、80~90 分为良、70~80 分为中、60~70 分为较差、60 分以下为差；

2．需要报送的报表及内容详见附件。

附件：

各公司上报报表

报表名称	报表性质		包含层次		上报时间	备注
	原始	分析	集团总部	各集团子公司		
资产负债表	√		√	√		
利润表（利润分配表）	√		√	√		
现金流量表	√		√	√		
内部往来明细表	√		√	√		
银行借款明细表	√		√	√		
长期投资明细表	√		√	√		
应收账款分析表		√				
应付账款分析表		√	√	√		
存货分析表		√	√	√		
固定资产分析表		√	√	√		
资产负债分析表		√	√	√		
损益分析表		√	√	√		
现金流量分析表（现金分析表）		√	√	√		
三项费用分析表		√	√	√		
董事长（总经理）经营分析表		√	√	√		
投资分析表		√	√	√		
融资分析表		√	√	√		
经营分析表		√				
重大偏差分析专题报告		√	√	√		
货币资金余额变化分析表		√	√	√		
财务管理体系升级工作进度表	√		√	√		

注：

一、说明。

1. 集团公司报表及分析包括母公司及合并两部分。

2. 三项费用分析指管理费用、财务费用及销售费用。

3. 应收账款明细表应附报账龄分析（1年以内、1~2年、2~3年、3年以上）

4. 附各报表样表。

二、考评方法。

1. 对各所属公司上报的财务报表、偏差分析实行专人每月评审打分，作为考核依据，并定期（每季一次）公布评审结果。

2. 财务管理方面对各所属公司财务升级工作按季考评；执行财务政策及财经纪律、会计报表信息反映真实性每半年或按内部审计时间进行考评，将全年平均分按权重并入总分。

三、如遇重大节日（五一、十一、春节）报表及偏差分析报送时间顺延。

四、第二季度为试运行期，从四月报表、分析开始实施打分、公布，但暂不与奖罚挂钩。

从第三季度起正式实施。

（二）子公司专题

1. 子公司管理目标
请参阅以下相关文案。

子公司管理业务目标

子公司管理业务目标是指子公司在授权范围内开展各项业务时应实现的目标，即规范子公司内部运作机制，维护子公司和投资者的合法权益。

子公司管理业务目标如下：

1. 完善子公司治理结构，健全企业组织架构，科学选取任职人员。
2. 确保子公司在业务范围内从事相关交易或事项，避免给母公司造成资产损失。
3. 确保与关联方交易符合母公司关联交易的规定，保证信息披露真实。
4. 确保母公司整体目标和子公司责任目标的实现。

子公司管理财务目标

子公司管理财务目标是正确制定会计核算方法，有效执行会计核算制度，确保合并财务报表的真实可靠，为投资者决策提供有力的保障，保护投资者的合法权益。

子公司管理财务目标如下：

1. 确保合并财务报表真实可靠，编制与报送流程明确规范。
2. 监督检查子公司会计核算办法的制定和执行情况，确保合并财务报表信息准确。
3. 合理确定子公司的投资回报率，核定子公司的利润指标，促进子公司资产保值增值。

2. 子公司管理关键环节控制
为有效控制以下所列风险，企业在实施对子公司的内部控制过程中，至少应当加强对下列关键环节的控制。

（1）组织、人员控制，子公司的组织设置应规范高效，人员配置应当科学合理。

（2）子公司业务控制，子公司业务权限应当授权合理，重大业务应经母公司严格审批。

（3）母子公司合并财务报表及控制，报表应真实可靠，编制与报送流程应明确规范。

3. 对子公司的组织及人员控制
（1）组织管控模式的设置。

1）集团领导体制的设计。在企业集团中，内在的经济联系要求各成员遵循统一的战略思想，共同实现集团的战略目标，而各成员之间是专业分工、独立经营的。这就产生了如何设计集团领导体制的问题。

设计集团领导体制时，通常有两种做法：一种是由集团内的核心企业作为主体，将核心企业的领导机构与集团的领导机构合而为一，称为"核心企业领导体制"；另一种是不采用原有核心企业的领导机构，另外设置集团领导机构，称为"超核心企业领导体制"。

在"超核心企业领导体制"下，又有三种做法。

① 集团经理会制。这是以交互持股方式组建的横向型企业集团通常采取的领导体制。经理会由集团内若干核心企业的主要领导人组成，其主要职责是协调集团内企业的关系，制定集团发展战略，决定集团内企业人事安排等。

② 集团管理委员会制。这是由不同企业结合组建的集团所采用的领导体制。企业集团管理委员会的成员由各成员企业的主要领导人组成，由核心企业负责人担任管理委员会最高职务，负责定期召开会议，决策集团重大事项。

③ 集团理事会制。它是相对独立于集团内各企业的一个民主决策和集团协商的集团领导机构。通常，集团核心企业领导人担任理事会最高领导职务，其他成员企业加入理事会，参与重大决策。

2）三种典型的组织管控模式及特点。在现代企业制度框架下，母公司是子公司的投资者和股东，只能通过董事会、监事会、股东会等法人监理机构对子公司进行管理。由于信息不对称问题以及"内部人控制"问题，母公司对子公司的控制与管理成了一个新的难题。母子公司组织运行体系的选择受很多因素的影响。在所有变量中，关键是要处理好集权和分权的关系。无论选择何种组织运行体系，都应能够最大限度地发挥母子公司资源共享等优势和协同效应，保证集团中心和下属企业共同利益的最大化和各自利益的平衡。因此，界定母子公司之间功能的定位，弄清楚"你做什么，我做什么"，解决好集权和分权的关系问题，是对子公司或分公司进行有力控制、充分发挥集团公司整体优势的基本前提。目前在运用中出现的母子公司管理与控制模式主要有以下几种。

① 集权式。适用于全资子公司或绝对控股子公司。子公司的一切生产经营活动都要集中在母公司的统一指挥下进行，子公司的供、产、销、人、财、物都由母公司统管，包括母公司直接任命子公司的管理层，直接参与子公司的产品开发，子公司的收益分配政策由母公司决定。整个企业实行统一核算，垂直领导。这种模式的组织结构为在总部设副总经理分管各子公司，设职能部门对子公司的对应职能部门进行直接领导，如图 2-2 所示。

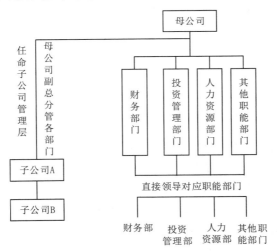

图 2-2　集权式管理控制

这种模式的优点是：母公司能够直接控制子公司，母公司能够及时决策并迅速实施到子公司中去；母公司的职能部门对子公司职能部门进行相应控制，控制的反馈及时；母公司对子公司的直接管理减少了管理层次，控制力度增大；母公司能有效地调配各子公司的资源和经营活动，发挥整体功效。其缺点主要是子公司的积极性与能动性受到限制，导致子公司本位主义严重，对长远发展和母公司的长期目标动力不足，从而对母公司产生影响。

从行业产品性质上看，矿业、石油、电力、汽车行业采用这种类型的管理体制较多。日本在 20 世纪 60 年代中期，钢铁、冶金、机械、纺织、造纸和建筑部门大都采用了这种形式，但是后来由于事业部制的出现和推广，这种形式逐步被放弃。从企业的多元化的程度来看，多元化程度越低，越容易采用集权经营体制；从企业规模上看，中小企业采用这种管理体制和组织形式的较多。中小企业由于规模较小，产品相对单一。实行集中统一指挥，便于发挥其灵活机动的优势。目前我国的企业集团中采用这种模式的也较多。

② 分权式。这种体制是在统一领导下，实行分级经营、分级核算，不仅母公司独立核算，各子公司也是一级内部独立核算单位，有经营管理自主权。通常母公司通过资本投资成为子公司股东，并取得相应资本控制权，母公司对子公司的控制不是通过直接控制，而是通过取得股东会及董事会的表决权优势来获得，母公司收益来自子公司盈利的分红。

在这种模式下，母公司的主要权限是：决定集团的经营目标、基本方针、长期计划和利润计划，协调各子公司的关系，对各子公司的工作进行考核和评价等。子公司可以根据集团的经营方针和长期经营计划的要求，对本单位的生产技术活动进行全面的经营管理；采用各项措施完成集团给各单位规定的产量、质量、成本和利润指标；编制本单位的预算成本和利润计划；决定和调整某些产品的价格；决定属地本单位管辖范围的干部任免等。这种分权经营体制适用于一些特大型企业，类似事业部的分厂、分公司等。

这种模式比较符合现代企业制度，同时也有利于企业集团内母子公司法人治理结构的建立。其缺点主要表现为子公司是完全独立经营的法人实体，其财权、人事权、经营权独立于母公司而母公司仅通过股东会、董事会来对其实施控制，控制距离较长，控制反馈不及时，使控制的有效性难以保证，尤其是我国的国有企业中，董事会的作用往往不能有效发挥，容易造成投资失误，导致资本浪费。

要保证这种模式的有效运用，集团母公司必须加强董事会的作用，母公司可以通过设立常设董事和执行董事，增加董事的权力，实现董事会与子公司总经理的权力合理分配；此外母公司还必须建立对投资企业的信息反馈渠道，母公司可以通过对投资企业派驻管理人员方式增加子公司的信息来源渠道。

③ 统分结合式。除了以上两种控制模式外，企业集团还可以采取参股控制模式以及营业控制模式等方式。这是一种由集团统一核算，由所属单位分级管理的管理形式，它是集权管理与分权管理相结合的产物。采用这种管理体制的企业，集团对整个企业的经营好坏和盈亏负全责。在经营管理职能方面，集团与分厂（分公司）则各有分工。供、产、销和人、财、物的重要经营管理权集中在集团，而生产和销售等具体业务下放给下属单位，并拥有一定相对独立的权力。目前，钢铁、化工、纺织等行业的大型企业集团采用这种管理模式的较多。统分结合管理模式属于半集权型，它集中了分权和集权两种模式的优点，其特点是相对集权、适度分权。目前我国的企业集团的控制模式并不完全表现为集权控制或分权控制，而往往是这两种管理控制模式的交叉，即有些事项采用集权式控制，有些事项采用分权式控制。

从企业集团的控制模式可以看出，集团"集权"和"分权"的焦点实际上主要在于重要决策权的划分上，包括投资决策权、对外筹资权、收益分配权、人事管理权、运营资金控制权、重大资产处置权等。集权式和分权式在以上权限的划分上有不同的特点（见表 2-2、表 2-3）。

表 2-2 集权式控制模式下母子公司决策权划分

决策项目	母 公 司	子 公 司
投资决策权	统一运作投资决策权,决定投资方向、投资规模	无投资决策权
对外筹资权	集中对外筹资权,母公司一头对外筹备	不对外筹资,向集团结算中心、财务公司等筹资
收益分配权	统一支配调度子公司的利润分配	无收益分配决定权
人事管理权	母公司任命子公司的高级管理层及财务主管	有除财务部门外的部门负责人任命权
营运资金控制权	对整个集团的营业资金流转通过财务公司、内部结算中心等方式保持严密的监控	提出营运资金的需求,由母公司统一安排
重大资产处置权	批准子公司关键设备、成套设备、重要建筑物等处置	有非重大资产处置权

表 2-3 分权式控制模式下母子公司决策权划分

决策项目	母 公 司	子 公 司
投资决策权	决定长期性投资	有短期性投资、固定资产投资决策权
对外筹资权	规定集团内可采用的筹资方式、子公司的最高负债比率等,组织集团本部对外筹资	在母公司政策允许范围内有对外筹资决策权
收益分配权	主要通过董事会来决定子公司的利润分配方案	有收益分配建议权,按董事会决议进行利润分配
人事管理权	母公司按出资比例委派子公司董事会成员,董事会产生高级管理层及财务主管	总经理有人事管理权
营运资金控制权	对集团本部的营运资金进行控制	有营运资金控制权
重大资产处置权	由董事会决议通过子公司资产处置的权限	在权限范围内进行资产处置权

3) 影响组织管控模式选择的主要因素。从下属企业设立起,其章程、股权结构、董事会结构与功能等,就为解决集权与分权的治理关系埋下了伏笔。企业集团既可通过强有力的董事会、投资管理部和直线审计机构等,确定下属公司高层决策的责权以及关键业绩指标与考核规范,实现集团公司价值安排;也可通过改变公司权力的分配结构、公司的组织关系、职能机构的设置等管理输出手段来影响与指导下属企业的经营与管理。企业集团究竟采取何种管理和控制模式是需要进行综合考虑的。上面的各种模式都有一定的适应范围。

企业集团必须在一定程度上实行集权的管理,而这也是和企业集团的性质相一致的。根据委托—代理理论,母公司与子公司是一种代理关系。母公司的目标是资本增值最大化,即企业价值最大化。在两权分立的条件下,子公司管理者可能会为了子公司的利益和追求个人效用最大化,违背母公司的目标,使出资人蒙受损失。母公司为了避免这种损失,实现自己的目标,就必须对其资本组织和运营进行管理和控制,对子公司管理者进行激励和监督,对资本投资和配置作出决策。但是过度集权管理也有自身的弱点,由于子公司没有权限,缺乏灵活性,难以应付许多市场突发的情况;过度集权下子公司的积极性也会受到挫伤,影响企业集团整体的协同优势。

　　对于企业集团而言，当经营的复杂性随着企业的规模日益增大而增大时，由企业集团总部来作出全部决策的完全集团化管理显然已不再经济可行，在集团内部实行一定程度的分权是企业集团的必然选择。基于内部资源配置效率需要，母公司往往必须授予其子公司以一定的任务和决策自主权，通过相对分散某些决策控制权，分权经营管理在一定程度上克服了企业集团总部在经营决策及时性方面所存在的不足，提高了集团内部资源配置效率。但是企业集团分权过多，在现实中也带来一系列问题。一是过多地分权，容易产生各成员单位决策的次优化。各成员单位很可能追求各自的财务目标及各自产值、销售额的最大化等；二是分权容易导致资源在成员单位之间的调动困难，不利于资源的有效配置；三是过度分权必将导致企业内部资源配置上的重复浪费，影响规模经济效益的发挥。

　　因此可以看出，企业集团进行集权与分权的选择时，实际上是考虑不同情况下集权和分权的成本和效益的问题，并要考虑灵活性。具体而言，影响企业集团财务控制模式选择的因素可分为外部因素与内部因素。经济政策、市场环境、文化传统等外部因素构成了企业集团经营的外部大环境。例如，东西方管理文化结构的差异就会影响到企业集团的模式选择，东方的企业集团更偏向集权，西方的则相对松散一些。内部因素则主要包括以下几方面。

　　① 企业集团的发展战略。根据企业集团在市场上的发展战略不同可以分为稳定战略、扩张战略、紧缩战略等。在实施扩张过程中过分强调集权是不明智的，应该鼓励子公司开拓外部市场，形成集团内多个新的增长点，分权程度应该大一些，而在稳定型下，投资融资权利应该从严把握，而有关部门资金运行效率方面的权利应该适当分离；在紧缩战略下由于企业集团实行高度集权以确保战略的实施是必要的。

　　② 企业集团经营涉猎的行业范围。在企业集团集中在一个产业发展时，企业集团内部的企业之间的联系紧密，目标单一，采取集权是合适的；在采取无关联多元化经营战略时，由于各个企业之间的联系并不密切，经营的确范围比较广泛，企业集团的分权管理更为适当，而纵向一体化和相关多元化战略介于两者之间，可以采取混合的模式。

　　③ 企业集团的生命周期。处在不同生命周期中的企业集团所采取的模式也是不同的，在企业集团发展的初始阶段，企业集团的规模小，市场地位不成熟，集团内单个企业的力量都不大，这时集权更为合适；而随着集团规模的扩大，管理的成熟，业务的多元化，可能适当放松权限是必要的。

　　④ 企业集团联系纽带。如果企业集团的联系纽带是资本，而没有其他任何联系，称为资本控制型，这种集团公司下属的各企业没有协同效应，集团控制方式主要是通过间接的控制，以资本控制为主，所以又称"制约性控制"，谈不上集权。反之，如果集团内的企业还在产品、技术、市场等方面有联系，为了将协同优势与集团内各公司的其他资源优势相结合，企业集团往往要求集团的各公司协调战略立场，控制力度就会比较强，故又称"干预型控制"。

　　⑤ 企业集团内部企业所处的层次。企业集团中位于不同层次的成员企业拥有的财权是不同的，所以具体财务控制的目标和方法也不同。对于核心层企业应进行完全集权，这样便于从集团整体角度出发，实施有利于集团发展的财务政策，使之能够与整个集团保持发展目标的一致。对于紧密层企业，应把整个集团有重大影响的理财权利集中到集团公司，对一些日常财务决策权应由这些企业自己作出决定，做到集权和分权的合理结合。对于半紧密层企业，集团母公司一般并不能直接控制其理财活动，只是通过间接的方式控制它们的财务决策。对于松散层企业虽在生产经营业务上受集团的影响，但在财务上与集团公司只存在资金借贷关系。这类企业在财务决策方面完全不受集团母公司的控制，应采用完全分权的方式。

（2）母子公司部门权责与职能界定。

1）集团总部功能确定。集团公司管控模式确定的关键在于总部的功能定位。不同管控模式下集团总部扮演的角色是不同的，如采用财务管控型的集团公司，其总部集权程度低；而采用操作管控型的集团公司，其总部的集权程度就高。但不论总部集权程度如何，其目标都应该是为集团整体创造合理的附加价值，为集团整体目标的实现发挥积极的作用。集团总部提供附加价值的功能主要通过以下五大职能来实现。

① 领导，包括制定集团战略方向，管理集团业务组合，建设集团企业文化，建立集团共同的愿景和价值观，确定并实施重要的投资并购活动，创建集团共同的运作政策、标准和流程，培育集团核心竞争力。

② 绩效获取，包括审核批准下属企业的战略目标，管理考核下属企业的绩效，监督和管理下属公司的财务状况，管理集团品牌，监控集团的运营风险。

③ 资源调配与整合，包括制定和实施下属企业间的资源共享机制，整合资金管理、市场营销渠道和供应链，核心人才和能力的培养。

④ 关键的公司活动，包括股东关系管理，对顾客、供应商、中介机构、协会、政府等公共关系管理，集团危机管理。

⑤ 为集团公司运营提供服务和专家支持，包括提供各种共享服务、信息技术支持、质量标准、保险、养老金管理、人事财务处理、政策咨询、教育与培训、国外服务。

明确了总部的功能定位之后，总部与下属公司间的相互关系和职责分工就比较容易理顺了。随之而来的集团公司具体管控模式的选择、组织形式的确定、组织内各部门职能的定位和职责划分等就有了明确的依据。与此同时，相应支持体系的建立和完善也就顺理成章。例如，在人力资源管理体系中，最基础的工作——岗位设置及其职责描述、价值评估等也就有了依据，而且又能够在此基础上搭建起薪酬、绩效、能力、招聘、培训等一系列的管理体系。

当然，总部的功能定位并非一成不变。现代企业集团总部的功能定位越来越从原来的以"管控"为导向的角色向以"提供附加价值"为导向的角色转变。而且，总部的上述五大职能也并非在任何时候都同等重要。在不同时期总部具体功能的侧重点也不一样。例如，对处于市场垄断地位和产品成熟期的公司，其领导职能显得更为重要，因为整个公司需要维持现有市场地位的稳定并谨慎地寻找新的发展方向。对快速扩张型公司，其下属公司对总部的领导、资源调配和内部服务等职能的需要更加迫切。而对于用行政划拨方式组建起来的集团公司和"先有儿子，后有老子"式的集团公司，首先需要的总部职能是提高服务，这样才能够使下属公司更加明确地感受到总部存在的价值，增加整个集团凝聚力和下属公司的归属感。

2）职能管理机构的设置。企业集团对成员企业的管理，除了集团领导机构之外，通常还包括设置特定的职能管理机构。这些机构包括：财务管理机构、产权管理机构、技术管理机构、集团审计机构及其他机构等。职能管理机构的建立，一般有两种方式：依托核心企业建立和独立建立。前者同时负责集团和核心企业的管理，后者则是集团专设的管理部门。依托型职能机构的优点是成本低，缺点是可能对所依托的核心企业有偏袒行为；独立型职能机构克服了本位主义的缺陷，但必须在"超核心企业领导体制"下才能建立。

另外，母公司还可根据需要设置专门部门（或岗位），具体负责对子公司的股权管理工作，行使母公司出资人的各项权利，其主要职责包括但不限于：

① 参与子公司高级管理人员的聘用及管理工作；

② 参与制定子公司资产置换和重组等资本运作方案；

③ 制定子公司的改制方案并参与实施等。

其中以财务权力和责任为核心的内部控制制度是企业集团公司开展财务活动的行为准则，建立统一财务会计制度，则是企业集团公司实行科学财务管理的前提条件。企业集团公司内部各层次的财务制度均应重点突出公司权力机构（股东会）、决策机构（董事会）、执行机构（经理层）和财务管理部门四层次的财务权限和责任，包括其各自在筹资决策、投资决策、收益分配决策等各项财务活动中的权限和责任，以实现企业内部管理制度化和程序化。

3）授权审批制度。母公司应建立子公司业务授权审批制度，在子公司章程中明确约定子公司的业务范围和审批权限。子公司不得从事业务范围或审批权限之外的交易或事项。对于超越业务范围或审批权限的交易或事项，子公司应当提交母公司董事会或股东（大）会审议批准后方可实施。对于子公司发生的可能对企业集团利益产生重大影响的重大交易或事项，母公司应当在子公司章程中严格限制其业务开展范围和权限体系，并可以通过类似项目合并审查、总额控制等措施来防范子公司采用分拆项目的方式绕过授权。重大交易或事项包括但不限于子公司发展计划及预算，重大投资，重大合同，重大资产收购、出售及处置，重大筹资活动，对外担保和互保，对外捐赠，关联交易等。

（3）对子公司人员的管理控制。母子公司的人事控制，主要表现在一是派驻子公司的董事监事，二是对 CEO 和财务负责人的控制。对 CEO 和财务负责人的控制方式主要是通过指标体系和定期述职来完成的。

1）董事委派及经理层选派。

① 建立健全委派董事制度。对子公司设有董事会的（或者由企业章程规定的经理、厂长办公会等类似的决策、治理机构，以下简称董事会），母公司应向其派出董事，通过子公司董事会行使出资者权利。委派董事应定期向母公司报告子公司经营管理有关事项。对于重大风险事项或重大决策信息，委派董事应当及时上报母公司董事会。

② 经理层选派及考核。按照现代企业制度和法人治理结构的要求，母公司作为出资者依法对全资子公司、控股子公司、参股公司分别享有选择、委派、推荐、提名管理者的权利。

在行使人员管理控制的过程中要求：一是要注重管人管事统一，按现代企业制度和法人治理结构要求，谁出资、谁用人、谁管理、谁负责，推行任期责任制和契约管理；二是要完善责任机制，实行人对人的考核，一级考核一级，把考核的对象从对企业经营业绩的考核转到对经营者工作业绩考核上来，把考核重点从结果的考核转到过程考核上来，做到过程监控具体化，激励措施多样化，奖惩到位；三是引进竞争机制，以内部提升、市场招聘、民主举荐和个人自荐相结合，每个竞聘岗位至少有两个以上候选者供挑选。

企业战略决定了企业所要从事的行业及产品，同时也是子公司经营者选拔的基础。母公司根据公司章程规定，应向子公司董事会提名子公司经理人选。子公司经理未能履行其职责并对企业集团利益造成重大损害的，母公司向子公司董事会提出罢免建议。必要时应实行总会计师委派制。委派的总会计师应当定期向母公司报告子公司的资产运行和财务状况。如有必要，委派的总会计师可以实行定期轮岗。人才储备状况决定了企业内部可以选择的管理者人选，母公司可以考虑采取的选拔方式主要有：内部提拔、外部招聘和公开竞争。其中，市场化和外部化是集团公司选拔子公司经营者的有效途径之一。

A. 选择公开方式，引入出资人和经营者之间的谈判机制；

B. 邀请集团外部专家或委托社会专业机构对候选人进行评价，提出咨询意见或参与决策；

C. 对子公司经营者考核时，同样可通过外部化方式，依据市场标准进行。

2）财务系统人员控制。

① 委派制。子公司的财务负责人或财务总监由母公司直接委派，子公司的财务人员列为

母公司财务部门的编制人员，其人事关系、工资关系、福利待遇等均在母公司，费用可由子公司列支。子公司的财务机构作为母公司财务部门的派出机构，负责子公司的财务管理工作，参与子公司的经营决策，严格执行母公司财务制度，并接受母公司的考评。被委派的财务总监，应组织和监控子公司日常的财务会计活动，参与子公司的重大经营决策：

A. 把母公司关于结构调整、资源配置、重大投资、技术发展等重大决策贯彻到子公司的预算中去，对子公司各类预算执行情况进行监督控制；

B. 审核子公司的财务报告，负责对子公司所属财务会计人员的业务管理，定期向企业集团公司报告子公司的资产运行和财务情况；

C. 监督子公司财务会计信息的真实性和客观性，切实维护企业集团公司的权益。

② 指导制。子公司财务负责人由子公司总经理提名，由子公司董事会聘任或解聘。母公司只能通过子公司股东会、董事会影响子公司财务负责人的产生。同时，母公司财务部门只能对子公司财务部门进行业务上的指导，无权对子公司财务部门发布命令。此方式的弊端在于容易形成"内部人控制"。

③ 监督制。子公司在决定自身财务部门的设置上有很大的自主权，母公司基本上不干预。但母公司向子公司派出财务总监或财务监事，负责监督子公司的财务活动。

④ 集中制。在企业集团中，各子公司财务主管由母公司选派，向母公司负责；财务部门相对独立于各子公司，其人员的人事关系、工资关系、福利待遇等均体现在母公司。以某企业集团为例，其财务人员集中办公，不下放到各子公司。财务部门不是按不同的子公司来设置科室，而是按财务职责的合理分工来设置，分为结算科、会计科和财务科。这种设置方法使母子公司财务有机地融合为一体，使母公司能及时掌握企业集团整体的财务状况。

上述四种方式具有共同点，即母公司都必须向子公司委派财务负责人或实行财务总监制度。财务总监有两种职权：享有对子公司财务计划制定的参与权，财务计划执行的监督权；对重大财务事项，财务总监与总经理或董事长共享签字权，并承担保证财务信息真实可靠等责任。

4．母公司对子公司业务层面的管理控制

（1）战略规划控制。

1）建立明晰的集团战略目标。要实现集团公司的有效控制，首先应该把集团的业务发展战略理清楚，给整个集团一个发展的方向和目标，让所有的员工都知道路向何处走、劲往何处使。对集团总部来说，就是要突出主业，加快形成自己的核心竞争力，明确企业怎样在不同行业、不同部门进行资源配置和投资组合，怎样强化核心业务，如何实施战略以及纠偏战略等；同时，加强集团的品牌、文化建设，提高集团统一的公共知名度和内部对集团的认同感，从而提高整个集团的凝聚力和下属企业的归属感。

通过建立总体发展战略，做好集团整个发展战略，使整个集团也就是母公司和子公司一起达成共识，同时按战略、市场导向和精简高效原则，通过调整和完善集团组织架构、重组业务流程等途径，提升管理效力与执行力，努力使下属企业成为集团整体战略的有机组成部分，最大限度地实现经营协同效益，最大限度地实现资源的转移与整合、创造和共享。否则容易造成母公司和子公司之间愿景、目标不一致，造成矛盾和冲突，也会影响到资源的分配和管理的效率。

母公司的战略应该包括两方面：一是关于业务组合的决策，涵盖了收购、剥离、重组等重大问题，这决定了它们应该具备什么样的特征和寻求什么样的机会；二是母公司自身的决策，包括如何构造公司和管理层级和架构、总部雇用什么样的经理人，以及采用何种规划和控制系统等。

这些决定了母公司的特征以及其与业务子公司的契合程度。母公司战略规划的主要内容：

以年度预算作为主要控制机制；在预算内详细的逐项进行控制；资本分配以支持母公司决策战略为标准；详细的程序和规则；强调母公司的基础设施和集中服务。

在制定战略规划时，母公司要对战略经营环境，即各种环境因素的状态及变化趋势进行分析，对集团公司当前内部资源及能力进行剖析，明确公司可以把握的机会和环境因素变化可能产生的威胁，相对于现实竞争者的优势和劣势。在构建公司核心能力目标的前提下，使公司制定的战略适应环境的变化。而且这种机制有对月、季、半年和全年计划执行及环境变化的评估，每年对公司战略规划（如三年或五年）进行滚动式修订，使公司战略和年度计划具有对环境的内在的自适应机制，并在年度计划运行控制过程中及时跟踪环境的变化。

2）子公司的战略规划与年度计划制定。子公司在集团总部的指导下，根据集团公司的总体战略及计划制定本公司战略及年度计划。集团公司整体战略框架的明确可以为各事业部的业务计划制定提供目标和方向。子公司战略规划编制与审批流程的核心在于集团公司战略部门与子公司战略规划小组成员（包括子公司高管、相关部门负责人和业务骨干）之间进行充分互动，吸收两者的优点，使战略规划具有前瞻性、可操作性、长期性。同时战略规划的最终审批权在集团公司执委会，这样可以有效保证的整个集团的战略一致性，强化集团公司的战略决策能力。

在编制过程中，战略管理部的高级经理，与子公司战略规划领导小组沟通、参与、指导、监督子公司战略规划的起草过程，必要时以联席会议形式，协调、解决战略规划制定过程中难以确定的重点战略问题，确保子公司在战略上与集团公司保持一致，形成合力，充分发挥规模经济和集团优势。

子公司年度经营计划和财务预算是在当年制定战略规划的基础上，明确和细化战略规划确定的各项目的行动计划，把战略性项目转化为行动计划。有效的计划和预算把战略重点整合到预算和绩效监督中去，有助于更好地决定资源配置效率，确保战略目标实现。年度经营计划和预算的制定需要总部和子公司之间的反复论证，要把所有的要素集中起来，制定一个具有可操作性、实用性强的计划。年度业务计划的制定可以分为四个阶段，即战略框架及内外部分析、基本策略、具体业务计划以及业务计划审核。由集团战略部门主要进行业务计划审议，集团财务部门主要进行生产经营预算及财务预测审议。而子公司主要负责制定业务计划、生产经营预算及财务预测。

3）建立动态审核评估机制。集团公司的战略规划涉及向各职能领域和业务单位的资源分配以及在战略实施过程中对资源的投入和产出效果的评价，而各业务单位和职能领域实现的阶段性目标对公司战略目标的实现有直接的影响，因而需要在战略经营计划的管理和控制过程中，建立动态的审核评估机制，以对影响目标实现的内、外部环境作出评估和分析，及时采取措施，促使关键目标的达成，保证战略目标的实现。子公司需对内、外部环境进行分析（或者由母公司战略部门提供），在此基础上，完善年度业务计划制定框架、生产经营预算、财务预测等方面的内容。

（2）财务系统控制。

1）构建财务管控的组织责任体系。

① 正确划分集团公司财务管理的层次，建立强有力的财务控制体系。由于集团公司对成员子公司的投资结构不同，所以，在财务管理的方式方法上会有明显的区别。一般来说，集团公司内部的财务管理基本上可分为直接管理和间接管理两种。在核心层、紧密层企业之间一般是母子公司关系，而在半紧密层企业中一般是参股、合营等形式，故在财务控制体系框架的设置上，应以直接管理子公司为主，间接管理半紧密层、松散层为辅。此外，对同集团公司只有经济协议或合同关系，没有参股关系的合作、协作企业，在财务上只有结算关系不具有管理职

责。根据集团公司对成员子公司的投资结构的不同，集团财务管理分为三个层次：

A. 对母公司和全资子公司的财务必须严格按照集团公司的财务管理要求和制度执行；

B. 对控股公司的财务管理可相对灵活，如允许其自行拟订财务管理制度，但不能出现与集团公司的财务制度不一致或相矛盾的条款，各项财务制度和重大财务事项要由集团公司的董事会或总经理审查批准后方可执行；

C. 对参股公司的财务管理可相对松散。

集团财务管理部门不应该对他们限制具体内容，只需要通过集团公司派到参股公司的董事，按照公司章程的规定，参与投资、分配等重大决策，掌握分析其财务状况、经济效益和重大变化等。

② 设置合理的集团组织结构。在我国现阶段，企业集团财务组织机构的设置通常有两种形式。

A. 主体公司模式。若集团公司的发展以主体公司（一般是母公司）的发展为核心，集团公司的各个职能部门应依附于主体公司的各个职能相同的管理部门，这时主体公司的财务部既是主体企业公司的财务管理部（集团财务中心），又是集团公司的财务部。

B. 母公司控制模式。在此模式下，母公司将注意力集中于财务管理和领导的职能。母公司通过制定财务政策，对集团内部的财务和会计实行严格的监控和管理。母公司最为关注的往往只是子公司的盈利情况和自身投资的回报、资金的收益。例如，若集团公司由不同行业或生产不同产品的多个企业组建而成，集团的财务部门要重新设置，如何设置，由集团公司根据具体情况来定；当集团公司向大型化发展，子公司较多，经营多元化，彼此间的独立性较强时，集团功能更加偏向于独立性较强的财务管理与资本运作。

③ 根据不同公司治理结构的实体，制定相应的管理策略。根据集团构成实体治理结构，集团成员一般有分公司、全资子公司、控股公司和参股公司等，根据不同类型的成员企业，设计企业集团财务制度时应考虑采取不同的管理模式。如总部（行政、人事、财务等）实行费用预算管理；分公司不具备法人资格，是集团内部核算单位和内部利润中心，实行预算管理和目标经营责任制管理；全资子公司系独立法人，执行公司法，实行独立核算、预算管理和资产经营责任制管理；控股公司执行公司法，实行董事会制度，集团公司或母公司对控股公司实行委派董事和监事，并实行董事、监事财务报告制度，重要的管理制度参照集团公司的规定；参股公司按照公司法运营，集团公司或母公司通过委派董事或股东大会行使管理职能。

2）统一财务会计制度。为分析各子公司的经营情况，比较其经营成果，保证企业集团整体的有序运行，母公司应根据企业会计准则或制度子公司的实际情况和经营特点,制定统一的、操作性强的财务会计制度，规范子公司重要财务决策的审批程序和账务处理程序，提高各子公司财务报表的可靠性与可比性。在此基础上，有条件的企业集团可通过建立大型计算机网络系统，将下属子公司的财务信息都集中在计算机网络上，母公司财务主管可以随时调用、查询任何一个子公司的凭证、账簿、报表等信息，随时掌握各子公司的经营情况，及时发现存在的问题。对于需要专业判断的重大会计事项，母公司财务部门应统一制定合理合法的会计核算办法，经财务部门负责人审核、总会计师（或分管财务的副总）审批后下达各相关子公司执行。

3）建立高效的全面预算管理体系。预算管理不仅能对企业集团进行整体规划，更重要的是在预算的编制过程中，可以有效地协调集团内部各个层次的目标指向，有效地消除企业集团内部组织机构松散的现象，实现集团成员的有机整合，达到有效沟通的目的。它是战略管控的深化，是一种公司整体规划和动态控制的管理方法，是对公司整体经营活动的一系列量化的计划安排，通过预算管控可将集团下属企业经营管理的各个环节纳入集团公司管控之下。母公司应根据企业集团整体战略规划，将企业集团经营目标的主要指标分解、落实到每一个责任单位，并作为对各责任单位经营管理业绩进行考核评价的依据。

① 预算控制的组织与编制流程。

A. 企业集团的预算必须围绕集团战略要求和发展规划确定预算目标，子公司必须服从企业集团总目标，其预算必须经过母公司批准。子公司预算要以母公司的发展规划为依据，以保证母公司目标计划的实现。预算给每个子公司以明确的经营管理目标和各自的责权关系，便于子公司进行自我控制、评价、调整。

B. 集团公司的预算机构应包括预算委员会、预算工作组、预算归口部门、预算责任单位和考评部门。

C. 预算的编制采用自上而下、自下而上的参与制预算编制程序，这样既考虑了子公司的意见，照顾了子公司的利益，又有利于母公司监控子公司的经营活动。编制过程要科学合理，必须经过确定目标、分解任务、初步编制分部门（企业）预算、汇总预算、再次编制分部门（企业）预算、再次汇总的过程。具体步骤如下：

- 预算委员会向各级预算工作组传达公司年度战略规划、年度基本预算目标和原则；
- 由各级预算工作组将预算委员会的意图传达给归口管理部门；
- 各被归口管理的单位将其年度预算草案提交给相应的归口管理部门；
- 各归口管理部门依据预算委员会的各项目标和原则，对各单位预算草案进行审议，对与公司整体预算目标不符的草案可驳回要求重新编制，审议通过后，告知各预算单位；
- 各预算单位在归口管理部门的建议下修改年度预算并形成正式的预算草案，上报所在公司的预算工作组成计划财务部；
- 总部预算工作组汇总形成公司年度预算草案，并上报预算委员会；
- 预算委员会及各级预算工作组协调年度预算草案与预算目标的矛盾，经过再次修改、调整，最终形成正式的年度预算方案；
- 下达正式预算。

② 战略预算的执行与控制。预算的整体性及全面性要求子公司在实施的过程中需要相互配合和协调，提高管理效率，减少摩擦，增强凝聚力。母公司更要注意对子公司的预算执行情况进行控制、分析和调整，防止出现偏差。

A. 预算控制的目标和任务。预算执行过程控制的核心任务是对为完成预算目标而进行的各项业务的合法性和完成质量进行实时监控。各项业务的发生与完成的集中反映是预算资金的流出和流入。因此，确定流出资金的审批权限，对有关业务发生的付款、收款进度和质量控制进程，为预算执行过程控制的主要内容。

B. 预算的执行与控制。预算方案经预算管理委员会确定并经集团管理层批准后，由预算工作组发给各预算责任单位，各单位依据各自职责组织实施。预算归口部门对预算执行过程进行监督、检查并进行实时控制分析，同时定期向预算工作组反馈有关预算执行的实际数据。预算工作组根据归口部门提交的有关预算执行情况的资料，定期（每月、半年、一年）向预算委员会提交预算执行分析报告，同时根据预算实际执行情况与预算指标的差异、未来环境的变化等相关因素，提出下期预算执行的修正方案，对预算执行过程实行动态控制和管理。

C. 预算控制的手段，包括预算调整、预算仲裁、预算反馈报告体系等。为维护公司预算的权威性、严肃性和规范性，必须建立严格规范的预算调整审批制度、程序及预算仲裁制度。预算仲裁是预算控制过程中不可或缺的一项职能。当各预算单位之间发生利益冲突且各预算单位负责人之间协调无效时，应将有关事项报经公司财务部，并由其上报预算委员会仲裁。

D．预算反馈报告系统由各类预算反馈表和预算工作总结表组成。预算反馈表根据各级预算控制机构的工作权限和需了解的反馈内容，由各单位按上述规定时间编制并在表后附预算工作总结。预算工作总结包括预算进度差异原因分析和对下期工作计划的调整两部分内容。

E．母公司应通过建立预算信息系统，将各子公司的资金流转和预算执行情况都集中在计算机网络上，母公司可以调用数据、查询子公司的财务状况，全面控制各子公司的经营情况，及时发现存在的问题，减少子公司的经营风险，防止子公司的资产流失。

③预算考评。

A．预算考评的目的和遵循的原则。预算考评的目的：一是考核预算单位的预算执行情况并与相应的激励约束机制挂钩，实施事后控制，增强预算管理过程的完整性和权威性；二是分析预算单位的预算执行结果，为改进下一期预算的编制、执行和监控工作提供有益的建议。

为实现公司整体战略目标与预算目标，考评应在责任清晰的基础上，坚持上级对下级进行分级考评，且应以预算目标为核心，综合财务指标与非财务指标进行考评。

B．考评的主体和客体。预算考评主体为预算管理委员会，而预算考评客体是预算控制的实施对象，即对企业战略和对预算目标实现具有影响作用的部门和个人。

C．预算考评指标和方法。考评指标是企业业绩评价的载体，也是业绩评价内容的外在体现。企业在进行预算考评时，以实施预算管理目标为核心所设立的评价指标必须围绕企业的战略重点，能够反映竞争优势的关键成功因素，适应企业所处的竞争环境，避免只利用单一的财务指标，要将体现战略目标的财务指标与非财务指标相结合。

D．预算激励与约束制度。将有效的激励与约束制度同战略预算管理结合起来，在公司内部建立一种相互支持的环境，使员工对工作产生激情，是公司最有效的战略预算管理手段。

E．对子公司及其管理层的业绩评价要以预算执行情况的考核为主，并作为集团内部人力资源管理的参考。

④偏差分析和绩效管理会议。子公司偏差分析由子公司定期向集团战略部汇报，主要内容为经集团执委会批准的战略规划、年度经营计划及财务预算的实际落实情况，在二者对比的基础上，找出差距，查明原因，是整个外部经营环境发生变化，还是企业经营方针、措施失误，要详细说明。在认清偏差原因的基础上，子公司要制定有针对性的纠偏措施，由集团战略部负责跟踪落实。重大经营、项目整合偏差要形成专题报告，上报集团执委会，同时有关资料交集团人力资源部备案，作为子公司高管的年终考核以及任免的依据。偏差分析也要对未在战略规划、年度经营计划及财务预算列明的临时重大事项作出说明，便于集团公司全面掌握子公司的真实情况。

4）加强集团的资金管理。母公司对各单位资金必须实行集中管理、统筹安排，在保证各单位资金正常使用的前提下，统一调度各单位资金存量进行集中运作，发挥资金使用效率，并对各单位资金流动实施监控。

各单位应建立健全以现金流量控制为核心的内部资金管理制度，按照生产经营、资本性支出、对外投资等，分类按月编制资金运营预算。各单位必须建立资金分析报告制度，定期（季度、年度）分析本单位现金流量，严格限制无预算资金支出。

5）筹资管理控制。母公司应在现金预测基础上，研究企业集团资金来源的构成方式，选择最佳的筹资方式。资金的筹集应与使用相结合，并与企业集团的综合偿债能力相适应，不能盲目举债，增加筹资风险。子公司所需资金一般不得擅自向外筹集，而需在企业集团内部筹集，并由母公司财务部门负责此项业务。为提高资金使用效率，还可以借助价值规律，实现企业集团内部资金的有偿使用，即子公司向母公司借款时须支付利息。通常母公司应按以下程序对子公司的筹资活动实施控制。

① 凡是引起注册资本增减变动的筹资活动,子公司应提出方案,经子公司董事会批准后,提交母公司董事会或股东(大)会审议通过后方可实施。

② 子公司短期负债筹资活动可以由子公司自行决定。

子公司长期负债筹资活动,应由子公司提出方案,经子公司董事会批准后,提交母公司董事会或股东(大)会审议通过后方可实施。对于子公司的负债筹资活动,母公司具体可以采用以下方式进行控制:单笔负债额度控制、负债总额控制、资产负债比率控制、资产负债比率与企业绩效挂钩控制。

6)对外投资管理控制。为防止资产流失,防范财务风险,母公司应切实加强对外投资的管理及已立项投资项目的管理,建立健全对外投资的立项、审批、控制、检查和监督制度,规范投资行为。对下属部门或附属公司的投资管理应遵循事前、事中、事后控制相结合的原则:事前定目标、定制度、定操作程序;事中严格遵循制度、程度的要求进行;事后进行跟踪、考核,并反馈结果、意见,以利改进财务控制。

① 明确企业集团投资的战略意图和基本原则。集团总部应明确规定整个企业集团投资战略的目的,投资领域中保护什么、发展什么、鼓励什么、限制什么,确立母公司和每个子公司投资者进行投资活动的必须遵循的准则。在确定投资战略时,集团最高决策制定机关应充分考虑国家中长期发展规划和产业结构政策,资金需要量及资金筹集的难易程度,企业集团的经营管理水平等,并考虑目标行业增长率,市场需求总量和市场成长性,并认真研究该行业中已存在的和潜在的竞争对手的技术能力、营销渠道,权衡自己的能力,仔细测算本企业集团在市场中可能分享的份额,以避免投资策划上的失误。

② 控制投资决策权。西方国家集团公司对其子公司的投资行为有着严格的控制和审查制度,而有些集团公司甚至禁止了子公司的再投资权,把投资权直接收回到企业集团最高层,专门成立了一个投资战略部,统一对投资项目进行调研、分析、论证并提出完整的投资报告书供决策层参考,然后再实施。在我国,母公司作为投资主体,通常享有重大投资决策权。但对子公司的投资决策权问题则应因子公司而异:有的子公司无投资决策权,只有在简单再生产范围内进行技术改造的权利;有的子公司有限额投资权;有的母公司规定子公司以其所有者权益的一定比例享有投资权,在一定时期内,无论投资项目多大或多小,只要投资总计不超过比例,子公司都可以投资,超过比例无论项目大小都不能再投资。实务中具体应视各子公司规模及母公司享有其份额的不同而异,不宜实行"一刀切"的统一控制方法。

③ 投资决策方案的审批。投资方案制定后应报企业集团最高权力机关审批。集团最高权力机关应考察其是否与集团长远规划相匹配,与其内部环境、外部环境相协调,并权衡投资项目风险和收益以决定投资计划的取舍。其中,对于重大投资项目,母公司可在子公司章程中约定,应由子公司进行可行性研究,并提交投资申请报告,经子公司董事会讨论同意并形成决议后,提交母公司董事会或股东(大)会审核。对子公司重大合同以及重大资产收购、出售及处置事项进行控制可参照对子公司重大投资项目的控制政策和程序。

④ 投资方案实施过程中的财务控制。在投资方案的实施过程中,应进行跟踪调查,并与财务评价系统相联系,考察其是否达到了既定目标,资产的使用是否有效率。判断资产使用是否有效率的指标可以采用总资产利润率、资本保值增值率和剩余收益。在评价结果不理想时,需查找原因,并将结果反馈给管理者、决策者以求改进或考虑产业退出战略。

⑤ 母公司应对重大投资项目进展情况实施监督检查,并会同子公司有关人员对投资项目进行后评估。重点关注投资收益是否合理、是否存在违规操作行为、子公司是否涉嫌越权申请

等事项。

对投入资金或投资占控股地位的投资项目，母公司还必须派一些懂业务、懂管理、懂财会的人员参与项目管理，并建立健全投资项目的跟踪管理制度，严防只投资不管理的现象发生。对子公司发生的金额较大或风险较高的重大投资项目尤其要注重审核监督。

7）收益管理控制。企业集团母子公司的收益控制，除了上述建立统一财务会计制度外，可以通过对子公司权益利润率和资产负债率的控制、实施盈余管理策略及合理的利润分配政策等方式来实现。

① 对子公司权益利润率和资产负债率的控制。权益利润率和资产负债率控制是企业集团公司对于公司的资本结构控制中非常重要的一种方法，企业集团公司可对子公司下达权益利润率和资产负债率的具体指标。

$$权益利润率=资产利润率\div（1-资产负债率）=净利润\div所有者权益$$

从该公式来看，权益利润率与资产利润率和资产负债率成正比。权益利润率的高低由资产利润率和资产负债率的高低决定。如果资产利润率不变，资产利润率提高则权益利润率提高。用权益利润率作为衡量子公司资本结构控制和资产回报的一个指标，可以使子公司管理者尽量减少资本的占用额，增加负债比率。然而，负债又与资本市场的供给状况、子公司本身的资信等有关，且负债越大，相应的财务风险也越大。企业集团对下属子公司的具体负债比率高低应视各子公司生产经营特点而定，一般可控制在该子公司自有资本的 50%～70%，有的应低些。

② 实施盈余管理策略。盈余管理是选择使会计收益达到某种结果的会计政策，是企业为实现理财目标而采用的管理策略。它有别于利润操纵。在法律制度允许范围内，企业集团公司股东和经营者对财务报告收益在一定程度上进行控制，其主要手段是选择适当会计政策，通过对企业生产经营活动的调控和关联交易等方式，目的是通过节税等形式实现企业集团公司整体收益的最大化。

③ 合理的利润分配政策。母公司的利润分配是企业集团利润分配的核心内容。对母公司而言，子公司所增利润应按一定的比例留在母公司，以便满足企业集团的长远发展需要，同时也要保证子公司和职工的利益得到逐步增加，这是企业集团凝聚力的动力源泉所在。对于子公司工资、奖金的分配应实行总量控制，建立健全对子公司工资奖金分配的检查和控制制度。子公司要严格按照母公司所规定的工资奖金计提原则，在计提工资金额范围内自主分配。母公司应按照公司章程的约定，审核子公司利润分配方案和亏损弥补方案。审核时应充分考虑以下因素：

A. 母公司利益分配要求是否符合子公司未来发展需要；

B. 盈余和现金是否充足；

C. 出资人的出资比例；

D. 有关法律法规和国家统一会计制度规定的法定程序。

8）关联交易的内部控制。企业集团及其下属控股子公司在发生交易活动时，相关责任人要仔细查阅关联方名单，审慎判断是否构成关联交易。如果构成关联交易，要在各自权限内履行审批、报告义务。

① 关联交易及其控制。

A. 应建立关联交易逐级授权审批制度，严禁越权审批。

B. 审计委员会应对重大关联交易事项进行审核，并提交股东大会、董事会审议。审计委员会可以聘请外部咨询机构出具专门报告，作为其判断的依据。

C. 应建立关联交易事项回避审议制度。股东大会审议关联交易事项时，关联股东应按有关规定回避表决；董事会审议时，关联董事应当按有关规定回避表决，如因回避原则导致董事会无法决议之情形，应提交股东大会审议。

D. 经审议通过的关联交易应签订书面合同协议，明确关联方交易的定价原则和价格水平。

E. 应建立关联交易询价制度，明确关联交易询价程序，确保关联交易定价的公允。关联交易定价应遵循下列原则：交易事项实行政府定价的，直接适用此价格；交易事项实行政府指导价的，应在政府指导价的范围内合理确定交易价格；除实行政府定价或政府指导价外，交易事项有可比的独立第三方的市场价格或收费标准的，优先参考该价格或标准确定交易价格；关联事项无可比的独立第三方市场价格的，交易定价应参考关联方与独立于关联方的第三方发生非关联交易价格确定；既无独立第三方的市场价格，也无独立的非关联交易价格可供参考的，则应以合理的构成价格作为定价的依据，构成价格为合理成本费用加合理利润。

F. 关联交易合同协议一经确定，企业各部门应严格按照批准后的交易条件进行交易。关联交易执行过程中，任何人不得自行更改交易条件，如因实际情况变化确需更改时，需履行相应的审批程序。

G. 应建立关联交易档案和台账，定期与关联方有关人员核对关联交易账目，及时、正确填报关联交易会计报表，并于期末交由关联交易双方总会计师签字确认。

H. 应定期组织有关人员对关联交易会计报表和价格执行情况进行审核、分析，纠正存在的问题或提出完善的意见和建议，报经分管财会工作的负责人批准后执行。

I. 应根据审核后的关联交易会计报表和价格执行情况，编制关联交易明细表。关联交易明细表至少每季度编制一次，并报送企业总会计师审核。

J. 集团财务部门应定期将关联交易明细表提交企业审计委员会（或类似机构）审阅，审计委员会（或类似机构）对重大关联交易的异议事项，应报董事会审议。

② 关联交易报告与披露及其控制。

A. 应指定专人负责记录和报告关联方交易信息。审计委员会（或类似机构）应对总经理和分管财会工作负责人签署的包含关联交易情况的定期财务报告进行审阅并报董事会审议。

B. 负有信息披露义务的，应按照国家法律法规、监管规则的规定，披露关联交易信息。

9）加强对外担保管理。集团内部应该制定出一套完整的、规范的担保制度来约束子公司一支笔担保的行为。

① 子公司对外提供担保，必须报母公司核准。未经母公司董事会或经理批准，子公司不得对外提供担保或互保。

② 子公司对外提供担保，必须落实反担保。反担保的方式主要包括保证、抵押、质押反担保。

③ 经批准的担保事项，子公司应当建立备查账簿，逐笔登记贷款企业、贷款银行、担保金额、时间、经办人、批准人等信息。子公司应指定专人具体负责跟踪、监控担保合同的履行情况，特别是担保借款的使用方向、被担保人的经营状况和偿债能力等，及时向母公司通报情况，直到担保责任解除，母公司负责组织专人定期检查。

（3）资产管理控制。母公司作为子公司的股东之一，对其投入的资产具有收益权和处分权，依据其在子公司所占股权大小行使所有者职能。子公司是股东投入资产的实际占有者，具有资产占有权、使用权、处分权，并以其所有资产对公司债务和股东权益承担有限责任。两者之间是所有者与经营者、投资者与被投资者关系，在各自经营管理活动中存在着控制与被控制、控制与反控制关系。表现在资产管理关系上，母公司对资产产权具有约束力，却无法直接通过这层关系实施行政控制；子公司在占有资产独立经营的权限基础上，又无法脱离母公司的资产产权关系约束，实现绝对化的独立。换而言之，母公司是子公司财产管理的直接责任人，负有对子公司资产管理的责任；子公司享有资产的支配权和经营自主权，并依法自主经营，自负盈亏。

1）母公司应根据国家有关规定，结合本企业及子公司的具体情况，制定切实有效的资产管理办法，切实保证资产的完整与安全，促使子公司提高经济效益，保证企业资产保值增值。

2）母公司应加强对子公司固定资产、流动资产、存货等资产管理，督促子公司合理、有效地使用各项资产，做到节约使用，提高资产综合使用效果，杜绝资产闲置和浪费。

3）在保证子公司独立自主权的基础上，母公司应通过选派股权代表进入子公司决策管理机构，将其经营战略意图贯彻到子公司具体经营活动中；同时建立严密的资产经营考核体系，形成对子公司经营者的动力和约束机制，促使子公司自觉完成母公司制定的资产经营目标。

4）子公司对外捐赠资金或资产，超出一定限额的，应当经母公司董事会或经理批准。经批准的对外捐赠事项，子公司应当建立备查账簿，逐笔登记捐赠对象、捐赠资产、捐赠金额、时间、经办人、批准人等信息，母公司负责组织专人定期检查。

（4）信息管理控制。信息系统就是企业的中枢神经，其是否有效关系到企业决策及行动的成败。现代大型企业集团中，企业集团对下属部门或附属公司管理的一个重要方面是对信息的控制，这些信息包括：市场开发、回款情况、重大合同执行情况等市场信息；资产负债表、财务利润表、现金流量表等财务信息；生产计划、实际生产情况等生产经营信息。信息控制的主要目的是保证下属企业的运营信息能够及时准确地传递到集团公司，及早发现问题，为集团提供正确的、具有前瞻性的决策支持。通常母公司对下属单位的信息控制系统存在多种途径。

1）定期述职制度。母公司可通过建立子公司 CEO、财务负责人向母公司高管人员的定期述职制度、母子公司对应部门之间的定期述职制度等，及时发现问题，有效防范风险。但是随着企业集团业务规模的不断扩展，很容易形成多层次的管理结构，而每多一个层级，不仅会造成管理上的低效率，而且势必会对信息传递产生干扰，造成信息污染，使最终到达集团领导层的信息失真。

2）基于 IT 平台的信息系统控制。现代大型企业集团通过建立 IT 平台，利用 IT 进行内部的信息沟通和交流，各子公司市场、生产、财务、各类运营信息全部放在内部局域网上，各级管理者根据职责权限不同，通过分级的授权口令进行信息调阅，从而使沟通变得更加快捷，提高了集团内各种信息的传递速度、共享程度和透明度，使集团实现对下属企业的集中式、扁平化管理，保证集团管理幅度的扩大和管理效率的提高。

① 财务信息控制。集团母子公司财务信息是否畅通，关系到整个财务控制系统的运行效率。有效的财务信息控制系统应包括下列内容。

A. 财务信息报告制度。母公司应制定子公司的财务报告制度，包括事前报告制度和事后报告制度。各子公司在进行重大经营决策前，必须事前向母公司报告。

B. 财务网络电算化。计算机网络技术的迅猛发展，为财务网络电算化提供了可能，为提高集团公司财务信息的有效性创造了现实条件。其优点主要体现在：记账凭证录入分布在各工作站上同时进行，提高了财务信息的及时性；各子系统可以自动转账，形成统一的总账库，减轻转账工作量，既增加了转账的准确率，又提高了转账速度；主管领导可方便查询各种财务数据，并通过应用软件随时制成各类统计分析资料与财务分析报告，为高层领导的经营决策提供及时可靠的数据。

② 运营信息控制。

A. 经济运行数据分析。进行投资分析、生产分析、财务分析、资产分析、综合分析，形成综合指数指标体系，并提出对策建议。

B. 报审报告管理。确定子公司报审报告的范围；分析子公司报审报告制度的执行情况。

C. 重点工作任务考核。编制和下达重点工作任务书，对子公司完成重点工作任务的情况进行日常跟踪和督促，对子公司重点工作任务的完成情况进行季度检查和年度考评。

D. 经济运行分析。设计出综合指数分析的办法和相对应的指标，并给它确定一定的权数，对整个指数影响比较大的指标权数加大；反之亦然。其中每个指数都可以做具体分析，都可以做当期数和上期数的比较，从中可以看出子公司的整个状态是改善还是恶化。

（5）稽核与审计控制。

1）内部稽查与审计制度。内部财务稽查和审计的结果都是集团公司对子公司考核奖惩的重要依据，是对经营者业绩考核的主要内容，也是集团公司一个有效的、重要的制约和监控手段。子公司也应定期或不定期地向母公司经营者报告审计情况，提出优化内部控制、提高经营效率的意见和建议。

① 对子公司的财务稽核与检查。一方面，母公司定期或不定期对子公司的财务会计工作进行日常稽核或专项稽核；另一方面，督促子公司设立内部稽核岗位，定期进行自查并向母公司报告财务自查情况。通过自查、重点抽查、全面检查，及时发现存在的问题和漏洞，以便及时采取有效措施进行制止。

② 内部审计制度。内部审计在集团公司的治理结构中有着不可替代的作用，从监督子公司经营规范化和保证财务数据真实、可靠性考虑，集团母公司应设置内部审计机构，通过对子公司的财务审计、年度审计和子公司经营者的离任审计，保证各子公司财务活动的规范和会计信息的真实。一旦发现问题及时报告，及时纠正，并对责任人加以处罚，以形成集团公司内部自上而下的监督制约机制。

内部审计部门的主要职责为对集团董事会负责，对各子公司的经营行为和财务活动予以监督检查，其作用不仅在于监督子公司财务工作，也包括稽查、评价子公司内部控制制度是否完善和企业内各组织机构执行指定职能的效率，也是监督、控制内部其他环节的主要力量。内部审计的内容主要包括：

A. 常规审计，对子公司的经营活动和财务收支及运行情况的审计；

B. 遵循审计，看制定的规范有没有得到切实的贯彻，各项工作是否按一定的程序运作；

C. 抽查审计，主要是针对反映子公司资产及经营状况和过程中的专项事项进行。

D. 调查审计，根据年度中心任务、重点工作及实际工作需要所确定的针对子公司的审计。

企业集团公司对子公司进行内部审计的主要方法：

A. 以强化企业集团资产控制为主线，建立审计网络，坚持下审一级，各审计部门负责对下属公司的内审；

B. 设立企业集团公司审计委员会，在企业集团董事会的领导下由相关人员和职能部门组成，委员会的作用在于保证子公司的财务信息和业务信息的充分可靠性；

C. 对子公司的一些工程项目、经济合同、对外合作项目、联营合同等进行单项审计；

D. 实行离任审计制度，审查和评价子公司责任主体的经济责任履行情况，以确定其合理性及合法性；

E. 定期或不定期地对子公司的内部控制机制的有效性进行评估，监督和完善子公司的内部控制制度，以确保内部机制的健全性；

F. 企业集团公司实行总审计师制度，加强企业集团公司整体的审计规章制度的建设，重点是从管理者角度对下属企业进行控制。

2）不定期对子公司进行外部审计。在年度末，母公司应根据具体情况，决定是否需要统一聘请委托会计师事务所对子公司会计报表进行审计，以加强外部监督的力度，促进各子公司依法经营、规范运作，提高其经济效益，审计费用应由母公司承担。子公司如有需要，也可自行聘请会计师事务所进行审计，但所委托的会计师事务所应当获得母公司的同意，且审计费用由子公司承担，审计报告须全文报送母公司。

（6）绩效考核控制。

1）建立绩效考核指标体系。母公司可以建立一套以财务指标为主的业绩评价体系，该体系主要包括企业的资产管理效率指标、偿债能力指标、盈利能力指标等。针对各公司的不同情况，还可以增加一些定量分析和定性分析的辅助指标，同时还要选择这些指标的标准值作为衡量的依据。通过与标准值的比较，母公司能比较客观地掌握子公司经营活动的业绩和不足，对子公司的财务状况和经营成果及未来收益有一种比较客观的评价。

定性指标主要对那些不便于衡量的工作进行控制，如内部控制有效性、子公司产品质量等级等。这些指标只会出现好与坏或完成与完不成等两种情况。定量指标则容易衡量比较，如市场占有率、市场增长率、资产收益率、资产周转率、资产负债率、流动比率等。

企业集团公司及其下属子公司最终目标是获取盈利。子公司在获得运用企业集团公司投入的资本金进行经营活动的权利后，不但要确保资本金的安全和完整，还必须做到盈利，完成企业集团公司下达的投资回报指标。因此，企业集团公司为确保投资回报的顺利实现，可以从以下两个方面着手。

① 合理确定投资回报率，确保资产保值增值。企业集团公司可参照子公司的历年盈利水平，结合子公司的实际情况以及在一定经营期间所能达到的业绩，确定各子公司比较合理的投资回报率，核定各子公司的利润指标，促使各子公司在资产保值的前提下，达到资产增值的目的。对企业集团公司而言，子公司所获利润要按一定的投资比例返回母公司，以满足企业集团公司长远发展的需要。

② 建立各项财务指标执行情况的指标管理体系，使考核和监督控制体系不断完善和科学化。其主要指标如下。

A．现金比率，即现金余额/流动负债。其中，现金余额是指企业会计期末现金流量表中的现金及其等价物的期末余额；流动负债是指会计期末资产负债表中流动负债合计。现金比率越高，说明企业的短期偿债能力越强。

B．经营净现金比率。

$$经营净现金比率=经营活动的净现流量÷流动负债$$

该比率从经营净现金流入的角度反映企业短期偿债能力。

C．流动比率。企业流动资产与流动负债之间的比值。反映某一时点现金及其等价物的可短期变现流动资产的偿债能力。

D．不良资产比率。企业年末不良资产总额占年末资产总额的比重。不良资产主要包括：三年以上应收账款、积压商品物资和不良投资。

E．资产损失比率。企业一定时期待处理资产损失净额占资产总额的比重。

F．净资产收益率。企业净利润与平均净资产的比率，反映企业按净资产计算的增值率。

此方法的优点是衡量依据标准化，有利于财务控制制度化，不但能反映子公司的财务状况，还能促进子公司完成母公司下达的任务，实现公司的整体目标。其缺点在于建立一套客观的业绩评价系统并不容易，需要母公司不断完善考核办法和具体的操作程度。对于一些非子公司所能控制的突发事件造成的财务指标的非正常变化缺乏灵活性，容易诱使子公司的经营者和财务人员为实现某些财务指标而弄虚作假。

在设计考核指标过程中，必须注意以下几点。

A. 控制指标的科学合理性。母公司首先应建立制定指标的公认的规则，如通过 KAR、KPI 来确定；其次在管理过程中，保证基本信息的上下对称；最后在相互协商的基础上，根据公认的规则，母子公司共同来制定指标。

B. 母公司应根据外部环境的变化及时调整财务指标的种类和标准值，以求业绩评价体系客观、标准。

C. 要建立公正严格的考核奖惩制度，保证控制体系的可信有效。操作中的重心在于公正和兑现，否则会因为失信带来整个体系的失效。对于子公司而言，随着业务的不断发展壮大和公司的成熟，对子公司的管理控制应逐渐由严格向宽松转变，以激发子公司的积极性。同时，在有实现可能的企业，如民营企业或股份制企业，应该积极探讨股权激励的可能性和实施路径。这是一种较为有效的降低代理成本、降低管理控制成本的方法。

2）与子公司经理层签订绩效合约。集团公司应通过与子公司经理层签订绩效合约，实施对子公司的管控。绩效合约包括：明确绩效目标，界定绩效范围，衡量工作进展，确定工作进展指标清单，合约的落实与修正。

① 母公司应与子公司经理一起制定绩效合约，使子公司经理更清楚他的工作目标，更明确母公司的期望。

② 绩效合约可以一年制定一次，也可以半年制定一次，或一个月制定一次，合约期长短主要根据企业集团实际和各子公司的业务性质而定，并可根据实际情况对合约内容进行定期的跟踪评估。整个合约期终止后，应由直接主管依据评估的标准，对目标完成情况进行评价和分析，评价必须是公平、客观、公正，且须建立在绩效分析的基础上，明确责任。

③ 绩效反馈分别在绩效合约和绩效评估完成时进行，对绩效合约的反馈主要侧重于对业绩完成情况的反馈，在执行合约的过程中体现；绩效评估后的反馈，是在完成对子公司经理的工作业绩和工作行为的综合评估后进行的。

④ 绩效评估一般包括工作业绩和工作行为两方面的内容。工作业绩的评估主要依据绩效合约；工作行为的评估主要依据公司价值观或者公司倡导的行为规范来设计。在评估权重上，工作业绩一般相对高些，并尽量做到指标量化；对工作行为的评估，侧重于长期的表现，一般通过标准的描述进行定性判断（可根据职位级别设计不同的权重比例和行为评估内容）。评估的频率界定可根据职位级别的不同而不同，如高层的评估一般为一年一次。

当然，评估结束后尤其重要而不容忽视的环节是要通过绩效反馈母公司和子公司可以根据评估结果共同制定子公司业绩计划，列出子公司需要提高和改进的项目，以及为改进这些项目需要采取的具体行动和时间安排等，为避免发展计划流于形式，可根据实际情况对计划采取一定的跟进措施，如列入下一次的绩效评估。

5. 子公司业务授权审批

请参阅以下相关文案。

文案范本

子公司业务授权审批制度

第一章　总　　则

第一条　目的。

为加强对其子公司的控制管理，避免因子公司超越业务范围或审批权限从事相关交易或事项而给企业造成投资失败、法律诉讼和资产损失，特制定本制度。

第二条　适用范围。

本制度适用于母公司对子公司的组织及人员的管理。

第三条　基本要求。

1. 子公司的组织设置应当规范高效，人员配备应当科学合理。

2. 子公司财务报表应当真实可靠，编制与报送流程应当明确规范。

3. 子公司业务权限应当合理，重大业务应当经母公司相关程序严格审批。

第二章　业务范围及审批权限

第四条　对外投资控制。

1. 子公司应及时将金额较大或风险较高的重大投资项目向母公司汇报。

2. 子公司中涉及的重大投资项目应出具可行性研究，并向母公司提交投资申请报告，经子公司董事会审批同意并形成决议后，提交母公司董事会审核。

3. 子公司应及时将重大投资项目的进展情况向母公司回报，接受母公司的监督检查，并会同母公司有关人员对投资项目进行后评估，重点关注投资收益是否合理、是否存在违规操作行为、子公司是否涉嫌越权申请等情形。

第五条　融资管控。

1. 凡是引起注册资本变动的筹资活动以及重大的负债筹资活动，子公司应当提出方案，经子公司董事会批准后，提交母公司董事会审议通过后方可实施。

2. 母公司可以采用单笔负债额度控制、负债总额控制、资产负债比率控制和资产负债比率与企业绩效挂钩控制等方式对子公司的负债筹资活动进行控制。

第六条　对外担保与捐赠管控。

1. 子公司对外提供担保或互保时，需经母公司董事会批准才能进行相应的担保事宜，获得审批后，子公司应当建立备查账簿，逐笔登记贷款企业、贷款银行、担保金额、时间、经办人、批准人等信息，母公司负责组织专人定期检查。

2. 子公司对外捐赠资金或资产，超出一定限额的，应当经母公司董事会批准。经批准的对外捐赠事项，子公司应当建立备查账簿，逐笔登记捐赠对象、捐赠资产、捐赠金额、时间、经办人、批准人等信息，母公司负责组织专人定期检查。

第七条　重大交易或事项的内部报告和对外披露管控。

1. 重大交易或事项经子公司董事会审议通过后，需提交母公司董事会审核。对符合条件的重大交易或事项应予以对外披露。

2. 重大交易或事项内部报告和对外披露流程及控制应符合《企业内部控制应用指引——财务报告编制与披露》的有关规定。

第三章　其他规定

第八条　子公司不得从事业务范围或审批权限之外的交易或事项。

第九条　对于超越业务范围或审批权限的交易或事项，子公司应当提交母公司董事会审议批准后方可实施。

第十条　重大交易或事项包括但不限于子公司发展计划及预算，重大投资，重大合同协议，重大资产收购、出售及处置，重大筹资活动，对外担保和互保，对外捐赠，关联交易等。

第十一条　对于子公司发生的可能对企业利益产生重大影响的重大交易或事项，母公司应当在子公司章程中严格界定其业务范围并设置权限体系，可以通过类似项目合并审查、总额控制等措施来防范子公司采用分拆项目的方式绕过授权。

第四章　附　　则

第十二条　本制度未尽事宜，按照有关法律法规、公司章程及其他规范性文件等相关规定执行。

第十三条　本制度由母公司董事会审议批准后生效。

第十四条　本制度由母公司董事会负责解释。

第十五条　本制度自＿＿＿年＿月＿日起实施。

6. 子公司资金计划控制流程（见图 2-3）

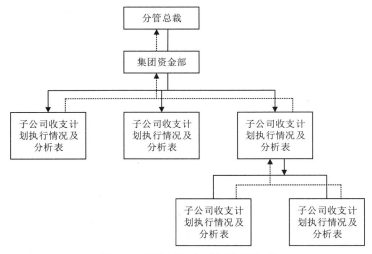

图 2-3　子公司资金计划控制流程

7. 子公司利润分配

请参阅以下相关文案。

子公司利润分配方案

一、概述

××股份有限公司＿＿＿年度利润分配方案已经＿＿＿年＿月＿日召开的公司＿＿＿年度股东大会审议通过。股东大会决议公告刊登于＿＿＿年＿月＿日《中国证券报》《××证券报》及××证券交易所网站。

二、子公司利润分配的方式

以＿＿＿年末总股本＿＿＿万股为基数，向全体股东每 10 股派送红股＿＿＿股，共派发股利＿＿＿万元。剩余未分配利润＿＿＿万元结转至下一年度。

三、股权登记日、除权日、新增可流通股上市日

1. 股权登记日期：＿＿＿年＿月＿日（星期×）。

2. 除权日期：＿＿＿年＿月＿日（星期×）。

3. 新增可流通股上市日期：＿＿＿年＿月＿日（星期×）。

四、分红发放的对象

截至＿＿＿年＿月＿日下午××证券交易所收市后，在××有限责任公司××分公司登记注

册的本公司全体股东。

五、分配实施的办法

由××有限责任公司××分公司通过计算机网络，根据股权登记日登记注册的持股数，按比例自动计入账户。每位股东按送股比例计算后不足1股的部分，按小数点后尾数大小排序向股东依次送1股，直至实际送股总数与本次送股总数一致，如果尾数相同者多于余股数，则由计算机抽签派送。

六、股本变动结构表

本次利润分配实施送红股后，公司的股份总数为＿＿＿＿股，按新股本摊薄计算，公司＿＿＿＿年度每股收益为＿＿＿＿元。

股本变动结构表

股份类别	变动前	本次变动增加	变动后	占总股本比例
有限售条件股份	股	股	股	股
无限售条件股份	股	股	股	股
合　计	股	股	股	股

七、联系方式

1. 联系电话（略）。

2. 联系传真（略）。

3. 联系地址（略）。

4. 邮政编码（略）。

八、备查文件

《××公司＿＿＿＿年度股东大会决议》。

××公司
年　月　日

8．子公司重大投资项目管理

请参阅以下相关文案。

文案范本

子公司重大投资项目管理控制制度

第一章　总　　则

第一条　为加强×××股份有限公司（简称母公司）的投资管理，规范子公司投资行为，有效控制投资风险，维护母公司作为投资者的合法权益，根据相关法律法规及公司章程，特制定本制度。

第二条　本制度中所规定的重大投资项目是指子公司发生的，超出子公司章程中约定的投资及审批权限的项目。

第三条　本制度适用于母公司控制的所有全资子公司和控股子公司。

第二章　子公司重大投资项目管理机构及职责

第四条　母公司股东大会、董事会是重大投资项目管理的审核监督机构，对子公司的重大投资项目进行审批和监督。董事会投资管理相关的委员会可对子公司的投资项目提出建议。

第五条　子公司股东大会、董事会是子公司投资项目的决策机构，对公司的重大投资项目做出决策。委派董事应及时了解项目信息并向母公司董事会汇报。

第六条　子公司总经理是重大投资项目的主要负责人，负责对项目实施所需的人、财、物进行计划、组织、监控，并及时向子公司董事会汇报投资进展情况，提出调整建议等。

第七条　子公司投资项目负责部门负责拟定公司的投资计划及项目的筛选、可行性论证、筹备及评估工作，并负责项目的具体实施。

第八条　子公司财务部门负责投资项目的财务相关工作，包括投资方案的效益评估、财务可行性论证与分析以及筹措资金、办理出资手续等。委派财务经理负责监督投资项目的实施，定期向母公司汇报投资项目的财务状况，并协助母公司对项目进行评估。

第三章　子公司重大投资项目管理程序

第九条　子公司管理层提出投资意向后，由投资项目负责部门进行项目筛选及可行性论证，形成投资项目申请书（包括投资意向书及可行性报告）报子公司总经理办公室。

第十条　子公司总经理办公室组织办公会议讨论研究，进行初审。委派董事将投资项目资料上报母公司董事会办公室。董事会秘书根据金额和风险大小不同，交由不同级别机构进行审议并出示意见。董事会办公室将母公司意见以书面文件形式下发给委派董事。

第十一条　子公司总经理办公会初审通过后，形成请示审批表（包括投资项目申请书及附加意见书）报子公司董事会审议，委派董事按母公司意见参与表决。

第十二条　子公司董事会审批同意并形成决议后，根据项目涉及的投资额大小，提交请示审批报告至母公司董事会或股东（大）会。

第十三条　母公司审批通过后，子公司董事会授权子公司项目负责部门实施。母公司将对重大投资项目的进展情况实施监督检查，子公司及相关人员应积极予以配合和协助，根据要求提供相关材料。

第十四条　投资项目结束后，母公司会同子公司有关人员对投资项目进行后评估，重点关注投资收益是否合理、是否存在违规操作行为、子公司是否涉嫌越权申请等事项。

第四章　附　　则

第十五条　本制度未尽事宜，按照相关法律法规、公司章程及《×××股份有限公司投资管理制度》的规定执行。

第十六条　本制度由公司董事会负责制定、修改和解释，自公司董事会审议通过之日起执行。

文案范本

子公司重大投资项目控制流程

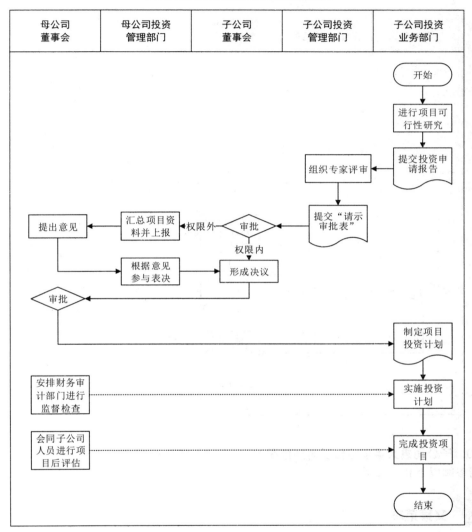

9．子公司投资项目评估
请参阅以下相关文案。

文案范本

子公司投资项目评估流程

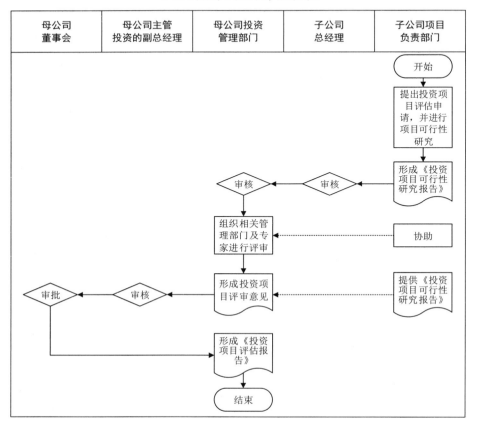

母公司董事会	母公司主管投资的副总经理	母公司投资管理部门	子公司总经理	子公司项目负责部门
				开始
				提出投资项目评估申请，并进行项目可行性研究
				形成《投资项目可行性研究报告》
审核		审核		
		组织相关管理部门及专家进行评审		协助
审批	审核	形成投资项目评审意见		提供《投资项目可行性研究报告》
		形成《投资项目评估报告》		
		结束		

10. 子公司重大事项报告及对外披露

请参阅以下相关文案。

文案范本

子公司重大事项报告及对外披露制度

第一章 总 则

第一条 为加强对子公司的管理，控制子公司的经营风险，规范子公司重大事项的内部报告及对外披露程序，根据相关法律法规及公司章程，特制定本制度。

第二条 子公司重大事项报告及对外披露负责人包括以下机构和人员。

1. 子公司董事会和委派董事。

2. 子公司高级管理人员。

3. 母公司董事会。

4. 母公司董事会秘书及董事会办公室。

5. 母公司负有对外信息披露职责的专门机构及人员。

第三条　本制度适用于母公司控制的所有全资子公司和控股子公司。

第二章　重大事项范围

子公司在发生或即将发生以下重大事项时，应当委派董事或其他高级管理人员及时报告母公司董事会。

第四条　各子公司董事会、监事会、股东（大）会作出的决议。

第五条　重大交易事项，主要包括以下内容。

1. 对外投资行为。

2. 收购、出售资产行为。

3. 重要合同（借贷、委托经营、委托理财、赠予、承包、租赁等）的订立、变更和终止。

4. 提供财务担保。

5. 转让或者受让较大的研究与开发项目。

第六条　关联交易事项，包括以下内容。

1. 本章第五条规定的交易事项。

2. 销售产品、商品。

3. 委托或者受托销售。

4. 与关联人共同投资。

第七条　使公司面临重大风险的情形主要包括以下事项。

1. 发生重大亏损或者遭受重大损失。

2. 预计出现资不抵债，即净产值为负值。

3. 重大诉讼、仲裁事项。

4. 重大行政处罚。

5. 子公司董事长或总经理无法履行职责。

6. 其他重大风险事项。

第八条　子公司的经营方针、经营范围、名称、章程、注册资本及子公司的股东、法定代表人、董事、监事、高级管理人员发生变更。

第九条　其他重大事项。

第三章　内部报告程序

第十条　子公司总经理是子公司重大事项报告的第一责任人，委派董事有重大事项的知悉权并负有汇报的义务。子公司还应指定联络人，负责向母公司董事会秘书、董事会办公室报告与报备。子公司所有重大事项报告负责人对重大事项信息的真实性、完整性、准确性和及时性负责。

第十一条　子公司总经理或委派董事在知悉本制度第二章所列重大事项当日，以电话、传真或邮件等方式向母公司董事会报告有关情况，同时责成联络人填写重大事项报告单，由子公司总经理签字加盖公章并附相关依据及资料，报送董事会办公室及相关部门备案。

第十二条　当子公司发生重大交易事项或变更事项时，严格按照相对应的授权规定履行以下审批程序。

1. 子公司总经理办公室组织办公会对重大事项进行初审；委派董事将事项相关资料报送母公司董事会；根据涉及金额和风险大小的不同，董事会秘书交由母公司不同级别的机构进行初审和出示意见；董事会办公室将母公司意见以书面文件形式下发至委派董事。

2. 子公司总经理办公会初审通过后，事项相关资料提交子公司董事会进行审议，委派董事根据母公司意见参与决议。

3. 子公司董事会审议通过后，提交母公司董事会或股东大会审核。

4. 母公司审核通过后，相关事项进入执行、实施阶段。

5. 母公司相关负责人需了解有关审批事项的执行情况和实施进展时，子公司相关人员应予以积极配合与协助，及时、准确、完整地进行回复，并根据要求提供相关资料。

第十三条 对于子公司所有重大事项，在信息对外披露前，知情人员负有保密义务。

第四章　对外披露程序

第十四条 子公司将重大事项信息形成重大事项报告单提交至母公司后，由母公司董事会秘书协调和组织公司专门机构或人员，负责信息对外披露事宜。

第十五条 重大事项的对外披露程序如下。

1. 重大事项报告单或拟披露事项议案经母公司董事会或股东大会审批后，董事会秘书将符合条件的重大事项予以对外披露。

2. 董事会秘书提供有关编制信息披露报告内容与格式的要求，协调和组织公司专门机构或部门编写报告初稿。子公司提供信息披露和上报交易所所需的所有资料和文件。

3. 董事会秘书对信息报告的合规性进行审核，审核同意并签字后，由专门机构报送交易所，交易所对其所披露的信息进行形式审核。

4. 交易所审核确认后，将披露信息文件发给指定报社和网站。

5. 董事会秘书及专门机构对信息披露文件进行归档保存。

第五章　附　　则

第十六条 本制度未尽事宜，按照法律、法规、公司章程及公司《重大事项内部报告制度》《信息披露管理制度》规定执行。

第十七条 本制度由公司董事会负责制定、修改和解释，自公司董事会审议通过之日起执行。

子公司重大交易事项报告与披露流程

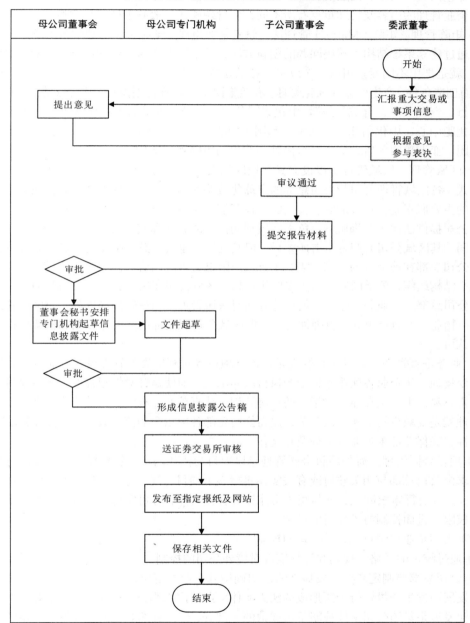

11．大型企业集团对境外子公司的管理与控制

在经济全球化的背景下，走出国门，向境外发展，已成为企业增强国际竞争力，实现企业长期可持续发展的一种战略选择。

（1）大型企业集团对境外子公司的管理类型。

我国大型企业集团为了充分运用国内外资源，占领国内外市场，凭借自身实力，通过收购兼并、投资新设，已经拥有一批境外企业。为确保公司总部发展战略的实施，获取最佳整体效益，通过境外企业的高效运营，增强企业集团的国际竞争力，除境外企业严格遵守所在地的法律、法规，按照既定的市场策略，自主经营运作外，公司总部必须加强对境外企业的管理。管理的内容包括战略规划、投融资、市场营销、财务监督、人力资源等。对不同行业、不同地域的境外企业管理的内容及管理重点有所不同，但管理模式一般有下列几种类型。

1）矩阵管理。矩阵（Matrix）管理法，原来是加州理工学院天体物理学系茨维基教授发明的一种通过建立系统结构来解决问题的创新方法，后来被推广为一种管理方法。所谓"矩阵管理法"，就是把用不同元素组成一个纵横交错的矩阵，通过管理使元素的行列按一定的规律变换，从而创造条件，产生效益并强化管理。春兰集团采取矩阵管理模式，其特点是"横向立法，纵向运行，资源共享，合成作战"。中化集团公司对海外企业的管理在设立了五大中心（石油中心、化肥中心、中化国际、多元中心和国内中心）和四家海外集团（美洲集团、欧洲集团、香港集团、亚洲集团）后，形成了海内外一体化的矩阵管理架构。

2）区域管理。区域管理是以设立具有地区代表职能及地区总部职能的管理公司为特征的管理模式。各区域管理公司与公司总部的全球化战略融为一体，发挥着地区总公司的作用。区域公司的主要职责是：具有地区总公司的管理职能；参与子公司的经营和决策；向公司总部和地区子公司提供法律等咨询服务；负责区域利润指标的分解和完成及相关的奖励。各公司因业务的不同，其区域公司的职责也有所差异，但其共同点是公司总部强调各区域的独立性，区域公司是公司总部在该地区的全权代表。东芝、法国电力等跨国公司采用此模式进行管理，其特点是扁平结构组织，赋予区域公司更多的决策权。区域公司在用人和薪资方面都拥有一定的自主权。公司总部除在业务、财务、稽核等方面对区域管理组织进行领导以外，对区域管理组织的行政、物业、人力资源等实行弹性管理，但区域公司职能部门的工作原则和框架要得到公司总部的认可。

3）业务垂直管理。业务垂直管理是保证单项业务顺利发展的管理模式。业务垂直管理有利于政令畅通。从企业各项业务指令的执行层面来说，即使是针对性很强的指令，要想落到实处也非常不易，主要是存在着对指令的正确认识、认真落实、有效监督等诸多复杂因素。业务垂直管理就是要减少指令实施的环节，提高公司总部各项指令的落实效果，加强监管的直接性和针对性，确保总部单项业务的规范化运作。

4）项目合同管理。海外项目合同管理是以项目为依托的一种管理模式。根据海外项目的具体要求由公司总部与相关政府或有关实体直接签署项目合同。与项目相关的任何事情都要与总部沟通，经总部审核同意，并与相关实体签署有关文件后方可实行。其特点是通过牢牢控制住法律权限，进而控制海外项目的进展。

（2）大型企业集团对境外子公司的控制。

1）通过统一的战略、规划和计划实现对境外公司的控制。

① 公司总部要制定统一的发展战略。明确境外企业的定位，境外企业实际是公司总部为了向外发展而发生的投资行为所形成的法人实体，是为了实现集团公司整体目标服务的，因此，境外企业发展是集团公司整体战略不可或缺的一部分，公司总部对境内企业发展战略的实施和监控同样适用于境外企业。

② 加强境外企业发展战略、规划和计划的统一。公司总部在确定整体发展战略后，职能部门以此作为方向和指南，将涉及境外的内容细化为具体可操作和实施的内容，形成境外中长期发展规划，根据公司总部批准的境外中长期发展规划中的不同行业的经营策略和主要经营指标，再将规划的内容按年度分解形成境外企业的年度计划。境外企业年度计划不仅包含年度经

营目标，而且包括年度资金计划、资金筹划及境外企业的主要职责，甚至可以将指标细化到了每个网点和每个客户，以此来加强对境外企业的控制，保证公司整体战略目标的实现。

③ 加强境外战略决策的控制和调整。企业战略是一种周而复始不断发展的全过程动态闭环管理。境外企业的发展应该是这个闭环中不可缺少的一部分，总部的境外企业中长期发展规划每年都要根据上一年度计划的执行情况来不断修正涉及发展规划的指标和策略，进而调整整体发展战略。只有通过这样的反馈调整机制，才能实现公司现有资源的最佳组合，形成企业的核心竞争力。

2）对境外企业的业务管理与监督。公司总部应以业务监管为龙头，以所在国的法律为依托，以企业内部规章制度为基础，以企业领导人为重点，把握重点，严格到位，保证国有资产增值，防止国有资产流失。

① 依靠所在国的法律法规进行监管。境外企业不仅是境外的法人企业，而且有的也是国有资产的组成部分。因此，要依法明确境外企业的产权关系，通过所在国家或地区的法律法规最大限度地实现对境外企业的监管，从而有效地保护国有资产，避免流失。境外企业应该聘请当地资深律师或律师事务所充当法律顾问，并接受当地各项审计和监管，使经营活动符合当地的法律法规，有效地规范经营者的经营行为，为国有资产的安全提供保障。

② 分层管理，逐级负责。公司总部直接监管区域公司或专业公司，由区域公司或专业公司监管所属企业和网点。公司总部应定期派出审计人员对所属的区域公司或专业公司进行业务审计，以保证公司总部的有效管理。对临时出现的问题，要随时进行不定期的审计和资产、业务检查。各区域公司或专业公司也可采取定期或不定期的审计，对其管辖内的公司和网点进行监管，使监管工作不仅形成层次，而且监管到位，确保国有资产的安全。

3）对境外企业财务的监管。公司总部要设立专门的机构，对境外企业的财务实行集中管理。

① 公司总部与境外企业要按照现代企业制度的要求逐步建立起以产权为纽带的财务管理体系，对境外企业要实行分级管理，层层负责的财务管理原则和方法。

② 从制度上规范企业的财务管理，建立一整套财务管理与监督的制度。一是公司总部对境外企业实行财务收支预算管理制度，境外企业在年终要制定并上报下一年度的财务收支预算，年初要上报上一年度的财务决算，使总部能够及时了解境外企业的预算执行情况，了解企业的财务状况；二是对境外企业日常财务管理要建立一系列管理与控制制度，如支票的双签制度、现金流量的月报制度、财务的快报制度等；此外，还应建立财务检查制度、内部审计制度及对外投资管理制度等。在严格的制度下，使境外企业的运作逐步规范化。

③ 依靠先进的管理手段，实现资金统一集中管理。公司总部可以利用先进的计算机网络技术，依托银行的国际结算网络，建立全球现金管理系统。这样可以有效地加强境外资金管理，节约资金成本，提高资金使用效率，同时，还可实现对境外公司的有效监控。

④ 建立严格的双重审计制度。境外企业在财务管理上除接受公司总部的财务检查与审计监督外，还应建立区域的内部审计制度，同时还要接受所在国的当地财务与税务的审计与监督。

⑤ 建立外派员工与当地外籍员工相互监督的管理办法。公司总部派往境外的员工多数是高管人员，境外公司应鼓励外籍员工参与高层决策和经营管理，这样也可以从不同的角度监督企业的经营运作。

4）严把境外投资关，抓好项目管理。

① 注重项目的可行性研究论证。境外项目通常会涉及不同国家或地区的法律法规、财政税收政策及汇率风险等，而项目运作的好坏又与这些因素密不可分，所以，项目的前期论证就

显得尤为重要，必须进行充分的研究和论证。公司总部还应制定《境外投资管理办法》，使境外投资管理程序化、制度化。

② 注重项目负责人的管理。境外投资项目被批准后，项目负责人和财务负责人的确定是至关重要的。要充分体现公司总部的意图，在项目开发的前期，应该由公司总部确定具体负责人，并对其项目运营状况进行考核和考评。在日常管理中遇到重要事项时，项目负责人必须在征得公司总部授权后，才能继续开展工作。

（3）加强项目审计。除日常管理外，对境外项目要加强全过程审计，即立项审计、过程审计和事后审计。只有将审计监督贯穿于项目的全过程中，才能够及时发现问题并解决问题，避免不必要的损失。

1）对派出人员的选拔、考核与监督。

① 公司总部应设有专门机构，负责管理境外企业经营人员的选调、派出前培训、回国述职、跟踪考核等；负责对派出人员的经营活动进行考评，决定派出人员的年收入、奖惩和升降。只有这种严格的选人、认真监管的做法，才能保证外派人员的政治素质和业务素质。

② 对境外派出人员既使用又培养，使海外业务网络成为企业培养高素质干部的摇篮。为适应激烈的国际竞争，公司必须培养自己的专业人才。可以有计划地将人员送到国外知名大学、著名跨国公司培训和学习，不断掌握国外的政治、法律制度，学习跨国公司管理经验；也可以将派出人员送到不同区域任职，提高其业务素质。西方国家完善的市场经济条件和激烈的市场竞争也是对外派人员的考验和锻炼，境外企业也可以成为培养高素质干部的轮训基地。

③ 对境外企业经营者的收入，应建立组织和市场认可的分配制度。对于外派人员的工资标准，应将经营者所得与企业经营效益和长远发展紧密挂钩，并依据所在国同等企业、同等岗位收入水平，建立起本企业的分配制度和工资标准。当经营者的业绩不佳时，个人收入也随之下降。只有建立这种体现经营者价值的分配方法，才能使境外经营者从正常渠道得到自己的收益，从而保证一心一意提高企业效益。

2）企业文化渗透。对境外企业的经营者和员工要建立精神激励和改善福利待遇相结合的办法，调动员工的工作积极性，要坚持物质与精神激励并重，更要注意用荣誉表彰等精神手段激励中外员工。例如，中远集团的劳动模范、优秀共产党员、年度经营管理先进单位、精品航线等评优授奖活动，都安排中远的境外企业和员工参加，与国内企业一样评比、同等授奖。那些"洋劳模"都以能到北京参加表彰为终身荣耀。这些荣誉和待遇，既是企业文化的渗透，也是激励中外员工建功立业的动力，更是保证国有资产保值增值的措施之一。

12. 对子公司的内部审计

请参阅以下相关文案。

 文案范本

对子公司进行内部审计制度

第一章　总　则

第一条　为加强母公司对子公司的财务监督，规范子公司经营和保证财务数据真实、可靠，根据相关法律法规、公司章程及公司《内部审计制度》，特制定本制度。

第二条　对子公司的内部审计是由母公司审计委员会、审计部负责实施的定期或不定期的审计监督。子公司层次的内部审计工作参照公司《内部审计制度》执行。

第三条　本制度适用于母公司对其控制的所有全资子公司和控股子公司的内部审计工作。

第二章　审计范围及目标

第四条　母公司对子公司内部审计涉及下列事项。

1. 子公司的财务收支及其有关的经济活动。审查其财务资料的真实、合规性及有关经济活动的效率和有效性。

2. 子公司的经营管理和经济效益情况。审查其经营业绩的真实性和年度经营目标的完成情况，为公司对其年度绩效考核、奖罚提供依据。

3. 子公司内部控制制度的建立、健全和执行情况。评审其内部控制的充分性和有效性，并提出改进建议，促使各项工作规范化。

4. 子公司总经理任期内经济责任履行情况。审查其任期内公司下达的各项经济指标的完成情况，以及遵守制度的执行情况。落实其任期届满或离任时资产、负债、所有者权益和遗留财务问题的经济责任，评价任期内的工作效率和效果。

5. 子公司基本建设项目（包括大修理、技改）预（概）算执行和竣工决算情况。审计工程的概、预、决算，核实工程造价，审查工程进度、工程款支付情况与基建工程的效果。

6. 财经法纪审计。对严重违反财经纪律，侵占公司资产，造成严重损失、浪费等损害公司和股东利益的行为进行专案审计，维护公司生产经营活动的正常秩序和财产的安全完整。

7. 应公司董事会及经营层的要求而进行的审计以及其他需要审计的事项。

第五条　母公司内部审计机构可以就工作中发现的带有普遍性的问题或者特别事项，适时开展专项调查和分析工作，进行前瞻性研究，为子公司经营决策服务。

第六条　内部审计机构通过实施一系列的审查和评价活动，向子公司经营层提供分析评价的建议和报告，改善子公司运营，提升子公司的管理水平，为实现子公司经营目标服务。

第三章　机构及职责

第七条　审计委员会是董事会的常设委员会，向董事会提交工作报告。由公司董事长、董事、审计监察部门经理及熟悉审计业务、具备审计能力的专家组成。其主要职责如下。

1. 制定母公司内部审计的规划和制度。

2. 监督公司各层级的内部审计制度实施情况。

3. 复核公司各层级的财务报表及财务信息的披露。

4. 审核内部审计工作报告。

5. 审查公司各层级内部控制制度及其执行情况。

6. 指导子公司内部审计体系的设立与运作。

7. 母公司董事会授予的其他事宜。

第八条　母公司审计部为实施对子公司内部审计的工作机构，对母公司审计委员会负责，并向其报告工作。其主要职责如下。

1. 建立健全内部审计制度。

2. 编制审计规划和审计计划。

3. 组织实施各层级的内部审计工作，出具《审计报告》。

4. 根据要求出具《审计决定》或《审计意见通知书》，并检查落实情况，定期向公司决策层报告。

5. 指导与监督子公司内部审计部门的业务工作。

6. 向有关部门报送审计规章制度、审计规划、年度计划、年度总结等审计相关资料。

7. 母公司董事会授予的其他事宜。

第九条　内部审计机构的主要权限如下。

1. 要求子公司按时报送财务收支计划、资金计划、财务预算和决算等有关文件和资料。

2. 检查、审核子公司会计账目、凭证、账簿、业务记录、报表和其他有关文件资料，检查资金、资产管理情况。

3. 参加子公司重大的经营管理等有关方面的会议，以及重大经济合同的签订、重大投资项目及重大资金使用的可行性和效益性调研过程。

4. 就审计中的有关事项及审查中发现的问题召开调查会，向子公司有关部门和人员进行调查并索取证明材料。

5. 提出制止、纠正违反母公司制度规定的财务收支等事项的意见；对严重损失浪费的现象，有权提出限期采取措施。

6. 对子公司提出改进工作，改善经营管理，提高经济效益的建议和意见。

7. 对阻挠、拒绝审计和弄虚作假、破坏审计工作的子公司相关部门及有关人员，按有关规定，提请母公司有关领导批准后，可以采取查封有关账册、冻结资财等临时措施，并提出追究子公司相关部门和有关人员责任的建议。

8. 对审计中发现的、须查处的重大或紧急事项，可以直接向董事会报告。

9. 母公司董事会授予的其他权限。

第十条 子公司董事长、总经理及相关部门人员对母公司的内部审计工作应予以积极协助配合。子公司审计部在本公司内部审计完毕后，应及时将内部审计报告提交母公司审计部及审计委员会审阅。

第四章 审计程序

第十一条 编制审计工作计划。

根据母公司经营管理的要求和具体情况，审计部拟订年度审计工作要点和分季度审计工作计划，报经审计委员会批准后执行并实施。

第十二条 通知被审计子公司。

审计前，审计部通知被审计子公司进行审计的时间、审计目标和范围，并要求被审计子公司及时准备相关的文件、报表和其他资料，告知被审计子公司需要配合的相关事项。被审计子公司接到通知后，应按有关要求做好各项准备工作，积极配合，并为开展审计工作提供必要的工作条件。

第十三条 组织实施审计工作。

1. 依据被审计子公司实际情况，制定审计工作方案。

2. 审计人员通过以下方式取得证明材料，记录审计工作底稿。

（1）审查会计凭证、账簿、报表。

（2）查阅与审计事项有关的文件、资料、实物。

（3）与子公司负责人、财务负责人及其他相关人员座谈。

3. 通过深入调查或现场观察的方式，检查测试内部控制系统的健全性及有效性。

第十四条 归集审计工作底稿。

审计人员在审计查证工作结束后，要对审计记录、证明材料、审计结果进行分析整理、编制、复核。重要的材料请子公司负责人签认，准备撰写审计报告所需的有关资料和附件。

第十五条 撰写审计报告。

1. 审计人员根据审计结果，依据审计制度对子公司的被审事项作出客观公正的评价并撰写审计报告。

2. 子公司对审计报告有异议的，在审计报告指定期限内提出书面意见。审计组进一步核实、研究和确认，如确有不实之处，修改审计报告。

3. 审计报告、建议书报经审计委员会批复后，正式下达被审计子公司。

第十六条　执行审计结论、决定及审计建议书。

1. 被审计子公司必须严格遵照审计意见书或审计结论、决定执行，并于审计结论和意见书规定期限内将执行结果反馈母公司审计部。

2. 被审计子公司在收到经审计委员会主席批复后的审计处理、处罚决定后，如有异议，可在指定期限内向母公司董事会提出申诉，董事会接到申诉后在规定期限内作出裁决处理。申诉期间，原审计决定照常执行。

第十七条　后续审计。

对重要审计项目实行的后续审计，一般在审计决定执行一定时期后进行，主要检查审计意见和决定的执行情况。

第十八条　资料归档。

审计结束后，审计部按照审计档案管理的规定，做好审计资料的整理、立卷和归档工作。

第五章　附　则

第十九条　本制度由母公司审计部负责解释。

第二十条　本制度自公司董事会会议审议通过后生效。

文案范本

对子公司进行内部审计流程

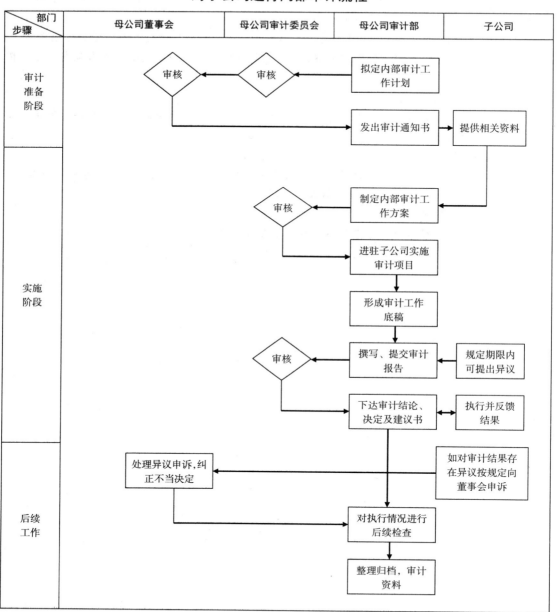

部门 步骤	母公司董事会	母公司审计委员会	母公司审计部	子公司
审计准备阶段	审核	审核	拟定内部审计工作计划；发出审计通知书	提供相关资料
实施阶段		审核	制定内部审计工作方案；进驻子公司实施审计项目；形成审计工作底稿；撰写、提交审计报告；下达审计结论、决定及建议书	规定期限内可提出异议；执行并反馈结果
后续工作	处理异议申诉，纠正不当决定		对执行情况进行后续检查；整理归档，审计资料	如对审计结果存在异议按规定向董事会申诉

13. 相关子公司管理综合文案

请参阅以下相关文案。

 文案范本

江苏××股份有限公司对子公司管理办法

第一章　总　　则

第一条　为加强江苏××生物股份有限公司（以下简称"公司"）对控股子公司的管理，确保控股子公司规范、高效、有序的运作，保证公司投资的安全、完整、增值，确保公司合并财务报表的真实可靠，切实保护投资者利益，根据《公司法》《上市公司治理准则》《深圳证券交易所股票上市规则》和《公司章程》等法律、法规和规章，特制定本制度。

第二条　本办法所称子公司，是指公司的全资子公司和控股子公司，以及公司虽不拥有控制地位，但拥有能够决定被投资企业的财务和经营政策，并从其经营活动中获取利益权力的被投资企业，也是公司的子公司。本办法所称"公司"，系母公司（江苏××生物股份有限公司）。本办法所指控股子公司，是指公司直接和间接拥有被投资企业50%以上股份的投资企业。

第三条　基本要求：子公司的组织设置应当规范高效、人员配备应当科学合理；子公司业务权限应当合理授权，重大业务应当经公司严格审批。公司按照有关法律法规和上市公司规范运作要求，行使对控股子公司的重大事项管理。

子公司对外投资应遵从母公司对外投资管理办法。

第四条　公司各职能部门应依照本制度及相关内控制度，及时、有效地对控股子公司做好管理、指导、监督等工作。公司委派至控股子公司的董事、监事、高级管理人员对本制度的有效执行负责。

第二章　规范运作

第五条　控股子公司应当依据《公司法》及有关法律法规的规定，建立健全法人治理结构和内部管理制度。

第六条　控股子公司应依法设立股东大会（或股东会）董事会及监事会。全资子公司可不成立董事会只设立执行董事。控股子公司根据自身情况，可不设监事会，只设1~2名监事。

第七条　控股子公司每年应当至少召开一次股东会、两次董事会。股东会和董事会应当有记录，会议记录和会议决议须有到会董事、股东或股东代表签字。

第八条　控股子公司日常生产经营活动的计划和组织、经营活动的管理、对外投资项目的确定等经济活动，应满足公司上市规则的规定和生产经营决策总目标、长期规划和发展的要求。

第九条　控股子公司应当对改制重组、收购兼并、投融资、资产处置、收益分配等重大事项按有关法律、法规及公司相关规章制度等规定的程序和权限进行，并须报告公司董事会备案。

第十条　控股子公司应当及时、完整、准确地向公司董事会提供有关公司经营业绩、财务状况和经营前景等信息，以便公司董事会进行科学决策和监督协调。

第十一条　控股子公司在作出董事会、股东大会决议后，应当及时将其相关会议决议及会议纪要抄送公司董事会秘书办公室存档。

第十二条　控股子公司必须依照公司档案管理规定建立严格的档案管理制度，子公司的《公司章程》、股东大会决议、董事会决议、营业执照、印章、政府部门有关批文、各类重大合同等重要文本，必须按照有关规定妥善保管。

第三章　对子公司人员的管理

第十三条　公司依法参与建立子公司的治理架构，确定子公司章程的主要条款，公司按出资比例向控股子公司委派董、监事或推荐董、监事及高级管理人员候选人。

向控股子公司委派或推荐的董事、监事及高级管理人员候选人员由公司董事会提名、提名委员会提名。

第十四条　子公司设有董事会和监事会的，根据《关于外派人员管理办法》的规定，公司向其派出董事和监事，通过子公司董事会和监事会行使出资者权利。

外派董事和监事需定期向公司报告子公司经营管理有关事项。对于重大风险事项或重大决策信息，外派董监事要及时上报公司。

第十五条　公司可通过外派董事向子公司董事会提名子公司经理人选。

子公司经理未能履行其职责并对公司利益造成重大损害的，公司应通过外派董事、监事和管理人员向子公司董事会提出罢免建议。

第十六条　公司可以根据需要实行财务总监委派制。委派的财务总监应定期向公司报告子公司的资产运行和财务状况。委派的财务总监实行定期轮岗制度。

第十七条　公司向控股子公司派出董事、监事及高级管理人员应遵循以下规定。

1. 对有限责任公司推荐董事、监事候选人，经其股东会选举产生。

2. 由公司派出的董事、监事人数应占子公司董事会、监事会成员的二分之一以上。

3. 控股子公司董事长应由公司委派或推荐的人选担任。

4. 控股子公司不设监事会而只设 1~2 名监事的，由公司推荐的人选担任。

5. 公司可以推荐控股子公司总经理、副总经理候选人。

6. 控股子公司财务负责人的聘任和解聘，需事先经公司批准。其任职期间，接受公司财务部的业务指导和公司审计部门的监察。

7. 控股子公司董事、监事、高级管理人员的任期按子《公司章程》规定执行。公司可根据需要对任期内委派或推荐的董事、监事及高管人选提出调整要求。

第十八条　公司可以根据需要设置专门岗位，具体负责对子公司的股权管理工作，行使公司出资人的各项权利，其主要职责包括但不限于：参与子公司高级管理人员的聘用及管理工作；参与制定子公司资产置换和重组等资本运作方案；参与制定子公司的改制方案等。

第十九条　控股子公司内部管理机构的设置应报备公司董事会。

第二十条　控股子公司应根据自身实际情况制定人事管理制度，报备公司人力资源部。

第二十一条　公司对向子公司委派的董事、财务总监和选任的经理、财务人员等，实行绩效考核，并将考核结果纳入公司或子公司的考核制度，进行奖惩。

第四章　对子公司业务运营的管理

第二十二条　公司应在子公司的章程中规定子公司董事会、监事会的决议应报公司备案。

第二十三条　公司应在子公司章程和相关制度中，明确约定子公司的业务范围和审批权限。子公司不得从事业务范围或审批权限之外的交易或事项。对于超越业务范围或审批权限的交易或事项，子公司应当提交公司审议批准，或征得公司同意后，提交其董事会或股东大会批准后方可实施。

对于子公司发生的可能对公司利益产生重大影响的重大交易或事项，公司在子公司章程和相关制度中严格界定其业务范围并设置权限体系，可以通过类似项目合并审查、总额控制等措施来防范子公司采用分拆项目的方式绕过授权。

重大交易或事项包括但不限于子公司发展计划及预算，重大合同协议，对外投资、重大的固定资产和无形资产的购置、出售及处置，重大筹资活动，对外担保和互保，对外捐赠，关联交易等。

对达到对外披露条件的重大交易和事项，子公司应即时如实向公司报告，公司应如实及时对外披露相关信息。

第二十四条 参照子公司历年盈利水平，结合子公司的实际经营状况以及在一定期间所能达到的业绩水平，合理确定子公司的投资回报率，核定子公司的利润指标，促进子公司资产保值增值。

第二十五条 根据公司整体的战略规划，协调子公司经营策略，督促子公司据以制定相关的业务经营计划和年度预算方案，以确保公司整体目标和子公司责任目标的实现。

第二十六条 公司根据子公司业务特征及所在地有关法律法规的特殊要求，协调子公司有关风险管理和内部控制策略，督促子公司建立健全本单位的内部控制制度。

第二十七条 控股子公司应遵循本制度规定，结合公司其他内部控制制度。控股子公司同时控股其他公司的，应参照本制度的要求逐层建立对其控股子公司的管理制度，并接受公司的监督。

第五章 对子公司财务、资金和担保业务的管理

第二十八条 控股子公司日常会计核算和财务管理中所采用的会计政策及会计估计、变更等应遵循《企业会计准则》和公司的财务会计有关规定。

第二十九条 控股子公司应按照公司《财务管理制度》规定，做好财务管理基础工作，加强成本、费用、资金管理。

第三十条 子公司费用支出达到 500 万元金额以上须报公司财务总监审核，公司总经理审批后，子公司方可支付。

第三十一条 控股子公司应执行与公司统一的财务管理政策，与公司实行统一的会计制度。公司财务部负责对控股子公司的会计核算、财务管理实施业务指导。

第三十二条 控股子公司应当按照公司编制合并会计报表和对外披露会计信息的要求，及时报送会计报表和提供会计资料。其会计报表同时接受公司委托的注册会计师的审计。

第三十三条 凡引起注册资本变动的筹资活动以及重大的负债筹资活动，子公司应按公司筹资管理制度的规定提出方案，征得公司同意后，经其董事会或股东大会批准后方可实施。

第三十四条 子公司的利润分配方案和亏损弥补方案，应事前报公司审核同意后，方可提交董事会审议。公司审核子公司利润分配方案和亏损弥补方案，应充分考虑下列因素：

1. 公司利润分配要求和子公司未来发展需要；
2. 盈余和现金是否充足；
3. 出资人的出资比例；
4. 有关法律法规和公司会计政策规定的法定程序。

第三十五条 财务部门应当根据公司章程规定或董事会授权，对子公司财务报告相关的活动实施管理，主要职责包括但不限于：

1. 统一制定子公司会计政策和会计期间；
2. 指导子公司财务报表的编制，并明确子公司必须提供财务报表以外的编制合并报表所需的会计资料；
3. 参与子公司财务预算的编制与审查；
4. 参与子公司财务总监、财务负责人及其他财务会计人员的委派选任与管理工作；
5. 参与子公司的资金控制与资产管理工作；
6. 参与内部转移价格的制定与管理；
7. 分析子公司的财务状况。

第三十六条 控股子公司购置或处置金额超过 500 万元的经营性或非经营性固定资产须事

先向公司请示，经公司同意后，按照子公司相关制度的规定履行相应的审批程序后方可实施。

第三十七条 控股子公司应严格控制与关联方之间资金、资产及其他资源往来，避免发生任何非经营占用的情况。如发生异常情况，公司审计部门应及时提请公司董事会采取相应的措施。因上述原因给公司造成损失的，公司有权要求子公司董事会依法追究相关人员的责任。

第三十八条 控股子公司因其经营发展和资金统筹安排的需要，需实施对外借款时，应充分考虑对贷款利息的承受能力和偿债能力，提交借款申请报公司审批同意后，按照子公司相关制度的规定履行相应的审批程序后方可实施。

第三十九条 公司为控股子公司提供借款担保的，该子公司应按公司对外担保相关规定的程序申办，并履行债务人职责，不得给公司造成损失。

第四十条 未经公司批准，子公司不得对外借出款项，如发生异常情况，公司审计部门应及时提请公司董事会采取相应的措施。因上述原因给公司造成损失的，公司有权要求子公司董事会依法追究相关人员责任。

第四十一条 未经公司董事会或股东大会批准，控股子公司不得提供对外担保，也不得进行互相担保。经批准的担保事项，子公司应建立备查账簿，逐笔登记贷款企业、贷款银行、担保金额、时间、经办人、批准人等信息，由公司审计部门负责进行定期检查。

第四十二条 子公司对外捐赠资金或资产，需经公司批准。经批准的对外捐赠事项，子公司应建立备查账簿，逐笔登记捐赠对象、捐赠资产、捐赠金额、时间、经办人，批准人等信息，由公司审计部门负责进行定期检查。

第四十三条 公司与子公司之间的关联交易及其控制应当符合国家法律法规、监管规则和公司关联交易制度的有关规定。

第六章 对子公司投资业务的管理

第四十四条 对子公司经公司批准实施的投资项目实施审核监督，并会同子公司有关人员对投资项目进行评估，重点关注投资收益是否合理、是否存在违规操作行为、子公司是否涉嫌越权等事项。

第四十五条 控股子公司可根据市场情况和企业的发展需要进行技改项目或新项目投资。

第四十六条 控股子公司应遵循合法、审慎、安全、有效的原则，对项目进行前期考察和可行性论证，在有效控制投资风险，注重投资效益的前提下，尽可能地提供拟投资项目的相关资料，并根据需要组织编写可行性分析报告。重大投资项目应聘请符合国家法律法规要求的独立第三方中介机构出具调研报告。

第四十七条 控股子公司投资项目的决策审批程序为：

1. 子公司对拟投资项目进行可行性论证；
2. 子公司经理办公会讨论研究；
3. 报公司审核同意；
4. 子公司履行相应的审批程序后方可实施。

第四十八条 控股子公司对外投资和技改投资须遵循以下规定：单笔金额不超过 1 000 万元，同时连续 12 个月内发生额累计不超过公司最近一期经审计净资产 10%的技改项目投资（只限于企业主业的扩能和技术改造），须经董事会授权总经理审批。单笔金额超过公司最近一期经审计净资产 10%（含 10%）的对外投资，须经公司董事会批准。

第四十九条 控股子公司在具体实施项目投资时，必须按批准的投资额进行控制，确保工程质量、工程进度和预期投资效果，及时完成项目决算及项目验收工作。

第五十条 对获得批准的投资项目，控股子公司应每季度至少向公司汇报一次项目进展情况。

第五十一条 公司需要了解子公司投资项目的执行情况和进展时，该子公司及相关人员应积极予以配合和协助，及时、准确、完整地进行回复，并根据要求提供相关材料。

第五十二条 控股子公司原则上不进行委托理财、股票、利率、汇率和商品为基础的期货、期权、权证等衍生产品的投资。若子公司必须进行上述投资活动前，除按本制度第四十七条程序审批外，需经子公司股东大会批准。未经批准子公司不得从事该类投资活动。

第七章 对子公司财务报表的管理

第五十三条 为了真实全面反映公司及其子公司形成的企业整体财务状况、经营成果和现金流量，公司根据公司会计政策的规定，分别编制汇总报表和合并财务报表。

第五十四条 公司制定合并财务报表编制方案，明确纳入合并财务报表的合并范围。

对虽属公司全资子公司或控股子公司，但没有实质控制权的不纳入公司合并财务报表的范围，但仍应纳入汇总财务报表范围。

第五十五条 子公司所采用的会计政策和会计期间，原则上应与公司保持一致。对于境外上市子公司确实难以保持一致的情形，应当经由公司审计委员会审议后提交董事会批准。

第五十六条 公司财务部门对于需要专业判断的重大会计事项，统一制定合理合法的会计核算办法，经财务部门经理审核，财务负责人审批后下达各相关子公司执行。

第五十七条 子公司的会计报表须经其法人代表、财务负责人和编制人签章，加盖法人章后上报公司财务部门，并书面承诺其真实、准确、完整。

第五十八条 子公司应将与公司及与兄弟公司之间发生的内部交易和往来的有关信息随同财务报告上报公司财务部门。

第五十九条 公司对子公司上报的财务报表和相关会计资料应认真审核，对于审核发现的差错及时通知相关子公司按规定程序进行纠正。

第八章 对子公司信息的管理

第六十条 公司《信息披露管理事务制度》适用于控股子公司。

公司董事会秘书办公室为公司与控股子公司信息管理的联系部门。

第六十一条 控股子公司的法定代表人为其信息管理的第一责任人，法定代表人可以确定其总经理为主要负责人。

第六十二条 控股子公司应按照公司《信息披露管理制度》的要求，结合其具体情况制定相应的管理制度，明确其信息管理事务的部门和人员，报备公司证券部。

第六十三条 控股子公司应当履行以下信息提供的基本义务：

1. 提供所有对公司股票及其衍生品种交易价格可能产生重大影响的信息；
2. 确保所提供信息的内容真实、及时、准确、完整；
3. 控股子公司董事、经理及有关涉及内幕信息的人员不得擅自泄露重要内幕信息；
4. 控股子公司所提供信息必须以书面形式，由控股子公司法定代表人签字、加盖公章。

第六十四条 控股子公司发生以下重大事项时，应当及时报告公司董事会：

1. 对外投资行为；
2. 收购、出售资产行为；
3. 重要合同（借贷、委托经营、委托理财、赠予、承包、租赁等）的订立、变更和终止；
4. 大额银行退票；
5. 重大经营性或非经营性亏损；
6. 遭受重大损失；
7. 重大诉讼、仲裁事项；

8. 重大行政处罚；

9. 其他重大事项。

第九章　内部审计监督

第六十五条　公司《内部审计制度》适用控股子公司。

第六十六条　公司对子公司实行定期和不定期的、全面和专项的内部审计，子公司自行开展的内审，应当将内审计划上报公司审计部门，审计结束后应及时将内部审计报告提交公司。

第六十七条　公司审计部门负责执行对控股子公司的审计工作，内容包括但不限于：对国家有关法律、法规等的执行情况；对公司的各项管理制度的执行情况；子公司内控制度建设和执行情况；子公司的经营业绩、经营管理、财务收支情况；高层管理人员的任期经济责任及其他专项审计。

第六十八条　控股子公司在接到审计通知后，应当做好接受审计的准备。控股子公司董事长、总经理、各相关部门人员必须全力配合公司的审计工作，提供审计所需的所有资料，不得敷衍和阻挠。

第六十九条　控股子公司董事长、总经理及其他高级管理人员调离子公司时，必须依照公司相关规定实施离任审计，并由被审计当事人在审计报告上签字确认。

第七十条　经公司董事会批准的审计意见书和审计决定送达控股子公司后，控股子公司必须认真执行。

第十章　考核与奖罚

第七十一条　控股子公司必须建立能够充分调动经营层和全体职工积极性、创造性，责、权、利相一致的经营激励约束机制。

第七十二条　控股子公司应根据自身实际情况制定绩效考核与薪酬管理制度。

第七十三条　控股子公司应于每个会计年度结束后，对董事、监事和高级管理人员进行考核，并根据考核结果实施奖惩。

第七十四条　控股子公司的董事、监事和高级管理人员因事业心不强、业务能力差、道德素质不高等因素，不能履行其相应的责任和义务，给公司经营活动和经济利益造成不良影响的，公司将按照相关程序，通过子公司董事会提出给当事者相应的处分、处罚、解聘等建议。

第七十五条　控股子公司派出董事、监事以及高级管理人员在执行公务时违反法律、法规的规定，给公司造成损失的，应当承担赔偿责任和法律责任。

第十一章　附　则

第七十六条　本办法未尽事宜，按国家有关法律法规和规范性文件及《公司章程》的规定执行。如与国家日后颁布的法律、法规或经合法程序修改后的《公司章程》相抵触时，按国家有关法律、法规和《公司章程》的规定执行，并及时修订本制度，提交公司董事审议通过。

第七十七条　本办法由公司董事会负责解释。

第七十八条　本办法自公司董事会通过之日起施行。

 文案范本

××股份有限公司控股子公司财务管理办法

（本管理办法经 2013 年 3 月 12 日公司第五届董事会第四十五次会议审议通过）

第一章　总　　则

第一条　为了加强××股份有限公司（简称公司）对控股子公司的财务管理，理顺公司与

控股子公司的财务管理关系，规范控股子公司的财务活动行为，特制定本办法。

第二条　本办法中"控股子公司"是指公司持有其 50%以上的股权，或者虽持股 50%以下但能够决定其董事会半数以上成员的组成，或者通过协议或其他安排能够实际控制的公司。

第二章　基本原则

第三条　公司依据中国证监会和深圳证券交易所对上市公司财务规范运作以及内部控制等法律法规的相关要求，以控股股东的身份行使对控股子公司财务活动的管理与监督。

第四条　加强对控股子公司的财务管理，旨在建立一套有效的控股子公司财务管理机制，规范控股子公司在制定会计政策及财务管理制度、财务人员管理、资金管理、对外财务担保、财务预算管理、报送财务报表、财务监督等财务管理程序和行为，防范控股子公司财务管理风险，维护公司的股东权益。

第五条　控股子公司财务部门依据《中华人民共和国会计法》《企业会计准则》等财务法规或制度，对控股子公司发生的经营活动进行会计核算、实行会计监督，维护资产安全与完整，及时、准确、完整地提供财务状况、经营成果等财务信息。

第六条　公司财务部门是公司具体负责指导、检查和监督控股子公司财务活动的职能部门。

第三章　财务管理制度及会计政策的制定

第七条　控股子公司须依照《中华人民共和国会计法》《企业会计准则》等相关国家法律法规的有关规定，并结合控股子公司的实际情况，建立各项财务管理制度，完善内部财务控制体系，不断提高财务管理工作的效率，防范财务风险。

第八条　控股子公司必须执行与公司相统一的会计政策。

第九条　各子公司必须及时将各项财务管理制度报送公司财务部门备案。当公司财务部门对控股子公司相关财务管理制度提出异议时，控股子公司应当听取合理意见并及时进行修订。

第四章　财务负责人的委派及职责

第十条　控股子公司设财务总监，财务总监为财务负责人，由公司委派。委派的财务负责人进入子公司管理层，业务上接受公司财务部门的管理、监督和指导。

第十一条　控股子公司的财务负责人应当恪尽职守，勤勉尽责，切实领导好控股子公司的财务管理工作，把好财务关，确保财务活动的正常秩序，提升财务管理为经营工作服务的质量和水平，财务负责人保证严格执行国家财经法规。

第十二条　控股子公司的财务负责人负有定期或不定期向公司汇报本单位财务情况的责任和义务。

第十三条　控股子公司的财务经理由公司推荐，控股子公司聘任。其他财务人员的聘任和解聘必须事先征得公司财务部门的同意并备案。

控股子公司需按照会计法的规定，配备相应的会计人员，并做到不相容职务分离。切实完善财务内部控制，防范财务风险。

第五章　资金管理

第十四条　控股子公司的财务部门是资金管理的责任部门，负责办理一切资金的筹集、使用、调配等手续，严格监督资金的使用。

第十五条　控股子公司资金接受公司的统一调度、集中管理。按要求定期编制并严格执行资金计划，定期进行资金计划执行情况分析。

第十六条　控股子公司的财务负责人应保证资金使用安全高效，符合相关制度规定。

第十七条　控股子公司的财务部门应切实执行各项资金支付授权与批准制度，严格审查付款合同或协议，把好资金支付的财务审核关。

第十八条 控股子公司根据经营活动的需要，开立除基本银行结算账户以外的其他结算账户，应事先报公司财务部门审批。

第十九条 控股子公司因企业经营发展的需要对外融资时，应事先对融资项目进行可行性论证，充分考虑对融资成本的承受能力和偿债能力，制定详尽的融资方案，经控股子公司董事会批准后，报公司批准实施。需经公司董事会或股东大会审议的，必须审议后实施。

第二十条 未经公司批准，控股子公司不得直接或间接对外拆借资金。

控股子公司尤其是要严格控制与关联方之间的资金往来，避免发生非经营性占用资金的情况。如一经发生，控股子公司的财务负责人应立即书面报告公司财务部门，并提请公司采取相应补救措施。

第二十一条 控股子公司根据其公司章程和财务管理制度的规定及全面预算管理的要求，按月向公司财务部报送资金使用计划，并按照批准的计划安排使用资金，不得超范围、超计划。控股子公司在经营活动中不得隐瞒其收入和利润，不得私自设立账外账和小金库。

第六章　对外财务担保

第二十二条 未经公司批准和履行本单位董事会或股东会的审议程序，控股子公司不得提供对外财务担保，也不得进行互相担保。

第二十三条 控股子公司确需提供对外财务担保或相互间进行担保的，应将拟担保事项的详细情况上报公司，经公司批准并履行本单位董事会或股东会的审议程序后方可办理。

第二十四条 控股子公司因对外融资，需要公司为其提供财务担保的，原则上应同时向公司提供反担保（除非该项融资由公司统一安排使用）。控股子公司应切实履行按期偿债义务，不得给公司造成财务担保损失。

第七章　财务预算管理

第二十五条 公司实行全面预算管理，采用批准下达月度资金计划等形式对控股子公司进行财务动态控制。

第二十六条 控股子公司必须按照公司规定按时完成编制报送财务预算，并严格执行财务预算。

第二十七条 控股子公司应严格控制预算外支出项目。

第八章　财务报表的报送

第二十八条 控股子公司是公司合并财务报表的组成主体，及时、准确、完整地向公司财务部门报送财务报表是控股子公司的义务与责任。

第二十九条 控股子公司应切实按照公司财务报表报送的规定和要求报送财务报表。

第三十条 控股子公司可以采用邮寄、传真、电子邮件等方式报送上述财务报表，但应保证财务报表报送的及时性，并将报送的财务报表纸质原件送达公司财务部门存档。控股子公司报送的财务报表应由控股子公司负责人、财务负责人等签名并盖章。

第三十一条 控股子公司在公司定期报告未公开披露前，按照财政、税务、统计等政府机关的规定报送财务报表时，应做好登记备案工作，并在财务会计报表封页上注明"未经审计、请注意保密"字样，并将财务报表中涉及的公司业绩的知情者控制在最小范围内。

第九章　财务监督

第三十二条 公司可以通过采用财务预算控制、财务报表核查、现场检查、财务审计、电子远程监控等手段对控股子公司的财务活动进行监督。

第三十三条 公司财务部门每年组织对控股子公司进行不定期财务工作检查，针对检查中暴露的问题，控股子公司应积极整改。

第三十四条 公司对控股子公司的财务年报审计每年进行一次，由公司指定的会计师事务所完成。控股子公司应积极配合公司的财务年报审计工作。

第三十五条 年度财务审计报告作为公司对控股子公司进行经营责任考核与奖惩的重要依据，控股子公司应尊重审计机构的独立、专业审计意见，并根据其出具的审计调整分录及时调整账目和报表。

第十章 附　则

第三十六条 本办法由公司财务部负责解释与修订。

××股份有限公司

2013 年 1 月 31 日

文案范本

子公司业务管控流程

序号	业务流程	责任部门/人	配合/支持部门	不相容职责	监督检查内容	相关制度
1	建立法人治理结构和内部管理制度	母公司	子公司	审核审批	检查制度建立是否符合《公司法》及有关法律法规	《公司法》
2	选任董事、经理及总会计师等人员	母公司	子公司	审核	检查选任人员是否符合任职条件，选任过程是，选任过程是否严格按照程序执行	《委派董事管理办法》
3	建立子公司业务授权审批制度	母公司	子公司		检查制度中是否严格界定其业务范围并设置权限体系	《子公司业务授权审批办法》
4	子公司在授权范围内开展各项业务	子公司			子公司从事的业务或审批权限是否在规定之内	《子公司业务授权审批办法》
5	重大事项或超出限额时需提交申请	子公司	母公司	审核审批	检查权限范围外事项是否提交母公司董事会审批	《子公司重大投资项目管理控制制度》
6	定期报告子公司经营管理有关事项	委派董事	母公司	审核	检查报告事项是否真实、全面和及时	《子公司内部审计管理制度》
7	将内部审计报告提交母公司审阅	子公司	母公司	审核	提交的财务数据是否真实、可靠和完整	《子公司内部审计管理制度》
8	对符合条件的重大事项进行披露	母公司	子公司	审核	检查重大交易或事项是否经子公司董事会审议通过	《子公司信息披露管理细则》

（三）总、分公司专题

 文案范本

一般总公司财务部结构图（如果公司有分公司或分支结构）

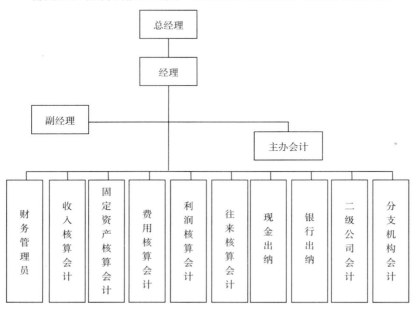

 文案范本

业绩合同管理办法

第一章　总　　则

第一条　业绩合同签订目的。

为了保证公司总体战略的顺利实施，使公司高层管理者把精力集中在对公司价值最关键的经营决策上，在公司创造业绩至上的企业文化，以合同的方式体现被承诺的业绩的严肃性，制定本办法。

第二条　业绩合同签订范围。

公司下属一、二开发分公司经理。

第三条　业绩合同的期限。

业绩合同的有效期为一年。公司首批业绩合同的有效期可以设为××××年 1 月 1 日至××××年 12 月 31 日。在有效期结束前，通过新一轮设定的业绩目标谈判签订下一年的业绩合同。

第四条　业绩合同的效力。

业绩合同一旦被签署就具有约束效力，在有效期内不得擅自更改。如遇到对公司影响重大的、不可抗拒的情况时（如自然灾害或外部环境的巨大改变），经双方协商，公司总经理批准后予以调整。

第二章 业绩合同考核指标和确定原则

第五条 关键业绩指标类别。

（一）效益类：销售收入指标、工程成本控制指标等。

（二）营运类：分公司管理费用、工程质量控制、项目竣工时间、安全生产等。

第六条 关键业绩指标权重。

（一）效益类：60%。

（二）营运类：40%。

第七条 关键业绩指标目标值确定原则。

（一）认同性原则：业绩合同的初始目标应由公司总经理提出，然后经过总经理和分公司经理共同商讨而最终决定。当双方在关于目标设定无法达成一致时，总经理具有最终的决定权。

（二）公正性原则：业绩合同目标必须客观公正，具有足够的挑战性，综合考察多方面的信息来确定。例如，过去业绩效果、同行业公司的业绩成果、公司未来发展预测、对分公司控制要求等等。

（三）严肃性原则：业绩合同目标一经设定，原则上不再轻易改变。

第八条 业绩合同签订步骤。

（一）每年10月，市场部根据公司下年度生产计划，对公司整体目标进行分解，提出分公司关键业绩指标的目标建议值。

（二）每年11月，分公司、财务部、预算合同部、规划部、总工办对市场部提出的目标建议值修正并进行反馈。

（三）每年12月，市场部根据分公司、财务部、预算合同部、规划部、总工办提出的反馈意见进行修改，报公司总经理审核。

（四）每年1月上旬，公司总经理与开发分公司经理就合同条款进行面对面协商，达成共识并签署合同。

（五）公司人力资源部组织业绩合同的协商签署工作，并负责合同备案。

第三章 业绩合同过程控制

第九条 每季度跟踪业绩合同完成情况。

（一）财务部、市场部每季度向分公司收集数据，采集业绩合同中量化指标的季度完成数据。

（二）财务部、市场部对收集到的数据进行分析、统计，对分公司完成情况与分配到各季度的目标值进行比较。

（三）财务部、市场部向公司总经理、分公司经理通报本季度业绩完成情况，表扬超额单位和鞭策未达标单位。

第十条 每季度分公司经理应向总经理汇报业绩。

（一）汇报时间为：1月、4月、7月、10月上旬。

（二）汇报目的是对关键业绩指标结果与目标进行对比，总结上一季度业绩合同目标完成情况。

（三）当分公司经理实际业绩低于合同目标时，分公司经理有责任向总经理递交述职报告和下一季度如何改善业绩的具体行动方案。

第十一条 业绩改进计划。

总经理听取分公司经理目标完成情况时，共同针对上季度中未达到业绩标准分析原因，为分公司经理实施业绩改进提供帮助，并制定相应的改进措施计划。

第四章 业绩合同考核方法

第十二条 公司采用符合我国会计准则的计算方法对分公司业绩进行评估，每年一月上旬要对分公司业绩合同进行考核，比较全年实际业绩与全年业绩合同目标差异，两者的差异将作为分公司经理浮动薪酬与非物质性奖惩的依据。

第十三条 业绩合同考核数据收集。

财务部负责收集、核实全年财务数据（销售收入、工程成本控制、分公司管理费用），市场部负责收集、核实全年运营数据（工程质量控制、项目竣工时间、安全生产）。财务部、市场部将收集数据交人力资源部进行计算业绩合同综合分值。

第十四条 业绩合同综合分值计算。

（一）销售收入业绩分数=（销售收入实际值/销售收入目标值）×30。

（二）工程成本业绩分数=（工程成本实际值/工程成本控制目标值）×30。

（三）管理费用业绩分数=（管理费用实际值/管理费用目标值）×10。

（四）工程质量业绩分数=（工程质量验收合格率实际值/工程质量验收合格率目标值）×10。

（五）竣工时间业绩分数=（竣工时间实际值/竣工时间目标值）×10。

（六）无事故发生，安全生产业绩分数为10分；发生生产事故，安全生产业绩分数为0分。

（七）人力资源部对以上六项关键业绩指标分数进行计算，累加即可得到分公司经理业绩合同综合分数。

第十五条 根据业绩合同综合分数评定考核等级。

（一）业绩合同综合分数100分及以上，考核结果为优。

（二）业绩合同综合分数90~99分，考核结果为良。

（三）业绩合同综合分数80~89分，考核结果为中。

（四）业绩合同综合分数70~79分，考核结果为基本合格。

（五）业绩合同综合分数69分及以下，考核结果为不合格。

第十六条 当分公司经理在合同期内调离原职或担任新职，则应将其在任期间的实际业绩与其在任期间的合同目标进行衡量比较。

第十七条 当实际业绩超过合同目标时，实际目标不会自动成为下一年度的业绩目标，以确保分公司经理继续保持良好的进取动力。

第五章 业绩考核后续管理工作

第十八条 业绩考核结果的反馈。

总经理通过面谈形式，把业绩考核结果以及考核的评定内容与过程告诉被考核者本人，指出过去一年中取得的成绩与不足，并指明今后努力方向，改进方法和发展的要点，以及相应的期待、目标等。

第十九条 公司考核管理委员会、人力资源部根据《北京智董房地产开发有限公司薪酬制度》薪酬计算方法，参考业绩合同综合分值计算分公司经理个人年度奖金。

第二十条 业绩考核结果的保管。

业绩考核结果由人力资源部存档，作为下一年考核对比依据，也是工作中涉及人事问题的依据。

第六章 附 则

第二十一条 业绩合同关键考核指标、指标权重、指标目标值、营运类计算方法由市场部负责解释，效益类计算方法由财务部负责解释，业绩合同综合分数由人力资源部负责解释。

第二十二条 本办法自××××年×月×日起执行。

附件：北京智董房地产开发有限公司业绩合同

甲方（合同发约人）：北京智董房地产开发有限公司

乙方（合同受约人）：北京智董房地产开发有限公司第×分公司经理

为使公司××××年计划目标落到实处，经甲乙双方商定，同意签订××××年分公司经营业绩合同。业绩指标如下：

关键业绩指标	权重	单位	基本目标				实　际			
			第1季度	第2季度	第3季度	第4季度	第1季度	第2季度	第3季度	第4季度
效益类										
销售收入	30%	万元								
工程成本	30%	万元								
营运类										
管理费用	10%	万元								
工程质量	10%	百分比								
竣工时间	10%	天								
安全生产	10%	百分比								

甲方将依据本业绩合同对乙方××××年度经营业绩进行考核，××××年实际完成数以经审计的××××年度企业财务决算为准。甲方根据乙方完成情况，按《北京智董房地产开发有限公司薪酬制度》给予奖罚。

甲方：　　　　　　　　　乙方：

代表：　　　　　　　　　代表：

年　月　日

文案范本

分公司会计处理准则

一、应收账款

第一条　业务代表每天需将当天所收到的款项填具缴款单，并同现金及支票交营业所会计点收。营业所会计点收后，于缴款单上签字，并将第三联交还业务代表。

第二条　业务代表当天未收到款项的客户签单，须当天缴还营业所会计。第二天欲前往收款时，再向营业所会计领取。

第三条　营业所会计每天须编制销货日报表于当日下班前，将销货日报表连同支票、销货退回折让证明单及各业务代表的缴款单第一联（第二联存留于分公司会计处，呈分公司主管核阅），以限时挂号邮寄总公司，现金则划拨入总公司账户。

第四条　业务代表收款时，倘因客户要求而同意尾数折让，除应详填销货折让证明单，并由客户证实盖章后，交回分公司会计员，再送营业所主管核准。倘未取得销货折让证明单者，一律于当月自该单位之奖金中，就其短少部分全数扣除。

第五条　营业所会计须为每家厂商设立应收账款明细表，各厂商之销货及收款情况均须逐笔登录。每月底须编制应收账款月报表，并于次月3日前，以限时挂号邮寄总公司财务科。

第六条　客户要求换货时，一律先办理销货退回（填具出货单，单上盖退货字样，代替退货单），再按正常手续办理出货。

二、存货

第七条 营业所会计须为每种型号的货品分别设立存货明细账，每笔存货的进出情况均须逐笔翔实登录，绝不可有提前入账或延后入账的情况。

第八条 存货账的登录，不可有月底先开发票，次月再行出货的虚报业绩情况。营业所会计亦需注意，不得有月底先行出货，虚充业绩，次月再行退货的不当情形。

第九条 每月底，由营业所会计会同营业所主管，盘点存货，并填制存货月报表，于次月3日前，以限时挂号邮寄总公司财务科。

第十条 每月底的盘点，倘有盘损时，须于存货月报表上列出明细，并叙明原因。此盘损的部分，当季即依成本核算，自该营业所的奖金中全数扣除。

第十一条 总公司财务科的会计人员，每3个月须至营业所随时抽盘一次。

三、零用金

第十二条 各营业所由会计员负责零用金的保管与支付。零用金额，一律暂定为5万元整。将来视实际状况，再行斟酌调整。

第十三条 各营业所人员请领款项时，须填具支出证明单，经营业所主管核准后，由会计员自零用金支付。

第十四条 营业所的零用金，仅限于零星费用的支付，凡营业所代总公司采购的货款（货品采购一律由总公司集中办理、付款，唯总公司可以请营业所就近代为采购）或员工薪资等大额支付，一律由总公司拨付。

第十五条 零用金将用完时，营业所会计员，应填妥传票，并同零用金报销单、付款凭证，汇寄总公司财务科，以补充零用金。

第十六条 有关零用金的详细规定，可参考零用金管理办法。

四、薪资

第十七条 每月25日营业所会计员应将该单位的薪资表，并同经主管核准的员工考勤表，编制传票，以限时挂号邮寄总公司财务科。

第十八条 总公司财务科把营业所的薪资拨入营业所账户后，会计人员负责至银行（或邮局）领取现金，并负责薪资的分装与发放。

第十九条 营业所会计人员应遵守薪资保密的规定。

五、利润表

第二十条 各营业所会计员应于次月3日前，编妥该营业所的利润表，经营业所主管核准后，于次日早上，以限时挂号邮寄总公司财务科。

六、利润中心奖金分配表

第二十一条 各营业所会计员应负责编制各季的利润表及利润中心奖金分配表，并分别于4月、7月、10月，以及1月的3日间，以限时挂号邮寄总公司财务科。

分公司会计流程

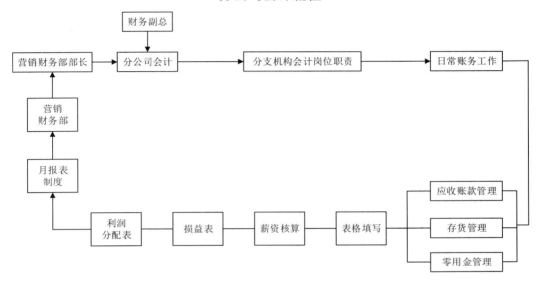

九、"三重一大"事项

"三重一大"是指"重大决策、重大事项、重要人事任免及大额资金使用"。在企业经营活动中,无论是上市公司还是其他企业都会发生类似重大经济事件,不少牵涉"三重一大"问题,为此,企业的重大决策、重大事项、重要人事任免及大额资金支付业务等,应当按照规定的权限和程序实行集体决策审批或者联签制度。任何个人不得单独进行决策或者擅自改变集体决策意见。

重大决策、重大事项、重要人事任免及大额资金支付业务的具体标准由企业自行确定。

该规定是对我国部分企业特别是上市公司和国有企业近 10 年来优秀经验的提炼和失败教训的总结,可以有效避免"一言堂""一支笔"现象。特别是对"三重一大"事项实行集体决策和联签制度,有利于促进国有企业完善治理结构和健全现代企业制度。

重大事项标准与决策权限

一、重大决策事项标准

1. 金额在 100 万元以上（含 100 万元）的各类对外投融资、举债、担保、红利分配。

2. 金额在 50 万元以上（含 50 万元）的各类工程进度款的支付。

3. 金额在 20 万元以上（含 20 万元）的材料采购款的支付。

4. 金额在 10 万元以上（含 10 万元）的股东个人向本企业借款,或高管年薪工资和资金福利待遇的支付。

5. 金额在 5 万元以上（含 5 万元）的经营、行政、公关费的支出。

6. 企业产权（股权）变动,包括兼并、分立、破产、停业。

7. 企业经营方式的改变。

8. 企业注册资金的增减。

9. 公司章程的制定和修改。

10. 企业高管（常务副总、副总、总工程师、顾问）的任命、辞退、薪资和奖金福利待遇的确定。

二、股东大会决策权限

1. 决定企业中长期发展战略、规划及重点工作。

2. 决定企业经营方针和投资计划。

3. 审批董事会提交的董事报告、年度财务预算方案、决算方案。

4. 审批董事会提交的利润分配方案和弥补亏损方案。

5. 审批董事会提交的增加或者减少注册资本的方案。

6. 对企业发行债券作出决议。

7. 审批企业资本运作、资产重组方案。

8. 审批董事会提交的合并、分立、变更、解散和清算等事项的方案。

9. 审批董事会提交的修改公司章程的议案。

三、董事会决策权限

1. 审议企业中长期发展战略、规划及重点工作。

2. 审议企业经营方针和投资计划，审批企业经营目标、重大经营策略、年度工作计划和融资计划。

3. 审议企业年度财务预算、决算方案。

4. 审议企业利润分配方案和弥补亏损方案。

5. 审议企业增加或者减少注册资本的方案。

6. 研究企业重大资产重组方案，审批企业资产转让、抵押等重大事项。

7. 审批企业大额资金使用计划。

8. 审批企业基本组织架构、薪酬制度、风险管理及财务制度。

9. 审议企业合并、分立、变更公司形式、解散的方案。

10. 审批企业注册地址的变更、分支机构的设立与撤销。

11. 决定企业内部管理机构设置，制定企业基本管理制度。

12. 聘用、解聘承办企业审计业务的会计师事务所。

13. 选聘企业资金托管银行。

四、总经理办公会决策权限

1. 讨论通过需呈股东大会、董事会批准及协调解决的重要文件和重要事项。

2. 研究和草拟确定企业基本管理制度，提出修改公司章程的建议，批准或修改企业具体规章。

3. 研究企业中长期发展战略、规划及重点工作的确定和调整。

4. 研究企业经营方针、重大经营策略、年度工作计划和经营目标的确定和变更，决定企业年度基建、生产、经营计划和财务计划。

5. 研究企业重大资本运作事宜，制定年度财务预算方案、决算方案及预算调整方案和税后分配方案，研究对企业经营成果的考核。

6. 研究企业重大项目运作事宜，决定招投标、重大工程、重要技术引进、大宗物资采购、固定资产购置。

7. 研究企业大额资金使用计划，决定公司的借贷、委托理财、代开信用证、捐赠赞助及年度资金使用计划。

8. 决定企业在安全生产、经营、工程建设、日常管理中需要研究和解决的重要问题，研究决定重大安全隐患及重大事故的处理。

9. 研究对外经济合作与交流的重大事宜。

10. 研究决定企业重要人事任免，决定企业中层以上管理人员及重要岗位工作人员的选聘、任免。

11. 研究制定企业机构设置、调整方案及人员编制等。

12. 研究决定企业工资福利制度、工资分配政策、重大工资改革方案等涉及员工切身利益的事项。

 文案范本

××微电子股份有限公司"三重一大"决策制度

（2013 年 2 月 28 日第六届董事会第二十五次会议审议通过，尚需提交股东大会审议）

第一章　总　则

第一条　为全面贯彻《关于进一步推进国有企业贯彻落实"三重一大"决策制度的意见》，加强公司反腐倡廉建设，进一步促进公司领导人员廉洁从业，规范决策行为，提高决策水平，防范决策风险，保证公司科学发展，按照中央关于凡属重大决策、重要人事任免、重大项目安排和大额度资金运作（简称"三重一大"）事项必须由公司领导集体作出决定的要求，结合公司实际情况，制定本制度。

第二条　名词释义。

（一）重大决策事项，是指依照《中华人民共和国公司法》《中华人民共和国证券法》，以及公司章程和其他有关规定的应当由股东大会、董事会、经营管理层（或总办会）集体决议的事项。

（二）重要人事任免事项，是指公司直接管理的领导人员以及其他经营管理人员的职务调整事项和奖惩。

（三）重大项目安排事项，是指对企业资产规模、资本结构、盈利能力以及生产装备、技术状况等产生重要影响的项目的设立和安排。

（四）大额度资金运作事项，是指超过由公司所规定的公司领导人员有权调动、使用的资金限额的资金调动和使用。

第三条　基本原则。

（一）坚持依法决策。

按照职权法定的原则，遵循国家法律法规以及公司章程等规章的规定，保证决策内容和程序合法合规。

（二）坚持集体决策。

公司股东大会、董事会、经营管理层（或总办会）根据各自职责、权限和议事规则，对"三重一大"事项进行集体讨论和表决，避免个人或少数人专断。

（三）坚持科学决策。

运用科学方法，加强决策的前期调研论证和综合评估，有效防范决策风险，增强决策的科学性，避免决策失误。

（四）坚持民主决策。

充分发扬民主，广泛听取各方意见。

（五）坚持保密原则。

对会议所决策事项在未经公司对外披露前，任何人员直接或间接知悉属于公司秘密的事项（包括但不仅限于决策内容、决策结果）不得泄露。

第四条 适用范围。

本制度适用于××微电子股份有限公司及其控股子公司、联营公司和受托管理的公司。

第二章 实施范围

第五条 重大决策事项。

（一）公司发展战略、发展方针、发展目标和中长期发展规划。

（二）公司年度经营计划。

（三）公司年度财务预算方案、决算方案。

（四）公司的利润分配方案、弥补亏损方案。

（五）公司内部管理机构的设置。

（六）公司基本管理制度。

（七）公司总经理、副总经理、财务负责人的报酬事项。

（八）聘用、解聘负责公司审计的会计师事务所。

（九）公司章程修改方案。

（十）公司增加、减少注册资本以及发行公司债券。

（十一）公司合并、分立、解散及变更公司形式。

（十二）对公司拥有的商标、专利进行出售、转让、排他性许可、抵押、赠与或设置权利负担等其他处置。

（十三）公司任何股权激励机制或员工期权计划，制定为股票期权计划预留的股权或证券的设立或增加方案。

（十四）出售、质押、抵押或处置公司资产、分公司或子公司股权，合并，控制权变更交易，剥离，重组，清算或停业等事宜。

（十五）公司投资设立非全资拥有的合资企业、合伙制企业、子公司以及各种形式的经营实体，对外收购、兼并和公司直接控股子公司的重组等各种形态的投资方案事宜。

（十六）对外投资企业的设立、分立、合并、破产、解散、增减资本和发行股票、公司债券等重大事项。

（十七）对外投资企业的重大投资、融资和对外担保方案。

（十八）公司各专业委员会提交审议的重大事项。

（十九）其他有关公司全局性、方向性、战略性的重大事项。

（二十）法律、行政法规、公司章程规定的其他属于"三重一大"重大决策的事项。

以上第（一）至（四）项、第（八）至（十一）项经董事会审议通过后，应向股东大会提出预案，由股东大会审批后执行；第（五）至（七）项由经营管理层（或总办会）审议通过后，向董事会提出预案，由董事会审批后执行，其中第（六）项如涉及股东大会职权的，应提交股东大会批准后执行。其他事项按照金额大小参照本制度"第三章"相关条款的规定履行相应的审批程序。

第（一）项和第（十九）项公司战略性业务的决策事项中：

（1）投资决策：公司战略决策设置三级管理部门，即公司战略委员会、公司总办会及战略管理部，重大、战略性项目必须由战略委员会审议决策，经营管理层（或总办会）进行科学评估；

（2）业务关键事项、重大事项决策：涉及公司的生产线规划、战略性供应商选择、技术路线选择、战略性客户选择等需经过战略管理部组织相关业务领域负责人参与决策并达成一致意见。

第六条　重要人事任免事项。

重要人事任免事项主要包括：

（一）非由职工代表担任的董事、监事；

（二）公司总经理、董事会秘书；

（三）公司副总经理、财务负责人等高级管理人员；

（四）公司总监、副总监等经营管理人员；

（五）向全资、控股、联营公司委派股东代表，推荐董事、监事、总经理及财务负责人等；

（六）其他重要的人事任免事项。

以上第（一）项经董事会审议通过后，应向股东大会提出预案，由股东大会审批予以聘任或解聘；第（二）项由董事会审批予以聘任或解聘；第（三）项由总经理提名，由经营管理层（或总办会）审议通过后，向董事会提出预案，由董事会审批予以聘任或解聘；第（四）至（五）项由经营管理层（或总办会）审批予以聘任或解聘。

第七条　重大项目安排事项

（一）年度投资计划的制定与实施。

（二）计划外投资项目的追加。

（三）关键性设备、技术引进，采购大宗物资和购买大宗服务。

（四）公司控股子公司、联营公司和受托管理的公司（简称经营管理的公司）之间的借款或担保事项、公司对经营管理的公司以及对经营管理的公司之外的第三方提供借款或担保事项。

（五）年度银行授信融资计划的制定与实施。

（六）重大工程承发包项目。

（七）法律、行政法规、公司章程规定的其他属于"三重一大"重大项目安排的事项。

第八条　大额度资金运作事项。

（一）预算内大额度资金的支付的审签授权，按公司支出审核批准权限规定执行。监管部门、上级单位另有规定的，从其规定。

（二）预算外100万元以下的资金使用，按总经理授权审批（累计不超过年度预算1%）；超过100万元（不含100万元）或累计超过年度预算1%的预算外项目，经公司总办会审批执行。

（三）预算外50万元以上的捐赠、赞助、补贴等专项资金使用，需经总经理办公会审批。上级单位另有规定的，从其规定。

（四）一年以上应收未收回的大额借款、投资收益及其他应收款项的处置，需经总办会审批。

（五）其他大额度资金运作事项。

第九条　以上"三重一大"决策事项，根据《中华人民共和国公司法》《中华人民共和国证券法》《公司章程》《董事会议事规则》《股东大会议事规则》《授权管理制度》、上级单位相关规定及其他有法律法规相关规定执行。

<h3 style="text-align:center">第三章　决策程序</h3>

第十条　"三重一大"事项提交会议集体决策前应当由相关职能部门认真调查研究，经过必要的研究论证程序，充分征求各方面意见。

第十一条　"三重一大"事项应当提前告知所有参与决策人员，并为所有参与决策人员提供相关材料。必要时，可事先听取反馈意见。

第十二条 "三重一大"事项依照《公司章程》及专项管理制度的规定，如该事项与公司资产相关且涉及金额占公司最近一个会计年度经审计的合并报表净资产的比例在10%以下（不含本数），由经营管理层（或总办会）经集体讨论后审批；10%以上未超过50%的，由董事会审批；50%以上的，董事会应当提出预案，报股东大会审批。

如该事项与公司损益相关且涉及金额占公司最近一个会计年度经审计的合并报表净利润的比例在10%以下（不含本数），由经营管理层（或总办会）经集体讨论后审批；10%以上未超过50%的，由董事会审批；50%以上的，董事会应当提出预案，报股东大会审批。

如该事项同时涉及公司资产及损益时，则以孰低原则履行必要的审批程序。

公司股东大会、董事会、经营管理层（或总办会）以相应规定的会议形式对职责权限内的"三重一大"事项集体决策。

第十三条 决策会议符合《公司章程》或公司其他制度规定的人数方可召开，与会人员充分讨论并分别发表意见。会议决定多个事项时，应逐项进行研究决定。

对于重大投资项目，包括权益性投资和固定资产投资，决策时应重点关注投资风险及风险防范措施是否有效。

第十四条 会议决定的事项、过程、参与人及其意见、结论等内容，应当由会议指定的记录人员完整、详细记录，并做成会议记录、会议决议存档，出席会议的人员应当在会议记录、决议上签字。

第十五条 参与决策的个人对集体决策有不同意见，可以保留或者向上级反映，但在没有作出新的决策前，不得擅自变更或者拒绝执行。如遇特殊情况需对决策内容作重大调整，应当重新履行相应决策程序。

第十六条 公司实行"三重一大"事项决策的回避制度。与决策事项有关联的股东、董事、高级管理人员以及法律、法规及公司其他制度规定应当回避的，应予以回避，不得参与事项的表决。

第四章　管理与监督

第十七条 董事长为公司实施本制度的主要责任人。

第十八条 公司接受监事会、审计机构对公司贯彻落实"三重一大"决策制度执行情况的监督，并依照《国有企业领导人员廉洁从业若干规定》的规定，进行检查评价。

第十九条 公司董事、经营管理人员违反"三重一大"决策制度的，应当依照《国有企业领导人员廉洁从业若干规定》和相关法律法规给予相应的处理；对于违反规定获取的不正当经济利益，应当责令清退；给公司造成经济损失的，应当承担经济赔偿责任；情节严重的，应当按照有关法律法规和公司其他制度规定追究当事人责任。

第五章　附　则

第二十条 本制度经公司董事会审议通过并提交股东大会批准后生效，修订及解释权属于公司董事会。

第二十一条 本制度相关规定如与国家有关法律、法规、公司章程、公司股东会和董事会等议事规则相抵触，则以有关法律、法规、公司章程、公司股东会和董事会等议事规则的规定执行。

××微电子股份有限公司董事会

2013年2月

第三章

人力资源方面内控管理

第一节　人力资源管理综述

一、人力资源管理系统

请参阅以下相关文案。

文案范本

企业人力资源管理系统构成图

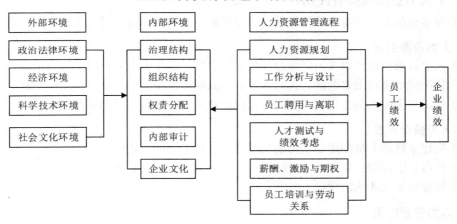

二、人力资源管理风险

（一）人力资源的主要风险

1．人力资源引进与开发

人力资源数量缺乏或过剩，结构不合理，人力资源开发机制不健全，可能导致企业的发展战略难以实现。

2．人力资源使用

人力资源激励约束机制不合理，关键岗位人员管理不完善，可能导致企业人才流失、效率低下或关键技术泄密。

3．人力资源退出

人力资源退出机制不当，可能导致企业面临法律诉讼或声誉受损。

（二）人力资源管理中风险管控措施

（1）企业应当根据人力资源总体规划，结合生产经营实际需要，制定年度人力资源需求计划。也就是说，人力资源要符合发展战略需要，符合生产经营对人力资源的需求，尽可能做到"不缺人手，也不养闲人"。

（2）企业应当根据人力资源能力框架要求，明确各岗位的职责权限、任职条件和工作要求，通过公开招聘、竞争上岗等多种方式选聘优秀人才。这项要求实际上意在强调，企业要选合适的人，要按公开、严格的程序去选人，防止"人情招聘"、暗箱操作。

（3）企业确定选聘人员后，应当依法签订劳动合同，建立劳动用工关系；已选聘人员要进行试用和岗前培训，试用期满考核合格后，方可正式上岗。

（4）企业应当建立和完善人力资源的激励约束机制，设置科学的业绩考核指标体系，对各级管理人员和全体员工进行严格考核与评价，并制定与业绩考核挂钩的薪酬制度。如何留住引进来的优秀人才，对企业至关重要。

（5）企业应当建立健全员工退出（辞职、解除劳动合同、退休等）机制，明确退出的条件和程序，确保员工退出机制得到有效实施。只有退出机制健全，退出条件和程序清楚，才能够防范和化解当前企业人力资源退出方面存在的诸多问题，使企业人力资源管理步入良性循环的轨道。

（三）人力资源风险管控图

企业可实施的人力资源风险管控活动，尽量避免人力资源建设过程中的风险。

1．人力资源引进

（1）人力资源引进要以人力资源总体规划为原则，以年度人力资源计划为基础。

（2）各岗位职责权限要明确，选聘人才的方式应多种多样，并要实行岗位回避。

（3）依法与选聘人员签订用工合同，岗位特殊的，应签订相关岗位保密协议。

2．人力资源开发

（1）应建立选聘人员使用期、岗前培训制度和员工培训长效机制。

（2）营造尊重知识、尊重人才及注重员工职业发展的文化氛围。

（3）加强后备人才队伍建设。

3．人力资源使用

（1）应建立和完善人力资源激励约束机制。

（2）运用科学的业绩考核指标体系对员工实施严格考核与评价。

（3）制定与业绩考核挂钩的薪酬制度。

4．人力资源退出

（1）建立健全员工退出机制，退出条件和程序要明确。

（2）辞退不能胜任的员工，须先安排再培训或转岗培训，然后再依法按程序予以辞退。

（3）必要时与退出员工约定保密及竞业限制协议，属于关键岗位的，进行离任审计。

三、人力资源内控关键

企业在建立与实施人力资源政策内部控制中关键方面或者关键环节的控制有以下几方面。

（1）岗位职责和任职要求应当明确规范，人力资源需求计划应当科学合理。

（2）招聘及离职程序应当规范，人员聘用应当引入竞争机制，培训工作应当能够提高员工道德素养和专业胜任能力。

（3）人力资源考核制度应当科学合理，应当能够引导员工实现企业目标。

（4）薪酬制度应当能保持和吸引优秀人才，并符合国家有关法律法规的要求，薪酬发放标准和程序应当规范。

四、人力资源授权审批

企业建设和完善人力资源过程中会形成大量的文件或文书。这些文件或文书大部分由人力资源部编制（见表3-1），经总经理或董事会审批。

表3-1　人力资源授权审批情况

事　　项	文件或文书名称	编制及审批机构			
		人力资源部	相关部门	总经理	董事会
人力资源引进	人力资源总体规划	提出		审核	审批
	年度人力资源计划	提出		审批	
	人力资源引进管理制度	提出	参与	审核	审批
人力资源开发	岗位说明手册	提出	参与	审批	
	员工培训管理制度	提出	参与	审批	
	员工职业发展计划	提出	论证		
人力资源使用	员工绩效考核方案	提出	参与	审批	
	员工薪酬福利制度	提出		审批	
人力资源退出	员工离职管理规范	提出		审批	
	关键岗位离任审计制度	提出		审核	审批

五、其他相关文案范本

请参阅以下相关文案。

文案范本

人事动态及费用控制表

年　　月　　日

本月人数	编制人数	男　　人女　　人计　　人		月薪	编制内直接人员	元
	编制内人数	男　　人女　　人计　　人			编制内间接人员	元
	编制外人数	男　　人女　　人计　　人			编制外人员	元
	合　　计	男　　人女　　人计　　人			合　　计	元
编制内人员状况	应工作日数	日		津贴	职务津贴	元
	缺勤总日数	日			加班津贴	元
	出勤总日数	日			交通津贴	元
	出勤率				其他津贴	元
	加班总时数				合　　计	元

续表

人事动态	新进	男	人	奖金	效率奖金	元
		女	人		年终奖金	元
		合计	人		其他奖励金	元
		新进率	%		合　计	元
	离职	男	人	其他支出	劳保费	元
		女	人		公伤医药费	元
		合计	人		抚恤金支出	元
		离职率	%		贺奠金支出	元
其他					退休金提拨	元
					资遣费支出	元
					福利金提拨	元
					职训金提拨	元
					训练金支出	元
					合　计	元
	人事费用率		%		人事费用总计	元
	平均费用率		%		每人平均人事费	元

核准：　　　　　　　复核：　　　　　　　制表：

文案范本

劳动用工自检自查制度

第一章　总　则

第一条　为了规范公司劳动用工管理，促进劳动关系和谐稳定，确保公司及全体员工的合法权益，配合××市××区每年开展的劳动用工情况执法大检查，特制定本制度。

第二条　劳动用工自检自查，从劳动用工备案、劳动合同订立情况、工作时间及休息休假遵守情况、劳动报酬支付情况、社会保险缴纳情况等方面展开。

第三条　劳动用工自检自查由公司人力资源部负责，主要检查劳动用工是否符合国家和××市相关法律法规的规定、是否符合公司劳动用工规范管理要求等。

第四条　财务部协助配合人力资源部的劳动用工自检自查工作。

第二章　劳动用工备案自查

第五条　公司新招录员工、与员工续订劳动合同的，应自招录、续订劳动合同之日起 30 日内进行劳动用工备案。

第六条　公司与员工终止、解除劳动合同的，应在终止、解除劳动合同后 7 日内进行劳动用工备案。

第七条　公司单位名称、法定代表人、经济类型、组织机构代码发生变更后，应在 30 日内办理劳动用工备案变更手续。

第八条　公司进行劳动用工备案的信息应当包括：单位名称、法定代表人、经济类型、组织机构代码；招录职工人数、姓名、性别、身份证号码，劳动合同的起止时间，终止或解除劳动合同的人数、职工姓名、终止或解除时间等。

第三章　劳动合同管理

第九条　公司与员工订立劳动合同，建立劳动关系，应符合以下规定：

1. 招录员工应如实告知工作内容、工作条件、工作地点、职业危害、安全生产状况、劳动报酬等内容；

2. 招录员工不得扣押员工的身份证，不得要求员工提供担保，不得向员工收取财物；

3. 员工入职 30 日内订立书面劳动合同；

4. 劳动合同文本均需公司及员工签字、盖章，双方各执一份；

5. 试用期只能约定一次，且试用期工资不得低于劳动合同约定工资的 80%。

第十条　公司与员工履行劳动关系，需要变更劳动合同的，应与员工协商一致，并采取书面形式变更劳动合同。

第十一条　公司与员工解除劳动合同，结束劳动关系，应符合以下规定：

1. 协商解除劳动合同的，应提前 30 日通知，不提前通知的，应支付一个月工资作为代通知金；

2. 解除劳动合同应支付经济补偿金或赔偿金的，公司应依法足额支付员工经济补偿金或赔偿金；

3. 为离职员工办理离职手续，出具解除或终止劳动合同的书面证明。

4. 劳动关系解除 15 日内为离职员工办理档案、社会保险关系转移手续。

第十二条　公司劳动合同文本，至少保存 2 年备查。

第四章　工作时间及休息休假

第十三条　公司非生产一线员工实行每日工作 8 小时、每周工作 40 小时的标准工时制度。

第十四条　生产一线员工经申报、批准后方可实行综合计算工时工作制，按月为周期综合计算工作时间，平均每日工作不超过 8 小时，平均每周工作不超过 40 小时。

第十五条　员工每日连续工作时间不得超过 11 小时，每周至少休息一天，每月加班时间不得超过 36 小时。

第十六条　实行综合计算工时工作制的岗位，公司可采用集中工作、集中休息、轮休调休等方式安排员工休息。

第十七条　依法安排员工每年享受 11 天法定节假日、5～15 天的带薪年休假及其他法定假期。

第五章　劳动报酬自查

第十八条　工资以货币形式按月、足额支付给员工，不得克扣或无故拖欠员工工资。

第十九条　支付员工工资不得低于××市最低工资标准。

第二十条　劳动者在法定休假日、年休假、婚丧假、产假期间以及依法参加社会活动期间，公司应当依法支付工资。

第二十一条　薪酬专员编制工资表时，应遵循以下规定：

1. 员工的请假、加班申请均需通过所在部门领导批准；

2. 员工平日、周末、法定节假日加班的，分别按日工资标准的 150%、200%、300% 支付加班费；

3. 基本工资、奖金、津贴、补助、加班费均属于工资总额范畴，须计入应纳税所得额；

4. 员工个人缴纳的养老保险、医疗保险、失业保险和住房公积金属于免税项目，应予以税前扣除；

5. 公司逢年过节发放给员工的购物券、礼品券及各类实物福利，均需计入工资总额，扣缴个人所得税。

第二十二条 工资支付应经过相关领导的授权审批，人力资源部经理应对薪酬专员编制的工资表认真审查，并签章确认，公司总经理应对工资表进行最终审批，签章确认后由财务部支付。

第六章 社会保险缴纳情况

第二十三条 公司依法为员工按期、足额缴纳养老保险、医疗保险、失业保险、工伤保险、生育保险。

第二十四条 公司应为全体员工缴纳社会保险，包括试用期员工、外籍人士。

第二十五条 社保专员如实、准确申报上年度全体员工的月平均工资收入，作为员工社会保险缴费基数。

第二十六条 申报社会保险缴费基数须经过员工签名确认，公司总经理签字，并加盖公章。

第七章 其 他

第二十七条 公司应依法为员工按期、足额缴纳住房公积金。

第二十八条 公司制定涉及员工切身利益的规章制度时，应当经过全体员工讨论，通过协商予以制定，并向员工告知或公示。

第二十九条 公司应给予女员工特殊劳动保护，给予女员工产前检查假，15~42天的流产假，98~143天的产假，为哺乳期女员工安排每天一小时哺乳时间。

第三十条 杜绝安排应当取得而未取得国家职业资格证书的员工从事相应技术工种。

第八章 附 则

第三十一条 劳动用工自查过程中出现的各种问题，应予以及时纠正，并采取弥补措施。

第三十二条 本制度由人力资源部制定并负责解释。

第三十三条 本制度自公布之日起实施。

第二节 人力资源管理过程

一、人力资源规划

（一）人力资源规划的内部控制目标

（1）增强企业的环境适应能力，使企业获取实现企业战略所需的人力资源。企业在发展的不同阶段必然具有不同的人力资源需求，而人力资源的供给并不是任何时候都能够达到企业要求的。

（2）实现企业内部人力资源的合理配置，优化企业内部人员结构，实现人尽其才，提高企业的效益。

（3）满足企业成员的需求，调动员工积极性和创造性。

（4）形成科学完备的人力资源政策，为企业的人力资源工作提供指导，为形成良好的内部控制环境提供支持和保证。

（二）人力资源规划的主要风险点

（1）在人力资源规划过程中，可能由于人力资源需求信息、供给信息和其他信息不准确、不相关等导致人力资源规划不科学、不合理的可能性。例如，在人力资源规划过程中，因理论依据的选择、领寻传达的信息和价值出现偏差，从而导致人力资源政策走偏，出现背离。

（2）因人力资源规划工作的相关岗位设计不合理，相关岗位人员胜任能力不足、道德低下等导致企业人力资源规划不科学、不合理的可能性。例如，在人力资源规划过程中，人力资源部门的负责人与业务部门的负责人之间分工不明确、责任不清晰，从而导致人力资源规划过程中出现不和谐的现象，并有可能进一步导致人力资源政策不合理。

（3）在人力资源规划过程中，由于对外部环境的扫描和评估程序或方法不当，导致评估出现偏差。人力资源规划过程在很大程度上是企业在人力资源工作方面对外部环境变化的积极应对。

（4）人力资源规划过程中，由于对需求与供给的预测不准确，导致后续的人力资源配备计划、人力资源培训计划出现较大偏差的可能性。

（5）因人力资源规划的变更缺乏合理的授权、批准和监督程序，导致人力资源规划变更不合理，人力资源规划缺乏约束力的可能性。

（6）因人力资源规划缺乏领导的重视、企业各部门的参与，导致人力资源规划无法实施或实施困难的可能性。

（7）由于沟通机制不健全等原因，导致人力资源规划形成的各种政策、方针和工作计划无法有效向有关人员传递的可能性。

人力资源规划过程中的风险评估主要包括两个方面，即评估风险发生可能性以及其影响程度。人力资源规划相关负责部门要建立常用的风险识别、评估工具，以便有效地识别风险、评估风险，将风险降至可接受的程度。表 3-2 所示为风险记录单，表 3-3 所示为风险控制表。

表 3-2　风险记录单

目录	风险项目	影响范围	发生可能性%	风险值	风险规避	执行人	日期	检查人
风险 1								
风险 2								

表 3-3　风险控制表

风险项目	控制措施
风险 1	控制措施 1 控制措施 2
风险 2	控制措施 1 控制措施 2
风险 3	控制措施 1 控制措施 2

（三）人力资源规划的关键控制点

针对人力资源规划的上述风险，与人力资源规划相关的关键控制点如下。

1. 授权审批控制

在授权审批控制方面，人力资源规划的关键控制点主要包括以下内容。

（1）在人力资源规划工作中，对于各部门提交的人力资源需求与供给信息必须经过各部门主管人员审核签字，并明确其相关责任。

（2）人力资源规划过程中使用的战略规划数据、组织结构数据、财务规划数据及各部门年度规划数据等信息必须经过各部门主管人员审核签字后才能使用。

（3）企业应成立专门的人力资源供需平衡决策小组、委员会或由总经理、总经理授权人、部门负责企业人力资源供需平衡工作。

（4）在人力资源规划过程中，人力资源部门应指定专人负责在相关数据的基数上对企业人力资源需求和供给趋势进行分析，形成分析报告，报告在提交公司总经理或相关的决策小组、委员会讨论并批准后，方为有效。

（5）人力资源规划过程中的供需平衡决策要在总经理或相关的委员会会议讨论通过并经全体成员签字同意后，方可作为进行下一步人力资源规划的依据。

（6）人力资源部门根据经批准的供需平衡决策信息，组织相关人员汇总信息，拟写人力资源规划草案，并组织相关人员召开专项会议审核草案。

（7）人力资源部门根据专项会议通过的草案，安排专人负责企业年度人力资源规划的编制和汇总，形成企业年度人力资源规划报告，规划报告经各职能部门负责人审定签字后，交由公司人力资源部门负责人审核通过，报请公司总经理批准生效。

（8）公司人力资源部门负责组织实施年度人力资源规划报告的有关内容，并在公司内部做好沟通与传达工作，保障全体员工知晓公司人力资源规划的相关内容，保证人力资源规划实施的顺利进行。

2．不相容职务分离控制

根据不相容职务分离的原则，人力资源规划的关键控制点主要包括以下内容。

（1）为保证决策使用信息的真实性、相关性，在人力资源规划过程中决策使用信息的收集、鉴证和使用须职务相分离。

（2）人力资源需求计划的提出、审批、执行与监督须职务相分离。

（3）人力资源规划相关文件的保管、使用和审批须职务相分离。

（4）人力资源规划方案的修订建议的提出、审批须职务相分离。

3．接触控制

涉及人力资源的政策、信息、材料等是公司重要的机密，应该有专门的控制。在此方面的关键控制点包括以下主要内容。

（1）人力资源规划的相关会议及会议决定，需要制定专人负责记录和整理，经过与会人员签字后存档。

（2）公司人力资源部门应该将年度人力资源规划书作为重要机密文件存档，严格控制借阅，并将年度人力资源规划书的管理纳入公司有关商业机密和经营管理重要文件的管理制定。

（3）编制人力资源规划书过程中使用和生成的各种报告，应作为企业的机密文件存档，未经企业人力资源负责人批准，任何人不得调用。

（4）若企业人力资源部门采用人力资源管理信息系统，企业人力资源部门负责人应根据以上所述权限，设定各相关人员对各种文件的使用权限，不得越权接近和使用。

4．反馈检查的控制

对人力资源规划的制定和实施进行跟踪、反馈、检查和审核是企业人力资源工作的重要内容，在此方面的关键控制点包括以下主要内容。

（1）企业内部审计部门应采用定期或不定期的方式，对人力资源规划的制定过程和实施情况进行审计和评价，并形成书面的审计报告。审计报告应提交公司审计委员会或类似的机构。

（2）企业人力资源部门应根据内部审计报告提出的缺陷进行分析，提出处理方案。处理方案应提交总经理审批，同时抄送内部审计部门，内部审计部门认为必要时可以采取跟踪审计等措施。

（四）人力资源规划的工作流程与具体方法

人力资源规划的核心部分主要包括人力资源需求预测、人力资源供给预测及供需综合平衡三项工作，如图 3-1 所示。

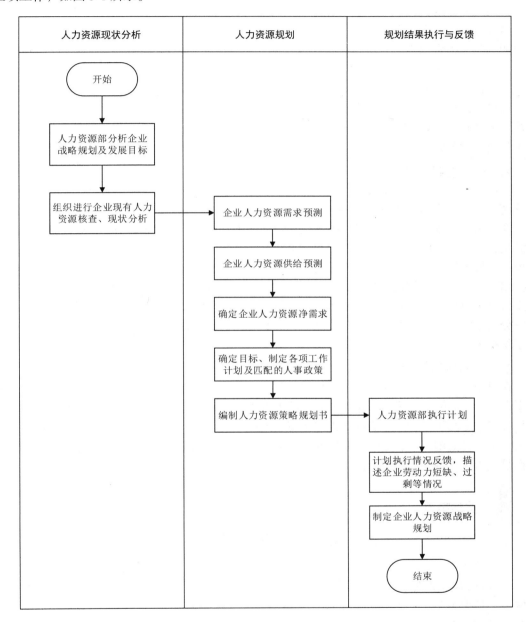

图 3-1　人力资源规划工作流程

1. 人力资源需求预测

人力资源需求预测就是估算组织未来需要的员工数量和能力组合，它是公司编制人力资源规划的核心和前提，其直接依据是公司发展规划和年度预算。

企业人力资源需求预测中还需要注意需求与净需求的区别。需求通常是指毛需求，即企业用人总的数量，而净需求是指需求与企业自身供给的差，是需要企业招聘和配置的人数。

企业人力资源的预测受不确定因素的影响比较大，人才预测的方法多种多样，总体可分为定性预测和定量预测两大类。

定性预测主要有经验预测法、描述法和德尔菲法。其中德尔菲法又叫专家评估法，一般采用问卷调查的方式，听取专家（尤其是人事专家）对企业未来人力资源需求量的分析评估，并通过多次重复，最终达成一致意见。这种方法既可用于企业整体人力资源需求量预测，也可用来预测部门人力资源需求，其目标是通过综合专家们各自的意见来预测某一领域的发展状况，适合于对人力需求的长期趋势预测。

定量预测法主要包括转换比率法、人员比率法、趋势外推法、回归分析法、经济计量模型法、灰色预测模型法、生产模型法、马尔可夫分析法、定员定额分析法和计算机模拟法。其中转换比率法和数学模型法都是以现存的或是过去的组织业务量和员工之间的关系为基数，都适合于预测具有共同特征的员工的需求。

2．人力资源供给预测

企业确定了人力资源的需求之后，接着需要考虑的问题，即企业是否拥有足够的合格人员，由此而产生内部供给和外部供给。

企业未来内部人力资源供给一般来说是企业人力资源供给的主要部分。企业人力资源需求的满足，应优先考虑内部人力资源供给，主要有人力资源信息库、管理人员阶梯模型、马尔可夫模型三种方法。人力资源信息库是通过计算机建立的、记录企业每个员工技能和表现的功能模拟信息库，主要包括技能清单和管理才能清单，是大多数企业组织信息系统的管理工作重点；对于管理人员供给的预测，最简单而又有效的方法就是设计管理人员的接替模型；马尔可夫模型是分析组织人员流动的典型矩阵模型。它的基本思想是：通过发现组织人事变动的规律，推测组织在未来的人员供给情况。

3．人力资源供需关系

在对企业人力资源的供给与需求情况进行深入的预测分析之后，需要根据两个方面的预测结果，进行全面的综合平衡。企业人力资源供求关系有三种情况：人力资源供求平衡；人力资源供大于求，结果是导致组织内部人浮于事，内耗严重，生产或工作效率低下；人力资源供小于求，企业设置闲置，固定资产利用率低，也是一种浪费。由此可见，企业人力资源供求实现平衡是人力资源规划的重要目的。

人力资源需求计划书

一、目的

1．通过需求调查与预测，制定企业人力资源需求计划，以满足企业经营发展对人力资源的需求，推进企业发展战略目标的实现。

2．了解企业的人力资源状况及需求情况，灵活选择聘用方式，并充分利用企业现有的人力资源，吸引并保持一定数量的具备特定技能、知识结构和能力的专业人才。

3．为人力资源管理提供重要信息及决策依据。

二、影响因素分析

影响本企业人力资源需求的因素主要包括以下四个方面。

（一）企业战略

企业的发展战略目标、发展方向、发展规模等是影响企业人力资源需求的重要因素，人力资源需求计划的制定应服从于企业的发展战略需要。

（二）生产经营要求

企业总体及各部门的生产经营状况、生产技术水平等对企业人力资源需求具有重要影响，为人力资源需求计划的制定提供参考依据。

（三）预期的员工流动

企业以往员工流动情况数据、当前员工状况对企业人力资源需求预测会产生重要影响，员工流动率作为制定人力资源需求计划的参照依据。

（四）组织结构、管理方式

企业组织结构的变更、各个岗位职责与权限的变化及管理方式的变化也会影响企业人力资源需求的变化，制定企业人力资源需求计划也应考虑此方面的因素。

三、数据收集与需求预测

（一）数据收集

人力资源部组织开展人力资源需求调查，企业各部门应积极配合人力资源部，提供有关数据及资料。

1. 财务部提供历史年度企业总成本、人工成本数据以及未来一年企业人工成本预算、总成本预测数据、成本分布情况分析表等。

2. 人力资源部统计、汇总企业人员数量、结构（学历、职称、年龄等）情况以及人员培训、人员流动、人员变动情况等数据资料，为进行人力资源需求预测提供数据支持。

3. 企业各部门提供各类产品工时定额及产品产量统计表、各部门人员作业率统计表、未来预期产品生产规模、产量等数据。

（二）需求预测

1. 人力资源部根据各部门工作岗位分析的结果，确定企业职务编制和人员配置。

2. 盘点人力资源现状，统计人员的缺编、超编情况，审查人员是否符合职务资格要求。

3. 统计预测期内的退休人员、未来可能离职人员情况，预测企业未来人员流失数据。

4. 根据企业发展战略规划以及各部门工作量的增长情况，预测企业未来人力资源需求量。

5. 汇总上述数据，得出企业人力资源的净需求量，制作"企业人力资源需求计划表"。

四、编制人力资源需求计划表

根据上述分析及需求预测，结合当前企业发展战略、各部门经营状况及预测的人员需求量，编制"企业人力资源需求计划表"（见下表）。

企业人力资源需求计划表

岗位 ＼ 部门		生产部	销售部	设备部	客户服务部	人力资源部	行政部	……
专门技能人员	基本生产工							
	装配试验工							
	维修操作工							
	辅助工							

续表

岗位＼部门		生产部	销售部	设备部	客户服务部	人力资源部	行政部	……
专业技术人员	电气设备技术人员							
	焊接工艺人员							
	工程设计人员							
	检测检验人员							
经营管理人员	生产管理类							
	客户管理类							
	质量管理类							
	行政事务类							

文案范本

人力资源需求申请表

申请部门		期望到岗时间	
需求数量		需求类别	□临时　　□长期
需求原因			
职位名称		直接上级	
工作地点		工作方式	□全职　　□兼职　　□实习
主要工作内容			
特殊要求			
部门领导意见	签字：　　　　　　　　日期：		
分管副总意见	签字：　　　　　　　　日期：		
备注	1. 此表适用于部门主管及以下人员的需求申请 2. 普通员工的需求申请不需要分管副总审批 3. 任职资格与公司职位说明体系要求差别较大的，可填写特殊要求		

文案范本

人力资源战略规划流程

1. 人力资源战略规划流程与风险控制图

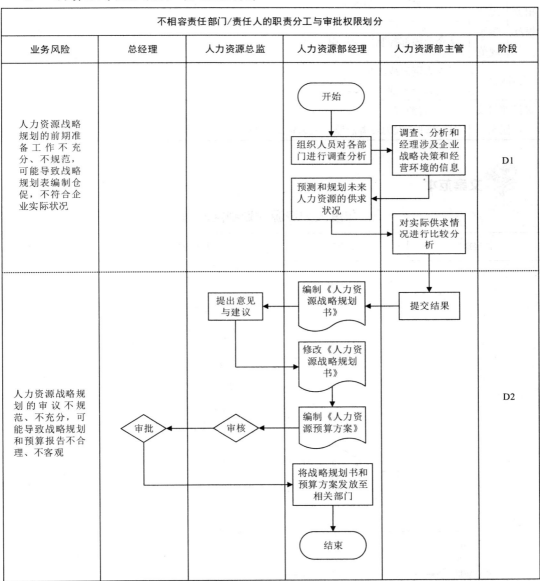

2. 人力资源战略规划流程控制表

控制事项		详细描述及说明
阶段控制	D1	1. 人力资源部经理组织人员对各相关部门进行调查分析 2. 人力资源部主管调查、分析并整理涉及企业战略决策和经营环境的各种信息 3. 人力资源部经理在分析人力资源需求和供给影响因素的基础上，采用定性与定量相结合的预测方法，对企业未来的人力资源供求进行预测

续表

控制事项		详细描述及说明
阶段控制	D2	4. 人力资源部经理编制《人力资源战略规划书》 5. 人力资源部经理编制《人力资源预算方案》
相关规范	应建规范	《人力资源管理制度》
	参照规范	《企业内部控制应用指引》
文件资料		《人力资源战略规划书》 《人力资源预算方案》
责任部门及责任人		人力资源部 总经理、人力资源总监、人力资源部经理、人力资源部主管

文案范本

年度人力资源计划制定流程

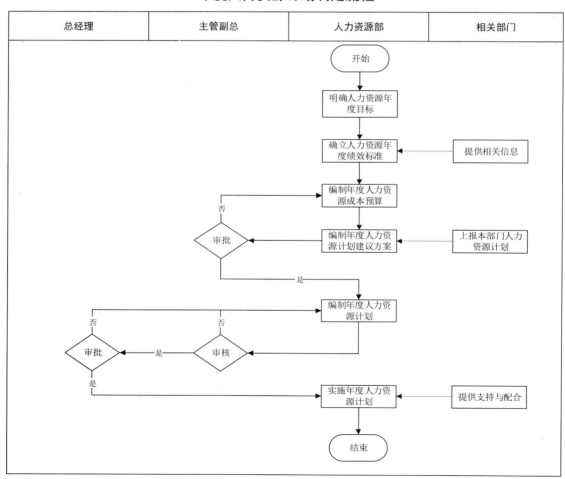

二、人力资源招聘

（一）员工招聘的关键控制点

1．人力资源招聘计划的制定

招聘计划是基于工作设计、人力资源规划和工作分析的基础上而制定的。在制定招聘计划时，要结合企业定岗定编方案、企业发展规划、人才需求、职责分析、专业要求、需求的紧迫程度、企业的成本效益原则等方面，合理确定招聘人数、招聘人员的素质要求、招聘方式等，确保招聘工作的顺利进行。

2．招聘渠道的选择

员工招聘各种渠道的特点、使用范围、优缺点各不相同，企业应针对招聘对象选择合理恰当的招聘渠道。

员工招聘主要有内部招聘和外部招聘两种方式，在招聘前，企业要明确是以内部招聘为主，还是以外部招聘为主。两者各有优劣势，如表 3-4 所示。

表 3-4　内部招聘和外部招聘的优缺点

招聘方式	优　　　点	缺　　　点
内部招聘	员工熟悉企业 招聘和训练成本较低 提高现职员工士气和工作意愿 企业了解员工 保持企业内部的稳定性	引起员工为晋升而产生矛盾 员工来源狭窄 不获晋升者可能会士气低落 容易形成企业内部人员的板块结构
外部招聘	引入新观念和方法 员工在企业新上任，凡事可从头开始 引入企业没有的知识和技术	人才获取成本高 新聘员工需要适应企业环境 降低现职员工的士气和投入感 新旧员工之间相互适应期限延长

内部招聘是指从企业内部获得企业所需要的各种人才。企业本身是一个人才的蓄水池，由于工作和岗位的原因，很多人才的优点未能被发现，因此，企业现有员工是招聘的一个重要来源，甚至成为部分公司的主要来源。内部招聘主要有档案法、内部公告、主管推荐、职业生涯开发系统等方法。

外部招聘主要源于企业外部巨大的劳动力和人才市场。其招聘渠道主要有广告招聘、人员推荐、校园招聘、职业介绍机构介绍、招聘会、网络招聘等。

上述各种招聘方式各有优势和局限，企业在具体实施时，应依据工作的类型、紧迫程度、地理区域限制及招聘成本等做综合权衡，选择合适的招聘方式。

3．人员的甄选

甄选就是判断哪些候选人与空缺职位的要求相匹配，并在此基础上作出聘用决策。企业在招聘员工时所采用的甄选方式主要有两大类，即面试法和测评法。其通常需要进行的程序有以下几点：

（1）筛选材料；

（2）初次面试；

（3）实施各种测验；

（4）职业倾向测验；

（5）上级主管面试；

（6）应聘材料及相关证件核实、背景调查；

（7）相关部门提出录用建议；

（8）健康检查；

（9）录用，进入试用期。

人员甄选基本都通过笔试、面试、心理测试、无领导小组讨论等方法对应聘者的知识、能力、个性等因素进行评价，判断其是否胜任工作。

在运用各种测评方法对候选人的任职资格和对工作的胜任程度进行测量和评价后，下一步就是做好新员工录用工作。在作出录用决策过程中，要注意不要将录用标准设置得太高，要根据岗位要求有所侧重，而且确定初步录用的人选名单要多于实际录用的人数。

（二）员工招聘的主要风险点

为了营造好的人力资源内部控制环境，在员工聘用政策的制定和执行过程中，必须意识到各种可能存在的风险。

1．招聘成本的回报风险

一般情况下，人员招聘费用较高，如果招聘的人员不符合企业的实际需求，不仅会造成招聘成本无法回收，从长时间来看，还会给企业带来其他的一些负面效应。

另外，如果企业出现招聘条件与岗位的实际要求脱节，如企业拔高应聘条件，忽视岗位实际需求，不仅会加大企业本身的招聘成本，还会造成人才资源的浪费。

2．招聘渠道不恰当的风险

企业招聘基本是通过内部招聘与外部招聘两种渠道。招聘公司急需的或特别优秀的人才，就不能靠广告的方式。因为真正优秀的人才一般都会忠于职位，不会特别关注广告中的职位，也不会轻易到招聘会去找工作。即使这些人要跳槽，一般都是通过业界朋友引荐、猎头公司推荐或竞争对手直接挖角的方式来实现。还有部分单位通过公开高薪招聘的方式引进人才，不仅增加了很多费用，还会因为薪酬、福利、新老员工差异等问题加大企业大量原有人才的流失，"招来了女婿，气走了儿"。

3．应聘者的道德风险

企业的效益是通过人才能力的发挥来实现的，但是人才能力的发挥是无形的，对它的监督和控制非常困难，企业无法判断为了企业的利益，人才会发挥出多大的能力。而且在当前这个社会，一些持有假学历、假证书、假职称的"人才"更是道德风险的体现。

4．招聘工作缺乏效率与效果的风险

招聘速度是衡量人力资源管理工作的一个重要指标，对投递简历的应聘者反应速度越快，就越可能招到优秀的人才。如果招聘工作组织不当，就可能导致招聘速度过慢，让企业无法在规定的时间内获得所需的员工，导致招聘工作缺乏效率。

人力资源招聘风险来自很多方面，有信息不对称的原因，也有招聘者的品质和动机的问题，还有在人员甄选时使用的测评工作与技术的局限性，这些因素都可能会引起人力资源招聘风险。

文案范本

人员招聘制度

第一章　总　　则

第一条　目的。

1. 及时补充公司人力资源，弥补岗位空缺，满足公司用人需求，促进公司经营发展战略的实现。

2. 规范企业员工招聘活动，使招聘工作有效、顺利地进行，为公司招募合适的人才。

第二条　适用范围。

本制度适用于公司所有员工的招聘工作。

第三条　招聘方式。

1. 外部招聘：主要采用发布广告、招聘洽谈会、校园招聘及网络招聘等方法。

2. 内部选拔：包括员工个人申请及公司各部门推荐人选等。

3. 委托第三方招聘：通过与人才交流中心、人力资源服务机构及猎头公司等中介机构签订委托招聘合同，委托其代理招聘，招募所需要的关键岗位及高级管理人才。

第二章　制定招聘计划

第四条　人力资源部根据公司总经理审批通过的各部门人员编制标准及人力资源需求计划，结合公司经营发展状况，制定招聘计划。

第五条　定期招聘计划。

1. 人力资源部于每年末制定公司下一年度的整体招聘计划及费用预算。

2. 公司各用人部门于每季度末的第一周向人力资源部提交下一季度的招聘计划。

3. 人力资源部负责制定应届毕业生的招聘计划。

第六条　不定期招聘。

1. 公司各部门因业务发展需要或特殊原因急需招聘人员时，人力资源部根据各部门要求制定临时招聘计划。

2. 各部门需要在计划内招聘人员的，应提前＿＿＿＿＿天向人力资源部提出申请，以便人力资源部做好招聘计划及准备工作。

第三章　实施招聘工作

第七条　内部选拔与外部招聘。

1. 公司各部门出现岗位空缺时，原则上首先考虑向公司内部全体工作人员公开招募，通过在公司内部寻找合适人选来弥补岗位空缺。

2. 内部员工无法满足招聘需求时，考虑外部招聘。

（1）应届毕业生的招聘，集中在每年的第一、第四季度进行。

（2）社会人员的招聘及临时招聘，根据招聘计划和各部门用人需要，合理安排时间组织实施。

第八条　面试与录用。

1. 人力资源部负责应聘人员的简历筛选和初试工作。

2. 公司各用人部门负责应聘人员的复试工作，公司高层领导参与中高层管理职位的复试工作。

3. 人力资源部配合各用人部门，对应聘人员进行全面综合评价，并按照择优录用原则做

出录用决策。

第九条 委托第三方招聘。

1. 公司高层管理岗位及核心岗位出现空缺，可委托专业的人力资源服务机构（如猎头公司等），招募公司需要的高级优秀人才。

2. 公司与外部人力资源服务机构通过签订招聘委托合同，约定招聘相关事宜，由外部人力资源服务机构提供备选的候选人，公司人力资源部组织候选人参加复试。

3. 公司高层及人力资源总监负责对候选人的面试，并做出录用决策。

第四章 人员录用程序

第十条 新员工入职。

1. 新员工入职前需进行体检，体检合格后方可录用。

2. 新员工到岗时间由公司各部门确定，人力资源部负责及时通知。

3. 人力资源部负责为员工办理各项入职手续。

（1）填写"员工登记表"，签订《劳动合同书》。

（2）调转人事档案及各类保险手续。

（3）公司规定的其他需要办理的手续。

第十一条 试用期规定。

1. 公司新员工试用期为1~6个月不等，根据劳动合同法及公司的相关规定、各岗位的实际需要确定。

2. 试用期间，用人部门应做好新员工的业务指导工作，并负责记录员工试用期间的绩效及工作表现。

3. 员工试用期满，由用人部门填写"试用期考核表"，经部门经理、人力资源部及总经理审批合格后正式录用。

第五章 附   则

第十二条 本制度由人力资源部制定，经总经理核准后实施，修改时亦同。

第十三条 本制度解释权归公司人力资源部，自颁布之日起实施。

第十四条 相关文件表单。

1. "员工登记表"。

2.《劳动合同书》。

3. "试用期考核表"。

 文案范本

招聘成本控制标准

一、目的

为有效控制人力资源招聘成本，合理划分招聘成本，提高招聘效率，保证招聘效果，特制定本标准。

二、适用范围

本标准适用于本公司的招聘工作。

三、招聘成本构成

1. 直接成本

直接成本包括广告、招聘会费用、猎头费、中介费、员工推荐奖励金、校园招聘费和网络

广告费。

2.　内部成本

内部成本主要是指招聘人员的工资、福利、差旅费及其他管理费用。

3.　外部成本

外部成本主要是指招聘外地员工所发生的搬家费、置家费、探亲费和交通补贴费等。

4.　机会成本

招聘成本的机会成本主要体现为：如果招聘到一名合适于本招聘职位的员工能够给公司创造的效益；如果招聘到的员工不符合公司的要求，有可能带来的经济损失、管理费、办公费、员工试用期薪酬、培训费及另找一名员工所需要的招聘费等。

四、事先控制——人员招聘审核权限

（一）作用

1.　有效识别人员空缺

确保所招聘职位是必需的，且无法替代，其职责不能通过工作分配、现有人员加班、临时借调或外包的形式解决。

2.　严控编制

逐级审批，有利于从公司整体组织架构的角度合理配置人员，避免出现冗员，增加成本。

3.　责任承担

当招聘工作出现重大失误或招聘费用严重超支，需向审批人员问责。

（二）相关界定

1.　提出招聘需求

指相关人员提出人员招聘需求。

2.　审核权

审核权指相关人员对员工招聘工作进行审查，并做出决定的权力。该权力包括推荐给下一个审核者或者核准者进行决策并提供建议，还包括否决招聘员工，审核者行使否决权后，招聘程序自动中止。

3.　核准权

核准权指相关人员根据审核者提供的建议，最终决定员工招聘是否执行，如果同意则立刻执行，反之则不执行。

4.　报备

报备是指员工招聘完成之后，相关人员定期得到招聘统计信息的权力。

（三）人员招聘审核权限（见下表）

招聘审核权限表

		审批分类	主　管	部门经理	分管副总	人力资源部	总　裁
需求确认	编制内	一般员工/操作人员	√	√△	○	□	
		一般管理/技术/业务人员	√	√△	△	□	
		部门经理以上			√	□	
	编制外	一般员工及辅助后勤人员		√	△	□	○
		一般管理/技术/业务人员、部门经理级以上		√	△	△	□

备注：√—提出；△—审核；□—核准；○—报备。

五、事中控制——招聘渠道优化选择

（一）招聘渠道类型（见下表）

招聘渠道类型比较分析表

招聘渠道	收费情况	招聘特点	招聘效果
内部招聘	免费	对能力强的员工可起到激励作用，避免优秀员工被竞争对手挖走	随时发布信息，针对性强，质量有保证，但选择余地较小
员工推荐	500～1 000 元（用于奖励）	针对性强，效率较高	费用低，质量有保证，但是存在管理隐患
网上招聘	2 000～100 000 元	覆盖面广，无地域限制，可作为企业形象宣传，针对性强，宣传沟通方便	费用低，不断使用，可选择余地大
校园招聘	免费或少许	可作为企业形象宣传，直接与求职者面对面	后期培训费用较高
报纸广告	12cm×8 cm　6 000 元/次	固定阅读，媒介覆盖影响力大，但时效性差	需花费较大精力筛选，效果一般，不利于招聘较高职位
招聘会	1 000～4 500 元/摊位	与求职者直接面对面，效率较高	时效性强，质量难以保证，持续时间短
猎头公司	15 000～100 000 元	针对性强，质量高，效率高	质量有保证，但费用高

（二）选择渠道说明

1. 考虑内部招聘

通过内部招聘，一方面确保公司内部业务和文化的匹配，另一方面也是公司为员工的职业生涯发展提供的机会。此种方式费用低，质量有保证，大部分职位可先通过发布内部信息的方式进行招聘。

2. 员工推荐

这种方法在寻找很难招到的人才时，如招聘高科技或信息专业人才时特别有效，可节省大量费用。

3. 网上招聘

专门的招聘网站按年收费，费用较低，可以发布任何数量的广告，因此可以作为一般职位招聘需求的首选方式，但对高级职位的招聘效果不理想。

4. 报纸广告

招聘渠道中，目前公司所在地区××报纸效果较好，目前处于垄断地位。特别适用于招聘各类中高级人才职位，但费用较高。

5. 校园招聘

校园招聘适用于有长期人才培养计划、相同需求职位较多的公司。

6. 猎头公司

仅限于招聘部门经理及以上级别的职位使用。

7. 公司需按职位不同选择最佳招聘渠道，如下表所示。

按职位选择招聘渠道

部 门	职位分类	招聘渠道:"1"首选,"2"次选					
		内部	报纸广告	网上招聘	招聘会	猎头公司	校园招聘
综合管理部	人力资源管理类	1	2	1			
	行政、司机类	1	2	1			
财务部	所有职位	1	2	1			
物业部	物业管理主管		1	2			
	工程类		1	2			
市场部	客服类	1	1	1			
	市场营销人员	1	1	1		2	
投资部	投资管理类、法律类		1	1			
运维部	IT支持类	1	2	1	2		2
技术部	软件开发、项目管理类	1	2	1	2		2
	售前支持	1	2	1	2		
市场部	市场、销售类	1	1	1			
呼叫中心	客户服务类（普通）		2	1			2
	客户服务类（外语）		2	1	2		2
	运营主管		1	1		2	
	项目主管		1	1		2	

六、招聘成本控制程序

（一）招聘成本类别（见下表）

招聘成本类别

类 别	含 义
广告费	用于发布网络、专业杂志、报纸招聘广告的媒体广告费用
中介机构服务费	用于支付猎头公司、普通人才服务机构的招聘服务费用
会务（场租）费	用于支付人才招聘会中公司招聘展台的费用
资料费	用于支付招聘材料的印刷、制作、采购的费用
推荐费	用于支付人才推荐者的佣金的费用
公关费	用于支付招聘活动发生的公关费用
相关费用	用于支付招聘活动发生的差旅、餐饮、食宿的费用
其他	与招聘相关的其他费用

（二）程序

1. 各部门制定预算

各部门招聘成本预算情况如下表所示。

部门招聘成本预算表

所需职位	空缺职位数	拟采取的招聘方式	预算费用
基层员工			
中层员工			

所需职位	空缺职位数	拟采取的招聘方式	预算费用
高层员工			
人力资源部意见	负责人签字： 年 月 日		
总经理审核意见	负责人签字： 年 月 日		

2．借款

人力资源部依据招聘计划和费用预算，统一到财务部申请借款。

3．费用登记

（1）每次进行招聘时，各部门招聘负责人都应在《招聘成本登记表》上签名，以此作为划分招聘成本的确认依据。

（2）《招聘成本登记表》上应注明招聘负责人和实际花费的招聘费用，参加招聘的人员可对其进行监督（见下表）。

招聘成本登记表

招聘项目	时间及地点	参加部门	各部门招聘负责人签名
备注	招聘负责人		
	招聘费用		

4．分摊方法

招聘成本依据参加招聘会的人数由各单位分摊，但由事业部组织并以事业部名义发布的招聘广告、网络招聘及由此发生的广告费、网络费、用车费由事业部本部承担，在招聘过程中发生的其他费用（如住宿费、业务招待费等）由各单位承担。

各单位费用支出=（招聘费用总额÷参加总人数）×各单位参加人数

5．分摊单位划分（见下表）

月份招聘成本分划报表

部门支出 招聘项目	综合管理部	技术部	市场部	投资部	运维部	工程物业部	财务部	呼叫中心	合计
合计									
备注									

6．划账流程

（1）人力资源部依据《招聘成本登记表》编制《招聘成本分划报表》。

（2）《招聘成本分划报表》由招聘主管编制，并报财务部审核。

（3）《招聘成本分划报表》于每月 30 日前报财务部。

（4）财务部依据《招聘成本登记表》和《招聘成本分划报表》对招聘成本进行划账。

7. 划账方式

划账采用每月一划的方式进行。

文案范本

招聘管理流程

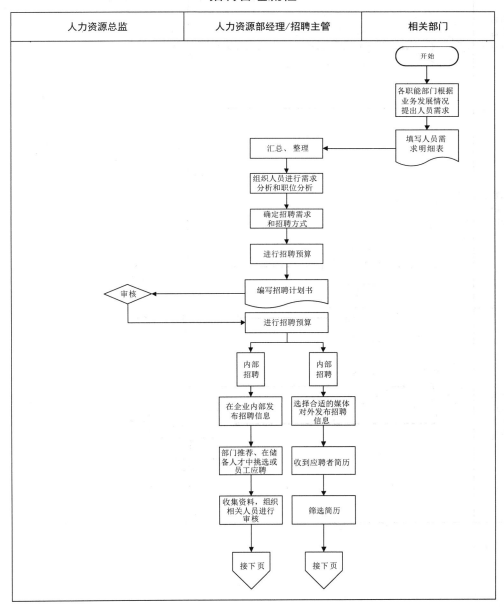

文案范本

外部招聘控制流程

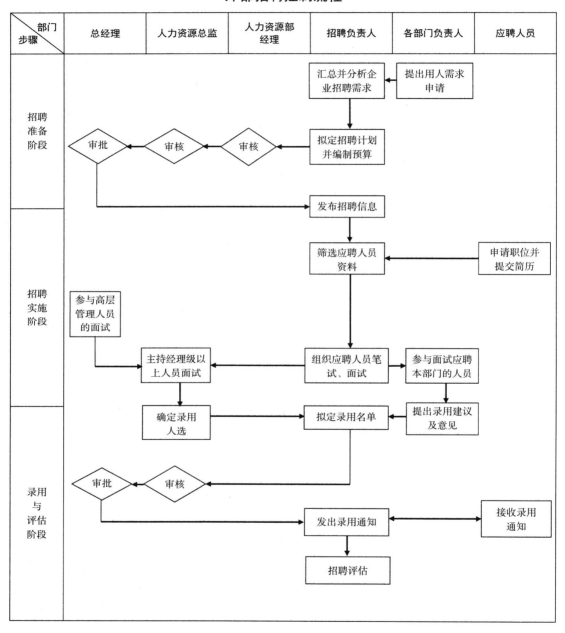

文案范本

委托招聘控制流程

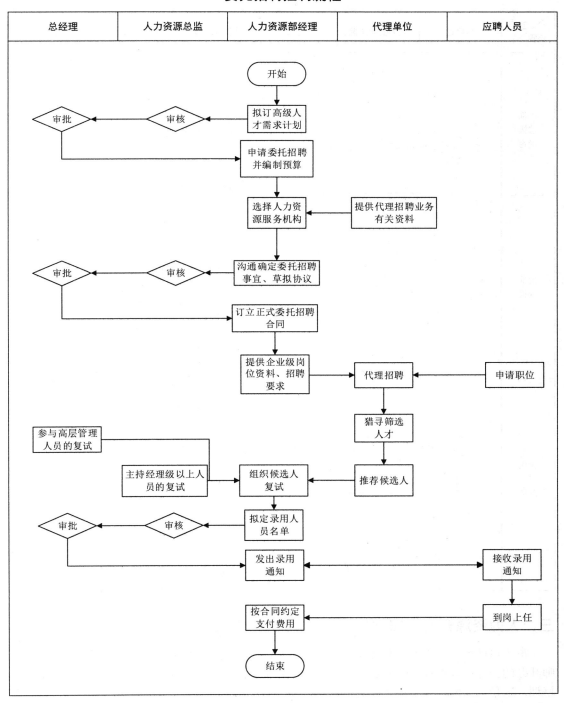

文案范本

内部选拔控制流程

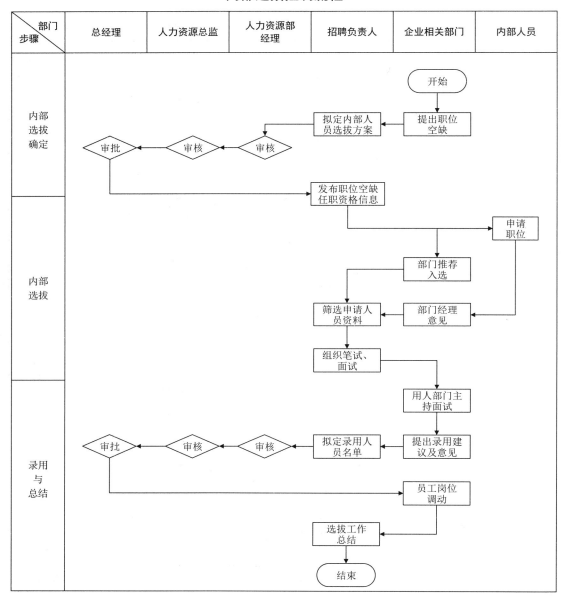

部门 步骤	总经理	人力资源总监	人力资源部 经理	招聘负责人	企业相关部门	内部人员
内部 选拔 确定						
内部 选拔						
录用 与 总结						

三、人力资源开发（培训）

员工培训可以分为外训和企业内训两种途径：外训是让员工到企业外面参与一些相关的讲师开办的公开培训课程；内训是企业邀请相关讲师到企业进行调研，针对性的对企业员工进行培训，这是全面的内部培训，一般不对外公开。

员工培训按内容来划分，可以分为员工技能培训和员工素质培训两种：员工技能培训是企

业针对岗位的需求，对员工进行的岗位能力培训；员工素质培训是企业对员工素质方面的要求，主要有心理素质、个人工作态度、工作习惯等的素质培训。

员工培训的成本无论从费用、时间与精力上来说，都是不低的，所以必须精心设计与组织。要有效地做好这一工作，应把它视为一项系统工程，即采用一种系统的方法，使培训活动能符合企业的目标，让其中的每一个环节都能实现员工个人及其工作和企业本身三方面的优化。

（一）员工培训的控制目标

员工培训的控制目标是通过内部控制的实施，确定培训的需求，设置恰当的培训目标，通过培训方案的实施，使员工不断地更新知识，开拓技能，改进员工的动机、态度和行为，使企业能适应新的要求，更好地胜任现职工作或担负更高级别的职务，从而提高经营效率和效果，促进企业实现发展战略。

（二）员工培训的主要风险点

企业通过员工培训，不仅是要满足企业发展对具有胜任能力的员工的需要，同时也可以促进企业经营业绩的提高，确保员工培训有关信息的真实可靠，确保员工培训遵守法律法规的要求，确保企业人力资源的安全，促进企业文化建设。

为了营造一个良好的员工培训环境，保证培训政策的制定与执行能够实现企业与员工培训的目标，企业要关注由于培训政策不适当导致培训效果低下及由于培训政策执行不到位而产生的风险。例如，在培训政策执行过程中，如果培训目的不明确将会导致企业培训无效果、培训对象不清晰、培训方法不当将会导致企业培训效果低下等。

（三）员工培训的关键控制点

为了保证员工培训效果，企业要对培训中各类风险进行控制，主要包括员工培训的政策控制和员工培训实施过程的控制。

1．培训需求的确定

不同的人员有不同的培训需求，企业需要针对不同的需求开展有针对性的培训，这样才会有好的效果。

在调研需求方面，需要人力资源专业人员和各业务主管人员共同配合，深入各单位，对培训需求加以摸底、排查、引导、整理，发现真正的培训需求。

2．培训内容的选择

针对调研出的培训需求，需要人力资源部门和各业务主管人员选择、确定有效的培训内容。

重点关注培训的内容是否能解决培训的需求，因为现代社会信息量大，雷同的信息太多，需要认真地加以选择。

3．培训方式的选择

不同的培训方式成本开支是不一样的，同时培训的效果也不一样。一般来讲，外部培训的代价较高，而内部培训的代价较低。外部培训因为封闭性较好，一般培训效果也较好。内部培训因为在公司内部，参训人员容易受到干扰，一般效果不如外训。选择外训还是内训，要求企业根据培训的对象、内容、经济性等方面加以比较分析。

4．培训效果的评估

为了对培训有一个全面、正确的了解，以利于进一步的提高，从内部控制来看，培训效果的评估是一个关键的环节。

通过培训效果的评估，可以发现企业在需求调研、内容选择、方式确定等方面是否达到预期目的。通过知识转移的评估，可以评价企业培训的实际效果，进行成本效益分析。一般而言，企业会重培训的形式而轻培训的内容，重培训的开展而轻效果的评估，这是我们应该力求避免的。

（四）员工培训流程

1. 确定培训需要
确认工作行为或绩效差异的存在；培训需要分析；确认培训是否为最好的方法。

2. 培训目标的设置
设置培训目标将为培训计划提供明确的方向和依循的架构。有了目标，才能确定培训对象、内容、时间、教师、方法等具体内容，并可在培训之后，对照此目标进行效果评估。

培训目标主要分为技能培养、传授知识、转变态度、工作表现、绩效目标几大类。

3. 培训方案的拟定
培训方案主要包括：培训目标、培训项目、培训对象、培训机构和培训讲师、培训内容、培训教材和参考书、培训方式、培训设施、培训后勤保障、培训地点和时间、培训效果评估方案、培训的费用预算等。

4. 培训活动的实施
主要包括培训的准备工作与培训的实施和控制。

5. 效果转移
将培训和发展的结果有效地转移到实际工作上，企业必须考虑公司总体目标、政策、组织结构、工作流程、方法、企业文化与培训所传授的理念相一致，并创造效果转移的条件，以帮助企业达到预期的目标。

6. 培训总结与评价
评估企业培训和发展的成果，主要包括对参与者、培训目标达成情况及培训效果的评估。

（五）文案范本
请参阅以下相关文案。

 **文案范本**

员工培训管理制度
第一章 总 则

第一条 目的。

1. 规范企业的培训工作，提升企业员工业务水平和职业素养。

2. 使员工掌握最新的专业技术和技能，更新管理理念，不断提升企业核心竞争力。

3. 为企业员工提供再学习和深造的机会，实现员工个人发展与企业战略经营目标的共同实现。

第二条 企业培训体系构成。

1. 职业道德、素质修养与企业文化教育培训体系。

2. 新员工入职培训体系。

3. 基层员工工作技能、技巧培训体系。

4. 高、中、基层管理者管理技能培训体系。

5. 脱产教育与员工自我开发体系。

第二章　入职培训

第三条　企业整体培训。

1. 新员工入职后一周内，企业统一组织培训，内容主要包括企业发展历史与愿景、组织结构、发展战略、主要业务以及薪酬福利、绩效考核等相关人力资源政策等。

2. 人力资源部首先对新员工进行为期＿＿＿天的集中培训，帮助其熟悉企业的整体情况。完成整体培训后，新员工需参加培训考核，不合格者需进行为期＿＿＿天的强化训练，直到合格为止。

第四条　部门工作引导。

1. 新员工经过企业统一培训合格后，由企业各部门相关负责人对其进行部门内部工作引导。

2. 部门工作引导包括部门结构与职能介绍、新员工工作岗位描述及业务技能培训等内容。

3. 工作引导培训完成后，由部门组织对新员工进行考核，不合格者需进行为期＿＿＿天的针对性训练，如考核仍未合格，则考虑延期转正或辞退。

第五条　部门交叉引导。

对新员工进行部门内部工作引导时，各部门相关负责人应结合新员工所担任的工作性质和岗位职责，带领新员工到相关部门进行部门交叉引导，使其熟悉企业各部门间的相互工作关系。

第三章　脱产培训

第六条　培训计划制定。

1. 人力资源部根据企业经营发展目标，结合培训需求调查，制定年度培训计划，报总经理批准后组织实施。

2. 各部门根据业务发展需要，制定本部门员工的培训发展计划，并报人力资源部批准后实施。

第七条　企业总经理、副总经理、总监级人员的培训。

1. 培训方式主要包括外出学习考察、外出进修、聘请有关专家培训等。

2. 培训内容主要涉及企业行业的先进管理经验及先进技术、知名企业的先进管理经验、企业职业经理人进修培训等。

3. 总经理、副总经理、总监级人员的培训由人力资源部每年至少组织一次。

4. 总经理、副总经理、总监级人员参加培训的，须与企业签订培训协议，并于培训结束后将培训学习材料整理交至人力资源部，作为人力资源部转训教材。

第八条　部门经理和主管级以上人员的培训。

1. 培训方式主要包括企业内部讲师或外聘有关专家培训等。

2. 培训内容主要涉及企业不断发展的文化、新运营模式的建立与运行、最新的管理理论和经营理念、管理者晋级课程等。

3. 部门经理和主管级人员的培训由人力资源部至少每半年组织一次。

4. 部门经理和主管级人员的培训考核结果将由人力资源部纳入绩效考核评估记录。

第九条　基层员工培训。

1. 原则上，企业内部讲师或各部门相关人员负责对基层员工进行培训。

2. 培训内容主要涉及《员工手册》、企业规章制度、工作流程与规范、技术改进与推广等。

3. 基层员工的培训根据各部门工作需要，由人力资源部和各部门共同组织实施。

4. 基层员工的培训考核结果将由人力资源部统一纳入绩效考核评估记录。

第四章　岗位轮换

第十条　岗位轮换适用范围。

1. 在企业重要岗位（如财会、采购、仓库、资金等）工作满＿＿＿年的员工。

2. 大学本科以上学历，有一定的专业特长、技术知识和管理经验，有较强的事业心和进取心的员工。

第十一条　部门内部岗位轮换。

1. 人力资源部于每年年末统计各部门员工岗位轮换安排，并制定企业下年度的员工岗位轮换计划。

2. 各部门安排本部门员工的工作岗位轮换，或者由员工个人提出轮换申请，必须经部门经理、人力资源部经理、总监审核，总经理审批。

3. 人力资源部与各部门负责人拟定参加岗位轮换的人员名单。

4. 人力资源部为参加岗位轮换的员工建立《岗位轮换记录卡》，记录员工的基本情况、优缺点、轮换工作、培训情况等。

5. 员工岗位轮换的具体操作按企业内部调动程序执行。

第十二条　部门之间岗位轮换。

1. 人力资源部根据企业的实际情况，统一安排部门之间的工作岗位轮换。

2. 对于向管理方面发展的员工，以安排行政、企划、营销、科技、生产管理等工作岗位轮换为主。

3. 对于向技术方向发展的员工，以安排产品研发、品质管理、设备及工艺管理等工作岗位轮换为主。

4. 企业各部门应密切配合轮换工作，指定专人对轮换员工进行工作指导及考核。

第五章　培训评估与档案管理

第十三条　培训效果评估。

企业每开展一次培训项目，人力资源部应及时对培训效果进行评估，形成培训评估报告，以不断改进和提升以后的培训工作质量。

第十四条　培训档案管理。

1. 人力资源部为每位受训员工建立和保管培训及岗位轮换档案，记录其培训及岗位轮换的具体情况。

2. 人力资源部负责将每次培训的资料、教材、录像、记录整理存档，不断完善企业的员工培训体系。

第六章　附　　则

第十五条　各项培训所花费用由培训项目负责人申请，报人力资源部经理、财务部经理、总经理审核，培训结束后凭各种财务凭证报销，多退少补。

第十六条　本制度未尽事宜，可进行修改和增补，并呈报总经理审批后颁布实施。

第十七条　企业人力资源部负责本制度的解释和监督执行。

文案范本

员工培训申请表

姓　名		部　门		职　位	
培训时间	年　月　日至　年　月　日		培训地点		
培训机构			培训课程		
培训方式	□脱产培训　　□在职培训				
培训预期目标					
培训费用	培训费：			食宿费：	
	交通费：			其他：	
	拟申请财务借款　　元				
培训协议	□不签订 □签订，约定服务期限：自培训结束后　　年				
部门领导意见				签字：　　　　　　　日期：	
人力资源部意见				签字：　　　　　　　日期：	
分管副总意见				签字：　　　　　　　日期：	

注：1万元及以下的培训申请不需要分管副总审批。

 文案范本

员工培训流程

1. 员工培训流程与风险控制流程

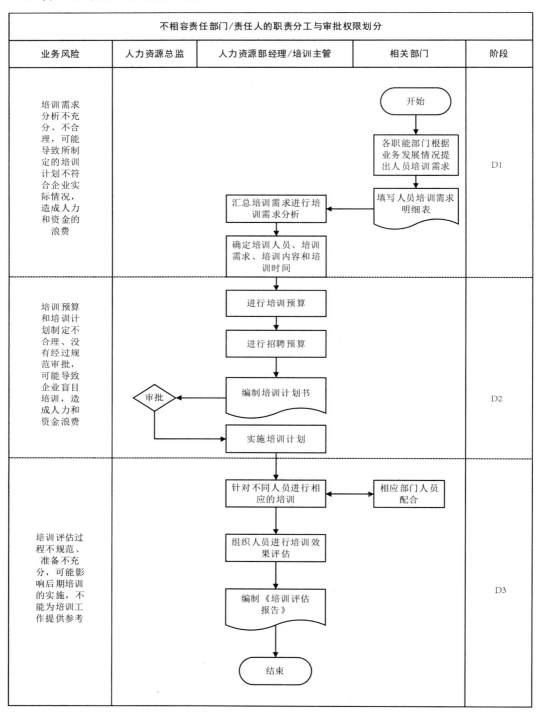

不相容责任部门/责任人的职责分工与审批权限划分				
业务风险	人力资源总监	人力资源部经理/培训主管	相关部门	阶段
培训需求分析不充分、不合理，可能导致所制定的培训计划不符合企业实际情况，造成人力和资金的浪费		汇总培训需求进行培训需求分析；确定培训人员、培训需求、培训内容和培训时间	开始；各职能部门根据业务发展情况提出人员培训需求；填写人员培训需求明细表	D1
培训预算和培训计划制定不合理、没有经过规范审批，可能导致企业盲目培训，造成人力和资金浪费	审批	进行培训预算；进行招聘预算；编制培训计划书；实施培训计划		D2
培训评估过程不规范、准备不充分，可能影响后期培训的实施，不能为培训工作提供参考		针对不同人员进行相应的培训；组织人员进行培训效果评估；编制《培训评估报告》；结束	相应部门人员配合	D3

2. 员工培训流程控制表

控制事项		详细描述及说明
阶段控制	D1	1. 各职能部门根据业务发展情况提出人员培训需求，填写"人员培训需求明细表" 2. 培训主管组织人员汇总培训需求，并进行培训需求分析 3. 培训主管确定培训人员、培训方式、培训内容和培训时间
	D2	4. 培训主管进行培训预算 5. 人力资源部经理编制培训计划书 6. 人力资源部经理和培训主管组织实施培训计划
	D3	7. 针对不同人员进行相应的培训，职能部门配合 8. 培训主管组织人员进行培训效果评估
相关规范	应建规范	《培训管理制度》
	参照规范	《企业内部控制应用指引》
文件资料		人员培训需求明细表 培训计划书
责任部门及责任人		人力资源部 人力资源总监、人力资源部经理、培训主管

文案范本

入职培训控制流程

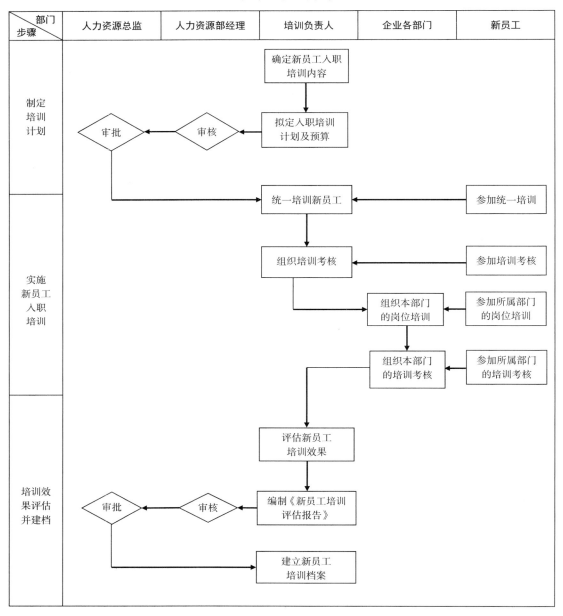

部门 步骤	人力资源总监	人力资源部经理	培训负责人	企业各部门	新员工
制定 培训 计划			确定新员工入职培训内容 → 拟定入职培训计划及预算		
	审批 ←	审核			
实施 新员工 入职 培训			统一培训新员工 ←		参加统一培训
			组织培训考核 ←		参加培训考核
			组织本部门的岗位培训 ←	参加所属部门的岗位培训	
			组织本部门的培训考核 ←	参加所属部门的培训考核	
培训效 果评估 并建档			评估新员工培训效果		
	审批 ←	审核 ←	编制《新员工培训评估报告》		
			建立新员工培训档案		

文案范本

脱产培训控制流程

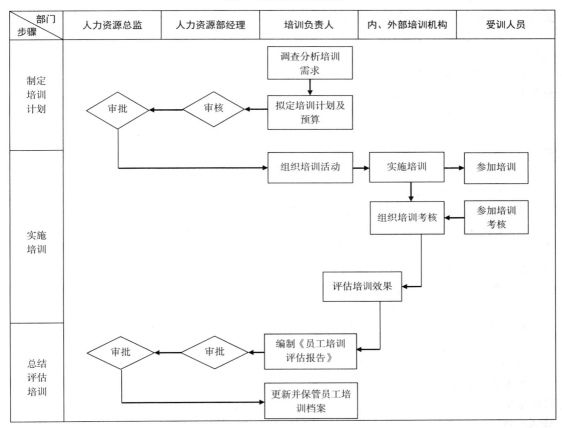

步骤＼部门	人力资源总监	人力资源部经理	培训负责人	内、外部培训机构	受训人员
制定培训计划	审批	审核	调查分析培训需求 ← 拟定培训计划及预算		
实施培训			组织培训活动 → 实施培训 → 组织培训考核		参加培训 参加培训考核
总结评估培训	审批	审批	评估培训效果 编制《员工培训评估报告》 更新并保管员工培训档案		

文案范本

员工教育经费使用规定

第一章 总 则

第一条 目的。

为充分发挥员工教育经费的作用，确保员工教育经费的安全、高效使用，根据相关法律、法规，结合本公司的实际情况，特制定本规定。

第二条 本规定适用于本公司及下属公司。

第三条 员工教育经费的计提。

根据国家相关规定，结合本公司的实际情况，员工教育经费按员工全年工资总额的 2.5%提取使用，列入成本开支。

第二章 职工教育经费的开支范围

第四条 开支范围。

1. 培训（养）费，指公司统一组织的员工学历教育培养费；员工岗位培训、安全技术教

育、职业资格培训等培训费；各类专业技术人员和管理人员的继续教育、业务短训和业务进修培训费等。

2. 课酬金，指聘请兼职教师的兼课酬金。

3. 班费用，指由本司及下属子公司培训班开班所发生的培训资料费、出卷费、阅卷费和监考费，学员在培训学习期间的住宿、交通费等。

4. 资格审定与鉴定费，指公司在职员工晋升工人技师、工人高级技师所需的评审费，工人技能等级鉴定费等。

5. 公务资料费，指专职教职员工的办公费和资料费、教学器具的维修费、教学实验费、培训教材编印费等。

6. 设备购置费，指购置员工教育用一般教学器具、实验仪器和图书等费用。

7. 学员生活补助费，指各类学员在规定时间内的脱产培训或函授面授所享有的生活补助费。

8. 员工教育目标管理年度考核兑现奖。

9. 其他必须由职教经费支付的零星开支。

第五条　下列各项不包括在员工教育经费以内，应按有关规定开支。

1. 专职教职员工的工资和各项劳保、福利、奖金等，以及按规定发给脱产学习的学员工资。

2. 学员个人学习用参考资料、计算尺（器）、小件绘图仪器（如量角器、三角板、圆规等）和笔墨、纸张等其他学习用品，由学员自理。

3. 举办员工教育所必须购置的设备，凡符合固定资产标准的，按规定列支。

4. 属于公司开发新技术、研究新产品的技术培训费用。

第三章　员工教育经费的使用与管理

第六条　教育经费必须专款专用，不得截留和挪用。

第七条　公司按员工工资总额的 1%提取教育经费，用于公司统一举办各类短期培训以及培训基地的建设等工作；各分公司按员工工资总额的 1.5%提取教育经费用于本公司员工教育培训工作。

第八条　公司集中使用的教育经费：统一结算单位由公司财资部直接按工资总额 1%提取；独立核算单位按工资总额 1.5%提取的教育经费汇入公司财资部指定的账号。

第九条　凡由公司统一组织的教育培训，公司各部门和相关单位要提出培训项目及经费预算，由人力资源部收集汇总，经公司员工教育委员会审议，报公司领导批准列入公司培训计划与经费预算。计划外需增加的培训项目，有关部门和相关单位应提出书面申请，必须按公司审批程序办理。

第十条　公司统一组织的教育培训经费，以审核批准的经费预算为限额。但如果出现实际参加人数和培训时间少于原计划等现象，其费用要在原预算中做相应扣减。

第十一条　办班管理费按××元/人/天拨付给承办单位（含办班所开支的一切杂费）。

第十二条　组织办班单位（部门）要根据培训班的实际情况，据实将需购置资料费列入培训班的预算，待预算批准后，凭发票报销。

第十三条　组织办班的子公司（部门）要根据聘请教师的实际情况，将教师授课费列入培训班预算，待预算批准后，据实支付。

第十四条　办班管理费、资料费、教师授课费待培训班结束后，由承办单位填写有关报表，并附上有关发放清单，经组织办班的负责人签字，报公司人力资源部审核后拨付。

第四章　考核与监督

第十五条　公司将教育经费的提取和使用情况列入人力资源工作管理考核内容。

第十六条　各子公司教育经费要建立使用计划和支出明细账，按计划掌握使用。

第十七条　财务、审计、监察、人力资源等部门要严格履行职责，加强对教育经费提取和使用管理情况的检查监督。

第十八条　加强教育经费专项账目的管理，每年各子公司教育、财务部门应向本公司员工教育委员会和公司员工教育委员会、人力资源部、财务部汇报教育经费使用情况。

第十九条　对克扣、侵占、挪用、贪污教育经费，严重违纪的行为，公司及下属子公司应对直接责任人和主要负责人视其情节和人事管理权限进行严肃处理，构成犯罪的移交司法部门，依法追究刑事责任。

第五章　附　　则

第二十条　各子公司要根据本办法，结合实际情况制定具体实施办法。

第二十一条　本规定由公司人力资源部负责解释、补充及修订。

第二十二条　本规定自发布之日起施行。

 文案范本

培训费用管理控制办法

第一章　总　　则

第一条　目的。

为完善培训费用管理，合理利用各类资源，有效控制培训费用，特制定本办法。

第二条　适用范围。

本办法适用于集团总部及各分公司培训费用的管理。

第三条　管理职责。

1. 培训发展部是集团培训费用的归口管理部门，负责确定培训费用的计提标准、使用范围和使用标准，负责指导和监督检查各子公司培训费用的使用情况。

2. 各分公司人力资源部负责本单位培训费用的具体管理。

3. 财务部负责培训费用的计提和报销审核工作。

第四条　培训费用的计提。

1. 培训费用分为日常培训费用和专项培训费用。

2. 日常培训费用依据国家有关规定，按照员工工资总额的 5%计提。其中，3%为集团总部及各分公司的培训经费，2%归集团总部支配。

3. 专项培训费用根据特定用途设立，要做到专款专用，由培训发展部提出，主管副总审核，总经理批准。下列项目可作为专项培训项目：教材开发、印刷、出版，出国学习深造重大投资配套培训项目，非基建培训设备的购置等。

4. 培训教室、办公室和培训公寓建设、修缮费，培训基地建设费不列入培训经费，从其他相关经费中列支。

第二章　培训费用说明

第五条　培训费类别（见下表）。

培训费用类别一览表

费用项目	费用类别	费用明细
授课费	内部费用	内部兼职讲师讲课津贴
	外训费用	外部培训机构合作费用、继续教育费用等
	外请费用	外聘培训师授课费
	外请费用	网络远程学习工具费用
食宿差旅费	外训费用	内部培训师外派食宿差旅费、外派员工培训食宿差旅费
	外请费用	外聘培训师差旅费、住宿费及餐费
	内部费用	内部培训实施期间食宿费用（包含煤气费）
培训材料费	内部费用	培训场地费，指集中培训时租赁场地的费用
	内部费用	培训资料费，如教材编印，培训资料制作，购买培训光碟、书籍、教材费
	内部费用	培训文具费，如麦克风电池、证书、学员牌等

第六条 各培训课程的管理职责。

1. 各培训课程内容、对象及管理职责（见下表）。

各培训课程的管理职责一览表

课程	培训对象	统筹	预算	执行
新员工	所有新进生产线员工	人力资源部	各生产部门	各生产部门
	所有新进非店面线新员工	培训发展部		
岗位培训	主管级（不含）以下人员	培训发展部	各部门	各部门
领导力与人才发展类	主管级以上管理人员、梯队人员	培训发展部		
学历与技术进修奖励	符合要求的员工			
其他培训	普通员工			

2. 培训费用审批程序。

（1）各部门主要负责日常培训工作，包括新员工培训、岗位培训，由其自行预算、使用时，预算内可直接使用，预算外需向管理部门申请。培训费用预算明细如下表所示。

月度培训费用预算明细表

序号	项目名称	参训人数	培训费用								备注
			人员费用	场地及设施设备费用			材料费用及其他费用				
			讲师津贴	场地费用	设备费用	设备折旧	资料印刷	教材购买	文具费用	食宿费	
合计											
审核						签名：　　日期：　　年　月　日					
批准						签名：　　日期：　　年　月　日					

（2）各部门应于每月 18 日前将本分部下月培训规划及预算报总部培训发展部审核，经审核无异议后再上填到预算表中，上报上级审批。

第七条　各培训课程产生费用明细（见下表）。

各培训课程费用明细表

课程对象	允许发生费用						
	外训费用	外请费用	内部费用				
			讲师津贴	食宿费用	培训场地费	培训资料费	培训文具费
新员工			√	√	√	√	√
岗位培训			√		√	√	√
领导力与人才发展类	√	√					
学历与技术进修	√						
其他培训	√	√	√	√	√	√	√

第三章　各项费用预算及使用标准

第八条　授课费。

1. 内部兼职培训师津贴。

（1）内部兼职培训师是指公司内部除负责原职位工作职责外，还承担部分培训课程教学的员工。

（2）内部兼职培训师分为四类（见下表）。

公司内部兼职培训师分类表

兼职培训师类别	技术等级	备注
培训讲师	员级	
助理培训师	初级	经公司聘用后任职
培训师	中级	
高级培训师	高级	

（3）兼职讲师的课时费规定。

① 课时费是指兼职培训师承担由培训发展部安排的公司整体范围内集中教育培训项目教学工作时，给予的工作报酬，不包括其在本系统内承担的培训教学工作。

② 各部门的新产品介绍、新业务推广等相关业务培训属其职责范围，此类培训无课时费待遇。

③ 各兼职培训师如担任本部门新员工的岗位培训引导入，则按其他有关规定执行奖励标准，不享受课时费待遇。

（4）课时费计算标准按照培训师的级别划分（见下表）。

内部培训师课时费标准

单位：元/小时

培训师级别	基本课时费	正常工作时间课时费	非工作时间课时费
员级（P1）	20	20	30

培训师级别	基本课时费	正常工作时间课时费	非工作时间课时费
初级（P2）	30	30	45
中级（P4）	50	50	75
高级（P5）	100	100	150

2. 外部培训师授课费用参照下表执行。

外部培训讲课费用的参考价格

培训师级别	授课费用参考（万元/天）	培训师类别
资深专家	4～6	著名商学院教授、知名企业家、高级咨询专家
专家	2.6～3	高级咨询顾问、比较有名的学院教授、副教授
企业家/学者	1～2.5	外企的副总裁、总监，一般学院的教授，咨询顾问
一般培训师	0.4～1.2	某专业有丰富经验者、学院副教授、一般咨询顾问

第九条 食宿差旅费用。

1. 内部外派人员：按公司出差管理办法标准预算与执行。

2. 外聘培训师：原则上，公司要为外聘培训师提供住宿，并按培训师的具体情况承担其往返交通费用，住宿条件及交通费用均以培训合同约定为准。

3. 参加培训人员住宿费标准。

（1）分公司有宿舍的，根据当地租金标准执行。

（2）分公司无宿舍的，住宿费用标准如下表所示。

参加培训班人员住宿标准

培训项目	级别	费用标准		备　注
		A类：省会城市或直辖市	B类：A类以外其他地区	
培训班	旅店	160 元/人/天	120 元/人/天	

第十条 培训材料费。

1. 培训场地费，即集中培训时使用培训室的折旧、更新费用及租赁培训场地的费用等。

（1）培训时以公司培训场地优先。根据培训室设施设备管理办法，培训实施的前期、中期及后期阶段，培训组织人员每月对各类设施设备进行检查，确保培训工作正常开展。每月设施设备的折旧、维修费标准为 300 元/月。

（2）出现以下两种情况时可外租场地：

① 如两项培训同一时间进行，可外租培训场地；

② 培训场地有限，实际参训人数大于培训室可容纳的人数。

培训场地外租费用标准如下表所示。

培训场地外租费用标准

培训项目	培训人数	费用标准		备　注
		A类：省会城市或直辖市	B类：A类以外的其他地区	
新员工岗位培训	50 人以上	2 400 元以内	1 600 元以内	全天，含投影仪

2．材料费用。

材料费用是指日常培训实施期间产生的培训资料费，以及内部教材编制、印、购买培训光盘、培训书籍、培训文具的费用。

（1）费用标准。

① 内部教材编制以及手册、资料印刷费用标准为 800 元/月。

② 培训期间，培训文具标准制定公式为：文具费用标准=参训人数×6 元/人/天。

（2）如公司仓库已有的办公物料，原则上不允许再采购。

（3）培训活动所需材料包括但不限于下列项目：培训用教材、培训用学员小礼品、学员胸牌、麦克风电池、摄像机电池与电源线、电源插板、电脑盘片（U 盘、光盘、移动硬盘）、学员证书等。

<h3 style="text-align:center">第四章　附　　则</h3>

第十一条　本办法由集团公司人力资源部负责解释、补充及修订。

第十二条　本办法自＿＿＿年＿月＿日起实施。

四、人力资源使用

（一）人力资源的使用综述

人力资源的使用，应当重视打破"大锅饭"体制，干好干坏一个样，必然损害全体员工的利益，长此以往必然导致企业效益下降甚至走向衰亡。有的企业不同程度地存在着"一个干的，一个看的，一个捣乱的"现象，这种状况的存在是非常危险的。必须要改革人力资源使用制度和机制，彻底解决干好干坏一个样的问题。

在人才的使用过程中，还要注意策略，通过对人才压担子、给路子、搭梯子，促进人才的快速成长。

真正做到量才适用、人事相宜，什么等级的人就安排什么等级的事。切实做到人才使用科学合理，既使人才感到轻微的压力，但又不至于感到压力过大，工作职位稍有挑战性，有助于激励人才奋发进取的精神。

要尊重人才成长规律，善于克服人力资源管理的"疲劳效应"。在人才发展最好时，要适时地调整岗位和职位，使之始终处于亢奋期和临战状态。

（二）职工薪酬

薪酬可分为直接薪酬和间接薪酬，直接薪酬包括基本薪酬和可变薪酬，间接薪酬即福利和服务。

1．员工薪酬政策的控制目标

员工薪酬政策的控制目标是：以企业可以承受的、具有竞争优势的薪酬标准，吸引和留住人才，建立适当的公平性，激励各层次人员努力提高对企业的贡献水平，合理保证企业经营管理合法合规、提高经营效率和效果、促进企业实现发展战略。

2．员工薪酬政策的主要风险点

与员工薪酬政策相关的风险有战略研究风险、岗位分析风险、岗位评价风险、薪酬调查风险、薪酬定位风险、薪酬结构设计风险、薪酬体系实施和调整风险、薪酬政策执行的道德风险等。在薪酬政策的制定和执行过程中，必须识别这些风险。

3．员工薪酬政策的关键控制点

与员工薪酬政策相关的控制主要包括制定科学合理的员工薪酬策略、合理运用岗位分析方法、建立岗位评价机制、制定科学的薪酬调查流程、定位准确的企业薪酬、制定科学的薪酬结构、建立企业员工薪酬管理风险预警体系、建立风险责任机制等。

（1）外部公平性的设定。企业要想在吸引和留住人才方面取得竞争优势，其薪酬最起码要保持外部的公平忹，即和社会上的类似企业保持可比性或一致性。企业要有社会薪酬水平调查机制，根据企业的承受能力和企业的薪酬定位目标，通过和社会水平的对比，形成自己的薪酬结构。企业要建立薪酬总水平的控制目标，可以让薪酬水平和企业利润、收入等保持一定的比例关系。

（2）内部公平性的建立。内部公平比外部公平让员工感受的更明显，企业要力求薪酬设计的内部公平性。关键控制点包括职务分析、评估岗位价值等方面。通过职务分析，做好岗位的设计和职责的分配。评估不同岗位的价值，是内部公平性的关键和最难点。企业要运用专门的技术，建立岗位价值的评估模型，让不同的岗位有相对的可比性。

（3）收入的差距与岗位价值评估的对应。薪酬制度的目的之一就是激励员工，激发斗志，鼓励员工通过技能、知识、意愿等的提高而提高薪酬水平。收入的差距要反映岗位价值的评估结果，体现薪酬制度的激励性。

（4）遵守相应的法律、法规的要求。现代社会关于劳动者的权益保护的法律、法规越来越多，对劳动者的保护也越来越全面。企业必须严格遵守相应的规定，对员工的社保、劳动保护、医疗、失业、生育、工伤、住房公积金、加班等方面的权力给予相应的支持。同时，企业确实要转变观念，那种靠压榨劳动者、获取廉价劳动力的时代已经一去不复返了。

（5）薪酬增长机制的控制。为保证劳动者有体面、有尊严的生活，企业有义务保证劳动者的实际工资水平保持上涨。这实际上是国家（收税）股东（分红）员工（薪酬）三者关系的平衡。企业可按两个"不高于"的原则实施内部控制，即企业工资总额增长幅度不高于本企业经济效益增长幅度，职工平均工资增长幅度不高于本企业劳动生产率增长幅度的原则。同时，工资的增长幅度原则上也不宜低于 CPI 的增长幅度。

（6）薪酬计算的关键控制点。薪酬的计算分为两种类型：计时工资制和计件工资制。

计时工资制是按照工作时间发放薪酬的方式，包括基本工资、绩效工资和年度奖励及福利等。基本工资的关键控制点，一是工资标准的确定，二是实际工作时间的确定。必须严格地按照编制定员和业务技术标准，为实行计时工资制的每个职工确定岗位、职务或者评定技术（业务）等级，建立健全考勤制度，对职工的实际工作时间进行严格的监督与统计，同时，还应对职工的技术（业务）水平进行考核，根据考核结果，在支付计时工资时做到奖优罚劣、奖勤罚懒，以更好地体现按劳分配原则。绩效工资和年度奖励要按公司的制度规定，进行考核和核算，以体现全面的贡献。实际工作时间的确定则要求建立考勤制度，对于工时进行计量。

计件工资制是按照生产的合格产品的数量或完成的一定作业量，根据一定的计件单价计算劳动报酬的一种工资形式。它的关键控制点由工作物等级、劳动定额和计件单价所组成。工作物等级是根据某种工作物的技术复杂程度、劳动繁重程度、责任大小和不同的生产设备状况划分的等级。它按照技术等级标准的要求，规定从事该工作的工人所应达到的技术等级。它是确定劳动定额水平、计算计件单价和合理安排劳动力的科学依据。工作物等级确定以后，一般不宜变动。但是在工人技术等级标准做了修订，生产设备、工艺操作和技术条件起了变化的时候，有关的工作物等级也应该进行调整。劳动定额，分产量定额和工时定额。产量定额就是在单位时间内应该生产的合格产品的数量。工时定额就是在一定条件下，完成某一产品所必须消耗的劳动时间。劳动定额是考核和衡量工人生产效率的尺度，也是合理组织劳动和计算劳动报酬的依据，是实行计件工资的关键。计件单价就是完成某种产品的单位产量的工资支付标准。

同时，企业要加强企业基础管理工作，建立健全各项规章制度。在生产组织方面要完善材料的保管、发放、运输制度；在劳动组织方面，要完善编制定员制度；在管理制度方面，要完善劳动定额管理制度、原材料的消耗定额管理制度和收发保存制度，各种原始记录和统计制度，质量检验制度，设备保养与检查制度，以及安全操作规程、工艺规程的管理等。在生产条件和技术、设备水平发生重大变化时，要及时修订各项定额标准，建立定期检查和修订定额的制度。

4. 薪酬政策设计流程

制定健全合理的工资政策与制度，是企业人力资源管理中的一项重大决策与基本建设，这就要有一套完整而正规的程序来保证其质量。

（1）拟定薪酬原则和策略，确定价值判断。

（2）岗位设计与职务分析，是工资制度建立的依据。由此绘制岗位结构图，形成具体的岗位说明书。

（3）职务评价，评估岗位价值，确定岗位等级。

（4）薪酬结构设计，确保企业合理控制成本，帮助企业有效激励员工。

（5）薪酬调查及分析，采集、分析本地区、本行业、尤其是主要竞争对手的工资状况。

（6）工资分级和定薪，确定工资结构线，将众多类型的职务工资归并组合成若干等级，形成工资登记系列。

（7）薪酬政策的实施、控制和调整，确保投入正常运作并对之实行适当的控制与管理，使其发挥应有的功能。

 文案范本

员工薪酬与激励管理制度

第一章　总　　则

第一条　目的。

为了将员工工作绩效与企业经济效益有机结合，形成与企业绩效考核挂钩的薪酬激励制度，规范企业员工的薪酬分配行为，充分调动员工的积极性和创造性，发挥薪酬体系的激励作用，特制定本制度。

第二条　制定原则。

1. 竞争原则，根据企业的支付能力、所需人才的可获得性等具体条件，制定具有相对市场竞争力的薪酬制度。

2. 公平原则，既使本企业的薪酬水平相对于行业内其他企业的薪酬水平具有一定的吸引力，又使企业内部不同部门、不同职务序列、不同岗位员工之间的薪酬分配相对公平合理。

3. 激励原则，根据员工工作岗位的差别及对企业贡献的不同，真正体现多劳多得及按贡献大小分配薪酬的原则。

第三条　适用范围。

本制度适用于本企业所有员工。

第二章　薪酬构成及工资系列

第四条　企业正式员工薪酬构成。

1. 企业高层薪酬构成=基本年薪+年终效益奖+股权激励+福利。

2. 员工薪酬构成=岗位工资+绩效工资+工龄工资+各种福利+津贴或补贴+奖金。

第五条 试月期员工薪酬构成。

1. 企业一般员工试用期为 1~6 个月不等，具体试用期视劳动合同法、企业有关规定及其所在岗位而定。

2. 员工试用期工资不少于转正后工资的 80%，试用期内不享受针对正式员工发放的各类补贴。

第六条 根据不同职务性质，将企业工资划分为行政管理、技术、生产、营销、后勤五个工资系列。员工工资系列适用范围如下表所示。

工资系列适用范围表

工资系列	适用范围
行政管理	企业高层领导、各职能部门经理、行政部（勤务人员除外）人力资源部、财务部、审计部所有职员
技术	产品研发部、技术工程部所有员工（部门经理除外）
生产	生产部门、质量管理部门、采购部门所有员工（部门经理除外）
营销	市场部、销售部所有职员
后勤	一般勤务人员，如司机、保安、保洁员等

第三章 高级管理人员薪酬标准的确定

第七条 基本年薪是高级管理人员的一个稳定收入来源，由个人资历和职位决定。该部分薪酬应占高级管理人员全部薪酬的 30%~40%。

第八条 高级管理人员的具体薪酬水平由薪酬委员会依据上一年度的企业总体经营业绩以及薪酬市场调查数据来确定。

第九条 年终效益奖。

年终效益奖是对高级管理人员经营业绩的一种短期激励，一般以货币的形式于年底支付，该部分应占其全部薪酬的 15%~25%。

第十条 股权激励。

股权激励主要有股票期权、虚拟股票、限制性股票等方式，依据高层管理者对企业的贡献程度、任职年限等分配。

第四章 一般员工工资标准的确定

第十一条 岗位工资。

企业实行岗位等级工资制，根据各岗位所承担工作的特性及对员工能力要求的不同，将岗位划分为不同的级别，实行梯级工资标准。

第十二条 绩效工资。

1. 绩效工资根据企业经营效益和员工个人工作绩效计发。员工绩效考核结果分为五个等级，其标准如下表所示。

绩效考核标准划分

等级	S	A	B	C	D
说明	优秀	良	好	合格	差

2. 绩效工资分为月度绩效工资、年度绩效奖金两种。

（1）月度绩效工资。员工月度绩效工资同岗位工资一起按月度发放，月度绩效工资的发放额度依据员工绩效考核结果确定。

（2）年度绩效奖金。企业根据年度经营情况和员工一年的绩效考核成绩决定员工年度奖金的发放额度。

第十三条 工龄工资。

工龄工资是对员工长期为企业服务所给予的一种补偿。其计算方法为从员工正式进入企业之日起计算，工龄每满一年可得工龄工资___元/月；工龄工资实行累进计算，满___年不再增加。

第十四条 奖金。

奖金是对为企业做出重大贡献或取得优异成绩的集体或个人给予的奖励，具体发放标准参照由人力资源部根据具体情况拟定的个人单项奖金及集体奖金发放方案，报总经理审批通过后计发。

第五章 员工福利

第十五条 社会保险。

企业按照国家和地方相关法律规定为员工缴纳养老、失业、医疗、工伤、生育保险。

第十六条 法定节假日。

企业按照《中华人民共和国劳动法》和其他相关法律规定为员工提供相关假期，所有员工每年可享有以下 11 天的国家法定带薪假期（见下表）。

国家法定假期一览表

法定节假日	新年	春节	清明节	劳动节	端午节	中秋节	国庆节
放假天数	1 天	3 天	1 天	1 天	1 天	1 天	3 天

第十七条 带薪休假。

员工在企业工作满一年可享受____个工作日的带薪休假，以后在企业工作每增加一年可增加___个工作日的带薪休假，但最多不超过___个工作日。

第十八条 其他带薪休假。

企业视员工个人情况，为员工提供婚假、丧假、产假、哺乳假等有薪假期。

第十九条 津贴或补贴。

1. 住房补贴。

企业为员工提供每月____～__元的住房补贴。

2. 加班津贴。

（1）凡制度工作时间以外的出勤为加班，主要指休息日、法定休假日加班，以及八小时工作日的延长作业时间。

（2）加班时间必须经主管认可，加点、加班时间不足半小时的不予计算。加班津贴计算标准如下表所示。

加班津贴支付标准

加班时间	加班津贴
工作日加班	每小时加班工资=正常工作时间每小时工资×150%支付
休息日加班	每小时加班工资=正常工作时间每小时工资×200%支付
法定节假日加班	每小时加班工资=正常工作时间每小时工资×300%支付

3. 学历津贴与职务津贴。

为鼓励员工不断学习，提高工作技能，特设立此津贴项目，其标准如下表所示。

学历津贴、职务津贴计算标准

津贴类型		支付标准（元）
学历津贴	本科	
	硕士	
	博士及以上	
职务津贴	初级	
	中级	
	高级	

4. 午餐补助。

企业为每位正式员工提供＿＿元/天的午餐补助。

第六章　附　　则

第二十条　本制度由企业人力资源部制定，经总经理核准后实施，修改时亦同。

第二十一条　本制度自＿＿年＿月＿日起生效执行。

文案范本

员工薪资费用控制规定

第一章　总　　则

第一条　目的。

为了达到以下目的，特制定本规定。

1. 依据我国相关法律法规及公司的发展战略，设计合理的薪酬体系，使其对外具有竞争性，对内具有公平性、激励性。

2. 规范薪资费用管理，提高公司的竞争力，使公司实现可持续发展。

第二条　适用范围。

本规定适用于对员工薪资费用的管理工作。

第三条　职责划分。

公司相关部门人员职责如下表所示。

职责划分

部门或人员	具体职责
总经理	负责公司薪资政策、薪资预算的制定和调整的审批，并监督实施过程
人力资源部	负责拟定薪资费用年度预算，提出员工薪资调整议案
	负责员工考勤记录，并根据员工绩效考核结果计算员工薪资
	负责员工岗位变动（转正、轮换、晋升、降级等）时员工薪资的核算与手续办理
财务部	负责审核薪资总额预算，对人力资源部提交的员工薪资表进行复核，并发放薪资
员工	核对薪资表计算明细，并签名确认每月发放薪资的数额

第二章 薪资总额的控制

第四条 薪资总额的构成。

薪资成本是指公司为支付员工报酬所产生的工资、奖金和福利等。

1. 正式员工薪资的构成。

（1）公司高层薪资构成＝基本年薪＋年终效益奖＋股权激励＋福利。

（2）员工薪资构成＝岗位工资＋绩效工资＋工龄工资＋福利＋奖金。

2. 试用期员工薪资的构成。

（1）公司试用期为1~6个月不等，具体试用时间视劳动合同法、公司有关规定及员工所在岗位而定。

（2）员工试用期工资不少于转正后的80%，试用期内不享有针对正式员工发放的各类补贴。

第五条 薪资总额的确定。

1. 根据公司的实际情况确定合理的薪资总额，然后以薪资总额为标准实施薪资控制。

2. 公司高层决定公司整体的薪资总额与加薪幅度，然后分解到每一个部门，确定各部门的薪资总额，各部门根据部门薪资总额与员工水平再分解到每一名员工。

第三章 高层管理人员薪资的控制

第六条 基本年薪。

1. 基本年薪是高层管理人员的一个稳定的收入来源，由个人资历和职位决定。该部分薪资应占高层管理人员全部薪资的30%~40%。

2. 高层管理人员的薪资水平由薪资委员会来确定，确定的依据是上一年度的公司总体经营业绩以及对外部市场薪资调查数据的分析。

第七条 年终效益奖。

年终效益奖是对高层管理人员经营业绩的一种短期激励，一般以货币的形式于年底支付，该部分薪资应占高层管理人员全部薪资的15%~25%。

第八条 股权激励。

股权激励是非常重要的一种激励手段。股权激励主要有股票期权、虚拟股票、限制性股票等方式。

第四章 一般员工工资的控制

第九条 岗位工资。

1. 岗位工资主要根据岗位在公司中的重要程度确定工资标准。公司实行岗位等级工资制，根据各岗位所承担工作的特性及对员工能力要求的不同，将岗位划分为不同的级别。

2. 公司组建岗位评估小组对各岗位进行分析与评价，明确各岗位关键要素，进行岗位等级划分及说明，确定岗位薪资等级，为薪资体系的设计与完善提供依据。

3. 公司根据岗位的特点选择合适的方法对岗位进行合理的评估。岗位评估方法主要有四种：

（1）排列法；

（2）分类法；

（3）因素比较法；

（4）要素计点法。

第十条 绩效工资。

1. 绩效考核标准。绩效工资根据公司经营效益和员工个人工作绩效考核结果计发，绩效考核标准分为五个等级，如下表所示。

绩效考核标准划分

等级	S	A	B	C	D
说明	优秀	良	好	合格	差

2. 绩效工资分类。

（1）员工月度绩效工资同岗位工资一起按月度发放，月度绩效工资的发放额度依据员工绩效考核结果确定。

（2）公司根据年度经营情况和员工一年的绩效考核成绩决定员工年度奖金的发放额度。

第十一条 工龄工资。

1. 工龄工资是对员工长期为公司服务所给予的一种补偿。

2. 工龄工资的计算方法为从员工正式进入公司之日起计算，工龄每满一年可得工龄工资____元/月。

3. 工龄工资同岗位工资一起按月发放。

第五章　各岗位奖金控制

第十二条 奖金类型。

奖金是对员工超额劳动的部分或劳动绩效突出的部分所支付的劳动报酬，公司设置的奖金类型包括全勤奖、绩效奖、项目奖、优秀部门奖、优秀员工奖和创新奖。

第十三条 全勤奖。

全勤奖是为了奖励员工出勤，减少员工请假所设立的奖金项目，奖励金额为____元/月。发放标准如下。

1. 当月全勤者，计发全额奖金。

2. 于当月请假者，事假一次，扣除全勤奖的____%；事假两次，不计发全勤奖。

3. 于当月请假者，病假，扣除全勤奖的____%～____%不等，具体比例根据实际情况而定。

第十四条 绩效奖。

绩效奖分为季度绩效奖和年度绩效奖两种。绩效奖金的发放总额由公司经营绩效决定，具体奖励标准可以根据奖励指标完成程度来制定。

第十五条 项目奖。

项目奖主要针对公司研发人员而设立，一般以项目的完成为周期，其评定指标和奖励标准如下表所示。

项目奖金的评定标准

评定指标	奖励标准
项目完成时间	项目产值的____%
成本节约	项目产值的____%
项目完成的质量	项目产值的____%
项目的专业水准	项目产值的____%

第十六条 其他奖项。

其他奖项包括优秀部门奖、优秀员工奖和创新奖三种，具体奖励条件和奖励标准如下表所示。

优秀部门奖、优秀员工奖、创新奖的评定标准

奖项类别	奖励条件	奖励标准
优秀部门奖	业绩突出	奖励　　元
	公司评选得票最高者	
优秀员工奖	连续三次及以上绩效考核被评为优秀者	奖励　　元
	获得所在部门员工的认同	
创新奖	努力研发新技术、新工艺且用于实践后大大提高了生产效率	由总经理核定
	开拓新业务且切实可行，为公司带来了良好的效益	

第六章　各岗位福利费用控制

第十七条　福利项目。

公司为吸引和留住人才，改善员工生活水平，依据国家法律法规和自身经营状况为员工提供的福利项目包括社会保险、交通补贴、高温补贴、节日津贴和带薪休假。

第十八条　社会保险。

公司根据国家和地方相关规定为员工缴纳社会保险费（养老、医疗、失业、工伤和生育保险），其中员工个人缴纳的部分由公司代扣代缴。

第十九条　交通补贴。

1. 员工日常上下班交通费用，公司每月定额补助____元。

2. 员工出差的交通费用，公司根据实际发生额报销。

第二十条　高温补贴。

根据工作时间长短的不同，分别设立不同的补贴发放标准（见下表）。

高温补贴发放标准

工作环境	补贴标准
高温环境下工作 5～6 小时/天	每人每月　　元
高温环境下工作 3～5 小时/天（包括 5 小时）	每人每月　　元
高温环境下工作 3 小时及以下	每人每月　　元

第二十一条　节日津贴。

每逢劳动节、中秋节、国庆节、春节等节日，公司为员工发放一定的过节费，发放标准如下表所示。

节日津贴发放标准

节　日	补贴标准
劳动节	每人　　元
中秋节	每人　　元
国庆节	每人　　元
春节	每人　　～　　元不等

第二十二条　带薪休假。

1. 在公司工作 1～5 年的员工，享有____天带薪假。

2. 在公司工作 5～10 年的员工，享有____天带薪假。

3. 在公司工作 10 年以上的员工，享有____天带薪假。

第七章　附　则

第二十三条　本规定由人力资源部负责起草和修订，财务部负责审核。

第二十四条　本规定经总经理审批后生效实施。

 **文案范本**

员工加班费用管控办法

第一章　总　则

第一条　目的。

为控制加班时间，杜绝虚假加班，减少因加班费产生的纠纷，特制定本办法。

第二条　适用范围。

本办法适用于公司员工加班费的管理与控制。

第二章　加班界定

第三条　工作中出现以下情况时，按照申请及审批程序安排加班。

1. 原定工作计划由于非自己主观的原因（设备故障、临时穿插了其他紧急工作等）而导致不能在原定计划时间内完成但又必须在原定计划内完成的（如紧急插单，而原订单也必须按期完成）。

2. 临时增加的工作必须在某个既定时间内完成的（如参加展会）。

3. 某些必须在正常工作时间之外也要连续进行的工作（如抢修设备）。

4. 某些限定时间且期限较短的工作（如仓库盘点）。

5. 其他公司安排的加班（加点）工作。

第四条　严禁虚报、谎报加班及无工作任务加班。

第三章　加班申请与审批

第五条　任何计划加班的部门和员工必须在事前履行申请和审批手续；如有特殊情况事前来不及办理，也要事后补批，同时有证明人签字。加班申请单如下表所示。

加班申请单

部　门	姓　名	预定加班时间			事　由
		起	讫	时数	

总经理：　　　　　主管副总：　　　　　部门经理：　　　　　填表：

第六条　加班的申请及审批的权限和流程。

1. 一线操作工的加班（含车间主任）由车间主任提出申请，送生产部经理审批，并交人力资源部备案。

2. 公司职能部门普通员工的加班由本人提出申请，送本部门经理审批，并交人力资源部备案。

3. 部门经理加班由本人提出申请，送主管副总审批，并交人力资源部备案。

4. 副总经理加班由总经理审批，并交人力资源部备案。

第七条　所有加班人员一律以机打加班卡的形式进行考勤。

第四章　加班费的核算基础

第八条　加班费计算基础。

公司员工工资结构分为岗位技能工资及绩效工资两部分，加班费计算以固定的岗位技能工资为基础，浮动的绩效工资不计入计算基础。

第九条　加班费计算办法。

1. 工作日加班发放 150%的加班工资。

2. 公休日加班发放 200%的加班工资。

3. 法定节假日加班发放 300%的加班工资。

4. 加班工资计算以小时为基础，小时工资基数=岗位技能工资÷（21.75×8）。

5. 加班工资每月结算一次，并编制《加班费明细表》（见下表），报财务部审核后，由人力资源部随当月工资一起发放。

加班费明细表

部门：　　　　　　　　　　　日期：　　　年　月　日

日 期				工作内容及地点	实际加班时间（时数）	加班费	午餐费
起		讫					
月	日	月	日				

总经理：　　　　　会计：　　　　　出纳：　　　　　审核：　　　　　申请人：

第五章　加班的监督控制

第十条　人力资源部通过检查工作日报，核对考勤刷卡记录与门禁系统记录，组织人员定期或不定期进行检查等形式对加班情况进行监督。

第十一条　经检查发现有虚报加班，或没有明确工作任务而加班的，要对当事人及当事部门负责人进行通报批评，并扣发当月绩效工资。

第六章　特殊岗位人员加班解决办法

第十二条　特殊岗位种类。

1. 高级管理人员、外勤人员、推销人员、部分值班人员及其他因工作无法按标准工时衡量工作量的岗位人员。

2. 长途运输人员、部分装卸工及因工作性质特殊需机动作业的人员。

3. 其他因生产特点、工作特殊需要或职责范围需自行支配工作时间的人员。

第十三条　对于以上人员，公司可向劳动保障部门申请审核通过，安排实行不定时工作制。

第十四条　实行不定时工作制的岗位人员不适用于上述加班规定。

第七章　附　则

第十五条　本办法由人力资源部负责解释、补充及说明。

第十六条　本办法自____年__月__日起生效实施。

文案范本

员工福利费用控制办法

第一章　总　　则

第一条　目的。

为避免员工福利费的不合理支出和无效开销，严格控制员工福利费用的增长，特制定本办法。

第二条　适用范围。

本办法适用于公司员工福利费用的管理与控制。

第三条　原则。

1. 加强员工福利费的管理，严禁随意提高发放标准，扩大开支范围。

2. 加强福利费收支预算管理，遵循量入为出、略有节余的原则。

3. 严格按照财务制度进行会计核算，单独设置账册，进行准确核算。

第二章　员工福利费用控制职能

第四条　在分管副总经理的领导下，财务部是员工福利费的主管部门，对员工福利费实行归口计划管理，控制开支，正确使用。其职责包括以下内容。

1. 对员工福利费的使用，一旦发现有弄虚作假或违反财务纪律的行为，财务部有权拒绝报销，并向分管副总经理汇报。

2. 负责员工福利费报销凭证的审核、报销、记账和会计报表填制工作。

3. 制定《员工福利费承包方案》并组织实施。

4. 负责对用于购置福利性固定资产的增资核算。

5. 负责对福利费支出办理社会集团购买力批准手续。

社会集团购买力，是指在一定时期内，公司使用的经营收入，通过市场购买供集体使用的公用消费品的货币支付能力，包括购买家具、办公用品、文娱用品、书报杂志、交通用具、炊事用具和劳动保护用品等支出。

第五条　人力资源部及采购部等有关部门是使用员工福利费的执行单位，其职责如下。

1. 人力资源部对员工福利成本进行预算。预算程序如下：

（1）通过销量或利润计算出公司最高可能支出的福利总费用。

（2）与外部尤其是竞争对手的福利标准进行比较。

（3）做出主要福利项目的预算。

（4）确定每一个员工福利项目的成本。

（5）制定相应的福利项目的成本计划。

（6）在满足福利目标的前提下降低成本。

2. 人力资源部负责掌握员工福利性各项津贴的执行标准，并及时通知财务部组织发放。

3. 采购部负责福利品的采购及发放。

第三章　员工福利费控制内容与要求

第六条　福利费开支范围。

1. 过节费，包括发放的物品、节日补助（不包含加班补助）员工节日聚餐等。

2. 员工活动费，包括旅游（春游、秋游）费、文体活动（含用品）费、员工联谊活动费（包括场地租用费、餐费、奖品等）等。

3. 员工生活用品购置费，包括购买家具、炊具、燃气等员工集体宿舍必需的各种用品所花费的各项费用。

4．其他费用，包括员工困难补助费、抚恤金、丧葬费、工伤医疗费、工伤补助费、探视费、慰问员工费、员工体检费等。

第七条 不应从福利费用中支出的项目。

1．企业员工奖金、津贴和补助支出。

2．商业保险属于个人投资行为，所需资金不得从应付职工薪酬——福利费中列支。

3．业务招待费支出。

4．其他与福利费无关的各项支出。

第四章 员工福利费控制程序

第八条 人力资源部年末编制下年度员工福利成本预算。

第九条 财务部于年初编制出员工福利费计划，下达到各单位执行。

第十条 根据领导批准的计划，由财务部按季度汇总办理控购物资的审批手续。

第十一条 员工福利费的收支账务程序比照一般会计制度办理，支出金额超过 2 000 元以上者需提交主管副总经理审批。

第十二条 财务部每半年编制福利费支出明细表，交主管副总经理审批并公布。

第五章 附   则

第十三条 本办法执行情况，由财务部负责人按月检查与考核。

第十四条 考核内容为本办法规定的责任、工作内容及要求部分。

第十五条 考核结果要与公司经济责任制考核挂钩。

第十六条 本办法自____年__月__日起实施。

 文案范本

年终奖发放办法

第一条 年终奖是公司为感谢员工的辛勤劳动，根据公司年度经营状况及员工的实际的工作表现于年底发放给员工的奖金。

第二条 适用范围。

适用于公司正式员工，但下列人员不包括在内。

1．在本公司工作未满一年者。

2．中途离职者。

3．停薪留职者。

4．工作中有重大过失者。

第三条 发放标准。

1．管理层员工，视工作任务完成情况而定，具体标准参照绩效考核实施办法予以计发。

2．一般工作人员，年终奖金为员工最后一个月的工资。

3．年度内受到公司表扬一次，计发相当于员工 2 天的工资。

4．年度内记功一次，计发相当于员工 15 天的工资。

第四条 年终奖发放程序。

1．人力资源部经理根据总经理下发的《年终奖分配方案》，编制"部门年终奖分配表"，提交总经理审批，经总经理审批后发放"年终奖额度核定表"，提交财务部审核。

2．各部门经理根据部门年终奖额度核定表，形成"部门员工年终奖分配表"，提交人力资源部审核年终奖额度是否超出规定额度。

3.　年终奖额度未超出公司规定额度的部门，人力资源部组织实施发放年终奖；年终奖额度超出公司规定额度的部门，人力资源部将"部门员工年终奖分配表"退回该部门重新编制。

第五条　本制度由人力资源部制定，经总经理核准后实施，未尽事宜按照国家及公司相关规定执行。

第六条　本制度解释权归公司人力资源部，自颁布之日起执行。

第七条　相关文件表单。

1.《年终奖分配方案》。

2."部门年终奖分配表"。

3."部门员工年终奖分配表"。

　文案范本

年终奖金发放控制流程

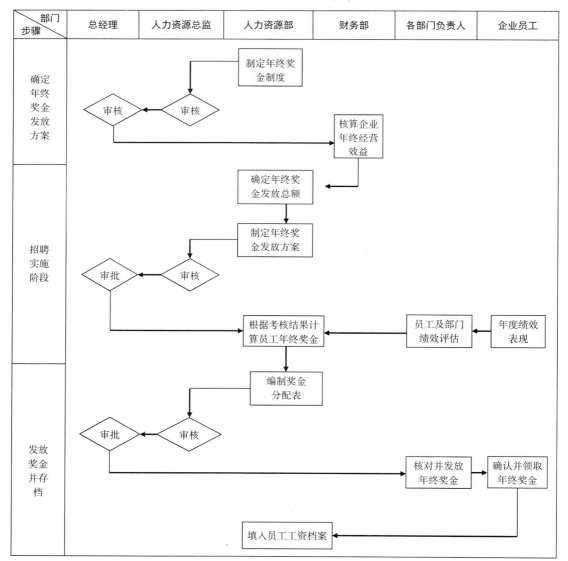

绩效工资发放控制流程

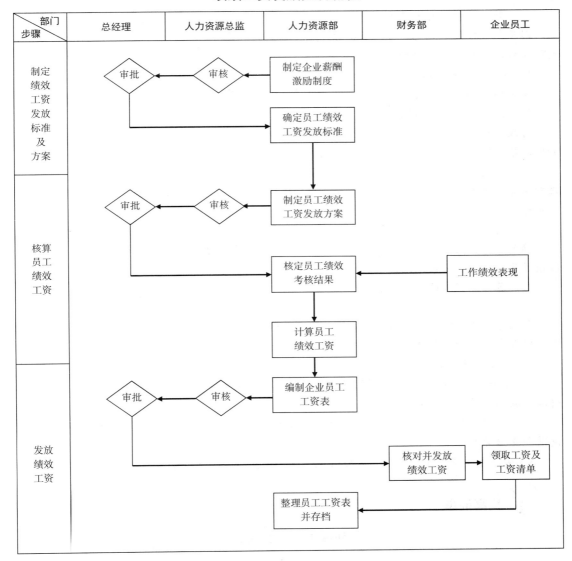

部门 步骤	总经理	人力资源总监	人力资源部	财务部	企业员工

制定绩效工资发放标准及方案
- 制定企业薪酬激励制度 → 审核 → 审批
- 确定员工绩效工资发放标准

核算员工绩效工资
- 制定员工绩效工资发放方案 → 审核 → 审批
- 核定员工绩效考核结果 ← 工作绩效表现
- 计算员工绩效工资
- 编制企业员工工资表 → 审核 → 审批

发放绩效工资
- 核对并发放绩效工资 → 领取工资及工资清单
- 整理员工工资表并存档

（三）劳动保护

请参阅以下相关文案。

劳动保护费使用控制方案

一、目的

为使本公司的劳动保护费得到合理使用，严格控制不合理支出，特制定本方案。

二、劳动保护费的界定

劳动保护费主要是指按国家有关部门规定的标准，按规定向生产车间的员工发放劳动保护服装及用品、安全防护用品、防暑降温用品、值班用床及被褥以及不划为固定资产的安全设备等发生的费用。

三、劳动保护费的定额管理

财务部应按国家规定的劳动保护费开支标准执行，实行定额控制。其重点是确定合理的劳动保护费的定额，其步骤如下。

1. 安全环保部呈报往年劳动保护费开支项目。

安全环保部需于1月5日前将上一年度劳动保护费开支项目及金额，列表呈报行政部。

2. 行政部确定劳动保护费的定额。

行政部根据安全环保部呈报的往年开支项目及金额，结合国家规定的标准和本公司本年度的实际情况确定本年度劳动保护费的定额。

在确定定额时，需要注意以下诸多问题。例如，劳动保护用品的发放要视具体的工种确定，医疗保健费要按从事有害健康作业的人数确定，而防暑降温费则按本地区夏季实际的高温天数确定等。

3. 财务部审核劳动保护费定额。

确定后的劳动保护费定额需报财务部审核，经财务部经理确认符合国家规定和本公司的实际情况后，方可在公司范围内实施。

四、劳动保护费的归口管理

（一）确立归口管理部门

劳动保护费的定额确定后，具体使用由安全环保部统一归口管理，财务部和行政部根据国家规定和本公司的实际情况监督其使用情况。

（二）劳动保护费支出控制

1. 安全环保部根据生产车间的实际需求情况，于购买劳动保护用品、安全防护用品、防暑降温品的时候，提出申请。

2. 劳动保护费支出申请需经财务部或主管的成本会计审核，确保符合劳动保护费的支出范围和支出标准。

3. 劳动保护费的支出申请，经公司主管领导审批后方可支付或发放。

文案范本

劳动保护用品管控制度

第一章 总 则

第一条 目的。

为认真贯彻执行国家有关劳动保护的法规和制度，保障生产人员的作业安全和身体健康，规范公司劳动保护用品的管理工作，适应公司快速发展的需要，特制定本制度。

第二条 适用范围。

本制度适用于本公司生产用劳动保护用品（简称劳保用品）的采购、发放、使用与回收管理工作，主要包括但不限于工作服、防护服、雨衣、防护手套（布手套、线手套、胶手指套等）护袖、防护鞋（高温鞋、绝缘鞋、防水防腐蚀的胶鞋等）、防护帽、防护镜、卫生用品（毛巾、洗衣粉、肥皂等）以及防暑降温用品等。

第三条 管理职责划分。

1. 人力资源部的职责。

（1）负责按国家及本行业的规定，结合本公司生产人员的岗位现状，编制劳保用品的需求计划。

（2）负责对生产部申领、使用劳保用品的情况进行监控。

2. 生产部的职责。负责生产人员使用的劳保用品符合安全、卫生规定，审核本部门劳保用品的申领工作。

3. 总务后勤部的职责。

（1）下设劳保用品采购科，负责按需求实施劳保用品的采购事宜。

（2）负责拟订劳保用品的发放标准、发放范围、使用年限、折旧办法等相关事宜。

（3）监督劳保用品的申领、发放、使用情况。

（4）下设仓库负责按规定实施劳保用品的采购、保管，并办理发放手续等。

4. 财务部的职责。

（1）负责劳保用品采购款项的审核、报销等相关事宜。

（2）负责公司在劳保用品方面支出的费用核算、分摊及相关的会计处理。

第二章 劳保用品的申购与采购控制

第四条 劳保用品由公司总务后勤部采购科负责购置，争取做到"零库存"管理。

第五条 劳保用品的申购及其审批，必须严格遵照劳保用品领用控制流程执行。

第六条 临时性生产用劳保用品的申购，必须填写"临时采购通知单"，经生产部经理、总务后勤部经理会签后方可采购。

第七条 劳保用品的采购，必须遵循下列要求。

1. 劳保用品的选购，尤其是特殊工种的劳保用品，如电焊工的绝缘鞋、电焊手套等，必须按规定到指定的劳保用品厂商处购买，以确保安全、可靠。

2. 劳保服装用品、安全防护用品等需按有关规定购买，其材质、式样、颜色应符合 GMP 的规定要求和生产要求。

第八条 购进的劳保用品要办理入库手续，采购人员凭"入库单"及发票到财务部办理报销手续。

第三章 劳保用品的发放控制

第九条 生产部新员工入职后，由生产部经理根据该岗位的劳保用品发放标准，填写"劳保用品领用申请单"，新员工本人凭生产部经理核准签名的"劳保用品领用申请单"交总务后勤部仓库管理员，仓库为其开设"个人劳保用品发放登记卡"（见下表），办理劳保用品的领用手续。

个人劳保用品发放登记卡

姓名		部门		工种		工号	
劳保用品名称		数 量	发放日期	使用年限	签收	备注	

第十条 生产部新员工的工作服、工作帽、口罩、手套等需要经常替换洗涤的用品，按本岗位标准发放两套（件），按两套（件）使用时间计算，以便替换。

第十一条 因特殊原因需要领用标准外劳保用品的，由生产部经理提出书面申请，说明用途，经总务后勤部批准后，仓库方可发放。

第十二条 对从事多样工种操作的员工，按岗位需要发放适合的劳保用品。

第十三条 换发、领用劳保用品时，应交旧换新。劳保用品使用期满后，能用的继续使用，不能使用的凭生产部经理核准签名的"劳保用品领用申请单"及旧劳保用品一起交仓库管理员办理领用手续。

第十四条 仓库管理员根据生产人员劳保用品发放标准进行审核，经确认符合发放标准后，发放申领的劳保用品。

第十五条 发放时，仓库管理员在"劳保用品领用登记表"（具体样式见下表）登记领用日期、品名、规格、数量，领用人及时在"劳保用品领用登记表"上签名，予以确认。

劳动用品领用登记表

序号	劳保用品品名	规格	数量	领用日期	使用年限	使用人	工种	领用人签收	备注

第十六条 对于特殊工种的劳保用品，其发放情况应由总务后勤部仓库管理员据实登记造册。

第十七条 生产部员工可根据岗位变化享受相应的劳动保护权利，工种发生改变以后，按新的工种标准享受劳保用品。

第十八条 对下列人员不予发放劳保用品。

1. 因长期休病假、产假等未上班的人员不予发放。如有多领或未上班而发放的，一经查实，将追究生产部劳保用品领用人、生产部经理的责任。

2. 对于高温天气里未上班的人员，不予发放防暑降温用品。如有多领或未上班而发放的，一经查实，将追究生产部劳保用品领用人、生产部经理的责任。

第十九条 劳保用品发放标准、发放范围的变更管理。

1. 对于劳保用品的发放标准、发放范围，如生产部需要更改，需由车间主任填写"劳保用品更改申请表"（具体样式见下表），经生产部经理批准后，报总务后勤部登记，方可按新标准、新范围发放劳保用品。

劳保用品更改申请表

车　　间		所属分厂	
姓　　名		工　　种	
更改理由			
工段长（车间主任）		分厂厂长	
生产部经理意见			
总务后勤部批准			

2. 因生产需要临时使用劳保用品时，由车间主任根据生产任务填报，经生产部经理审批后、总务后勤部登记后发放。

第四章　劳动保护用品的使用控制

第二十条　员工必须爱惜使用劳保用品，只在工作范围、时间内适用劳保用品，不得作其他用途。

第二十一条　各区域的生产、工作人员需按规定穿戴符合 GMP 要求的工作服。

第二十二条　员工离开生产场地时，必须脱去工作服和换鞋，不得穿着生产工作服装走出生产区。

第二十三条　发放到员工手里的劳保用品，由员工自行妥善保管。劳保用品在使用期内如有遗失，由员工个人按折后价格（折后价格=用品价格$-\dfrac{用品价格}{使用期限}×已使用时间$）予以赔偿；如有损坏，按损坏程度酌情处理。

第二十四条　劳保用品的清洁必须按照安全生产卫生管理规定的清洗周期和清洗方法进行，总务后勤部指定专人对劳保用品卫生情况进行检查，保证符合安全、卫生规定。

第二十五条　员工在生产工作场所内作业，必须按规定穿戴符合安全、卫生标准的劳保用品，违者处以 50～100 元的罚款。

第二十六条　生产部经理、车间主任、质量监督员、工艺员应随时按安全卫生规定检查所辖范围人员的劳保用品穿戴是否符合规定、穿着的工作服是否符合卫生要求和标准，严格督促所辖人员严格执行，并有权按第二十五条的规定开立罚单。

第二十七条　公司领导、工艺技术部负责人、质量管理部负责人应不定期进行检查，对违反者及被罚者直接主管负责人予以扣罚，对责任人违反规定的予以双倍扣罚。

第二十八条　因违反劳保用品使用规定造成工伤事故的，不予报销医药费，误工期间作事假处理。

第五章　劳动保护用品的回收管理

第二十九条　员工在本公司范围内调动、在本部门内变换工作岗位的，其劳保用品如适用的，继续使用不作更换；如不适用，须退回仓库，并按调整后岗位的标准另领所需劳保用品。

第三十条　仓库管理员对回收的旧劳保用品，能继续使用的，应妥善保管好；不能继续使用的，应定期进行销毁处理。

第三十一条　对于员工辞职时，其未达到使用期限的劳保用品，仓库管理员应进行回收，并按折后价（计算方式参考本制度第二十三条规定）收回损耗费用；对未达到使用期限又不交还仓库的，按折后价计算。

第三十二条　对于未达到使用期限，因人为原因造成破损、污迹的劳保用品，仓库不予回收，按折后价（计算方式参考本制度第二十三条规定）计算。

第三十三条　对于生产用劳保用品，不同的岗位，使用年限的规定也有所不同。具体可参考"劳保用品使用年限参考表"（见下表）。

劳保用品使用年限参考表

使用期限 \ 品名 \ 工种	单工作服（1 套）	防寒工作服（1 套）	工作鞋或防水胶鞋（1 双）	雨衣（1 套）	安全帽（1 顶）	手套（1 双）	护袖（1 对）
生产部经理	12 个月	36 个月	36 个月	36 个月	以残损换新	6 个月	
生产主管	12 个月	36 个月	36 个月	36 个月	以残损换新	6 个月	24 个月
机电主管	12 个月	36 个月	36 个月	36 个月	以残损换新	6 个月	24 个月
工艺员	16 个月	24 个月	36 个月	24 个月	以残损换新	6 个月	24 个月

续表

使用期限 品名 工种	单工作服（1套）	防寒工作服（1套）	工作鞋或防水胶鞋（1双）	雨衣（1套）	安全帽（1顶）	手套（1双）	护袖（1对）
物料员	12个月	36个月	36个月	24个月	以残损换新	6个月	24个月
机电工	6个月	24个月	36个月	24个月	以残损换新	以残损换新	6个月
班组组长	6个月	24个月	36个月	24个月	以残损换新	以残损换新	6个月
操作工人	6个月	24个月	36个月	24个月	以残损换新	以残损换新	6个月

第六章　附　则

第三十四条　本制度由总务后勤部负责制定、修订及解释。生产部在执行过程中，如遇到本制度有不完善或错漏之处，应及时以书面的形式向总务后勤部汇报。经批示后，可作特殊情况予以办理。

第三十五条　本制度自____年__月__日起实行。

 **文案范本**

员工制服费控制方案

一、目的

为了提高公司形象，增强管理力度，展示员工的精神面貌，公司决定全体员工穿着统一制服上班。为合理控制制服费支出，明确员工使用及赔付责任，特制定本方案。

二、适用范围

本方案适用公司员工制服及制服费用的管控。

三、员工制服的制作与发放

1. 工作服装的制作由人力资源部统筹招商承制，按员工实有人数加制 10%～15%以备新进人员之用，分支机构如有特殊原因可比照此项方案在当地招商承制，但必须将制作计划预算交管理部后办理。

2. 每一员工每年制发夏冬服各一套为限列入年度预算。

3. 凡本公司所属员工在职期间均有权利享受制服待遇。

4. 员工入职并填写保证资料后即可领取工作服（临时工及包工均不发服装）。

5. 制发服装时由各部门依据人数编制领用名册盖章领用。

四、服装分类与更换

1. 员工制服分夏冬两个季节制作发放，按岗位不同，分为八种类型，如下表所示。

员工制服分类一览表

季节 人员	夏　装	冬　装
管理人员	衬衣西裤（裙）（两套，500元/套）	西装制服（两套，600元/套）
办公室	衬衣西裤（裙）（两套，300元/套）	西装制服（两套，500元/套）
文员	同上	同上
保安员	保安服（两套，250/元套）	保安服（两套，400元/套）

续表

季节 人员	夏　　装	冬　　装
清洁工	蓝领工装（两套，100/元套）	蓝领工装（两套，150/元套）
修理工	蓝领工装（两套，100/元套）	蓝领工装（两套，400/元套）
司机	蓝领工装（两套，250/元套）	蓝领工装（两套，150/元套）
厨工	白工衣（两套，100/元套）	白工衣（两套，150/元套）

2. 使用期限。管理人员、办公室人员、文员、保安员制服的适用期限为两年，其他人员一年。

3. 换季时间。夏装的穿着时间为每年的 5 月 1 日至 10 月 31 日；冬装的穿着时间为每年的 11 月 1 日至次年的 4 月 30 日。

五、制服的使用控制

1. 在使用期限内制服如有损坏或遗失，由使用者个人按月折价从工资中扣回制服价款，并由行政部统一补做制服。

2. 员工辞职或辞退，需收取服装费用，按工作年限及服装的实际费用计算。

（1）自制服发放之日起，工作满两年以上者，辞职（辞退）时，不收取服装费用。

（2）自制服发放之日起，工作满一年不足两年者，辞职时，收取 70%的服装费用；被辞退时，收取 50%的服装费用。

（3）自制服发放之日起，工作不满一年者，辞职时，收取 100%的服装费用；被辞退时，收取 70%的服装费用。

3. 新员工入职，只有在试用期满后，公司方可为其配备制服，如有特殊情况需在试用期间着制服的，制服的使用期限从试用期满之日算起。

4. 员工上班时必须按规定统一着装，未按规定着装者，一经发现扣罚部门经理 100 元/人/次。

5. 对于未能及时领取制服和制服不合身者，各部门应在三个工作日内将名单及型号报行政部，否则以不按规定着装处理。行政部必须在 10 个工作日内给予解决，否则扣罚人力资源部经理 100 元/人/次。

文案范本

员工职业病预防控制制度

第一章　总　　则

第一条　目的。

为了控制和消除本公司生产中粉尘、毒气、噪声、射线等各种职业性危害，防止发生职业病和职业中毒，保护广大员工在生产过程中的健康和安全，提高公司经济效益，特制定本制度。

第二条　适用范围。

本制度适用于本公司的职业病防治以及防尘、防毒、防危害的管理过程。

第三条　术语解释。

1. 职业病是指企业、事业单位和个体经济组织的劳动者在职业活动中，因接触粉尘、放射性物质和其他有毒、有害物质等因素而引起的疾病。

2. 职业病危害是指可能导致从事职业活动的劳动者罹患职业病的各种危害。职业病危害因素包括职业活动中存在的各种有害的化学、物理、生物因素以及作业过程中产生的其他职业有害因素。

3. 职业禁忌是指劳动者从事特定职业或者接触特定职业危害因素时，比一般职业人群更易于遭受职业病危害和罹患职业病，或者可能导致自身原有疾病加重，或者在作业过程中诱发可能对他人生命健康构成危险的疾病的个人特殊生理或者病理状态。

第二章　职责划分

第四条　安全部职业病防治办公室负责防尘、防毒、防危害以及职业病防治工作的归口管理，负责组织有关部门策划并实施防尘、防毒、防危害以及职业病防治工作。

第五条　设备部负责组织有关部门策划、实施防尘、防毒、防危害设备和设施的建设、更新和改造。

第六条　人力资源主管部门负责组织有关部门在劳动合同管理中贯彻职业病防治的各项要求，组织有关部门对员工进行职业病防治的教育和培训工作。

第七条　职工大会负责对防尘、防毒、防危害以及职业病防治的各项活动进行监督。

第八条　各部门负责实施与本部门相关的防尘、防毒、防危害以及职业病防治工作。

第三章　职业病防治的管理要求

第九条　公司高层管理者和各部门负责人应接受职业卫生培训，遵守职业病防治法律、法规和其他要求，依法组织本公司、本部门的职业病防治工作。

第十条　公司应设置职业卫生管理机构，负责本公司的职业病防治工作；各部门应配备专职或兼职的职业卫生管理人员，负责本部门的职业病防治工作。

第十一条　安全部职业病防治办公室应制定职业病防治计划和实施方案，建立、健全职业卫生管理制度。

第十二条　安全部应组织有关部门根据职业病防治工作的需要，建立、健全工作场所职业病危害因素监测及评价制度、各岗位操作规程、职业病危害事故应急救援预案等文件，并组织有关部门贯彻实施。

第十三条　各生产现场、工作场所配置的各类设备、设施、工具、工装及其他用具等应符合职业卫生规范，工作环境中的职业病危害因素不得超过法律法规和相关标准的规定，满足保护员工生理、心理健康的要求。

第十四条　各采购部门、各生产经营部门不得生产、经营、进口和使用国家明令禁止使用的可能产生职业病危害的设备或材料，不得将产生职业病危害的作业转移给不具备职业病防护条件的单位和个人。

第十五条　对于生产过程中粉尘危害因素较大的部门，应贯彻防尘综合措施八字方针，即宣（宣传教育）革（技术革新）水（湿式作业）密（对扬尘点密闭）风（改善通风设施）护（加强个人防护）管（加强防尘管理）查（经常检验防尘措施），以控制粉尘对员工健康的危害。

第十六条　安全部应组织有关部门实施职业病防治活动所需的监测和测量，组织员工进行健康检查，建立职业卫生档案和员工健康监护档案。

第十七条　公司的各项工作、生产经营活动应符合法律、法规和关于保护劳动者健康的其他要求。

第四章　生产、工作过程中的职业病防治

第十八条　产生职业病危害的有关部门应在醒目位置设置公告栏，对职业病危害进行公告，对产生严重职业病危害的作业岗位（监测点）设置警示标识。

第十九条　采购主管部门及其他采购部门采购可能产生职业病危害的化学品、放射性同位

素和含有放射性物质的材料时，应按国家相关的法律法规的规定进行必要的控制。

1. 采购的危险化学品必须附带中文说明书。说明书中应当载明产品特性、主要成分、存在的有害因素、可能产生的危害后果、安全使用注意事项、职业病防护以及应急救治措施等内容。

2. 危险化学品的包装应当有醒目的警示标识和中文警示说明。

3. 储存危险化学品的仓库应当在规定的部位设置危险物品标识或者放射性警示标识。

第二十条　各工作场所、生产现场的粉尘、毒物、物理因素浓度（强度）应符合国家职业卫生标准。产生职业病危害的有关部门应采用有效的防尘、防毒、防危害设备和设施，控制粉尘、毒物、物理因素浓度（强度），防止其对员工的危害。

1. 职业病防治设备和设施的启动要与生产活动同步进行，并将日常运行、管理等情况记录归档。

2. 有关部门应实施、保持职业病防治设备和设施的原有效能，任何人不能以任何借口随意拆除、挪用或销毁职业病防治设备和设施。

3. 有关部门应对职业病防治设备和设施进行日常维护和保养，防止职业病危害源对生产作业现场环境造成污染，对操作人员造成身体危害。

4. 各部门在生产、工作中应保持适宜的工作环境，符合防尘、防毒、防危害要求，保持通道、地面经常湿润、清洁。各生产岗位必须做到随时清扫，严禁二次扬尘的污染危害，对于收集的积砂、积尘土等应由专人负责及时清除。

5. 高温生产现场的工作环境应按国家相关法律法规的规定配置防暑降温设备和设施，符合防暑降温规范的要求。

第二十一条　安全部职业病防治办公室应组织有关部门按国家相关法律法规的规定，为员工提供符合职业病防治要求的防护用品。各采购部门采购的职业病防护用品必须符合防治职业病的要求，不符合要求的防护用品，不得发放、使用。

第二十二条　有关部门应对职业病防护设备和设施、应急救援设施和个人使用的职业病防护用品进行经常性的检查和维护，定期检测其性能和效果，确保其处于正常状态。

第五章　职业病防治监督检查管理

第二十三条　安全部职业病防治办公室应指定专人负责实施职业病危害因素（尘、毒、噪声、高温、射线等）的日常监测，定期对工作场所进行职业病危害因素检测、评价。检测、评价结果应存入职业卫生档案，定期向所在地卫生行政部门报告并向员工公布。

第二十四条　安全部职业病防治办公室应将职业病防护设备合格率、工作场所有害因素浓度（强度）达标率等列为对责任部门的考核目标、指标。对于没有实现规定目标的部门，安全部职业病防治办公室应下达整改通知单，并按国家相关法律法规的规定对责任部门进行处罚。

第二十五条　安全部职业病防治办公室应对职业病防治的各项活动及控制措施的实施情况进行日常监督、检查，发现不符合各项规定或使员工受到职业病伤害的情况时，安全环境管理主管部门应对责任部门下达整改通知单，并按国家相关法律法规的规定对责任部门、人员进行处罚。

第二十六条　职工大会应组织职工代表，对公司、各部门贯彻实施有关职业病防治法律法规和其他要求的情况以及生产、工作中开展职业病防治的各项活动进行监督、检查，一旦发现问题，应及时向相关管理人员提出，并监督整改措施的落实。

第六章　职业病防治的档案与记录管理

第二十七条　安全部职业病防治办公室和有关部门应建立职业健康安全教育档案、职业病危害防护设施档案、隐患及整改档案、安措项目档案、工伤事故档案、职业病档案、职业健康监护档案、违章记录及安全奖惩档案、职业危害动态观察及职业健康统计报表档案等，并按照规定的期限妥善保存。

第二十八条 职业健康监护档案应包括员工的职业史、职业病危害接触史、职业健康检查结果和职业病诊疗等相关个人健康资料。

第二十九条 在职业病防治的策划、实施、监测、监督、检查等活动中，有关部门应按规定实施和保持适当的记录，并按国家相关法律法规的规定予以控制。

第七章 附 则

第三十条 本制度由公司安全部职业病防治办公室负责制定和解释。

第三十一条 本制度自审批之日起执行。

（四）考核

绩效考核的应用重点在薪酬和绩效的结合上。薪酬与绩效在人力资源管理中，是两个密不可分的环节。在设定薪酬时，一般是将薪酬分解为固定工资和绩效工资，绩效工资正是通过绩效予以体现，而对员工进行绩效考核也必须要表现在薪酬上，否则绩效和薪酬都失去了激励的作用。

绩效考核的工作流程主要包括制定绩效计划、选择考核工具、绩效实施与管理、绩效考核、绩效反馈等工作，是一个循环的工作过程。

1. 绩效考核的控制目标

通过指标的选择，目标的设置，发现公司或个人在绩效上的差距和优势，找出背后的原因，提出改进的措施，结合晋升、培训等激励措施，惩罚不符合公司期望的行为，引导员工的行为符合公司的期望，提高企业的经营效率和效果，实现企业的战略目标。

（1）制定考核计划，分解战略目标至具体的任务和岗位上。

（2）选择考核工具，根据不同的岗位和职责选择不同的考核工具。

（3）选择、培训考评人，使考评人统一思想认识，并具备专业考核知识。

（4）确定时间、准备设施，定期与不定期相结合，准备材料和设备。

（5）绩效考核，各级考核者根据被考核者的实际工作表现对其展开评估。

（6）分析和评价，收集考核数据，与关键指标作比较，并作评价。

（7）绩效结果反馈，将考核结果反馈给被考核者，制定改进措施。

（8）绩效结果应用，将考核结果与薪酬、激励、培训、晋升等挂钩。

2. 绩效考核的主要风险点

绩效考核风险主要是指绩效考核没有达到预期目标的可能性，包括绩效考核政策风险和绩效考核执行风险。其中绩效考核政策风险主要包括缺乏系统的绩效考核政策、考核计划不当和考核方法不当而引起的诸多风险。绩效考核执行风险主要针对考核者的胜任能力不足、考核时间和设施不当、考核评估评价系统不健全、考评信息不对称及绩效考核结果应用不当而引起的风险。

（1）战略调整积重难返。绩效考评给战略实施带来了一定的风险，然而在战略调整的时候，绩效考评会带来更长期的风险。

有一些企业在初创时的投资阶段，以开拓市场、扩大市场占有率为主导战略，一定程度上采用订单最大化的标准考评绩效。随着企业的发展，必须调整战略，以销售利润率为主要考评标准，但实施下来，不仅销售利润率没有提高，反而订单也急剧萎缩。调查结果，原来业绩很好的营销人员根本无法完成新的战略目标。经过仔细分析我们会发现，企业从上到下的经营行为由于考评的内在机制和长期的强化功能带来的经营行为习惯难以改变，营销人员习惯抓订单，而不习惯抓利润。所以为实施早期战略而有效的考评，这时就会给战略调整留下了风险。

由此可见，持续的考评使个人和组织的行为被强化和固化，形成习惯，在战略调整时，要改变习惯，不仅需要相当长的时间，而且有时无法改变。因此，这就要求在考评体系建立时，许多的要素都必须根据未来的战略转移进行取舍，而不能仅仅根据当时战略实施的需要。

（2）优秀人才的流失。一个组织中优秀的人才只占全体员工的20%，这是被麦肯锡管理咨询公司总结的"二八法则"所证明的。优秀人才的特征就是指他的观念比常人超前、他的技能比别人多或强、他的效率比大多数人高、他的目标甚至比组织要远大、他的欲望在多数团队里无法满足。这时所谓公正的考评有可能适合多数人，但是对他则是一种伤害。因为所有考评的评价方式不外乎三种：独裁式——某个上级全权决定；指标式（也称科学计算式）——一系列多数人能达到的指标，进行统计计算，给出总分；投票式——同事、客户、专家、公众等进行评价和打分。而这三种方式常常都不能正确评价优秀的人才。所以由于考评而容易使优秀人才离开组织。

（3）分工、合作混乱。绩效考评体系内最让管理者两难的业务是职能、责任的划分和相互关联绩效指标的确定。现代化大生产的基础是分工合作。在统一的考评体系中，岗位说明书要求严格的分工界限，避免职能和责任的混淆。而关键绩效指标在团队中又必须相容。

例如，在报社，广告部和编辑部之间由于这个原因，就常常导致分工和合作混乱的风险。广告部全面负责广告的收入，编辑部全面负责版面。但是广告是登在报纸上的，广告部提供客户的样本必须符合报纸版面的要求；编辑部组稿时，在自认为符合版面要求的情况下，又必须满足广告部的需要。在设置考评指标过程中，开始两个部门分别设置广告收入和版面读者满意度指标时，两个部门争版面、相互不顾对方的需要，广告收入是广告部的职责，编辑部不管，经常拆掉广告，造成广告业主的不满。后来为了协调工作，这两个指标双方都有一定的分值，让这两个指标与两个部门相关联，这时又出现了编辑部也和广告客户联系起来，使报社出现多窗口对外。由此造成职能、责任的混乱。

由于绩效考评导致的这种混乱是经常发生的，因此组织在实施考评的每个要素时，都必须考虑这个风险。

（4）效率下降。任何一套绩效考评体系都不可能对员工的所有能力、所有行为、所有成果都纳入进去。因此组织对考评的范围、考评的标准、考评的信息来源都有一个取舍过程。有一些组织设置多项指标，每项2~3分，常常从年度考评到春节都出不了结果，使得发放奖金延迟，新一年的工作计划推后。还有一些企业在经常的工作过程中，需要员工做非常复杂的记录和填写大量的表格，以作为考评的依据，免得过了较长的时间，失去绩效证据。实践中常常出现重考评、轻业务改进的现象。结果由于考评，不仅没有提高效率，反而降低了效率。

（5）与法律、道德相冲突。在中国的一些企业由于考评产生的法律风险，最常见的是组织"劳动合同"的违约。有的劳动合同期限是3~5年甚至更长，而考评是1年修改一次，有的考评方式和结构化的考评工具直接与劳动合同发生冲突，如"末位淘汰制"常常不符合劳动合同的条款。考评中打分的"积极性、主动性等"软性指标在劳动合同中无法作为辞退职工的法律依据。还有的情况是装备的差异和个人能力的差异难以辨析的时候，对个人绩效的考评所带来的法律风险。

考评的道德风险在组织中更加常见。较大的风险见诸于如下几个方面。

1）直接上司考评有埋没人才的风险，几乎没有顶头上司愿意提拔直接部下超过自己的。

2）个人的恩怨、偏见、价值观都会使考评扭曲。

3）在指标完成不了，堤内损失堤外补，利用手中的资源做其他的业务。

4）考评的一些独立标准引发内部不正当竞争，协调陷入困境，相互拆台。

5）大量的考评只注重结果而忽视过程，这就带来了"不择手段"的风险。

3. 绩效考核的关键控制点

绩效考核由很多风险，和投资一样，这些风险是随着绩效考评的收益而产生，由绩效考评的本质特征所决定。对于绩效考核引起的风险虽然无法消除但是可以降低。为了在企业中形成良好的控制环境，规避绩效考核可能发生的风险，绩效考核应遵循一定的政策和程序，针对风险采取相应的控制措施，绩效考核的控制活动主要包括对绩效考核政策的控制和对绩效考核执行过程的控制。

（1）绩效考核目标的选择。这包括考核指标、目标值（参考标准值）等。不同的考核指标引导企业向不同的方向前进。所以考核指标要结合企业的战略，要有利于企业战略的实现。同时指标数量要少，不能太多，太多则员工难以执行。目标值的选择要适合企业的现状，要体现循序渐进的原则，要是通过努力都能达到的，主要是 SMART 原则。

（2）考核工具的选择。考核工具是实现考核目的的重要手段，不同的考核工具代表不同的考核方向。考核工具一定要适合企业目前的发展状态，是企业可以控制的。

（3）选择和培训考评人。考评人是实施考核方案的最主要责任者，考核的成败系于一身。

1）要求考评人要有正确的认识。考评人要充分明白公司考核的目的和意义，对绩效考核工作要有充分的热情。

2）要求考评人要能公正处事，坚持原则，不徇私情，不存偏见。

3）要求考评人要具有充分的绩效考核的知识，对企业、行业、竞争状况等都要有较为全面的了解。

（4）绩效考核结果的分析和评价。通过挖掘绩效考核数字背后的原因，找到影响和制约绩效考核结果的根本因素，并通过相应的分析，作出完整而深刻的评价，是绩效考核的重要目标之一，同时也是绩效考核的难点之一。

（5）绩效考核结果的反馈。将绩效考核结果反馈给被考核人，尤其是面对面的绩效面谈，是考评人和被考核人直接主管的很重要的工作。只有让被考核人了解原因，认可结果，主动思考和行动，绩效考核才能真正起到激励的作用。

（6）绩效考核结果的运用。将考核结果与薪酬、激励、培训、晋升等挂钩，是运用的关键之处。但如何运用，怎么挂钩，是控制的关键之处和难点所在。只有考核，没有运用，等于没有考核，甚至不如没有考核，没有考核至少不会劳民伤财。

 **文案范本**

员工绩效考核管理制度

第一章 总 则

第一条 目的。

1. 客观、公正地评价员工的工作业绩、工作能力及工作态度，促使员工不断改善工作绩效，提高自身工作能力，提升企业的整体运行效率和经济效益。

2. 为员工的薪酬决策、培训规划、职位晋升、岗位轮换等人力资源管理工作提供决策依据。

第二条　适用对象。

本制度适用于企业中的所有员工，但考评期内未到岗累计超过＿＿个月（包括请假及其他原因缺岗）的员工不参与当期考核。

第三条　考核原则。

1. 公平公开原则，即员工绩效考核标准、考核程序和考核责任都应当有明确的规定，企业所有员工都要接受考核，对同一岗位执行相同的考核标准。

2. 定期化与制度化。绩效考核既是对员工过去和现在的工作情况进行考察，也是对其未来工作行为进行预测，将员工绩效考核定期化、制度化，有助于全面了解员工的潜能，及时发现企业组织中的绩效问题，提出解决方法和措施。

3. 定量化与定性化相结合。对企业员工进行考核时，考核指标分为定性化与定量化两种，并分别赋予不同的权重（定性化指标权重占40%，定量化指标权重占60%）。

4. 沟通与反馈。考核评价结束后，人力资源部及各部门负责人应及时与被考核者进行沟通，将考评结果告知被考核者。

第二章　绩效考核内容

第四条　工作业绩。

主要考核员工实际完成的工作成果，包括工作质量、工作数量、工作效益等。针对不同的工作岗位，考核重点有所不同。例如，对于开发类岗位，应重点考核项目进度与质量；对于营销类岗位，应重点考核销售额及市场潜力；对于事务类岗位，则应重点考核日常工作任务完成量及质量等。

第五条　工作能力。

根据本人实际完成的工作成果及各方面的综合素质来评价其工作技能和水平，如专业知识掌握程度、业务能力、创新能力等。

第六条　工作态度。

主要是对员工平时的工作表现予以评价，包括纪律性、积极性、主动性、责任感等。

第三章　绩效考核实施

第七条　考核周期。

1. 根据岗位的需要，分别对员工实施月度考核或季度考核，其实施时间分别是下一个月的＿＿—＿＿日、下一个季度的＿＿—＿＿日。

2. 年度考核，所有员工都应接受企业实施的年度考核，考核实施时间一般为下一年度第一个月的＿＿—＿＿日。

第八条　设定考核指标及评价标准。

根据前期制定的绩效计划及职位说明书等文件，分别制定各岗位的考核指标、评价标准及考核项的分值等内容。

第九条　考核实施。

1. 考核者依据制定的考核指标和评价标准，对被考核者的工作业绩、工作能力、工作态度等方面进行评估，并根据考核分值确定其考核等级。

2. 考核者应熟悉绩效考核制度及流程，熟练使用相关考核工具，做到与被考核者及时沟通与反馈，客观、公正地完成考评工作。

第四章　绩效考核面谈

第十条　绩效面谈应由被考核者的直接上级与被考核者单独进行，人力资源部工作人员根据需要可选择参与。

第十一条 如果被考核者认为考核结果不公正，且与考核者沟通无效，在确有证据证明的情况下可以启动考核结果申诉程序。人力资源部在接到员工考核申诉后的＿＿个工作日内予以解决。

第五章 考核结果应用

第十二条 根据员工的考核结果，将其划分为五个等级，主要应用于职位晋升、培训需求、季度及年度奖金发放、薪资调整等方面，具体应用如下表所示。

考核结果应用表

评估等级	考核得分	培训需求程度	职位晋升	奖金发放	月薪资调整
S	90～100	无	推荐	110%发放	基本工资+＿＿元
A	80～89	一般	储备	100%发放	基本工资+＿＿元
B	70～79	较强	不变	85%发放	基本工资不变
C	60～69	强	不变	75%发放	基本工资不变
D	60以下	很强	降职	无	基本工资-＿＿元

第六章 附 则

第十三条 本制度由企业人力资源部制定并报总经理审批后实施，修改时亦同。

第十四条 本制度自＿＿＿＿年＿＿月＿＿日起执行。

文案范本

绩效考核控制流程

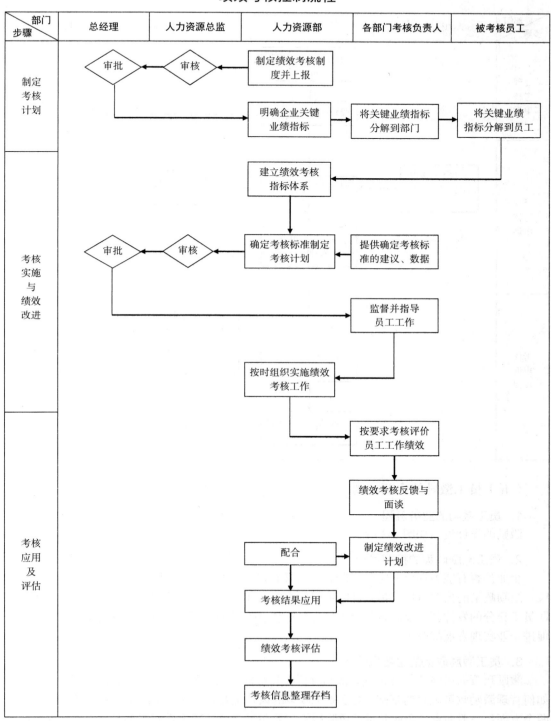

部门 步骤	总经理	人力资源总监	人力资源部	各部门考核负责人	被考核员工
制定考核计划	审批	审核	制定绩效考核制度并上报		
			明确企业关键业绩指标	将关键业绩指标分解到部门	将关键业绩指标分解到员工
考核实施与绩效改进			建立绩效考核指标体系		
	审批	审核	确定考核标准制定考核计划	提供确定考核标准的建议、数据	
			监督并指导员工工作		
			按时组织实施绩效考核工作		
考核应用及评估			按要求考核评价员工工作绩效		
			绩效考核反馈与面谈		
	配合		制定绩效改进计划		
			考核结果应用		
			绩效考核评估		
			考核信息整理存档		

 **文案范本**

考核申诉控制流程

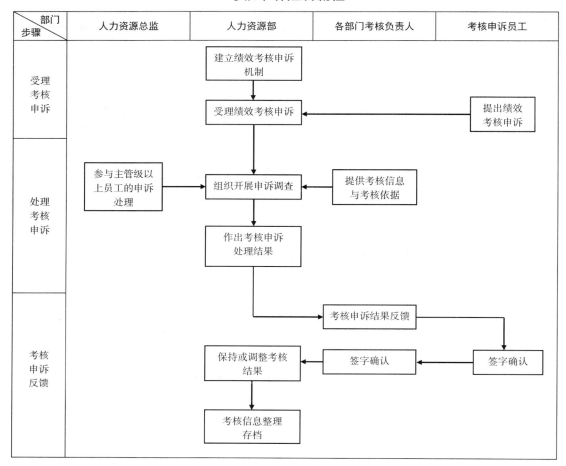

（五）员工激励的内部控制

1．员工激励的业务流程

激励的设计流程如图 3-2 所示。

2．员工激励政策的控制目标

企业是否有能力保留一定数量既有能力又有责任心的员工，在很大程度上取决于其激励政策。激励政策的控制目标就是，可以吸引优秀的人才到企业来，开发员工的潜在能力，促进在职员工充分的发挥其才能和智慧、留住优秀人才、造就良性的竞争环境，提高经营效率和效果，促进企业实现发展战略。

3．员工激励政策的主要风险点

激励政策的风险评估是企业确认和分析与其目标实现相关的激励政策风险的过程，是确定如何管理激励政策风险的基础。对于激励政策的风险主要表现在政策制定风险与政策执行风险两个方面。一般而言，企业激励的风险因素主要包括外部环境因素和内部管理因素，这些风险因素存在于激励政策的制定和执行的全过程。为了营造良好的人力资源内部控制环境，在激励政策的制定与执行过程中必须识别这些风险。

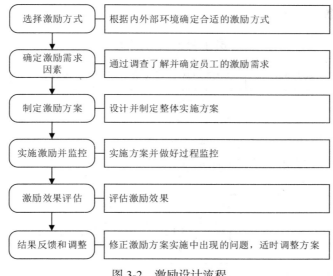

图 3-2   激励设计流程

4．员工激励政策的关键控制点

（1）设定激励的目标。激励的最终目的在于实现企业的战略，激励目标要服从、服务于企业战略的要求。所设置的目标要有助于引导和鼓励员工的行为，使之符合企业的战略要求和组织目标。同时，由于人的注意力是有限的，设定的激励目标一般不宜超过三个到五个。超过则会使注意力分散，反而会有损于组织目标的实现。

（2）激励需求的调查。激励是要按需激励的，不能采用"一刀切"的激励方式。调查员工的需求，是激励活动的起点。企业要选择专业人员、设计专门的调查方案，深入地了解员工的需求，分析哪些是真正的需求，哪些是表面的虚假的需求，哪些是最迫切的需求，哪些是无关紧要的需求。

（3）激励方式的选择。激励方案的落脚点就是选择激励方式。是选择正激励，还是选择负激励。是选择物质激励，还是选择精神激励。物质激励是发现金，还是发商品，还是给予培训机会。不同的激励方式，其效果是大不一样的。企业要结合激励需求的调查，选择最适合的激励方式。好的方式可以事半功倍，不好的方式会事倍功半。

（4）激励时机的选择。有的企业注重结果的控制，有的企业关注过程的控制，有的企业则两者兼有。那么在激励活动中，要使控制活动达到应有的目标，就必须对激励的时机作出恰当的选择。是在结果出来后及时给予一次性激励，还是在过程中分阶段地予以激励，还是年底统一作出激励。这都是激励控制所必须关注的。

（5）确定激励的力度。激励的力度不是越大越好，要结合被激励事项的性质而定，要结合要实现目标的大小而定。同时，还要考虑成本效益性原则，能节约成本还是要尽量节约成本。

（6）评估激励的效果。激励实施之后，一定要及时评估激励所起到的效果。总结激励方案中的各项内容是否满足要求，激励是否达到了引领趋向战略目标的目的。

（7）激励结果的反馈。激励结果要及时同被激励对象沟通、反馈，明确告知其激励的依据、目的和程序，让其理解激励的动因，从而产生激励所期望的行为。同时要倾听其对激励方案的意见和建议，修正方案中的问题，适时调整方案。

（六）员工晋升

 文案范本

员工晋升控制流程

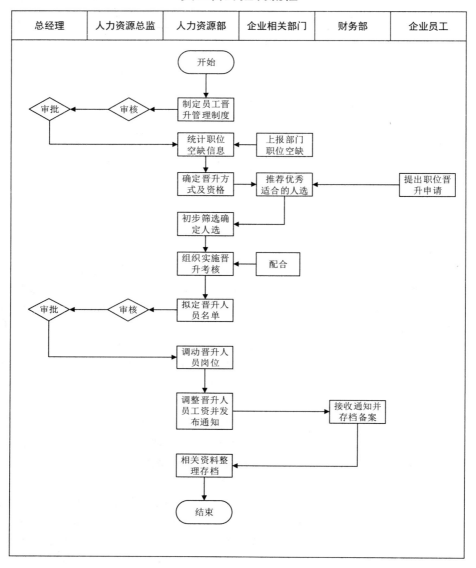

| 总经理 | 人力资源总监 | 人力资源部 | 企业相关部门 | 财务部 | 企业员工 |

五、人力资源退出

员工流动对企业人力资源的合理配置具有重要作用，但过高的员工离职率会影响企业的持续发展。

（一）员工离职的性质、类型

员工离职有广义与狭义之分，从广义上来看，员工离职分为两类，即自愿性离职和非自愿性离职，如表 3-5 所示。

表 3-5　员工离职的性质

离职性质	离职类型	说　明
自愿离职	员工辞职	雇员主动离开原公司
	退休	是对符合法定退休条件的雇员的一种福利待遇，在正常环境下其数量和比例具有可预期性，其发生对于企业更新人员年龄结构具有正面价值
非自愿离职	辞退员工	企业辞退员工往往是对行为严重违反企业规定或者无法达到工作岗位要求的员工惩罚，这部分离职由于其惩罚性，在离职整体中只占极少部分
	集体性裁员	发生在企业经营出现严重困难，只能通过裁员降低成本的情况，是一种偶发行为，一般在离职分析中不予考虑

狭义上员工离职又可以分为正常辞退、违纪辞退、除名、辞职、劳动关系自然终止、退休六种。离职员工也是企业的人力资源，要善于利用这笔资源。

企业需要真正关注的是对员工辞职的管理。辞职也可以分为两种情况。一种是企业认为不符合企业文化或企业内竞争的要求，在企业内部绩效评定中被列入淘汰行列的员工，企业往往通过较低的加薪、缓慢的升迁等制度或方式暗示员工主动辞职，从而规避给付员工经济赔偿金。另一种才是真正意义上的企业内部人才流失，即那些有利于企业运营和成长，是属于企业留才范围中的那部分员工的离职。

（二）员工离职的主要原因

（1）外部因素：社会价值观、经济、法律、交通以及求才市场竞争者因素。

（2）组织内部因素：薪资福利不佳、不满上司领导风格、缺乏升迁发展机会、工作负荷过重压力大、不受重视无法发挥才能等。

（3）个人因素：家庭因素、人格特质、职业属性以及个人成就动机因素。

离职的利弊分析如下。

益处：其他性质的离职，如竞争淘汰、退休和辞退等，虽然会在短期内构成一部分离职重置成本，但从长期来看，能够促进企业优化人员年龄结构、知识结构和个性结构，从而推动企业长期的营业利润增长。因而，对应不同性质的离职，必须区别对待，进而得到合适的管理结论。

弊端：离职带来的人才流失对于企业的运营具有直接的负面影响。企业为了填补员工离职造成的岗位空缺，不得不重新发布招募广告、筛选候选人、录用安置新员工，安排对新员工上岗前的培训。这些费用都构成离职重置成本。离职重置成本往往还包括员工离职前三心二意给工作造成的生产率损失，离职发生到新员工上岗前岗位空缺的效率损失，为培训新员工以及新员工和其他员工工作磨合损失的生产率，员工离职造成的组织知识结构不完整对生产率的影响，以及员工离职在职员中造成的人心动荡的效率损失等。人才流失无论从短期还是长期都对企业经营没有任何益处，人才流失造成的离职重置成本会侵蚀企业营业利润，造成企业营业利润下降。

（三）人力资源退出机制的建立健全

建立企业人力资源退出机制是实现企业发展战略的必然要求。

1．建立退出机制

企业应当按照有关法律法规规定执行。结合企业实际，建立健全员工退出（辞职、解除劳动合同、退休等）机制。明确退出条件和程序，确保员工退出机制得到有效实施。

人力资源只进不出就会造成滞胀，严重影响企业的有效运行。实施人力资源退出机制，可以保证企业人力资源团队的精干、高效和富有活力。通过自愿离职、再次创业、待命停职、提前退休、离岗转岗等途径，可以实现不适于企业战略或流程的员工直接或间接地退出，让更优秀的人员充实相应的岗位，真正做到"能上能下、能进能出"，实现人力资源的优化配置和战略目标。

2. 解除劳动合同

企业对考核不能胜任岗位要求的员工，应当及时暂停其工作，安排再培训，或调整工作岗位、安排转岗培训。不能满足岗位职责要求的，应当按照规定的权限和程序解除劳动合同。

人力资源的退出必须以科学的绩效考核机制为前提，出于对员工负责，根据企业需要应安排再培训、调整工作或转岗培训。这也是企业对社会负责的具体表现。同时，还需要相关的环境支撑。

（1）要在观念上将人员退出机制纳入人力资源管理系统和企业文化之中，使人力资源退出从计划到操作成为可能，同时获得员工的理解与支持。

（2）要建立科学合理的人力资源退出标准，使人力资源退出机制程序化、公开化，有效消除人力资源退出可能造成的不良影响。

（3）人力资源退出一定要建立在遵守法律法规的基础上，严格按照法律规定进行操作。一方面，退出方法要根据相关法律的规定制定，要有书面材料记录员工相关行为，使员工退出具有充分证据；另一方面，在实施退出时，要注意和劳动部门做好沟通，并按《劳动法》规定，给予退出员工相应补偿金额。

3. 保守企业秘密

企业与退出员工依法约定保守关键技术、商业秘密、国家机密和竞业限制的期限。确保知识产权、商业秘密和国家机密的安全。

这是控制企业知识产权和商业秘密安全风险的重要举措。企业要进行事前控制，在企业员工的聘用合同中就应该明确这方面的条款。

4. 工作交接

企业关键岗位人员离职前，应当根据有关法律法规的规定，进行工作交接和离任审计。

企业领导人尤其是国有企业领导人离任，需要进行离任审计，这是国家法律法规的一贯要求。实际上，企业关键岗位人员即使不离职，也应进行任职经济责任审计，大多数企业也是这样做的。

（四）员工离职的主要风险点

针对员工为什么选择离职，已经有了相当多的数据分析，不仅包含职业发展，以及由此带来的薪酬变化等这些能够实际评估的原因，还存在一些隐性因素，如与直线经理的关系、企业文化等因素。在相关机构，都能找到非常详尽的数据分析。但是不同类型的员工离职对企业的影响是不同的，为了营造良好的人力资源内部控制环境，在员工离职政策的制定和执行过程中，要注意可能会存在的以下风险。

1. 关键技术或商业秘密泄露

企业中掌握关键技术的人才跳槽，会将企业的关键技术带走；或者离职员工手上掌握着企业的商业秘密，如果帮助竞争对手，将对企业的业务造成冲击。

2. 客户流失

与企业客户直接打交道的销售人员，尤其是销售经理，掌握客户的第一手资料，与客户保持良好的交往，甚至与客户的关系非常密切。这些员工离开企业时，经常会带走一批或大部分客户，甚至将客户带给竞争对手，使企业失去客户和市场。

3．岗位空缺

员工主动离职直接的后果就是岗位空缺，关键岗位的空缺会使企业无法正常运转，高层管理人员离职后的空位成本会更高。

4．集体跳槽

集体跳槽的情况自 20 世纪 90 年代以来就在我国屡见不鲜。企业中关键人才往往在员工中具有较大的影响力和感召力，甚至有一批忠实的追随着。因此，经常发生的情况是，某位关键人物如总经理或部门经理的离开会带走一批员工，结果可能会使企业瘫痪。

5．人心动摇

企业一旦发生员工离职，特别是关键岗位员工或管理人员离职，势必对未离职的员工产生负面影响，某些影响力大的员工离职事件会造成群体心理动荡，减弱组织的向心力、凝聚力，动摇员工对企业发展的信心。

（五）员工离职的关键控制点

虽然恰当的人力资源管理可以增加人们对组织内部的心理预期和产生良好态度，但是，人们对外部的心理预期远大于对内部的预期时，许多人仍可能会选择离开。这时，企业的留人措施能否真正留得住人才，更多地取决于人才市场的供需状况，以及企业间的相互作用。面对越来越活跃的离职行为，企业管理者所持有的态度愈加成熟和客观。一方面，人们已经普遍认识到人才流动是社会和企业人力资源配置的重要形式，它可以调整人才构成比例、优化群体结构、保持人力资源队伍的活力；另一方面，对于造成企业人才流失的离职，可以有针对性地采取一些管理策略，将流失风险限制在可接受的范围内，避免风险事故发生或将风险事故发生的概率降至最低。以下针对员工离职给企业可能带来的风险，提出员工主动离职的关键控制点。

1．建立研发与技术团队，让关键技术或商业秘密为公司所有，而不是个人所有

在可能的情况下不要过分依赖某一个或少数几个技术人员或工程师。如果是多人共同发明的技术，申请专利时应将参加人员的名字都尽可能多地写上去，使专利权为大家所拥有。

2．对关键人才签订"竞业禁止"协定

竞业禁止也称竞业限制。它的主要内容是指企业的职工（尤其是高级职工）在其任职期间不得兼职于竞争公司或兼营竞争性业务，在其离职后的特定时期或地区内也不得从业于竞争公司或进行竞争性营业活动。竞业禁止制度的一个重要目的就是为了保护雇主或企业的商业秘密不为雇员所侵犯，人才的异常流动常常会带来企业的阵痛，因此未雨绸缪，利用法律手段尽量降低此类风险就显得尤为重要。

3．实施干部储备制度，平时注意培养有潜力的管理岗位接班人

减少和防止员工主动离职给公司带来的伤害和员工短缺成本。可以业绩评价体系中增加一项"人才备用"指标，检测如果此人离开，他的工作将由何人接替，如果没有合适人选，说明这样的管理者其实不是不称职的，这就要求管理者在一些关键会议、重要的交际场合等带着一些比较有潜质的下属参加，让下属充分掌握相关信息和资源，培养他的独立工作能力，这样可以保证管理岗位后继有人。

4．做好离职面谈

就离职事件与员工进行积极的沟通，了解其离开公司的原因，以利于公司在工作中改进和提高。同时，也鼓励未离职的员工努力工作，让他们对前景充满信心。创建好的企业沟通关系

和良好的人员关系，创造一种保持发展及激情的内部环境。

文案范本

员工离职管理制度

第一章 总 则

第一条 为规范公司员工离职管理工作，维护正常人才流动秩序，使员工离职工作交接和手续办理有章可循，特制定本制度。

第二条 本制度旨在确保公司业务的连续性和稳定性不受员工离职的影响，同时维护离职员工的合法权益。

第三条 本制度适用于公司全体员工。

第四条 公司关键岗位人员的离职，还应进行离任审计。

第二章 离职分类

第五条 公司对员工离职作出如下分类：

1. 员工提出的辞职；

2. 公司解雇，包括协商解除、强制解除；

3. 劳动合同的终止，包括合同期满、员工退休；

4. 员工自动离职。

第六条 员工辞职。

1. 试用期员工辞职的，应提前3日通知公司；

2. 正式员工辞职的，应提前30日书面通知公司；

3. 员工未按规定提前通知公司，且有证据表明给公司造成损失的，员工应承担赔偿责任。

第七条 公司解雇。

1. 公司与员工协商一致解除劳动关系；

2. 员工不能胜任工作，经过培训或者调整工作岗位，仍不能胜任工作的，公司提前30日书面通知员工解除劳动关系；

3. 员工严重违反用人单位的规章制度的；严重失职或营私舞弊给公司造成重大损害的；试用期间被证明不符合公司录用条件的，公司有权解除劳动关系。

第八条 劳动合同终止。

1. 劳动合同期满，公司与员工均无续签意向，双方解除劳动关系；

2. 员工达到法定退休年龄的，或因其他人身原因不能继续工作的，双方解除劳动关系。

第九条 自动离职。

1. 员工满足离职确认条件，但个人原因导致逾期未办理离职手续的，按自动离职处理；

2. 员工无故连续旷工3天或月累计旷工3天的，按自动离职处理。

第三章 离职程序

第十条 任何原因导致的离职，离职员工均应按规定程序办理离职手续。

第十一条 用人部门负责离职员工的工作交接，由离职员工的直接上级在工作交接清单上签字确认，确保以下资料的顺利移交。

1. 产品研发资料；

2. 项目进程情况资料；

3. 公司技术、专利资料；

4. 客户、供应商相关资料；

5. 办公设施及设备；

6. 工作详细说明及待办事项明细；

7. 其他相关资料及详细说明。

第十二条　行政部负责离职员工的工作证、门禁卡、办公用品、档案资料的返还工作。

第十三条　财务部负责结清离职员工借款、报销等事项。

第十四条　人力资源部负责核算离职员工当月考勤、工资、年假补偿、经济补偿，与员工进行离职结算。

第十五条　离职员工损坏公司文件、资料、财物的，应承担赔偿责任。造成文件、资料缺失无法弥补的，由部门负责人确认其应承担的赔偿额度。

第十六条　各部门均应指定专人负责办理办理员工离职手续，并在离职手续办理清单上签字确认。

第十七条　员工须亲自办理离职，并在公司确定的最后工作日办理完离职手续。员工逾期未办理离职手续擅自离开公司的，公司有权追究其法律责任。

第十八条　待员工办完所有离职手续后，人力资源部为离职员工出具《解除劳动合同证明》，正式解除劳动关系。

第四章　离职面谈

第十九条　任何形式的离职，人力资源部均应安排合适人员与离职员工做离职面谈，在员工确定离职到离开公司期间选择合适的时间进行。

第二十条　为了完善公司管理和离职员工的职业发展规划，离职面谈本着轻松、坦诚原则展开，促进双方的理解与沟通。

第二十一条　离职员工可在各方面对公司现状进行评价，可对公司当前管理水平、工作环境、人际关系等提出自己的看法，也可对所在部门工作所需改进之处提出建议，也可对工作继任者提出指导和期望等。

第二十二条　公司可对员工在职期间的工作表现作出客观评价，对其以后的职业发展提出合理评价和专业方面的建议。

第二十三条　离职面谈结束后，人力资源部负责将面谈记录整理归档，为人力资源离职分析提供依据。

第五章　附　　则

第二十四条　本制度由人力资源部制定和修改，解释权归人力资源部。

第二十五条　本制度报经总经理审批后，自公布之日起实施。

 文案范本

员工晋升与离职管理制度

第一章　总　　则

第一条　目的。

1. 通过内部晋升选拔有发展潜力的员工，定向发展培养，建立企业人才梯队。

2. 规范企业员工晋升及离职管理工作，维护企业和员工双方的合法权益。

第二条　适用范围。

本制度适用于企业员工晋升与离职管理的各项工作。

第二章　晋升管理规定

第三条　晋升标准。

1. 品质标准：主要考核员工的职业道德、个人修养及品德素质，考察其是否以企业利益为重及能否做好本职工作。

2. 能力标准：主要考核员工是否具备拟晋升岗位所要求的能力。

3. 态度标准：主要考核员工工作的主动性、积极性、责任心等方面。

4. 业绩：主要考核员工的工作成果及其对企业的贡献等。

第四条　晋升方式。

1. 定期晋升：每年＿＿月，根据企业年度绩效考核结果，统一实施员工晋升工作。

2. 不定期晋升：在员工离职造成职位空缺、员工工作表现优异或部门经理发现优秀员工后主动推荐时，企业应根据实际情况给予相应的职位晋升安排。

第五条　不定期晋升的实施程序。

1. 发布竞聘信息。职位空缺产生后，发布内部招聘信息，吸引员工参加竞聘。

2. 选拔竞聘员工。对应聘员工进行面试和考核，选拔符合空缺岗位要求的员工。

3. 确定录用人选。

（1）根据考核选拔结果，确定录用人选。

（2）被录用人员需做好工作交接，在规定时间内到新岗位任职。

第三章　离职管理规定

第六条　离职分类。

1. 合同离职：员工因终止履行受聘合同或协议而离职。

2. 员工辞职：员工由于某种因素主动提出辞职。

3. 辞退（解雇）员工。

（1）若员工不能胜任工作岗位，且在接受企业培训或调换岗位后仍不能胜任，则企业有权予以辞退。

（2）严重违反企业规章制度或国家相关法律法规者，企业予以解雇。

（3）因劳动合同订立时所依据的客观经济情况发生重大变化，致使劳动合同无法履行的，企业可与员工协商解除劳动关系，并给予一定的经济补偿。

4. 自动离职：员工无故旷工＿＿个工作日以上，企业视为员工自动离职。

第七条　离职移交手续办理。

员工离职时，持通过批准的"离职申请单"和"离职移交清单"到所在部门办理移交，各项移交手续办理完毕、相关经办人签字后，离职移交清单送人力资源部审核、签字。

第八条　工作、物品移交说明。

1. 离职员工必须将工作过程中保管使用的账册、文件，如企业制度文件、员工手册、技术资料、图样等，移交给指定的人员及部门，并填入离职移交清单中。

2. 离职员工应将已办而未办完的工作事项向企业指定人员交代清楚。

3. 离职员工应将领用的工作服装、办公用品等交还行政管理部门，由接收部门经办人在离职单上签字确认物品交接完成。若员工交还物品被损坏或丢失，企业酌情要求离职员工作出赔偿。

第九条　离职工资结算。

各种移交手续及物品移交办妥后，离职员工才能领取企业应发而未发的工资。工资领取按照国家相关法律规定及企业的有关制度执行。

第四章 附 则

第十条 本制度由人力资源部制定，经总经理核准后实施，未尽事宜按照国家及企业相关规定执行。

第十一条 本制度解释权归企业人力资源部，自颁布之日起执行。

 文案范本

员工辞职控制流程

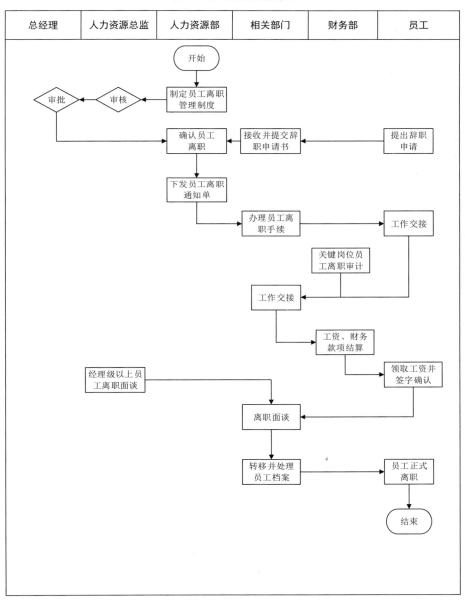

文案范本

辞退员工控制流程

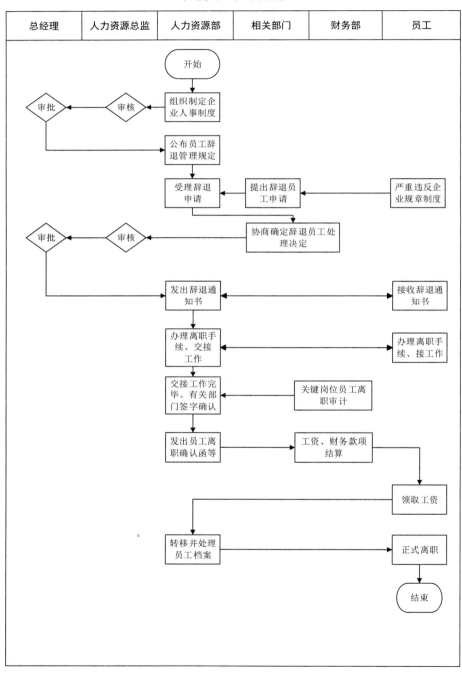

总经理	人力资源总监	人力资源部	相关部门	财务部	员工

第四章

发展战略方面内控管理

第一节　发展战略综合文案

发展战略包括企业长远发展目标和战略规划两个方面。长远发展目标确定企业的发展方向和未来预期达到的目标；而战略规划是实现战略目标的路径，即企业通过什么路径实现长远目标。

目标与规划是发展战略两个相辅相成的方面。没有目标就谈不上战略；只有目标没有规划，目标既不能落实，也无法实现。

一、发展战略方面存在的主要问题及解决措施

（一）主要问题

有些企业缺乏明确的发展战略或发展战略实施不到位，结果导致企业盲目发展，难以形成竞争优势，丧失发展机遇和动力；也有些企业发展战略过于激进，脱离企业实际能力或偏离主业，导致过度扩张、经营失控甚至失败；还有一些企业发展战略频繁变动，导致资源严重浪费，最后危及企业的生存和持续发展。

（二）解决措施

（1）要求企业健全组织机构，在董事会下设立战略委员会，或指定相关机构负责发展战略管理工作。同时，对战略委员会的成员素质、工作规范也提出相应的要求。

（2）明确要求企业应在充分调查研究、科学分析预测和广泛征求意见的基础上制定发展目标，而不是靠拍脑袋，盲目制定发展战略。在制定目标过程中，应综合考虑宏观经济政策、国内外市场需求变化、技术发展趋势、行业及竞争对手状况、可利用资源水平和自身优势与劣势等影响因素。

（3）强调战略规划应当根据发展目标制定，明确发展的阶段性和发展程度，确定每个发展阶段的具体目标、工作任务和实施路径。

（4）要求董事会从全局性、长期性和可行性等维度，严格审议战略委员会提交的发展战略方案，之后再报经股东（大）会批准实施。

（5）从抓实施的角度，要求企业根据发展战略，制定年度工作计划，编制全面预算，将年度目标分解、落实，确保发展战略有效实施。

（6）设立发展战略实施后评估制度，要求战略委员会加强对发展战略实施情况的监控，定期收集和分析相关信息。对发现明显偏离发展战略的情况，要求及时报告；对确需对发展战略作出调整的情形，明确要求企业要遵循规定的权限和程序调整发展战略。

二、企业发展战略风险

战略风险是指企业发展战略与实际状况相脱节、与社会需求相背离、与企业目标不一致，从而导致企业发展方向出现偏误的风险。

战略风险的产生与战略定位（分析、选择）有着直接的联系，定位不当或者定义失误，都会埋下战略风险的隐患。

企业制定与实施发展战略至少应当关注下列三项风险。

（1）缺乏明确的发展战略或发展战略实施不到位，可能导致企业盲目发展难以形成竞争优势，丧失发展机遇和动力。

（2）发展战略过于激进，脱离企业实际能力或偏离主业，可能导致企业过度扩张，甚至经营失败。

（3）发展战略因主观原因频繁变动，可能导致资源浪费，甚至危及企业的生存和持续发展。

具体来说主要存在以下几项风险。

（一）企业发展战略环境风险

首先受外部环境因素的影响。发展战略环境的重要风险因素，有国内外政治、经济因素，行业结构特点，技术发展趋势，企业及其子公司所处的文化环境，竞争结构，主要竞争者的产品市场占有率的变化，市场潜在能力等。外部环境因素是通过输入不确定性产生的风险，在企业未来发展过程中，各种环境因素的变化程度及其企业经营业绩变化等，可能带来的影响难以把握。

企业所处环境的复杂性、市场的潜在发展能力、环境的变化程度对组织风险有重要影响：

（1）环境越复杂，组织的风险就越高；

（2）企业的可持续发展能力，表现为相关的市场增长，处于一个快速成长行业中的企业风险就高，而处于成熟和衰退行业中的企业，风险相对较小；

（3）环境的变化越大，如技术发展变化快，产品生命周期缩短，行业市场增长率不确定，环境因素变化难以预测等加大了企业经营的风险。

（二）企业战略经营方向和经营范围的风险

战略经营方向决定了企业在一定时期内的发展方向。企业发展战略的特点与环境的复杂性，要求对企业战略不断加以审核和评估，以便及时作出局部和根本性调整。因此，高度复杂的环境增加了企业经营的风险。一般来说，正确的企业战略加上有效的风险控制，可以使企业在复杂多变的环境中，稳健地发展并取得预期的业绩目标。

企业战略按经营范围可划分为单一产品战略、相关多元化战略和非相关多元化战略。研究表明，相关多样化企业实际运行最好，单一业务企业、不相关多样化企业从长远来看运行得不好，因而在企业经营范围中，单一业务经营和不相关多样化经营都存在较高的风险。经营的不相关程度越大，业务越多，经营风险也就越高。

（三）管理者的前期战略选择对未来战略影响的风险

管理者的前期战略选择或重大决策，对企业的发展有深远影响。前期涉及资源分配和经营战略方向等战略性决策对企业发展有深远影响，有时那些涉及企业战略经营结构和经营领域的重大决策是不可逆转的。因而对企业经营业绩及以后阶段的发展战略将产生重大影响。

（四）高层管理者结构、决策者偏好与管理冒险行为对企业发展战略影响的风险

高级管理层的构成是影响冒险行为的重要因素，高层管理者理论指出了决策者特征，战略

选择与业绩之间的关系。高层管理者的构成及知识结构，反映了其对所从事的经营业务领域竞争规律和发展规律的认识能力以及对企业发展的驾驭能力。经理层的个人特征和历史背景、决策者偏好，直接对决策行为产生影响，并最终影响企业某一特定发展阶段的经营业绩。决策者性格和偏好不同，导致决策的风险程度不同。根据风险决策理论的研究成果，高风险决策可能带来高额的回报或更大的损失。

（五）企业发展战略的复杂性和组织结构的适应性对组织战略贯彻影响的风险

企业的组织架构，因职能和事业部或子公司的存在，使得组织因发展战略需要运筹规划和资源分配的正确性方面难度加大；企业总部对于企业的战略协调与管理控制因区域文化差异提高了难度。企业业务的发展和经营规模的扩大，其组织结构和管理流程的不适应，将直接对企业的发展战略产生影响。因而企业发展战略的复杂性越高，组织结构对管理的适应性越差，发展战略的风险就越高。

（六）战略经营计划管理组织体系的有效性对企业发展战略影响的风险

企业因其经营范围、经营管理的层次和结构的复杂性与企业的区域分布和文化的差异性等，使企业发展战略协调控制需要企业建立发展战略的规范化的运作模式，以准确把握影响企业战略目标实现的关键因素或关键环节，促成战略目标的实现。在发展战略过程中，及时评估战略风险因素，进而形成一种有效的风险管理机制，可以降低因缺乏对战略经营计划的管理给企业发展带来的管理风险。

三、董事会发展战略发展委员

请参阅以下相关文案。

 **文案范本**

深圳××股份有限公司
董事会发展战略委员会工作细则

第一章 总 则

第一条 为适应深圳××股份有限公司（以下简称"公司"）战略发展的需要，保证公司发展规划和战略决策的科学性，增强公司的可持续发展能力，根据《公司章程》《上市公司治理准则》《公司董事会工作细则》等法律、法规的有关规定，公司董事会下设发展战略委员会，制定本工作细则。

第二条 发展战略委员会是公司董事会下设的专门机构，对董事会负责，主要对公司长期发展战略规划、重大战略性投资进行研究，向董事会提出合理化建议，对公司发展项目进行审查，向董事会报告工作并对董事会负责。

第三条 发展战略委员会所作决议，应当符合公司章程、董事会工作细则等法律、法规及本工作细则的规定。发展战略委员会决议内容应符合上述章程及规定；发展战略委员会决策程序违反有关法律、法规等规范性文件或《公司章程》、董事会工作细则及本工作细则规定的，有关利害关系人可向公司董事会提出撤销该项决议。

第二章 人员组成

第四条 发展战略委员会成员由5~9名董事组成，其中应至少包括两名独立董事。发展战略委员会委员由董事提名，并由董事会选举产生。

第五条　发展战略委员会设召集人一名，由公司董事长担任。

第六条　召集人负责召集和主持发展战略委员会会议，当召集人不能或无法履行职责时，由其指定一名其他委员代行其职责；召集人既不能履行职责，也不指定其他委员代行其职责时，由委员会成员推举一名委员主持。

第七条　发展战略委员会委员任期与本届董事会董事的任期相同。发展战略委员会委员任期届满前，除非出现《公司法》《公司章程》或本工作细则规定的不得任职之情形，不得被无故解除职务。

如董事会发展战略委员会委员连续三次未能亲自出席董事会发展战略委员会会议，公司董事会有权予以更换。

第八条　发展战略委员会因委员辞职或免职或其他原因而导致人数少于规定人数的三分之二时，公司董事会应尽快选举产生新的委员。在发展战略委员会委员人数达到前款规定人数以前，发展战略委员会暂停行使本工作细则规定的职权。

第三章　职责权限

第九条　发展战略委员会主要行使下列职权：

（一）对公司的长期发展规划、经营目标、发展方针进行研究并提出建议；

（二）对公司的经营战略包括但不限于产品战略、市场战略、营销战略、研发战略、人才战略进行研究并提出建议；

（三）审核占公司最近一次经审计的净资产10%以上的重大战略性投资、项目融资方案；

（四）审核占公司最近一次经审计的净资产10%以上重大资本运作、资产经营项目；

（五）对其他影响公司发展战略的重大事项进行研究并提出建议，必要时可要求调整公司发展战略规划；

（六）对以上事项的实施进行跟踪检查。

第十条　发展战略委员会对前条规定的事项进行审议后，应形成发展战略委员会会议决议连同相关议案报送公司董事会进行审议。

第十一条　发展战略委员会行使职权应符合《公司法》《公司章程》《董事会工作细则》及本工作细则的有关规定。

第十二条　发展战略委员会履行职责时，公司相关部门应给予配合，所需费用由公司承担。

第四章　会议的召开与通知

第十三条　发展战略委员会每年至少召开两次会议，并于会议召开前三天将会议内容书面通知全体委员，会议由召集人主持，召集人不能出席时可委托其他一名委员主持，当召集人没有委托其他委员主持，可按本规定第六条规定办理。发展战略委员会会议应有二分之一以上（含二分之一）委员出席方可举行。

第十四条　发展战略委员会会议必要时可以要求公司相关董事、监事及其他高管人员列席会议。

第十五条　如有必要，发展战略委员会可以聘请中介机构为其提供专业意见，费用由公司董事会经费支付。

第十六条　发展战略委员会召集会议可根据情况采用现场会议的形式，也可采用传真、视频、可视电话、电话等通信方式。

第十七条　发展战略委员会会议通知以书面形式发出，至少包括以下内容：

（一）会议召开时间、地点；

（二）会议期限；

（三）会议需要讨论的议题；

（四）会议联系人及联系方式；

（五）会议通知的日期。

第十八条　发展战略委员会会议通知发送形式包括传真、信函、电子邮件等。自发出通知之日起两日内未接到书面异议，则视为被通知人已收到会议通知。

第十九条　发展战略委员会会议应由委员本人亲自出席。委员因故不能出席，可以书面委托其他委员代为出席会议并行使表决权。委员每次只能委托一名其他委员代为行使表决权。

第二十条　委员会委员委托其他委员代为出席会议并行使表决权的，应向会议主持人提交授权委托书。授权委托书应至迟于会议召开前提交给会议主持人。

第二十一条　授权委托书应至少包括以下内容：

（一）委托人姓名；

（二）被委托人姓名；

（三）代理委托事项；

（四）对会议议题行使投票权的指示（同意、反对、弃权）以及未做具体指示时，被委托人是否可按自己意愿表决的说明；

（五）授权委托的期限；

（六）授权委托书签署日期。

第二十二条　委员会委员未出席会议，亦未委托其他委员代为出席会议的，视为放弃在该次会议上的投票权。

第五章　会议决议和会议记录

第二十三条　每项议案获得规定的有效表决票数后，经会议主持人宣布即形成发展战略委员会决议。以现场会议方式召开的，发展战略委员会决议经出席会议委员签字后生效。以通信方式召开的，发展战略委员会决议经委员在会议决议（或传真件）上签字后生效。战略委员会的决议要符合法律、法规、规章及本工作细则的规定。

第二十四条　董事会秘书应当于会议决议产生之次日，将会议决议有关情况向公司董事会报告并以书面形式备案；若会议决议内容需要经董事会审议，应当提交董事会进行审议。

第二十五条　发展战略委员会决议实施的过程中，要有专门的委员对决议的实施情况进行跟踪检查，在检查中发现有违反决议的事项时，可以要求和督促有关人员予以纠正，有关人员若不采纳意见，发展战略委员会要将有关情况向公司董事会作出汇报，由公司董事会负责对有关责任人进行处理。

第二十六条　发展战略委员会会议应当有书面记录，出席会议的委员和会议记录人应当在会议记录上签名。出席会议的委员有权要求在记录上对其在会议上的发言作出说明性记载。

第二十七条　发展战略委员会会议记录应至少包括以下内容：

（一）会议召开的日期、地点和召集人姓名；

（二）委员亲自出席和受托出席的情况；

（三）会议议程；

（四）委员发言要点；

（五）每一议案的表决方式和表决结果（说明赞成、反对或弃权的票数）；

（六）其他应当在会议记录中说明和记载的事项。

第二十八条　发展战略委员会会议档案，包括会议通知、会议材料、会议签到表、委员代为出席的授权委托书、表决票、经与会委员签字确认的会议记录、决议等，会议记录由董事会秘书处负责保存。发展战略委员会会议档案的保存期限为十年。

  第二十九条 在公司依法定程序将发展战略委员会决议予以公开之前，与会委员和会议列席人员、记录和服务人员等负有对决议内容保密的义务。

<h3 style="text-align:center">第六章 附 则</h3>

  第三十条 本工作细则所称"以上""以下"均包含本数；"超过""少于"不含本数。

  第三十一条 本工作细则由公司董事会负责制定、修改并解释。

  第三十二条 本工作细则经公司董事会审议通过后实施。

深圳××股份有限公司
2013 年 8 月 12 日

四、发展战略管理关键点控制

  企业在实施发展战略内部控制的过程中，应至少加强对相关关键点的控制，以避免风险发生或降低风险发生的概率。

（一）发展战略组织管理

  （1）在董事会下设立战略委员会或类似组织负责发展战略管理工作。

  （2）应当明确战略委员会的职责和议事规则，对战略委员会会议的会议规则要作出明确规定。

（二）发展战略的制定

  （1）制定战略前要进行充分的调查研究、科学的分析预测并广泛征求意见。

  （2）确立发展目标时，要突出主营业务，不能过于激进或保守。

  （3）要根据发展目标制定战略规划，应明确发展的阶段性和程度。

（三）发展战略的审议

  （1）发展战略拟定后，应按规定的权限和程序对发展战略进行审议。

  （2）董事会在审议发展战略时，应着重关注发展战略的全局性、长期性和可行性。

  （3）对存在重大问题的发展战略，董事会应责令战略委员会对其作出调整。

（四）发展战略的实施

  （1）完善发展战略管理制度，确保发展战略能有效得到实施。

  （2）制定年度工作计划，编制全面预算，将年度目标分解、落实。

  （3）采用内部各层级会议和教育培训等有效方式，将发展战略及其分解落实情况宣传、传递给企业各级管理人员及全体员工。

  （4）加强对发展战略实施情况的监控，并定期收集、分析相关信息。

  （5）在内外部因素发生重大变化导致发展战略需调整时，战略委员会按权限和程序调整发展战略。

五、发展战略的信息披露

  企业应当根据国家有关法律法规，以适当的形式披露发展目标和战略规划，增强投资者特别是战略投资者对企业发展的信心和关注度。

  企业应当披露影响发展战略实现的重大风险因素及其应对措施。

六、相关综合文案

请参阅以下相关文案。

××地产股份有限公司发展战略管理制度

第一章　总　　则

第一条　为规范公司发展战略管理工作，提升战略管理的科学性、有效性和及时性，实现公司资源的有效配置，并保证各下属子公司、各职能部门与公司整体战略方向和目标的一致性，防范发展战略制定与实施中的风险，根据证监会等五部委颁布的《企业内部控制基本规范》《企业内部控制应用指引》和公司实际情况要求，特制定本制度。

第二条　本制度所称发展战略是指在对公司现实状况和所涉及行业未来发展趋势进行综合分析和科学预测的基础上，制定并分解实施具有全局性和长期性的发展目标与经营策略规划。战略管理是指对公司战略进行制定、选择、实施和控制、评价，直至达到战略目标的全过程。战略管理过程主要包括四个阶段：战略制定、战略实施、战略评估和战略调整。

第三条　公司的战略制定遵循"科学、客观、可行"的原则；战略实施遵循"稳健、高效、务实"的原则。

第四条　公司制定与实施发展战略至少应当关注下列风险。

（一）缺乏明确的发展战略或发展战略实施不到位，可能导致盲目发展，难以形成竞争优势，丧失发展机遇和动力。

（二）发展战略过于激进，脱离企业实际能力或偏离主业，可能导致过度扩张，甚至经营失败。

（三）发展战略因主观原因频繁变动，可能导致资源浪费，甚至危及公司的生存和持续发展。

（四）对战略实施过程中内外部环境变化未进行及时有效的评估，进而公司战略调整不及时，导致公司利益受损。

第五条　本制度适用于公司及下属子公司。

第二章　战略管理组织机构

第六条　组织机构。

（一）公司董事会。公司董事会是公司的战略决策机构，负责明确提出公司的使命和愿景，确定公司中长期战略发展方向和发展目标，确定公司整体战略规划，审批公司战略及战略的修正建议。

（二）战略委员会。战略委员会是董事会下设的专门工作机构，主要负责研究公司的战略发展方向，对公司的中、长期发展目标、战略规划、重大战略性投资进行可行性研究并提出建议。战略委员会根据总经理每年提交的公司整体经营状况、战略完成情况以及内外部环境变化的评估报告，向董事会在战略发展方面的决策提供建议。战略委员会行使董事会授予的权力，履行职责，向董事会做出报告及提出建议，协助董事会完成相关工作，以提高董事会的工作效率、报告水平、透明度及客观度。战略委员会可根据需要，委聘社会专业人士担任委员会的顾问。

（三）总经理。总经理对董事会负责，组织相关部门拟定公司发展战略，承担公司战略规划实施工作，并对实施结果进行评估，根据评估结果及时拟定公司战略调整草案。

（四）分管领导。分管领导应按照本制度和其他规定要求配合总经理的工作，并负责组织各自分管业务拟定公司发展战略，承担公司战略规划实施工作，协助总经理做好战略实施结果评估。

（五）战略投资部。负责收集与公司发展战略相关的行业、竞争对手、宏观环境等信息；负责收集公司各部门、各子公司的信息，并为制定发展战略提供技术支持；协助公司高层制定公司的发展目标和战略规划；起草战略规划流程，协助总经理做好战略规划的提出与修订，确保战略制定工作按时、高质量地完成；收集战略规划执行过程中的相关信息，分析年度经营计划的执行和完成情况，评估战略规划的执行情况，向总经理提供分析报告和评估建议；建立投资管理的流程体系和评估体系，提出具体投资方案，并负责实施；遇外部环境出现重大变化或内部资源出现重大变化等情况下，及时提出战略调整建议。

（六）运营管控部。负责对影响公司发展战略的法律环境进行分析；负责根据发展目标和战略规划进行年度分解，组织计划落地、实施；负责公司各部门、各子公司组织绩效考核；负责评价当前组织绩效和预定目标的完成情况。

（七）各部门、各子公司。分析公司各部门、各子公司所处的内、外部环境，为公司制定战略提供依据；参与制定和修订战略规划报告；根据公司目标和战略制定本部门目标和职能战略；执行部门战略并及时纠偏。

第三章　战略制定

第七条　战略投资部根据董事会的战略思想，结合运营管控部对当前组织绩效和预定目标的完成情况的评价等进行分析，形成战略分析报告，提交总经理；总经理组织各部门进行讨论，形成修改意见后提交战略委员会评议；战略委员会提出建议，呈报董事会，董事会以此为依据，集体讨论后确定公司的发展目标。

第八条　公司要在综合分析宏观经济政策、行业发展趋势、市场需求变化和竞争状况、自身优势与劣势和能力现状等因素，在充分调查研究和系统思考的基础上制定发展目标。公司在制定发展目标过程中，应当以企业使命为依据，综合考虑市场机会与需求变化、竞争对手状况、可利用的资源水平和自身优势与劣势等情况。

（一）发展目标应当突出主业。在确定发展目标时突出主业，将其做精做强，不断增强企业核心竞争力。

（二）发展目标不能过于激进，不能盲目追逐市场热点，不能脱离企业实际。

（三）发展目标不能过于保守，否则会丧失发展机遇和动力。

（四）发展目标方案拟定后，应当组织多方面的专家和有关人员对发展目标进行研究论证。论证的主要内容包括：一是发展目标方向准确性，即发展目标要符合企业精神，符合企业整体利益和发展需要，符合外部环境和未来发展的需要；二是发展目标的可行性，即按照目标要求，分析企业实际能力，找出目标与现状的差距，分析用以消除这个差距的措施；三是发展目标的完善程度，即分析目标明确性，内容的一致性。

第九条　公司应根据发展目标制定战略规划。战略规划应明确发展的阶段性和发展程度，确定每个发展阶段的具体目标、工作任务和实施路径；应当体现战略期内技术创新、市场占有率、盈利能力、资本实力、行业排名和履行社会责任等应达到的程度，确保公司具有长期竞争优势。公司战略规划可分为长期（五年至十年）和中期（三年至五年），公司可根据实际需要确定。

第十条　总经理组织各相关部门及子公司做好战略规划工作，由战略投资部根据董事会的战略思想，对公司外部环境、内部资源以及利益相关者的期望进行分析，同时听取各部门及子公司的建议，初步提出公司整体战略规划，提交总经理审议，并由总经理提交战略委员会。

第十一条　战略委员会对总经理提交的公司战略规划进行评议，提出修改意见，并由总经理最终呈报董事会。董事会审议通过后，以正式文件下发至公司总部及子公司。公司应根据战略规划，确定每个发展阶段的具体目标、工作任务和实施路径；制定年度工作计划，编制年度预算，将年度目标分解、落实，确保战略规划有效实施。

<h3 style="text-align:center">第四章　战略实施</h3>

第十二条　战略实施。

（一）战略目标分解：将公司的战略目标从两方面进行分解，一方面是按照战略管理的层级分解为公司发展目标和各职能部门发展目标，另一方面是将发展目标分解为年度经营目标。

（二）制定支持战略、实施战略的各项政策。

（三）公司董事、监事和高级管理人员应当树立战略意识和战略思维，并采取教育培训等有效措施将发展目标和战略规划传递到公司内部各个管理层级和全体员工。

（四）总经理应当根据发展目标和战略规划，结合战略期间时间进度安排，组织提出阶段性经营目标、年度工作计划和全面预算体系，确保发展战略分解、落实到资产规模、利润增长幅度、投资回报要求、技术创新、品牌建设、人才建设、制度建设、企业文化、社会责任等各个方面。

（五）相关业务的分管领导应根据发展目标、战略规划以及总经理制定的阶段性经营目标、年度工作计划等具体负责各自分管业务的战略的制定、实施和调整。

（六）各相关部门应当积极配合总经理工作，培育有利于战略实施的公司文化，建立支持战略实施的组织架构、人力资源管理制度和信息系统。

（七）总经理对战略实施进程和效果进行动态监控，分管领导协助进行战略实施相关信息的收集、筛选、分析、处理和预警，增强公司对内外部环境变化的敏感度和判断力。

<h3 style="text-align:center">第五章　战略评估和调整</h3>

第十三条　战略评估和调整。

（一）战略投资部每年对公司整体经营状况、战略实施情况等内部条件，对经济形势、产业政策、技术进步、行业状况及不可抗力等外部条件进行评估，形成评估报告提交总经理，并由总经理负责组织分析讨论是否需要对公司（总体）战略做出调整，形成评估报告提交战略委员会，战略委员会评议后，将修改后的评估报告提交董事会。

（二）由于经济形势、产业政策、技术进步、行业状况以及不可抗力等因素发生重大变化，或者公司战略执行结果与发展目标出现了重大偏差、公司主营业务发生重大变化等情况时，确需对发展战略做出调整的，战略委员会应当及时组织专题战略研究，总经理组织编制发展战略调整方案，发展战略调整方案报董事会审议批准后实施。

<h3 style="text-align:center">第六章　附　　则</h3>

第十四条　本制度未尽事宜，按国家有关法律、法规和公司章程的规定执行。

第十五条　本制度由公司董事会负责解释和修订。

第十六条　本制度经公司第八届董事会2013年第八次临时会议审议通过后生效施行。

2013 年 11 月 14 日

第二节 发展战略过程管理

一、发展战略的规划

请参阅以下相关文案。

文案范本

企业战略规划管理流程

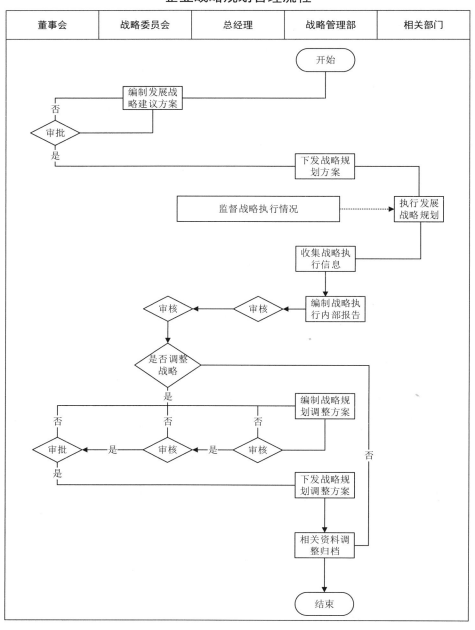

董事会	战略委员会	总经理	战略管理部	相关部门

二、发展战略的制定

（一）要建立和健全发展战略

企业应当在董事会下设立战略委员会，或指定相关机构负责发展战略管理工作，履行相应职责。

战略委员会对董事会负责，委员包括董事长和其他董事。战略委员会委员应当具有较强的综合素质和实践经验。例如，熟悉公司业务经营运作特点，具有市场敏感性和综合判断能力，了解国家宏观政策走向及国内外经济、行业发展趋势等。同时，委员的任职资格和选任程序应符合有关法律法规和企业章程的规定。战略委员会主席应当由董事长担任；委员中应当有一定数量的独立董事，以保证委员会更具独立性和专业性。必要时，战略委员会还可聘请社会专业人士担任顾问，提供专业咨询意见。

战略委员会的主要职责是对公司长期发展战略和重大投资决策进行研究并提出建议，具体包括：对公司的长期发展规划、经营目标、发展方针进行研究并提出建议，对公司涉及产品战略、市场战略、营销战略、研发战略、人才战略等经营战略进行研究并提出建议，对公司重大战略性投资、融资方案进行研究并提出建议，对公司重大资本运作、资产经营项目进行研究并提出建议等。为确保战略委员会议事过程透明、决策程序科学民主，企业应当明确相关议事规则，对战略委员会会议的召开程序、表决方式、提案审议、保密要求和会议记录等作出明确约定。

为了使公司发展战略管理工作落到实处，企业除了在董事会层面设立战略委员会外，还应在内部机构中设置专门的部门或指定相关部门，承担战略委员会有关具体工作。

（二）要综合分析评价影响发展战略的内外部因素

企业应当综合考虑宏观经济政策、国内外市场需求变化、技术发展趋势、行业及竞争对手状况、可利用的资源水平和自身优势与劣势等影响因素，深度分析企业所处的外部环境和拥有的内部资源，制定出科学合理的发展战略。

1. 分析外部环境，发现机会和威胁

外部环境是制定发展战略的重要影响因素，包括企业所处的宏观环境、行业环境及竞争对手、经营环境等。分析企业面临的外部环境，应当着重分析环境的变化和发展趋势及其对企业战略的重要影响，同时评估有哪些机会可以挖掘，以及企业可能面临哪些威胁。

（1）宏观环境分析。企业是一个开放的经济系统，其经营管理必然受到客观环境的控制和影响。企业要在充分研究外部环境的现状及未来发展趋势的基础上，抓住有利于企业发展的机会，避开环境威胁的因素。宏观环境分析一般通过政治和法律环境、经济环境、社会和文化环境、技术环境等因素分析企业所面临的状况。

（2）行业环境及竞争对手分析。企业应当加强对所处行业调研、分析、发现影响该行业盈亏的决定性因素、当前及预期的盈利性以及这些因素的变动情况。通过行业分析，确保企业在所提供产品或服务的类型、方式及地点，以及希望实现的产业规模等方面，能够与同行业竞争对手区别开来，建立和巩固自身市场优势，制定差异化竞争战略。

（3）经营环境分析。经营环境分析侧重于对市场及竞争地位、消费者消费状况、融资者、劳动力市场状况等因素的分析。经营环境比宏观环境和行业环境更容易为企业所影响和控制，也更有利于企业主动应对其带来的机会和威胁。

2. 分析内部资源，识别优势和劣势

内部资源是企业发展战略的重要制约条件，包括企业资源、企业能力、核心竞争力等各种有形和无形资源。分析企业拥有的内部资源和能力，应当着重分析这些资源和能力使企业在同

行业中处于何种地位，与竞争对手相比，企业有哪些优势和劣势。

（1）企业资源分析。企业资源分析应着重对企业现有资源的数量和利用效率，以及资源的应变能力等方面的分析。通过企业资源分析，确定企业资源的状态，找出企业资源优势和劣势；通过与主要竞争对手资源情况的比较，明确形成企业核心能力和竞争优势的战略性资源。

（2）企业能力分析。企业能力是企业有形资源、无形资源和组织资源等各种资源有机组合的结果，主要包括研发能力分析、生产能力分析、营销能力分析、财务能力分析、组织管理能力分析等。通过分析和挖掘企业能力，了解发展战略能否适应企业面临的各种机遇和挑战，同时还可能发现让竞争对手无法企及的新机会和新领域。

（3）核心竞争力分析。核心竞争力是指能为企业带来相对于竞争对手存在竞争优势的资源和能力。能够有助于企业构建核心竞争力的资源主要包括：稀缺资源、不可模仿的资源、不可替代的资源、持久的资源等。企业在战略分析时，应当将注意力特别集中在那些能够帮助企业建立核心竞争力的资源上。

（三）要科学编制发展战略

发展战略可以分为发展目标和战略规划两个层次。其中，发展目标是企业发展战略的核心和基本内容，是在最重要的经营领域对企业使命的具体化，表明企业在未来一段时期内所要努力的方向和所要达到的水平。战略规划是为了实现发展目标而制定的具体规划，表明企业在每个发展阶段的具体目标、工作任务和实施路径。

1. 制定发展目标

企业发展目标作为指导企业生产经营活动的准绳，通常包括盈利能力、生产效率、市场竞争地位、技术领先程度、生产规模、组织结构、人力资源、用户服务、社会责任等。

关于发展目标的编制，有以下几点值得注意。

（1）发展目标应当突出主业。在编制发展目标时突出主业，将其做精做强，做成行业"独一份"，不断增强核心竞争力，是许多成功的跨国公司的经验之谈。然而，我国少数大型企业存在盲目投资非主业的现象，特别是一些非地产主业的央企投资房地产，引发了社会各界的广泛争议。此举既不利于国家宏观调控政策的贯彻落实，也可能损害企业的长远发展。企业在发展过程中，只有集中精力做强主业，才能增强企业核心竞争力，才能在行业发展、产业发展中发挥引领和带头作用。

（2）发展目标不能过于激进，不能盲目追逐市场热点，不能脱离企业实际，否则可能导致企业过度扩张或经营失败。为追求"超常规""跨越式"发展，有些企业转而制定激进的发展目标。在这种浮躁心态的驱使下，这些企业盲目做大，不惜成本，急于"铺摊子"，试图在短期内就打造成为巨型企业。但是，这种所谓"跨越式"发展，在内部管理能力难以跟上、风险管理水平不匹配的情况下，一旦遇到外部环境"风吹草动"，企业很可能顷刻间"灰飞烟灭"，迅速走向衰败。

（3）发展目标不能过于保守，否则会丧失发展机遇和动力。在过于保守的战略引导下，企业由于发展目标易实现而沾沾自喜，久而久之，在激烈的市场竞争中往往不能及时抓住市场机会，导致发展滞后，最终难以逃脱被淘汰的命运。

2. 编制战略规划

发展目标确定后，就要考虑使用何种手段、采取何种措施、运用何种方法来达到目标，即编制战略规划。战略规划应当明确企业发展的阶段性和发展程度，制定每个发展阶段的具体目标和工作任务，以及达到发展目标必经的实施路径。

3．严格审议和批准发展战略

发展战略拟订后，应当按照规定的权限和程序对发展战略方案进行审议和批准。

审议战略委员会提交的发展战略建议方案，是董事会的重要职责。在审议过程中，董事会应着力关注发展战略的全局性、长期性和可行性，具体包括：

（1）发展战略是否符合国家行业发展规划和产业政策；

（2）发展战略是否符合国家经济结构战略性调整方向；

（3）发展战略是否突出主业，有助于提升企业核心竞争力；

（4）发展战略是否具有可操作性；

（5）发展战略是否客观全面地对未来商业机会和风险进行分析预测；

（6）发展战略是否有相应的人力、财务、信息等资源保障等。

董事会在审议中如果发现发展战略方案存在重大缺陷问题，应当责成战略委员会对建议方案进行调整。企业发展战略方案经董事会审议通过后，应当报经股东（大）会批准后付诸实施。

 文案范本

发展战略规划编制规范

第一章　总　　则

第一条　目的。

为了规范发展战略规划编制工作，提升发展战略规划编制水平，特制定本规范。

第二条　适用范围。

适用公司发展战略规划编制全过程。

第三条　本公司发展战略规划分为三种类型：一是长期发展战略规划（5年以上）；二是中期发展战略规划（3~5年）；三是短期发展战略规划（3年以下）。

第四条　编制发展战略规划过程中，应当坚持战略委员会组织、外部专家参与、内部各部门合作、科学决策的原则。

第二章　组织管理

第五条　公司战略管理部负责发展战略规划信息的收集、整理，并根据董事会的意见提出发展目标和发展战略规划。

第六条　公司战略委员会是公司发展战略规划方案的归口编制部门。最终的发展战略规划方案要由战略委员会提出，并交由公司董事会审议。

第七条　董事会为发展战略规划方案的最终审批部门。董事会要对战略规划方案的可行性、科学性进行最终的审核。

第三章　战略委员会

第八条　战略委员会在董事会的领导下进行工作，主要由公司高级管理人员和董事会成员组成。企业在决策重大战略规划时可以临时聘请外部专家加入战略委员会。

第九条　战略委员会每年至少召开两次全体会议，对公司重要的战略规划进行审议。当企业出现临时性战略调整时，战略委员会成员可以提议召开临时会议。

第十条　战略委员会应当对发展目标和战略规划进行可行性研究和科学论证，并最终形成发展战略建议方案。

第十一条　战略委员会进行战略规划论证与研究过程中，应该严格遵守战略委员会的议事规程，并做好相应的记录。

第四章　发展战略规划方案编制要求

第十二条　董事会负责提出整体的战略构想，并确保该战略构想具有一定的可行性。

第十三条　战略管理部负责战略规划的市场调研与分析工作，并在此基础上提出基本的发展目标。战略管理部在制定发展目标过程中，应当综合考虑宏观经济政策、国内外市场需求变化、技术发展趋势、可利用资源水平和自身优势等情况。

第十四条　战略管理部根据发展目标制定出详细的战略规划。战略规划应当划分出明确的发展阶段和发展程度，并确定每个发展阶段的具体目标和具体工作任务。

第十五条　战略委员会应当对发展目标和战略规划进行可行性研究和科学论证，形成发展战略建议方案。

第十六条　发展战略规划方案包括但不限于以下内容：企业经营环境分析、客户分析、供应商分析、企业分析、企业发展规划、品牌规划、财务规划、人力资源规划、营销规划、企业文化规划、社会责任规划，以及战略实施控制等。

第十七条　发展战略规划方案的最终稿经由公司董事会审批后方可执行。

第十八条　董事会在审议发展战略规划方案时，如果发现重大问题，应当责成战略委员会进行调整。战略委员会应在限定的时间内完成战略规划方案的调整工作。

第十九条　要做好发展战略规划方案及其编制过程中所形成的各种文件、档案的保管工作，不可出现信息外泄事件。

第五章　附　　则

第二十条　本公司战略规划、工作计划等文件均可参照本规范编制。

第二十一条　本规范自××××年××月××日起实施。

文案范本

企业发展战略制定流程

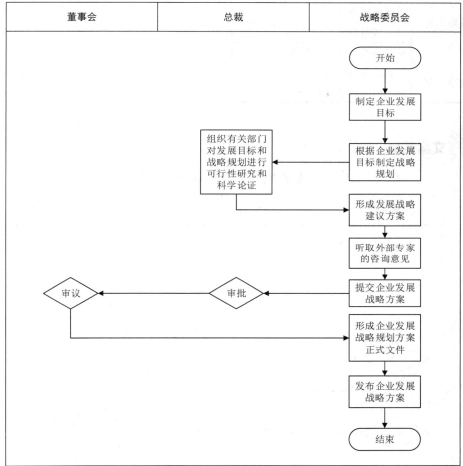

| 董事会 | 总裁 | 战略委员会 |

三、发展战略的审议、审批

企业制定和实施发展战略过程中会形成一定数量的文件或文书。这些文件或文书都需要由专门的机构编制、研究以及审批（见表4-1）。

表4-1 发展战略授权审批情况

事 项	文件或文书名称	编制及审批机构		
		相关负责部门	战略委员会	董 事 会
发展战略制定	发展战略目标	提出	论证	
	发展战略规划方向	提出	论证	
	发展战略建议方案		提出	审批

续表

事　项	文件或文书名称	编制及审批机构		
		相关负责部门	战略委员会	董　事　会
发展战略实施	年度工作计划	提出		审批
	年度预算方案	提出		审批
	发展战略分解方案	提出		审批
	发展战略实施内部报告	提出	分析	
发展战略调整	发展战略调整方案		提出	审批
	调整后的战略规划			审批

**文案范本**

发展战略方案审议流程

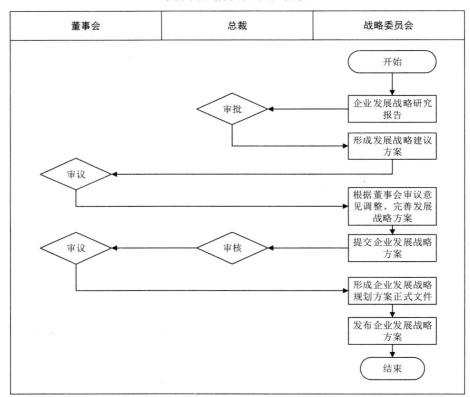

四、发展战略的实施

　　企业应当加强对发展战略实施的统一领导，制定详细的年度工作计划，通过编制全面预算，将年度目标进行分解、落实，确保企业发展目标的实现。此外，还要加强对发展战略的宣传培训，通过组织结构调整、人员安排、薪酬调整、财务安排、管理变革等配套措施，保证发展战略的顺利实施。

（一）着力加强对发展战略实施的领导

要确保发展战略有效实施，加强组织领导是关键。企业经理层作为发展战略制定的直接参与者，往往比一般员工掌握更多的战略信息，对企业发展目标、战略规划和战略实施路径的理解和体会也更加全面深刻，应当担当发展战略实施的领导者。要本着"统一领导、统一指挥"原则，围绕发展战略的有效实施，卓有成效地发挥企业经理层在资源分配、内部机构优化、企业文化培育、信息沟通、考核激励相关制度建设等方面的协调、平衡和决策作用，确保发展战略的有效实施。

（二）着力将发展战略分解落实

发展战略制定后，企业经理层应着手将发展战略逐步细化，确保"文件上"的发展战略落地生根变为现实。

（1）要根据战略规划，制定年度工作计划。

（2）要按照上下结合、分级编制、逐级汇总的原则编制全面预算，将发展目标分解并落实到产销水平、资产负债规模、收入及利润增长幅度、投资回报、风险管控、技术创新、品牌建设、人力资源建设、制度建设、企业文化、社会责任等可操作层面，确保发展战略能够真正有效地指导企业各项生产经营管理活动。

（3）要进一步将年度预算细分为季度、月度预算，通过实施分期预算控制，促进年度预算目标的实现。

（4）要通过建立发展战略实施的激励约束机制，将各责任单位年度预算目标完成情况纳入绩效考评体系，切实做到有奖有惩、奖惩分明，以促进发展战略的有效实施。

（三）着力保障发展战略有效实施

战略实施过程是一个系统的有机整体，需要研发、生产、营销、财务、人力资源等各个职能部门间的密切配合。在目前复杂动态的市场环境和激烈的市场竞争中，对企业内部不同部门之间的这种协同运作提出了越来越高的要求。为此，企业应当采取切实有效的保障措施，确保发展战略的顺利贯彻实施。

1．要培育与发展战略相匹配的企业文化

企业文化是发展战略有效实施的重要支持。发展战略制定后，要充分利用企业文化所具有的导向、约束、凝聚、激励等作用，统一全体员工的观念行为，共同为发展战略的有效实施而努力奋斗。

2．要优化调整组织结构

发展战略决定着企业组织结构模式的设计与选择；反过来，发展战略的实施过程及效果又受到所采取的组织结构模式的制约。要解决好发展战略前导性和组织结构滞后性之间的矛盾，企业必须在发展战略制定后，尽快调整企业组织结构、业务流程、权责关系等，以适应发展战略的要求。

3．要整合内外部资源

企业能够利用的资源是有限的，如何调动和分配企业不同领域的人力、财力、物力和信息等资源来适应发展战略，是促进企业发展战略顺利实施的关键所在。企业在战略实施过程中，只有对拥有的资源进行优化配置，达到战略与资源的匹配，才能充分保证战略的实现。

4．要相应调整管理方式

企业在战略实施过程中，往往需要克服各种阻力，改变企业日常惯例，在管理体制、机制

及管理模式等方面实施变革，由粗放、层级制管理向集约、扁平化管理转变，为发展战略的有效实施提供强有力的支持。

（四）着力做好发展战略宣传培训工作

企业应当重视发展战略的宣传工作，通过内部各层级会议和教育培训等有效方式，将发展战略及其分解落实情况传递到内部各管理层级和全体员工。

企业应当重视发展战略的宣传培训工作，为推进发展战略实施提供强有力的思想支撑和行为导向。

（1）在企业董事、监事和高级管理人员中树立战略意识和战略思维，充分发挥其在战略制定与实施过程中的模范带头作用。

（2）通过采取内部会议、培训、讲座、知识竞赛等多种行之有效的方式，把发展战略及其分解落实情况传递到内部各管理层级和全体员工，营造战略宣传的强大舆论氛围。

（3）企业高管层要加强与广大员工的沟通，使全体员工充分认清企业的发展思路、战略目标和具体举措，自觉将发展战略与自己的具体工作结合起来，促进发展战略的有效实施。

 文案范本

发展战略实施与监控制度

第一章　总　　则

第一条　为了更好地优化配置与利用公司优势资源，确保公司能够快速发展，并有计划地实现公司发展战略，特制定本制度。

第二条　本制度适用于集团公司以及下属各全资子公司和控股子公司。

第二章　战略规划实施环境管理

第三条　公司董事、监事和高层管理人员应当树立战略意识和战略思维，采取教育培训等有效措施将发展目标和战略规划传递到公司内部各个管理层级和全体员工。

第四条　公司应积极培育有利于经营战略实施的公司文化，建立支持经营战略实施的组织架构、人力资源管理制度和信息系统。

第三章　战略规划分解行动管理

第五条　总经办组织公司相关部门，根据公司战略规划，制定公司阶段性经营目标、年度经营计划，建立全面预算管理体系，确保经营战略分解并落实到产销水平、资产规模、利润增长幅度、投资回报要求、技术创新、品牌建设、人才建设、体系建设、企业文化、社会责任等方面。

第六条　年度经营计划是本公司适合的战略规划分解方式，其应按照下列基本流程实施。

1. 销售预测：每年 10 月 20 日前，营销部门应根据第四季度合同和订单情况，预测当年和次年全年的产品销售量、销售收入，提出《市场销售预测和目标计划》草案。

2. 财务预测：财务部根据营销部门的预测，测算公司当年销售收入、成本和利润，并预先列出各项成本的基础数据，提出当年年度关键财务指标预测报告。

3. 营销计划：营销部门确定次年全年的销售目标以及达成目标的关键措施和所需的财务费用、人员配置、人工成本等资源需求，提出《市场营销年度行动计划和绩效管理办法》草案（不含绩效管理部分）。

4. 研发计划：研发部门根据销售需求和市场情报，确定研发产品线、关键措施、所需的财务费用、人力配置和人工成本等资源需求，提出《产品研发年度行动计划和绩效管理方案》草案（不含绩效管理部分）。

5. 供应计划：每年 11 月 10 日前，根据销售计划和研发计划，采购和生产部门研究确定实现销售目标的关键目标、关键措施和所需财务费用、人员配置和人工成本的资源需求，提出《年度物资采购供应行动计划》草案、《产成品年度制造供应行动计划》草案。

6. 人力资源计划：每年 11 月 15 日前，人力资源部门根据各部门的人员配置和人工成本需求，汇总、确定年度经营目标中的标准人员配置、人工成本控制总量，提出《年度人员标准配置计划》草案、《年度人工成本总量计划》草案。

7. 财务预算：每年 11 月 20 日前，财务部在上述各项计划和财务费用需求的基础上，进行财务需求的预先审查，编制达成经营目标的三套财务预算方案（盈亏平衡、责任目标值和争取目标值），提出《年度财务预算计划》草案。

8. 总体方案：每年 11 月 25 日前，总经办根据战略方针和各专项行动计划，汇总编制并提交《年度经营计划书》草案、《经营团队目标管理责任书》草案。

9. 团队初审：每年 11 月底前，战略委员会工作组组织首次审查会议，主要审查专项行动计划和公司财务预算的一致性、可行性，同时审查年度经营计划书草案、经营团队目标管理责任书草案的整体性和可行性。

10. 方案完善：12 月 5 日前，各公司或部门根据战略委员会工作组的意见，按照分工修改、完善各项草案，补充专项行动计划的绩效管理部分，以便与《年度经营计划书》《年度财务预算计划》和《经营团队目标管理责任书》相协调。同时，人力资源部门需编制综合性的、与年度经营计划相衔接的《员工薪酬管理基本规则》。

11. 方案审定：12 月 10 日前，战略委员会工作组进行终审，主要审查总体方案、配套方案之间的一致性、协调性和各项方案的可行性。

12. 发布执行：所有方案经过再修订后，提交董事会审批，经审批通过后立即发布，自次年 1 月 1 日起开始执行。

第七条　公司推行全面预算管理，强化预算管理对于战略目标和经营计划的约束，明确预算编制、执行、考核等环节的主要风险点，采取相应措施，实施有效控制。预算的编制、执行与考核应遵守下列规定。

1. 公司根据战略目标和年度经营目标，综合考虑预算期内的市场环境变化等因素，按照上下结合、分级编制、逐级汇总的程序，编制年度全面预算。预算编制应当科学合理、符合实际，避免预算指标过高或过低。

2. 公司在预算年度开始前编制完成全面预算，按照规定的权限和程序审核批准后，以文件形式下达执行。公司将预算指标层层分解，落实到各部门、各环节和各岗位，确保预算刚性，严格按照预算执行。

3. 公司建立预算执行情况的预警机制和报告制度，确定预警和报告指标体系，密切跟踪预算实施进度和完成情况，采取有效方式对预算执行情况进行分析和监控，发现预算执行差异时，及时采取改进措施。

4. 公司批准下达的预算应当保持稳定，不得随意调整。由于市场环境、国家政策或不可抗力等客观因素，导致预算执行发生重大差异确需调整预算的，应当履行严格的审批程序。

5. 公司建立严格的预算执行考核奖惩制度，坚持公开、公正、透明的原则，对所有预算执行单位和个人进行考核，切实做到有奖有惩、奖惩分明，促进企业实现全面预算管理目标。

第四章　战略规划与年度经营计划执行要求

第八条　战略目标和年度经营计划一经确定，各部门必须严格贯彻执行，不得以任何理由和借口拖延或变相拖延。

第九条　公司总经理与各部门签订《部门目标经营责任书》，将战略目标和年度经营目标与各职能部门的目标、责任、实施效果和团队收入进行捆绑。

第十条　总经办定期召集经营绩效检讨会议，分析战略规划和经营计划的执行情况，检讨问题，分析原因，确定对策。

第十一条　在战略目标和经营计划的实施过程中，各部门应高度关注管理流程和体系对战略实施的保障作用，建立和健全基于流程的管理体系，并在实施过程中，将成功经验和失败教训融入管理体系的标准化之中。

第五章　战略规划执行绩效监控管理

第十二条　为增强公司对内外部环境变化的敏感度和判断力，公司建立经营绩效监测系统，用以监测经营战略和年度经营计划的实施进程和效果。

第十三条　战略委员会工作组是公司经营绩效监测中心，具有以下四项职责。

1. 确定影响公司经营战略和经营计划的关键测量领域、关键测量项目和关键测量指标，并确定信息提供单位（信息源）方式和频率，发布经营绩效监测的相关规定。

2. 定期收集、筛选、校准、整合各部门提交的进展、效果信息。

3. 在编制年度绩效月报的基础上，编报战略目标和经营计划执行季报。

4. 确定战略目标和经营计划的预警指标，适时提出预警信息。

第六章　附　　则

第十四条　本制度由公司董事会制定，其解释权和修订权亦归董事会所有。

第十五条　本制度自公司董事会审议通过之日起生效实施。

 文案范本

发展战略评估与调整管理办法

第一章　总　　则

第一条　目的。

为规范公司发展战略的实施评估和调整管理，实现公司战略的持续优化，特制定本办法。

第二条　适用范围。

本办法适用于集团公司以及全资子公司和控股子公司。

第三条　战略评估与调整实施周期。

实施评估至少应当每三年进行一次，最好是每年一小评，三年一大评。每年一小评重点关注战略实施绩效、战略实施障碍及其处理方法，三年一大评重点关注战略成败总结、战略环境变化与战略调整。

第二章　战略评估管理

第四条　战略评估的层次。

在实际操作中，战略评估一般分为事前评估、事中评估和事后评估三个层次，如下表所示。

公司战略评估层次一览表

评估层次	评估层次说明	评估要点
事前评估	即战略分析评估，对公司所处现状环境进行评估，其目的是发现最佳机遇	事前评估应结合成本效益原则，侧重对经营战略的科学性和可行性进行评价
事中评估	即战略选择评估，在战略的执行过程中进行，是对战略执行情况与战略目标差异的及时获取和及时处理，是一种动态评估，属于事中控制。事中评估是战略调整的基础，其侧重点在于判断战略执行的有效性	事中评估应结合战略周期内每一年度经营计划和经营预算的完成情况，侧重对战略执行能力和执行效果进行评价
事后评估	即战略绩效评估，在期末对战略目标完成情况进行分析、评价和预测，是一种综合评估，属于事后控制	事后评估应结合期末战略目标的实现情况进行，侧重对经营战略的整体实施效果进行概括性的分析评价，总结经验教训，并为制定新一轮的经营战略提供信息、数据和经验

第五条　战略评估实施程序。

本公司的战略评估方式主要采用内部研讨的形式进行，其主要程序如下。

1. 战略委员会工作组收集战略实施评估所需的资料、信息、数据，通过整理、汇总，作出初步分析。

2. 战略委员会工作组拟定战略评估大纲，确定战略实施评估的主要议题，并将其发送给公司中高层管理人员与各业务部门经理，以广泛地征求意见、寻求观点、补充信息。

3. 战略委员会工作组组织召开若干次战略实施评估研讨会，主要由中高层管理人员、职能部门经理、各部门的业务精英、外部专家参加，就战略实施评估的核心议题各抒己见，充分研讨。

4. 最后由战略委员会工作组对研讨结果进行汇总和总结，撰写《战略实施评估报告》，并提交董事会的战略委员会进行审定。

第三章　战略调整管理

第六条　战略调整时机。

公司在战略评估过程中，发现下列情况之一的，可以按规定程序进行战略调整，促进企业内部资源能力和外部环境条件的动态平衡。

1. 经济形势、产业政策、行业状况、竞争格局等外部环境发生重大变化，对公司经营战略实现产生重大影响的。

2. 公司经营方向以及经营管理内部条件发生重大变化，确需对经营战略作出调整的。

3. 董事会或总经理基于对经营形势的判断认为有必要进行战略调整时。

第七条　战略调整责权划分。

1. 由于经济形势、产业政策、技术进步、行业状况以及不可抗力等因素发生重大变化，确实需要对发展战略进行调整和修正时，一般性的滚动修正由战略委员会进行，报董事会审批；需要对战略发展作出重大调整时，除报董事会审议外，还要报股东大会审批。

2. 各职能部门负责人与相关人员要积极提出战略调整建议。

第八条　战略调整实施程序。

1. 战略委员会工作组根据战略评估结果发出战略调整通知。

2. 各部门负责人与相关人员提供战略调整意见。

3. 战略委员会工作组根据战略调整意见，制定战略调整方案。

4. 战略委员会审核战略调整方案，并提出审核意见。

5. 战略委员会工作组根据战略委员会审核意见，对战略调整方案进行修改。

6. 战略委员会工作组将修改后的战略调整方案提交战略董事会/股东大会审批。

7. 战略委员会工作组将经审批通过后的战略调整方案下发执行。

第四章　附　则

第九条　本办法由董事会负责制定，其解释权和修订权亦归董事会所有。

第十条　本办法经公司董事会批准后施行，修改时亦同。

第十一条　本办法施行后，凡与本办法内容类似的办法自行终止；与本办法相抵触的规定，以本办法为准。

企业发展战略实施流程

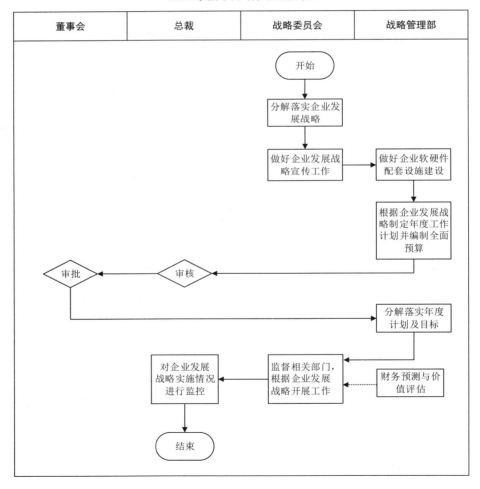

文案范本

业务战略规划调整报告

研究项目	具体内容
一、研究背景	
二、主要结论	
三、报告内容	
目标业务空间分析： 　宏观分析 　国际形势分析 　目标业务空间	
目标市场结构分析： 　目标市场结构现状 　目标市场结构影响因素 　消费者调查分析 　目标市场结构趋势	
竞争群体分析： 　产业竞争格局分析 　产业成功关键因素分析 　产业成功关键因素变动分析	
竞争者分析： 　未来目标 　当前战略 　预期变动分析	
业务技术发展趋势分析： 　业务技术发展影响因素 　业务技术发展趋势判断	
行业长期赢利性分析： 　环境对赢利性影响 　行业未来赢利分析 　投资机会成本分析	
业务收益规划： 　业务收入规划 　业务利润规划 　业务投资规划 　业务投资回报率规划	
四、研究总结	

报告人：　　　　　　　报告日期：

文案范本

企业发展战略调整流程

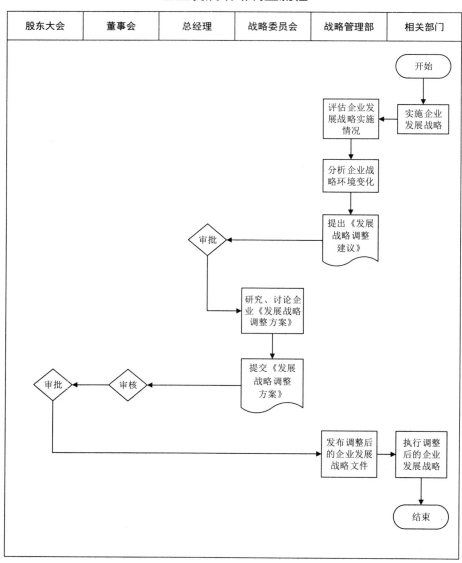

股东大会	董事会	总经理	战略委员会	战略管理部	相关部门

开始

实施企业发展战略

评估企业发展战略实施情况

分析企业战略环境变化

提出《发展战略调整建议》

审批

研究、讨论企业《发展战略调整方案》

提交《发展战略调整方案》

审批　审核

发布调整后的企业发展战略文件

执行调整后的企业发展战略

结束

第五章

社会责任方面内控管理

第一节　社会责任管理综述

一、履行社会责任的目标

（1）建立健全安全管理体系，加强安全措施，切实做到安全生产。

（2）为社会提供优质安全健康的产品和服务，最大限度地满足消费者的需求。

（3）节能减排、减少社会污染，提高资源综合利用效率。

（4）保护员工依法享有劳动权利和履行劳动义务，积极促进充分就业。

二、履行社会责任的风险

（一）企业在履行社会责任方面至少应当关注的风险

（1）安全生产措施不到位，责任不落实，可能导致企业发生安全事故。

（2）产品质量低劣，侵害消费者利益，可能导致企业巨额赔偿、形象受损，甚至破产。

（3）环境保护深入不足，资源耗费大，造成环境污染或资源枯竭，可能导致企业巨额赔偿、缺乏发展后劲，甚至停业。

（4）促进就业和员工权益保护不够，可能导致员工积极性受挫，影响企业发展和社会稳定。

（二）企业社会责任的一般风险

企业社会责任一般风险指的是由于企业没有或承担社会责任不当而导致企业遭受损失的不确定性。

1．企业履行社会责任不当，首先招致的是企业声誉受损的风险

企业如果需要建立和维护自己的品牌，将企业的生命力延续下去，那么就要有良好的企业社会责任表现。

2．企业履行社会责任不当还会招致企业市场缩小的风险

随着社会的发展，消费者已经不再只是关心产品的价格、质量等，而是已经开始关心产品是如何生产出来的。并且，很多国家和国际组织已经制定各种标准，对企业的社会责任符合状况有着诸多要求，如果企业要将市场扩张到这些国家，就必须符合这些标准。许多国家的买家为保证其全球供应链良好的社会责任表现，赢得品牌声誉，也希望和那些社会责任表现良好的供应商合作。

3．企业履行社会责任不当还会招致财务风险

不当履行企业社会责任的企业，就会面临着筹资难、筹资成本高的问题。而投资是企业发展的核心环节，没有投资，企业就无法真正实现增值。

4．企业履行社会责任不当会招致法律风险

履行企业社会责任要做的第一件事是遵守当地的法律法规。与企业社会责任相关的法律规定散见于各种法律法规中，诸如《劳动法》《劳动合同法》《妇女权益保障法》《未成年人保护法》等。2006年1月1日正式实施的《中华人民共和国公司法》，明确规定公司要"承担社会责任"。在法制不断健全的环境下，企业所面临的法律挑战也将更加严峻，企业若不履行相应的社会责任，那么法律风险势必增加。

三、社会责任履行关键点控制

针对人力资源管理中的风险，企业在建立与实施人力资源管理内部控制过程中，应至少加强对相关的关键环节的控制，以避免或减少风险的发生。

（一）安全生产管理

建立健全安全生产检查监督机制和安全生产责任追究制度；进行严格的特殊岗位资格认证工作；进行定期和不定期的生产设备维护、检修，及时排除安全隐患；建立完善可行的安全事故应急处理预案。

（二）产品质量控制

建立严格的产品质量控制和检验制度；加强售后服务，及时采取召回或其他有效措施控制已销售的存在缺陷和隐患的产品，以防其继续流通。

（三）环境保护与资源节约管理

建立并严格执行废料回收和循环制度；制定严格的污染物排放管理制度，并不断改进工艺流程，降低污染物排放；建立严格的污染物排放及资源节约管理的监控机制；建立规范的污染事件应急处理机制和相关岗位责任制。

（四）促进就业与员工权益管理

与员工签订规范的劳动合同，并按照规定办理社会保险；实施员工健康管理，预防、控制和消除员工职业病；开展关爱社会弱势群体的慈善工作。

四、社会责任授权审批

企业在履行社会责任进行内部控制过程中，会产生一系列程序文件、作业文件、图表记录等，均需要由专门机构进行研究、编制及审批（见表5-1）。

表5-1　社会责任授权审批情况

事　　项	文件或文书名称	编制及审批机构			
		相关部门	社会责任部	主管副总	总经理
安全生产	安全生产应急预案	提出		审核	审批
	岗位安全操作规范	提出	论证		
	特种作业人员管理制度	提出		审核	审批

续表

事 项	文件或文书名称	编制及审批机构			
		相关部门	社会责任部	主管副总	总经理
产品质量（服务质量）	产品质量控制和检验制度	提出	参与	审核	审批
	服务质量标准	提出	论证		
	服务质量提升标准	提出	论证		
环境保护资源节约	环境保护与资源节约制度	提出	参与	审核	审批
	废料回收和循环利用制度	提出		审核	审批
	环境污染应急预案	提出		审核	审批
促进就业员工权益保护	劳动用工自查报告	提出		审批	
	员工职业教育培训方案	提出		审批	
	职工代表大会制度	提出	参与	审核	审批

五、履行社会责任的基本要求

企业履行社会责任，应关注以下几个方面的工作。

（一）企业负责人要高度重视

强化企业履行社会责任，在很大程度上取决于企业负责人的意识和态度。企业负责人应当高度重视这项工作，树立社会责任意识，把履行社会责任提上企业重要议事日程，经常研究和部署社会责任工作，加强社会责任全员培训和普及教育，不断创新管理理念和工作方式，努力形成履行社会责任的企业价值观和企业文化。

（二）建立和完善履行社会责任的体制和运行机制

要把履行社会责任融入企业发展战略，落实到生产经营的各个环节，明确归口管理部门，建立健全预算安排，逐步建立和完善企业社会责任指标统计和考核体系，为企业履行社会责任提供坚实的基础与保障。

（三）建立企业社会责任报告制度

发布社会责任报告，是企业履行社会责任的重要组成部分，让股东、债权人、员工、客户、社会等各方面知晓企业在社会责任领域所做的工作、所取得的成就，从而增强企业的战略管理能力，全面提高企业服务能力、品牌形象和价值。

（四）认真执行政府监管部门和社会行业组织的要求

企业应当根据政府监管部门、社会行业组织的要求，积极主动发布社会责任报告。执行《企业内部控制基本规范》及其配套指引的企业，应当单独发布社会责任报告。条件尚不成熟的企业，在披露年度自我评价报告中，应当将企业履行社会责任情况作为内部环境自我评价的重要内容。

（五）社会责任报告应当覆盖企业已履行的所有社会责任

企业发布的社会责任报告，至少涵盖安全生产、产品质量、环境保护和资源节约、促进就业、员工权益保护、慈善捐赠等内容。

（六）社会责任报告应当经过独立的第三方评价

企业对外公布社会责任报告，应当内容真实完整，实事求是。应请独立的第三方出具意见，或聘请大中型会计师事务所进行审验并出具审验声明或报告，保证企业社会责任报告客观、公允。同时通过信函调查等方式，听取政府有关监管部门、股东、债权人、客户、员工等利益相关者的反馈意见和建议，以便查漏补缺，持续改进。

六、社会责任报告

请参阅以下相关文案。

 文案范本

企业社会责任报告（大纲）

一、报告说明				
企业总部所在地		是否审验	□是	□否
所在行业		反馈意见渠道	□有	□无
企业规模	□大　□中　□小	报告介质	□电子	□纸质
企业性质		语言类型	□中文	□英文
发布报告的次数		报告页码		
报告内容覆盖区域		报告时效		
编制依据		报告独立性		
发布周期		语言风格		
发布日期		报告年份		
二、总裁致辞				
企业社会责任声明				
三、概况				
（一）公司简介				
（二）公司治理机构				
（三）公司董事会结构				
（四）社会责任管理				
四、市场绩效				
（一）经营业绩与效益				
（二）股东权益				
（三）产品质量管理				
（四）产品技术创新				
（五）客户关系管理				
五、安全生产				
（一）安全生产管理体系				
（二）安全应急机制				
（三）安全教育培训				
（四）社会保险参与率				

续表

（五）安全生产投入	
六、环境绩效	
（一）环境管理体系	
（二）环保技术研发	
（三）环境保护公益	
（四）节约资源能源	
（五）绿色办公政策	
（六）温室气体减排	
七、就业与员工权益	
（一）吸纳就业人数	
（二）残疾人就业人数	
（三）劳动合同签订情况	
（四）社会保险参与情况	
（五）参加工会员工比例	
（六）员工职业发展规划	
（七）员工职业健康管理	
（八）劳动争议负面信息	
（九）员工满意度	
八、政府责任与社区参与	
（一）依法纳税情况	
（二）公益活动参与	
（三）公益捐赠金额	
（四）志愿者活动支持	

七、相关综合文案

请参阅以下相关文案。

文案范本

××矿业股份有限公司社会责任管理制度

（经 2013 年 12 月 30 日公司第七届董事会第十六次会议审议通过）

第一章 总 则

第一条 为规范××矿业股份有限公司（简称公司）社会责任管理工作，促进公司履行社会责任，符合科学发展观与建设和谐社会的要求，增强核心竞争力和可持续发展能力，根据《公司法》和《企业内部控制基本规范》等法律法规，以及《公司章程》等制定本制度。

第二条 本制度所称社会责任，是指公司在经营发展过程中应当履行的社会职责和义务，主要包括安全生产、产品质量（含服务）环境保护、资源节约、促进就业、员工权益保护等。

第三条 本制度适用于公司、控股子公司，各参股公司参照执行。

第二章 社会责任职责分工及授权审批

第四条 公司社会责任工作的管理机构包括公司董事会、总经理办公会以及公司各职能相关部室。

董事会为公司社会责任的决策机构,审议批准公司社会责任的总体内容;总经理办公会对董事会负责,对公司社会责任进行研究并提出建议,领导公司各职能相关部门履行社会责任的具体工作。公司办公室、人力资源部负责公司社会责任内容的制定、实施、评估、调整等环节中的文件起草、组织、协调和沟通工作,负责社会责任信息的收集和分析,并负责组织社会责任具体实施中的管理;证券部负责年度《社会责任报告》的编制和披露。

第五条 公司董事会是公司社会责任的最高决策机构,其职责包括:

(一)审批公司社会责任具体内容;

(二)对公司社会责任相关的重大事项进行决策;

(三)审批公司年度社会责任报告。

第六条 总经理办公会是公司社会责任工作的领导机构,其具体职责包括:

(一)对公司的社会责任具体内容进行研究并提出建议;

(二)协调安排各部门社会责任工作的职能分配;

(三)对公司社会责任相关的重大事项进行审议;

(四)负责社会责任工作的跟踪检查和监督;

(五)领导公司各职能相关部门的社会责任管理工作。

第七条 公司办公室、人力资源部、证券部是社会责任管理工作的主要职能机构,在总经理办公会领导下开展工作,其相关职责包括:

(一)履行公司、控股子公司各项社会责任。

1. 控股子公司办公室主要负责安全生产、产品质量、环境保护与资源节约的相关工作。具体见第三章第十一条、十二条、十三条。

2. 人力资源部主要负责促进就业的相关工作,具体见第三章第十四条、十五条、十六条。

(二)公司(控股子公司)办公室、人力资源部按照以上职责组织开展公司社会责任的制定、评估和调整工作,编制社会责任执行情况分析报告;证券部负责公司整体社会责任执行情况的总报告。

(三)组织进行公司社会责任相关重要问题的研究。

(四)组织对公司进行社会责任具体内容进行培训。

(五)公司办公室负责组织和督促公司各部门、控股子公司编报社会责任履行情况的报告。

第八条 证券部负责编制年度《社会责任报告》。

第三章 社会责任业务的管理

第九条 公司履行的社会责任包括安全生产、产品质量、环境保护、资源节约、促进就业、员工权益保护等方面。

第十条 安全生产。

(一)依据国家有关安全生产方面的法律法规规定,结合本公司生产经营的特点,建立健全安全生产方面的规章制度、操作规范和应急预案。落实到位,杜绝安全事故的发生。

(二)重视安全生产投入,将员工的生命安全视为头等大事,加大安全生产的技术更新,保证投入安全生产所需的资金、人力、财物及时和足额到位。组织开展生产设备的经常性维护管理,及时排除安全隐患,切实做到安全生产。

(三)加强对员工进行安全生产培训教育,提高防范灾害的技能和水平。对于特殊作业人员和特殊资质要求的生产岗位，依法实行资格认证制度，持证上岗。

（四）控股子公司涉及安全生产的企业建立事故应急处理预案，建立专门的应急指挥部门，配备专业队伍和必要的专业器材等，在发生安全生产事故时，按照预定程序处理发生的安全生产事故，尽快消除事故产生的影响，同时按照国家有关规定及时报告，不得迟报、谎报和瞒报。安全生产实行严格的责任追究制度。

第十一条　产品质量（适用于生产型控股子公司）。

（一）根据国家法律法规规定，结合公司产品特点，制定完善产品质量标准体系，努力为社会提供优质安全健康的产品和服务。

（二）严格质量控制和检验制度。

（三）把售后服务作为公司采取有效竞争策略、提高产品服务增值的重要手段，重视和加强售后服务。

第十二条　环境保护与资源节约（适用于生产型控股子公司）。

（一）重视国家产业结构相关政策，特别关注产业结构调整的发展要求，加快高新技术开发和传统产业改造，切实转变发展方式，重视生态保护，加大对环保工作的人力、物力、财力的投入和技术支持，不断改进工艺流程，节能减排，实现清洁生产和循环经济。加强对废气、废水、废渣的综合治理，建立废料回收和循环利用制度。

（二）通过宣传教育等有效形式，不断提高员工的环境保护和资源节约意识。

（三）发生紧急、重大环境污染事件时，启动应急机制，及时报告和处理，并依法追究相关责任人的责任。

（四）强化日常监控，落实岗位责任制，定期开展监督检查，发现问题，及时采取措施予以纠正。

第十三条　促进就业。

结合实际需要，在满足自身发展的情况下，为社会提供尽可能多的就业岗位。

第十四条　保护员工合法权益。

（一）建立完善科学的员工培训机制，吸引大批有能力的员工为企业真诚服务。

（二）遵循按劳分配、同工同酬的原则，结合内外部因素和员工自身表现等，建立科学有效的薪酬机制，最大限度地激发员工工作热情、敬业精神和工作绩效。

（三）及时办理员工社会保险，足额缴纳社会保险费，保障员工依法享受社会保险待遇。

（四）关心员工身体健康，加强对职业病的预防、控制和消除，保障员工充分的休息休假权利，广泛开展娱乐休闲活动。

（五）尊重员工人格，维护员工尊严，杜绝性别、民族、宗教、年龄等各种歧视，保障员工身心健康。

（六）避免在正常经营情况下批量辞退员工，增加社会负担。

第十五条　重视产学研用结合。

重视产学研用结合，以技术创新为核心，以人才培养为基点，促进应用型人才的培养，确保企业发展中急需人才不断得到补充。

第十六条　支持慈善事业。

支持社会慈善爱心活动，对于组织调动社会资源、调节贫富差距、缓解社会矛盾、促进社会公平、构建和谐社会具有重要而深远的意义。

第十七条　把责任和要求融入公司运营的全过程，对各项业务进行持续系统的改进。把社会责任理念落实到每项工作、每个岗位和每位员工，成为生产经营活动的有机组成部分，保障社会责任切实履行。

第十八条 将公司的社会责任价值观传达到每个部门、岗位和员工,使社会责任管理到位、到人。

第十九条 对在职员工进行社会责任培训,并及时培训新进的员工,保证员工理解公司的社会责任政策,增强员工的责任意识,普及责任知识,并能够践行公司的责任价值观。

第二十条 对公司生产经营的全过程进行全方位的社会责任管理,认真检查产品的研发、采购、生产、销售、使用和回收全过程,梳理每一产品的生命周期,不留死角,使社会责任与生产运营严密地整合在一起,将社会责任真正落到每一环节、每一岗位。

第二十一条 建立与员工及其他利益相关方的沟通机制,拓宽渠道,收集利益相关方的意见及建议,建立反馈机制,促进公司更好地履行社会责任。

第二十二条 对公司社会责任管理工作进行内部审核评估,并向管理层报告审核结果,对违反社会责任政策的行动进行及时纠正,对违反后果予以及时补救。

第二十三条 公司社会责任内容的管理包括社会责任内容的制定、执行、评估、调整和报告。

第二十四条 公司社会责任内容的制定。

(一)董事会提出制定公司社会责任内容的部署。

(二)总经理办公会根据实际需要和董事会部署提出制定公司社会责任内容的建议。

(三)公司办公室、人力资源部根据总经理办公会的建议启动公司社会责任内容的制定工作。

(四)公司办公室、人力资源部根据总经理办公会的部署对公司社会责任内容的制定环境进行综合分析,充分调查研究,深入各企业和各部门收集信息、征求意见。

(五)公司社会责任内容经总经理办公会审议后报公司董事会审批下达;

(六)公司办公室、人力资源部负责组织和督促公司所属各企业、各部门切实履行社会责任。

第二十五条 社会责任内容的评估与调整。

(一)公司根据本制度加强对社会责任制定与实施的事前、事中和事后评估。

(二)总经理办公会根据实际需要提出社会责任内容评估的要求。

(三)公司办公室、人力资源部根据社会责任内容评估方案组织公司各企业、各部门开展分析和自我评价。

(四)公司办公室、人力资源部根据公司各部门、控股子公司反馈的信息,就公司社会责任执行情况进行概括性的分析、总结、评估,证券部以其为基础编制公司社会责任执行情况报告。

(五)公司办公室、人力资源部根据社会责任执行情况评估报告和实际需要提出对公司社会责任内容进行调整的意见,证券部汇总后形成总方案,提交总经理办公会审议后报公司董事会审批。

第二十六条 社会责任报告的编制与发布。

年度终了,证券部根据公司各职能部室提供的公司各部门、控股子公司社会责任履行情况的数据信息、情况汇报等为基础,编制公司年度《社会责任报告》。公司《社会责任报告》经总经理办公会审议,报公司董事会审批后发布。

第四章 附 则

第二十七条 本制度由公司董事会负责解释。

第二十八条 本制度自公司董事会审议通过之日起生效。

××矿业股份有限公司董事会

2013 年 12 月

第二节　社会责任管理细述

一、产品质量责任

产品质量责任方面的风险有：产品瑕疵及质量低劣、缺乏合理安全性、危害人身及财产安全；售后服务差，给消费者心目中造成损害，影响企业声誉。

（一）建立健全产品质量标准体系

（1）企业应当根据国家和行业相关产品质量的要求、从事生产经营活动，切实提高产品质量和服务水平。

（2）努力为社会提供优质安全健康的产品和服务，最大限度地满足消费者的需求。

（3）对社会和公众负责，接受社会监督、承担社会责任。

为了更加有效地提升产品质量，企业应当根据国家法律法规的规定，结合企业产品特点，制定完善产品质量标准体系，包括生产设备条件、生产技术水平、原料组成、产品规格、售后服务等，努力为社会提供优质安全健康的产品和服务，最大限度地满足消费者的需求是企业社会责任的核心内容。

（二）严格质量控制和检验制度

企业应当规范生产流程，建立严格的产品质量控制和检验制度。严把质量关，禁止缺乏质量保障、危害人民生命健康的产品流向社会。

产品质量控制首先是对生产质量的控制。因此，从产品设计开始、到原材料采购验收、产品加工过程、产品销售等各个环节和流程，都必须有严格的质量控制目标和标准。规范生产流程、实施系统的质量控制措施。强化质量检验，企业应建立并实施完备的产品出厂检验制度，严格按质量标准对产品实施检验，出具检验结论，提交检验报告。未经检验合格的产品不得流入市场。如果每个企业都能把好产品质量关，严防假冒伪劣产品进入市场，不仅对企业自身有利，而且能够推动社会进步。

（三）加强产品售后服务

企业应当加强产品的售后服务，售后发现存在严重质量缺陷、隐患的产品，应当及时召回或采取其他有效措施，最大限度地降低或消除缺陷、隐患产品的社会危害。企业应当妥善处理消费者提出的投诉和建议，切实保护消费者的权益。

企业售后服务不仅是一种经营，更是一种文化、一种理念，是企业与客户和消费者沟通、联系的一个纽带。企业通过优质的售后服务，促进与客户、消费者的关系更加紧密，树立企业形象，提高产品信誉，扩大产品影响，培养客户的忠诚度。企业应当把售后服务作为企业采取有效竞争策略、提高产品服务增值的重要手段，重视和加强售后服务，创新售后服务方法，力争做到件件有结果、有分析、有整改、有考核。

对有缺陷的产品，应当实行"三包"或采取及时召回。产品召回制度是现代市场经济条件下确保产品质量，最大限度地保护消费者权益的重大制度安排，国家专门颁布了这方面法规，作出了明确规定。企业发现销售的产品，由于设计或生产过程中存在严重的质量缺陷，可能危及消费者安全的，应当及时召回或采取其他有效措施，最大限度地降低或消除缺陷产品的社会危害性，维护消费者的合法权益。企业应当建立消费者投诉处理制度和机制，包括建立消费者投诉热线、信箱、网址，明确消费者投诉的处理流程和处理规范，妥善处理消费者的投诉以最大限度地保护消费者的合法权益，同时维护企业良好的品牌声誉，促进企业可持续增长。

文案范本

产品质量管控目标

产品质量管控目标,是指企业在实施社会责任内部控制过程中,为生产出高质量产品所需达成的各项标准。产品质量管控的具体目标是:

1. 建立健全产品质量标准体系,为社会提供优质、安全、健康的产品和服务;
2. 建立严格的质量控制标准,严防假冒伪劣产品进入市场;
3. 加强对产品质量的检验,严禁未经检验合格的产品流入市场;
4. 加强产品售后服务,拉近与客户、消费者的关系,树立企业形象,提高产品信誉。

文案范本

产品质量检验控制制度

第一章 总 则

第一条 目的。

为了使质检专员在成品检验工作中有所依据,严格进行成品检验工作,以确保产品质量,提高产品的品牌效益,特制定本制度。

第二条 适用范围。

本制度适用于本公司的半成品、成品检验以及出货检查等。

第三条 成品检验制度的作用。

1. 明确成品检验作业的各项内容与要求,使繁杂的检验工作不易产生疏漏。
2. 规范成品检验的作业流程,有利于保持产品质量的一致性。
3. 确保成品质量检验的客观公正。
4. 有利于提高质检专员和生产人员的业务水平。

第二章 成品检验规划

第四条 明确检验项目。

质检专员在实施检验之前,应将需要检验的项目列出,防止在检验过程中漏检。

第五条 制定质量标准。

质检主管应在实施检验之前明确规定成品检验的质量标准,作为检验时的判断依据。如质量标准无法用文字进行说明,则用限度样本来表示。产品尺寸质量标准表如下表所示。

产品尺寸质量标准表

产品编号:　　　　　　　　　　　　　产品名称规格:

产品尺寸表	说明	尺寸容差	说明	尺寸容差	说明	尺寸容差
允许不合格水准	不合格因素	A 级品	B 级品	C 级品	产品图	
原因分析						

第六条　选择检验方法。

质检主管在进行成品检验前，应选择出使用何种检验仪器量规或是以感官检查的方式来检验。如果某些检验项目本公司不具备检验能力，必须委托其他机构代为检验，也应在成品检验前进行说明。

第七条　制定抽样计划。

1. 质检专员应根据所检验产品的特性，在成品检验前确定采用何种抽样计划表，以保证抽样均匀有效。

2. 抽取样本时，必须在群体批中无偏倚地随机抽取，可利用随机取样的方式。

但是，若群体批各成品无法编号，则取样时必须从群体任何部位平均抽取样本。

第八条　列明检验结果处理办法。

在成品检验之前，质量管理部质检科就应明确成品经过检验后的处置办法。处置办法应依成品质量管理作业办法有关要点予以确定。

第九条　其他事项规划。

1. 若检验时必须按特定的检验顺序来检验，则必须将检验顺序列明。

2. 必要时可将制品的蓝图或者略图附于检验标准中。

3. 质检专员应详细记录检验情况，在成品检验规划中应明确记录的事项和保存时间等。

第三章　成品检验规范

第十条　规范的制定。

质量管理部质检主管组织专人进行检验规范的制定工作。

第十一条　半成品检验规范。

1. 指定方式。

针对每一类产品的每一个制程制定一份最终检验规范，明确该类产品在该制程完成后应检验的项目、内容和方法。若发现异常，则由异常发现人员依据检验规范通过书面文件方式予以明确。

2. 制定依据。

制定的依据应包括国际或者国家相关标准、行业或者协会标准、产品设计要求、质量历史档案、客户质量要求、其他质量和技术文件等。

第十二条　成品检验规范。

1. 制定方式。

（1）对每一类产品都应制定一份成品检验规定，供最终检验或者出货检验使用，将检验的项目、内容、方法予以明确，有差异部分用标示检验依据文件方式明确。

（2）最终检验允收水准一般应严于或者等于出货检验允收水准，而出货检验允收水准一般等同于客户允收水准。

2. 制定依据。

成品检验的制定依据包括国际或者国家标准，行业或者协会标准，产品设计要求，质量历史档案，客户质量要求和其他质量、技术文件或规范。

第十三条　免检处理规范。

1. 对于市面上广泛销售的产品，质量管理部经过多次检验，确定该物品的质量可由生产部提供保证时，可免于实施抽样检查。

2. 对于列为"免检"的产品，需在该产品出货单的质检结果一栏中注明"免检"字样。

第四章　检验实施及结果处理

第十四条　检验实施流程。

1. 为保证成品质量信誉，质量管理部须派质检专员，在产品下线后，抽取样品进行检验，判定产成品是否符合质量要求。

2. 质检专员在接到检验通知后应做好质检准备，检查器具是否齐全、器具运转是否正常等。

3. 质检专员依据规定的程序、检验规范进行检验；若需要仪器测试，则按照规定的程序进行办理。

4. 质检专员应及时将成品检验结果填入"成品检验报告单"中，并列明不合格的项目。"成品检验报告单"的样式如下表所示。

成品检验报告单

制造批号		产品名称及规格		目标产量		生产日程	月　日至　月　日		
检验	检验项目	年　月　日			年　月　日			年　月　日	
		抽样数	不合格数	%	抽样数	不合格数	%	抽样数	不合格数	%
检验员意见						日期			
检验主管意见						日期			

检验主管：　　　　　　　　　　　　　　　　　　　检验员：

5. 若检验结果显示产品存在质量问题，则质检专员应在成品检验报告表中列明不合格的项目，同时出具不良品分析表并交相关部门，由业务部与客户沟通，办理批量退货。

6. 若检验结果显示产品合格，则质检专员填写"出厂检验传票"交仓储部，由仓储部据其办理出货手续，运输部准备货物装运。

第十五条　在库成品抽检。

质检专员应定期对在库存储的成品进行抽检，以确保产品质量，避免将质量变异的产品送交客户。发现质量变异时应立即着手调查原因，同时做好防范措施，并通知生产部门进行检修。

第十六条　检验结果判定。

1. 制造部门依据检验委托书，请求实施抽样检验。若规定受检时必须提供质量数据资料，则必须将质量数据资料附加在检查委托书中。

2. 质量管理部依据规定的方法，对得出的质量数据以及其他质量情报进行检验、验证并给出判定结果。如果初步判定结果认为有必要做进一步严格的检验，则依判定结果开展接下来的工作。

3. 抽样检验以检验规格书为依据实施，并确定合格与否。判定结果应按规定的程序通知相关部门。

第十七条　不合格货批以及不合格品的处置。

1. 应对不合格货批及抽样检查中抽验出来的不合格品加以识别。

2. 不合格货批原则上由制造部门负责修正、重新检查与选择；对于不合格品，则采取修正、剔除手段。

3. 对于已修正或者剔除不合格品的货批，原则上必须再次进行抽样检查。

4. 经修正仍不合格的产品，不允许出厂。

第十八条　对抽样检验的判定存在异议的处理。

当生产部与质量管理部质检科对检查的判定存在异议时，质量管理部经理应设法进行协调，经双方协调做最后的判定。

第十九条　检验记录的保管。

质检专员应真实、详细地将质检结果填入"质量检验记录表"中，并将"质量检验记录表""成品检验报告表"等表单和数据于规定的时间内建档保存。"质量检验记录表"的样式如下表所示。

质量检验记录表

产品名称			产品规格	
制造批号			抽样数量	
项次	检验项目	严重不良数	轻微不良数	处置方式及备注
1				
2				
合　计				严重不良率　% 轻微不良率　%
不良结果处理建议				

第五章　附　　则

第二十条　本制度由质量管理部制定，报经生产总监批准后通过，修订时亦同。质量管理部保留对本制度进行解释的权利。

第二十一条　本制度自＿＿＿年＿月＿日起颁布并实施。

 **文案范本**

产品质量检验表

产品名称				产品编号				
类　别	检验项目	检验标准	抽样数量	抽查记录		合格标准		
				日期	记录	A 级	B 级	C 级
原材料								
生产过程								
成品								
不良原因分析								

结　　论

检验员：

日期：

检验员		审核人	

备注：

产品质量管理流程

流程名称	产品质量管理流程	流程编号	
主负责部门	质检部	总负责人	
编制人		编制日期	

仓储部	采购部	质检部	生产部	主管副总

产品质量管理流程说明

流程目的	对企业产品质量管理的各个环节实施严格控制，确保产品质量符合国家、行业相关要求
适用范围	本流程适用于企业产品质量管理工作
职责划分	1. 生产副总负责审批生产计划 2. 采购部负责选择原材料的采购，确保原材料的质量合格 3. 质检部和生产部共同承担产品质量管理责任，质检部重点关注质量、标准控制，生产部重点关注过程控制 4. 仓储部负责原材料及产品的库存管理
流程说明	1. 原材料采购是产品生产的起点和基础，来料检验属于产品质量管理的事前控制 2. 员工岗位培训、设备设施维护保养、生产作业环境管理，属于产品质量管理的过程控制 3. 产品检验是对产品质量进行评估，确保质量合格，属于产品质量管理的结果控制

任务名称	关键节点	工作内容	工作标准	期限	相关资料
制定生产计划	1	产品需求预测；客户订单分析；生产能力评估；编制定单生产进度	确保产量及交货期；符合企业实际生产能力；为原材料采购提供有效依据；对人员、机械设备作出有效安排	10 日	生产计划书月生产计划表

续表

任务名称	关键节点	工作内容	工作标准	期限	相关资料
人员、机器设备、场地准备	3	员工品质观念教育，岗位技能培训；机器设备日常维护保养；作业环境管理	员工有较强的品质观念，具备岗位胜任能力；机器设备保持良好的状态；作业现场符合相关规定	—	点检记录表设备运行记录表
采购原材料	4	采购计划制定；供应商选择；采购成本控制；原材料验收入库管理	采购计划制定及时；原材料供应及时，数量满足生产要求；供应商选择合理；成本控制合理；确保原材料质量合格	—	采购申请单原料采购合同入库验收单
各工序监控检测	10	对各生产工序进行质量检查，分析质量缺陷，提出改进措施，确保各工序处于受控状态	严格按照工艺流程安排检验程序；使用合理方法判定工序质量合格情况	—	工序检验记录表

二、安全生产责任

企业安全生产方面风险是：

（1）安全制度不健全，安全主体不落实，制度/机构形同虚设，安管人员配备不足；

（2）安全投入不足，未按规定提取和使用安全生产费用、没有安全投入计划，特种设备未定期查验；

（3）企业领导重视不够、不清楚自己的法定职责，员工缺乏安全意识；

（4）安管人员不具备从事安全生产管理相适应的知识和管理能力；

（5）特种作业人员未经专门培训，未取得合格证即上岗作业。

（一）建立健全安全生产管理体系

企业应当根据国家有关安全生产的规定，结合本企业实际情况，建立严格的安全生产管理体系、操作规范和应急预案。强化安全生产责任追究制度、切实做到安全生产。企业应当设立安全管理部门和安全监督机构，负责企业安全生产的日常监督管理工作。

近年来，国家立法部门相继制定了《安全生产法》等近 30 部关于安全生产的专门法律和行政法规，企业应当依据国家有关安全生产方面的法律法规规定，结合本企业生产经营的特点，建立健全安全生产方面的规章制度、操作规范和应急预案。建章建制的关键是落实到位。近几年重大安全事故频发，原因并不是没有建章建制，而是在巨大的经济利益驱动下，无视规章制度。人为因素往往是重大安全事故频发的重要原因，这是值得深思的。如果将国家和企业制定的一系列涉及安全生产的规章制度落实到位，就能够杜绝安全事故的发生。因此，必须强化责任追究制度，对那些玩忽职守，造成重大安全事故的责任者绳之以法。

（二）不断加大安全生产投入和经常性维护管理

企业应当重视安全生产投入，在人力、物力、资金、技术等方面提供必要的保障。健全检查监督机制，确保各项安全措施落实到位、不得随意降低保障标准和要求。

企业特别是高危行业的企业，应当将安全生产投入列为首位，"磨刀不误砍柴工"，急于求成、急功近利是不足取的。企业要将员工的生命安全视为头等大事，加大安全生产的技术更新，保证投入安全生产所需的资金、人力、财物及时和足额到位。企业还应组织开展生产设备的经常性维护管理，及时排除安全隐患，切实做到安全生产。

（三）预防为主，实行特殊岗位资格认证制度

企业应当贯彻预防为主的原则。采用多种形式增强员工安全意识，重视岗位培训。对特殊岗位实行资格认证制度。企业应当加强生产设备的经常性维护管理，及时排除安全隐患。

加强对员工进行安全生产培训教育至关重要。通过培训教育，让员工牢固树立"安全第一、预防为主"的思想，提高员工防范灾害的技能和水平。培训教育应当经常化、制度化，做到警钟长鸣，不能有丝毫放松和懈怠。对于特殊作业人员和特殊资质要求的生产岗位，因工作接触的不安全因素较多，危险性较大，容易发生事故，必须依法实行资格认证制度，持证上岗，从而减少安全事故。

加强生产设备的经常维护和保养，防止"带病"运行，也是减少安全事故的重要措施之一。

（四）建立安全生产事故应急预警和报告机制

企业如果发生生产安全事故，应当按照生产管理制度妥善处理，排除故障，减轻损失，追究责任。重大生产安全事故应启动应急预案，同时按照国家有关规定及时报告，严禁迟报、谎报和瞒报。

企业必须要建立事故应急处理预案，建立专门的应急指挥部门，配备专业队伍和必要的专业器材等，在发生安全生产事故时做到临危不乱，按照预定程序有条不紊地处理好发生的安全生产事故，尽快消除事故产生的影响；同时按照国家有关规定及时报告，不得迟报、谎报和瞒报。这是对重大安全生产事故报告的要求。否则，要严肃处理，并追究相关者的责任。

 **文案范本**

安全生产管理制度

第一章　总　则

第一条　目的。

为加强本公司生产工作的劳动保护，改善劳动条件，保护员工在生产过程中的人身安全和财产安全，根据《中华人民共和国安全生产法》的有关规定和劳动保护的相关法律法规，结合本公司实际情况，特制定本制度。

第二条　安全生产管理原则。

公司安全生产工作必须贯彻"安全（1）预防为主"的方针，坚持"谁主管、谁负责"的原则，坚持生产经营管理要服从安全需要的原则，实现安全生产和文明生产。

第二章　安全生产责任制

第三条　总经理职责。

总经理是安全生产的第一责任人，对公司安全生产工作负责，必须认真贯彻落实国家制定的劳动保护条例和安全生产的政策法令及规章制度，严格审批安全生产工作规则、安全生产条例、安全生产制度和安全生产技术措施等规章制度并监督各部门的执行。

第四条　安全管理委员会职责。

1. 安全委员会由总经理直接领导，由生产部经理、安全部经理、各车间负责人及其他相关部门构成，负责安全生产的领导、监督、检查和评比考核工作。

2. 安全委员会负责制定安全生产相关规章制度，并监督实施。

3. 深入生产现场，定期组织安全生产和劳动纪律的检查监督及宣传教育工作，掌握安全生产工作情况，并制定改善措施。

4. 检查违章指挥和违章作业，发现险情及时处理，并责令部门或个人暂停生产，迅速制定处理方案并组织实施。

5. 审查生产现场各工序组织设计中的安全生产技术措施，对不符合安全要求和缺少针对性的措施提出完善意见。

6. 制定安全生产考核标准与奖惩措施，并监督执行。

第五条　生产经理岗位安全管理职责。

1. 贯彻执行公司安全管理制度，落实各项安全生产规程的要求。

2. 拟定各项安全生产工作规则、安全操作标准，并监督执行。

3. 定期组织安全生产检查，督促整改安全生产工作中的不足之处，并参与组织安全生产竞赛活动。

4. 主持重大工伤事故的现场调查和处理，拟定并落实整改措施。

5. 监督执行员工安全生产教育、法制教育，领导和督促安全生产工作。

第六条　专职安全员的职责。

各生产车间设专职安全员，负责直接监督、指导生产车间的安全生产。安全员实行安全委员会委任制，专职安全员由各车间提名，报安全委员会确定后委任，并下达委任书。

第七条　相关职能部门的相关职责。

相关职能部门的安全生产管理职责如下表所示。

相关职能部门安全生产管理职责一览表

部　门	安全生产管理职责
安全部	1. 在安全管理委员会的领导下，严格按照国家安全技术规定、规程和标准，组织编制生产现场的安全技术措施方案 2. 编制适合本公司实际情况的安全生产技术规程，具有一定的针对性 3. 对生产现场的设施、设备进行技术鉴定，并负责安全设施的技术改造和提高 4. 组织开展安全月等活动，对现场人员进行安全教育与考核 5. 负责在具有不安全因素的生产区域和有关设施、设备上悬挂安全警示标志 6. 组织公司内部安全工作会议，协助和督促有关部门对查出的事故隐患进行整改 7. 负责各类事故的记录、汇总、统计及上报工作，进行事故的调查处理与工伤鉴定工作 8. 推广先进的安全技术和管理方法，对安全生产中的贡献者和事故责任者提出奖惩意见
设备部	1. 制定所有机械设备的安全技术操作规程和管理制度 2. 对各类机械、设备、仪器配备完善的安全防护设施和保险装置 3. 负责对所有设备进行检查、维修、保养、添置，确保机械设备的安全运转 4. 参加调查处理与设备有关的安全事故，并作出技术鉴定和整改意见
物料部	1. 提供生产现场中所需安全保障设备的相关部件与物料 2. 对物料安全性能指标是否符合标准具有监督责任 3. 保障物料收发与存储安全

续表

部　　门	安全生产管理职责
财务部	1. 按照安全生产设施需要，审批安全设施的经费预算 2. 落实专项资金账户，保障生产安全需求 3. 负责安全生产奖罚款的收付工作，保证奖罚兑现

<h3 align="center">第三章　生产安全培训</h3>

第八条　新进员工安全培训。

1. 对于新员工、临时工、实习人员，必须先进行所在部门、车间、班组三级安全生产教育，并且经过考核合格后，方可上岗。

2. 在采用新的生产方法、添设新的技术设备、制造新的产品或调换工人工作的时候，必须对工人进行操作规程和新工作岗位的安全教育。

3. 生产部的安全培训工作由人力资源部组织、安全部执行，各车间及班组的安全培训工作由各车间、班组负责。

第九条　特殊工种人员安全培训。

1. 对于操作压力容器设备、电气设备等的特殊工种人员，车辆驾驶人员，工作中容易接触到易燃易爆物体的人员，必须进行专业安全操作技能培训，经有关部门考核取得合格操作证后，才能准其独立操作，严禁无证人员操作。

2. 对于特殊工种的在岗人员，必须进行经常性的安全教育。

第十条　培训反馈。

培训工作结束两周内，安全部应通过座谈和问卷调查的形式与员工进行交流，掌握安全培训取得的实际效果，并收集员工关于安全改进的建议。

<h3 align="center">第四章　安全生产操作管理</h3>

第十一条　禁止安排无上岗证的人员上岗，严禁私自开动机械设备，生产人员应严格按照作业指导书进行操作。

第十二条　设备操作人员应严格按规定的操作程序来进行机械操作。

第十三条　机械开启后，设备操作人员应集中精神操作和检查出来的产品，确保人员安全和产品合格。

第十四条　设备操作人员应严格遵守安全用电规范进行操作，各种电气设备和电路不得超过安全负荷电量。

第十五条　进行危险物料作业时，须严格按照操作规程进行操作，并做好安全防范工作。

第十六条　接触或使用对人体有害的化学物品的部门或个人，要采取必要的安全防范措施。

第十七条　对使用易燃易爆物料的部门，必须做好安全防范工作，随时进行物品检查，严格执行有关注意事项。

第十八条　各生产车间负责人应坚守岗位，加强检查和巡查，确保生产车间安全。

第十九条　各级安全管理人员应向每一位员工贯彻安全防范工作的重要性，经常提醒员工注意和参加企业培训，提高员工的安全意识。

<h3 align="center">第五章　劳动场地安全管理</h3>

第二十条　劳动场所的布局要合理，保持清洁、整齐。对于有毒、有害的作业，必须配备防护设施。

第二十一条　生产用房、建筑物必须坚固、安全，通道平坦、顺畅，要有足够的光线。为生产所设的走台、升降口等危险处所必须有安全设施和明显的安全警示标志。

第二十二条　有高温、低温、潮湿、雷电、静电等危险的劳动场所，必须采取相应的有效防护措施。

第二十三条　库房要定期进行通风、降温、降湿，以保持库内温、湿度达到规定的标准。库房内应装置烟雾报警器，照明灯具要装置防爆设备。

第二十四条　凡新建、改建、扩建、迁建生产场地以及技术改造工程的，都必须安排劳动保护设施的建设，并要与主体工程同时设计、同时施工、同时投产。

第二十五条　工程建设主管部门在组织工程设计和竣工验收时，应提出劳动保护设施的设计方案、完成情况和质量评价报告，经安全部审查验收并签字后方可施工、投产。

第六章　生产设备安全管理

第二十六条　设备日常检修和维护。

1. 生产设备和仪器要正确使用、经常维护、定期检修，不符合安全要求的陈旧设备，应有计划地更新和改造。

2. 各种压力容器设备要定期检修维护，认真配合国家劳动部门实施年检，操作人员要认真记录工作日志

压力容器上的主要安全部件要定期送到国家指定部门进行校验。

第二十七条　设备放置的位置要求。

1. 设备放置位置应安全可靠，并保证操作人员的头、手臂、腿脚具有符合心理需求和生理需求的活动空间。

2. 设备的工作位置应保证操作人员的安全平台和通道必须防滑，必要时设置踏板和栏杆。

第二十八条　设备安全防护装置。

1. 危险设备应该安装设备安全防护装置，凡易造成伤害事故的设备运动部件均应封闭或屏蔽，或采取其他避免操作人员接触的防护措施。

2. 以设备操作人员所站平面为基准，高度在2米以内的各种传动装置必须设置防护装置，高度在2米以上的物料传输装置和带传动装置应设置防护装置。

3. 设备应有处理和防护尘、毒、烟雾、闪光、辐射等有害物质的装置，在使用过程中有害物质不得超过标准。

4. 生产设备应装有防止意外启动而造成危险的保护装置。

第二十九条　电气设备和线路应符合国家相关安全规定。

1. 电气设备应有可熔保险和漏电保护，绝缘必须良好，并有可靠的接地或接零保护措施。

2. 有易燃易爆危险品的工作场所应配备防爆型电气设备。

3. 潮湿场所和移动式的电气设备应采用安全电压。

4. 电气设备必须符合相应防护等级的安全技术要求。

第三十条　引进国外设备时，对国内不能配套的安全附件，必须同时引进，引进的安全附件必须符合我国制定的相关安全法规要求。

第七章　动火作业管理

第三十一条　设置明显的禁火区域，严禁在禁火区域动火，需动火作业时，需在指定场所进行。

第三十二条　为了保障员工的人身财产安全，动火作业必须规范化，需要动用明火时，由动火作业操作人员向安全管理人员提出动火作业申请，并在安全人员的现场监控下开展操作。

第三十三条　一级动火，即动火中可能发生一般火灾的，须由操作人员提出申请，经车间安全管理人员审批。

第三十四条　二级动火，即动火中可能发生重大火灾事故的，须由操作人员提出申请，经车间安全管理人员审批，并报安全部管理人员审批。

第三十五条　三级动火，即动火中可能发生特大火灾事故的，须由操作人员提出申请，经车间安全管理人员、安全部管理人员、安全委员会逐级审批，并报公安部门备案。

第三十六条　有下列情形之一的，不得进行动火作业。

1. 动火申请没有被批准。
2. 防火、灭火措施没有落实。
3. 周围易燃杂物尚未清除。
4. 附近难以移动的易燃结构未采取安全防范措施。
5. 盛装过油类等易燃液体的容器，管道未洗刷干净，或未排净残存液体。
6. 储存过受热膨胀、易燃、易爆物品的车间、仓库和其他场所，未排除易燃易爆危险。
7. 未配备相应的灭火器材。
8. 动火作业现场无安全负责人。
9. 动火作业过程中发现有不安全苗头。

第八章　职业健康安全管理

第三十七条　安全部贯彻执行本公司总经办签发的职业健康安全体系文件，并在日常工作过程中持续改进职业健康安全体系，降低职业健康安全危害。

第三十八条　安全部负责根据工作性质和劳动条件，为员工配备或发放劳动保护用品。发放标准按照《企业职工防护用品发放标准》执行，并结合公司实际情况由人力资源部制定，各生产车间必须指导员工正确使用劳动保护用品，并随时检查员工使用情况。

第三十九条　安全部负责防暑降温、防冻、防噪声、防粉尘工作，进行经常性的卫生监测，对超过国家安全卫生标准的作业点，应进行技术改造或采取卫生防护措施，不断改善劳动条件。

第四十条　对车间班组的一线员工每年定期进行体检。对确诊为职业病的患者，应立即上报人力资源部，由人力资源部上报总经办并视情况调整其工作岗位，同时作出治疗或疗养的决定。

第四十一条　禁止安排女员工在怀孕期、哺乳期从事影响胎儿、婴儿健康的有毒、有害工作。特殊工种员工应发放一定数额的安全补贴。

第九章　安全生产检查与整改

第四十二条　安全部须定期组织生产安全检查，以了解生产车间的安全管理情况，及时发现不安全的生产环境、操作行为和潜在的职业危害。

第四十三条　安全部组织全公司的检查，每年不少于4次，每季度保证1次；各车间每月不少于4次，每周保证1次；各生产班组应实行班前班后检查制度；特殊工种和设备的操作者应每天进行检查。检查时要认真做好记录和总结。

第四十四条　检查过程中发现安全隐患时，安全部必须对问题进行分析，研究解决方法，要求各车间班组及时整改。要对安全隐患单位的整改情况及时进行跟踪，直至符合整改要求为止。

第四十五条　安全生产整改所需费用经安全委员会审批后，在技改经费项目下列支。

第十章　奖励与处罚

第四十六条　对认真执行公司颁布的各项安全生产制度、在防止事故发生和职业病危害过程中做出贡献的集体和个人，有下列情况之一的，给予适当奖励。

1. 对安全生产的合理化建议被采纳，且有明显效果的。

2. 制止违章指挥、违章作业且避免事故发生的。

3. 及时发现或消除重大事故隐患，避免重大事故发生的。

4. 对安全事故抢险救灾有功的。

5. 积极参加公司、部门组织的各种形式的安全生产活动，被评为先进集体或个人的。

6. 被评为省、市、局、总公司的安全生产积极分子受到表彰和奖励的。

7. 在消防、安全工作和其他方面做出特殊贡献的。

第四十七条　奖励程序。

1. 安全生产先进个人由生产车间负责人汇总材料上报生产部经理审核后报公司安全部通过。

2. 先进集体由生产部提出意见，报安全部审核，由总经理审批通过。

第四十八条　对有下列情形之一的，应予以不同程度的惩罚。

1. 事故责任者。

2. 违章指挥或强令员工冒险作业导致事故发生的。

3. 违章违纪，情节严重，性质恶劣的。

4. 破坏或伪造事故现场隐瞒或谎报事故的。

5. 事故发生后，不采取措施，导致事故扩大或重复发生的。

6. 对坚持原则、认真维护各项安全生产工作制度的人员进行打击报复的。

7. 其他各种违反安全生产规章制度造成严重后果的。

8. 对提出的整改意见有条件整改但拖延整改的责任人。

9. 擅自挪用消防器材、损坏消防器材的。

第四十九条　惩罚类型。

1. 经济处罚。根据危害程度、损失情况和责任大小，可采用罚款 100～1 000 元、赔偿损失的 3%～50%、降低工资、扣除奖金等措施。

2. 行政处罚。根据危害程度、损失情况、责任大小可对其采用警告、辞退警告、降职、降级、留用察看、辞退、开除等处罚措施。

3. 性质特别严重、情节恶劣，触犯刑律者，追究其法律责任。

第五十条　处罚程序。

1. 经济处罚由安全部经理提出，报总经理批准后执行。

2. 行政处罚由行政部提出，参照公司有关规定报有关领导批准后执行。

第十一章　附　　则

第五十一条　本制度由公司安全委员会负责制定与解释。

第五十二条　本制度自公布之日起执行。本公司以前制定的有关制度、规定等如与本制度有冲突，按本制度执行。

 **文案范本**

重大安全事故责任追究细则

第一章　总　　则

第一条　目的。

为了规范生产安全事故的调查处理，落实生产安全事故责任追究制度，防止并减少安全事故，根据相关法律法规，特制定本细则。

第二条　编制依据。

本细则依照以下法律法规中的相关条款编制。

1.《中华人民共和国安全生产法》。

2.《生产安全事故报告和调查处理条例》。

3.《中华人民共和国职业病防治法》。

4.《企业职工伤亡事故报告及处理规定》。

第三条　适用范围。

本细则适用于生产经营活动当中因为各种原因造成人员伤亡或者巨大经济损失的重大安全责任事故的处理。

第二章　重大责任事故及责任界定

第四条　重大安全事故标准。

在本公司生产经营活动当中，因可控原因造成 1 人以上死亡，或者 3 人以上重伤，或者直接经济损失 5 万元以上，或者造成重大政治影响的，都构成重大安全事故。

第五条　重大安全责任事故界定。

1. 重大安全责任事故主要是指因个人责任或管理责任导致发生的重大安全事故，因自然灾害等非可控因素造成的重大安全事故不属于重大安全责任事故。

2. 因技术水平和设备条件所限，不能及时避免的安全事故，不属于重大安全责任事故，但属于重大安全事故和重大劳动安全事故。

3. 重大安全责任事故的必要条件是有人违反规章制度。

第六条　个人责任和管理责任界定。

1. 因个人不服从管理、违章操作、冒险作业、疏忽大意等造成的重大安全事故属于重大个人责任事故。

2. 因本公司管理不周全或者管理人员玩忽职守、违章指挥，隐患未及时处置等造成的重大安全事故属于管理责任。

第三章　重大安全责任事故调查

第七条　重大安全责任事故上报。

1. 出现重大安全责任事故，本公司各级车间、班组必须真实、及时上报总经办，不得徇私舞弊或隐瞒不报。

2. 总经办调查确属重大责任事故的，必须及时上报相关部门。

第八条　安全事故调查小组。

1. 本公司及时成立安全事故调查小组，由总经理担任小组组长，负责安全的部门和人员担任事故调查小组成员。

2. 安全事故调查小组应查清事故的情况和原因，尽力提取事故现场的录音、录像，检查记录和生产记录等一手资料，确保调查结果真实可信。

3. 安全事故调查小组经调查之后，将事故原因和责任人员上报总经办，等候处理。

第九条　安全事故调查规范。

1. 重大安全责任事故应在事发当天立案进行调查，轻伤事故由安全部进行调查。重伤事故由安全事故调查小组会同公司工会成员进行调查。

2. 重伤 3 人以上、有死亡和重大伤亡的事故必须上报当地相关部门，请求其进行事故调查。

3. 安全事故调查小组向相关人员进行调查时，应同时有至少两人参加，并做好笔录。笔录必须交给被调查人校阅签字，被调查人有书写能力的，必须由被调查人自写书面材料。

4. 对于情节和后果严重的事故，必要时安全事故调查小组应请外部技术鉴定部门进行技术鉴定。

5. 安全事故调查小组对事故原因、责任的分析意见不能达成一致时，需请求本公司所在地相关部门作出仲裁，仍不能达成结论的，由其报请上一级相关部门裁决。

第四章　重大责任事故的追究和处理

第十条　重大责任事故责任人的处理。

1. 对于重大责任事故，应积极配合政府安全管理部门调查，并提出处理建议，由其进行裁决。

2. 对于重大责任事故责任人，本公司予以辞退，情节特别严重并构成犯罪的，上报司法机关，由其依法提起公诉，并积极配合司法部门调查。

3. 重大责任事故责任人的处理意见由上级行政主管单位或者司法机关提出，本公司予以积极配合。

第十一条　隐瞒不报的处理。

对发生事故隐瞒不报、谎报、拖延不报或破坏事故现场以及无正当理由拒绝调查的部门和个人要追究其责任，从严处理。情节特别严重者，移交司法机关，请求其依法处理。

第十二条　情节特别恶劣事故的处理。

1. 事故责任人曾因违反规章制度受到批评教育或行政处罚而不改正，再次违反规章制度，造成重大事故的，本公司予以解聘，并移交司法机关处理。

2. 遇有事故责任人屡次违反规章制度，或者明知没有安全保证，甚至已发现事故苗头，仍然不听劝阻、一意孤行，拒不采纳工人和技术人员的意见，用恶劣手段强令工人违章冒险作业的情况，应立刻将事故责任人辞退，情节严重的，移交司法机关处理。

3. 事故发生后，责任人表现特别恶劣，不积极采取抢救措施抢救伤残人员或防止危害后果扩大，只顾逃命或抢救个人财物，致使危害后果蔓延扩大的；或者事故发生后，为逃避罪责，破坏、伪造现场，隐瞒事实真相，嫁祸于人的，本公司予以辞退，情节严重的，移交司法机关处理。

第五章　附　则

第十三条　本细则由总经办制定，经公司常务会议讨论审议后通过，修订和废止时亦同。

第十四条　本细则自颁布之日其生效并予以执行。

日常安全检查办法

第一章　总　则

第一条　目的。

为了规范本公司的安全生产检查工作，加强生产安全过程控制，及时发现和排除生产安全事故隐患，特制定本办法。

第二条　适用范围。

本办法适用于公司各项安全生产检查工作。

第三条　生产安全检查原则。

各级各项的安全检查应遵循"谁主管、谁负责"和"分级管理、分线负责"的原则组织进行。

第二章 安全检查内容

第四条 生产现场作业人员的不安全行为。

第五条 生产设备、装置、设施的不安全状况。

第六条 原材料、半成品、产品，特别是危险品的不安全状态。

第七条 作业环境中不利于安全的各种因素。

第八条 安全管理制度的执行情况和事故隐患的整改落实情况。

第九条 其他需要检查的项目和内容。

第三章 安全检查的基本形式以及责任分工

第十条 生产开始前的安全检查。

由安全部组织，生产、技术和设备部人员参加，主要检查是否具备安全生产条件，以确保整个公司的安全。

第十一条 生产过程中的例行检查，具体包括以下四种形式。

1. 日查。由创建主管负责组织，做到及时风险问题，及时解决。

2. 周查。由车间主管负责组织，对本车间的安全生产情况进行一次全面的检查。

3. 月查。由生产总监领导负责组织，对本公司所属范围内的安全生产情况进行一次全面的检查。

4. 停工检查。由安全部组织进行，主要检查设备设施作业环境是否处于安全状态；物料，特别是危险品是否妥善保管。

第十二条 季度性安全检查。

季度性安全检查一般每年进行 3~4 次，由安全部牵头，生产部、技术部、设备部等有关部门参加，检查内容应根据生产情况和季节特点有所侧重。

第十三条 节前安全检查。

1. 每年法定节假日（元旦、春节、清明、五一、端午、中秋、国庆）前，为了确保节假日安全，要做好预防各类事故的工作，各单位自作全面检查，封闭好门窗，安排好值班人员。

2. 公司由安全部牵头，生产部、技术部、设备部等有关部门参加，对重点部门、要害岗位进行重点检查。

第十四条 专业安全检查。

专业安全检查主要有以下四种形式。

1. 防雷、防静电设施、电器安全检查，由设备部负责组织。

2. 防火、防爆检查，由生产部负责组织。

3. 生产线停产、投产前安全检查，由安全部组织，生产部、技术部、设备部参与。

4. 不定期综合性安全检查。根据各级有关部门的指示要求，结合本公司安全生产实际情况，由安全部组织生产、技术、设备部以及其他有关部门参加。综合性安全大检查每年至少进行 2 次。

第四章 安全检查基本要求

第十五条 安全检查要深入、细致，每次检查都要有明确的目的和要求，检查结果要有记录，记清楚检查部位及发现的主要问题等，各职能部门都要建立专用的安全检查记录本。

第十六条 将检查出的问题分成三类予以处理，要做到"三定四不准"原则。能立即解决的，现场解决；暂时解决不了的，要作出整改计划限期解决，及时向安全部报告。

第十七条 对于检查提出的整改意见，要在预定期限内进行跟踪复查，并记入检查记录。

第十八条 对于暂时无法解决的整改问题，所在部门要采取应急措施以确保安全。

第十九条　对于突出的问题，以及不尽快整改就可能发生事故的重大隐患，要下达整改通知书限期解决。

第二十条　参加安全检查的人员，除专/兼职的安全、消防和环保人员外，公司经理每年至少参加2次全公司的安全检查；主管领导每年至少参加4次公司范围内的全面安全检查。

第二十一条　对于认真履行职责、坚持安全检查、及时发现隐患、防止事故发生的有功人员，及时给予表彰奖励；对于不认真进行检查、弄虚作假、未能发现重大隐患，甚至造成事故的，要从重处罚，必要时追究其刑事责任。

第五章　附　则

第二十二条　本办法由安全部会同技术部和设备部制定。

第二十三条　本办法经生产总监审核、总经理审批后执行。

三、促进就业与员工权益保护责任

企业在促进就业方面的主要风险是：① 因违反相关法律法规，形成事实上的就业歧视，招致投诉的风险损害；② 招聘失败，可能带来不必要损失和纠纷；③ 造成人才过剩，会导致成本增加。

（一）促进就业是企业社会责任的重要体现

保障就业、稳定就业，是社会稳定和发展的大计。

企业作为就业工作的最大载体，应当以宽广的胸怀接纳各方人士，为国家和社会分担困难，促进充分就业。企业在录用员工时，不能因民族、种类、性别、宗教信仰不同而受歧视，要保证劳动者依法享有平等就业和自主择业的权利。

（二）保护员工合法权益是企业生存发展的内在动力

企业应当尊重员工，关爱员工，维护员工权益，促进企业与员工的和谐稳定和共同发展。

1. 建立完善科学的员工培训和晋升机制

培训的目的是让员工得到尽快发展。企业应当保证晋升对每个人的公平、公正，每个人主宰自己的命运，适应快、能力强的人能迅速掌握各阶段的技能，自然能得到更快的晋升。不同员工个性化的培训，保持员工及时获得必要的知识储备，才能通过公平竞争和优越的机会吸引大批有能力的员工为企业真诚服务。

2. 建立科学合理的员工薪酬增长机制

薪酬的高低，无疑是吸引和争夺人才的一个关键性因素。企业应当遵循按劳分配、同工同酬的原则，结合内外部因素和员工的自身表现等，建立科学有效的薪酬正常增长机制，最大限度地激发员工的工作热情、敬业精神和工作绩效。员工工资等薪酬应当及时发放，员工各类社会保险应当及时足额缴纳，不得无故拖欠和克扣。企业应当重视和关注积极缩小高管薪酬与员工的收入差距，促进企业高管人员与员工的薪酬有机协调统一。

3. 维护员工的身心健康

现代社会的激烈竞争和快节奏，导致员工身心高度紧张，承受过重的职业压力，很多员工处于亚健康状态。

企业应当关心员工身体健康，保障员工充分的休息和休假权利，广泛开展娱乐休闲活动。加强职工代表大会和工会组织建设，通过企业内部员工热线、信访接待、内部媒体、员工建议箱等渠道，保证员工与企业上层的信息畅通，帮助员工减压，不断提高员工的身体素质。

要加强对职业病的预防、控制和消除，贯彻落实国家有关职业卫生的法律法规，加强生产安全管理工作，定期对劳动者进行体检，建立职业健康档案等，预防、控制和有效消除职业危害，确保员工身心健康。

（三）重视产、学、研、用结合培养需求人才

企业应当重视产、学、研、用结合，牢固确立企业技术创新主体地位这个核心，把产、学、研、用结合的基点放在人才培养方面。要充分运用市场机制和手段，积极开展与高校和科研院所的战略合作，联合创建国家重点实验室、工程中心等研发和产业化基地，实行优势互补，激发科研机构的创新活力。要重视和加强与高校和科研院所人才培养和交流，加速科技成果的转化和产业化，引导技术创新要素聚集到企业创造社会财富过程中来，使企业获得持续创新的能力。同时促进应用型人才的培养，确保企业发展中急需人才不断得到补充。

（四）支持慈善事业是传统美德

"赠人玫瑰，手有余香。"通过捐赠等慈善公益事业，企业能够达到无与伦比的广告效应，既能享受税收优惠，又能提升企业的形象和消费者的认可度与赞誉度，提高市场占有率。

企业在关注公司自身发展的同时，应当勇于承担社会责任，积极支持慈善事业，奉献爱心和善举，扶助社会弱势群体，把参与慈善活动作为创新产品和服务的潜在市场，将慈善行为与企业发展目标有机地联系起来，不断增强自身参与社会慈善事业发展的积极性和可持续性，以实际行动践行企业公民的责任和义务。

 文案范本

职工代表大会实施细则

第一章　总　则

第一条　为了加强公司民主管理，维护员工合法权益，根据《××市实施〈中华人民共和国工会法〉办法》结合公司发展实际，特制定本实施细则。

第二条　本细则旨在推进职工代表大会工作制度化、规范化、程序化建设，保障员工的知情权、参与权和监督权，促进员工关系和谐健康发展。

第三条　职工代表大会是公司实行民主管理的基本形式，是员工行使民主管理权利的机构，依法维护员工的政治权利、经济利益和精神文化权利。

第四条　工会组织是职工代表大会的工作机构，负责组织员工参与公司的民主管理，依法维护员工的民主管理权利。

第五条　本公司将积极推进职工代表大会建设和员工民主管理工作，确保职工代表大会依法行使权利。

第二章　职工代表大会职责

第六条　听取和审议公司工作报告，讨论企业有关生产经营方针、中长期发展规划、年度计划及执行情况、财务预决算等，提出意见和建议。

第七条　审议职工劳动安全卫生措施，职工教育培训计划，讨论决定员工福利基金的使用方案。

第八条　审议公司薪酬调整和奖金分配方案，工作时间和休息休假制度，劳动保护措施，员工奖惩办法、企业年金方案及其他涉及职工切身利益的重大事项，进行投票表决，形成通过或不通过决议。

第九条 平等协商、讨论通过集体合同草案，签订集体合同，听取公司集体合同履行情况的报告，监督集体合同的实施情况。

第十条 监督检查公司依法参加社会保险情况，发现问题督促公司及时解决。必要时可向政府相关部门报告。

第十一条 参与公司中高层管理人员考评，听取公司领导班子成员履职报告和廉洁自律报告，并组织职工代表进行民主评议和民主测评。

第十二条 选举、监督和罢免公司职工董事、职工监事；选举参加平等协商的职工代表，选举企业劳动争议调解委员会中的职工代表，选举职工代表大会专门工作小组成员。

第十三条 推荐先进工作者和劳动模范候选人。

第三章 组织机构

第十四条 公司职工代表人数最低不得少于××人，职工代表大会每届××年，每年至少召开××次，每次会议必须有2/3以上职工代表出席，方可召开。

第十五条 职工代表大会主席团在职工代表中产生，主席团成员人数一般不超过代表总数的××%。

第十六条 职工代表大会主席团成员由职工代表提出候选人名单，经职工代表大会预备会议表决通过。

第十七条 职工代表大会主席团负责主持职工代表大会，组织大会期间各项活动，确定大会议题，草拟大会决议草案等工作。

第十八条 职工代表大会根据公司工作实际需要，设立专门工作小组，包括安全生产小组、职工保险福利小组、财务审查小组、劳动法律监督小组、提案小组、平等协商小组和民主评议小组等。

第十九条 职工代表大会专门工作小组成员一般在职工代表中提名产生，也可聘请具有一定专长和管理经验的非职工代表。

第二十条 职工代表大会专门工作小组审议提交职工代表大会的有关议案，检查、督促有关部门贯彻执行职工代表大会决议、决定情况。

第二十一条 职工代表大会专门工作小组在职工代表大会闭会期间，审定属本小组分工范围内需要临时决定的事项，并将相关审定事项报告下一次职工代表大会。

第四章 职工代表选举、权利及义务

第二十二条 按照法律规定享有政治权利、与公司建立劳动关系的员工，均可当选为职工代表。

第二十三条 职工代表由各级人员一定比例选举组成，应包括职工、科技人员、经营管理人员和其他职工，中高层管理人员不得高于××%。

第二十四条 职工代表每届改选一次，可以连选连任。职工代表任期未满，在公司内部调动岗位的，代表资格保留，与公司解除劳动关系，代表资格自行终止。

第二十五条 职工代表的权利。

1. 有选举权、被选举权、提案权、建议权、表决权等权利。

2. 有权参加职工代表大会及其工作机构组织的各项活动。

3. 参加对公司执行职代会决议和提案落实情况的检查，并提出质询、评议。

4. 因参加职工代表大会各项活动而占用工作时间的，享受正常出勤待遇。

第二十六条 职工代表的义务。

1. 努力学习和掌握国家有关法律、法规及业务知识，提高思想觉悟、业务水平及参与管

理能力。

2. 密切联系群众，如实反映职工群众的意见和要求，认真执行职工代表大会决议。

3. 做好职工代表大会交办的各项工作，代表职工合法权益。

4. 遵守公司各项规章管理制度，做好本职工作。

第五章　职工代表大会行使职权

第二十七条　职工代表大会行使审议建议权、表决权、决定权应遵循的程序。

1. 预先公布议案。在职工代表大会召开前××日将拟提交审议议案发送至职工代表，职工代表收到议案后应及时向员工传达议案内容，并收集职工的意见和建议。

2. 提前审议。职工代表书面汇总员工意见、建议，提前审议议案，并将审议结果及员工意见汇总，报送工会组织。

3. 正式审议。召开正式职工代表大会会议，由公司行政领导和相关负责人做工作报告及其他修改议案的报告，职工代表就报告内容进行审议，并提出咨询、意见和建议。

4. 行使审议建议权。公司行政领导应认真考虑职工代表大会的意见和建议，不能统一意见的，按照公司行政领导决定执行，工会可将职工代表大会的意见和建议报告上级工会。

5. 行使审议表决权。公司行政领导应尽量采纳职工代表大会的意见和建议，在作出采纳或修改说明后由职工代表投票表决。经表决，职工代表过半数赞成的即为通过。

6. 行使审议决定权。职代会可对属于审议决定权的议案进一步提出意见和建议，也根据多数职工代表（占应到职工代表过半数）的意见直接对议案进行修改。

第二十八条　职工代表大会行使评议监督权应遵循的程序。

1. 由党委、行政、纪检、工会等各方面人员组成评议小组，负责制定评议方案并组织实施。

2. 相关领导在职工代表大会上做述职报告，职工代表进行民主评议，并采用无记名投票方式对述职领导人员进行民主测评。

3. 工会整理职工代表民主评议意见及民主测评结果，报送上级主管部门。

4. 职工代表大会根据员工民主评议意见及测评结果，向上级主管部门提出针对述职领导表扬、奖励、批评、处分或罢免建议。

5. 工会将述职领导的整改措施及上级主管部门处理意见在规定时间内向职工代表和职工群众反馈。

第二十九条　职工代表大会行使民主推荐、选举、罢免权，由组织人事部门、工会具体负责组织实施，制定相关工作方案，并提交职工代表大审议通过。

第六章　附　　则

第三十条　职工代表大会开会及闭会期间的各项活动经费，在公司管理费中列支。

第三十一条　职工代表大会工作记录、报告、决议、决定、议案、讲话等各类文件档案由工会负责拟制和管理，并登记造册，妥善保管。

第三十二条　本细则由公司工会负责解释，修改权归职工代表大会所有。

第三十三条　本细则自公司首届一次职工代表大会审议通过之日起实行。

文案范本

员工职业健康监护流程

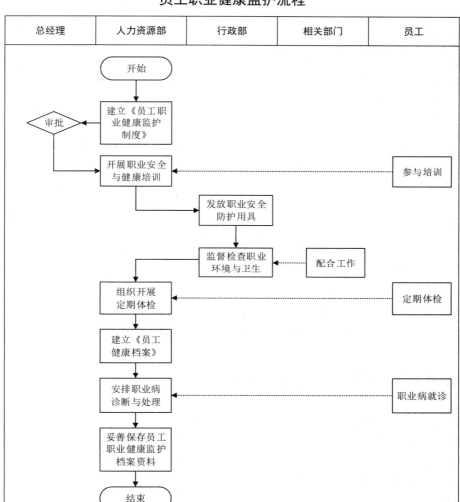

四、环境保护与资源节约责任

环境保护与资源节约方面存在的负面风险有：对环境保护法律法规以及行业政策规定不熟悉，可能给企业造成损害；对绿色消费推崇及贸易壁垒设置不适应，可能给企业造成损害；当企业属于污染产业时，众多有害物质的存在，使各环节都有可能引发对环境的损害；不注重节约社会资源、破坏/浪费稀缺资源，会遭到社会谴责，甚至受到惩罚。

（一）转变发展方式，实现清洁生产和循环经济

企业应当按照国家有关环境保护与资源节约的规定，结合本企业实际情况，建立环境保护与资源节约制度，认真落实节能减排责任，积极开发和使用节能产品，发展循环经济，降低污染物排放，提高资源综合利用效率。

企业要在快速增长中破解资源与环境的双重约束，在市场竞争中争取主动，必须转变发展方式，重视生态保护，调整产业结构，发展低碳经济和循环经济。加大对环保工作的人力、物力、财力的投入和技术支持，不断改进工艺流程，加强节能减排，降低能耗和污染物排放水平，实现清洁生产。加强对废气、废水、废渣的自行回收、利用和处置等综合治理，推动生产、流通和消费过程中对资源的减量化、再利用、资源化，以最小的资源消耗、最少的废物排放和最小的环境代价来换取最大的经济效益。

企业应当通过宣传教育等有效形式，不断提高员工的环境保护和资源节约意识，并落实到实践中才能取得既定效果。

（二）依靠科技进步和技术创新，着力开发利用可再生资源

企业应当重视生态保护，加大对环保工作的人力、物力、财力的投入和技术支持。不断改进工艺流程，降低能耗和污染物排放水平，实现清洁生产。

企业发展离不开能源和资源。随着我国经济的高速发展，能源、资源对企业经济发展的"瓶颈"制约作用也越来越凸显。企业只有不断增强自主创新能力，通过技术进步推动替代技术和发展替代产品、可再生资源，降低资源消耗和污染物排放，实现低投入、低消耗、低排放和高效率，才能有效实现资源节约和环境保护。

企业应当加强对废气、废水、废渣的综合治理，建立废料回收和循环利用制度。

（三）关注资源节约和保护

企业应当重视资源节约和资源保护，着力开发利用可再生资源，防止对不可再生资源进行掠夺性或毁灭性开发。企业应当重视国家产业结构相关政策，特别关注产业结构调整的发展要求，加快高新技术开发和传统产业改造，切实转变发展方式，实现低投入、低消耗、低排放和高效率。

（四）建立监测考核体系，强化日常监控

企业应当建立环境保护和资源节约的监控制度，定期开展监督检查，发现问题，及时采取措施予以纠正。污染物排放超过国家有关规定的，企业应当承担治理或相关法律责任。

资源节约和环境保护人人有责，但是有些单位并不自觉，只有建立环境保护和资源节约监测考核体系，完善激励与约束机制，明确职责，各司其职、各尽其责，落实岗位责任制，严格监督考核，违者重罚才能确保环境保护和资源节约等各项工作落到实处。企业应当加强日常监控，定期开展监督检查，发现问题，及时采取措施予以纠正。发生紧急、重大环境污染事件时，应当立即启动应急机制，同时根据国家法律法规的规定，及时上报，并依法追究相关责任人的责任。

企业发生紧急、重大环境污染事件时，应当启动应急机制，及时报告和处理，并依法追究相关责任人的责任。

 文案范本

环境保护管理办法

第一章 总 则

第一条 目的。

为了保护公司生活和生产环境，防治污染，保证员工身体健康，确保全面完成污染减排指

标，实施可持续发展战略并逐步实现清洁生产，结合国家相关法律法规，特制定本办法。

第二条 适用范围。

本办法适用于本公司各排污车间和环保设施所在部门，其中包括环境监测（在线监测）管理部门。

第三条 公司环境保护的主要任务。

依靠科技进步，防止环境污染，发展清洁生产和循环经济。

第四条 责任划分。

环境保护管理工作由公司安全部环保办公室负责，各相关部门和人员要积极配合安全部进行环境保护管理工作。

第二章 环境保护管理要求

第五条 公司各部门要重视环境保护、节能减排方面知识的宣传和教育，提高全体员工的环境保护意识和法制观念。安全部环保办公室负责编制环保培训教材，定期对员工进行培训。

第六条 公司要有计划的培养和引进环保专业人才。各部门在进行员工培训教育时，应把环境保护教育作为一项重要内容，不断提高员工的环境保护意识和环保专业技术水平。

第七条 环保人员要对公司环境状况和环境保护工作进行统计调查，并汇总上报公司领导。

第八条 公司任何员工都有保护环境的义务，并有权对污染和破坏环境、毁坏花草和树木的行为向公司领导或有关部门举报。

第九条 公司各生产工序应积极采用清洁生产工艺，努力实现废物综合利用。

第十条 公司每年投入相当比例的资金用于污染治理及防治，新技术研发应用，以持续改善公司生产厂区的环境状况。

第十一条 生产车间必须保证环保设施随生产同步运行。需要对环保设施或设备进行检修时，须向设备部、安全部环保办公室报告，经同意后，方可实施。环保设施必须严格按照操作说明书进行操作。

第十二条 加强对污水处理设施的管理，同时加强节水管理，避免浪费水资源的现象。

第十三条 积极回收利用固体废弃物，禁止乱排、乱堆现象，杜绝固体废弃物污染环境事故发生。

第十四条 公司生产厂区及厂界绿化应以净化和绿化为主，兼顾美化，尽量采用对空气有净化作用的树种，采取乔、灌、草相结合的种植方式，扩大绿化面积。

第十五条 公司每年邀请环保局监测部门来公司进行监测，加强对环境质量的监督管理。

第十六条 环保人员要经常深入现场，对环保设施运转使用情况及污染现象进行检查、指导，并对员工提出的环境问题予以答复，对于存在的环保问题提出整改意见，限期整改。

第三章 建设项目环境保护管理规定

第十七条 对于新、扩、改建项目，在建设之前，必须执行环境影响评价制度，对建设项目的选址、设计和建成投产后可能对周围环境产生的不良影响进行调查、预测和评估，提出防治措施。环保办公室在工程筹建过程中对环境影响评价中提出的防治措施的实施情况进行监督。筹建部门在对项目进行论证时必须考虑环境影响评价中提出的防治措施，采用评价中提出的或其他更好的治理工艺。

第十八条 严格执行环保"三同时"制度，即新建、改建、扩建的基本建设项目、技术改造项目，其环保设施必须与主体工程同时设计、同时施工、同时投入使用。

1. 工程设计阶段，建设项目的工艺设计应该积极采用不产生或少产生污染的新技术、新工艺、新设备，最大限度地提高资源、能源利用率，从源头上减少污染物排放，按照"清洁生产"的要求，尽可能在生产过程中把污染减少到最低限度。

2. 建设项目的环境治理工艺设施尽可能采用国家推荐的技术工艺，禁止采用落后的或已淘汰的技术设备。

3. 在工程施工阶段，筹建部安排专人负责，落实施工计划与进度，保证工程质量。

安保人员在工程施工过程中，要对项目"三同时"情况进行监督检查，以确保建设项目的环保设施与主体工程同时施工。

4. 工程竣工后，由筹建部申请，经环保办公室、设备部、筹建部、生产部等部门对设施进行验收后，方可进行试生产或试运转。建设项目投入试生产之日起3个月内，向审批该项目环境影响报告书、环境影响报告表或环境影响登记表的环境保护行政主管部门，申请该建设项目需要配套建设的环境保护设施竣工验收。

第十九条 建设项目的环境治理资金占项目总投资额的比例应不低于国家规定。

第二十条 未经安保办公室、设备部等有关部门的同意，各部门对现有环保设施不得私自拆除、改动和改造。

第二十一条 对于投入使用的环保设施应按照设计使用说明书定期进行维护，以保证其运行效果。

第二十二条 对于可能产生较大污染的部位、工艺，要查找产生污染的原因，改进工艺操作，加强人员操作，尽量避免污染。

第二十三条 公司各部门必须将新、扩、改建项目的相关资料（包括技术协议等）上报安保办公室备案一份。

第四章 大气污染防治管理规定

第二十四条 大气污染防治的监督管理。

1. 污染物排放需根据政府规定的排污量进行管理。

2. 向大气排放污染物时，安保人员应当按规定统计公司拥有的污染物排放设施、处理设施和正常作业条件下排放污染物的种类、数量和浓度。排放污染物的种类、数量和浓度有较大改变时，应当及时更新。

3. 对于新、扩、改建工程的大气污染防治项目，必须依照环保"三同时"及本办法第三章相关条款执行。

4. 公司相关部门必须保证大气污染防治设施的正常运行。

第二十五条 废气、烟粉尘污染防治措施。

1. 各车间必须在生产工艺中易产生废气的场所采取相应的措施收集和处理，在国家规定的环保要求内，做到有组织地排放。

2. 禁止在公司厂区内焚烧沥青、油毡、橡胶、塑料、枯草、落叶、垃圾及其他产生有毒有害气体或恶臭气体的物质，各部门有责任教育其员工遵守上述规定。

3. 对于露天堆放的粉料，相关单位要采取有效的防尘措施；在粉料运输过程中要采取加盖篷布等措施，以防止撒漏。

4. 进行道路保洁清扫时应当防止扬尘污染，并须及时将清扫后的粉尘及垃圾及时运走。

第五章 水污染防治管理规定

第二十六条 水污染防治监督管理。

1. 合理安排生产，对产生废水污染的工艺、设备逐步进行调整和技术改造。采取综合防治的措施，提高水资源的重复利用率，合理利用水资源，减少废水的排放量。

2. 排放污水时，安保人员应当按规定统计公司拥有的污染物排放设施、处理设施和正常作业条件下排放污染物的种类、数量和浓度，并提供水污染防治方面的技术资料。排放污染物的种类、数量和浓度有较大改变时，应当及时更新。

3. 新、扩、改建工程的水污染防治项目必须依照环保"三同时"及本办法第三章相关条款执行。

4. 必须保证废水处理、净化设施的正常运行。

5. 溢流废水污染物的浓度不得超过国家排放标准。

第二十七条　水污染防治措施。

1. 出现水污染事故后，安保人员应立即会同有关部门采取措施，减轻或消除污染，并向公司领导报告，再由公司办公室向政府部门报告。

2. 严禁向公司排水系统偷排废水、废渣、废油、废酸、废碱或有毒液体。

3. 严禁向公司排水系统排放、倾倒工业废渣、各种垃圾及其他废弃物。

第六章　固体废物防治管理规定

第二十八条　固体废物的类型。

1. 建设、生产固体废物：指在建设、生产过程中产生的污染环境的固态、半固态废弃物质。

2. 生活垃圾：指在日常生活中或者为日常生活服务的活动中产生的固体废物以及法律、行政法规规定视为生活垃圾的固体废物。

第二十九条　固体废物防治措施。

1. 产生固体废物时应当采取措施，防止或者减少固体废物对环境的污染。

2. 收集、贮存、运输、利用、处置固体废物时，必须采取措施，防扬散、防流失、防渗漏；不得擅自倾倒、堆放、丢弃、遗撒固体废物。

3. 应当根据公司的经济、技术条件对产生的工业固体废物积极回收利用。

4. 需在指定地点倾倒垃圾，实施垃圾分类，及时清理，禁止随意扔撒或堆放各种垃圾。

第七章　附　　则

第三十条　本办法由安全部环保办公室制定，其解释权和修订权亦归安全部环保办公室所有。

第三十一条　本办法若与国家相关法律法规有相冲突之处，请以国家相关法律法规为准。

第三十二条　本办法自＿＿＿年＿月＿日起执行。

文案范本

节能减排实施细则

第一条　为了推动全公司节约能源，降低能耗，提高能源利用效率，保护环境，特制定本实施细则。

第二条　节能减排，主要从细节加强用能管理，减少能源消耗，降低能源损失，减少污染物排放，杜绝资源浪费，有效、合理利用能源。

第三条　本细则适用于生产厂区、办公区用水、用电、用车等资源能源消耗的管理。

第四条　公司综合管理部负责节能减排的日常监督和检查工作，推进节能减排成为一种长效机制。

第五条　用水管理。

1. 应经常检查、维护公司给水排水系统，应采用节水型用水器具，杜绝供水系统跑、冒、

滴、漏现象，杜绝长流水现象。

2. 公司开展清洁卫生工作，应避免反复大面积冲洗，清洁结束后应关闭用水阀门或水龙头。

3. 公司建筑区内绿化浇灌、景观补水、路面喷洒用水不宜使用自来水，禁止对绿化草地实施漫浇漫灌。

4. 严禁使用桶装矿泉水清洗水杯、茶具。

第六条 用电管理。

1. 公司照明系统采用高效节能灯具，室外道路、庭院照明应优先采用可再生能源。

2. 工作时间内，根据室内光照程度，晴天禁止开启照明灯，遇阴雨天等光照不足的，可开启照明灯。走廊、过道照明应根据光线强弱间隔开灯。

3. 计算机超过两小时不用的，应及时关机。

4. 召开会议时，应在会议开始前一刻钟内开启投影仪等用电设备，会议结束后应及时关闭设备电源。长时间离开会议室的，应随手关灯，关闭用电设备。

5. 夏季空调设定温度不得低于26℃，冬季空调设定温度不得高于20℃；空调开启时，应关闭窗户，以减少能量损耗。

6. 下班前半小时关闭空调、饮水机、复印机、打印机等设备，减少能量损耗。

7. 员工下班离开公司时，应关闭所有电器，拔掉插头，断开电源。

第七条 办公用品管理。

1. 办公用品采购应遵循环保、节能、质优、价廉的原则。

2. 推广无纸化办公，减少纸质文件的印发和使用，提倡单面纸重复利用。

3. 复印纸、打印纸双面使用，单面使用后的复印纸可裁剪后制作便条纸、草稿纸。

4. 使用可更换笔芯的圆珠笔、签字笔，尽量换芯不换笔。

5. 对可回收利用的公文袋，应重复使用。

6. 尽量减少使用或不使用一次性纸杯。

第八条 公务用车管理。

1. 员工因公务使用公司车辆的，应严格按照用车管理制度执行。

2. 鼓励同事间协调共乘公务用车，提高车辆的使用效率。

3. 车辆驾驶员应规范驾驶，减少车辆的非正常损耗。

4. 车辆应定期保养，减少汽油消耗。

第九条 本细则自××××年××月××日起实施。

 **文案范本**

节能减排控制表

项　　目	总能耗	单位产值能耗	单位工业增加值能耗	单位工业增加值水耗
单　　位	吨标准煤	吨标准煤/万元	吨标准煤/万元	立方米/万元
上一年度耗能指标				
本年度预计控制指标				
预计节能量				

续表

各季度耗能监控情况				
第一季度	季度目标			
	实际耗能			
	目标完成率			
第二季度	季度目标			
	实际耗能			
	目标完成率			
第三季度	季度目标			
	实际耗能			
	目标完成率			
第四季度	季度目标			
	实际耗能			
	目标完成率			
年度实际节能量				
年度节能目标完成率				

五、资源综合利用、节约

请参阅以下相关文案。

文案范本

资源节约管理办法

第一条 目的。

加强对资源和能源使用的管理，达到节约资源及能源的目的。

第二条 适用范围。

本办法适用于公司各部门的资源及能源消耗的管理，包括水、电、油、纸张、原料等。

第三条 节水管理措施。

1. 公司全体员工自觉养成节约用水的良好习惯，加强对用水设备的日常检查、维护和管理，及时处理细水长流和跑、冒、滴、漏现象。

2. 积极采取措施，创造条件，倡导水资源的二次利用和循环使用。

3. 严格控制生产过程中产生的各类废水排放，对生产过程中的各种废水进行收集，倡导节约用水和清洁生产。

4. 加强用水设施安全检查，并配合相关部门做好废水的定期处置。

第四条 节电管理措施。

1. 办公室内要做到人少时少开灯，人走时随手关灯，杜绝长明灯、白昼灯，尽量采用自然光，少开照明灯。

2. 在能够使用节能灯具的地方尽可能更换、使用节能灯具，淘汰普通的白炽灯泡。

3. 减少电子办公设备电耗和待机能耗。合理开启和使用计算机、打印机、复印机等用电设备，下班时要关闭电源，防止待机。

4. 合理使用空调。春秋正常天气下不开空调；开空调时要关闭门窗，室内制冷温度应设置在 26℃以上，制热温度应设置在 20℃以下；提倡下班前半小时关闭空调，严禁室内无人时开机空耗。

5. 杜绝在办公室或实验室内私自使用电炉、电暖气、电饭锅、热得快等电器。

6. 淘汰高耗电设备，积极采用节电新技术和设备。在基本建设和设备改造更新时，严格执行政府有关采购节能产品的规定，积极采用高效节电的新技术、新产品，淘汰国家明令禁止使用的高耗电设备和产品。

第五条 节约办公管理措施。

1. 积极推进办公自动化、网络化，尽量以电子文件、电子信箱等方式部署、联系工作，以降低印刷费用，减少纸张消耗。

2. 纸质材料要双面利用；打印机、复印机的墨盒尽量二次灌装使用。

3. 作废文件纸张不得随意丢弃，由资料员统一处理。

4. 办公用品由综合事务员负责发放并建立台账，严格领用制度。

5. 节约使用清洁卫生工具，拖把、抹布、废纸篓等应妥善保管，延长使用寿命。

6. 节约通信费用。接打电话要言简意赅，杜绝电话聊天。

第六条 生产过程中节约资源管理措施。

1. 生产中尽量选用材料利用率高、污染物排放量小的清洁生产工艺，并加强管理，减少污染的发生。推广节能新技术、新工艺、新设备和新材料，限制或者淘汰能耗高的老技术、工艺、设备和材料。

2. 严格执行设备添置、更新改造审批制度，及时改造、淘汰耗能大、效率低的设备；妥善处理报损与报废设备，对旧零部件进行再利用。

3. 加强对各种设备的管理，优化配置，提高利用率和使用效率。

4. 加强人力资源的引进、培养、使用和管理，力求人尽其才、才尽其用；优化人员配置，力求精简高效，提倡一专多能。

5. 严格控制辅料领购和使用，申报使用计划要实事求是，避免盲目性。管理人员要严格审查，按需配给。

6. 工段在使用原材料时，要注意控制消耗，降低生产成本。

7. 工段应提高员工的操作技能和质量意识、节约意识，不断提高产品质量，降低不合格品的产生。每一位员工都应履行节能义务，开展节能教育，提高员工节约能源和资源的意识。

8. 操作者对生产设备进行日常的清洁维护与保养，确保设备正常运行。

9. 各种车辆、机械设备作业应合理用油，严禁浪费，严格油料领用制度。

10. 避免油料存放污染周围环境，并应有严格的消防措施。

11. 做好对生产设施漏油及机械加工过程油气的治理，发生严重漏油事故时应立即通知设备维修人员进行检修；一般的油泄漏事故可通过维修或用油盘、木屑等防护措施治理。

第七条 本办法由公司行政部制定，其解释权和修订权亦归行政部所有。

第八条 本办法自审批通过之日起实施。

第六章

企业文化方面内控管理

第一节　企业文化管理综述

一、企业文化的目标

加强企业文化建设，培育具有自身特色的企业文化，打造以主业为核心的企业品牌，形成整体团队的向心力，充分发挥企业文化的重要作用。

二、企业文化的风险

加强企业文化建设至少应关注下列风险。

（1）缺乏积极向上的企业文化，可能导致员工丧失对企业的信心和认同感，企业缺乏凝聚力和竞争力。

（2）缺乏开拓创新、团队协作和风险意识，可能导致企业发展目标难以实现，影响可持续发展。

（3）缺乏诚实守信的经营理念，可能导致舞弊事件的发生，造成企业的损失，影响企业的信誉。

（4）忽视企业间的文化差异和理念冲突，可能导致并购重组失败。

企业文化建设之所以会产生上述风险，其主要原因有以下几点。

1．跨国经营活动所引发的文化风险

跨国经营使企业面临东道国文化与母国文化的差异，这种文化的差异直接影响着管理的实践，构成经营中的文化风险。

2．企业并购活动引发的文化风险

并购活动导致企业双方文化的直接碰撞与交流。近年来企业并购活动异常活跃。以我国为例，既有一国之内的并购，也有跨国并购，尤其对于跨国并购而言，面临着组织文化与民族文化的双重风险。

3．组织内部因素引发的文化风险

越来越多的企业从不同的国家和地区招募员工，广泛开展跨国、跨地区的经济合作与往来，从而使组织内部的价值。观念、经营思想与决策方式不断面临冲击、更新与交替，进而在组织内部引发多种文化的碰撞与交流。

组织文化（或职能文化）是群体若干年来在解决面临问题和挑战时形成的自我组织方式。它一旦形成便具有很强的稳定性和继承性。如果不加以控制和规避，会酿成文化冲突并导致决

策效率低下、组织涣散、沟通中断，派性林立，使企业蒙受巨大的损失，最终可能使企业走向衰败甚至灭亡。

三、企业文化授权审批

企业在实施企业文化内部控制过程中，会产生一系列的程序文件、作业文件、图表记录等，均需要由专门机构进行研究、编制及审批（见表6-1）。

表6-1　企业文化授权审批情况

事　　项	文件或文书名称	编制及审批机构			
		品牌管理部	企业文化部	主管副总	总经理
企业文化建设	企业文化管理制度		提出	审核	审批
	企业精神		提炼	审核	审批
	企业价值观		提炼	审核	审批
	企业品牌	提出		审核	审批
	企业经营理念		提炼	审核	审批
企业文化理念	企业文化建设纲要		提出	审核	审批
	企业文化活动方案		提出	审批	
	企业文化宣传资料		编制	审批	
企业文化评估	企业文化评估制度		提出	审核	审批
	企业文化考核办法		提出	审核	审批

四、相关综合文案

请参阅以下相关文案。

企业文化管理制度

第一章　总　　则

第一条　为加强本公司的企业文化建设，塑造与公司愿景、使命、发展战略相适应的企业文化，增强公司凝聚力，激励员工成长，为内部控制实施创建良好的环境，根据《企业内部控制基本规范》《企业内部控制应用指引》的要求，特制定本制度。

第二条　本制度所称"企业文化"，是指在生产经营实践中逐步形成的、为公司全体员工所认同并遵守的价值观、经营理念和企业精神，以及在此基础上形成的组织制度等行为规范的总称。

第三条　本制度对公司企业文化发展的内容与实施作出规定，是公司开展企业文化工作的依据。

第二章　企业文化管理机构

第四条　本公司成立企业文化建设领导小组，作为企业文化的最高决策机构。具体职责内容如下：

1. 研究和提炼公司企业文化核心内容；

2. 具体拟订公司企业文化管理制度或制度调整方案；

3. 制定公司企业文化发展规划和年度工作计划；

4. 制定公司企业文化推广方案并监督执行；

5. 组织公司各部门对企业文化重要议题进行相关研究。

第五条　企业文化建设领导小组由下列成员构成：

组长：总经理

常务副组长：副总经理（主管企业文化）

组员：企业文化部经理、人力资源部经理、总经理办公室主任、市场营销部经理等。

第六条　企业文化日常管理由企业文化部负责。企业文化部主要职责是：

1. 指导下属子分公司及各部门的企业文化建设工作；

2. 组织重大庆典活动、大型专题活动和赞助捐献等活动，并利用活动宣传公司文化；

3. 组织编写公司厂历史、宣传画册、纪念文集，制作企业光盘；

4. 负责企业文化案例库的建立和维护工作；

5. 负责公司内部企业文化建设的评比考核工作；

6. 组织《员工手册》的修订和编制工作；

7. 组织"司歌"的作词作曲和 CI 设计工作；

8. 负责公司内部传播渠道的协调、审查及考核工作；

9. 组织、接待外来人员参观考察，并进行公司文化的介绍和宣讲。

第三章　企业文化识别系统

第七条　公司企业文化识别系统是公司企业文化的外在表现形式。通过对相关文件、器物的设计，可以直观、生动地表现公司企业文化的核心思想。

第八条　企业文化识别体系包括以下几方面内容。

1. 基础方面设计：组合规范、印刷字体。

2. 工作区设计：工作区导视标志、企业文化墙等。

3. 形象设计标志：员工制服、车辆等。

4. 办公类物品设计：印刷品和办公用品。

5. 公关类物品设计：赠品设计、接洽用品设计等。

第九条　公司企业文化部是公司企业文化器物的设计管理机构，组织设计单位对企业文化器物进行设计。各项设计经公司总经理办公会审议认可，企业文化部负责推动落实。

第四章　企业文化体系建设实施

第十条　企业文化建设计划的制定。

每年年底，由企业文化部发布通知，布置下年度企业文化建设的总体要求，各部门按照要求向企业文化部提交《部门年度企业文化建设计划和预算表》。

第十一条　企业文化部根据各部门的返回的《公司企业文化建设计划和预算表》，编制公司的年度《计划和预算表》初稿，内容包括建设目标、培训计划、企业文化活动安排、经费预算等，计划编制过程中应加强各部门各单位的沟通协调。《计划和预算表》经相关部门会审后提交主管副总审核并报请总经理办公会审批。

第十二条　人力资源部根据审批后的《计划和预算表》，制定企业文化培训计划，培训计划内容应包括培训部门、培训对象、培训目标、培训内容、培训教师、培训方式、培训经费预算、培训时间等。

第十三条　各部门应根据公司的《计划和预算表》，结合本部门的具体情况，制定本部门的企业文化活动计划并报企业文化部备案，并遵照公司的统一部署统筹安排相关人员参加公司的各项活动，因地制宜开展本部门相关企业文化活动。

第十四条 公司设立专项经费预算，由企业文化统筹安排，用于企业文化建设和宣传工作。各部门、各单位的企业文化建设费用申请履行相关的程序。

第五章 企业文化评估与考核

第十五条 每年年底，企业文化部对本年度企业文化活动组织情况进行评估与考核，并编制《企业文化评估报告》上报主管副总核总经理审批。

第十六条 公司所有高级管理人员都有推广、宣传企业文化的职责，每年年底，企业文化部对企业所有高级管理人员在企业文化推广方面的工作进行评估，一并写入《企业文化评估报告》。

第十七条 针对企业文化评估中反映出的问题，企业文化部制定有针对性的解决方案，以确保问题能够得到有效地解决。

第十八条 各部门根据年度计划开展企业文化建设工作，每月/季末向企业文化部报送当月/季本部门企业文化建设总结，由企业文化部统一给予考核评价，考评结果列入本部门绩效考核。

第十九条 公司设立企业文化建设"流动红旗"，用于表彰在月度企业文化建设中表现突出的部门，由企业文化部根据月度考评结果授予。

第二十条 公司设立企业文化年度奖，用于表彰为公司企业文化建设做出突出贡献的部门和个人。每年年终由企业文化部发布评选通知，各部门根据通知上报总结和材料，由企业文化部统一组织评选，由总经理在年度总结表彰大会上颁发，对先进部门授予"先进集体"荣誉称号，对先进个人授予"文化标兵"荣誉称号，同时给予一定的物质或福利奖励。

第二十一条 公司设立企业文化总经理特别奖，用于奖励对公司文化建设中具有突出贡献的个人，奖金××万元。企业文化总经理特别奖由总经理办公会决定，由总经理颁发。

第二十二条 公司对企业文化建设不积极或没有进展的部门给予黄牌警告，对部门负责人给予一定的处罚，并责令其纠正。

第二十三条 公司对影响企业文化建设、给公司文化造成不良影响的个人给予相应的处罚，对行为恶劣且后果严重者予以开除。

第二十四条 公司对不认同公司文化或给公司文化造成不良影响的员工，实行劝退制。

第六章 附 则

第二十五条 本管理制度由企业文化部拟定和修改，由总经理办公会审批。

第二十六条 本管理制度由企业文化部负责解释。

第二十七条 本管理制度自发布之日起实施。

企业文化活动管理办法

第一章 总 则

第一条 目的。

为规范企业文化活动的组织与实施，引导员工开展健康向上的群体活动，加强精神文明建设，增强公司与客户的有效沟通，特制定本办法。

第二条 适用范围。

本办法适用于企业活动的组织与实施工作。

第三条　职责划分。

1. 总经理负责审批企业文化活动计划和费用预算。

2. 人力资源部经理负责制定企业文化活动计划、方案并组织、监控、实施。

3. 人力资源部人员负责具体实施企业文化活动计划。

第二章　活动意向调查

第四条　人力资源部应于每年的 6 月及 12 月分别对全体员工做一次企业文化活动意向调查，并分析、总结调查结果。

第五条　公司文化活动意向调查可采取电话调查、问卷调查、座谈调查等方式进行。

第三章　活动计划的制定、审批

第六条　人力资源部根据活动意向调查结果，结合企业实际情况，于每年的 6 月 30 日及 12 月 30 日前制定出企业文化活动计划。

第七条　企业文化活动计划中应列出活动目的、活动项目与方式、活动设施装备情况、活动经费预算等。

第八条　企业文化活动计划经人力资源部经理签字后报总经理审批，总经理对活动计划的可行性进行分析后给予答复和建议，企业文化活动计划必须经总经理审批通过后方可执行。

第四章　活动实施方案的制定

第九条　企业文化活动计划经总经理审批通过后，人力资源部应组织相关部门召开会议，制定具体的实施方案。

第十条　具体实施方案应包括下列内容。

1. 活动时间、地点、参与人员、组织人员、邀请人员和活动的目的、方式。

2. 话动具体内容及流程。

3. 活动设施具体列表及采购需求。

4. 活动经费具体明细。

5. 活动接待安排。

6. 活动文件资料明细。

7. 活动注意事项及要求。

第五章　活动的准备、组织、开展

第十一条　人力资源部根据活动具体实施方案制定活动设施及物品采购计划，报总经理审批。

第十二条　人力资源部召集相关部门进行企业文化活动具体实施方案的培训，明确活动目的，进行活动分工，确定活动经费的落实情况及活动人员安排等。

第十三条　人力资源部应提前 10 天召集相关的活动组织人员召开筹备会议，落实活动组织的具体事宜，如各类比赛的裁判工作会议、文艺演出活动的主持人会议等，以保持良好的信息沟通。

第十四条　人力资源部应提前一个星期将活动海报张贴在企业宣传栏内，对于重大活动，应以书面形式通知各部门。

第十五条　人力资源部还应提前做好场地准备、设施及物品准备、组织人员分工准备等。

第十六条　人力资源部在活动举办前三天应召集活动组织人员完成模拟演练工作，确保活动组织工作无误。

第十七条　人力资源部在活动举办当天应安排好部门内部工作，保证日常工作与活动组织均顺利完成。

第十八条 在整个文体活动组织与进行过程中，人力资源部必须亲自抓各项工作，确保组织工作质量。

第六章 活动实施注意事项

第十九条 举办活动必须选定有经验、活动能力强的主持人。

第二十条 人力资源部应针对活动制定相应的应急预案，保证活动顺利进行。

第二十一条 举办企业活动时应做好防火、防盗、防打架斗殴或其他治安防范工作。

第二十二条 举办活动应确保内容健康、积极、合法。

第二十三条 人力资源部应在每次活动结束后及时做好活动总结工作，找出存在的缺点与不足，并填写活动评估记录及活动总结报告。

第七章 附　　则

第二十四条 本办法由人力资源部负责制定、修改。

第二十五条 本办法由总经理审批通过后自颁布之日起生效实施，解释权归人力资源部所有。

第二节　企业文化控制专题

一、企业文化建设

（一）企业文化建设目标

企业文化建设目标是指企业在建设企业文化过程中应达到的要求。

（1）企业应根据发展战略和自身现状，建立具有鲜明个性的企业文化。

（2）企业应当重视文化建设在实现发展战略中的作用，加大投入力度，健全保障机制。

（3）应将企业文化建设融入到生产经营过程中，切实做到文化建设与发展战略的有机结合，增强员工的责任感和使命感，促使员工自身价值在企业发展中得到充分体现。

（二）企业文化建设关键点控制

为了防范企业文化建设过程中会发生的四种风险，避免或减少企业损失，企业在建设企业文化的过程中需要做好关键点事项的规范与控制工作，具体如表6-2所示。

表6-2　企业文化建设控制点控制

控制事项	要控制的关键点
特色企业文化培育	1. 打造以主业为核心的企业品牌，形成整体团队的向心力 2. 确定企业文化建设的目标和内容，形成企业文化规范，使其构成员工行为守则的重要组成部分 3. 正确理解企业文化建设，积极主动地进行各项文化建设活动 4. 培育体现企业特色的发展愿景、积极向上的价值观、诚实守信的经营理念、履行社会责任和开拓创新的企业精神
企业文化精神落实	1. 企业高层领导发挥主导和示范作用，展现自身的优秀品格和脚踏实地的工作作风 2. 企业高层领导需带动并影响整体团队，共同营造积极向上的企业文化环境 3. 促进文化建设在内部各层级的有效沟通 4. 加强企业文化的宣传贯彻，确保全体员工共同遵守

续表

控制事项	要控制的关键点
企业文化建设成果管理	1. 立足于生产经营活动，用文化提高效益，为可持续发展提供文化、经济双保障 2. 企业文化建设应当融入生产经营的全过程，切实做到文化建设与发展战略的有机结合 3. 增强员工的责任感和使命感，充分体现员工的自身价值 4. 加强对员工的文化教育和熏陶，全面提升员工的文化修养和内在素质
并购企业文化建设	1. 重视并购重组后的企业文化建设，促进并购双方的文化融合 2. 平等对待被并购方的员工

文案范本

企业文化建设管理制度

第一章　总　　则

第一条　目的。

为规范公司企业文化建设管理工作，营造良好的企业文化建设氛围，促进公司企业文化建设管理工作健康有序地推进，同时加强员工对公司企业文化的认知程度，鼓舞和激励公司员工，特制定本制度。

第二条　适用范围。

本制度对公司企业文化建设、发展的内容与实施作出规定，是公司开展企业文化工作的依据。

第三条　职责划分。

企业文化建设由人力资源部负责组织实施，行政部和市场部人员协同人力资源部组织实施。

第四条　术语解释。

企业文化是指公司在发展中长期形成的共同理想、基本价值观、管理哲学、作风、生活习惯和行为规范的总称，是公司在经营管理过程中创造的具有本企业特色的精神财富的总和。

第二章　职责分工

第五条　公司总经理职责如下。

1. 审议确定公司企业文化核心内容。

2. 审批公司各项企业文化管理制度。

3. 审批公司企业文化发展规划。

4. 审批公司企业文化年度工作计划。

5. 对相关企业文化的各项重大事项进行决定。

第六条　公司人力资源部是企业文化管理执行机构，在公司总经理的领导下开展工作，其职责如下。

1. 研究和制定公司企业文化的核心内容。

2. 制定公司各项企业文化管理制度。

3. 制定公司企业文化发展规划。

4. 制定公司企业文化年度工作计划。

5. 制定公司对内、对外宣传规范，并监督执行。

6. 组织进行对公司企业文化重要议题的相关研究。

7. 开展公司对内、对外的企业文化宣传，组织公司的企业文化活动。

第七条　各部门应配合人力资源部完成企业文化构建与宣传工作，并给予大力支持。

第三章　企业文化建设的基本原则

第八条　参与性原则。

全体员工要积极行动，踊跃参与公司文化的建设工作，务必扫除企业文化建设的空白区域。

第九条　导向性原则。

各部门在企业文化建设和安全生产、经营管理实践中，必须始终围绕公司安全核心理念，营造正确的企业文化舆论氛围，旗帜鲜明，奉行并宣扬公司所倡导的理念和行为，坚决果断地反对和批评不利于公司发展的思想和言行。

第十条　关联性原则。

各部门要创造性地把企业文化建设与部门日常工作管理结合起来，联系实际，采取灵活多样的形式推进公司的企业文化建设。

第十一条　持久性原则。

企业文化建设是个渐进而漫长的过程，各部门、各单位要积极教育、引导员工，有决心、有耐心、有信心，打好企业文化建设攻坚战，切实将企业文化工作纳入本部门的总体工作计划中去予以落实，从组织、人员、经费、物资等方面给予充分保证，不断完善，持续提高。

第十二条　效能性原则。

各部门要从实际出发，统筹人力、物力、财力等诸多因素，加强成本意识和成本管理，通过灵活多样的渠道，以最小的投入获取最大的效益。

第十三条　协调性原则。

企业文化建设是个系统工程，各部门应牢固树立全局意识，互相支持、密切配合，在公司文化推进过程中听从指挥、服从调配，发挥整个文化宣传网络的最佳效应。

第十四条　合法性原则。

各部门在企业文化传播渠道的建设和宣传过程中，必须按照国家法律法规的有关规定进行。

第四章　企业文化建设内容

第十五条　打造公司外部形象表层文化；进一步完善公司各项规章制度和管理办法，持续推行公司的有效管理，务实管理基础，着力打造企业管理中层文化；着力培育公司与广大员工的共同利益体，努力使企业与员工的价值观念趋于一致，以企业文化指导员工的思想，推动企业的发展。

第十六条　以安全文化建设为公司文化活动的突破口，加强对员工的公司安全核心理念、制度操作及规范、岗位应知应会、案例教育和员工手册等方面的宣传教育，并以此为核心不断增设新内容。

第十七条　加强对企业文化建设活动中典型人物和先进事例的宣传，营造员工参与企业文化建设的浓厚氛围。

第十八条　人力资源部应加强对员工的先进事迹，外部优秀企业文化建设案例，有公司文化的格言、警句、故事等重要素材的收集整理，建立并丰富公司文化案例库。

第十九条　建立激励机制，鼓励员工积极撰写公司文化活动开展的心得和体会，择优编发通讯，并向外推荐优秀稿件，作为员工交流企业文化建设心得的平台。

第二十条　人力资源部应依据公司企业文化建设的总体规划要求，按照本公司文化活动安排部署，统一组织开展企业文化建设活动和内外宣传工作。

第五章　企业文化建设途径

第二十一条　领导垂范。

各级领导者应深刻理解公司文化，认识到自身的言谈举止会对公司的企业文化建设起到重要的示范作用，通过说服、协商、参与、命令、榜样等方式有意识地将文化融入到日常行为中，以身作则，推广公司文化。

第二十二条　培训教育。

培训是集中、系统的教授过程，可以迅速地在广泛范围内形成学习气氛，实现宣传效果。各部门在组织参加企业文化培训的同时，还应把企业文化培训纳入本部门的内部培训工作体系中，统筹安排，全员培训。

第二十三条　舆论导引。

舆论可以营造氛围、引导行为，通过舆论宣传可以统一意识、宣传文化。各部门应通过各种会议、利用公司网站、广播、橱窗等，对公司的核心理念、经营理念、价值观念和行为准则进行宣传和引导，形成企业文化宣传的良好氛围。

第二十四条　行为激励。

对于在生产经营活动中充分体现公司精神、作风的行为，不仅各部门要建立奖励机制，公司每年也将进行一次表彰，以强化员工对企业文化的理解和认同，将企业文化逐步内化为员工的理念。

第二十五条　树立典范。

员工的行为规范是企业文化的外化形式，直接表达了公司的行为准则和价值取向，各部门应根据企业文化要求，不断完善、健全规章制度和考核奖罚机制，确保企业文化活动有序开展。

第二十六条　造就楷模。

楷模是企业文化的人格化象征。各部门在塑造先进典型的过程中，要结合公司文化活动内容一并考核，促使员工在成为先进典型的同时，也是企业的"文化标兵"。

第二十七条　利用事件。

重要事件是表明公司态度、宣传公司价值理念的良好机遇，同时也能体现出企业文化。为此，各部门应密切配合公司的行为和表态，把握公司内外部重大事件的发生时机，以具体行动表明公司的理念。

第二十八条　活动感染。

团体活动以互动、轻松的方式营造了无界限的沟通氛围，使个人的理念在团队活动中得到感染和升华，从而在活动中达到相互影响、相互交流的目的，并促使员工改变固有的思维定势，认识企业的文化理念。各部门、各单位除积极支持和配合公司组织的相关企业文化活动外，还应结合自身工作实际，充分利用业余时间创造性地开展企业文化建设活动，加强对本部门、本单位员工的思想、观念和行为的影响与塑造，增强内部凝聚力。

第二十九条　形象塑造。

形象与文化密切相关，树立和传播企业形象可以引导和约束员工的行为。各部门在进行企业形象塑造、展示和传播时，应注重加强员工对企业形象的认知，各项工作必须严格遵循公司企业有关形象的规定，自觉维护企业形象。

第三十条　建立礼仪。

公司礼仪是一种特有的企业文化活动，可以向员工传递明确的企业文化和价值观念。各部门必须遵照公司礼仪的统一规定，或参与公司组织的，或结合自身工作实际因地制宜地开展相关的礼仪知识培训，不断提高员工的礼仪修养。

第六章 企业文化培训

第三十一条 培训是公司开展企业文化建设的重要活动之一，以此促进员工学习并熟知企业文化。此外，还可以通过知识竞赛、座谈讨论、撰写心得等多种方式促进员工学习企业文化。

第三十二条 结合公司实际，对各级人员的企业文化培训应有所侧重。不同人员的文化培训侧重点具体如下表所示。

各级人员企业文化培训侧重点

人员层级	培训方式	培训内容	培训要点
新员工	讲座、参观、讨论	公司发展史、公司文化基本情况、《员工手册》	营造学习氛围；加强考核与评估；领导介绍与宣讲；重点强调对企业文化的认同
基层员工	讲座、讨论	公司发展史、公司文化知识、制度操作及规范、岗位应知应会、案例教育	深入理解企业文化的概念与内涵；阐述企业文化的成因和作用；重点指导员工把企业文化与本职工作紧密结合起来
管理人员	讨论、座谈	企业文化知识、相关制度及规范、公司管理知识	深入探讨企业文化的内涵；结合管理实际，互相交流企业文化建设经验；重点理解企业文化与安全生产及经营业绩的关系

第三十三条 公司每年至少组织两次企业文化宣讲竞赛活动，并对优胜者进行奖励，同时利用各部门安全学习时间，组织优胜者参加企业文化巡讲。员工参与公司宣讲的情况和成绩归入员工企业文化培训考核档案。

第七章 企业文化建设考核及奖惩

第三十四条 公司对各部门企业文化建设活动的开展情况和落实效果，每半年进行一次检查和考评，并对在活动中考核评选出的优胜部门给予一定的物质奖励，同时授予企业文化建设"流动红旗"。

第三十五条 在每半年进行一次检查评比的基础上，公司设立企业文化总经理年度特别奖，用于奖励在企业文化建设中具有突出贡献的部门或个人。其奖励标准为：部门5 000元，个人1 000元。企业文化总经理特别奖由人力资源部和相关部门根据活动开展的质量和效果决定，由总经理颁发。

第三十六条 对于企业文化建设活动开展不积极、落实效果差、考核不合格的部门，除给予通报批评外，对部门主要负责人罚款200元/次。对于影响企业文化建设，给企业文化造成不良影响的个人和部门，分别罚款100元/次、500元/次，其中，个人罚款由当事人承担，集体罚款由责任部门的负责人分担。

第三十七条 在外聘成熟人才时，应依据公司核心管理理念严把招聘关。引进人才时，不仅要强调人才对本公司企业文化的认同，还要把企业文化的归属作为外聘人才的考核指标。对不符合本公司企业文化要求和对企业文化产生不良影响的人员，应及时提出辞退建议或解除劳动合同。

第八章 员工的权利与义务

第三十八条 企业文化建设中员工的基本义务如下。

1. 积极参与公司举办的各项活动，并遵照统一的规定，服从安排。
2. 活动期间不得无故迟到或缺席，违者严格按公司相关制度进行处理。
3. 有义务将企业文化和日常工作紧密结合起来，自觉遵守公司相关规定，争做企业文化使者和维护者。

第三十九条　企业文化建设中员工的工作职责如下。

1. 高层管理人员。身体力行、以身作则，积极参加企业各类文化活动，积极利用各种场合和形式宣传公司的企业文化，并在人员配备、运作资金等方面予以支持。

2. 各级中层管理人员。坚持提高员工对企业文化的理解和认同，将企业文化建设纳入日常工作管理，统筹安排本部门或本单位企业文化建设工作，把企业文化考核指标作为员工业绩考核的重要依据之一。

3. 各级管理人员。注重自身素养的提高，积极参加活动，言传身教，起到表率和带头作用。

4. 普通员工。主动接受公司组织的企业文化知识培训，认真学习相关企业文化读本，严格遵守公司倡导的各项理念，积极同违反公司文化理念的行为作斗争，结合本职工作，踊跃参与各类企业文化活动。

第四十条　员工参加企业文化建设的权利如下。

1. 员工有权利参与公司组织的企业文化相关知识培训和企业文化活动，公司或部门不得无故拒绝或拒不执行。

2. 员工有权利对所接受的企业文化培训组织者和培训效果提出批评和改进意见。

3. 经批准参加公司文化培训和相关活动的员工，有权享受公司为受训员工提供的各项待遇。

4. 员工有权向相关部门或管理人员提出改进企业文化活动的建议和意见。

第九章　附　　则

第四十一条　本制度由人力资源部制定，经董事会讨论通过后实施，其解释权归公司人力资源部所有。

第四十二条　本制度自____年__月__日起试行。

文案范本

企业文化建设自查表

序　号	项　　目	考核内容	自检情况	得　分	备　注
1	文化体系宣传	企业有明确的核心价值观，并对员工培训			
2		开展学习型组织建设活动			
3		持续开展典型树立和宣传活动			
4	文化设施建设	企业建立了 VI 识别系统			
5		建立图书室、活动室保证文化活动开展			
6		企业文化硬件设施投入费用大大加强			
7	文化机制保障	成立专门的企业文化建设领导机构，并配有专职企业文化建设人员			
8		将企业文化建设工作纳入正常的生产经营计划当中，并严格规定了考核标准			
9		定期对企业文化建设工作进行总结，发现问题及时纠正			
10		建立企业文化交流制度，开展企业文化交流活动			

续表

序　号	项　　目	考核内容	自检情况	得　分	备　注
11	企业文化执行监督	高级管理人员率先带头遵守企业文化、宣传企业文化			
12		企业文化深入到企业管理的方方面面，并对企业经营管理起到一定的影响			
13		规范企业员工的工作准则和行为规范、职业守则，提升企业员工的形象			
总体评价					
存在问题					
整改意见					
总得分					

文案范本

企业文化建设评估表

序号	项　　目	考核内容	自梭情况	得　分	备注
1	制度层面评估	《企业文化管理制度》制定与执行			
2		《企业文化评估制度》运行与完善			
3		企业文化是否列入企业年度工作计划			
4	组织层面评估	企业是否建立了企业文化领导小组			
5		企业是否设有企业文化推广师、通信员、联络员等职位			
6	传播层面评估	企业内刊是否印制、传播（内部传阅）			
7		文化墙是否定期更新信息、图片等内容			
8		企业文化宣传任务是否完成			
9		企业文化故事征集			
10		企业文化知识竞赛的举办			
11		企业文化征文的组织与实施			
12		其他企业文化活动的开展			
13	评估层面评估	企业文化评估是否定期开展			
14		高级管理人员在企业文化职责方面的履行程度			
15		企业文化不良现场的纠正与应对措施			
总体评分					
企业文化部意见					
主管副总意见					
总经理意见					

文案范本

企业文化建设管理流程（范本 1）

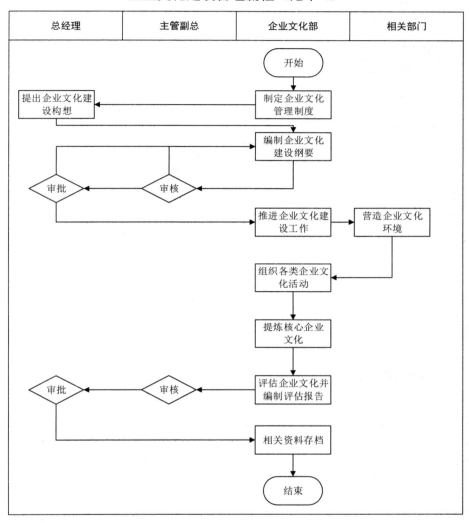

文案范本

企业文化建设管理流程（范本2）

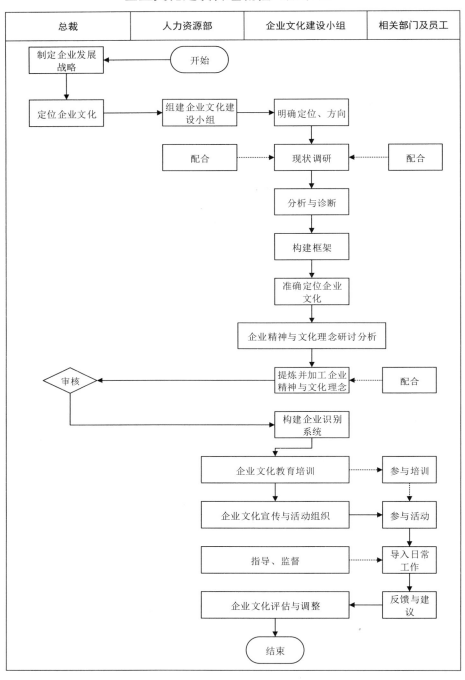

二、企业文化培育

企业文化培育方面潜在的主要风险是核心价值观不明确，不知道提倡什么、反对什么，哪些行为是企业所崇尚的，鼓励大家去做的；哪些行为是企业反对的，大家不应该去做，核心价值观不正确，缺乏开拓创新、诚实守信，可能给企业造成损害。

（一）培育本企业特色文化

企业应当采取切实有效的措施，积极培育具有自身特色的企业文化，引导和规范员工的行为。打造以主业为核心的企业品质，形成整体团队的向心力，促进企业长远发展。

1. 培育企业文化应具有自身特色

企业文化因企业的不同而有所不同，因此，应培育具有自身特色的企业文化。

2. 要重点打造以主业为核心的品牌

企业应当将核心价值观贯穿于自主创新、产品质量、生产安全、市场营销、售后服务等方面的文化建设中，着力打造源于主业且能够让消费者长久认可、在国内外市场上彰显强大竞争优势的品牌。

3. 要培育企业的核心价值观

企业应当培育体现企业特色的发展愿景、积极向上的价值观、诚实守信的经营理念、履行社会责任和开拓创新的企业精神，以及团队协作和风险防范意识。

4. 要充分体现以人为本的理念

企业要在企业文化建设过程中牢固树立以人为本的思想，坚持全心全意依靠全体员工办企业的方针，尊重劳动、尊重知识、尊重人才、尊重创造，用美好的愿景鼓舞人，用宏伟的事业凝聚人，用科学的机制激励人，用优美的环境熏陶人。

努力为全体员工搭建发展平台，提供发展机会，挖掘创造潜能，增强其主人翁意识和社会责任感，激发其积极性、创造性和团队精神。同时，要尊重全体员工的首创精神，在统一领导下，有步骤地发动全体员工广泛参与，从基层文化抓起，集思广益，群策群力，全员共建。努力使全体员工在主动参与中了解企业文化建设的内容，认同企业的核心理念，形成上下同心、共谋发展的良好氛围。

（二）培育企业文化的措施

企业应当根据发展的战略和实际情况，总结优良传统，挖掘文化底蕴，提炼核心价值，确定文化建设的目标和内容。形成企业文化规范，使其构成员工行为守则的重要组成部分。

企业文化的形成是个漫长渐进的过程，企业应当根据发展战略和实际情况总结自己的优良传统和经营风格、挖掘整理本单位长期形成的文化资源。在精神提炼、理念概括、实践方式上体现出鲜明的特色，形成既有时代特征又具魅力的企业文化。

（三）要强化企业文化建设中的领导责任

董事、监事、经理和其他高级管理人员应当在企业文化建设中发挥主导和垂范作用，以自身的优秀品格和脚踏实地的工作作风，带动影响整个团队，共同营造积极向上的企业文化环境。

在建设优秀的企业文化过程中，领导是关键。要建设好企业文化，领导必须高度重视，认真垂范、狠抓落实，这样才能取得实效。企业主要负责人应当站在促进企业长远发展的战略高度，重视企业文化建设，切实履行第一责任人的职责，对企业文化建设进行系统思考，出思想、谋思路、定对策，确定本企业文化建设的目标和内容，提出正确的经营管理理念。

企业应当促进文化建设在内部各层级的有效沟通，加强企业文化的宣传贯彻，明确小团体员工共同遵守。

企业文化建设的领导体制要与现代企业制度和法人治理结构相适应，要明确企业文化建设的主管部门，安排专（兼）职人员负责此项工作，形成企业文化主管部门负责组织、各职能部门分工落实、员工广泛参与的工作体系。与此同时，企业要深入调研、制定规划，认真梳理整合各项工作任务，分清轻重缓急，扎实推进。

（四）要将企业文化融入生产经营全过程

企业文化建设应当融入生产经营全过程。切实做到文化建设与发展战略的有机结合。增强员工的责任感和使命感，规范员工的行为方式，使员工自身价值在企业发展中得到充分体现。企业应当加强对员工的文化教育和熏陶。全面提升员工的文化修养和内在素质。

要着力将核心价值观转化为企业文化规范，通过梳理完善相关管理制度，对员工日常行为和工作行为进行细化，逐步形成企业文化规范，以理念引导员工的思维，以制度规范员工的行为，使企业全体员工增强主人翁意识，做到与企业同呼吸、共命运、同成长、共生死，真正实现"人企合一"，充分发挥核心价值观对企业发展的强大推动作用。

（五）关注并购重组中的文化融合

企业应当重视并购重组后的企业文化建设，平等对待被并购方的员工，促进并购双方的文化融合。

在企业并购重组过程中，实现企业文化的融合，是并购重组是否成功的关键因素。为此，在组织架构设计环节要充分考虑文化整合因素。如采用吸收合并方式，则必然遇到并购企业员工"合并"工作的情况。为防止文化冲突，既要在治理结构层面上强调融合，也要在内部机构设置上体现"一家人"思想，避免出现"分派"现象。

文案范本

企业文化培育流程

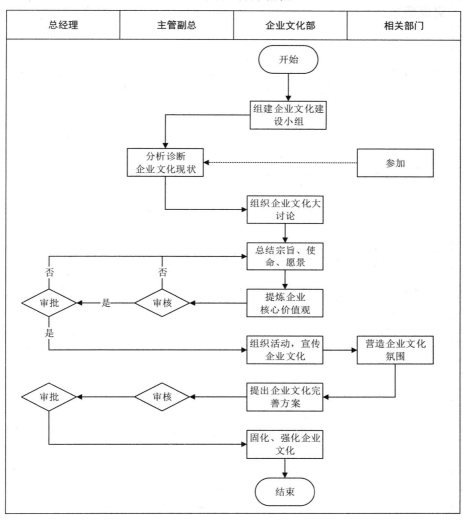

三、企业文化创新

请参阅以下相关文案。

文案范本

企业文化创新流程

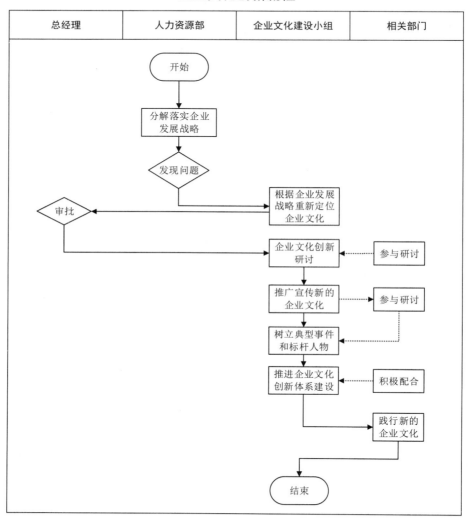

总经理	人力资源部	企业文化建设小组	相关部门

四、企业文化宣传

请参阅以下相关文案。

 文案范本

企业文化传播管理规定

第一章　总　　则

第一条　目的。

1. 为公司的发展创造良好的环境。
2. 为公司创造文化品牌，提升产品或服务品牌的附加值。
3. 增强客户或消费者对公司和品牌的忠诚度和依赖感。
4. 用企业文化的感召力影响社会。

第二条　适用范围。

本规定适用于对公司企业文化宣传事项的管理。

第三条　责权划分。

企业文化宣传由公司人力资源部负责实施，公司其他各业务部门配合实施。

第四条　术语解释。

企业文化传播是指公司通过各种媒介向内部员工和社会大众传递自己的企业文化的过程。

第五条　传播对象。

1. 公司内部传播对象主要为公司全体员工。
2. 公司外部传播对象主要为公司客户、公司外部媒体机构以及政府的相关职能部门。

第二章　企业文化宣传内容与方式

第六条　企业文化传播内容。

企业文化传播内容主要包括七个方面。

1. 企业价值观，是指企业及其员工的价值取向，简言之，即对事物的判断标准。
2. 企业经营哲学，就是企业的指导思想，体现出企业的历史使命感和社会责任感。
3. 企业精神，是指企业所拥有的一种积极向上的意识和信念。本公司的企业精神主要包括爱企精神、创新精神、竞争精神、服务精神、团结精神、民主精神六种。
4. 企业的道德规范，是用来调节和评价企业和员工行为规范的总称。
5. 企业制度，即企业行为的规则总和。
6. 企业产品，企业产品的质量以及企业的质量意识反映企业文化的内涵。
7. 企业环境，是一个企业精神风貌的直接体现，良好的环境能够激发员工"爱企业如家"的自豪感以及献身企业的责任感。良好的环境是建设企业文化的开始。

第七条　企业文化传播途径。

企业文化传播途径主要包括五种方式。

1. 会议传播途径。

会议的类型很多，如行政工作会议及工会、企业工作会议、部门工作会议、车间工作会议及班组会议、电视电话会议及网络会议。它是企业文化宣传推广的过程。

2. 日常管理传播途径。

日常管理过程中，公司管理者应运用企业价值观来指导员工的日常工作与学习，运用公司制度来衡量员工的日常工作与学习。

3. 教育培训推广途径。

通过企业文化培训，可以不断把文化理念植入员工的心里，改变员工的心智模式，促使员工依照企业文化理念去执行任务与完成工作，形成良好的企业氛围。

4. 媒介传播途径。

媒介可分为对内传播媒介与对外传播媒介。对内传播媒介涵盖了企业的局域网、有线电视台、广播、报纸、简报、室内外看板等；对外传播媒介涵盖了地域性、全国性与国际性的大众传播媒介、产品及包装设计等。

5. 活动传播途径。

通过公司举办的各种文化活动进行传播、渗透，如举办先进个人与团队的评比与表彰、技术比武、安全演练、岗位练兵、拓展训练、征文活动、演讲比赛、运动会、文艺晚会等活动。

第八条 企业文化传播注意事项。

1. 对内传播时，要重视企业内部的非正式组织对传播企业文化的作用。非正式组织在任何上规模的公司中都存在，它的作用可能是正面的，也可能是负面的，人力资源部企业文化管理人员要对其加以引导、利用，使之起到传播企业文化正面效果的作用。

2. 要防止企业文化传播中的变异和虚假化倾向——讹传。

3. 注意消除内外部流言和谣言，防止流言对企业文化的侵蚀。人力资源部企业文化建设人员在遇到各种危机事件时要及时、妥善处理，不给流言和谣言提供机会。

第三章　附　　则

第九条 本规定由公司人力资源部负责制定，其解释权和修订权亦归人力资源部所有。

第十条 本规定自审批通过之日起执行。

文案范本

企业文化宣传管理流程

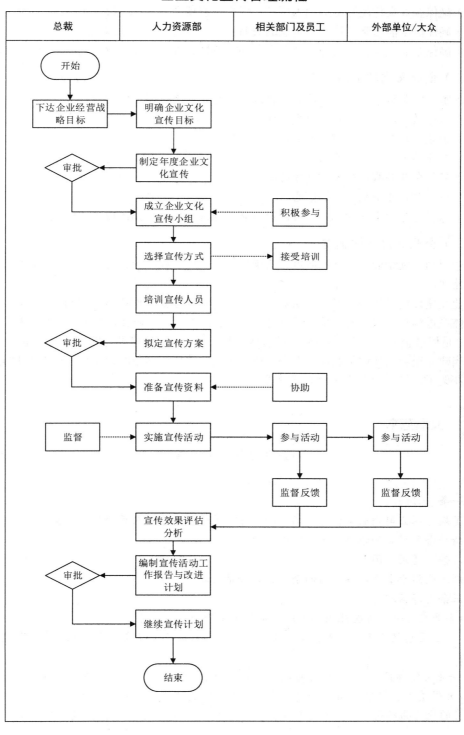

总裁	人力资源部	相关部门及员工	外部单位/大众

五、企业文化评估

（一）企业文化评估目标

企业文化评估目标是指企业在进行文化评估时应达到的要求。

（1）确保企业文化能够渗透到内部各个层次，避免企业文化建设流于形式。

（2）确保员工能够坚定地认同企业的战略目标、经营方针和管理规范。

（3）确保企业经营管理行为与企业文化的一致性，杜绝偏离企业文化的不当经营行为。

（二）企业文化评估的重点

（1）董事、监事、经理和其他高级管理人员在企业文化建设中的责任履行情况。

（2）全体员工对企业核心价值观的认同感。

（3）企业经营管理行为与企业文化的一致性。

（4）企业品牌的社会影响力。

（5）参与企业并购重组各方文化的融合度。

（6）员工对企业未来发展的信心。

以上六项是企业文化评估的重要内容，必须抓准、抓好、抓出成效。

（三）企业文化评估制度

企业应当建立企业文化评估制度，明确评估的内容、程序和方法，落实评估责任制，避免企业文化建设流于形式。

企业文化评估是指采用专门方法对企业文化建设与创新工作进行检查与评价，是对企业文化管理体系过程和结果的有效控制、评价和反馈，是贯穿于企业文化管理体系全过程的一项基本工作，是促进企业文化"生根结果"的有效工具，是企业文化建设与创新的重要环节。因此，企业应当建立企业文化评估制度。但是，建立了企业文化评估制度，还必须认真贯彻执行，不能只摆花架子，使企业文化建设流于形式。

企业文化评估制度

第一章　总　　则

第一条　目的。

为了规范本公司企业文化评估活动的秩序，明确各级管理人员的职责，确保企业文化建设的各项措施得到落实和推行，特制定本制度。

第二条　适用范围。

本制度适用于本公司各部门的企业文化评估活动。

第三条　评估职责。

1. 企业文化部负责企业内各部门的企业文化推行评估工作。

2. 由公司总经办牵头，人力资源部、企业文化部配合对各部门负责人进行企业文化推行的考核。

3. 企业文化部根据实际情况，可向公司高层申请聘请外部专业机构对企业文化进行评估。

4. 公司董事、监事、高级管理人员是企业文化建设的实践者，是企业文化建设的主导，须以自身的优秀品格和脚踏实地的工作作风率先垂范，营造积极向上的团队氛围，达成公司目标。

5. 公司员工是企业文化建设和评估的践行者、参与者，应爱岗敬业、忠于职守、做好本职工作、回报社会，以积极健康向上的精神风貌维护企业形象。

第二章　评估内容

第四条 企业文化评估包括四个维度：精神文化评估、行为文化评估、制度文化评估和物质文化评估。

第五条 精神文化评估。

精神文化评估的内容如下表所示。

精神文化评估表

评估项目	类　别	具体内容	分　值	得　分
企业理念评估	企业理念内部评估	员工对企业理念的认知情况		
		员工是否认同企业理念		
		员工是否自觉维护企业形象，接受企业理念		
	企业理念外部评价	先进性		
		指导性		
		特色性		
企业理念传播	传播度	管理层能否以身作则，自觉而清晰地传播企业文化		
		员工对企业文化是否有深入的了解		
	认同度	企业价值观等是否深入员工的心里		
		企业文化是否成为员工的行为准则		

第六条 行为文化评估。

行为文化评估的内容如下表所示。

行为文化评估表

评估项目	具体内容	分　值	得　分
员工行为	工作主动性		
	责任感		
	纪律性		
	行为规范执行		
领导行为	授权		
	管理方式		
	沟通与倾听		
团队行为	团队意识		
	团队协作		
	团队氛围		
队伍建设	思想教育		
	学习培训		
	任用晋升		
	职业规划		
	权益保障		
	主题实践活动		

续表

评估项目	具体内容	分　值	得　分
社会责任	遵纪守法		
	社区义务		
	公益事业		
	环境保护		

第七条　制度文化评估。

制度文化评估的内容如下表所示。

制度文化评估表

评估项目	具体内容	分　值	得　分
组织架构	组织结构设置的合理性		
	组织结构的应变能力		
目标管理	绩效目标（设计 KPI 指标体系）		
	经济目标（指标应具体且可量化）		
	目标范围（目标体系应该覆盖部门和个人）		
	目标考评（有明确的完成时间、责任、奖惩和考评方式）		
规章制度	管理标准		
	工作标准		
	技术标准		
	持续改进		
绩效管理	绩效考核		
	绩效运用		
	绩效反馈		
激励机制	晋级晋职		
	评先评优		
	技术攻关		
	项目奖励		
	质量奖励		
	成本节约		
	合理化建议		

第八条　物质文化评估。

物质文化评估的内容如下表所示。

物质文化评估表

评估项目	具体内容	分　值	得　分
品牌建设	品牌战略		
	质量管理		
	产品创新		
	品牌价值		

续表

评估项目	具体内容	分　值	得　分
企业形象标示	Ⅵ系统认同		
	Ⅵ系统应用规范		
	Ⅵ系统维护机构		
硬件设施	建立内部网络、信息沟通平台		
	建立企业内部知识共享平台		
	建立企业学习、交流、活动场所		
	建设文化宣传设施		
文化产品	文化产品多样性		
	文化产品延续性		

第三章　评估方式

第九条　本公司对企业文化的评估分为两种：内部自查和公司综合评估。

第十条　内部自查。

本公司各部门自评每年进行一次，每年第一季度向公司企业文化部提交上一年度部门自评报告。部门自评工作由部门经理或部门经理指定专人实施。

第十一条　公司综合评估。

公司对各部门上报的自评情况进行审核，每两年对企业文化建设评价工作进行一次全面检查。公司审核、检查工作由公司企业文化部组织实施。

第四章　评估结果运用

第十二条　公司将评价结果作为进一步加强和改进企业文化建设的重要依据。各部门通过评价查找差距，发现问题，深入分析原因，并有针对性地制定有效措施，切实加强和改进企业文化建设工作。

第十三条　公司在评价工作的基础上，开展企业文化建设先进单位、先进个人和企业文化建设单项奖的评选表彰，建立有效推进企业文化建设的激励机制。

第五章　附　　则

第十四条　本制度由企业文化部拟订和修改，由总经理办公会审批。

第十五条　本制度由企业文化部负责解释。

第十六条　本制度自发布之日起实施。

（四）企业文化现状调查

文案范本

企业文化现状调查表

序号	问　题	选　项			答案
		A	B	C	
1	您认为企业的风气与气氛如何	好	一般	不好	
2	您认为企业外部形象和声誉如何	好	一般	不好	
3	您感到在企业工作有前途吗	有	一般	没有	

序号	问　题	选　项			答案
		A	B	C	
4	您在企业能够充分发挥自己的才能吗	能	一般	不能	
5	您愿意在企业长期干下去吗	愿意	一般	不愿意	
6	当您遇到困难时能否得到同事的帮助	能	一般	不能	
7	您在工作中是否感到心情舒畅	是	一般	不是	
8	您对企业的工作环境是否满足	满足	一般	不满足	
9	您对企业物质待遇是否满足	满足	一般	不满足	
10	您在企业工作最关心什么	企业前途	个人发展	薪酬	
11	您上级对下级的失误采取怎样的态度	承担责任	批评	放任	
12	您对企业现行的规章制度的看法如何	太严	正好	太松	
13	您认为企业对建议的重视程度如何	很重视	一般	不重视	
14	您对企业经营目标、计划清楚吗	清楚	一般	不清楚	
15	您认为企业的文化生活安排如何	好	一般	不好	
16	您能否在企业困难时不拿奖金拼命干	能	一般	不能	
17	您了解企业的价值观吗	非常了解	一般	不了解	
18	您是否以企业的品牌为荣	是	一般	不是	
19	您在企业工作是否感到自豪	是	一般	不是	
20	您是否愿意在企业出现困难时挺身而出	能	一般	不能	

（五）企业文化创新

创新是事物发展的持续动力，没有创新企业文化建设就没有活力，就不会结出有生命力的硕果。企业文化建设不能静止，必须与时俱进适应形势变化。企业文化创新应坚持实事求是，既要有全球化视角，又要立足于我国国情和行业，还要考虑企业的实际发展，才能有效持久地发展。

（六）企业文化评估结果的利用

企业应当重视企业文化的评估结果，巩固和发扬文化建设成果，针对评估过程中发现的问题，研究影响企业文化建设的不利因素，分析深层次的原因，及时采取措施加以改进。

企业文化创新应结合企业发展战略调整以及企业内外部政治、经济、技术、资源等因素的变化，着重在价值观、经营理念、管理制度、品牌建设、企业形象等方面持续推动企业文化创新。其中，要特别注意通过不断打造以主业为核心的企业品牌，实现企业文化的创新和跨越。

（七）企业文化评估流程

请参阅以下相关文案。

企业文化评估流程（范本 1）

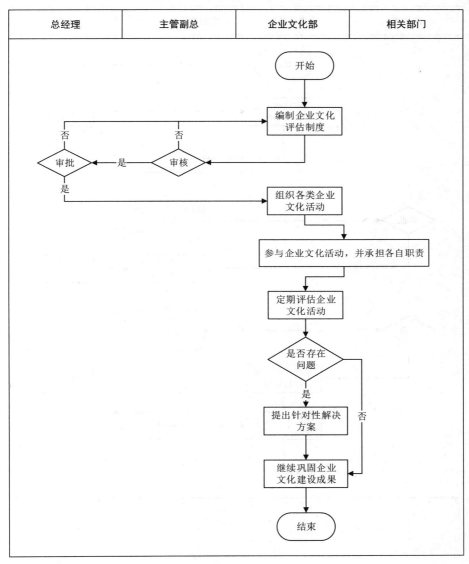

 文案范本

企业文化评估流程（范本 2）

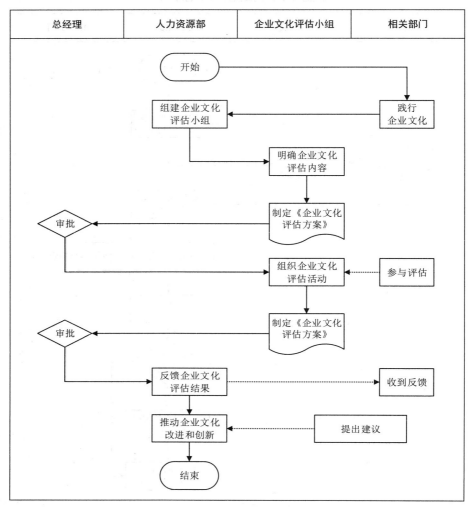

第七章

资金活动方面内控管理

第一节　资金活动

一、资金管理的控制目标

（一）保证货币资金收支的合法性

货币资金是企业流动性最强的资产，其发生违法乱纪行为的可能性较大，一个健全有效的货币资金内部控制系统应保证货币资金收入和支出都符合国家有关财经法律法规的规定，各种收支手续应完备，不得遗漏。

货币资金是企业用途最广的流动资产，企业各经营环节都要直接或间接地用到货币资金，货币资金的使用频率相当高，流动性相当强。为了保证企业经营活动对货币资金的需要，企业必须建立健全财务控制制度，对每一笔货币资金收支进行严格的审批，力求审批手续规范化、制度化，以减少某些不必要的支出，并揭示出与货币资金业务有关的其他业务在财务控制制度方面的薄弱环节，防止侵占和挪用企业货币资金行为的发生。

（二）保证货币资金核算的正确性

财务控制系统一个基本的目标就是应保证在会计期间内发生的货币资金收支业务能够全部得到合理地确认，并及时地以正确的金额进行记录，并且把货币资金余额在会计账簿和会计报表上以正确的金额进行披露。

虽然货币资金的余额占总资产余额比例不大，但货币资金业务在企业的生产经营活动中发挥着极其重要的作用。任何经营环节如果缺少货币资金的保证，就难以正常地运转。同时，货币资金在会计记录上和业务处理中，极易发生错误与舞弊，而且，反映在账簿和财务报表上的货币资金余额会极大地影响企业层的决策，因此，必须要保证反映在资产负债表上的现金余额确实存在以及与实际存在数正确相符。通过建立一套严格的货币资金财务控制制度，从人员组织职能、接触货币资金权限等工作程序上来保证所有的货币资金收入和支出得到真实的记录和反映，以及资产负债表上列示的货币资金余额是从这些真实记录中得出，迫使人为的记录错误和非法的侵占挪用行为必须在两人以上共同作案才能得逞。而这种作案实现的可能性与员工单独作案实现的可能性相比，要小得多，且容易被揭露。因此，有利于管理层的经营决策，从而保护财产的安全和财务报表使用者的利益。

（三）保证货币资金的安全与完整性

单位负责人对本单位货币资金内部会计控制的建立健全和有效实施以及货币资金的安全

完整负责。

因此,货币资金财务控制制度应保证货币资金的安全,企业要对货币资金的流转进行事前、事中和事后的控制,健全与完善预防性内部控制制度,使货币资金业务建立在相互联系和相互制约的基础上,以避免各种违法乱纪行为的发生。

由于货币资金是流动性最强的资产,极易发生错误与舞弊,因此,保证货币资金的安全与完整就成为其控制目标之一。货币资金的安全性可以通过账实盘点控制、库存限额控制、实物隔离控制和岗位分离和轮换控制等控制方法来实现。货币资金的完整性则可以通过对发票、收据的控制、银行对账单的控制、业务量的控制和往来账的控制等控制方法来实现。

（四）保证货币资金的效益性

货币资金作为企业流动性最强的一项资产,与其他资产一样,其流动周转的速度越快,为企业创造的经济效益就越大。因此,从企业理财的角度来看,持有货币资金过多或过少都会使企业利益受损。企业拥有过多的货币资金,表明企业运用货币资产的创利能力下降,造成货币资金的浪费;企业拥有过少的货币资金,很容易发生货币资金短缺的危险,现金流量不足可能会使企业丧失很多发展的机会。因此,企业必须建立健全货币资金的财务控制制度,以保证合理地使用货币资金,确定货币资金的最佳持有量,科学地安排货币资金的收支时间,适当地选择货币资金收支方式,以提高货币资金的使用效率。

二、货币资金业务控制内容及基本控制制度

（一）岗位分工控制

1. 岗位内部牵制

货币资金岗位分工控制的宗旨是不得由一人办理货币资金业务的全过程,既包括企业财务部门内部的出纳岗位与会计岗位的分工,也包括与货币资金运行有关的业务岗位分工和货币资金审批的领导岗位分工等。

企业应建立货币资金业务的岗位责任制,明确相关部门和岗位的职责权限,确保办理货币资金业务的不相容岗位相互分离、制约和监督。货币资金业务的不相容岗位至少应当包括:

（1）货币资金支付的审批与执行;

（2）货币资金的保管与盘点清查;

（3）货币资金的会计记录与审计监督;

（4）出纳人员不得兼任稽核、会计档案保管和收入、支出、费用、债权债务账目的登记工作,不由一人办理收付款业务的全过程;

（5）货币资金的收付和控制货币资金收支的专用印章不得由一人兼管;

（6）出纳人员应与负责现金的清查盘点人员和负责与银行对账的人员相分离。

2. 业务归口办理

（1）公司的现金收付款业务由财务部门统一办理,并且只能由出纳办理;

（2）非出纳人员不得直接接触公司的货币资金;

（3）银行结算业务只能通过公司开立的结算户办理;

（4）收款的收据和发票由财务部门的专人开具。

3. 人员素质要求

企业应配备合格的人员办理货币资金业务,并结合企业实际情况,对办理货币资金业务的人员定期进行岗位轮换。关键财务岗位,可以实行强制休假制度,并在最长不超过五年的时间

内进行岗位轮换。

（二）授权批准控制

企业应建立货币资金授权制度和审核批准制度，并按照规定的权限和程序办理货币资金支付业务，严禁未经授权的部门或人员办理货币资金业务或直接接触货币资金。

1．授权业务内容

（1）支付申请。企业有关部门或个人用款时，应提前向经授权的审批人提交货币资金支付申请，注明款项的用途、金额、预算、限额、支付方式等内容，并附有效经济合同、原始单据或相关证明。

（2）支付审批。审批人根据其职责、权限和相应程序对支付申请进行审批。对不符合规定的货币资金支付申请，审批人应拒绝批准，性质或金额重大的，还应及时报告有关部门。

（3）支付复核。复核人应对批准后的货币资金支付申请进行复核，复核货币资金支付申请的批准范围、权限、程序是否正确，手续及相关单证是否齐备，金额计算是否准确，支付方式、支付企业是否妥当等。复核无误后，交由出纳人员等相关负责人员办理支付手续。

（4）办理支付。出纳人员应根据复核无误的支付申请，按规定办理货币资金支付手续，及时登记现金和银行存款日记账。

2．授权方式与权限

（1）公司对董事会的授权由公司章程规定和股东大会决定；

（2）公司对董事长和总经理的授权，由公司董事会决定；

（3）公司总经理对各其他人员的授权，每年初由公司以文件的方式明确；

（4）具体授予权限由各单位章程和公司内部授权文件规定。

3．批准和越权批准处理

审批人根据货币资金授权批准制度规定，在授权范围内进行审批，不得超越审批权限；经办人在职责范围内，按照审批人的批准意见办理货币资金业务；对于审批人超越授权范围审批的货币资金业务，经办人有权拒绝并应拒绝办理，并及时向审批人的上级授权部门报告。

（三）现金控制

1．现金收取范围

（1）销售的零星货款和零星劳务外协加工收入；

（2）公司员工或外单位结算费用后补交的余额款；

（3）不能通过银行结算的经济往来收入；

（4）暂收款项及其他收入。

2．现金支付范围

除以下现金支付范围的支出外，均应通过银行办理结算：

（1）员工工资、奖金、津贴；

（2）个人劳务报酬；

（3）根据国家规定颁发给个人的科学技术、文化艺术、体育等各种奖金；

（4）各种劳保、福利费用以及国家规定对个人的其他支出；

（5）向个人收购物资的价款支出；

（6）出差人员必须随身携带的差旅费；

（7）结算起点（1 000元）以下的零星支出：

（8）确实需要支付现金的其他支出。

3．现金保管

（1）公司的现金只能由出纳员负责经管；

（2）存放现金保险箱（柜）的地点必须设有安全防护措施或安全报警装置；

（3）公司现金出纳和保管的场所，未经批准不得进入；

（4）由基本户开户银行核定现金库存限额，出纳在每天下午4点前预结现金数额，每日的现金余额不得超过核定的库存限额，超过部分，及时解交银行；

（5）出纳保险柜内，只准存放公司的现金、有价证券、支票等，不能存放个人和外单位现金（不包括押金）或其他物品；

（6）出纳保险柜的钥匙和密码只能由出纳员掌管，不得随意乱放，不得把密码告诉他人；

（7）出纳员离开出纳场所，必须在离开前，将现金、支票、印鉴等放入保险柜并锁好；

（8）出纳人员变更，新的出纳员必须及时变更保险柜密码；

（9）公司向银行提取现金时，必须有两人同行或派车办理；

（10）出纳每天对现金进行盘点，并保证账实相符，财务部门主管每月至少对出纳的现金抽点两次，并填写抽查盘点表。

4．现金结算

（1）出纳员办理现金付出业务，必须以经过审核的会计凭证作为付款依据，未经审核的凭证，出纳有权拒付；

（2）对于违反财经政策、法规及手续不全的收支有权拒收、拒付；

（3）对于发票有涂改现象的一律不予受理；

（4）现金结算只能在公司规定收支范围内办理，企业间经济往来均须通过银行转账结算；

（5）借支备用金、报销等需提取现金额达到或超过银行规定需预约金额的，领取人须提前一天通知出纳员，由出纳员提前与银行预约；

（6）发现伪造变造凭证、虚报冒领款项，应及时书面报告财务负责人，金额较大的，还应同时书面报告总经理；

（7）及时，正确记录现金收付业务，做到现金账日清月结，账实相符；

（8）严格遵守现金管理制度，出纳及公司其他人员不得有下列行为：挪用现金；白条抵库；坐支现金；借用外单位账户套取现金；谎报用途套取现金；保留账外公款；公款私存；设立小金库；其他违法违纪行为。

（四）银行存款控制

企业应加强银行账户管理，定期检查、清理银行账户的开立和使用情况，严格遵守银行支付结算纪律，并定期获取银行对账单，查实银行存款余额，确保银行存款的真实完整。

1．账户开设和终止

（1）公司统一由财务部门在银行开立基本账户、一般存款账户、临时存款账户和专用存款账户，并只能开设一个基本存款账户；

（2）公司需要开设账户及选择银行开设账户，由财务部门提出申请，报财务总监批准；

（3）公司已开设的银行账户需要终止时，由财务部门提出申请，报财务总监批准；

（4）公司各事业部的银行账号的开设和终止由公司财务部办理。

2．银行印章管理

（1）财务专用章和法人代表人名章（或财务部经理章）由财务部门一名主管保管；

（2）出纳人名章由出纳保管；

（3）银行印章不用时应存放在保险柜中；

（4）不得乱用、错用银行印章，不能将银行印章提前预盖在空白支票等结算票据上。

3．严格遵守银行结算纪律

（1）银行账户由出纳管理；

（2）除按规定可用现金结算外的经济业务，均采用银行转账结算；

（3）银行结算票据如支票、汇票等由出纳统一签发和保管，签发支票须写明收款单位名称、用途、大小金额及签发日期等，加盖银行预留印章后生效，付款用途必须真实填写；

（4）办理银行结算业务必须遵守银行规定，正确采用各种结算方式，结算凭证的附件必须齐全并符合规定；

（5）及时正确办理银行收付款结算业务；

（6）不得跳号开具票据，不得随意开具印章齐全的空白支票；

（7）不得利用银行账户代替其他单位和个人办理收付款事项，不得租赁或转让银行存款账户，不得签发空头支票和远期支票；

（8）对于违反财经政策、法规、公司规定及手续不完善的收支拒绝办理；

（9）出纳每月定期与银行核对账目，发现差错及时更正，每月终了由会计主管到银行拿取银行对账单，并编制"银行存款余额调节表"，未达账由会计主管和出纳督促经办人及时处理完毕。

（五）其他货币资金控制

1．外埠存款控制

外埠存款是指企业因到外地进行临时或零星采购等而汇往外地银行开立采购账户的款项。对外埠存款的控制通常主要从以下几个方面着手。

（1）加强对外埠存款账产开立的审查。财务部门应对需要开户的单位及其业务活动进行可控性和规范性的测验，特别要注意审查对外埠存款账户监督的有效性和账务处理的可操作性。唯一性则要求：经过审查同意开设外埠存款的任何一个企业或一项业务只能开设一个外埠存款账户，以便于企业财务部门随时了解资金流向；外埠存款只能在指定用途下使用，即只能用于采购商品货物或支付材料款，不得挪作其他用途。

（2）明确外埠存款岗位责任制度。一旦设立外埠存款账户，企业应立即明确外埠资金管理的负责人，财务部门可以委托外埠存款的使用人员为管理负责人，以企业规章制度或合约的形式，明确管理负责人与企业财务部门的权利义务关系、外埠存款授权额度、开支范围及用途等。同时，财务部门应设专门会计人员核算外埠存款业务，以规范资金使用程序，确保外埠存款使用的授权审批、实际支付、会计记录工作相互分离等。

（3）制定外埠存款的具体管理措施。财务部门应对外埠存款管理的办法、原则以及程序进行规范。有条件的外埠存款使用部门应建立规范的会计账目记录；不具备建账条件的单位至少应建立外埠存款收付"流水账"，以备财务部门核对审查，保持外埠存款使用的可追溯性。

（4）保留企业对外埠存款资金的统一调度权。企业财务部门可通过预留银行印鉴等方式保留对外埠存款资金的统一调度权。外埠存款资金在使用上虽然具有一定的目的性，资金管理责任人虽然在授权额度内有一定的调动权限，但当单位财务部门认为必要时，仍有权将外埠资金调回企业本部，以满足企业对资金的需求和对外埠存款资金负责人的监督。

（5）外埠存款要及时加以清理。外埠存款账户没有收款功能，只具有付款功能，即只付不收，除可以提取少量现金用于差旅费之外，其余一律通过银行转账。当单位建立外埠存款的理由不复存在时，财务部门应及时清理外埠资金，收回余款，注销外埠存款账户。

2．银行汇票与银行汇票存款控制

（1）银行汇票存款控制实际上是对银行汇票本身的审查与控制。

审查银行汇票，主要应审查收款人或被背书人是否为本收款人，汇票是否在付款期内，日期、金额等填写是否正确无误，印章是否清晰，有无压数机压印金额，银行汇票和解讫通知是否齐全，汇款人或被背书人的证明或证件是否无误等。

（2）银行本票存款控制也是对银行本票本身的审查与控制。

审查银行本票，就是要查明收款人或背书人是否为本收款人，印章及不定额压数金额是否清晰等。

3．在途货币资金控制

在途货币资金是企业与其所属单位或上级的汇解款项。

在途货币资金控制，应着重审查在途货币资金的核算对象、核算时间与核算内容，即"所属单位和上下级"是否属实；"在月终时"是否准确；处于在途的货币资金是否真实等。

4．存出投资款控制

存出投资款是指企业存入证券公司但尚未进行短期性投资的款项。

将企业的资金转入存出投资款需要经过授权审批，财务部门主管应该确认该笔资金为闲置资金，并且将其金额控制在合理的范围内。投资部门应指派专人管理该款项。

5．信用证存款控制

信用证存款是指采用信用证结算方式的企业为开具信用证而存入银行信用证保证金专户的款项。

企业向银行申请开立信用证，应按规定向银行提交开证申请书、信用证申请人承诺书和购销合同。企业向银行交纳的保证金，应根据银行退回的进账单第一联做相关账务处理；使用信用证方式采购货物时，应根据开证银行转来的信用证来单通知书及有关单据列明的余额进行会计处理。

（六）货币资金收支计划、记录及报告

（1）公司的财务收支计划由财务经理负责汇总、编制、报审和下达。

1）公司各部门及用款单位每月月度终了前×天向财务部门报送资金收支计划；

2）财务经理每月终了前×天将公司各部门及用款单位的收支计划汇总，报财务总监；

3）财务总监对收支计划进行综合平衡并报总经理批准；

4）公司出现重大资金调度，由总经理主持召开资金调度会，平衡调度资金；

5）财务经理根据批准的资金收支计划下达各部门及用款单位。

（2）公司资金使用由财务经理根据资金收支计划予以安排，并按本制度规定的审批权限予以审批。

（3）资金收支计划不能实现时，由财务部门经理会同相关部门查明原因。由财务经理提出调整计划报财务总监审核，总经理批准。

（4）资金使用部门出现追加付款事项，需要追加支出计划，必须提前提出资金支出增加计划，报财务经理审核，由财务经理提出调整计划报财务总监审核，总经理批准。

（5）出纳人员每天下班前须将当日发生的货币收支业务发生额及余额报告财务经理，并于次周星期一向财务经理、财务总监和总经理报送当周货币资金变动情况表（见表7-1）。

表 7-1 货币资金变动情况表

编制单位：　　　　　　　　　年 月 日　　　　　　　　　单位：万元

项　目	银行存款账号			现　金	凭证起讫号	合　计	备　注
	××	××	××				
周初账面金额							
本周增加金额							
营业收入							
融资收入							
投资收回							
其他收入							
本周减少金额							
营业支出							
归还贷款							
投资支出							
其他支出							
本周账面余额							
未记账增加							
未记账减少							
本周账面余额							

会计主管：　　　　　　　出纳：　　　　　　　制表：

（七）票据与印章控制

1. 票据控制

任何单位都应该明白一个道理，那就是："薄薄票据，价格千金。"企业应加强与货币资金相关的票据的管理，明确各种票据的购买、保管、领用、背书转让、注销等环节的职责权限和处理程序，并专设登记簿进行记录，防止空白票据的遗失和被盗用；对收取的重要票据，应留有复印件并妥善保管；填写、开具失误或者其他原因导致作废的法定票据，应当按规定予以保存，不得随意处置或销毁；对超过法定保管期限、可以销毁的票据，在履行审核批准手续后进行销毁，但应当建立销毁清册并由授权人员监销。

（1）结算票据的购买、保管由出纳负责，空白票据和未到期的票据必须存入保险柜；

（2）购买或接受票据后，立即登记票据登记簿；

（3）业务部门接到票据应立即将票据解送银行或移交出纳，票据到达后在业务部门不过夜；

（4）票据贴现或到期兑现后，以及签发票据，出纳应在票据登记簿内逐笔注明或注销；

（5）出纳必须每天对票据登记簿进行清理核对，保证票据在有效期内或到期日能正常兑现；

（6）银行承兑汇票、商业承兑汇票的接受、背书转让、换新、签发必须经财务部门经理批准，贴现必须经过财务总监批准或由财务总监授权财务部经理审批；

（7）票据的签发、背书转让必须严格按银行规定办理；

（8）票据被拒绝承兑、拒绝付款，出纳必须立即查明原因并在第一时间报告财务部门经理，并通知业务经办人，采取相应补救措施；

（9）票据发生丢失，丢失人应立即向财务部门报告，财务部门经理应立即派出纳办理挂失止付手续，同时及时按规定派人向法院申请办理公示催告手续。

2．印章控制

"小小印章，力重千钧。"单位必须加强银行预留印鉴的管理，主要包括：

（1）财务专用章应由专人保管，个人名章应由本人或其授权人员保管，不得由一人保管支付款项所需的全部印章；

（2）按规定需要由有关负责人签字或盖章的经济业务与事项，须严格履行签字或盖章手续。

（八）损失责任

（1）付款申请人，虚构事实或夸大事实使公司受到损失，负赔偿责任并承担其他责任。

（2）部门主管审核付款申请，未查明真实原因或为付款申请人隐瞒事实真相或与付款申请人共同舞弊，使公司受到损失，负连带赔偿或赔偿责任，并承担其他责任。

（3）审批人超越权限审批，或明知不真实的付款予以审批或共同作弊对公司造成损失，负连带赔偿责任或赔偿责任，并承担其他责任。

（4）制单员、稽核员、出纳员，对明知手续不健全或明知不真实的付款予以受理或共同舞弊，使公司受到损失，负连带赔偿责任或赔偿责任，并承担其他责任。

（5）出纳未按时清理票据，票据到期未及时兑现造成损失，由出纳承担赔偿责任。

（6）由于未遵守国家法律、法规和银行的有关规定，致使公司产生损失或责任，由责任人承担损失或责任，由其上一级主管承担连带责任。

（九）监督检查

各单位应建立定期或不定期的监督检查制度，明确监督检查机构或人员的职责权限，并应及时通报检查结果和处理情况。

1．监督检查主体

董事长、总经理、财务总监以及公司章程或制度规定有权检查公司货币资金管理的其他人员，有权对公司的货币资金管理进行监督检查。

2．检查方式

定期或不定期检查。

3．监督检查内容

（1）货币资金业务相关岗位及人员的设置情况，重点检查是否存在货币资金业务不相容职务混岗的现象。

（2）货币资金审批或授权批准制度的执行情况，重点检查货币资金支出的审批或授权批准手续是否健全，是否存在越权审批行为。

（3）支付款项印章的保管情况，重点检查是否存在办理付款业务所需的全部印章交由一人保管的现象。

（4）票据的保管情况，重点检查票据的购买、领用、保管手续是否健全，票据保管是否存在漏洞。

（5）全部货币资金业务，是否经过本单位财务部门，是否有私设"小金库"现象。有关会计业务处理是否及时。对监督检查过程中发现的货币资金内部控制的薄弱环节，应及时采取措施，加以纠正和完善。

三、资金管理风险

（1）资金使用违反国家法律、法规，企业可能会遭受外部处罚、经济损失和信誉损失。

（2）资金未经适当审批或超越授权审批，可能会产生重大差错或舞弊、欺诈行为，从而使企业遭受损失。

（3）资金记录不准确、不完整，可能会造成账实不符或导致财务报表信息失真。

（4）有关单据遗失、变造、伪造、非法使用等，会导致资产损失、法律诉讼或信用损失。

（5）职责分工不明确、机构设置和人员配备不合理，会导致资产损失、法律诉讼或信用损失。

（6）不按相关规定进行银行账户的核对，会导致相关账目核对程序混乱。

（7）银行账户的开立不符合国家有关法律、法规要求，可能会导致企业受到处罚及资金损失。

四、货币资金业务中的常见弊端

（一）现金业务中的常见弊端

现金收入业务中的常见弊端主要是贪污和挪用现金。

贪污现金的主要手法有少列金额、涂改凭证金额、撕毁票据和收据、盗用凭证，以及会计人员一身兼任会计出纳两职等。

挪用现金的主要手法是利用登记现金日记账与总账的时间差挪用现金，利用应收账款的回收与上交的时间差挪用现金。

现金支出业务重点常见弊端主要表现为：虚构内容、假复写、更换发票、添加金额、重复报销、多列总额和涂改凭证等。

（二）银行存款业务中的常见弊端

（1）公款私存。将公款转入自己的银行账户，达到侵吞利息或长期占有单位资金的目的。

（2）转账套现。通过外单位的银行账户为其套取现金。

（3）出借转让支票。非法将转让支票借给他人用于私人营利性业务的结算，或将空白转账支票为他人充当抵押。

（4）私自提现。私自签发现金支票提取现金。

（5）涂改银行对账单。涂改对账单上的金额，掩饰从银行存款日记账中套取现金的事实。

（6）套取利息。利用账户的平衡原理，将支取的存款利息不入账，并占为己有。

（三）其他货币资金业务中的常见弊端

1．外埠存款

（1）非法设立外埠存款账户。主要表现：捏造申请书，骗取银行信用，在异地开设采购户，进行非法交易；在异地会同异地合伙单位设立存款账户，将企业存款汇往异地作为外埠存款等。

（2）外埠存款不合理或非法支出。主要表现：将外埠存款挪用进行股权性或债券性等投资交易活动。

2．银行汇票

（1）银行汇票使用不合理、不合法。主要表现：超出使用范围，套取现金；到外地提取现金，用于非法活动；贪污汇票存款，找假发票，使发票单位或收款单位不一致等。

（2）非法转让或贪污银行汇票，即企业财务部收到银行汇票时，不及时存入银行，而是通过背书转让给其他单位，从中获得非法获得。

（3）收受无效的银行汇票，给企业带来损失。主要表现：接受过期、作废或经涂改的银行汇票；接受非银行签发的银行汇票或假冒的银行汇票；收到的银行汇票，收款人并非本企业等。

3．银行本票

主要表现：银行本票与采购金额不一致；银行本票金额过大，致使业务员用假发票抵账，贪污余款等。

4．在途货币资金

主要表现：收到存款或收到在途货币资金不作转账处理，挪作他用或者贪污；为虚列销售收入而虚增在途货币资金等。

五、资金管理的关键控制点

（一）审批控制点

把收支审批作为关键点，是为了控制资金的流入和流出，审批权限的合理划分是资金活动顺利开展的前提条件。

审批活动关键控制点包括：

（1）制定资金的限制接近措施，经办人员进行业务活动时应该得到授权审批，任何未经授权的人员不得办理资金收支业务；

（2）使用资金的部门应提出用款申请，记载性质、用途、金额、时间等事项；

（3）经办人员在原始凭证上签章；经办部门负责人、主管经理和财务部门负责人审批并签章；根据权限划分，需要上报更高级别领导审批的，上报相应领导审批；

（4）资金的收取，要有相应的部门同意，并明确表示资金的性质、来源、用途等，财务人员方可办理收取手续。

（二）复核控制点

复核是减少错误和舞弊的重要措施。根据企业内部层级的隶属关系可以划分为纵向复核和横向复核这两种类型。前者是指上级主管对下级活动的复核；后者是指平级或无上下级关系人员的相互核对，如财务系统内部的核对。

复核关键控制点包括：

（1）会计主管审查原始凭证反映的收支业务是否真实合法，经审核通过并签字盖章后才能填制原始凭证。

（2）凭证上的主管、审核、出纳和制单等印章是否齐全；财务经理要审核票据的真实性、合法性，是否符合公司的规章制度，同时要兼顾业务发生的真实性；出纳人员要审核审批程序的完整性、票据的合法性等方面，不符合要求的一律不予付款；

（3）重要业务或金额较大的业务，应该由不同的人员进行两次复核，或者建立双签制度。

（三）收付控制点

资金的收付导致资金流入流出，反映着资金的来龙去脉。

该收付关键控制点包括：

（1）出纳人员按照审核后的原始凭证收、付款，并对已完成收付的凭证加盖戳记，并登记日记账；

（2）出纳人员要及时核对银行账户信息，特别是大额的资金收付，一定要实时核对是否到账、划出等，并和付款方、收款方及时沟通，确保第一时间掌握资金动向；

（3）主管会计人员及时准确地记录在相关账簿中，定期与出纳人员的日记账核对。

（四）记账控制点

资金的凭证和账簿是反映企业资金流入流出的信息源，如果记账环节出现管理漏洞，很容易导致整个会计信息处理结果失真。

记账关键控制点包括：

（1）出纳人员严格根据资金收付凭证登记日记账，会计人员根据相关凭证登记有关明细分类账；登账时要准确登记金额、时间、摘要等内容；特别是摘要，一定要简明扼要，明晰表达业务性质；

（2）主管会计根据凭证汇总表登记总分类账，及时与相关明细账核对；

（3）银行对账单的核对，要有出纳人员以外的人员对账。最好是会计主管人员亲自进行，对于未达账项要切实查清原因，并不断跟踪进展，避免长期未达账项的出现。

（五）对账控制点

对账是账簿记录系统的最后一个环节，也是报表生成前的最后一个环节，对保证会计信息的真实性起到重要作用。

对账关键控制点包括：

（1）账证核对，将账簿同相关会计凭证进行核对，保证账簿记录是正确的来自会计凭证；

（2）账账核对，将明细账和总账相核对，保证数字一致；

（3）账表核对，将总账和会计报表相核对，保证会计报表数字与总账的一致性；同时，会计报表之间也要加以核对，保证钩稽关系的正确；

（4）账实核对，要定期将实物和明细账相核对，定期进行财产清查和债权债务的对账等工作；特别是对于现金、银行存款、商业票据等，要不定期进行抽查，避免出现舞弊等现象的发生。

（六）银行账户管理控制点

银行账户是企业资金结算的平台，管理不善容易出现较大的风险。

银行账户管理的关键控制点包括：

（1）银行账户的开立、使用和撤销必须有授权；

（2）限制接近原则的使用，只能是获得授权的人员进行银行账户的操作；

（3）严格按照《支付结算办法》等国家有关规定，加强银行账户的管理，办理存款、取款和结算，不得出租或出借账户；

（4）所有业务必须进入公司指定账户，不得另立账户或不入账户，开设账外账。

（七）票据与印章管理控制点

印章是明确责任、表明业务执行及完成情况的标记。狭义的票据仅指以支付金钱为目的的有价证券。两者的结合形成款项支付的法定凭据。

其关键控制点包括：

（1）限制接近原则的使用，只能是获得授权的人员才能接触票据和印章；

（2）印章的保管要贯彻不相容职务分离的原则，严禁将办理资金支付业务的相关印章和票据集中一人保管，印章要与空白票据分管，财务专用章要与企业法人章分管；

（3）对于空白票据和作废票据同样要保存好，并按序号登记，保证票据的全面性；

（4）不定期抽查票据与印章的管理，保证规定的执行到位；

（5）要落实回避原则，财务负责人的近亲属不得掌管印章和票据等。

六、货币资金控制的方法

（一）不相容职务相互分离控制法

1．不相容职务相互分离控制法要点

不相容职务相互分离控制法就是要求企业建立货币资金业务的岗位责任制，明确相关部门和岗位的职责权限，确保货币资金业务的不相容岗位相互分离、制约和监督，形成相互制衡机制。

2．货币资金控制的不相容职务

对企业货币资金业务相关部门及岗位的设置应遵循不相容职务相互分离的原则。具体有以下几部分的内容：

（1）出纳人员不得兼任稽核、会计档案保管和收入、支出、费用、债权和债务账目的登记工作；

（2）企业不得由一人办理货币资金业务的全过程；

（3）企业办理货币资金业务，应当配备合格的人员，并根据单位具体情况进行岗位轮换；

（4）货币资金收付及保管只能由经授权的出纳员负责处理，其他员工不得接触未经支付的货币资金；

（5）规模较大的企业，出纳员每天应将收支现金数额登记现金出纳备查簿；现金日记账和现金总账应由其他人员登记；规模较小的企业，可用现金日记账代替现金出纳簿，由出纳登记，但现金总账的登记工作须由其他员工担任；

（6）负责收款明细账的人员不能同时负责货币资金收入账的工作；负责应付账款的人员不能同时负责货币资金支出账的工作；

（7）保管支票簿的员工不能同进负责现金支出账和银行存款账；

（8）核对银行对账单和银行存款余额的人员应与负责银行存款账、现金账、应收账款、应付账款的人员分离；

（9）货币资金支出的审批人应同出纳员、支票保管员和记账员分离。

3．货币资金控制的岗位设置

（1）专职收款员岗位。如果企业规模较大、现金业务复杂，应设置专职的收款员，其从属财会部门领导，对应的岗位职责如下：

1）审核收款项目；

2）保管现金收据；

3）认真审核业务员开具的销货票据，准确收款，识别假币；

4）严格遵守现金管理规定，各种手续齐全，不丢失、不转借、不挪用、当天收入当天存入银行；

5）按时做好统计报表，账目清楚，账款相符，不准遗漏涂改，要妥善保管各种票据，不准遗失，定期上交。

（2）现金出纳岗位。一般情况下，企业的财会部门都应设置专职的现金出纳，其主要职责如下：

1）严格执行《中华人民共和国会计法》及其他财经法规的规定，出纳人员不得兼管稽核、会计档案保管和收入、费用、债权账目的登记工作；

2）严格遵守国家现金管理制度，库存现金不超过银行核定限额，无白条抵库，不坐支、挪用现金；

3）依据审核人员签署的记账凭证办理现金收付，发现差错应立即通知审核人员更改，不

得自行更改；现金收付后要在收付款凭证上加盖"现金收讫"或者"现金付讫"戳记并签章；

4）每日终了，库存现金须与现金日记账余额核对相符；如发生差错，应及时报告领导，积极查找原因；在未找出差错时，属长款的应先作挂账处理，属于短款应由个人赔偿；

5）根据已经办理完毕的收付款记账凭证，按照《财务人员工作规范》规定，按记账凭证顺序号逐笔登记现金日记账，结出当日发生额和余额；

6）妥善保管好现金和各种有价证券，确保其安全与完整。如有丢失或损坏要负赔偿责任；

7）严格保守保险柜密码的秘密，保管好银柜钥匙，不得任意转交他人，下班后不准存放在办公桌内；

8）严格遵守保密制度，未经领导批准，不得对外提供任何会计信息；

9）完成领导交办的其他工作。

（3）银行出纳岗位。其主要职责如下：

1）熟悉掌握银行结算制度和结算办法，熟练填写各类银行结算凭证；

2）复核审批手续，对付款业务需复核是否已按管理权限履行审批手续；

3）依据审核人员签署的记账凭证或收付凭单办理银行收付；

4）按时办理银行收付款凭证，认真逐项查验日期、单位名称、账号、用途、金额大小写是否相符等，并及时通知有关单位或个人；有承付期限的，必须在承付期限内办理承付或者拒付手续；

5）票据管理，及时购买转账、现金支票以及其他结算凭证，保证工作需要；填写错误的或过期作废的票据，及时收回注销，并保存等查；经特殊批准签发的空白转账支票，要在支票上注明签发的日期及使用限额，并负责催收报账；

6）随时掌握银行存款余额，不准签发空头支票；

7）每日终了，根据已办理完毕的收付款凭证，按照《财务人员工作规范》规定，按照顺序号逐笔登记银行日记账，每日结出余额；

8）对账和结账：银行存款日记账必须做到日清月结，月末按规定日期编制银行存款余额调节表，使账面余额与对账单上余额调节相符；对于未达账项，要及时查询，向财会负责人说明查询结果，经财会负责人审核后方可将银行存款余额调节表报银行；

9）妥善保管财务印章印鉴；

10）不得利用银行账户为外单位或者个人套取现金，银行账户不得外借、转让、出租；

11）负责及时将转账、汇兑结算业务的回单整理并装入记账凭证并做好有关会计凭证的整理装订工作；

12）严格遵守保密制度，未经领导批准，不得对外提供任何会计信息；

13）完成领导交办的其他工作。

（4）银行对账岗位。其主要职责如下：

1）在条件许可的条件下，银行日记账记账人员应和银行存款余额调节表的编制人员分设；

2）银行余额调节岗位可由稽核人员或不经办银行存款业务的财务人员来担任；

3）银行对账人员应每月一次分别开户行和账号编制银行存款余额调节表，将企业账面余额与银行账面余额核对相符，对于未达账项应在审查其日后入账的基础上，落实其真实性，对于调节不符款项应及时查明原因。

（5）复核岗位。其主要职责如下：

1）遵守会计法，熟悉国家有关财经法律法规和企业各项经费开支标准、开支范围和管理办法；

2）精通会计科目的核算内容，正确运用会计科目；

3）复核记账凭证，检查会计科目、项目使用是否正确，项目是否超支，原始凭证是否合法，签字手续是否符合管理权限规定，补助标准是否准确，抽查原始凭证金额是否与记账一致；发现不合法或不规范的会计凭证及时反馈给相关人员，督促其纠正；

4）对于复核没有总是的记账凭证，在记账凭证上签章，并在财务软件中复核通过；

5）在复核过程中发现的问题要及时采取口头或书面的形式向领导汇报，并提出解决问题的建议；

6）了解预算及资金收支情况，对单位的资金计划及其执行情况做到有所了解；

7）耐心细致地解答有关人员提出的疑问，做到有理有据，依法处理。

（6）会计主管岗位。其主要职责如下：

1）具体组织领导本企业的财务会计工作，制定本企业的财务管理制度并付诸实施；

2）正确贯彻《会计法》，严格执行国家的财经政策、法规、规章和会计制度；

3）组织编制企业收支预算，组织实施经批复的企业收支预算，统筹安排各项资金，保障企业正常运转的资金需要；

4）实施会计凭证的统筹管理，拟定会计凭证的合理传递程序和时限要求，并组织实施；

5）保证企业的各项收入和支出全部纳入企业预算，统一核算，统一管理，统筹安排使用，保证应缴税款、应交预算和应交款及时上交，不得私设小金库；

6）严格资产管理制度，定期或不定期进行财产清查，做到账账相符、账实相符，保证国家资产安全完整；

7）在授权范围内对有关支出履行核准职责。

（二）授权批准控制法

1. 授权批准控制法的要点

授权批准控制法要求各企业应明确规定涉及会计及相关工作授权批准的范围、权限、程序、责任等内容，企业内部的各级管理层必须在授权范围内行使职权和承担责任，经办人员也必须在授权范围内办理业务。

授权批准的关键在于：被授予权力的主体；权力的范围；权力的持续性。

一般来说，授权可分为一般授权和特别授权。一般授权是指日常状况下对正常经济业务事项的授权，具有一定的规律性和稳定性。特别授权是指在特殊、紧急情况下，对正常或非正常经济业务事项的特别授权，常为应急所用。这种授权方式具有一定的灵活性，但也常常蕴含较大的风险，一般都应谨慎地运用该权力。当出现特殊授权的时候，都要求对该项授权予以完整记录并得到授权人确认。待特别授权所针对的特别、紧急状况消失后，应将该项授权及时取消，恢复一般授权的原则范围之内。

2. 建立货币资金授权批准制度的要求

（1）企业应当对货币资金业务建立严格的授权批准制度，明确审批人对货币资金业务的授权批准方式、权限、程序、责任和相关控制措施，审批人应当在授权范围内进行审批，不得超越审批权限。

（2）企业应当规定经办人办理货币资金业务的职责范围和工作要求，经办人应当在职责范围内按照审批人的批准意见办理货币资金业务。对于审批人超越授权范围审批的货币资金业务，经办人有权拒绝办理，并及时向审批人的上级授权部门报告。

（3）企业对于重要的货币资金支付业务，应当实行集体决策和审批，并建立责任追究制度，防范贪污、侵占、挪用货币资金行为。

（4）严禁未经授权的机构或人员办理货币资金业务或直接接触货币资金。

（三）会计系统控制法

1. 会计系统控制法的要点

会计系统控制法要求企业依据《会计法》和国家统一会计制度的有关规定，制定适合本企业的会计制度，明确会计凭证、会计账簿和财务会计报告的处理程序，建立和完善会计档案保管和会计交接办法，实行财务人员岗位责任制，充分发挥会计的监督职能。

2. 会计系统控制法的运用

在运用会计系统控制法对货币资金进行控制时，关键应抓住审核这个环节，通过审核来实施控制。

（1）原始凭证的审核。

1）政策性审核。政策性审核是以国家有关方针、政策、制度以及计划和合同等为依据，审查原始凭证所反映的经济业务是否合理合法，有无违反制度和不按规定办事行为，有无贪污盗窃、虚报冒领、伪造凭证等违法乱纪行为。例如，对财产物资的收发、领退、报废等是否按规定办理手续；费用开支是否合理，有无超过预算的情况等。

2）技术性审核。技术性审核包括完整性审核和正确性审核。

完整性审核，是指审核原始凭证的基本内容是否填写齐全，手续是否完备，有关签章是否完整等。如遇内容不完整、手续不齐全的凭证，应退还经办人员补为齐整后再予以受理。正确性审核，是指审核原始凭证的摘要和数字是否填清楚，计算有无差错，大小写金额是否相符，有无任意涂改、伪造等行为。原始凭证的审核，是一项很细致和严肃的工作，要求财务人员必须具有正确的业务指导思想，精通会计业务，熟悉有关的政策、法令和规章制度，以本企业的生产经营活动有深入的了解。同时，还要求财务人员具有维护国家经济法规、财经制度和本企业管理规定的责任感，敢于坚持原则，敢于负责。只有这样，才能在审核凭证中掌握标准，及时发现问题。

《会计法》第十四条规定："会计机构、财务人员必须按照国家统一的会计制度的规定对原始凭证进行审核，对不真实、不合法的原始凭证有权不予接受，并向单位负责人报告；对记载不准确、不完整的原始凭证予以退回，并要求按照国家统一的会计制度的规定更正、补充。原始凭证记载的各项内容均不得涂改，原始凭证有错误的，应当由出具单位重开或更正，更正处应当加盖出具单位印章。原始凭证金额有错误的，应当由出具单位重开，不得在原始凭证上更改"。

（2）记账凭证的审核。

1）记账凭证是否附有原始凭证；所附原始凭证的内容是否与记账凭证的内容相符。

2）根据原始凭证反映的经济内容所作的应借应贷会计科目的对应关系是否正确，借贷金额是否相等。

3）记账凭证格式中规定的项目是否都已填列齐全，有关人员是否都已签名或盖章等。

4）实行会计算化的单位，对于机制记账凭证，要认真审核，做到会计科目使用正确，数额准确无误。打印出来的机制记账凭证要加盖制单人员、稽核人员、记账人员及会计主管人员印章或者签字。

5）现金凭证的审核。现金凭证包括外来原始凭证、自制原始凭证及现金记账凭证。

审核时要注意：现金支付范围是否符合国家规定，有无用于发放职工工资、津贴、奖金、个人劳务报酬、个人劳保福利开支、出差人员差旅费、结算起点以下的零星开支及其他需要支付现金的零星支出等之外的现金支付。现金销售收入是否足额及时解缴银行，对外收费是不符合规定的收费标准。有无坐支现金，有无向银行谎报用途套取现金，职工工资及奖金的发放是否登记工资基金手册。现金凭证收、付讫章、主管、审核、出纳和制单等印章是否齐全，交款人、领款人是否签字。已审核的现金原始凭证是否填写附件张数并加盖附件注销，以免重复报销。

6）银行凭证的审核。应审核是否符合《支付结算办法》《票据法》《票据实施管理办法》的规定，有无签发空头支票、出借银行账号。是否以合法的和手续完备的原始凭证作为依据填制银行记账凭证。从银行支付的材料采购款、工程款等是否符合国家规定，有无预算、合同，资金是否落实。领用转账支票是否填写《支票领用申请单》，并经部门主管和财务主管批准。作废的支票及其存根是否加盖"作废"戳记并与银行对账单一并妥善保存。签发支票所使用的各种印章，是否由财务主管和银行出纳分别保管。空白收据和空白支票是否设立登记簿严格管理，有无办理购买、领用登记和交回注销手续。

7）转账凭证审核。应审查数字是否正确，资金渠道是否符合制度规定；原始凭证是否合法，自制原始凭证是否有依据，手续是否齐全；科目使用是否正确，填制内容是否完整，印章是否齐全，附件是否相符。

记账凭证经过审核后，如发现有错误，应查明原因，并及时更正。按照《会计法》规定，任何单位和个人不得伪造、变更会计凭证。对于伪造、变更会计凭证或者授予意、指使、强令会计机构、财务人员及其他人员伪造、变更会计凭证的，都应承担相应的法律责任。

（3）会计账簿的审核。

1）审核企业是否依法设置会计账簿，使用订本式或活页账簿是否符合规定。

2）审核会计账簿的启用、登记、与有关数额相互核对、定期结账等是否按照《会计基础工作规范》操作。

3）审核现金日记账是否每日记账并结出余额；现金库存数是否超出银行核定的限额，超出部分是否当日存入银行；现金是否每日清点，账实是否相符，有无白条抵库。银行日记账是否逐日登记，每天结出余额；银行存款账户是否定期进行清查，银行存款余额与银行对账单是否相符，是否及时查明原因并作出处理；银行存款余额调节表是否由专人复核，有无主管签章。

（4）财务会计报告审核。

1）审核报表数字是否真实、计算是否正确、内容是否完整。

2）审核总账与明细账是否相符。

3）审核报表内部、表与表之间的钩稽关系、前后数字的衔接是否相符。

4）审核报表各项补充资料和财务情况说明书是否与报表内容相符。

（四）内部报告控制法

1. 内部报告控制法的要点

内部报告控制法要求企业建立和完善内部报告制度，全面反映经济活动情况，及时提供业务活动中的重要信息，增强内部管理的实效性和针对性。

2. 内部报告控制法的内容

（1）货币资金经办人对于审批人超越授权范围审批的货币资金业务，有权拒绝办理并及时向审批人的上级授权部门报告。通过内部报告，可以抵制、纠正越权审批行为，杜绝货币资金的不当流出。

（2）企业通过定期或不定期的现金盘点，可以发现现金账面余额与实际库存不相符的情况。

若排除了未达账项等技术因素外，应该将差额情况及时向企业管理层报告。通过报告和采取补救措施，可以揭露企业货币资金管理中的问题、漏洞甚至违法乱纪行为，将企业的损失降至最低程度。

（3）通过报告企业货币资金现实收入、支出、结存情况并对一阶段货币资金流入、流出量进行预计和推算，可以帮助企业负责人全面了解企业现金流量，为其作出正确投资、筹资决策提供基础性资料。

七、资金活动内控基本要求

（一）投融资职权要求

企业应当根据自身发展战略，科学确定投融资目标和规划，完善严格的资金授权、批准、审验等相关的管理制度。

（二）资金管理要求

企业应当加强资金活动的集中归口管理，明确筹资、投资、营运等各环节的职责权限和岗位分离要求。

（三）资金安全要求

企业应当定期或不定期地检查和评价资金活动情况，落实责任追究制度，确保资金安全和有效运行。

1. 资金日常管理

企业财会部门负责资金活动的日常管理，参与投融资方案等可行性研究；总会计师或分管会计工作的负责人应当参与投融资决策过程。

2. 资金统一集中管理

对有子公司的企业，一是要求企业在符合有关法律法规及监管要求的前提下，"采取合法有效措施，强化对子公司资金业务的统一监控"；二是提出了对资金管理模式的探索与创新的要求，"有条件的企业集团，应当探索财务公司、资金结算中心等资金集中管理模式"。

八、资金营运活动内控

资金营运控制的主要目标：保持生产经营各环节资金供求的动态平衡；促进资金合理循环和周转，提高资金使用效率；确保资金安全。

（一）资金营运活动业务流程

资金营运活动业务流程如图 7-1 所示。

（二）资金营运活动风险

货币资金持有量不合理影响企业效益、资金收支失控，可能导致贪污、舞弊危及资金安全。储备资金数量不合理影响企业效益，库存物资收、发、存管控不严，可能导致毁损、遗失、偷盗等舞弊行为发生。生产资金未按生产计划组织生产、料、工、费没有消耗定额或定额不准，未建立目标成本、质量标准及严格记录，责任不明确，记录不清楚、考核不严格等，将导致经济损失风险。

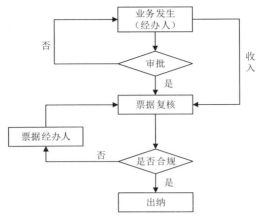

图 7-1　营运资金流程

（三）资金营运活动内部控制要求

1．资金营运过程的管理要求

企业应当加强资金营运全过程的管理，统筹协调内部各机构在生产经营过程中的资金需求，切实做好资金在采购、生产、销售等各个环节的综合平衡，全面提升资金营运效率。

资金收付要以业务发生为基础，授权部门审批应关注凭证的合法性，财务部门复核应关注相关手续的合法性、权责性和出纳付款手续的完整性。

2．资金营运控制要求

企业应当充分发挥全面预算管理在资金综合平衡中的作用，严格按照预算要求组织协调资金调度，确保资金及时收付，实现资金的合理占用和营运良性循环。

企业应当严禁资金的体外循环，切实防范资金营运中的风险。

3．资金调度会要求

企业应当定期组织召开资金调度会或资金安全检查，对资金预算执行情况进行综合分析，发现异常情况，及时采取措施妥善处理，避免资金冗余和资金链断裂。

企业在营运过程中出现临时性资金短缺的，可以通过短期融资等方式获取资金。资金出现短期闲置的，在保证安全性和流动性的前提下，可以通过购买国债等多种方式，提高资金效益。

4．会计系统控制要求

企业应当加强对营运资金的会计系统控制，严格规范资金的收支条件、程序和审批权限。

企业在生产经营及其他业务活动中取得的资金收入应当及时入账，不准账外设账，严禁收款不入账、设立"小金库"。

企业办理资金支付业务，应当明确支出款项的用途、金额、预算、限额、支付方式等内容，并附原始单据或相关证明，履行严格的授权审批程序，方可安排资金支出。

企业办理资金收付业务，应当遵守现金和银行存款管理的有关规定，不得由一人办理货币资金全过程业务，严禁将办理资金支付业务的相关印章和票据集中由一人保管。

这些要求比较具体明确，企业应严格执行，确保资金安全完整。

（四）资金营运活动关键控制点、控制目标与控制措施

1．资金营运内部控制的重点、目标与措施

资金营运内部控制的关键控制点、控制目标与控制措施如表 7-2 所示。

表 7-2　资金营运内部控制的关键控制点、控制目标与控制措施

关键控制点	控制目标	控制措施
货币资金环节	合理确定货币资金持有量；防止错弊，保证货币资金安全完整	编制现金预算，对货币资金需要量、收付时间和金额、支付标准等进行严密控制 使用最佳现金持有量模型进行最佳现金持有量控制 加强货币资金日常管理 建立货币资金收支两条线制度，集团公司还应同时建立货币资金集中的管理制度，严格对货币资金的管控 建立严格的货币资金收支授权审批制度和职务分离制度，防止发生错弊的风险
储备资金环节	合理确定储备资金占用数量；保证储备资金安全完整	编制各种储备资金预算，对储备资金占用进行严密控制 使用经济订货量模型进行储备资金采购决策 采用 ABC 法、ERP 系统、JIT 制度等进行存货控制 建立严密的存货收发保管制度，防范存货收发储存环节的错弊，保证存货安全完整
生产资金环节	合理组织生产，有效控制成本	编制生产预算，有计划组织生产 按生产通过单领料，严格履行领料手续 制定产品目标成本和消耗定额，严格控制成本发生 建立生产台账，编制生产进度表，对产品生产和交接进行严格控制 建立质量检验制度与责任成本制度，开展成本差异分析，落实责任制，促进产品质量和生产效率提高 建立完善的成本核算制度和会计账簿体系，准确核实产品成本
新的储备资金环节	确定储备资金的合理占用数量，保证储备资金安全完整	与前述储备资金环节的风险控制措施相同
新的货币资金环节	准确进行成本核算，合理进行利润分配；建立商品销售和货款的回收制度	准确进行收入费用配比，足额补偿成本 遵守利润分配规定和程序，及时、恰当分配利润，妥善处理各方利益关系 加强应收账款管理，减少坏账损失，及时回收货款 建立严密的资金收入控制程序，严格资金收入控制，保证收入货币资金的安全完整

2. 货币资金营运活动主要风险点、控制目标及控制措施

货币资金运营活动关键环节风险控制点、控制目标及控制措施如表 7-3 所示。

表 7-3　货币资金运营活动关键环节风险控制点、控制目标及控制措施

业务关键环节	控制目标	控制措施
审批控制点	合法性	未经授权不得经办资金收付业务；明确不同级别管理人员的权限

续表

业务关键环节	控制目标	控制措施
复核控制点	真实性与合法性	会计对相关凭证进行横向复核和纵向复核、发票的真伪、业务事项真实手续完整
收支控制点	收入账完整，支出手续完备	出纳根据审核后的相关收付款原始凭证收款和付款，并加盖戳记
记账控制点	真实性与完整性	出纳根据资金收付凭证登记日记账，会计人员根据相关凭证登记有关明细分类账；主管会计登记总分类账
对账控制点	真实性和财产安全	账证核对、账表核对与账实核对包括债权债务的核对
保管控制点	财产安全与完整性	授权专人保管资金；定期、不定期盘点银行存款调节表编制与授权审核
银行账户管理	资产安全性、防范小金库	开设、使用与撤销的授权是否有账外账
票据与印章管理	财产安全	票据统一印制或购买、票据由专人保管、印章与空白票据分管、财务专用章与企业法人章分管、收据与财务专用章分管

九、资金调度控制管理

《企业财务通则》第二十三条规定："企业应当建立内部资金调度控制制度，明确资金调度的条件、权限和程序，统一筹集、使用和管理资金。企业支付、调度资金，应当按照内部财务管理制度的规定，依据有效合同、合法凭证，办理相关手续。

企业向境外支付、调度资金应当符合国家有关外汇管理的规定。

企业集团可以实行内部资金集中统一管理，但应当符合国家有关金融管理等法律、行政法规规定，并不得损害成员企业的利益。"

（一）资金调度控制的内容

资金是流动性最强的资产，包括现金、银行存款等货币资金。资金调度控制，是指企业按一定的权限和程序，对涉及资金的筹集及流入、调集、使用及支付的各项财务活动实施管理。

1．资金收入管理

资金收入管理包括银行账户控制、现金和支票收入控制、票据和有价证券控制等管理活动。银行账户控制是指企业申请开户、账户操作、账户变更和撤销等管理活动；现金和支票收入控制是指企业现钞和银行存款收付、使用和保管等管理活动；票据和有价证券控制是指企业票据和有价证券的接受和签发、登记、保管、兑现等管理活动。

2．资金支出管理

资金支出管理包括银行账户控制、付款计划、付款申请、付款方式方法、付款期限、授权审批、办理付款等资金调度、支付活动的管理。资金支出管理是企业内部资金管理的核心内容。为了防止出现差错或者挪用、贪污资金的情况，一是要明确内部资金调度条件，依据有效合同、合法凭证和相关手续调度和支付资金；二是强化授权和审批环节工作，实现有效制约。所有银行账户的开立和销户都经过批准；涉及资金调度的各项业务，均应经主管领导按照授权审批制度审查批准后方可办理；采购合同、付款结算凭证、收款结算凭证、支付单据和支票等票据的使用，须经主管领导审批；三是要严格实行资金预算管理，年度资金预算须报投资者批准。企业调度资金必须纳入预算，不允许超预算或无预算调度资金。因特殊情况需要突破预算的，须提交预算调整报告，经有权机构审批后执行。

3．筹资活动管理

筹资活动管理包括授权审批制度，筹资预算或者计划的编制与审批人、办理发行人员与保管人员、计算利息人员与支付人员等不相容职务的相互分离，债券与股票的发行和登记的管理制度等。

4．投资活动管理

投资活动管理包括授权审批制度，投资预算或者计划的编制人员与审批人员、负责办理票据转让的人员与保管人员、办理投资支出的人员与记录投资的人员等不相容职务的相互分离，债券与股票的取得、保管和处置控制制度，定期盘点制度，投资审批报告、投资协议、股票或债券的登记证明等文件管理制度等。

（二）内部资金调度的条件和权限

（1）只有具备了资金调度条件，具有相应资金调度权的责任人才可以行使资金调度权；否则，就构成越权。企业财务部门一旦发现不具备先决条件的资金调度指令，执行者有权提出复议，以保证内部资金调度不偏离制度的约束。

（2）内部资金调度的权限是指企业资金调度的决策权的授权和监督权的分离授权。在企业内部资金调度方面，实行决策权和监督权的分离是极为重要的。

（三）企业向境外支付、调度资金的规定

企业向境外支付、调度资金应当符合国家有关外汇管理的规定。

根据《国家外汇管理局关于调整经常项目外汇管理政策的通知》，主要是：

（1）对境外机构支付等值 5 万美元以下（含 5 万美元），对境外个人支付等值 5 000 美元以下（含 5 000 美元）服务贸易项下费用的，企业凭合同（协议）或发票（支付通知书）办理购付汇手续；

（2）企业通过互联网等电子商务方式进行服务贸易项下对外支付的，可凭网络下载的相关合同（协议）支付通知书，加盖印章或签字后，办理购付汇手续；

（3）对法规未明确规定审核凭证的服务贸易项下的售付汇，等值 10 万美元以下（含 10 万美元）的由银行审核，等值 10 万美元以上的由所在地外汇局审核；

（4）国际海运企业（包括国际船舶运输、无船承运、船舶代理、货运代理企业）支付国际海运项下运费及相关费用，可直接到银行购汇；货主根据业务需要，可直接向境外运输企业支付国际海运项下运费及相关费用。

（四）建立健全内部资金调度控制制度

企业应当根据《现金管理暂行条例》（国务院令第 12 号）、《外汇管理条例》（国务院令第 211 号）、《人民币银行结算账户管理办法实施细则》（银发〔2005〕16 号）和《支付结算办法》（银行〔1997〕393 号）等法律法规和规章制度，结合实际情况，建立、健全与其业务特点和现金流相适应的内部资金调度控制制度。完善的内部资金调度控制制度，应当包括以下内容。

1．授权审批制度

明确资金调度的条件、权限和程序，实行资金预算管理，做到统一筹集、分配、使用和管理资金。

2．不相容职务相互分离制度

资金的支付申请与批准支付、收付与记账、采购与付款、销售与收款及银行印鉴管理、票据管理、银行存款余额调节表编制与出纳等岗位职责，应当分别由不同人员承担。

3．现金的保管与盘点制度

加强现金库存限额的管理，超过库存限额的现金应及时存入银行，并不定期地进行现金盘点，确保账实相符。

4．银行存款定期核对制度

安排专人定期核对银行账户，每月至少核对一次，并编制调节表，使账面余额与银行对账单的余额一致。

5．印鉴保管和使用制度

加强银行预留印鉴的管理，实行印鉴分离，严禁一人保管支付款项所需的全部印章。按规定需要有关负责人签字或盖章的业务，必须严格履行签字或盖章手续。

6．票据保管和使用制度

加强与货币资金相关的票据管理，明确各种票据的购买、保管、领用、转让、注销等环节的职责权限和程序，并专设登记簿进行记录，防止空白票据遗失和被盗用。

7．文件记录管理制度

对货币资金的收支活动形成完整的文件记录，主要是各种授权审批文件、货币资金收支记录、现金盘点记录、银行对账单、银行存款余额调节表等，并应做好保管工作。

8．内部审计监督制度

明确监督检查机构或人员的职责权限，定期或不定期地对货币资金业务进行内部审计监督，监督内容主要包括货币资金业务相关岗位及人员的设置情况、货币资金授权批准制度的执行情况、支付印鉴的保管情况、票据的保管情况等。

十、募集资金使用管理

请参阅以下相关文案。

中国××实业股份有限公司内部控制制度

第 26 号——募集资金使用管理

（2014 年 2 月 26 日经公司第四届董事会第五十次会议审议通过）

第一章　总　　则

第一条　为了进一步规范公司募集资金的使用与管理，提高募集资金使用效益，保护投资者的合法权益，根据中国证监会《上市公司监管指引第 2 号——上市公司募集资金管理和使用的监管要求》（证监会公告〔2012〕44 号）、《深圳证券交易所股票上市规则》及其他有关规定，结合本公司实际情况，特制定本制度。

第二条　募集资金是指公司通过公开发行证券（包括首次公开发行股票、配股、增发、发行可转换公司债券、分离交易的可转换公司债券、权证等）以及非公开发行证券向投资者募集并用于特定用途的资金。

第三条　公司董事会确保该制度的有效实施。

第四条　募集资金投资项目通过公司的子公司或公司控制的其他企业实施的，适用本办法。

第五条　公司的董事、监事和高级管理人员应当勤勉尽责，督促公司规范使用募集资金，自觉维护公司募集资金安全，不得参与、协助或纵容公司擅自或变相改变募集资金用途。公司董事会应根据相关规定，及时披露募集资金的使用情况。

第二章　募集资金专户存储

第六条　公司应当将募集资金存放于董事会决定的专项银行账户（以下简称"专户"）集中管理，专户不得存放非募集资金或用作其他用途。同一投资项目所需资金应当在同一专户存储，募集资金专户数量不得超过募集资金投资项目的个数。

第七条　公司应当在募集资金到位后一个月内与保荐机构、存放募集资金的商业银行（以下简称"商业银行"）签订三方监管协议（以下简称"协议"）。协议至少应当包括以下内容：

（一）募集资金专户账号、该专户涉及的募集资金项目、存放金额和期限；

（二）公司一次或 12 个月内累计从该专户中支取的金额超过 5 000 万元或该专户总额的 20%的，公司及商业银行应当及时通知保荐机构；

（三）公司应当每月向商业银行获取银行对账单，并抄送保荐机构；

（四）保荐机构可以随时到商业银行查询专户资料；

（五）保荐机构每季度对公司现场调查时应当同时检查募集资金专户存储情况；

（六）商业银行三次未及时向保荐机构出具银行对账单或通知专户大额支取情况，以及存在未配合保荐机构查询与调查专户资料情形的，保荐机构或者公司均可单方面终止协议，公司可在终止协议后注销该募集资金专户；

（七）保荐机构的督导职责，商业银行的告知、配合职责，保荐机构和商业银行对公司募集资金使用的监管方式；

（八）公司、商业银行、保荐机构的权利和义务；

（九）公司、商业银行、保荐机构的违约责任。

公司应当在上述协议签订后及时报深圳证券交易所备案并公告协议主要内容。上述协议在有效期届满前提前终止的，公司应当自协议终止之日起一个月内与相关当事人签订新的协议，并及时报深圳证券交易所备案后公告。

第三章　募集资金使用

第八条　公司应当按照发行申请文件中承诺的募集资金投资计划使用募集资金。出现严重影响募集资金投资计划正常进行的情形时，公司应当及时报告深圳证券交易所并公告。

第九条　公司募集资金原则上应当用于主营业务。募集资金投资项目不得为持有交易性金融资产和可供出售的金融资产、借予他人、委托理财等财务性投资，不得直接或者间接投资于以买卖有价证券为主要业务的公司。

公司不得将募集资金用于质押、委托贷款或其他变相改变募集资金用途的投资。

第十条　公司应当确保募集资金使用的真实性和公允性，防止募集资金被关联人占用或挪用，并采取有效措施避免关联人利用募集资金投资项目获取不正当利益。

第十一条　公司对募集资金使用的申请、审批、执行权限和程序作出如下具体规定：公司企业发展部制定投资计划，公司财务部按照投资计划拟定募集资金的使用计划及实施进度，并经财务总监或分管财务副总经理、总经理、董事长审核，经董事会审议通过后由公司总经理负责募集资金投资项目的组织实施。

募集资金的拨付，须按照批准的资金使用计划，在董事会授权范围内经主管经理签字后报财务部门，由财务部门经办人员审核后，逐级由财务部负责人、财务总监或分管财务副总经理及总经理签字后予以付款，凡超过董事会授权范围的应报董事会审批。出现以下情况的，投资项目负责人应当按照项目管理制度的要求，及时向公司董事会做出详细的书面说明：

（一）项目实际进度达不到计划进度且无法按期完成进度；

（二）项目所需的实际金额超出计划；

（三）项目产生的实际效益或投资效果未达到预期。

第十二条 公司应当在每个会计年度结束后全面核查募集资金投资项目的进展情况。募集资金投资项目年度实际使用募集资金与前次披露的募集资金投资计划当年预计使用金额差异超过30%的，公司应当调整募集资金投资计划，并在定期报告中披露前次募集资金年度投资计划、目前实际投资进度、调整后预计分年度投资计划以及投资计划变化的原因等。

第十三条 募集资金投资项目出现以下情形的，公司应当对该项目的可行性、预计收益等进行重新评估或估算，决定是否继续实施该项目，并在最近一期定期报告中披露项目的进展情况、出现异常的原因以及调整后的募集资金投资计划：

（一）募集资金投资项目市场环境发生重大变化；

（二）募集资金投资项目搁置时间超过一年；

（三）超过前次募集资金投资计划的完成期限且募集资金投入金额未达到相关计划金额50%；

（四）其他募集资金投资项目出现异常的情形。

第十四条 公司决定终止原募集资金投资项目的，应当尽快科学、审慎地选择新的投资项目。

第十五条 公司以自筹资金预先投入募集资金投资项目的，可以在募集资金到账后6个月内，以募集资金置换自筹资金。置换事项应当经董事会审议通过，会计师事务所出具鉴证报告，并由独立董事、监事会、保荐机构发表明确同意意见并披露。

公司已在发行申请文件披露拟以募集资金置换预先投入的自筹资金且预先投入金额确定的，应当在置换实施前对外公告。

第十六条 公司可以用闲置募集资金暂时用于补充流动资金，但应当符合以下条件：

（一）不得变相改变募集资金用途；

（二）不得影响募集资金投资计划的正常进行；

（三）单次补充流动资金时间不得超过12个月；

（四）单次补充流动资金金额不得超过募集资金金额的50%；

（五）已归还前次用于暂时补充流动资金的募集资金（如适用）；

（六）不使用闲置募集资金进行证券投资；

（七）保荐机构、独立董事、监事会单独出具明确同意的意见。

闲置募集资金用于补充流动资金时，仅限于与主营业务相关的生产经营使用，不得直接或间接用于新股配售、申购，或用于股票及其衍生品种、可转换公司债券等的交易。

第十七条 公司用闲置募集资金补充流动资金事项，应当经公司董事会审议通过，并在2个交易日内报告深圳证券交易所并公告以下内容：

（一）本次募集资金的基本情况，包括募集资金的时间、金额及投资计划等；

（二）募集资金使用情况；

（三）闲置募集资金补充流动资金的金额及期限；

（四）闲置募集资金补充流动资金预计节约财务费用的金额、导致流动资金不足的原因、是否存在变相改变募集资金投向的行为和保证不影响募集资金项目正常进行的措施；

（五）独立董事、监事会、保荐机构出具的意见；

（六）深圳证券交易所要求的其他内容。

补充流动资金到期前，公司应将该部分资金归还至募集资金专户，并在资金全部归还后两个交易日内公告。

第十八条　暂时闲置的募集资金可进行现金管理，其投资的产品须符合以下条件：

（一）安全性高，满足保本要求，产品发行主体能够提供保本承诺；

（二）流动性好，不得影响募集资金投资计划正常进行。投资产品不得质押，产品专用结算账户不得存放非募集资金或用作其他用途，开立或注销产品专用结算账户的，公司应当及时报深圳证券交易所备案并公告。

第十九条　使用闲置资金投资理财产品的，购买品种原则上限定在银行发行的保本型理财产品（包括保本固定收益型和保本浮动收益型），理财产品期限原则上不超过一年。投资理财产品应当经公司董事会审议通过，独立董事、监事会、保荐机构发表明确同意意见。公司应当在董事会会议后两个交易日内公告下列内容：

（一）本次募集资金的基本情况，包括募集时间、募集资金金额、募集资金净额及投资计划等；

（二）募集资金使用情况；

（三）闲置资金投资产品的额度及期限，是否存在变相改变募集资金用途的行为和保证不影响募集资金项目正常进行的措施；

（四）投资产品的收益分配方式、投资范围及安全性；

（五）独立董事、监事会、保荐机构出具的意见。

第二十条　公司实际募集资金净额超过计划募集资金金额的部分（以下简称"超募资金"）可用于永久补充流动资金和归还银行借款，每12个月内累计金额不得超过超募资金总额的30%。

超募资金用于永久补充流动资金和归还银行借款的，应当经公司股东大会审议批准，并提供网络投票表决方式，独立董事、保荐机构应当发表明确同意意见并披露。公司应当承诺在补充流动资金后的12个月内不进行高风险投资以及为他人提供财务资助并披露。

第四章　募集资金投向变更

第二十一条　公司存在以下情形的，视为募集资金投向变更：

（一）取消原募集资金项目，实施新项目；

（二）变更募集资金投资项目实施主体；

（三）变更募集资金投资项目实施方式；

（四）深圳证券交易所认定为募集资金投向变更的其他情形。

第二十二条　公司应当经董事会审议、股东大会批准后方可变更募集资金投向。公司变更后的募集资金投向原则上应当投资于主营业务。

第二十三条　公司董事会应当审慎地进行拟变更后的新募集资金投资项目的可行性分析，确信投资项目具有较好的市场前景和盈利能力，有效防范投资风险，提高募集资金使用效益。

第二十四条　公司拟变更募集资金投向的，应当在提交董事会审议后2个交易日内报告深圳证券交易所并公告以下内容：

（一）原项目基本情况及变更的具体原因；

（二）新项目的基本情况、可行性分析、经济效益分析和风险提示；

（三）新项目的投资计划；

（四）新项目已经取得或尚待有关部门审批的说明（如适用）；

（五）独立董事、监事会、保荐机构对变更募集资金投向的意见；

（六）变更募集资金投资项目尚需提交股东大会审议的说明；

（七）深圳证券交易所要求的其他内容。

第二十五条　公司拟将募集资金投资项目变更为合资经营的方式实施的，应当在充分了解合资方基本情况的基础上，慎重考虑合资的必要性，并且公司应当建立有效的控制制度。

第二十六条　公司变更募集资金投向用于收购控股股东或实际控制人资产（包括权益）的，应当确保在收购后能够有效避免同业竞争及减少关联交易。公司应当披露与控股股东或实际控制人进行交易的原因、关联交易的定价政策及定价依据、关联交易对公司的影响以及相关问题的解决措施。

第二十七条　公司拟对外转让或置换最近三年内募集资金投资项目的（募集资金投资项目对外转让或置换作为重大资产重组方案组成部分的情况除外），应当在董事会审议通过后两个交易日内公告下列内容并提交股东大会审议：

（一）对外转让或置换募集资金投资项目的具体原因；

（二）已使用募集资金投资该项目的金额；

（三）该项目完工程度和实现效益；

（四）换入项目的基本情况、可行性分析和风险提示（如适用）；

（五）转让或置换的定价依据及相关收益；

（六）独立董事、监事会、保荐机构对转让或置换募集资金投资项目的意见；

（七）深圳证券交易所要求的其他内容。

公司应当充分关注转让价款收取和使用情况、换入资产的权属变更情况及换入资产的持续运行情况。

第二十八条　公司改变募集资金投资项目实施地点的，应当经董事会审议通过，并在两个交易日内公告，说明改变情况、原因、对募集资金投资项目实施造成的影响以及保荐机构出具的意见。

第二十九条　单个募集资金投资项目完成后，公司将该项目节余募集资金（包括利息收入）用于其他募集资金投资项目的，应当经董事会审议通过、保荐机构发表明确同意的意见后方可使用。

节余募集资金（包括利息收入）低于 50 万元人民币或低于该项目募集资金承诺投资额 1% 的，可以豁免履行前款程序，其使用情况应当在年度报告中披露。公司将该项目节余募集资金（包括利息收入）用于非募集资金投资项目（包括补充流动资金）的，应当按照第二十二条、第二十六条履行相应程序及披露义务。

第三十条　全部募集资金投资项目完成后，节余募集资金（包括利息收入）占募集资金净额 10% 以上的，公司使用节余募集资金应当符合下列条件：

（一）独立董事、监事会发表意见；

（二）保荐机构发表明确同意的意见；

（三）董事会、股东大会审议通过。

节余募集资金（包括利息收入）低于募集资金金额 10% 的，应当经董事会审议通过、保荐机构发表明确同意的意见后方可使用。

节余募集资金（包括利息收入）低于 300 万元人民币或低于募集资金净额 1% 的，可以豁免履行前款程序，其使用情况应当在年度报告中披露。

第五章 募集资金管理与监督

第三十一条 公司计划财务部应当对募集资金的使用情况设立台账，具体反映募集资金的支出情况和募集资金项目的投入情况。公司风险控制部为募集资金的监督部门，应当至少每季度对募集资金的存放与使用情况检查一次，并及时向董事会审计委员会报告检查结果。

董事会审计委员会认为公司募集资金管理存在违规情形、重大风险或内部审计部门没有按前款规定提交检查结果报告的，应当及时向董事会报告。董事会应当在收到报告后2个交易日内向深圳证券交易所报告并公告。

第三十二条 公司应当真实、准确、完整地披露募集资金的实际使用情况。董事会应当每半年度全面核查募集资金投资项目的进展情况，出具《公司募集资金存放与实际使用情况的专项报告》并披露。

募集资金投资项目实际投资进度与投资计划存在差异的，公司应当解释具体原因。当期存在使用闲置募集资金投资产品情况的，公司应当披露本报告期的收益情况以及期末的投资份额、签约方、产品名称、期限等信息。

公司当年存在募集资金运用的，董事会应当对年度募集资金的存放与使用情况出具专项报告，并聘请会计师事务所对募集资金存放与使用情况出具鉴证报告。

会计师事务所应当对董事会的专项报告是否已经按照《深圳证券交易所主板上市公司规范运作指引》及相关格式指引编制以及是否如实反映了年度募集资金实际存放、使用情况进行合理保证，提出鉴证结论。

鉴证结论为"保留结论""否定结论"或"无法提出结论"的，公司董事会应当就鉴证报告中会计师事务所提出该结论的理由进行分析、提出整改措施并在年度报告中披露。

保荐机构应当在鉴证报告披露后的10个交易日内对年度募集资金的存放与使用情况进行现场核查并出具专项核查报告，核查报告应当认真分析会计师事务所提出上述鉴证结论的原因，并提出明确的核查意见。公司应当在收到核查报告后2个交易日内向深圳证券交易所报告并公告。

第三十三条 独立董事应当关注募集资金实际使用情况与公司信息披露情况是否存在差异。经二分之一以上独立董事同意，独立董事可以聘请会计师事务所对募集资金使用情况进行专项审计。公司应当全力配合专项审计工作，并承担必要的审计费用。

第六章 发行股份涉及收购资产的管理和监督

第三十四条 公司以发行证券作为支付方式向特定对象购买资产的，应当确保在新增股份上市前办理完毕上述募集资产的所有权转移手续，公司聘请的律师事务所应该就资产转移手续完成情况出具专项法律意见书。

第三十五条 公司以发行证券作为支付方式向特定对象购买资产或募集资金用于收购资产的，相关当事人应当严格遵守和履行涉及收购资产的相关承诺，包括但不限于实现该项资产的盈利预测以及募集资产后公司的盈利预测。

第三十六条 公司拟出售上述资产的，应当符合《深圳证券交易所股票上市规则》的相关规定，此外，董事会应当充分说明出售的原因以及对公司的影响，独立董事及监事会应当就该事项发表明确表示同意的意见。

第三十七条 公司董事会应当在年度报告中说明报告期内涉及上述收购资产的相关承诺事项的履行情况。若公司该项资产的利润实现数低于盈利预测的百分之十，应当在年度报告中披露未达到盈利预测的原因，同时公司董事会、监事会、独立董事及出具盈利预测审核报告的会计师事务所应当就该事项作出专项说明；若公司该项资产的利润实现数未达到盈利预测的百分之八十，除因不可抗力外，公司法定代表人、盈利预测审核报告签字注册会计师、相关股东（该项资产的原所有人）应当在股东大会公开解释、道歉并公告。

第七章　附　则

第三十八条　本制度未尽事宜，按照有关法律、法规、规范性文件等相关规定执行。

第三十九条　公司董事会负责按照有关法律、法规的规定及公司实际情况，对本制度进行修订完善。

第四十条　本制度自公司董事会审议通过之日起实施，2007 年修订的《募集资金使用管理内部控制制度》同时废止。

中国××实业股份有限公司
2014 年 2 月 26 日

十一、衍生金融工具管理

衍生金融工具是指建立在基础产品或基础变量之上其价格决定于后者变动的派生金融产品。这里所说的基础产品是一个相对的概念，不仅包括现货金融产品（如债券、股票、银行定期存款单等），也包括衍生金融工具。作为衍生金融工具的基础变量则包括利率、各类价格指数甚至天气（温度）指数。

（一）衍生金融工具的控制目标

（1）所购买的衍生金融工具能符合公司的投资目的和方向，能够保证公司投资目的的实现，确保目的和方向符合公司的战略要求。

（2）衍生工具的购买经过慎重的可行性分析程序，公司对衍生产品有足够的了解。

（3）公司对衍生产品的选择、购买、持有及处理有明确的授权审批程序，明确相应的权利和责任。

（4）衍生工具的风险在公司风险容许的范围内，公司有足够的措施以规避、分担、降低风险，或者直接的承受。

（5）公司设置适当的止损点，当损失超过一定的比例时，能及时平仓处理。

（二）衍生金融工具的主要风险点

（1）衍生工具交易未经适当审核或超越授权审批，可能会产生重大差错或舞弊、欺诈行为，从而使企业遭受损失。

（2）衍生工具交易未按照规定建立持仓预警报告和交易止损机制，可能会导致企业的风险增加甚至遭受损失。

（3）衍生工具交易未能准确、及时、有序地记录和传递交易指令，可能会导致企业丧失交易机会或发生交易损失。

（4）衍生工具业务风险评估实施方案不能适当审批或超越授权审批，可能会产生重大差错或舞弊、欺诈行为，从而使企业遭受损失。

（5）衍生工具交易的风险评估不够充分可靠，可能导致领导决策层作出错误决定，进而使企业发生意外损失。

（6）风险管理委员会不能及时就风险评估的结果向董事会报告，可能导致衍生工具交易不能顺利开展。

（7）衍生交易筹划监督不充分，使企业衍生交易筹划方案质量不高，会导致风险增大。

（8）职责分工、权限范围和审批程序不明确规范或机构设置和人员配备不合理，会导致衍生工具交易不能适当审核或超越授权审批。

（三）衍生金融工具的关键控制点

（1）公司的战略与衍生金融工具的匹配，确定衍生金融工具的性能、数量、金额等与公司目的相匹配。当衍生工具不能实现公司战略或与公司战略有偏离时，能及时纠偏。

（2）建立报告制度，对金融衍生产品品种、数量、金额、持有期间、偏差评估机制等均应及时报告。

（3）公司风险的评估及承受能力的确认。公司要形成对风险的承受、规避、分担、降低等的措施及承受能力。结合衍生产品的特性，评估衍生产品的风险，确定公司的对策。

（4）建立严格的授权审批制度。对于不同类型的衍生产品，制定相应的授权审批制度，明确不同岗位人员的权责，以及紧急时期的特殊报告制度。

（5）建立明确的不相容职务分离制度。衍生产品的选择、决策、交易、出售、评估、资金的划转等不相容岗位要相应分设，不能让一人做完业务的全过程。

（6）建立业务的止损制度。根据不同产品的风险特性，设置相应的止损点，当达到止损点时要果断、及时进行平仓，以减少公司损失。

（7）交易记录环节要全面、及时、完整。买入、卖出、市场公允价值的变动、资金的转入和转出等要详细记录，确保每一次交易均有记录，保证交易的可追溯性，不能有遗漏的记录等。

（四）衍生金融工具的风险特点

除了从损失发生的不确定性这一角度来理解衍生金融工具的风险之外，衍生金融工具的风险还有以下特点。

1．衍生金融工具风险仅限于资金融通领域

由于衍生金融工具风险是风险的一种特例，因而它只存在和发生于特定的金融领域，即资金融通领域。从本质上看，金融期货、期权和互换的风险皆是因为资金融通而产生的。

2．衍生金融工具风险的存在与产生具有可变性

可变性有两层含义：一是指由于现代通讯技术与电子技术的发展，使以前很难发生或不可能发生的金融风险，现在在几秒钟之内即可发生，巴林银行事件即是一例；二是指由于金融投资者识别和控制期货价格风险、外汇汇价风险等的能力增强，他们能采取有效措施，降低风险发生的可能性或者降低已发生风险的损失程度。

3．衍生金融工具风险的影响范围广，损失金额巨大

衍生金融工具风险虽然仅限于金融领域，但由于金融活动本身往往直接与生产和流通领域相联系，而且有时还部分地涉及分配领域与消费领域，所以，如果一旦发生衍生金融工具风险，其波及的范围就会覆盖社会再生产的所有环节。与风险覆盖的范围相联系，衍生金融工具风险所带来损失的金额也是十分巨大的，如巴林银行事件的损失金额就达14亿美元，日本住友商社因期货交易损失的金额甚至高达18亿美元。

（五）衍生金融工具的风险类型

金融工具交易所涉及的风险包括价格风险、信用风险、流动风险和现金流量风险四类，其中价格风险又具体包括货币风险、利率风险和市场风险三种。

1．价格风险

价格风险有三种，即货币风险、利率风险和市场风险。货币风险是指金融工具的价值因外

汇汇率变化而波动的风险；利率风险是指金融工具的价值因市场利率变化而波动的风险；市场风险是指金融工具的价值因市场价格变化而波动的风险。

2．信用风险

信用风险是指金融工具的一方不能履行责任，从而导致另一方发生融资损失的风险。

3．流动风险

流动风险是指企业在筹资过程中遇到困难，从而不能履行与金融工具有关的承诺的风险，即为偿付与金融工具有关的承付款项而在筹资时可能遇到困难的风险。流动风险可能是由于不能尽快以接近其公允价值的价格出售金融资产而导致的。

4．现金流量风险

现金流量风险是指与货币性金融工具相关的未来现金流量金额波动的风险。

（六）衍生品交易的风险管理

面对不确定性日益增加的外部环境，国内企业应适度、谨慎、积极地使用衍生工具来管理风险，为企业的持续健康发展提供有力支撑。但企业在使用衍生工具管理风险时，应当坚守避险目的、熟悉产品特点、保持交易弹性、重视小概率事件、建立并完善相应的决策和风险管理机制。

1．抑制投机冲动，坚守避险目的

企业的价值主要取决于业务的持续发展及盈利能力。对非金融企业而言，我们认为应当坚持以现货的生产和经营作为盈利主要来源，衍生工具的运用只是为了管理资产、负债，以及现金流量变动的风险。如果企业本末倒置，以投机为目的从事衍生品的交易，则其内含的风险可能失控。

2．了解产品特点，评估企业的风险可承受度

企业在运用衍生工具时，应当充分了解产品的特点，整体评估各种市场情境下衍生品交易可能带来的收益和风险。

3．保持重组弹性，动态控制交易风险

企业在进行衍生品交易时，有必要建立科学的决策程序和止损机制，根据市场环境的变化，综合利用各种衍生金融工具对风险进行动态管理，应时而变。

4．重视小概率事件，合理确定企业的风险承受度

企业在从事衍生品交易时，应充分考虑和评估出现小概率事件和系统性风险时企业的风险承受能力。

5．建立和完善衍生品交易的决策和风险管理机制

对一些企业来说，衍生品交易成败直接关系企业经营绩效，甚至影响到企业的生存与发展。因此，企业的决策层必须高度重视衍生品交易，建立和完善衍生品交易的决策和风险管理机制。

6．适度、谨慎、积极地参与金融衍生品交易

我们认为，随着全球经济一体化进程的加快，我国企业的原材料采购、产品销售、企业融资已进入国际市场、对海外资源和市场的依赖度逐步提高，在国际市场面临重大波动的情况下，如果不能利用衍生工具管理相关的价格波动，单独靠生产或销售来控制成本，企业可能难以在市场竞争中生存下去。

当然，衍生品交易蕴含着巨大风险，企业必须谨慎应对。监督、提示风险是必需的，也是必要的。但随着企业世界经济的一体化，外部环境的不确定性增加，中国的金融市场仍然需要

加快发展，衍生工具应该更多地被企业所认识、所运用，这样，企业的风险才能够有效地管理，优秀的企业也才能够更好地利用工具，更好地经营。

 文案范本

衍生工具风险控制制度

第一章　总　则

第一条　为了提高衍生工具业务风险管理水平，避免因违反国家相关法律法规而遭受财产损失，提高公司收益，特制定本制度。

第二条　本制度适用于公司本部、控股子公司、全资子公司。

第三条　本制度所称的衍生工具是指具有下列特征的金融工具或其他合同协议。

1. 其价值随特定利率、金融工具价格、商品价格、汇率、价格指数、费率指数、信用等级、信用指数或其他类似变量的变动而变动，变量为非金融变量的，该变量与合同协议的任何一方不存在特定关系。

2. 不要求初始净投资，或与市场情况变化有类似反应的其他类型合同相比要求很少的初始净投资。

3. 在未来某一日期结算。

第二章　风险控制程序

第四条　成立风险评估小组。

风险管理委员会组织成立风险评估小组。

第五条　拟定《风险评估实施方案》。

在进行风险评估之前，风险评估小组要拟定《风险评估实施方案》，对整个风险评估工作进行相应的安排，并提交审计委员会和董事会审核。

第六条　识别风险类型及来源。

1. 衍生工具交易风险主要有代理风险、信用风险、市场风险、流动性风险、现金流量风险、作业风险、商品风险、法律风险等。

2. 评估小组要对识别到风险进行详细的分析和分类。

第七条　确定风险评估的指标体系、标准及评估方法。

风险评估小组要对所建立的评估体系的可行性和科学性作出严密的证明。

第八条　进行风险分析。

风险评估小组要对识别到的风险进行分析，尤其是对风险产生的原因作出详细的解释，根据风险产生的原因选择具体的分析方法。

第九条　编写《风险评估报告》。

风险评估报告内容应全面详尽，应提出相应的风险规避建议和意见。

第十条　根据识别的风险拟定相应的解决措施。

公司应当根据风险评估结果采取相应的风险管理策略，确定衍生工具业务风险的可接受水平。

第三章　衍生工具交易风险管理措施

第十一条　代理风险管理措施。

为防范代理风险，要选择那些具有合法资格且不存在违规操作行为的代理公司。

第十二条　信用风险管理措施。

考虑到市场受各项因素变动易产生金融衍生工具交易风险和市场风险，该项风险管理须遵循下列要求。

1. 交易对象：国内外著名金融机构。

2. 交易商品：以国内外著名金融机构提供的商品为限。

第十三条 市场风险管理措施。

以银行提供的公开外汇交易市场为限。

第十四条 流动性风险管理措施。

为确保市场流动性，在选择金融产品时应以流动性较高的为主，受托交易的金融机构必须有充足的资讯及随时可在任何市场进行交易的能力。

第十五条 现金流量风险管理措施。

为确保公司营运资金正常周转，公司从事金融衍生工具交易的资金来源以自有资金为限，且确定操作金额时应考虑到未来 3 个月现金收支预测的资金需求。

第十六条 作业风险管理措施。

1. 应严格遵照公司的授权权限、作业流程并纳入内部稽核，以避免作业风险。

2. 从事衍生性商品交易的人员及确认、交割等业务人员不得互相兼任。

3. 风险的衡量、监督与控制人员应与上述人员分属不同部门，并应向董事长或非交易决策的高层主管人员报告。

4. 每周应至少对持有的金融衍生工具交易进行一次评估，若为因业务需要而办理的避险性交易，则至少应每月评估 2 次，评估报告应呈送董事会授权的高层主管人员。

第十七条 商品风险管理措施。

公司内部交易人员应在金融商品方面具备完整及正确的专业知识，并要求银行充分揭露风险，以避免误用金融商品而产生风险。

第十八条 法律风险管理措施。

与金融机构签订的文件应经外汇及法律顾问等专业人员检查后，方可正式签署，以避免法律风险。

第四章 附　则

第十九条 本制度自＿＿＿年＿＿月＿＿日起执行。

第二十条 本制度有关内容若与国家相关法规抵触，以国家相关法规为准。

××电器股份有限公司

关于开展期货业务的管理及风险控制制度

（2013 年 3 月修订）

第一章 总　则

第一条 为进一步引导和规范公司期货操作业务，锁定公司大宗原材料成本，有效防范和化解大宗原材料价格波动风险，特制定本管理制度。

第二条 本制度适用于××电器股份有限公司（简称本公司、公司）及下属子公司。

第三条 公司开展期货业务，遵守国家相关法律法规和规范性文件的规定，公司从事期货业务的范围仅限于经营相关的品类，进行期货交易的目的是在价格发现的基础上，通过期货市场锁定与控制经营利润，规避风险。

第四条　公司进行期货业务交易，应增强风险控制意识，严格控制期货交易的数量及资金规模，不得影响公司正常的生产经营。

<h2>第二章　管理体系及职责</h2>

第五条　公司的年度期货操作方案经公司总裁审核后，需提交公司董事会审议批准，年度期货操作方案由公司财务部依据下属子公司提交的已经事业部总经理批准的年度期货操作方案汇总编制，期货操作方案的投资金额超出董事权限范围的，由公司董事会提交公司股东大会审议。

第六条　在公司董事会及股东大会审议批准的年度期货操作方案的额度内，公司各事业部总经理负责审批下属子公司的提交的期货操作交易建议，并定期向公司财务部报告期货操作的盈亏、资金使用、业务运作及期货操作效果等情况。

第七条　公司以采购中心为期货交易的操作平台，配置专业的期货交易人员、风险控制人员及档案管理人员负责期货业务的日常运作。采购中心的职责包括：

1. 严格执行下属子公司提交的经事业部总经理批准的交易指令，执行期货交易的具体操作；

2. 为下属子公司建立期货交易运作流程、风险控制机制、风险测算系统、资金安全保障等制度提供信息支持与服务；

3. 负责期货交易保证金的统一管理；

4. 对下属子公司的期货业务操作给予专业的建议和指导。如果下属子公司提出申请的期货交易量疑似异常，采购中心应给予相关下属子公司正式反馈意见，重新确认交易指令是否正确；

5. 如果下属子公司的期货业务交易出现特别风险情况时，如保证金不足、期货价格出现异常波动等，采购中心应及时提醒相关下属子公司；

6. 定期通报期货业务交易情况，包括交易品种、成交时间、成交价位、成交量等；

7. 负责期货交易的相关档案保管。

第八条　公司下属子公司负责筹划本单位的期货业务并下达具体的期货交易指令。下属子公司的职责包括：

1. 依据年度业务预算与经营业务的情况，拟定本单位的年度期货操作方案，报事业部总经理批准；

2. 在年度期货操作量的范围内，密切关注价格波动趋势和各项技术指标的变动倾向，根据市场行情向采购中心提出期货操作申请并缴纳保证金或补充保证金，及时下达具体的交易指令，在计划操作的范围内，可以根据盘面的突然变化修订投资方案，适当进行短线操作；

3. 建立并健全本单位期货业务风险管理办法，包括期货交易运作流程、风险控制机制、风险测算系统、资金安全保障和财会管理。

<h2>第三章　风险管理</h2>

第九条　公司董事会指定董事会审计委员会审查与监督期货操作业务的必要性及风险控制的情况，公司财务部负责监察下公司的期货操作业务的实施情况，对不通过采购中心期货平台进行的期货交易及其他违反期货业务管理制度的行为进行监察并追究责任。

第十条　公司开展期货操作业务必须以现货需求及资金状况为基础，下属子公司根据生产经营所需来确定套期保值量并提出期货交易申请，期货操作量原则上不能超过年度预算所需量的50%，特殊产品订单经事业部总经理批准后最多不超过所需量的70%。期货业务仅限于各单位生产所需原材料的价格锁定、避险等运作，不以逐利为目的。

第十一条　年度期货操作交易应限定在公司董事会与股东大会批准的年度期货操作计划的额度内，超出年度期货操作计划的期货交易，应由下属子公司重新提出申请，并经公司董事会或股东大会批准后才能进行操作。

第十二条 公司以采购中心为期货交易的操作平台，下属子公司不得自行或委托外部单位独立操作期货业务。

第十三条 公司建立有效的风险管理管理制度与可行的风险应急机制，及时预防和化解法律风险、市场风险和操作风险。

1. 公司开展期货操作前，应与相关方完成文件的签署，包括合同签署、授权委托书的交付等，公司套期保值业务应享有的权利和应履行的义务，应有明确合法的书面文件记载，任何附加约定的权利与义务均需通过书面协议确定。

2. 期货交易需结合合理的交易策略和组合策略，谨慎建仓时点，优化分散选择交易对手，降低追加保证金风险，下属子公司在保证金追加不及时而不下达平仓指令时，采购中心可按期货交易所规则规定对头寸进行强行平仓，强行平仓后所产生损益由下属子公司承担，如平仓后下属子公司原保证金金额仍不足弥补产生的亏损时，下属子公司需及时补交余额，保证期货平台业务的正常运作。

3. 建立期货操作的止损机制，应对市场剧变造成的期货交易合约大幅亏损的情况，当市场价格变动导致期货业务亏损额达到预先设定的亏损底限时，及时向事业部总经理及公司财务部报告，启动止亏机制，原则上对发生亏损的部分应进行平仓处理。

4. 公司加强对期货交易的即时监控，包括监控期货操作有无按计划进行及是否存在违规交易的情况。

第十四条 加强相关人员的职业道德和业务培训，严格按照规定安排和使用期货业务相关工作人员。

第四章 信息管理

第十五条 采购中心定期提交期货业务交易情况报告，包括期货交易持仓、浮动盈亏、累计平仓盈亏及可用资金情况；并及时向相关下属子公司反馈相应的期货业务交易信息。

下属子公司应报送期货交易情况周报，并于每月 10 日前报送截止上月底期货交易情况的月报表，期货交易情况报表作为下属子公司期货交易的例行报表。

第十六条 期货操作交易的原始资料、结算资料等业务档案保存至少 10 年。

期货业务开户文件、授权文件等档案保存至少 10 年。

第五章 保密制度

第十七条 期货业务相关人员应遵守公司的保密制度，不得向非相关人员泄露公司的期货操作方案、交易情况、结算情况、资金状况等与期货交易有关的信息。

第六章 责任承担原则

第十八条 由下属子公司提出申请进行期货交易所需的资金、产生的损益（包括期货平仓前的浮动盈亏、平仓后已实现损益）由下属子公司承担。

第十九条 期货平仓前的浮动盈亏按照资产负债表日期货价格与开仓价格计算。

第二十条 由于违背期货交易所规定的交易规则和管理制度、本期货业务管理办法导致的期货交易亏损，由违规单位承担，同时追究相关人员责任。

第七章 附 则

第二十一条 本管理办法经公司董事会审议批准后正式颁布执行。

××电器股份有限公司董事会

2013 年 4 月 1 日

文案范本

××矿业股份有限责任公司境内套期保值内部控制制度

（本制度经公司第九届董事会第三次会议审议通过）

第一章　总　　则

第一条　为规范××矿业股份有限责任公司（以下简称"××矿业"或"公司"）期货套期保值业务（以下简称套保业务）行为，加强管理和监督，有效防范和化解风险，实现稳健经营，根据国家有关法律、法规和《公司章程》，特制定本管理制度。

第二条　××矿业在境内从事套期保值期货交易，不得进行投机交易。公司的套期保值业务只限于在上海期货交易所交易的电解锌、电解铅和阴极铜品种，目的是为公司所生产的锌精矿、铅精矿和铜精矿以及公司相关有色金属贸易进行套期保值。

第三条　××矿业套期保值的原则。

（一）××矿业的套保业务应严格遵守《中华人民共和国公司法》《中华人民共和国证券法》《股票上市规则》《上市公司信息披露管理办法》等国家法律、法规、规范性文件并按照本办法规定履行审批程序。

（二）套期保值实行管理和操作分离的原则。成立××矿业发展投资部，集中统一管理××矿业和下属企业的套期保值方案、套期保值计划的执行情况；××矿业的期货操作由公司市场部负责，市场部及时掌握全公司各品种产量、库存头寸情况，总体控制经营风险。发展投资部对市场部及××矿业下属各单位套保计划的执行情况、操作的合规性进行事前审查、事中监督、事后评估。

（三）结合经营目标原则。××矿业的套保业务仅限于与生产经营相关的产品，根据××矿业对各下属公司的考核要求，依据××矿业的全年生产计划及全年利润目标，围绕公司生产成本，存货成本，产品完全成本，制定年度、季度、月度保值计划。

（四）期现对应原则。公司的套期保值操作必须保证期货头寸与实际产量和实际贸易数量相对应，规避投机行为。期货持仓不得超过同期该品种生产产量的70%；期货持仓不得超过同期现货交易量的100%，且持仓时间应与现货购销时间相匹配。

（五）××矿业的套保业务必须注重风险防范、保证资金运行安全、效益优先、量力而行。

公司套保业务资金来源为自有资金。不得使用不符合国家法律法规和不符合中国证监会、证券交易所规定的资金用于直接或间接的套保业务。

第四条　××矿业从事境内期货业务相关活动，应严格执行本制度。

第五条　××矿业只负责公司自营业务的套期保值工作，不接受其他任何单位的委托和代理期货业务。

第二章　组织结构及岗位职责

第六条　设立××矿业期货领导小组（以下简称"领导小组"）。领导小组组长由××矿业董事长担任。设副组长三名，××矿业副董事长、××矿业总经理以及××矿业分管业务副总经理担任。组员六名，分别为：××矿业分管财务副总经理、××矿业财务总监、主要下属企业分管业务副总经理、主要下属企业财务经理、××矿业发展投资部主任以及××矿业审计部主任。领导小组负责××矿业套期保值业务重大事项的决策；重要期货保值方案的审定，审核年度套期保值计划等。××矿业总经理经授权负责签批经领导小组讨论通过的年度套期保值计划和重要期货保值方案。

第七条 领导小组下设××矿业期货业务工作小组（以下简称"工作小组"）。

工作小组组长由××矿业总经理担任，副组长由××矿业分管业务副总经理、××矿业分管财务副总经理担任。成员包括：市场部经理、头寸管理员、期货交易员。工作小组负责提交年度保值计划，制定月、季、年度保值方案和日常期货操作业务的执行，××矿业发展投资部经理负责期货日常操作的检查、稽核。由市场部经理负责日常期货操作业务管理。

第八条 发展投资部设立市场分析、统计、档案管理、合规及风险管理等岗位，各岗位职责明确，相互监督。

第九条 岗位职责。

（一）市场部期货交易员：负责期货交易和实物点价，做好交易记录，并将交易情况与综合部期货结算人员和对手单位实物点价人员进行对接；

（二）市场部期货结算员：根据交易记录表和交易成交单，录入且计算结算数据，打印结算报表，并复核结算结果；按规定内容（含成交明细、盈亏和持仓情况）和时间（月、季、年）提供汇总结算报表；配合风险管理人员、交易人员分析风险，协调相关部门严格控制风险；按规定时间向××矿业财务部提供期货资金报表，做好对账工作；按档案管理规定装订、保存、备份交易单、结算单、银行对账单等资料；

（三）发展投资部市场分析员：收发信息、收集资料、并分析影响价格的各种因素，建立分析模型和资料库，形成行情分析报告；

（四）发展投资部头寸统计员：统计销售、原料、进出口的各种数据，并与市场部综合部协调，保证每单期货交易与现货的一一对应；同时与现货部门做好数据交流和双向核对工作，要求数据及时准确；

（五）发展投资部合规人员：监督××矿业期货操作的执行情况；监督××矿业执行国家有关期货的法律、法规及政策；监督××矿业执行内部的期货业务管理制度；对发展投资部每季定期或不定期进行检查，指出期货业务管理中存在的不足并提出改进意见；根据监管政策的变化，对××矿业的期货业务管理制度提出相应的修改意见；审核资金运营的情况及其经营效益；审查期货资金收支的合法性、合理性；调查××矿业内部违法、违规事件并报告期货主管领导和上级主管部门，直接对期货主管领导负责，定期出合规报告；

（六）发展投资部风控人员：制定期货业务有关的风险管理制度及工作程序，监督有关人员执行风险管理制度和风险处理程序；依照持仓、占用保证金、浮动盈亏、信用额度、剩余保证金情况计算风险率，并根据当时行情特点计算出可承受的最不利价位；每月定期或不定期召开风险分析会，提议在不利情况出现时的风险处理办法，包括责任人员、汇报途径、处理程序；发现、报告并按照程序处理风险，建立交易、结算等资料双备份制度；审查保值方案的执行情况，核查交易人员的交易是否符合套期保值计划和具体交易方案；评估、防范和化解××矿业期货业务的法律风险，定期出具风险报告。

第十条 ××矿业期货业务实行授权管理，授权书包括：期货交易授权书、资金调拨授权书。

授权书签订后，应及时通知被授权人和相关各方，被授权人只有在取得书面授权后方可进行授权范围内的操作。被授权的交易员和资金调拨员由不同人员担任。期货业务授权书由法定代表人或法定代表人委托的负责人签署。

第三章 套期保值业务操作流程

第十一条 ××矿业套期保值方案的制定以生产经营和现货实际需求为依据，以规避现货交易价格风险为目的；保值方案应列明拟保值的期货品种、计划数量和保值范围；对于公司生产产品的套期保值，期货持仓不得超出同期产量的 70%，对于公司综合贸易的套期保值，期货持仓不得超出同期现货交易总量。

第十二条 提出套期保值计划。

保值计划和具体期货保值方案由市场部负责起草，报发展投资部和期货领导小组审核，由××矿业总经理批准后执行；市场部根据生产计划和销售计划，每年末编制次年的年度保值计划并提交发展投资部和领导小组审批，严格按照计划执行保值交易；期货领导小组至少每季度召开一次会议，按照生产和销售的实际需要，对发展投资部检查后报送的各下属单位套期保值计划、方案修正建议和下一步的保值方案进行审议；年度期货套期保值计划和修改方案应有三分之二以上的期货领导小组成员同意和签字，批准后的套期保值计划应在××矿业审计部、发展投资部存档。

第十三条 期货保证金账户管理和资金调拨。

××矿业财务部负责期货交易专用账户的管理和资金调拨，但应事先通知发展投资部。

第十四条 期货交易指令下达和接收。

（一）××矿业下属企业销售产品根据实时期货市场作价的，下属公司市场部依照产品销售合同书面向公司市场部下达保值交易指令，市场部按照要求统一执行；

（二）××矿业根据买进产品有自身保值需求的，市场部按照业务部门提供，经发展投资部批准的保值计划和保值方案执行。

第十五条 期货成交。

成交后，市场部期货交易员应立即填写成交明细表，包括交易时间、交易品种、交易价位、交易量、交割期等具体内容送发展投资部审核；发展投资部根据交易所和期货经纪公司的交易数据核对成交单后，编制期货报表，期货报表包括成交单、标准合约结算表和资金状况表等内容，于当日交易结束后，将每日报表报送××矿业分管财务副总经理、××矿业财务总监、××矿业主管业务副总经理、××矿业总经理。发展投资部负责撰写市场行情评论，每周报送相关部门和领导；××矿业审计部会同发展投资部每天核算和监控交易头寸、资金、持仓和盈亏情况，复核交易是否符合套期保值计划和具体保值方案，定期向主管领导报告。

第十六条 结算。

××矿业市场部每天核对境内期货下单、成交记录和期货交易所或经纪公司提供的成交单、结算表、资金状况表；核对头寸无误后进行结算。市场部负责将结算数据及时上报给××矿业发展投资部、财务部、相关领导。

第十七条 交易保证金追加。

由于市场价格波动造成持仓风险（浮动亏损）并导致保证金不足时，市场部应立即通知××矿业财务部追加保证金，追加保证金应在交易所规定的时间之内追加到位；市场部填写追加保证金的付款通知书，经发展投资部经理、××矿业主管财务副总经理、总经理批准后，交××矿业财务部办理。

第十八条 平仓和交割。

市场部负责办理平仓、交割事宜。如果选择平仓，平仓指令按照批准的价位和数量操作。

第十九条 账务处理。

××矿业财务部根据公司发展投资部提供的结算数据和交易所、期货经纪公司的期货报表进行账务处理。

第四章 风险管理制度

第二十条 期货是高风险行业，主管领导和各工作人员均要树立强烈的风险意识。期货业务实行××矿业总经理直接负责，审计部、发展投资部、市场部联合执行的风险管理和控制制度；每一部门分别从风险识别、风险衡量、风险解决方案执行期货风险控制；利用事前、事中及事后的风险控制措施，预防、发现和化解信用风险、市场风险、操作风险和法律风险。

第二十一条　设立专职风险管理人员，直接对××矿业期货主管领导负责，不与期货业务其他岗位交叉。

第二十二条　风险管理人员根据占用保证金、结算准备金、浮动盈亏、持仓时间长短、信用额度、计划建仓和行情特点等建立有效的风险测算系统及相应的风险预警系统。

第二十三条　××矿业建立内部风险报告制度和风险处理程序。根据不同风险情况，分别提醒期货、财务工作人员，注意防范风险；向主管领导汇报风险情况，提出风险处理初步意向；由主管领导将风险情况上报领导小组召开风险处理协调会，决定是平仓还是追加保证金，并通知交易人员或财会人员做好准备。

第二十四条　风险管理人员密切关注市场，密切注意不同交割期之间的基差变化，防范基差风险；合理安排和使用保证金与信用额度，保证套期保值过程正常进行。

第二十五条　严格按照有关规定安排和使用期货从业人员，加强期货从业人员的职业道德教育及业务培训，提高期货从业人员的综合素质。

第二十六条　设立符合要求的交易、通信及信息服务设施，并具备稳定可靠的维护能力，保证交易正常运行。

第二十七条　公司审计部应适时监督需保值品种的建仓数量及持有时间，确保期货头寸的建立、平仓应该与所保值的实物在数量及时间上相匹配，检查期货操作是否符合经审批的套期保值方案，协助套期保值计划顺利完成。

第二十八条　如实际成交与指令不符形成错单时，综合部应立即根据电话录音等交易记录进行核对，在确认属于错单后应立即将错单平仓，并将错单和平仓交易记入错单专用账户，同时综合部应立即与指令部门或单位协商，对如何处理未能正确执行的指令达成一致意见，并具体实施。

第二十九条　当期货业务遇突发事件，价格出现异常波动，境内代理机构出现信用、法律风险时，发展投资部应向主管领导汇报，召开领导小组专门会议共同商讨对策。

第三十条　涉及司法诉讼时，应该评估对正在进行的期货交易及信用状况产生的负面影响，并采取相应措施防范法律风险。

第五章　报告制度

第三十一条　市场部交易人员应每日向其部门负责人报告交易情况、持仓状况、市场信息等基本内容。

第三十二条　结算人员、资金调拨人员应每日向其部门负责人报告交易明细、结算盈亏状况、持仓状况、资金状况等。

第三十三条　发展投资部每周将总体头寸状况和近期市场评论的《每周报表》报送领导小组成员，向中国证监会和上级公司报告需要上报的各种信息和资料，自觉接受上级管理部门的检查和监督。

第三十四条　风险管理人员每周定期出具一份风险报告，如出现重大风险信号时需紧急写出风险报告，风险报告需提出防范和处理意见并向领导小组报告，同时送发展投资部备案。

第三十五条　公司建立合规人员季度和年度报告制度。合规人员每季度结束二十日内完成季度合规检查，每年度结束三十日内完成年度合规检查，将合规检查报告上报领导小组成员。报告基本内容包括期货业务相关人员对相关法律法规政策的执行情况、对股份公司内部有关规章制度的执行情况等。合规报告送一份至发展投资部备案。

第六章 档案管理和保密制度

第三十六条 公司相关部门对开户资料、授权文件以及套期保值方案、交易原始资料、结算资料和交割资料等业务档案保存期限应当不少于 10 年。

第三十七条 期货业务相关人员应遵守本公司的保密制度，期货业务相关人员未经允许不得泄露公司的交易、结算、资金和持仓状况、套期保值计划和具体保值方案等。

第三十八条 根据业务需要，公司对期货业务的计算机系统、期货交易系统实行分级授权管理制度，如计算机管理人员因岗位变动或调离，应及时更改计算机密码。

第七章 罚 则

第三十九条 期货业务相关人员必须严格遵守本办法。对于违反本办法规定的人员，视情节性质和后果严重程度，分别处以警告、纪律处分、撤职、罚款或开除等处罚，直至移送司法机关追究法律责任。

第八章 附 则

第四十条 本办法由××矿业股份有限责任公司发展投资部负责解释。

第四十一条 本办法若遇监管单位（如证监会）的期货管理办法调整、重订等，本办法将做相应的及时更新和完善。

第四十二条 本制度自公司董事会审议通过后施行。

××矿业股份有限责任公司

2014 年 1 月 26 日

 文案范本

××股份有限公司金融衍生品业务内部控制制度

第一章 总 则

第一条 为规范××股份有限公司（简称本公司、公司）金融衍生品业务（以下简称"衍生品业务"）的操作、防范国际结算业务中的汇率风险、公司外币贷款的利率、汇率风险、公司外币报表折算风险，并强化公司内部的风险控制，根据《中华人民共和国公司法》《中华人民共和国证券法》《深圳证券交易所股票上市规则》《上市公司信息披露管理办法》《信息披露业务备忘录第 26 号——衍生品投资》及《公司章程》等相关规定，结合公司具体实际情况，特制定本制度。

第二条 本制度所称衍生品是指以利率、汇率或上述资产的组合为标的的远期等产品。

第三条 本制度所称经营单元包括分公司和控股子公司。

第四条 公司从事衍生品业务应遵守国家相关法律法规、规范性文件和本制度的相关规定。

第二章 职责与分工

第五条 公司财务管理部负责制定衍生品业务政策、牵头建立风险管理体系，对市场风险、操作风险等进行监控；财务管理部资金管理中心为公司利率、汇率风险管理运作机构，负责政策的落实、银行授信额度、对冲产品的管理和具体操作及对冲情况报告等。

第六条 各经营单元财务部负责报送本经营单元出口目标、出口订单情况、进口采购情况等对风险敞口预算进行滚动统计，作为财务管理部进行风险管理的依据。

第七条 公司风险管理部负责对衍生品交易业务合同及相关法律文件进行审查和法律咨询，保证衍生品交易业务符合法律法规和公司制度的规定，保障公司的合法权益。

第八条　公司会计核算部负责根据衍生品交易类型及相应会计准则，区分对冲会计及非对冲会计，对衍生品交易业务进行账务处理，真实、准确反映衍生品交易结构。

第九条　公司审计部负责对公司衍生品交易业务进行监控、审计，负责审查衍生品交易业务的审批情况、实际操作情况、产品交割情况及盈亏情况等，并督促会计人员及时进行账务处理，并对账务处理情况进行核实。

第十条　董事长秘书办公室负责根据内外部监管规定对外披露公司衍生品业务信息。

第三章　管理原则

第十一条　公司衍生品业务实行集中统一管理，由公司财务管理部负责集中管理，由资金管理中心负责统一操作。

第十二条　各经营单元应通过资金中心进行对冲操作。对不具备条件通过资金中心进行对冲操作的经营单元，经公司财务管理部批准后可通过当地银行进行对冲操作。

第四章　操作程序

第十三条　公司衍生品业务以锁定成本、控制利率、汇率风险敞口为宗旨，不以投机获利为目标。财务管理部根据各经营单元报送的风险敞口信息为基础，并根据业务和市场变化情况指定动态管理方案；资金管理中心根据财务管理部所指定管理方案进行滚动操作。

第十四条　财务管理部综合市场情况及公司经营情况预算，提出衍生品具体操作方案。

第十五条　风险管理部对财务管理部所提操作方案进行审查，出具法律意见书。

第十六条　与公司进出口相关的一年内远期业务由财务管理部部长审批执行。

第十七条　与公司进出口相关的一年内远期业务以外的金融衍生品交易经公司分管财务副总裁审核，报公司董事长批准执行。

第十八条　财务管理部每季度对衍生品业务出具估值报告。

第十九条　会计部根据衍生品业务估值报告进行账务处理。

第二十条　审计部负责监督衍生品业务损益情况和会计核算情况，不定期地对交易情况进行审计，稽核交易及信息披露是否依据相关内控制度执行。

第五章　附　　则

第二十一条　本制度解释权属于公司董事会。本制度的相关规定如与日后颁布或修改的有关法律、法规、规章和《公司章程》相抵触，则应根据有关法律、法规、规章和《公司章程》的规定执行，董事会应及时对本制度进行修订。

第二十二条　本制度自公司第四届董事会2014年度第二次临时会议批准后实施。

××股份有限公司

2014 年 6 月 11 日

衍生金融工具整体业务流程

通常情况下，衍生工具交易业务流程包括提出衍生工具交易方案、交易方案论证、交易方案审批、衍生工具交易计划编制与执行、投资衍生工具活动的监督、评价与责任追究等环节，如图 7-2 所示。

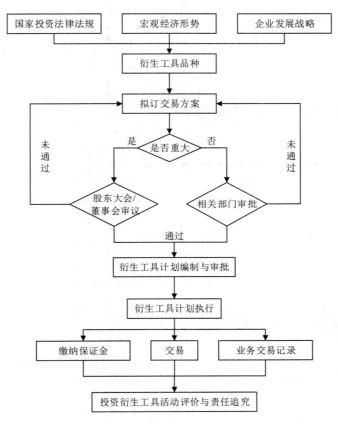

图 7-2　衍生金融工具业务整体流程

文案范本

衍生工具业务风险评估流程

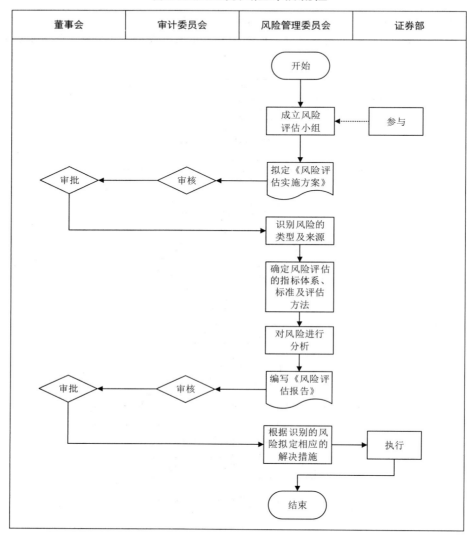

十二、理财内控制度

请参阅以下相关文案。

××发展集团股份有限公司短期理财内控制度

（本制度于2013年2月6日经第七届董事会第十四次会议审议通过）

第一条 为规范××发展集团股份有限公司（以下简称"公司"）及其控股子公司的短期理财管理，有效控制风险，提高资金运作效率，依据《中华人民共和国证券法》、深圳证券交易所《股票上市规则》《主板上市公司规范运作指引》《信息披露业务备忘录第25号——证券投资》等法律、法规、规范性文件及《公司章程》的有关规定，结合公司的实际情况，特制定本制度。

本制度适用于公司及控股子公司。

第二条 本制度所称短期理财是指公司的短期财务投资行为，具体包括购买预计短期持有的银行理财产品、货币市场基金、券商集合理财产品及董事会批准的其他理财产品。

第三条 公司短期理财以不影响公司正常经营和主营业务的发展为先决条件，以提高资金使用效率、增加现金资产收益为原则。

第四条 公司短期理财的资金来源为公司自有闲置资金，不得挪用募集资金，不得挤占公司正常运营和项目建设资金。

第五条 公司进行短期理财，按如下权限进行审批。

（一）董事会有权审批单次金额不超过公司最近一期经审计净资产10%的短期理财，超出该金额的报股东大会审议批准。

（二）连续十二个月内，董事会对同一交易主体进行的短期理财总额，不得超过公司上一年度经审计的总资产的10%，超出该金额的报股东大会审议批准。

（三）公司短期理财总额占公司最近一期经审计净资产50%以上，且绝对金额超过5 000万元人民币的，经董事会审议后，由股东大会以现场及网络投票形式审议批准。

（四）在董事会审批权限范围内的短期理财，董事会通过董事会决议的形式确定短期理财的投资金额、投资对象、投资期限，授权公司经营层在董事会决议确定的范围内进行短期理财的具体运作。

针对每笔具体理财事项，公司设立理财小组，由公司总裁、副总裁、财务总监、董事会秘书等人员组成，总裁任组长。公司资金财务部负责具体理财操作事项，并向理财小组报告工作。具体经办人员在理财小组的领导下和公司授权的资金使用范围内，进行具体操作。每笔理财必须由经办人员提交基本情况报告、投资理财分析报告及预计收益情况分析报告，经理财小组审议报董事长批准后方可进行。

（五）公司控股子公司的短期理财活动必须报公司批准后进行。

（六）上述审批权限如与相关法律、法规、规范性文件及《公司章程》等不相符的，以相关法律、法规、规范性文件及《公司章程》为准。

第六条 公司资金财务部是公司及控股子公司短期理财归口管理部门。其主要职能如下。

（一）负责投资前论证，对短期理财的资金来源、投资规模、预期收益进行可行性分析，对受托人资信、投资品种等进行风险性评估，必要时聘请外部专业机构提供投资咨询服务。

（二）负责具体理财操作事项和投资期间管理，落实风险控制措施，向公司经营管理层报告工作。

1. 每月结束后10日内应以书面形式向财务总监、总裁报告本月短期理财情况。每季度结束后 15 日内，编制公司短期理财季度报告，并向财务总监、总裁报告短期理财进展情况、盈亏情况和风险控制情况。

2. 出现本制度第十条规定的投资风险及其他重大投资风险时，公司资金财务部立即以电话、传真、邮件或电子邮件等方式向财务总监、总裁报告有关情况。

（三）负责到期短期理财资金和收益的及时、足额到账。

第七条　公司进行的短期理财完成后，应及时取得相应的投资证明或其他有效证据并及时记账，相关合同、协议等应作为重要业务资料及时归档。

第八条　公司资金财务部应根据《企业会计准则第 22 号——金融工具确认和计量》《企业会计准则第 37 号——金融工具列报》等相关规定，对公司短期理财业务进行日常核算并在财务报表中正确列报。

第九条　公司委托他人进行短期理财的，受托方人须是资信状况、财务状况良好、无不良诚信记录及盈利能力强的合格专业理财机构。公司应与受托人签订书面合同，明确短期理财的金额、期间、投资品种、双方的权利义务及法律责任等，必要时要求提供担保。

第十条　受托人资信状况、盈利能力发生不利变化或投资产品出现损失风险时，资金财务部必须立即报告财务总监、总裁，经讨论后决定是否采取有效措施回收资金；如受托人资信状况、盈利能力持续恶化，须提请董事会审议是否继续进行短期理财，并出具意见。

第十一条　短期理财情况由审计部门进行日常监督，定期对资金使用情况进行审计、核实。

第十二条　独立董事应当对短期理财情况进行检查。独立董事在公司内部审计部门核查的基础上，以董事会审计委员会核查为主，必要时由二名以上独立董事提议，有权聘任独立的外部审计机构进行短期理财的专项审计。同时，独立董事应在定期报告中发表相关的独立意见。

第十三条　公司监事会有权对公司短期理财情况进行定期或不定期的检查，如发现违规操作情况可提议召开董事会审议停止公司的相关短期理财活动。

第十四条　公司短期理财具体执行人员及其他知情人员在相关信息公开披露前不得将公司短期理财情况透露给其他个人或组织，但法律、法规或规范性文件另有规定的除外。

第十五条　公司应在定期报告中披露报告期内短期理财以及相应的损益情况，披露内容至少应包括：

（一）报告期末短期理财明细，说明投资品种、投资金额以及占总投资的比例；

（二）报告期内短期理财的损益情况。

第十六条　公司证券事务部应根据《深圳证券交易所股票上市规则》《深圳证券交易所主板上市公司规范运作指引》《信息披露业务备忘录第 25 号——证券投资》等法律、法规、规范性文件的有关规定，对报送的短期理财信息进行分析和判断，如需要公司履行信息披露义务的，公司证券事务部应及时将信息向公司董事会进行汇报，提请公司董事会履行相应的程序，并按有关规定予以公开披露。

第十七条　凡违反相关法律法规、本制度及公司其他规定，致使公司遭受损失的，应视具体情况处分相关责任人。

第十八条　本制度所称"以上""不超过"含本数，"低于""超过"不含本数。

第十九条　本制度未尽事宜，依照国家有关法律、法规、规范性文件的有关规定执行。本制度某些条款如因有关法律、法规、规范性文件的有关规定调整而发生冲突的，以有关法律、法规、规范性文件的规定为准。

第二十条　本制度自公司董事会通过之日起实施，本制度的解释权归公司董事会。

厦门××实业股份有限公司委托理财内控制度

（本制度经公司 2013 年 3 月 9 日召开的 2013 年第二次董事会审议通过）

第一条　制定目的及依据

为加强与规范本公司（以下简称"公司"）及其控股子公司对委托理财业务的管理，有效控制风险，提高投资收益，维护公司及股东利益，依据《中华人民共和国证券法》《深圳证券交易所股票上市规则》《深圳证券交易所主板上市公司规范运作指引》《信息披露业务备忘录第 25 号——证券投资》及《公司章程》等法律、法规、规范性文件的有关规定，结合公司的实际情况，特制定本制度。

第二条　定义与适用范围

（一）本管理制度所称的委托理财是指在国家政策允许的情况下，公司在控制投资风险的前提下，以提高资金使用效率、增加现金资产收益为原则，对自有资金委托商业银行理财、信托理财及其他理财工具进行运作和管理。公司所投资的委托理财产品必须为 100%保本的产品，不得用于投资股票及其衍生产品、证券投资基金、以证券投资为目的的委托理财产品等。

（二）委托理财的资金为公司自有资金，以不影响公司正常经营和主营业务的发展为先决条件。

第三条　内部审批及职能

（一）委托理财总额占公司最近一期经审计净资产 10%以上，且绝对金额超过 1 000 万元人民币的，应在投资之前经董事会审议批准并及时履行信息披露义务。

（二）委托理财总额占公司最近一期经审计净资产 50%以上，且绝对金额超过 5 000 万元人民币的，应提交股东大会审议。在召开股东大会时，除现场会议外，公司还向投资者提供网络投票渠道进行投票。

（三）公司财务部为公司委托理财业务的职能管理部门，主要职能包括：负责投资前论证，对委托理财的资金来源、投资规模、预期收益进行可行性分析，对受托方资信、投资品种等进行风险性评估。负责投资期间管理，落实风险控制措施。负责跟踪到期投资资金和收益及时、足额到账。

第四条　决策与报告制度

（一）公司委托理财方案经董事会或股东大会审议通过后，有关决议公开进行披露，接受深圳证券交易所的监管。

（二）经董事会或股东大会批准的委托理财方案在具体运作时，公司财务部门应进行风险评估和分析，投资总额达到公司董事会权限的，需按相关程序审批后执行。公司董事会在审议委托理财事项时，应当充分关注相关风险控制措施是否健全有效，受托方的诚信记录、经营团队状况和财务状况是否良好，并及时进行信息披露。如投资总额超过董事会权限的，须报股东大会审批。

（三）公司建立委托理财报告制度。公司财务部编制委托理财管控表，定期进行汇总向公司分管领导及董事长报告委托理财进展情况、风险控制情况、收益情况。

第五条　核算管理

公司进行的委托理财完成后，应及时取得相应的投资证明或其他有效证据并及时记账，相关合同、协议等应作为重要业务资料及时归档。会计部门应根据企业会计准则相关规定，对公司委托理财业务进行日常核算并在财务报表中正确列报。

第六条　风险控制和信息披露

（一）委托理财情况由公司内部审计部进行日常监督，定期进行审计、核实。

（二）公司进行委托理财，应当选择资信状况、财务状况良好、无不良诚信记录及盈利能力强的合格专业理财机构作为受托方，并与受托方签订书面合同，明确委托理财的金额、期间、投资品种、双方的权利义务及法律责任等，必要时要求提供担保，并由财务部指派专人跟踪委托理财的进展情况及投资安全状况。出现异常情况时须及时报告董事会，以采取有效措施回收资金，避免或减少公司损失。

（三）独立董事可以对委托理财情况进行检查。独立董事在公司内部审计核查的基础上，以董事会审计委员会核查为主，必要时由二名以上独立董事提议，有权聘任独立的外部审计机构进行委托理财的专项审计。

（四）公司监事会有权对公司委托理财情况进行定期或不定期的检查，如发现违规操作情况可提议召开董事会审议停止公司的相关投资活动。

（五）公司委托理财具体执行人员及其他知情人员在相关信息公开披露前不得将公司投资情况透露给其他个人或组织，但法律、法规或规范性档另有规定的除外。

（六）公司应在定期报告中披露报告期内委托理财的风险控制及损益情况。

第七条　其他相关规定

（一）本制度未尽事宜，依照国家有关法律、法规、规范性文件的有关规定执行。本制度某些条款如因有关法律、法规、规范性文件的有关规定调整而发生冲突的，以有关法律、法规、规范性文件的规定为准。

（二）本制度适用于公司及控股子公司。

（三）本制度自公司董事会通过之日起实施。

厦门××实业股份有限公司

2013 年 3 月 9 日

十三、资金活动业务控制流程

企业资金营运过程，从资金流入企业形成货币资金开始，到通过销售收回货币资金、成本补偿确定利润、部分资金流出企业为止，形成资金营运的一个完整循环。制造业、流通业资金营运流程如图 7-3 所示。

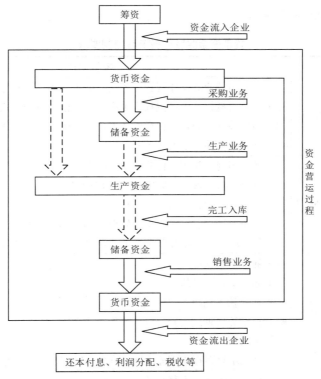

图 7-3　资金营运管理流程

 文案范本

货币资金业务流程控制设计

1. 货币资金收款业务流程及控制要求

（1）收款业务流程。

货币资金收款业务流程

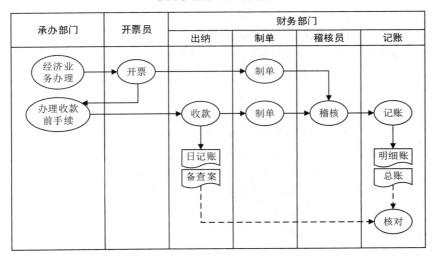

（2）收款业务流程控制要求。

货币资金收款业务流程控制要求

业务操作	操作人	控制要求
经济业务办理	业务承办人	（1）按公司的业务操作规程业务进行商洽、签订合同等 （2）按公司授权，由被授权人批准交易价格、折扣方式及比例等 （3）与财务部门商定或根据财务部门规定确定结算方式和付款期 （4）开具业务凭单如发货单等并送交发票员开票
开具发票	开票员	（1）按公司规定领用、保管发票和收据 （2）开具规范，填写内容完整，内容真实 （3）发票开具后，由另一人审核 （4）下班前汇总、打印收据、发票开具清单，并附记账联报送销售会计 （5）发票联、税务抵扣联移送业务承办人，并办理签收手续
办理收款前手续	业务承办人	（1）催收应收款项 （2）通知交款人付款 • 告知交款人到财务部门交款 • 受理结算票据或告知交款人到银行进账 • 辨别真假 （3）登记结算票据受理登记簿，向财务部门移交结算票据并办理移交手续
收款	出纳	（1）接受业务承办人移交的结算票据 （2）对受理的结算票据难辨其真伪时，及时送交银行鉴别 （3）登记结算登记簿，妥善保管结算票据 （4）办理银行票据结算或贴现手续 （5）验证收取现金并送交银行 （6）将收款通知单送交制单员，告知相关部门 （7）编制收款周报表，分送相关部门 （8）收款后在收款凭证及附件上盖上"收讫"章
制单	制单员	（1）对发票、收据进行审核，审核其完整性 （2）对发票、收据的记账联及时账务处理 （3）对收款通知单进行审核并及时进行账务处理 • 审核收款日期与合同是否相符 • 审核收款金额发票或应收款余额是否相符 （4）审核收款方式是否合适 （5）审核折扣审批者是否超过其权限
稽核	稽核员	（1）复核制单员的账务处理是否正确 （2）对制单员复核的内容再复核 （3）抽查核实收款凭证与对账单等是否相符
记账	会计	会计电算系统在凭证稽核后自动记账
核对	主管会计	（1）总账与现金、银行存款账核对 （2）总账与明细账相对 （3）编制银行存款调节表，对未达账核实，并督促经办人及时处理完毕

续表

业务操作	操作人	控制要求
核对	主管会计	（4）与银行定期核对余额和发生额 （5）每月不定期对现金抽点

2. 货币资金付款业务流程及控制要求

（1）付款业务流程图。

货币资金付款业务流程

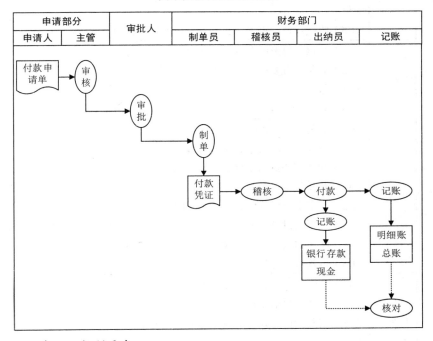

（2）付款业务流程控制要求。

货币资金付款业务流程控制要求

业务操作	操作人	控制要求	备注
支付申请	用款经办人	（1）填写付款申请单，注明款项的用途、金额、预算、支付方式等 （2）附相关附件：计划、发票、入库单等。需经股东大会、董事会批准的事项，必须附有股东大会决议、董事会决议 （3）由经管部门的经管人员办理申请 （4）大额现金支付提前一天通知财务部门	
支付审批	申请部门主管	（1）核实该付款事项的真实性，对该项付款金额合理性提出初步意见 （2）对有涂改现象的发票一律不审核 （3）对不真实的付款事项拒绝审核	
	核决人	（1）在自己核决权限范围内进行审批 （2）对超过核决权限范围的付款事项审核后转上一级核决人审批 （3）对有涂改现象的发票一律不审批 （4）对不符合规定的付款拒绝批准	

续表

业务操作	操作人	控制要求	备注
支付复核	制单员	（1）复核支付申请的批准范围、权限是否符合规定 （2）审核原始凭证包括日期、收款人名称、税务监制章、经济内容等是否完备 （3）手续和相关单证是否齐备 （4）金额计算是否准确 （5）支付方式是否妥当：1 000 元以上的单位付款应采用银行结算方式支付 （6）收款单位是否妥当：收款单位名称与合同、发票是否一致	
	稽核员	（1）复核制单员的账务处理是否正确 （2）对制单员复核的内容再复核 （3）付款单位是否与发票一致 （4）复核后直接交出纳办理支付	
办理支付	出纳	（1）对付款凭证进行形式上复核 ● 付款凭证的所有手续是否齐备 ● 付款凭证金额与附件金额是否相符 ● 付款单位是否与发票一致 （2）出纳不能保管所有预留银行印鉴 （3）现金支付另有人复点或定期复点；开出的银行票据另有人复核 （4）非出纳人员不得接触库存现金和空白票据 （5）付款后在付款凭证及附件上盖上"付讫"章	
核对	主管会计	（1）总账与现金、银行存款账核对 （2）总账与明细账相对 （3）编制银行存款调节表，对未达账核实，并督促经办人及时处理完毕 （4）与银行定期核对余额和发生额 （5）每月不定期对现金抽点两次	

3. 货币资金保管流程控制设计

（1）货币资金收付和保管只能由出纳员负责，其他任何人员（包括单位负责人）非经单位领导集体特别授权，不得接触货币资金。

（2）要严格执行库存现金限额。

（3）出纳员要自觉进行经常性的对账工作，包括每日结出现金日记账余额与自己所保管的现金核对相符，经常与会计核对账目等。

（4）要严格执行定期现金突击盘点和核对银行对账制度，及时发现和处理问题。

（5）所有收付款原始凭证必须事先连续编号并按顺序使用，一次复写，作废的应加盖"作废"章后妥善保管。已开出的收付款原始凭证必须全部及时入账。

资金支付业务流程

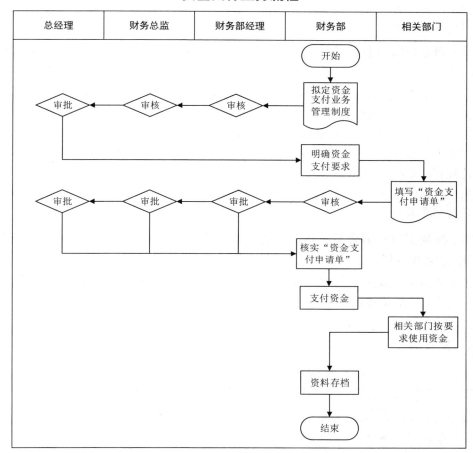

第二节　筹资

一、筹资管理的控制目标

（一）保证筹资方案符合企业整体发展战略，项目可行

　　财务部门与其他生产经营相关业务部门沟通协调，根据企业经营战略、预算情况与资金现状等因素，提出筹资方案，筹资方案应包括筹资金额、筹资形式、利率、筹资期限、资金用途等内容。

　　企业组织相关专家对筹资项目进行可行性论证，评估筹资方案是否符合企业整体发展战略，分析筹资方案是否还有降低筹资成本的空间以及更好的筹资方式，对筹资方案面临的风险作出全面评估。

（二）在企业内部按照分级授权审批的原则进行审批，审批人员与筹资方案编制人员应适当分离

在审批中，应贯彻集体决策的原则，实行集体决策审批或者联签制度。筹资方案需经有关管理部门批准的，应当履行相应的报批程序，重大筹资方案，应当提交股东（大）会审议，选择批准最优筹资方案。

（三）制定切实可行的具体筹资计划，科学规划筹资活动，保证筹资活动正确、合法、有效进行

通过银行借款方式筹资的，应当与有关金融机构进行洽谈，明确借款规模、利率、期限、担保、还款安排、相关的权利义务和违约责任等内容；通过发行债券方式筹资的，应当合理选择债券种类，如普通债券还是可转换债券等，并对还本付息方案作出系统安排，确保按期、足额偿还到期本金和利息。通过发行股票方式筹资的，应当依照《中华人民共和国证券法》等有关法律法规和证券监管部门的规定，优化企业组织架构，进行业务整合，并选择具备相应资质的中介机构，如证券公司、会计师事务所、律师事务所等协助企业做好相关工作，确保符合股票发行条件和要求。

（四）按规定进行筹资后评价，评估执行及效果与方案的一致性，对存在违规现象的，严格追究其责任

加强筹资活动的检查监督，严格按照筹资方案确定的用途使用资金，确保款项的收支、股息和利息的支付、股票和债券的保管等符合有关规定，维护筹资信用。

 **文案范本**

筹资活动的控制目标和基本内部控制要点一览表

内部控制目标	基本内部控制要点
借款和所有者权益账面余额在资产负债表日确实存在，借款利息费用和已支付的股利是由实际发生的交易事项引起的	借款或发行股票经过适当的授权审批 利息的支付和股利的支付经过适当的授权审批
借款和所有者权益的增减变动及其利息和股利已登记入账	筹资业务的会计记录与授权和执行等方面明确职责分工 借款合同或协议由专人保管；如保存债券持有人的明细资料，应同总分类 账核对相符，如由外部机构保存，需定期同外部机构核对
借款均为企业承担的债务，所有者权益代表所有者的法定求偿权	签订借款合同或协议、债券契约、承销或包销协议等相关法律性文件
借款和所有者权益的期末余额正确	建立严密完善的账簿体系和记录制度 核算方法符合会计准则或会计制度的规定
借款和所有者权益在资产负债表上的披露正确	筹资业务明细账与总账的登记职务分离 筹资披露符合会计准则或会计制度的要求

二、筹资活动控制内容及基本控制制度

（一）岗位分工控制

1. 不相容岗位分离

企业应建立筹资业务的岗位责任制，明确有关部门和岗位的职责、权限，确保办理筹资业务的不相容岗位相互分离、制约和监督。同一部门或个人不得办理筹资业务的全过程。筹资业务的不相容岗位至少包括：

（1）筹资方案的拟订与决策分离；

（2）筹资合同或协议的审批与订立分离；

（3）与筹资有关的各种款项偿付的审批与执行分离；

（4）筹资业务的执行与相关会计记录分离。

2. 部门职责

（1）财务部。编制筹资预算；拟订筹资方案；组织筹资风险评估；与证券部共同编制发行新股招股说明书、可转换公司债券募集说明书、公司债券募集说明书等相关文件；归口办理除发行债券外的债务融资事项；筹资会计核算和偿付管理。

（2）证券部或投资部。与财务部共同办理资本市场的筹资事项；参与筹资风险评估；资本市场债务筹资偿还管理。

（3）审计部。对筹资协议或合同进行审查；对公司筹资政策和筹资业务过程进行审计。

3. 业务人员的素质要求

企业应配备合格的人员办理筹资业务。办理筹资业务的人员应具备必要的筹资业务专业知识和良好的职业道德，熟悉国家有关法律法规、相关国际惯例及金融业务，符合公司规定的岗位规范要求。

（二）授权批准控制

企业应对筹资业务建立严格的授权批准制度，明确授权批准方式、程序和相关控制措施，规定审批人的权限、责任以及经办人的职责范围和工作要求；建立筹资决策、审批过程的书面记录制度以及有关合同或协议、收款凭证、支付凭证等资料的存档、保管和调用制度，加强对与筹资业务有关的各种文件和凭据的管理，明确相关人员的职责权限。

1. 授权方式

（1）公司对董事会的授权由公司章程规定和股东大会决议；

（2）公司对董事长、总经理的授权，由公司董事会决议；

（3）对总经理对其他人员的授权，年初以授权文件的方式明确，对筹资审批，一般只对财务总监给予授权；

（4）对经办部门的授权，在部门职能描述中规定。

2. 审批权限

筹资活动审批权限和要求如表 7-4 所示。

表 7-4 筹资活动审批权限和要求

项 目	审 批 人	审批权限和要求
权益资本筹资	股东大会	对发行新股（包括配股、增发）等作出决议 批准前，董事会必须决议通过

续表

项　目	审　批　人	审批权限和要求
权益资本筹资	董事会	对筹资方案审批
债务资本筹资	股东大会	对发行公司债券作出决议 决议前，董事会必须通过
	董事会	制定发行债券方案并批准 授权董事长、总经理对除债券发行外的债务筹资审批
	董事长、总经理、财务总监	按授权审批筹资方案 按授权签订筹资合同

3．审批方式

（1）股东大会批准以股东大会决议的形式批准，董事长根据决议签批；

（2）董事会批准以董事会决议的形式批准、董事长根据决议签批；

（3）董事长在董事会闭会期间，根据董事会授权直接签批；

（4）总经理根据总经理会议规则，由总经理办公会议批准或根据授权直接签批；

（5）财务总监根据授权签批。

4．批准和越权批准处理

审批人根据筹资业务批准制度的规定，在授权范围内进行审批，不得超越审批权限；经办人在职责范围内，按照审批意见办理筹资业务；对于审批人超越授权范围审批的筹资业务，经办人有权拒绝办理，并及时向审批人的上一级授权部门报告。

（三）筹资决策控制

企业应建立筹资业务决策环节的控制制度，对筹资方案的拟订设计、筹资决策程序等作出明确规定，确保筹资方式符合成本效益原则，筹资决策科学、合理（见图7-4）。

1．筹资预算

公司每年度根据公司的发展战略、投资计划、生产经营需要，并以现金流为中心编制筹资预算，筹资预算与资金需求时间、结构、规模相匹配；筹资预算应符合公司发展战略要求、筹资计划和资金需要；筹资预算一经批准，必须严格执行；公司筹资预算的编制和调整，按相关法律法规及单位的《预算管理实施办法》执行。

2．筹资方案制定与决策

企业拟订的筹资方案应符合国家有关法律法规、政策和企业筹资预算要求，明确筹资规模、筹资用途：筹资结构、筹资方式和筹资对象，并对筹资时机选择、预计筹资成本、潜在筹资风险和具体应对措施以及偿债计划等作出安排和说明。

（1）企业拟订筹资方案，应考虑企业经营范围、投资项目的未来效益、目标资本结构、可接受的资金成本水平和偿付能力。在海外筹集资金的，还应考虑筹资所在国的政治、法律、汇率、利率、环保、信息安全等风险以及财务风险等因素。

（2）对重大筹资方案应进行风险评估，形成评估报告，报董事会或股东大会审批。评估报告应全面反映评估人员的意见，并由所有评估人员签章。未经风险评估的方案不能进行筹资。企业拟订筹资方案，应准备多个方案作出比较分析，企业需要综合筹资成本和风险评估等因素对方案进行选定。

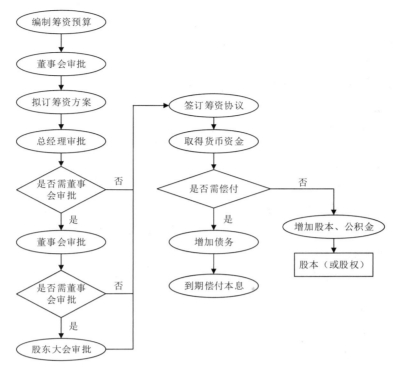

图 7-4　筹资业务程序

（3）对于重大筹资方案，企业应实行集体决策审批或者联签制度。决策过程应有完整的书面记录，并由决策人员核对签字；筹资方案需经国家有关管理部门或上级主管单位批准的，应及时报请批准。

（4）决策责任追究

根据公司章程及公司其他相关规定，企业应建立筹资决策责任追究制度。对重大筹资项目应进行后评估，明确相关部门及人员的责任，定期或不定期地进行检查。

3．筹资对象选择

（1）公司按照公开、公平、公正的原则慎重选择筹资对象；

（2）在筹资中涉及中介机构，公司指定相关部门或人员对其资信状况和资质条件进行充分调查和了解。

（四）筹资执行控制

企业应建立筹资决策执行环节的控制制度，对筹资合同的订立与审核、资产的收取等作出明确规定。

1．筹资合同或协议的订立与变更

企业应根据经批准的筹资方案，按照规定程序与筹资对象，与中介机构订立筹资合同或协议。筹资合同由公司授权财务部会同有关部门办理。

公司应组织审计部等相关部门或人员对筹资合同或协议的合法性、合理性、完整性进行审核，审核情况和意见应有完整的书面记录。

筹资合同或协议的订立应符合《中华人民共和国合同法》及其他相关法律法规的规定，并经企业有关授权人员批准。重大筹资合同或协议的订立，应征询法律顾问或专家的意见。

企业筹资通过证券经营机构承销或包销企业债券或股票的，应选择具备规定资质和资信良好的证券经营机构，并与该机构签订正式的承销或包销合同或协议。变更筹资合同或协议，应按照原审批程序进行。

2．合同或协议审批

合同经审核程序通过后，由公司有关授权人员批准。

3．合同或协议履行

取得货币性资产，应按实有数额及时入账。取得非货币性资产，应根据合理确定的价值及时进行会计记录，并办理有关财产转移、工商变更手续。对需要进行评估的资产，应聘请有资质的中介机构及时进行评估。

4．待发行有价证券的保管

公司对已核准但尚未对外发行的有价证券，由公司财务部会同保安部门妥善保管或委托专门机构代为保管，建立相应的保管制度，明确保管责任，定期和不定期进行盘存或检查。

5．筹资费用支付

企业应加强对筹资费用的计算、核对工作，确保筹资费用符合筹资合同或协议的规定，并结合偿债能力、资金结构等，保持足够的现金流量，确保及时、足额偿还到期本金、利息或已宣告发放的现金股利等。

6．筹资资金使用

应按照筹资方案所规定的用途使用对外筹集的资金。由于市场环境变化等特殊情况导致确需改变资金用途的，应履行审批手续，并对审批过程进行完整的书面记录。严禁擅自改变资金用途。

应建立持续符合筹资合同条款的内部控制制度，其中应包括预算不符合条款要求的预警和调整制度。国家法律、行政法规或者监管协议规定应披露的筹资业务，企业应及时予以公告和披露。

（五）筹资偿付控制

企业应建立筹资业务偿付环节的控制制度，对偿还本金、支付利息、租金、股利（利润）等步骤、偿付形式等作出计划和预算制度安排，并正确计算、核对，确保各款项偿付符合筹资合同或协议的规定；以非货币资产偿付本金、利息、租金或支付股利（利润）时，应由相关机构或人员合理确定其价值，并报授权批准部门批准，必要时可委托具有相应资质的机构进行评估。

1．利息租金偿付

（1）企业支付筹资利息、股息、租金等，应履行审批手续，经授权人员批准后方可支付。通过向银行等金融机构举借债务筹资，其利息的支付方式也可按照双方在合同、协议中约定的方式办理。

（2）企业委托代理机构对外支付债券利息，应清点、核对代理机构的利息支付清单，并及时取得有关凭据。

2．股利支付

（1）企业应按照股利（利润）分配方案发放股利（利润），股利（利润）分配方案应按照企业章程或有关规定，按权限审批。

（2）企业委托代理机构支付股利（利润），应清点、核对代理机构的股利（利润）支付清单，并及时取得有关凭据。

3．债务资金支付

（1）公司财务部应指定专人对债务资金进行管理，定期列单向公司总经理、财务总监、财务部经理提示债务资金到期情况；

（2）公司严格按合同或协议规定支付本、息；

（3）公司支付债务资金，经授权批准后支付；

（4）到期债务如需续借，经授权人员批准后，财务部在到期前一个月向债权人申请办理，到期前完成续借手续。

4．拟偿付款项与合同或协议不符情形的处理

企业财务部门在办理筹资业务款项偿付过程中，发现已审批拟偿付的各种款项的支付方式、金额或币种等与有关合同或协议不符的，应拒绝支付并及时向有关部门报告，有关部门应当查明原因，作出处理。

5．筹资风险管理

（1）公司应定期召开财务工作会议，并由财务部对公司的筹资风险进行评价。

（2）公司筹资风险的评价要素：以公司固定资产投资和流动资金的需要，决定筹资的规模和组合；筹资时应充分考虑公司的偿还能力，全面衡量收益情况和偿还能力，做到量力而行；对筹集来的资金、资产、技术具有吸收和消化能力；筹资的期限要适当；负债率和还债率要控制在一定范围内；筹资要考虑税款减免及社会条件的制约。

（3）公司财务部采用加权平均资本成本最小的筹资组合评价公司资金成本，以确定合理的资本结构。

（4）公司采用财务杠杆系数法和结合其他方法评价筹资风险，财务杠杆系数越大，公司筹资风险也越大。

（5）公司财务部应依据公司经营状况、现金流量等因素合理安排借款的偿还期以及归还借款的资金来源。

筹资成本分析表如表 7-5 所示，筹资风险变动分析表如表 7-6 所示。

表 7-5　筹资成本分析表

项　　目 ＼ 对比分析期	年	年	差量
所有者权益筹资			
负债筹资			
筹资总额			
税前利润（未扣除筹资成本）			
减：利息等负债筹资成本			
减：所得税			
税后利润			
本年实现的可分配利润			
本年资本（股本）利润率			
本年负债筹资成本率			

表 7-6　筹资风险变动分析表

项　　目	年				年				差异（比重）	
	年初数	期末数	平均数	比重	年初数	期末数	平均数	比重	比重差	升降幅度
流动负债										
非流动负债										
负债合计										
所有者权益										
筹资总额										

（六）筹资记录控制

1．过程记录

公司建立筹资决策、审批过程的书面记录制度。

2．会计记录

（1）公司按会计准则或会计制度对筹资业务进行会计核算和记录；

（2）公司应建立股东名册，记录股东姓名或名称、住所及股东所持股份、股票编号以及股东取得股票的日期；

（3）公司应建立债券存根簿，记录持有人、债券编号、债券总额、票面金额、利率、还本付息期限和方式、债券发行时间等；

（4）公司应建立借款台账，登记债权人、本金、利率、还本付息期限和方式等；

（5）公司财务部应定期对会计记录和有关凭证与记录进行核对和检查；

（6）企业以抵押、质押方式筹资，应对抵押物资进行登记。业务终结后，应对抵押或质押资产进行清理、结算、收缴，及时注销有关担保内容。

3．档案管理

公司对筹资过程记录以及有关合同或协议，收款凭证、验收证明、入库凭证、支付凭证定期整理存档；档案的保管、调阅按国家及公司档案管理办法执行。

（七）具体筹资业务操作控制

1．权益资本筹资

（1）公司吸收直接投资程序。

1）吸收直接投资须经公司股东大会或董事会批准；

2）与投资者签订投资协议，约定投资金额、所占股份、投资日期以及投资收益与风险的分担等；

3）财务部负责监督所筹集资金的到位情况和实物资产的评估工作，并请会计师事务所办理验资手续，公司据此向投资者签发出资报告；

4）财务部在收到投资款后应及时建立股东名册；

5）办理工商变更登记和公司章程修改手续。

（2）发行股票筹资程序。

1）发行股票筹资必须经过股东大会批准并拟订发行新股申请报告；

2）董事会向有关授权部门申请并经批准；

3）公布公告招股说明书和财务会计报表及附属明细表，与证券经营机构签订承销协议；

4）招认股份，缴纳股款；

5）办理变更登记并向社会公告；

6）建立股东名册。

吸收投资不得吸收投资者已设有担保物权及租赁资产的出资。

筹集的资本金，在生产经营期间内，除投资者依法转让外，不得以任何方式抽走。

投资者实际缴付的出资额超出其资本金的差额（包括公司发行股票的溢价净收入）以及资本汇率折算差额等计入资本公积金。

2. 债务资本筹资

（1）公司短期借款筹资。

1）短期借款筹资程序。

① 根据财务预算，公司财务部确定公司短期内所需资金，编制筹资计划表；

② 按照筹资规模大小，分别由财务总监和总经理审批筹资计划；

③ 财务部负责拟订或审核借款合同，并监督资金的到位和使用，借款合同内容包括借款人、借款金额、利息率、借款期限、利息及本金的偿还方式以及违约责任等；

④ 双方法人代表或授权签字。

2）在短期借款到位当日，公司财务部应按照借款类别在短期筹资登记簿中登记。

3）公司财务部建立借款台账，以详细记录各项资金的筹集、运用和本息归还情况。财务部对于未支付的利息单独列示。

（2）长期借款。

1）公司长期借款必须编制长期借款计划使用书，包括项目可行性研究报告、项目批复、公司批准文件、借款金额、用款时间与计划以及还款期限与计划等；

2）长期借款计划应由公司财务总监、总经理、董事会依其职权范围进行审批；

3）公司财务部负责拟订长期借款合同，其主要内容包括贷款种类、用途、贷款金额、利息率、贷款期限、利息及本金的偿还方式和资金来源、违约责任等。

（3）发行债券。

1）公司发行债券筹资程序。

① 发行债券筹资应先由股东大会作出决议；

② 向国家证监会提出申请并提交公司登记证明、公司章程、公司债券募集办法以及资产评估报告和验资报告等；

③ 制定公司债券募集办法，其主要内容包括公司名称、债券总额和票面金额、债券利率、还本付息的期限和方式、债券发行的起止日期、公司净资产、已发行尚未到期的债券总额以及公司债券的承销机构等；

④ 同债券承销机构签订债券承销协议或包销合同。

2）公司发行的债券应载明公司名称、债券票面金额、利率以及偿还期限等事项，并由董事长签名、公司盖章。

3）公司债券发行价格可以采用溢价、平价、折价三种方式，公司财务部保证债券溢价和折价合理分摊。

4）公司对发行的债券应置备公司债券存根簿予以登记。

① 发行记名债券的，公司债券存根簿应记明债券持有人的姓名、名称及住所、债券持有人取得债券的日期及债券编号、债券总额、票面金额、利率、还本付息的期限和方式以及债券的发行日期；

② 发行无记名债券的，应在公司债券存根簿上登记债券的总额、利率、偿还期限和方式

以及发行日期和债券的编号等。

5）公司财务部在取得债券发行收入的当日将款项存入银行。

6）公司财务部指派专人负责保管债券持有人明细账，并组织定期核对。

7）公司按照债券契约的规定及时支付债券本息。

（八）监督检查

1. 监督检查主体

（1）监事会。依据公司章程和股东大会决议对筹资管理进行检查监督。

（2）审计部门。依据公司授权和部门职能描述，对公司筹资业务进行审计监督。

（3）财务部门。依据公司授权，对公司筹资过程进行财务监督。

（4）上级对下级。对筹资的日常工作进行监督检查。

2. 监督检查内容

（1）筹资业务相关岗位及人员的设置情况。重点检查是否存在不相容职务混岗的现象。

（2）筹资业务授权批准制度的执行情况。重点检查筹资业务的授权批准手续是否健全，是否存在越权审批的行为。

（3）筹资决策制度的执行情况。重点检查筹资决策是否按照规定程序进行，决策责任制度是否落实到位。

（4）决策执行及资产的收取情况。重点检查是否严格按照经批准的筹资方案、有关合同或协议办理筹资业务，以及是否及时、足额收取资产。

（5）各项款项的支付情况。重点检查筹资费用、本金、利息、租金、股利（利润）等的支付是否符合合同或协议的规定，是否履行审批手续。

（6）会计处理和信息披露情况。重点检查会计处理是否真实、正确，信息披露是否及时、完整。

3. 监督检查结果处理

对监督检查过程中发现的筹资内部控制中的薄弱环节，负责监督检查的部门应告知有关部门，有关部门应当及时查明原因，采取措施加以纠正和完善；公司监督检查部门应按照单位内部管理权限向上级有关部门报告筹资内部控制监督检查情况和有关部门的整改情况。

三、筹资交易活动中的常见弊端

（一）筹资无预算，盲目操作

在筹资环节，盲目筹资的现象比较严重，有的企业无合理的借款计划，片面认为只要借得到钱就是有本领；有的企业所编制的计划不合理，甚至是根本不可行的预算，因而，财务人员始终陷入"拆东墙、补西墙"的筹资困境。

（二）资金使用不合理，资金成本高、资金收益率低

有的企业借款使用不当，不按规定用途使用借款，长期占用或挪用借款的情况比较严重。

（三）高额负债，经济效益下降

有的企业长期负债经营，且资产负债率居高不下，财务风险逐渐加大，有的企业息税前资产利润率高于负债利率，经济效益每况愈下，财务状况不断恶化。

（四）筹资活动不规范

企业内部集资未经批准，不符合法定手续；集团内部借贷资金、隐匿资金、转移资金。

（五）利息计算与账务处理不合理

有的企业利息计算不正确，账务处理不规范，利用利息调节利润。

（六）不按期还本付息

有的企业不能按照借款合同上的规定还本付息，有的企业甚至利用利息支付或本金的归还"制约"债权人。

（七）凭证管理不规范

未发行的筹资凭证保管不善，遗失或被盗；已回收的筹资凭证不及时注销，造成被多次使用的风险。

四、筹资风险控制

（一）筹资风险的成因

筹资风险基本表现为三个方面：负债程度、负债偿还顺序和现金流量。

一般来说，企业的筹资风险是由内、外两种因素造成的，如图 7-5 所示。

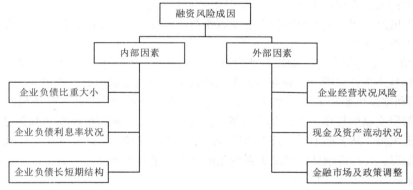

图 7-5　企业筹资风险成因

（二）筹资风险的种类

1. 按企业筹资方式的不同

按企业筹资方式的不同，筹资风险主要可分为以下几类。

（1）银行贷款筹资风险。银行贷款筹资风险是指经营者利用银行借款方式筹集资金时，由于利率、汇率及有关筹资条件发生变化而使企业盈利遭受损失的可能性。

主要包括利率变动风险、汇率变动风险、资金来源不当风险和信用风险等，这些风险具有一定的客观性，如利率的调整非企业自身所能决定，同时也具有可估计性，可以根据宏观经济形势、货币政策走向等估计利率、汇率等的变动趋势。

（2）债券筹资风险。债券筹资风险是指企业在利用债券方式筹集资金时，由于对债券发行时机、发行价格、票面利率、还款方式等因素考虑欠佳，使企业经营成果遭受损失的可能性。

主要包括发行风险、通货膨胀、可转换债券的转换风险等。由于债券具有偿付本息的义务性，决定了债券筹资必须充分依托企业的偿债能力和获利能力。因此，相对于股本的无偿还性，股息支付的非义务性、非固定性，债券筹资的风险要大得多。这种风险同样具有一定的客观性。

（3）股票筹资风险。股票筹资风险是指股份制企业在利用股票筹资的过程中，由于股票发行数量不当、筹资成本过高、时机选择欠佳等给企业造成经营成果损失，并且因经营成果无法满足投资者的投资报酬期望，引起企业股票价格下跌，使再筹资难度加大的可能性。

这种风险与债务筹资风险相比，风险较小。股票筹资风险可由更多的股东承担，我国许多股份制企业以配股方式支付股利而无须支付现金，从而避免了负债偿息带来的财务风险。

（4）租赁筹资风险。租赁筹资风险是指企业利用租赁方式筹资时，由于租期过长、租金过高、租期内市场利率变化等原因给企业带来一定损失的可能性。

主要包括技术落后风险、利率变化风险、租金过高风险等。其中有些风险具有必然性，如技术落后风险，由于科学技术的飞速发展，这种风险是必然的。承租人承担风险有一定的被动性，因为如租期、租金、偿付租金的方法主要是由出租人来定的。

（5）项目筹资风险。项目筹资风险是指企业利用项目筹资方式筹资时，由于单独成立项目法人，而且项目筹资参与者众多，所涉及的风险要在发起人、项目法人、债权人、供应商、采购商、用户、政府相关部门及其他利益相关者等之间进行分配和严格管理。

项目风险可分为系统风险和非系统风险两大类，每一类中又包含多种风险，因此，如何在利益相关者之间进行风险分配和相应的管理是项目筹资能否成功的一个重要因素。

2. 按照风险的来源不同

按照风险的来源不同，企业筹资风险可以分为以下几类。

（1）利率风险。利率风险与因利率变动而使企业筹资成本发生的变化有关，所以利率风险的产生有以下两个条件。

1）企业的债务筹资业务。如果企业没有采取债务筹资方式来筹集资金，则利率变动不会对企业债务利息产生任何影响，企业也就不会因债务负担过重而形成筹资风险。

2）市场利率发生始料未及的变动。在现代社会中任何企业都会面临利率风险。企业以货币资金方式筹资交易的规模越大，利率市场化程度越高，企业面临的利率风险就越大。

（2）外汇风险。从表面上看，外汇风险起源于汇率的变动，但汇率变动又受到外汇供求关系的影响。所以，凡是影响外汇供求关系变化的因素都是外汇风险产生的原因。这些因素包括以下几方面。

1）经济发展状况。在现代货币制度下，货币价值稳定与否取决于一国的经济发展状况。当一国经济发展稳定、货币供应适当时，其对内价值稳定，对外价值、汇率也会稳定。反之，汇率的对内价值和对外价值都难以保持稳定。

2）国际收支变化。一般来说，当一国出现国际收支逆差时意味着外汇需求增加。外汇供给减少，将导致外汇汇率上升。反之，会导致外汇汇率下跌。

3）物价水平变化。物价表现为一国货币的对内价值。在市场经济条件下，一国物价大幅度上涨，也就代表了货币的对内贬值，而货币的对内贬值也必然影响一国货币的对外价值，并最终导致本币对外贬值，即本国货币汇率下跌。

4）利率变化。利率作为一种重要的经济杠杆，会作用到社会经济生活的各个领域，包括汇率。实际上利率与汇率是相互影响相互作用的。利率对汇率的影响主要表现在因各国利率水平存在不一致而导致外汇资金供求状况的改变，影响汇率变动。

5）各国中央银行对汇率的干预。各国中央银行为了维持汇率稳定或想通过汇率变化来实现自身的某种经济目标，往往会干预外汇市场，这会影响到外汇的市场供求，并最终使汇率向有利于自身的方向变化。

（3）信用风险。造成信用风险的因素很多，有的来自主观原因，由债务人的道德品质决定，如部分企业信用观念淡薄，虽然有能力偿还债务，但故意拖欠债务不还；有的源于客观原因，由债务人所处环境决定，如经济情况恶化、市场萧条公司产品销售不出去，导致企业破产倒闭，难以偿还应付的贷款等。

（4）市场风险。市场风险是企业投资的对象由于市场价格变动而给企业带来损失的风险。由于所投资的产品在市场上的价格受到诸多因素的影响，变数极多，因此，当市场价格突变时会导致企业市场份额急剧下降，利润减少甚至亏损，形成市场风险。

（5）流动性风险。企业在筹资活动中之所以会产生流动性风险，主要原因是企业的资产负债结构配置不当。

企业在筹资过程中负债结构配置不当是形成企业流动性风险的一个主要原因。在实际的投筹资活动中，一方面很多企业主要依靠各类期限的负债来弥补资金不足；另一方面企业的投资对象多种多样，既有现金、银行存款、短期证券等流动性较强的金筹资产，也有投资期限长、回收慢的房地产、基础设施等流动性较差的固定资产类的实物资产。如果企业将资金运用于大量的流动性较强的投资项目中，虽然能保证较好的流动性，满足企业偿债能力的需求，但会影响企业的盈利水平，这种盈利水平的降低又会反过来影响企业的偿债能力，产生财务风险。反之，如果企业将大量的资金运用于流动性较差的长期投资项目中，又会因各种不确定因素导致企业资金周转困难，并由此产生流动性风险。避免流动性风险最好的办法就是资产与负债的完全匹配，但实际上企业要在投筹资活动中真正做到这一点往往是非常困难的。

（6）购买力风险。企业在筹资活动中之所以会产生购买力风险，主要是因为经济生活中出现通货膨胀，投资者的投资收益尽管表面上并未减少，但因为货币的贬值，导致其实际收益大幅度下降，由此形成实质上的投资损失。从而影响到企业的偿债能力。

（7）政策风险。企业在筹资活动过程中会遇到政策风险，主要是因为政府各项政策、法律法规出现变动和调整，企业触及法律、政策或政策在传递、执行过程中存在偏差，给企业投资收益带来不确定性而形成的。

（8）内部管理风险。企业在筹资过程中之所以会遭受风险损失，还有可能是由于企业决策失误或内部管理秩序混乱等内部因素引起的，这类风险统一称为内部管理风险。

它主要包括因公司组织结构不健全、决策机制不合理、内部管理存在漏洞与失误所导致的决策风险与操作风险。这种风险的形成是由企业的经营机制、管理水平及投资者的决策能力等因素决定的。当经营环境出现对企业的不利变化时就会成倍地放大这种风险，导致企业投资遭受更加严重的损失。

（9）国家风险。一般认为，企业在从事国际投筹资活动中会面临国家风险，这主要是由于以下因素造成的。

1）经济因素。经济因素主要是指一国国民经济的发展状况会极大地影响该国市场或对外履行债务的能力，如果国际投资中东道国存在外债偿还能力不足的情况，就会给在该国从事投资的跨国投资者带来投资收益的不确定性，形成国家风险。

2）政治因素。政治因素是指各种政治力量使一个国家的经营环境发生超常变化的可能性。它作为非市场性的不确定因素，直接影响海外企业的投资目标、实施情况及最终投资收益。

3）社会因素。引起国家风险的社会因素主要表现为民族主义与原教旨主义问题。两极世界格局结束后，民族主义和原教旨主义上升为意识形态领域的主要力量。从国际投资的角度来讲，这种民族与宗教的矛盾都有可能引起一国政治局势动荡，造成动乱。

（三）筹资风险的识别

一般而言，可以综合运用宏观方面的定性分析指标、内部管理环境方面的定性指标和企业微观方面的财务定量指标，来识别和测量筹资风险。

1. 宏观方面

宏观方面的定性分析指标主要有财政政策、货币政策、产业政策、利率变动、汇率的波动、市场竞争环境。财政政策主要分析目前所采取的财政政策、预测未来的财政政策动向以及对企业筹资风险的影响；货币政策主要分析目前的货币政策、预测未来的货币政策动向以及对企业筹资风险的影响；产业政策主要分析国家的产业政策、预测未来的产业政策动向、企业的行业地位以及对企业的筹资风险；利率变动主要分析利率变动动向以及对企业筹资风险的影响；汇率的波动主要分析汇率变动动向以及对企业筹资风险的影响；市场竞争环境分析主要分析市场结构类型、竞争者分析、潜在竞争者分析、消费者分析、市场法制环境分析、市场信用环境分析以及对企业筹资风险的影响。

2. 微观方面

微观方面的定性分析指标主要有筹资是否制定科学筹资规划、经营管理是否规范、企业是否制定和实施发展战略方面、企业财务战略是否与企业发展战略相匹配、企业是否有筹资风险的控制机制、企业危机应对能力、经营管理者综合素质。定量分析指标主要有资产负债率、流动比率、速动比率、资产周转率、经营现金利息支付比率、资本结构、财务杠杆、负债结构。

（四）筹资风险的防范

1. 通过日常财务分析防范筹资风险

为防范筹资风险，企业财务工作人员、资金运作人员应加强日常财务分析。

（1）资金周转表分析法。为了提高企业的资金清偿能力，就要保证企业有足够的现金流。资金周转表分析法就是通过制定"资金周转表"使企业关注资金周转计划，经常检查结转下月额与总收入的比率、销售额与付款票据兑现额的比率、短期内应负担的筹资成本以及考虑资金周转等问题，促进企业预算管理，保证企业的资金清偿能力，降低筹资风险。

（2）定期财务分析法。与企业筹资风险有关的定期财务分析法主要就是指杜邦财务分析法，这是一种经典且实用性很强的财务分析法。杜邦财务分析法是逐层地进行分析，适宜于由"症状"探寻"病根"的过程。一般而言，警情预报都是较综合的指标，杜邦财务分析体系就是把这样一项综合指标发生升降的原因具体化，为采取措施指明方向。一般杜邦分析是以净资产收益率为综合指标进行层层分解，鉴于现金流量分析的重要性，还可以使用现金流量分析的"杜邦"系统。

2. 防范现金性筹资风险

防范现金性筹资风险需要从其产生的根源着手，侧重资金运用与负债的合理期限搭配，科学安排企业的现金流量。如果企业的负债期限与负债周期能够与生产经营周期相匹配，则企业就能利用借款来满足其资金需要。

现金性筹资风险防范的策略、作用及要求如下。

（1）策略。按资金运用期限的长短来安排和筹集相应期限的负债资金。

（2）作用。产生适量的现金流量，以适度地规避风险；提高企业利润。

（3）要求。采用适当的筹资策略；尽量用所有者权益和长期负债来满足企业永久性流动资产及固定资产的需要；临时性流动资产的需要通过短期负债实现；避免冒险型政策下的高风险压力；避免稳健型政策下的资金闲置和浪费。

此外，在实际操作过程中，由于企业不同，或者在同一企业的不同时期，具体情况可能会有所差别。因此，企业财务决策人员应在总原则前提下，针对当时的具体情况来制定对策，以达到防范风险的目的。

3．防范收支性筹资风险

防范收支性筹资风险也需要从其产生的根源着手，确定相应的防范对策。通常来说，主要从两个方面来看，即资本结构状况和债务重组。

从财务角度来看，资本结构状况是收支性筹资风险产生的前提，这说明从总体上规避和防范筹资风险首先应从优化资本结构入手，因为资本结构安排不当是形成收支性风险的主要原因之一。

在实际情况下，企业一旦面临风险，其所有者和债权人的利益势必也将面临风险，如果处理不妥当，双方都会遭受损失，这种情况下，就需要进行债务重组，企业要采取积极措施做好债权人的工作，避免债权人采取不当措施，使其明确企业持续经营是保护其权益的最佳选择，从而动员债权人将企业部分债务转作投资或降低利率。债务重组的适时进行有利于降低企业的负债筹资风险，是避免债权人因企业破产而遭受损失的较好对策。

此外，企业重组计划的实施关键在于对重组和破产的理解，及对企业重组后持续经营的信心。

（五）筹资风险的规避

企业常见的规避风险的方法不外乎三种：风险回避、损失控制及风险转嫁。筹资风险的规避也主要采用这些方法。但筹资风险与其他风险相比较，有其特殊性，因而在具体采用这些措施时，也要注意结合企业筹资的特点而定。

1．筹资风险的回避方法

企业筹资活动中的风险回避方法，主要是指在各种可供选择的筹资方案中进行风险分析，选择风险小的筹资方案，设法回避一些风险较大而且很难把握的筹资活动。同时，通过实施必要的债务互换，采用利率互换、货币互换等方法来预防因利率、汇率变动给企业筹资造成的风险。

风险回避是风险控制最彻底的方式，采取有效的风险回避措施能够在风险事件发生之前完全消除某一特定风险来避免损失。

2．筹资风险的损失控制方法

就企业筹资来看，要合理地进行筹资风险的控制，需要采取多元化的筹资政策，合理安排负债比例与结构，实现风险分散化，降低整体筹资方案的风险程度。这是控制筹资风险的关键。这里要强调的是，尽管债务资金越多，企业筹资风险越大，但那种为避免风险而拒绝举债的做法也是不恰当的，这会失去财务杠杆利益。反之，为获得财务杠杆利益而盲目举债也是不可取的，这无形中增大了筹资风险。因此，企业必须合理安排资金结构，适度举债。同时，为防止企业因经营行为不当导致资不抵债，企业应设法实现投资多元化，多生产、经营一些利润率独立或不完全相关的商品，使高利和低利项目、旺季和淡季、畅销商品和滞销商品在时间上、数量上能够相互补充或抵消，以弥补因某一方面的损失给公司整体经营带来的风险。

3．筹资风险的转嫁方法

风险转嫁是指企业将自己不能承担的或不愿承担的及超过自身承担能力的风险损失，通过若干技术和经济手段转嫁给他人承担的一种措施。风险转嫁的目的是将可能由自己承担的风险损失转由其他人来承担。在企业筹资活动中主要通过保险、寻找借款担保人等方法将部分债务风险转嫁给他人。也可考虑在企业因负债经营失败而陷入财务困境时，通过实施债务重组，将部分债券转换为股权，或通过其他企业优质资产的注入，挽救企业经营不利的局面，从而避免因资不抵债而导致的破产风险。

企业在筹集资金时，首先要确定企业的筹资规模。筹资过多，可能造成资金闲置浪费，增加筹资成本；或者可能导致企业因负债过多，超过其偿还能力而增加筹资风险。而筹资不足，又会影响企业投筹资计划及业务的正常运作。因此，企业在进行筹资决策之初，要根据企业对资金的需要、企业自身的实际条件及筹资的难易程度和筹资成本情况，量力而行来确定合理的筹资规模。其次是选择企业最佳筹资机会。企业要在掌握国内和国际利率、汇率等金融市场的各种信息，了解宏观经济形势、经济政策及国内外政治环境等各种外部环境因素的基础上，合理分析和预测影响企业筹资的各种有利和不利条件及各种可能的变化趋势，寻求最佳筹资时机，果断决策。再有，企业要考虑当的金融市场的价格情况，并结合具体的筹资方式所具有的特点和企业自身的实际情况，制定出合理的发行价格。

（六）筹资风险分析

筹资风险分析是对筹资风险的不同影响因素进行单项和综合的评价，以衡量筹资风险的大小。

由于筹资风险分析指标既有定性指标，又有定量指标，因此，需要采用不同的方法来进行衡量，对定性分析指标可以采用德尔菲法、模糊层次分析法等方法；对定量分析指标可采用判别分析法、综合评分法、数据包络分析法、功效系数法、层次分析法、神经网络分析法、概率分析法等方法。因此，在进行筹资风险分析时，需要首先制定科学合理的评价标准和财务风险预警级别，可以选择行业指标的平均值、行业指标理想值、标杆企业指标值、本企业历史平时值、本企业历史最高值（或最低值）为评价标准；其次，将单个分析指标的实际值与相应评价指标标准值相比较并确订单项财务风险预警级；最后，选择一种综合评价方法对筹资财务风险进行专项综合评价并确定筹资财务风险的大小及预警级别。

对筹资风险的评价结果进行分析是财务风险控制的一个重要环节，通过筹资风险影响因素的单项和综合敏感性分析，以找出筹资风险影响的主要因素，并确定企业财务风险控制的重点，在全面监控的基础上对重点控制环节加以重点控制。

文案范本

筹资风险评估规定

第一章   总   则

第一条   目的。

为加强对公司筹资风险的管理，有效地控制筹资风险，降低筹资成本，提高筹资业务的效率，根据公司自身的发展情况和国家有关法律法规的规定特制定本规定。

第二条   适用范围。

本规定适用于公司总部、控股子公司、全资子公司。

第三条   相关概念的界定。

本规定所指的筹资风险主要包括以下 4 个方面的内容。

1. 筹集资金不能落实的可能性。

2. 筹集成本过大的可能性。

3. 筹集资金达不到预期效益的可能性。

4. 使公司偿债能力下降或丧失的可能性。

第四条   筹资风险的评估准则。

1. 以公司固定资产投资和流动资金的需要决定筹资的时机、规模和组合。
2. 筹资时应充分考虑公司的偿还能力，全面衡量收益情况和偿还能力，做到量力而行。
3. 对筹集来的资金、资产、技术具有吸收和消化的能力。
4. 筹资的期限要适当。
5. 负债率和还债率要控制在一定范围内。
6. 筹资要考虑税款减免及社会条件的制约。

第二章　筹资风险评估程序

第五条　成立筹资风险评估小组。

公司对重大筹资方案应当进行风险评估。财务部组织成立评估小组，评估小组成员包括财务总监、财务部经理、筹资主管、筹资专员、财务会计、法律顾问、审计部相关人员，必要时还应从外部聘请有关专家协助评估小组进行评估。

第六条　拟定风险评估实施方案。

风险评估小组拟定风险评估实施方案，方案应包括以下内容。

1. 进行风险评估的时间安排。
2. 风险评估小组成员分工。
3. 风险评估具体执行规定。

第七条　确定风险评估标准及评估方法。

公司一般采取下列筹资风险测评方法。

1. 财务两平点法。
2. 平衡点汇率法。
3. 指标体系法。

第八条　进行风险分析。

风险分析的主要内容是风险的成因分析，风险成因分析包括内因分析和外因分析。

1. 筹资风险的内因分析。
（1）公司的负债规模分析。
（2）资本结构分析。
（3）筹资方式分析。
（4）负债利息率分析。
（5）信用交易策略分析。
（6）负债期限结构分析。
（7）筹资顺序安排分析。
2. 筹资风险的外因分析。
（1）经营风险分析。
（2）预期现金流入量和资产的流动性分析。
（3）金融市场风险分析。

第九条　编写《风险分析评估报告》。

《风险分析评估报告》主要包括以下三个方面的内容。

1. 评估背景分析。
2. 主要风险分析。
3. 根据风险类型及成因列举相应的风险控制措施。

第三章　附　则

第十条　本规定自＿＿年＿月＿日起执行。

第十一条　本规定由财务部负责制定、解释和修改。

企业筹资风险分析表

编号：　　　　　　　　　　　　　　　　　　　　　　　　　　　　单位：元

项　　目	年				年				差异（比重）	
	年初数	期末数	平均数	比重	年初数	期末数	平均数	比重	比重差	升降值
流动负债										
长期负债										
负债合计										
所有者权益										
筹资总额										

筹资风险变动分析表

项　　目	年				年				差　异	
	期初数	期末数	平均数	比重	期初数	期末数	平均数	比重	比重差	升降幅度
流动负债										
1.……										
2.……										
3.……										
4.……										
长期负债										
1.……										
2.……										
3.……										
4.……										
负债合计										
所有者权益										
1.……										
2.……										
3.……										
4.……										
筹资总额										

（七）筹资风险预警

筹资风险预警是根据筹资风险的评价结果，对筹资活动存在的潜在或现实财务风险发出预警信号，并进行有效的防范和控制的风险管理过程。预警信号一般分为五级，即无警、轻警、中警、重警和巨警。筹资财务风险分析指标值的不同区间，分别对应于不同的预警信号，如表7-7 所列。标准值区间并不是绝对的，它有一个允许变动的特定范围，这个特定范围就是预警指标的标准值允许变化的区间，称为标准值活动区间。在实际的筹资风险预警中，企业根据行业情况及本身的历史、现状和未来科学、合理地设置预警指标的不同预警信号标准区间，否则达不到科学、有效的风险预警效果。因此，风险预警的关键是设定不同分析指标的标准预警信号区间。在筹资风险预警中，对于定性分析指标，采取由专家评分来确定标准预警信号区间；对于定量分析指标，根据行业指标的平均值、行业指标理想值、标杆企业指标值、本企业历史平时值、本企业历史最高值（或最低值）为基础来确定各分析指标的标准预警信号区间，不同行业、不同地区、不同企业的标准预警信号区间应有所不同。

表7-7　筹资风险预警分析表

筹资风险分析指标	预警信号标准区间值					实际值	敏感度	预警信号
	无　警	轻　警	中　警	重　警	巨　警			
定性指标								
定量指标								
综合指标								

将筹资风险评价的结果与预警信号标准区间值相比较，根据分析指标实际值所处的范围，确定其预警信号。

根据筹资风险预警单项指标定性指标和综合指标所发出的预警信号，分析确定具体的警源，并采取相应的措施加以控制，以降低企业的筹资风险，为实现企业的战略目标和财务管理目标奠定基础。

（八）筹资风险管理流程

1．编制筹资风险管理制度

筹资主管组织相关人员编制筹资风险管理制度，明确筹资风险防范的责任及风险防范措施，筹资风险管理制度经总经理办公会讨论通过后执行。

2．组织

财务部组织相关部门人员成立筹资风险评估，对筹资活动可能遇到的风险进行评估，并参与筹资决策相关事宜。

3．确定最佳资本结构

筹资主管会同筹资风险评估小组确定本企业有利于降低筹资风险的最佳资本结构，确定最佳资本结构，通常采用综合资本成本决策法，即：计算不同结构的加权平均资本成本，并以此为标准相互比较，综合资本成本最低，其资本结构最优。

4．合理安排筹资期限与筹资组合方法

在具体筹资过程中，筹资主管应合理安排筹资期限与筹资组合方式，确保筹资风险最小化，常用的筹资组合方法包括中庸筹资法、保守筹资法、风险筹资法等。

5．筹资风险防范

筹资风险评估小组要实施跟进筹资过程，防范筹资风险，主要筹资风险包括利率变动风险、汇率变动风险、政策环境风险及项目本身的风险等。

6．筹资风险处理

筹资风险评估小组要对已经发生的筹资风险进行有效的控制，主要控制方法包括信用保证控制法和金融工具控制法等。

7．筹资风险管理总结

筹资主管负责定期或不定期对筹资风险管理情况进行总结，并编制总结报告送财务部经理、总经理审批。

文案范本

筹资风险管理流程

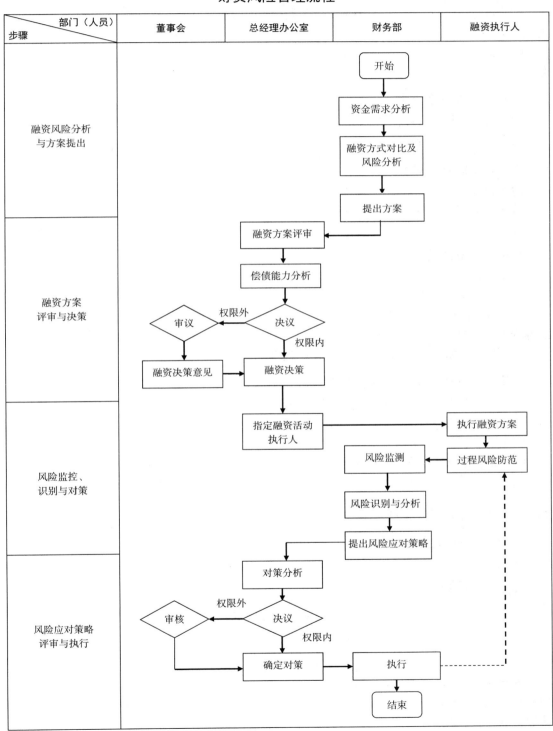

五、筹资管理的关键控制点

（一）筹资方案提出

（1）进行筹资方案的战略性评估，包括是否与企业发展战略相符合，筹资规模是否适当。

（2）进行筹资方案的经济性评估，如筹资成本是否最低，资本结构是否恰当，筹资成本与资金收益是否匹配。

（3）进行筹资方案的风险性评估，如筹资方案面临哪些风险，风险大小是否适当、可控，是否与收益匹配。

（二）筹资方案审批

（1）根据分级授权审批制度，按照规定程序严格审批经过可行性论证的筹资方案。

（2）审批中应实行集体审议或联签制度，保证决策的科学性。

（三）筹资计划制定

（1）根据筹资方案，结合当时经济金融形势和企业能力，分析不同筹资方式的资金成本，正确选择筹资方式和不同方式的筹资数量，财务部门或资金管理部门制定具体筹资计划。

（2）根据授权审批制度报有关部门批准。

（四）筹资活动的实施

（1）是否按筹资计划进行筹资。

（2）签订筹资协议，明确权利义务。

（3）按照岗位分离与授权审批制度，各环节和各责任人正确履行审批监督责任，实施严密的筹资程序控制和岗位分离控制。

（4）做好严密的筹资记录，发挥会计控制的作用。

（五）筹资活动评价与责任追究

（1）促成各部门严格按照确定的用途使用资金。

（2）监督检查，督促各环节严密保管未发行的股票、债券。

（3）监督检查，督促正确计提、支付利息。

（4）加强债务偿还和股利支付环节的监督管理。

（5）评价筹资活动过程，评估筹资活动效果，反思成效与不足，追究违规人员责任。

六、筹资内部控制管理制度

请参阅以下相关文案。

四川××机电股份有限公司
筹资内部控制管理制度

第一节　总　　则

第一条　为了加强四川××机电股份有限公司（以下简称"本公司"或"公司"）对筹资活动的内部控制，保证筹资活动的合法性和效益性，根据《中华人民共和国会计法》《公司内部控制基本制度》等相关法律法规，结合本公司的实际情况制定本制度。

第二条　本制度所称筹资是指本公司通过借款、发行公司债券和股票三种方式取得货币资金的行为。

第三条　筹集资金按照以需定筹，讲求效益，减少风险，遵守法规为原则，合理安排相应的资金计划，配置资金使用和归还的期限，使各项资金在时间上相互匹配，保证资金供给；通过比较各种资金筹措方式优劣和筹资成本大小，确定最佳融资结构和数量。

第四条　筹资业务的授权人和执行人、会计记录人之间应相互分离。

第五条　重大筹资活动必须由独立于审批人之外的人员审核并提出意见，必要时可聘请外部顾问。

第二节　分工与授权

第六条　筹资活动中的发行公司债券和股票集中在本公司实施，本公司下属子公司不具有上述两项筹资权利。

本公司及子公司的借款发生额若连续十二个月内累计超过本公司最近一期经审计净资产的50%，应提交本公司董事会审议，通过后方可实施。发行公司债券或股票由本公司董事会审议通过后，提请股东大会批准。其中，子公司的对外借款应获得其董事会（或执行董事）审议通过后，并上报本公司批准。

债券或股票的回购、权益性融资必须经过董事会审议和股东大会批准，并按照深圳证券交易所的要求进行信息披露。

第七条　与借款有关的主要业务活动由公司财务部负责具体办理；与发行公司债券、股票有关的主要业务活动由公司董事会办公室、证券事务部和财务部分别在各自的职责范围内具体办理，如有必要，也可由公司指定其他相关部门提供协助。

第八条　筹资归口部门均应指定专人负责保管与筹资活动有关的文件、合同、协议、契约等相关资料。

第三节　实施与执行

第九条　在实施筹资计划之前，为了避免盲目筹资，要对筹资的效益可行性进行分析论证，确保筹资活动的效益性；要合理确定筹资规模和筹资结构，选择最佳的筹资方式，降低筹资成本；严格根据有关法律法规依法筹资，确保筹资活动的合法性。

第十条　借款方案（包括贷款额、贷款方式、结构及可行性报告等资料）由财务部以书面的形式提出，经有权机构或人员批准后，由财务部出面与金融机构联系、洽谈，达成借款意向，签订借款合同或协议，办理借款手续，直至取得资金。

第十一条　发行公司债券或股票由证券事务主管部门起草方案，经董事会、股东大会审议并取得有权部门的批准文件后，董事会办公室、证券事务部及财务部在各自职责范围内整理发行材料，由证券事务部负责联络中介机构，与券商签订债券承销协议或股票承销协议，直至发行完毕取得资金。

第十二条　有关筹资合同、协议或决议等法律文件必须经有权批准筹资业务的人员或机构在各自的批准权限内批准。公司应授权有关人员或聘请外部专家对重要的上述文件进行审核，提出意见，以备批准决策时参考。

第十三条　财务部要加强审查筹资业务各环节所涉及的各类原始凭证的真实性、合法性、准确性和完整性。

第十四条　财务部要按照有关会计制度的规定设置核算筹资业务的会计科目，通过设置规范的会计科目，按会计制度的规定对筹资业务进行核算，详尽记录筹资业务的整个过程，实施筹资业务的会计核算监督，从而有效地担负起核算和监督的会计责任。至少于每个会计年度末，与相关的银行进行账务核对工作，同时，至少要在每个会计年度末，打印公司的贷款卡记录，并与公司的财务账面进行核对，对于不符的项目及时查找原因，进行相应的处理。

第十五条　筹措资金到位后，必须对筹措资金使用的全过程进行有效控制和监督：（1）筹措资金要严格按筹资计划拟定的用途和预算进行使用，确有必要改变筹措资金的用途或预算，必须事先根据《募集资金管理制度》等规章制度及法律法规的要求，获得相应批准机构或人员的批准后才能改变资金的用途或预算；（2）对资金使用项目进行严格的会计控制，确保筹措资金的合理、有效使用，防止筹措资金被挤占、挪用、挥霍浪费，具体措施包括对资金支付设定批准权限，审查资金使用的合法性、真实性、有效性，对资金项目进行严格的预算控制，将资金实际开支控制在预算范围之内。

最后，投资项目建成后要及时进行验收，验收合格后方可正式投入使用。

第十六条　财务部门要通过有关凭证和账簿，随时掌握各项需归还的筹措资金的借款时间、币种、金额及来源等内容，了解有关方面的权利、责任、义务，及时计算利息或股利，按时偿还借款或债券本息，根据股东大会决议及时发放股利，维护企业良好的信用形象。

第十七条　偿还公司债券应根据董事会的授权办理。

发生借款或债券逾期不能归还的情况时，财务部门应报告不能按期归还借款的原因，必要时提请公司管理层关注资金状况，并及时与债权人协商，通报有关情况，申请展期。

第四节　监督与检查

第十八条　权益性筹资活动及债券筹资由监事会、审计委员会行使监督检查权；一般债务性筹资活动由内审部门行使监督检查权。

第十九条　筹资活动监督检查的内容主要包括：

（一）筹资业务相关岗位及人员的设置情况，重点检查是否存在一人办理筹资业务全过程的现象；

（二）筹资业务授权批准制度的执行情况，重点检查筹资业务的授权批准手续是否健全，是否存在越权审批行为；

（三）筹资计划的合法性，重点检查是否存在非法筹资的现象；

（四）筹资活动有关的批准文件、合同、契约、协议等相关法律文件的保管情况，重点检查相关法律文件的存放是否整齐有序以及是否完整无缺；

（五）筹资业务核算情况，重点检查原始凭证是否真实、合法、准确、完整，会计科目运用是否正确，会计核算是否准确、完整；

（六）所筹资金使用情况，重点检查是否按计划使用筹集资金，是否存在铺张浪费的现象；

（七）所筹资金归还的情况，重点检查批准归还所筹资金的权限是否恰当以及是否存在逾期不还又不及时办理展期手续的现象。

第二十条　监督检查过程中发现的筹资活动内部控制中的薄弱环节，应要求加强和完善，发现重大问题应写出书面检查报告，向有关领导和部门汇报，以便及时采取措施，加以纠正和完善。

第五节　附　则

第二十一条　本制度未尽事宜，按国家有关法律、法规和《公司章程》的规定执行；本制度如与国家日后颁布的法律、法规或经合法程序修改后的《公司章程》相抵触时，按国家有关法律、法规和《公司章程》的规定执行，并立即对本制度进行修订。

第二十二条　本制度由公司董事会负责解释。本制度经公司董事会审议通过之日起生效。

四川××机电股份有限公司

二〇一四年三月七日

七、筹资循环的基本业务流程设计

企业董事会一般会授权高级管理人员（通常为证券部门的主管或财务经理）进行筹资业务的管理，筹资业务主管人员应定期进行企业经营情况的分析，根据企业的资金预测编制筹资计划。董事会一般会同法律顾问和财务顾问审核筹资计划的合理性和可行性，筹资部门根据董事会批准的筹资计划，准备股票或债券的发行申请材料，发行申请材料报证券管理机构批准通过后，债券或股票的发行应经董事会授权的高级管理人员签发后方可对外发行。企业一般会选择有良好资信的证券经营机构负责承销或包销工作，与该机构签订正式的承销或包销协议。证券经营机构发行完毕后，财务部门根据有关交款单、股东名册等登记有关账簿。

股票或债券发行业务的控制流程如图 7-6 所示。

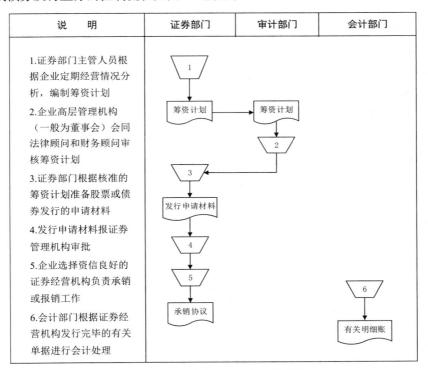

图 7-6　股票或债券发行业务的控制流程

第三节　投资

一、投资控制的目标

（一）保证企业投资活动的合法性

企业对投资进行控制，要使各种投资的交易手续、程序、各种文件记录以及账面的反映和财务报表的披露等均符合国家的投资法规，以保护投资者自身的利益。

（二）保证企业投资活动经过适当审批授权

为了使企业的投资活动达到既定的目的，要保证一切投资交易活动必须经过适当的授权或审批程序才能进行。据此设置职务分离制度、批准投资活动的负责人的级别，使投资活动在投资初期就得到严格的控制。

（三）保证企业投资资产的安全与完整

企业投资资产中的有价证券，其流动性仅次于现金，它们被挪用的可能性较大，如果没有适当的控制制度，则较易被冒领或转移。因此，保管好投资中的有价证券是投资业务控制的重要目标（由于目前企业的有价证券大多实行无纸化管理，因此，其保管主要是计算机数据库的安全管理）。

（四）保证企业投资资产在报表上合理反映

由于市场变化较快，投资资产的价值变化很大，企业的利益相关人必然会关心报表所反映的价值是否真实合理。企业要使利益相关人及审计人员对其提供的财务信息感到可信，就必须对投资的计价和反映进行有效的控制，防止计价方法的不恰当运用和其他原因导致的报表错误。

（五）保证企业投资收益得到合理揭示

无论现实的、潜在的投资者、债权人还是政府、经营者，他们都关心企业的盈利，投资收益是企业盈利的重要组成部分，他们自然要求企业合理地揭示投资收益。这也是正确计税的依据。因此，企业应通过对投资进行严格有效的控制来合理地确定投资收益的时间和计算方法，以满足有关方面的需要。

（六）保障企业自身利益，防范和降低投资风险

投资活动与企业的其他业务相比，具有交易数量少，每笔交易金额大，风险大等特点，一旦投资决策失误，往往造成的损失也很严重，会导致企业承担巨额的财政负担，甚至导致企业破产、倒闭。因此，如何确保企业的投资达到预期的目的，并尽可能地降低投资风险就成为对外投资控制的重要目标之一。

（七）保证会计信息的真实可靠

投资的计价、投资收益的确认核算，会影响到整个企业会计信息的真实。漏记或不正当地对一笔投资业务进行会计处理，将导致重大错误，从而对企业会计报表的公允性反映产生较大的影响。企业的违规问题主要集中在随意改变会计要素的确认标准和计量方法，人为操纵利润，企业对外投资管理混乱，内部会计控制不严密等。因此投资的会计控制应保证正确、合理合法地进行投资业务的相关会计处理，以确保会计信息的真实可靠。

（八）保证投资业务资金来源合理

企业的短期投资业务只能利用企业暂时闲置不用的资金，并且不得削弱企业的偿债能力；由于长期的规模较大，占用资金的时间长，应以不影响企业的正常经营活动为限。因此，企业在进行投资前，应进行周密、科学的投资分析，确保投资业务具有可靠的资金来源。

（九）保证投资规模与筹资和资源调配能力相适应

筹资无疑决定着投资，是投资的前提。企业确定的投资方案或项目所需要的资金数额，需要通过筹资决定。只有如数、及时筹集到投资所需要的资金，投资方案才能实施。如果筹资不顺利、筹集不到或筹不足所需要的资金，即使再好的投资方案也不能得以实施。另外，企业投资中需要的原材料、优秀人才、能源等一系列资源，企业本身是否有独特的优势是企业成功的关键。

（十）保证投资弹性适度

投资弹性包括两个方面：一是规模弹性，投资企业必须根据自身资金的可供能力和投资效益或市场供求状况，调整投资规模，或收缩或扩张；二是结构弹性，投资企业必须有能力根据市场风险或市场价格变动，调整现存投资结构。由于市场处于永续变动之中，企业的经营规模和投资规模、企业经营结构和投资结构都必须相应调整，调整的前提就是投资弹性。企业应通过对投资业务的控制，保持适度的投资弹性。

二、投资活动控制内容及基本控制制度

（一）岗位分工控制

1．不相容岗位分离

企业应建立对外投资业务的岗位责任制，明确相关部门和岗位的职责权限，确保办理对外投资业务的不相容岗位相互分离、制约和监督。投资业务的全过程不由同一个部门或一人办理。对外投资不相容岗位至少应包括：

（1）对外投资项目的可行性研究与评估分离；

（2）对外投资的决策与执行分离；

（3）对外投资处置的审批与执行分离；

（4）对外投资绩效评估与执行分离；

（5）对外投资业务的执行与相关会计记录分离。

2．业务人员素质要求

企业应配备合格的人员办理对外投资业务。办理对外投资业务的人员应具备良好的职业道德，掌握金融、投资、财会、法律等方面的专业知识，符合公司规定的岗位规范要求。企业可以根据具体情况，对办理对外投资业务的人员定期进行岗位轮换。

3．部门或岗位职责

（1）董事长。公司董事长是对外投资第一责任人。具体对下列工作负责：组织编制投资计划；组织对外投资的可行性分析和投资方案评估；组织编制大型投资项目的投资方案；负责召开董事会或股东大会审议投资方案或投资计划；听取管理代表的汇报，对管理代表的请示及时答复和处理；组织和督促投资管理部门和财务部门对投资进行管理和监督；签署投资合同或协议等法律文本。

（2）总经理。公司总经理对对外投资的下列工作负责：参与编制投资计划；编制投资方案；组织投资方案的实施；听取对外投资的管理代表的汇报；组织制定投资处置方案；对投资的运行情况进行监督。

（3）投资管理部门。投资管理部门（包括证券部、投资部等）是对外投资的业务管理部门，对投资效果负重要责任：对投资项目进行考察；具体组织可行性分析工作、拟订投资计划和投资方案；具体组织投资方案的评估论证工作；办理投资的具体事项；拟订投资项目的处置方案；制定对投资代表的考核办法；组织对委派的管理代表的考核；对投资项目进行监督，定期向董事会报告投资情况，并保证其真实性。

（4）财务部门。财务部门是对外投资的核算部门和监督部门。参与投资项目的可行性分析；参与拟订投资方案和投资计划；参与投资方案评估；组织对投出资产的评估和价值确认工作；负责办理短期投资、长期债权投资的具体业务；按照国家会计制度的规定，正确核算对外投资的成本和收益；参与拟订投资项目的处置方案；参与对投资委派管理代表的考核；定期分析被

投资单位的财务状况和偿债能力，并提出分析报告；妥善保管债券、股票等投资凭证，以及有关法律文本、合同、协议等投资文件资料。

（5）投资管理代表。投资管理代表（包括公司派出的董事、经理等高管人员和一般代表）是投资管理的直接监督者，对投资管理负有直接责任。其中，担任被投资单位的高级管理岗位的管理代表，要对下列工作负责：有效运用资产，保证资本保值增值；维护公司投资权益，正确行使经营决策权；定期向公司董事长和总经理汇报；重大决策及时向公司请示；及时督促分配的投资收益汇入公司账户；每半年向董事会述职。未担任被投资单位的高级管理岗位的管理代表，要对下列工作负责：认真履行监督职责，确保投资的安全、完整；定期向公司董事长和总经理汇报；重大决策事项及时向公司请示；监督已分配的投资收益及时汇入公司账户；每半年向董事会述职。

（二）授权审批控制

投资计划在正式执行前必须进行严格的审批。一般情况下，企业根据投资的性质和金额建立授权审批制度。如果投资行为属少量的闲置现金进行的临时性短期投资，投资计划可由董事会授权的一位高级职员（通常是财务经理）来负责审批；如果投资金额较大或属长期投资性质，审批一般由企业董事会进行。审批的内容主要包括：投资的理由是否恰当；投资行为与企业的战略目标是否一致；投资收益的估算是否合理无误；影响投资的其他因素是否充分考虑等。所有投资决策都应当经审批确认后方可正式执行。投资决策的有关书面文件应进行连续编号归档，以便于日后查询。

1．授权方式

（1）公司对董事会的授权由公司章程和股东大会决议；

（2）公司对董事长、总经理的授权，由公司章程和公司董事会决议；

（3）总经理对其他人员的授权，年初以授权文件的方式明确，对投资审批，一般只对财务总监给予授权；

（4）对经办部门的授权，在部门职能描述中规定或临时授权。

2．审批权限。

（1）投资审批。对外投资审批范围和权限如表 7-8 所示。

表 7-8　对外投资审批范围和权限

审 批 人	审批范围和权限
股东大会	1．投资计划 2．涉及金额较大的投资项目
董事会	1．投资方案 2．投资决策 3．授权董事长、总经理投资决策
董事长	1．根据董事会决议或授权，签署批准投资方案、投资协议 2．董事会闭会期间，在授权范围内投资决策
总经理	在授权范围内批准投资方案，签署投资协议

（2）延续投资及投资处置审批。投资项目合同到期，公司除延续投资外，公司须及时进行清算、到期收回或出售、转让，公司延续投资的审批按"投资审批"规定的权限办理；未到期的投资项目提前处置，在处置前按原决定投资的审批程序和权限进行审批，未经批准，不得提

前处置。

（3）投资损失确认审批。股东大会审批的投资损失确认事项；董事会审批的投资损失确认事项：除需股东大会审批的投资损失确认事项外，投资损失确认事项，都应由董事会审批确认；需由股东大会审批的投资损失确认事项在送交股东大会审议批准前，董事会审议确认。

3．审批方式

（1）股东大会批准以股东大会决议的形式批准，董事长根据决议签批；

（2）董事会批准以董事会决议的形式批准、董事长根据决议签批；

（3）董事长在董事会闭会期间，根据董事会授权直接签批；

（4）总经理根据总经理会议规则，由总经理办公会议批准或根据授权直接签批；

（5）财务总监根据授权签批。

4．批准和越权批准处理

审批人根据对外投资业务授权批准制度的规定，在授权范围内进行审批，不得超越审批权限；经办人在职责范围内，按照审批意见办理对外投资业务；对于审批人超越授权范围审批的对外投资业务，经办人有权拒绝办理，并及时向审批人的上一级授权部门报告。

（三）对外投资可行性研究、评估与决策控制

企业应加强对外投资可行性研究、评估与决策环节的控制，对投资项目建议书的提出、可行性研究、评估、决策等作出明确规定，确保对外投资决策合法、科学、合理。企业因发展战略需要，在原对外投资基础上追加投资的，仍应严格履行控制程序。

1．对投资建议项目进行分析与论证

（1）企业应编制对外投资项目建议书，由相关部门或人员对投资建议项目进行分析与论证，对被投资企业资信情况进行尽责调查或实地考察，并关注被投资企业管理层或实际控制人的能力、资信等情况。对外投资项目如有其他投资者，应根据情况对其他投资者的资信情况进行了解或调查。

（2）企业应由相关部门或人员，或委托具有相应资质的专业机构对投资项目进行可行性研究，重点对投资项目的目标、规模、投资方式、投资的风险与收益等作出评价。

2．独立评估

企业应由相关部门或人员或委托具有相应资质的专业机构对可行性研究报告进行独立评估，形成评估报告。评估报告应全面反映评估人员的意见，并由所有评估人员签章。对重大对外投资项目，必须委托具有相应资质的专业机构对可行性研究报告进行独立评估。

3．决策控制

企业应根据经股东大会（或企业章程规定的类似权力机构）批准的年度投资计划，按照职责分工和审批权限，对投资项目进行决策审批。重大投资项目，应根据公司章程及相应权限报经股东大会或董事会（或企业章程规定的类似决策机构）批准。有条件的企业，可以设立投资审查委员会或者类似机构，对达到一定标准的投资项目进行预审。只有预审通过的投资项目，才能提交上一级管理机构和人员进行审批。在预审过程中，应审查以下内容：

（1）拟投资项目是否符合国家有关法律法规和相关调控政策，是否符合企业主业发展方向和对外投资的总体要求，是否有利于企业的长远发展；

（2）拟订的投资方案是否可行，主要的风险是否可控，是否采取了相应的防范措施；

（3）企业是否具有相应的资金能力和项目监管能力；

（4）拟投资项目的预计经营目标、收益目标等是否能够实现，企业的投资利益能否确保，

所投入的资金能否收回。

企业集团根据企业章程和有关规定对所属企业对外投资项目进行审批时，应采取总额控制等措施，防止所属企业分拆投资项目、逃避更为严格的授权审批的行为。

4．对外投资预算

（1）公司根据发展战略目标、社会需要和公司的投资能力编制投资预算，投资预算应符合国家产业政策，投资预算应对投资规模、结构和资金作出合理安排；

（2）公司对外投资预算一经批准，必须严格执行；

（3）公司对外投资预算的编制、审批和调整，按公司预算管理实施办法执行。

（四）对外投资执行控制

企业应制定对外投资实施方案，明确出资时间、金额、出资方式及责任人员等内容。对外投资实施方案及方案的变更，应当经企业董事会或其授权人员审查批准。对外投资业务需要签订合同的，应征询企业法律顾问或相关专家的意见，并经授权部门或人员批准后签订。

（1）以委托投资方式进行的对外投资，应对受托企业的资信情况和履约能力进行调查，签订委托投资合同，明确双方的权利、义务和责任，并采取相应的风险防范和控制措施。

（2）企业应指定专门的部门或人员对投资项目进行跟踪管理，掌握被投资企业的财务状况、经营情况和现金流量，定期组织对外投资质量分析，发现异常情况，应当及时向有关部门和人员报告，并采取相应措施。企业可以根据管理需要和有关规定向被投资企业派出董事、监事、财务负责人或其他管理人员。

（3）企业应对派驻被投资企业的有关人员建立适时报告、业绩考评与轮岗制度。

（4）企业应加强投资收益的控制，投资收益的核算应符合国家统一的会计制度的规定，对外投资取得的股利以及其他收益，均应当纳入企业会计核算体系，严禁账外设账。

（5）企业应加强对外投资有关权益证书的管理，指定专门部门或人员保管权益证书，建立详细的记录。未经授权人员不得接触权益证书。财务部门应当定期和不定期地与相关管理部门和人员清点核对有关权益证书。被投资企业股权结构等发生变化的，企业应取得被投资企业的相关文件，及时办理相关产权变更手续，反映股权变更对本企业的影响。

（6）企业应定期和不定期地与被投资企业核对有关投资账目，保证对外投资的安全、完整。

（7）企业应加强对投资项目减值情况的定期检查和归口管理，减值准备的计提标准和审批程序，按照有关规定执行。

（8）企业应建立对外投资项目后续跟踪评价管理制度，对企业的重要投资项目和所属企业超过一定标准的投资项目，有重点地开展后续跟踪评价工作，并作为进行投资奖励和责任追究的基本依据。

（五）投资资产取得和保管控制制度

1．投资资产取得控制制度

投资计划必须以经过财务经理或董事会审核批准的文件作为执行指令。企业一般委托证券经纪人从事证券投资行为。选择证券经纪人一般应考虑以下因素：以往与企业合作的记录；担任证券经纪人的资格；从事证券交易的经历等。企业应与证券经纪人签订明确的委托合同，明确双方的权利与义务。

2．投资资产保管控制制度

企业对投资资产（指股票和债券等）一般有两种保管方式：一种是由独立的专门机构保管，如在企业拥有较大的投资资产的情况下，委托银行、证券公司、信托投资公司等机构进行保管。

这些机构拥有专门的保存和防护措施，可以防止各种证券及单据的失窃或毁损，并且由于它与投资业务的会计记录工作完全分离，可以大大地降低舞弊的可能性。另一种是由企业自行保管，在这种方式下，必须建立严格的联合控制制度，即至少要由两名以上人员共同控制，不得一人单独接触证券。对于任何证券的存入或取出，都要将债券名称、数量、价值及存取的日期、数量等详细记录于证券登记簿内，并由所有在场的经手人员签名。财务经理或其他被授权人应当定期检查银行等机构送来的证券存放情况记录，并将这些记录同财务经理签署的证明文件存根和公司有关证券账户的余额相核对。

（六）对外投资处置控制

1．处置决策

企业应加强对外投资处置环节的控制，对投资收回、转让、核销等的决策和授权批准程序作出明确规定。投资资产处置的控制程序基本上与取得的控制程序相同，即任何有价证券的出售必须经过财务经理或董事会的批准；代公司进行证券出售活动的经纪人应受到严格的审定；经纪人同投资者之间的各种通信文件应予记录保存，反映经纪人处置证券结果的清单应根据处理指令受到检查。如果投资资产的处置为不同证券之间的转移，则该业务应同时置于证券取得和处置的控制制度之下；如果处置的结果是收回现金，还应结合现金收入的控制方法，来对投资资产处置进行控制。对于处置价格，通常应由相关机构或人员合理确定转让价格，并报授权批准部门批准；必要时，可委托具有相应资质的专门机构进行评估。

2．对外投资处置收回的资产

对外投资的收回、转让与核销，应按规定权限和程序进行审批，并履行相关审批手续。对应收回的对外投资资产，要及时足额收取。

（1）收回货币资金，应及时办理收款业务；

（2）收回实物资产，应编制资产回收清单并由相关部门验收；

（3）收回无形资产，应检查核实被投资单位未在继续使用；

（4）收回债权的应确认其真实性和价值。

3．对外投资评估处置的会计审核和核算

企业财务部门应认真审核与对外投资处置有关的审批文件、会议记录、资产回收清单等相关资料，并按照规定及时进行对外投资处置的会计处理，确保资产处置真实、合法；认真审验对外投资处置后的资产回收清单和验收报告，审核对外投资的作价，保证回收资产的安全和完整；对需办理产权转移手续的资产，应查验其产权转移情况；对投资处置进行会计审核后，按公司会计核算手册要求及时进行会计处理。

4．对外投资核销

核销对外投资，投资部门应取得因被投资企业破产等原因不能收回投资的法律文书和证明文件，并按投资损失的审批权限审批。

（七）对外投资记录控制

企业的投资资产无论是自行保管的还是由他人保管的，都要进行完整的会计记录，并对其增减变动及投资收益进行相关会计核算。具体而言，应对每种投资分别设立明细分类账，并详细记录其名称、面值、证书编号、数量、取得日期、经纪人（证券商）名称、购入成本、收取的股息或利息等，对于联营投资类的其他投资，也应设置明细分类账，核算其他投资的投出及其投资收益和投资收回等业务，并对投资的形式（如流动资产、固定资产、无形资产等）投向

（接受投资单位）投资的计价以及投资收益等做出详细的记录。

1．过程记录控制

对实际发生的对外投资业务，企业应设置相应的记录或凭证，如实记载各环节业务的开展情况，包括投资决策、审批过程等，加强内部审计，确保对外投资全过程得到有效控制。除无记名证券外，企业在购入股票或债券时应在购入的当日尽快登记于企业名下，不能以企业任何个人名义来署名和登记。这对于正确反映企业所拥有的各种投资证券，防止有人在没有得到管理当局或董事会核准授权的情况下，利用其个人的名义来冒领、转移或出售企业的证券，或非法获取应归企业所有的利息或股息，往往能起到有效的控制作用。

2．会计记录控制

（1）公司按会计制度或会计准则对对外投资业务进行会计核算和记录，所有对外投资业务纳入公司的会计核算体系，严禁账外设账；

（2）财务部进行对外投资业务会计处理时，对投资计划、审批文件、合同或协议、资产评估证明、投资获取的权益证书等相关凭证的真实、合法、准确、完整情况进行严格审核；

（3）公司建立对外投资台账，记录被投资单位的名称、投资合同与协议的编号及存放地点、出资方式、股权比例、投资收益分配情况等；

（4）公司建立有价证券记录台账，记录证券的名称、面值、数量、编号、取得日期、期限、利率等；

（5）财务部定期和不定期检查核对有关权益证书。

3．权益证书和档案管理

企业应加强对审批文件、投资合同或协议、投资方案书、对外投资处置决议等文件资料的管理，明确各种文件资料的取得、归档、保管、调阅等各个环节的管理规定及相关人员的职责权限。

（1）公司取得的股权证、有价证券等权益证书，由财务部保管或委托其他机构保管；

（2）公司对外投资的决策、审批等过程记录、审批文件、投资合同或协议、投资计划书、对外投资处置等文件资料定期由投资部门整理，送公司档案部门保管；

（3）档案的调阅、保管、归档，按国家及公司档案管理办法执行。

（八）监督检查

1．监督检查主体

（1）监事会：依据公司章程和股东大会决议对对外投资管理进行检查监督。

（2）审计部门：依据公司授权和部门职能描述，对公司对外投资合同或协议以及投资过程进行审计监督。

（3）财务部门：对公司的对外投资业务进行财务监督。

（4）上级对下级：对外投资的日常工作进行监督检查。

2．检查监督方式

按公司规定的检查权限定期或不定期进行检查。对于企业所拥有的投资资产，应由内部审计人员或不参与投资业务的其他人员进行定期盘点，检查是否确为企业所拥有，并将盘点记录与账面记录相互核对以确认账实的一致性。企业自行保管的有价证券实物应由与投资业务无关的独立职员定期进行盘点，检查其实存情况。由于有价证券的实物盘点无须像存货那样花费大量时间，通常也不会影响其他业务的正常进行，以及有价证券的重要性，盘点工作一年至少进行多次，甚至每月进行。盘点工作必须由两个以上职员共同进行。所有证券的盘点内容和结果应详细记录在盘点清单上，并将盘点清单记录逐一同证券登记簿和投资明细账进行核对。如委托银行等机构代为保管证券，负有证券盘点职责的职员，应定期将银行等机构送来的证券存放清单同证券登记簿和投资明细账相核对，检查它们是否相一致。如果发现有不一致的情况，应及时追查。在盘点或检查过程中，发现的实存数量同账面记录数之间的差异，在没有得到董事会或由董事会指定的人员批准前，不得进行账面调整。

3. 监督检查的主要内容

（1）对外投资业务相关岗位设置及人员配备情况，重点检查岗位设置是否科学、合理、是否存在不相容职务混岗的现象，以及人员配备是否合理。

（2）对外投资业务授权审批制度的执行情况，重点检查分级授权是否合理，对外投资的授权批准手续是否健全、是否存在越权审批等违反规定的行为。

（3）对外投资业务的决策情况，重点检查对外投资决策过程是否符合规定的程序。

（4）对外投资资产的投出情况，重点检查各项资产是否按照投资计划投出；以非货币性资产投出的，重点检查资产的作价是否合理。

（5）对外投资持有的管理情况，重点检查有关对外投资权益证书等凭证的保管和记录情况，投资期间获得的投资收益是否及时足额收回。

（6）对外投资的处置情况，重点检查投资资产的处置是否经过授权批准，资产的回收是否完整、及时，资产的作价是否合理。

（7）对外投资的会计处理情况，重点检查会计记录是否真实、完整。

4. 监督检查结果处理

对监督检查过程中发现的对外投资内部控制中的薄弱环节，负责监督检查的部门应当告知有关部门，有关部门应及时查明原因，采取措施加以纠正和完善；监督检查部门应向上级部门报告对外投资的内部控制监督检查情况和有关部门的整改情况。

三、投资风险控制

（一）投资风险控制综述

1. 投资风险的成因

企业投资风险的产生一般有三种原因：一是产业结构、投资决策或执行、投资后经营过程中等风险所表现出来的投资过程的非科学性；二是金融投资组合的非分散化引起的风险与报酬的不等值；三是金融投资与实体资本投资的相互影响以及企业对投资项目的理解和把握不到位等。

其中，投资过程非科学性最常导致企业的投资活动出现风险。因此，企业应该着重注意在产业结构、投资决策或执行、投资后经营过程中保持理性，采用科学的防范措施积极进行风险防范，这样才能使企业的投资风险降至最低。

2. 投资风险的种类

按照分散程度和投资对象的不同，投资风险可以分为几种，如图7-7所示。

（1）按分散程度分类。按照分散程度的不同，投资风险分为可分散风险与不可分散风险。我们可以通过表7-9来了解可分散风险与不可分散风险之间的区别与联系。

（2）按照投资对象分类。由于投资对象的不同，投资风险又可分为金融投资风险与实业资本投资风险。

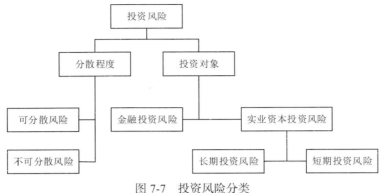

图 7-7　投资风险分类

表 7-9　可分散风险与不可分散风险比较表

风险类别	含义及表现	实现途径或手段
可分散风险	即非系统风险，也叫非市场风险，可以通过分散化投资消除的风险。这类风险是由企业相关的一些事件引起的，常常表现为随机性	恰当实行科学的投资决策，可以规避和分散风险，即通过分散投资降低该风险。如果分散充分有效的话，这种风险就能被完全消除。其对报酬率不会产生不利的影响—投资风险与报酬不匹配
不可分散风险	即系统性风险，也叫市场风险，是由影响整个市场的全局性事件（如经济、政治、社会、法律）引起的。由于这种风险是所有企业共有的，不会因多样化的投资组合而消失，因此又被称为不可分散风险	市场对投资者承担的不可分散风险给予补偿，即投资风险和报酬相匹配

　　金融投资风险是影响企业金融投资收益实现的风险，主要体现在企业用金融商品为载体的前提下，在投资过程中投资项目不能达到预期收益。

　　实业资本投资风险是指与实业资本投资经营活动相关的风险，这主要是针对企业内部生产经营有关的投资和对外的合营、合作等实业资本投资过程中可能产生的风险，这种风险可解释为项目投资达不到预期收益的可能性。

　　3. 投资管理的主要风险点

　　（1）投资项目或对被投资企业未经科学、严密的评估和论证或没有经过专业机构的独立评估，可能因为决策失误而导致重大损失。

　　（2）投资行为违反国家法律、法规，可能遭受外部处罚、经济损失和信誉损失。

　　（3）追加投资行为不规范或没有经过严格审批，可能给企业造成经济损失和信誉损失。

　　（4）投资业务未经适当审批或超越授权审批，可能产生重大差错或舞弊、欺诈行为，从而导致损失。

　　（5）投资的收回不按规定权限和程序进行审批或投资收回协议签订不合理，就可能导致企业资金和资产的流失和浪费。

　　（6）投资核销没有经过充分调研或没有经过严格审批，可能导致企业资产虚增或资产流失，造成资金和资产浪费。

　　（7）资产减值的确定和审批不合理、不规范，可能导致企业资产虚增或资产流失，造成资金和资产浪费及损失。

（8）资产减值的会计处理不规范或没有经过严格审批，可能导致资产账目混乱，增加管理成本或因资产减值会计披露不当而造成企业外部投资者的决策失误。

4．投资风险的识别

投资的风险是多方面的，一般来说，投资风险可以从投资内部控制制度、投资项目管理水平、利率风险、再投资风险、市场风险、汇率风险、通货膨胀风险、衍生金融工具风险、违约风险、道德风险、项目投资失败风险、资金投向不合理风险等方面进行识别。

5．投资风险预警

投资风险预警就是根据直接投资或间接投资的风险评价结果，对投资活动存在的潜在或现实风险发出预警信号，并进行有效防范和控制的风险管理过程。预警信号一般分为5级，即无警、轻警、中警、重警和巨警。投资风险预警的指标包括定性和定量五标，其不同的标准区间值分别对应于不同的预警信号，如表 7-10 所示。标准值区间并不是绝对的，它有一个允许变动的特定范围，这个特定范围就是预警指标的标准值允许变化的区间，称为标准值活动区间。在实际的投资风险预警中，企业根据行业情况及本身的历史、现状和未来科学、合理地设置预警指标的不同预警信号标准区间，否则达不到科学、有效的风险预警效果。因此，风险预警的关键是设定不同分析指标的标准预警信号区间。在投资风险预警中，对于定性分析指标，采取由专家评分来确定标准预警信号区间；对于定量分析指标，根据不同投资类型，考虑行业指标的平均值、行业指标理想值、标杆企业指标值、本企业历史平时值、本企业历史最高值（或最低值）为基础来确定各分析指标的标准预警信号区间。不同投资类型，不同行业、不同地区、不同企业的标准预警信号区间应有所不同。

表 7-10 投资风险预警分析表

投资风险分析指标	预警信号标准区间值					实际值	敏感度	预警信号
	无警	轻警	中警	重警	巨警			
定性指标								
定量指标								
综合指标								

将投资风险评价的结果与预警信号标准区间值相比较，根据分析指标实际值所处范围，确定其预警信号。

根据投资风险预警单项定性指标、定量指标和综合指标所发出的预警信号，分析确定具体的警源，采取相应的措施加以控制，以降低企业的投资风险，为实现企业的战略目标和财务管理目标奠定基础。

警源分析子系统构成因素包括，客观市场型警源，财务决策型警源，外部风险型警源，财务战略型警源和管理实施型警源。

企业投资风险警源的具体说明如表 7-11 所示。

表 7-11 企业投资风险警源的具体说明

投资风险警源	具体解释	具体表现
客观市场型警源	具有客观性、普遍性特点、对所有企业都会带来风险的因素	这类风险因素区别于其他几种警源最明显的标志就是不被人的主观意志所影响一般表现为经济衰退、通货膨胀、汇率变动、金融危机等问题

投资风险警源	具体解释	具体表现
外部风险型警源	与企业外部经营可能产生威胁相关的风险因素	一般表现为市场上出现替代产品、消费者偏好发生变化等问题
管理实施型警源	与企业管理中出现的一些问题，如企业因为对投资项目控制不力、管理混乱等导致出现投资风险相联系的因素	一般表现为投资项目建设工期延长、建设资金不足以及项目建成不能很快形成生产能力等问题
财务战略型警源	直接与企业所制定的不当发展战略相联系的风险因素	这类风险因素一般表现为并购模式选取不当、片面信奉规模效益而盲目扩大投资规模、盲目进行多元化经营等问题
财务决策型警源	直接与企业因盲目投资导致决策失误相联系的风险因素	这类风险因素的表现为事前未对投资项目进行科学论证、企业决策者相关素质欠缺及对企业内外部环境估计不足等问题

投资风险预警指标的确定原则如下。

（1）可行性。所选取的指标可以连续进行动态比较，该指标符合实际情况，能够获得有关统计资料。

（2）时效性。所选取的指标能够从时间上及时反映投资项目的运营状况，前提是能按月、按季进行检测。

（3）稳定性。被选指标的变化幅度按不同状态进行划分后，所划分的标准能够保持相对稳定。

（4）灵敏性。所选取的指标可以比较灵敏地反映出投资项目运营的变动情况。

（5）重要性。所选用的指标必须能够反映出对企业投资结果又非常重要的影响。

（6）超前性。要求所选用的指标能够领先于投资项目实际变动的发生。

6. 投资风险管理流程

请参阅以下相关文案。

文案范本

z 投资风险管理流程

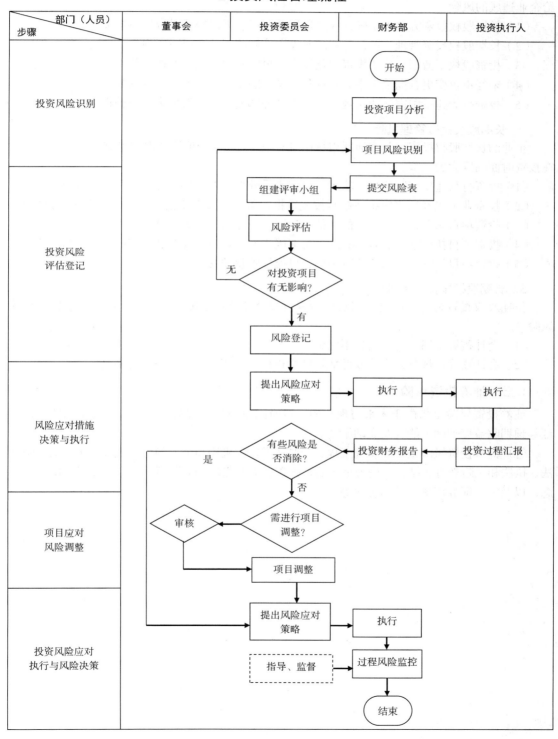

步骤 \ 部门（人员）	董事会	投资委员会	财务部	投资执行人
投资风险识别				
投资风险评估登记				
风险应对措施决策与执行				
项目应对风险调整				
投资风险应对执行与风险决策				

（二）长期股权投资风险

1．长期股权投资运营风险

长期股权投资运营风险是指因投资方向不正确、投资管理不严以及投资股权不清晰等原因给企业造成的风险。

（1）长期股权投资方向不正确，导致投资低回报、无回报或投资权益损失。

（2）长期股权投资管理不严，可能减弱投资控制能力，造成投资损失。

（3）投资股权不清晰，造成投资权益损失、投资收益不能足额按时收回。

（4）未经审核变更合同范本中涉及权利、义务的条款，导致企业权利受损。

（5）投资行为违反国家法律法规，可能遭受外部处罚、经济损失和信誉损失。

2．长期股权投资管理风险

企业的长期股权投资因其在活跃市场中没有报价，公允价值不能得到可靠计量从而使企业在投资时面临巨大的风险。

（1）投资行为违反国家法律、法规，可能遭受外部处罚，导致经济损失和信誉损失。

（2）投资业务未经适当审批或超越授权审批，可能因重大差错、舞弊、欺诈而导致损失。

（3）投资项目未经科学、严密的评估和论证，可能因决策失误导致重大损失。

（4）投资项目执行缺乏有效的管理，可能因不能保障投资安全和投资收益而导致损失。

（5）投资项目处置的决策与执行不当，可能导致权益受损。

3．长期股权投资财务风险

长期股权投资财务风险是指因长期股权投资会计核算不规范导致的企业财务信息失真的风险。

（1）会计核算遗漏，造成信息不完整。

（2）会计核算不规范，高估或低估长期股权投资价值，造成财务信息不真实。

（三）证券投资风险

证券投资风险是指由于未来与现在的一段时间里与证券有关的各种因素的变动性引起的证券预期收益变动的可能性及变动幅度。

管理证券投资风险是一项系统工程，既要从国家、机构和个人的行为规范入手，又要将立法、执法和风险教育相结合，更为重要的是投资者需有正确的风险意识，应树立科学的投资理念，以及掌握证券市场的基本规律等。

文案范本

并购投资风险控制流程

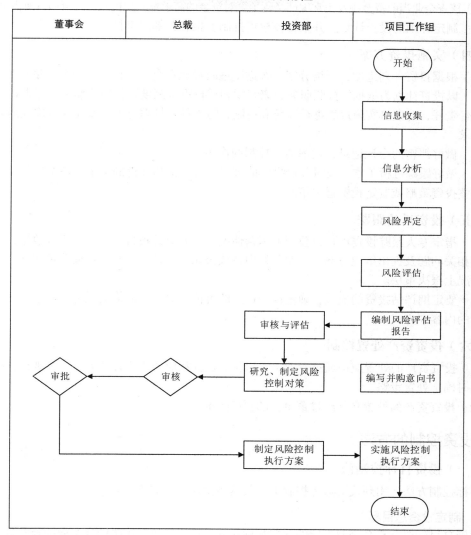

董事会	总裁	投资部	项目工作组

四、投资管理的关键控制点

（一）投资方案的提出

（1）进行投资方案的战略性评估，包括是否与企业发展战略相符合。

（2）投资规模、方向和时机是否适当。

（3）对投资方案进行技术、市场、财务可行性研究，深入分析项目的技术可行性与先进性、市场容量与前景，以及项目预计现金流量、风险与报酬，比较或评价不同项目的可行性。

（二）投资方案审批

（1）明确审批人对投资业务的授权批准方式、权限、程序和责任，不得越权。

（2）审批中应实行集体决策审议或者联签制度。

（3）与有关被投资方签署投资协议。

（三）编制投资计划

（1）核查企业当前资金额及正常生产经营预算对资金的需求量，积极筹措投资项目所需资金。

（2）制定详细的投资计划，并根据授权审批制度报有关部门审批。

（四）实施投资方案

（1）根据投资计划进度，严格分期、按进度适时投放资金，严格控制资金流量和时间。

（2）以投资计划为依据，按照职务分离制度和授权审批制度，各环节和各责任人正确履行审批监督责任，对项目实施过程进行监督和控制，防止各种舞弊行为，保证项目建设的质量和进度要求。

（3）做好严密的会计记录，发挥会计控制的作用。

（4）做好跟踪分析工作，及时评价投资的进展，将分析和评价的结果反馈给决策层，以便及时调整投资策略或制定投资退出策略。

（五）投资后的跟踪

（1）指定专人跟踪投资项目或公司的运营情况，索取会计报告、运营分析等数据，关注投产后的相关问题及提出解决方案。定期分析项目或公司运营情况，专门形成分析制度，将公司运行情况上报决策层。

（2）要定期评估投资的成效，确定投资资产的价值，对资产减值情况进行评估，并决定信息披露的内容和方式。

（六）投资资产处置控制

（1）投资资产的处置应该通过专业中介机构，选择相应的资产评估方法，客观评估投资价值，同时确定处置策略。

（2）投资资产的处置必须经过董事会的授权批准。

五、投资控制的方法

（一）投资目标控制法

目标控制方法运用到投资业务控制上，其具体操作程序如下。

1．制定投资总目标

投资总目标要与整个企业发展的战略目标相互适应，同时，还要结合企业的经营规模、资金运营状况以及对风险的承受力。制定目标有两种方法：一是传统方法，二是目标管理方法。传统方法是由上级决定目标，并把它强加给下属。这种方法可能会引起下属的不满，也不能充分发挥下属的才智。目标管理法是让下级在上级确定的范围内建立目标，如上级提供范围，下级就目标提出建议，上下级取得一致意见后，制定目标，下属对自己的工作进行计划和控制，这样，就给予了参加目标制定的人员更多机会。由于投资业务的风险较大且专业性很强，需要具有相关专业知识的人员对其做出科学合理的分析，高层人员可能会因为缺乏相关的专业知识，而不能对投资的目标做出正确的规划，因此，企业对投资总目标的制定宜采用目标管理方法。

2．分解总目标，使其具体化

投资总目标的分解应自上而下，根据企业的投资总目标，决定各个分管部门的职责以及应达成的目标。如果目标责任不清，目标定得再好也难以完成。

3．实现所设定的目标

实现投资目标应有详细的计划，并应特别重视投资部门的各级主管人员的有关目标控制的基础教育和训练。企业的高层管理人员应积极参与并持之以恒，以增强下属对目标实现的信心。在实现投资目标过程中，要建立信息反馈机制，若发现原定的目标有失公允和合理，应对其进行修订或重新设定。

4．反馈目标实现的情况

无论目标是否实现，都应将实现目标过程中的有关情况向相关部门反馈。如果目标没有实现，相关部门应分析原因、总结教训，必要时修改原定的目标。

（二）投资组织规划控制法

组织规划法，是一种事前控制的方法，是对企业组织机构设置、职务分工的合理性和有效性所进行的控制。它主要包括以下两个方面。

1．不相容职务的分离

企业应当加以分离的职务通常有：授权进行某项业务的职务与执行该项业务的职务相分离、审核某项业务的职务与记录该项业务的职务相分离、保管某项财产的职务与记录该项财产的职务相分离等。企业投资业务的不相容岗位一般包括：①投资预算的编制与审批；②项目的分析论证与评估；③投资的决策与执行；④投资处置的审批与执行；⑤投资业务的执行与相关会计记录。

2．组织机构的相互控制

企业应根据投资业务的需要而分设不同的部门和机构，其组织机构的设置和职责分工应体现相互控制的要求，具体要求是：各组织机构的职责权限必须得到授权，并保证在授权范围内的职权不受外界干预；每类对外投资业务在运行中必须经过不同的部门并保证在有关部门间进行相互检查；在对每项投资业务的检查中，检查者不应从属于被检查者，以保证被检查出的问题得以迅速解决。具体操作如下。

（1）企业应当配备合格的人员办理投资业务。办理投资业务的人员应当具备良好的职业道德、业务素质和与对外投资业务相关的专业知识，熟悉相关法规。企业还应当根据具体情况对办理对外投资业务的人员定期进行岗位轮换。

（2）企业应当建立严格的投资业务授权批准制度，明确审批人的授权批准方式、权限、程序、责任和相关控制措施，规定经办人的职责范围和工作要求。严禁未经授权的部门或人员办理对外投资业务。

（3）审批人应当根据投资授权批准制度的规定，在授权范围内进行审批，不得超越审批权限。经办人应当在职责范围内，按照审批人的意见办理对外投资业务，对于审批人超越授权范围审批的对外投资业务，经办人有权拒绝办理，并及时向上级部门报告。

（4）企业应当制定对外投资业务流程，明确投资决策、资产投出、投资持有、投资处置等环节的控制要求，并设置相应的记录或凭证，如实记载各环节业务的开展情况，确保对外投资全过程得到有效的控制。

（三）投资授权批准控制法

授权批准法，也是一种事前控制方法，是指企业在处理经济业务时，必须由被批准和被授权人去执行，也就是说企业的各级人员必须获得批准或授权，才能执行正常的或特殊的业务。

　　授权批准按其形式可分为一般授权和特殊授权。所谓一般授权是指对办理常规业务时权力、条件和责任的规定，一般授权时效性较长；而特殊授权是对办理例外业务时权力、条件和责任的规定，时效性一般较短。例如，当一项投资业务的数额超过某部门的批准权限时，只有经过特定授权批准才能处理。不论采用哪一种授权批准方式，企业必须建立授权批准体系，其中包括：① 授权批准的范围，通常企业的所有经营活动都应纳入其范围；② 授权批准的层次，应根据经济活动的重要性和金额大小确定不同的授权批准层次，从而保证各管理层有权亦有责；③ 授权批准的责任，应当明确被授权者在履行权力时应对哪些方面负责；应避免责任不清，一旦出现问题又难辞其咎的情况发生；④ 授权批准的程序，应规定每一类经济业务审批程序，以便按程序办理审批，以避免越级审批、违规审批的情况发生。企业内部的各级管理层必须在授权范围内行使相应职权，经办人员也必须在授权范围内办理经济业务。

　　企业采用授权批准控制法对投资业务进行控制时，具体步骤如下。

　　（1）企业要根据投资业务的流程和特点，设计授权环节，并明确各个环节的授权者。

　　（2）授权级别应与授权者的地位相适应。例如，小额、零星、临时性投资可由董事会授权的高级管理人员审批；企业长期、重大的投资项目及其决策，必须经过单位董事会集体决策审批并实行联签制度。

　　（3）被授权人应该是称职的人员，不能授权予不胜任的人。企业应将投资业务授权予具有良好的职业道德、业务素质和与投资业务相关的专业知识，熟悉相关法规的人员。

　　（4）严格要求各级人员按所授予的权限办理投资业务，不得随意超越权限。

　　（5）无论采用什么样的投资授权、批准形式，均要有文件记录，以书面授权为准，方便以后审查。

（四）投资程序控制法

　　程序控制法是对重复出现的业务，按客观要求，规定其处理的标准程序作为行动的准则。

　　对企业的投资业务实行程序控制，需要将投资业务的处理过程用文字的说明方式或流程图的方式表示出来，以形成制度、颁发执行。程序控制也是典型的事前控制方法。它不仅要求按照牵制的原则进行程序设置，而且要求所有的主要业务活动都要建立切实可行的办理程序。进行程序控制有助于企业按规范处理同类业务，有科学的程序、标准可依，避免业务工作无章可循或有章不循，避免职责不清、互相扯皮等现象的发生。

　　投资业务的处理流程一般包括：投资建议、可行性论证、投资决策、投资投出与管理、投资记录、投出资产处置、监督评价等环节。企业的投资程序控制包括两个方面的内容，一是设定科学合理的处理业务程序，二是实行牵制控制。首先，根据各项投资的特点和具体程序，编制投资流程图，并严格地按照流程图的程序对该项投资业务进行处理。然后，根据流程图设计各个步骤的相互牵制的控制点和控制内容。由于企业在投资时既能以货币资产进行投资，又能以非货币资产进行投资，两者在投资程序和控制的内容上都不尽相同，所以，企业应区别货币资产投资和非货币资产投资来设计程序控制。

　　（1）企业以货币性资产进行投资时，其基本的控制流程可以用图7-8来表示，企业可以根据具体的投资项目对该流程图进行适当的调整，然后根据投资的流程来确定控制的步骤和内容。

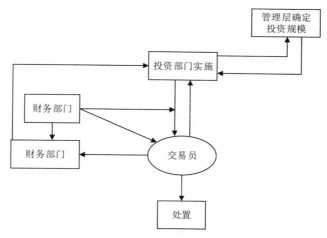

图 7-8　货币性投资控制基本流程

根据图 7-8，货币性资产投资控制的步骤和内容可以分解为：

① 管理层或投资决策委员会根据搜集的宏观经济信息、拟投资行业的动态信息、以及投资价值报告等资料，来决定企业在一定时期的投资规模；

② 投资部门根据投资委员会的决策及自身掌握的资料提交具体的投资方案、投资风险报告；

③ 管理层亲自或授权的有关部门对投资部门的对外证券投资方案进行审批；

④ 财务部门根据审批报告，在授权范围内支付货币资金或将实物资产、无形资产入账；

⑤ 投资部门根据授权在一定资金限额内下达交易指令；

⑥ 交易员将相关信息反馈给投资部门；

⑦ 风险控制委员会对投资部门进行稽核、检查；

⑧ 风险控制委员会给交易员下达特殊指令以减少投资损失；

⑨ 交易员根据指令在柜台买进或卖出股票、债券；

⑩ 财务部门根据投资部门（交易员）交来的成交报告，记载对外投资增、减变动情况及持有期间的利息、股息、红利等有关信息；

⑪ 投资部门在授权范围内处置对外投资的实物资产。

（2）企业以非货币性资产进行投资时，其基本的控制流程可以用图 7-9 来表示，企业可以根据具体的投资项目对该流程图进行适当的调整，然后根据投资的流程来确定控制的步骤和内容。

根据图 7-9，货币性资产投资控制的步骤和内容可以分解为：

① 企业有关部门（投资部门、企划部、业务部门）根据企业发展目标，收集拟投资单位或行业的信息，提出投资建议；

② 企业的决策层亲自或授权决策委员会同有关部门对投资建议提出部门的对外实物投资建议进行评估，并做出是否投资的决策；

③ 投资建议提出部门根据有关部门的决策编制投资计划；

④ 投资建议提出部门与被投资企业签订合同协议，并按合同协议，投出实物资产、无形资产、货币资金等；

⑤ 风险投资控制委员会对财务部门和投资计划执行部门进行稽核检查，并根据了解的被投资单位的情况，在授权范围内下达特殊命令；

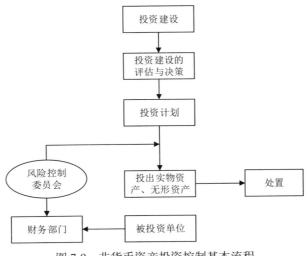

图 7-9 非货币资产投资控制基本流程

⑥ 财务部门对投出的各种资产进行账务处理，并按规定反映从被投资企业获得的利息、股利及红利；

⑦ 投资计划执行部门在授权范围内处理被投资的各种资产。

（五）投资预算控制法

企业在对投资业务进行预算控制时，要抓好以下环节。

（1）投资预算体系的建立，包括预算的项目、标准和程序。

（2）投资预算的编制和审定。

（3）投资预算指标的下达及相关责任人或部门的落实。

（4）投资预算执行的授权。

（5）投资预算执行过程的监控。

（6）投资预算差异的分析与调整。

（7）投资预算业绩的考核。

（六）投资财产保全控制法

财产保全控制是指为保护财产的安全和完整所采取的控制措施。

1. 限制直接接触

限制直接接触主要指严格限制无关人员对投资实物资产的直接接触，只有经过授权批准的人员才能够接触投资资产。

2. 记名登记监控

企业的投资资产，除了无记名证券外，所有资产在取得当日都要以企业的名义进行登记，绝不允许以企业任何个人的名义来署名或登记。

3. 资产的保管

企业的投资资产一般有两种保管方式：一是由专门机构保管，当企业的投资资产数量较多、金额较大，或企业的安全措施较差时，企业可以委托银行、证券公司、信托公司等金融机构进行保管；二是企业自行保管，在这种方式下，企业必须建立严格的联合控制制度，至少要两名以上人员共同保管。

4．定期盘点，建立投资资产定期盘点制度

企业的投资资产，应由内部审计人员或不参与投资业务的其他人员进行定期盘点，检查投资资产是否确为企业所拥有，并将盘点记录与账面记录相互核对以确认账实一致。由于投资资产的实物盘点无须像存货那样花费大量的时间，通常也不会影响其他业务的正常进行，盘点工作一年要进行多次，甚至每月进行一次。盘点工作必须由两个以上人员共同进行。在盘点或检查过程中，如果发现实存的投资资产数量与账面记录数不一致，在没有得到董事会或由董事会指定的人员批准前，不得进行账面调整。

5．会计记录保护

企业的投资资产无论是自行保管的还是由他人保管，都要进行完整的会计记录，并对投资资产的增减变动及投资收益进行相关会计核算。具体而言，应对每一种投资资产分别设立明细分类账，并详细记录其名称、面值、证书编号、数量、取得日期、经纪人或交易商名称、购入成本、收取的股息或利息等。

（七）投资风险防范控制法

风险防范控制要求企业要树立风险意识，针对各个风险控制点，建立有效的风险管理系统，通过风险预警、风险识别、风险评估、风险报告等措施，对财务风险和经营风险进行全面防范和控制。

风险性是投资业务所固有的特征，特别是企业的长期投资，其投入的资金规模较大、期限较长，受不确定因素影响大，所以企业应加强对投资业务的风险控制，对各种债权投资和股权投资都要做可行性研究并根据项目和金额大小确定审批权限，对投资过程中可能出现的负面因素应制定应对预案。针对不同的投资方式采取相应的风险防范措施。

企业进行证券投资，必须取得经企业领导签署的投资指令，在其后的交易中，也应遵循操作程序方面的规定。同时必须对每一种有价证券开设明细分类账，记载证券名称、号码、数量、购入成本、证券的股息或利息，证券投入的日期等。投资明细账应定期与总分类账核对，并定期编制报告。

企业进行实业投资，必须在事前进行充分详尽的可行性研究，仔细比较各个投资方案的优劣。对于已经批准投资业务的管理人员层次，各种具体呈报和审批手续则应严格控制，确保投资活动必须经过规定的审批程序才能进行。此外，在投资期间，企业应随时检查投资情况，正确揭示投资收益。

（八）投资会计核算控制法

会计核算控制要求企业必须依据会计法和国家统一的会计制度等法规，制定适合本企业的会计制度、会计凭证、会计账簿和财务会计报告的处理程序，实行会计人员岗位责任制，建立严密的会计控制系统。

企业的投资活动必须按照投资准则的规定进行核算，对投资成本、投资账面价值调整、长期投资减值、投资划转、投资处置做出正确完整的会计处理并在财务报告中披露有关内容。企业的投资资产无论是自行保管还是委托他人保管，都必须进行完整的会计记录，并对其增减变动及投资收益进行相关会计核算。

为了使投资业务的会计记录真实有效，企业还必须进行可靠性控制，各种投资资料的可靠性主要来源于投资业务的真实性及反映的合理性和准确性，各种资料的记录反映必须符合其内在联系的规律性。其具体措施包括以下几个方面。

（1）建立会计凭证的审核制度。对会计凭证的内容和连续编号进行审查，对各部门或个人

领用的空白凭证进行登记，并定期检查其使用情况。

（2）建立账账核对制度。要定期地或不定期地进行账账核对，特别要进行总分类账与有关明细账的核对。

（3）建立复核制度。对凭证的填制、记账、过账，报表编制进行复核，做到账证、账账、账表相符。

（4）建立分批控制和检查差错制度。按投资业务的特点划分批别，或按投资业务发生的时间进行经常性的检查。

（5）采用科目控制、凭证控制、账簿控制、报表控制、核算形式控制及电算化控制等。

（九）投资检查控制法

检查控制法是指对内部控制制度贯彻、执行情况所进行的监督检查的控制方法。其目的是为了保证内部控制功能的充分发挥，促成既定政策的贯彻和管理目标的实现。

投资的检查控制，主要是通过设立独立的检查机构，对企业的投资业务和管理制度是否合规、合理和有效进行独立的监督和评价，在某种意义上讲，是对投资内部控制的再控制。企业应当建立健全投资控制的监督检查制度，明确监督检查部门和人员的职责权限，定期或不定期地进行检查。

在对投资控制监督检查的过程中，如果发现投资控制中的薄弱环节，负责监督检查的部门应当告知有关部门，有关部门应当及时查明原因，采取措施加以纠正和完善。企业监督检查部门应当向上级部门报告投资控制监督检查情况和有关部门的整改情况。

（十）投资预警控制法

预警控制法是在企业内部建立的具有识错、辨错、纠错、防错功能的崭新的控制方法。

企业的投资预警控制是对企业的投资业务实行事前、事中和事后的控制，并对异常及重要情况发出报警，使企业能够及时发现问题，采取纠正措施，从而有效地防范投资风险。例如，对投资交易指令、投资组合中各类资产的投资比例将达到法规和公司规定的比例限制时进行预警等。

其具体步骤如下。

1. 寻找投资预警的警源

警源指警情产生的根源，投资预警的警源包括外生警源和内生警源。外生警源指来自外部投资环境变化而产生的警源。例如，由于国家产业政策的调整，有可能导致企业被迫转产或做出重大经营政策上的调整，也有可能直接或间接地导致巨额亏损，乃至破产。此时，外生警源为政策调整。内生警源指企业内部运行机制不协调而产生的警源。例如，投资失误，而投入资金又是从银行借入，导致营运资金出现负数，企业难以用流动资产偿还即将到期的流动负债，很可能被迫折价变卖长期资产，以解燃眉之急。此时，投资失误则为企业出现财务预警的内生警源。

2. 分析投资预警的警兆

警兆指警素发生异常变化时的先兆。在警源的作用下，当警素发生变化导致警情爆发之前，总有一些预兆或先兆。从警源到警兆，有一个发展过程：警源孕育警情—警情发展扩大—警情爆发前的警兆出现。投资预警的目的就是在警情爆发前，分析警兆、控制警源、拟定排警对策。

3. 监测并预报警度

警度指警情的级别程度。投资预警的警度一般设计为五种：无警、轻警、中警、重警、巨警。警度的确定，一般是根据警兆指标的数据大小，找出与警素的警限相对应的警限区域，警兆指标值落在某个警限区域，则确定为相应级别的警度。

4．建立预警模型

预报警度有两种方法：一是定性分析的方法，如专家调查法、特尔斐法、经验分析法等；二是定量分析的方法，包括指标形式和模型形式。模型形式一般是建立关于警素的普通模型，并作出预测，然后根据警限转化为警度。

5．拟定排警对策

预警的目的，就是要在警情扩大或爆发之前，采取排警对策。从而，有效地寻找警源、通过分析警兆、测定警度，进而采取行之有效的排警对策。监测投资风险和危机的目的是为了有效地防范投资风险和危机。

（十一）投资人力资源控制法

人力资源控制是企业根据经营的要求对各岗位人员在素质方面所作的具体规定：一是对思想品德、道德修养的要求；二是对知识水平、业务技能的规定。

投资业务的人力资源控制应包括：

（1）建立严格的招聘程序，保证应聘人员符合要求；

（2）制定员工工作规范，用以引导考核员工行为；

（3）定期对员工进行培训，帮助其提高业务素质，更好地完成规定的任务；

（4）加强和考核奖惩力度，应定期对职工业绩进行考核，奖惩分明；

（5）对重要岗位员工应建立职业信用保险机制，如签订信用承诺书，保荐人推荐或办理商业信用保险；

（6）工作岗位轮换，可以定期或不定期地进行工作岗位轮换，通过轮换及时发现存在的错弊情况，同时也可以挖掘职工的潜在能力；

（7）提高工资与福利待遇，加强员工之间的沟通，增强凝聚力。

（十二）投资管理信息系统控制法

管理信息系统控制包括两方面的内容：一方面，要加强对电子信息系统本身的控制。随着电子信息技术的发展，企业利用计算机从事投资管理方式手段越来越普遍，除了投资核算电算化的发展外，企业的投资分析与决策过程也都离不开计算机。为此必须加强对电子信息系统的控制，包括系统组织和管理控制、系统开发和维护控制、文件资料控制、系统设备、数据、程序、网络安全的控制以及日常应用的控制。另一方面，要运用电子信息技术手段建立控制系统，减少和消除内部人为控制的影响，确保投资控制的有效实施。

（十三）投资方针政策控制法

方针政策控制，是指以国家的财政、经济法规和财务会计制度为准绳，对经济活动进行组织、调节和制约的控制方法。投资方针政策控制是以企业的投资方针政策及计划预算作为控制的手段，对企业的投资活动进行控制。企业的投资活动要受到国家的政策、制度和法令的制约，如我国规定的投资管理制度、投资核算准则、投资法规等。企业都应该强制执行，并成为对企业投资业务进行控制的依据。

（十四）投资内部报告控制法

为了保证企业投资管理的时效性和针对性，企业应当建立内部投资管理报告体系，全面反映投资业务活动，及时提供投资业务活动中的重要信息。投资内部报告体系的建立应体现：反映部门经管责任，符合例外管理的要求，报告形式和内容简明易懂，并要统筹规划，避免重复。内部报告要根据管理层次设计报告频率和内容详简。通常，高层管理者报告时间间隔时间长，内容从重、从简；反之，报告时间间隔短，内容从全、从详。

六、上市公司投资内控制度

请参阅以下相关文案。

××股份有限公司证券投资内控制度

（本制度经 2013 年 3 月 12 日公司第五届董事会第四十五次会议审议通过。）

第一章　总　　则

第一条　为加强与规范××股份有限公司（以下简称"公司"）证券投资业务的管理，有效控制风险，提高投资收益，维护公司及股东利益，依据《证券法》《上市公司监管指引第 2 号——上市公司募集资金管理和使用的监管要求》《深圳证券交易所股票上市规则》《深圳证券交易所上市公司内部控制指引》《深圳证券交易所上市公司信息披露工作指引第 4 号——证券投资》《××股份有限公司公司章程》（以下简称公司章程）等法律、法规、规范性文件的有关规定，结合公司的实际情况，特制定本制度。

第二条　本制度所称证券投资，主要是指在国家政策允许的情况下，公司及公司下属控股企业作为独立的法人主体，在控制投资风险的前提下，以提高资金使用效率和收益最大化为原则，在证券市场投资有价证券的行为。证券投资具体包括新股配售、申购、证券回购、股票及其衍生产品二级市场投资、可转换公司债券投资、委托理财进行证券投资以及深圳证券交易（以下简称深交所）所认定的其他投资行为。

第三条　从事证券投资必须遵循"规范运作、防范风险、资金安全、量力而行、效益优先"的原则，不能影响公司正常经营，不能影响主营业务的发展。

第四条　公司证券投资资金来源为公司自有资金或暂时闲置的募集资金。公司不得使用银行信贷资金等不符合国家法律法规和中国证监会、深交所规定的资金直接或间接进行证券投资。

第五条　本制度适用于公司及下属控股子公司。下属控股子公司进行证券投资的权限需报经公司审批，未经审批不得进行任何证券投资事项。

第二章　账户管理及资金管理

第六条　公司进行证券投资业务应按照《上市公司监管指引第 2 号——上市公司募集资金管理和使用的监管要求》《深圳证券交易所股票上市规则》《深圳证券交易所上市公司信息披露业务备忘录第 25 号——证券投资》等有关法律、法规、规范性文件及《公司章程》等相关规定，严格履行审批程序。

第七条　公司进行证券投资，应按如下权限进行审批。

（一）公司如需进行证券投资，由董事会审议通过后实施。

（二）公司在连续十二个月内证券投资总额占公司最近一期经审计净资产 10%以上，且绝对金额超过 1 000 万元人民币的，应在投资之前经董事会审议批准并及时履行信息披露义务。

（三）公司在连续十二个月内证券投资总额占公司最近一期经审计净资产 50%以上，且绝对金额超过 5 000 万元人民币的，还应提交股东大会审议。在召开股东大会时，除现场会议外，公司还应向投资者提供网络投票渠道进行投票。

（四）上述审批权限如与现行有效法律、行政法规、深交所相关规定不相符的，以从严规定为准。

第八条　公司的证券投资只能在以公司名义开设的资金账户和证券账户上进行，不得使用他人账户或向他人提供资金（委托理财进行证券投资除外）进行证券投资。

第九条　公司应按照《深圳证券交易所上市公司信息披露业务备忘录第 25 号——证券投资》的规定，在证券投资方案经董事会或股东大会审议通过后，有关决议公开披露前，向深交所报备相应的证券投资账户以及资金账户信息，接受深交所的监管。

第十条　公司开户、转户、销户需经董事长批准。公司开户券商原则上应选择中国证券业协会审核的创新类或规范类券商。

第十一条　公司在证券公司开立资金账户，与开户银行、证券公司达成三方存管协议，使银行账户与证券公司的资金账户对接。根据公司自有资金情况及投资计划，公司用于证券投资的资金可以一次性或分批转入资金账户，任何一笔资金调拨至资金账户均须经公司董事长、财务总监会签后才能进行。资金账户中的资金只能转回公司指定三方存管的银行账户。

第十二条　每个会计年度最后一个交易日，证券投资所得净收益应及时转回公司银行账户。

第十三条　公司进行证券投资，资金划拨程序须严格遵守公司财务管理制度。

第十四条　公司审计法务部每季度末对公司当期证券投资进行审计和监督，对证券投资进行全面检查，并根据谨慎性原则，合理预计各项投资可能发生的损失，由财务部按会计制度的规定计提跌价准备。

第三章　投资管理与组织实施

第十五条　公司相关部门和人员在进行证券投资前，应熟悉相关法律、法规和规范性文件关于证券市场投资行为的规定，严禁进行违法违规的交易。

第十六条　公司成立证券投资领导小组，由公司董事长担任组长，财务总监、董事会秘书、担任证券投资领导小组成员。

第十七条　董事会办公室和财务部分别承担各自证券投资的具体职能，不得混同。公司财务部负责证券投资的具体操作，分别指定专人保管证券账户卡、证券交易密码和资金密码，并归口管理下属控股子公司的证券投资活动。公司董事会办公室负责证券投资资金的协调、管理和信息披露等工作。

第四章　核算管理

第十八条　公司财务部负责证券投资资金的管理。资金进出证券投资资金账户须按照公司财务管理制度、程序审批签字。证券投资资金账户上的资金管理应以提高资金使用效率和收益最大化为原则。

第十九条　公司进行的证券投资完成后，财务部应及时取得相应的投资证明或其他有效证据，作为记账凭证。

第二十条　公司财务部应根据《企业会计准则第 22 号——金融工具确认和计量》《企业会计准则第 37 号——金融工具列报》等相关规定，对公司证券投资业务进行日常核算并在财务报表中正确列报。

第五章　风险控制和信息披露

第二十一条　公司遵循稳健投资的理念，并应考虑适时接受专业证券投资机构的服务，以提高自身的证券投资水平和风险控制能力，保护公司利益。

第二十二条　由于证券投资存在的许多不确定因素，公司通过以下具体措施，力求将风险控制到最低限度的同时，获得最大的投资收益。

（一）参与和实施证券投资计划的人员须具备较强的证券投资理论知识及丰富的证券投资管理经验，必要时可聘请外部具有丰富的证券投资实战管理经验的人员为证券部提供咨询服务，保证公司在证券投资前进行严格、科学的论证，为正确决策提供合理建议。

（二）为防范风险，公司投资股票二级市场以价值低估、未来有良好成长性的绩优股为主要投资对象。

（三）公司董事会审计委员会有权随时调查跟踪公司证券投资情况，以此加强对公司证券投资项目的前期与跟踪管理，控制风险。

（四）采取适当的分散投资策略，控制投资规模，以及对被投资证券的定期投资分析等手段来回避、控制投资风险。

第二十三条　单只证券投资品种亏损超过投资金额的 20%时，财务部会同董事会办公室必须立即报告证券投资领导小组，经讨论后决定是否止损；公司证券投资浮动亏损总额超过投资额的 20%，且绝对金额超过 1 000 万元人民币时，证券投资领导小组须提请董事会审议 是否继续进行证券投资，并出具意见。

第二十四条　证券投资资金使用情况由公司审计法务部门进行日常监督，每季度对资金使用情况进行审计、核实，由审计法务部门负责人签字确认。

独立董事可以对证券投资资金使用情况进行检查。独立董事在公司内部监督部门核查的基础上，以董事会审计委员会核查为主，必要时由二名以上独立董事提议，有权聘任独立的外部审计机构进行资金的专项审计。

第二十五条　公司监事会有权对公司证券投资情况进行定期或不定期的检查。如发现违规操作情况可提议召开董事会审议停止公司的证券投资活动。

第二十六条　公司证券投资具体执行人员及其他知情人员在相关信息公开披露前不得将公司投资情况透露给其他个人或组织，但法律、法规或规范性文件另有规定的除外。

第二十七条　证券投资风险控制由公司财务部进行定期及不定期检查，财务部对证券投资资金运用的活动应当建立健全完整的会计账目，做好相关的账务核算工作。

第二十八条　董事会办公室应当定期或不定期将证券投资情况向董事会汇报，由公司在定期报告中披露报告期内证券投资以及相应的损益情况，披露内容至少应包括：

（一）报告期末证券投资的组合情况，说明证券品种、投资金额以及占总投资的比例；

（二）报告期末按市值占总投资金额比例大小排列的前十只证券的名称、代码、持有数量、初始投资金额、期末市值以及占总投资的比例；

（三）报告期内证券投资的损益情况。

第二十九条　公司证券投资相关参与和知情人员在相关信息公开披露前须保守公司证券投资秘密，不得对外公布，不得利用知悉公司证券投资的便利牟取不正当利益。

第三十条　董事会秘书负责公司未公开证券投资信息的对外公布，其他董事、监事、高级管理人员及相关知情人员，非经董事会书面授权，不得对外发布任何公司未公开的证券投资信息。

第三十一条　公司董事会秘书应根据《深圳证券交易所股票上市规则》《公司章程》《信息披露事务管理制度》等法律、法规、规范性文件的有关规定，对报送的证券投资信息进行分析和判断，如需要公司履行信息披露义务的，公司董事会秘书应及时将信息向公司董事会进行汇报，提请公司董事会履行相应的程序，并按有关规定予以公开披露。

第三十二条　凡违反相关法律法规、本制度及公司其他规定，致使公司遭受损失的，应视具体情况，给予相关责任人以处分，相关责任人应依法承担相应责任。

第六章　附　则

第三十三条　本制度所称"以上""以内"含本数，"超过"不含本数。

第三十四条　本制度未尽事宜，依照国家有关法律、法规、规范性文件以及《公司章程》的有关规定执行。本制度与有关法律、法规、规范性文件以及《公司章程》的有关规定不一致的，以有关法律、法规、规范性文件以及《公司章程》的规定为准。

第三十五条　本制度由公司董事会审议通过后执行。

××股份有限公司

2013 年 3 月 12 日

××化工集团股份有限公司
衍生品投资内部控制及信息披露制度

第一章　总　则

第一条　为规范××化工集团股份有限公司（以下简称"公司"）衍生品投资行为，控制衍生品投资风险，根据《中华人民共和国证券法》《中华人民共和国会计法》《深圳证券交易所股票上市规则》《深圳证券交易所上市公司信息披露业务备忘录第 26 号——衍生品投资》等法律、行政法规及《公司章程》的有关规定，结合公司的实际业务情况，特制定本制度。

本制度所称衍生品是指场内场外交易、或者非交易的，实质为期货、期权、远期、互换等产品或上述产品的组合。衍生品的基础资产既可包括证券、指数、利率、汇率、货币、商品、其他标的，也可包括上述基础资产的组合；既可采取实物交割，也可采取现金差价结算；既可采用保证金或担保、抵押进行杠杆交易，也可采用无担保、无抵押的信用交易。

第二条　本制度适用于公司及控股子公司的衍生品投资。未经公司同意，公司下属控股子公司不得进行衍生品投资。

第三条　对开展衍生品业务的相关信息，公司应按照证券监督管理部门的相关规定在临时报告或者定期报告中予以披露。

第二章　衍生品投资的风险控制

第四条　公司开展衍生品业务前，由公司财务部门或聘请咨询机构负责评估衍生品的业务风险，分析该业务的可行性与必要性，对突发事件及风险评估变化情况及时上报。

第五条　公司在进行衍生品投资前，应当制定相应会计政策，确定衍生品投资业务的计量及核算方法。

第六条　公司董事会审核委员会负责审查衍生品投资的可行性与必要性及风险控制情况，衍生品业务在报董事会审批前应当得到董事会审核委员会的审核同意。

第七条　公司进行衍生品投资前应成立衍生品投资工作小组，投资小组应该配备投资决策、业务操作、风险控制等专业人员。参与投资的人员应充分理解衍生品投资的风险，严格执行衍生品投资的业务操作和风险管理制度。

第八条　公司董事会在公司章程规定的权限内审批衍生品投资事项，超过规定权限的衍生品投资事项应当提交股东大会审议。

公司管理层在董事会、股东大会决议的授权范围内负责有关衍生品投资业务操作事宜。在股东大会或董事会批准的最高额度内，由公司管理层确定具体的金额和时间。

第九条　公司法律事务部门负责审核衍生品业务的合同及相关文本的条款，分析所涉及的法律风险。

第十条 公司在开展衍生品业务前，应当在多个市场与多种产品之间进行比较、询价；必要时可聘请专业机构对待选的衍生品进行分析比较。

第十一条 公司根据《企业会计准则第 22 号——金融工具确认和计量》对衍生品投资公允价值予以确定，根据《企业会计准则第 37 号——金融工具列报》对衍生品予以列示和披露。

第十二条 公司应严格控制衍生品业务的种类及规模，不得超出经营实际需要从事复杂衍生品投资，不能以套期保值为借口从事衍生品投机。

第三章 衍生品业务的审议程序

第十三条 公司所有衍生品投资均需提交董事会审议，超过董事会权限范围的衍生品投资应当提交股东大会审议；构成关联交易的衍生品投资应当履行关联交易表决程序。对属于董事会权限范围内的衍生品投资业务，公司管理层应就该业务出具可行性分析报告并提交董事会审核，董事会审议通过后方可执行。

第十四条 对于超出董事会权限范围且不以套期保值为目的的衍生品投资业务，经公司董事会审议通过、独立董事发表专项意见后，还需提交股东大会审议通过后方可执行。

在发出股东大会通知前，公司应自行或聘请咨询机构对拟从事的衍生品业务的必要性、可行性及风险管理措施出具可行性分析报告并披露分析结论。

对于公司与关联方之间进行的衍生品关联交易，应提交股东大会审议后并予以公告。

第十五条 公司应当对衍生品交易业务建立严格的岗位责任制，明确相关业务部门和岗位的职责、权限、决策、执行、资金管理相互分离、制约和监督。

第四章 衍生品业务的后续管理

第十六条 公司衍生品投资业务工作小组应跟踪衍生品公开市场价格或公允价值的变化，及时评估已开展的衍生品业务的风险敞口变化情况，并于每季度末向董事会审核委员会报告。

当公司已投资衍生品的公允价值减值与用于风险对冲的资产（如有）价值变动加总，导致合计亏损或浮动亏损金额每达到公司最近一期经审计净资产的 10%且绝对金额超过 1 000 万元人民币时，审核委员会应向董事会汇报，董事会应以临时公告及时披露。

第十七条 对于不属于交易所场内集中交收清算的衍生品投资，公司衍生品投资工作小组应密切关注交易对手信用风险的变动情况，定期对交易对手的信用状况、履约能力进行跟踪评估，并相应调整交易对手履约担保品的头寸。

第十八条 公司投资工作小组应根据已投资衍生品的特点，针对各类衍生品或不同交易对手设定适当的止损限额，明确止损处理业务流程，并严格执行止损规定。

第十九条 公司衍生品投资工作小组应及时向公司管理层和董事会提交风险分析报告。内容应包括衍生品投资授权执行情况、衍生品交易头寸情况、风险评估结果、本期衍生品投资盈亏状况、止损限额执行情况等。

第二十条 公司应针对已开展的衍生品业务特点，制定切实可行的应急处理预案，以及时应对衍生品业务操作过程中可能发生的重大突发事件。

第二十一条 公司应在定期报告中对已经开展的衍生品投资相关信息予以披露，披露内容包括：

1. 报告期末衍生品投资的持仓情况，应分类披露期末尚未到期的衍生品持仓数量、合约金额、到期期限及占公司报告期末净资产的比例等，并说明所采用的分类方式和标准；

2. 已投资的衍生品与其风险对冲资产的组合浮动盈亏变化情况，以及对公司当期损益的影响；

3. 衍生品持仓的风险分析及控制措施，包括但不限于市场风险、流动性风险、信用风险、操作风险、法律风险等；

4. 已投资衍生品报告期内市场价格或产品公允价值变动的情况，对衍生品公允价值的分析应披露具体使用的方法及相关假设与参数的设定；

5. 公司衍生品的会计政策及会计核算具体原则与上-报告期相比是否发生重大变化的说明；

6. 独立董事对公司衍生品投资及风险控制情况的专项意见；

7. 有关部门要求披露的其他内容。

第五章　附　则

第二十二条　本制度未尽事宜，依照国家有关法律、法规、规范性文件以及本公司章程的有关规定执行。本制度与有关法律、法规、规范性文件以及《公司章程》的有关规定不一致的，以有关法律、法规、规范性文件以及《公司章程》的规定为准。

第二十三条　本制度由公司董事会负责修改和解释。本制度自公司董事会通过之日起实施。

××化工集团股份有限公司

2013 年 12 月 16 日

七、投资管理的业务流程

投资活动业务流程一般包括拟订投资方案、投资方案可行性论证、投资方案决策、投资计划编制与审批、投资计划实施、投资项目的到期处置等环节，如图 7-10 所示。

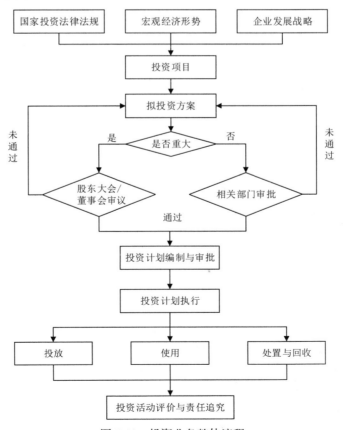

图 7-10　投资业务整体流程

第八章

担保业务方面内控管理

第一节　担保业务管理综述

一、对外担保控制的原则、对象

企业应根据《中华人民共和国担保法》《中华人民共和国公司法》《企业内部控制基本规范》《公司章程》等相关规定，制定担保业务内控制度。通常而言，企业应针对一定的对象提供担保并遵循一定的原则。

1. 被担保对象

担保对象通常主要包括：公司子公司、合营企业、联营公司；公司主要供应商、主要客户；与本公司经济利益有密切关系的其他企业。但对于公司股东、股东的控股子公司、股东的附属企业以及个人债务，公司一般不能为其提供担保。

2. 被担保对象（被担保人）的条件

被担保人应具有良好的发展前景；良好的经营业绩和管理水平；财务状况良好，资产负债率一般不能过高（如70%）；近两年财务无虚假记载；近两年内无违法行为记录或恶意损害股东、债权人及其他人利益的记录。当被担保人出现以下情形之一的，企业不得提供担保：

（1）担保项目不符合国家法律法规和政策规定的；

（2）已进入重组、托管、兼并或破产清算程序的；

（3）财务状况恶化、资不抵债的；

（4）管理混乱、经营风险较大的；

（5）与其他企业出现较大经营纠纷、经济纠纷，面临法律诉讼且可能承担较大赔偿责任的；

（6）与企业集团就过去已经发生的担保事项发生纠纷，或不能及时交纳担保费的。

二、对外担保的方式

1. 一般保证

当事人在保证合同中约定，债务人不能履行债务时，由保证人承担保证责任的为一般保证。一般保证的保证人在主合同纠纷未经判决或者仲裁，并就债务人财产依法强制执行仍不能履行债务前，对债权人可以拒绝承担保证责任。

2. 连带责任保证

当事人在保证合同中约定保证人与债务人对债务承担连带责任的，为连带责任保证。连带责任保证的债务人在主合同规定的债务履行期届满没有履行债务的，债权人可以要求债务人履行债务，也可以要求保证人在其保证范围内承担保证责任。

3．抵押

债务人或者第三人不转移对抵押财产的占有，将该财产作为债权担保。债务人不履行债务时，债权人有权依法以抵押财产折价或者以拍卖、变卖该财产的价款优先受偿。

4．质押

债务人或者第三人将其动产移交债权人占有，将该动产作为债权的担保。债务人不履行债务时，债权人有权依法以该动产折价或者以拍卖、变卖该动产的价款优先受偿。

三、担保业务的岗位分工与权责划分

企业应建立担保业务的岗位责任制，明确相关部门和岗位的职责权限，确保办理担保业务的不相容岗位相互分离、制约和监督，不得由同一个人办理担保业务的全过程。

（一）不相容岗位分离

（1）担保业务的评估与审批分离；
（2）担保业务的审批、执行与监督分离；
（3）担保业务的执行和核对分离；
（4）担保业务相关财产保管和担保业务记录。

（二）人员素质要求

企业应配备合格的人员办理担保业务。办理担保业务的人员应具备良好的职业道德和较强的风险意识，熟悉担保业务，掌握与担保相关的专业知识和法律法规。

（三）业务归口办理

企业所有对外担保事项由财务部门统一归口管理，其他部门或人员未经授权，严禁办理担保业务。内设机构和分支机构不得对外提供担保。

（四）权责划分

1．股东大会

审批以下担保事项：为某一被担保人提供债务担保金额达到或超过公司净资产20%的担保事项；公司用主要资产抵押；为关联方提供债务担保金额达到或超过公司净资产10%的担保事项；经股东大会决议需报股东大会批准的事项。

2．董事会

对除须报股东大会批准以外的担保事项进行审批或授权董事长、总经理审批；对报股东大会审批的担保事项，事前提出预案，经董事会决议通过后，报股东大会审批；董事会在决定为他人提供担保之前（或提交股东大会表决前），须组织财务部门等相关部门对被担保人进行评估，并形成评估报告；担保事项经股东大会或董事会批准后，董事长或授权总经理代表公司与被担保人签订担保协议。

3．董事长、总经理

董事长决定是否受理担保申请；董事长、总经理在未经股东大会或董事会决议通过前，不得擅自代表公司签订担保合同；董事长、总经理定期听取财务部门对被担保人财务状况的汇报，对被担保人财务状况出现异常情况及时研究对策。

4．财务部门

公司所有对外担保事项由财务部门统一归口管理，其他部门无权受理担保申请资料和承办担保具体事项；在提供担保之前会同相关部门对被担保人进行评估，向董事会提出评估报告；审查申请担保单位提供的资料和文件；担保合同生效后，要求被担保企业定期提供财务报表并对其进行分析；在担保期间不定期对被担保企业的经营管理、财务状况和偿债能力进行调查；督促被担保人及时履行合同；及时了解债权人与债务人的合同变更情况；定期与被担保人保持联系，及时了解被担保人法定住所的变动情况等；每半年向总经理、董事长报送被担保企业财务状况分析报告；被担保企业出现破产、清算、债权人主张公司履行担保义务等情况时，及时向总经理、董事长报告；被担保债务到期后，随时掌握被担保企业是否履行还款义务，并向总经理、董事长报告；债务履行期届满，被担保企业不履行被担保债务，由公司承担责任的，根据公司授权及时问被担保单位主张权利。

四、担保业务风险

（一）担保业务的主要风险

（1）对担保申请人的资信状况调查不深，审批不严或越权审批，可能导致企业担保决策失误或遭受欺诈。

（2）对被担保人出现财务困难或经营陷入困境等状况监控不力，应对措施不当，可能导致企业承担法律责任。

（3）担保过程中存在舞弊行为，可能导致经办审批等相关人员涉案或企业利益受损。

（二）担保业务风险类别

1．按引发风险因素的层次性，可分为系统担保风险和非系统性担保风险

（1）由于国家宏观经济政策变动等因素引发的风险属于系统担保风险。

（2）由担保机构决策失误，违规操作等微观因素引起的风险为非系统担保风险。

2．按风险暴露的程度，可分为隐性担保风险和显性担保风险

（1）还没有暴露，处于潜伏期的风险称为隐性担保风险。

（2）已经出现的预警信号，风险征兆较明显的称为显性担保风险。

3．按风险的可控程度，可分为完全不可控制风险、部分不可控制风险和基本可控制风险

（1）完全不可控制风险，是指由于完全无法预测的因素变动，且对这些因素变动事先无法有效防范所引起的风险，如环境风险等。

（2）部分不可控制风险是指那些事先通过采取措施，在一定程度上可以控制的风险，如信用风险等。

（3）基本可控制风险是指那些通过指定和实施科学严密的操作规程、管理措施、内部控制制度与监督措施后可以基本控制的风险，如操作风险等。

　文案范本

担保风险评估制度

第一章　总　　则

第一条　目的。

1．防范担保业务风险，确保担保业务符合国家法律法规和本企业的担保政策。

2. 规范企业担保风险评估工作，合理、客观地评估担保业务风险，确保风险评估为担保决策提供科学依据。

第二条　责任部门。

1. 财务部担保业务负责人、审计部、法律顾问共同组成担保风险评估小组，负责担保业务的风险评估工作。

2. 在担保经办人员受理担保申请，并经过财务部担保业务负责人、财务总监审核通过后，组建担保风险评估小组并开展担保业务的风险评估工作。

第二章　担保风险评估程序规定

第三条　收集担保风险评估资料。

风险评估小组应认真收集或要求申请担保人提供包括但不限于以下资料。

1. 申请担保人的营业执照、企业章程复印件、法定代表人身份证明、能反映与本企业关联关系的文件等基础性资料。

2. 担保申请书、担保业务的资金使用计划或项目资料。

3. 近＿＿年经审计的财务报告等财务资料。

4. 申请担保人的资信等级评估报告及还款能力分析报告等资料。

5. 申请担保人与债权人签订的主合同复印件。

6. 申请担保人提供反担保的条件和相关资料。

第四条　评估担保风险。

企业对担保业务进行风险评估，至少应当采取下列措施。

1. 审查担保业务是否符合国家有关法律法规以及企业发展战略和经营需要。

2. 审查担保项目的合法性、可行性。

3. 评估申请担保人的资信状况，评估内容一般包括：申请人基本情况、资产质量、经营情况、行业前景、偿债能力、信用状况、用于担保和第三方担保的资产及其权利归属等。

4. 综合考虑担保业务的可接受风险水平，并设定担保风险限额。

5. 评估与反担保有关的资产状况。

第五条　撰写评估报告。

1. 担保评估结束后，担保风险评估小组应向企业财务总监提交担保风险评估报告，评估报告应包括但不限于以下内容。

（1）申请担保人提出担保申请的经济背景。

（2）接受担保业务的利弊分析。

（3）拒绝担保业务的利弊分析。

（4）担保业务的评估结论及建议。

2. 担保风险评估报告按照规定经财务总监、总经理审批通过后，为企业作出担保决策提供依据。

第三章　附　　则

第六条　本制度根据国家担保相关法律法规及本企业有关担保业务政策制定，由董事会负责解释。

第七条　本制度自企业董事会审议通过后实施，修订时亦同。

文案范本

担保业务风险评估流程

1. 担保业务风险评估流程与风险控制

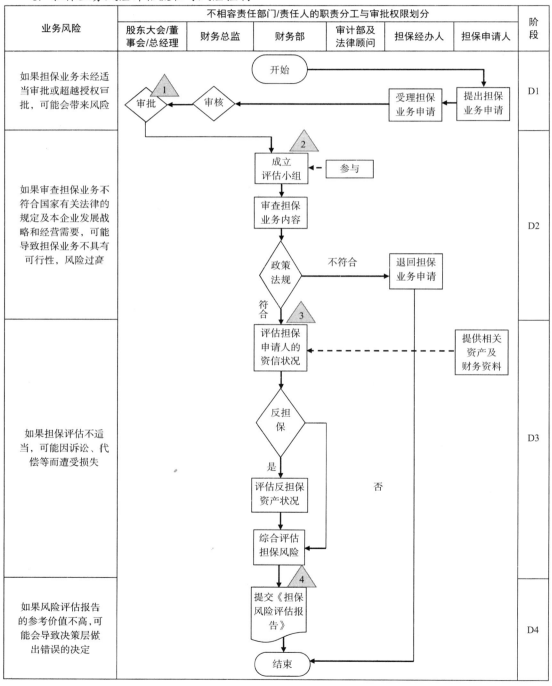

2. 担保业务风险评估流程控制表

控制事项		详细描述及说明
阶段控制	D1	企业各项担保业务必须经董事会或股东大会批准，企业任何其他部门或个人均无权代表企业提供担保业务
	D2	对担保风险进行评估时，要成立风险评估小组，小组成员主要包括财务部相关负责人、审计部及法务部相关人员，需要收集的相关资料主要包括以下六个方面 （1）申请担保人的营业执照、企业章程复印件、法定代表人身份证明、反映与本企业有关联关系的资料等基础性资料 （2）担保申请书、担保业务的资金使用计划或项目资料 （3）近_____年经审计的财务报告等财务资料 （4）申请担保人的资信等级评估报告及还款能力分析报告等资料 （5）申请担保人与债权人签订的主合同复印件 （6）申请担保人提供反担保的条件和相关资料
	D3	评估申请担保人的资信状况，评估内容一般包括申请人的基本情况、资产质量、经营情况、行业前景、偿债能力、信用状况以及用于担保和第三方担保的资产及其权利归属情况等
	D4	担保业务风险评估完成之后，由评估小组负责人撰写《担保风险评估报告》
相关规范	应建规范	▯ 担保业务管理制度
	参照规范	▯《企业内部控制应用指引》 ▯《中华人民共和国担保法》
文件资料		▯《担保风险评估报告》
责任部门及责任人		▯ 股东大会、董事会、财务部、审计部 ▯ 董事长、总经理、财务总监、担保业务经办人、法律顾问

（三）针对担保业务中存在的风险，企业可进行的担保风险管控活动

1. 调查评估

（1）委派专业人员或机构开展调查评估，调查评估人员与担保审批人员应当分离。

（2）应重点关注担保的合规性、担保申请人的资信状况、担保资产状况及权利归属。

（3）涉及境外担保的，应重点关注担保申请人所在国家或地区的政治、经济、法律等因素，并评估外汇政策、汇率变动等可能影响因素。

2. 担保审批

（1）审批人超越审批权限审批的担保业务，经办人员应当拒绝办理。

（2）上市公司的重大对外担保，应取得董事会三分之二以上成员同意或经股东大会批准。

（3）被担保人要求变更担保事项的，需重新履行调查评估与审批程序。

3. 担保执行

（1）涉及多方担保的，企业应在担保合同中明确约定本企业的担保份额和相应的责任。

（2）除担保业务经办部门之外，必要时企业法律部门、财会部门、内审部门等应参与担保合同会审联签。

（3）担保合同到期时，全面清理担保财产、产权凭证，及时终止担保关系。

4．担保监控

（1）指定专人定期检查被担保人的经营情况和财务风险。

（2）及时报告被担保人异常情况和重大问题。

（3）建立担保业务台账，详细记录担保事项。

（4）妥善保管担保业务财产、权利凭证及相关担保业务档案。

五、对外担保业务中的常见弊端

（一）担保业务程序不规范

有的单位担保业务不经过集体决策，一人说了算；有的单位担保业务没有经过审批，控制过程不严格。

（二）担保合同或协议不规范，手续不齐全，法律责任不清

有的单位签订担保合同或协议时，未严格遵守《合同法》的有关规定，未进行严格的审查，合同或协议的法律条款含混不清，合同或协议到期时，无法执行，给单位造成不必要的损失。

（三）担保风险控制机制不健全

有的单位在担保有效期内，对被担保方的生产经营与财务状况未实行实时监控，被担保方的生产经营与财务状况出现重大变化或恶化等信息未能及时了解和掌握，以致合同或协议债权不能实现，担保财产物资被封存或被起诉。

（四）签订无效担保合同或协议

有的单位未经国家和有关主管部门批准或者登记，对外担保，或为境外机构向境内债权人担保，或为外商投资企业注册资本、外商投资企业中的外方投资部分的对外债务提供担保等。

六、反担保

企业要求申请担保人提供反担保的，还应当对与反担保有关的资产进行评估，且申请和评估应当分离。反担保可采用的形式通常有：动产、不动产抵押；动产质押和权利质押；保证。反担保中的保证应为连带责任保证。保证人主体资格必须符合《担保法》的规定。

（一）下列财产或权利可以作为反担保的抵押或质押物

1．抵押物

抵押人所有的房屋和其他地上定着物；所有的机器、交通运输工具和其他财产；抵押人依法有权处分的国有土地使用权、房屋和其他地上定着物；依法可以抵押的其他财产。

2．质押物

依法可以处分财产；汇票、支票、本票、债券、存款单、仓单、提单；依法可以转让的股票、股权；依法可以转让的商标专用权、专利权、著作权中的财产权；依法可以质押的其他权利。

（二）公司不接受下列财产作为反担保的抵押物或质押物

（1）土地所有权；

（2）所有权、使用权不明或有争议的财产；

（3）依法被查封、扣押监管的财产；

（4）依法不得抵押或质押的财产。

（三）接受抵押或质押方式的担保

企业必须依法办理抵押或质押登记手续，所发生的登记费、手续费用由申请担保人或第三人承担。未办理完反担保有关工作，不签订担保协议；被担保人的一方，其股东用其股权或财产作反担保抵押物或质押物时，须按法律程序办理；反担保人用已出租的财产作为反担保抵押时，应书面告知承租人。

（四）抵押或质押物的价值评估

抵押或质押物的价值应经评估机构评估，其价值应达到公司规定的要求。

（五）反担保人以与他人共有财产作抵押或质押物，遵守以下原则

（1）共同拥有的财产，应征得共有人同意；

（2）按份共有的财产，以担保人所拥有的份额为限；

（3）反担保人作为反担保抵押的实物必须投保并妥善保管，不得遗失或损坏，债务清偿完毕前未经公司同意，不得将抵押实物出租、出售、转让、再抵押或以其他方式处理；

（4）反担保义务履行，根据《担保法》有关保证、抵押、质押权利实现的条款，公司有权向反担保人追偿。

 文案范本

反担保财产清单

序　号	财产名称	产权所有人	数　量	原　值	净　值	权属证明	备　注
1							
2							
3							
4							
5							

注：财产名称可填写房产、土地使用权、设备、存货、应收账款、股权等。

七、担保业务内控的关键

（一）内部控制要点

担保业务内部控制要点如表 8-1 所示。

表 8-1　担保业务内容控制要点

业务操作	操作人	控制要点	备注
担保申请	董事长	审查申请人是否属于公司规定的担保对象 对已明显存在资不抵债、信用差、财务状况差的企业不予受理	
担保评估	财务部门	审查担保申请人提供的申请书及相关资料 审查担保申请入主体资格 审查申请担保项目的合法性 调查分析担保申请单位的资产质量财务状况、信用状况、经营管理水平、盈利能力	

续表

业务操作	操作人	控制要点	备注
担保评估	财务部门	评估担保申请人相关项目的可行性研究报告 评估担保事项的利益与风险 提出评估报告	
董事会议	董事会	分析、研究担保申请人提供的申请文件及相关资料 听取或审核财务部门提出的评估报告 评估担保风险 对是否提供担保进行表决，在表决时与担保有利害关系的董事实行回避 详细记录董事会对担保的讨论和表决情况	
股东会议	股东	对董事会提交的担保预案进行审议 对担保事项进行表决，与担保事项有利害关系的股东实行回避 详细记录股东大会对担保的审议和表决情况	
担保合同签订	董事长 总经理	担保合同条款由财务部门和公司法律顾问进行审查后，方可签订； 按审批权限经董事会批准或股东大会作出决议同意后，方可签订； 按公司授权签订	
担保期间监控	财务部门	登记担保台账 保管担保合同（副本） 跟踪被担保人的财务状况、盈利水平、债务履约情况 发现异常情况及时报告	

（二）担保管理关键点控制

若想降低风险，避免或减少因担保业务造成的各种损失，企业必须建立担保业务管理机制，实施内部控制。在建立和实施担保业务内部控制过程中，企业应至少强化对下列关键环节与关键点的控制，如表 8-2 所示。

表 8-2　关键环节与关键点的控制

控制事项	控制的关键点
受理	制定完善的企业担保政策和相关制度 确立规范的企业担保受理标准与工作程序
调查与评估	深入透彻地调查担保申请人的资信情况 科学全面地评估担保项目的风险及可行性
审批	建立完善的担保业务授权审批管理制度 制定并严格执行担保业务审批标准及流程
执行与监控	审核合同签约双方的资格，订立合法的担保合同 及时足额收取担保费用，建立担保事项台账，详细记录担保对象、金额、期限、抵押和质押的物品或权利及其他有关事项 实时监控被担保人的经营情况和财务状况，及时应对被担保人的异常
结束担保	制定合理的偿债管理流程，对于未按期偿还的情况，依法实施对被担保人的追索权 建立担保业务责任追究制度，评估担保业务并实施奖惩 妥善保管担保合同及其他相关合同、凭证和资料

八、担保业务的要求

（一）担保业务的总体要求

（1）企业应当依法制定和完善担保业务政策及相关管理制度，明确担保的对象、范围、方式、条件、程序、担保限额和禁止担保等事项，规范调查评估、审议和批准、担保执行等环节的工作流程。

（2）按照政策、制度、流程办理担保业务。

（3）定期检查担保政策的执行情况及效果，切实防范担保业务风险。

首要一条是企业必须依法制定和完善与担保相关的管理制度，并明确制度应规范的具体内容，从而做到有章可循，为防范风险提供保障。

（二）担保业务要求具体内容

企业应制定明确的担保业务的评估、审批、执行等环节的内部控制要求，并设置相应记录，如实记载各环节业务开展情况，确保担保业务全过程得到有效控制。

（1）权责分配和职责分工应当明确，机构设置和人员配备应当科学合理；

（2）担保的对象、范围、条件、程序、限额和禁止担保的事项应当明确；

（3）担保评估应科学紧密，担保审批权限、程序与责任应当明确；

（4）担保执行环节的控制措施应当充分有效；担保合同的签订应当经过严格的审批，担保业务的执行过程应当跟踪监测，凡担保财产与有关权利凭证的管理应当有效，办理终结担保手续应当及时；

（5）对外担保应明确责任主体，因担保造成重大责任和损失的，应当追究相关责任人责任。

九、担保业务的监督检查

（一）监督检查主体

1．监事会
依据公司章程对公司对外担保管理进行检查监督。

2．审计部门
依据公司授权和部门职能描述，对公司担保业务进行审计监督。

3．上级对下级
进行日常工作监督检查。

（二）监督检查内容

1．担保业务相关岗位及人员的设置情况
重点检查是否存在担保业务不相容职务混岗的现象。

2．担保业务授权批准制度的执行情况
重点检查担保对象是否符合规定，担保业务评估是否科学合理，担保业务的审批手续是否符合规定，是否存在越权审批的行为。

3．担保业务监测报告制度的落实情况
重点检查是否对被担保单位、被担保项目资金流向进行日常监测，是否定期了解被担保单位的经营管理情况并形成报告。

4．担保财产保管和担保业务记录制度落实情况

重点检查有关财产和权利证明是否得到妥善的保管，担保业务的记录和档案文件是否完整。

（三）监督检查结果处理

对监督检查过程中发现的担保内部控制中的薄弱环节，负责监督检查的部门应当告知有关部门，公司有关部门应当及时采取措施，加以纠正和完善；公司监督检查部门应当按照内部管理权限向上级有关部门报告担保内部控制监督情况和有关部门的整改情况。

十、担保业务责任追究

请参阅以下相关文案。

担保业务责任追究制度

第一章　总　则

第一条　为进一步加强担保管理，完善担保管理责任制，识别、防范和化解担保风险，提高担保质量，根据本公司相关制度的规定，特制定本制度。

第二条　本制度所称责任追究是指对符合本制度规定的责任追究范围内的不良担保逐笔进行审查、责任界定和追究有关人员的责任。

第三条　本制度适用于公司对外担保业务的责任追究。

第四条　公司风险管理部对本担保业务责任追究制度的建立健全和有效实施负责。

第二章　担保业务责任追究范围

第五条　本制度所称不良担保包括以下五个方面。

1．发生担保代偿情形的。

2．发生担保损失情形的。

3．发生担保客户未履行缴纳担保收费、保证金和落实反担保措施等约定义务情形的。

4．经公司担保风险分类列入可疑和损失类的担保或担保贷款已逾期一个月以上并有较大风险的担保。

5．发生其他较大担保风险情形的。

第六条　如因下述原因造成不良担保，应对相关责任人追究责任。

1．在对外担保中出现重大决策失误。

2．未履行公司规定的审批程序和未执行公司规定的审批权限。

3．未按照公司有关规定、制度执行业务操作。

4．未按照职责规定履行应尽的工作职责或者在履行其职责过程中出现重大问题。

5．违反国家法律法规或者其他对公司造成经济、名誉损失的行为。

第三章　不良担保项目责任人及其责任界定

第七条　本制度所称不良担保项目责任人指对形成不良担保负有责任的人员，包括项目主办人、项目协办人、移交项目主办人、移交项目协办人、项目审查人、项目审批人等。

1．项目主办人的主要职责如下

（1）审查担保申请人是否符合担保政策。

（2）对项目进行尽职调查，审查项目交易对象的资产质量、履约能力、财务信用、项目情况、项目财务收益情况等是否符合公司的有关规定。

（3）审查和评估担保申请人提供的反担保是否符合公司规定。

（4）对业务操作以及风险防范措施拟定初步的方案。

（5）按公司规定程序订立有关合同，确保合同条款符合《中华人民共和国合同法》《中华人民共和国担保法》和公司担保政策的规定，并依法办理相关登记手续。

（6）建立规范的业务工作底稿和业务档案。

（7）履行其他应由项目主办人承担的责任。

2. 项目协办人，是指协助项目主办人对担保项目进行全过程管理的人员。

3. 移交项目主办人，是指因原担保项目主办人工作变动由公司重新指定对该担保项目进行执行控制管理的人员。

4. 移交项目协办人，是指协助移交项目主办人对担保项目进行执行控制管理的人员。

5. 项目审查人，是指对担保项目全过程进行审查和监督的人员，具体指担保业务部和风险管理部负责人。

6. 项目审批人，是指有权对担保项目进行审批的人员，具体指公司高层领导或其指定的项目审批人。项目审批人的主要职责如下。

（1）按照公司规定程序和权限审批担保。

（2）有效实施公司担保业务的评估、审批和执行控制。

7. 担保业务部负责人的主要职责为对业务全过程（包括尽职调查和项目执行）进行协调、控制和领导，指导项目经办人员的项目管理工作。

8. 风险管理部负责人的主要职责如下。

（1）对担保项目《反担保评价报告》进行审查、对订立的担保合同进行审查。

（2）加强对被担保人的财务风险及担保事项实施情况的检查监测，发现异常情况及时报告并采取有效措施化解风险，加强对担保项目代偿后追偿的协调与监督。

（3）加强对反担保财产的管理，妥善保管被担保人用于反担保的财产和权利凭证，定期核实财产的存续情况和价值，确保反担保财产安全、完整。

第八条　不良担保项目责任人的责任界定。

1. 各种项目审批情形下责任人的责任界定如下表所示。

项目审批过程中的责任界定一览表

审批情形	责任界定
项目主办人提出"同意担保"建议并按规定程序和权限批准的担保项目	项目主办人负主要责任，项目协办人负次要责任，项目审查人、审批人负次要责任
项目主办人提出"同意担保"建议，项目协办人提出"不同意担保"建议并按规定程序和权限批准的担保项目	项目主办人负主要责任，项目协办人无责任，项目审查人、审批人负次要责任
项目主办人在担保项目评估与审批控制环节签署"不同意担保"意见，项目协办人签署"不同意担保"意见	项目主办人无责任，项目协办人无责任，项目审批人负主要责任，项目审查人负次要责任
项目主办人在担保项目评估与审批控制环节签署"不同意担保"意见，项目协办人签署"同意担保"意见	项目主办人无责任，项目协办人负次要责任，项目审批人负主要责任，项目审查人负次要责任

审批情形	责任界定
责任人项目主办人提出"不同意担保"建议并按规定程序和权限批准的担保项目，但因担保项目执行控制不严形成的不良担保	项目主办人负主要责任，项目协办人、项目审查人、项目审批人负次要责任

2. 对于移交项目在移交时为正常担保，而在移交项目主办人和协办人交接后发生的不良担保，原项目主办人和协办人无责任，移交项目主办人和协办人分别负主要责任和次要责任。

3. 移交项目形成非正常担保的，属项目移交前原因造成的不良担保，原项目主办人和协办人仍要分别负主要责任和次要责任，移交项目主办人和协办人只负责催收环节的主要责任和次要责任；属项目移交后原因造成的不良担保，原项目主办人和协办人负次要责任，移交项目主办人和协办人分别负主要责任和次要责任。

4. 担保业务部负责人、风险管理部负责人等项目审查人若未履行本制度第六条规定的职责，则与项目主办人（或移交项目主办人、项目审批人）一起承担不良担保项目的主要责任；若未完全履行本制度第六条规定的职责，则承担不良担保项目的次要责任。

5. 按规定程序和权限批准的担保项目发生不良担保情形时，项目审批人应承担次要责任；超越规定程序和权限擅自审批的担保项目发生不良担保情形时，项目审批人应负完全责任。

6. 对于因行政干预、遭受重大自然灾害等不可抗力因素或因原责任不清导致的不良担保项目，责任人可酌情减轻或免除责任。

第四章 不良担保项目责任追究

第九条 不良担保项目责任追究应按以下程序进行。

1. 确定不良担保项目。

2. 确认不良担保项目责任人及其应承担的责任。

3. 总经理组织办公会议进行责任认定和追究并形成决议。

4. 不良担保项目责任人若有异议申请公司总经理办公会议复议。

5. 公司总经理办公会议复议决议。

6. 实施不良担保项目的责任追究。

第十条 风险管理部每月 10 日前将符合本制度第五条规定的不良担保项目填制《不良担保项目认定报告》报公司总经理审核确认。

第十一条 风险管理部会同行政部在不良担保项目认定报告批准之日起 10 日内完成《不良担保项目责任认定建议书》并报公司总经理办公会议讨论，形成公司总经理办公会议关于不良担保项目责任认定和追究的决议。

第十二条 在公司总经理办公会议关于不良担保项目责任认定和追究的决议下发的 5 个工作日内，负完全责任或主要责任的不良担保项目责任人可向风险管理部提出书面复议申请，风险管理部应对复议申请进行认真审核，并在收到书面复议申请的两个工作日内提议召开公司总经理办公会议复议，公司总经理办公会议讨论并形成总经理办公会议关于不良担保项目责任认定和追究的复议决议。

第十三条 根据公司总经理办公会议关于不良担保项目责任认定和追究的决议、复议决议，签发《不良担保项目责任追究通知书》，并送达各有关责任人和公司行政部、财务部等相关部门和人员执行。

第十四条 不良担保项目责任人的处罚标准按照公司关于投资业务相关奖惩制度的实施细则执行。

第五章　附　　则

第十五条　本制度由公司风险管理部负责制定与解释。

第十六条　本制度自发布之日起试行。

 文案范本

履行担保责任控制流程

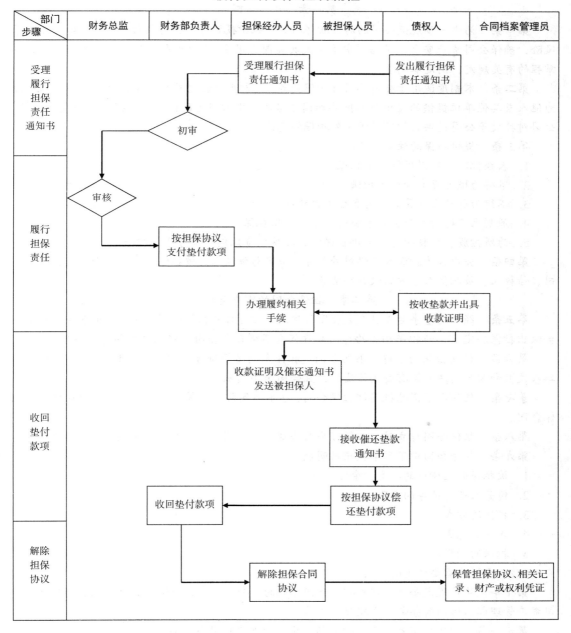

十一、相关综合制度

请参阅以下相关文案。

文案范本

公司对外担保管理制度

第一章 总 则

第一条 为进一步规范公司的对外担保行为，维护投资者和公司利益，防范公司对外担保风险，确保公司资产安全，根据《中华人民共和国公司法》《中华人民共和国担保法》及公司章程的有关规定，制定本制度。

第二条 本制度适用于公司的对外担保业务。本制度所称对外担保是指公司以第三人身份为他人或其他单位提供的《中华人民共和国担保法》中所规定的保证、抵押、质押或定金等。公司对控股子公司提供的担保属于对外担保的范围。

第三条 提供担保的注意事项。

1. 未经批准，不得提供外汇担保。

2. 不得为境外投资者提供担保。

3. 不得为非独立核算的公司和分支机构提供担保。

4. 原则上不得对非业务往来公司、单位提供担保。

5. 为所控股、参股的公司提供担保时，要按投资比例对债务提供担保。

第四条 公司作为担保人提供对外担保，应当与债权人、被担保人订立书面合同，约定公司、债权人、被担保人各方的权利和义务。

第二章 担保合同的审查与订立

第五条 经公司董事会或股东大会审议通过，方可订立担保合同。在公司董事会或股东大会做出担保决定前，与担保相关的部门和责任人不得在主合同中以担保人的身份签字或盖章。

第六条 任何担保均应订立书面合同。担保合同必须符合《中华人民共和国担保法》《中华人民共和国合同法》等有关法律法规，且合同事项明确。

第七条 任何人不得越权签订担保合同，也不得签订超过董事会或股东大会授权数额的担保合同。

第八条 担保合同订立时，必须经公司法律事务部门对担保合同有关内容进行审查。

第九条 担保合同中下列条款应当明确。

1. 被担保的主债权的种类、金额。

2. 债务人履行债务的期限。

3. 担保的方式。

4. 担保的范围。

5. 担保的期限。

6. 双方认为需要约定的事项。

第十条 法律规定必须办理抵押、质押登记的，必须到有关登记机关办理抵押物登记。公司资产管理部门协助财务部门办理登记手续。

第十一条 担保合同签订后，财务部门应及时上报董事会秘书。

第三章 担保风险监控

第十二条 对外担保合同订立后，公司财务部应指定人员负责保存管理，逐笔登记，并注

意相应担保时效期限。公司所担保债务到期前，财务部应积极督促被担保人在约定时间内履行还款义务。同时请财务部、法律部对抵押、质押的相关资产随时监控。

第十三条　财务部应当关注被担保方的生产经营、资产负债变化、对外担保和其他负债、分立、合并、法定代表人的变更、对外商业信誉的变化以及主合同的变更情况，要求被担保人按时提供必要的会计报表及相关材料，特别是到期归还情况等。

第十四条　公司财务部应于还款到期前 30 日就被担保人的还款情况（含利息）发函告知，催促按时还款。对可能出现的风险进行预研、分析，并根据实际情况及时报告总经理。公司有关部门应及时将其掌握的情况告知财务部。

第十五条　财务部应根据上述情况，采取有效措施，对有可能出现的风险，提出相应处理办法，经公司总经理办公会审定后上报公司董事会。

第十六条　当发现被担保人债务到期前 15 日，仍未履行还款义务，或被担保人面临破产清算、债权人主张担保人履行担保义务等情况时，财务部应及时上报董事会。

第十七条　确认被担保人不能履约，担保权人对公司主张债权时，公司应立即启动反担保追偿的法律程序，同时报告董事会，并予以公告。

第十八条　公司作为一般保证人时，在主合同纠纷未经审判或仲裁，并在债务人财产依法强制执行仍不能履行债务前，未经法院裁决，不得对债务人先行承担保证责任。

第十九条　债权人放弃或怠于主张物的担保时，未经法院裁决不得擅自决定履行全部担保责任。

第二十条　人民法院受理被担保人破产案件后，被担保人未申报债权的，财务部应当提请公司参加破产财产分配，预先行使追偿权。

第二十一条　对外担保合同中担保人为两人以上的且与债权人约定按份额承担担保责任的，应当拒绝承担超出公司份额外的担保责任。

第二十二条　公司为债务人履行担保义务后，应当采取有效措施向债务人追偿，并将追偿情况及时披露。

第二十三条　被担保债务到期后需延期并需继续由公司提供担保的，应当视为新的对外担保，必须按照本规定程序履行担保申请审核批准程序。

第四章　责任追究

第二十四条　公司董事、经理及其他管理人员未按本办法规定程序擅自越权签订对外担保合同，对公司造成损害的，应当追究相关人员责任。

第二十五条　担保人无须承担的责任，相关人员未经公司董事会同意擅自承担的，给予行政处分并承担赔偿责任。

第二十六条　公司董事会有权视公司的损失、风险的大小、情节的轻重决定给予相关人员相应的处分。

第二十七条　在公司对外担保过程中，相关人员的行为构成刑事犯罪的，由公司移送司法机关依法追究刑事责任。

第五章　附　则

第二十八条　本制度自公司董事会审议并上报股东大会批准后实施，由董事会负责解释。

第二十九条　本制度根据国家担保的相关法律法规制定，如果与国家相关法律法规及文件相抵触，以国家新颁布的法律法规及文件为准。

××高速公路股份有限公司对外担保内部控制规则

（经 2014 年 4 月 28 日召开的公司 2013 年度股东大会批准）

第一条 为了规范上市公司的对外担保行为，有效控制上市公司对外担保风险，保护投资者合法权益和公司财务安全，根据《中华人民共和国公司法》《中华人民共和国担保法》《深圳证券交易所股票上市规则》《关于规范上市公司对外担保行为的通知》等法律、法规、规范性文件以及《公司章程》，特制定本管理规则。

第二条 公司为他人提供担保应当遵循平等、自愿、公平、诚信、互利的原则。任何单位和个人（包括控股股东及其他关联方）不得强令或强制公司为他人提供担保，公司对强令或强制其为他人提供担保的行为有权拒绝。

第三条 公司为他人提供担保应当遵守《中华人民共和国公司法》《中华人民共和国担保法》和其他相关法律、法规的规定，并按照《中华人民共和国证券法》《深圳证券交易所股票上市规则》的有关规定披露信息，必须按规定向注册会计师如实提供公司全部对外担保事项。

第四条 公司为他人提供担保必须经董事会或股东大会批准，未经公司股东大会或者董事会决议通过，董事、总经理以及公司的分支机构不得擅自代表公司签订担保合同。

董事会审议批准对外担保事项须经出席董事会的三分之二以上董事同意。超越董事会审批权限的对外担保事项，应当由股东大会作出决议，股东大会决议分为普通决议和特别决议。股东大会作出普通决议，应当由出席股东大会的股东（包括股东代理人）所持表决权过半数通过。股东大会作出特别决议，应当由出席股东大会的股东（包括股东代理人）所持表决权的三分之二以上通过。

第五条 公司董事会在决定为他人提供担保之前（或提交股东大会表决前），应当掌握债务人的资信状况，对该担保事项的利益和风险进行充分分析，并在董事会有关公告中详尽披露。

第六条 公司对外担保应尽可能要求对方提供反担保，谨慎判断反担保提供方的实际担保能力和反担保的可执行性。

第七条 公司独立董事应在年度报告中，对公司累计和当期对外担保情况、执行上述规定情况进行专项说明，并发表独立意见，必要时可聘请会计师事务所对公司累计和当期对外担保情况进行核查。如发现异常，要及时向董事会和监管部门报告并公告。

第八条 公司董事会或股东大会审议批准的对外担保，必须在中国证监会指定信息披露报刊上及时披露，披露的内容包括董事会或股东大会决议、截止信息披露日公司及其控股子公司对外担保总额、公司对控股子公司提供担保的总额。

第九条 公司如为他人向银行借款提供担保，担保的申请由被担保人提出，并由计划财务部向公司总经理提交至少包括下列内容的借款担保的书面申请：

（一）被担保人的基本情况、财务状况、资信情况、还款能力等情况；

（二）被担保人现有银行借款及担保的情况；

（三）本项担保的银行借款的金额、品种、期限、用途、预期经济效果；

（四）本项担保的银行借款的还款资金来源；

（五）其他与借款担保有关的能够影响公司做出是否提供担保的事项。

为其他债务提供担保，参照本条执行。

第十条 公司对外担保需遵守如下审批手续。

（一）职能部门提交书面申请及尽职调查报告（报告内容含：担保金额、被担保人资信状况、经营情况、偿债能力、该担保产生的利益及风险），由总经理审核并制定详细书面报告呈报董事会。

董事会应认真审议分析申请担保方的财务状况、经营运作状况、行业前景和信用情况，审慎决定是否给予担保或是否提交股东大会审议。必要时，可聘请外部专业机构对实施对外担保的风险进行评估以作为董事会或股东大会进行决策的依据。

（二）应由股东大会审批的对外担保，必须经董事会审议通过后，方可提交股东大会审批。须经股东大会审批的对外担保，包括但不限于下列情形：

1. 单笔担保额超过本公司最近一期经审计净资产10%的担保；

2. 本公司及控股子公司的对外担保总额，达到或超过最近一期经审计净资产50%以后提供的任何担保；

3. 为资产负债率超过70%的担保对象提供的担保；

4. 连续十二个月内担保金额超过本公司最近一期经审计总资产的30%；

5. 连续十二个月内担保金额超过本公司最近一期经审计净资产的50%且绝对金额超过5 000万元人民币；

6. 对股东、实际控制人及其关联人提供的担保。

第十一条　股东大会在审议为股东、实际控制人及其关联方提供的担保议案时，该股东或受该实际控制人支配的股东，不得参与该项表决，该项表决由出席股东大会的其他股东所持表决权的半数以上通过。

第十二条　担保的日常管理。

（一）任何担保均应订立书面合同。

担保合同应按公司内部管理规定妥善保管，若发现未经董事会或股东大会审议程序批准的异常合同，要及时通报监事会、董事会秘书和计划财务部。

（二）计划财务部为公司担保的日常管理部门。

计划财务部应指定专人对公司提供担保的借款企业建立分户台账，及时跟踪借款企业的经济运行情况，并定期向公司经理报告公司担保的实施情况。

（三）计划财务部应持续关注被担保人的情况，收集被担保人最近一期的财务资料和审计报告，定期分析其财务状况及偿债能力，关注其生产经营、资产负债、对外担保以及分立合并、法定代表人变化等情况，建立相关财务档案，定期向董事会报告。

如发现被担保人经营状况严重恶化或发生公司解散、分立等重大事项的，有关责任人应及时报告董事会。董事会有义务采取有效措施，将损失降低到最小程度。

（四）出现被担保人债务到期后十五个工作日内未履行还款义务，或是被担保人破产、清算、债权人主张担保人履行担保义务等情况，计划财务部应及时了解被担保人的债务偿还情况，并告知公司董事长、总经理和董事会秘书，由公司在知悉后及时披露相关信息。

（五）公司对外担保发生诉讼等突发情况，公司有关部门（人员）被担保企业应在得知情况后的第一个工作日内向计划财务部、总经理报告情况，必要时总经理可指派有关部门（人员）协助处理。

（六）公司为债务人履行担保义务后，应当采取有效措施向债务人追偿，并将追偿情况及时披露。

第十三条　违反担保管理规则的责任。

（一）公司董事、总经理及其他高管人员未按规定程序擅自越权签订担保合同，对公司利益造成损害的，公司应当追究当事人的责任。

（二）公司全体董事应当审慎对待和严格控制对外担保产生的债务风险，并对违规或失当的对外担保产生的损失依法承担连带责任。

（三）公司担保合同的审批决策机构或人员、归口管理部门的有关人员，由于决策失误或工作失职，发生下列情形者，应视具体情况追究责任：

1. 在签订、履行合同中，因严重不负责任被欺诈，致使公司利益遭受严重损失的；

2. 在签订担保合同中徇私舞弊，致使公司财产重大损失的。

（四）因担保事项而造成公司经济损失时，应当及时采取有效措施，减少经济损失的进一步扩大，降低风险，查明原因，依法追究相关人员的责任。

第十四条 公司担保的债务到期后需展期并需继续由其提供担保的，应作为新的对外担保，重新履行担保审批程序。

第十五条 按照《子公司管理及风险控制规则》规定，控股子公司未经母公司批准，不得对外出借资金和进行任何形式的担保、抵押。控股子公司应在其董事会或股东大会作出决议后及时通知公司履行有关信息披露义务。

第十六条 本规则所称"关联方"按《深圳证券交易所股票上市规则》的规本规定执行。

第十七条 则经公司股东大会审议通过之日起生效，由董事会负责解释。

第十八条 本规则的监督机构为本公司监事会。

十二、相关综合流程

请参阅以下相关文案。

文案范本

担保业务管理流程

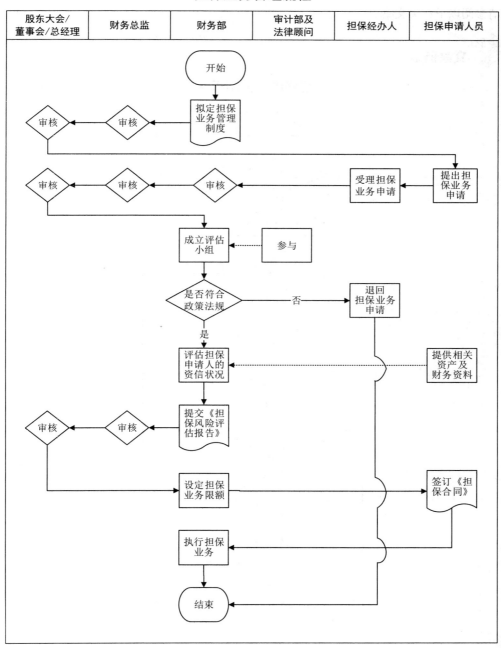

第二节 担保业务过程管理

一、担保业务内控流程

请参阅以下相关文案。

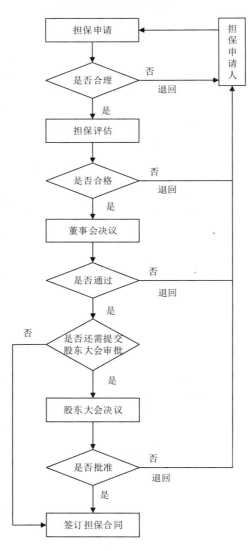

担保内部控制程序

文案范本

担保业务内控流程

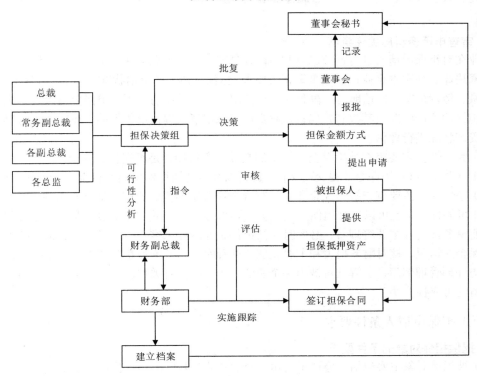

二、担保业务受理控制

企业应当指定相关部门负责办理担保业务，对担保申请人进行资信调查和风险评估，评估结果应出具书面报告。企业也可委托中介机构对担保业务进行资信调查和风险评估工作。

（一）担保业务负责管理部门控制

企业应指定担保业务承办部门（或财务部门）授予权利和责任，明确岗位责任和工作标准。配备具有财务知识、法律、经营和管理等知识背景的相关人员参加，这些人员应具备良好的职业道德和较强的风险意识。同时要关注不相容岗位的相互分离、制约和监督。不相容职务至少包括担保业务的评估与审批、审批与执行、执行与核对、财产保管与担保业务记录。对与被担保单位存在经济利益或近亲属关系的有关人员在评估与审批环节应予回避。

企业可根据自身情况和担保业务的规模，选择具备的专业能力的中介机构进行资信调查和风险评估。并出具书面调查报告。

（二）担保业务申请内容控制

该环节存在的主要风险有：企业担保政策不清晰、相关管理制度不健全，对担保人提出的担保申请审核把关不严，导致担保风险发生，造成经济损失。

1. 担保申请单位应提供材料

担保申请书、营业执照复印件；与债权人之间合法有效的合同、协议或证明有债权债务关系的其他凭证、文件及资料；最近两年经审计的年度和近期月（季）财务报表；担保合同和其他担保材料；用作反担保抵押或质押物的有效凭证和证据；根据每项担保申请的具体情况，要求提供的其他资料和文件；属于提供借款担保，担保申请单位还必须提供借款合同；申请企业董事会签署或授权签署的"声明与保证"；根据每项担保申请的具体情况，要求提供的其他资料和文件。

2．审查申请资料应关注事项

企业在对担保申请人进行资信调查和风险评估时，应当重点关注以下事项：担保业务是否符合国家法律法规和本企业担保政策等相关要求；担保申请人的资信状况，一般包括基本情况、资产质量、经营情况、偿债能力、盈利水平、信用程度、行业前景等；担保申请人用于担保和第三方担保的资产状况及其权利归属；企业要求担保申请人提供反担保的，还应当对与反担保有关的资产状况进行评估。

（1）完整性。主要审查被担保企业提交的文件、资料种类是否完整、齐全。

（2）合法性。审查担保企业提交的文件、资料以及申请的担保事项是否真实、合法、有效。

（3）条件性。主要审查被担保企业是否符合企业规定的担保原则、标准和条件。

（4）可靠性。企业可以以被担保企业经会计师事务所审计的财务报表为基础，通过调查被担保企业财务部门和主要管理者，必要时向被担保企业的往来客户、供货商和其他债权人，询问被担保企业情况，核对财务报表和主要凭证，查看库存，了解和掌握被担保企业的动态情况以及走访外部管理部门，了解其对被担保企业的评价，核实有关情况，获取第一手材料，验证申请材料的可靠性。

（三）担保申请人条件要求

1．提供担保对象的条件要求

（1）被担保对象主要包括：公司子公司、合营企业、联营公司；公司主要供应商、主要客户；与本公司经济利益有密切关系的其他企业。但对于公司股东、股东的控股子公司、股东的附属企业以及个人债务，公司不能为其提供担保。

（2）被担保对象（被担保人）的条件要求：被担保人应该具有良好的发展前景；良好的经营业绩和管理水平；财务状况良好，资产负债率一般不能过高；近两年财务无虚假记载；近两年内无违法行为记录或恶意损害股东、债权人及其他利益的记录。

2．不得提供担保对象条件限制

企业对担保申请人出现以下情形之一的，不得提供担保。

（1）担保项目不符合国家法律法规和本企业担保政策的。

（2）已进入重组、托管、兼并或破产清算程序的。

（3）财务状况恶化、资不抵债、管理混乱、经营风险较大的。

（4）与其他企业存在较大经济纠纷，面临法律诉讼且可能承担较大赔偿责任的。

（5）与本企业已经发生过担保纠纷且仍未妥善解决的，或不能及时足额交纳担保费用的。

三、对申请人的调查与评估

（一）调查与评估的风险

企业在受理担保申请后就进入资信调查和风险评估。它是办理担保业务中的重要环节，在相当程度上影响甚至决定担保业务的成败。这一环节的主要风险是：对担保申请人的资信调查不深入、不太清楚，对担保项目的风险评估不全面、不科学，导致企业担保决策失误或遭受欺诈，为担保业务埋下巨大隐患。

（二）应对风险管控措施

（1）委派具备胜任能力的专业人员开展调查和评估，如吸收具有财会知识、法律知识、管理知识背景的人员参加。担保申请人为企业关联方的，或存在经济利益和近亲关系的有关人员不应参与调查评估。企业可以自行对担保申请人进行资信调查和风险评估，也可以委托中介机构承担任务，同时应加强对中介机构工作的监控。

（2）对担保申请人的基本情况和资信情况进行全面调查评估，如营业执照与资质、财务状况、经营状况、资信情况、盈利水平等。

（3）担保业务是否符合国家法律法规和本企业担保政策的要求等，是否存有《企业内部控制配套指引》提出的"五不准"情形，违背国家政策的不得进行担保。

（4）将调查结果形成书面评估报告，全面反映调查评估的情况，为担保决策提供第一手资料。企业应规范评估报告的形式和内容。

评估报告应全面反映评估人员的意见，并经评估人员签章。要求申请担保人提供反担保的，还应对与反担保有关的资产进行评估，且申请和评估应当分离。被担保人要求变更担保事项的，企业要重新履行评估和审批程序。评估报告要妥善保管，作为日后追究有关人员担保责任人的重要依据。

 **文案范本**

担保调查评估报告

一、担保申请人概况

企业名称		法定代表人	
营业执照号码		组织机构代码证	
经营范围			
实收资本	万元	主要股东及出资情况	
企业负责人及电话		财务负责人及电话	

二、财务经营状况

1. 主要财务指标

指　　标	××××年	××××年	××××年	××××年
资产总额				
负债合计				
所有者权益合计				
资产负债率				
营业收入				
利润总额				
净利润				

2. 经营情况分析

指　　标	××××年	××××年	××××年	××××年
流动比率				

续表

应收账款周转天数				
销售毛利率				
成本费用利润率				
净利润率				

3. 借款情况

债务类型	金额	期限	债权人	利率	到期日	担保措施	已还金额	余额
短期借款								
长期借款								
其他付息债务								

4. 对外担保情况

被担保人	担保金额	期限	到期日	担保方式

三、申请担保项目情况

申请担保金额		担保期限	
拟贷款银行		贷款用途	
资金缺口及筹措情况			
还货计划及方式			
主要风险分析			
反担保措施			

四、担保方案设计

五、结论

担保评估控制流程

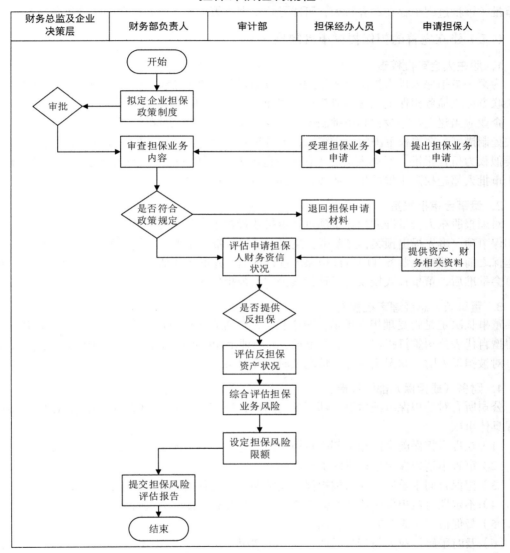

四、担保业务的授权、审核、审批控制

（一）审批环节的风险

审批环节的主要风险是：授权审批制度不健全、审批程序不规范、审批过程不严格或者越权审批，审批过程中存在舞弊行为，可能导致重大决策疏漏，引发严重的经济后果。

（二）建立完善的担保授权审批制度

1. 股东大会审批权责

为某一被担保人提供担保金额达到或超过净资产 20%的担保事项；公司用主要资产抵押；为关联方提供债务担保金额达到或超过公司净资产 10%的担保事项。

企业应当建立担保授权和审批制度，规定担保业务的授权批准方式、权限、程序、责任和相关控制措施，在授权范围内进行审批，不得超越权限审批。重大担保业务，应当报经董事会或类似权力机构批准。经办人员应当在职责范围内，按照审批人员的批准意见办理担保业务。对于审批人超越权限审批的担保业务，经办人员应当拒绝办理。

2. 董事会审批权责

对须报股东大会批准的担保事项进行审批或授权董事长、总经理审批；对报股东大会审批的担保事项，事先提出预案，经董事会决议通过后，报股东大会审批；董事会在决定为他人提供担保之前，须组织财务部门对被担保人进行评估，并形成评估报告；担保事项经股东大会或董事会批准后，董事长或授权总经理代表公司与被担保人签订担保协议。

3. 董事长、总经理审批权责

董事长决定是否受理担保申请；董事长、总经理在未经过股东大会、董事会决议通过前，不得擅自代表公司签订担保合同；董事长、总经理定期听取财务部门对被担保人财务状况的汇报，对被担保人财务状况出现异常情况及时研究对策。

4. 财务（或担保）部门权责

公司所有对外担保事项由财务部门统一归口管理，其他部门无权受理担保申请资料和承办担保具体事项。

（1）在提供担保前会同相关部门对被担保人进行评估，向董事会提出评估报告；

（2）审查申请担保单位提供的资料和文件；

（3）担保合同生效后，要求被担保企业定期提供财务报表并对其进行分析；

（4）不定期对被担保企业的经营管理、财务状况和偿债能力进行调查；

（5）督促被担保人及时履行合同；

（6）及时了解债权人与债务人的合同变更情况；

（7）定期与被担保人联系，及时了解被担保人的法定住所的变动情况等；

（8）每半年向总经理、董事长报送与被担保人保持联系、了解被担保人法定住所的变动情况等；

（9）每半年向总经理、董事长报送被担保企业财务状况及分析报告；

（10）被担保企业出现破产、清算，债权人要求公司履行担保义务等情况时，应及时向总经理、董事长报告。

债务履行期届满，被担保企业不履行被担保债务，由公司承担责任的，应及时向总经理、董事长报告。

5．其他有关人员职责

企业授权对担保业务审查和审批机构和人员，通过对调查审批报告及相关材料的审查，分析被担保企业的履约能力、反担保情况及本企业相关利益，对照本企业的担保责任、担保标准和条件等政策规定，决定是否批准办理担保业务。

审批人根据担保业务授权批准制度的制定，在授权范围内进行审批，不得超越审批权限；经办人在职责范围内，按照审批人的批准意见办理担保业务；对于审批人超越授权范围审批的担保业务经办人有权拒绝办理，并及时向审批人的上级报告。

（三）关联企业担保业务管控

（1）企业应当采取合法有效的措施加强对子公司担保业务的统一监控。企业内设机构未经授权不得办理担保业务。

（2）企业为关联方提供担保的，与关联方存在经济利益或近亲属关系的有关人员在评估与审批环节应当回避。

（3）对境外企业进行担保的，应当遵守外汇管理规定，并关注被担保人所在国家的政治、经济、法律等因素。

上市公司须经股东大会审核批准的对外担保业务包括但不限于以下情形：

（1）上市公司及其控股子公司的对外担保总额，超过最近一期经审计净资产50%以后的单位提供的任何担保；

（2）为资产负债率超过70%的担保对象提供的担保；

（3）单笔担保额超过最近一期经审计净资产10%的担保；

（4）对股东、实际控制人及其关联方提供的担保，按企业授权范围与标准对担保业务进行审批。

 文案范本

担保业务授权审批制度

第一章　总　　则

第一条　为明确企业对外提供担保业务的审批权限，规范企业担保行为，防范和降低风险，根据《中华人民共和国公司法》《中华人民共和国担保法》等法律法规及规范性文件规定，结合本企业实际情况，特制定本制度。

第二条　本制度所称担保，是指企业依据《中华人民共和国担保法》和担保合同，按照公平、自愿、互利的原则向被担保人提供一定方式的担保并依法承担相应法律责任的行为。

第三条　企业董事会和管理高层应审慎对待并严格控制担保产生的债务风险，对违反法律法规和企业担保政策的担保业务所产生的损失依法承担连带责任。

第四条　本制度适用于企业各业务部门、管理部门、各子公司及分支机构。

第二章　担保的申请审核

第五条　企业指定专门担保经办人员负责受理担保业务申请，具体人选由财务部提名，经总经理审批后确定。

第六条　企业财务部担保业务负责人负责对担保业务申请进行初审，确保申请担保人满足以下资信条件。

1. 管理规范，运营正常，资产优良。

2. 近三年连续盈利，现金流稳定，并能提供经外部审计的财务报告。

3. 申请担保人资产负债率不超过____%。

4. 资信状况良好，银行评定信用等级不低于____级。

5. 近一年内无因担保业务引起的诉讼或未决诉讼。

第七条 申请担保人有下列情况的，财务部担保业务负责人应退回其担保申请。

1. 担保申请不符合国家法律法规或企业担保政策的。

2. 财务状况已经恶化、信誉不良，且资不抵债的。

3. 已进入重组、托管、兼并或破产清算程序的。

4. 近三年内申请担保人财务会计文件有虚假记载或提供虚假资料的。

5. 企业曾为其担保发生过银行借款逾期、拖欠利息等情况，至本次担保申请时尚未偿清的。

6. 未能落实用于反担保的有效财产的。

7. 与其他企业存在经济纠纷，可能承担较大赔偿责任的。

8. 董事会认为不能提供担保的其他情形。

第八条 财务部担保业务负责人应将审核通过的担保申请提交财务总监审核，并于审核通过后组织开展担保业务风险评估工作。

第三章 担保业务审批

第九条 企业各项担保业务必须经董事会或股东大会批准，或由总经理在董事会授权范围内批准后由具体实施，企业其他任何部门或个人均无权代表企业提供担保业务。

第十条 总经理的审批权限。

单笔担保金额在____万元以下（含____万元）年度累计金额万元以下（含____万元）的担保项目由董事会授权总经理审批。

第十一条 董事会的审批权限。

1. 审批超出总经理审批权限的担保项目。

2. 企业董事会的审批权限不应超出企业担保政策中的有关规定。

第十二条 股东大会的审批权限。

1. 审批超出董事会审批权限的担保项目。

2. 审批单笔担保额超过企业最近一期经审计净资产10%的担保项目。

3. 审批担保总额超过企业最近一期经审计净资产50%以后提供的担保项目。

4. 审批申请担保人资产负债率超过70%的担保项目。

5. 审批对企业股东、实际控制人及其关联方提供的担保项目。

第十三条 担保经办人员应在职责范围内按照审批人的批准意见办理担保业务。对于审批人超越权限审批的担保业务，担保经办人员应拒绝办理。

第四章 担保合同审查

第十四条 非经企业董事会或股东大会批准授权，任何人无权以企业名义签订担保合同、协议或其他类似法律文件。

第十五条 在批准签订担保合同前，应将拟签订的担保合同文本及相关材料送企业审计部、法律顾问处审查。

第十六条 审计部、法律顾问应至少审查但不限于担保合同的下列内容。

1. 被担保方是否具备法人资格及规定的资信状况。

2. 担保合同及反担保合同内容的合法性及完整性。

3. 担保合同是否与企业已承诺的其他合同相冲突。

4．相关文件的真实性。

5．担保的债权范围、担保期限等是否明确。

第十七条　担保合同订立时，担保业务负责人必须全面、认真地审查主合同、担保合同和反担保合同的签订主体及相关内容。

第十八条　法律顾问应视情况适度参与担保合同的论证、谈判或签约等过程事务。

第十九条　对于已经审查的担保合同，如需变更或未履行完毕而解除，需重新履行审查程序。

第五章　履行担保责任审核

第二十条　被担保人债务到期后＿＿＿个工作日内未履行还款义务，或被担保人破产、清算，债权人主张企业履行担保责任时，担保经办人员受理债权人发出的《履行担保责任通知书》。

第二十一条　财务部担保业务负责人审核履行担保责任通知书的有效性及相关证据文件，核对款项后报财务总监或有权签字人审批。

第二十二条　财务总监或权限审批人审批后，财务部担保业务负责人向债权人支付垫付款项。

第六章　附　　则

第二十三条　本制度由企业财务部制定，经董事会批准后实施。

第二十四条　本制度解释权归企业董事会。

文案范本

担保业务授权审批情况

事　项	文件或文书名称	编制及审批机构			
		相关部门	财务部	总经理	董事会
调查评估	担保业务管理制度		制定	审核	审批
	担保申请表	提交	审核	审批	
	担保调查评估报告	参与	编制	审批	
审批与执行	担保授权审批制度		编制	审核	审批
	担保合同书	参与	拟定	审核	
担保监控	担保进展情况表		编制	审核	
	担保异常情况报告		编制	审核	
	担保台账		编制	审核	
	担保业务责任追究制度	参与	制定	审核	审批

文案范本

担保提案审批表

提案部门		提案日期	
提案名称	关于为××公司提供担保的议案		
提案理由			
提案审议方式	□现场会议　　　□书面议案　　　□其他方式		

名　称	准备部门	部门负责人签字	分管领导签字
附件材料 1.　被担保人的基本情况及主要财务指标			
2.　担保的主债务情况说明			
3.　担保类型及期限			
4.　担保协议的主要内容			
5.　被担保人还款计划及还款资金来源说明			
6.　公司对外担保累计金额情况说明			
7.　其他应提交的材料			
初审部门/人员意见			
复核部门/人员意见			
总经理审批意见			
董事长审批意见			

文案范本

担保业务审核批准流程

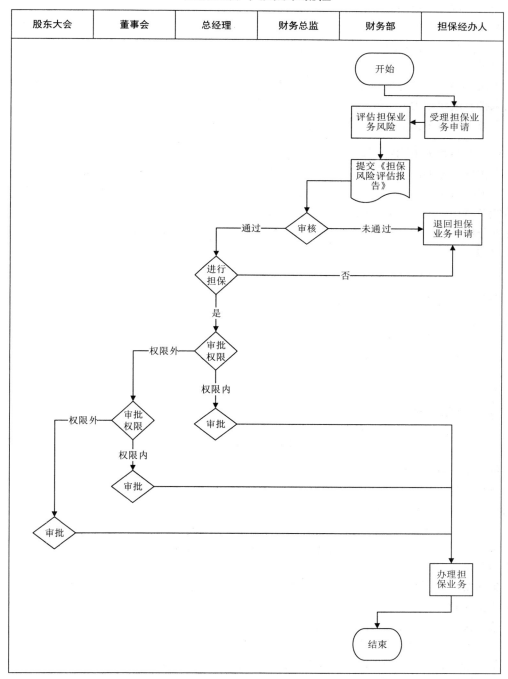

五、担保合同的签订

签订担保合同环节主要风险是：放松合同日常管理，对担保合同履行情况监控不当，情况不明，可能导致企业不能及时发现和处理被担保人出现异常情况，可能延误处置时机，加剧担保风险，加重经济损失。

企业担保经办部门应当加强担保合同的日常管理，定期监测被担保人的经营情况和财务状况，对被担保人进行跟踪和监督，了解担保项目的执行、资金的使用、贷款的归还、财务运行及风险等情况，确保担保合同有效履行。

担保合同履行过程中，如果被担保人出现异常情况，应当及时报告，妥善处理。对于被担保人未按有法律效力的合同条款偿付债务或履行相关合同项下义务的，企业应当按照担保合同履行义务，同时主张对被担保人的追索权。

（一）对被担保单位监管

在担保有效期内，担保业务经办人员应对被担保企业资格、经营管理和担保等事项进行检查，并了解担保事项的进展情况，促使被担保企业按时履约，或在本企业履行担保责任垫付款项后能及时得到追偿。企业可以规定检查的时限，如担保期在一年以内或风险较大的担保业务，担保业务经办人员每月进行一次跟踪检查；担保期在一年以上的担保业务，至少每季度进行一次跟踪检查。

（二）对担保合同的管理

企业加强对担保合同的管理，应指定专门部门和人员妥善保管担保合同、与担保合同相关的主合同、反担保函或反担保合同，以及抵押、质押权利凭证和有关的原始资料，保证担保项目档案完整、准确和担保财产的安全，应定期进行检查。通常担保合同正本应有公司档案室保存，副本有财务部门及相关部门保存。

 **文案范本**

担保合同管理方法

第一条 目的。为加强担保合同的管理工作，规范和约束公司的经营行为，减少和避免因合同协议管理不当造成的损失，维护公司的合法权益，根据《中华人民共和国合同法》及国家有关法律法规，结合本公司的实际情况，特制定本办法。

第二条 适用范围。公司签订的所有担保合同一律适用本办法。

第三条 担保业务经总经理、董事会或股东大会在权限范围内批准后，应当与被担保人订立书面担保合同。

第四条 订立担保合同时，公司法律顾问应结合被担保人或单位的资信状况，严格审核各项义务性条款，以保证公司的权益。

第五条 合同档案管理人员专门保管担保合同、与担保合同有关的主合同、反担保合同等。

第六条 公司所有担保合同均由印章管理部门统一分类编号，以便于担保合同的管理。

第七条 合同档案管理人员负责有关担保及反担保财产和权利凭证等原始文件资料的管理。

第八条 合同档案管理人员配合财务部担保业务负责人定期核实反担保财产的存储状况和价值，确保反担保财产的安全与完整。

第九条 财务部担保业务负责人应当在担保合同到期时全面清理用于担保的财产和权利

凭证，按照合同约定及时终止担保关系。

第十条 本办法由董事会负责解释。

六、担保业务的执行

请参阅以下相关文案。

文案范本

担保业务的执行

第一章 总 则

第一条 目的。

为准确掌握担保业务的进展情况，及时化解担保风险或尽量减少担保风险给企业造成的损失，特制定本制度。

第二条 本制度适用于企业的所有担保业务。

第二章 建立担保事项台账

第三条 担保业务实行过程中，担保经办人负责设置担保业务事项台账，对担保相关事项进行详细全面的记录。

第四条 担保业务记录至少包括但不限于以下七项内容。

1. 被担保人的名称。

2. 担保业务的类型、时间、金额及期限。

3. 用于抵押财产的名称、金额。

4. 担保合同的事项、编号及内容。

5. 反担保事项。

6. 担保事项的变更。

7. 担保信息的披露。

第三章 担保业务监督检查

第五条 担保经办人员负责对担保项目的执行状况进行定期或不定期的跟踪和监督。

第六条 监督检查时限。

1. 担保期限在＿＿＿年以内，担保风险在一级以上的担保项目，担保经办人员需一个月进行一次跟踪检查。

2. 担保期限在＿＿＿年以上的担保项目，担保经办人员至少每季度进行一次监督检查。

第七条 监督检查项目。

1. 担保项目进度是否按照计划进行。

2. 被担保人的经营状况及财务状况是否正常。

3. 被担保人的资金是否按照担保项目书的规定使用，有无挪用现象等。

4. 被担保人的资金周转是否正常等。

第八条 对于在检查中发现的异常情况和问题，应本着"早发现、早预警、早报告"的原则及时上报担保项目负责人，属于重大问题或特殊情况的，应及时向企业管理层或董事会报告。

第四章 合同协议管理

第九条 担保业务经总经理、董事会或股东大会在权限范围内批准后，应当与被担保人订立书面担保合同。

第十条　订立担保合同时，企业法律顾问应结合被担保人的资信状况，严格审核各项义务性条款，以保证企业的权益。

第十一条　合同档案管理人员专门保管担保合同、与担保合同有关的主合同、反担保合同等。

第十二条　合同档案管理人员负责有关担保及反担保财产和权利凭证等原始文件资料的管理。

第十三条　合同档案管理人员配合财务部担保业务负责人定期核实反担保财产的存续状况和价值，确保反担保财产的安全与完整。

第十四条　财务部担保业务负责人应当在担保合同到期时全面清理用于担保的财产和权利凭证，按照合同约定及时终止担保关系。

第五章　附　　则

第十五条　本制度根据国家担保相关法律法规制定，若与国家日后颁布的法律法规及文件相抵触，以国家新颁布的法律法规及文件为准。

第十六条　本制度自企业董事会审议通过后实施，由董事会负责解释。

文案范本

担保执行控制流程

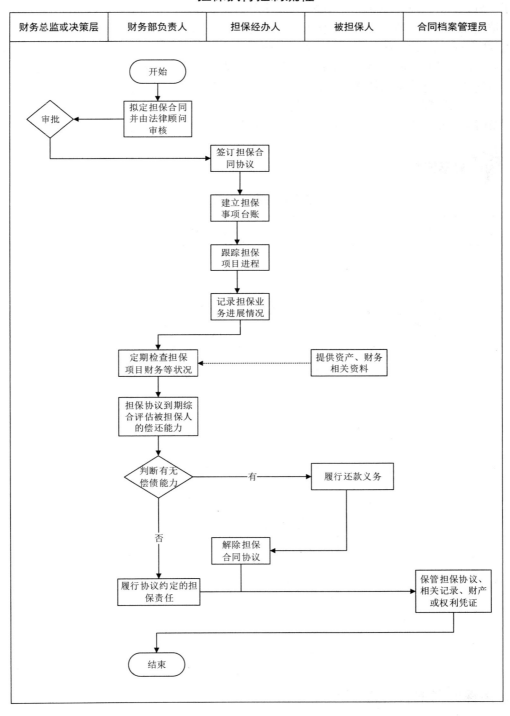

财务总监或决策层	财务部负责人	担保经办人	被担保人	合同档案管理员

七、担保业务的日常监控

担保合同生效后，企业应指定专门部门（如财务部）和人员，定期监测被担保人的经营情况和财务状况，定期对担保项目进行跟踪和监督，了解担保项目的执行、资金的使用、贷款的归还、财务运行及风险等方面的情况，定期出具监测报告。

被担保人必须定期向公司（担保人）提供其真实完整的经营状况，公司有权随时查询被担保人的财务状况；被担保人在担保债务到期前一个月，必须向公司（担保人）提供偿还债务情况报表或计划及相关财务报表；被担保人每次归还债务必须向公司（担保人）书面报告，并提供有效凭证，债务全部清偿之后，必须通知公司（担保人），并提交有关归还债务凭证的复印件；债务履行期届满，被担保人不履行债务，由公司承担担保责任履行担保义务后，在有效期限内及时向被担保人主张权利，确保公司财产不受损失。

担保项目跟踪监督流程

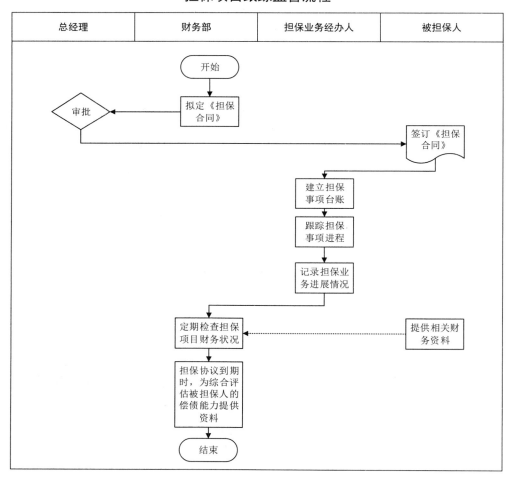

八、担保业务的会计控制

会计控制环节主要风险是：会计系统控制不力、担保业务记录不完善、内容不真实，日常监控难以奏效，或信息披露不符合监管要求，可能引发行政处罚。

企业应当加强对担保业务的会计系统控制，及时足额收取担保费用，建立担保事项台账，详细记录担保对象、金额、期限、用于抵押和质押的物品或专利，以及其他有关事项。

财会部门应当及时收集、分析被担保人担保期内经审计的财务报告等相关资料，持续关注被担保人的财务状况、经营成果、现金流量以及担保合同的履行情况，积极配合担保经办部门防范担保业务风险。

（一）实施严格会计监控

（1）企业应建立担保事项台账，详细记录担保对象、金额、期限、用于抵押和质押的物品、权利和其他有关事项，并妥善管理有关担保财产和权力证明，定期对财产的存续情况和价值进行反复审核，发现问题及时处理。

（2）企业应加强对反担保财产的管理，妥善保管被担保人用于反担保的财产和权利凭证，定期核实财产的存续情况和价值，发现问题及时处理，确保反担保财产的安全完整。

（3）企业应在担保合同到期时全面清理用于担保的财产、权利凭证，按照合同约定及时终止担保关系。

（4）对外提供担保预计很可能承担连带赔偿责任的，还应按照国家统一的会计制度的规定对或有事项的规定进行确认、计量、记录和报告。

（二）会计监督方式

对异常情况和问题，应当做到早发现、早预警、早报告；对于重大问题和特殊情况，应当及时向企业管理层或者董事会报告。公司总经理、董事长接到异常情况报告后，应及时组织有关会议研究对策并实施，以化解担保风险。

1．对被担保单位，被担保项目进行监督的方式

（1）参加被担保单位与被担保项目有关会议、会谈和会晤。

（2）对被担保工程项目的施工进度和财务进行审核。

（3）派员进驻担保单位工作，被担保单位有责任提供方便和支持。

2．要求被担保单位必须定期反馈的信息

（1）定期向公司（担保人）提供真实完整的经营情况，公司有权随时查询被担保人的财务情况。

（2）在担保债务到期前一个月，必须向公司（担保人）提供偿还债务情况报表或计划及相关财务报表。

（3）被担保人每次归还债务必须向公司（担保人）书面报告，并提供有效凭证，债务全部清偿之后，必须通知公司（担保人），并提交有关归还债务凭证的复印件。

（三）担保业务垫付款项的处理

按程序处理垫付款项的发生以及垫付款项发生后的催收或履行法律程序。

1．担保业务的垫付款项的前提条件和内部批准手续

担保期间，担保业务执行部门收到受益人的书面索赔通知后，核对书面索赔通知是否有有效签字、盖章，索赔是否在担保规定的有效期内，索赔金额、索赔证据是否与担保合同的规定一致等内容。核对无误后，经企业授权人签字人同意后对外支付垫付款项。

2．垫付款项的催收及处理

担保业务经办人员要在垫款当日或第二个工作日内，向被担保企业发出垫款通知书，向反

担保企业发送《履行担保责任通知书》并加强检查的力度，以便及时全额收回垫付款项。确实难以收回的，应依据相关的证据，按批准程序及权限确认应计负债和损失。

债务履行期届满，被担保人不履行债务，由公司承担担保责任、履行担保义务后，在有效期限内及时向被担保人主张权利，确保公司财产不受损失。

（四）合理确认预计损失

对于被担保人出现财务状况恶化、资不抵债、破产清算等情形的，企业应当根据国家统一的会计准则制度规定，合理确认预计负债和损失。

 文案范本

担保信息披露控制制度

第一章　总　　则

第一条　目的。

1. 规范公司担保信息披露行为，促进公司规范化运作，保证担保信息的真实、完整。

2. 堵塞信息披露的漏洞，防止并及时发现、纠正错误及舞弊行为，保护公司资产不受损失。

第二条　定义。

1. 信息：本制度所指的信息是指公司对外担保情况的信息。

2. 信息披露：本制度所称的信息披露是指将本制度所规定的担保信息向特定或者不特定的单位或者个人公开的行为。

第三条　时限。

公司应该在相关法律法规规定的时间内对担保信息进行披露。

第二章　担保信息披露的常设机构及权限

第四条　公司信息披露工作由董事会统一领导和管理。

1. 董事长是公司信息披露的第一负责人。

2. 董事会秘书负责协调和组织公司担保信息披露的具体工作，并承担具体责任。

3. 董事会全体成员负有连带责任。

第五条　公司董事会秘书处为担保信息披露管理工作的日常工作部门，由董事会秘书直接领导。

第六条　董事会秘书应将国家相关规定对担保信息披露工作的要求及时通知董事、高级管理人员及其他相关工作人员。

第三章　担保信息披露的程序及相关规定

第七条　担保信息披露前应严格按下列审查程序进行。

1. 提供信息的部门负责人认真核对相关资料。

2. 董事会秘书应进行合规性审查。

3. 由董事会秘书组织担保信息披露的相关工作，对所要披露的担保信息进行汇总整理，并撰写《担保信息披露报告初稿》。

4. 董事会对《担保信息披露报告初稿》进行审议。

5. 对董事会审议意见进行汇总整理，并修正《担保信息披露报告初稿》，形成《担保信息披露报告》。

第八条　公司相关部门研究、讨论和决定信息披露事项时，应由董事会秘书列席会议，并

向其提供相关的披露所需要的资料。

第九条 公司相关部门是否涉及信息披露的事项存在疑问时，应及时向董事会秘书或通过董事会秘书向有关机构咨询。

第十条 公司不得以新闻发布会或答记者问的形式来代替担保信息披露。

第十一条 公司发现已披露的信息有错误、有遗漏或产生误导时，应及时发布公告、补充公告或澄清公告。

第四章 保密措施

第十二条 公司的董事、高级管理人员和其他因工作关系接触到应披露的信息的人，负有保密义务。

第十三条 公司应采取必要的措施，在担保信息披露之前，将信息知情者控制在最小范围内。

第十四条 公司聘请的顾问、中介机构工作人员、关联人员等擅自披露公司信息，给公司造成损失的，公司保留追究其责任的权利。

第十五条 当董事会已得知尚未披露的担保信息已难以保密，或已经泄密，公司应当将该信息予以披露。

第十六条 由于有关人员失职，导致担保信息披露违规，给公司造成严重影响和损失的，应该对负责人给予批评、警告甚至解除职务的处分，并且可以向其提出适当赔偿要求。

第五章 附 则

第十七条 本制度自公司董事会审议通过后实施，修订亦同。

第十八条 本制度根据国家有关担保的法律法规及本公司有关担保信息披露的政策制定，由董事会负责解释。

第十九条 相关文件表单。

1.《担保信息披露报告初稿》。

2.《担保信息披露报告》。

 文案范本

担保数量统计表

日期： 年 月 日　　　　　　　　　　　　　　　　　　　　单位：万元人民币

序号	被担保人	与公司关系	累计担保金额	已解除担保责任金额	担保余额
1					
2					
3					
4					
5					
6					
7					
	金额合计				
	公司累计对外担保总额占最近一期经审计净资产比例（%）				
	累计逾期担保金额				

填表说明：与公司关系：A. 全资子公司；B. 控股子/孙公司；C. 参股公司；D. 无关联第三方。

 文案范本

担保事项台账

序号	担保对象基本信息				担保基本事项						备注
	对象名称	注册资本（万元）	对象性质	联系方式	合同编号	担保方式			担保期限	担保金额	
						抵押	质押	其他			
1											
2											
3											
…											

 文案范本

对外担保业务台账

单位：万元

序号	被担保人	债权人	担保合同编号	担保金额	担保期限	担保方式	反担保方式	备注
1								
2								
3								
4								
…								

第九章

采购业务方面内控管理

第一节　采购业务综合管理

一、采购与付款循环的基本业务

采购与付款循环涉及的主要业务活动包括：请购商品或劳务→签订采购合同→商品验收→储存已验收的商品→编制付款凭单→确认与记录负债→偿付款项→记录现金、银行存款支出。

上述业务主要涉及以下部门：生产计划部门、采购部门、验收部门、仓储保管部门和会计部门。

（一）请购商品和劳务

企业的生产计划部门一般会根据顾客订单或者对销售预测和存货需求的分析来决定生产授权，签发预先编号的生产通知单和材料需求报告，列示所需要的材料和零件及其库存。仓库负责对需要检查上述需求报告所列存货的库存数量，根据需要填制请购单，报采购部门。其他部门也可以对生产所需物资以外的办公设备等项目直接填制请购单报采购部门。大多数企业对正常生产经营所需的物资的购买均作一般授权，如仓库在现有库存达到再订购点时就可直接提出采购申请，其他部门也可为正常的维修工作和类似工作直接申请采购有关物品。但对资本支出和租赁合同，企业通常会要求作特别授权，只允许特定人员提出请购。为加强控制，每张请购单应经过对这类支出预算负责的主管人员签字批准。

（二）签订采购合同

为落实请购事项，企业应与供货单位签订采购合同，采购合同是供需双方共同签订的具有法律效力的经济合同，也是企业采购业务的订购单，对于供货方而言，该合同是销售订单。采购部门在收到请购单后，对业经批准的请购单确定最佳的供应来源，对于大额、重要的采购项目，应采取竞价方式来确定供应商，以保证供货的质量、及时性和成本的低廉。采购部门与供应商签订的采购合同内容必须详细明确，文字表述准确完整。采购合同应主要规定所需商品的品名、规格、数量、质量、价格、供货日期、结算方式、商品的包装与运输办法、质量检验手续、违约责任以及纠纷解决方式等。会计部门应当参与采购合同的签订工作，并监督执行。采购合同应预先编号并经过被授权的采购人员签名。其正联应送交供应商，副联则送至企业内部的验收部门、会计部门和编制请购单的部门。

（三）验收商品

验收部门收到有效的采购合同后，应对供应商发运的商品进行验收。验收部门**首先**应比较所收商品与订购单上的要求是否相符，如商品的品名、说明、数量、到货时间等，然后再盘点商品并检查商品有无损坏。

验收后，验收部门应对已收货的每张订购单编制一式多联、预先编号的验收单，作为验收和检验商品的依据。验收人员将货品送交仓库或其他请购部门时，应取得经过签字的收据，或要求其在验收单的副联上签收，以确立他们对所采购的资产应负的保管责任，验收人员还应将其中的一联验收单送交会计部门。

（四）储存已验收的商品

验收的商品应进行恰当的储存，商品的保管与商品采购的职责应恰当分离，这样可减少未经授权的采购和盗用商品的风险。存放商品的仓储区应相对独立，限制无关人员进出。

（五）编制付款凭单

记录采购交易之前，会计部门的应付账款管理人员应编制付款凭单，编制付款凭单时应该核查以下事项：

（1）供应商发票的内容与相关的验收单、订购单的内容一致；

（2）供应商发票的计算正确无误；

（3）编制有预先编号的付款凭单，并附上支持性凭据（如订购单、验收单和供应的发票的等）；

（4）检查付款凭单计算的正确性；

（5）在付款凭单上填入应借记的资产或费用账户名称；

（6）由被授权人员在凭单上签字，以示批准照此凭单要求付款。

所有未付凭单的副联应保存在未付凭单档案中，以待日后付款。

（六）偿付款项

对于上述未付凭单，应于到期日偿付有关款项。企业有多种款项结算方式，以支票结算方式为例，编制和签署支票的有关控制包括：

（1）独立检查已签发支票的总额与所处理的那批付款凭单的总额的一致性；

（2）应由被授权的会计部门的人员负责签署支票；

（3）被授权签署支票的人员应确定每张支票都附有一张已经适当批准的未付款凭单，还应确定支票受款人姓名和金额与凭单内容的一致性；

（4）支票一经签署就应在其凭单和支持性凭证上用加盖印戳或打洞等方式将其注销，以免重复付款；

（5）支票签署人不应签发无记名甚至空白的支票；

（6）支票应预先连续编号，保证支出支票存根的完整性和作废支票处理的恰当性；

（7）应确保只有被授权的人员才能接近未经使用的空白支票。

（七）记录现金、银行存款支出

仍以支票结算方式为例，在手工系统下，会计部门应根据已签发的支票编制付款记账凭证，并据以登记银行存款日记账及其他相关账簿。记录现金、银行存款支出的有关控制包括：

（1）会计主管应独立检查记入银行存款日记账和应付账款明细账的金额的一致性，以及与支票汇总记录的一致性；

（2）通过定期比较银行存款日记账记录的日期与支票副本的日期，独立检查入账的及时性；

（3）独立编制银行余额调节表。

二、采购管控目标

采购与付款循环的内部控制一般应达到如下目标。

（一）采购业务和生产销售要求一致

采购环节上的内部控制制度应使采购材料的一切活动，包括订货要求的提出和审批、供应商的报价、材料和商品的验收等，须严格按照生产和销售的要求进行。防止不恰当的采购和销售要求和某些人为了个人的目的，以牺牲企业的利益购入与生产和销售要求不符的原料和商品的行为发生。

（二）支付款项后获得相应的物品或劳务

购买环节中款项的支付应以获得相应的物品或劳务为条件，内部控制制度的建立和实施应保证一切购买活动在这一条件下进行。防止错计和篡改实物或劳务的数量和金额，保证账面记录的数字与实际获得的物品或劳务相一致。

（三）应付账款记录的真实性和合理性

企业应根据实际经济业务的情况，合理的记录应付账款的金额。

（四）合理揭示企业应享有的折扣、折让

供应商提供的折扣是整个买卖交易活动的一个组成部分，折扣会给企业带来的相应的经济利益。内部控制制度应合理的揭示企业已享有的各种折扣和折让，合理的冲销相应的应付账款，防止有人将企业享有的折扣与折让隐匿起来，避免企业获得的利益为私人占有。

三、采购与付款循环控制内容及基本控制制度

（一）适当的职责分离

企业应建立采购与付款业务的岗位责任制，明确相关部门和岗位的职责、权限，确保办理采购与付款业务的不相容岗位相互分离、制约和监督。

企业采购与付款业务的不相容岗位至少包括：

（1）生产和销售对原材料、物品和商品的需要必须由生产或销售部门提出，采购部门采购；

（2）付款审批人和付款执行人不能同时办理寻求供应商和索价业务；

（3）商品的采购入不能同时担任商品的验收工作；

（4）商品的采购、存储和使用人不能同时担任账务的记录工作；

（5）接受各种劳务的部门或主管这些业务的人员应恰当的同账簿记录人分离；

（6）审核付款的人员应同付款的人员分离；

（7）记录应付账款的人员不能同时担任付款业务。

（二）授权审批

（1）单位应对采购与付款业务建立严格的授权批准制度，明确审批人对采购与付款业务的授权批准方式、权限、程序、责任和相关控制措施，规定经办人办理采购与付款业务的职责范围和工作要求。

（2）审批人应根据采购与付款业务授权批准制度的规定，在授权范围内进行审批，不得超越审批权限。

（3）经办人应在职责范围内，照审批的批准意见办理采购与付款业务。对于审批人超越授权范围审批的采购与付款业务，经办人员有权拒绝办理，并及时向审批人的上级授权部门报告。

（4）单位应根据具体情况对办理采购与付款业务的人员进行岗位轮换，防范采购人员利用职权和工作便利收受商业贿赂、损害企业利益的风险。

（三）请购与审批控制

1．采购申请制度

企业应建立采购申请制度，依据购置商品或劳务的类型，确定归口管理部门，授予相应的请购权，并明确相关部门或人员的职责权限及相应的请购程序。

（1）采购需求应与企业生产经营计划相适应，具有必要性和经济性。

（2）请购部门提出的采购需求，应明确采购类别、质量等级、规格、数量、相关要求和标准、到货时间等。

2．预算管理

企业应加强采购业务的预算管理。对于预算内采购项目，具有请购权的部门应当严格按照预算执行进度办理请购手续；对于超预算和预算外采购项目，具有请购权的部门应当对需求部门提出的申请进行审核后再行办理请购手续。

3．请购审批制度

企业应建立严格的请购审批制度。对于超预算和预算外采购项目，应明确审批权限，由审批人根据其职责、权限以及企业实际需要对请购申请进行审批。

（四）采购与验收控制

企业应建立采购与验收环节的管理制度，对采购方式确定、供应商选择、验收程序及计量方法等作出明确规定，确保采购过程的透明化。

1．供应商评价制度

企业应建立供应商评价制度，由企业的采购部门、请购部门、生产部门、财务部门、仓储部门等相关部门共同对供应商进行评价，包括对所购商品的质量、价格、交货及时性、付款条件及供应商的资质、经营状况等进行综合评价，并根据评价结果对供应商进行调整。

（1）应对紧急、小额零星采购的范围、供应商的选择作出明确规定；

（2）同一企业（或企业集团）下属的分支机构应尽量避免多头对同一供应商。

2．确定采购方式

企业应根据商品或劳务等的性质及其供应情况确定采购方式。一般物品或劳务等的采购可以采用订单采购或合同订货等方式，小额零星物品或劳务等的采购可以采用直接购买等方式。企业应对例外紧急需求、小额零星采购等特殊采购处理程序作出明确规定。

3．采购价格确定

（1）企业应成立由企业管理层，以及来自采购、请购、生产、财务、内审、法律等部门的负责人组成的采购价格委员会，明确采购价格形成机制。

（2）大宗商品或劳务采购等必须采用招投标方式确定采购价格，并明确招投标的范围、标准、实施程序和评标规则。其他商品或劳务的采购，应根据市场行情制定最高采购限价，不得以高于采购限价的价格采购。以低于最高采购限价进行采购的应以适当方式予以奖励。

（3）企业应根据市场行情的变化适时调整最高采购限价，委托中介机构进行招投标的，应加强对中介机构的监督。

（4）企业应充分了解和掌握有关供应商信誉、供货能力等方面的信息，由采购、使用等部门共同参与比质比价，并按规定的授权批准程序确定供应商。小额零星采购也应由经授权的部门事先对采购价格等有关内容进行审核。对单价高、数量多的物资采购，企业应制定严格的比质比价采购制度。

4. 验收

企业应根据规定的验收制度和经批准的订单、合同等采购文件，由独立的验收部门或指定专人对所购物品或劳务等的品种、规格、数量、质量和其他相关内容进行验收，出具检验报告、计量报告和验收证明。对验收过程中发现的异常情况，负责验收的部门或人员应立即向有关部门报告；有关部门应查明原因，及时处理。

（五）付款控制与管理

1. 付款控制制度

企业应按照《现金管理暂行条例》《支付结算办法》和相关规定办理采购付款业务，并按照国家统一规定进行核算和报告。财务部门在办理付款业务时，应对采购合同约定的付款条件以及采购发票、结算凭证、检验报告、计量报告和验收证明等相关凭证的真实性、完整性、合法性及合规性进行严格审核。财务部门应参与商定对供应商付款的条件。

2. 预付账款和定金的管理

企业建立预付账款和定金的授权批准制度，加强预付账款和定金的管理，加强对大额预付账款的监控，定期对其进行追踪核查。对预付账款的期限、占用款项的合理性、不可收回风险等进行综合判断；对有疑问的预付账款及时采取措施，尽量降低预付账款资金风险和形成损失的可能性。

3. 应付账款和应付票据的管理

企业应加强应付账款和应付票据的管理，由专人按照约定的付款日期、折扣条件等管理应付款项。

4. 退货控制

企业应建立退货管理制度，对退货条件、退货手续、货物出库、退货货款回收等作出明确规定，及时收回退货货款。

（六）记录控制与监督检查

1. 充分的凭证与记录

应付账款是因在正常的商业过程中接受商品和劳务而产生的未予付款的负债。已经验收的商品和劳务若未予以入账，将直接影响应付账款余额，从而低估企业的负债。企业应按照请购、审批、采购、验收、付款等规定的程序办理采购与付款业务，并在采购与付款各环节设置相关的记录、填制相应的凭证，建立完整的采购登记制度，加强请购手续、采购订单（或采购合同）验收证明、入库凭证、采购发票等文件和凭证的相互核对工作。

2. 定期核对

（1）企业应加强应付账款和应付票据的管理，由专人按照约定的付款日期、折扣条件等管理应付款项。已到期的应付款项须经有关授权人员审批后方可办理结算与支付。

（2）企业应定期与供应商核对应付账款、应付票据、预付账款等往来款项，如有不符，应当查明原因，及时处理。

（七）监督检查

1. 监督检查主体

（1）监事会。依据公司章程对公司采购与付款管理进行检查监督。

（2）审计部门。依据公司授权和部门职能描述，对公司采购管理进行审计监督。

（3）财务部门。依据公司授权，对公司采购管理进行财务监督。

（4）上级对下级。进行日常工作监督检查。

2. 监督检查内容

（1）采购与付款业务相关岗位及人员的设置情况。重点检查是否存在采购与付款业务不相容职务混岗的现象。

（2）采购与付款业务授权批准制度的执行情况。重点检查授权批准手续是否健全，是否存在越权审批行为。

（3）采购的管理情况。重点检查采购政策的执行是否符合规定。

（4）付款的管理情况。重点检查预付账款和定金等是否及时入账，应付账款、应付票据、预付账款等的管理是否符合规定。

（5）采购退回的管理情况。重点检查采购退货手续是否齐全、退回款项是否及时入账。

（6）账实、账账相符情况。企业应定期抽查、核对采购业务记录、会计记录、材料入库记录和库存商品实物记录，及时发现并处理采购与付款中存在的问题；还应定期对库存商品进行盘点。同时应定期与往来客户通过函证等方式，核对应付账款、应付票据、预付账款等往来款项，如有不符，应查明原因，及时处理。

3. 监督检查结果处理

对监督检查过程中发现的销售与收款内部控制中的薄弱环节，公司有关责任部门和责任人应当采取措施，及时加以纠正和完善。

四、采购部职能、责权

请参阅以下相关文案。

采购部组织结构与责权

部门名称	采购部	部门编号	
直属上级	总经理	部门定员	
部门组织结构	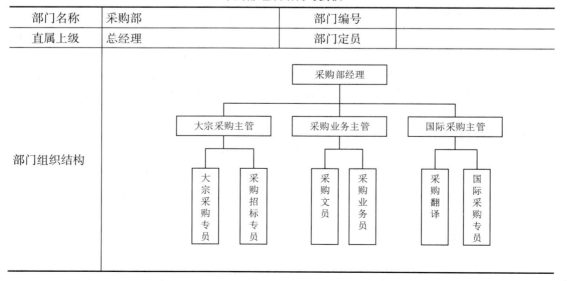		

续表

部门责权	职责	1. 负责采购计划制定以及实施监督工作
		2. 负责采购进度、采购质量、采购成本控制工作
		3. 负责国际采购的指挥、调度等工作
		4. 负责大宗采购招标管理工作
		5. 负责采购业务流程规划及采购业务改进工作
	权限	1. 拥有采购战略建议权
		2. 拥有采购过程监督权
		3. 拥有采购质量监督权
		4. 拥有物资采购决策权
		5. 拥有采购流程改进建议权
备注		
编制人员		编制日期
审批人员		审批日期

 文案范本

采购部部门职能

部门名称：采购部

上级部门：财务总监

下属岗位：采购业务主管、采购业务主办

部门本职：采购公司所需物资，保证生产经营活动持续进行。

主要职能：

（1）掌握市场信息，开拓新货源，优化进货渠道，降低采购费用；

（2）会同库管部、会计部确定合理物资采购量，及时了解存货情况，进行合理采购；

（3）根据生产计划，制定物资供应计划并组织实施；

（4）汇总各部门的采购申请单，编制采购作业计划；

（5）选择、评审、管理供应商，建立供应商档案；

（6）组织供货合同评审，签订供货合同，实施采购活动；

（7）建立采购合同台账，并对合同执行情况进行监督；

（8）进行市场寻价，采购所需物资；

（9）采购物资的报验和入库工作；

（10）采购过程中的退、换货工作；

（11）采购部合同、供应商档案、各种表单的保管与定期归档工作；

（12）做好保密工作。

管辖范围：

（1）采购部所属员工；

（2）采购部所属办公场所区及卫生责任区；

（3）采购部办公用具、车辆、设备设施。

五、采购业务风险

（一）编制需求计划和采购计划环节的主要风险点

采购业务从计划（或预算）开始，包括需求计划和采购计划。企业实务中，需求部门一般根据生产经营需要向采购部门提出物资需求计划，采购部门根据该需求计划归类汇总平衡现有库存物资后，统筹安排采购计划，并按规定的权限和程序审批后执行。该环节的主要风险包括：

（1）需求或采购计划不合理、不按实际需求安排采购或随意超计划采购，甚至与企业生产经营计划不协调等，造成企业资源短缺或者库存成本上升，从而影响企业正常生产经营；

（2）不按规定维护安全库存、未按照要求及时调整采购计划，影响企业正常运行。

（二）请购环节的主要风险点

请购是指企业生产经营部门根据采购计划和实际需要，提出的采购申请。该环节的主要风险包括：

（1）缺乏采购申请制度，造成企业管理混乱；

（2）请购未经适当审批或超越授权审批，可能导致采购物资过量或短缺，影响企业正常生产经营。

（三）选择供应商环节的主要风险点

选择供应商，也就是确定采购渠道。它是企业采购业务流程中非常重要的环节。该环节的主要风险包括：

（1）缺乏完善的供应商管理办法，无法及时考核供应商，导致供应商选择不当，影响企业利润；

（2）大额采购未实行招投标制度，可能导致采购物资质次价高，甚至出现舞弊行为。

（四）确定采购价格环节的主要风险点

如何以最优"性价比"采购到符合需求的物资，是采购部门的永恒主题。该环节的主要风险包括：

（1）采购定价机制不科学，采购定价方式选择不当，缺乏对重要物资品种价格的跟踪监控，引起采购价格不合理，可能造成企业资金损失；

（2）内部稽核制度不完善，导致因回扣现象等造成企业损失。

（五）订立框架协议或采购合同环节的主要风险点

框架协议是企业与供应商之间为建立长期物资购销关系而作出的一种约定。采购合同是指企业根据采购需要、确定的供应商、采购方式、采购价格等情况与供应商签订的具有法律约束力的协议。该环节的主要风险包括：

（1）框架协议签订不当，可能导致物资采购不顺畅；

（2）未经授权对外订立采购合同，合同对方主体资格、履约能力等未达要求、合同内容存在重大疏漏和欺诈，可能导致企业合法权益受到侵害；

（3）未能及时根据市场状况调整合同内容，造成企业采购行为脱离市场供需状况。

（六）管理供应过程环节的主要风险点

管理供应过程，主要是指企业建立严格的采购合同跟踪制度，科学评价供应商的供货情况，并根据合理选择的运输工具和运输方式，办理运输、投保等事宜，实时掌握物资采购供应过程的情况。该环节的主要风险包括：

（1）缺乏对采购合同履行情况的有效跟踪，运输方式选择不合理，忽视运输过程的保险风险，可能导致采购物资损失或无法保证供应；

（2）无法对供应商的供应过程做好记录，导致供应商过程评价缺少原始资料。

（七）验收环节的主要风险点

验收是指企业对采购物资或劳务的检验接收，以确保其符合合同规定或产品质量要求。该环节的主要风险包括：

（1）验收标准不明确、验收程序不规范，导致不合格品流入企业；

（2）对验收中存在的异常情况不作及时处理，可能造成账实不符、采购物资损失。

（八）付款环节的主要风险点

付款是指企业在对采购预算、合同、相关单据凭证、审批程序等内容审核无误后，按照采购合同规定及时向供应商办理支付款项的过程。该环节的主要风险包括：

（1）付款审核不严格、付款方式不恰当、付款金额控制不严，可能导致企业资金损失或信用受损；

（2）退货管理不规范，导致企业产生财务损失。

（九）会计控制环节的主要风险点

会计控制主要指采购业务会计系统控制。该环节的主要风险包括：

（1）缺乏有效的采购会计系统控制，未能全面真实地记录和反映企业采购各环节的资金流和实物流情况；相关会计记录与相关采购记录、仓储记录不一致，可能导致企业采购业务未能如实反映，以及采购物资和资金受损；

（2）对退货以及待检物料处理不当，导致账实不一致，影响企业财务状况的真实性。

六、采购与付款循环的常见弊端

（一）盲目采购

缺乏严格的物品或劳务采购计划（或预算），或采购部门没有根据已批准的采购计划或请购单进行采购，而是盲目采购或采购不及时，造成物品的超储积压或供应脱节和劳务的浪费。

（二）不相容职务未予分离

物品采购、储存、使用人同时担任账务的记录工作，绕过验单环节违规办理采购手续；付款审批人和付款人同时办理寻求供应厂商与采购谈价业务。

（三）收受回扣，中饱私囊

采购人员为了私人利益在采购中没有进行比价管理，而是选择有回扣的供应商，这往往造成采购材料质量得不到保证，或价格高于市场平均价格，或品种规格不合要求，给单位经济利益带来损失。

（四）虚报损耗，中途转移

这属于企业的内盗现象，运输部门为了中饱私囊，在运输途中转移材料，而对公司上报谎称损耗。

（五）混淆采购成本

会计人员在会计记账中，对采购成本没有很好的区分，确认的成本不能真实反映企业是为采购材料而发生的。例如，对生产企业，将与材料采购相关的应计入物品或劳务采购成本的相关费用，如运输费、保险费、合理损耗等，作为"管理费用""销售费用"等计入当期损益。

（六）验收不严，以少报多，以次充好

采购验收人员玩忽职守，不能严格验收采购材料的质量和数量。如果采购和验收职责没有分离，由一个人担任两项不相容职务，这种内控的缺陷容易诱发材料验收中的舞弊行为，造成伪劣材料鱼龙混杂，轻者损害企业利益，重者伪劣产品充斥市场，损害消费者利益。

（七）违规结算，资金流失

通常企业在受到采购发票后，根据发票金额授权会计签发支付凭单，出纳审核后支付划拨款项，如果没有严格的付款控制程序，就存在结算隐患。例如，对同一笔采购业务重复付款，或者误期支付失去客户信誉。

（八）采购与付款业务凭证流转不畅，存在随意性

按规定应收取增值税专用发票，而收取普通发票或收据；凭证无人管理，造成丢失、损毁。

（九）往来结算账户记录不全，账目不清

债权债务关系混淆，已经结算的应付款项长期挂账等。

七、采购人员工作纪律规范

请参阅以下相关文案。

文案范本

采购人员工作纪律规范

第一条 目的。

为了规范采购人员的采购行为，树立和维护公司的良好形象，特制定本规范。

第二条 适用范围。

本规范适用于公司所有采购人员，包括采购部门的专职采购人员，以及参与采购项目相关工作的其他部门员工。

第三条 主管人员责任规范。

各级采购主管人员必须担负起以下责任。

1. 根据工作需要，采购主管应制定相应的行为准则，并通过沟通、培训、监督和检查环节，确保下属对行为准则的理解和遵守。

2. 采购主管应树立诚信榜样，营造良好的组织氛围，绝不利用自身的职权和关系影响或诱导员工违反行为准则。

3. 采购岗位属于关键和敏感岗位，采购主管应特别注意选拔、任用恰当的员工，并通过岗位轮换等措施保护公司利益。

4. 对于发现的违纪行为，采购主管应及时报告，并采取补救行动，将违纪行为造成的损失降到最低，严禁姑息和纵容违纪行为。

第四条 普通采购员工责任规范。

采购人员应当详细了解并认真理解行为准则，并承担如下责任。

1. 对于自己或他人违反行为准则的事件或疑虑，采购人员有责任及时反馈。

2. 采购人员在反馈问题时应实事求是，以署名方式提出，不应匿名或联名，不得诽谤和诋毁他人。

3. 采购人员有义务配合有关人员对违反行为准则事件的调查工作。

第五条　采购人员对供应商的承诺必须提前得到公司合法授权，不得以个人名义对外承诺。

第六条　采购人员应合法维护与所有供应商的关系，遵守所有适用于采购业务的法律法规。

第七条　采购人员应致力于使公司在任何一次采购项目中获得尽可能优惠的商务条件和服务；在采购项目有关责任人员可以控制的范围内，使公司获得当时最好的产品、质量、价格和服务。

第八条　在与供应商的合作及所有的商业活动中，采购人员必须遵守诚信与商业道德准则。采购活动必须严格遵循本公司采购流程与制度规范，体现公平、公正、公开的原则。

第九条　采购人员负责选择并确定最佳供应商，确保每一项采购活动和决策都能为公司带来最佳利益。

第十条　不论是接待供应商还是参加谈判，本公司参与人员均不得少于两人，禁止采购人员与供应商私下接触。

第十一条　公正选择供应商。

在选择供应商时，采购人员应不带偏见地考虑所有要素，无论采购量的多少，都必须秉持公正原则。

1. 严格按照采购流程和制度规范选择供应商。

（1）选择供应商时，采购人员应遵循技术服务、质量、能力、供货表现、成本综合最佳的原则。

（2）选择供应商时，不允许采购人员运用个人的影响力或以个人私利为目的，使待选供应商得到特殊待遇。

2. 在采购执行过程中，涉及供应商与员工或其主要亲属有私人利益关系（简称关联供应商），采购人员应主动申报，并遵循回避原则。

（1）采购人员不得以任何方式牺牲本公司利益，而为关联供应商谋取不当利益。

（2）采购人员不得主动向公司介绍、推荐关联供应商及其产品，或者以任何方式充当关联供应商与本公司的中介。

（3）采购人员不得参与关联供应商的选择、考察、谈判、评估以及与该供应商交易有关的活动。

（4）采购人员不得接受关联供应商的委托，代表该关联供应商与本公司进行任何接洽、会谈。

第十二条　接受商业款待规范。

经常性地接受供应商的款待会影响员工的客观判断力，采购人员须谨慎处理外部的各种宴请和交际应酬活动。

1. 当供应商提出符合商业惯例的会议、参观或考察邀请时，采购人员应主动向上级主管申报，获得批准后，按照出差相关规定处理。

2. 采购人员可以接受或给予他人符合商业惯例的款待，如工作餐，但费用必须合理且不为法律或已知的商业惯例所禁止。如果认为某一邀请不合适，那么采购人员应予以拒绝或由自己付费。

第十三条　接受馈赠规范。

1. 原则上采购人员不应接受馈赠，但在具体操作时，要根据具体情况区别对待。

2. 在接受供应商赠送的宣传、礼品、纪念品等时，采购人员只能以公司的名义接受，并及时上交公司。

3. 采购人员及其亲属不能接受可能影响或令人怀疑将影响供应商与公司之间的业务关系的任何赠礼。

4. 采购人员不得直接或间接索取供应商的礼物，严禁接受任何回扣、佣金、现金代用券等现金形式的馈赠。

第十四条　采购信息的使用和保密。

1. 采购信息是公司信息资产的重要组成部分，属于公司的经营秘密，包括但不限于采购价格、采购比例分配、采购策略、供应商选择评估方案等。采购人员对采购信息有义不容辞的保密责任和义务。

2. 对采购信息的访问和授权应遵循工作相关性、最小授权和审批受控的原则。原则上采购人员应获得被授权范围内的采购信息，并承担保密责任。

3. 对供应商的产品状况、报价等相关资料，以及公司对供应商的评估资料等，采购人员应保守秘密，不得向其他供应商透露，更不能在工作以外使用这些资料。

4. 采购人员不得向任何供应商作错误或不实的说明，禁止与供应商谈论或传播不利于公司的言论；若对方谈起，采购人员应正面拒绝，并按公司要求作出简要说明。

5. 为了确保公司采购信息的安全，采购人员离职两年内不得到供应商处任职或兼职。

第十五条　个人品德操守规范。

员工个人的品德操守直接影响公司的形象与信誉，采购人员应注重个人品德修养，严格遵守公司关于员工的品德操守要求，具体要求包括但不限于以下五种。

1. 严禁出入不健康场所。

2. 不参与赌博。

3. 遵守法律和基本的社会公德。

4. 不得诽谤、诋毁他人。

5. 不应有违反国家法律禁止的其他行为。

第十六条　违纪处罚。

在采购过程中采购人员必须严格执行采购人员行为准则，对违反行为准则的事件或问题，公司将根据有关违纪处分的文件给予处罚。

第十七条　本规范由人力资源部负责编制、修订与解释。

第十八条　本规范自颁布之日起实施。

八、采购授权与审批

请参阅以下相关文案。

采购授权与审批制度

第一章　总　　则

第一条　目的。

为加强物资采购管理，明确采购授权范围与审批权限，规范公司的采购审批工作，提高采购效率，特制定本制度。

第二条　适用范围。

本制度适用于公司正常运营发展所需所有物资的采购作业，包括原材料、设备、办公用品等。

第三条 公司执行采购各相关部门及岗位责任制。

1. 采购部是公司物资采购的归口管理部门，负责物资需求信息的汇总、提出采购申请、制定采购计划、供应商选择与管理、价格谈判、参与采购验收及结算付款申请等工作。

2. 物资需求部门填制物资需求单，经部门主管审批签字后报采购部汇总审核。

3. 质检部负责采购物资的质量检验，出具验收报告等工作。

4. 仓储部协助开展物资验收工作，办理物资入库手续及进行物资登记与保管。

5. 财务部负责按采购合同进行采购付款审核、办理付款作业并做相关账务处理。

第四条 采购作业需明确各不相容岗位职责分离的原则，以达成有效的采购制约与监督。

1. 请购与审批岗位分离。

2. 供应商选择与审批岗位分离。

3. 采购合同或协议的拟定与审核、审批岗位分离。

4. 采购、验收与记录岗位分离。

5. 付款申请、审批与执行岗位分离。

第二章 采购申请审批

第五条 年度采购计划的制定与审批。

1. 各部门必须在每年 12 月底之前做好采购部下发的第二年度物资计划申请表填报工作。

2. 在填报第二年度物资计划申请表时，各部门应根据公司下达的年度工作任务情况制定出全年运营发展所需的物资用量计划，确保本部门计划符合运营和发展的需要。

3. 各部门物资需求计划经部门经理审核签字后提交采购部。

4. 采购部汇总和审定各部门的年度需求，编制年度采购计划，提交主管副总进行审核。

5. 年度采购计划经主管副总审批通过后，采购部将其作为最终采购计划反馈至相关部门。

第六条 月度采购计划的制定与审批。

1. 各物资使用部门于每月 25 日前根据次月工作计划填写《物资需求单》，由部门经理签字后交采购部。

2. 仓储部相关人员根据库存情况向采购部提供相关存货数据，并提供相关物资的采购预警。

3. 采购部汇总各部门的《物资需求单》并根据库存对其进行修正后，编制《月度采购申请计划》（见下表）报相关权限范围内的领导审批。

月度采购申请计划

编号： 年 月 日

名称	规格	请购数量	库存数量	采购数量	一次交货	分批交货	交货日期	备注

4. 审批工作在每月 28 日前完成。

5. 采购人员根据审批结果实施采购。

6. 采购部及时将各部门未列入公司采购计划的项目反馈到各部门。

第七条 采购相关人员需严格执行采购申请审批权限规定（见下表）。

采购申请审批权限规定

采购项目	采购金额	审批人
属统购项目的原料、物料及其他物资	—	部门经理、总经理
非属统购项目的原料、物料及其他物资		
生产性设备	3 000 元以下	采购部经理
	3 000～10 000 元	部门经理、采购部经理
	10 000 元以上	部门经理、总经理
非生产性设备	300 元以下	采购部经理
	300～2 000 元	部门经理、采购部经理
	2 000 元以上	部门经理、总经理
办公用品	300 元以下	采购部经理
	300～5 000 元	部门经理、采购部经理
	5 000 元以上	部门经理、总经理

第八条 审批工作原则。

1. 采购申请按权限规定，逐级审批，总经理行使最后审批权。

2. 审批内容主要是确定是否应采购、按什么标准采购以及采购的数量、质量。

3. 审批的经济性原则是指在满足公司生产经营需求的前提下最大限度地减少开支。

第九条 对预算外请购单的审批，除执行以上审批手续外，一律报总经理审批。

第十条 采购计划增补审批程序。

1. 相关部门经理审批《增补需求计划申请表》，将《增补需求计划申请表》递送采购部。

2. 采购部接到相关部门报送的《增补需求计划申请表》后一个工作日内编制月度增补采购计划。

3. 采购部经理半个工作日内审批月度增补采购计划。

4. 主管副总一个工作日内审批采购部经理审批同意的非生产类和 5 万元以上的生产类月度增补采购计划。

5. 采购部将采购部经理或主管副总审批同意的月度增补采购计划报财务部。

6. 财务部经理根据资金状况，针对月度增补采购计划签署部门意见，半个工作日内将 5 万元以内的生产类增补计划直接反馈给采购部门，非生产类的和采购金额超 5 万元的生产类增补计划由主管财务的副总在半个工作日内审批。

7. 将主管财务副总同意后的月度增补采购计划反馈给采购部，采购部去除价格因素抄送需求部门。

第十一条 撤销请购的审批流程。

1. 原请购部门通知采购部门停止采购，同时于《物资需求单》的第一、二联加盖红色"撤销"戳记并注明撤销原因。

2. 若未执行采购，则采购部于原请购单上加盖"撤销"章后，转原请购部。

3. 若已签订采购合同且请购单已送仓储部待办收料，采购部应通知撤销部门，并由仓储部据此将请购单退回原请购部门。

第十二条 紧急采购的审批程序。

1. 请购部门填写《紧急采购申请审批单》（见下表），注明需采购物资的基本信息，如名称、规格、型号、底价、建议价格等，同时详细说明紧急采购的原因，经部门经理签字后，交公司领导审批。

紧急采购申请审批单

物资名称	
型号/规格	
用途	
底价	
参考价格	
请购数量	
请购原因	
请购部门经理确认	
主管副总/总经理审批	

申请部门：　　　　申请人：　　　　申请日期：

2. 紧急采购的物资价值在 5 000（含）元以下的，请购部门需报采购总监审批，审批同意后，转交采购部实施紧急采购作业。

3. 紧急采购的物资价值在 5 000 元以上的，请购部门需报公司总经理审批，审批同意后，转交采购部实施紧急采购作业。

4. 特殊情况下，请购部门可直接请示公司总经理，在紧急采购后补办相关审批手续。

5. 对于一些低值易耗生产物资的紧急采购，允许由采购部经理直接审批先行采购，再补充相关手续与文件。

第三章　采购合同审批

第十三条　合同签署前，有关责任人应当对合同初稿会审稿所涉内容进行全面审查。合同审查的具体分工和流程如下。

1. 公司财务部主要负责对合同价款的形成依据、款项收取或支付条件等条款进行审查并提出意见。

2. 法律顾问主要对合同内容条款的合法性进行审查并提出审查意见。

3. 主管副总负责对合同所涉内容进行全面审查并提出审查意见。

4. 总经理根据相关部门所提意见、办理程序的规范性以及其他认为需要审查的内容对合同进行审阅并签署意见。

5. 采购部经理在审查后签字认可合同文本。

6. 采购部根据总经理的审查意见修改合同文本，并将总经理审查意见、合同签署相关附件等文件再次报送审查后，由公司总经理或受总经理授权的相关人员正式签署合同。

第十四条　公司根据对初稿会审稿修订签审后的合同定稿签订合同，零星物资根据财务部、设备部、使用部门签署的零星物资采购合同主要条款会签表签订合同。

第十五条　采购签约权限规定。

1. 公司采购部经理有权签署采购标的额在 5 000 元以下的采购合同。

2. 公司主管副总有权签署合同标的额在 5 000～10 000 元的采购合同。

3. 合同标的额在 20 000 元以上的采购合同需由公司总经理签署。

4. 公司直属分支机构和分公司采购合同在公司总经理的授权范围内签署。

第四章　采购验收审批

第十六条　质检人员根据公司的检验程序执行抽检、判定，根据检验结果填写检验报告，经采购部、仓储部、质检部会签后报相关领导审批，其审批权限与采购签约的权限规定相同。

第十七条 若采购物资规格、数量或质量与采购订单或合同有差异，采购部需及时与供应商联系，协商解决办法，并报主管副总或公司总经理审批。

第十八条 特采申请与审批程序规定。

1. 经质检部负责人确认为不合格物资后，采购部根据生产经营需求决定是否申请特采，使用部门也可根据生产经营情况提出特采申请。

2. 申请特采时，必须详细填写《特采作业申请书》，写明不合格原因及特采原因。

3. 由采购部召集技术部、质检部、使用部门相关负责人召开会审会议，针对不合格原因、采购合同、技术工艺进行分析并得出结论，与会人员签署是否同意特采申请的处理意见。

4. 会审意见呈交采购总监、公司总经理进行审核并签署最后意见。

第五章 附 则

第十九条 本制度由总经理批准后执行、修改或废止。

第二十条 本制度实施后，凡既有的类似规定自行终止，与本制度相抵触的，以本制度为准，与国家有关规定相抵触的，以国家有关规定为准。

 文案范本

采购业务授权审批情况

企业采购业务的内部控制过程中，需要制定和编制大量的制度、方案及办法等，均应对相关责任部门或人员规定明确的制定、审批职责权限（见下表）。

采购业务授权审批情况

事 项	文件或文书名称	编制及审批机构			
		相关部门	采购部	主管副总	总经理
购买	采购申请审批制度		提出	审核	审批
	采购计划	参与	编制	审核	审批
	采购预算管理制度	参与	编制	审核	审批
	供应商评估制度		提出	审核	审批
	采购评标报告	编制	参与	审核	审批
	采购合同管理制度		提出	审核	审批
验收	采购验收制度		提出	审核	审批
	采购登记制度		提出	审核	审批
付款	采购付款管理制度	提出	参与	审核	审批
	退货管理制度	提出	参与	审核	审批

文案范本

原辅材料赊销采购审批程序

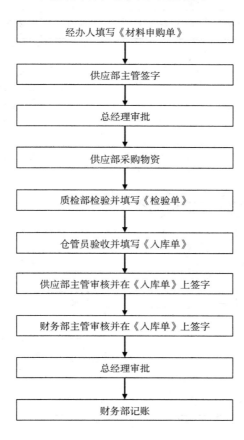

经办人填写《材料申购单》

↓

供应部主管签字

↓

总经理审批

↓

供应部采购物资

↓

质检部检验并填写《检验单》

↓

仓管员验收并填写《入库单》

↓

供应部主管审核并在《入库单》上签字

↓

财务部主管审核并在《入库单》上签字

↓

总经理审批

↓

财务部记账

 文案范本

固定资产采购审批流程

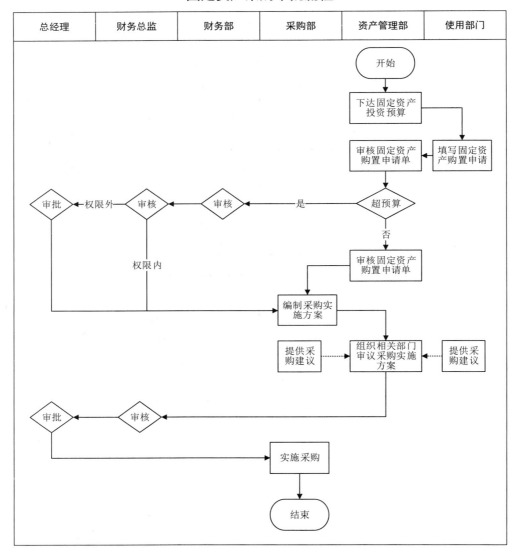

九、采购与付款循环各环节的关键控制要点

（一）编制需求计划和采购计划环节的关键控制要点

（1）生产、经营、项目建设等部门，应当根据实际需求准确、及时编制需求计划。需求部门提出需求计划时，不能指定或变相指定供应商。对独家代理、专有、专利等特殊产品应提供相应的独家、专有资料，经专业技术部门研讨后，经具备相应审批权限的部门或人员审批。

（2）采购计划是企业年度生产经营计划的一部分，在制定年度生产经营计划过程中，企业应当根据发展目标实际需要，结合库存和在途情况，科学安排采购计划，防止采购过高或过低。

（3）采购计划应纳入采购预算管理，经相关负责人审批后，作为企业刚性指令严格执行。

（二）请购环节的关键控制要点

（1）建立采购申请制度，依据购买物资或接受劳务的类型，确定归口管理部门，授予相应的请购权，明确相关部门或人员的职责权限及相应的请购程序。企业可以根据实际需要设置专门的请购部门，对需求部门提出的采购需求进行审核，并进行归类汇总，统筹安排企业的采购计划。

（2）具有请购权的部门对于预算内采购项目，应当严格按照预算执行进度办理请购手续，并根据市场变化提出合理采购申请。对于超预算和预算外采购项目，应先履行预算调整程序，由具备相应审批权限的部门或人员审批后，再行办理请购手续。

（3）具备相应审批权限的部门或人员审批采购申请时，应重点关注采购申请内容是否准确、完整，是否符合生产经营需要，是否符合采购计划，是否在采购预算范围内等。对不符合规定的采购申请，应要求请购部门调整请购内容或拒绝批准。

（三）选择供应商环节的关键控制要点

（1）建立科学的供应商评估和准入制度，对供应商资质信誉情况的真实性和合法性进行审查，确定合格的供应商清单，健全企业统一的供应商网络。企业新增供应商的市场准入、供应商新增服务关系以及调整供应商物资目录，都要由采购部门根据需要提出申请，并按规定的权限和程序审核批准后，纳入供应商网络。必要时，企业可委托具有相应资质的中介机构对供应商进行资信调查。

（2）采购部门应当按照公平、公正和竞争的原则，择优确定供应商，在切实防范舞弊风险的基础上，与供应商签订质量保证协议。

（3）建立供应商管理信息系统和供应商淘汰制度，对供应商提供物资或劳务的质量、价格、交货及时性、供货条件及其资信、经营状况等进行实时管理和考核评价，根据考核评价结果，提出供应商淘汰和更换名单，经审批后对供应商进行合理选择和调整，并在供应商管理系统中作出相应记录。

（四）确定采购价格环节的关键控制要点

（1）健全采购定价机制，采取协议采购、招标采购、比价采购、动态竞价采购等多种方式，科学合理地确定采购价格。对标准化程度高、需求计划性强、价格相对稳定的物资，通过招标、联合谈判等公开、竞争方式签订框架协议。

（2）采购部门应当定期研究大宗通用重要物资的成本构成与市场价格变动趋势，确定重要物资品种的采购执行价格或参考价格。建立采购价格数据库，定期开展重要物资的市场供求形势及价格走势商情分析并合理利用。

（五）订立框架协议或采购合同环节的关键控制要点

（1）对拟签订框架协议的供应商的主体资格、信用状况等进行风险评估；框架协议的签订应引入竞争制度，确保供应商具备履约能力。

（2）根据确定的供应商、采购方式、采购价格等情况，拟订采购合同，准确描述合同条款，明确双方权利、义务和违约责任，按照规定权限签署采购合同。对于影响重大、涉及较高专业技术或法律关系复杂的合同，应当组织法律、技术、财会等专业人员参与谈判，必要时可聘请外部专家参与相关工作。

（3）对重要物资验收量与合同量之间允许的差异，应当作出统一规定。

（六）管理供应过程环节的关键控制要点

（1）依据采购合同中确定的主要条款跟踪合同履行情况，对有可能影响生产或工程进度的异常情况，应出具书面报告并及时提出解决方案，采取必要措施，保证需求物资的及时供应。

（2）对重要物资建立并执行合同履约过程中的巡视、点检和监造制度。对需要监造的物资，择优确定监造单位，签订监造合同，落实监造责任人，审核确认监造大纲，审定监造报告，并及时向技术等部门通报。

（3）根据生产建设进度和采购物资特性等因素，选择合理的运输工具和运输方式，办理运输、投保等事宜。

（4）实行全过程的采购登记制度或信息化管理，确保采购过程的可追溯性。

（七）验收环节的关键控制要点

（1）制定明确的采购验收标准，结合物资特性确定必检物资目录，规定此类物资出具质量检验报告后方可入库。

（2）验收机构或人员应当根据采购合同及质量检验部门出具的质量检验证明，重点关注采购合同、发票等原始单据与采购物资的数量、质量、规格型号等核对一致。对验收合格的物资，填制入库凭证，加盖物资"收讫章"，登记实物账，及时将入库凭证传递给财会部门。物资入库前，采购部门须检查质量保证书、商检证书或合格证等证明文件。验收时涉及技术性强的、大宗的和新特物资，还应进行专业测试，必要时可委托具有检验资质的机构或聘请外部专家协助验收。

（3）对于验收过程中发现的异常情况，如无采购合同或大额超采购合同的物资、超采购预算采购的物资、毁损的物资等，验收机构或人员应当立即向企业有权管理的相关机构报告，相关机构应当查明原因并及时处理。对于不合格物资，采购部门依据检验结果办理让步接收、退货、索赔等事宜。对延迟交货造成生产建设损失的，采购部门要按照合同约定索赔。

（八）付款环节的关键控制要点

（1）严格审查采购发票等票据的真实性、合法性和有效性，判断采购款项是否确实应予以支付，如审查发票填制的内容是否与发票种类相符合、发票加盖的印章是否与票据的种类相符合等。企业应当重视采购付款的过程控制和跟踪管理，如果发现异常情况，应当拒绝向供应商付款，避免出现资金损失和信用受损。

（2）根据国家有关支付结算的相关规定和企业生产经营的实际，合理选择付款方式，并严格遵循合同规定，防范付款方式不当带来的法律风险，保证资金安全。除了不足转账起点金额的采购可以支付现金外，采购价款应通过银行办理转账。

（3）加强预付账款和定金的管理，涉及大额或长期的预付款项，应当定期进行追踪核查，综合分析预付账款的期限、占用款项的合理性、不可收回风险等情况，发现有疑问的预付款项，应当及时采取措施，尽快收回款项。

（九）会计控制环节的关键控制要点

（1）企业应当加强对购买、验收、付款业务的会计系统控制，详细记录供应商情况、采购申请、采购合同、采购通知、验收证明、入库凭证、退货情况、商业票据、款项支付等情况，做好采购业务各环节的记录，确保会计记录、采购记录与仓储记录核对一致。

（2）企业应指定专人通过函证等方式，定期向供应商寄发对账函，核对应付账款、应付票据、预付账款等往来款项，对供应商提出的异议应及时查明原因，报有权管理的部门或人员批准后，作出相应调整。

　　另外，由于采购业务对企业生存与发展具有重要影响，强调企业应当建立采购业务后评估制度，即企业应当定期对物资需求计划、采购计划、采购渠道、采购价格、采购质量、采购成本、协调或合同签约与履行情况等物资采购供应活动进行专项评估和综合分析，及时发现采购业务薄弱环节，优化采购流程。同时，将物资需求计划管理、供应商管理、储备管理等方面的关键指标纳入业绩考核体系，促进物资采购与生产、销售等环节的有效衔接，不断防范采购风险，全面提升采购效能。

十、采购供应与付款业务的主要凭证及其传递程序

　　除销货方的发货单、提货单、运费单据、银行结算凭证外，购货企业还应设计请购单、收料单、收料溢缺报告单、退货单等一系列的内部核算凭证。同时，购货企业还应按采购业务的过程、特点和管理要求，明确规定各种凭证的传递程序和手续。

（一）请购单

　　请购单应由请购部门填制，送交供应部门，主要由供应部门会同财会部门在授权范围内批准，以增加（或修订）采购供应计划。

（二）收料单

　　收料单一般由保管部门于材料运达并验收入库时填制。收料单可设置一式三联或一式四联（保管部门、供应部门、财会部门、统计部门各一联）。

　　为了简化登记总账的工作，采购频繁的企业可以按月根据"收料单"汇总编制"收料凭证汇总表"。

（三）收料溢缺报告单

　　它是用来反映企业验收结果与购货发票是否相符的一种原始凭证。验收部门和人员应认真填制"收料溢缺报告单"，并及时交付财会部门等按规定和要求处理。其基本格式如表 9-1 所示。

表 9-1　收料溢缺报告

单品名规格：

收料单位：　　　　　　　　　　　年　月　日　　　　　　　　　字第　　号

供货单位			合同字号		字第号		发货单号数	
车次、航班			提货单号数				到货日期	
材料名称			计量单位	应收数量	实收数量	溢（＋）缺（－）数量	单价	金额
编号	品名	规格						
合　计								
附单据张			备注					
溢缺原因								
处理意见								

供应部门主管：　　　　　　　保管部门主管：　　　　　　　制单：

（四）退货单

在验收过程中，如果发现所收材料与合同（或发货单）明显不符，又不符合本单位的需要，应及时办理退回手续，并填制"退货单"。

退货单应一式多联套写，其各联的送交单位（部门）有：销货单位、仓库（留存）供应部门、财会部门等。

设计各种凭证的传递程序时，应注意下列事项。

（1）指定专人填制有关凭证。通过传递程序的设计和实施，既要分清责任，加强管理与控制，又要有利于提高工作效率和有关业务的正常进行。例如，"请购单"必须由使用（或保管）材料物资部门的指定专人填制，不直接使用（或保管）材料物资的部门和人员无权填制"请购单"。

（2）不能由一个部门（或人员）完成凭证的所有必要手续。制证人员和审核人员应该分离，互相牵制；同一项业务如果涉及两个（或两个以上的）部门，应在凭证的适当位置表明意见并签章负责。其目的就是加强内部牵制，防止人为的错弊行为，同时减少无意差错的出现概率。

（3）凭证的填制应与业务操作和相应责任结合起来，并与业务授权分离。例如，收料单一般由仓库保管员填制，但不应由保管部门主管一人包办全部程序。

（4）按凭证传递的及时性和有关部门归档保管要求，将凭证设计成多联套写的形式，分送有关部门。例如，将收料单设计成一式五联，供货单位可以将其作为发货运达的有效证明，采购供应部门可以据以考核采购供应计划的实施情况，财会部门可以据以办理结算和会计处理，仓储保管部门可以据以作为库存材料增加的凭证，统计部门可以据以统计有关业务数据。收料单的填写应一次复写完成，有关部门各执一联，既简化手续、提高工作效率，又便于有关部门（单位）分析检查。

（5）凭证的传递程序应符合业务特点和内控的需要。既不能遗漏重要的手续，又要尽量简化。

 文案范本

采购订单

供应商名称：　　　　　　　　　　　订货日期：
交易条件（分批交货）：
付款条件：
电话：　　　　　　　　　　　采购单编号：

项　　次	商品编号	品名/规格	单　　位	数　　量	单　　价	金　　额
交货日期						
交货地点						
注意事项				交易条款	（由公司自定）	

经办人：　　　　　审核人：　　　　　审批人：

文案范本

订货单

年　月　日

供应商编号			供应商名称		传真/电话	
物品名称	规　格	数　量	包装要求	质量标准	要求到货日期	
采购员：		传真/电话：		采购部（盖章）		

注：一式两联，一联采购部留存，一联交仓库。

十一、采购内控基本要求

（一）制度方面

企业应当结合实际情况，全面梳理采购业务流程，完善采购业务相关管理制度。

（二）职责方面

企业应当统筹安排采购计划，明确请购、审批、购买、验收、付款、采购后评估等环节的职责和审批权限。

（三）执行方面

企业应当按照规定的审批权限和程序办理采购业务。

（四）监督方面

企业应当建立价格监督机制，定期检查和评价采购过程中的薄弱环节，采取有效控制措施，确保物资采购满足企业生产经营需要。

十二、采购管理报告

请参阅以下相关文案。

文案范本

进货日记表

年　月　日

部　　　门	总进货				进货折让	折价回扣	净进货额
	笔	赊购	笔	现金			
合计							
累计							

部门主管：　　　　　　　　单位主管：　　　　　　　　经办：

文案范本

采购管理月报表

日期	预　　定					实　　际							
	请购部门	数量	名称	订购日期	采购处	传票编号	单价金额	数量	金额	交期	质检结果	付款	备注
相关说明													

订购管理月报表

采购处	上月转入	退货额	本月采购金额	支付现金额	本月结清	票据支付	本月预计金额	备注
相关说明								

十三、采购方面综合内控制度

请参阅以下相关文案。

采购控制制度

第一章　总　　则

第一条　目的。

明确采购方式、采购数量、采购订单、供应商选择等各项规定，确保采购过程透明化。

第二条　责权单位。

1. 采购部负责本制度的制定、修改、废除等工作。

2. 总经理负责本制度制定、修改、废除等的审批。

第二章　采购方式控制

第三条　采购方式分类。

1. 订单采购方式。

（1）采购部根据批准的请购单签发订购单，订购单上注明求购商品或劳务的具体项目、价格、数量、交货时间等，送交供应商并表明购买意愿。

（2）供应商按照订单上面的要求生产和供应商品或劳务。

（3）订单在提交给供应商之前应由财务部门检查订单的合理性。

2. 合同订货方式。

（1）采购部与供应商通过谈判就采购的货物的质量、数量、价格水平、运输条件、结算方式等项内容达成一致，并且以购销合同的形式确定下来。

（2）供应商按合同提供货物并取得货款，企业按合同验收货物并支付款项。

3. 直接采购方式。

采购人员根据批准的请购单，就其所列货物直接向供应商购买的一种采购方式。

4. 比质比价采购方式。

选择三家以上的供应商，就其质量、价格、供货期等进行对比分析，在符合质量标准的前提下，选择价格最低的供应商。

5. 紧急采购方式。

因紧急情况，需要以最快的速度使采购商品或劳务到位。紧急采购方式一般只有在临时性、突发性需要时方可采用。

第四条 采购方式选择。

1. 根据商品或劳务的性质及其供应情况确定采购方式。

2. 一般商品或劳务的采购应采用采购订单或合同订货等方式。

3. 小额零星商品或劳务等的采购可以采用直接购买等方式。

4. 重要的商品或劳务以及政策性采购等应当经过决策论证和特殊的审批程序后，采用订单或合同方式或者比质比价方式。

5. 大宗原料、燃料和辅料的采购、基建或技改项目主要物资的采购以及其他金额较大的大宗物资采购采用比质比价采购方式。

第三章 采购数量控制

第五条 采购数量应该严格按照采购计划进行确定。

第六条 采购员应审查每一份请购单的请购数量是否在控制限额的范围内。

第七条 检查使用商品和获得劳务的部门负责人是否在请购单上签字同意。

第八条 对于需大量采购的原材料、零配件等，必须做各种采购数量对成本影响的分析，将各种请购进行有效的归类，然后利用经济批量法来测算成本。

第九条 对于请购数量不大，或者零星采购的商品，采购批量的成本分析控制可对照资金预算来执行。

第四章 采购时间控制

第十条 采购时间包括请购单的报送审批时间、订单处理时间、供应商备货时间、运货时间、验收时间和入库时间等。

第十一条 根据请购性质和采购方式确定具体的采购时间。

1. 现用现购商品或劳务。从实际使用或需要日期算起，倒算出合理的采购时间。

2. 以最佳成本为原则确定最经济的订货方式。采购时间通常是按照库存量控制的方法确定采购时间。

3. 保险储备量和定量。当某一商品达到订货点时就采购时间。

第十二条 对采购时间的控制是防止正常的业务活动被推迟，或者过早地使现金被使用而形成过大的存量资产。

第十三条 采购时间的控制由仓库管理部门运用经济批量法和分析最低存货点来进行，但当请购单已经提出，采购员应及时处理请购单，并将处理结果及时通知仓库管理部门。

第五章　供应商选择

第十四条　供应商初步评价。

1. 采购部与使用部门根据企业实际需求寻找适合的供应商，同时收集多方面的资料，如质量、服务、交货期、价格作为筛选的依据，并要求有合作意向的供应商填写"供应商基本资料表"。

2. 采购员对"供应商基本资料表"进行初步评价，挑选出值得进一步评审的供应商，填写供应商候选名单，交采购经理审核。

3. 选择供应商标准。

（1）供应商应有合法的经营许可证，应有必要的资金能力。

（2）供应商按国家（国际）标准建立质量体系并已通过认证。

（3）有良好的售前、售后服务措施和服务意识。

（4）具有足够的生产能力，能满足本企业经营需要。

（5）同等价格择其优，同等质量择其廉，同价同质择其近。

4. 采购员在对供应商进行初步评审时，需确定采购的物资是否符合国家法律法规的要求和安全要求，对于有毒品、危险品，需要求供应商提供相关证明文件。

第十五条　供应商现场评审。

1. 采购部会同使用部门、请购部门、生产部门、质量管理部门、技术部门以及财务部门共同进行供应商的现场评审，并提出相应的意见和建议。

2. 供应商评价内容。

（1）采购部主要负责评价供应商的资质、经营状况、信用等级及服务等方面。

（2）财务部主要负责评价供应商要求的付款条件等。

（3）使用部门、质量管理部门主要负责评价供应商提供商品的质量。

（4）上述所有部门共同对采购的价格、交货时间进行评价。

3. 适用范围。

（1）根据所采购物资对企业经营的重要程度，将采购的商品分为关键、重要、普通三个级别，不同级别实行不同的等级控制。

（2）必须对提供关键与重要材料的供应商进行现场评审。

（3）对于普通物资的供应商，无须进行现场评审。

（4）紧急、小额零星的采购，由使用部门直接提出申请，采购员进行市场调查后，直接选择供应商，经采购经理审批后，进行采购。

第十六条　"供应商质量保证协议"的签订。

1. 采购部负责与现场评审合格的关键、重要材料的供应商和普通物资供应商签订"供应商质量保证协议"。

2. "供应商质量保证协议"一式两份，双方各执一份，作为供应商提供合格物资的一种契约。

第十七条　样品需求与供应商送样。

1. 如有样品需求，由采购员通知供应商送交样品，使用部门、质量管理部门等相关人员需对样品提出详细的质量要求，如品名、规格、包装方式等。

2. 样品应为供应商正常经营情况下的具有代表性的商品，数量应多于两件。

第十八条　样品确认。

1. 样品在送达企业后，由验收人员及使用部门完成样品的质量、性能、尺寸、外观等方面的检验，并填写"样品签样试用回单"。

2. 经确认合格的样品，需在样品上贴"样品标签"，并注明合格或不合格，标识检验状态。

3. 合格的样件至少为两件，一件返还供应商，一件留在采购部作为今后检验的依据。

第十九条 确定合格供应商名单。

1. 采购员根据现场评审结果和样品检查结果选择合格供应商，无须进行现场评审的，直接填写合格供应商名单后，交采购经理审核。

2. 采购经理审核无误后，交总经理审核。

3. 原则上一种商品需两家或两家以上的合格供应商，以供采购时选择。

4. 唯一供应商或独占市场的供应商，可直接列入"合格供应商名单"。

第六章 订单的控制

第二十条 选定合格的供应商后，采购员在合格的供应商名单内找出合适的供应商进行采购。

第二十一条 采购价格审核。

1. 财务部、使用部门等相关部门负责审核采购价格，并报财务总监、总经理审批。

2. 对所有超过规定价格的订单必须经过总经理特殊审批。

第二十二条 条款审核。

财务部门对采购订单进行审核，特殊条款必须由法律办公室或专业法律顾问把关。

第二十三条 合同审批。

根据《采购授权审批制度》的相关规定，报相关人员按权限进行审批。

第二十四条 登记采购订单。

1. 采购员应该按编号编制采购订单一式四联。

（1）一联提出请购部门，以便让请购部门验证订单的内容是否符合他们的要求。

（2）一联提交质量管理部门，一联提交仓库保管部门，作为验收的标准。

（3）一联提交财务部，作为入账凭证。

2. 采购员要及时对采购订单进行归档，在采购订单每月存档时应检查已处理的采购订单是否连续编号。

3. 定期汇总所有被取消和修改过的订单，并编制报表。

4. 定期汇总所有未完成的采购申请，并编制报表。

第七章 附 则

第二十五条 本制度经总经理审批后，自颁布之日起执行。

第二十六条 本制度由采购部负责解释。

第二节 采购业务流程管理

一、采购业务流程综述

一般而言，采购业务流程主要涉及编制需求计划和采购计划、请购、选择供应商、确定采购价格、订立框架协议或采购合同、管理供应过程、验收、退货、付款、会计控制等环节（见图9-1）。

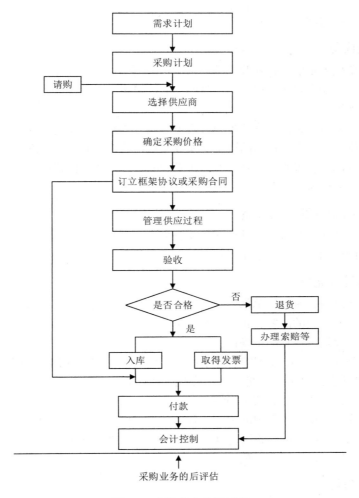

图 9-1　采购业务整体流程

（一）请购商品和劳务

仓库负责对需要购买的已列入存货清单的项目填写请购单，其他部门也可以对所需要购买的未列入存货清单的项目编制请购单。大多数企业对正常经营所需的物资的购买均作一般授权，如仓库在现有库存达到再订购点时就可直接提出采购申请，其他部门也可为正常的维修工作和类似工作直接申请采购有关物品。但对资本支出和租赁合同，企业内控制度则通常要求作特别授权，只允许指定人员提出请购。请购单可由手工或计算机编制。由于企业内不少部门都可以填列请购单，不便事先编号，为加强控制，每张请购单必须经过对这类支出预算负责的主管人员签字批准。

（二）编制定购单

采购部门在收到请购单后，只能对经过批准的请购单发出订购单。对每张订购单，采购部门应确定最佳的供应来源。对一些大额、重要的采购项目，应采取竞价方式来确定供应商，以保证供货的质量、及时性和成本的低廉。

订购单应正确填写所需要的商品品名、数量、价格、厂商名称和地址等，预先予以编号并经过被授权的采购人员签名。其正联应送交供应商，副联则送至企业内部的验收部门、应付凭单部门和编制请购单的部门。

（三）验收商品

有效的订购单代表企业已授权验收部门接受供应商发运来的商品。验收部门**首先**应比较所收商品与订购单上的要求是否相符，如商品的品名、说明、数量、到货时间等，然后再盘点商品并检查商品有无损坏。

验收后，验收部门应对已收货的每张订购单编制一式多联、预先编号的验收单，作为验收和检验商品的依据。验收人员将商品送交仓库或其他请购部门时，应取得经过签字的收据，或要求其在验收单的副联上签收，以确立他们所采购的资产应负的保管责任。验收人员还应将其中的一联验收单送交应付凭单部门。

（四）储存已验收的商品存货

将已验收商品的保管与采购的其他职责相分离，可减少未经授权的采购和盗用商品的风险。存放商品的仓储区应相对独立，限制无关人员接近。

（五）编制付款凭单

记录采购交易之前，应付凭单部门应编制付款凭单。这项功能的控制包括：

（1）确定供应商发票的内容与相关的验收单、订购单的一致性。

（2）确定供应商发票计算的正确性。

（3）编制有预先编号的付款凭单，并附上支持性凭证（如订购单、验收单和供应商发票等）。这些支持性凭证的种类，因交易对象的不同而不同。

（4）独立检查付款凭单计算的正确性。

（5）在付款凭单上填入应借记的资产或费用账户名称。

（6）由被授权人员在凭单上签字，以示批准照此凭单要求付款。所有未付凭单的副联应保存在未付凭单档案中，以待日后付款。

（六）确认与记录负债

正确确认已验收货物和已接受劳务的债务，要求准确、及时地记录负债。该记录对企业财务报表反映和企业实际现金支出有重大影响。因此，必须特别注意，按正确的数额记载企业确实已发生的购货和接受劳务事项。

应付账款确认与记录相关部门一般有责任核查购置的财产并在应付凭单登记簿或应付账款明细账中加以记录。在收到供应商发票时，应付账款部门应将发票上所记载的品名、规格、价格、数量、条件及运费与订货单上的有关资料核对，如有可能，还应与验收单上的资料进行比较。

应付账款确认与记录的一项重要控制是要求记录现金支出的人员不得经手现金、有价证券和其他资产。恰当的凭证、记录与恰当的记账手续，对业绩的独立考核和应付账款职能而言是必不可少的控制。

在手工系统下，应将已批准的未付款凭单送达会计部门，据以编制有关记账凭证和登记有关账簿。会计主管应监督为采购交易而编制的记账凭证中账户分类的适当性；通过定期核对编制记账凭证的日期与凭单副联的日期，监督入账的及时性。而独立检查会计人员则应核对所记录的凭单总数与应付凭单部门送来的每日凭单汇总表是否一致，并定期独立检查应付账款总账余额与应付凭单部门未付款凭单档案中的总金额是否一致。

（七）付款

通常是由应付凭单部门负责确定未付凭单在到期日付款。企业有多种款项结算方式，以支票结算方式为例，编制和签署支票的有关控制包括：

（1）独立检查已签发支票的总额与所处理的付款凭单的总额的一致性；

（2）应由被授权的财务部门的人员负责签署支票；

（3）被授权签署支票的人员应确定每张支票都附有一张已经适当批准的未付款凭单，并确定支票收款人姓名和金额与凭单内容的一致；

（4）支票一经签署就应在其凭单和支持性凭证上用加盖印戳或打洞等方式将其注销，以免重复付款；

（5）支票签署人不应签发无记名甚至空白的支票；

（6）支票应预先连续编号，保证支出支票存根的完整性和作废支票处理的恰当性。

（7）应确保只有被授权的人员才能接近未经使用的空白支票。

（八）记录现金、银行存款支出

仍以支票结算方式为例，在手工系统下，会计部门应根据已签发的支票编制付款记账凭证，并据以登记银行存款日记账及其他相关账簿。以记录银行存款支出为例，有关控制包括：

（1）会计主管应独立检查记入银行存款日记账和应付账款明细账的金额的一致性，以及与支票汇总记录的一致性；

（2）通过定期比较银行存款日记账记录的日期与支票副本的日期，检查入账的及时性；

（3）独立编制银行存款余额调节表。

采购业务流程

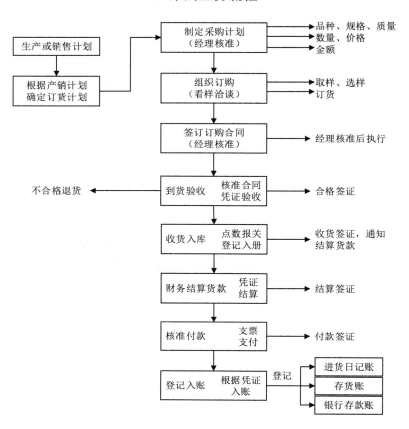

企业采购管理流程

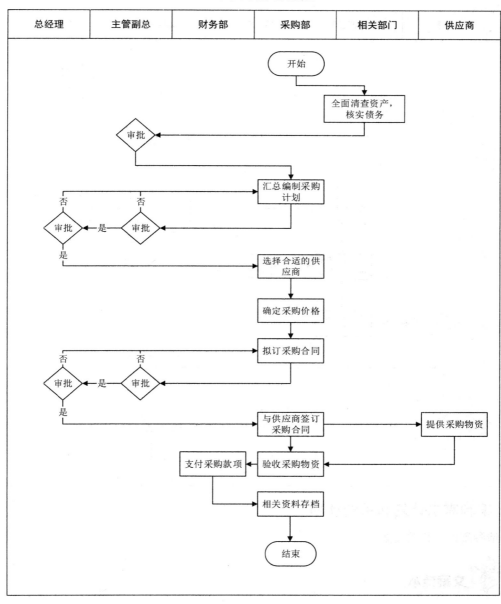

特殊采购处理流程

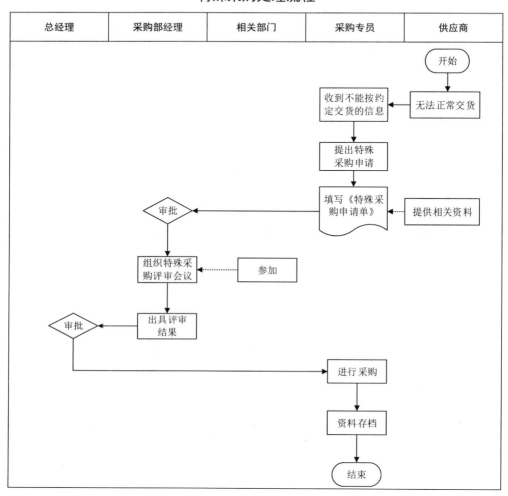

总经理	采购部经理	相关部门	采购专员	供应商

二、编制需求计划和采购计划

请参阅以下相关文案。

采购计划管理制度

第一章 总 则

第一条 目的

为加强采购计划的管理，保证公司各部门的采购需求按时按质完成，确保公司生产经营活动顺利有序地进行，特制定本制度。

第二条 适用范围

本制度适用于采购部负责的所有物资采购计划制定和预算管理工作。

第三条　职责

在采购部经理的指导下，采购主管负责组织编制年度、季度、月度和临时采购计划和预算，而计划和预算的具体工作内容由各采购专员负责。

第四条　采购计划的分类

采购计划主要包括年度采购计划、季度采购计划、月采购计划和临时采购计划。

1. 年度采购计划。根据公司年度经营计划，在对市场信息和需求信息进行充分分析和收集的基础上，依据往年数据对比、预测、制定的计划。

2. 季度采购计划。在对年度采购计划进行分解的基础上，依据上一季度实际采购情况、生产情况、库存情况以及市场行情制定的当季或者下一季度的采购计划。

3. 月采购计划。在对季度采购计划进行分解的基础上，依据各个部门每月经营所需物资的汇总情况审核制定的采购计划。

4. 临时采购计划。在特殊情况下，为了满足各个部门的紧急采购需求而制定的短期采购计划。

第二章　采购计划编制与变更管理

第五条　采购计划的编制依据

制定采购计划时应考虑经营计划、需求部门的采购申请、年度采购预算、库存状况、公司现金流状况等相关因素。

第六条　采购计划的编制步骤

1. 明确公司的经营计划。

（1）明确掌握公司于每年年底制定的下一年度经营目标。

（2）掌握市场部根据经营目标、客户订单意向、市场预测等资料所作的市场销售预测情况。

2. 明确公司生产计划和库存状况。

（1）采购部应及时掌握生产部根据销售预测计划制定的生产计划。

（2）采购部应及时掌握生产部根据生产计划和库存状况制定的物料需求计划。

（3）采购部应及时掌握各部门根据年度目标、经营计划和生产计划等预估的各种消耗物资的需求量。

3. 制定采购计划。采购部汇总各种物料、物资的需求和请购单据，并据此编制采购计划。

第七条　编制采购计划应注意的事项

1. 采购计划应避免过于乐观或者保守。

2. 采购计划编制过程中应考虑公司年度目标达成的可能性。

3. 销售计划、生产计划的可行性和预见性。

4. 物料需求计划与物料清单、库存状况的确定性。

5. 物料标准成本的影响。

6. 保障生产与降低库存的平衡。

7. 物料采购价格和市场供需的可能变化。

第八条　采购计划的编制原则

1. 采购专员应审查各部门的申购物资是否能由现有库存满足、是否有可替代的物资，只有现有库存不能满足的采购申请才能够被列入采购计划之中。

2. 如果请购单中所列的物资为公司内部其他部门生产的物资，在性能、质量、交期、价格等满足的情况下，必须采用内购。

第九条 采购计划的审核审批

1. 采购计划由采购部根据审批后的《采购申请表》制定，年度采购计划需报请公司总经理办公室进行审批；月度采购计划报请主管副总进行审批；短期采购计划由采购部经理批准执行；对于急需物资，应填写"紧急采购申请表"，经部门负责人审核签字，报公司主管副总核准后列入采购范围。

2. 采购计划应同时报送财务部门审核，以利于公司各项资金计划工作的完成。

第十条 采购计划变更管理

对于已经申请的采购物资，请购部门如果需要变更规格、数量或撤销请购申请，必须立即通知采购部，以便采购部及时根据实际情况更改采购计划。

第三章　采购预算管理

第十一条 采购预算的分类

按照编制期间，采购预算可以分为以下四类。

1. 年度预算；

2. 季度预算；

3. 月度预算；

4. 短期紧急预算。

第十二条 采购预算编制目标

1. 采购部凭采购预算进行采购，控制采购费用的支出。

2. 财务部门根据预算筹措、安排采购所需资金，保证资金支付的准确性与及时性。

第十三条 采购预算编制依据

1. 生产经营所需的物资数量。

2. 预计的物资期末库存量。

3. 本期计划末结转库存量。结转库存量由仓储部和采购部根据各种物资的安全库存量和提前采购期进行确认。

4. 物资计划价格。物资计划价格由采购部根据当前物资价格，结合可能影响物资价格变化的因素进行确定。

第十四条 影响采购预算的因素

1. 采购环境；

2. 公司销售计划；

3. 物资使用清单；

4. 存量管制卡；

5. 物资标准成本。

第十五条 选择采购预算方法

采购部需根据采购的具体内容选择合适的采购预算方法，如固定预算、弹性预算、滚动预算、增量预算、零基预算和定期预算等。

第十六条 确定预算数，编制预算草案

采购部采用目标数据与历史数据相结合的方法确定预算数，并据此编制采购预算草案，报财务部审核。

第十七条 综合平衡预算草案

财务部应与采购部进行协商，在充分考虑公司的现实状况、市场状况和整体预算的基础上，综合平衡采购预算草案。

第十八条 编制正式的采购预算

1. 采购部应根据平衡过的采购预算草案编制正式的采购预算，经财务部审核无误后，报主管副总审批。

2. 在编制采购预算的过程中，采购部必须对预算留有适当的余量，以应付可能出现的紧急采购状况。

第十九条 采购预算执行管理

1. 经核定的分期采购预算，当期未动用的，不得进行保留；如确有需要，下期补办相关手续后方可重新使用。

2. 对于未列入预算的紧急采购，由采购部执行采购后，再补办相关的手续。

3. 采购部门需严格执行采购预算，财务部对其进行监督和检查。

第二十条 采购预算的调整

采购预算的变更由采购部或者财务部发起，经主管副总批准后方可实行变更。遇到以下5种情况时，可申请采购预算的变更。

1. 公司经营方向和策略发生重大变更。

2. 受重大自然灾害的影响。

3. 公司内部重大政策调整。

4. 宏观调控政策、税制、中小企业优惠政策等公司经营环境发生变化。

5. 市场经济形势发生重大变化。

第四章　总　　则

第二十一条 本制度的制、修、止

本制度由采购部制定，经公司常务会议决议后通过，修订、废止时亦同。

第二十二条 生效日期

本制度自颁布之日起生效。

 **文案范本**

采购计划

编号：　　　　　　　　　年　月　日

序号	物资名称	物资类别	规格型号	质量标准或质量要求	计划单价	单位	数量	金额	供应商名称	备注

制定人：　　　　　审核人：　　　　　批准人：

注：本计划采购部留存一份，报库管部、会计部、财务总监各一份。

**文案范本**

采购计划编制流程

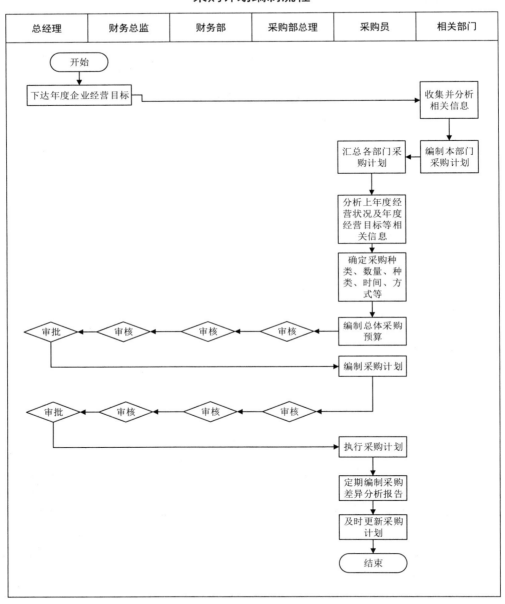

总经理	财务总监	财务部	采购部总理	采购员	相关部门

（流程图：开始 → 下达年度企业经营目标 → 收集并分析相关信息 → 编制本部门采购计划 → 汇总各部门采购计划 → 分析上年度经营状况及年度经营目标等相关信息 → 确定采购种类、数量、种类、时间、方式等 → 编制总体采购预算 → 审核 → 审核 → 审核 → 审批 → 编制采购计划 → 审核 → 审核 → 审核 → 审批 → 执行采购计划 → 定期编制采购差异分析报告 → 及时更新采购计划 → 结束）

三、请购

请参阅以下相关文案。

文案范本

采购申请管理办法

第一章　总　则

第一条　公司为明确商品或劳务采购的申请与审批规范，特制定本办法。

第二条　本公司所有部门的请购，除另有规定外，均依本办法的规定处理。

第三条　责权单位。

1. 采购部负责公司所需物资的采购工作。

2. 财务部负责采购物资的货款支付工作。

3. 物资使用部门和仓库部门提出采购申请。

4. 财务总监、总经理根据权限审批采购项目。

第二章　请购审批规定

第四条　原材料或零配件的请购。

1. 需求部门请购。

（1）原材料或零配件由需求部门根据采购计划或实际经营需要提出请购申请。

（2）仓库材料保管员接到"请购单"后，查看材料保管卡上记录的库存数，将库存数与生产部门需要的数量进行比较。

（3）当生产所需材料和仓库最低库存量合计已超过库存数量时，则同意请购。

2. 仓储部门请购。

（1）仓储部门在库存材料已达到最低库存量时提出请购申请。

（2）仓库主管签字的"请购单"需要通过两方面的审批。

① 采购员审查"请购单"，检查该项请购是否在执行后又重复提出，以及是否存在不合理的请购品种和数量。如果采购员认为请购申请合理，则根据所掌握的市场价格，编制采购预算。

② 经采购员签署同意的"请购单"交财务部进行审核，如果该项请购在经营目标和采购预算范围内，财务部签字确认后交采购部门办理采购手续。

第五条　临时性商品的请购。

1. 临时性商品的采购申请由使用部门直接提出。

2. 使用部门需要在"请购单"上对采购商品做出描述，解释其目的和用途。

3. "请购单"需由使用部门负责人审批同意，并经财务部经理、财务总监和总经理签字后，采购部方可办理采购手续。

第六条　经常性服务项目的请购。

1. 经常性服务项目指的是由同一服务机构或企业所提供的某些经常性服务项目，如公用事业、期刊、保安等服务项目。

2. 使用部门最初需要这些服务时，提出"请购单"，由财务部、总经理进行审核、审批。

第七条　特殊服务项目的请购。

1. 特殊服务项目请购是指保险、广告、法律和审计等服务采购申请。

2. 总经理、董事会或股东大会进行审议批准。

3. 审议人员参照过去的服务质量和收费标准，分析申请人提供的需要内容，包括选定的广告商、事务所及费用水平等是否合理，经总经理批准后，这些特殊服务项目方能进行采购。

第八条　资本支出和租赁合同。

1. 对于资本支出和租赁合同，应该由经办部门提出请购，总经理、董事会或股东大会进行决策。

2. 对重要的、技术性较强的资本支出行为或租赁合同内容，应当组织专家进行论证，并实行集体决策和审批，防止出现决策失误，给公司造成严重损失。

第三章　请购单规定

第九条　"请购单"的开列和递送。

1. "请购单"的开列

（1）请购经办人员应依库存量管理基准、用料预算，参照库存情况开立"请购单"。

（2）各部门在生产、基建、维护中需采购的各类物资、工具、仪器仪表、房屋装修、维修等各类开支，都必须按"计划内采购请购单"和"计划外采购请购单"所列内容填报。

（3）请购单经使用部门负责人审核后，依请购核准权限报有关领导签字批准，并根据内部管理要求编号，送采购部门。

2. 需用日期相同且属同一供应商提供的统购材料，请购部门应依请购单附表，以"一单多品"的方式提出请购。

3. 紧急请购时，由请购部门在"请购单"中注明原因，并加盖"紧急采购"章。

4. 材料检验必须经过特定方式进行的，请购部门应在"请购单"上注明要求。

5. 物料管理部门按月依耗用状况，并考虑库存情况填制"请购单"提出请购要求。

第十条　免开"请购单"部分。

1. 总务性用品免开"请购单"，并可以"总务用品申请单"委托总务部门办理采购。

总务用品分类如下。

（1）礼仪用品如花篮和礼物等。

（2）招待用品如饮料和香烟等。

（3）书报、名片、文具等。

（4）打字、刻印、账票等。

2. 零星采购及小额零星采购材料项目。

第十一条　请购事项的撤销。

1. 请购事项的撤销应立即由原请购部门通知采购部门停止采购，同时在"请购单"第一、第二联加盖红色"撤销"的标记并注明撤销原因。

2. 采购部门办妥"撤销"后，依下列规定办理。

（1）采购部门在原"请购单"上加盖"撤销"章后，送回原请购部门。

（2）原"请购单"已送物料管理部门待办收料时，采购部门通知撤销，并由物料管理部门将原"请购单"退回原请购部门。

（3）原"请购单"未能撤销时，采购部门应通知原请购部门。

第四章　附　　则

第十二条　本办法由采购部负责解释。

第十三条　本办法经总经理审批后自颁布之日起执行。

第十四条　相关文件表单。

1. "请购单"。

2. "总务用品申请单"。

采购申请单

编号：　　　　　　　　　　　　申请部门：　　　　　　　　　　　　　　　　年　月　日

序号	物品名称	规格型号	数量	估计价格	用　　途	需用日期	备　注

申请人：　　　　　　　　申请部门经理：　　　　　　　　　批准人：

注：本单一式三联，第一联申请部门留存，第二联交采购部，第三联交仓库。备注栏须注明预算内、外。

请购单

项　　目	品　　名	数　　量	单位价格	总金额
1				
2				
3				
……				
合计		人民币（RMB）		
	供应商名称及联系电话			报价
1				
2				
3				
……				
到货时间及付款条件				
备　　注				
请购部门经理审核		财务部经理审核		
总监审批 （人民币5 000元以下）		总经理审批 （人民币5 000元以上）		

 文案范本

进货货款申请单

请购日期		请购单号		货款名称	
请购数量		厂商名称		发票张数	
验收日期	数　量	累积数量	金　额	验收单号	说明或备注
合　计				交货情况　是　否	

 文案范本

零星采购物品申请领款单
年　月　日

物品名称规格	数量	单价	总价	采购单号	发票号码	厂商	已付	未付
合　计		—	—					

经理：　　　　　　　主管：　　　　　　　　　经手人：

 **文案范本**

请购与审批控制流程

序号	业务流程	责任部门/人	配合/支持部门	不相容职责	监督检查方法	相关制度
1	根据需求提出采购需求申请	需求部门	采购部	审核审批	检查需求单等是否填写规范、资料是否完备	《采购授权与审批制度》
2	汇总各部门的采购需求	采购部		审核审批	检查采购需求汇总表单是否填写正确、规范	《采购授权与审批制度》
3	库存分析、物资需求分析	采购部	仓储部		监督需求分析、库存分析方法是否科学、合理	《采购授权与审批制度》
4	编制采购申请单，提出申请	采购部		审核审批	检查申请单是否填写规范、资料是否齐全	《采购授权与审批制度》
5	权限范围内审批	财务部、主管副总、总经理		采购申请	检查是否按规定权限范围进行审批，有无越权现象	《采购授权与审批制度》
6	制定并完善采购实施方案	采购部		审核审批	检查采购方案是否科学，是否经过审批程序	《采购授权与审批制度》
7	实施采购	采购部	仓储部、质检部		监督采购过程是否符合国家与企业相关规定	《采购与验收控制细则》

 **文案范本**

存货采购申请审批制度

第一章　总　　则

第一条　为了加强对公司存货采购申请和审批的规范化管理，确保存货采购申请的及时处理，特制定本制度。

第二条　本制度适用于公司在开展工作的过程中所需各类存货的采购申请审批的管理。

第三条　存货采购的类型包括常规性采购、临时采购和紧急采购。

第四条　常备原料和物料由仓储部门提出申请；非常备原料和紧急采购由使用部门提出申请。

第二章　存货使用部门存货采购申请审批

第五条　存货采购申请的提出。存货使用部门填写"采购申请表"，详细注明需求设备或物料的品名、型号、技术标准、数量、预计价格、需求原因、要求到位时间等。

第六条　存货使用部门经理将"采购申请表"提交给财务部，财务部根据本期预算及上级经理意见审核批准并盖章。

第七条　存货使用部门将财务部批准盖章的"采购申请表"交采购部。

第八条　采购部经理指导采购人员根据"采购申请表"内容选择合适的供应商。与供应商达成购买意向后，采购部采购人员编写采购合同。

第九条　采购部采购人员将采购合同交给存货使用部门，存货使用部门检验所购设备是否为所需设备，并报本部门经理审核签字。

第十条　采购部经理、财务总监和总经理根据各自的审批权限审批采购合同。

采购合同成交价在 5 000 元以下，采购部经理审批，授权采购人员签订采购合同。

采购合同成交价在 5 000~20 000 元的，采购部经理审核，财务总监审批，授权采购部经理签订合同。

采购合同成交价在 20 000（含）元以上的，财务总监审核，总经理审批，授权采购部经理签订采购合同。

第三章　仓库存货采购申请审批

第十一条　各类存货的储存仓库根据现有存货的库存量计算出请购量后填写"仓库请购单"，交采购部、财务部及主管领导根据审批权限进行审批。

第十二条　仓库在提出采购请购申请时，应综合考虑各种材料的采购间隔期和当日材料的库存量分析确定应采购的日期和数量，或者通过存货管理系统重新预测材料需求量以及重新计算安全库存水平和经济采购批量，据此进行再采购，以降低库存或实现零库存。

第十三条　仓库在确定采购时点、采购批量时，应当考虑公司需求、市场状况、行业特征、实际情况等因素。

第四章　附　　则

第十四条　总经理负责本制度的修改、废止。

第十五条　本制度自＿＿＿＿年＿＿月＿＿日起开始实施。

第十六条　相关文件表单。

1. "采购申请表"。

2. "仓库请购单"。

采购申请审批流程

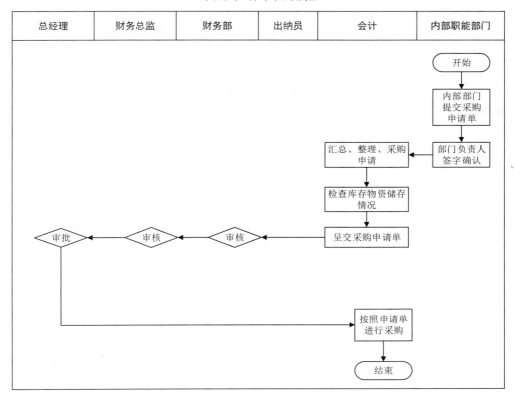

总经理	财务总监	财务部	出纳员	会计	内部职能部门

四、选择供应商

请参阅以下相关文案。

供应商管理规定

第一章 总 则

第一条 目的

本着以下 3 个目的，特制定本规定。

1. 使对供应商的管理有章可循。

2. 及时对供应商进行考核和评价，激励供应商提高供应质量。

3. 定期与供应商进行互访，保持良好的供应关系，保证本公司采购的顺利进行。

第二条 适用范围

凡本公司有关供应商管理的相关事项，除另有规定外，均依照本规定进行处理。

第三条 管理职责

本公司供应商管理由采购部负责，生产部、质量部和财务部等相关部门应当予以配合。

第二章　供应商管理原则和相关制度

第四条　供应商开发原则

1. 供应商开发程序包括供应商资讯收集、供应商基本资料表填写、供应商接洽、供应商问卷调查、样品鉴定、提出供应商调查申请。

2. 供应商开发的基本准则是"QCDS"原则，也就是质量、成本、交付与服务并重的原则。

第五条　供应商调查原则和管理制度

1. 由采购部牵头组成供应商调查小组，分别对供应商的价格、品质、技术、生产管理等作出审核，选出合格的供应商。

2. 供应商调查必须秉承公平、公正的原则，以免本公司的利益受到侵害。

第六条　供应商考核与监督原则

1. 与供应商签订合约之后，应当定期、不定期地对供应商进行考核。

2. 供应商考核结果将用于对供应商的评级，根据等级实施不同的管理，以帮助落后供应商进行改进，激励供应商提供更好的产品和服务。

3. 定期或不定期地对供应商进行评价，及时解除与不合格供应商的供应合作协议，增加合格供应商的供应。

第七条　供应商关系管理原则

采购部必须与供应商保持一定频率的互访，以促进与供应商建立起战略关系，保证其对本公司的战略供应。

第三章　供应商考核与监督管理

第八条　考核对象

凡列入我公司"合格供应商名单"的所有供应商均为本公司供应商监督与考核的对象。

第九条　考核项目

采购部应定期或不定期地对合格供应商就品质、交货日期、价格、服务等项目作出评价。

第十条　考核频率

1. 采购专员应负责对关键、重要材料的供应商每月进行一次考核，对普通材料的供应商每季度进行一次考核。

2. 采购专员负责对所有供应商每半年进行一次总评，列出各个供应商的评价等级，依照规定进行奖惩。

3. 采购主管负责每年对合格供应商进行一次复查，复查流程和供应商调查相同。

4. 如果供应商出现品质、交货日期、价格、服务等方面的重大问题时，可以随时对其进行复查。

第十一条　考核标准

采购部在进行供应商考核与评价时，应综合考虑以下六个方面的标准，择优选取。

1. 供应商是否具有合法的经营许可证，是否具备必要的资金能力。

2. 是否按照国家标准建立了质量保证体系，且通过质量管理认证。

3. 生产管理水平是否先进，能否进行弹性供货。

4. 是否具备足够的生产能力，是否能够满足本公司的连续需求以及进一步扩大生产的需要。

5. 是否有具体的售后服务措施并且令人满意。

6. 之前供应的产品的质量是否符合我公司的要求。

第十二条　考核方法

1. **主观法**。根据个人印象和经验对供应商进行评价，评价的依据比较笼统，适合于采购人员在对供应商进行初评时使用。

2. **客观法**。依据事先制定的标准或准则对供应商进行量化考核、审定，具有包括调查表法、现场打分评比、供应商表现考评、供应商综合审核以及总体成本法等。

第十三条　评分制度。公司对供应商试行评分分级制度，对供应商的考核项目包括质量、交货期、服务、价格水平等各方面的内容。

第十四条　考核结果处理

1. 考核标准和考核结果应由采购专员以书面形式通知供应商，考核评分以及相应级别处理如下表所示。

供应商考核结果处理表

级　别	分　值	奖惩情况表
A 级	90 分及以上	酌情增加采购，优先采购，特殊情况下可办理免检，货款优先支付
B 级	80～89 分	要求其对不足的部分进行整改，并将整改结果以书面形式提交，对其采购策略维持不变
C 级	70～79 分	减少对其的采购量，并要求其对不足部分进行整改、将整改结果以书面形式提交，采购部对其纠正措施和结果进行确认后决定是否继续正常采购
D 级	69 分及以下	从"合格供应商名单"中删除，终止与其的采购供应关系

2. 对评价考核为 B 级和 C 级的供应商进行必要的辅导，D 级供应商如果想重新向本公司供货，应重新按照新供应商选择的流程对其作调查评核或令其参加本公司招标。

第十五条　交期监督

采购专员应对合格的供应商进行交货期监督，要求其准时交货，同时记录由供应商原因引起的分批发运而造成的超额费用。

第十六条　质量监督

1. 采购部应对合格的供应商进行质量监督，由质量部和采购部对合格供应商的供货质量作记录，出现不合格产品时应对供应商提出警告，连续两批产品均不合格时，应暂停向其采购。

2. 责令不合格供应商查明原因并提高产品质量，如果有所改进，再另行决定是否继续采购。如果供应商不能在限期内提高产品质量，则由采购部经理报总经办批准之后，终止与其合作。

第十七条　终止合作

1. 对于即将终止合作的供应商，应由采购专员向其发出书面通知，在得到供应商理解的基础上，与供应商明确公平的解约方案，以便将双方损失降到最低。

2. 解除合作关系时，应明确双方的责任和合理的时间安排，双方的责任包括对已经发生费用的结算、合约中保密条款的遵守等。

第四章　供应商互访与维护

第十八条　互访制度

采购专员应对其负责的供应商进行维护，经常与供应商进行互访和检查，以便增强彼此间的交流合作、掌握最新的市场信息和产品发展趋势。

第十九条　互访频率

采购专员对销售规模较大的 A 级供应商必须保证每日三次的互访，对 B 级供应商保证每日两次的互访，对 C 级供应商保证每日一次的互访。互访中应当沟通双方的合作状况、对出现的问题提出解决方案、交流各自企业的信息并提出下一步的合作计划。

第二十条 互访形式以及要求

1. 电话互访，限于日常性事务沟通。

2. 上门拜访，限于专项任务及重点问题。

3. 大型商务会晤，限于整体策略性、方向性、规模性的洽谈。

第二十一条 互访标准

采购专员与供应商进行互访时应遵循以下七条标准。

1. 采购专员外出拜访供应商必须经采购部经理以上人员同意。

2. 采购部经理、采购主管需要指导采购专员拜访供应商，并定期参加商务会谈。

3. 确保与供应商间的信息沟通，包括产品信息、市场信息、销售信息等。

4. 遵守公司的各项规定，坚持原则，做好保密工作。

5. 注意外出拜访时的个人着装。

6. 高级客人来访时，采购部门人员应做好接待工作，注意维护公司形象，做好桌牌、资料的展示、检查幻灯片及礼品等是否布置到位。

7. 采购人员与供应商进行正式商务谈判时必须填写备忘录并建立档案。

第二十二条 其他形式的供应商维护

1. 公司采购、研发、生产、技术部门，可对供应商进行业务指导和培训，但应注意公司产品核心或关键技术不扩散、不泄密。

2. 公司对重要的、有发展潜力的、符合公司投资方针的供应商，可以投资入股，建立与供应商的产权关系。

第五章 供应商档案管理

第二十三条 建立供应商档案

为了便于管理，必须对所有供应商建立资料档案，由采购部设专人管理供应商的档案资料。供应商的档案资料主要包括下列的九项内容。

1. 供应商调查表。

2. 供应商产品价格登记表。

3. 供应商企业资料。

4. 供应商采购合同。

5. 供应商洽谈登记表。

6. 供应商顾客投诉登记表。

7. 供应商顾客服务登记表。

8. 供应商销售业绩分析表。

9. 优秀供应商综合评估表。

第二十四条 收集供应商资料

1. 公司签订采购合同后，一般应在三个月内，由采购专员将该供应商的材料进行收集、整理。

2. 因故不能按期整理的，应由责任人作出书面说明，由采购主管定期催办。

3. 整理的档案应包括涉及该供应商的全部文件材料和记录。采购现场监控系统录制的音像资料，也应作为辅助档案资料保存。

4. 公司采购档案不符合要求的，责任采购专员应尽快补齐相应材料，保证档案的完整、真实、有效。

第二十五条 变更供应商档案

若供应商发生经营状况重大变化以及重要担保、重大合同纠纷或诉讼、信用等级和资质变化等可能影响履约能力的重大事项，责任采购专员应及时要求其向采购部提供书面报告，并及时更新供应商档案资料。

第二十六条 查阅供应商档案

相关人员在调阅供应商档案时，应先向采购部经理提出申请，申请批准后，方可进行查阅，查阅完之后应当及时归还。

<h2 style="text-align:center">第六章 附　　则</h2>

第二十七条 本规定的制、修、止

本规定由采购部制定，经公司常务会议讨论后，呈请总经办批准后生效，修订和废止亦同。

第二十八条 生效日期

本规定自____年__月__日起生效。

 **文案范本**

<h2 style="text-align:center">供应商评估办法</h2>

第一条 目的。

为了合理选择公司物资采购的供应商，对供应商的供货能力及资信进行评价，确保供应商提供商品的质量、价格、交付能力等能持续满足公司采购要求，特制定本办法。

第二条 本办法适用于对已有供应商及新开发供应商的评估管理。

第三条 职责。

1. 供应商评估小组负责制定供应商评估指标及标准、定期对供应商实施现场评估。评估小组组长由公司采购副总担任，小组成员包括质检部、生产部、仓储部、财务部及物资使用部门等备部门主管。

2. 采购部负责供应商评估系统的日常维护、具体评估活动的组织协调、相关文件档案的保管、完善。

3. 各相关部门应积极参与、配合供应商的评估工作。

第四条 评估项目及标准。

对供应商的评估，应从供应商提供商品的质量、价格、交货及时性、供货条件极其资信、经营状况等进行综合评价，具体评价项目如下表所示。

供应商评估项目表

评价项目	权重（%）	评价指标	评分标准	得　　分
1. 基本情况		证件执照年检情况		
		企业知名度		
		市场地位		
		经营稳定性		
2. 生产		生产能力		
		生产技术及设备		
		生产员工素质		
		技术文件完备性		

评价项目	权重（%）	评价指标	评分标准	得　　分
3. 质量管理		质量体系认证情况		
		质量过程控制		
		产品质量改进情况		
		质量文件规范性		
4. 价格管理		价格合理性		
		价格稳定性		
5. 物资供应		交货及时性		
		运输		
		库存		
		紧急订单处理		
6. 环境		环境影响评价		
		环境保护		
		资源消耗		
7. 合作		合同履行		
		成本结构		
		质量保证		
		客户服务		

第五条　各个评估项目均以百分制进行评分，然后计算加权平均值，最后根据得分确定供应商等级。

第六条　供应商等级划分。

1. 评估得分 90～100 分，评为 A 级供应商；

2. 评估得分 75～89 分，评为 B 级供应商；

3. 评估得分 60～74 分，评为 C 级供应商；

4. 评估得分 60 分以下的为不合格供应商，不予考虑。

第七条　根据评分结果，每种产品选择 1～2 家供应商，并根据供应商等级确定相应的供货比例。

第八条　供应商评估由评估小组进入供应商现场进行，现场评估结束后应组织评审会议，对供应商存在的问题进行总结并提出相应的改善建议。

第九条　对达到合格条件的 A、B、C 级供应商，由采购部将供应商评估表、基本情况调查表、供应商营业执照、税务登记证等其他材料，上报相关领导批准后列入合格供应商名单。

第十条　采购部负责供应商评估相关文件、资料的整理、归档。

第十一条　本办法由采购部制定、修订和解释。

供应商评价表

供应商名称：　　　　　　　评价时间：　　　　　　　　编号：

序号	项　　目		评　　价
1	企业概况	企业类型：跨国公司、知名企业、集体企业、私营企业	
		注册资金	
		信用等级	
		经营范围	
2	业绩	企业经营业绩	
		与公司前期交易评价	
3	技术可靠性	采用标准：国际标准、国内标准、行业标准、企业标准	
		技术先进性：国际领先、国内领先、行业先进、地区先进	
		是否有专利技术	
4	质量保证	检验报告：国家检验、行业检验	
		生产许可证	
		特种设备许可证	
		安全许可证	
		产品合格证	
		质量管理体系认证	
		原料保证	
		质量承诺	
5	产品价格	销售价格	
		定价依据	
6	售后服务	进货及时性及履约情况	
		技术服务及时性	
		售后服务及时性	

总体评价：

文案范本

供应商选择控制流程

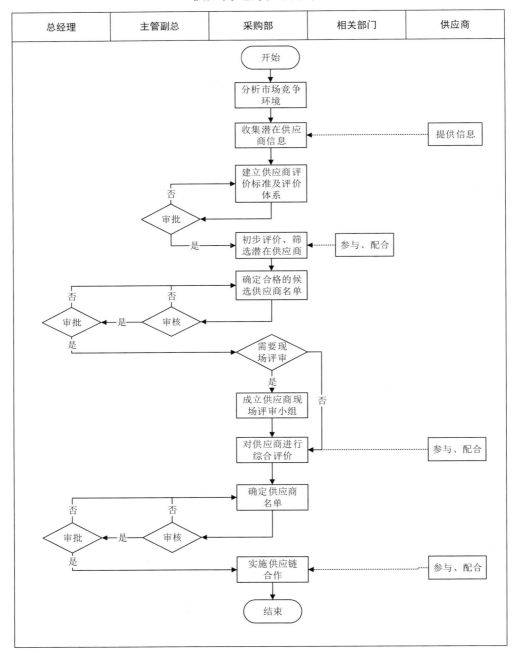

五、确定采购价格

请参阅以下相关文案。

文案范本

招标采购管理制度

第一章　总　　则

第一条　为了规范招标采购行为，降低采购成本，保证采购质量，提高公司的经济效益，根据《中华人民共和国招标投标法》和《中华人民共和国招标投标法实施条例》，制定本制度。

第二条　本制度适用于公司固定资产、办公设备、办公用品的采购以及工程建设项目的勘察、设计、施工与监理。其具体范围包括：

1. 同类物资、工程项目及相关服务，单次采购预估金额_____万元以上；
2. 同类物资、工程项目及相关服务，年累计采购预估金额_____万元以上；
3. 同类物资、工程项目及相关服务，未来三年预计累计采购预估金额_____万元以上。
4. 其他经董事会认定应实施招标采购的事项。

第三条　下属子公司不具备招标采购权限，所需物资的招标采购事宜由总公司采购部统一负责。

第四条　招标采购原则。

1. 公平、公平、公正。
2. 诚实信用。
3. 从严审查投标资格。
4. 利害关系人员回避。

第二章　职责权限

第五条　招标领导小组是公司采购招标管理的决策机构，由董事长或总经理、财务负责人。采购项目归口职能部门负责人等成员构成。具体有以下职责：

1. 审议、批准招标方案、招标文件及评标规则。
2. 确定评标委员会成员及议标小组成员。
3. 在评标委员会推荐的中标候选人中确定中标人。
4. 协调招标组织、管理及监督机构间的关系。

第六条　采购部是公司采购招标工作的组织、协调机构。其具体有以下职责：

1. 编制招标文件。
2. 发布招标公告或投标邀请书。
3. 协助评标委员外部专家的选取及协调工作。
4. 招标活动及相关业务会议的组织、协调工作。
5. 招标相关协议、合同的签订及执行。
6. 招标项目后续跟踪及供应商维护。
7. 招标相关文件、资料的收集、整理、归档及保管。

第七条　法务部是招标工作的监督机构，负责监督招标程序合规性、招标文件完整性及相关协议合同的法律复核工作。

第三章　招标文件编制及发布

第八条　采购部编制招标文件应至少载明以下事项。

1. 投标人须知。
2. 招标项目的性质、数量。

3. 技术规格。

4. 投标价格的要求。

5. 评标的标准和方法。

6. 交货、竣工或提供服务的时间。

7. 投标保证金的数额或其他形式的担保。

8. 对投标人的资质要求及应当提供的有关资格和资信的证明文件。

9. 投标文件的编制要求。

10. 提供投标文件的方式、地点和截止日期。

11. 开标、评标、定标的日程安排。

12. 合同格式及主要合同条款。

第九条 招标文件经过主管副总、总经理或董事长审批通过后，由采购部负责公开发布或向供应商发出投标邀请书。

第十条 采用公开招标方式的，应当通过国家指定的报刊、信息网络或者其他媒介发布，且至少注明以下信息。

1. 公司名称和地址。

2. 招标项目的性质、数量。

3. 招标项目实施的地点和时间。

4. 获取招标文件的办法。

5. 需要公告的其他事项。

第十一条 招标项目技术复杂、有特殊要求或受自然环境限制，只有少数潜在投标人可供选择，或者采用公开招标方式的费用占项目合同金额的比例过大的，应采用邀请招标方式。

第十二条 采用邀请招标的，应当向三个以上具备承担招标项目的能力、资信良好的、符合招标条件的供应商发出投标邀请书。

第四章　投标

第十三条 招标文件发出后，采购部应会同相关业务部门召开招标答疑会解答投标人提出的关于招标文件中的疑问。

第十四条 投标人应当按照招标文件的规定编制投标文件，并且在规定的截标日期前将投标文件送达投标地点。

第十五条 采购部应指定专人负责投标文件的签收备案及保管，任何人不得私自开启标书。

第十六条 具有下列情形之一的标书，视为废标。

1. 标书未按规定格式填写、不符合招标文件要求的。

2. 标书未加盖单位公章、无法定代表人或法定代表人授权的代理人签字或盖章的。

3. 投标人名称与资格预审不一致的。

4. 投标人提交多份内容不同的标书，或对同一招标项目有多个报价，且未声明哪一个有效的。

5. 标书未密封，或虽有密封但封口上未加盖密封章的。

6. 标书超过截标日期送达的。

第十七条 在招标文件要求提交投标文件的截止时间前，投标人可以补充、修改或者撤回已提交的投标文件，但应书面通知招标人。补充、修改的内容为投标文件的组成部分。

第十八条 在招标文件要求提交投标文件截止日期前，采购部对发出的招标文件进行必要的澄清或者修改的，应以书面或电子邮件形式通知所有招标文件收受人（如有需要，截标日期酌情延后），该澄清或者修改的内容为招标文件的组成部分。

第十九条　投标人少于 3 家的，采购部应当依本制度重新组织招标。

第五章　开标与评标

第二十条　开标应按照招标文件约定的时间、地点和程序以公开方式进行。

第二十一条　开标会议由招标项目负责人主持，邀请评标委员会成员、投标人代表参加。

第二十二条　开标会议遵循程序：

1. 招标项目负责人宣布启动开标会议；

2. 介绍开标会成员、监督人员，并公布参加竞标的投标人；

3. 监督人员当众检查投标文件的密封情况、投标人法人授权书等；

4. 开标会成员当众拆封、验证投标资格，并宣读投标名称、投标价格及其他内容；

5. 投标人对唱标作必要解释，且所作的解释不得超过投标文件记载的范围或改变投标文件；

6. 开标结果记入"开标记录表"，由所有参加开标人员签字确认，存档备查。

第二十三条　评标活动由评标委员会负责，评标委员会由 5 人以上的单数组成，其成员由招标领导小组确定，必要时聘请外部专家参与评审。

第二十四条　采购部应当采取必要的措施，保证评标在严格保密的情况下进行，任何部门和个人不得干预、影响评标的过程和结果。

第二十五条　评标委员会应当按照招标文件规定的评标标准和方法，对投标文件进行评审和比较。对于投标文件中不明确的内容，可要求投标人作必要的澄清或说明，但澄清或说明不得超出投标文件的范围或者改变投标文件的实质性内容。

第二十六条　评标活动的内容。

1. 投标人资格初审，包括订立合同的权利，履行合同的能力及相关资质，是否符合公司供应商准入条件，最近三年内是否有骗取中标、严重违约及质量问题等。

2. 技术评审，包括技术方案及实施计划，各阶段进度的保障措施及违约承诺，产品技术、质量标准及质量保障措施，产品性能、寿命、使用及维护成本，管理体系、售后服务措施及保障，关键技术、工艺、重点、难点分析和解决方案，项目经理或项目主管管理人员面试答疑等。

3. 商务评审，包括投标文件的完整性，投标的有效性，联合体投标的有效性，投标报价，投标人财务状况，投标人的能力；投资人荣誉情况及获奖证书；投标人信誉、业绩和经验；投标人质量、服务承诺，项目负责人及项目团队介绍等。

第二十七条　投标人资格初审后，评标委员会全体成员需在"投标人资格审查表"上签字确认。通过资格初审的投标方案可参加技术部分和商务部分的综合评审，未通过资格初审投标人的投标视为废标。

第二十八条　投标人资格初审后，投标人少于三个或者所有投标人均被否决的，采购部应重新组织招标。

第二十九条　投标人资格初审后，评标委员会对通过资格审查的投标文件的技术部分和商务部分进行综合评审，并填写"投标文件综合评审表"。

第三十条　综合评审结束后，由会议工作人员汇总"评分汇总表"，以实得平均分最高的投标人为中标候选供应商。

第三十一条　评标排序根据"评分汇总表"实得平均分数高低排序，分数相同的情况下标价低者优先。

第三十二条　所有合格投标人的标价均高于招标项目标底的，或者候选中标人投标方案在降低标价、缩短工期或物资交付日期、改善支付条件等事项存在谈判空间的，评标委员会可采取议标形式确定中标人。

第六章　定标与签订合同

第三十三条　评标、议标结束后，采购部编制"评标报告"，评标委员会全体成员签字确认。

第三十四条　原则上，应选择"评标报告"中列为排名第一的中标候选人作为中标人。但有以下情形之一的，可选择排名第二的中标候选人为中标人：

1. 排名第一的中标候选人放弃中标的；
2. 排名第一的中标候选人因不可抗力提出不能履行合同的；
3. 排名第一的中标候选人在招标文件规定应当提交履约保证担保而在规定的时限内未能提交的。

第三十五条　排名第二的中标候选人因上述情形同样的不能签订合同的，可以选择排名第三的中标候选人为中标人。

第三十六条　确定中标人后，采购部门应填制"中标通知书"及"中标通知书审查表"，交由具有审批权限的负责人签章确认后，交由法务部复核。复核无误后，报总经理或董事长审批，审批通过后，发布中标通知。

第三十七条　采购部应在中标通知发出之日起 15 日内，组织安排公司与中标人按照招标文件和投标人的投标文件订立书面合同。

第三十八条　采购部负责归口招标活动的档案管理，并指定专人负责文档的收集、归档及保管工作。

第七章　附　　则

第三十九条　本制度由采购部负责解释。

第四十条　本制度自公司董事会审议通过之日起生效。

采购业务招标流程

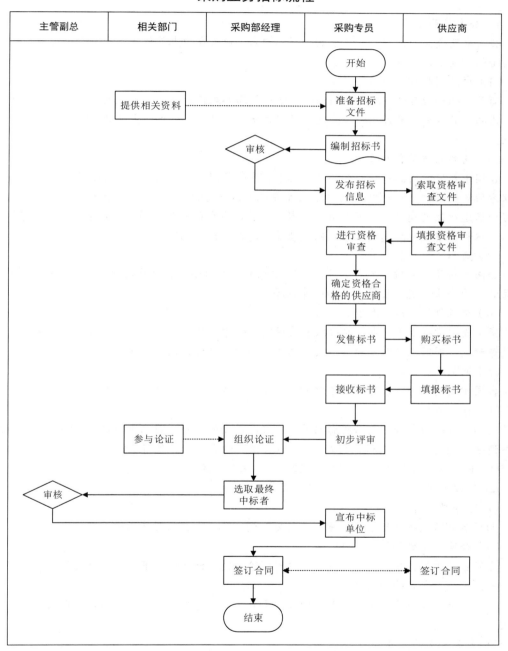

主管副总	相关部门	采购部经理	采购专员	供应商

六、订立框架协议或采购合同

请参阅以下相关文案。

文案范本

采购合同管理规定

1. 公司采购合同的内容

公司采购合同的条款构成了采购合同的内容，应当在力求具体明确，便于执行，避免不必要纠纷的前提下，具备以下主要条款。

（1）商品的品种、规格和数量

商品的品种应具体，避免使用综合品名；商品的规格应具体规定颜色、式样、尺码和牌号等；商品的数量多少应按国家统一的计量单位标出。必要时，可附上商品品种、规格、数量明细表。

（2）商品的质量和包装

合同中应规定商品所应符合的质量标准，注明是国家或部颁标准；无国家和部颁标准的应由双方协商凭样订（交）货；对于副、次品应规定出一定的比例，并注明其标准；对实行保换、保修、保退办法的商品，应写明具体条款；对商品包装的办法，使用的包装材料，包装式样、规格、体积、重量、标志及包装物的处理等，均应有详细规定。

（3）商品的价格和结算方式

合同中对商品的价格要作具体的规定，规定作价的办法和变价处理等，以及规定对副品、次品的扣价办法；规定结算方式和结算程序。

（4）交货期限、地点和发送方式

交（提）货期限（日期）要按照有关规定，并考虑双方的实际情况、商品特点和交通运输条件等确定。同时，应明确商品的发送方式是送货、代运，还是自提。

（5）商品验收办法

合同中要具体规定在数量上验收和在质量上验收商品的办法、期限和地点。

（6）违约责任

签约一方不履行合同，必将影响另一方经济活动的进行，因此违约方应负物质责任，赔偿对方遭受的损失。在签订合同时，应明确规定，供应者有以下三种情况时应付违约金或赔偿金：

① 不按合同规定的商品数量、品种、规格供应商品；

② 不按合同中规定的商品质量标准交货；

③ 逾期发送商品。

购买者有逾期结算货款或提货，临时更改到货地点等，应付违约金或赔偿金。

（7）合同的变更和解除条件

合同中应规定，在什么情况下可变更或解除合同，什么情况下不可变更或解除合同，通过什么手续来变更或解除合同等。

此外，采购合同应视实际情况，增加若干具体的补充规定，使签订的合同更切实际，行之有效。

2. 采购合同的签订

（1）签订采购合同的原则

① 合同的当事人必须具备法人资格。这里所指的法人，是有一定的组织机构和独立支配财产，能够独立从事商品流通活动或其他经济活动，享有权利和承担义务，依照法定程序成立的企业。

② 合同必须合法。也就是必须遵照国家的法律、法令、方针和政策签订合同，其内容和手续应符合有关合同管理的具体条例和实施细则的规定。

③ 签订合同必须坚持平等互利、充分协商的原则。

④ 签订合同必须坚持等价、有偿的原则。

⑤ 当事人应当以自己的名义签订经济合同，委托别人代签，必须要有委托证明。

⑥ 采购合同应当采用书面形式。

（2）签订采购合同的程序

签订合同的程序是指合同当事人对合同的内容进行协商，取得一致意见，并签署书面协议的过程。一般有以下五个步骤：

① 订约提议。订约提议是指当事人一方向对方提出的订立合同的要求或建议，也称要约。订约提议应提出订立合同所必须具备的主要条款和希望对方答复的期限等，以供对方考虑是否订立合同。提议人在答复期限内不得拒绝承诺，即提议人在答复期限内受自己提议的约束。

② 接受提议。接受提议是指提议被对方接受，双方对合同的主要内容表示同意，经过双方签署书面契约，合同即可成立，也叫承诺。承诺不能附带任何条件，如果附带其他条件，应认为是拒绝要约，而提出新的要约。新的要约提出后，原要约人变成接受新的要约的人，而原承诺人成了新的要约人。实践中签订合同的双方当事人，就合同的内容反复协商的过程，就是要约-新的要约-再要约一直到承诺的过程。

③ 填写合同文本。

④ 履行签约手续。

⑤ 报请签证机关签证，或报请公证机关公证。

有的经济合同，法律规定还应获得主管部门的批准或工商行政管理部门的签证。对没有法律规定必须签证的合同，双方可以协商决定是否签证或公证。

3. 公司采购合同的管理

采购合同的管理应当做好以下几方面的工作。

（1）加强对公司采购合同签订的管理

加强对采购合同签订的管理，一是要对签订合同的准备工作加强管理，在签订合同之前，应当认真研究市场需要和货源情况，掌握企业的经营情况、库存情况和合同对方单位的情况，依据企业的购销任务收集各方面的信息，为签订合同、确定合同条款提供信息依据。另一方面是要对签订合同过程加强管理，在签订合同时，要按照有关的合同法规规定的要求，严格审查，使签订的合同合理合法。

（2）建立合同管理机构和管理制度，以保证合同的履行

企业应当设置专门机构或专职人员，建立合同登记、汇报检查制度，以统一保管合同、统一监督和检查合同的执行情况，及时发现问题，采取措施，处理违约，提出索赔，解决纠纷，保证合同的履行。同时，可以加强与合同对方的联系，密切双方的协作，以利于合同的实现。

（3）处理好合同纠纷

当企业的经济合同发生纠纷时，双方当事人可协商解决。协商不成时，企业可以向国家工商行政管理部门申请调解或仲裁，也可以直接向法院起诉。

（4）信守合同，树立企业良好形象

合同的履行情况好坏，不仅关系到企业经营活动的顺利进行，而且也关系到企业的声誉和形象。因此，加强合同管理，有利于树立良好的企业形象。

七、验收（含入库、取得发票、退货、办理索赔等）

请参阅以下相关文案。

 文案范本

采购验收管理制度

第一章　总　　则

第一条　目的。

为了规范企业采购物资的验收作业，确保货物质量，特制定本制度。

第二条　适用范围。

凡是采购进入企业的物资均适用本制度。

第三条　主管部门。

货物的验收由质量管理部门主导，会同仓储部门、使用部门和采购部共同验收，对收到货物的数量和质量进行检验。

第四条　基本要求。

1. 质量管理部门和相关使用部门对所购货物或劳务等的品种、规格、数量、质量和其他相关内容进行验收，出具验收证明。

2. 对于验收过程中发现的异常情况，验收人员应当立即向采购部或有关部门报告，采购部或有关部门应查明原因，及时处理。

第二章　实施检验

第五条　收货准备。

1. 货物验收人员在采购部门转来已核准的"订购单"时，按供应商、货物交货日期分别依序排列，并于交货前安排存放的库位以方便收货作业。

2. 对于需要按重量、长度、体积等计量的物资，应借助称重仪器、检测工具、容器等进行测试验收，不得虚估。

第六条　货物验收规范。

质量管理部门应当就货物的重要性及特性等，适时召集使用部门及其他有关部门，按照所需货物制定《货物验收规范》，作为采购及验收的依据。

第七条　待验货物处理。

对于已经到货等待验收的货物，必须在商品的外包装上贴上货物标签并详细注明货号、品名、规格、数量及到货日期，并且应与已验收货物的分开储存，并规划"待验区"以示区分。

第八条　审核单据。

1. 货物到货后，货物验收人员应会同使用部门依"装箱单""订购单""合同"等采购文件核对货物名称、规格并清点数量或过磅、测量重量，并将到货日期及实收数量填入"订购单"。

2. 验收人员填写验收报告单并在上面签字。

第九条　急用品验收。

紧急货物到货后，若尚未收到"请购单"，验收人员应先与采购部核对，确认无误后，按收货作业办理。

第十条　出具合格验收报告。

1. 对于经检验合格的货物，检验人员于外包装上贴上合格标签，仓库人员再将合格品入库定位。

2．质量管理部门应当使用按顺序编号的验收报告，对那些没有对应采购申请的商品或劳务，一律不得签收。

3．质量管理部门验收完毕后，应当对验收合格的商品或劳务编制一式多联、预先编号的验收证明，内容包括供应商名称、收货日期、货物名称、数量和质量以及运货人名称、原购货订单编号等，作为验收商品或劳务的依据，并及时报告采购部门和财务部门。

第三章　检验异常处理

第十一条　验收异常。

1．验收过程中如发现所载的货物与"装箱单""订购单"或合同所载内容不符，应通知办理采购的人员及相关部门进行处理。

2．验收过程中发现货物有倾覆、破损、变质、受潮等异常情况而且达到一定程度时，验收人员应及时通知采购人员联络公证处前来公证或通知供应商前来处理，并尽可能维持其状态以利于公证作业。

3．公证单位或供应商确认后，验收人员开立"索赔处理单"呈部门负责人核实后，送财务部门及采购部门督促办理。

4．对于验收不合标准的货物，检验人员应贴上不合格标签，并于"材料检验报告单"上注明不良原因，经负责人核实后通知采购部门送回货物办理退货。

第十二条　超交处理。

1．货物交货数量超过订购量的部分应退回供货商。

2．属于自然溢余的，由物料管理部门在收货时于备注栏注明自然溢余数量或重量，经请购部门主管同意后进行收货，并通知采购人员。

第十三条　短交处理。

交货数量未达到订购数量时，以要求补足为原则，由验收人员通知采购部门联络供应商进行处理。

第十四条　退换货作业。

1．对于检验不合格的货物办理退货时，采购员应开立"货物交运单"并附有关"货物检验报告单"，呈采购经理签字确认后办理退货。

2．需更换货物时要与供方协商解决；需要增减货款时要在付款前或有效承付期内通知财务部门。

3．对于已付款但在保修期或保质期内出现质量问题的货物，要负责联系维修或索赔，索赔收入全部上缴财务部门，连同赔偿物品清单及赔偿原因说明等一起上缴。

第四章　附　　则

第十五条　本制度由质量管理部负责解释和修改。

第十六条　本制度自颁布之日起实施执行。

文案范本

采购验收表

供应商名称				供应商代表		
验收地点				验收日期		

名　　称	符合规格		订货数量	实收数量	单　价	金　　额
	是	否				
合　计						

检查验收意见	检查结果： 抽样：不合格率____% 全数：不合格数____ 检查员： 验收结果： 验收负责人：

财务部确认意见	合同金额		发票金额		保证金金额	
	供应商名称： 开户行： 银行账号：					
	一次付清（　　）			分期付款（　　） 其中：第一次支付金额： 　　　第二次支付金额： 　　　第三次支付金额：		
	总金额：					
	财务负责人： 财务专用章：					

年　　月　　日

文案范本

采购验收控制流程

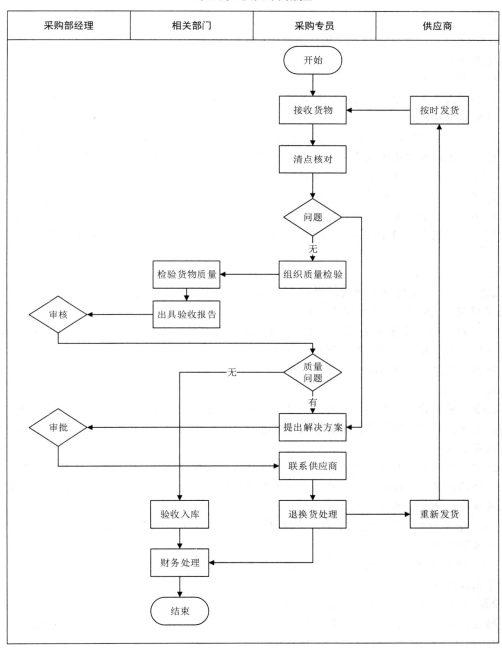

采购部经理	相关部门	采购专员	供应商

文案范本

仓储管理规定

1. 总则

1.1 为使仓库管理工作规范化、高效化，保证库存物资的安全完整，结合公司具体情况，特制定本规定。

1.2 仓库管理工作任务。

1.2.1 根据公司管理工作重点和发展计划，及时制定、修改规章制度和工作程序，并组织贯彻落实和监督执行。

1.2.2 应用现代仓储管理技术，实现仓储存放标准化，提高仓库管理水平。

1.2.3 及时办理物资入库和出库手续，并使物资供应、储存、销售各环节清晰衔接。

1.2.4 据实登记库存明细账，及时编报库存报表，定期清查盘点，做到账、卡、物相符。

1.2.5 积极开展闲置物资的回收、整理、利用工作。

1.2.6 做好仓库安全工作，并保持库容整洁。

1.3 本规定适用于公司各库的原料、辅料、成品、备品备件、办公用品等物资的仓储管理工作。

2. 验收入库管理

2.1 各种物资到货进仓时，坚持"先入库、后领用"的原则。生产材料直接送到用料部门或现场，亦必须同时办理出、入库手续。

2.2 待收料。库管员接到进仓的物资因发票或有关单据不全而无法办理正式收料手续时，应按供应商名称和物料类别及交货日期分别依序排列，暂时存放于待收料区。同时准备存放空位、催办有关单据的及时提供和质检工作。

2.3 收料。

2.3.1 进仓的物资和单据抵库后，库管员要按照已核准的有关单据仔细核对物资的品名、规格、型号、数量、外包装、送货单及发票是否完好无损。核对无误后，开具"入库单"办理正式入库手续。

2.3.2 如进仓材料与单据内容不符，应及时通知采购员处理，并向库管部经理汇报。原则上未核准的材料不予接收。如采购员要求收下材料时，经库管部经理同意后，在单据上注明实际收料状况，并与采购员会签。

2.4 如果待收料区的材料急需生产耗用时，库管员应先洽询采购员，确认无误后，可以办理估价收料手续，继而办理发料手续。

2.5 超交处理。超量进仓应查清原因。经库管部经理同意后，准予收料。其超交量由库房库管员做辅助登记。

2.6 短交处理。交货数量未达订购数量时，以补足为原则。但经库管部经理批准，可以暂按实际数量收料。其短交数量由库管部经理在"购料发票"背面注明。采购员暂不能就此报账。

3. 入库材料检验

3.1 须专业人员进行质量检验的材料，检验合格的材料由质检员在"入库单"相应栏次签字。不须专业人员质检的材料，由质量管理部事先列出目录，由库管员检查。

3.2 经检验属于合格品后，材料方可入库。

3.3 不符合验收标准的材料，拒绝收料或暂存于"待收料区"。经有关部门核准处理意见

后，由采购部负责办理换货、退货等相应手续。

3.4　退货作业。发生退货业务时，要认真审核有关凭证，核查批准手续是否齐全，对退货材料数量和质量状况，库管员要登记辅助记录。

3.4.1　对于生产单位退回材料，库管员要依据退库原因分别入库后办理退货手续。

3.4.2　对于已付定金的购入材料需要退货时，必须**首先**与供货厂商协调退款办法后，经采购部经理和会计部经理同意，方可办理退货。

3.5　产成品完工入库时，库管员根据生产车间送交数量点收并填制"成品入库单"。车间和库管员必须双方签字有效。

4.　出库管理

4.1　正常生产加工，需要按计划领用原辅料时，凭生产计划填制"领料单"办理发料手续。领料人必须是车间主任或班长所指定的人员，需要送料的，由库管员安排搬运工办理。补料必须办理审批手续，报生产调度室主任批准。

4.2　领用物资材料时，需要区别对待。

4.2.1　领用生产原材料和辅助材料时，由车间主任签字领料。

4.2.2　领用设备的备品备件时，由设备能源部经理签字领料。

4.2.3　领用办公物资时，由行政总监签字领用。

4.2.4　领用其他材料时，凭库管部经理批准后的"批件"领料。

4.2.5　领用办公杂品时，凭办公室主任签字领料。

4.3　办理出库业务时，库管员要认真审核出库批准手续是否齐全，严格依据所列项目办理出库。成品出库必须由中心营业室主任、往来会计签字的"出库单"才能出货。

4.4　发放物资时，要查看其用途。对由于不负责任的领料单位造成的损失浪费现象，库管员有权监督制止。

5.　储存保管

5.1　物资的储存保管，原则上应以物资的属性、特点和用途分区设置，合理有效使用仓库面积。落地堆放的材料以分类和规格的顺序安排垛位，挂架或货架摆放的，以区位编码排列。

5.2　物资堆放要本着"安全可靠、作业方便、通风良好"的原则合理确定墙距、垛距、顶距。按物资品种、规格、型号做到过目见数、盘点方便、货号明显、成行成列、文明整齐。

5.3　库存物资在装卸、搬运过程中要轻拿轻放，妥善防护。不可接近易燃、易染、易腐蚀物品和易划伤利器。

5.4　库管部应建立分门别类的库存材料明细账，并及时登记。月终结账和实地盘点后接受财务部门稽核。

5.5　库管员必须按规定时间向库管部经理和财务部门编报"库存材料盘点表"。

5.6　发现库存物资出现了盈余、短少、残损或变质，必须查明原因。由库管部经理写出《书面报告》，提出处理建议，呈报上级有关部门。未经公司财务总监批准不得擅自调账。

5.7　库管员每次作业完毕，要及时清理现场，随时保持库容整洁。每日清扫仓库环境卫生。

5.8　库管部经理必须不定期抽查防火、防蛀、防潮、防盗等安全工作。

5.9　库区严禁闲人进入。非本库人员进入库房必须登记。

6.　库存分析

6.1　库管部经理必须不断学习和应用现代仓储管理技术和方法，不断提高仓库管理水平。

6.2　库管部要会同公司有关部门（财务、采购、生产）协商制定合理采购批量。降低仓储成本，提高资金的使用效果。

6.3　定期进行库存物资结构与周转分析，及时上报预警信息，主动提出报损、报废和呆滞物资的处理建议。

6.4　妥善保管有关报表、账簿和单据，严禁丢失泄密。

6.5　库管员调动工作时，要认真办理交接手续。库管部经理和会计部成本会计参与监交。只有当交接手续办妥之后，才能离开工作岗位。移交中的未了事宜及有关凭证，要列出清单，写明情况，交接双方与监交人签字，三方各保留一份。

6.6　库管要坚持做到"三检查"。

6.6.1　检查仓库门、窗锁有无异常，物品有无散乱丢失。

6.6.2　检查账卡凭证有无涂改短页。

6.6.3　检查待收、待发材料是否做好提前准备。

6.7　如果未按本规定办理物资入、出库手续而造成物资短缺或质量问题，库管员要承担直接责任，库管部经理承担领导责任。

7.　附则

7.1　本规定由财务中心负责制定、解释并贯彻执行。

7.2　本规定报董事会批准后施行，修改时亦同。

7.3　基建材料、废料等物资的仓储管理工作参照本规定执行。

7.4　本规定施行后，原有类似制度自行废止，凡与本规定有抵触的制度以本规定为准。

 文案范本

仓库保管制度

一、目的

本制度规定了企业仓库保管方面的具体要求，旨在规范企业存货管理工作，提高存货周转水平并防范仓库保管过程中的各种风险。

二、仓库设置

1.　企业设置库存商品仓库，由专人进行管理，仓库管理人员负责商品的收入、发出和保管工作，不得兼办采购工作。

2.　仓库管理人员对保管物品应分类或分批堆放，以便清查盘点，价值较大的，还应有相应的安全措施。

三、外购货物验收程序

仓库管理人员对外购的物品应做好验收工作，按照合同和发票上载明的规格、数量、质量等要求与实物进行核对，开具"入库单"。"入库单"应载明收入物品的名称、规格、型号、产地、供应商、数量等内容，经仓库管理员、入库人、入库批准人签字方为有效。"入库单"一式四联，交财务部、采购部、行政部、仓库各一联。

外购物品如货到但发票未到，也应按上述要求办理入库手续，若超过结账日或该物品已发出发票仍未收到时，由财务部根据合同或协议估价入账，待正式发票收到后，再进行调整。

四、发货程序

1.　销售货物。仓库管理人员应凭财务部下发的出库通知填制"出库单"，注明物品名称、规格、型号、用户名称和合同编号等内容，交财务部经理和行政部经理审核签字后，办理发货手续。

2.　内部领用货物。公司各部门员工领用库存货物，应先填制内部领用申请单，由部门经

理审核同意后到仓库办理领用手续，仓库管理人员凭此单办理出库手续，填制"出库单"，并交主管人员签字后交副本给财务部作相应账务处理。

五、换货程序

物品发生退换，需经部门经理批准，采购部门鉴定退换货的原因是否是货物本身的质量问题或是客户用法不当造成，确定退换货的性质，即收费或免费后，由财务经理或者财务总监审批签字，办理相应的收入和发出手续，填制"出库单"或"入库单"时应与原业务发生时的方向一致。

六、盘点

每月末和年度终了，由财务部监督仓库管理人员对库存物品进行清查盘点，编制盘点报告，并与财务记录进行核对，如发生盘盈或盘亏，应及时查明原因后报财务总监和部门副总经理作相应处理。

七、账务管理

仓库应设立库存物品明细账，对存货按不同名称、规格、型号等进行记录，及时登记收入和发出的数量，结算账面库存，并经常与实物核对。

八、附则

1. 本制度由财务部会同总务部负责制定。

2. 本制度解释权在财务部。

 文案范本

采购物品退货管理办法

第一条　目的。

为明确退货条件、退货手续、货物出库、退货回收等规定，及时收回退货款项，特制定本办法。

第二条　退货条件。

验收人员应该严格按照公司的验收标准进行验收，不符合公司验收标准的物品为不合格物品。不合格物品应办理退货，主要包括数量与质量两个方面。

1. 对于数量上的短缺，采购员应与供应商联系，要求供应商或者补足数量，或者扣减价款。

2. 对于质量上的问题，采购员应该首先通知使用部门不能使用该批物品，然后与使用部门、质检部门、相关管理部门联系，决定是否退货还是要求供应商给予适当的折扣。

3. 经采购部经理审阅，采购总监审核，总经理审批后与供应商联系退货事宜。

第三条　退货手续。

检验人员对于检验不合格的物品，应贴上"不合格"标签，并在《验收报告》上注明不合格的原因，经负责人审核后转采购部门处理并通知请购部门。

第四条　物品出库。

当决定退货时，采购员编制"退货通知单"，并授权运输部门将物品退回，同时将退货通知单副本寄给供应商。运输部门应于物品退回后通知采购部和财务部。

第五条　退货款项回收。

1. 采购员在物品退回后编制借项凭单，其内容包括退货的数量、价格、日期、供应商名称以及金额等。

2. 采购部经理审批借项凭单后，交财务部相关人员审核，财务总监或总经理按权限审批。

3. 财务部应根据借项凭单调整应付账款或办理退货货款的回收手续。

第六条 折扣事宜。

1. 采购员因对购货质量不满意而向供应商提出的折扣，需要同供应商进行谈判后最终确定。

2. 折扣金额必须由财务部审核、财务总监经审核后提交总经理审批。

3. 折扣金额审批后，采购部应编制借项凭单。

4. 财务部门根据借项凭证来调整应付账款。

第七条 本办法经公司总经理批准后施行。

第八条 相关文件表单。

1.《验收报告》。

2.“退货通知单”。

 文案范本

退货单

供应商：　　　　　　　　　　　　　　年　月　日

物品名称	物品号	数　　量	进货日期	退货原因	备　　注

采购员：　　　　　　　　　　　　　　　　　采购部经理：

注：本单一式两联，第一联采购部留存，第二联交供应商。

 文案范本

采购退货业务流程

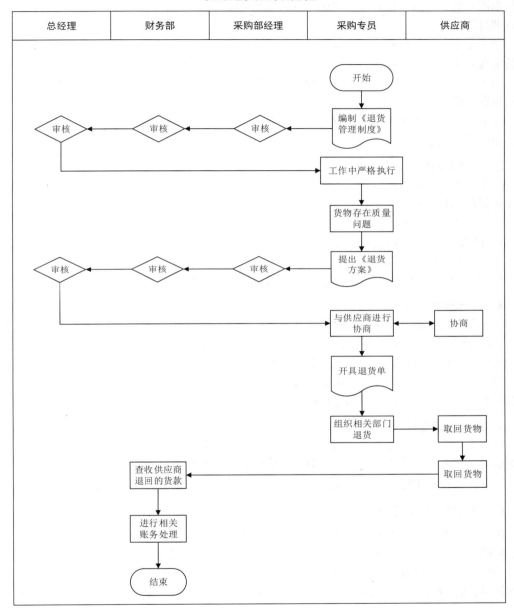

总经理	财务部	采购部经理	采购专员	供应商

开始

编制《退货管理制度》

审核 ← 审核 ← 审核

工作中严格执行

货物存在质量问题

提出《退货方案》

审核 ← 审核 ← 审核

与供应商进行协商 → 协商

开具退货单

组织相关部门退货 → 取回货物

查收供应商退回的货款 ← 取回货物

进行相关账务处理

结束

八、付款

（一）付款环节主要风险

付款环节主要风险是：付款审核不严、付款方式不恰当、付款金额控制不严，可能导致企业资金损失或信用受损。

（二）付款风险控制

1．采购付款风险管理

（1）企业应当加强采购付款的控制，完善付款流程，明确付款审核人的责任和权力，严格审核采购预算、合同、相关单据凭证、审议批准程序等相关内容，审核无误后按照合同规定及时办理付款。

（2）企业在付款过程中，应该严格审查采购发票的真实性、合法性和有效性。发现虚假发票的应查明原因，及时报告处理。

（3）企业应当重视采购付款的过程控制和追踪管理，发现异常情况的，应当拒绝付款，避免出现资金损失和信用受损。

（4）企业应当合理选择付款方式，并严格遵守合同规定，防范付款方式不当带来的法律风险，保证资金安全。

2．预付款与定金风险管理

（1）企业应当加强预付账款和定金的管理。它是企业资产的一部分，具有一定的风险，必须加强管理，防范资金流失。

（2）三项具体要求：

1）涉及大额或长期的预付款项，应定期进行追踪核查；

2）综合分析预付账款的期限、占用款项的合理性、不可收回风险等情况；

3）发现有疑问的预付款项，应当及时采取措施，予以解决。

3．会计系统控制

（1）企业应当加强购买、验收、付款业务的会计系统控制，详细记录供应商情况、请购申请、采购合同、采购通知、验收证明、入库凭证、商业票据、款项支付等情况，确保会计记录、采购记录与仓储记录核对一致，确保账实相符。

（2）企业应当指定专人通过函证等方式，定期与供应商核对应付账款、应付票据、预付账款等往来款项，发现差错应及时予以解决。

4．退货风险管理

（1）企业应当建立退货管理制度，对退货条件、退货手续、货物出库、退货货款回收等作出明确规定，并在与供应商的合同中明确退货事宜，及时收回退货货款。

（2）涉及符合索赔条件的退货，应在索赔期内及时办理索赔，收回索赔款项。

（三）采购业务后的评估

由于采购业务对企业生存发展至关重要。要求企业建立后评估制度。定期评估物资需求计划、采购计划、渠道、价格、质量、成本、协调、合约签订与履行情况等活动进行专项评估和综合分析。同时，将需求计划管理、供应商管理、验收与存储管理等方面的关键指标纳入业绩考核体系，促进物资采购与生产、销售等环节有效衔接，不断防范采购风险，全面提升采购效能。

采购资金审批流程

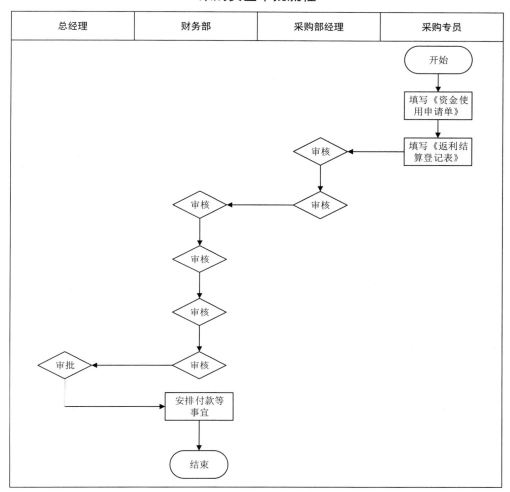

九、会计控制

请参阅以下相关文案。

文案范本

预付款结算控制流程

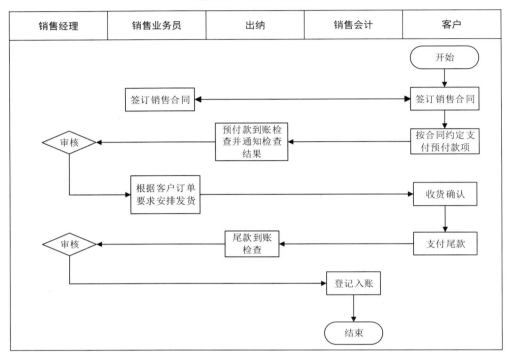

销售经理	销售业务员	出纳	销售会计	客户

第十章

生产业务方面内控管理

第一节　生产环节内控综述

一、生产循环控制目标

一般而言，企业生产循环的内部控制主要包括存货的内部控制和成本会计制度。表 10-1 所示为存货内部控制的控制目标和控制要点。

表 10-1　存货内部控制的控制目标和控制要点

内部控制目标	内部控制要点
存货的采购符合生产的需要	存货的采购经适当的审查批准等
存货的计价合理正确	采用适当的计价方法并一贯执行；存货成本的计算过程和会计处理正确无误；内部核查
存货的领用按生产计划进行	存货的领用须经适当的审和批准，手续齐全
对存货实施保护措施，保管人员与记录、批准人员相互独立	存货保管人员与记录、保管人员职务相分离
账面存货与实存存货定期核对相符	定期进行存货盘点

表 10-2 所示为成本会计制度的控制目标和控制要点。

表 10-2　成本会计制度的控制目标和控制要点

内部控制目标	内部控制要点
生产业务是根据管理当局一般或特定的授权进行的	对以下三个关键点，应通过恰当手续，经过特别审批或一般审批： （1）生产指令的授权批准 （2）领料单的授权批准 （3）工资的授权批准
记录的成本为实际发生的而非虚构的	成本的核算是以经过审核的生产通知单、领发料凭证、产量和工时记录、人工费用分配表、材料费用分配表、制造费用分配表为依据的
所有耗费和物化劳动均已反映在成本中	生产通知单、领发料凭证、产量和工时记录、人工费用分配表、材料费用分配表、制造费用分配表均事先编号并已经登记入账
成本以正确的金额，在恰当的会计期间及时记录于适当的账户	采用适当的成本核算方法，并且前后各期一致；采用适当的费用分配方法，并且前后各期一致；采用适当的成本核算流程和账务处理流程；内部核查

二、生产制造的内部控制内容

生产制造业务内部控制的主要内容包括生产制造计划控制制度和产品成本核算控制制度。

（一）生产制造计划控制制度

生产制造计划控制是整个生产制造业务内部控制的起点，也是对生产制造过程进行有效控制的重要依据，可以分为确定生产需要和制定生产制造计划两部分。

1．确定生产需要

生产需要总体说来是根据销售需要确定的，而销售需要的确定又取决于市场需求和企业的生产组织形式。对于大多数企业来说，生产组织不外乎表现为两种形式：一是自产自销的生产组织；二是按某一特殊订单的要求组织生产。第二种生产组织形式下的生产需要确定比较简单，只要按照特殊订单采购材料，按产品质量、数量和交货时间组织生产即可。而在第一种生产组织形式下，企业的生产需要必须通过销售计划和现有产品存货水平两个要素来计算确定。这时企业必须建立销售计划制约生产计划、生产计划变动适应销售计划变动的计划控制制度和产成品最低存量保持制度。如果销售计划的制定不切实际，销售计划与生产计划不衔接，必然会导致原材料或产成品的供不应求而损失销售额，或形成原材料、产成品的大量积压，造成企业财务状况的恶化。可见，确定生产需要是一种决策行为，它必须由企业主要领导或其授权的人员组成决策委员会，依据相关信息进行科学分析、正确判断、审慎决定，并形成规范的决策制度，明确决策责任。

2．制定生产制造计划

确定生产需要后就可以制定生产制造计划。由于生产制造计划的制定约束企业生产投入的多少，并影响未来产品的销售情况，企业在制定生产制造计划的过程中应注意征求各方面的意见，尤其应注意与销售计划的协调一致。在制定的生产制造计划中，除了标明产品投产数量、生产开始日期、产品完工日期、质量标准以及生产单位（车间）等内容外，还应尽可能准确地估算出产品生产所耗用的材料、工时和生产成本，从而为生产制造过程的实际成本控制提供依据。

（二）产品成本核算控制制度

产品成本核算控制制度一般由三个相互联系的控制制度构成，分别是成本核算的基础工作控制制度、成本责任控制制度和成本核算方法控制制度。

1．成本核算的基础工作控制制度

（1）建立和健全有关成本核算的原始记录制度，并建立合理的原始凭证传递流程。所谓原始记录是指利用具有不同格式的原始凭证，对企业生产制造业务过程中发生的各项生产耗费所进行的最初记录。企业中反映材料耗费情况的原始记录主要有材料的领料单、退料单、月末根据领料单和退料单汇总编制的材料费用分配表、材料盘点溢缺报告单等；反映人工耗费情况的原始凭证主要有出勤记录、产量工时记录、根据出勤记录和产量工时记录编制的工资结算表等；除此以外，辅助生产车间生产费用按一定的方法在各受益对象之间的分配表、基本生产车间间接费用按一定的方法在各成本计算对象之间的分配表、废品损失的计算表、产成品和自制半成品的交库单等也都是重要的反映生产耗费的原始记录。原始记录上要正确填写业务内容、数量、单位和金额，经办人员的签名或盖章等。原始记录应及时传递，不得积压。成本会计部门要会同其他相关部门制定原始记录的传递程序，实际工作中最好用专门符号绘制流程图，以指导并加强企业的内部控制。

（2）制定合理的消耗定额，完善定额管理制度。所谓定额，是指企业在一定生产技术、组

织管理条件下，对人力、物力、财力的配备、利用和消耗以及获得的成果等方面所应遵守的标准或应达到的水平。如产品的材料消耗定额（生产每单位产品或完成每单位工作的材料消耗量）、工时消耗定额等。利用定额可以查明生产过程中实际消耗量与定额的差异及其原因，明确相关责任。同时定额的制定有利于企业实行例外管理原则，即对产生重大差异的事项进行重点管理。这样就能抓住显著的、突出的问题，解决生产中发生差异的关键问题，从而加强成本的控制，降低产品成本。定额既要先进，又要切合实际。

（3）制定内部结算价格和内部结算制度。采用内部结算价格在企业各部门、车间之间相互进行结算，可以明确经济责任，简化和减少核算工作，并便于考核各单位的成本计划的完成情况。常以生产制造的标准成本或成本加成的方法或市场价格来确定内部结算价格。合理的转移价格必须为转出和转入双方都能接受，必须对转出和转入双方都有利，必须同时有利于企业管理。企业制定的内部结算价格应相对稳定，由企业统一颁布，各部门、车间遵照执行。内部结算价格应根据市场的变化和生产技术的发展予以修订。

2．成本责任控制制度

成本责任控制制度就是通过设置成本费用责任中心，明确责任中心的成本控制目标，并将成本控制目标作为考核其成本责任或管理业绩，并据以实施奖惩的一种成本管理制度。

成本费用责任中心大多是生产部门、劳务提供部门以及给予一定费用指标的管理科室。需要强调的是，成本责任控制制度所确定的成本控制目标要以各成本费用中心的可控成本为依据。所谓可控成本是指符合下面三个条件的成本：

其一，责任中心能够通过一定的方式了解将要发生的成本；

其二，责任中心能够对发生的成本进行计量；

其三，责任中心能够通过自己的行为对成本加以调节和控制。

成本的可控与不可控是相对而言的，它与责任中心所处管理层的高低、管理权限的大小以及控制范围的大小有着直接的关系。对于企业来说，所有的成本都应被看作可控成本，而对于企业内部的各个管理层次和责任中心来说，则既有其各自的可控成本，又有其各自的不可控成本。因此，企业在进行成本责任控制制度设计时，一项核心工作就是要解决相对于某个责任中心而言其可控成本项目，并以此为基础确定控制目标和责任奖惩。

3．成本核算方法控制制度

成本核算方法控制制度主要表现在如何根据企业生产特点和管理要求，正确选择成本核算方法。

企业生产特点对产品成本核算方法的影响，主要表现在成本计算对象的确定、成本计算期的选择、生产费用在完工产品和在产品之间的分配三个方面。企业采用何种成本核算方法计算产品成本，除了考虑生产特点外，还必须结合企业成本管理的要求，从而确定出适合企业生产特点和管理要求的成本核算方法。企业的生产特点和管理要求对产品成本核算方法的影响是多方面，这也决定了每一种成本核算方法都有其自身的适应范围，成本核算方法控制制度就是保证企业选择科学合理的成本核算方法的内部控制制度。

三、生产环节的主要风险点

生产环节是将原材料转化为公司产成品的重要环节，包括生产计划的签发、产品成本的核算、在产品和产成品的入库等。

该环节的主要风险是：生产计划未得到授权批准或随意变更，成本归集不完整、反映不及时、不真实，从而造成成本错误，可能误导企业产品定价，盈利核算不准确，遭受监管部门的处罚等。

四、生产循环业务的常见弊端

（一）存货管理中的常见弊端

1. 存货管理职责混乱

存货的验收、保管、发货、盘点和记账环节的职责不清，不相容岗位职务未予以严格分离，给存货管理职责划分留下漏洞。

2. 存货超储积压

存货库存计划不周，未制定存货最高储备量、最低储备量和再订购点，致使盲目采购，造成存货超储积压浪费。

3. 存货处置不及时

对存货的短缺、霉烂、变质、毁损，未按照规定程序及时报经有关部门批准，并进行处置。

（二）成本核算中的常见弊端

1. 存货核算方法的随意性

主要表现是：在统一会计期间内随意改变存货计价方法，人为地多计、少计、甚至不计存货发出成本；随意调整存货的计划（标准）成本与存货成本差异，计提秘密准备或人为调节存货减值准备；违反会计核算的一致性、可比性。

2. 结转销货成本弄虚作假

有的企业月末结转商品、产成品销货成本时，采取虚转的方法，增加销货成本、减少存货，从而虚增销货成本、隐匿利润，少交税款。

3. 混淆费用或支出界限

主要表现是：混淆领用支出界限；自制材料成本挤占生产成本；混淆生产费用与其他费用（资本支出、福利支出）界限；混淆本期支出与跨期支出界限；混淆产品成本与在产品成本界限；虚计发外加工费用。

4. 在样品报销、产品报损上做手脚

有的企业以报销样品、材料及商品或其他产品报损的方式发出存货，私分或出售后将所得资金存入"小金库"，既增加了当期成本费用，又造成财产损失。

5. 账实不符

有的企业对接受捐赠的材料、产成品等存货长期不上账，生产余料不入账，形成账外资产；有的企业长期不进行财产盘点清查，存货家底无数，造成账实不符。

五、生产环节的关键控制点

（1）生产指令、领料单、工资的分配等得到适当的授权审批。

（2）成本核算的方法是以经过审批的生产通知单、领发料凭证、产量和工时记录、人工费用分配表、制造费用分配表等为依据。标准成本应定期根据市场价格进行调整。

（3）生产通知单、领发料凭证、产量和工时记录、人工费用分配表、制造费用分配表等均经过连续编号并已经登记入账。

（4）标准成本的核算方法经过内部审查，成本差异经过合理的分摊。

（5）采用适当的成本计算方法，无论是实际成本法或者是标准成本法，前后各期一致。如

果变更，应取得适当的授权。应当建立成本核算流程和账务处理流程。

六、生产制造的内部控制要求

生产制造业务在实质上是一种从货币资金到原材料、生产设备，再到加工中的在产品，最后形成库存商品的资金循环过程。这一过程的起点是制定生产计划，而终点是完工产品经检验合格后验收入库或直接发出给购货商。在生产制造业务过程中，产品生产数量的多少、质量是否符合设计要求、单位产品成本高低等直接影响企业存货价值、产品销售收入及产品销售成本，并最终影响企业的市场竞争力。因此，为了生产出符合用户需要的产品，减少商品库存，降低产品生产成本，实现良好的财务状况和经营成果，企业必须建立一套行之有效的生产制造业务内部控制制度。

生产制造的内部控制要求包括：正确及时反映生产费用，厉行节约；正确计算产品实际总成本和单位成本，揭示其构成内容；划清各种费用界限，控制成本开支，提供降低成本的途径；正确反映在产品增减变动和结存情况，保护财产安全完整，强化成本管理；建立成本责任制，考核成本责任。

第二节 生产环节内控细述

一、生产环节内部控制制度的建立

在建立生产环节内部控制制度时可以从如下几个方面着手。

（一）建立授权批准制度

授权批准制度是指组织内各级工作人员必须经过授权和批准才能对有关的经济业务进行处理，未经授权和批准的人员不得接触和处理这些业务。

（二）形成成本定额制度

所谓成本定额制度，就是对一项特定的经济活动，制定一定的成本定额标准，并以此作为成本控制目标，来开展成本控制。

就生产环节来讲，制定成本定额制度尤为重要，因为成本的节约就意味着赢利的增加，所以越来越多的企业开始关注制定成本定额制度。

（三）建立财产安全制度

财产安全制度就生产环节而言是指材料物资采取永续盘存制和定期或不定期的实地盘点相结合的方法，保证材料物资处于账实一致的状态，对于盘盈和盘亏必须及时查明原因并进行正确处理，并对财产物资进行科学编号和存放，便于清查、点数和保管等。

（四）完善人员素质控制制度

企业人员素质的高低直接影响到企业的发展，为此，现代企业都非常重视对人才的培养。人员素质控制制度具体包括：考核员工的职业技能，考核合格者方能上岗工作；建立定期培训制度，不断提高员工的职业道德素质和技术业务素质；建立奖惩制度，鼓舞和激励员工的积极性等。

（五）形成不相容职务分离制度

对生产环节来讲，通常有以下不相容职务必须进行分离。

（1）授权批准产品生产计划的人员和具体执行计划的人员职务分离。

（2）仓库保管人员和具体进行财产物资清查人员的职务分离。

（3）仓库保管人员、成本会计记账人员、生产管理人员和产品检验人员的职务必须分离。

当然，费用预算制度、成本费用的分析与考评制度都是生产环节内部控制制度的有机组成部分。

二、生产环节内部控制制度的测试

在进行生产环节内部控制制度测试时，可以从直接材料成本测试、直接人工成本测试、制造费用测试和生产成本在当期完工产品与在产品之间分配的测试四项内容着手。

（一）测试直接材料成本

1．对采用定额消耗的企业

可选择并获取某一成本报告期若干种具有代表性的产品成本计算单，获取生产指令或产量统计记录及直接材料消耗定额，根据材料明细账或采购业务测试工作底稿中各直接材料的单位实际成本，计算直接材料的总消耗量和总成本，与该样本的成本计算单中的直接材料成本核对。

2．对非采用定额消耗的企业

（1）成本计算单中直接材料成本与材料费用分配汇总表中各该产品负担的直接材料费用是否相符，分配的标准是否合理。

（2）抽取材料发出汇总表或领料单中若干种直接材料的发出总量和各该种材料的实际单位成本的乘积与材料费用分配汇总表中各该种材料费用进行比较，并注意领料单的签发是否经过授权批准。

（3）材料发出汇总表是否经过适当的人员复核，材料单位成本计价方法是否适当，在当年度有何重大变更。

3．对采用标准成本法的企业

必须检查下列事项：根据生产量、直接材料单位标准用量及标准单价计算的标准成本与成本计算单中的直接材料成本核对是否相符；直接材料成本差异的计算与账务处理是否正确，并注意直接材料的标准成本在当年度内有何重大变更。

（二）测试直接人工成本

1．对采用计时工资制的企业

（1）成本计算单中直接人工成本与人工费用分配汇总表中该样本的直接人工费用核对是否相符。

（2）样本的实际工时统计记录与人工费用分配汇总表中该样本的实际工时核对是否相符。

（3）抽取生产部门若干天的工时台账与实际工时统计记录核对是否相符。

（4）当没有实际工时统计记录时，则可根据职员分类表及职员工资手册中的工资率，计算复核人工费用分配汇总表中该样本的直接人工费用是否合理。

2．对采用计件工资制的企业

（1）根据样本的统计产量和单位工资标准计算的人工费用与成本计算单中直接人工成本核对是否相符。

（2）抽取若干工人的产量记录，检查是否被汇总计入产量统计报告。

3．对采用标准成本法的企业

（1）根据产量和单位标准工时计算的直接人工成本与计算单中直接人工成本核对是否相符。

（2）直接人工成本差异的计算结果与计算单中的直接人工成本核对是否相符。

（3）直接人工成本差异的计算与账务处理是否正确，并注意直接人工的标准成本在当年度内有何重大变更。

（三）测试制造费用

获取制造费用分配汇总表、按项目分列的制造费用明细账、与制造费用分配标准相关的统计报表及其相关原始记录，检查下列事项。

（1）制造费用分配汇总表中，样本分担的制造费用与成本计算单中的制造费用核对是否相符。

（2）制造费用分配汇总表中的合计数与样本所属成本报告期的制造费用明细账总计数核对是否相符。

（3）制造费用分配汇总表选择的分配标准与相关的统计报告或原始记录核对是否相符，并对费用分配标准的合理性作出评估。

（4）企业采用预计费用分配率分配制造费用，则应针对制造费用分配过多或过少的差额，检查其是否进行了适当的账务处理；企业采用标准成本法，则应检查样本中标准制造费用的确定是否合理，计入成本计算单的数额是否正确，制造费用差异的计算与账务处理是否正确，并注意标准制造费用在当年度有何重大变更。

（四）测试生产成本分配情况

检查成本计算单中的产品数量与生产统计报告或在产品盘存表中数量是否一致；检查在产品约当量计算或其他分配标准是否合理；计算复核样本的总成本和单位成本，最终对当期采用的成本会计制度作出评价。职业经理人在测试生产环节的内部控制制度时，除了从上述几个方面进行之外，还要根据实际情况，选择合理的测试方法。

三、生产方面财务控制流程建立

（一）建立会计凭证制度

1．建立产品订单

产品订单是企业和客户签订的生产某种产品的合同协议，其内容包括产品类别、数量、价格、交货期限以及违约责任等。

2．使用领料凭证

其内容包括定额领料单、限额领料单、领料登记表、退料单、材料发出汇总表等。定额领料单是一次性的领料凭证，领料时，由领料车间或领料部门根据用料计划或费用计划填制。限额领料单是在规定限额和有效期内多次使用的物资发出凭证，用于需经常领用并有消耗定额的物资领发业务，限额领料单的限额由生产、计划和供应部门根据生产经营计划和消耗定额共同确定。领料登记表是可以多次使用的物资发出凭证，适用于办理使用部门经常领用的各种消耗性物资领发业务。退料单用于领用的物资不合用或有剩余，办理退库手续时使用。

3．使用核算人工成本的凭证

其主要包括工资卡、考勤记录、产量工时记录和工资单等。工资卡是反映单位员工职务变动、工资等级、工资标准与各种津贴变动等基本情况的一种卡片。考勤记录根据企业情况，按部门、车间、科室、班级设置，由考勤员逐日登记，月末进行汇总，经审核后作为计算工资的依据。产量工时记录是反映员工在出勤时间内完成产量和耗用工时的原始记录，是统计产量和工时及计算计件工资的原始依据。工资单是根据考勤记录、工时记录、产量记录、工资等级、工资标准等计算编制的，是工资结算和支付工资的原始凭证，是核算人工成本使用的重要凭证之一。

4．建立成本归集凭证

为了核算每种产品的成本，应将该种产品生产过程中发生的直接材料、直接人工以及制造费用归集到一个账户中，并按照不同产品分别设置明细科目。

5．建立成本分配凭证

为了核算产成品的成本，应将月末完工产品与在产品的成本进行分离，"在产品"账户设置就是为了解决这一问题。对于月末无在产品的，只要将该产品当月的"生产成本"账户的余额一次性转入相应"产成品"账户即可。

6．使用存货盘点凭证

由于计量、计算不准，验收不严，或自然损耗、自然升溢，或丢失毁损，甚至出现贪污盗窃等原因，各项存货经常出现账实不符的情况，因而有必要定期和不定期进行存货的盘点，并充分利用好各种凭证。经常使用的凭证有：存货保管卡、存货盘点表、存货盘盈盘亏报告表、存货盘盈盘亏处理意见表等。

（二）建立生产账簿

1．存货账簿

企业存货包括原材料、辅助材料、包装物、低值易耗品、在产品、产成品等。各种存货又包括许多不同种类和规格，存货明细账的设置必须根据企业的情况分类设置和管理。账户的借方登记实际存货的增加额，贷方登记存货的发出领用额，余额表示存货的账面结存额。

2．应付职工薪酬——工资账簿

登记内容包括工资总额内应付给员工的标准工资、奖金、津贴等，账户的借方登记实际发放的工资数，贷方登记企业应发放的工资数。

3．制造费用账簿

制造费用明细账按各种费用分类设置明细账，借方反映费用的归集，贷方反映费用的分配，月末无余额。

4．生产成本账簿

生产成本按不同产品设置明细账，借方反映该产品料工费的投入额，贷方反映月末完工产品的转出成本，余额反映月末未完工产品的成本。

5．产成品账簿

产成品按不同产品设置明细账，借方反映完工产品的转入成本，贷方反映当月销售产品的成本，余额反映月末库存完工产品的成本。

（三）核算生产环节成本

1．核算直接材料

直接材料的核算包括数量核算和金额核算。对于数量核算一般采用永续盘存法和实地盘存法相结合进行，至于材料计价的核算则可以选择按实际成本计价或按计划成本计价。

2．核算直接人工

直接人工的核算包括计时工资、计件工资、其他工资、计提职工福利费用等核算内容。计时工资根据有关工资标准、考勤记录和有关制度计算而得；计件工资则按产量工时记录、计件单价计算产生；其他工资需要按照国家或企业的有关规定计算。

3．核算制造费用

制造费用的归集核算应注意以下问题：费用的实际支付期与应归属期不一致的费用归集项目，应采用待摊或预提方式；有些费用的计算带有估价的性质，归集时应注意国家对使用年限、计提折旧的方法等方面的有关规定。

4．核算生产成本

生产成本的核算包括生产成本的归集以及成本在在产品和产成品之间的分配。当然，要建立符合企业实际需求的财务控制流程，职业经理人必须在实践中不断摸索，不断完善、发展。

四、产品成本的核算控制

（一）产品成本的核算制度控制

1．确定成本计算对象

成本计算对象是指为了归集和分配生产费用进行成本计算而确定的生产费用的承担者。确定成本计算对象时，应考虑下面两个因素。

（1）生产类型的特点。企业的生产类型的特点包括工艺过程和组织方式，前者可以划分为简单生产和复杂生产两种类型，复杂生产可以进一步划分为连续式生产和装配式生产两种类型；后者可以划分为大量生产、成批生产和单件生产。不同工艺过程和生产组织方式的组合构成了不同的生产类型。一般来说，不同生产类型的成本计算对象如表 10-3 所示。由表中可见，受不同生产类型的影响，在实际工作中，有三种不同的成本计算对象，也就相应的形成了以成本计算对象为主要标志的三种成本计算方法，即品种法、分步法和分批法。

表 10-3　生产类型及成本计算对象

生产类型		成本计算对象
生产工艺	生产组织	
简单生产	大量生产	产品品种
复杂生产（连续式）	大量生产	产品加工步骤
复杂生产（装配式）	大量生产	产品加工步骤
复杂生产（装配式）	成批生产	产品加工步骤或产品批别
复杂生产（装配式）	单件生产	产品批别

（2）成本管理要求。成本计算对象的选择主要受生产类型的影响，同时也应满足成本管理的需要。对于单件小批生产企业，成本计算一般按批别进行，但对于规模较大的大中型装配式生产企业，为加强各步骤成本管理，往往不仅要求按照产品批别计算成本，还应按生产步骤计算产品成本。对于连续生产类型企业，一般采用分步法，但对于规模较小的企业而言，如果管理上不要求提供分步骤的成本计算资料或暂时难以按步骤计算成本，也可以不分步骤计算成本，而仅以产品品种作为成本计算对象。对于实行责任会计的企业，为考核各责任单位成本计划的执行情况，既要以各种产品又要以各责任单位作为成本计算对象。

2. 设置成本核算项目

（1）直接材料，包括在生产经营中直接用于产品生产或有助于产品形成的原材料、辅助材料、备品配件、外购半成品、燃料、动力、包装物以及其他直接材料。

（2）直接工资，包括直接从事产品生产人员的工资、奖金、津贴和补贴。

（3）制造费用，包括生产车间和辅助车间为组织和管理生产所发生的各种费用，如车间管理人员的工资、车间房屋建筑物和机器设备的折旧费、租赁费、修理费、机物料消耗、水电费和办公费等。

如企业发生的废品损失很多，还可以增设"废品损失"项目。例如，企业耗用的燃料和动力较多时，可以增设"直接燃料和动力"成本项目。

3. 确定成本计算方法

成本计算方法要根据成本计算对象、成本计算期间和生产费用在完工产品和在产品之间分配的特点加以选择。常用的成本计算方法主要有以下几种。

（1）品种法。品种法是按照产品品种归集生产费用、计算产品成本的一种方法。其特点是以产品品种为成本计算对象，设置成本计算单。如果只生产一种产品，本月所发生的一切生产费用都是直接费用，可以直接计入成本计算单的有关成本项目。如果生产的产品不止一种，则本月发生的各种产品直接费用直接计入各该成本计算单的有关项目中；间接费用则要在各种产品之间进行分配后，再记入各该成本计算单中的优抚按成本项目。月末，如果没有在产品或在产品很少时，就不需要计算在产品成本。成本计算单归集的全部生产费用，就是各该产品的总成本。如果有在产品，而且数量较多，则需将成本计算单中归集的生产费用在完工产品和在产品之间分配，计算出完工产品的总成本。各种产品总成本除以各该产品数量便得出各该产品单位成本。

品种法主要适用于大量的单步骤生产，如发电、采掘业等企业。在大量多步骤生产中，如果企业规模较小、其成本管理工作上不要求计算分步骤成本资料时也可以采用，如小型水泥、制砖业等企业。

（2）分批法。分批法是按照产品的批别或订单归集生产费用、计算产品成本的一种方法。在单件、小批量生产企业中，有些产品是按订单组织生产的，所以，按批别计算成本又称订单法。分批法（订单法）的特点是成本计算对象是每批产品或每张订单，成本计算期与生产周期一致，通常是当每一批产品或每一张订单完工时，才计算成本，因此一般不计算批别或订单尚未完工的在产品成本。

分批法主要适用于单件小批生产的企业，如船舶制造、重型机械制造等。此外，也适用于一般企业的新产品试制或试验、专项工程，以及工业性修理作业等。

（3）分步法。分步法是按照产品品种和每种产品所经过的生产步骤归集生产费用、计算产品成本的一种方法。其特点是以每个生产步骤作为生产计算对象。如果企业只生产一种产品，则成本计算单厂生产步骤设立，分别归几个加工步骤的生产费用；如果企业生产多种产品，成本计算单应按照每一加工步骤的每一种产品开设。成本计算步骤的划分，可以同生产步骤的划分一致，也可以不一致，这要根据管理上的要求来决定。分步法按结转各步骤半成品成本时的不同方法，又可以划分为逐步结转分步法和平行结转分步法。

逐步结转分步法的特点是各步骤的半成品成本，随着半成品实物的转移，顺序的从上一步骤的成本计算单中，转入下一步骤相同产品成本的计算单中，从而逐步的计算出各步骤的半成品成本和最后一个步骤的产成品成本。并且，半成品成本随其实务转移而逐步结转。这种方法广泛应用于大量大批连续或复杂生产的企业，如钢铁制造企业、棉纺织企业等。

　　平行结转分步法的特点是各步骤的生产费用不随着半成品实物的转移而结转，各步骤只核算本步骤发生的原材料和加工费用；月末时，各步骤计算出本步骤发生的生产费用中应计入产成品成本的"份额"，由财务部门将各步骤结转的相同产品成本的"份额"平行的汇总起来，求得产成品的成本。这种方法主要适用于多步骤装配式生产的企业，如机械制造业等。

　　为了简便核算和控制成本，又可将分类法、系数法、定额法以及标准成本法等与上述成本计算方法结合起来使用，从而提高成本核算的作用。

　　必须指出的是，一个企业采取的成本计算方法不是唯一的，又可能同时采取集中成本计算方法。因为企业在从事生产产品过程中，由于生产特点不同，管理要求不同，采取的成本计算方法也不完全相同。例如，纺织厂的主要产品的生产往往是采用连续式多步骤生产方式，因此其生产车间的成本计算方法一般采用逐步结转分步法。但是纺织厂的锅炉车间主要向生产车间和管理部门提供蒸气，采用品种法计算成本。另外，在实际工作中，往往还会出现以一种成本计算为主，结合其他几种成本计算方法的某些特点而综合应用的情况。例如，机床厂的产品经过铸造、机械加工和装配等工序，就其最终产品而言，应采用分批法，但从产品生产的某一阶段来看，铸造车间可以采用品种法核算；铸造与机械加工车间可以采用逐步结转分步法；装配车间可以采用平行结转分步法。这样，该厂就以分批法为基础，结合品种法和分步法的某些特点来计产品成本。

4．确定生产费用的分配标准

　　生产费用归集后要进行分配。合理的分配生产费用是正确计算产品成本的必要条件。

　　生产费用分配的基本方法是比率法，即分配对象除以分配标准，计算出分配率；然后以某种产品的分配标准数乘以分配率，即可求得该种产品应分配的费用数额。其计算公式为：

$$分配率=分配对象÷各种产品分配标准总数$$

$$某种产品应分配数额=该种产品分配标准数×分配率$$

　　生产费用分配是否正确取决于分配选择是否科学，与分配对象是否有较大的相关性。因此选择分配标准首先要有代表性，与分配对象有直接联系；其次要简便，即资料的取得较为方便，计算也不复杂。一般而言，主要的生产费用分配标准有以下几种。

　　（1）直接材料费用分配标准。构成产品实体的材料，通常可以直接计入成本。只有用同一种材料生产一种以上的产品时，才要进行分配。

　　1）定额用量。

$$分配率=材料费用总额÷\sum（某种产品产量×某种产品的该种材料消耗定额）$$

$$某种产品应分配的材料费用=某种产品该材料定额用量×分配率$$

　　2）产品重量。

$$分配率=材料费用总额÷各种产品重量之和$$

$$某种产品应分配的材料费用=该种产品重量×分配率$$

　　3）产量。

$$分配率=材料费用总额÷各种产品产量之和$$

$$某种产品应分配的材料费用=该种产品产量×分配率$$

　　4）系数。

$$分配率=材料费用总额÷\sum（各种产品产量×系数）$$

某种产品应分配的材料费用=该种产品产量×系数×分配率

5）定额成本。

分配率=材料费用总额÷∑（各种产品产量×单位产量的材料定额成本）

某种产品应分配的材料费用=该种产品材料定额成本×分配率

（2）直接耗用外购动力的分配标准。动力包括电力和蒸气等，可以分为外购和自制两种。外购动力的分配在有仪表的情况下，应根据耗用量乘以单价计算；在无仪表计量的情况下，一般可以按照下列标准分配。

1）生产工时。

分配率=各种产品耗用外购动力费用总额÷各种产品生产工时总数

某种产品应分配的外购动力费用=该种产品的生产工时×分配率

2）机器工时。

分配率=各种产品耗用外购动力费用总额÷各种产品耗用机器工时总数

某种产品应分配的外购动力费用=该种产品耗用的机器工时×分配率

3）机器功率时数。

分配率=各种产品耗用外购动力费用总额÷各种产品的机器功率时数总数

某种产品应分配的外购动力费用=该种产品耗用的机器功率时数×分配率

（3）直接工资费用的分配标准。采用计件工资形式的生产工人的工资是直接费用，可以根据工资结算/凭证直接计入有关产品的成本。采用计时工资形式的生产工人工资，在生产一种产品时是直接费用，在生产多种产品时是间接费用，通常可以按照实用工时标准进行分配。其计算公式为：

分配率=生产工人工资总额÷各种产品实用工时总数

某种产品应分配的生产工人的工资=该种产品实用工时×分配率

在一些产品工时定额比较健全的企业里，也可以按定额工时比例分配工资费用。

（4）辅助生产成本的分配。

1）直接分配法。这种方法不考虑辅助生产内部提供的产品或劳务，将各辅助生产车间本身发生的费用归起来，直接分配给生产车间以外的各受益单位。

2）一次交互分配法。这种方法是将辅助生产的费用分两步进行分配。第一步在各辅助车间之间交互分配费用；第二步将各辅助生产车间的分配前费用，加上分配转入的费用，减去分配转出的费用，计算出实际费用，再采用直接分配法分配给各生产车间和管理部门。

3）计划成本分配法。这种方法是将辅助生产车间所提供的产品和劳务，一律按计划成本分配给各受益单位。实际成本与计划成本的差额，就是该车间的节约或超支额，一般计入管理费用。

（5）制造费用的分配。

1）生产工时。

分配率=制造费用总额÷各种产品生产工时总数（或定额工时总数）

某种产品应分配的制造费用=该种产品的生产工时数（或定额工时数）×分配率

2）机器工时。

$$分配率=制造费用总额÷各种产品耗用机器工时总数$$

$$某种产品应分配的制造费用=某种产品耗用机器工时数×分配率$$

3）工资成本。

$$分配率=制造费用总额÷各种产品生产工人工资总额$$

$$某种产品应分配的制造费用=某种产品生产工人工资×分配率$$

5. 确定完工产品和在产品成本划分的标准

当生产费用经过归集分配后，成本计算单集中反映了产品成本。如果某种产品在计算期内已完工，则所反映的该产品成本就是完工产品成本；如果该产品在计算期内尚未全部完工，即有在产品，则所反映的该产品成本还必须在完工产品和在产品成本之间划分。一般来说，对于期末在产品是否计算其成本的原则是：当在产品数量很少时，可以忽略不计；当在产品数量较大，但前后期较稳定时，可以抵销不计；当在产品数量波动较大时，则应计算在产品成本。在产品成本计算的标准有下列三种。

（1）约当产量。

$$在产品约当产量=在产品数量×完工百分比$$

$$分配率=（期初在产品成本+本期发生费用）÷（完工产品数量+在产品约当产量）$$

$$在产品应负担的成本=在产品约当产量×分配率$$

（2）定额比例。

$$分配率=（期初在产品实际消耗量+本期实际消耗量）÷（完工产品定额消耗量+月末在产品定额消耗量）$$

$$在产品实际消耗量=月末在产品定额消耗量×分配率$$

$$在产品实际成本=在产品实际消耗量×材料单价、工资率、费用率$$

（3）定额成本。

$$各项定额材料成本=在产品数量×单位消耗定额×计划单价$$

$$定额工资成本=在产品数量×工时定额×每小时平均工资$$

$$各项定额费用成本=在产品数量×工时定额×每小时计划费用$$

$$在产品定额成本=各项定额材料成本+定额工资成本+各项定额费用成本$$

（二）生产制造核算方法的设计

1. 实际成本核算方法的设计

从会计核算的角度看，生产制造业务的重要内容是对构成产品成本的各项费用发生情况进行数据的收集、加工和整理，确定产品成本，这就需要健全的成本核算基础工作。因此，实际成本核算方法设计的一个基本前提就是做好各项基础工作的设计，这些基础工作设计主要包括四个方面。

（1）成本开支范围的设计。在成本开支范围中必须明确规定哪些费用应计入产品生产成本，哪些费用不能计入产品生产成本，这既是正确反映企业产品生产消耗水平的需要，同时也是企业保持成本计算口径一致的需要。企业成本的开支范围和标准在《企业财务通则》《企业会计准则》中都作了原则性的规定，企业必须遵循这些原则并结合企业自身的特点，按照以下几个方面的原则制定具体细则：一是正确划分资本性支出和收益性支出的界限；二是正确划入产品成本费用和不应计入产品成本费用的界限；三是正确划分各个会计期间的费用界限；四是正确划分各种产品应负担的费用界限；五是正确划分完工产品和在产品成本的界限。

成本开支范围一经确定，要保持相对稳定，以保证成本计算口径的一致。

（2）制定各项消耗定额。制定各项消耗定额是企业实施定额管理的前提，也是企业编制责任成本预算，进行责任成本控制的基础。合理制定各项消耗定额，就是在正常的生产条件下，多数部门或职工经过努力能够达到、少数部门或职工能够接近、个别部门或职工可以超过的定额水平。

制定各项消耗定额是一项复杂而细致的工作，它需要根据消耗定额的不同种类、不同的生产技术和组织条件,结合企业现实的管理水平，采用不同的方法,综合考虑相关因素计算确定。具体说来，常用的方法有以下四种。

1）经验估计法。根据熟练工人、技术人员和定额管理人员的经验数据，直接估算定额水平的一种方法。这种方法的优点是简单易行，制定过程短，工作量小，成本较低；缺点是容易受到估计人员的主观因素影响，技术依据不足，准确性较差。

2）统计分析法。根据历史统计资料，经过加工整理，结合企业未来的生产、技术、组织条件和管理方法的变化等因素，进行分析对比，从而确定定额水平的一种方法。这种方法的优点是以大量的统计资料为依据，而且考虑了未来因素的变化，确定的定额比较准确可靠；缺点是容易受历史资料平均数的影响，确定的定额水平比较保守。

3）技术测定法。依据利用技术测定所得到的实际资料为基础，充分考虑未来可能发生的各种变化情况，计算确定定额水平的一种方法。这种方法的优点是比较科学；缺点是制定过程比较复杂、工作量大、成本较高。

4）类推比较法。通过与同类型产品或工序的典型定额标准进行对比分析后，估算定额水平的一种方法。这种方法的优点是简单易行、工作量小、成本较低；缺点是准确性在很大程度上受限于选出的典型定额标准的先进性和合理性。企业究竟采用何种方法制定各项消耗定额，应综合考虑企业的生产特点、管理水平、定额制定人员的业务能力等方面的实际情况，必要时也可以将几种方法结合使用。

（3）建立和健全有关成本核算的原始记录制度。原始记录是按一定格式用数字和文字记录企业生产经营活动的第一手资料。建立和健全有关成本核算的原始记录制度是正确进行成本核算、计算产品成本的基础。

企业的生产经营特点和管理要求不同，使用的原始记录也不一样。由于记录的经济业务内容不同，各种原始记录的设计格式也有区别。在设计时要标明以下内容：原始记录的名称；使用或接受原始记录的单位名称;经济业务内容;经济业务发生的数量或金额;填写记录的日期；填写人或填写单位的签名或盖章；原始记录的编号和联次。

企业原始记录一般由业务经办人员或专职人员填写，填写时要做到全面、真实、正确、及时。设计人员、成本会计人员要汇同业务经办部门或经办人制定原始记录的传递程序，确保原始记录的及时传递，加强企业的内部控制。

（4）健全与成本有关的各项业务管理制度。产品生产成本是企业的一项非常重要的综合经济指标，建立健全与成本有关的各项业务管理制度是高质量成本管理工作的基础。这些业务管理制度包括：财产物资的计价方法的确定；原材料、在产品、产成品等各项财产物资的收发、领退、转移、报废和盘点制度；固定资产使用、维修、折旧制度；职工考勤制度；费用报销制度等。

2．计划成本核算方法的设计

计划成本会计制度是指事前根据产品生产所需料、工、费的数量和金额与计划计算出计划成本，并将其与会计核算相结合形成的一种产品成本核算制度。计划成本会计制度的特点，是在计划成本的基础上计算实际成本，并利用计划作为标准与实际相比较，从而确定成本差异、分析差异形成原因。实质上它是一种将成本计算和成本控制相结合的会计管理制度，其主要任务是为企业的成本管理提供信息。在会计核算上，它最终还是要计算出完工产品的实际成本。计划成本会计制度包括标准成本会计制度和定额成本会计制度两种具体产品成本核算会计制度，本处选取标准成本会计制度的设计方法为例。

（1）标准成本的分类。标准成本是指经过仔细调查分析和运用技术测定等科学方法制定的在有效经营条件下应该实现的成本，是根据产品的耗费标准定额和耗费的标准价格预先计算的一种目标成本。企业采用的标准成本有多种，按照制定标准成本所依据的生产技术和经营水平分类，分为理想标准成本、正常标准成本和现实标准成本。

1）理想标准成本。理想标准成本是现有生产条件所能达到的最优水平的成本，根据最少的耗费量、最低的耗费价格和可能实现的最高生产能力利用程度等条件制定。也就是说，它是根据资源无浪费、设备无故障、产出无废品、工时全有效的假设前提而制定的最低的标准成本。显然，由于其前提的苛刻，在现实经济生活中几乎无法实现，从而使得理想标准成本难于实际运用。

2）正常标准成本。正常标准成本是根据正常的工作效率、正常的生产能力利用程度和正常价格等条件制定的标准成本。这里所谓"正常"，一般是指过去较长时期的实际数据的统计平均值，是指过去较长时期内所达到的平均水平。因此，用它来评价各个时期的业绩，往往不符合实际，月它来控制成本也不够积极。正常标准成本一般只用来估计未来的成本变动趋势。

3）现实标准成本。现实标准成本是根据适用期合理的耗费量，合理的耗费价格和生产能力可能利用的程度等条件制定的切合适用期实际情况的一种标准成本。它是企业通过有效的经营管理措施和努力应该达到的标准成本。这种标准成本包括了一部分理论上不应存在，而现实中尚不能避免的设备故障、人工闲置等，是一种切实可行的标准成本。现实标准成本相当于定额成本法中的定额成本。它的用量标准相当于消耗定额，标准用量相当于定额消耗量，标准价格相当于计划价格。标准成本计算法一般采用这种标准成本概念。

（2）标准成本法核算程序。标准成本核算法，也称标准成本会计，是成本会计的重要组成部分。它是指以预先制定的标准成本为基础，用标准成本与实际成本进行比较，核算和分析成本差异的一种产品成本计算方法，也是加强成本控制、评价经济业绩的一种成本控制方法。标准成本法的核心是按标准成本记录和反映产品成本的形成过程和结果，并利用成本差异分析实现对成本的控制。标准成本核算的基本程序如下。

第一步，按照成本项目制定出各种产品的标准成本。

第二步，依据产品的标准成本进行产品成本核算，其中"在制品"（"生产成本"）、"库存商品"和"半成品"账户的借贷方，都按标准成本登录。

第三步，分成本项目计算产品实际成本与标准成本的各种成本差异，并设立对应的成本差异账户进行归集，以用来控制和考核产品成本。在各个成本差异账户中，借方登记超支差异，贷方登记节约差异。

第四步，每月末根据各成本差异账户的借贷方余额编制成本差异汇总表，将各种成本差异余额转入"主营业务成本"或"本年利润"账户，计入当月损益。

第五步，分析各种成本差异，找出产生差异的原因，确定成本责任，进行成本考核。

由此可见，标准成本法的主要内容包括：标准成本的制定、成本差异的计算、成本差异的账务处理和成本差异的分析。其中，标准成本的制定是采用标准成本法的前提和关键，据此可以达到成本事前控制的目的；成本差异计算和分析是标准成本法的重点，借此可以促成成本控制目标的实现，并据以进行经济责任的考评。

（3）标准成本的制定。

1）直接材料标准成本的制定。需按两项标准确定：直接材料用量标准和直接材料标准价格。直接材料用量标准亦即材料消耗定额，是指单位产品必需耗用的各种直接材料的数额。直接材料用量标准通常应根据企业的产品设计、生产工艺状况，并结合企业的经营管理水平，考虑降低材料消耗的可能等条件制定，所以该标准的制定最好由产品设计部门及相关管理人员负责。材料价格因受诸多因素的影响，其标准的确定相对较难。通常，直接材料标准价格应能反映目前市价及未来市场的变动情况，考虑最有利的采购条件，如经济采购批量、最经济的运输等，而且应在征询采购部门的意见后制定。在此基础上，直接材料标准成本可确定如下：

直接材料标准成本=直接材料用量标准×直接材料标准价格

2）直接人工标准成本的制定。由两项标准确定：直接人工用量标准和直接人工标准价格。直接人工用量标准即工时用量标准、工时标准或工时定额。工时既可以是指直接人工生产工时，也可以是机器工时。直接人工标准价格即标准工资率，通常可由劳动工资部门根据用工情况制定。在不同工资制度下，标准工资率有不同表现形式：采用计件工资时，标准工资率就是标准计件工资单价。采用计时工资制时，标准工资率就是单位工时标准工资率，其计算公式为：

单位工时标准工资率=标准工资总额÷标准总工时

在此基础上，直接人工标准成本可确定如下：

直接人工标准成本=工时标准×标准工资率

3）制造费用标准成本的制定。由制造费用用量标准和制造费用标准价格两个因素决定。制造费用用量标准即工时用量标准，其含义与直接人工用量标准相同。制造费用标准价格即标准费用分配率。其计算公式为：

标准费用分配率=标准制造费用总额÷标准总工时

在此基础上，制造费用标准成本可确定如下：

制造费用标准成本=工时标准×标准费用分配率

由于成本按其性态，可以分为变动成本和固定成本。前者随着产量变动而变动；后者相对固定，不随产量变动而变动。因此，制造费用也分为变动制造费用和固定制造费用两类，其标准成本的制定也应在此基础上进行。

4）标准成本卡。为了便于计算和列示产品的标准成本，通常应为每一种产品设立一张标准成本卡。按成本项目、用量标准和标准价格，计算汇总每种产品的单位标准成本。

（4）标准成本差异分析。成本差异是指实际成本与标准成本之间的差额。计算和分析成本差异的目的在于明确差异的程度，找出差异发生的原因，并决定采取纠正差异的措施，及时改进，提高效率，确定差异责任的归属。

1）成本差异的种类。在标准成本计算法下，发生的成本差异是指实际成本偏离标准成本的差额。成本差异按照成本项目分类，可以分为直接材料成本差异、直接人工成本差异和制造费用成本差异等。这些差异还可以按照差异发生的原因，如用量差异（量差）和价格差异（价差）等进行划分。

2）成本差异分析的内容和方法。进行成本差异分析是采用标准成本制度的关键，下面具体说明直接材料成本差异、直接人工成本差异、变动制造费用成本差异和固定制造费用成本差异分析的方法。

① 直接材料成本差异的分析。直接材料成本差异是指直接材料实际成本与其标准成本的差异，它由直接材料用量差异和直接材料价格差异两部分组成。

直接材料用量差异是指由于直接材料实际用量与其标准用量的差异而导致的直接材料成本差异；直接材料价格差异是指由于直接材料实际价格与其标准价格的差异而导致的直接材料成本差异。其分析公式为：

$$直接材料成本差异=直接材料实际成本-直接材料标准成本$$

$$直接材料用量差异=（材料实际用量-材料标准用量）×材料标准价格$$

$$直接材料价格差异=（材料实际价格-材料标准价格）×材料实际用量$$

直接材料用量差异的形成原因是多方面的，有生产部门的原因，也有非生产部门的原因。但总体来说，用量差异产生的原因主要有：产品设计变更，用料标准未作相应调整；制造方法或程序变更，用料标准未作相应调整；所用机器或工具变更；材料品质低劣，或规格不合；材料本身产量的变动；溢领材料，未予退库；操作工人的责任心强弱、技术状况、废品废料率的高低、设备工艺状况等，是材料用量差异的主要原因；材料质量状况、材料规格的适应程度等，也会导致材料用量差异。正因为此，材料用量差异的责任需要通过具体分析方能明确，但其主要责任部门往往是生产部门。

材料价格差异是直接材料成本差异中不应由生产部门负责的成本差异。计算和分析材料价格差异，可以区分部门责任。材料价格差异的形成原因较为复杂，有主观原因，也有客观原因，如材料数量，不按标准采购量办理；达到最低存货量时，没有及时购补，导致以紧急方式采购，人为失去讨价还价的机会；采购时舍近求远，运费较贵，运输途中损耗增加；使用不必要的快速运输，增加运费；折扣期限内，误未付款，丧失优惠；市场价格的变动；供货厂商的变动；运输方式及其路线的变动；采购批量的变动等，都可能导致材料的价格差异。但由于它与采购部门的工作情况关系更密切，所以其主要责任部门是采购部门。

② 直接人工成本差异的分析。直接人工成本差异包括直接人工效率差异和直接人工工资率差异。直接人工的效率差异即直接人工的用量差异，因为在既定产量下人工用量的多少反映着效率的高低；工资率差异即直接人工的价格差异，人工的价格表现为小时工资率。其计算公式为：

$$直接人工成本差异=直接人工实际成本-直接人工标准成本$$

$$直接人工效率差异=（实际人工工时-标准人工工时）×标准工资率$$

$$直接人工工资率差异=（实际工资率-标准工资率）×实际人工工时标准$$

直接人工效率差异的形成原因也是多方面的，如任用工人不当；工人工作调动频繁；工人对公司政策或领班措施不满；材料品质低劣；工人经验不足；工人技术状况、工作环境和设备条件的好坏等，都会影响效率的高低，但其主要责任部门还是生产部门。

直接人工工资率差异的形成原因亦较复杂，工资计算方法变更；工人类别或工资率与所做工作不配合；季节性或紧急性生产；工资制度的变动、工人的升降级、加班或临时工的增减等，都将导致工资率差异。一般而言，这种差异的责任不在生产部门，劳动人事部门更应对其承担责任。

③ 变动制造费用成本差异的分析。变动制造费用成本差异由效率差异和耗费差异两部分组成。变动制造费用效率差异即变动制造费用的用量差异，是因实际耗用工时脱离标准而导致的成本差异；变动制造费用耗费差异即变动制造费用的价格差异，是因变动制造费用或工时的实际耗费脱离标准而导致的成本差异，也称变动制造费用分配率差异。其计算公式为：

$$\text{变动制造费用差异} = \text{变动制造费用实际发生额} - \text{变动制造费用标准成本}$$

$$\text{变动制造费用效率差异} = (\text{实际工时} - \text{标准工时}) \times \text{变动制造费用标准分配率}$$

$$\text{变动制造费用分配率差异} = (\text{变动制造费用实际分配率} - \text{变动制造费用标准分配率}) \times \text{实际工时}$$

上述公式中的工时既可以是人工工时，也可以是机器工时，这取决于变动制造费用的分配方法；公式中的标准工时是指实际产量下的标准总工时。

变动制造费用效率差异的形成原因与直接人工效率差异的形成原因基本相同。

变动制造费用耗费差异则是变动制造费用开支额或工时耗费发生变动情况下出现的成本差异，其责任往往在于发生费用的部门。

④ 固定制造费用成本差异的分析。固定制造费用成本差异是实际固定制造费用与实际产量标准固定制造费用的差异。其计算公式为：

$$\text{固定制造费用差异} = \text{固定制造费用实际发生额} - \text{固定制造费用标准成本}$$

从上述公式可以看出，固定制造费用成本差异是在实际产量的基础上计算得出的。由于固定制造费用相对固定，一般不受产量影响，因此，产量变动会对单位产品成本中的固定制造费用发生影响。产量增加时，单位产品应负担的固定制造费用会减少；产量减少时，单位产品应负担的固定制造费用会增加。这就是说，实际产量与设计生产能力规定的产量或计划产量的差异会对产品应负担的固定制造费用产生影响。也正因为如此，固定制造费用成本差异的分析方法与其他费用成本差异的分析方法才有所不同。固定制造费用成本差异的分析方法通常有两差异分析法和三差异分析法两种分析方法。

两差异分析法将固定制造费用成本差异分为耗费差异和能量差异两种成本差异。固定制造费用耗费差异是指实际固定制造费用与计划（也称预算）固定制造费用之间的差异。计划固定制造费用是按计划产量和工时标准、标准费用分配率预先确定的固定制造费用；固定制造费用能量差异是指由于设计或计划的生产能力利用程度的差异而导致的成本差异，也就是实际产量标准工时脱离设计或计划产量标准工时而产生的成本差异。其计算公式为：

$$\text{固定制造费用耗费差异} = \text{实际固定制造费用} - \text{计划固定制造费用}$$

$$= \text{实际固定制造费用} - \text{计划产量} \times \text{标准费用分配率}$$

$$= \text{实际固定制造费用} - \text{计划产量标准工时} \times \text{标准费用分配率}$$

$$\text{固定制造费用能量差异} = (\text{计划产量标准工时} - \text{实际产量标准工时}) \times \text{标准费用分配率}$$

制造费用能量差异产生的原因有：订货减少；生产能量过剩；停工待料或修理机器；工人不足等方面。制造费用耗费差异产生的原因与人工效率差异产生的原因相同。

两差异分析法比较简单。从上述计算公式可见，两差异分析法没有反映和分析生产效率对固定制造费用成本差异的影响。计算能量差异时，使用的都是标准工时，它说明的是按标准工时反映的生产能力利用情况。如果实际产量标准工时和计划产量标准工时一致，则能量差异为零。但是，实际产量的实际工时可能与其标准工时存在差异，而生产能力的实际利用情况更取决于实际工时而非标准工时。实际工时与标准工时之间的差异，属于效率高低的问题。因此，固定制造费用成本差异分析更多地采用三差异分析法。

三差异分析法将固定制造费用的成本差异区分为耗费差异、能力差异和效率差异三种成本差异。其中，耗费差异与两差异分析法相同，其计算公式仍为：

$$\begin{array}{c}\text{固定制造费用}\\\text{耗费差异}\end{array} = \begin{array}{c}\text{实际固定}\\\text{制造费用}\end{array} - \begin{array}{c}\text{计划}\\\text{产量}\end{array} \times \begin{array}{c}\text{工时}\\\text{标准}\end{array} \times \begin{array}{c}\text{标准费用}\\\text{分配率}\end{array}$$

能力差异是指实际产量实际工时脱离计划产量标准工时而引起的生产能力利用程度差异而导致的成本差异。其计算公式为：

$$\begin{array}{c}\text{固定制造费用}\\\text{能力差异}\end{array} = \left(\begin{array}{c}\text{计划产量}\\\text{标准工时}\end{array} - \begin{array}{c}\text{实际产量}\\\text{标准工时}\end{array}\right) \times \begin{array}{c}\text{标准费用}\\\text{分配率}\end{array}$$

效率差异是指因生产效率差异导致的实际工时脱离标准工时而产生的成本差异。其计算公式如下：

$$\begin{array}{c}\text{固定制造费用}\\\text{效率差异}\end{array} = \left(\begin{array}{c}\text{计划产量}\\\text{标准工时}\end{array} - \begin{array}{c}\text{实际产量}\\\text{标准工时}\end{array}\right) \times \begin{array}{c}\text{标准费用}\\\text{分配率}\end{array}$$

三差异分析法的能力差异与效率差异之和，等于两差异分析法的能量差异。采用三差异分析法，能够更好地说明生产能力利用程度和生产效率高低所导致的成本差异情况，并且便于分清责任。能力差异的责任一般在于管理部门，而效率差异的责任则往往在于生产部门。

（三）生产制造业务核算程序的设计

1. 生产费用归集分配方式设计

产品成本核算的目的是正确计算出产品成本，其核心问题是生产费用按设定的成本计算对象进行归集和分配。生产费用归集分配方式的设计主要包括以下几个方面的内容。

（1）成本计算对象的设计。计算产品成本，必须首先确定成本核算对象。成本核算对象是为计算产品成本而确定的归集分配生产费用的各个对象，即成本的承担者。确定成本核算对象是设置产品成本明细账、分配生产费用和计算产品成本的前提。一般情况下，成本核算对象都是产品，但因为不同企业产品的生产特点不同，管理要求不同，因而具体的成本核算对象也就不同。例如，在单步骤生产条件下，生产工艺过程不可能，或者不需要划分为几个生产步骤，因此只要求按照产品品种计算产品成本。而在多步骤生产条件下，由于生产工艺过程是由几个间断的、分散在不同地点进行的生产步骤所组成，为了加强各生产步骤的成本管理，往往不仅要求按照产品品种计算产品成本，而且还要求按照生产步骤计算产品成本，以便为考核和分析各种产品及各生产步骤的成本计划完成情况提供资料。如果管理上不要求按生产步骤考核生产耗费计算产品成本，也可以只按产品的品种计算成本。总之，企业生产的特点和管理要求对成本核算对象的确定有着较大的影响，成本计算对象的设计既要适应生产组织与生产工艺的特点，又要满足企业加强成本管理的要求。

企业的生产组织、生产工艺特点与成本计算对象的一般关系如表 10-4 所示。

表 10-4　企业生产组织、生产工艺特点与成本计算对象

生产组织	生产工艺特点	成本计算对象
大量生产	连续加工	产品加工步骤（需计算自制半成品） 或产品品种（不需计算自制半成品）
	平行加工	产品品种
	连续加工	产品批别或产品加工步骤
成批生产	平行加工	产品批别
单件生产	平行加工	产品品种

（2）成本项目设计。

1）成本项目的设计方法。为了控制、考核与分析构成产品成本的各项生产费用的详细情况，在确定成本计算对象以后，还必须对构成产品成本的各项生产费用进行具体的分类，设计出各种成本项目。成本项目的设计有两种方法。

① 按其经济内容分类设置。设置外购材料、外购燃料、外购动力、工资、福利费、折旧费、利息和税金等项目。这种分类便于核算企业各个时期各种费用的实际支出水平，可以为核定企业流动资金定额和编制材料采购资金计划提供资料，但由于它不能提供构成产品生产费用的用途等资料，不便于分析各种费用的支出是否合理、节约，因而在实际工作中大多不采用这种分类方法。

② 按其经济用途分类设置。设置直接材料、直接工资和制造费用项目。在采用这种分类方法时，直接材料包括生产经营过程中直接用于产品生产或有助于产品形成的原材料、辅助材料、备用配件、外购半成品、燃料、动力、包装物、低值易耗品以及其他直接材料；直接工资包括直接从事产品生产人员的工资、奖金、津贴和补贴等；制造费用包括生产车间和辅助车间为组织和管理生产所发生的各项费用，如车间管理人员工资、车间房屋建筑物和机器设备的折旧费、租赁费、修理费、机物料消耗、水电费和办公费等。

2）成本项目设计的原则。无论采用哪种分类方法设计成本项目，在设计时均需遵循以下四个原则。

① 成本项目的内容与采用的成本计算方法要保持一致。例如，要采用完全成本法时就要包括一些期间费用。

② 将尽可能多的成本项目归入直接成本内，从而减少间接费用分配造成的误差。

③ 重要性与恰当性相结合。它一方面要求凡是在制造成本中占有较大比重的直接成本费用应以相应的成本项目单独列示，如企业发生的废品损失较多，应增设"废品损失"项目；另一方面要求成本项目的多少要恰当，分类不能过粗或过细。

④ 根据各种间接费用的不同属性确定不同的间接费用归集方式，从而保持所有成本项目与成本分配基础之间具有相同或相似的因果关系对间接费用分配。为了详细记录产品生产所发生的各项生产费用，控制、分析和考核构成产品成本的各项生产费用发生的合理性，在确定成本计算对象以后，还应该对产品生产过程中发生的各种耗费进行进一步的分类，设计出产品成本项目。

（3）生产费用分配标准的设计。生产费用分配的基本方法是比率法，即待分配的生产费用除以各分配对象的分配标准之和，计算出分配率，然后再用各分配对象的分配标准乘以分配率，就可计算确定各分配对象应分配的间接计入费用。其基本的计算公式为：

$$分配率 = 分配对象 \div 各种产品分配标准总数$$

$$某种产品应分配数额=该种产品分配标准数×分配率$$

常用的几种生产分配标准如下。

1）材料费用的分配。间接计入产品成本的各项材料费用，可以按产品的产量、定额消耗量、定额费用、重量和体积比例等确定分配标准。

2）燃料费用的分配。它可以根据产品的重量、体积、所耗原材料的数量、所耗原材料费用、燃料定额消耗量或费用比例等确定分配标准。

3）动力费用的分配。一般按照产品的生产工时、机器工时或定额工时比例等确定分配标准。

4）工资及职工福利费的分配。一般按照产品的生产工时或定额工时比例等确定分配标准。

5）其他制造费用的分配。一般按照产品的生产工时、机器工时、定额工时、生产工人工资比例或年度计划分配率等确定分配标准。

6）辅助生产费用的分配。一般按直接分配法、交互分配法、顺序分配法、代数分配法或计划价格分配法等确定分配标准。

（4）完工产品成本和在产品成本划分标准的设计。生产费用经过归集分配后，成本计算单就集中反映了某种产品的全部成本。如果某种产品在计算期内已完工，它反映的就是完工产品成本；如果该产品在计算期内尚未全部完工（有在产品），则反映的该产品成本还需在完工产品和在产品之间进行划分。其划分方法如下。

1）不计算在产品成本。

① 期末当在产品数量较少时。

② 期末在产品数量虽然较多，但前后各期比较稳定，视同其可以相互抵销。

2）计算在产品成本。当以上条件不具备时，就需要计算在产品成本，用某种产品的全部成本剔除在产品成本后的余额即为完工产品成本。计算在产品成本的常用方法如下：

① 约当产量比例法。其计算公式为：

$$在产品约当产量=在产品数量×完工百分比$$

$$分配率=\frac{期初在产品成本+本期发生费用}{完工产品数量+在产品约当产量}$$

$$在产品负担的成本=在产品约当产量×分配率$$

② 定额比例法。其计算公式为：

$$分配率=\frac{期初在产品实际消耗量+本期实际消耗量}{完工产品定额消耗量+期末在产品定额消耗量}$$

$$在产品实际消耗量=期末在产品定额消耗量×分配率$$

$$在产品实际成本=在产品实际消耗量×材料单价（式工资率或费用率）$$

③ 定额成本法。其计算公式为：

$$各项定额材料成本=在产品数量×单位消耗定额×计划单价$$

$$定额工资成本=在产品数量×工时定额×每小时平均工资$$

$$各项定额费用成本=在产品数量×工时定额×每小时计划费用$$

$$在产品定额成本=各项定额材料成本+定额工资成本+各项定额费用成本$$

2．产品成本核算程序设计

适应各种类型生产的特点和管理要求，产品成本计算的基本方法主要有三种：品种法、分批法和分步法。

（1）品种法。品种法是以产品的品种为成本计算对象，归集生产费用、计算产品成本的一种方法。它主要适用于大量大批的单步骤生产，如发电、采掘等企业。在这类企业中，产品的生产工艺过程只有一个加工步骤，并且只能在同一地点加工完成，因而不需要按照生产步骤计算产品成本。在大量大批多步骤生产中，如果企业或车间规模较小，或者车间是封闭式的，即从原材料投入到产品加工完成的全过程，都是在一个车间内进行的，或者生产是按流水线组织的，尽管属于复杂生产，但在成本管理工作中不要求提供各步骤的成本资料时，也可以用品种法计算成本，如小型水泥厂、制砖厂、织布厂以及辅助生产的蒸汽车间等。品种法成本核算程序如图 10-1 所示。

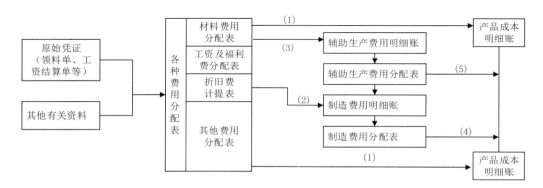

图 10-1　品种法成本核算程序

（2）分批法。分批法是按照产品批别或订单作为成本计算对象来归集产品费用并计算产品成本的一种方法，又称订单法。这种方法一般适用于小批单件的多步骤生产，如重型机械、船舶、精密仪器、专用工具模具和专用设备的制造。在某些单步骤生产下，无论是企业还是车间，如果生产也按小批单件组织，如某些特殊或精密铸件的熔铸，也可以用分批法，单独计算这些铸件的成本。

分批法成本核算程序流程说明如下。

1）在开始生产时，财务部门应根据每一份订单或每一批产品生产通知单（内部订单），开设一张成本明细单（产品成本计算单）。

2）分批法十分强调按单位或批别归集成本，因此各张订单、各批产品所直接耗用的各种材料、费用，都要在有关原始凭证上填明订单及生产通知单号，间接费用要填明其用途和费用发生地点。

3）期末根据费用的原始凭证编制材料、工资等分配表。

4）结算各辅助生产成本，编制辅助生产费用分配表。

5）结算各车间的制造费用明细账，编制制造费用分配表，按照规定的分配标准，分配记入各有关成本明细账。

6）当某订单、生产通知单或某批产品完工、检验合格后，应由车间填制完工通知单，一份送会计部门，以便结算成本。

7）财务部门收到车间送来的完工通知单后，根据产品成本明细账和有关原始凭证资料，编制产品成本计算表。

8）期末未完工订单的成本明细账所归集的成本费用就是在产品成本。

分批法成本核算程序如图 10-2 所示。

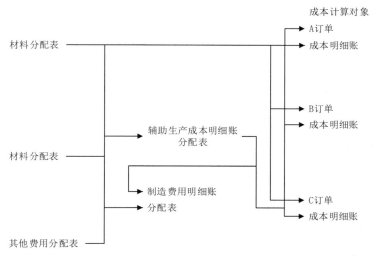

图 10-2　分批法成本核算程序

（3）分步法。分步法是按照产品的生产步骤和产品品种汇集生产费用、计算产品成本的一种方法，它适用于大量大批的多步骤生产，如冶金、纺织、造纸，以及大量大批生产的机械制造等。在这些企业里，生产工艺过程是由若干个在技术上可以间断的生产步骤组成，即从原材料投入生产到产成品完成，要经过若干个连续的加工步骤。原材料经过一个加工步骤，便生产出形状和性能不同的半成品，上一步骤的半成品，是下一步骤的加工对象，直到最后一个步骤加工或装配完毕，才生产出产成品。在这样的企业里，为了加强各生产步骤的成本管理，特别是实行分级管理、分级核算的企业，不仅要求按照产品品种计算产品成本，而且还要求按照生产步骤计算半成品成本，以便为考核和分析各种产品及各生产步骤半成品成本计划的完成情况提供基础数据资料。由于在不同的企业，管理者对每一生产步骤的成本信息的需求不同，为了方便成本计算，分步法又可以分为逐步结转分步法和平行结转分步法两种。

1）逐步结转分步法（计算半成品成本的分步法）。该种方法是按照产品的加工顺序，首先计算第一个加工步骤的半成品成本，然后结转给第二个加工步骤；第二个加工步骤把第一步骤转来的半成品成本加上本步骤发生的费用，计算求得第二个加工步骤的半成品成本；再结转给第三个加工步骤，依此顺序结转累计，一直到最后一个加工步骤才能计算出产成品的成本。

这种方法广泛适用于大批量多步骤生产企业，各步骤生产出的半成品主要是转给下一步骤继续加工，最后加工成企业产成品。例如，玻璃仪器的生产，配料熔化成玻璃液，经过拉管机拉成玻璃管，再经过烧制制成各种玻璃仪器。为了分别计算各种产成品的成本，也要计算这些半成品成本。半成品成本的计算是产成品成本计算的需要。有的企业各步骤生产出来的半成品可以对外销售，如纺织厂的棉纱、钢铁厂的生铁等都经常对外销售，为了计算对外销售半成品成本，也要求计算这些半成品的成本。其成本核算程序如图 10-3 所示。

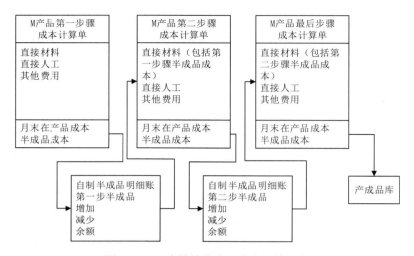

图 10-3　逐步结转分步法成本核算程序

2）平行结转分步法（不计算半成品成本的分步法）。该种方法主要适用于大量多步骤装配式生产的企业。在这样的企业里，各步骤半成品的种类很多，又很少对外销售，不需要计算半成品成本。如果再采用逐步结转分步法，核算工作量会很大，也没有必要。为了简化和加速成本计算工作，便采用了平行结转分步法。

平行结转分步法，在计算各步骤成本时，不计算各步骤所产半成品的成本，也不计算各步骤所耗上一步骤的半成品成本，只计算本步骤发生的各项费用以及这些费用中有多少应计入产成品成本中。把各步骤计入产成品成本中的费用称为"份额"。将相同产品的各步骤的份额平行结转、汇总，即可计算出该种产品的产成品成本。这种结转成本的方法，就称为平行结转法。其成本核算程序如图 10-4 所示。

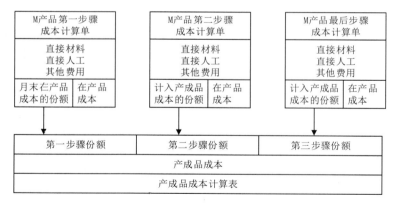

图 10-4　平行结转分步法成本核算程序

以上各种方法的比较如表 10-5 所示。企业可以根据自己的生产特点和生产工艺，以及企业成本管理的需要科学合理地选用，有时需要多种成本核算方法交叉通用。

表 10-5　成本核算方法特点的比较

成本核算方法	成本核算对象	成本核算期	成本结转	在产品计算
品种法	产品品种	定期、每月月末	不结转	单一品种不核算 多品种核算

续表

成本核算方法		成本核算对象	成本核算期	成本结转	在产品计算
分步法	逐步结转分步法	各步骤半成品、产成品	定期、每月月末	各步骤半成品成本结转	核算在产品成本
	平行结转分步法	各步骤份额、最终产品		各步骤份额结转或单位半成品加工费结转	
分批法	全厂范围或一个封闭车间	产品批别、件别	不定期	不结转	通常不核算在产品成本
	各步骤连续加工			逐步结转或平行汇总	

五、安全生产风险

企业在履行社会责任时，在安全生产方面至少应当关注下列风险。

（1）安全生产措施不到位，责任不落实，可能导致企业发生安全事故。

（2）安全生产事故频繁，可能导致企业经济利益受损，甚至倒闭。

第十一章

研究与开发方面内控管理

第一节　研究与开发综合文案

一、研究与开发管控目标

研究与开发管控目标是指企业在实施研究与开发内部控制过程中，为实现研发成果的开发与保护所需采取的重要措施。

（1）建立健全研究成果开发制度，促进成果及时、有效转化。

（2）坚持开展以市场为导向的新产品开发消费者测试，力求降低产品成本。

（3）进行知识产权评审，及时取得权属，利用专利文献选择较好的工艺路线。

（4）建立研究成果保护制度，加强对专利权、非专利技术、商业秘密及研发过程中形成的各类图纸、程序、资料的管理，严格按照制度规定借阅和使用。

（5）建立严格的核心研究人员管理制度和激励体系，明确界定核心研究人员范围和名册清单，并与之签署保密协议。

二、研发部组织结构与责权

请参阅以下相关文案。

文案范本

研发部组织结构与责权

部门名称	研发部		部门编号	
直属上级	总经理		部门定员	
部门组织结构	研发部经理 产品技术主管　产品开发主管　产品测试主管 技术研究员　技术翻译员　研发立项员　产品开发员　测试工程师　测试研究员			

续表

部门责权	职责	1. 负责产品研发总体规划和研发过程控制等工作
		2. 负责产品技术研究，确保产品技术领先
		3. 负责新产品研发与试制工作
		4. 负责新产品样品试制与测试工作
		5. 负责与国内外同类新产品对比研究工作
	权限	1. 拥有新产品项目建议权
		2. 拥有新产品立项申报权
		3. 拥有新产品试制监督权
		4. 拥有新产品技术选择权
		5. 拥有新产品质量评估权
备注		
编制人员		编制日期
审批人员		审批日期

三、研究与开发风险

（一）研发业务的主要风险

（1）研究项目未经科学论证或论证不充分，可能导致创新不足或资源浪费。

（2）研发人员配备不合理或研发过程管理不善，可能导致研发成本过高、舞弊或研发失败。

（3）研究成果转化应用不足、保护措施不力，可能导致企业利益受损。

（二）研发业务风险表现

1. 论证风险

论证风险是指研究项目未经科学论证评估，或论证评估不充分，可能导致创新，不足或资源浪费的风险。

2. 研发技术风险

研发技术风险是指为研究开发某项新技术、新产品所包含的不确定性。发展这项新设计的目的是提高系统的性能水平，但却可能因为受到某些约束条件的限制与阻碍，而可能导致研发目标难以实现所形成的损害。

（1）技术方案风险。技术方案不合理，会导致后续设计产品的质量、性能不能达到设计要求，造成后期设计变更，可能影响到项目的进度所形成的损害。

（2）新技术的不可靠性风险。新技术的运用，还需要整体配套系统与之匹配，确认新技术的可靠性是否已经得到了验证，项目团队对技术、工艺是否有足够的经验，否则将会给项目留下不可预估的风险。因为，研发的性质是使用研究，不是纯理论的研究，要求最终产品的投入使用有足够的可靠性。

（3）系统复杂性风险。系统的复杂性可能导致研发管控难度增大，设计反复变化，进而可能影响到整体项目的质量和进度。

（4）工艺不成熟的风险。采用的工艺如果不成熟会对项目开发周期以及产品性能产生不利影响。在方案设计阶段以及设计细化过程中，设计人员应该充分考虑工艺可行性，尽可能采用成熟工艺。

（5）试验验证风险。新产品投入使用前必须通过相应机构的认证试验方可上市。但是，不同市场都有各自的系列政策及法规要求，如果进行多市场试验，则可能存在实验的多次失败和重复实验，可能导致进度拖延，人力、物力等成本的增加，最终影响到新产品上市时机。

（6）设备能力风险。新产品设计中的新结构、新工艺往往会对现有设备进行调整或需要引进新设备，这需要在方案初级设计阶段必须考虑。可能存在设备无法满足设计要求、达不到设计目标、造成新产品投入过大等不利影响。

（7）后续服务风险。如果在设计中对可维修性设计不足，产品缺乏可维修性将会影响产品销售。

3．研发管理风险

（1）授权延误风险。授权人拖延批准签订研发相关合同或者项目进入下一节点等，造成项目计划进度中断，会产生研发项目进度迟延风险。

（2）单纯追求效率风险。研发项目管理者由于对项目本身不熟悉或者为了满足客户要求，压缩项目开发周期，盲目加快项目进度，会发生达不到研发目标的风险；同时，为了赶进度，往往通过增加人员、加班等措施来补救，会额外增加研发费用，并且对项目质量也可能造成不利影响。

（3）研发项目变更风险。项目方案未经公司评估和审批程序而擅自发生变更事项，可能对项目的进度、技术、费用等各个方面产生负面影响。

（4）沟通不畅风险。研发是一个多专业、多部门、多单位共同合作开发的项目，如果沟通不到位，信息不对称，没有形成有效的协作，不能及时发现和解决问题，会导致设计效率低下，也可能造成质量、进度和市场不适应的后果。

（5）人才不稳定的风险。项目成员的稳定性、责任心以及能力水平，直接影响到项目进度、质量与成效。

4．研发环境风险

研发环境的风险存在客户风险、供应商风险、市场需求风险和政策风险等。

（1）研发过程需要客户方对产品的认同过程。客户的决策能力、协调能力、组织能力、管理的规范化程度等直接影响到项目组的沟通交流，并间接影响到项目的质量、进度及效果。客户对项目方案、进度以及质量等提出的不合理要求，直接影响到项目成败。研发项目分为多个项目节点，需要客户进行评审确认，如果客户迟迟不签字确认，就会影响项目下一节点的开展，有时，客户还会在确认节点后，又推翻原有结论，造成项目范围及进度的变化。

（2）研发过程需要供应商的配合。在项目设计过程中，需要对所需零配件、加工工艺、原材料供应信息的不断确认。此时所选择的供应商是否具备良好信誉、供应能力、技术能力及研发能力等至关重要。已认定供应商的介入，与项目同步进行零部件、原材料的内部结构开发及工艺分析，供应商技术能力、稳定性、数量等，会影响开发的进度及设计的质量，设备情况、工艺水平等也会影响到供应商供应零部件、原材料的供应期限和质量问题。

在研发过程中除了充分考虑以上主要风险外，还应顾虑到国家政策法规风险、自然风险、市场需求变化风险等。但在实际研发过程中，这要考虑成本费用原则，企业只需特别关注技术、资金、人力、进度以及成果转化等重要风险，从而实施重大控制。

（三）研究与开发风险管控

1．研究项目立项

（1）组织独立的专业机构对研发项目可行性进行评估论证，出具评估意见。

（2）立项审批应重点关注研究项目促进企业发展的必要性、技术的先进性、成果转化的可行性。

（3）重大研究项目应当报经董事会或者类似决策机构基体审议决策。

2．研发过程管理

（1）严格落实岗位责任制，跟踪项目的进展情况，评估各阶段的研究成果。

（2）委托或合作开展研发项目的，应签订合同约定成果产权归属、质量标准等内容。

（3）组织专业人员对研究成果进行独立评审和验收。

（4）建立严格的核心研究人员管理制度，签署保密协议，特别约定违约责任等内容。

3．成果开发保护

（1）研究成果开发分步推进，产品试生产获得市场认可后方可进行批量生产。

（2）加强研究成果的保护，严格管理研发过程中行程的各类涉密图样、资料。

（3）全面评估研发活动，认真总结研发管理经验，不断改进、提升研发活动管理水平。

四、研究开发关键点控制

为了规避上述存在的风险或降低各类风险造成的损失，企业应当根据自身的发展战略，对研究开发过程中的关键环节做好管控工作，具体关键点事项如表 11-1 所示。

表 11-1　研究开发过程中的关键环节管控工作

控制事项	要控制的关键点
立项审批	1．严格审核研发计划提出的依据 2．客观、完善地进行项目研发可行性研究及预算审核 3．制定研发项目立项审批责任制度
人员配备	1．合理配备专业研发人员，严格落实岗位责任制 2．制定有效的保密制度及竞业规定 3．安排合适的人员负责统筹安排工作
研发过程控制	1．多级协同管理研发进度 2．开展研发中的评估与调整工作 3．及时准确地进行进度登记、问题跟踪、状态报告工作
成果转化	1．建立科研、生产、市场一体化的自主创新机制 2．开展研发成果试生产测试市场反应
成果验收	1．建立独立评审和验收机制对研发成果进行验收 2．建立包括开发进度、取得成果、项目资金、市场地位等多因素在内的完整的成果验收考核体系
成果保护	1．提前约定研发成果归属 2．建立完善的研发成果保护制度，对研发成果集研发过程中的文件、资料进行严格保护
研发评估	1．充分评估研发费用投入及研发成果的市场价值 2．建立完善的研发评估结果应用体系

五、研究开发授权批准

请参阅以下相关文案。

 文案范本

研究开发授权批准制度

第一章　总　　则

第一条　为规范企业研究开发实施中的授权批准行为，明确授权范围、责任和权限，强化研发项目授权的管理，维护研发工作秩序，根据国家相关法律法规的规定和企业实际情况，特制定本制度。

第二条　企业的产品、技术、工艺等研究开发由研发部主要负责，其他部门应该根据需要给予积极的配合。

第二章　成立研发项目小组

第三条　凡企业有研发项目立项，研发部经理需根据研发复杂程度、研发内容以及研发时间要求，组建研发项目小组。

第四条　研发项目组第一负责人为研发项目经理，由研发部经理推荐，经人力资源部审核后由总裁任命。

第五条　研发项目组根据需要配置技术、会计、调研等具体岗位，人员由项目经理推荐，经研发部经理和人力资源部经理审核后由总裁批准。

第六条　研发部所组织项目组所有参与人员必须具备以下四个方面的条件。

1. 必须是企业全职工作人员。
2. 必须具备相关的专业知识和技能。
3. 必须熟悉相关法规、政策。
4. 能够切实维护企业的切身利益。

第三章　关键环节控制程序

第七条　项目立项与研究批准应按照以下流程进行。

1. 研发部经理上报项目建议书。
2. 研发总监或总裁审批后进行可行性研究。
3. 研发部经理上报可行性报告。
4. 研发总监或总裁组织专项会议审议。
5. 审议通过后工程立项。

第八条　项目开发应用批准应按照以下流程进行。

1. 研发部经理上报研发项目小组研究成果。
2. 生产部进行产品试制、技术试验、工艺改进试验。
3. 销售部推广产品。
4. 销售部提交市场分析报告。
5. 研发总监或总裁审批通过后执行。

第九条　研发项目保护制度批准应按照以下流程操作。

1. 研发部经理制定研发成果保护制度。
2. 研发总监审批后执行。

第四章　审批权限要求

第十条　研发项目涉及公司重大经营决策，若研发周期超过月、研发费用预算超过元，应由总裁审批项目立项和项目研究工作。

第十一条　任何人调阅、使用企业研发成果资料，都应根据研发成果密级报相应审批人审批后方可使用。

1. 秘密级研发成果资料的审批人是研发部经理。
2. 机密级研发成果资料的审批人是研发总监。
3. 绝密级研发成果资料的审批人是总裁。

第十二条　对于审批人超越授权范围审批的研发项目业务，经办人有权拒绝办理，并及时向审批人的上级授权部门报告。

第五章　附　　则

第十三条　授权、批准均应有文件记录，以书面授权为主，方便以后查考。

第十四条　本制度自颁布之日起实施，解释权归总裁办公室。

 **文案范本**

研究与开发授权审批情况

事　　项	文件或文书名称	编制及审批机构			
		相关部门	研发部	主管副总	总经理
研究项目立项	研发计划		制定	审核	审批
	研究项目立项申请		提交	审核	审批
	项目可行性研究报告		编制	审核	审批
	立项评估报告	出具	参与	审核	审批
	项目计划任务书		制定	审核	审批
研发过程管理	研发项目招标管理制度		制定	审核	审批
	研发项目外包合同		拟订	审核	审批
	项目进展情况跟踪报告		编制	审批	
	阶段性评估报告	出具	参与	审核	审批
	研究成果验收管理制度		制定	审核	审批
	研究成果验收评估报告		制定	审核	审批
成果开发保护	研究成果保护制度	制定	参与	审核	审批
	研发活动评估管理制度	制定	参与	审核	审批
	核心研究人员管理制度	制定	参与	审核	审批
	研发技术保密协议书	制定	参与	审核	审批

研发项目审批决策流程

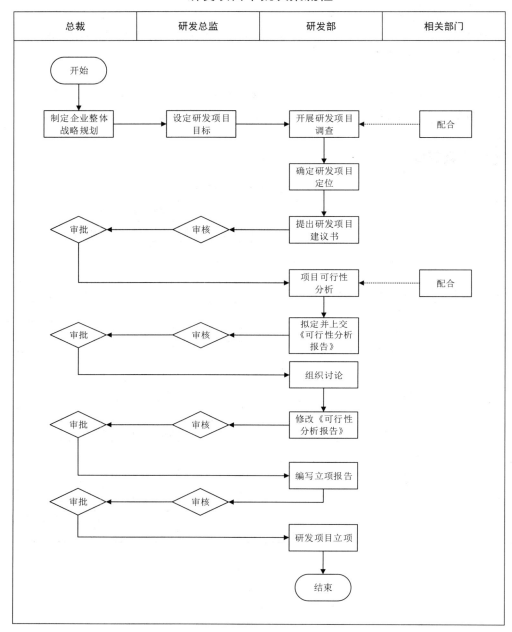

六、新产品方面内控

（一）新产品批量生产的控制

选择和掌握好新产品投入市场的时机，是降低产品创新风险的一个重要方法，如果新产品相对于老产品投入市场过早，就会影响老产品的收益最大化；反之，在老产品开始衰退时仍没有新产品投入市场，就会造成销售额和利润的剧烈下降，使企业陷入困境。如果新产品相对于竞争者的新产品投入市场过早，会面临难以被顾客接受的风险；相反，如果新产品相对于竞争对手的新产品投入市场过晚，竞争将非常激烈，没有较强的成本、质量或服务优势是很难取得成功的。

对于改进型产品来说，在老产品销售额开始下降（或销售额最大）时投入市场较为合适，既不影响原有产品的销售，又能使新产品尽快被市场接受；而对于创新型产品来说，应尽早投入市场，因为创新型产品被市场接受需要较长的时间；企业在早期阶段可以获得较多的利润，以尽快弥补开发费用。创新型产品技术变化速度较快，所用技术被新技术取代的可能性更大。

此外，新产品入市时机的选择，除所考虑的市场因素外，也要考虑新产品本身的技术成熟程度。在市场激烈竞争情况下，若一种技术质量已过了关的新产品，不迅速投入市场，就会坐失良机，稍有推迟可能导致时过境迁。

（二）新产品开发过程的风险控制

1. 规避新产品开发信息流风险

风险源于不确定性，有效信息的增加，就意味着不确定性因素的减少和风险的降低，新产品开发试制过程实质是为了进行商业化生产，把有关市场机会和技术可行性的资料转化为信息资产的过程。在开发过程中，这些信息资产通过各种媒体，包括人脑、纸张、计算机内存、软件和其他有形资料，被创造、过滤、储存、组合、分解和转化，最终表达为详细的产品和过程设计，进而储存在计算机辅助设计库中，最后进入生产过程。

由于新产品开发被看成是一个信息的收集、评价、处理、传递和应用的过程，产品研发部门的任务就是最大限度地收集关于用户需求、技术和竞争环境以及所需资源的信息，以减少不确定性。在新产品开发过程中，涉及不同职能部门的人员具有不同功能。例如，销售人员主要立足于降低有关市场营销信息的不确定性；研发人员主要负责有关技术信息的不确定性；产品开发的过程就是一个不确定性逐渐减少的过程，因此，加强不同职能部门的人员（如研发、市场营销、工程、制造以及外部顾客和供应商）之间的交流，实现信息共享，降低不确定性风险。

2. 加速新产品开发，降低新产品缓慢出台风险

比竞争对手更快地产出新产品，能够使企业在竞争中处于主动地位，为企业创造更多发展机会，如建立产品标准，取得技术领先地位，对顾客需求作出快速反应，实现高额利润等，从而降低开发风险。这就要求研发部门在保证新产品性能、质量的基础上，确保开发工期；如果预计企业不能满足所有新产品开发所需的人才和设备，可以寻求合作者共同进行新产品开发项目。

随着科学技术的发展，市场竞争程度的加剧，市场对新产品的要求不断提高，在这种情况下，与其他企业和科研单位共同开发、销售新产品，可以加强企业的薄弱环节和分散研究开发风险。

（三）新产品试制成果的保护与总结

企业应当建立研究成果保护制度，加强对专利权、非专利技术、商业秘密及研发过程中形成的各类涉密图纸、程序、资料的管理，严格按照制度规定借阅和使用。禁止无关人员接触研究成果。

企业技术、工艺、质检部门进行新产品设计验收，最终设计审查通过后，研发部门应将最终规格与图样，适当地加以书面整理，形成新产品的技术资料和样品，并以技术资料转交明细表方式进行档案保存，并转移给生产计划中心转化为大批量生产，并以此作为采购、生产、销售等部门计划安排的依据。

企业应当建立研发活动评估制度，加强对立项与研究、开发与保护等过程的全面评估，认真总结研发管理经验，分析存在的薄弱环节，完善相关制度和办法，不断改进和提升研发活动的管理水平。

企业研发部门要对新产品的开发过程和结果进行总结和回顾，评价开发效果，总结经验教训，编制新产品开发报告，由总工程师认定后，经生产计划中心、财务部门和审计部门审核后，交企业高层办公会议考评审议，审议结果报董事会核准。

（四）新产品开发项目中止的控制

既然是新产品开发试制，则必须对许多不确定性因素——加以解决，但是也难免会遇到新产品开发失败的结果。这也是企业在开发过程中需要面对的实际状况，必须给予充分的重视，做好项目中止的思想准备。

新产品创新的投入是一个逐次进行的过程，因此一个产品开发项目失败或中止的时点越往后，则积累投入越来越大，风险损失也会随之递增。

对一些没有前途的产品开发项目不及时中止，还会占用企业大量的人力、物力和财力资源。在产品开发的早期阶段，如设计和试验阶段，做好项目的选择和中止决策，能实现对资源的合理分配，减少不确定性。让较少的项目处在危险之中是降低企业产品创新风险的最好办法，在全面介入之前，企业必须反复评价和提炼产品设计，以便执行最好的产品设计。

在产品开发过程中，要有明确的继续和中止的决策点，以便对项目全面评价，及时中止进行不下去或没有前途的项目。一些项目根本没有经过仔细研究就很快进入开发阶段，企业仅仅认识到尽快实现商业化的必要，结果导致市场并不像预测的那样大，或生产成本过高等。缺乏明确的继续和中止的决策点，意味着太多的项目失败，资源浪费在错误的项目上，缺乏投资重点。

（五）新产品开发项目的成本控制

1. 建立研发项目的目标成本

目标成本是指在新产品的设计开发过程中，为实现目标利润而必须达到的成本值。目标成本=目标售价–目标利润。产品的目标成本在设计成功后就基本成型，产品后期的生产制造工序只能通过降低生产过程中的损耗和提高装配加工效率来降低产品成本。因此，为了保证设计的产品在给定的市场价格、销售数量、功能需求等条件下取得较高的利润，在产品设计研发阶段引进目标成本的概念是成本控制的基础。在新产品研发设计阶段引进目标成本应坚持以下原则。

（1）以目标成本作为衡量的原则。通过目标成本的计算有利于在研发设计中关注同一个目标，将符合目标功能、目标品质和目标价格的新产品投放到特定的市场。因此，在新产品的设计过程中，当设计方案的取舍会对产品成本产生巨大影响时，应当采用目标成本作为衡量标准。

（2）目标成本控制的全面性。对于新产品的研发，企业应该组织相关部门人员参与，考虑将采购、生产、工艺等相关部门纳入新产品的研发设计小组，这样有利于大家集中精力从全局的角度去考虑成本的控制。

2. 新产品设计成本管控

（1）对新产品设计成本管控的出发点，是使得设计者能够综合考虑产品生命周期中的加工制造、装配、检测、维护等多种成本因素，通过对产品技术经济性评价确定项目成本构成；设计者应根据成本原因，及时进行设计修改，从而达到降低产品成本的目的。

（2）新产品设计者应将项目设计成本方案提交企业财务部门评估，在提交新产品可行性时将财务的评估结论一并提交高层例会审批。

3．新产品设计成本管控理念落实到新产品开发全过程

（1）规划产品层次的目标成本，将其作为产品设计的一个制约条件；在产品的原理设计阶段主要采用价值工程分析法选择最优方案进行工作；在产品技术设计阶段主要是进行目标成本的分解和传递，以及各主要零部件的价值分析。应用价值工程分析方法，可以实现产品结构优化成本原则。

（2）在产品开发阶段，通过建立包含制造加工、装配、检测等成本信息的产品模型，实现产品的技术经济性评价目标成本。研发部门根据目标成本预算控制项目成本和费用的投入，财务部门根据项目目标成本预算监督项目投入。

（3）研发部门和财务部门要及时地评价项目目标成本执行结果对新产品开发的影响，及时进行产品再设计，达到既实现项目开发优化，又降低产品成本的效果。

（六）新产品开发的试制程序

研究成果的开发应当分步推进，通过试生产充分验证产品性能，在获得市场认可后方可进行批量生产。

研发部门应按新产品设计流程，制定新产品研发专案企划书，以进行新产品规划、研发、审查、验证等一系列活动。由研发部门负责管理组织内外各种业务的设计工作，并制作产品开发日程表以分派任务。

研发部门按新产品提案单规格要求填制《工程样品需求表》，交总工程师批准后提交生产车间试做工程样品。生产车间将完成的工程样品提交企业工艺、技术、质量等部门对工程样品进行检测与试验，必要时应针对样品召开内部讨论会议；需要经政府机构确认的，由企业研发部门提交政府检验部门出具检验报告，以确保样品符合国家有关规定与需求的规格标准。

通过检测审查如果研发部门提出新产品批量试生产需求，经总工程师审核后交总经理批准，由生产计划中心下达试生产计划，交生产车间进行批量试生产，否则应重新进行研究设计。

批量试制成品应由研发部门依各项需求及标准进行测试，包括提交国家技术监督局产品检验过程。若批量试成品测试检验结果未通过，则进行重新评估。批量试成品通过检验程序，由研发部门将实验成果提交生产部门，根据销售需求进入大批量生产。

文案范本

新产品试制管理流程（范本 1）

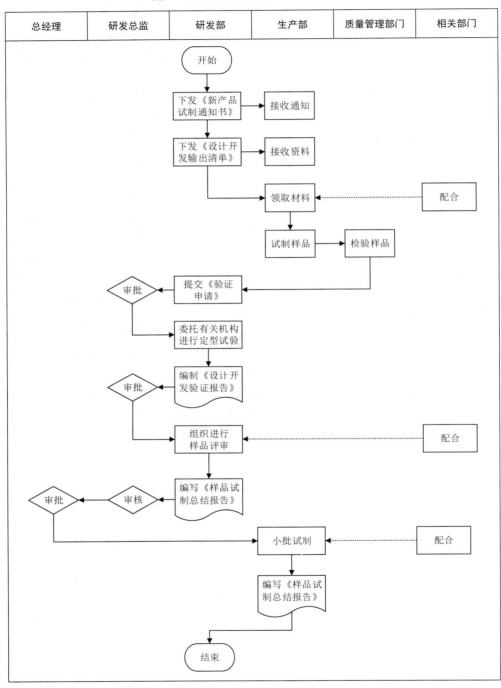

文案范本

新产品试制管理流程（范本 2）

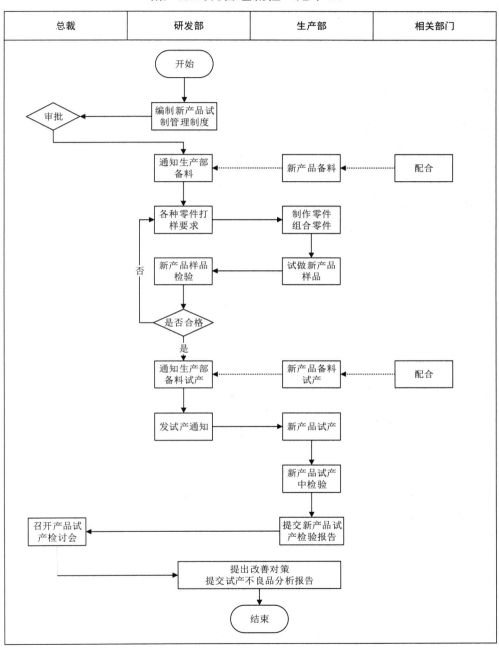

七、相关综合文案

请参阅以下相关文案。

文案范本

研究与开发管理制度

第一章　总　则

第一条　为了支持和规范公司的研发活动,提高公司的自主创新能力,增强公司的核心竞争力,使公司研发活动有章可循,特制定本制度。

第二条　本制度适用于公司立项的新材料、新产品、新工艺、新设备的研究开发、技术改造、技术引进、淡化创新等项目。

第三条　实施原则。

1. 技术领先、产品专业化。

2. 研发项目符合公司中长期战略规划。

3. 立项经过可行性论证和严格审批。

4. 在自主研发基础上广泛开展合作。

第二章　职责分工

第四条　公司研发副总实施所有与研发相关活动的管理职能,主要有以下职责。

1. 组织编制研发计划,向研发部下达研发项目任务书。

2. 组织研发项目的立项申请、可行性研究及相关评审活动。

3. 协调处理研发过程中出现的需要解决的问题,对研发项目进展情况实施监督。

4. 组织研发成果的验收评审以及成果鉴定、认证和专利申报等工作。

5. 负责研发项目方案实施、生产准备、试验试制等组织与协调。

第五条　研发部是公司研发项目的具体实施部门,具体有以下职责。

1. 编制研发计划,并提出研发项目立项申请。

2. 对研发项目开展可行性研究,编制可行性研究报告。

3. 制定研发项目实施方案,并开展产品设计、试制试验活动。

4. 协助项目评审机构进行立项评估论证、研发成果评审和验收工作。

5. 负责产品研发技术资料、文档的保护、保管。

第六条　市场部负责收集和提供市场信息,并提出相关研发项目建议。

第七条　生产部对研发产品的试制提供协助,并按规定组织开展产品的试生产、批量生产。

第八条　财务部负责对研发经费的使用、报销进行审核、监管,并按规定对研发活动进行会计核算。

第九条　人力资源部负责为研发项目合理配置人力资源,并负责核心研究人员的劳动合同管理工作。

第十条　其他相关部门在其职能范围内为研发项目提供支持、协助和配合工作。

第三章　立项与研究

第十一条　小型研发项目(投入研发工作量≤××人月,投入研发资金≤××万元)的立项,须由研发部经理编制项目计划书,经公司研发副总签字同意,报总经理批准立项。

第十二条　非小型研发项目须经过立项申请—立项可行性研究—立项评估论证—研发副总审核—总经理审批,方可立项。

第十三条　立项可行性研究由研发部负责实施，市场部、生产部提供协助，最终形成可行性研究报告。

第十四条　可行性研究报告应至少包含以下内容。

1. 项目概况，国内外同类研究情况、技术水平。

2. 市场需求、经济、社会、生态效益分析。

3. 主要研究内容、关键技术、创新点。

4. 预期的主要技术经济指标、知识产权申请情况等目标。

5. 现有技术的知识产权情况及自主知识产权的拥有设想。

6. 原有基础、技术力量投入、科研手段和研究成果的生产或应用去向等已有条件分析。

7. 实施方案及进度安排。

8. 项目经费来源及用途等项目预算。

第十五条　公司委托专业评审机构对立项申请报告和可行性研究报告进行评估论证，并根据评估论证结论对研究项目进行审查批准。

第十六条　立项申请报告和可行性研究报告经过总经理签字后，即视为正式立项。项目只有立项后才允许发生费用。

第十七条　立项后项目将获取一个唯一的项目编号，作为研发领料、费用报销时，物流控制和财务核算的依据。

第十八条　正式立项后，研发部应编制项目计划任务书，报研发副总审核、总经理审批后备案，为项目实施的跟踪检查、考核、评审和验收提供有效依据。

第十九条　项目计划任务书应至少包含以下内容。

1. 项目描述，包括项目内容描述、成果和知识产权、研发周期、阶段性目标和进度安排等。

2. 项目目标，包括质量目标、工期目标、费用目标、技术目标、产品性能特征主要描述等。

3. 评价标准，包括工期执行标准、性能测试标准、技术指标标准和费用预算标准等。

4. 项目参加人员及其简历，包括项目总负责人、研发责任人、评估责任人、主要参与研发人员。

5. 项目沟通计划，包括相关人员沟通频率、方法、所需信息等内容。

第二十条　研发部根据立项相关报告及计划任务书制定研发实施方案和产品设计方案，组织实施研发活动。

第二十一条　技术研发完成后，应组织专业人员实施内部评估，并将评估结果逐级报告研发副总、总经理，确定是否转入产品研发阶段。

第二十二条　产品研发阶段的外观包装设计、结构设计、营销计划等工作，由相关部门在其职能范围内承担实施。

第二十三条　研发项目实施项目进度定期报告制度，如有项目目标调整、内容更改、关键技术方案的变更、不可抗拒的因素等对项目执行产生重大影响的情况，应及时向总经理报告。

第四章　验收与保护

第二十四条　项目完成后，研发部应及时向公司提出验收申请，公司委托专业验收评估机构实施验收。

第二十五条　研发部申请验收时，应至少准备以下有关验收资料和数据。

1. 项目计划任务书。

2. 项目验收申请报告。

3. 项目实施技术报告。

4. 项目实施各阶段评估报告。

5. 项目经费的决算表。

6. 涉及经济指标的有关证明材料。

7. 其他有关项目完成情况的证明材料。

第二十六条　专业验收评估机构对项目采取现场验收或书面验收后，出具验收评估报告，为研究成果转化提供依据。

第二十七条　研究成果中，有需要申请国家知识产权的研发技术或产品的，研发部应负责提供知识产权专利申请相关文件、材料，交由公司相关部门办理知识产权的申请报批工作。

第二十八条　各项知识产权的申报文档、批准文件以及相关证书等原件，由专人负责妥善、完整、长期保管。有关部门或人员申请使用的，应履行审批程序后方可使用扫描件或复印件。

第五章　成果转化

第二十九条　研发成果的转化应分步推进，由研发部、市场部、生产部协作实施，通过试生产充分验证产品性能，在获得市场认可后方可进行批量生产。

第三十条　研发产品试出产、批量生产应按照以下程序执行：

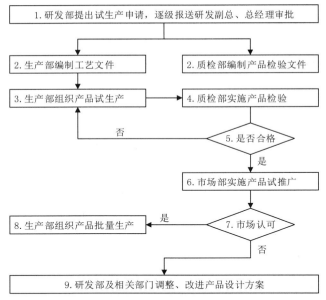

第三十一条　试生产时，研发部应协助编制工艺文件和产品检验方法，并负责解决试生产过程中发现的与产品设计有关的问题。

第三十二条　试生产异常终止的，项目负责人应提供文件详细说明终止原因及解决方案。

第三十三条　试生产完成后，由研发副总、研发部经理、项目负责人、生产部经理、质检部经理召开试生产总结会，并将总结报告报送总经理审批。

第三十四条　试生产成功完成的，由总经理批准确认的项目可进行正式转产。

第六章　附　则

第三十五条　研发过程中产生的各类涉密图样、资料，视为公司秘密文件，禁止无关人员接触。

第三十六条　本制度最终解释权归研发部所有。

第三十七条　本制度自公布之日起生效。

**文案范本**

研发人员管理制度

第一章　总　　则

第一条　目的。

为了确保公司研究开发工作顺利进行，明确研发人员的权利和义务，特制定本制度。

第二条　适用范围。

企业研发人员均适用本制度。

第三条　核心研发人员。

本制度所指核心研发人员是指学术权威高，行业召集力强，权力范围大，掌握企业技术命脉、经营技巧、客户资源以及其他商业机密的人。

第二章　研发人员日常行为管理

第四条　研发人员考勤管理。

1. 研发人员未在特定研发项目中承担研发工作期间，需要遵守《企业员工管理制度》的考勤规定。

2. 研发人员在特定研发项目中承担研发工作期间，需按照项目团队要求，根据项目进度调整工作时间。

（1）项目团队加班攻关时，研发项目经理可批准工作日休假。

（2）研发需要出差时，由研发项目经理批准出差时间、地点。

（3）研发期间，研发人员出于任何事由的请假，若请假在3天以内，由研发项目经理审批；若请假时间为3～10天，由研发部经理审批；若请假时间超过10天，由总裁审批。

3. 研发期间研发人员工资不参照考勤结果，应根据研发人员绩效考核结果确定研发人员绩效考核参照企业《项目工资管理制度》。

第五条　研发人员人事异动。

1. 研发人员未在研发项目中承担研发工作时，研发人员的职位调动、离职、辞退按照《企业员工管理制度》中有关人事异动的管理规定执行。

2. 研发项目研发人员人事异动应遵照以下要求。

（1）原则上，人力资源部不做职位调动，确实需要调整的由总裁批准后执行。

（2）研发项目的研发人员提出离职的，应先交接工作内容，调出研发项目小组。企业与离职人员在至少一个月后签订离职保密协议，办理离职手续。办理离职时间根据研发项目的重要程度以及掌握研发资料的秘密程度确定，在不违反《中华人民共和国劳动法》的前提下，尽量延长。

（3）若发现研发人员有泄露企业研发秘密的情况，企业应立即将其调出研发项目小组，根据入职时签订的保密协议追究其责任，并予以辞退。

第六条　研发人员绩效薪酬管理。

1. 研发人员未在特定研发项目中承担研发工作期间，其薪资遵照《企业员工管理制度》中有关考核以及薪酬管理的规定确定。

2. 研发人员在特定研发项目中承担研发工作期间，按照《企业项目工资制度》执行。

第七条　通用事项管理。

除考勤、人事异动、薪酬管理的特殊规定外，研发人员应遵守《企业员工管理制度》的相关规定。

第三章　核心研发人员管理

第八条　核心研发人员范围。

企业核心研发人员范围由总裁确定、董事会审批。

第九条　核心研发人员保密管理。

1. 对于总裁确定的核心研发人员，总裁负责和其签订《特殊保密协议》。

2. 特殊保密协议应至少约定以下五项内容。

（1）研究成果归属。

（2）离职条件。

（3）离职移交程序。

（4）离职后保密义务。

（5）离职后竞业限制年限及违约责任。

第十条　核心研发人员管理措施。

为了留住核心研发人员，规避核心研发人员离职给企业带来的风险，企业应采取以下措施管理核心研发人员。

1. 为研发人员创造和完善适合于发挥他们潜力和特长的科研工作环境条件。

2. 增加研发人员收入，提高研发人员的生活水平。

3. 采用多样化激励手段，使核心研发人员和企业目标一致。

4. 奖励有重大研发贡献的核心研发人员，根据保密协议惩罚泄露企业秘密的核心研发人员。

第四章　附　　则

第十一条　本制度由研发部制定，解释权归研发部。

第十二条　本制度经总裁审批后执行。

第二节　研究与开发过程管理

一、研发业务基本流程

（一）研发业务基本流程

研发业务基本流程如图 11-1 所示。

图 11-1　研发业务基本流程

（二）研发业务流程节点说明

（1）研发项目的主要依据是企业的战略规划，结合销售部门接收的销售订单，由企业研发部门形成研发项目立项书，并经项目会审程序后，报公司董事会批准。

（2）在项目立项书会审的基础上，研发部门成立研发小组及时完成项目调研，形成项目开发可行研究报告规格书。研发项目可研究报告规格书经公司总工程师审核后，报公司经理办公会会审，最后由总经理批准。规格书应对新产品生产参数与用料作出详细的说明，并评估研发项目的经济效益（投入产出比）。在规格书的制定过程中，需要与客户保持沟通，以确保设计的产品符合客户需求。

以上经批准的立项书和科研规格书报公司财务部备案和监督。

（3）研发小组在总工程师指导下开始对研发项目进行设计和试制。对研制过程中需要新设备、新材料的，应向总工程师申请，经总经理批准后购买。

（4）在项目规格书的基础上，研发小组将生产说明转为生产车间能够理解的工艺指导书，并交与生产车间进行新品试制。

（5）生产车间严格按照工艺指导书生产产品。新品生产完毕后，送新品品质保障部检验或外送有关检验机构进行检验，形成详细检验报告。

（6）需要与销售会签新产品开发项目，销售部门负责将新产品和检验报告送交给客户，在客户无异议的情况下，向生产车间下达小批量生产新产品计划。若无法满足客户需求，研发主管继续修改项目工艺指导书，改进产品质量。

（7）生产车间主任向研发部报告小批量生产情况，若生产情况正常，研发主管编制研发项目完成报告，并附新产品检验报告，报送经理办公会审核。批准后交生产计划中心，下达销售合同生产计划，开始大批量生产，新产品研发流程结束。若情况异常，研发小组分析原因及时解决问题。

（8）在新产品研发过程中和新产品生产过程中，生产计划中心分阶段对新产品研发进行评估，以此考核新产品研发项目的成效。

文案范本

产品研发管理流程

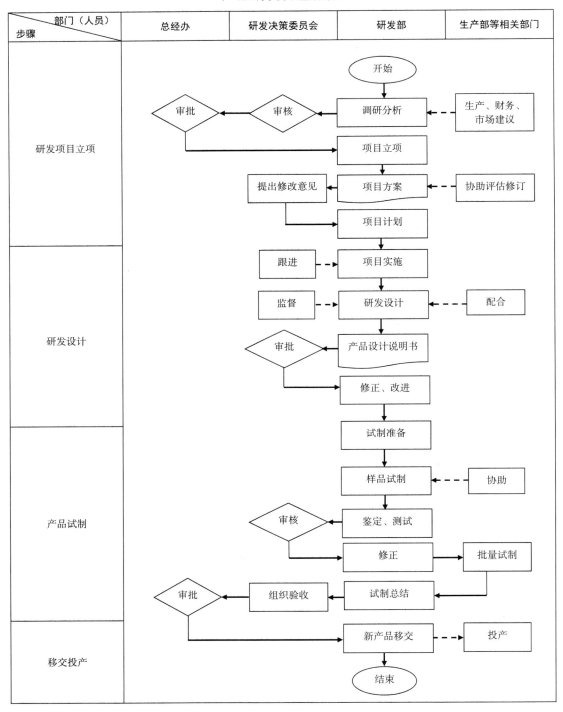

二、立项申请、评审和审批

（一）立项与研究控制目标

1．战略目标

为企业经营、发展提供有力的技术保障和新产品储备，实现企业经营目的。

2．经营目标

新产品、新技术和新工艺推出及使用，可提高企业市场竞争能力，进一步降低产品成本，提高企业产品的市场占有率。

3．财务目标

保证研发核算真实、准确、完整，报告可靠；保证研发成本在公司预算框架内运作，研发预算调整合规。

4．合规目标

保证研发程序和管理符合国家政策法规，符合企业的生产技术和安全质量的规章制度。

（二）立项与研究风险管控

企业首要任务是建立和完善立项、审批制度，确定研究开发计划制定原则，明确审批机构的权限和责任。审查承办单位和专项负责人的资质和条件，项目评估、审核流程等，做好项目立项审批控制。

1．研究项目立项与审批控制

为了促进企业自主创新，增强核心竞争力，有效控制研发风险，实现发展战略，企业应当根据实际需要，结合研发计划，提出研究项目立项申请，开展可行性研究，编制可行性研究报告。

（1）立项申请。研究项目的立项是企业决策部门根据企业战略，按照自己的意图和目的，在调查研究、分析的基础上，对研究项目的规模、投资、基本方案、研发周期和预期效益等方面进行技术和经济分析，决策研究项目是否必要和可行的过程，包括立项申请、评审和审批。

立项阶段主要风险：研发项目违背国家（或企业）发展战略、研发承办单位或专项负责人不具有相应资质条件，研究项目未经科学论证或论证不充分，项目审核把关不严，可能导致先天性不足，创新力度不够，造成资源浪费。

企业研究开发项目首先应当符合国家政策和企业的发展战略，在这一前提下提出研发计划，根据实际经营需要和市场预期需求信息，由企业的研发部门协同销售部门拟定并提出研究项目立项申请。经企业高层会审后，研发部门成立研发小组，进行调研收集信息，开展可行性研究，形成可行性研究报告书。

（2）项目评估。企业可以组织独立于申请及立项审批之外的专业机构和人员进行评估论证，出具评估意见。

企业应吸收专业人员对申请立项进行评估论证，评估应重点评估项目合规性、技术先进性、市场需求性、成果转化可行性、经济效益性等，并出具评估论证报告。

（3）项目审批。研究项目应当按照规定的权限和程序进行审批，重大研究项目应当报经董事会或类似权力机构集体审议决策。审批过程中，应当重点关注研究项目促进企业发展的必要性、技术的先进性以及成果转化的可行性。

项目审批必须执行授权原则，根据确定审批流程进行。重大项目应经过董事会审议核准后进行。审核过程要关注新产品生产参数及用料的详细说明，关注开发项目的经济效益，即投入与产出比。同时要符合企业发展战略与技术要求，方案实施过程中的风险控制措施。审核要严格把关，不符合要求的不予批准。

2．研发过程的控制

研发过程是实现研发项目目标的核心环节，通常采取自主或委托外单位研发。研发阶段的主要风险：研发计划不科学、研发人员选配不合理、岗位责任不明确，研发过程失控、资源调配不当、研发过程中出现问题未及时发现、研发合同不完善等，可能导致研发欺诈、费用失控、士气涣散、资金流失、项目流产，造成不应有的损失。

（1）自主研发。企业应当加强对研究过程的管理，合理配备专业人员，严格落实岗位责任制，确保研究过程高效、可控。

自主研发是企业依靠自身的科研力量，独立完成研发项目。应关注的工作如下。

1）完善研发过程管控制度。

① 健全研发项目管理制度和技术标准。

② 完善信息反馈制度和研发项目重大事项报告制度。

③ 落实研发岗位责任制，合理设计与落实项目进度计划和组织结构，形成良好的工作机制。

④ 建立研发费用报销审批制度。

⑤ 实施项目中期评审及时纠正偏差。

⑥ 优化研发项目资源的配置。

2）关注核心研发人员。项目确定之后，人的因素是关键。特别是项目负责人，他们的才智及发挥如何，关系到项目的成败。为充分发挥团体才智，成立研发项目小组，组织研发管理人员和技术专家组成专业队伍，项目负责人负责项目总体运作，拟定具体研发计划，组织研发团队开展研发工作。项目可以按产品研发、测试、制造、成本等分设若干子项目（课题），并指定相应的负责人。各子项目还可以进一步细分为不同模块，由承担不同任务的项目组，负责具体的研发、测试、制造等任务。在总项目负责人（或总工程师）的带领下进行研发和设计。

该环节的主要风险是：研发人员的职业道德和离职风险，如果研发人员消极对待或有抵触情绪，就难以达到预期目标。如果核心人员离职，可能导致项目中止、核心技术泄露……会给企业造成巨大经济损失。

① 企业应当建立严格的核心研究人员管理制度，明确界定核心研究人员范围和名册清单，签署符合国家有关法律法规要求的保密协议。企业与核心研究人员签订劳动合同时，应当特别约定研究成果归属、离职条件、离职移交程序、离职后保密义务、离职后竞业限制年限及泄露企业商业秘密的违约条款等责任内容。

② 健全激励考核制度。建立研发项目的保密程序和问责制度，进行绩效考核，将每个研究人员的效率、效果和经济效益挂钩，制定研发人员激励体系，采用股权分享的方法，使其智力资本同物质资本一样参与企业的利润分配，提高研发人员离职的经济门槛，充分调动研发队伍的主观能动性。

3）做好资源配置。根据研发进度及时配置需要的资源，保证研发需要的资金、物资及设备。

4）实施跟踪检查。企业高层领导应当组织项目监督部门跟踪检查研究项目的进展情况，评估各阶段研究成果，并责成财务部门提供足够的经费支持，确保项目按期、保质完成，有效规避失败风险。

（2）外包研发。外包研发根据其程度可分为委托研发和合作研发。

这一阶段的主要风险是单位选择不当、方案设计不妥、双方信息沟通不畅、知识产权不明、壮大对手力量等。

1）委托研发是指企业委托具有研发能力的企业、科研机构等开展新技术的研究开发工作，研发所需经费由委托方全部承担，受托人按契约要求交付研发成果。这样有利于集中精力完成自身实力可以完成的研发任务，扩大整体研究成果。

企业研究项目委托外单位承担的，应当采用招标、协议等适当方式选定受托单位，签订外包合同，约定研究成果的产权归属、研究进度和质量标准等相关内容。

2）合作研发是指企业与其他企业、科研机构、高等院校之间所进行的联合研发行为。合作各方共同参与、共同出资、共享效益、共担风险，共同研发完成同一科技项目。它是以优势互补为前提，由多个组织共同参与的模式。

企业与其他单位合作进行研究的，应当对合作单位进行尽职调查，签订书面合作研究合同，明确双方投资、分工、权利、责任、研究成果产权的归属等。

3）委托研发的管控。对委托研发要关注伙伴选择与过程监控。

① 严格选择合作伙伴，做到互利互惠、优势互补、平等信任、真诚合作。为此应坚持技术互补、成本最低、企业文化与价值观相一致等原则。

② 认真审核严格把关，签订技术合作合同，要特别关注应尽义务、技术指标、经费拨付、知识产权归属、研发信息和成果的保密、违约赔偿以及纠纷处理的界定等条款，在签订前要严格把关，对合同的合法性、合理性和可行性等要逐句分析，合同一旦签订就要如约执行。

③ 加强合作过程监控，包括人员、进度、质量、成本、效率和资源配置等方面，发现问题及时采取措施加以解决，对研发成果严格验收。

④ 保护企业的合法权益，要重视知识产权法律法规的宣传，增强知识产权保护意识，注重运用法律手段进行自我保护。

3．成果验收控制

企业应当建立和完善研究成果验收制度，组织专业人员对研究成果进行独立评审和验收。

企业对于通过验收的研究成果，可以委托相关机构进行审查，确认是否申请专利或作为非专利技术、商业秘密等进行管理。企业对于需要申请专利的研究成果，应当及时办理有关专利申请手续。

验收时要明确落实技术主管部门的验收责任，应由独立的、具备专业胜任能力的测试人员承担鉴定测试，注意记录数据，并按规范进行系统、严格的评审，并形成验收报告。

 文案范本

××项目立项申请书

项目名称		申请立项部门	
项目预计时间	开始时间： 年 月 日 结束时间： 年 月 日		
项目研发类型			
项目总体目标及研究内容			
可行性分析			
预期成本效益分析	1. 项目预计投入估算 2. 经济效益和主要经济效益指标 3. 市场预测分析及市场营销战略		
立项条件	1. 前期调研工作情况 2. 项目实施的现有物质条件 3. 项目负责人和主要承担人情况 4. 协作单位承担的任务及合作方式		
项目计划进度			
项目预期成果			
内部评审计划			
主要风险及应对措施			
部门负责人审核意见	部门负责人： 年 月 日		
研发副总审核意见	研发副总经理： 年 月 日		
总经理审批意见	总经理： 年 月 日		

研发项目立项管理流程

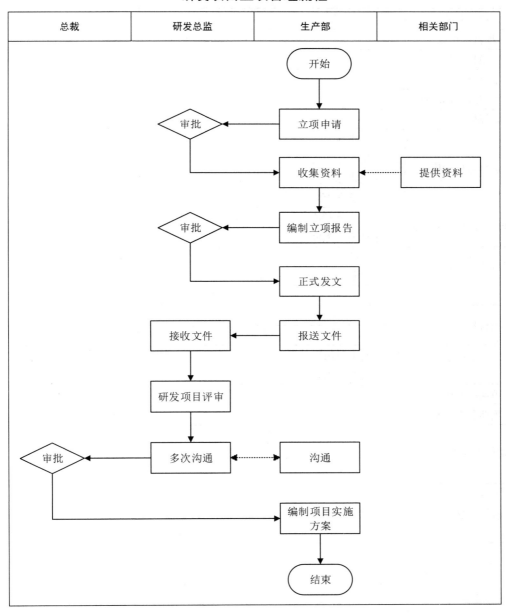

 文案范本

研发项目任务书

项目名称			项目编号		
项目责任人			项目起止时间		
项目目标					
主要研发内容					
技术路线及创新点					
标杆研究					
项目考核指标	1. 技术指标 2. 市场指标 3. 质量指标 4. 技术管理指标				
项目年度计划及考核	1. 年计划及考核 2. 年计划及考核				
项目阶段评审计划	1. 第一阶段 2. 第二阶段				
项目核心成员	姓　名	性　别	年　龄	职　务	职　称	项目角色
经费预算	1. 经费来源预算 2. 经费支出预算				
预期研究成果					
预期取得专利					
项目责任人意见	项目责任人：　　年　月　日				
研发副总意见	研发副总经理：　　年　月　日				
总经理意见	总经理：　　年　月　日				

三、研究过程管理

请参阅以下相关文案。

研发过程控制流程

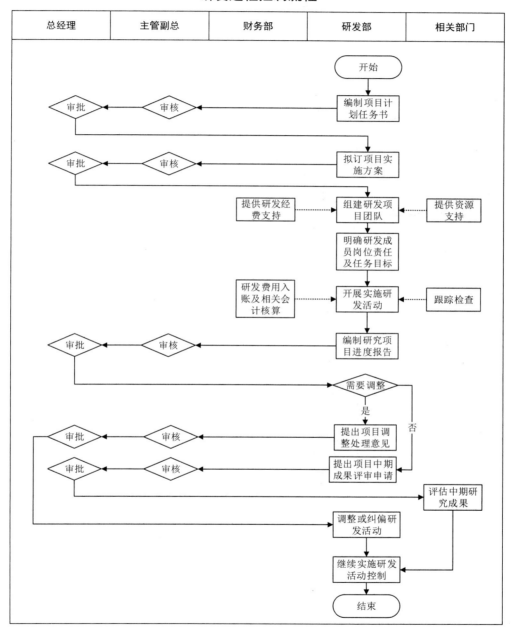

文案范本

委托研发项目管理流程

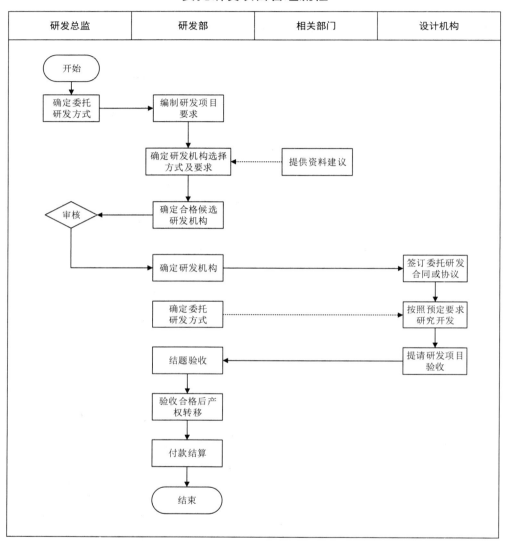

文案范本

研发项目外包管理流程

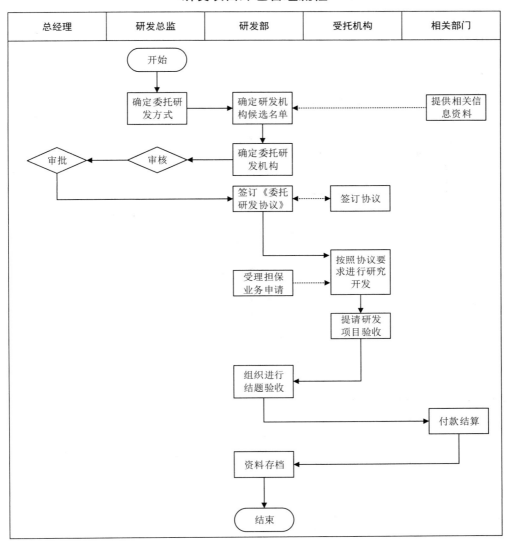

 文案范本

合作研发项目管理流程（范本1）

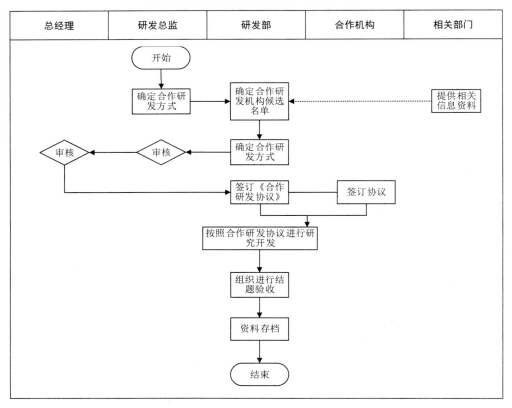

合作研发项目管理流程（范本 2）

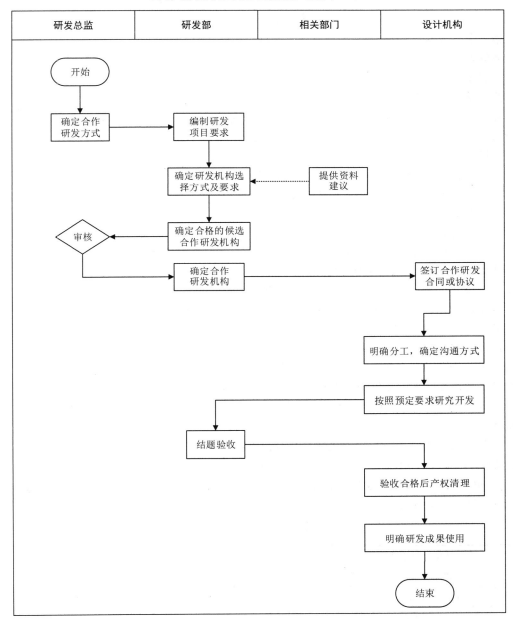

四、结题验收

请参阅以下相关文案。

研究成果验收制度

第一章　总　　则

第一条　目的。

为做好公司新产品研发验收工作，提高产品研发管理水平，结合公司的实际情况，特制定本验收制度。

第二条　验收范围和内容。

1. 凡列入公司研发项目计划，并签订专项合同的研发项目，在计划期限结束时，均应进行验收。验收工作主要包括项目选择合理性、科学性评估、执行情况综合评估、费用使用情况评价、研发成果应用效果及前景评价等。

2. 验收工作主要针对专项合同文本中的有关技术经济指标进行评价和验收，内容如下。

（1）专项合同执行情况及主要技术成果。

（2）研发（先导、示范、小试和中试）进展及效果。

（3）研发成果的创新程度、应用情况及前景评价。

（4）研发经费决算及使用情况。

（5）研发项目设置和组织管理综合评价等。

第二章　验收组织和程序

第三条　项目验收工作由公司技术委员会归口管理，产品管理部主持项目验收。验收可采取专家现场考察、书面评议、会议验收等形式。

第四条　研发项目的验收程序如下。

1. 项目合同期限结束后一个月内，产品管理部下达验收通知单。研发部按通知单的要求，将所需的验收文件资料及验收申请表报送产品管理部。

2. 产品管理部会同有关部门初审合格后，正式下达验收文件，确定验收方式和验收委员会成员。

3. 验收委员会成员一般由熟悉验收项目的科技、经济和管理专家组成，人员一般为 7～13 人，验收委员会名单由技术委员会和有关部门确定。

4. 申请验收的项目（课题、专题）需提交以下验收文件资料。

（1）研发项目验收申请表（见下表）。

研发项目验收申请表

新产品项目名称		编　　号	
起始时间		终止时间	
项目负责人			
项目小组成员			
技术考核指标			
经济考核指标			
完成情况及主要技术性能指标			
经济指标完成情况及前景描述			

续表

通过本项目资助获得的专利、发表的论文及专著	
主要技术文件目录及来源	
验收评估意见	验收委员会主任（签字）： 　　年　月　日
产品管理部审查意见	主管领导（签字）：　　（盖章） 　　年　月　日
验收委员会审查意见	主管领导（签字）：　　（盖章） 　　年　月　日

（2）研发项目验收评价报告。

（3）研发项目技术研究报告。

（4）研发项目专项合同。

（5）检验报告。

（6）用户现场应用报告。

（7）检索报告。

5. 验收委员会应独立提出验收评估意见，并形成验收结论意见。验收结论意见分四种：通过验收并有重大突破、通过验收、需要复议、未通过验收。

6. 完成合同并取得重大成果的（科技成果有重大创新、经济社会效益显著），视为通过验收并有重大突破；完成合同的，视为通过验收；提供的文件资料不详细或验收结论意见争议较大的，视为需要复议。

7. 凡具有下列情况之一的，按未通过验收处理。

（1）未按合同要求达到所预定的主要技术和经济指标。

（2）所提供的验收文件材料不真实。

（3）依托工程尚未在相关工程中应用和未取得效果的。

（4）研究内容、目标、技术路线进行了较大调整，但未获合同甲方认可的。

（5）实施过程中出现重大问题又未解决和作出说明的。

（6）未按验收通知期限提交验收材料又未作出说明的。

8. 未通过验收和需要复议的研发项目可在半年之内再次申请验收，仍未通过验收的，有关责任部门和责任人三年内不得再承担公司的研发项目。

9. 对于参加验收的研发项目，研发部需将验收评价报告报公司产品管理部，初审合格后，产品管理部书面通知研发部做好验收各项准备工作。

10. 验收通过后，研发部将全部验收材料装订成册，报产品管理部备案。

第三章　相关法律责任

第五条　研发部应对其提交的验收文件资料的真实性、准确性和完整性负责；验收委员会应对验收结论的真实性、准确性负责。对于在验收工作中出现的弄虚作假及渎职等行为，一经查实，将终止并取消其继续承担集团科技项目和参与验收工作的资格；造成损失的，将依法追究其责任。

第六条 参加验收工作的有关人员，不得擅自披露、使用或向他人提供被验收的内容。对于造成损失和恶劣影响的，将依照国家有关法律规定追究其法律责任。

第四章 附 则

第七条 本制度由研发部负责解释、修订。

第八条 本制度自下发之日起执行。

 文案范本

研发设计成果测试管理办法

第一章 总 则

第一条 为了规范研发设计成果的测试程序，使公司所研发的产品能够满足客户和市场的需求，特制定本办法。

第二条 公司所有研发设计成果的测试过程均依照本办法进行管理。

第三条 在研发设计成果测试过程中各部门的职责如下所示：

研发部：新产品试制过程中所需文档、技术资料、图纸的准备以及对试制作业人员进行培训指导；在样品试制出来之后对样品进行测试和改进。

技术部：根据产品研发文档和技术资料对产品的工艺流程进行设计和改进。

生产部：组织人员按照技术标准进行产品加工和试制，并协助测试人员进行测试。

采购部：根据研发部的申请，采购产品试制中所需的各种原材料。

市场部：组织最终适用人群参与产品的测试工作，并对产品的改进提出合理的建议。

第四条 研发设计成果测试费用的来源。

1. 属于公司的新产品研发项目，由财务部按照有关规定拨给经费。

2. 属于部门的新产品研发计划项目，由部门自筹资金按规定拨给经费。

3. 公司对外的技术转让费用可作为新产品研发测试费用。

第二章 研发设计成果试制

第五条 研发部按照科学程序完成产品的设计后，应组织研发设计成果的产品试制工作。产品试制一般分为以下两个阶段。

1. 样品试制。

（1）研发团队负责根据研发文档、设计图纸、工艺文件等各种文档资料和工具，在试制车间试制出少量的样品。

（2）对于试制出来的研发设计成果样品，研发人员应根据要求进行测试，借以考证产品的结构、性能和设计图的工艺性，考核图样和设计文件的严密性及质量。

2. 小批量试制。

（1）技术部负责技术文件的编制和工具设计工作。

（2）生产车间负责在研发设计成果样品试制基础上进行批量试制，考证产品的工艺性，验证全部工艺文件和工艺装备，并进一步校正和审验设计图纸。

第六条 研发设计成果试制阶段的技术监督工作由技术部负责，具体的监督内容包括以下四个方面。

1. 新产品造型设计方面的落实。

2. 材料和加工工艺分析。

3. 价值工程分析。

4. 研发设计成果的环保性能设计。

第七条 对于经批量试制后的研发设计成果样品，其顾客测试工作由市场部负责。市场部需要审查测试反馈的内容，主要包括新产品品牌、标识、包装、类别设计。

第三章 研发设计成果测试工作程序

第八条 研发设计成果试制进度控制。

研发部应根据研发项目计划书来确定研发设计成果试制的时间和周期，并严格按照计划来执行产品试制工作。

第九条 新产品简单工艺流程设计。

研发设计成果试制初期，技术部要对新产品进行概略工艺设计，根据研发部编制的产品设计说明书，安排利用厂房、面积、设备、测试条件等状况，进行简单的工艺流程设计。

第十条 工艺分析。

在工艺流程设计完成之后，技术部应根据产品方案设计和技术设计进行材料改制、元器件改装、选配复杂自制件加工等工艺分析。

第十一条 技术部应负责对产品工作图进行工艺性审查。

第十二条 编制试制用工艺卡片，具体内容如下。

1. 工艺过程卡片，即路线卡。

2. 关键工序卡片，即工序卡。

3. 装配工艺过程卡，即装配卡。

4. 特殊工艺、专业工艺守则。

第十三条 设计模具。

由技术部根据产品试制的需要设计模具。设计过程中技术部应当本着经济可靠原则，在保证产品质量要求的同时，充分利用现有模具、通用模具、组合模具、简易模具、过渡模具等。

第十四条 制定工时定额。

技术部制定试制用的材料消耗工艺定额和加工工时定额。

第十五条 试制质量管理。

在研发设计成果试制过程中，技术部应当按照质量保证计划，加强质量管理和信息反馈，并且做好试制记录，编制产品质量要求文件。

第十六条 研发设计成果试制结束之后，技术部应当编写试制总结。试制总结包括以下三个方面的内容。

1. 总结图样和设计文件的验证情况。

2. 在装配和调试过程中反映出来的有关产品结构、工艺和产品性能方面的问题及解决方法。

3. 各种反映技术内容的原始记录。

第十七条 样品内部测试。

1. 研发设计成果试制结束之后，应将样品或小批量试制产品投入内部测试和修正阶段。

2. 内部测试应由研发项目涉及的部门一同协作进行，对新产品从技术、经济方面进行全面的评价，确定该产品是否可以进入下阶段试制或正式投产。

第十八条 样品技术鉴定。

对样品或小批量试制产品进行技术鉴定，并履行技术鉴定书签字手续。技术鉴定的结论应包含以下两方面内容。

1. 样品鉴定结论内容。

（1）审查样品试制结果，设计结构和图样的合理性、工艺性，以及特种材料解决的可能性等，确定该产品能否投入小批量试制。

（2）明确样品应改进的事项。

2. 小批量试制鉴定结论内容。

（1）审查产品的可靠性，审查生产工艺、工具与产品测试设备，各种技术资料的完备与可靠程度，以及资源供应、外购外协件定点定型情况等，确定该产品能否投入批量生产。

（2）明确产品应改进的事项，做好产品生产工程评价。

第十九条 顾客测试。

1. 通过技术鉴定的样品应当投入顾客测试中。将试制出的新产品交给选定的目标市场的消费者，让他们免费使用并提出修改意见。一般情况下可选择企业内部员工来完成测试。

2. 在产品使用测试过程中公司应注意并提取消费者对新产品的反应和评价等有效信息。产品测试应当达到以下五个方面的目的。

（1）发现该产品的设计缺点。

（2）评价该产品的商业前景。

（3）评价其他产品的配方。

（4）发现新产品对各个细分市场的吸引力。

（5）为制定新产品的市场营销计划提供资料。

第二十条 样品修正。

研发部应当对研发设计成果按照顾客的建议和偏好进行微小的调整、改进或修正，并编写改进方案。

第二十一条 编制研发设计成果测试报告。

在研发设计成果测试完毕之后，由研发部负责编制研发设计成果测试报告，报告中的试验程序、步骤和记录表格等均应按照鉴定大纲的规定来填写和编制。

第二十二条 编写型式试验报告。

研发设计成果经过全面性能试验后，由质检部编写型式试验报告。质检部在报告中应对试验项目和方法，产品的技术条件，试验程序、步骤和记录等进行总结。

第二十三条 编写运行报告。

每一项研发设计成果都必须经过样品和小批量试制后方可成批生产，样品和小批量试制的产品必须经过严格检验，具有完整的试制和检验报告，部分新产品还必须具有运行报告。

第二十四条 当研发决策委员会或总经办对研发设计成果从技术、经济方面作出评价，确认设计合理，工艺规程、工艺装备没有问题后，研发部方可提出是否可以正式移交生产线及移交时间的意见。

第二十五条 批准移交生产线的新产品必须有产品技术标准、工艺规程、产品装配图、零件图、工具图以及其他有关的技术资料。

第四章 研发设计成果试制经费管理

第二十六条 研发设计成果试制经费划拨管理。

1. 属于国家下达的新产品或科研项目，由上级机关按照有关规定拨给经费。

2. 属于公司的新产品计划项目，由公司自筹资金按规定拨给经费。

3. 经总经办审批后，公司对外技术转让费用可划拨用于新产品研发工作。

第二十七条 研发设计成果试制和测试经费使用管理。

1. 研发设计成果试制和测试经费按单项预算拨给使用单位，单列账户，实行专款专用。

2. 研发设计成果测试经费经总经办批准后，由研发部支配使用、财务部监督，不准挪作他用。

第五章　附　　则

第二十八条　本办法由研发部制定，研发部保留对本办法的解释和修订权。

第二十九条　本办法自颁布之日起实施。

 **文案范本**

研究成果管理办法

第一条　为了规范公司创新和研究成果转化的工作，积累、巩固和发展研究成果，及时做好科研成果的总结、推广和保护工作，特制定本办法。

第二条　本办法适用于公司自主研发项目、委托外单位承担研究项目以及与其他单位合作进行的研究项目所取得的研究成果。

第三条　本办法所称研究成果包括以下内容。

1. 新技术、新设备、新工艺、新材料的研发成果。

2. 国外先进技术与产品的消化、吸收、开发应用成果。

3. 技术标准、规程、规范的编制成果。

4. 科技成果的转化、推广、应用及产业化成果。

5. 优秀技术与管理专著和论文成果。

6. 发明专利及优秀专利成果。

第四条　公司总经理办公室负责研究成果包括专利申请、知识产权保护和管理工作，研发部给予积极配合。

第五条　研究项目委托外单位承担的，签订外包合同时，应约定研究成果的产权归属、研究进度和质量标准等内容。与其他单位合作进行研究的，应明确合同执行过程中的约束规则、研究成果产权归属、使用权归属、专利申请权归属等。

第六条　对于可能形成独立知识产权的成果，应及时采取措施予以保护并及时申请，形成自主知识产权。项目参与者和其他接触技术秘密的有关人员均应签订技术保密协议。

第七条　公司对发明创造的主要发明人或者设计入给予奖励，奖励标准如下所示：

奖　项	奖励标准	奖励额度
一等奖	具有广泛推广和实用价值，创收直接经济效益××万元以上	××万～××万元
二等奖	具有较大推广和实用价值，创收直接经济效益××万～××万元	××万～××万元
三等奖	具有推广和实用价值，创收直接经济效益××万～××万元	××万元

第八条　对达到研究成果转化条件的项目，公司主要通过以下几种形式实施研究成果的推广应用工作。

1. 公司内部实施转化。

2. 向其他企业转让研究成果或专利。

3. 以研究成果作为合作条件，与其他企业共同实施转化。

4. 以科技成果作价投资入股，折算股份或者出资比例。

第九条　完成研究成果转化的研发项目，公司将从研究成果转化新增留利中提取××%～

××%的比例对主要贡献人给予奖励。

第十条 员工有下列违规情形经核查属实的，公司将撤销奖励、追回奖金，并撤销其今后奖项申报资格。

1. 授奖项目有剽窃、弄虚作假等重大问题。

2. 泄露公司技术秘密。

3. 阻碍公司科技成果的转化。

4. 将职务科技成果及其技术资料占为己有，侵犯公司合法权益。

第十一条 员工有上述违规情形且情节严重，给公司造成重大损失的，公司有权通过法律途径追究责任。

第十二条 签订技术保密协议的员工离职时，应严格按照公司研发人员离职移交程序办理离职手续。关于研发人员离职后的保密义务、竞业限制年限、违约责任、相关补偿等可参照人力资源相关政策。

第十三条 项目负责人在研发项目经鉴定或验收合格后，应及时将本项目的全部研发文件收集齐全，进行系统整理，送交研发部办理归档手续。如有特殊保密的技术文件，应在归档中加以说明。

第十四条 研发部应对各项科研计划项目所取得的、经评审或验收后的研究成果进行归档、登记。

第十五条 研究成果归档要求。

1. 研究成果应完整、准确、系统、统一归档和管理。

2. 根据研究成果类型不同确定归档范围，分为试验文件，成果技术鉴定文件和推广应用文件。

3. 归档文件应划定密级（绝密级、机密级、秘密级），分级保管。

4. 使用原件归档。

第十六条 归档登记后的研发成果，作为公司今后申报各种奖励、评聘技术职称、推广应用的依据。未进行登记和归档的成果不予组织申报科技奖励。

第十七条 本办法由总经理办公室制定和解释。

第十八条 本办法自公布之日起执行。

文案范本

研究成果验收表

验收机构		验收日期		
项目名称		项目编号		
项目起止日期	年　月　日起至　　年　月　日			
项目取得成果	申请专利（项）		发　明：	
			实用新型：	
			外观设计：	
	著作权（项）			
	论文（篇）			
	新工艺、新方法或新模式（项）			
	新装置（套）			
	所获奖项			
	其他成果			
项目主要内容及完成情况简述				
总体目标与考核指标				
成果转化经济效益	新增产值（万元）			
	销售收入（万元）			
	净利润总额（万元）			
	交税总额（万元）			
项目经费使用情况	项目总投入（万元）			
	项目经费支出（万元）			
申请验收部门意见	部门负责人：　　　年　月　日			
验收机构意见	验收负责人： 　　　　　　　年　月　日			
验收成员签名				

文案范本

研究成果验收流程

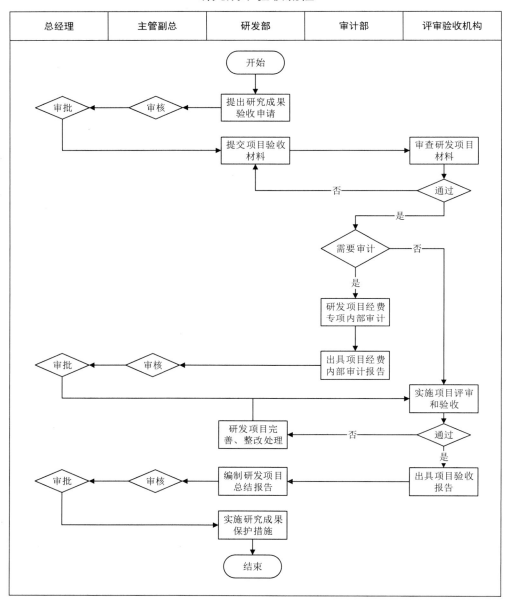

五、研究成果开发

企业将已通过验收的研究成果交销售、生产、采购和财务等部门进行讨论，并提出新产品开发设想提案，交企业研发部门。

企业研发部门依据各部门所提供的新产品开发提案单，展开提案评估活动。召开新产品研发讨论会议，以确定新产品的生命周期与上市时效性。研发部门负责审核新产品提案单内的产品功能、特性及客户需求，作为设计开发的基础并做成可行性报告规格表。该表应由研发部门提交企业高层召开审查会议，并征询销售、生产、财务等相关部门的意见后，形成新产品开发决议。

企业高层例会对于不具有可行性的新产品开发方案予以否决后，将方案退回到各部门，由各部门对新产品开发方案进行改进。

对审查决议通过，则由研发部门编制新产品开发方案。新产品开发方案必须经过部门主管、分管副总及总经理审核批准。

文案范本

研发成果开发流程

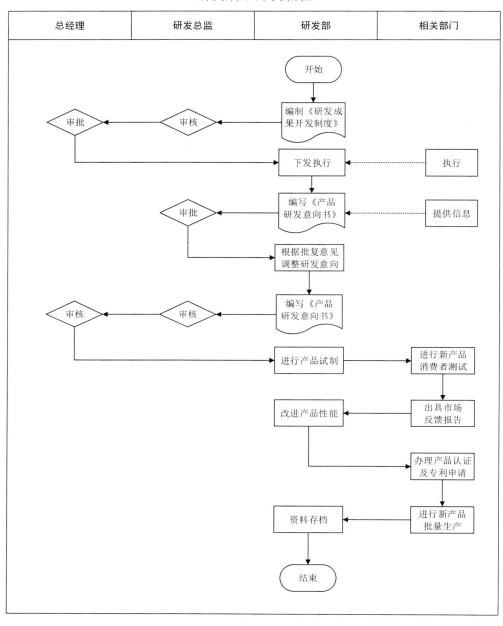

总经理	研发总监	研发部	相关部门

六、研究成果保护

研究成果保护研究方面的管控措施如下。

（1）进行知识产权评审，及时取得权属。

（2）研发完成后确定采取专利或技术秘密等不同保护方式。

（3）利用专利文献选择较好的工艺路线。

（4）建立研究成果保护制度，加强对专利权、非专利技术、商业秘密及研发过程中形成的各类涉密图纸、程序、资料的管理，严格按照制度规定借阅和使用。禁止无关人员接触研究成果。

（5）建立严格的核心研究人员管理制度，明确界定核心研究人员范围和名册清单并与之签署保密协议。

（6）企业与核心研究人员签订劳动合同时，应当特别约定研究成果归属、离职条件、离职移交程序、离职后保密义务、离职后竞业限制年限及违约责任等内容。

（7）实施合理有效的研发绩效管理，制定科学的核心研发人员激励体系，注重长效激励。

后评估是研究与开发内部控制建设的重要环节。企业应当建立研发活动评估制度，加强对立项与研究、开发与保护等过程的全面评估，认真总结研发管理经验，分析存在的薄弱环节，完善相关制度和办法，不断改进和提升研发活动的管理水平。

总之，研究与开发是企业持久发展的不竭动力，始终坚持把研究与开发作为企业发展的重要战略，紧密跟踪科技发展趋势，是切实提升核心竞争力、增强企业国际竞争力的重要保证。

 文案范本

研究成果保护制度

第一章　总　则

第一条　目的。

为了规范研究成果使用，保护企业的研究成果，特制定本制度。

第二条　适用范围。

所有企业研究开发成果资料均适用本制度。

第三条　主管部门。

研发部主管研究成果资料的保护工作。

第二章　研究资料归类保管

第四条　研究成果资料收集。

1. 验收通过的研发成果资料应归集整理。

2. 研究成果必须包含以下内容。

（1）研究项目计划书、可行性报告、研究预算书等研究准备资料。

（2）专利、技术方案、配方等研究成果资料。

（3）研究成果验收报告资料。

第五条　研究成果分类。

根据对企业的贡献、技术含量等，可将研究成果划分为三级。

1. 重大研究成果资料。这类成果一般是涉及企业经营决策、影响企业发展战略、在行业内属重大突破的成果。

2. 重要研究成果资料。

3. 一般研究成果资料。

第六条 研究成果保存。

1. 根据企业的研究成果分类，将研究成果资料分为绝密、机密、秘密三个密级。其中，重大研究成果资料属于绝密，重要研究成果资料属于机密，一般研究成果资料属于秘密。

2. 三个密级的资料应分类保管。纸质资料收录在以"研发项目名称+项目负责人+项目起止日期"为名称的资料夹中。电子资料收录在研发总监、研发部经理以及研发项目负责人计算机中的指定位置。

第三章 研究成果资料使用管理

第七条 研究成果资料使用申请。

任何人使用以往的研究成果资料，均应填写"研究成果资料使用申请表"。

第八条 研究成果资料使用审批。

1. 根据研究成果资料密级，按照《研究开发授权批准制度》规定审批。

2. 总裁、研发总监、研发部经理谨慎审批，如审批人不在可请其上级审批。

3. 未经审批获准的，一律不得借阅、使用研究成果资料。

第九条 研究成果资料使用记录。

研究成果资料管理人员应记录资料使用情况。"资料使用记录表"应包含以下三项记录内容。

1. 使用资料名称、资料份数等资料信息。

2. 使用者姓名、借阅时间、归还时间等借阅使用信息。

3. 审批人、经手人信息。

第十条 研究成果资料使用。

以往研究成果资料的使用应注意保密，不可带出企业。

第十一条 研究成果资料归还。

1. 研究资料使用者应在用完资料后及时归还。

2. 研究资料管理人员检查研究成果资料是否齐全。

（1）归还资料齐全无误的，在"资料使用记录表"上签字确认。

（2）归还资料缺失的，注明缺失资料名称、份数，归档后请示相应审批人寻求解决措施。

第四章 附 则

第十二条 本制度由研发部制定，解释权归研发部所有。

第十三条 本制度自颁布之日起开始实施。

文案范本

研发人员保密制度

第一条 为保守公司秘密信息，维护公司权益，特制定本制度。

第二条 本制度所称秘密信息，是指公司所拥有的商业秘密、非专利技术、专利技术以及与之相关的涉密图纸、数据、报表等资料。

第三条 本制度适用于公司研发中心所有研发人员。

第四条 保密范围。

1. 专利技术。指公司享有专利权或专利申请权的技术、专利技术产品信息及与之相关的图纸、文件等资料。

2. 非专利技术。指公司专有，且虽未获得专利保护或申请专利但公司已经采取保密措施保护的生产工艺或技术手段，包括但不限于：技术方案、工艺流程、实验及测试结果、技术数

据、图纸、样品、说明书等一切有关信息。

3. 商业秘密。指公司所有的其他不为公众所知悉、能给公司带来经济利益，并经公司采取保密措施的技术信息和经营信息，以及一切与之相关的数据、资料等。

第五条　保密内容。

1. 研发规划书。

2. 立项申请报告、可行性研究报告。

3. 研发计划任务书、合同书、项目实施方案。

4. 项目进度计划、实施进度报告、阶段性评估报告。

5. 技术设计资料、工艺流程、产品设计方案。

6. 评审报告、评审会议记录。

7. 项目结题报告。

8. 其他与研发项目相关的资料。

第六条　新入职研发人员，须在入职当天与公司签订《保密协议》后方可进行试用。

第七条　研发人员的私人电脑、U盘等具有复制、传输功能的个人物品不得带入研发中心。

第八条　研发人员应严守技术秘密，不得故意或过失向公司内外无关人员泄漏研发机密。

第九条　研发过程中的保密信息应在研发人员之间资源共享，任何人员不得以保密为借口拒绝研发工作之间的相互配合和共享。

第十条　研发人员不得私自收集、存储、窃取其他同事的技术信息，也不能随意把技术信息交付、转告、复印、拷贝给予技术信息内容无关的人员。

第十一条　研发人员应妥善保管办公室钥匙等公司财产以及所有与工作有关的技术资料、试验设备、试验材料等。

第十二条　研发人员离开办公室时，必须将所属研发相关文件、资料放入抽屉和文件柜中，重要文件必须上锁保存。

第十三条　研发人员因职务需要所持有或保管的一切记录着公司秘密信息的文件、资料、图表、笔记、报告、信件、仪器以及其他任何形式的载体，均归公司所有，而不论这些秘密信息有无商业上的价值。

第十四条　研发人员参与项目期间，因履行职务或者主要是利用公司的物质技术条件、业务信息等产生的研发成果、技术秘密或其他商业秘密信息，有关的知识产权均属于公司享有。

第十五条　研发过程中形成的记录、文件、资料、数据须整理归档，统一存放，无须保存的应统一销毁，不得直接丢弃。

第十六条　研发人员离职时，仍应遵守本协议约定的保密义务，并在离职手续办理期间将其保管的技术资料、图纸等交还公司，不得复制、保留任何文件或文件副本。

第十七条　核心研发人员离职时签订《竞业禁止协议》的，应保证自己掌握信息的绝对安全，同时，公司将给其一定金额的保密补偿。

第十八条　公司对保守、保护公司秘密以及改进保密技术、措施等方面成绩显著的研发人员实施物质奖励，具体奖励办法可参照公司相关规定。

第十九条　研发人员因自身原因导致公司保密信息泄密造成一定损失的，公司对其泄密行为进行严肃处理，损失严重的，将追究相应的法律责任。

第二十条　本制度由研发部制定、修订并解释。

第二十一条　本制度自公布之日起实施。

七、评估与改进

请参阅以下相关文案。

研发活动评估制度

第一章　总　则

第一条　为规范公司研发活动评估工作，提高研发效益，特制定本制度。

第二条　本制度适用于公司各研发活动评估的相关工作事项。

第三条　研发部经理负责研发活动评估工作，组织成立项目评估小组，开展评估工作。

第二章　活动评估管理

第四条　公司研发活动评估包括以下五种类别：研发初始评审、研发过程评审、研发终止评审、研发后评审及特别评审。

第五条　各类评审的主要内容如下所示。

评估分类	评估时间	评估内容
研发初始评审	研发开始 1 个月以后	1. 人员安排情况 2. 技能、经验、时机、分包等 3. 关键任务的分配 4. 计划的初始执行情况
研发过程评审	一般情况下 3～4 个月评审一次	1. 研发估计与研发实际执行情况的对比 2. 研发的进程与绩效 3. 原始假设的有效性 4. 研发优先级是否有变化 5. 研发范围是否有偏离
研发终止评审	研发完成之前的 4～6 周	在过程评估内容的基础上，附上项目终止计划评估，包括人员计划、设备计划及分析报告
研发后评审	研发完成后	1. 对研发在公司中所起的作用重新评价 2. 研发所代表的战略意义是否实现 3. 评价研发是否给所有股东带来了期望收益，客户是否满意 4. 研发管理是否良好，哪些做法是正确的，哪些做法是错误的 5. 确认可能改变研发未来发展方向和重要性的外部因素，如技术、法律、竞争等因素
特别评审	项目遇到困难时	1. 困难原因分析 2. 困难解决方案制定 3. 解决方案的效果

第六条　项目后评估工作流程主要分为以下三大步骤。

1. 制定评估工作安排，做好人员分工。

2. 收集整理各方面的信息资料，并进行分析。

3. 编制评估报告。

第三章　编制项目评估报告

第七条　研发评估报告主要包括以下六个方面的内容。

1. 研发名称、研发分类、评估日期、评估小组名单、其他参加人员。

2. 对采集到的信息进行分析的结果。

3. 研发评估等级。

4. 研发进展情况。

5. 问题和建议。

6. 附录。

第八条　研发评估分为五个等级，具体如下。

一级：可控。

二级：存在小问题，但研发经理已经制定有效的计划来解决问题，没有发现潜在问题。

三级：目前可控，但存在潜在问题需要解决，以免问题恶化。

四级：严重问题，有可能超预算或超进度，需要立即制定纠偏计划，需要采取有效的手段来控制局面。

五级：出现重大问题，甚至影响到用户对研发结果的接受与否，或对用户有负面影响，需要进行彻底的评估以寻求解决问题的方法。

第九条　评估小组须制定研发改进行动计划，其主要内容如下。

1. 对发现的主要问题进行清楚的描述。

2. 问题如果不被解决将造成什么样的后果。

3. 提供解决问题的办法。

4. 解决问题的负责人。

5. 解决问题的时间表。

第四章　研发团队绩效评估

第十条　研发团队绩效评估内容包括以下六个方面。

1. 团队组建过程。

2. 团队决策的有效性。

3. 问题解决过程。

4. 团队凝聚力。

5. 团队成员之间的信任

6. 信息交换的质量。

第十一条　研发团队绩效评估的方式包括问卷调查、面对面访谈、人力资源部进行评估等三种。

第十二条　企业对研发团队成员进行评价的目的有以下两点。

1. 绩效评估，发现个人的长处和弱点，为提高将来的绩效制定行动计划。

2. 薪酬评估，对个人表现进行评价，以决定工资水平和奖金。

第十三条　企划组成员绩效评价注意事项。

1. 开展自我评价。

2. 用既定的标准和期望进行评价，避免和其他团队成员作比较。

3. 评估的目的在于提高团队成员的绩效。

4. 统一评价方法。

第五章 附 则

第十四条 本制度由研发部制定,解释权归研发部所有。

第十五条 本制度自颁布之日起开始实施。

文案范本

研发成果评估流程

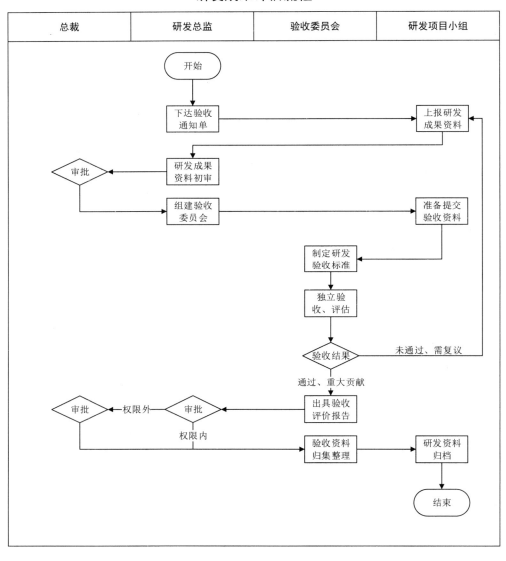

研发项目评估论证流程

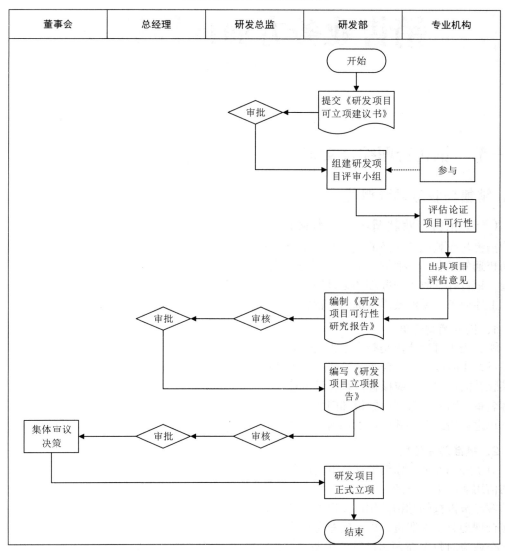

第十二章

销售业务方面内控管理

第一节　销售管理综合文案

一、销售与收款循环概述

（一）销售与收款循环的基本业务

销售与收款循环涉及的主要业务包括：接受顾客订单→批准赊销信用→编制销货通知单→按销售通知单供货→按销售通知单装运货物→向顾客开具销售发票→记录销售→办理和记录现金、银行存款收入→办理和记录销货退回、销货折扣与折让→注销坏账→提取坏账准备。

上述业务主要涉及以下部门：销售部门、信用管理部门、仓储保管部门和会计部门。

1．接受顾客订单

顾客提出订货要求是整个销售与收款循环的起点。顾客的订单只有在符合企业授权标准的条件下，才能被接受。企业一般都列出了已批准销售的顾客名单。销售部门在决定是否同意接受某顾客的订单时，应核查该顾客是否被列入业经批准销售的顾客名单。如果该顾客未被列入顾客名单，则通常需要由销售部门的主管决定是否批准销售。一般情况下，企业在接受了顾客的订单之后应编制一式多联的销售通知单。

2．批准赊销信用

对于赊销业务，赊销批准是由信用管理部门根据企业的赊销政策，以及对每个顾客的已授权的信用额度来进行的。信用部门的职员在收到销售部门的销售通知单后，即将销售通知单与该顾客已被授权的赊销信用额度以及至今尚欠的账款余额加以比较。执行人工赊销信用检查时，还应合理划分工作职责，以切实避免销售人员为扩大销售而使企业承受不适当的信用风险。

企业应对每个新顾客进行信用调查，包括获取信用评审机构对顾客信用等级的评定报告。无论批准赊销与否，都要求被授权的信用部门人员在销售通知单上签署意见，其后再将签署意见后的销售通知单送回销售通知单管理部门。设计信用批准控制的目的是为了降低坏账风险。

3．编制销货通知单

一般情况下，企业的销售部门在接受了顾客的订单之后应编制一式多联的销售通知单。信用管理部门根据企业的赊销政策，将销售通知单与该顾客已被授权的赊销信用额度以及至今尚欠的账款余额加以比较，在销售通知单上签署意见。已批准销售通知单的副联通常应送达仓库，仓库按销售通知单供货和发货给装运部门。

4．按销售通知单供货

企业通常要求仓库部门只有在收到经过批准的销售通知单时才能供货。设立这项控制程序的目的是为了防止仓库在未经授权的情况下擅自发货。因此，已批准销售通知单的副联通常应送达仓库，作为仓库按销售通知单供货和发货给装运部门的授权依据。

5．按销售通知单装运货物

将按经批准的销售通知单供货与按销售通知单装运货物职责相分离，有助于避免装运职员在未经授权的情况下装运产品。此外，装运部门职员在装运之前，还必须进行独立验证，以确定从仓库提取的商品都附有经批准的销售通知单，并且，所收到商品的内容与销售通知单一致。

装运凭证或提货单由计算机或人工编制，一式多联且连续编号，按序归档的装运凭证通常由装运部门保管。装运凭证提供了商品确实已装运的证据。

6．向顾客开具销售发票

开单业务包括编制和向顾客寄送事先连续编号的销售发票。这项业务所针对的主要问题是：是否对所有装运的货物都开了账单；是否只对实际装运才开账单，有无重复开单或虚构交易；是否按已授权批准的商品价目表所列价格计价。为了降低开单过程中出现遗漏、重复、错误计价或其他差错的风险，应设立以下的控制程序：

（1）开单部门职员在编制每张销售发票之前，应独立检查是否存在装运凭证和相应的、经批准的销售通知单；

（2）应依据已授权批准的商品价目表编制销售发票；

（3）独立检查销售发票计价和计算的正确性；

（4）将装运凭证上的商品总数与相对应的销售发票上的商品总数进行比较。

上述的控制程序有助于确保用于记录销货交易的销售发票的正确性。销售发票副联的档案通常由开单部门保管。

7．记录销售

对这项职能，内部控制制度所要关注的问题是销售发票是否记录正确，并归属适当的会计期间。在手工会计系统中，记录过程包括区分赊销、现销按销售发票编制转账记账凭证或现金、银行存款收款凭证，再据以登记销售明细账和应收账款明细账或现金、银行存款日记账。

记录销售的控制程序包括以下内容。

（1）只依据附有有效装运凭证和销售通知单的销售发票记录销售。这些装发运凭证和销售通知单应能证明销货交易的发生及其发生的日期。

（2）控制所有事先连续编号的销售发票。

（3）独立检查已处理销售发票上的销售金额同会计记录金额的一致性。

（4）记录销售的职责应与处理销货交易的其他功能相分离。

（5）对记录过程中所涉及的有关记录的接触予以限制，以减少未经授权批准的记录的发生。

（6）定期独立检查应收账款的明细账同总账的一致性。

（7）定期向顾客寄送对账单，并要求顾客将任何例外情况直接向指定的未涉及执行或记录销货交易循环的会计主管报告。

8．办理和记录现金、银行存款收入

债务人偿还货款或劳务款时，涉及记录货币资金的增加以及应收账款的减少。由于货币资金的高流动性，办理和记录现金、银行存款收入时，最关注的货币资金的安全性和完整性。货币资金失窃可能发生在货币资金收入登记入账之前或入账之后。处理货币资金收入时最重要的

是要保证全部货币资金都必须如数、及时地记入现金收入、银行存款日记账或应收账款明细账，并如数、及时地将现金存入银行。在这方面，汇款通知单起着很重要的作用。

9. 办理和记录销货退回、销货折扣与折让

顾客如果对商品不满意，销货企业一般都同意接受退货，或给予一定的销货折让；顾客如果提前支付货款，销货企业则可能会给予一定的现金折扣。发生此类业务时，必须经授权审批，并应确保与办理此事有关的部门和职员各司其职，负责实物接收、保管的人员应与账务处理的人员职务分离。对于此项业务，建议严格使用贷项通知单进行控制。

10. 注销坏账

对于赊销的业务，由于各种原因，债务人宣告破产、死亡等而无法支付货款的事项，企业应明确原因，获取重组的证据，根据合、理的理由确实认为某项货款再也无法收回，就应当按照企业的授权权限，应恰当的审批后，核销这笔货款，并及时进行正确的会计处理。

11. 提取坏账准备

坏账准备提取方法应符合国家有关规定，提取的数额应恰当合理，计提方法应保持前后会计期间的一致性。

（二）销售与收款循环所涉及的主要凭证和会计记录

销售与收款循环所涉及的主要凭证和会计记录包括客户订货单、销售通知单、发运凭证、销售发票、商品价目表、贷项通知单、主营业务收入明细账、折扣与折让明细账、现金日记账和银行存款日记账、应收账款明细账、客户对账单、汇款通知书、销售台账和应收账款明细表、坏账损失报告书、坏账审批表、转账凭证、收款凭证等。

1. 客户订货单

客户订货单即客户提出的书面购货要求。企业可以通过销售人员或其他途径，如采用电话、信函和向现有的及潜在的客户发送订货单等方式接受订货，取得客户订货单。

2. 销售通知单

销售通知单是列示客户所订商品的名称、规格、数量以及其他与客户订货单有关信息的凭证，作为销售方内部处理客户订货单的依据。很多企业在批准了客户订单之后，下一步就应编制一式多联的销售单，它是企业内部某项销售的交易轨迹的起点。

3. 发运凭证

发运凭证即在发运货物时编制的，用以反映发出货物的规格、数量和其他有关内容的凭据。发运凭证的一联寄送给客户，其余联（一联或数联）由企业保留。这种凭证可用作向客户开具账单的依据。

4. 销售发票

销售发票是一种用来表明已销售商品的规格、数量、价格、销售金额、运费和保险费、开票日期、付款条件等内容的凭证。销售发票的一联寄送给客户，其余联由企业保留。销售发票也是在会计账簿中登记销售交易的基本凭证。

5. 商品价目表

商品价目表是列示已经授权批准的、可供销售的各种商品的价格清单。

6. 贷项通知单

贷项通知单是一种用来表示由于销售退回或经批准的折让而引起的应收销货款减少的凭证。这种凭证的格式通常与销售发票的格式相同，只不过它不是用来证明应收账款的增加，而

是用来证明应收账款的减少。

7．主营业务收入明细账

主营业务收入明细账是一种用来记录销售交易的明细账。它通常记载和反映不同类别产品或劳务的销售总额。

8．折扣与折让明细账

折扣与折让明细账是一种用来核算企业销售商品时，按销售合同规定为了及早收回货款而给予客户的销售折扣和因商品品种、质量等原因而给予客户的销售折让情况的明细账。当然，企业也可以不设置折扣与折让明细账，而将该类业务记录于主营业务收入明细账。

9．现金日记账和银行存款日记账

现金日记账和银行存款日记账是用来记录应收账款的收回或现销收入以及其他各种现金、银行存款收入和支出的日记账。

10．应收账款明细账

应收账款明细账是用来记录每个客户各项赊销、还款、销售退回及折让的明细账。各应收账款明细账的余额合计数应与应收账款总账的余额相等。

11．客户对账单

客户对账单即应收账款对账单，一般是按月定期寄送给客户的用于购销双方定期核对账目的凭证。对账单上应注明应收账款的月初余额、本月各项销售交易的金额、本月已收到的货款、各贷项通知单的数额以及月末余额等内容。

12．汇款通知书

汇款通知书是一种与销售发票一起寄给客户，由客户在付款时再寄回销售单位的凭证。这种凭证注明客户的姓名、销售发票号码、销售单位开户银行账号以及金额等内容。如果客户没有将汇款通知书随同货款一并寄回，一般应由收受邮件的人员在开拆邮件时再代编一份汇款通知书。采用汇款通知书能使现金立即存入银行，可以改善资产保管的控制。

13．销售台账和应收账款明细表

这两个凭证一般由企业销售部门建立，销售台账是为了掌握和控制销售进度，依据销售通知单和发运凭证核对无误后，由销售部门记录的销售业务登记表。

应收账款明细表是销售部门记录的每个客户每笔赊销业务的明细表，用来定期检查赊销款项收回、销售折让、销售退回等内容的登记表。应收账款明细表应定期对内与财务部门核对一致，对外与客户作为对账的复查依据。

14．坏账损失报告书

坏账损失报告书是一种用来批准将某些无法回收的应收款项注销为坏账且仅在企业内部使用的凭证。在坏账损失报告书中，要注明审批坏账的原因（或理由），企业应对此严加控制。

15．坏账审批表

坏账审批表是一种用来批准将某些应收款项注销为坏账且仅在企业内部使用的凭证。

16．转账凭证

转账凭证是指记录转账业务的记账凭证，它是根据有关转账业务（不涉及现金、银行存款收付的各项业务）的原始凭证编制的。

17．收款凭证

收款凭证是指用来记录现金和银行存款收入业务的记账凭证。

在 ERP 系统中，部分凭证和记录根据信息技术特点会被重新设计，通过采用适合 ERP 系统特点的形式，简捷、高效地达成各种凭证租记录存在目的。例如，手工会计系统中对部分内部凭证的联次编号设计，在 ERP 中则可利用信息系统的实时性，通过不同权限的人员联签同一个文件记录的形式实现。这样，既能避免凭证多联次传递造成的流程烦琐、冗长和效率低下问题，又能堵塞凭证多联次造成的舞弊漏洞。又如，手工系统的凭证连续编号控制，在 ERP 系统中则被相应设计成编号授权使用范围和短号管理两项控制内容。

无论是手工系统控制还是 ERP 系统管理，在销售业务流程的控制原理上是一致的，只不过 ERP 系统会整合简化了部分凭证和记录，手工控制系统的主要凭证和会计记录则相对更全面。为了便于读者全面、直观地了解销售业务流程控制中的主要凭证和会计记录，这里以手工控制系统的流程为依托，阐述销售业务所涉及的主要凭证和会计记录。在实务应用中，ERP 系统的设计可以在此基础上适当予以整合。

二、销售与收款循环的控制目标

销售与收款循环业务控制的总体目标就是规范销售与收款行为，防范销售活动与收款过程中的差错和舞弊情况发生。

（一）确保合同订立的合理性和有效性

1. 合理性目标

合同内容要公允、合理、有效，特别是在合理性方面的考虑，既要体现合同条款本身符合市场规则，又要符合企业的战略发展要求。

确定销售合同的合理性目标，要求合同订立程序合理，是经过双方的平等协商与谈判确定的；合同内容合理遵循商业规范和惯例；合同条件合理地切合企业实际经营状况等。

2. 有效性目标

有效性目标要求签订合同的形式要件完整、内容合法，而且履行了完备的内部审批程序。合同有效性是保护合同双方合法权益和商业利益的根本要求。

（二）确保发货装运的准确性和时效性

组织发货和装运是销售业务中一个承上启下的环节，确切地讲就是连接企业产品与外部市场的直接环节。若发货与装运的内部控制缺失，对内则可能导致企业资产失窃遭损，对外则可能因为发货品种、规格或数量不符，导致对客户的违约损失，某些重要的或特殊的销售业务甚至让企业蒙受信用损失和客户流失。

准确性和时效性目标的内容主要如下。

（1）要确保经过审批的发货指令内容与客户订单和销售合同一致；

（2）装运时严格执行发货指令要求，不重不漏，出库时要做独立验证；

（3）坚决保证到货时间符合合同约定，货物发给指定地点的指定接收人。既要做到向客户如实、如期履约，又要防止在装运环节窜改发货指令内容以侵吞资产的行为。

（三）确保销售收入的真实性和完整性

实现销售收入真实性和完整性的控制目标体现为以下几个方面。

（1）登记入账的销售交易，确系已经发货给真实且正确的客户。

（2）所有销售交易都已及时、完整地登记入账。

（3）登记入账的销售数量与实际发货数量一致，已经正确开具销售发票（账单）并登记入账。

（4）所有销售交易已经正确地记入主营业务收入明细账，并被完整正确地予以汇总。

（四）确保销售折扣与折让的适度性和适宜性

1．销售折扣的适度性和适宜性目标

对销售折扣的内部控制主要是确定销售折扣的度，使销售折扣政策达到既促进销售又及时收回货款的目的。同时，要有选择性地向适宜的销售对象提供适度的销售折扣，要防止利用销售折扣以权谋私行为的发生。

2．销售折让的适度性和适宜性目标

销售折让直接导致企业经济利益的减少，是销售业务内部控制的重点环节，要严格审查销售折让原因的真实性、合理性，通过内部控制确保给予销售折让的适度性和金额计算的正确性，既要维护良好的企业形象和客户关系，又要防止恶意欺诈和内外串谋行为。

（五）确保货款回收的安全性和及时性

销售业务的完成不是止于售出商品，收回全部货款才是销售业务的目标实现和结束。因此，销售货款回收的内部控制是销售业务控制的**最后**一道关节，是企业售出商品实现价值的最终保障。

尽量缩短回款周期以减少货币时间价值损失和形成坏账的风险，确保及时、安全地收回全部货款，是销售业务控制的核心目标。

1．安全性目标

确保销售货款的安全收回是收款环节内部控制的首要目标，只有确保货款完整、安全地收回，才能确认一项产品销售业务的真实实现。有了销售货款的安全收回，企业才能开始下一个经营循环，不断实现价值创造。所以，销售货款回收的安全性是企业可持续发展并不断实现价值增长的必然要求。确保货款回收安全性的目标，涉及企业销售与收款循环整个业务流程的各环节，包括客户的审慎选择、客户信用恰当评定和合理的赊销政策、及时有效地组织发货等，均会直接影响到此项目标的顺利实现。

2．及时性目标

销售货款回收的及时性目标，要求企业要重视货币时间管理。赊销是企业让渡一定利益给客户，这种利益让渡不同于销售折扣或者销售赠送，它是将企业的销售货款无偿提供给客户使用一段时间（信用期）。显而易见，资金既是有成本的也是有时间价值的。销售货款实际上就是企业资金的转化形式，及时收回就意味着降低企业资金成本和提高资金周转效率。

企业只有加强对货款回收环节的控制，及时办理结算手续，而且要充分做好事前客户信用调查与评定和事后对应收账款的催收工作，才能保证货款及时足额地收回。

三、销售业务风险及其管控

销售环节主要风险是：销售政策与策略不妥、市场预测不准、销售渠道管理不善等，造成产品销售不畅、库存积压等风险。

企业应当加强市场调查，合理确定定价机制和信用方式。根据市场变化及时调整销售策略，灵活运用销售折扣、销售折让、信用销售、代销和广告宣传等多种策略和营销方式。促进销售目标实现，不断提高市场占有率。

（一）销售与收款循环的主要风险点

销售业务包含实物流和资金流两条主线，是企业经营活动中最容易出现徇私舞弊的环节，

所以其业务风险程度也相对比较多。概括而言，销售业务风险主要涉及市场风险、经营风险、管理风险和信用风险。从销售业务流程内容来看，这些风险分别对应在不同环节有所显现。例如，在销售计划环节因决策不当致使市场定位错误和市场策略失败，从而带来市场风险和经营风险；或者由于客户信用管理不到位所带来的信用风险；等等。这里以销售与收款循环为主线，梳理了整个业务流程的主要风险点。

1. 销售策略制定不当带来的经营风险

由于销售策略不当所带来的经营风险，会对企业的持续发展产生深远影响，后果严重情况下甚至导致企业经营失败。这个环节的风险主要体现在两个方面。

（1）销售计划管理不当。首先，企业可能存在没有销售计划的风险。其次，由于缺乏对市场现状和未来趋势、竞争对手状况的正确认识，以及对自身能力的客观评估不足，企业制定的销售计划不切合环境或者与接受的客户订单偏离较大，未经管理层审批即付诸实施，实施过程中缺乏动态管理，导致产品结构和生产安排不合理，难以实现企业生产经营的良性循环。

（2）客户开发。在客户开发上，既有维护现有优质客户又有积极寻求新的潜在客户两方面。企业可能因为对市场预测不准确而制定了不适当的市场策略，造成市场定位和方向的选择错误，对销售渠道产生破坏性影响，致使现有优质客户丢失而新客户又开发不利或者收效甚微，紧跟带来的直接不良后果就是销售不畅、库存积压、经营难以为继。

2. 信用管理不足产生的信用风险

在正式签订销售合同以及办理销售发货业务之前，企业必须履行一个非常重要的控制环节即客户信用评估，这必须建立在日常有效的客户信用管理基础之上。如果企业未建立客户档案或者主要客户档案不健全，缺乏日常的信用积累记录和合理的资信评估，加之往往为了占领市场而盲目扩大客户源，则可能导致客户选择不当或者赊销政策的受益对象选择错误、未经信用审批给予赊销；更有甚者，一些销售人员趁机利用信用管理漏洞，冒险向某些"特殊利益客户"大量赊销发货。这些都会致使销售货款不能收回或者遭受欺诈形成坏账损失，从而影响企业的资金流转与正常经营。

3. 销售定价风险

企业的销售定价合理与否是影响其产品市场竞争力的一个重要因素。在销售定价方面存在的风险主要表现为几种情形。

（1）销售定价与企业市场战略不符。现有产品调价或者新产品定价，既未经过价格决策机构审批又不遵守企业的价格政策，由此可能导致产品定价不符合企业市场战略，从而在市场竞争和以后长期经营中处于劣势地位，带来企业利益损失。

（2）利用销售定价获取企业利益。产品价格高低意味着企业所赚取销售利润的多与少。纵使企业审定的销售价格合理，但是如果在执行具体销售业务过程中，对单项业务的定价调整没有履行严格的内部审批程序，则可能给销售人员利用一定的价格浮动权内外串通舞弊以可乘之机，不仅造成企业经济利益的直接损失，甚至会扰乱市场给企业形象带来极大的负面影响。

4. 订立合同产生的法律风险和利益受损风险

现代市场经济环境下，契约经济是其一个鲜明特征，签订合同是契约关系中明确双方权利义务的必要手段。在销售业务中，对于销售方是物质资源的组织者和提供者，特别是在以赊销为主的销售业务中，销售方要依据合同先期投入大量资源，一旦发生商业纠纷则销售合同是其借助法律武器保护利益的最有力证据。因此，订立销售合同过程中也就相应隐藏着法律风险和利益风险。

法律风险具体表现为：销售方拓展市场卖出商品以增加收入是首要任务，所以接到客户订货单或者收到市场信息以后，为了节约时间促成交易，往往疏于对所签订销售合同条款的审查以及业务背景的调查，或者未经授权批准擅自签署合同，对合同中的欺诈陷阱或重大遗漏未能发现，在签订合同阶段产生巨大法律风险，进而带来企业直接或间接的利益损失。

5．发货环节产生的管理风险

对外发货由独立于销售部门的发货部门组织，发货环节的内部控制不足就会带来企业内部管理风险。

（1）未按时按规定发货的风险。经过内部审批的销售通知单，是销售业务的发货指令，载明需发出货物的品名、规格、数量、装运时间、发运地点等。如果发货部门未根据经过批准的销售通知单发货，可能出现装运错误、与销售合同预定不符、私自发货等情形，既缺少了对销售审批环节的复核，又增加了不能按时按规定内容和对象发货的风险，进而损坏企业的商业信誉和发生销售争端损失企业商业利益、货款损失等。

（2）发生商品被盗风险。企业对发货与开票、记账等职责不独立分设，缺乏对发货后的监督管理（如定期或不定期地盘点），则存在发货人员利用职务之便监守自盗、发货给虚假客户、重复发货等风险，都会造成企业财产损失。

6．收款过程中的财务风险

收款环节之前各环节的内部控制缺陷，会不同程度地传递到此环节来承接，如信用管理不善致使赊销失误、发货错误带来客户纠纷，其直接后果就是形成坏账；收款环节自身也存在内部控制不足而形成坏账的情形，如长期不对账、逾期应收账款不及时催收、现金收款私设小"金库等"。经常性的坏账损失严重威胁到企业的经营活动现金流，最终体现为企业资金"断流"的高度财务风险。

因收款相关的内部控制活动而引起的具体风险主要表现为：一是企业信用管理不到位而盲目赊销；二是结算方式选择不当形成回款困难；三是未按销售发票通知开具发票、丢失发票或者重复开票而增加税务风险；四是票据管理不善形成逾期无法兑现或遭受欺诈；五是私设账户截留回款的舞弊行为等。

7．客户后续服务带来的市场风险

提供售后客户服务是提升产品附加值的重要手段，尤其是同质化竞争激烈的产品对售后服务的要求更高。相应地，如果企业在销售业务内部控制中忽视客户服务环节，则会带来难以估量的市场风险。这些风险主要表现为：

（1）对客户需求响应不及时或者因为缺乏了解而没有响应，而错失市场良机；

（2）因产品售后质量问题处理不当对企业的市场形象造成负面影响；

（3）削弱客户对企业的信赖度和依存度，令客户满意度急剧下降，继而带来客户流失的严重后果。

8．会计控制系统所导致的会计核算风险

正确计量销售收入、提供的销售折让与折扣、应收账款（含应收票据）收到的销售回款、计提的坏账准备、销售退回、形成的坏账损失等销售业务价值内容，是企业销售与收款循环相关的重要会计控制系统，它是企业调整产品战略、市场定位和营销策略、分析销售业务价值创造能力等重大决策行为的基础且唯一的依据。

若企业缺乏有效的销售与循环会计控制系统控制，则会产生下列主要会计核算风险。

（1）会计信息失真。企业因为会计核算中错、漏、少、虚计销售业务收入，无法正确提供

真实的市场变化情况和企业自身市场地位信息，难以作出正确的销售决策。

（2）造成企业财产损失。由于缺乏正确的会计核算记录，企业的会计资料可能发生账实不符、账证不符、账账不符、账表不符等基础性会计核算问题，所带来的后果则是给舞弊带来可乘之机，造成企业财产损失，主要反映为应收账款核算与管理混乱从而可能形成账外资金或者发生坏账损失、虚计收入造成虚假发货、少计收入设立账外账截留资金。

（二）销售业务风险管控图

企业应制定规范的销售政策和策略，明确销售业务的职责和审批权限，采取有效措施控制销售业务中的各类风险，确保企业销售目标的实现。

1．销售

（1）加强市场调查，灵活运行多种销售策略和营销方式，提高市场占有率。

（2）对于境外客户和新开发客户，应当建立信用保证制度，规范销售风险。

（3）重要的销售业务谈判应有企业财会专业人员参与，并形成完整的书面记录。

（4）重要的销售合同，应当征询法律顾问或专家的意见。

2．发货

（1）销售合同、销售通知是发货和仓储单位组织发货的重要依据。

（2）财会人员审查客户信用、销售通知，无误后按规定开出发票。

（3）加强销售退回管理，分析退回原因，妥善处理。

3．收款

（1）严格考核销售款项的收回情况，实施奖惩制度。

（2）对商业票据实施追索控制和跟踪管理，防止票据欺诈。

（3）加强销售业务全过程的会计系统控制，确保会计、销售与仓储记录核对一致。

（4）加强应收账款坏账管理，及时取得相关证据，查明原因，明确责任。

 文案范本

回款风险防范制度

第一章　总　则

第一条　目的。

为降低公司销售回款风险，加速资金回笼效率，特制定本制度。

第二条　适用范围。

本办法适用于公司销售回款风险防范工作。

第三条　人员职责。

1．销售部负责客户资质审核、合同控制以及回款催缴。

2．财务部负责回款计划的制定以及相关账务处理工作。

3．公司法务人员负责提供相应的法律支持

第四条　回款风险控制原则。

1．实事求是，公平合理。

2．资格预审，合同约束。

3．规范执行，严惩舞弊。

第二章　合同约束

第五条　资质审查。

为降低回款风险，销售人员应在合同签订前对客户资质进行审查，审查内容如下。

1. Who，包括人员素质，销售业绩，社会关系。
2. Where，包括公司地理位置，物流配送情况。
3. When，从事本行业的时间，双方合作记录。
4. What，信用档案、资金情况以及业内口碑。
5. Why，关键点，双方合作动机和合作前景。

第六条　客户评级。

销售部根据资质审查结果对客户进行等级评定，以优劣为序分为 A~E 五级，实行分级管理制度。

第七条　条款约束。

销售部合同起草负责人应根据客户级别以及历史合作记录，对货款交付等条款进行明确，以具有法律效应的文书作为解决回款的根本依据。具体如下表所示。

客户分级回款条件表

级　　别	历史记录	货款交付条件
A 类客户	回款 2 个月内，合作记录良好	最好预付一部分货款
B 类客户	回款 5 个月内，基本无刻意拖欠货款的行为	至少有 20% 的预付款
C 类客户	回款 8 个月内，款项追收成本较高	必须有 40% 的预付款
D 类客户	回款时间相当长，内部资金困难，信誉不可靠	必须货款两清

第八条　合同签订。

双方签订合同时，销售人员须对销售合同各项条款逐一审查核对，确认交易条件、结款时间，确认无误后报销售部经理审核，审核通过后由经办人签名加盖合同专用章或公司公章方可生效。

第三章　发货控制

第九条　发货查询，货款跟踪。

1. 每次发货前发货人员必须与销售合同进行核对。

2. 销售部在销售货物后，应立即启动监控程序，对不同等级的客户实施不同的收账策略，在货款形成的早期进行适度催收，同时注意与客户保持良好的沟通联系。

第十条　回款记录，账龄分析。

1. 财务部须实行定期对账制度，每隔一个月或一个季度必须与客户核对一次账目，确保产品销售和货款回收的连续性，避免造成账目混乱互相推诿、责任不清的情况。

2. 财务部应详细记录每笔货款的回收情况，经常进行账龄分析。以下几种情况容易造成单据、金额等方面的误差，财务人员须熟悉内容、谨慎管理。

（1）产品结构为多品种、多规格。

（2）产品出现平调、退货、换货。

（3）产品回款期限不同，或同种产品回款期限不同。

（4）客户不能够按单对单（销售单据或发票）回款。

第四章　款项追收

第十一条　回款计划。

财务部负责编制《回款计划表》，由销售部指定专人负责回款追收工作，每隔3~4天催收一次，并作好日常催收台账记录。《回款计划表》如下所示。

编号：   日期：

序号	应收款金额	拖欠人	拖欠人电话	拖欠人地址	欠款日期	应付日期	回款记录	达成率（实收/应收）
1								
2								
3								
4								

制表人：   审核：

第十二条 电话沟通。

1. 销售人员要适时与客户保持电话联系，随时了解客户的经营状况、财务状况、个人背景等信息，并分析客户拖款征兆。

2. 货款回收期限前一周，销售人员需电话通知客户，预知其结款日期，并告知将在结款日按时前往拜访。

3. 对于发生款项拖欠的客户，销售人员要求客户须在两个工作日内提供拖欠款项事由以及相关证明。

第十三条 实地走访。

1. 销售人员要定期探访客户，客户到期付款，到期应按约定方式进行收款。

2. 遇到客户拖欠款项风险时，销售人员须采取风险预警、时时、层层上报制，在充分了解、调查、详细记录客户信用的情况下，由销售主管和销售经理等参与分析，及时对货款追收问题给予指导和协助。

第十四条 追收实施。

1. 文件准备

销售人员在实行货款追行工作前，须检查被拖欠款项的销售文件是否齐备。

2. 设定期限

销售人员应对拖欠货款的客户设立最后期限，并要求客户了解最后的期限以及拖欠的后果。

3. 发送文件

公司采用三级货款催收机制，根据货款催收情况不同建立三种不同程度的追讨文件，即预告、警告和律师函，并视情况及时发出。

第五章 附 则

第十五条 本制度由销售部负责起草，由财务部审核。

第十六条 本制度经公司总经理审核后自发布之日起实施。

四、销售与收款循环业务的常见弊端

销售与收款业务同采购与付款业务一样，即与物相关，又与钱相连，是企业较为敏感的业务活动，发生舞弊与差错的概率较高。

销售与收款业务失控的情形主要表现为以下几方面。

（一）虚计销售收入，调节利润

公司的管理当局往往为了包装公司的财务报表，提高管理当局的政绩，从事盈余管理活动。例如，伪造虚假的销售发票、发货单等原始凭证，或采取虚开发票、虚计营业收入、提前或延迟实现营业收入的手段，利用关联交易虚增或虚减营业收入，致使企业在一定时期内的营业收入失实。有时重复入账也可以达到虚计收入的目的。

（二）销售成本结转不实，变相调节利润

由于公司的成本资料具有一定的复杂性和保密性，所以在这方面做手脚比较容易。主要表现在营业成本结转不真实、未能与营业收入相匹配，销售费用支出失控、浪费严重，少计、错计、漏计消费税等主营业务税金，造成企业的营业成本、费用失真，利润不实。

（三）应收账款核算不规范

应收账款核算是销售与收款业务中问题最为突出的环节。主要表现在：销售信息反馈延迟或不畅，客户信用情况不明，应收账款的户名与金额"张冠李戴"，应收账款入账金额不实；坏账准备计提标准不合理，计提坏账准备随意性大，未按规定确认与处理坏账损失，账务处理方法在统一会计期间内前后不一致；将"应收账款"账户作为调节收入、营私舞弊的"调节器"，成为掩盖各种不正当经营行为的"防空洞"。有的企业通过"应收账款"账户虚列收入，将应该记录在"长期投资""应收票据""其他应收款"等账户的内容，转移到"应收账款"账户；有的企业利用相同户名甚至是不同户名私自将"应收账款"与"其他往来"账户相互压轧抵冲销，形成账外账；还有的企业采用应收票据背书或者利用应收账款长期挂账私设"小金库"等。

（四）收款方式选用不当，造成坏账

主要是由于在公司的赊销环节，没有对客户信用做严格的审查，导致大量坏账。

（五）销售费用支出失控，成本增大

由于预算控制没有做到位，致使销售费用指标失控现象发生。无论销售费用发生金额是大是小，都由销售人员自己决定，这就等于鼓励不正常的职务消费，甚至造成贪污腐败。

（六）销售凭证保管不严，造成资产损失

很多企业忽视了销售凭证的保管工作，没有派专人保管，造成凭证管理的混乱局面。内部人员容易涂改、销毁、伪造凭证；销售商品退货、损毁不办理相应手续，不调整账户登记，造成资产不实。

（七）增值税计算与入账金额不实

在销售业务活动中，企业违反《增值税征收条例》等有关规定的主要是未按规定使用增值税专用发票。对应缴纳增值税的销售业务，不开具增值税专用发票，而开具普通销货发票；对应计销项税额的视同销售行为，不做销售处理。有的企业将自产、委托加工或购买的货物分配给股东或投资者，或用于计提福利或个人消费等，不做销售对待，不计算增值税销项税额；多抵扣增值税进项税额。将不得从销项税额中抵扣的进项税额，如用于集体福利、个人消费非应税项目、免税项目的购进货物或应税劳务，以及非正常损失的购进货物等，从销项税额中抵扣。

五、销售与收款循环控制内容及基本控制制度

（一）不相容岗位分离

1. 不相容岗位分离

对于销售与收款循环，适当的职责分离有助于防止各种有意的或无意的错误。例如，主营业务收入账簿由记录应收账款账之外的职员独立登记，另一位不负责账簿记录的职员定期调节总账和明细账，这样就构成了一种有效的内部牵制，有利于职员之间的监督和检查；记录主营业务收入账簿和应收账款账簿的职员不经手现金，也是防止舞弊的一项重要控制；销售业务与批准赊销的业务相分离，这样会有效地防止由于销售人员盲目追求销售业绩而忽略客户的资信状况给企业造成的巨额坏账损失。企业应建立销售与收款业务岗位责任制，明确相关部门和岗位的职责权限，确保办理销售与收款业务的不相容岗位相互分离、制约和监督。不得由同一部门或个人办理销售与收款业务的全过程。销售与收款不相容岗位至少应包括以下几项。

（1）客户信用调查评估与销售合同的审批签订分离。接受客户订单的人员不能同时是负责最后核准付款条件的人员；付款条件必须同时获得销售部门和专门追踪和分析客户信用情况的信贷部门（或会计部门下的信贷小组）的批准。

（2）销售合同的审批、签订与办理发货分离。

（3）销售货款的确认、回收与相关会计记录分离。

（4）销售退回货品的验收、处置与相关会计记录分离。

（5）销售业务经办与发票开具、管理分离。发货通知单的编制人员不能同时负责货款的收取、产品的包装和托运工作；填制发票人员不能同时担任发票的复核工作。

（6）坏账准备的计提与审批、坏账的核销与审批分离。

（7）应收账款的记账人员不能同时成为应收账款的核实人员。

2. 业务归口办理

（1）销售部门（或岗位）主要负责处理订单、签订合同、执行销售政策和信用政策、催收货款。

（2）发货部门（或岗位）主要负责审核发货单据是否齐全并办理发货的具体事宜。

（3）财务部门（或岗位）主要负责销售款项的结算和记录、监督管理货款回收。

（4）销售收据和发票由财务部门指定专人负责开具，销售人员应当避免接触销售现款。

（5）企业应根据具体情况对办理销售业务的人员进行岗位轮换或者管区、管户调整，防范销售人员将企业客户资源变为个人私属资源从事舞弊活动，损害企业利益的风险。

（6）单位应收票据的取得和贴现必须经由保管票据以外的主管人员的书面批准。

（7）严禁未经授权的机构和人员经办销售与收款业务。

需要注意的是，有条件的企业可以设立专门的信用管理部门或岗位，负责制定企业信用政策，监督各部门信用政策执行情况。信用管理岗位与销售业务岗位应分设。信用政策应明确规定定期（或至少每年）对客户资信情况进行评估，并就不同的客户明确信用额度、回款期限、折扣标准、失信情况等采取应对措施。企业应合理采用科学的信用管理技术，不断收集、健全客户信用资料，建立客户信用档案或者数据库，并利用国家政策性出口信用保险机构的政策支持，防范风险。有条件的企业，还可运用计算机信息网络技术集成分、子公司或业务分部的销售发货信息与授信情况，防止向未经信用授权客户发出货品，并防止客户以较低的信用条件同时与企业两个或两个以上的分、子公司进行交易而损害企业利益。

（二）授权批准控制

有效的授权审批应明确授权的责任和建立经济业务授权审批的程序。企业应建立销售与收款业务授权制度和审核批准制度，明确审批人员对销售与收款业务的授权批准方式、权限、程序、责任和相关控制措施，并按照规定的权限和程序办理销售与收款业务。对于销售与收款循环而言，主要存在以下三个关键的审批要点：

（1）在销货发生之前，赊销已经正确审批；

（2）非经正当审批，不得发出货物；

（3）销售价格、销售条件、运费、折扣等必须经过审批。

前两项控制的目的在于防止企业因向虚构的或者无力支付货款的顾客发货而蒙受损失，价格审批控制的目的则在于保证销货业务按照企业政策规定的价格开票收款。

1. 授权方式与权限

除公司另有规定，需经股东大会或董事会批准的销售事项外，销售业务由公司总经理审批；公司总经理对各级人员的销售业务授权，每年初公司以文件的方式明确（见表12-1）。

表 12-1　审批权限一览表

项　目	审批人	审批权限
销售政策、信用政策	总经理	1. 制定和修订 2. 以总经理办公会议形式审定 3. 以内部文件等形式下发执行
销售费用预算	董事会	按《预算管理实施办法》规定审批
销售价格目表和折扣权限控制表	总经理或授权审批人	1. 制定和修订 2. 以经理办公会议形式审定 3. 以文件或其他方式下达执行人员执行
销售价格确定和销售合同签订	总经理授权审批	按公司授权审批
超过公司既定销售和信用政策规定范围的特殊事项	总经理	总经理办公会或其他方式集体决策

2. 审批方式

销售政策和信用政策、销售价格目录和折扣权限控制表等政策性事项，由总经理召开总经理办公会议或授权总经理决定，并以文件或其他形式下达执行；销售业务的其他事项审批，在业务单或公司设定的审批单上签批。

3. 批准和越权批准处理

审批人根据公司对销售业务授权批准制度的规定，在授权范围内进行审批，不得超越审批权限；经办人在职责范围内，按照审批人的批准意见办理销售与收款业务；对于审批人超越授权范围审批的销售业务，经办人有权拒绝并应当拒绝，并及时向审批人的上一级授权部门报告。

（三）销售和发货控制

1. 政策控制

（1）企业对销售业务应建立严格的预算管理制度，制定销售目标，建立销售管理责任制。

（2）企业应建立销售定价控制制度，制定产品销售价目表、折扣政策、收款政策，定期审阅并督促执行人员严格执行。

（3）企业应对客户进行信用控制，在选择客户时，由销售部门的信用管理人员对客户进行信用评价，充分了解和考虑客户的信誉、财务状况等，降低货款坏账风险。

2．客户信用管理和赊销控制

（1）客户信用管理。

1）销售部负责进行客户信用调查，填写"客户调查表"，建立客户信用档案；根据客户信用，确定客户信用额度、信用期限、折扣期限与现金折扣比率；

2）销售部门确定的客户信用额度，必须经公司授权审批人批准后方可执行；

3）对客户信用进行动态管理，每年至少对其复查一次，出现大的变动，要及时进行调整，调整结果经公司授权审批人批准；

4）对于超过信用额度的发货，必须按公司授权进行审批。

（2）赊销控制业务流程。企业应加强对赊销业务的管理。赊销业务应当遵循规定的销售政策、信用政策及程序（见图 12-1）。

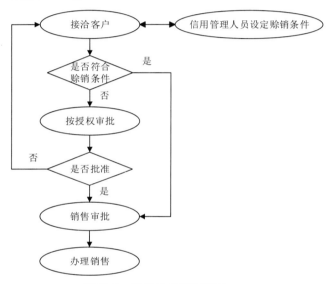

图 12-1　赊销业务控制流程

（3）赊销控制要求。

1）销售人员严格遵循规定的销售政策和信用政策；

2）对符合赊销条件的客户，按公司授权，经审批人批准方可办理赊销业务；

3）超过销售政策和信用政策规定的赊销业务，按公司权限集体决策审批。

3．销售和发货业务流程控制

企业应按照规定的程序办理销售和发货业务。一个完整的销售与发货业务流程如图 12-2 所示。

销售和发货业务流程控制包括以下几项。

（1）销售谈判。企业在销售合同订立前，应当指定专门人员就销售价格、信用政策、发货及收款方式等具体事项与客户进行谈判。对谈判中涉及的重要事项，应当有完整的书面记录。

（2）合同审批。企业应建立健全销售合同审批制度，明确说明具体的审批程序及所涉及的部门人员，并根据企业的实际情况明确界定不同合同金额审批的具体权限分配等（权限分配表）。审批人员应当对销售合同草案中提出的销售价格、信用政策、发货及收款方式等严格审查并建立客户信息档案。金额重大的销售合同，应当征询法律顾问或专家的意见。有条件的企业，可以指定内部审计机构等对销售合同草案进行初审。

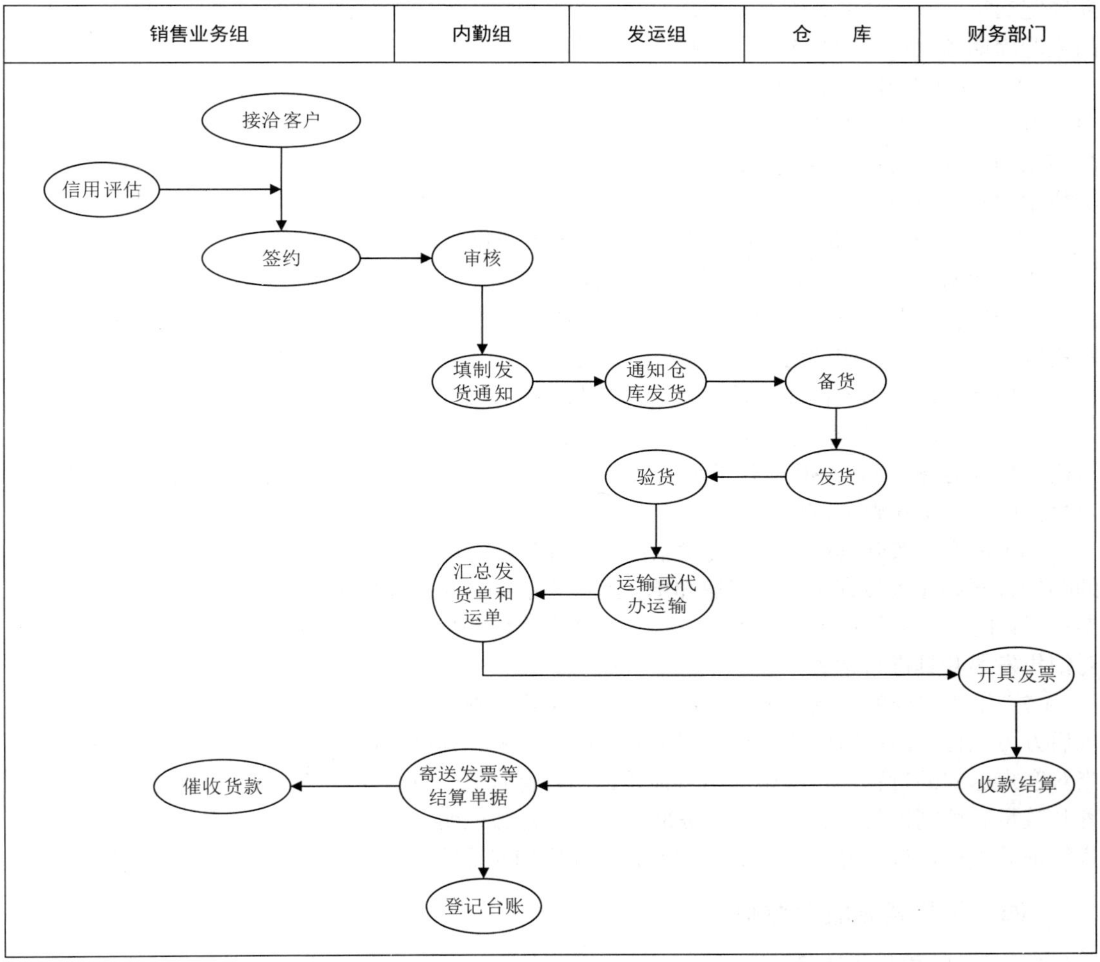

图 12-2　销售和发货业务流程

（3）合同订立。合同订立前，信用额度由信用管理人员经信用评估后确定；超过信用额度的合同，必须按公司授权，事前进行审批，未经审批，合同不得签订。销售合同草案经审批同意后，企业应授权有关人员与客户签订正式销售合同。公司签订的销售合同按公司授权进行审批，合同未经审批程序，不得将合同交予客户。签订合同应符合《中华人民共和国合同法》的规定，并明确与销售商品相联系的所有权和风险与报酬的转移时点。

（4）组织销售。企业销售部门应当按照经批准的销售合同编制销售计划，向发货部门下达销售通知单，同时编制销售发票通知单，并经审批后下达给财会部门，由财务部门或经授权的有关部门在开具销售发票前对客户信用情况及实际出库记录凭证进行审查无误后，根据销售发票通知单向客户开出销售发票。编制销售发票通知单的人员与开具销售发票的人员应当相互分离。

（5）组织发货。企业发货部门应对销售发货单据进行审核，严格按照销售通知单所列的发货品种和规格、发货数量、发货时间、发货方式组织发货，并建立货物出库、发运等环节的岗位责任制，确保货物的安全发运。

1）发货期的确定。业务员在接受订货、签订合同时，根据产品库存情况，和公司生产周期确定交货期限：全部有库存的客户订货，按客户要求确定交货期；库存不足的订货，根据产品生产周期和生产能力与客户协商确定交货期。

2）产品生产和开发。库存不足的订单，由销售内勤人员与生产部门协调，发出生产任务单，由生产部门组织生产；业务员在接到用户提出的新产品开发意向后，要向用户全面收集产品使用的条件及有关技术参数，由业务员填写"新产品开发建议书"，经公司有关部门会签后交技术中心或事业部组织开发。

3）发货通知。发货通知单由销售部内勤人员根据客户订单或合同填写；发货通知单一式六联；发货通知由发运组负责办理发货和运输事宜。

4）发货控制。仓储部门根据"发货通知单"组织备货、发货，仓储部门发货后，按实填写实发数，并盖章注明"已发货"字样，以免重复发货；由专人不定期对出库通知单与装箱进行核对检查；产品出库参照企业存货管理控制的有关规定执行。

5）发运控制。发运组对发货通知单与发货实物进行核对相符；发运组根据合同要求组织运输或代办运输；发运组必须要求承运人在发货通知单上签名，并向承运人取得相关运输凭证，及时交内勤人员送财务部门。

（6）销售发票开具控制。销货发票由财务部门指定的专人负责开具；开票人员必须以客户的购货合同和业务员开出的发货通知单、运单为依据；开票人员按税务部门的规定开具销售发票；开具的发票必须从主管税务部门购买或经主管税务部门批准印制的税务发票；财务部定期对销售发票开具进行检查。

（7）销售退回的控制。企业应建立销售退回管理制度。企业的销售退回必须经销售主管审批后方可执行，销售退回的货物应当由质检部门检验和仓储部门清点后方可入库。质检部门应当对客户退回的货物进行检验并出具检验证明；仓储部门应当在清点货物、注明退回货物的品种和数量后填制退货接收报告；财务部门应当对检验证明、退货接收报告以及退货方出具的退货凭证等进行审核后办理相应的退款事宜，并增加对退货原因进行分析的自我评估控制。

（四）销售货款收取控制

1．商品销售收入的确认
企业确认商品销售收入，必须同时满足以下条件。

（1）企业已将商品所有权上的主要风险和报酬转移给购货方。

（2）企业既没有保留通常与所有权相联系的继续管理权，也没有对已售出的商品实施有效控制。

（3）收入的金额能够可靠地计量。

（4）相关的经济利益很可能流入企业。

（5）相关的已发生或将发生的成本能够可靠地计量。

2．货款催收和办理
（1）催收。企业应建立逾期应收账款催收制度。销售部门应负责应收账款的催收，催收记录（包括往来函电）要妥善保存，财会部门应当督促销售部门加紧催收。对催收无效的逾期应收账款，经财务总监审核，总经理批准，可通过法律程序予以解决。应收账款应分类管理，针对不同性质的应收款项，采取不同方法和程序。应严格区分并明确收款责任，建立科学、合理的清收奖励制度以及责任追究和处罚制度，以有利于及时清理催收欠款，保证企业营运资产的周转效率。

（2）催收记录。销售部门在向客户催收货款时，应做好催收记录，并尽可能取得客户的签证；公司销售部门会同财务部门定期或不定期向客户发出催收函，并将发函凭证保存，作为催收记录的依据。

（3）收款业务办理。企业应按照《现金管理暂行条例》《支付结算办法》等规定，及时办理销售收款业务。对以银行转账方式办理的销售收款，应通过企业核定的账户进行结算，财务部门应将销售收入及时入账，不得账外设账，不得擅自坐支现金；销售人员除事先经财务部门授权外，应避免接触销售现款。

3. 应收货款管理

（1）应收账款台账。企业应按客户设置应收账款台账，及时登记并评估每一客户应收账款余额增减变动情况和信用额度使用情况。对于可能成为坏账的应收账款，应按照国家统一的会计制度规定计提坏账准备，并按照权限范围和审批程序进行审批。对确定发生的各项坏账，应查明原因，明确责任，并在履行规定的审批程序后做出会计处理；核销的坏账应进行备查登记，做到账销案存。已核销的坏账又收回时应及时入账，防止形成账外款。

1）公司销售部门按责任范围建立应收账款台账，及时登记每一客户应收账款余额的增减变动情况和信用额度使用情况；

2）财务部门按客户进行应收账款核算，对长期往来客户的应收账款，按客户设立台账登记其余额的增减变动情况；

3）销售部门责任人员定期与财务部门核对应收账款余额和发生额，发现不符，及时查明原因，并进行处理；

4）销售部门信用管理人员应对长期往来客户建立完善的客户资料，并对客户资料实行动态管理，及时更新，相关资料由销售部门人员和财务部门提供。

（2）与客户核对应收账款。

1）销售部门业务员或内勤人员每半年与客户核对应收货款余额和发生额，发现不符，及时查明原因，向财务部门报告，并进行处理；

2）财务部门每年至少一次向客户寄发对账函，对金额重大的客户，财务部门认为必要时或销售部门提出申请时派员与客户对账，发现不符，及时向上级报告，会同相关部门及时查明原因，并进行处理。

（3）账龄分析和坏账处理。

1）财务部门定期对应收账款龄进行分析，编制账龄分析表，对逾期账款进行提示，并建议相关部门采取加紧催收措施或其他解决措施；

2）对可能成为坏账的应收账款，按内部控制有关规定办理；

3）公司财务部门对已核销的坏账，应进行备查登记，做到账销案存，已注销的坏账又收回时，应及时入账，防止形成账外款。

（4）应收票据管理。企业应结合销售政策和信用政策，明确应收票据的受理范围和管理措施。加强对应收票据合法性、真实性的审查，防止购货方以虚假票据进行欺诈。

1）企业应收票据的取得和贴现必须经由保管票据以外的主管人员的书面批准；

2）企业应有专人保管应收票据，对于即将到期的应收票据，应及时向付款人提示付款；已贴现但仍承担收款风险的票据应当在备查簿中登记，以便日后追踪管理；

3）企业应当制定逾期票据的冲销管理程序和逾期票据追索监控制度，对逾期未能实现的应收票据，经财务经理批准，转为应收账款，并通知相关责任人员及时催收。

（五）销售记录控制

1. 销售过程记录

企业应在销售与发货各环节设置相关的记录、填制相应的凭证，建立完整的销售登记制度，并加强销售订单、销售合同、销售计划、销售通知单、发货凭证、运货凭证、销售发票等文件和凭证的相互核对工作。

凭证与记录需预先连续编号，检查全部有编号凭证与记录是否按规定处理是检查完整性的重要控制措施，可以有效地防止经济业务的遗漏和重复，并可根据完整性检查发现是否存在舞弊现象。例如，企业在收到顾客订货单之后，立即编制一份预先编号的一式多联销售通知单，分别用于批准赊销、审批发货、记录发货数量以及向顾客开具销售发票的控制制度，会比企业仅仅在发货以后才编制销售发票的制度大大减少漏开销售发票的情况，在前一种制度下，企业可以通过检查预先编号销售通知单检查是否对已发货业务全部开具销售发票。

2. 销售台账

销售部门应设置销售台账，及时反映各种商品、劳务等销售的开单、发货、收款情况，并由相关人员对销售合同执行情况进行定期跟踪审阅；销售台账应附有客户订单、销售合同、客户签收回执等相关购货单据；销售台账应定期与财务部门核对。

3. 销售档案管理

销售部门应定期对销售合同、销售计划、销售通知单、发货凭证、运货凭证、销售发票、客户签收回执等文件和凭证进行相互核对，并整理存档。

4. 定期寄送对账单

定期与企业外部的客户进行账务的核对工作，有助于检查企业的会计处理是否正确及时，同时有助于减少债务纠纷。企业应独立于现金出纳、销售人员及应收账款记账的人员定期向客户寄送对账单。客户对于应付账款余额不符情况及时作出的说明，企业可据此检查账簿记录并进行恰当的处理。为保证该项控制的有效性，企业应考虑指定一位独立于现金出纳、销售人员及应收账款记账的人员进行处理。

（六）监督检查

1. 监督检查主体

（1）监事会：依据公司章程对公司销售与收款管理进行检查监督。

（2）审计部门：依据公司授权和部门职能描述，对公司销售管理进行审计监督。

（3）财务部门：依据公司授权，对公司销售管理进行财务监督。

（4）上级对下级：进行日常工作监督检查。

由内部审计人员或其他独立人员核查销货业务的处理和记录，是实现内部控制目标所不可缺少的一项控制措施。表 12-2 即说明了根据内部控制目标设计的内部核查程序。

表 12-2　内部控制目标与内部核查程序

内部控制目标	内部核查程序
登记入账的销货业务是真实的	检查销售发票的连续性并审查所附的佐证凭证
销货业务均经适当审批	查阅顾客的信用情况，确定按企业的政策是否应批准赊销
所有销货业务均已登记入账	检查发运凭证的连续性，并将其与主营业务收入明细账核对
登记入账的销货业务均经正确估价	将销售发票上的数量与发运凭证上的记录进行比较核对
登记入账的销货业务的分类恰当	将登记入账的销货业务的原始凭证与会计科目表比较核对

内部控制目标	内部核查程序
销货业务的记录及时	检查开票员所保管的未开票发运凭证，确定是否包括所有应开票的发运凭证在内
销货业务已经正确地记入明细账并经准确汇总	从发运凭证追查至主营业务收入明细账和总账

2．监督检查内容

（1）销售与收款业务相关岗位及人员的设置情况，重点检查是否存在销售与收款业务不相容职务混岗的现象；

（2）销售与收款业务授权批准制度的执行情况，重点检查授权批准手续是否健全，是否存在越权审批行为；

（3）销售的管理情况，重点检查信用政策、销售政策的执行是否符合规定；

（4）收款的管理情况，重点检查销售收入是否及时入账，应收账款的催收是否有效，坏账核销和应收票据的管理是否符合规定；

（5）销售退回的管理情况，重点检查销售退回手续是否齐全、退回货物是否及时入库；

（6）账实、账账相符情况，企业应定期抽查、核对销售业务记录、销售收款会计记录、商品出库记录和库存商品实物记录，及时发现并处理销售与收款中存在的问题；还应定期对库存商品进行盘点，同时应定期与往来客户通过函证等方式，核对应收账款、应收票据、预收账款等往来款项；如有不符，应查明原因，及时处理。

3．监督检查结果处理

对监督检查过程中发现的销售与收款内部控制中的薄弱环节，公司有关责任部门和责任人应当采取措施，及时加以纠正和完善。

六、销售业务管理关键

销售与收款循环的关键控制点可以概括为适当的不相容职务分离、正确的授权审批、充分的凭证和记录且凭证预先编号、内部复核程序等。

从战略管理层面来看，销售与收款循环在内部控制上需注重销售计划管理、信用管理与赊销、授权与批准；从操作层面来看，销售前的谈判与订立合同、组织发货、会计核算、开票与收款、销售退回等环节是销售与收款循环的控制重点。

（一）在组织机构上分设职责部门

销售与收款循环按照内容可划分为组织销售（"销售"）、组织发货（"发货"）、售后与收款（"收款"）三个阶段。组织销售阶段的主要活动包括制定销售计划、接受客户订单、信用调查与批准赊销、销售谈判和签订销售合同等；组织发货阶段是指从签订完成销售合同开始，根据销售通知单组织发出货物、完成销售业务会计核算等活动；收款阶段的主要活动包括催收回款、售后管理与服务、办理销售退回等。企业应对销售、发货、收款三大环节分设不同部门共同完成，各部门专司执行、职责分离。这是有效实施销售业务内部控制的组织基础，是首要的关键控制点。销售与收款循环一般涉及销售部门、信用管理部门、发货部门（仓储部门）财务部门。一般而言，销售部门主要负责处理客户订单、执行销售政策、签订销售合同、催收货款；信用管理部门主要负责客户信用档案管理、信用调查和评定、信用审核和批准赊销；发货部门主要负责审核发货单据是否齐全并据以办理具体的发货事宜；财务部门主要负责销售业务实现的结算和会计处理、监督收款等。

（二）销售计划环节的关键控制点

1. 制定销售计划并经过审批

企业应根据发展战略和年度生产经营计划，结合自身产能情况和资金供应能力、市场需求预测、竞争对手情况等内外部因素，制定年度销售计划。在此基础上，进一步结合客户订单情况，分解制定月度销售计划，并按规定的权限和程序审批后下达执行。

2. 销售计划应适时适宜地作出调整

企业应由专门部门定期对各产品（商品）的区域销售额、进销差价、销售计划与实际销售情况等进行分析，结合生产现状，及时调整销售计划，调整后的销售计划需履行相应的审批程序。

（三）信用管理环节的关键控制点

赊销是企业在现代信用社会里实现销售的最主要方式。健全有效的信用管理是企业赊销恰当与否的关键所在，它决定了销售最终能否顺利完成。所以，信用管理是销售业务内部控制活动不可或缺的内容。企业应当在进行充分市场调查的基础上，合理细分市场并确定目标市场，根据不同目标群体的具体需求，确定定价机制和信用方式，灵活运用销售折扣、销售折让、信用销售、代销和广告宣传等多种策略和营销方式，促进销售目标实现，不断提高市场占有率。

信用管理环节的关键控制点主要包括以下内容。

（1）设立独立于销售部门的信用管理部门，由其负责收集主要客户信息，建立客户档案并实施动态更新管理，企业依此确定客户信用等级、赊销限额和采用的销售方式，并经销售部门和财务部门具有相关权限的人员审批。

（2）对于境外客户和新开发客户，应当建立严格的信用保证制度。

（3）订立销售合同前，事先经过信用管理部门的调查和风险评估。

（4）销售部门在与客户洽谈中提出的赊销额，必须获得信用管理部门的审核并经主管理层主管人员批准。

（5）在发货环节之前，销售部门向信用管理部门申请核查，以确保相应客户的发货额度控制在已经批准的赊销额度之内。

（四）销售定价环节的关键控制点

销售定价的关键控制主要是指价格确定与调整均应设置内部控制权限，不能由销售人员直接擅自实施。关键控制点主要包括以下内容。

（1）根据市场营销策略、财务目标、产品成本和竞争对手情况等多方面因素，最终由公司管理层审批确定产品基准定价，并定期评价产品基准价格的合理性，每次定价或调价均需具有相应权限的人员审批核准。

（2）对于特殊情形，可以授权销售部门以基准定价为基础，结合产品市场特点实施一定限度的价格浮动，对经批准的价格浮动权可向下逐级递减分配，不得擅自突破。

（3）在销售业务中，从价格上给予客户销售折扣与折让应由具有相应权限人员审批，且授予的实际金额、数量、原因及对象应予以记录，并归档备案。

（五）谈判与订立销售合同环节的关键控制点

销售谈判与订立销售合同环节直接决定每项单笔销售业务的收益水平，因此对其内部控制活动显得尤为重要。这个环节的关键控制点主要包括不相容职务分离、处理订单、授权与批准、销售谈判、订立合同。

1．不相容职务分离环节

不相容职务分离是企业内部控制活动的核心控制思想，会不同程度地应用在各主要业务环节。销售谈判与订立合同环节的关键控制点主要体现为经下几点。

（1）合同谈判人员与签订合同的人员相分离。

（2）正式签订合同之前，由经过授权的专门人员就销售价格、信用政策、发货及收款方式等具体事项与客户进行谈判。

（3）销售审批与赊销政策审批由不同部门的不同人员来执行。

（4）编制销售发票通知单、开具销售发票、复核发票应分设三个岗位、相互分离。

2．处理订单环节

健康的企业应该建立客户订单的内部控制程序。接受客户订单是企业销售实现的开始，没有订单的企业将无以为继，但并非凡是订单都一概接受，因为处理客户订单不慎甚至会拖垮一个企业。因此，处理订单环节要把握三个关键控制点。

（1）收到订单后结合企业自身生产能力、销售政策、存货情况以及客户的财务状况等因素，审核是否可以接受该订单。

（2）确定客户在已批准的客户清单上。

（3）每次销售都应有已批准的销售单。

3．授权与批准环节

企业应当对销售与收款业务建立严格的授权批准制度，明确审批人员对销售与收款业务的授权批准方式、权限、程序、责任和相关控制措施，规定经办人的职责范围和工作要求。

在订立销售合同环节的授权与批准涉及四个关键控制点。

（1）合同对方是企业信用部门批准赊销的客户，合同签署的赊销额是经过信用管理部门在授权范围内批准的。

（2）合同确定的销售价格、付款条件、运费和销售折扣的确定已经销售部门之外的有权部门和人员进行了适当的授权批准。

（3）审批人应当根据销售与收款授权批准制度的规定，在授权范围内对正式签订前的合同进行审批，不得超越审批权限。对于审批人超越审批权限的审批行为，经办人有权拒绝办理并及时向审批人的上级授权部门报告。

（4）因特殊情形需要超出企业既定销售政策和信用政策规定范围销售业务，企业应当进行集体决策。

4．销售谈判环节

销售谈判过程中的关键控制点主要是参与谈判的人员应至少两人以上，并与订立合同人员分离，对销售谈判的全过程应有完整的书面记录和重大事项报告制度。

5．订立合同环节

确保订立合同合理保障企业合法权益和商业利益，必须做好以下三个关键控制点。

（1）所订立的合同首先必须严格遵守《中华人民共和国合同法》的规定，金额重大的合同应该征求外部法律顾问或者专家的意见。

（2）企业应当建立健全销售合同订立及审批管理制度，明确必须签订合同的范围，规范合同订立程序，确定具体的审核、审批程序和所涉及的部门人员及相应权责。审核、审批应当重点关注销售合同草案中提出的销售价格、信用政策、发货及收款方式等。

（3）销售合同草案经审批同意后，企业应授权有关人员与客户签订正式销售合同。

（六）发货环节的关键控制点

发货是实物资产流出企业的直接环节，也是销售业务的中心环节。只有实现正确的发货，才具备收取货款的基础。关键控制点如下。

1．开出销售通知单和销售发票通知单

销售部门依据审核后的销售合同和销售订单，开具载明与合同内容一致的发货品种、规格、数量、客户、发货时间和方式、接收地点等信息的销售通知单，交仓储部门和财务部门；同时，开具销售发票通知单给财务部门。

2．仓储部门按销售通知单备货

仓储部门应当建立出库、计量、运输等环节的岗位责任制，分别对销售通知单进行审核。在此基础上，严格按照销售通知单所列的需要发运货物的内容，在规定的时间内备货并与运输部门办理手续，组织发货。

3．装运与交接确认

运输部门对照销售通知单装运货物并填写装车凭据，按照合同规定的时间、地点和对象履行运输任务，与客户在货物交接环节办好装卸和检验工作，确保货物安全交到客户并得到验收确认，取得收货确认凭据和收到发票的确认凭据，交由销售部门整理和保存。

4．充分的凭证和记录

在货物组织发运离开企业环节，仓储部门在货物装运完成后，应形成相应的发货凭据并连续编号，做好库房的出库记录；销售部门在发货完成后设置销售台账，反映各次商品销售的开单、发货、收款等情况，并将客户订单、销售合同、客户确认证据等作为台账附件归档，形成全过程的销售登记制度。

（七）收款环节的关键控制点

收款环节是体现销售业务成果之所在。如果收款环节的内部控制薄弱或者缺失，则可能令销售业务功亏一篑。

1．建立客户访问制度

企业可建立管理层分管领导针对主要客户的定期或不定期访问制度，内部控制人员和内审人员在条件许可情况下，也要建立对客户的访问机制，掌握背景信息分析客户付款风险。

2．实施严格的销售回款政策

（1）企业必须明确规定禁止销售业务人员收取现金货款，同时尽可能要求客户与公司实行货款的票据或转账结算。

（2）若客户只能提供现金付款或者承兑汇票方式结算货款，企业应制定内部控制程序，明确要求业务人员提前报告具体的付款时间、金额、方式以及携带现金的安全措施，不能坐支现金。

（3）企业财务部门和销售部门应当密切配合，共同对销售回款情况定期检查，抽查核对企业与客户的往来账务真实性。

3．及时开具销售发票

（1）在开具每张销售发票之前，开篇人员应独立检查是否存在装运凭证和相应的经批准的销售通知单。

（2）应依据已授权的批准的商品价目表编制销售发票。

（3）独立检查销售发票计价和计算的正确性。

（4）将装运凭证上的商品总数与相应的销售发票上的商品总数进行比较。

（5）开具发票必须严格执行发票管理规定，严禁开具虚假发票。

4．每月对账

在完成发挥并取得客户确认证据后，企业在内控安排上应指定不负责现金出纳和销货及应收账款记录的人员，每月寄送客户对账单，将任何例外情况直接向指定的未涉及执行或记录销货交易循环的会计主管报告，对发现的差异要及时查明原因。

5．建立应收票据管理制度

（1）明确规定票据的取得、贴现、背书、保管等环节的审批流程和职责要求。

（2）严格审查票据的真实性和合法性，防止票据欺诈。

（3）由专人负责应收票据保管，严格限制其他人员对票据的接触。

（4）动态管理应收票据信息，定期核对盘点，及时办理即将到期的应收票据托收业务。

（5）加强代销业务回款管理，及时与代理商结算销售款项。

6．催收到期款项

（1）销售部门按照客户设置应收账款台账，及时维护每个客户的应收账款信息及其信用额度使用情况，负责应收款项的催收工作。

（2）企业财务部门应定期分析应收账款账龄，建立风险预警程序，向货款清收部门预警接近诉讼时效的应收账款。

（3）对催收无效的逾期应收账款通过法律程序解决，最低限度降低应收账款形成坏账的风险。

7．核销坏账与管理

（1）对于确信无法收回的应收账款，获取货款无法收回的确凿证据，及时按照企业内部坏账核销程序履行审批，核销已形成损失的坏账。

（2）已做财务核销的应收账款应当建立备查登记簿，做到账销案存，仍定期寄送客户对账单和询证函。若发生回款的情况时，应当及时入账，防止形成账外资金。

（八）客户后续服务环节的关键控制点

为了防范或降低客户服务可能带来的风险，从内部控制角度应把握好以下几个关键控制点。

1．建立售后客户服务制度

在充分市场调查基础上，结合竞争对手客户服务水平，建立和完善企业客户服务制度，明确规范的客户服务内容、标准、方式等。

2．设置专门部门

企业应设立专职部门或人员进行客户服务和跟踪。有条件的企业可以按产品线或地理区域建立客户服务中心。加强售前、售中和售后技术服务，实行客户服务人员的薪酬与客户满意度挂钩。

3．做好客户回访和投诉制度

为了及时账务客户需求和信息反馈，企业应做好客户回访工作，定期或不定期开展客户满意度调查；建立客户投诉制度，记录所有的客户投诉，并分析产生原因及解决措施。

（九）会计信息系统的关键控制点

1. 完整正确的会计记录

企业应加强对销售业务的会计系统控制，详细记录销售客户、销售合同、销售通知、发运凭证、商业票据、款项收回等情况，确保会计记录、销售记录与仓储记录核对一致。特别是，财务部门对销售报表等原始凭证审核销售价格、数量等，并根据国家统一的会计准则制度确认销售收入并登记入账。

2. 跟踪应收账款，促进及时回收

会计控制系统应及时收集应收账款相关凭证资料并妥善保管；对未按时还款的客户，采取申请支付令、申请诉前保全和起诉等方式及时清收欠款。对收回的非货币性资产应经评估和恰当审批。

（十）销售退回环节的关键控制点

销售退回属于售后客户服务的范畴，也与应收账款管理密切关联。在控制活动中，销售退回是个相对独立完整的环节，其关键控制点如下。

1. 鉴定环节

企业内部专门机构或部门（一般是质量部门或售后服务部门）对发生退回的货物进行严格鉴定和验收，这是实施销售退回的必要条件。属于退赔范围则报经销售业务主管审批后及时予以执行，谨防销售业务人员利用产品三包政策从事舞弊活动。

2. 验收环节

仓储部门应当在清点货物、注明退回货物的品种和数量后，填制退货接受报告，取得审批以后才能办理入库。

3. 会计处理环节

财务部门应当对检验证明、退货接受报告和退货方出具的退货凭证等进行审核无误后，方可办理相应的退款事宜和会计处理。

企业发展到一定规模后，必须建立严密的控制体系，依靠各部门或岗位之间相互牵制、监督，依靠固化的流程去控制运行，减少主观臆断，这样才能保证企业总体风险最小，整体运营质量最高。企业销售业务流程的主要内容是固化的，但是针对流程的控制活动和关键控制点因不同环境、不同阶段、不同的执行者，相应重点会有所区别。因此，在销售业务控制活动中，如何保障销售业务健康实现的关键在于建立控制制度后要分析性地认真贯彻执行，防止照搬硬套和流于形式。

七、销售业务授权审批

请参阅以下相关文案。

 文案范本

销售业务授权审批制度

第一章 总 则

第一条 为规范企业的销售行为，明确销售业务中涉及的审批权限，加强对销售业务的监督与控制，防范销售过程中的差错和舞弊，特制定本制度。

第二条　本制度适用于企业各业务部门、各子企业及分支机构。

第二章　销售预算及定价审批

第三条　销售部根据市场情况、目标利润、企业生产经营能力制定销售计划与预算，经企业管理高层审批后实施。

第四条　经审批的销售预算应层层分解到各部门，细化到销售人员，以便于在销售过程中对销售成本进行有效控制。

第五条　销售部负责制定产品价目表、赊销及折扣等销售优惠政策、付款政策等，报营销总监、总经理审批通过后具体实施。

第六条　销售人员在销售过程中遇相关情况，如价目表上的规定价格、按规定条件给予的折扣，以及按信用政策确定的付款政策等时，应由销售经理审批后执行。

第七条　销售业务中需要执行特殊价格、需要按超出规定的条件给予折扣或需要超出信用政策执行特殊付款政策时，应报经营销总监审批通过后执行。

第三章　客户信用控制及合同审批

第八条　财务部负责拟定企业信用政策及客户信用等级评价标准，并与销售部共同协商确定，完成后上报营销总监审核、总经理审批通过后执行，报财务部、法务部备案。

第九条　销售业务员在开展销售活动的过程中，应及时收集并提供客户的信用信息和资料，为企业评估客户信用等级提供数据参考，财务部参与客户信用等级的评估。

第十条　根据客户信用等级评价标准，销售部可将客户分为 A、B、C、D 四个信用等级，并将客户信用等级评估报告提交销售经理、营销总监审核。

第十一条　财务部根据合作客户的回款等情况定期对客户信用等级进行动态评价，变更客户信用等级时应报销售经理、营销总监审核。

第十二条　销售合同审批规定。

1. 销售业务员在销售谈判中，应根据客户信用等级施以不同的销售策略。

2. 销售业务员在与客户订立销售合同时，应按照以下权限执行。

（1）销售合同总额在＿＿万元以下的，属销售业务员权限范围，无需报批，可直接与客户订立销售合同。

（2）销售合同总额在＿＿万～＿＿万元的，由销售经理审批，予以订立。

（3）销售合同总额在＿＿万～＿＿万元的，由营销总监审批，予以订立。

（4）销售合同总额在＿＿万元以上的，报总经理审批后，予以订立。

第四章　发货与退货审批

第十三条　发货的审批。

1. 销售合同订立以后，销售业务员需开具发货通知单，经销售经理审核后，送至仓管员处以便备货。

2. 仓管员核对发货通知单，并严格按照发货通知单中各项目内容准备货物，并做好货物出库记录。

3. 运输主管负责办理货物发运手续，并组织运送货物，确保货物安全、准时地到达目的地。

第十四条　客户退货的有关规定。

1. 销售业务员接到客户提出的退货申请后，需经销售经理审批后方可办理相关手续。

2. 质检员负责对客户退回的货物进行质量检查，并出具检验证明。

3. 仓管员对退回货物进行清点后方可入库，并填制退货接受报告。

4. 销售部对客户退货原因进行调查，并确定相关部门和人员的责任。

第五章　收款与坏账计提审批

第十五条　应收账款主管负责编制企业应收账款明细表，并进行应收账款账龄分析，督促销售部及时催收应收账款。

第十六条　销售会计对可能成为坏账的应收账款计提坏账准备。

第十七条　法律顾问负责为企业制定诉讼方案，以应对催收无效的逾期应收账款。

第十八条　销售会计将确定发生的坏账报财务经理、营销总监审批后作出会计处理。

第六章　附　　则

第十九条　本制度由财务部与销售部共同制定并负责解释，修改时亦同。

第二十条　本制度自颁布之日起开始实施。

文案范本

销售业务授权审批情况

企业销售业务控制过程中，需要不断建立和完善与销售业务相关的管理制度、办法及程序文件，经办人员应按照规定的审批权限和程序办理销售业务（见下表）。

销售业务授权审批情况

事　项	文件或文书名称	编制及审批机构			
		相关部门	销售部	财务部	总经理
销售	市场调研报告		编制		审批
	客户信用管理制度		提出	参与	审批
	客户信用评估办法		提出	参与	审批
	销售合同书		拟定	参与	审批
发货	销售发货通知单		填制	审核	审批
	出库单	填制		审核	审批
	销售退货申请单		填制		审批
	销售退货验收单	填制		审核	审批
收款	销售管理制度		编制	参与	审批
	应收账款管理制度		参与	编制	审批
	销售回款奖惩办法		编制	参与	审批
	商业票据管理办法			编制	审批

**文案范本**

销售业务审批流程

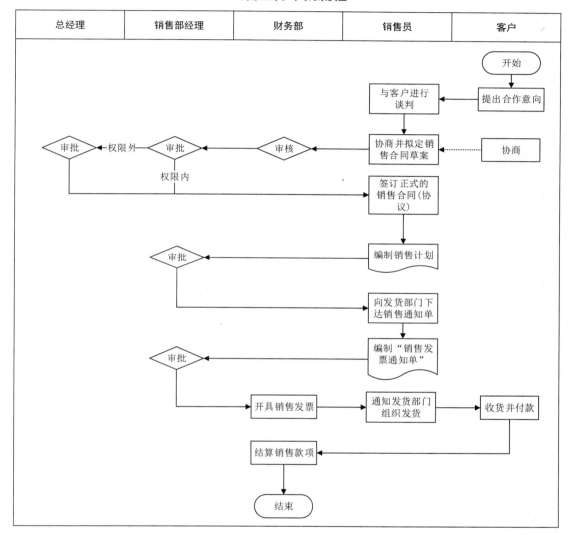

总经理	销售部经理	财务部	销售员	客户

八、销售预测

（一）销售预测的内容

销售预测的内容主要包括市场需求预测、市场占有率预测、产品寿命周期预测和技术发展预测。

1．市场需求预测

市场需求预测指预测市场对本企业和对其他生产同类产品的企业正在生产和销售的产品、正在试制的和试验研究的产品的需要量。预测人员通过对有关的社会经济因素和国外市场的情况分析，以及企业在发展品种、提高质量、改善服务、降低成本和价格的基础上，预测某市场对产品的需求量。

2．市场占有率预测

市场占有率指本企业出售产品占有某个市场的份额，一般用百分比表示。在一种市场上，往往有许多家企业生产同类的产品，每个企业就要计算本企业生产的这种产品在这个市场上占有多大的比重，如果市场对产品的需求量不变，本企业市场占有率的提高，则意味着其他企业市场占有率的下降。在预测市场占有率时，一般要分析以下几点：

（1）本企业产品的历年市场占有率；

（2）分析本企业的产品同其他企业产品相比，在产品质量、价格、服务、潜力等方面的优势与劣势；

（3）潜在的竞争对手的不断加入和替代产品的产生等，对企业可能的市场占有率的影响；

（4）企业在未来将会采取哪些可行措施来提高可能的市场占有率。

3．产品寿命周期预测

产品寿命周期通常揭示了产品销售量的一般发展趋势，它可分为试销、成长、成熟、饱和、衰退五个阶段，不同阶段的销售量（或销售额）是各不相同的。但并不能明确规定所有产品每个阶段的具体时间长短，因此，产品寿命周期的预测，首先着重分析本企业的各种产品目前处于何阶段，如何延长产品的寿命周期，然后预测出今后若干年内产品销售量（或销售额）。

4．技术发展预测

技术发展预测主要考虑新技术、新材料、新产品的发展对销售量（或销售额）的影响。

（二）销售预测的基本要求

1．充分认识销售预测的特点

销售预测是企业编制全面预算的起点，所以准确的预测对企业的发展至关重要。但是，由于市场是多变的，因此，进行销售预测应尽量采取短期预测，同时要对预测过程及结果进行审核，并根据需要进行调整，以减少预测误差，这种调整包括预测方法的重新选择以及预测结果的及时调整。

2．综合考虑影响因素

影响销售的因素很多，有外部因素和内部因素，有经济因素和非经济因素。影响销售的外部因素有当前市场环境、企业的市场占有率、经济发展趋势和竞争对手情况等。内部因素有产品的价格、产品的功能和质量、企业提供的配套服务、企业提供的生产能力、各种广告手段的应用、推销的方法等。影响销售的各种因素，并不是孤立的，而是相互联系和发展变化的。预测时应综合考虑这些因素，据以得到正确、可靠的预测结果。

为此，销售预测需做大量的工作：企业必须预计国内经济形势，经营地域内的经济条件和市场条件；还要考虑价格政策、信贷政策、广告业务、生产能力限制等；同时考虑竞争对手的政策和策略、新产品的推出以及这些公司的富于挑战性的价格政策。

（1）充分估计市场风险。市场风险是指市场因素的变化给企业带来的不确定性。例如，在市场要求瞬息万变的情况下，市场风险对企业生产经营存在很大的威胁。此类风险有消费者对产品质量要求提高、市场竞争加剧、新产品发明问世等风险。这就要求进行销售预测时，要充分估计市场风险，对市场风险要有充分的估计和足够的认识，并尽可能采取相应的预防措施，以避免或减少风险带来的损失。

（2）恰当运用预测方法。销售预测作为开展经营预测的前提和制定决策的依据，运用的资料必须是准确的，方法必须是科学的。事实上，调查研究可以了解到销售的一般情况和市场概况。对于这些客观情况，有些可以进行精确的计量测算，并将其结果以数量的形式予以反映；

有些却无法用数量表示，如市场的潜在销售等，而需借助于专业人员的实践经验和综合分析能力。因此，不能只凭定量计算而忽视定性方法，将二者结合起来有助于克服预测中的片面性。

（3）考虑社会利益。进行销售预测，不仅要考虑本企业未来一定期间的局部利益，还要考虑整个社会的长远利益。例如，对周围环境是否有污染，对自然资源开发利用是否节约，对生态平衡是否有破坏。对这类问题若不予以重视，必将引起社会公愤，受到政府干预，遭到自然的惩罚。因此，做好销售预测工作，应将企业的微观效益同社会的宏观效益有机结合起来。

（三）销售预测的方法

1. 销售预测的定性分析法

销售预测结果是否准确，主要取决于预测所依据的资料是否充分和可靠以及采用的方法是否适当。进行销售预测的方法很多，概括起来可以分为定性分析法和定量分析法。

定性分析法是根据人们的知识技能、实践经验和综合分析能力，在调查研究的基础上，对事物未来的发展趋势作出判断和推测。这种预测方法适用于数据资料较少、不准确或主要因素难于进行定量分析的情况，有市场调查法、判断分析法等。

（1）市场调查法。市场调查法是根据某种商品在市场上的供需情况的调查资料，以及企业本身商品的市场占有率，来预测某一时期内本企业该商品的销售量（或销售额）的一种专门方法。

所采用的各种统计方法所提供的数据，一般均存在着一定程度的误差，只能作为预测分析时的主要参考。另外，还应考虑各种非数量因素（如政府的经济方针、价格政策以及国内外政治经济形势等）的变化对销售量（或销售额）的影响。只有这样，才能获得接近客观实际的预测数据。

（2）判断分析法。判断分析法就是聘请具有丰富实践经验的经济专家、教授，推销商或本企业的经理人员、推销人员，对计划期间商品的销售情况进行综合研究，并作出推测和判断的方法。一般适用于不具备完整可靠的历史资料，较难进行定量分析的企业。例如，对新产品的销售预测。判断分析法根据具体方式的不同，又可分为"专家判断法""推销人员意见综合判断法""经理人员意见综合判断法"三种。

1）专家判断法。专家判断法是指向学有专长、见识广博的经济专家进行咨询，并根据他们多年来的实践经验和判断能力对计划期产品的销售量（或销售额）作出预测的方法。这里的所谓"专家"，一般包括本企业或同行企业的高级领导人（如总经理）、销售部门经理、经销商和其他外界专家，但不包括客户和推销人员。吸收专家意见的方式多种多样，最主要的有以下四种。

① 个人意见综合判断法。先向各位专家征求意见，要求他们对本企业产品销售的未来趋势和当前的状况作出个人判断，然后把各种不同意见加以综合归纳，形成一个销售预测值。

② 专家会议综合判断法。先把各位专家分成若干预测小组，然后分别召开各种形式的会议或座谈会共同商讨。最后把各小组意见加以综合，形成一个集体判断的销售预测值。

③ 模拟客户综合判断法。先请各位专家模拟成各种类型的客户，通过比较本企业和竞争对手的产品质量、售后服务和销售条件等作出购买决策，然后把这些"客户"准备购买本企业产品的数量加以汇总，形成一个销售预测值。

④ 德尔菲法。德尔菲法（Delphi Method）起源于20世纪40年代末期的美国著名的"兰德公司"，后来为西方国家所广泛采用而久负盛名。它是指采用函询调查方法向有关专家分别提出问题，征询意见，然后将专家回答的意见进行综合、整理后，再通过匿名的方式反馈给各位专家，再次征询意见，如此反复综合、反馈，直至得出基本一致意见为止的预测方法。

德尔菲法的预测步骤如下。

A. 拟订意见征询表。预测组织者确定预测目标后，根据要求，明确需要向专家调查了解的问题，列出预测意见征询表，还要附上背景材料，供预测时参考。

B. 选择专家。专家选择是否合适是该方法预测成功的关键。选择的专家，一般应从事与预测内容有关的专业工作，精通业务，有丰富的工作经验，有预见性和分析能力，并且具有一定的声望。专家人数一般为 10~20 人为宜。

C. 采用匿名方式进行多次反馈函询。预测组织者通过向各位专家分别邮寄意见征询表，请他们在规定时间内按征询表上的要求，填上各自意见并寄回。组织者在每次意见返回之后，将各种不同意见进行综合、分类和整理，经过汇总后形成新的意见征询表，然后再分发给各位专家，再次征询他们的意见，并作出分析和判断，将自己的意见再次寄回。这样，经过几次反馈以后，各位专家对预测的问题的意见会渐趋一致。

D. 运用数理统计方法进行收敛处理，作出预测结论。通常采用的方法有：中位数法、算术平均法和加权平均法等。所采用的方法一般要根据专家预测值分布情况而定。如果数值分布比较分散，一般使用中位数法，以免受个别偏大偏小的判断值的影响；如果数值分布分散程度较小，一般使用算术平均法，以便考虑每个判断值的影响；如果数值分布分散程度较小，但在轮番征询各位专家阐明其结论的理由充分性、合理性有不同时，则可采用加权平均法处理，以便反映每个判断值的不同影响。

从以上可总结德尔菲法具有三个特点。

A. 匿名性。在采用德尔菲法时，应邀参加预测的各位专家互不相知，可以完全消除心理因素的影响，专家们可以参考上一轮预测的结果，修改自己的意见，没有必要作出公开的说明，自然无损于自己的威望。因此，各种不同的意见可以得到充分的发挥，真正做到各抒己见。

B. 反馈性。德尔菲法一般需要经过四轮征询意见，每次专家都可以得到反馈的材料，并据此作出进一步的判断和修正。这实际上就是通过意见的反馈来组织各位专家之间的信息交流和讨论。

C. 收敛性。德尔菲法所采用的多轮调查与反馈过程，实际上也就是各位专家在匿名情况下相互影响和启发的过程。通过如此的书面讨论和交流，会使合理的意见为大多数专家所接受，分散的意见就会趋向集中，呈现收敛趋势，最后得出比较一致的结果。

总之，专家判断法四种方式的共同优点是：在缺乏历史资料的条件下，能比较迅速地作出预测，成本低廉，考虑比较周到。但这类预测往往会因为缺乏事实根据，主观片面性较强。

2）推销人员意见综合判断法。首先由本企业的推销人员根据他们的主观判断，把各个（或各类）客户的销售预测值填入卡片或表格，然后由销售部门经理加以综合来预测企业产品在计划期的销售量或销售额。

这种方法优点较多：由于推销人员最接近、最了解市场和顾客的情况，而且他们的预测数据大多是直接向客户调查后填列的；该方法还便于确定分配给各推销人员的销售份额，也有利于调动推销人员的积极性，促使他们努力完成各自的销售目标。

但是，由于推销人员的秉性各异，往往会造成在销售预测过程中做出过于乐观或过于悲观的估计；有的还会因在最近推销过程中遭受的挫折或成功而影响对计划期的预测；也有的可能为了获得较多的推销份额而故意提高销售预测值，等等。因此，应用这种方法必须采取以下措施来防止推销人员高估或低估的偏向，以提高预测值的准确性。

① 把本企业过去的销售预测与实际销售的资料，分发给各推销人员，供他们参考。

② 把公司领导对本企业前景的规划和预测资料，以及有关未来社会经济发展趋势的信息

都提供给所有推销人员作为导向。

③ 要求各地区的销售经理同每个推销人员讨论他们的销售预测，并分析有关预测的异常因素。

总之，推销人员意见综合判断法一般适用于直接销售给数量不多的客户，同时这些客户又能事先告知未来需求量的产品。例如，机械产品行业。

应该注意的是：这种方法在最后综合意见时，推销人员和销售部门经理的预测值可采用算术平均法或加权平均法来确定。

3）经理人员意见综合判断法。首先由企业经理人员，特别是那些最熟悉销售业务、能预测销售发展趋势的推销主管人员，以及各地经销商的负责人，根据他们多年来的实践经验和判断能力，对计划期销售量（或销售额）进行预估，然后再通过集思广益，博采众长，并应用加权平均法作出综合判断的方法。

这种方法的优点是快捷、实用，但其缺点是主观因素较多，所作出的估计和判断，易受人们乐观或悲观心理状态的影响。故在应用这种方法之前，必须向预测人员提供近期政治经济形势和市场情况的调查分析资料，并组织他们座谈讨论，然后把各种意见综合平衡，作出预测结论。

2．销售预测的定量方法

定量分析法主要是根据过去比较完备的历史资料，运用一定的数学方法进行科学的加工整理，建立经济数学模型，研究各有关变量之间的规律性联系所进行的预测分析。定量分析法主要有时间序列分析法和因果预测法两种类型。

（1）时间序列分析法。时间序列分析法，也称趋势外推分析法，是应用事物发展的延续性原理来预测事物发展的趋势。它是把企业的销售历史资料按时间的顺序予以排列，运用一定的数理统计方法进行加工、计算，建立仅含时间变量的数学模型，借以预计、推测计划期间的销售数量或销售额。采用这种方法必须以事物发展的连续性为前提，即把未来视作历史的延伸，从而以事物本身过去的变动趋势作为预测的依据。趋势预测法根据所采用的数学模型的不同可分为简单算术平均法、移动加权算术平均法、趋势平均法、指数平滑法、回归分析法等。

（2）因果预测法。因果预测法也称相关分析法，是从某项指标与其他有关指标之间的规律性联系中进行分析研究。它主要是根据各有关指标之间内在的相互依存、相互制约的关系建立相应的因果数学模型而进行预测分析的预测方法。

九、销售预算

请参阅以下相关文案。

文案范本

销售预算制度

销售预算是反映企业活动中费用方面的问题。它把费用与销售目标的实现联系起来。销售预算是一个财务计划，它包括完成销售计划的每一个目标所需要的费用，以保证企业销售利润的实现。

销售预算是在销售预测完成后才进行的，销售目标被分解为各个层次的子目标，一旦这些子目标确定后，其相应的销售费用也被确定下来。销售预算和销售预测的执行保证了预测期间利润的实现。

1. 销售收入预算

此处虽名为销售收入，实质上是以销货净额为主，销售净额=销售收入−销售退回与折让。所以，另需设立退货与折让的预算。假若将减价（相当于折让）列入销售收入的项目中，就需设立退货预算，以决定销售净额预算。

由于销售净额预算已经决定，所以先求退货预算，然后再求销售收入预算。其中，退货预算值的求法，是根据退货率的趋势决定退货率，然后再求退货预算值、退货率与退货额及销售收入，计算公式如下：

$$退货率=（退货额÷销售收入）×100\%$$

$$退货额=销售收入×退货率$$

$$销售收入=销售净额×（1−退货率）$$

2. 销售成本预算

销售数量×每单位产品的制造成本（或每单位商品的构成成本），可得销售成本。

如下表，比较计划与实绩值，以作为销售部门的实绩评价。另外，只有采用公司内的转账价格为销售成本，才能说明销售部门、制造部门的业绩，即可立即算出销售部门与制造部门的毛利，各为36与6，显示销售部门借助制造部门的力量，而达成了毛利目标值。

销售成本预算表

	计　　划	实　　绩	销　　售	制　　造
销售收入	200	196	196	160
销售成本	160	154	160	154
销售毛利	40	42	36	6

在此基础上，需先决定企业内部的转账价格，再乘以销售计划数量，再求销售成本预算。

另外，按地域别编订销售成本预算时，由于各地域的包装费用不一致，于是导致每单位产品制造成本不同的情况，所以，在决定地域别销售成本之前，必须调查清楚产生成本的原因。

3. 销售毛利预算

从销售收入预算减去销售成本预算，即可求得销售毛利预算。在毛利预算决定之前，应检查销售毛利是否足以抵偿企业所需的一切经费。另外，尚需依产品别、地域别及部门别，求毛利贡献度以便订立计划。

4. 销售费用预算

订立销售费用预算之前，首先需表明销售收入目标的内容，或达成目标所需的销售方针。通过销售配比来使销售收入目标值具体化，并且依据销售方针，明示销售活动内容，甚至销售费用也是依销售活动内容而估计。

销售费用的定义，因广狭而有所不同，广义是指市场活动（营销）成本，而狭义则指销售部门的费用。一般损益所表示的销售费用内容，指的是市场活动成本。

决定销售费用，有下列几种方法。

（1）以过去实绩为准的方法。本法最实际且最简单，但不应完全依赖过去的实绩，而不考虑到下年度可能实施的新政策。

（2）依据销售收入或销售毛利目标值的方法。这是根据销售费用与销售收入的比率，或销售费用与毛利的比率，来估计销售费用的方法。

（3）从纯益目标求算的方法。决定销售收入目标值与纯益目标值之后，就可据此决定总成本，总成本中的销售成本，是经由本企业与供应厂商的关系，或销售单位与制造部门的关系而自然决定的。由于一般管理费用属固定成本，所以，自总成本减去固定成本与销售成本，便可求出销售费用的范围。

（4）依是否随销售收入而变化的决定法。有些销售费用随销售收入的增减而屡有变更，有的则大多固定在某数值上。可用，$y=a+bx$ 的算式来表示二者的关系，将销售收入目标值代入 x 中，即可求算销售费用。

另外，也可将各种销售费用，分为固定费用与变动费用两种，然后再依变动费用求变动费用率，最后求算销售费用：

$$销售费用=固定销售费用+销货收入×变动的销售费用率$$

（5）依据单位数量求算的方法。这是根据销售数量单位（如每车、每吨等）的销售费用为标准，借以估计总销售费用的方法。

采用本法时，若单位名称因品种而异，就需按照品种别来估计销售费用，然后再求总销售费用。最后，销售费用的估计值，是配合着各费用项目的个别估计值及总范围而决定的。

个别估计各销售费用时，确认销售费用项目是前提条件。掌握各销售费用时，最适用的是按照发生形态去掌握销售费用。其代表性项目有：

① 变动销售费用：销售条件费、促销费、广告宣传费、运费、交际费，等等。
② 固定销售费用：营业部门的人事费、折旧费、租金、保险费，等等。

下面介绍较具代表性的项目估计。

（1）销售条件费用。这是交易时所发生的费用，销售条件费完全随销售收入的增减而变动，可依每单位数量，或费用对销售收入的比率为基准来决定。等销售收入目标值决定之后，即可估计销售条件费，但请注意：宜考虑业界动向与目标，然后再作最后的决定。

（2）佣金费用，又称提成、销售奖金。习惯上多依销售收入的多寡来决定，具有变动成本的性质，所以，视其与销售收入的关系来决定。

佣金费用的决定法有根据销售数量与销售金额为基准的两种决定方式。

（3）运费。运费是指销售运费，因运交商品给顾客而发生的费用。其中，多以汽油费用等变动费用为主。可与地域、月、产品的销售计划相配合而估计，但一般多根据费用与销货收入的比率或每物量单位的费用来估计。

（4）广告费。有关广告费的估计法，有销货收入汇率法、销货单位法、纯益汇率法、实绩标准法、竞争者对抗法、付款能力法等。公司可视情况择优而定。至于何种方法最优，则视企业的情况而异！

另外，广告费用虽具有变动成本的特征，但由于媒体不同，有时必须事先决定一年为期的订约额。一年为期的订约额，就具有固定成本的性质。

（5）促销费用。印制目录、邮费、赠品费、推销员的训练费用等，一般都要个别估计。

（6）人事费。估计人事费用时首先应考虑下年度的调薪率（下年度与今年之比）。

人事费指的是推销人员的人事费，只要不是采用绝对的提成或佣金制度，就可视为固定成本。

（7）折旧费用。这是源于有形固定资产的费用，需按照各个单位一一估计然后再决定总额。本折旧费用属于纯粹的固定成本性质。

（8）其他销售费用。交际费、差旅费、交通费、水电费、保险费等，除需参考过去的资料之外，尚需考虑企业未来的使用状况，个别的加以估计。

估计汇总上述各种费用项目，与销售费用容许的范围相比较，如果在容许限度之内，当然没什么问题。即使是稍微超越若干，也还可以补救，但如果超出太多，就要采取相应措施了。

缩减费用时，应避免缩减和促销有关而且直接影响销售收入的费用，如销售活动所需的汽油费、推销员的差旅费等。因这些费用与未来的发展有密切的关系，故应谨慎考虑，如避免删减工作人员的人事费，宜从不直接影响促销费用的项目着手删减。

5. 经营纯益预算

销售毛利减去销售费用，等于营业纯益，故估计销售费用之后，需重新确认营业纯益，观察是否达到预定的金额。

按产品、地域、部门，与适用之别，掌握营业纯益，如此即可求出企业营业纯益贡献度，其效用与销售毛利贡献度一样，都有利于制定计划与评价。

在销售部门中，营业纯益是考核该部门业绩的一项标准，因此，可将营业纯益视为贡献利益。

6. 应收账款的回收预算与存货预算

没有应收账款，就没有销售。即使实现了销售收入，如果没有回收等额的资金，企业的经营仍然无法正常运转，所以，只要销售收入预算存在一天，就必须有应收账款的收回预算计划。

收回应收账款的工作，主要属于销售部门的责任，至于收回后的账务处理，则属于会计部门的工作。

只要确定了付款条件标准，即可与月别销售预算相配合，而订立应收账款的回收计划。

存货预算，是指订立产品或商品的库存计划，存货因内容的不同，而分为下列三种。

（1）意外的存货——滞销商品。

（2）预料中的存货——销售所需的存货。

（3）为调整销售与生产所需的存货

库存的产生，主要是为了利于企业销售。首先决定标准的存货周转率、备货期间以及安全库存等，参照产品别与月销售预算而订立存货预算。

存货计划可作为销售计划与生产计划的桥梁。待完成各产品的月别销售预算之后，即可据此制定存货计划，最后再制定适合的生产计划。换言之，由于初期存货加本期购货，再减期末存货之后的余额，等于销售成本。同理，该月销售数量加月底存货数量减月初存货数量等于生产完成量或批购数量。

但有时，由于生产能力、库存、市场情况三者互为矛盾，以致影响存货数量，而产生了销售与生产的调整性库存。这种性质的存货，不属于销售部门的库存，而是属于生产部门或采购部门的库存。冰淇淋就是最佳的例子：夏季与冬季的销售数量，有着天壤之别。以生产部门的立场而言，当然希望生产量愈稳定愈理想，所以，就有提前生产及提前库存的情形产生。

 文案范本

销售收入预算表

预算期间：　　年　　　　　　　　预算编制单位：　　　　　　　　　　　　单位：元

月　　份	期初应收款	当月销售总额	当月回款	转入下月应收款	备　　注
1月					
2月					

续表

月　　份	期初应收款	当月销售总额	当月回款	转入下月应收款	备　注
3 月					
4 月					
5 月					
6 月					
7 月					
8 月					
9 月					
10 月					
11 月					
12 月					
合　计					
备注	该表中的销售总额由后续的产品销售预测以及服务收入预测汇总得出				

制表：　　　　　　　　　复核：

文案范本

销售收入、销售费用预算明细汇总表

部　门 预算项目	合　计		OTC 营销部	其中：××联络处
收入				
销售收入				
现金收入				
其他收入				
收入合计				
支出				
原材料（商品）采购				
燃料及动力				
直接人工				
制造费用				
销售费用				
其中：广告宣传费				
物流费用				
管理费用				
财务费用				
缴交增值税及附加				
缴交企业所得税				
其他收支				
支出合计				

续表

部门 预算项目	合　计		OTC 营销部	其中：××联络处
余额				
其中：销售费用				
其中：财务费用				
其中：税金合计				
激交增值税及附加				
激交企业所得税				

制表：　　　　　　审核：

十、销售管理报告

请参阅以下相关文案。

文案范本

销售管理报告制度

销售管理报告是销售部门和人员向上级领导汇报销售业务开展情况，请示工作、沟通销售信息的一种方式，是企业领导控制销售业务、掌握销售信息、制定销售方针和政策、实施经营战略、改善经营管理的重要依据。

销售管理报告种类较多，就其主要用途和内容来划分，可以分为销售（包括利润、成本）计划完成情况报告，销售计划与合同执行情况报告，订单、合同签订和赊销情况报告，分支机构销售和盈利情况报告，商品存量与货源情况报告，重大销售业务专题报告，销售网点扩展与收缩、合并、撤销报告，调整售价报告，资金回笼情况报告，市场供求、客源、行情调研和竞争情况报告，商品盘存和损耗损失以及重大销售事故情况报告，销售管理制度与岗位责任制度执行情况报告，销售内部审计报告，等等。这些报告主要由销售管理职能部门和商场经理负责编写，并向销售经理定期或不定期报告，以便销售经理及时掌握销售工作情况，作出决策和决定。定期的报告可分为旬报、月报、季报、半年报和年度报；不定期报告则根据需要及时向销售经理报告。报告应采用书面形式。

建立销售管理报告制度有下列要点：

（1）规定报告人和报告传递程序；

（2）规定报告日期；

（3）报告的内容必须真实、全面，既反映事实情况和问题，又要提出合理化建议；

（4）报告须由报告人签证，以示负责。

上述内容和要点，用条文形式予以明确下来，就可形成企业销售管理报告制度。

销售月报表

部门	上月订单余额	本月订购额	本月售出额	本月订单余额	赊账余额
合　计					
本期累计					

文案范本

销售收入月报表

编号：　　　　　　　　　　　日期：　　年　月　　　　　　　金额单位：元

日期		订单号码	客户名称	销货名称	销货信息							备注
月	日				数量	单价	金额	现销	应收	单据	兑现	
合　计												

审核人：　　　　　　　　　　　　　　　填表人：

文案范本

批发销售日报表

部门名称：　　　　　　　　　　　年　月　日　　　　　　　金额单位：元

收入部分	金　额	附单据张数	付出部分	金　额	附单据张数	备　注
昨日现款			1. 现金存入银行			
1. 销售收入			2. 支票存入银行			
其中：类			3. 办理托收			
类			4. 内部转账			
类			5.			
类			6.			
类			7.			
2. 包装物押金			8.			
3. 出售包装收入			9.			
4.			10.			
5.			11. 次日现款			
合　计			合　计			

审核：　　　　　　　　　　　　　制表（收款员）：

说明：

（1）本表适用于批发企业。

（2）本表由收款员填写，一式两联，一联存根，一联连同所附单据一并上报财会部门。

（3）本表的"次日现款"是当日解缴银行后营业收入的现款，次日报表中"昨日现款"金额与此金额相同。

（4）本表平衡公式为：收入部分合计数等于付出部分合计数。

商品进销存报告表（日报）

填报单位：　　　　　　　　　　　年　月　日　　　　　　　　　　　　编号：

收　入			付　出		
项　目	本日发生数	本月累计数	项　目	本日发生数	本月累计数
上月结存			本日销货		
本日进货			本日调出		
本日调入			降价减值		
提价增值			盘点短缺		
盘点长余			本日结存		
合　计			合　计		

销售收入日报表

编号：　　　　　　　　日期：　　年　月　日　　　　　　金额单位：元

货品名称	昨日结存	本日销售			本日收款				经办人	本日结存
		数量	单价	金额	票据	现金	退货	折让		

十一、相关综合制度、办法

请参阅以下相关文案。

销售及收款内部控制管理制度

第一节　总　则

第一条　为了加强销售与收款的内部控制管理，规范销售与收款行为，防范销售与收款过程中的差错与舞弊，根据《中华人民共和国会计法》和内部控制规范等法律法规，特制定本管理制度。

第二节　岗位分工与授权批准

第二条　建立和健全销售、发货与收款岗位责任制，明确不同部门、不同岗位的职责、权限，确保不相容岗位相互分离、制约和监督，不得一人兼办上述不同岗位。

第三条　（1）营销处负责人主要负责预算制度，预算的执行与分析，销售人员的绩效考核以及营销处日常管理工作。

（2）销售人员主要负责客户管理，签订合同，处理订单，开具发货通知单或销售确认单，根据合同约定执行信用政策和催收货款。

（3）产品保管人员主要负责审核签发的发货通知单手续是否齐全，是否符合发货条件并办理发货的具体事宜。

（4）财务部门负责销售会计人员主要负责销售款项的结算与记录，应收账款账龄结构分析，质保金登记、分析，合同管理，往来款项，余额的定期对账，配合销售部门做好资金回笼和催讨工作。

第四条　财务部门设置信用管理岗位，与销售部门共同制定信用政策，配合和监督销售部门销售政策和信用政策的实施。

第五条　配备合格的人员办理销售、保管、收款业务，上述人员应具备高度的责任心与工作热情，尽心尽责、恪尽职守，具备良好的业务素质和职业道德。

第六条　建立、健全销售与收款业务授权批准制度，审批人应当在授权范围内审批，不得超越审批权限。经办人应当在职责范围内按照审批人批准意见办理业务，对审批人超越授权范围审批业务，经办人有权拒绝办理，并向审批人的上级授权部门报告。

（1）销售部门应会同技术、供应、计划、生产、财务等部门定期制定产品销售价格目录和销售折扣政策，并报公司管理层讨论通过。每年至少修订一次价目表，销售人员在规定的价格内经销售部门负责人授权与客户签订合同。对成套产品合同价格，由销售人员报请主管销售副所长审批后，与客户签订合同。

（2）产品发货由销售人员签发"产品发货通知单"，经主管销售负责人、财务部门主管信用管理人员或财务负责人签字，仓库保管员审核无误后，办理产品发货相关手续。

（3）销售产品退回，应查明产品退回原因由销售部门签发"销售退回通知单"，经质检、财务会签后，仓库、财务分别办理产品销售退回手续。

（4）对于超过既定销售政策和信用政策规定范围的特殊销售业务，应由管理层集体决策，防止决策失误造成严重损失。

（5）严禁未经授权的部门和人员经办销售与收款业务，一经发现，将视情节轻重做出相应处罚。

第三节　销售及应收款预算

第七条　建立严格的销售、资金回笼年度预算目标，并按月度、季度和人员分解，下达各项预算指标。

第八条　每月组织一次销售分析例会，分析预算执行情况，市场情况影响销售各项因素，并将预算与实际进行分析比较，对存在的差异及出现异常情况及时查找原因，并制定相应改进措施。

第四节　客户管理

第九条　对长期往来的客户（含经销商）应建立完善的客户档案资料，客户资料应包括：名称、地址、电话、传真、银行账号、企业负责人、业务联系人、公司类型、经营范围、经营规模、注册资本，以及对该客户资信评级、授信额度等。

第十条　根据客户的信用、信誉、财务状况、偿付情况、资本等资料，销售、财务应对客户每年重新进行信用评估，评估结果应报所办讨论批准，对于信用下降的客户实行预警措施，同时减少或停止发货，要求提供债务担保、书面承诺，加强应收款催讨力度，减少应收款坏账损失。

第十一条 除"款到发货"的结算方式外，对以赊销为结算方式或以时间进度为结算方式的销售合同，应建立付款时间、节点信息资料，销售人员应根据合同约定的时间节点，催收货款，保证资金回笼。

第五节 销售和发货控制

第十二条 产品销售的确认。产品的主要风险和报酬转移给购货方，且不再保留通常与所有权相联系的继续管理权，也没有对已出售的产品实施控制，与交易相关的经济利益能够流入企业且相关的收入和成本能够可靠地计量时确认。根据本公司产品性质，在满足上述前提下，还应参阅如下标准。

（1）对于需安装调试的产品：产品已经发至客户，并安装调试完成交客户验收完毕。

（2）对于不需安装调试的产品：产品已经交给客户并得到客户的确认。

第十三条 加强对赊销业务的管理，不得随意开展赊销业务，对符合赊销条件的客户，在批准的信用额度内进行赊销，对超出信用额度的赊销业务，由所部集体决策审批。

第十四条 加强销售发货工作的事前管理，事后控制，严格按照规定的程序办理销售和发货业务。

销售和发货业务流程：销售谈判→合同订立→合同审批→组织销售→组织发货→销货退回→售后服务。

（1）销售谈判。在合同订立之前，销售人员应就产品价格，收款方式，交货日期，信用政策等与客户进行谈判。

（2）合同订立。在购销双方达成共识的基础上，授权销售人员与客户签订销售合同。合同签订应符合《中华人民共和国合同法》有关规定。

（3）合同审批。建立、健全合同审批制度。审批人员应对销售价格、信用政策、折扣政策，交货日期及收款方式严格把关。

（4）组织销售。销售人员填具"产品发货通知单"，经审批后交仓库。

（5）组织发货。仓库保管员根据"产品发货通知单"经审核无误后，根据"产品发货通知单"所列的发货品种、规格、数量、时间、运输方式组织发货，确保货物安全发运。

（6）销货退回。建立、健全销售退回审批制度。销售退回产品应查明原因并经销售主管审批后方可执行。退回产品质检部门应进行检验并出具检验证明。仓库应根据销售部门填具的"销售产品退回通知单"验收退回产品的品种、数量，并签字确认。

（7）售后服务。建立健全售后服务制度，明确售后服务人员、服务内容、费用承担等。明确三包期内、期外的服务性质，做好售后服务。

第十五条 销售部门应当做好销售及发货各环节记录，填制相应的凭证，建立完整的销售凭证制度，做好销售合同、产品发运通知单、发货凭证、客户签收回执等保管存档工作，做好相关凭证传递工作，做好销售台账等工作。

第六节 收款控制

第十六条 收款环节的账务流转与控制。

（1）财务部门根据开出销售发票，经销售主办会计审核无误后，加盖发票专门章，并根据发票记账联编制记账凭证，交出纳员办理收款手续。

（2）出纳员根据记账凭证，分别办理现金收款和银行收款，在发票上加盖现金收讫章，银行收讫章。对于分期收款客户偿付货款的支票，由财会部门审核无误后送存开户银行，收款后，根据银行进账单填制记账凭证，据以登记应收账款明细账和银行日记账。

（3）销售收入应及时入账，不得账外设账，销售人员应当尽量避免接触销售现款，销售人员与开具销售发票人员应相互分离。

第十七条 应收票据实行专人管理、建立应收票据备查簿、票据的取得、转让、贴现、承兑应及时记录，发生上述业务应经财务部门负责人批准。

第十八条 财务部与销售部门应建立销售及应收账款台账管理制度，每季度内部对账一次。

第十九条 建应收账款账龄分析制度，定期组织召开应收账款专题分析会议，及时掌握应收账款信息实行动态分析管理，严格控制应收账增长。

通过应收账款余额和账龄分析，及时了解多少欠款尚在信用期内，多少欠款超过信用期，欠款客户情况，以及时分析原因，加大催款力度，制定最为有效的催讨措施。

第二十条 建逾期应收账款催收制度，销售部门应负责应收账款催收，财务部门应积极提供资料，全力配合，督促销售部门加紧催收。应收账款催收应遵循成本效益优先原则，可采用书信、传真、电话、上门、诉讼等方式，应保管好各项债权证据和催款记录，确保诉讼时效的连续性和有效性。

第二十一条 推行收账款催收责任人制度，即"谁销售，谁负责，谁损失，谁承担"，进一步完善销售绩效考核和奖惩挂钩。

第二十二条 定做好应收账款对账工作，保存对账工作书面记录。销售与财务应每日对账一次，与经销商和较大客户半年对账一次，对账中存在差异应及时查明原因。

第二十三条 售人员因岗位变动或调离本公司，应及时做好调离当事人应收账款对账工作、评估工作、移交工作，未配合完成好上述工作不得离岗。

第二十四条 格执行《企业会计准则》，根据谨慎性原则做好应收账款减值准备工作。应收账款减值准备运用账龄分析法按以下比例计提一般坏账准备。

账　　期	账龄百分比计提
6个月以内	0%
7～12个月	5%
1～2年	10%～20%
2～3年	50%～60%
3年以上	100%

第二十五条 应收款坏账核销的确认。（1）债务人死亡，以其遗产清偿后仍然无法收回。（2）债务人破产，以其破产财产清偿后仍然无法收回。（3）债务人较长时期内未履行其偿债义务，并有足够的证据表明无法收回或收回可能性极小。

第二十六条 应收款坏账核销审批程序。

（1）超过20万元坏账核销审批程序：销售部门提出申请→财务部门审核→公司管理层确认→报集团资产财务部审批→审批通过后报财政部门程序核销。（2）小于20万元的坏账（含20万元）核销审批程序：销售部门提出申请→财务部门审核→公司管理层确认→审批通过后报财政部门程序核销。

第二十七条 建立账核销备查簿制度，做到账销案存。已核销的坏账不收加的应及时入账，防止形式账外款。

第二十八条 销售部门应掌握欠款客户经营情况，对已经破产、关闭的客户，应要求债务人实物资产抵押或抵债等债权保全措施，以保全国有资产，降低企业损失。对破产、关闭的债务人，应取得各种法律文书，以备申报核销之用。

第七节　监督检查

第二十九条　建立、健全销售与收款内部控制监督检查制度，由内审部门第半年检查一次，对检查中发现的薄弱环节和存在的问题，提出书面的整改意见，限时完成整改，并向上一级汇报存在问题及整改情况。

第三十条　销售与收款内控制度监督检查主要内容。

（1）销售与收款业务相关岗位及人员的设置情况，重点检查是否存在销售与收款业务不相容职务混岗的现象。

（2）销售与收款业务授权批准制度的执行情况，重点检查授权批准手续是否健全，是否存在越权审批行为。

（3）销售的管理情况，重点检查销售预算分析、信用政策、销售确认政策的执行是否符合规定。

（4）收款的管理情况，重点检查销售收入是否及时入账，应收账款是否定期分析，应收账款的催收是否有效，坏账核销和应收票据的管理是否符合规定。

（5）销售退回的管理情况，重点检查销售退回手续是否开全、退回货物是否及时入库。

（6）文档管理情况，重点检查客户数据库及销售合同的管理是否有效执行，所有内部控制文件是否齐全并足够证明内部控制流程得到了有效的执行。

第八节　附　　则

第三十一条　本管理制度由上海市离心机械研究所有限公司财务处负责解释。

第三十二条　本管理制度经公司管理层讨论通过之日起实施。

 **文案范本**

销售管理制度

第一章　总　　则

第一条　为了促进公司销售额稳定增长，扩大市场份额，规范销售行为，不断提高公司的市场竞争力，特制定本制度。

第二条　公司销售业务遵循"客户第一、质量第一、服务第一、信誉第一"的原则。

第三条　本制度所称的销售，是指公司出售产品及收取款项等相关活动。

第二章　职责分工

第四条　销售部是公司开展销售活动的业务管理机构，具有以下职责。

1. 组织开展市场调研工作。包括制定、实施市场调研方案、编制市场调研报告等，为公司制定销售策略、市场推广方案提供科学、有效的依据。

2. 制定并实施销售计划。根据公司发展战略目标及生产经营情况，制定并实施月度销售计划、年度销售计划等。

3. 制定销售策略并及时调整。灵活运用商业折扣、现金折扣、销售折让、信用销售、代销和广告宣传等多种策略和营销方式。

4. 产品销售。包括销售合同的签订、履约，订货、发货、退货等。

5. 销售回款。定期与客户核对应收账款，并负责应收账款的催收。

6. 客户信用管理。客户信用管理包括客户信用调查、信用评估、信用执行情况跟踪等。

7. 客户服务。制定客户服务标准，接待客户日常来访、来电、来函，客户档案管理等。

第五条　财务部是公司销售业务的财务管理机构，具有以下职责。

1. 按照规定开具发票。
2. 办理资金结算。
3. 监督应收账款的回收。
4. 负责商业票据的管理。
5. 对销售业务全过程进行会计核算。
6. 协助销售部实施与销售相关的其他工作

第三章　市场调研

第六条　市场调研是制定销售策略的前提，销售部负责市场调研的组织实施工作。

第七条　销售部对公司产品的生命周期状况和市场覆盖状况作全面了解分析，并掌握下列几点。

1. 调查同类产品在境内外的年度销售总量和同行业年生产总量，分析同类产品的饱和程度。
2. 调查同行业同类产品在全国各地区的市场占有率，预测公司产品所占比重。
3. 了解同行业各类产品在省内外市场占有率，分析引进新产品，增加产品种类，开拓新的市场领域。
4. 了解同行业同类产品更新及技术进展情况、供求趋势，分析产品发展的新动向。
5. 收集各地区客户对产品质量及技术的要求信息，反馈给相关部门，以求不断提高产品的质量，最大限度地满足客户的需求。

第八条　销售部应根据市场变化，及时调整销售策略，灵活运用多种策略和营销方式，不断提高市场占有率。

第四章　客户信用调查与评估

第九条　销售部应对客户进行信用调查与评估，建立客户信用档案，以降低信用销售业务中的风险，确保公司销售款项的收回。

第十条　客户信用调查及评估，可通过以下几种方式进行。

1. 由销售人员直接与受调查客户接触，通过当面采访、询问、记录等方式，获取客户信用资料。
2. 通过客户公开发布的财务报表，掌握客户的财务状况和盈利状况。
3. 委托专业的信用评估机构，对客户信用状况进行评估。
4. 可通过其他机构和部门了解客户信用状况，如银行、财税部门、工商管理部门、证券交易部门等。

第十一条　公司对客户信用等级划分采用三类九级制，把客户的信用情况分为 AAA、AA、A、BBB、BB、B、CCC、CC、C 九级。具体客户信用等级评估方法详见公司客户信用管理办法。

第十二条　销售人员应根据客户信用等级和企业信用政策，拟订客户赊销限额和时限，经销售部经理、销售副总审批，并报财务部审核后执行。对于境外客户和新开发客户，应当建立严格的信用保证制度。

第五章　销售合同订立与发货

第十三条　销售人员与客户进行业务洽谈、磋商、谈判时，应至少明确产品名称、规格、数量、交货期限、价格、结算方式、付款日期、运输情况、验收标准、合同期限、双方的权利和义务及违约责任等。

第十四条 重要的销售业务谈判，还应邀请公司财务、法律顾问等专业人员参加，并形成完整的书面记录。

第十五条 销售合同审批权限。

1. 销售合同金额在××万元以下的，报销售部经理审核批准。

2. 销售合同金额在××万～××万元的，应报销售部经理、销售副总逐级审批。

3. 销售合同金额在××万元以上的，应报销售部经理、销售副总、总经理逐级审批。

第十六条 重要的销售合同，还应送交公司法律顾问审核。

第十七条 销售合同经审批通过、盖章生效后，销售人员应及时安排相关部门发货。

第十八条 财务部按照规定时限开具发票，不得提前或滞后。

1. 采用预收货款、托收承付、委托银行收款结算方式的，开票时间为货物发出的当天。

2. 采用交款提货结算方式的，开票时间为收到货款的当天。

3. 采用赊销及分期付款结算方式的，开票时间为合同约定的收款日期的当天。

第十九条 发生销售退回的，销售人员应分析销售退回原因，提出处理意见，报相关责任人审批后妥善处理。

第二十条 退回的货物应由公司质检部对退回货物进行检验并出具的检验证明，并经仓储部清点后方可入库。

第二十一条 财务部门应对检验证明、退货接收报告以及退货方出具的退货凭证等进行审核后办理相应的退款事宜。

第二十二条 发生销售退回时，财务部已开具增值税专用发票的，可在退货货物验收入库当天按规定开具红字增值税专用发票，并在开具红字专用发票后将该笔业务的相应记账凭证复印件报送主管税务机关备案。

销售发货作业程序如下。

1. 销售人员填写"销售发货通知单"，上报审批。

2. 具有审批权限的责任人审核"销售发货通知单"并签字确认。

3. 仓储人员审核"销售发货通知单"是否履行审批程序。

4. 仓储人员按照"销售发货通知单"进行备货。

5. 仓储人员填制"出库单"，办理货物出货手续。

6. 销售人员联系运输部门或承运商安排货物运送。

7. 销售人员对货物运送进行跟踪，确认客户收货情况。

第二十三条 销售人员应注重售后服务，提升客户满意度和忠诚度，不断改进产品质量和服务水平。

第二十四条 销售部应设置销售台账，做好销售业务各环节的记录，保管好各项单据。

第六章 收 款

第二十五条 销售人员根据销售合同、发货情况、客户结算期等，制定收款计划，报经批准后送财务部备案。

第二十六条 财务部应编制应收账明细账及应收账款账龄分析表，记录各个客户应收账款余额增减变动情况和信用额度使用情况。

第二十七条 销售部负责定期与客户函证对账工作，函证内容包括应收账款余额、发出商品明细数量及单价、金额，并取得客户函证对账结果的书面确认。

第二十八条 应收账款的催收工作主要由销售部负责，财务部门负责办理资金结算并督促款项回收。

第二十九条 催收账款的程序一般为：信函通知—电话传真催收—上门催收—诉诸法律。

第三十条 对客户确实遇到暂时困难逾期的应收账款，可考虑应收账款债权重整，非货币性资产抵偿，制定分期偿债计划，将债权转变股权等债务重组方式。

第三十一条 每年年度终了，财务部应对应收账款进行减值测试，对于无法收回的应收账款，且账龄在3年以上的，应与销售部确认是否为呆账或坏账，查明原因，明确责任，并在履行规定的审批程序后作出会计处理。

第七章 附 则

第三十二条 本制度所称"以上""以下"均含本数。

第三十三条 本制度最终解释权归销售部、财务部。

第三十四条 本制度自公布之日起实施。

 文案范本

××公司销售业务相关制度

第一条 目的

本制度规定了公司编制销售计划的要求，旨在规范销售计划编制过程中的各项具体工作，提高销售计划的准确性和灵活性，防范计划不当给公司造成的损失风险。

第二条 适用范围

本制度适用于公司销售计划编制、审核批准和更改流程。

第三条 关键控制点

1. 公司应制定销售计划编制制度，对信息收集、计划格式、计划内容、计划审批程序、计划变更、计划考核评估等内容予以明确。

2. 公司应制定书面的销售计划，并经过相关部门会审。

3. 公司营销战略规划和年度销售计划应经过董事会审议，不得擅自变更。

4. 未经授权人员批准，销售部门人员不得随意变更各种销售计划。

5. 公司应建立相应的考核办法，定期对销售计划的完成、价格执行、货款回收等情况进行考核。

第四条 规范和要求

1. 基本要求。

（1）销售计划是公司编制综合财务计划（包括生产计划、物流计划和成本计划）的基础，也是公司制定各项管理决策的重要依据。销售计划应该首先由市场销售部根据市场情况制定相应的全年指导性销售计划；指导性销售计划经由财务部门、市场销售部、生产部门和采购部，结合公司的年度利润目标、实际生产能力、购买能力、库存情况等提出综合意见，经总裁办公会议讨论后，报销售副总或总裁批准。财务部门、生产部门、物流部门等应当根据批准后的销售计划编制各自的相关计划。

（2）市场销售部应对市场进行预测，并指定专人具体负责编制公司指导性的销售计划，财务部门应当给其适当的技术指导。

（3）销售副总和审计监察部应当对市场销售部执行销售计划编制程序和计划编制情况进行监督审核。

2. 销售计划编制。

（1）公司销售计划的种类。

市场营销战略规划：通常根据董事会和公司总体发展规划，结合公司产品和市场特点、公司资源条件、竞争对手情况等综合因素制定。市场营销战略规划期限较长，一般为3~5年。市场营销战略规划是公司编制发展战略规划的基础。

年度销售计划：根据市场营销规划、上年度实际销售业绩、本年度国家行业预测、销售合同变化情况等资料编制。年度销售计划应分月编制。销售计划是公司编制综合财务计划和年度预算的基础。

销售预测：根据销售合同、近期客户订单等资料编制。销售预测按年度分月滚动编制，是公司编制财务月报的基础。

周、日销售计划：根据客户下达的要货订单、补货申请编制，对准确度的要求极高。

（2）编制销售计划的信息来源：

董事会批准的公司分年度战略计划；

对历年销售情况的汇总分析报告；

与客户签订的销售合同、订单及协议（包括年度开口合同）：

销售合同应按公司合同评审有关规定得到相应的评审；

对于开口合同，必须有客户的订单或书面要货通知、传真、网上信息等要货计划的确认件，确认要货数量和时间；

客户提出的书面要货通知；

与有良好资信的客户签订的供货意向书；

其他经过市场部调查后收集到的需求信息。

（3）销售计划编制人员和审批人员应当严格分析和选择使用合适的市场信息来编制销售计划和预测，审核销售计划信息来源的准确性，最大限度保证销售计划编制的准确性。

（4）计划编制人员应当根据产品的型号、数量进行分类、汇总，并将销售信息资料整理，分类保存在本部门，供日后查用。

（5）编制好的销售计划经讨论确定后，需提交销售副总和总裁批准，并将批准后的销售计划发送到以下部门：总裁、各副总经理、财务总监；采购部；生产计划部；财务管理部、资金管理部；工程管理部。

（6）公司营销战略规划和年度销售计划还应经过董事会审议。

（7）公司制定的销售计划是公司的机密文件，只有相关授权人员才能接触和使用。市场销售部负责保管公司销售计划，其他使用销售计划的部门主管应妥善保管计划资料。

3．销售计划调整。

（1）为满足客户需要，同时合理控制原材料库存数量，公司的销售计划应定期或不定期地根据客户订单变化进行调整。调整销售计划时应遵循如下要求：

客户的书面更改通知；

市场业务员提出的有充分资料支持的市场信息；

市场出现突发事件，导致客户需求变化。

（2）销售计划的调整应重新履行审批手续，并及时将调整内容发送到相关部门。

第二节　销售管理流程控制

一、业务控制流程设计综述

（一）订单的证实和审核流程

企业的销售预收款循环始于客户提出的购货订单，企业的销售部门订单后，需要**首先**应被送到企业信贷部门办理批准手续。对于赊销业务，信用管理部门应根据企业的赊销政策，以及对每个顾客的已授权的信用额度来进行的。企业应对每个新顾客进行信用调查，包括获取信用评审机构对顾客信用等级的评定报告。信用管理部门的有关人员应在销售通知单上签署是否予以赊销的意见后送回销售部门，批准必须由经信贷部门经理或其他被授权人签字同意的书面证实才有效。

设计信用批准控制的目的是为了降低坏账风险。企业应分别原有客户和新客户进行审查：对于企业的原有客户，应考察过去的成交记录，确认其是否具有良好的商业信用；同时信贷部门还应考虑本次订购的数量是否异常，如企业具有良好的商业信用且此次订购基本接近历来订购数量，即可办理批准手续；如果所需数量大大超过了历史记录，在办理批准手续前，必须要求客户提供近期的财务报表，并通过对财务报表的审查来判断客户近期的财务状况，然后决定是否接受赊销。

对于新客户提出的购货订单，信贷部门必须要求其同时提供能够证明其资信情况的资料和财务报表。通过分析其资信情况和审查财务报表来决定是否接受其购货订单，以及允许的信贷限额。当客户难以提供其资信情况的资料时，企业也可以采用另一种控制手段来接受订单，即对本次订单规定最大供货数量，在客户被证实确有良好信誉后，供货数量才能允许被扩大。

对于现销的购货订单，上述审核客户信誉的控制程序可以省略，但订单的接受仍需得到销售部门经理人的签字同意。

对收到的每一份销售订单都必须登记在购货订单登记簿上，在成交后，销售执行情况和客户支付情况也应记录在该登记簿上，从而保证从可信赖客户处收到的订单尽快给予满足和为日后再处理客户的购货订单积累资料。

（二）销售通知单的编制和核实流程

企业收到客户的订货单以后，应编制统一的销售通知单，销售通知单可以说是贯穿控制整个销售业务的执行的单据。在编制销售通知单前，销售部门**首先**应向发货部门询问所订货物是否有库存，如无库存，应及时通知客户；如有库存，应及时编制销售通知单。

销售通知单一式多联，以完整和规范化的格式记录不同的客户订单内容，如所订货物的货号、数量、价格等，同时也记录销售过程所需的各种授权和批准，为发运业务的执行和有关账册的记录提供书面依据。

发运通知单必须在事前进行连续编号，在执行后应归档管理，并由专门的人员对其进行定期检查。

（三）销货业务的执行流程

企业仓储部门根据已授权审批的销售通知单发货。实际发货的品种和数量应记录在有关账册和销售通知单各副联上，并将其中一联交会计部门入账，如果包装业务也由仓储部门执行，则应同时填制包装情况表，记录其完成的工作量。

运输部门的职员在装运之前，必须进行独立验证，以确定从仓库提取的商品都附有经批准的销售通知单，并且所收到商品的内容与销售通知单一致。运输部门的装运凭证或提货单由计算机或人工根据销售部门的销售通知单编制，一式多联且连续编号，按序归档的装运凭证通常由装运部门保管。装运凭证提供了商品确实已装运的证据。

不管是仓储部门还是运输部门，发货业务执行者的行为必须受到其他独立职员的监督，它包括对所发运货物实物的清点以及同销售通知单上列明的品种和数量的核对。发运任何货物，清点复核人员都应在有关凭据上签字。

（四）销货发票的控制流程

在会计上，销售发票是销售业务的证实记录。如果在发票和开具的张单方面缺乏有效的控制，会导致企业财务状况的反映不实和舞弊行为的发生。例如，货物已发运或劳务已提供，但未开具发票会导致销售收入和应收账款的少计、货物的多计；收款时间延长，使发生坏账的可能性增加。

对填制发票的控制，是通过对开票的授权来进行的。而这一授权是应以适当的附件为依据的。这些附件包括客户的购货订单、发货通知单等。当这些附件获得之后，开票人员就可以据此开具发票。

对发票开列的数据和其他内容的控制可以从以下几个方面进行控制：

（1）对开票依据发货通知单等上的连续编号，以保证所有发出货物均要开票；

（2）发票上客户的名称应同主要客户一览表或客户购货订单相对照；

（3）发票上的数量必须以发货通知单上载明的实际发货数量记录或完成的劳务数量记录为依据，并应受到非记录发运数量人员的检查；

（4）发票上的价格必须以信贷部门和销售部门批准的金额或价格目录标为依据，并应受到独立于销售职能的其他人员的检查；

（5）发票的内容应受到其他独立于发票编制人员的复核；

（6）发票总额应加以控制，即所有发票应定期加出合计金额，以便同应收账款或销货合计数相核对。

开票人应使用和保留连续编号的发票（包括作废的发票），独立于发运货物和开票的人员应定期检查事先连续编号的销售发票和发货通知单来实现。

发票格式可根据企业的规模和所采用设备的复杂程度来确定，通常包括价格、信贷条款、特殊的折扣、应向客户收取的运费及应由客户负担的销售费或其他税金等。

发票联数在各个企业有各种不同的确认方法，它根据各个客户、税务部门和本企业管理的要求的变化而变化。

（五）折扣与折让政策的制定和审核流程

对多数企业来讲，给予客户一定的折扣是相当普遍的销售行为，因此企业应当制定较为详细的折扣政策或规定。折扣政策必须得到有关授权人员的批准，一般为销售部门的经理。办理现金收入或记录应收账款明细业务的人员不能同时给予客户折扣的业务。

当客户提出折让要求时，企业应对其提出的理由加以记录，并派专人核实理由，最后由授权人员复核客户提出的理由和企业调查结果，并决定在特定情况下给予客户的特定折让金额。

任何折扣和折让的批准文件应记录在事先连续编号的折扣折让事项备忘录上，并由专门人员定期检查此备忘录。

（六）应收账款的控制流程

在大量采用赊销的情况下，应收账款往往在企业的资产中占相当大的比重。由于应收账款是一种记录在账上的债权而非存在于公司中的实物资产，它容易被非法职员挪用，同时应收账款是否可收回直接影响到公司的资金流，同时，应收账款记录也是信贷部门确定信贷政策和是否增加限额依据，所以应收账款控制是销售环节的控制重点。一般应实施的控制方法如下。

（1）应收账款的记录必须经销售部门核准的销售发票和发运单等为依据。

（2）根据应收账款的明细账户余额定期编制应收账款余额核对表，并将该表寄客户核实，编制该表的人员不能同时担任记录和调整应收账款的工作。

（3）应收账款的总账和明细账户的登记应由不同的人员根据汇总的记账凭证和各种原始凭证、记账凭证分别登记，并由独立于记录应收账款的其他人员定期检查核对总账户和明细账户的余额。

（4）由信贷部门定期编制应收账款分析表，从中分析出是否存在虚列的应收账款或不能收回的应收账款。

（5）制定专人对应收账款账龄较长的客户进行催收和索取贷款，以保证公司债权得以收回；应收账款的各种贷项调整（包括坏账冲销、折扣与折让的给予等）必须经财务经理批准才能进行。

（七）退货理赔的审核流程

在正常情况下，理赔业务在销售环节中不应当是很多的，但由于其对企业的信誉有较大的影响，理赔审核的控制仍非常重要。退货理赔控制包括下列各点。

1．验收客户退回的货物

客户退回的货物应由验收部门来验收，验收时应清点、检验和注明退回货物的数量和质量情况，为日后确定给予客户退货金额和确定退货是否需要修理和再存放提供依据。

2．填制退货接收报告

退货接收报告是对退回货物进行文件记录和进行控制的重要方法。它应在事先加以编号，当货物退回时就填制，填制该报告的人员不应同时从事货物发运业务。一切有关的资料，如客户名称、退货名称、数量、日期、退货性质、原始发票号及价格以及一般情况的说明和退款理由等，必须记录在该报告上。填制后的退货接收报告应受到独立于发货和收货职能的人员的检查。

3．调查退货索赔

收货部门收到和清点检验退回货物后，客户的退货要求应由客户服务部门进行调查。这一程序目的在于确定对退回货物索赔的有效性，以及如果索赔有效应给予客户的金额。客户服务部门应将调查结果和意见记录在退货接收报告上，并交信贷、会计、销售部门作为最后的审核。

4．核准退货

退货理赔的最终核准应由销售部门决定。这一批准只有在对退回货物仔细调查和以退货接收报告为依据的基础上才有效，批准意见应签署在退货接收报告上。

5．填制和邮寄贷项通知单

贷项通知应由销售部门中的职员在得到批准的退货接收报告的基础上来编制。贷项通知单事先应编号加以控制。其表明的数量、价格和其他内容在邮寄该贷项通知单前经其他人员复核。贷项通知单和其他相应的资料应附在有关分录凭证上，作为记入应收账款明细分类账的附件。

退货在批准后应及时入账，以便修正营业收入和应收账款的余额。

（八）计提坏账准备和核销坏账

坏账准备的计提方法和比例应符合制度规定，计提的数额恰当，会计处理正确，前后期处理一致。

公司对于不能收回的应收款项应查明原因，追究责任。对有确凿证据表明确实无法收回的应收账款，根据公司的管理权限，应经股东大会或董事会批准作为坏账损失，冲销提取的坏账准备。

文案范本

销售业务基本流程

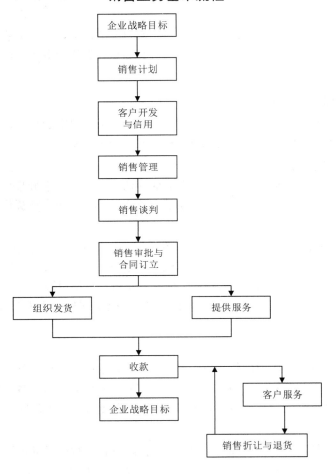

文案范本

销售业务流程

序号	业务流程	责任部门/人	配合/支持部门	不相容职责	监督检查方法	相关制度
1	编制销售计划	销售部	生产部	审批	检查年、月度销售计划是否按规定进行权限审批	《客户管理细则》
2	客户数据维护和信用管理	销售部	市场部		检查客户资料是否完整，客户信用调查是否准确	《客户管理细则》
3	客户开发与需求分析	销售部	市场部		检查客户需求分析是否准确、科学	《客户管理细则》
4	客户沟通与谈判	销售部			检查是否按规范进行客户谈判	《客户管理细则》
5	签订销售合同	销售部	法务部	审核审批	检查合同签订人是否经授权，合同是否符合国家法律法规	《客户管理细则》《销售合同管理办法》
6	账款管理、按合同进行收款	销售部	财务部		检查是否根据信用政策和销售订单收取货款	《应收账款管理制度》《销售合同管理办法》
7	编制销售报表	销售部	财务部、仓储部		检查报表数据与实际发货量、销售发票是否一致	

文案范本

销售业务控制流程

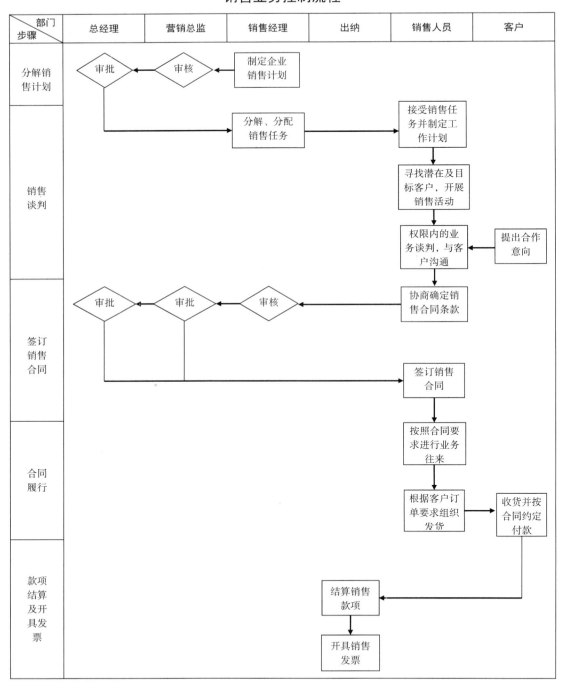

部门\步骤	总经理	营销总监	销售经理	出纳	销售人员	客户
分解销售计划	审批	审核	制定企业销售计划			
销售谈判		分解、分配销售任务			接受销售任务并制定工作计划 寻找潜在及目标客户，开展销售活动 权限内的业务谈判，与客户沟通	提出合作意向
签订销售合同	审批	审批	审核		协商确定销售合同条款 签订销售合同	
合同履行					按照合同要求进行业务往来 根据客户订单要求组织发货	收货并按合同约定付款
款项结算及开具发票				结算销售款项 开具销售发票		

 文案范本

促销管理控制流程

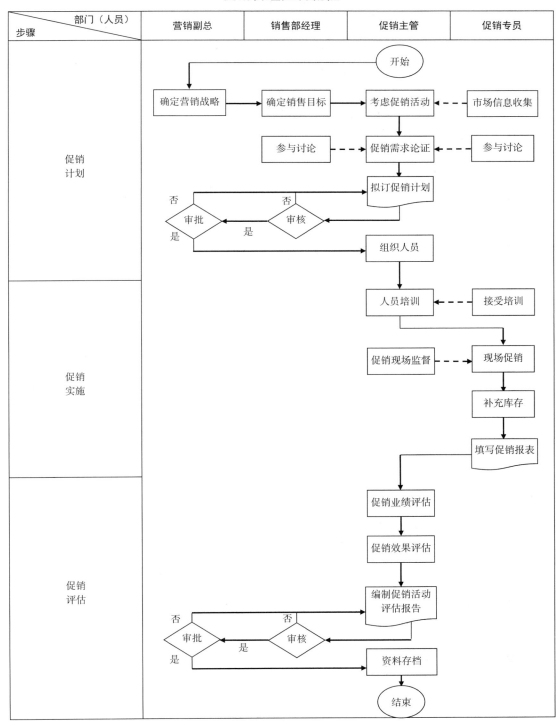

文案范本

赊销业务管控流程

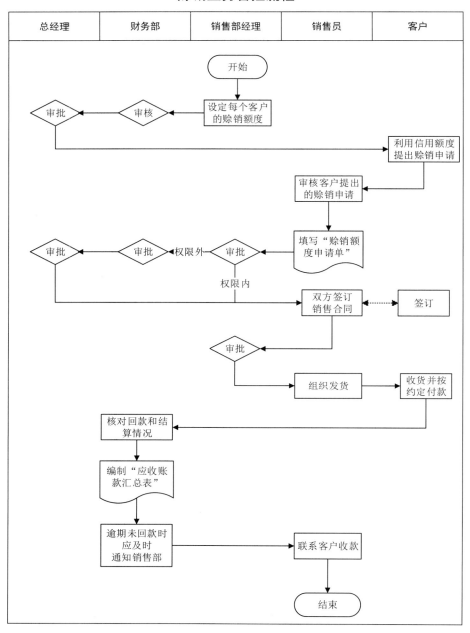

二、销售计划管理

请参阅以下相关文案。

销售计划

年　月　日

销量 ╲ 地区 ╲ 日期					

三、客户开发与信用管理

请参阅以下相关文案。

销售信用政策

应收账款赊销的效果好坏，依赖于企业的信用政策。信用政策包括：信用期间、信用标准和现金折扣政策。

1. 信用期间

信用期间是企业允许顾客从购货到付款之间的时间，或者说是企业给予顾客的付款期间。

信用期的确定，主要是分析改变现行信用期对收入和成本的影响。延长信用期，会使销售额增加，产生有利影响；与此同时应收账款、收账费用和坏账损失增加，会产生不利影响。当前者大于后者时，可以延长信用期，否则不宜延长。如果缩短信用期，情况与此相反。

2. 信用标准

信用标准，是指顾客获得企业的交易信用所应具备的条件。如果顾客达不到信用标准，便不能享受企业的信用或只能享受较低的信用优惠。

3. 现金折扣政策

现金折扣是企业对顾客在商品价格上所做的扣减。向顾客提供这种价格上的优惠，主要目的在于吸引顾客为享受优惠而提前付款，缩短企业的平均收款期。折扣的表示常采用如 5/10、3/20、N/30 这样一些符号形式。这三种符号的含义为：5/10 表示 10 天内付款，可享受 5% 的价格优惠，即只需支付原价的 95%，如原价为 10 000 元，只支付 9 500 元；3/20 表示 20 天内付款，可享受 3% 的价格优惠，即只需支付原价的 97%，若原价为 10 000 元，只支付 9 700 元；N/30 表示付款的最后期限为 30 天，此时付款无优惠。

 文案范本

客户信用状况评价表

指　　标	指　标　值	拒付风险系数（%）
流动比率		
速动比率		
现金比率		
产权比率		
已获利息倍数		
有形净值负债率		
应收账款周转率		
存货周转率		
总资产报酬率		
赊购付款履约情况		
累计拒付风险系数		

　　在考核客户信用状况的过程中，我们也可以将客户信用风险予以量化，对每一客户的信用风险用百分数表示出来，借以简单地反映和比较各个客户的信用度好坏。为此，企业可使用客户信用状况评价表。该表使用时应参照信用标准一览表，当某客户某项信用指标值等于或低于坏的信用标准，则该客户拒付风险系数增加 100%，若客户某指示介于好与坏信用标准之间，则客户拒付风险系数增加 5%，当客户这一指标高于好的信用指标时，客户这一指标无拒付风险，最后将客户各项指标的拒付风险系数累加，即作为该客户量化的信用状况。

 文案范本

逾期账款管理流程

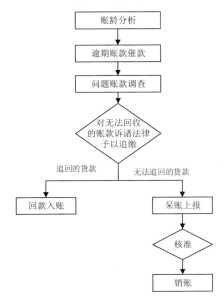

客户信用管理制度

第一章　总　　则

第一条　为充分了解和掌握客户的信誉、资信状况，规范企业客户信用管理工作，避免销售活动中因客户信用问题给企业带来损失，特制定本制度。

第二条　本制度适用于对企业所有客户的信用管理。

第三条　财务部负责拟定企业信用政策及信用等级标准，销售部需提供建议及企业客户的有关资料作为政策制定的参考。

第四条　企业信用政策及信用等级标准经有关领导审批通过后执行，财务部监督各单位信用政策的执行情况。

第二章　客户信用政策及等级

第五条　根据对客户的信用调查结果及业务往来过程中客户的表现，可将客户分为四类，具体如下所示。

客户类别	销售情况	客户其他信息
A 类	占累计销售额的 70%左右	规模大、信誉高、资金雄厚
B 类	占累计销售额的 20%左右	规模中档、信誉较好
C 类	占累计销售额的 5%左右	信用状况一般的中小客户
D 类	占累计销售额的 5%左右	一般的中小客户、新客户、信誉不太好的客户

第六条　销售业务员在销售谈判时，应按照不同的客户等级给予不同的销售政策。

1. 对于 A 级信用较好的客户，可以给予其一定的赊销额度和回款期限，但赊销额度以不超过一次进货为限，回款以不超过一个进货周期为限。

2. 对于 B 级客户，一般要求现款现货，可先设定一个额度，再根据信用状况逐渐放宽。

3. 对于 C 级客户，要求现款现货，应当仔细审查，对于符合企业信用政策的，给予少量信用额度。

4. 对于 D 级客户，不给予任何信用交易，坚决要求现款现货或先款后货。

第七条　对同一客户的信用限度也不是一成不变的，应随着实际情况的变化而有所改变。客户要求超过规定的信用限度时，对其负责的销售业务员须向销售经理乃至总经理汇报。

第八条　财务部负责对客户信用等级进行定期核查，并根据核查结果提出对客户销售政策的调整建议，经销售经理、营销总监审批后，由销售业务员按照新政策执行。

第九条　销售部应根据企业的发展及产品销售、市场情况等，及时提出对客户信用政策及信用等级进行调整的建议，财务部应及时修订此制度，并报有关领导审批后下发执行。

第三章　客户信用调查管理

第十条　客户信用调查渠道。

销售部根据业务需要，提出对客户进行信用调查。财务部可选择以下途径对其进行信用调查。

1. 通过金融机构（银行）进行调查。

2. 通过客户或行业组织进行调查。

3．内部调查。询问同事或委托同事了解客户的信用状况，或从本企业派生机构、新闻报道中获取客户的有关信用情况。

4．销售业务员实地调查，即销售业务员在与客户的接洽过程中负责调查、收集客户信息，提供给财务部，财务部分析、评估客户企业的信用状况。销售业务员调查、收集的客户信息应至少包括以下内容。

基础资料：客户的名称、地址、电话、股东构成、经营管理者、法人代表及其企业组织形式、开业时间等。

客户特征：企业规模、经营政策和观念、经营方向和特点、销售能力、服务区域、发展潜力等。

业务状况：客户销售业绩、经营管理者和业务人员素质、与其他竞争者的关系、与本企业的业务关系及合作态度等。

交易现状：客户的企业形象、声誉、信用状况、销售活动现状及优劣势、交易条件、出现的信用问题及对策等。

财务状况：资产、负债和所有者权益的状况、现金流量的变动情况等。

第十一条 信用调查结果的处理。

1．调查完成后应编写客户信用调查报告。

（1）客户信用调查完毕，财务部有关人员应编制客户信用调查报告，及时报告给销售经理。销售业务员平时还要进行口头的日常报告和紧急报告。

（2）定期报告的时间要求依不同类型的客户而有所区别。

① A 类客户，每半年一次。

② B 类客户，每三个月一次。

③ C 类、D 类客户，每月一次。

（3）调查报告应按企业统一规定的格式和要求编写，切忌主观臆断，不能过多地罗列数字，要以资料和事实说话，调查项目应保证明确全面。

2．信用状况突变情况下的处理。

（1）销售业务员如果发现自己所负责的客户信用状况发生变化，应直接向上级主管报告，按"紧急报告"处理。采取对策时必须有上级主管的明确指示，不得擅自处理。

（2）对于信用状况恶化的客户，原则上可采取如下对策：要求客户提供担保人和连带担保人；增加信用保证金；交易合同取得公证；减少供货量或实行发货限制；接受代位偿债和代物偿债，有担保人的，向担保人追债，有抵押物担保的，接受抵押物还债。

第十二条 销售业务员在工作中应建立客户信息资料卡，以保证销售业务的顺利开展，及时掌握客户的变化以及信用状况。客户资料卡应至少包括以下内容。

1．基本资料：客户的姓名、电话、住址、交易联系人及订购日期、品名、数量、单价、金额等。

2．业务资料：客户的付款态度、付款时间、银行往来情况、财务实权掌管人、付款方式、往来数据等。

第四章　交易开始与中止时的信用处理

第十三条 交易开始。

1．销售业务员应制定详细的客户访问计划，如果已对某客户访问 5 次以上而无实效，则应将其从访问计划表中删除。

2．交易开始时，应先填制客户交易卡。客户交易卡由企业统一印制，一式两份，有关事项交由客户填写。

3. 无论是新客户还是老客户，都可依据信用调查结果设定不同的附加条件，如交换合同书、提供个人担保、提供连带担保或提供抵押担保。

第十四条 中止交易。

1. 在交易过程中，如果发现客户存在问题或异常之处应及时报告上级，作为应急处理业务暂时停止供货。

2. 当票据或支票被拒付或延期支付时，销售业务员应向上级详细报告，并尽一切可能收回货款，将损失降至最低点。

销售业务员根据上级主管的批示，通知客户中止双方交易。

<h3 style="text-align:center">第五章 附 则</h3>

第十五条 本制度的最终解释权归财务部。

第十六条 本制度自颁布之日起实施。

客户信用等级控制流程

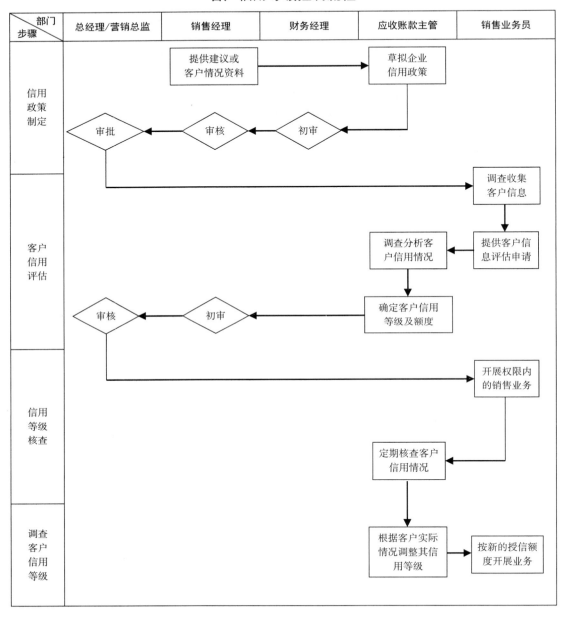

审核、批准客户订货流程

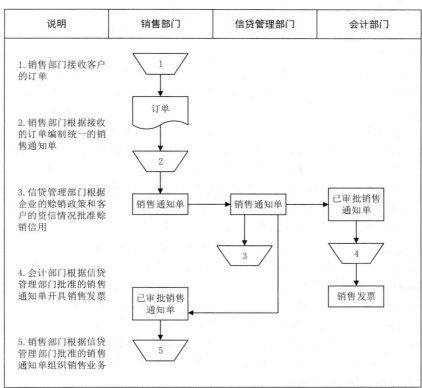

说明	销售部门	信贷管理部门	会计部门

1. 销售部门接收客户的订单

2. 销售部门根据接收的订单编制统一的销售通知单

3. 信贷管理部门根据企业的赊销政策和客户的资信情况批准赊销信用

4. 会计部门根据信贷管理部门批准的销售通知单开具销售发票

5. 销售部门根据信贷管理部门批准的销售通知单组织销售业务

四、销售定价

请参阅以下相关文案。

商品价格管理制度

1. 定价策略

（1）企业的定价权限。

① 对实行国家指导价的商品和收费项目，按照有关规定制定商品价格和收费标准。

② 制定实行市场调节的商品价格的收费标准。

③ 对经济部门鉴定确认，物价部门批准实行优质加价的商品，在规定的加价幅度内制定商品价格，按照规定权限确定残、损、废、次商品的处理价格。

④ 在国家规定期限内制定新产品的试销价格。

在定价过程中，要考虑下列因素：国家的方针政策；商品价值大小；市场供求变化；货币价值变化等。

（2）商品价格管理。根据国家规定，企业在价格方面应当履行下列义务。

① 遵照执行国家的价格方针、政策和法规，执行国家定价、国家指导价。

② 如实上报实行国家定价、国家指导价的商品和收费项目的有关定价资料。

③ 服从物价部门的价格管理，接受价格监督检查，如实提供价格检查所必需的成本、账簿等有关资料。

④ 执行物价部门规定的商品价格和收费标准的申报、备案制度。

⑤ 零售商业、饮食行业、服务行业等，必须按照规定明码标价。

（3）物价管理的基本制度。

① 明码标价制度。实行明码标价制度，便于顾客挑选商品。明码标价，要做到有货有价，有价有签，标签美观，字迹清楚，一目了然。标签的内容要完整，标签的颜色要醒目有别。实行一物一签制，货签对位。对标签要加强管理，标签的填写、更换、销毁都应由专职或兼职物价员负责，标签上没有物价员名章无效。对于失落、错放、看不清的标签要及时纠正、更换。

② 价格通知制度。价格通知制度就是将主管部门批准的价格用通知单的形式，通知各个执行价格的单位，包括新经营商品的价格通知、价格调整通知和错更正通知。价格通知单是传达各种商品价格信息的工具，直接关系到价格的准确性，也关系到价格的机密性。

③ 物价工作联系制度。物价工作联系制度就是制定和调整商品价格时，同有关单位和地区互通情况、交流经验、加强协作，及时交换价格资料的制度。

④ 价格登记制度。价格登记就是把企业经营的全部商品的价格进行系统的记录，建立价格登记簿和物价卡片。价格登记，是检查物价的依据，所以要及时、准确、完整，便于长期保存。在登记簿和卡片上应写明下列内容：商品编号、商品名称、产地、规格、牌号、计价单位、进货价格、批发价格、批零差率、地区差率、定价和调价日期、批准单位等。

⑤ 物价监督和检查制度。物价监督包括国家监督、社会监督和单位监督三种基本形式。

国家监督就是通过各级物价机构、银行、财政、工商行政和税务部门从各个侧面对物价进行监督。社会监督就是群众团体、人民代表、消费者以及社会舆论对物价进行监督。单位内部监督就是企业内部在价格联系中互相监督。

物价检查，一般是指物价检查部门或物价专业人员定期或不定期地开展审价和调价工作。

2. 物价管理权限

（1）认真贯彻执行党和国家有关物价的方针、政策，负责组织学习培训、加强物价纪律教育，不断提高企业员工的政策观念、业务水平和依法经商的自觉性。

（2）正确执行商品价格，按照物价管理权限，制定审批商品或服务收费的价格，检查、监督基层物价管理工作的执行情况，发现价格差错，及时纠正，情节严重的予以经济处罚。

（3）认真做好物价统计工作，搞好重点商品价格信息的积累，建立商品价格信息资料，分析市场价格变化情况，开展调查研究，为企业经营服务。

（4）对重点商品和招商商品的价格，实行宏观控制，限定综合差率，审批价格。

（5）凡新上岗的物价员，审批价格由中心经营部负责。半年后视工作情况，下放审批价格权。

（6）按照权限审批处理价格。凡处理残损商品，损失金额不超过 500 元的（一种商品），由各专业部门主管经理审批，交市场经营部备案；凡处理残损商品，损失金额在 500～3 000 元之间的（一种商品），由中心经营部主管部长审批。凡处理残损商品，损失金额超过 3 000 元的（一种商品），由公司主管副总经理审批。

对超过保本期、保利期，确属需要削价处理的商品每月月底，由物价员会同有关人员提出处理价格，处理价格不低于商品进价的，由公司主管业务经理负责审批，交公司经营部备案；

处理价格低于商品进价的，上报公司经营部，由公司经营部主管部长视全公司经营情况酌情审批；对一种商品损失金额超过 5 000 元的必须上报公司总经理审批。

3. 物价管理的基本要求

（1）企业所经营的商品（包括代销、展销商品）都要使用商品编号，按企业计算机管理要求，根据商品种类进行统一编号，并逐步实施商品条形码。企业所有业务环节凡涉及商品编号的（商品购进、定价、调价、削价处理、标价签、出入库、盘点等）所用票据，均使用统一编号。

（2）凡商品定价要按有关规定执行。商品定价原则：根据市场行情、价格信息、企业经营情况，坚持勤进快销的原则，合理制定商品价格。凡特殊商品定价（化妆品、家用电器、食品、黄金、皮鞋等）需要持有质量检测证件的，物价员必须验证定价，证件不全，不予定价。

（3）制作物价台账。物价台账是企业审查价格，实行经济核算的重要依据，其范围包括经营、兼营、批发、展销、试销、加工。必须做到有货有账，以账审价。

根据专业公司新价通知单、自采商品定价单、进货票和进货合同，物价台账登载内容包括产地、编号、品名、规格、等级、单位、进价、单价税额。企业专职物价员要全面、完整、连贯、准确登记，同时存入计算机对应管理。

（4）商品的价格调整，必须以上级供货单位下达的调价通知单为依据。严格按照规定的编号、品名、规格、等级、价格和调整时间执行。商品需要调整价格时，由各专业物价员会同有关业务人员根据市场行情、调价依据、库存情况、资金周转率等，提出调价意见，填制《商品价格调整计划表》，由市场经营部审批。调整价格前，专职物价员按调价内容更改物价台账，须在执行前一天，通知营业部兼职物价员，填制新价签，并盖章。调价商品在执行前一天业务终了后盘点，填制《商品变价报告单》，报物价员审核盖章，部门做进销存日报表转财会做账。调价通知单建立存档制度，由物价员统一保管。

（5）凡柜台出售的商品和服务收费标准都必须实行明码标价制度，并使用统一商品标价签。在商品同部位设置商品标价签，要做到"一货一签""货签对位"。商品标价签应注明商品编号、品名、规格、单位、产地、等级、零售价，标价签由物价员审核盖章后方能使用。属于试销商品和处理商品应注明"试销"或"处理"字样。填写商品标价签应做到整齐、美观、准确、清楚，所用文字一律采用国家颁布的简化汉字，零售价格要盖阿拉伯数字戳。

（6）价格检查：检查商品的零售价格，以及服务收费标准（包括生产配件、加工费率、毛利率、产品质量等）是否正确；有无违反有关规定越权定价、调价和处理商品现象；是否正确执行明码标价和使用统一商品标价签；商品质价是否相符，有无以次充好、以假充真、掺杂使假、改头换面、变相涨价的问题。

（7）价格信息：为使价格触角更加灵敏，为企业经营决策服务，必须加强价格信息工作，价格信息源于各方经营信息和国家有关行业信息反馈，其基础工作是采价。

企业经营部每周要组织各部门专职物价员进行一次半日采价，主要对某类商品或一段时间内价格波动大的商品、季节性商品、销售畅旺的商品等，进行类比分析，并做较详细的记录。记录内容包括：采价商品的名称、零售价、所到单位名称。采价后物价员需对价格动态进行分析，计算出与本中心的价格差，提出参考变价意见，报各部门经理室和中心经营部（专职物价员留存一份），建立价格信息数据库。

（8）物价纪律。

① 企业员工都必须遵守物价纪律，不准泄露物价机密，不准越权擅自定价、调价，不准早调、迟调、漏调商品价格。由物价员按照分工管理权限定价，其他人员无权定价。

② 切实执行明码标价制度，杜绝以次顶好、掺杂使假、少斤短尺等变相涨价的做法。

③ 削价处理商品，一律公开出售，不准私留私分。

 文案范本

"回佣"管理规定

一、总则

第一条　为规范公司经营业务秩序，防止违纪、损害公司利益，特制定本规定。

二、"回佣"界定

第二条　"回佣"是在公司经济活动中，本公司取得或支付交往对方在结算价款以外的各种现金、有价证券或实物。

三、管理规定

第三条　公司员工在经营、业务交往中，不得私自向对方索取有损本公司利益的回扣。

第四条　公司员工在经营活动中，如确需使用"回佣"，应在合同、决议中注明其标准、金额、结算方式。

第五条　公司在经营活动中取得或支付有关合同、协议、发票、账单等结算凭证上所注明"回佣"款项，一律纳入本单位经营业务收入或成本费用中核算。

第六条　公司需对外单位或个人支付"回佣"时，应实行非现金结算，并及时入账。确需支付现金"回佣"，经办人须填单说明缘由、依据、标准、金额以及收款人单位、姓名等内容，经收款人签收或旁证人签证，并由本单位负责人签章后，方可支付现金"回佣"。

第七条　为加强"回佣"管理，公司应有两位或两位以上业务员洽谈各类合同或协议，加强对实物合同按合同所载事项与实际验收入回情况核对，做到合同与货物相符，加强对合同条款、发票、账单的稽核和管理。

第八条　在业务交往中，公司员工收受对方所赠"回佣"，须主动向公司或部门如实报告，并办理全额"回佣"款上缴手续，不得个人隐匿私藏。

第九条　凡对"回佣"处理较好的部门或员工，公司给予奖励。

四、处罚

第十条　凡私自接受"回佣"，拒不上缴者或私分者，视情节轻重、金额大小，以违纪从严从重论处。

第十一条　凡包庇私拿、私分"回佣"行为的公司员工或中高级职员，均须受到处罚。

第十二条　因私拿"回佣"而导致合同、协议执行过程使公司受到罚款、罚税或造成其他经济损失、名誉损失的，相关人员须承担赔偿责任。

五、附则

第十三条　本办法由财务部解释、补充，经总经理批准颁行。

 文案范本

销售折扣费控制方案

一、目的

为严格管理公司在销售折扣方面的合理支出，根据公司相关销售政策，特制定本方案。

二、控制年度折扣费的总额

公司可以根据预计的销售收入和以往年度的折扣费占销售收入的比例确定本年度的折扣费预算总额，每月注意检查折扣费是否超标。

三、规定销售折扣费的范围

本公司所指的销售折扣是指公司将产品销售给经销商时，对于符合既定要求的销售行为或结果，给予对方的一种价格优惠，它实际上是在成交的价款上给予经销商一定比例的减让。销售折扣包括实物折扣和现金折扣。

四、销售折扣的使用要求

1. 一般情况下提倡使用实物折扣。

2. 销售折扣并不是越大越好。

3. 折扣力度要与公司的销售战略相适应，如在开拓产品市场阶段，可以用较大的折扣吸引经销商，占领市场。

五、销售折扣标准

销售折扣随着经销商的销售额的增加而增大，一般来讲，不同产品有不用的折扣标准，具体标准如下所示（以下标准针对公司某一个经销商）。

A 产品		B 产品		C 产品	
年度销售额	销售折扣	年度销售额	销售折扣	年度销售额	销售折扣
8 万元以下	0	5 万元以下	0	3 万元以下	0
8 万~10 万元	1 000 元	5 万~10 万元	1 000 元	3 万~5 万元	1 000 元
10 万~20 万元	2 000 元	10 万~15 万元	2 000 元	5 万~10 万元	2 000 元
20 万~30 万元	4 000 元	15 万~20 万元	4 000 元	10 万~15 万元	4 000 元
30 万元以上	5 000 元	20 万元以上	5 000 元	15 万元以上	5 000 元

六、销售折扣管理

1. 遇到特殊情况需要增加销售折扣时，销售人员应及时填报"销售折扣更改申请单"，由销售部经理和财务部经理审核、销售总监审批后才能付诸实施。

2. 新产品的销售折扣应由销售部经理填报"新产品销售折扣申请单"，经销售总监审批后生效。

3. 如果由于市场变化需要修改某产品的销售折扣标准，销售人员需向销售部经理提出书面申请，由财务部经理审核、销售总监审批后方可执行。

五、销售审批与合同订立

《企业财务通则》第二十四条规定："企业应当建立合同的财务审核制度，明确业务流程和审批权限，实行财务监控。

企业应当加强应收款项的管理，评估客户信用风险，跟踪客户履约情况，落实收账责任，减少坏账损失。"

销售合同可分为一般销售合同和特殊销售合同。其中，特殊销售合同又可分为开口合同和合同金额超过规定金额的重大合同。销售合同是企业内部据以确认收入、发出货物、催收账款等的重要文件，为了杜绝违法或者无效的销售合同，防止经济诈骗和经济纠纷案件的发生，降低或避免企业在销售货物或服务过程中承担的经营风险和经济损失，除了由法律部门对销售合同的合法性进行审核外，更重要的是建立财务审核制度，对销售合同将给企业带来的收入、成本、经营风险等问题，进行经济性审核。其具体内容如下。

1．明确合同审批的权限

设定审批权限时，要考虑合同的类型以及金额大小，如对重大经济合同应实行集体审议制度。此外，还应遵循法律法规对关联交易等特殊情况下合同订立的一些特殊规定，防止发生经营损失。

2．明确合同审核的业务流程

通过规定审核程序，以及分离不相容职务，实现有效约束和监督。

3．明确合同签订过程中财务审核的内容和关注重点

例如，标的数量及价格条件、销售金额是否满足企业盈利的需要，付款条件、期限和方式是否符合控制经营风险的要求，对方企业信誉和信用是否符合企业信用政策的规定，价格外的费用收支是否符合财务规定，等等。

4．加强合同履行过程中的财务审核，实行财务监控

例如，根据合同发货、开具发票、接收货款、记录应收账款明细账时，都要分别进行财务审核，防止出现技术性差错。

5．明确合同修改和解除、终止的审批权限和流程

合同订立后，不得随意变更和修改。如有特殊情况需变更或修改的，应重新履行财务审核手续。涉及经济赔偿的，赔偿前还应办理相关财务事项。

（一）重视决策过程的审查

1．紧紧把握合同的缔约目的，围绕缔约目的设定权利义务

在搞清楚缔约目的的基础上，要把握好指导思想，设定正确的权利义务走向和平衡，综合考虑对合同操作有影响的市场条件、政策环境等因素，使合同的内容和操作围绕缔约目的发挥作用。

2．考虑合同订立后的可变更可能

在订立合同时，必须要考虑到合同订立后履约过程中所可能发生的一些影响合同正常履行的因素。例如，自然事件中的台风、洪水等不可抗力事件，社会因素中的国家法律政策调整、市场价格重大波动等重大情势变更事项，微观方面可能遇到的合同一方当事人死亡、企业终止清算、破产倒闭或重组并购等事项。

未雨绸缪，起草或审核合同时，对影响合同变动的因素考虑得越周密细致，就越能避免纠纷，当事人的合同权益也就越容易得到保障。

（二）重视合同主体的审查

1．对合同主体合法性、真实性的审核

合同主体的合法真实是合同审查的重要项目之一，是关系合同目的能否实现的前提之一。另外，还要注意审核或确认负责签订合同的单位或个人是否已取得相应的合法授权，以防止无权代理或超越代理权限订立合同的情形存在。当然，自己一方的主体是否合格（如不是独立法人、法人名称不对、印章和名称不一致等），也要进行审查，防止所签订的合同无效。

2．对合同主体是否具备相关资质的审核

对实行资质管理或特殊许可的业务，若签约一方不具备相应的从业资质或经营许可，由此所订立的合同一般属于违反国家法律法规的合同。一旦纠纷产生，容易被确认为无效合同。另外，采用假的资质进行欺诈也是很常见的。审查相关资质和许可，要求审查者深入了解相关专业知识。

3．对合同方资信能力、业绩、人员等的审查

对于重大工程项目、重要项目或者较大额度的采购等合同，一般要求对方出具履约保证金函，这样才能从资信上促进对方积极履约。另外在后期质量保证期内，要求对方出具质保金保函也是可行的方法之一，但一般只适用于较大工程项目，涉及金额较多。另外，过往业绩和人员素质也是缔约目的实现的保障之一，对业绩和人员的资料审查应该列入合同关键审查项目之一。

（三）重视合同可行性的审查

1．合同标的约定要求详细、明确，做到指向对象具体

合同的标的是最能体现缔约目的、合同性质的核心内容。所以，在起草合同时，最好要单独写明"合同标的"这样一条内容，以便让人一看便知合同的大概内容；从法律功用角度讲，通过"合同标的"条款还能够更好地界定合同的性质。对"合同标的"的描述务必要达到"准确、简练、清晰"的标准要求，切忌含混不清。例如，合同标的为货物买卖的，一定要写明货物的名称、品牌、计量单位和价格，切忌只写"购买沙子一车"之类的含糊描述；又如，合同标的是提供服务的，一定要写明服务的质量、标准或效果要求等，切忌只写"按照行业的通常标准提供服务或达到行业通常的服务标准要求等"之类的描述。否则，一旦纠纷产生，往往就造成"合同约定不明"的状况。

2．合同的履行方式一定要具有可操作性

围绕缔约目的设定的合同双方的履行方式、操作流程是合同标的实现的关键。不同性质、类别的合同在履行上有不同的方式，如采购合同的货物转移，工程施工合同的进度施工，技术开发合同的知识产权转移，安装合同的设备交付使用等。但各类合同的履行也有其共同的地方，根据合同双方履行的一般过程，主要涉及以下几个方面内容：履行期限、履行地点、标的完成（运输）方式、保险、付款方式、质量保证等，这些内容的设定一定要结合组织的实际来进行，如期限要和相关项目紧密配合，地点设定要遵循便利原则，付款要以促进标的完成为目标，质保期和质保金要合理有效等。

3．对合同相关事项内容要有相应约定

相对于合同主体、标的、技术标准等重要合同内容来说，有些合同内容很容易被忽视，甚至在合同中完全没有体现，如不可抗力、合同保密、技术开发、质量保证等，其实从合同履行的可行性上来说，这些也是极其重要的。例如，在工程建设合同中，不可抗力发生的概率就非常大，而因此损失的承担是一个需要严格界定，而又没有相关统一标准的，是容易产生纠纷的内容之一，因此对其进行周密的预计和详细的规定也就成为提高合同可行性的需要了。同样道理，合同保密、质量保证、技术开发等内容虽然不和合同标的直接发生联系，却是有违缔约目的的内容，需要从缔约目的和后期利益的角度对其相关条款加以重视和完善。

（四）重视合同合法性的审查

1．不同合同性质类别具有各种特殊性

依据缔约目的的性质，《合同法》把合同分成了 15 个大类，并进行了相关内容的具体规定，对合同起草者或审查者来说，这是法定依据。其实在日常合同具体事务中，还可以按照不同的标准，对合同进行更加具体的分类，便于事务操作。合同的类别不同，合同的性质自然也就不同。对合同进行分类的意义就在于能够充分认识到不同类别合同的特殊性，从而在起草或审核

合同时提醒当事人需要特别注意的某些合同内容或要素，如合同的主体资格、生效要件、付款方式、售后服务及保密事项等条款内容。另外，针对合同的特殊性，当事人还可以就各方的权利或义务作出一些特别的约定。对这些特殊的约定一定要尽可能地表述完整准确，要注意其合法性问题，避免与现行法律规定相抵触或冲突。

2．法律用语的准确是合法性审查的重要内容

当事人之间订立的书面合同属于非常严肃的法律文件，其中许多内容需要以法律术语加以界定和规范，使合同的内容明确、清晰，不会产生歧义、异议。另外对有些容易产生纠纷的地方，相关法律法规、行业规定用法律语言都作出了明确细致的规定。所以，在起草或审核合同时应当按照法律文件的一些书写标准或要求去做，其中包括尽可能地使用或推广大家共同认可的一些规范性法律用语，以避免在理解合同时产生不应有的歧义。例如，在审核合同时，发现一些常见的法律用语错误像"定金"与"订金"不分、"权利"与"权力"混淆、"抵押"与"质押"混用的情形等。另外，还发现不少合同中出现类似"一方对另一方罚款"等明显违反"合同各方法律主体地位平等"的用语或表述。其实，上述每个法律用语都是有其特别含义的，随意滥用可能要闹笑话，甚至直接影响到合同内容的有效性和当事人需承担的法律责任之大小。

（五）重视合同风险性的审查

1．注意各方责任分担的合理

诚实信用、等价有偿、买卖公平是市场交易的基本法则，在合同的具体内容中必须能够体现这些法则。在起草或审核合同时，切忌只片面强调对方当事人的权利而忽略其义务或片面强调对方当事人的义务而忽略其权利的情形。因为按照《合同法》关于"合同对价"的基本要求，一方当事人享有权利必须以承担一定的义务为前提，反之就是一方当事人承担义务必须以享有一定的权利为基础。法律禁止以强凌弱的"不平等条约"存在；对责任分担显失公平的合同，《合同法》赋予受不公平条款约束的一方当事人一定期限内的合同撤销权。尤其是起草涉及多方利益的"格式合同"时，一定要注意各方责任分担的合理性，切忌侵害多数人利益的"霸王条款"出现。因为在合同约定中，若各方责任分担不合理，不仅有违基本的商业道德，而且一旦产生纠纷，此类条款很容易成为众矢之的，从而毁坏商家的信誉，且容易被仲裁机构或法院确认为无效条款。

2．注意交易实施的安全

当事人之间订立书面合同的目的就是明确交易各方的权利义务关系，更好地保证交易实施的安全。所以，在起草或审核合同时应特别注意能够保障交易顺利实现的条款内容。例如，当事人选择的付款期限和付款方式条款、合同履行的担保条款等是否存在不符合实际或无法保证交易安全的情形。尤其是在大宗货物买卖、不动产买卖和国际贸易类的合同中，这些条款内容显得尤为重要。另外，有关合同的签订地、履行地（如交货地点等）、标的物所在地及合同纠纷的管辖地、解决方式等条款内容如何约定也直接关系到交易能否顺利实现或交易的安全，在给当事人起草或审核合同时同样不要忽视此类条款内容。

3．注意考虑合同纠纷发生的可能

当事人之间通过订立合同所建立的是一种动态的债权或债务关系，一方权利之实现有赖于另一方义务之履行；换句话说，合同之债权是一种信用上的法律关系，若合同一方当事人违反"诚实信用"原则，则另一方当事人的权利就存在灭失的可能性，尽管其可以通过法律上的救济途径来保障其权利实现。但由于合同之权利是一种私权利，法律对私权利进行保护的主要依据就是当事人之间订立的合同。所以，要求起草或审核合同的人员必须具备"法律的头脑"和"商

业的意识"，在起草或审核合同时一定要充分考虑到发生合同纠纷的法律风险，在合同中尽可能地将双方的权利义务及违约责任条款约定清楚。这样，即便将来真的发生纠纷，依据合同约定的内容也比较容易确定各方所应承担的法律责任，尽可能地避免法官滥用司法上的自由裁量权。

（六）重视合同形式与内容完整性的审查

（1）注意合同的形式上的完整性。

（2）注意合同内容的前后一致性。

合同作为对当事人各方都非常重要的一项法律文件，在内容上必须讲求逻辑严谨、前后一致，不能前后内容相互矛盾不一、主合同内容和附件内容相互抵触冲突。如果存在合同内容的前后不一致情形，一旦产生纠纷，就会让人无所适从。所以，在起草或审核合同时一定要注意合同内容的前后一致性，注意对合同前后内容产生矛盾或冲突时的处理原则作出约定，如"是以主合同内容为准，还是以合同附件内容为准"等必须在主合同中约定清楚。

 **文案范本**

销售合同管理制度

第一章　总　　则

第一条　为明确销售合同审批权限，规范销售合同的管理，规避合同协议风险，特制定本制度。

第二条　本制度根据《中华人民共和国合同法》及相关法律法规的规定，结合本企业的实际情况制定，适用于企业销售部、业务部门、各子企业及分支机构的销售合同审批及订立行为。

第二章　销售格式合同编制与审批

第三条　企业销售合同采用统一的标准格式和条款，由销售部经理会同法律顾问共同拟定。

第四条　企业销售格式合同应至少包括但不限于以下内容。

1. 供需双方全称、签约时间和地点。

2. 产品名称、单价、数量和金额。

3. 运输方式、运费承担、交货期限、地点及验收方法应具体明确。

4. 付款方式及付款期限。

5. 免除责任及限制责任条款。

6. 违约责任及赔偿条款。

7. 具体谈判业务时的可选择条款。

8. 合同双方盖章生效等。

第五条　企业销售格式合同须经企业管理高层审核批准后统一印制。

第六条　销售业务员与客户进行销售谈判时，根据实际需要可对格式合同部分条款作出权限范围内的修改，但应报销售部经理审批。

第三章　销售合同审批、变更与解除

第七条　销售业务员应在权限范围内与客户订立销售合同，超出权限范围的，应经销售经理、营销总监、总经理等具有审批权限的责任人签字后，方可与客户订立销售合同。

第八条　销售合同订立后，由销售部将合同正本交档案室存档，副本送交财务部等相关部门。

第九条　合同履行过程中，出于缺货或客户的特殊要求等原因，销售部或客户提出变更合同申请时，须由双方共同协商变更，若为重大合同款项的变更，须经总经理审核。

第十条 根据合同规定的解除条件、产品销售的实际和客户的要求，销售部与客户协商解除合同。

第十一条 变更、解除合同的手续，应按订立合同时规定的审批权限和程序执行，在达成变更、解除协议后，须报公证机关重新公证。

第十二条 销售合同的变更、解除一律采用局面形式（包括当事人双方的信件、函电、电传等）口头形式一律作废。

第十三条 企业法律顾问负责指导销售部办理因合同变更和解除而涉及的违约赔偿事宜。

第四章 销售合同的管理

第十四条 空白合同由档案管理人员保管，并设置合同文本签收记录。

第十五条 销售部业务员领用时需填写合同编码并签名确认，签订生效的合同原件必须齐备并存档。

第十六条 销售业务员因书写有误或其他原因造成合同作废的，必须保留原件交回合同管理档案人员。

第十七条 合同档案管理人员负责保管合同文本的签收记录，合同分批履行的情况记录，变更、解除合同的协议等。

第十八条 销售合同按年、区域装订成册，保存＿＿＿年以备查询。

第十九条 销售合同保存＿＿＿年以上的，合同档案管理人员应将其中未收款或有欠款单位的合同清理另册保笒，对于已收款合同，经销售经理批准后作销毁处理。

第五章 附 则

第二十条 本制度由销售部负责制定、解释及修改。

第二十一条 本制度自颁布之日起生效。

销售合同订立控制流程

部门 步骤	营销总监/总经理	销售经理	法律顾问	合同档案管理人员	销售业务人员	客户

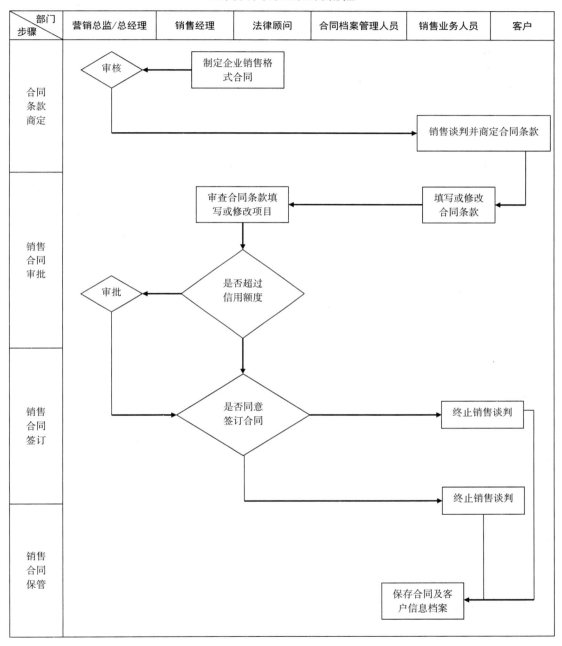

文案范本

销售合同审批流程

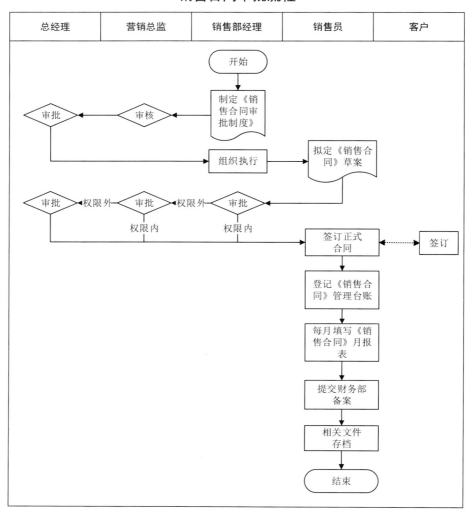

总经理	营销总监	销售部经理	销售员	客户

六、组织发货、提供服务

请参阅以下相关文案。

文案范本

发货管理制度

第一章　总　则

第一条　目的。

为规范销售发货管理，保证公司发货的及时性、准确性，确保公司发货顺畅，提高发货效率，提高公司和客户的经济效益，特制定本制度。

第二条 使用范围。

公司所有涉及销售发货的工作。

第三条 职责划分。

1. 销售部负责组织实施产品发货工作，确保严格按客户要求及时发货。

2. 仓储部负责根据《发货单》配货装箱，确保严格按客户要求按质按量地配货。

3. 财务部负责汇总发货单据，监督和控制客户欠款额度并备案。

第二章 发货流程

第四条 对于销售产品的发货工作，应按照以下流程进行控制。

1. 销售人员填写一式四联《发货单》，列明客户名称、地址、产品名称、数量、单价、金额和经办人，经销售部经理审批后加盖销售专用章，送交财务部进行核准。

2. 财务部对订货额、付款情况、客户信用度等进行审核，审核无误后在《发货单》上签字批准、盖财务专用章，并根据客户的付款方式确定执行相应的开具发票流程（见下表）。

开具发票规则一览表

结款方式	开票办法
现结	由财务部人员直接开具销售发票
月结	财务部人员每月按时填写客户对账单并签字确认，由销售人员与客户进行核对确认，无误后由财务人员开具相应发票，并向客户收取货款

3. 销售人员持《发货单》到仓储部提出发货申请。

4. 仓储部在接到《发货单》后，核对其是否经过规定审核，是否盖有财务专用章，同时核对订货数量并签字确认实施发货。

5. 由仓储部经理组织进行包装备货并安排货物发送。

6. 仓储部专人负责库存台账的调整。

7. 货物备好后，应由仓储部经理做好出库货物的复核工作，主要复核的内容包括单据、实物以及账、货结存情况（见下表）。

出库复核内容一览表

项 目	操作说明	具体检查项目
出库单据	主要审查货物出库凭证是否齐全并合乎规定	凭证有无涂改、过期
		凭证中各栏项目填写是否正确、完整
		凭证中的字迹是否清楚
		印鉴及签字是否正确、真实、齐全
		出库货物应附的技术证件和各种凭证是否齐全
实物	根据货物出库凭证上所列项目对配备待发货物进行核对	核对货物的名称、规格、牌号、单位、数量是否与凭证相符
		核对货物的包装是否完好，外观质量是否合格
账、货结存情况	对货物存放地点的货垛和货架上货物的结存数进行核对	检查货物的数量、规格等与出库凭证上标明的账面结存数是否相符
		核对货物的货位、货卡有无问题，以便做到账、货、卡相符

8. 货物发送后，按照货物运输单位的《交运单》在《发货单》上详细填写交运时间和运

单号，然后交给销售人员。

9. 销售人员在货物发出后，应及时与客户沟通，提醒客户收货，确认到货情况，并协助处理运送过程中出现的意外情况。

10.《发货单》四联分别由财务部、销售部、仓储部、客户各自保存，以备查验。

第五条 所有货物在进行包装、搬运、出货过程中都应避免撞击和掉落，摆放应按照货物轻重进行叠放，以免被压损或变形。

第六条 搬运大件货物时，需注意人身安全。

第七条 若客户不来验货，全权委托我方办理托运时，应在订货合同上注明我方不承担任何责任。

第八条 如货物不慎碰撞或掉落，可能会导致质量损坏时，销售人员须及时检验，并向上级领导汇报，以确保其质量状况。

第九条 若客户因特殊原因进行"先开单，后提货"，则提货有效期为 7 个工作日，但提货不得跨月进行。

第十条 客户要求自取的，应由销售部人员负责陪同客户进行检查及接收。

第三章 附　　则

第十一条 本制度自颁布之日起执行。

第十二条 本制度的修改、废止需经总经理审批。

 文案范本

经销商品出库管理制度

1. 营业员填制要货通知单（1～2 联），第 1 联留存，第 2 联转仓库保管员。

2. 仓库保管员根据营业部门的要货通知单，填制"经销商品出库单"1～3 联，并备齐商品。

3. 仓库保管员将备齐的商品连同"出库单"（加盖"货已付讫"章、签名）送至营业货区，经收货人与要货通知单第 1 联复核验收商品后，在出库单上签字，并将第 1 联退回仓库保管员，第 2 联留柜台，第 3 联转商品账。

4. 保管员凭出库单第 1 联记"经销库存商品"明细账中的内库减少

5. 商品账凭出库单第 3 联记"经销库存商品"明细账中柜台数量增加，内库数量减少。

6. 仓库保管员需要到外库提货的，填制"外库货物出库单"1～4 联，第 1 联存根，2～4 联加盖商店"出入专用章"及储运部专用章转交储运部到外库提货。

7. 外库保管员接到"出库单"，按票出货，并在出库单第 4 联加盖"货已付讫"章，签名后经储运部转仓库保管员。

8. 仓库保管员接到出库单第 4 联与第 1 联核对无误后验收商品，票货相符后，加盖"货已收讫"章，收货人签字。

9. 仓库保管员凭第 4 联出库单，记库房经销库存商品明细账外库数量减少，内库数量增加。

文案范本

商品入库出库时间要求

1. 保管员接到储运部或工厂送来商品必须在 1 小时内验收完毕，将原始凭证传递到合同员。

2. 合同员接到保管员转来的商品到货原始单据，要立即审核注销合同，并分别加盖经（代）销商品等，必须在半小时内传递给物价员。

3. 物价员接到合同员转来的商品到货原始单据要立即编制编号，核定商品价格，必须在接票后 1 小时内传递到仓库保管员。

4. 仓库保管员接到物价员审核、定价后的原始单据，填制"经（代）销商品入库单"必须在 2 小时内传递到商店商品账。

5. 商店商品账接到仓库保管员转来到货原始单据与"经（代）销商品入库单"，审核后填制"营业部的进销存日报表"必须在次日上午传递到商店会计室。

6. 营业部门每日下午 15：00 前，分别填制"要货通知单"交至仓库保管员。

7. 仓库保管员接到营业部门的"要货通知单"后填制"经（代）销商品出库单"并备齐商品，最晚于次日上午 8：45 前送至柜台，9：00 前送货完毕。

8. 代销结算员严格执行代销商品结算审核手续，保证结算符合规范程序，接票后必须在 1 小时内传递到会计室。

文案范本

出货单

订单号：　　　　　出货单号：　　　　　　　　　　　　　　　　年　月　日

客户代码		收货单位名称						联系人		
卸货地点								电话		
承运单位										
序号	品名	规格	单位	单价	数量	金额	实际数量	客户实收数量	备注	
合计										
货物起运时间				客户收货时间						
承运车号			封签号				封签人			
退回/短缺	品名			单位		数量		退回或短缺原因		
备注				客户签认						

门卫：　　　　　　司机：　　　　　　　仓管：

财务：　　　　　　销售经理：　　　　　销售代表：

销售发货通知单

通知日期：　　年　月　日（发货具体时间以出库单为准）

客户名称				订单号	
收货地址				交货日期	
联系人及电话				承运单位	
货物名称	规　格	数　量	单　价		金　额
合计金额	（大写）　　　万 仟 佰 拾 元 角 分　　（小写）￥				

销售副总：　　　　财务部：　　　　仓库：　　　　经办人：

发货业务流程

序号	业务流程	责任部门/人	配合/支持部门	不相容职责	监督检查方法	相关制度
1	开展销售活动，签订销售合同	销售部	相关部门	审核审批	检查订单是否经过审核	《销售合同管理办法》
2	接收订单并审核	销售部			检查销售合同是否符合国家法律及企业规定	《销售合同管理办法》
3	发出发货通知	销售部	仓储部	接收通知	检查发货通知是否正确且经过核实	《发货管理制度》
4	备货、车辆安排	仓储部	物流部门		检查备货是否与订单、发货通知单一致	《发货管理制度》
5	装箱、包装、准备发货	仓储部			检查待发货物是否经核实，包装是否合理	《发货管理制度》
6	办理出库手续、进行发货	仓储部	物流部门		检查是否按规定办理出库手续，出库台账登记是否正确	《发货管理制度》
7	提醒客户收货、确认到货情况	销售部			检查是否按时提醒客户收货，是否及时确认到货	《发货管理制度》
8	填制销售报表、登记相关台账	销售部			检查销售报表填制是否符合企业要求	《发货管理制度》

销售出货管理流程

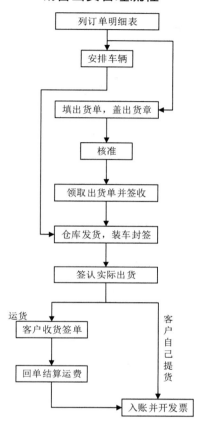

 文案范本

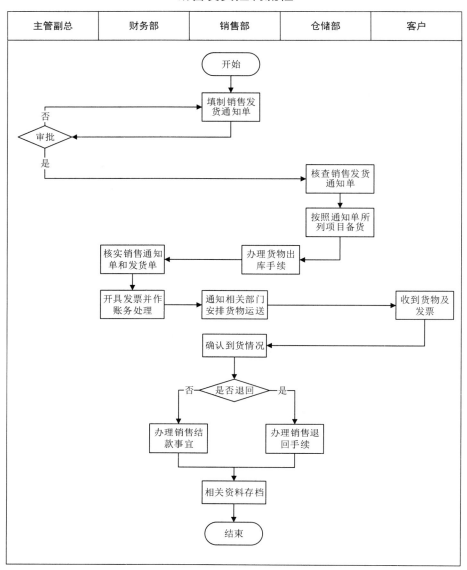

销售发货控制流程

主管副总	财务部	销售部	仓储部	客户

七、收款

请参阅以下相关文案。

文案范本

销售货款收取控制规范

为规范销售行为，防范销售过程中的差错和舞弊，降低坏账风险，降低销售费用，提高销售效率，特制定本规范。

本制度适用于公司的销售业务与货款。

一、业务办理部门

（1）销售业务部门主要负责处理订单、签订合同、执行销售政策和信用政策、催收货款。

（2）发货业务部门主要负责审核发货单据是否齐全并办理发货的具体事宜。

（3）财务部门主要负责销售款项的结算和记录、监督管理货款回收。

（4）销售收据和发票由财务部门指定专人负责开具。

（5）严禁未经授权的部门和人员经办销售业务。

二、审批权限规定

1. 总经理

（1）负责销售政策、信用政策的制定和修订；以总经理办公会议形式审定，以内部文件等形式下发执行。

（2）超过公司既定销售和信用政策规定范围的特殊事项，由总经理办公会或其他方式集体决策。

2. 董事会

按《预算管理实施办法》规定审批销售费用预算。

3. 总经理或授权审批人

负责制定和修订"销售价目表"和"折扣权限控制表"，以经理办公会议形定审定，以文件或其他方式下达执行人员执行。

4. 总经理或授权审批人

按公司授权审批销售价格和销售合同签订。

三、销售和发货控制要点

1. 政策控制

（1）公司对销售业务制定明确销售目标，列入年度预算，确立销售管理责任制。

（2）公司对销售进行定价控制，由公司制定"产品销售价目表"、折扣政策和付款政策等，并督促执行人员严格执行。

（3）公司对客户进行信用控制。在选择客户时，由销售部门的信用管理人员对客户进行信用评价，充分了解和考虑客户的信誉、财务状况等情况，降低货款坏账风险。

2. 客户信用管理

（1）销售部负责进行客户信用调查，填写"客户调查表"，建立客户信用档案；根据客户信用，确定客户信用额度、信用期限、折扣期限与现金折扣比率。

（2）销售部门确定的客户信用额度，必须经公司授权审批人批准后方可执行。

（3）对客户信用进行动态管理，每年至少对其复查一次。出现大的变动，要及时进行调整，调整结果经公司授权审批人批准。

（4）对于超过信用额度的发货，必须按公司授权进行审批。

3. 赊销控制

赊销控制业务流程如下图所示。

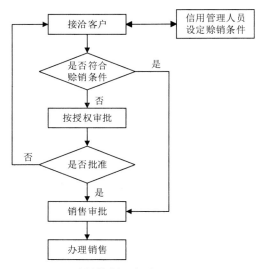

赊销控制业务流程

（1）销售人员严格遵循规定的销售政策和信用政策。

（2）对符合赊销条件的客户，按公司授权，经审批人批准方可办理赊销业务。

（3）超过销售政策和信用政策规定的赊销业务，按公司权限集体决策审批。

四、销售和发货业务流程控制

1. 接单和销售谈判

（1）销售业务员负责客户订货的管理，收到每一份购货订单必须在"购货订货登记簿"上登记。

（2）在销售合同订立前，由公司业务员就销售价格、信用政策、发货及收款方式等具体事项与客户进行谈判。

（3）重大合同的谈判，谈判人员至少有两人以上。

（4）销售谈判的全过程应有完整的书面记录。

2. 合同订立

（1）合同订立前，信用额度由信用管理人员经信用评估后确定。

（2）超过信用额度的合同，必须按公司授权，事前进行审批。未经审批，合同不得签订。

（3）合同签订按公司授权，由经授权的有关人员与客户签订销售合同。金额重大的销售合同的订立，应当征询法律顾问或专家的意见。

（4）合同条款应符合《中华人民共和国合同法》。

3. 合同审批

（1）销售部门内勤人员应当对合同进行审核，主要审核销售价格、信用政策、发货及收款方式等项目是否违反公司规定。

（2）公司签订的销售合同按公司授权进行审批。合同未经审批程序，不得将合同交予客户。

4. 发货期的确定

业务员在接受订货、签订合同时，应根据产品库存情况和公司生产周期来确定交货期限。

（1）全部有库存的客户订货，按客户要求确定交货期。

（2）库存不足的订货，根据产品生产周期和生产能力与客户协商确定交货期。

5. 产品生产和开发

（1）库存不足的订单，由销售内勤人员与生产部门协调，发出生产任务单，由生产部门组织生产。

（2）业务员在接到用户提出的新产品开发意向后，要向用户全面收集产品使用的条件及有关技术参数，由业务员填写"新产品开发建议书"，经公司有关部门会签后交技术中心或事业部组织开发。

6. 发货通知

（1）发货通知单由销售部内勤人员根据客户订单或合同填写。

（2）发货通知单一式六联。

（3）发货通知由发运组负责办理发货和运输事宜。

7. 发货控制

（1）仓储部门根据"发货通知单"组织备货、发货。仓储部门发货后，按实填写实发数，并盖章注明"已发货"字样，以免重复发货。

（2）由专人不定期对出库通知单与装箱进行核对检查。

（3）产品出门参照存货规定严格执行。

8. 发运控制

（1）发运组对发货通知单与发货实物进行核对相符。

（2）发运组根据合同要求组织运输或代办运输。

（3）发运组必须要求承运人在发货通知单上签名，同时向承运人取得相关运输凭证，并及时交内勤人员送财务部门。

9. 销售发票开具控制

（1）销售发票由财务部门指定的专人负责开具。

（2）开票人员必须以客户的购货合同和业务员开出的发货通知单、运单为依据。

（3）开票人员按税务部门的规定开具销售发票。

（4）开具的发票必须从主管税务部门购买或经主管税务部门批准印制的税务发票。

（5）财务部定期对销售发票开具进行检查。

10. 销售退回的控制

参见公司销售退货的相关规定。

五、货款催收和办理

1. 催收部门

（1）货款催收由销售部门办理，财务部门督促销售部门加紧催收，并协助办理。

（2）对催收无效的逾期应收账款，由销售部门会同财务部门申请，经财务总监审核，总经理批准，通过法律程序予以解决。

2. 催收记录

（1）销售部门在向客户催收货款时，应做好催收记录，并尽可能取得客户的签证。

（2）公司销售部门会同财务部门定期或不定期向客户发出催收函，并将发函凭证保存，作为催收记录的依据。

3. 收款业务办理

（1）公司财务部门应当按照《现金管理暂行条例》《支付结算办法》《内部会计控制制度——货币资金》等规定，及时办理销售收款业务。

（2）财务部门应将销售收入及时入账，不得账外设账，不得擅自坐支现金。

销售人员除事先经财务部门授权外，应当避免接触销售现款。

六、应收货款管理

1. 应收账款台账

（1）公司销售部门内勤组、业务员按责任范围建立应收账款台账，及时登记每一客户应收账款余额的增减变动情况和信用额度使用情况。

（2）财务部门按客户进行应收账款核算，对长期往来客户的应收账款，按客户设立台账登记其余额的增减变动情况。

（3）销售部门内勤人员、业务员定期与财务部门核对应收账款余额和发生额，发现不符，及时查明原因，并进行处理。

（4）销售部门信用管理人员应对长期往来客户建立完善的客户资料，并对客户资料实行动态管理，及时更新。相关资料由内勤人员、业务员和财务部门提供。

2. 与客户核对应收账款

（1）销售部门业务员或内勤人员每半年与客户核对应收货款余额和发生额。发现不符，及时查明原因，向财务部门报告，并进行处理。

（2）财务部门每年至少一次向客户寄发对账函，对金额重大的客户，财务部门认为必要时或销售部门提出申请时派员与客户对账。发现不符，及时向上级报告，会同相关部门及时查明原因，并进行处理。

3. 账龄分析和坏账处理

（1）财务部门定期对应收账款龄进行分析，编制账龄分析表，对逾期账款进行提示，并建议相关部门采取加紧催收措施或其他解决措施。

（2）对可能成为坏账的应收账款，按《内部控制制度坏账损失审批》的规定办理。

（3）公司财务部门对已核销的坏账，应当进行备查登记，做到账销案存。已注销的坏账又收回时，应当及时入账，防止形成账外款。

4. 应收票据管理

（1）公司应收票据的取得和贴现必须由保管票据以外的主管的书面批准。

（2）公司由出纳保管应收票据，对于即将到期的应收票据，应及时向付款人提示付款；已贴现票据应在备查簿中登记，以便日后追踪管理。

（3）对逾期未能实现的应收票据，经财务经理批准，转为应收账款，并通知相关责任人员及时催收。

七、销售记录控制

1. 销售过程记录

公司在销售与发货各环节设置相关的记录，填制相应的凭证，对销售过程进行完整登记。

2. 销售台账

（1）销售部门应设置销售台账，及时反映各种商品、劳务等销售的开单、发货、收款情况。

（2）销售台账应当记载有客户订单、销售合同、客户签收回执等相关购货单据资料。

（3）销售部门的销售台账定期与财务部门核对。

3. 销售档案管理

销售部门应定期对销售合同、销售计划、销售通知单、发货凭证、运货凭证、销售发票、客户签收回执等文件和凭证进行相互核对，并整理存档。

八、监督检查

1. 监督检查主体

（1）公司监事会：依据公司章程对公司销售与收款管理进行检查监督。

（2）公司审计部门：依据公司授权和部门职能描述，对公司销售管理进行审计监督。

（3）公司财务部门：依据公司授权，对公司销售管理进行财务监督。

（4）上级对下级：进行日常工作监督检查。

2．监督检查内容

（1）销售与收款业务相关岗位及人员的设置情况，重点检查是否存在销售与收款业务不相容职务混岗的现象。

（2）销售与收款业务授权批准制度的执行情况，重点检查授权批准手续是否健全、是否存在越权审批行为。

（3）销售的管理情况，重点检查信用政策、销售政策的执行是否符合规定。

（4）收款的管理情况，重点检查销售收入是否及时入账，应收账款的催收是否有效，坏账核销和应收票据的管理是否符合规定。

（5）销售退回的管理情况，重点检查销售退回手续是否齐全、退回货物是否及时入库。

3．监督检查结果处理

对监督检查过程中发现的销售与收款内部控制中的薄弱环节，公司有关责任部门和责任人应当采取措施，及时加以纠正和完善。

 文案范本

货款回收管理制度

第一章　总　　则

第一条　目的。

为了规范企业销售货款的回收管理工作，确保销售账款能及时收回，防止或减少企业呆账、坏账的发生和不良资产的形成，特制定本制度。

第二条　适用范围。

适用于本企业销售货款的回收管理。

第三条　职责。

1．销售部负责销售回款计划的制定与应收账款的催收工作。

2．财务部负责应收账款的统计及相关账务处理工作，并督促销售部及时催收应收账款。

第二章　未收款的管理

第四条　当月到期的应收货款在次月××号前尚未收回，从即日起至月底止，将此货款列为未收款。

第五条　未收款的处理程序。

1．财务部应于每月××号前将未收款明细表交至销售部。

2．销售部将未收款明细表及时通知相应的销售业务员。

3．销售业务员将未收款未能按时收回的原因、对策及最终收回该批货款的时间于××日内以书面形式提交销售经理，销售经理根据实际情况审核是否继续向该客户供货。

第六条　销售经理负责每月督促各销售业务员回收未收款。

第七条　财务部于每月月底检查销售业务员承诺收回货款的执行情况。

第三章　催收款的管理

第八条　未收款在次月××号前尚未收回，从即日起到月底止，此应收货款为催收款。

第九条 催收款的处理程序。

1. 销售经理应在未收款转为催收款后的××日内将其未能及时回收的原因及对策,以书面形式提交营销总监批示。

2. 货款经列为催收款后,销售经理应于××日内督促相关销售业务员收回货款。

第十条 货款列为催收款后的××日内,若货款仍未收回,企业将暂停对此客户供货。

第四章 准呆账的管理

第十一条 财务部应在下列情形出现时将货款列为准呆账。

1. 客户已宣告破产,或虽未正式宣告破产但破产迹象明显。

2. 客户因其他债务受到法院查封,货款已无偿还可能。

3. 支付货款的票据一再退票而客户无令人信服的理由,并已停止供货一个月以上者。

4. 催收款迄今未能收回,且已停止供货一个月以上者。

5. 其他货款的回收明显存在重大困难,经批准依法处理者。

第十二条 企业准呆账的回收以销售部为主力,由财务部协助。

第十三条 通过法律途径处理准呆账时,以法律顾问为主力,由销售部、财务部协助。

第十四条 财务部每月月初对应收款进行检查,按照准呆账的实际情况填写《坏账申请批复表》报请财务部经理审批。

第五章 附 则

第十五条 本制度由财务部制定、解释和修改。

第十六条 本制度自颁布之日起执行。

业务员收款规定

第一条 账单分发

1. 财务部账款组依业务分别整理账单,定期汇集编制账单清表一式三份,将账单清表两份连同账单寄交业务人员签收。

2. 业务人员收到账单清表时,一份自行留存,另一份应尽快签还财务部账款组,如发现有不属本身之账单,应立即以挂号寄回。

3. 客户要求寄存账单时,应填写"寄存账单证明单"一份,详列笔数、金额等交由客户签认,收款时再交还给客户。如因寄存账单未取得客户签认导致不能收款时,由业务人员负责赔偿。

4. 收到企业寄来的账单后,于访问时如未能立即收款,则应取得客户在账单上签认,若未能取得客户的签认,则应尽速于发货日起 3 个月内,向总务部申请取得邮局包裹追踪凭证,凭以收款。逾期不办,致使无法收取货款时,由业务人员负责赔偿。

第二条 收款票期规定

1. 依客户之区别规定如下:

(1)一般商店:自销货日起 3 个月内的票期;

(2)直接客户:以货到付款为条件,由送货员代收取现金或支票,或自销货日起 1 个月内兑清货款的转账票期。

2. 收款票期超过企业的规定时,依下列方式计算收款成绩:

超过 1～30 天时,扣该票金额 20%的成绩;

超过 31～60 天时，扣该票金额 40% 的成绩；

超过 61～90 天时，扣该票金额 60% 的成绩；

超过 91～120 天时，扣该票金额 80% 的成绩；

超过 121 天以上时，扣该票金额 100% 的成绩。

第三条　收取票据须知

1. 支票抬头请写上"×××企业"。

2. 字迹不清时，应退回重新开立。

3. 一律不予签收"禁止背书转让"字样的客票。

4. 收取客票时，应请客户背书，并且写上"背书人××股份有限企业"，千万不可代客户签名背书。

5. 法定支票记载金额、出票人图章、出票年月日、收付款单位全称、账号和开户行等，绝对不可涂改和褶皱所填字符，否则盖章仍属无效。

6. 收取客户客票大于应收账款时，不应以现金或其他客户的款项找钱，应依下列方式处理：支票到期后，由企业以现金找还；另行订购抵账，或抵交未付账款中的一部分。

7. 本企业无销货折让的办法，如误写发票金额，需将原开统一发票收回，寄交企业更改或重新开立发票。

如无法收回而不得已需抵扣时，则于下次向企业订货时，以备忘录说明，经业务经理核准后扣除，不得于收款时扣除货款或以销货折让方式处理，尾数由业务人员负责。

第四条　退票处理

1. 由业务科填发"退票通知书"，业务人员收到"退票通知书"后，应先行核对并于 3 日内将回执联填妥，寄回业务科。

2. 业务人员收到"退票通知书"后，应于 15 日内（客票应即时）前往洽收，并将结果填写"退票洽收报告"寄回业务科，否则若发生问题，概由业务人员负责。如因故未能如期洽收，应先函告征信科，并说明拟往洽收之日期，以确保时效，维护企业权益。

3. 退票洽收若系换票，新开的票期不得超过退票通知书填发日期。

第五条　收款处理程序

1. 业务人员于每日收到货款后，应于当日填写日报表一式四份（一份自留，三份寄交企业财务部出纳组）。

2. 在市内者，直接将现金或支票连同收款日报表第一、二、三联亲交出纳并取得签认。

3. 本地区应将现金部分填写××银行送款单或邮政划拨单存根，连同收款日报表第一、二、三联，以挂号寄交财务部出纳组。

业务人员应将挂号回执贴于自存的收款日报表左下角备查。

第六条　坏账处理

"坏账申请书"填写一式三份，均应将有关客户之名称、号码、负责人姓名、营业地址、电话号码等一一填写清楚，并简述理由和可能性，经业务部门及经理批准后，连同账单或票据转交征信科处理。

坏账发生之金额，应于当月计算业务人员的销售成绩时，先予扣减。

第七条　问题客户处理

1. 业务人员于访问客户或退票洽收时，如发现客户有异常现象时，应填写"问题客户报告单"，并建议应采取的措施，或视情况填写"坏账申请书"呈请批准，由征信科追踪处理。

2. 业务人员因疏于访问，未能明了客户之情况变化，未填写"问题客户报告单"通知企业，致使企业蒙受损失时，业务人员应负责赔偿该项损失 50%以上之金额。

（注：疏于访问是指未依企业规定之次数，按期访问客户者。）

3. 为掌握客户之信用情况，业务员对于逾期收款而未收款的理由应详细申报，否则，此类账款一旦无法收回而成呆账时，业务人员应赔偿 50%以上之金额。

第八条　禁止事项

对账之后，如发现有下列情况之一者，除限令业务人员一周内予以补正外，并依企业之规定处分：

1. 收款不报或积压收款；
2. 退货不报或积压退货；
3. 转售不依规定或转售图利。

收款业务流程

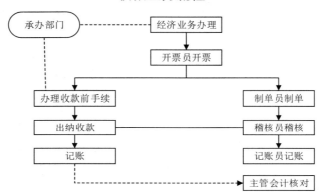

销售发票管理流程

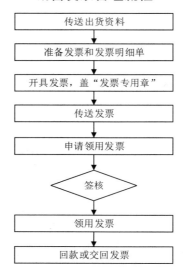

八、客户服务

请参阅以下相关文案。

客户信息单

编号：　　　　　区域：　　　　　日期：

公司名称			往来银行	
公司所在地			账号	
电话			支付方式	
负责人	代表人	电话	公休日	
	地址			
	实权者	电话	付款	
	地址			
公司成立日期	年　月　日	公司资本额	经办付款人性格及嗜好	
与本公司开始合作日期				
营业概况	营业范围		经办人实权者性格嗜好	
	性　　质			
	状　　态			
	员工人数			
	营业旺季			
	月平均购买额			
	合同编号			
	网络状况			

部门经理：　　　　直接主管：　　　　审核人：　　　　制表人：

客户服务管控制度

第一章　总　则

第一条　目的。

为有效控制客户服务工作，明确服务规范，及时处理客户投诉，最大限度地为客户提供满意的服务，广泛吸取客户的意见，掌握市场信息，增进经营效能，结合公司实际情况，特制定本制度。

第二条　本制度所指客户服务工作为公司为客户所提供的售后服务工作。

第三条　客户服务部为公司开展客户服务工作的主体部门，其主要职责如下。

1. 负责客户服务规范的制定和监督执行。

2. 负责客户投诉的收集和处理。

3. 负责客户回访、客户信息收集及更新。

4. 负责收集、整理用户反馈的产品销售服务、产品质量等信息，每月反馈给客户服务部经理及相关部门。

第二章　服务作业程序

第四条　客户服务部在接到客户要求服务的电话或文件时，服务人员应将客户的名称、地址、电话、商品型号、规格、购买日期和地点等内容登记于"服务登记簿"上，填制服务凭证，报部门经理安排客户服务工作。

第五条　服务人员持服务凭证前往客户现场服务，凡可当场处理完妥者即请客户在服务凭证上签字确认并提交。

第六条　服务人员应将实际服务时间、内容详细填写在服务凭证和服务登记簿上，由部门经理核签后，将客户已签字确认的服务凭证和服务登记簿归档。

第七条　若属有偿服务，费用较低者，可由服务人员当场向客户收费，将服务款项交予财务部，安排补寄发票；费用较高者，应选择其他付款途径，财务部依据实收款项开具发票。

第八条　客户服务部应根据"服务登记簿"核对服务凭证后，将当天未派修工作，于次日送请部门经理优先派工。

第九条　如属异地客户服务，服务人员应填具"异地服务申请单"，由部门经理核准后，方能外出服务，差旅费、补贴费等列入服务成本。

第十条　客户服务部应做好有关销售的内务工作，负责宣传品等的保管与发放。

第三章　客户意见调查

第十一条　公司为加强对客户的服务，并培养服务人员树立"顾客至上"的理念，定期和不定期进行客户意见调查，并将调查结果作为改进服务的依据。

第十二条　客户意见分为客户的建议、抱怨及对服务人员的评价。除将评价资料作为服务人员绩效考核依据外，对客户的任何建议、抱怨，客户服务部都应特别重视，认真处理，建立客户服务的良好信誉。

第十三条　客户服务部应将每一位客户请求服务的内容记入"服务登记簿"，作为凭证填寄"客户意见调查表"。

第十四条　对服务人员的评价，分为态度、技术、到达时间及答应事项的办理四项，每项均按客户的满意状况分为非常满意、满意、一般和较差四个等级，以便客户填写。

第十五条　客户的建议或抱怨特别严重时，客户服务部应立即上报主管领导，及时安排处理，并将处理情况告知客户；客户的建议或抱怨属一般性质时，客户服务部可自行酌情处理并记录归档，并应将处理结果告知客户。

第十六条　处理客户的建议或抱怨时，客户服务部应与营销部或其他相关部门保持密切的联系，随时予以催办，并协助其解决问题。

第四章　客户投诉管理

第十七条　公司所接到的客户投诉依据投诉原因的不同分为以下两类。

1. 非质量异常客户投诉（指非产品本身的质量问题，如运输、搬运等）。

2. 质量异常客户投诉。

第十八条　客户投诉处理主要部门及其职责

1. 营销部。

（1）详查客户投诉产品的订单编号、规格、数量、交运日期。

（2）了解客户投诉的要求及投诉理由的确认。

（3）协助客户解决疑难或提供必要的参考资料。

（4）迅速传达处理结果。

2．客户服务部。

（1）客户投诉案件的登记，处理时效管理及逾期反映。

（2）客户投诉内容的审核、调查、提报。

（3）客户投诉立案的联系。

（4）处理方式的拟定及责任归属的判定。

（5）客户投诉改善案的提出、安排办理、执行成果的督促及效果确认。

（6）协助有关部门与客户接洽客户投诉的调查及妥善处理。

（7）将处理过程中客户投诉反映的意见提报有关部门追踪改善。

第十九条　客户服务部在接到客户投诉后，应尽快安排对客户投诉的调查与处理工作。主要包括以下各项工作。

1．营销部业务人员接到客户反映产品异常时，应立即查明该异常（订单编号、批号、交运日期、不良数量）和客户要求，并填制"客户投诉处理表"，连同异常样品（签注意见后）送客户服务部办理。

2．客户投诉案件若需会同处理，客户服务部门应在"客户投诉处理表"中注明，并立即反映给其他相关部门，安排共同前往处理。

3．客户服务部应在调查处理后3天内编制客户投诉处理报告提交分管领导审批。

4．对客户投诉作出处理后，若客户未能接受，客户服务部应再填一份新的"客户投诉处理表"附原表一并呈报主管领导安排处理。

5．在客户投诉处理完成后，客户服务部根据相关记录资料判定责任归属，并依据公司相关规定制定惩罚建议，提交主管领导批准后安排对相关责任人进行惩罚处理。

6．客户投诉内容若涉及其他公司、供应商等的责任，客户服务部会同有关部门共同处理。

7．客户投诉不成立时，由客户服务部向客户驳回投诉，并详细解释原因。如客户有异议，需再次呈报上级主管领导安排处理。

第二十条　客户投诉处理工作应自售后服务部受理起6日内处理完毕，如遇特殊情况需延长处理，需报主管领导批准后执行。

第五章　客户服务准则

第二十一条　真诚。对于每一位客户，都要客气、真诚地接待，力求使每一位客户的问题都得到解答，要求都得到满足。

第二十二条　快捷。客户订购公司的产品后，要以最快的速度把产品送到他们手中，客户提出投诉、建议时，客户服务部也应第一时间处理并告知客户。

第二十三条　周到。对于客户对公司产品和服务的每一项合理要求，客户服务人员都需细心、周到地开展相应的服务。

第二十四条　善始善终。客户服务人员应对客户提供始终如一的全程服务。

第六章　附　　则

第二十五条　本制度由客户服务部负责制定、修订与解释。

第二十六条　本制度经总经理审批后自＿＿＿年＿＿月＿＿日起实施。

文案范本

问题客户处理制度

1. 业务人员于访问客户或退票洽收时，如发现客户有异常现象时，应填写"问题客户报告单"，并建议采取措施，或视情况填写"坏账申请书"呈请批准，由征信科追踪处理。

2. 业务人员因疏于访问，未能明了客户的情况变化，并未填写"问题客户报告单"通知企业，致企业蒙受损失时，业务人员应负责赔偿该项损失 25%以上的金额。

（注：疏于访问是指未依企业规定的次数，按期访问客户者。）

3. 为掌握企业全体客户的信用状况及来往情况，业务人员对于所有的逾期应收账款，均应将未收款的理由，详细陈述于账龄分析表的备注栏上，以供企业参考，否则此类账款将来因故无法收回形成呆账时，业务人员应负责赔偿 25%以上的金额。

文案范本

客户投诉记录表

一、投诉受理				
记录人		投诉编号		
投诉时间	年　月　日　时　分			
客户信息	1. 姓名： 2. 联系方式： 手机号码　　　　　　固定电话 3. 联系地址：			
投诉方式	□电话　　□信件　　□来访　　□其他			
投诉类型	□产品质量□服务质量□服务态度□其他			
客户要求	□退货　　□换货　　□赔偿　　□道歉　　□其他			
投诉内容				
紧急程度	□非常紧急　□较急　　□普通			
二、投诉核查				
核查时间		牵涉部门		
负责人		当事人		
情节严重程度	□非常严重　□一般　　□轻微			
责任判定				
处理措施	责人签字：　　　　日期：			
三、投诉处理沟通				
沟通时间		沟通人		
客户态度	□满意　□不满意，原因			
改进措施				
说明	客服代表接到客户投诉后，能即时解答的问题，应即时给予答复；不能即时解答的，先与客户约定答复时限，并在答复时限内给予答复			

售后服务管理制度

第一章　总　　则

第一条　为了加强产品售后服务，提升售后服务水平，提高客户满意度，特制定本制度。

第二条　售后服务遵循"客户服务至上"宗旨，为客户提供高质量服务，切实保护消费者的合法权益。

第三条　从产品出售以后到产品有效期结束，均属于售后服务的范畴。

第二章　职责划分

第四条　公司售后服务部是负责公司售后服务的主要职能部门，市场销售部、财务部等其他部门均承担相应的售后服务职责。

第五条　售后服务部负责提供客户咨询、产品配送维修、协调客户退换货、处理客户投诉、客户满意度调查等工作。

第六条　市场销售部负责为售后服务部提供客户资料信息、技术支持，协助处理客户投诉等工作。

第七条　人力资源部负责对各类售后服务人员提供服务技术及业务技能相关培训，确保售后服务人员的服务质量和技能水平。

第八条　财务部负责按规定为退货客户办理退款手续，或支付相关赔偿金。

第三章　售出产品服务

第九条　所售产品的外包装必须完整、安全，有完整、准确的企业名称及商品有关信息。

第十条　产品附属文档中包含技术数据、安全使用要求、操作方法、保养要求等应明确说明。

第十一条　产品售出后，售后服务部应按照对顾客所承诺的送货范围、送货时间及时配送，并提供必要的安装和调试服务。

第十二条　产品安装后，售后服务部应提供必要的产品使用及保养指导，明确告知客户保修时间、保修内容、保修期限及安全使用年限等内容。

第十三条　在产品有效期内，售后服务部应持续提供各类技术支持服务、保养服务，涉及收费项目的，须事先告知客户，并按国家相关规定合理收取费用。

第十四条　售后服务部应安排专人负责产品报修登记及客户接待服务。

第十五条　售后维修人员执行报修、送修或上门维修服务时，应向客户告知维修费用、主要部件、易损配件等信息，并如实向客户提供维修记录。

第十六条　产品维修期限较长的，应为客户提供相应的备用品。

第十七条　所售产品质保期或保修期应符合国家相关规定，并将质保期或保修期明确告知客户。

第十八条　对有质量问题的产品，应为客户办理退换货手续，涉及收费的，应事先告知顾客。

第十九条　售后服务部应安排专人负责受理客户退换货要求，对于符合退换条件的，应在规定的时间内给予办理相应退换手续；不符合退货条件的，应及时向客户解释原因。

第二十条　售出产品出现难以解决的问题时，应及时召回，并向客户提供补救赔偿措施。

第四章　客户咨询投诉服务

第二十一条　售后服务部设立咨询、投诉热线，并开通网络在线服务功能，受理客户咨询、投诉业务。

第二十二条　客户咨询投诉服务，实行首问负责制，能即时解答的问题，受理人员直接给予回复；无法即时解答的，先与客户约定答复时限，并在约定时限内给予答复。

第二十三条　处理客户投诉，应完整、详细地记录客户投诉内容，并于当日发送到相应部门处理，及时、有效解决顾客投诉。

第二十四条　处理客户投诉，应建立详细、完整的投诉档案，并定期进行回访、跟踪。

第二十五条　受理投诉的工作人员不得泄露客户姓名、电话、住址等个人信息，不得私自销毁投诉材料，与投诉事件有利害关系的，应当实行回避。

第二十六条　售后服务部定期进行客户满意度调查，以改进服务质量，提高公司售后服务水平。

第五章　附　　则

第二十七条　本制度由售后服务部制定，解释权归售后服务部所有。

第二十八条　本制度报总经理审批后实施。

 文案范本

售后机构成本费用控制办法

第一章　总　　则

第一条　目的。

为了合理设置售后机构，控制售后机构的运营和人员成本费用，根据售后服务机构运营要求，结合公司实际情况，特制定本办法。

第二条　适用范围。

本办法适用于公司售后机构的设置、售后机构的运营和人员成本费用控制工作。

第三条　职责划分。

1. 客服部经理负责控制售后机构成本费用。

2. 售后服务人员按照相关规范从事售后服务工作，厉行节约。

第二章　售后机构设置的成本费用控制

第四条　售后机构的设置程序。

1. 公司根据经营情况及自身经济实力决定设置售后机构。

2. 客服部经理负责编制"售后机构设置研究报告"，具体内容如下：

（1）战略定位；

（2）运作目标；

（3）整体架构；

（4）规模设计；

（5）售后机构选址；

（6）布局设计；

（7）业务设计；

（8）质量管理规划；

（9）费用预算情况。

3. 客服部经理将编制的"售后机构设置研究报告"提交总经理审批。

（1）财务部要根据公司的财务实力确保售后机构的设立及运营。

（2）人力资源部要保证售后机构的人力资源供给。

（3）相关职能部门要对售后机构的设置提供必要的支持。

4. 客服部根据总经理的审批意见设置售后机构。

第五条 售后机构设置的成本费用控制规范。

售后机构的设置要严格控制成本费用。

1. 客服部在设计售后机构的规模时必须考虑业务量的大小。

2. 售后机构设置要根据售后服务对象选择合适的地点。售后机构分部地址依据公司销售网络在每个一级销售区域设立，若某一地区的售后服务客户较多则可适当增加售后机构的数量。

3. 确定售后机构的规模及地址后，客服部负责编制"售后机构要素统计表"，如下表所示。

售后机构要素统计表

售后机构名称						
机构地址						
办公室设施	办公桌	办公椅	电话	计算机	办公用品	其他
数量						
金额（元）						
合计金额						
维修物料	主料	辅料	备件	维修工装	维修工具	其他
数量						
金额（元）						
合计金额						
其他设施	消防器材	门禁	监控器	其他		
数量						
金额（元）						
合计金额						
共　计	小写：￥　　元			大写：人民币　　元整		
备　注						

4. 售后机构要素统计表应随附在"售后机构设置研究报告"后，报总经理和财务部审核。

第三章　售后机构运营的成本费用控制

第六条 售后机构运营成本费用的构成。

售后机构运营成本费用包括变动费用和固定费用两类。

1. 售后机构运营的固定费用包括会务费、业务招待费、租金等。

2. 售后机构运营的变动费用包括办公费、水电费等。

第七条 售后机构运营成本费用的控制方法。

售后机构运营成本费用采取统一预算、结余留用的管理方法。

第八条 售后机构运营成本费用的控制规范。

1. 售后机构根据客服部下达的预算指标控制运营成本费用。

2. 售后机构运营成本费用超过预算额的，需提出特别申请，经客服部经理或总经理审批后方可向财务部申领相关经费。

3. 售后机构有效控制运营成本费用的，年终结余数报客服部，余额由售后机构留用。

第四章 售后机构人员的成本费用控制

第九条 售后机构人员成本费用的构成。

售后机构人员成本费用主要包括售后机构管理人员工资、福利、津贴、补助、奖金等。

第十条 售后机构人员成本费用的控制方法。

售后机构人员成本费用采取统一预算的管理方法。

第十一条 售后机构人员成本费用的控制规范。

1. 客服部应获得人力资源部关于售后机构的人员预算数额，便于编制部门预算。

2. 售后机构人员的基本工资由人力资源部核算、财务部发放，售后机构管理人员的绩效工资及各项福利津贴的数额根据人力资源部相关规范核算。

3. 客服部要协助人力资源部做好各售后机构的人员考核工作，便于人力资源部根据较为真实、公平的考核结果决定员工的绩效工资。

第五章 附 则

第十二条 本办法由客服部负责制定、修改与解释。

第十三条 本办法经总经理审批后下发执行。

九、销售折让与退回

请参阅以下相关文案。

文案范本

退货管理制度

第一条 目的。

明确退货条件、退货手续、货物出库、退货回收等规定，及时收回退货款项。

第二条 退货条件。

验收入员应该严格按照企业的验收标准进行验收，不符合企业验收标准的货物视为不合格货物。不合格货物应办理退货。

1. 对于数量上的短缺，采购员应该与供应商联系，要求供应商予以补足，或价款上予以扣减。

2. 对于质量上的问题，采购员应该首先通知使用部门不能使用该批货物，然后与使用部门、质量管理部门、相关管理部门联系，决定是退货还是要求供应商给予适当的折扣。

3. 经采购部经理审阅、财务总监审核、总经理审批后与供应商联系退货事宜。

第三条 退货手续。

检验人员应在检验不合格的货物上贴"不合格"标签，并在"货物检收报告"上注明不合格的原因，经负责人审核后转给采购部门处理，同时通知请购单位。

第四条 货物出库。

当决定退货时，采购员编制退货通知单，并授权运输部门将货物退回，同时，将退货通知单副本寄给供应商。运输部门应于货物退回后，通知采购部和财务部。

第五条 退货款项回收。

1. 采购员在货物退回后编制借项凭单，其内容包括退货的数量、价格、日期、供应商名称以及货款金额等。

2. 采购部经理审批借项凭单后，交财务部相关人员审核，由财务总监或总经理按权限审批。

3. 财务部应根据借项凭单调整应付账款或办理退货货款的回收手续。

第六条 折扣事宜。

1. 采购员因对购货质量不满意而向供应商提出的折扣，需要同供应商谈判来最终确定。

2. 折扣金额必须由财务部审核，财务总监审核后交总经理批准。

3. 折扣金额审批后，采购部应编制借项凭单。

4. 财务部门根据借项凭证来调整应付账款。

 文案范本

退换货申请单

填表日期： 年 月 日

客户名称				退换货时间			
退货品种	数量	原出货单号码	退货原因	仓库实收数量		换货品种	换货数量
备注							

仓管： 财务： 销售经理： 销售代表：

 文案范本

销售退换货管理规定

1. 商品退库

（1）经销商品退库

① 凡柜台商品出现残损、串号、花色、型号、规格、等级与订货要求不符的问题时，营业部门用红笔填制要货通知单1~2联，第1联留存，第2联转仓库。

② 仓库保管员接到营业部门的要货通知单（第2联，红字）后开具"经销商品出库单"（红字）1~3联。待商品退回仓库，经收货人签字加盖"货已收讫"章后，凭第1联记"库房经销库存商品"明细账，内库增加。2联转柜台，3联转商品账。

③ 商品账收到仓库转来的出库单（红字）第3联，记经销库存商品明细账，即内库数量增加，柜台数量减少。

（2）代销商品退库

① 凡柜台商品出现残损、串号、花色、型号、规格、等级与订货要求不符的问题时，营业部门用红笔填制要货通知单1~2联，第1联留存，第2联转仓库。

② 仓库保管员接到营业部门要货通知单第2联（红字）后开具代销商品出库单（红字）1~6联，待商品退回仓库加盖货已上讫章，收货人签名后凭第1联记库房代销商品明细账内库数量增加，第5联转柜台，第6联转代销员，2~4联转商品账。

③ 商品账凭第3联记代销库存商品明细账内库数量增加，柜台数量减少。凭第3联填进销存日报表（经转代），同时记金额账经销库存金额减少，代销商品库存金额增加，将2~4联分别转商店会计员、统计员。

④ 商店会计接到商品账转来的代销商品出库单第 2 联（红字）及进销存日报表，记二级金额账，经销库存商品金额减少，代销库存商品金额增加。

⑤ 统计员接到商品账转来的代销商品出库单第 4 联（红字）同样增记经销库存商品金额减少，代销库存商品金额增加。

2. 商品返厂

商品返厂一律由仓库保管员办理返厂手续。

（1）经销商品返厂

① 凡仓库商品出现残损、串号、花色、型号、规格、等级等需要返厂的由保管员办理返厂手续，填制"经销商品入库单"（红字）1～5 联，同时填制"返厂单"1～5 联（外埠商品返厂必须有厂方承认的函件方可开具返厂单）。

② 仓库保管员将返厂的商品返回工厂，厂方经手人在经销商品入库单（红字）与返厂单上签字，返厂单第 5 联交厂方，保管员根据签字后的入库单（红字）第 1 联记库房经销库存商品明细账，内库数量减少，5 联转营业部门。2～4 联入库单（红字）及返厂单 2～4 联转商品账。

③ 商品账接到返厂单 2～4 联及入库单（红字）2～4 联，审核无误后凭第 3 联记经销库存商品明细账，内库数量减少，同时填制当日营业部门进销存日报表，购进减少，记库存商品金额账减少。第 2～4 联入库单（红字）和第 2～4 联返厂单附在进销存日报表后转商店会计。

④ 公司会计接到商品账转来的经销商品入库单第 2 联及返厂单第 2 联与进销存日报表，审核无误后作记账凭证，经销商品入库单第 4 联（红字）、返厂单第 4 联转统计。

（2）代销商品返厂

代销商品返厂入库单（红字）1～6 联，第 6 联转代销员。

说明：商品返厂必须由商店向税务部门索取进货退出证明单，交给供货方后，方能办理退货手续。

文案范本

销售退换货管理流程

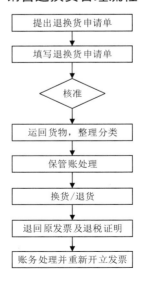

文案范本

销售退回控制流程

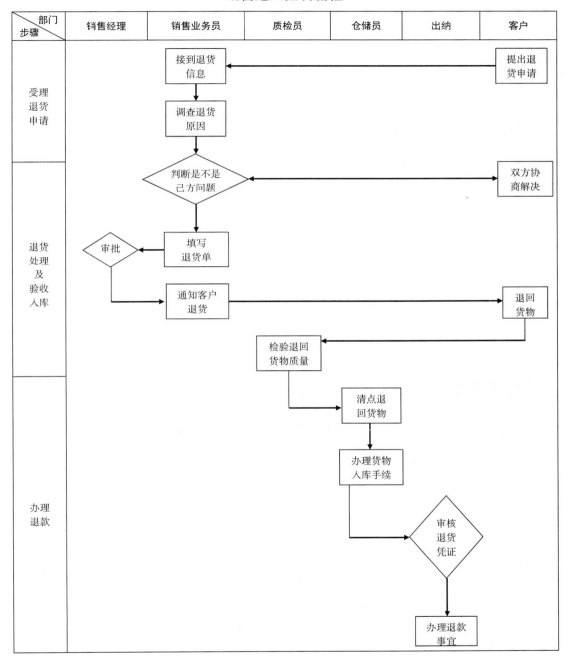

部门 步骤	销售经理	销售业务员	质检员	仓储员	出纳	客户
受理退货申请		接到退货信息 → 调查退货原因				提出退货申请
退货处理及验收入库	审批	判断是不是己方问题 → 填写退货单 → 通知客户退货	检验退回货物质量			双方协商解决 / 退回货物
办理退款			清点退回货物 → 办理货物入库手续	审核退货凭证	办理退款事宜	

十、会计系统控制

请参阅以下相关文案。

文案范本

客户对账单

_____:

　　贵公司____年__月惠购我公司货品详列如本对账单，本货款烦请核对后，依照与我公司约定的货款支付方式及日期：____年__月__日支付货款，本公司将派人前来接洽。

　　谢谢!

（单位财务章）

年　月　日

交货日期	品名规格	数量	单价	总价	发票日期	发票号码	交运单号码	备注

文案范本

与客户对账业务管理流程

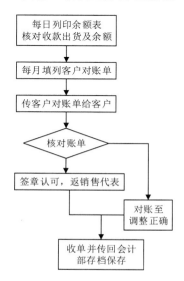

第十三章

工程项目方面内控管理

第一节　工程项目管理综合知识

一、工程项目一般流程

工程项目一般流程，如图 13-1 所示。

二、工程项目内部控制的目标

工程项目内部控制的总目标是：提高工程质量，保证工程进度，控制工程造价，防范商业贿赂等舞弊行为。

由于防范商业贿赂等舞弊行为，需要与其他目标控制在一起实施。具体讲就是实现质量达标，工期合理，造价（投资）节省。质量、进度和造价贯穿于工程的全过程，相互制约、有机统一。提高质量可能影响进度与造价，同样节省投资，有可能影响工程质量和进度，加快进度又可能影响工程质量和投资。三项目标的控制都包括事前、事中和事后。因此，在实施管控过程中，必须从总目标到三项具体目标，再到实现情况的评价，进行层层分解，前者制约后者，后者补充前者，项目管控要求在工程的全过程中，适度把握三者之间的比例关系，实现三大目标的集成优化。其中安全管理也是工程施工的一个重要方面。

三、岗位分工与权责划分

（一）不相容岗位分离

企业应当建立工程项目业务的岗位责任制，明确相关部门和岗位的职责权限，确保办理工程项目业务的不相容岗位相互分离、制约和监督。

工程项目业务不相容岗位一般包括：

（1）项目建议、可行性研究与项目决策分离；

（2）概预算编制与审核分离；

（3）项目决策与项目实施分离；

（4）项目实施与价款支付分离；

（5）项目实施与项目验收分离；

（6）竣工决算与竣工决算审计分离。

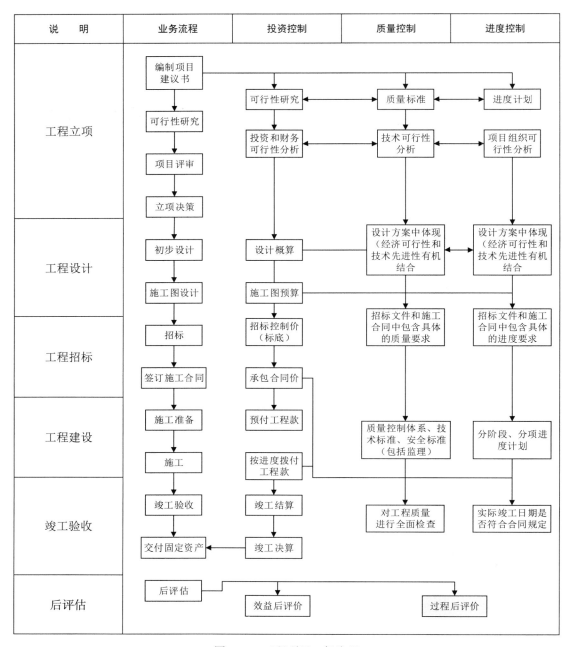

图 13-1　工程项目一般流程

（二）人员素质要求

企业应根据工程项目的特点，配备合格的人员办理工程项目业务。办理工程项目业务的人员应具备良好的业务素质和职业道德，并符合公司规定的岗位规范要求。其中配备的专门办理工程项目会计业务的人员尤其应熟悉国家法律法规及工程项目管理方面的专业知识。

（三）相关部门职责

1. 基建部门

受理项目申请和项目建议；组织项目的可行性论证和评估；组织或委托招标；办理工程开

工的前期工作；组织编制概、预算；组建项目管理机构；监督工程质量进度；审核工程结算（工程量）；组织项目后评价；其他职责。

2．财务部门

参与工程项目的可研论证与评估、决算事项；工程项目核算；工程价款支付；参与工程概预算、结算审核；参与工程建设监督。

3．审计部门

工程审计和委托工程审计；合同审计；参与工程项目的可研论证与评估、决算事项；参与工程建设监督。

四、工程项目的主要风险

（1）立项缺乏可行性研究或者可行性研究流于形式，决策不当，盲目上马，可能导致难以实现预期效益或项目失败。

（2）项目招标暗箱操作，存在商业贿赂，可能导致中标人实质上难以承担工程项目、中标价格失实及相关人员涉案。

（3）工程造价信息不对称，技术方案不落实，概预算脱离实际，可能导致项目投资失控。

（4）工程物资质次价高，工程监理不到位，项目资金不落实，可能导致工程质量低劣，进度延迟或中断。

（5）竣工验收不规范，把关不严，可能导致工程交付使用后存在重大隐患。以上列示风险的主要表现形式，是提醒企业应采取相关控制措施，将其风险发生的可能性降到最低点，或使所导致的不良后果控制在可容忍的程度范围内。

五、工程项目控制中的常见弊端

（一）工程项目决策失误

工程项目准备阶段的论证与可行性研究不充分，决策缺乏科学依据，采取"边施工、边论证、边设计"的方法进行工程项目，工程完工后，达不到设计要求，给建设单位造成经济损失。

（二）工程项目预算执行不严

工程预算的审批手续不健全、不严格，随意审批超预算和预算外支出，造成实际投资额严重超预算。

（三）虚列工程项目支出

有的单位为了"压缩"生产经营与业务活动的经费开支，或为了增加"小金库"收入，通过虚列工程项目，将应该列入业务支出的费用，或本来就没有发生的支出，计入虚列的工程项目支出。

（四）将工程项目支出列入生产成本

有的企业为了掩盖工程项目超预算支出，或违规进行工程项目，不如实反映工程项目支出，将发生的工程项目成本计入生产成本。

六、工程项目内控关键

工程项目关键业务流程控制设计如下。

（一）项目决策控制

企业应建立工程项目决策环节的控制制度，对项目建议书和可行性研究报告的编制、项目决策程序等作出明确规定，确保项目决策科学、合理。工程项目决策控制过程分为项目建议书、可行性研究、项目决策三个阶段，建设单位应在这三个阶段建立相应的内部会计控制制度。其基本程序如图 13-2 所示。

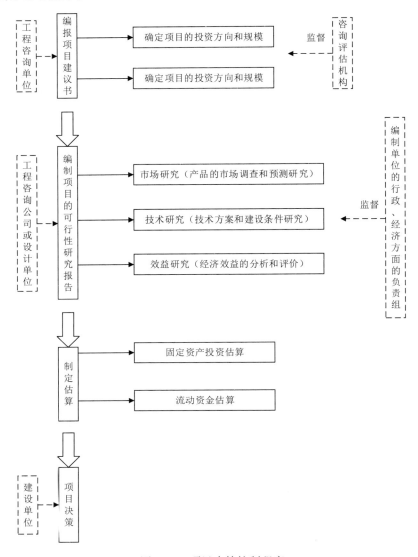

图 13-2　项目决策控制程序

具体控制要求如下。

（1）组织工程、技术、财务、法律等部门的相关专业人员对项目建议书和可行性研究报告的完整性、客观性进行技术经济分析和评审，出具评审意见。财务机构或人员应当直接参与项目建议书的编制，或项目建议书中投资估算编制及经济效益评估得到财务部门的认可，并对项目建议书中财务分析和预测结论的可靠性发表具体的书面意见。委托具有相关资质的设计单位或咨询部门编制项目可行性研究报告的，财务可行性研究的过程及其结论应该接受单位会计机构或人员在数据正确性和方法恰当性方面的审查，并取得书面意见。

（2）根据职责分工和审批权限对工程项目进行决策，决策过程应有完整书面记录。重大的工程项目，应报经董事会或者类似决策机构集体审议批准。严禁任何个人单独决策工程项目或者擅自改变集体决策意见。企业工程项目发生重要变更的，应根据授权重新履行审批程序。财务机构或人员必须参与决策全过程，相关决议应由财务部门会签。

（3）建立工程项目决策及实施的责任制度，明确相关部门及人员的责任，定期或不定期地进行检查。对于重大工程项目，建设单位应当实行集体决策，并根据客观经济条件的变化及时做出调整。

（4）企业应根据国家有关规定和企业实际情况，合理确定工程项目建设方式。对需要承包给施工企业承建的工程项目，应区别招标与否的不同情况，制定相应的审批程序。

（二）勘察设计与概预算控制

工程项目勘察设计与概预算控制包括勘察、初步设计与概算、施工图设计与预算三个环节。建设单位应在初步设计与概算、施工图设计与预算环节建立严格的内部会计控制制度。其基本程序如图 13-3 所示。

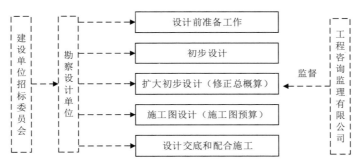

图 13-3　勘察设计与概预算控制程序

主要控制要求如下

（1）建立相应的勘察设计单位选择程序和标准，择优选取具有相应资质的勘察设计单位，并签订设计合同。重大工程项目应采用招投标方式选取设计单位。严禁建设单位委托无证或不具备相应资质的单位承担工程设计；指定专门部门或委托设计监理负责设计协调和管理，监督设计单位推行限额设计和标准设计。

（2）应防止设计单位以任何形式将工程设计任务转让给他人；组织相关部门及专业技术人员对设计方案进行分阶段审核，防止设计单位保守设计，并确保最终方案的适用、经济、合理及设计文件的完整；不得授意设计单位扩大或缩小可行性研究报告所确定的设计范围，人为地调整投资额。

（3）建立合理的概预算程序与制度，实现对工程项目造价的控制。概预算编制口径的确定应考虑固定资产核算的要求；组织会计机构或人员对编制的设计概算进行演算和复核，审查编制依据的合法性、时效性及适用范围，概算项目是否完整，是否存在漏列、错列、多列的现象，设计概算是否完整地包括项目从筹建到竣工投产的全部投资。设计概算如超过经批准投资估算的规定比例，应进行论证，决定修改初步设计或重新办理报批事项，将工程项目的实际投资额严格控制在设计概算之内。

（4）组织财务机构或人员根据工程的特点选择合适的方式对施工图预算进行审核，审核内容应包括工程量的准确性、定额套用的正确性、费用计取和汇总的合理性。

（三）招投标与合同控制

招投标与合同控制包括招标、投标、开标、评标、定标和合同管理等环节，其中招标、评标、定标和合同管理应纳入单位内部控制体系。其基本程序如图 13-4 所示。

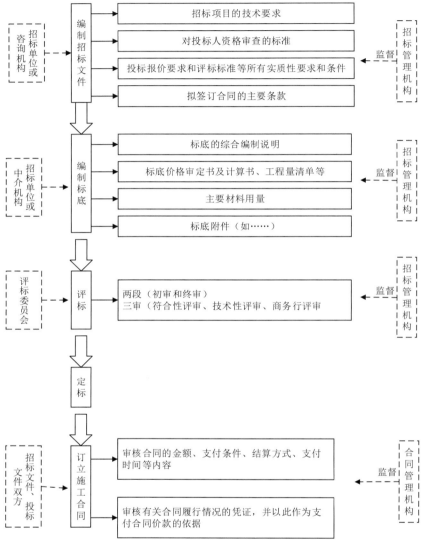

图 13-4　招投标与合同控制程序

具体控制要求如下。

（1）根据招标项目的特点和需要自行或委托相关机构编制招标文件，明确招标项目的技术要求、对投标人资格审查的标准、投标报价要求和评标标准等所有实质性要求和条件以及拟签订合同的主要条款。招标文件中关于审查投标人资格的财务标准和投标报价要求等内容必须经过建设单位会计机构或人员的认可。

（2）要求投标人提供有关资质证明文件和业绩情况，并按确定的标准和程序对潜在投标人进行资格审查。建设单位的财务机构或人员应对潜在投标人的财务情况进行综合审查，审查内容至少包括投标人以前年度经审计的财务报表以及下一年度的财务预测报告。

（3）自行或委托具有相应资质的中介机构编制标底，建设单位会计机构或人员应当审核标底计价内容、计价依据的准确性和合理性，以及标底价格是否在经批准的投资限额内。

（4）依法组建评标委员会负责评标。评标委员会应由单位代表和有关技术、经济等方面的专家组成，包括会计人员。评标委员会应按照招标文件确定的标准和方法，对投标文件进行评审和比较，并择优选择中标人。

（5）依据合同法的规定，分别与勘察设计单位、监理单位、施工单位及材料设备供应商订立书面合同，明确当事人各方权利和义务。会计机构或人员应参与合同的签订，审核合同金额、支付条件、结算方式、支付时间等。书面合同应留存于会计机构一份，以便监督执行。

（6）监督审查合同履行情况，运用法律手段保证工程项目质量、投资、工期和安全。会计机构或人员应审核有关合同履行情况的凭证，并以此作为支付合同价款的依据。在对方单位违约的情况下，财务机构或人员应拒绝支付有关款项。工程项目资金拨付程序如图 13-5 所示。

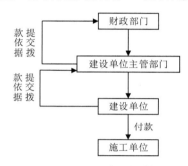

图 13-5　工程项目资金拨付程序

（四）施工过程控制

施工过程控制包括工程项目施工合同的执行、施工款项的拨付、工程质量、投资、进度控制、施工费用管理等内容，建设单位应依据项目自身的特点及管理要求建立相宜的内部会计控制制度。其基本程序如图 13-6 所示。

具体控制要求如下。

（1）指定工程项目的负责人及组织机构，或委托具有相应资质的监理单位，对项目施工全过程的质量、投资、进度和安全进行管理控制。会计机构要配备专人管理基本建设财务与会计核算。

（2）做好开工前的准备工作，满足工程开工所必需的各项条件。财务机构或人员应对各项建设资金的筹集和到位情况进行审查，保证工程项目资金来源的合法性、可靠性，不得非法集资，不得挤占生产资金。

（3）认真审查施工单位开工报告及相关资料，符合条件才能开工。按规定必须申请领取施工许可证的工程项目，建设单位应当在开工前取得施工许可证。在未经批准开工之前，建设单位的财务机构或人员不得支付工程款。

（4）选择工程项目质量控制的重点部位、重点工序和重点的质量因素作为控制点，进行重点控制。

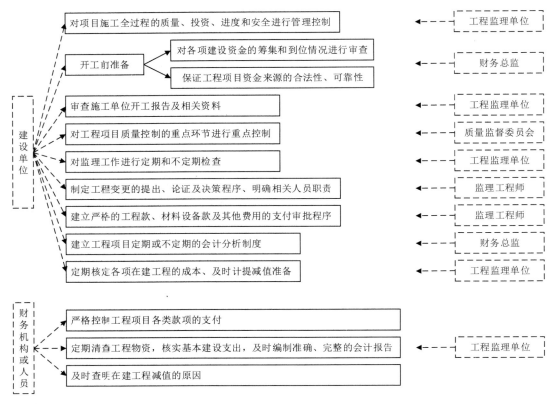

图 13-6　施工过程控制程序

（5）对监理工作进行定期和不定期的检查，确保监理资料的真实性、完整性、及时性，掌握工程质量、进度、投资的实际情况。

（6）制定工程变更的提出、论证及决策程序，明确相关人员的职责。建设单位不得通过设计变更扩大建设规模、增加建设内容、提高建设标准。需要追加投资的重大变更，必须经过会计机构或人员的审查论证，并落实资金来源。其中发包方提出的工程变更程序如图 13-7 所示，承包方提出的工程变更程序如图 13-8 所示。

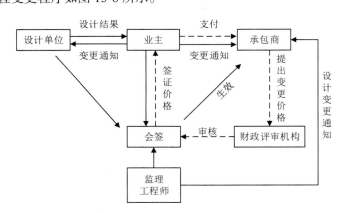

图 13-7　发包方提出的工程变更程序

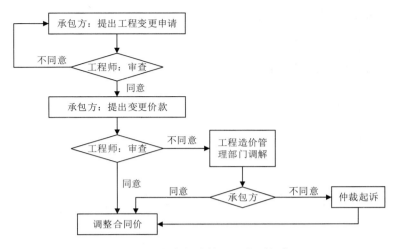

图 13-8　承包方提出的工程变更程序

（7）建立严格的工程款、材料设备款及其他费用的支付审批程序，按照有关规定使用工程项目资金，将实际投资额控制在批准范围之内。不得将项目资金用于计划外项目，不得随意列支工程管理费。

（8）企业财务机构或人员应严格控制工程项目各类款项的支付。

1）工程预付款应在建设工程或者设备、材料采购合同已经签订，施工或供货单位提交了经建设单位财务部门认可的银行履约保函和保险公司的担保书后，按合同规定的条款支付；

2）工程进度款项应严格按建设工程合同规定条款、实际完成的工作量及工程监理情况结算和支付，设备、材料货款按采购合同规定的条款支付；

3）工程结束后，应按合同规定金额或比例提留质量保证金，并在质量保证期满、经有关部门验收合格后，将其支付给施工单位。

通常工程结算范围主要包括图 13-9 所示的两部分。

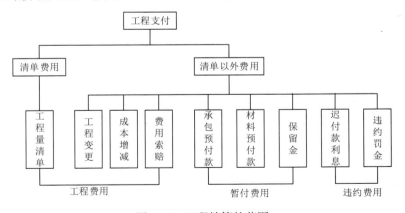

图 13-9　工程结算的范围

（9）财务机构或人员应定期清查工程物资，核实基本建设支出，及时编制准确、完整的会计报告，如实反映建设资金的来源和占用、建设成本和投资效果、概预算和年度投资计划的完成情况。建设单位应建立工程项目定期或不定期的会计分析制度，财务机构或人员应及时发现各种问题，并向有关方面反映，有关部门及责任人员必须纠正并作出书面报告。

（10）定期或者至少于每年年度终了核定各项在建工程的成本，按可收回金额低于账面价值的部分及时计提减值准备。建设单位的财务机构或人员应该及时查明在建工程减值的原因，追究相关人员的责任并作出相应的会计处理。

（五）竣工验收与决算控制

建设单位会计机构或人员在工程竣工后，应及时开展各项清理工作。主要包括各类会计资料的归集整理、账务处理、财产物资的盘点核实及债权债务的清偿，做到账账、账证、账实、账表相符。其基本程序如图 13-10 所示。

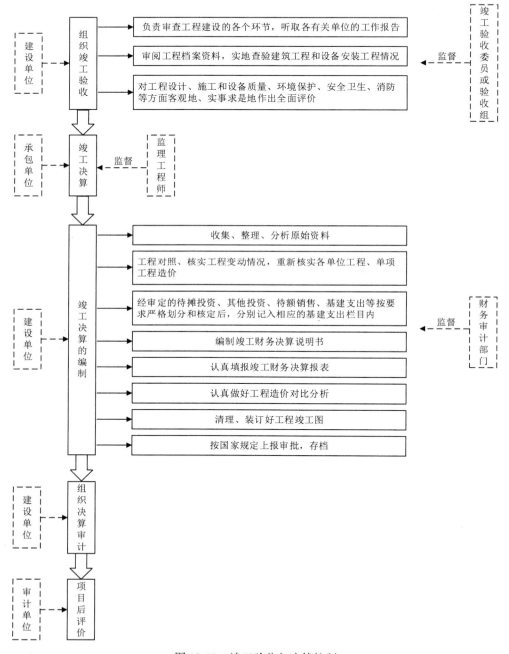

图 13-10　竣工验收与决算控制

具体控制要求如下。

（1）会同监理单位、设计单位对施工单位报送的竣工资料的真实性、完整性进行审查，并依据设计与合同的要求组织竣工预验收。对存在的问题，应及时要求施工单位进行整改。

（2）对符合竣工验收条件的工程项目，应及时组织竣工验收。验收合格的工程项目，财务机构或人员应建立交付使用财产明细表，并转增固定资产。未经验收或验收不合格的工程不得交付使用。对于竣工验收后留有收尾工程的项目，建设单位应按照验收中审定的收尾工程内容、数量、投资和完成期限组织扫尾。

（3）及时组织财务机构或人员对施工单位提交的竣工结算书进行审核，以审定金额作为工程款结算的依据。

（4）按照国家有关规定及时编制竣工决算，如实反映工程项目的实际造价和投资效果，不得将应计入当期经营费用的各种支出计入建设成本。

（5）按有关规定及时组织决算审计，对建设成本、交付使用财产、结余资金等内容进行全面审查。财务机构或人员应当按审定的金额确认新增固定资产的价值。

（6）建立由财务机构或人员参与的概算、预算及决算分析考评制度，在竣工决算后组织分析概算、预算执行情况及差异产生原因。对于实际投资规模超过审定的投资规模的项目，应当追究相关决策者和执行人员的责任。

（7）建立工程项目的后评估制度，由财务机构或人员负责对投入使用的生产性项目进行成本效益分析。如果项目实际经济效益严重低于可行性研究分析，应追究相关人员的决策责任。

七、工程项目合约控制

（一）合同签订

公司委托施工工程和工程物资采购必须签订施工合同；合同条款必须符合《中华人民共和国合同法》的相关规定；财务部事先必须对合同中的经济利益、财务结算等有关条款进行审查；在合同签署前，审计部门事前对合同进行审计。

（二）合约审批

按公司内部授权文件规定审批，审批人在授权范围内审批，不得越权审批。

（三）工程施工合同公证

工程施工合同必须经公证后，方能生效。

（四）合同分发与存档

工程合同（包括施工合同与采购合同）的正本存入工程档案，副本或复印件至少分送到审计、财务、基建（包括预、结算）、采购等部门。

（五）合同履行跟踪

合同履行部门实时对合同的执行情况进行跟踪和检查，发现异常及时向公司主管领导报告，采取有效措施，避免或降低合同损失。

八、工程造价/工程概预算

工程造价主要风险是：造价信息不对称、技术方案不落实、概预算脱离实际，可能导致投资失控等风险。

（一）工程造价总体控制

1．总体控制要求

工程造价是一项专业技术性很强的工作，企业可以通过招标方式确定一家具备相应资质建筑设计单位，把企业欲建的工程向设计单位提供详细的设计要求和基础资料，进行有效的技术、经济交流，包括工程地点、功能、空间要求、装饰水平等。设计单位按照企业的要求进行工程设计和概预算造价。

企业应当加强工程造价管理，明确初步设计概预算和施工图预算的编制方法，按照规定的权限和程序进行审核批准，确保概预算科学合理。委托具备相应资质的中介机构开展工程造价咨询工作。

2．设计控制

设计单位初步设计要求和基础资料的基本要求如下。

（1）对企业要求。应当向招标确定的设计单位提供详细的设计要求和基础资料；要进行有效的技术、经济交流。

（2）初步设计要求。应当在技术、经济交流的基础上，采用先进的设计管理实务技术；初步设计应当进行多方案比选。

（3）施工图设计要求。深度及图纸交付进度应当符合项目要求；防止因设计深度不足、设计缺陷，造成施工组织、工期、工程质量、投资失控以及生产运行成本过高等问题。

（二）工程变更控制

在建设过程中由于某些情况发生变化，有时对工程需要进行变更。工程变更包括工程量变更、项目内容变更、进度计划变更、施工条件变更等。

企业要加强对工程设计变更的管理，要严格控制工程变更，确实需要变更的，要按照规定程序尽快办理变更手续，减少经济损失。

（1）企业应设立设计变更管理制度。

（2）设计单位应当提供全面、及时的现场服务。

（3）因过失造成设计变更的，应当实行责任追究制度。

要求设计单位提供全面及时的现场服务，设计单位因过失造成设计变更的，应当实行责任追究制度。

（三）工程项目概预算控制

1．概预算审核要求

"企业应当组织工程、技术、财会等部门的相关专业人员或委托具有相应资质的中介机构对编制的概预算进行审核，重点审查编制依据、项目内容、工程量的计算、定额套用等是否真实、完整和准确。"

"工程项目概预算按照规定的权限和程序审核批准后执行。"

2．工程项目概预算审核内容

工程项目概预算审核内容如表 13-1 所示。

表 13-1　工程项目概预算的费用组成

费用组成	费用内容	备　注
建设项目投资	建筑工程费	
	设备购置费	
	安装工程费	
	其他费用	建设单位管理费；职工培训费；工地餐用费；办公、生活设施购置费；技术服务费；进口设备检验费；工程检验费；大件运输措施费；大型吊装机具费；项目前期工作费；设计费；其他费用
动态投资	税费	国家规定的各种税费
	建设期垫款利息	单利或复利计算
投产后占用资金	建设期涨价预备费	
	成品资金	产出品完成至销售前时间内占用的资金

3．工程项目审查侧重点

（1）投资估算的费用组成是否完整，有无漏项少算。

（2）计算依据是否正确、合理，包括投资估算采用的方法是否正确；使用的标准、定额、参数、模型和费率是否恰当，有无高估冒算或压低工程造价等不正常现象。

（3）计算数据是否可靠，包括计算所依据的工程量或设备数量是否准确；是否用动态方法进行的估算等。

 文案范本

工程项目造价管理制度

第一章　总　则

第一条　为了规范本公司工程造价的计价行为，合理确定和有效控制工程造价，确保工程质量，维护公司的合法权益，根据国家相关法律法规的规定以及《企业内部控制应用指引》的要求，结合公司实际，制定本制度。

第二条　本办法适用于公司所有建设工程造价的管理工作。

第三条　建设工程造价是指工程项目从筹建到竣工验收交付使用前的全部费用，包括建筑安装工程费、设备及工器具购置费、工程建设其他费、预备费、建设期贷款利息等。

第四条　工程造价管理是指对工程项目投资估算、初步设计概算、施工图预算，工程招标价、合同价确定及调整、工程结算和竣工决算等全过程管理。

第五条　预算合同部是公司建设工程造价审核、进度结算、竣工决算工作的主要责任部门。

第六条　从事建设工程造价活动的人员应当取得工程造价人员从业资格，持证上岗，熟悉并能严格执行国家有关工程造价的法律、法规，对编审工程造价文件的质量负有经济和法律责任。

第二章　工程预算的编制与审核

第七条　工程投资估算应根据工程建设规模、标准、主要设备选型，依照国家、省、市有关规定和估算指标、概算定额、预算定额、综合预算定额单位估价表、费用定额（标准）编制，并综合编制期至竣工期的价格、利率、风险等动态因素，由预算合同部造价师编制或委托有相

应资质的其他单位编制。

第八条 工程设计概算应在优化建设方案、调整充实投资估算的基础上，由预算合同部造价师编制或委托有相应资质的其他单位编制。

第九条 工程施工图设计预算应在优化设计的基础上，依照国家现行指导性造价管理文件、费用定额（标准）及有关规定，综合市场材料差价、价格指数和必要风险系数等动态因素编制。委托其他单位编制的，由负责该项目的造价师负责联络、核对，并要求预算编制单位严格按照计划限额进行设计，控制造价。

第十条 招标发包的工程，由预算合同部项目造价师或由项目造价师委托其他单位按设计图样、有关规定编制招标文件和工程量清单，并按统一的工程项目、计量单位、计算规则编制标底价。

第十一条 工程建设项目的标底价超过投资计划时，项目造价师应报告公司主管副总审批。

第十二条 实行招标的工程应以中标价为基础，明确造价调整的范围与方式，确定工程合同价；直接发包的工程，应以施工图预算为基础，明确需要调整的造价范围，确定工程合同价。

第三章 施工过程中造价与结算管理

第十三条 招标发包的工程在施工过程中发现工程量清单有重大误差的，应由发现重大误差一方提出工程量计算书，由项目造价师负责联系编制工程量清单的咨询单位核对重大误差部分的工程量，或由造价师自行核对。

第十四条 在施工过程中，预算合同部应配合项目工程师及时核对施工单位每月完成的工程量，作为拨付工程进度款的依据；及时核对工程设计变更、不可预见因素引起的工程签证，计算变更后增、减工程造价。

第十五条 工程月进度结算依据项目管理部、监理机构确认的工程月进度报表，施工单位编制"工程进度结算书"（一式五份），在每月25日前将当月完成的"工程进度结算书"报预算合同部审核。

第十六条 预算合同部按照合同文件（包括投标书）的规定对"工程进度款结算书"进行审核、复核，审核后加盖预算专用审批章作为月度结算依据。

第十七条 原则上，当月完成的工程量施工单位应在当月办理进度结算，逾期不报的下月不得补办。

第十八条 跨年度工程项目的结算，根据项目管理部、监理机构确认的跨年度工程完成情况验收表，施工单位编制跨年度工程结算书，项目管理部于12月15日前报预算合同部审核，逾期不报的跨年度工程结算不予受理。

第四章 竣工决算管理

第十九条 工程竣工验收后，应以合同造价为依据，并根据工程设计变更、不可抗力等因素，以及国家政策性调整等实际情况，依照承包合同的有关条款约定，核对施工单位竣工结算。

第二十条 工程造价决算资料要按单项工程中的单位工程编号排序，包括工程招标文件、投标报价书、中标通知书、施工合同、设计变更通知书、变更结算书、计价资料和单位工程进度款结算汇总表等。

第二十一条 工程决算计价资料包括各种定额，国家、省市以及地方有关造价管理部门发布的各期工程造价价格信息、审核结算汇总表等。

第二十二条 决算资料应及时整理归档，并应按工程项目分类保管。

第五章 附 则

第二十三条 预算合同部应加强对概算、预算、决算编制和审核的管理，按有关规定执行。

禁止任何单位和个人在编制和审核概算、预算、决算等文件时弄虚作假，随意压价、抬价或附加不合理条件。

第二十四条　在工程造价编制、审核过程中，对工程造价计价依据和计价办法发生异议时，可报请主管副总对争议的事项进行解释、调解、裁定。

第二十五条　本管理办法由预算合同部拟订和修改，由总经理办公会审批。

第二十六条　本管理办法由预算合同部负责解释。

第二十七条　本管理办法自发布之日起实施。

文案范本

工程项目概预算编制制度

第一章　总　　则

第一条　为提高工程项目概预算编制质量，统一概预算的编制规范，有效控制工程项目投资，控制固定资产投资规模，根据国家相关法律法规和本公司的实际情况，特制定本制度。

第二条　工程项目概预算是设计文件的重要组成部分，初步设计阶段编制概算，施工图阶段编制预算。

第三条　一个工程项目由几个设计单位设计时，各设计单位应负责编制所承担设计的概算，由主体设计单位负责汇编总概算，并协调统一概算的编制原则、依据。

第四条　设计概算经批准后，可作为以下事项的依据：

1. 编制固定资产计划；
2. 控制和确定建设项目投资；
3. 签订建设项目总包合同和贷款合同；
4. 控制基本工程建设项目的贷款；
5. 施工图设计预算以及考核设计的经济合理性。

第五条　施工图预算经批准后，可作为以下事项的依据：

1. 确定工程预算造价；
2. 编制招标标底；
3. 实行投资包干；
4. 办理工程结算。

第六条　概预算编制要求。

完整地反映设计内容、合理反映施工条件、正确确定工程造价。

第二章　概预算文件编制

第七条　设计概预算文件构成。

1. 编制说明。
2. 建设项目总概预算书。
3. 单项工程综合概预算书。
4. 单位工程概预算书。
5. 其他工程费用概预算书。

第八条　设计概预算的编制说明应包括以下主要内容。

1. 工程概况。说明建设项目的性质（新建、扩建、技改）地理位置、建设规模、所批准的设计任务书或可行性研究报告及初步设计的文号、总投资。

2. 编制依据。说明所编概预算采用的定额、指标、工人工资标准、材料预算价格、施工机械使用费、设备价格和各项取费标准的年份、文件、规定。

3. 投资分析。进行以工程费用性质划分的投资分析和以工程项目性质划分的投资分析。

4. 主要材料分析。列出钢材、木材、水泥用量表。

第九条 总概预算书是确定建设项目从筹建到竣工验收全部建设费用总投资的文件。总概预算书中包括的费用主要由各单项工程费用、工程建设其他费用和基本预备费用组成，具体内容如下。

1. 单项工程费用主要包括以下内容：

（1）建设场地准备项目，一般包括场地准备、场地平整以及防洪工程等；

（2）主要生产项目，一般包括生产工艺线上直接进行产品生产的工程项目（主要生产项目的内容，可根据建设项目的特点及设计要求安排）；

（3）辅助生产及服务性工程项目，一般包括机、电修理车间、材料库、备品备件库、化验室、环保监测站、火药加工室、火药库、雷管库、办公室及行政用车库等；

（4）电气动力工程项目，一般包括总降压变电所、配电站、供电线路、余热发电站、空气压缩机站、压缩空气管道等；

（5）运输及通信工程项目，一般包括铁路、公路、码头、竖井平洞、机车库、生产用汽车库、电话站、广播站、通信线路等；

（6）给排水及热力工程项目，一般包括生产、生活及消防给排水管网、水泵站、水池、水塔、锅炉房及热力管网等；

（7）场地整理及美化工程项目，一般包括围墙及大门、绿化、美化、道路等；

（8）住宅及文化福利工程项目，按建设单位需要建设的宿舍、食堂、商店、俱乐部、图书馆、医院、托儿所、浴室、子弟公司及相应的公用设施等；

（9）厂外工程项目，一般指投产后产权及管理均不属建设单位的厂外工程，如厂外公路、铁路、输电线路及通信线路等。

2. 工程建设其他费用，是指和整个建设项目有关而不是和某一单项工程有关的工程费用，一般包括与土地征用相关的各项费用、建设单位管理费、生产职工培训费、研究试验费、办公和生活家具购置费、联合试运转费、勘察设计费、供电补贴费、施工机构迁移费以及其他费用等。

3. 基本预备费用，主要包括以下内容：

（1）在批准的初步设计范围内工程量增减、设备改型、材料代用等费用；

（2）由于一般自然灾害所造成的损失和预防自然灾害所产生的费用；

（3）在组织工程竣工验收时，为鉴定工程质量必须开挖和修复隐蔽工程而增加的费用。

第十条 单项工程综合概预算书，是确定各个生产车间、独立建筑物等单项工程建设费用的文件。单项工程综合概预算书由下面各个单位的工程概预算书汇集而成。

第十一条 单位工程概预算书，是确定各个建筑安装单位工程建设费用的文件。单位工程概预算书由直接费、间接费、计划利润和税金组成。

第三章　概算编制

第十二条 建设项目设计概算书由以下内容组成：

1. 封面、签署页及目录；

2. 编制说明；

3. 总概算表；

4. 前期工程费概算表；

5. 单项（位）工程概算表；

6. 建筑工程/安装工程概算表；

7. 工程建设其他费用概算表；

8. 分年度投资汇总表；

9. 资金供应量汇总表；

10. 工程主要工程量表；

11. 工程主要设备表；

12. 工程主要材料表。

第十三条 建设项目设计概算由静态和动态费用两部分组成。

1. 静态费用由建设项目基期的前期工程费、建筑工程费、安装工程费、设备及工器具购置费及工程建设其他费中的静态部分组成。

（1）前期工程费，是指建设项目设计范围内的建设场地平整、竖向布置、土石方工程及建设项目开工实施所需的场外交通、供水、排水、供电、通信等管线引接、修建的工程费。

（2）建筑工程费，是指建设项目设计范围内的各类房屋建筑及其附属的室内供水、排污、供热、卫生、电气、燃气、通风空调、弱电等设备及管线安装工程费；各类设备基础、地沟、水池、冷却塔、烟囱烟道、水塔、栈桥、管架、挡土墙、围墙、厂区道路、绿化等工程费；铁路专用线、厂外道路、站场、码头等工程费。

（3）安装工程费，是指主要生产、辅助生产、公用等单项工程中需要安装的工艺、电气、自动控制、运输、供热、制冷等设备及装置的安装工程费；各种工艺、管道安装及衬里、防腐、保温等工程费；供电、通信、自控等管线的安装工程费。

（4）设备及工器具购置费，是指建设项目设计范围内需要安装及不需要安装的设备、仪器、仪表等及其必要的备品备件购置费；为保证投产初期正常生产所必需的仪器仪表、工卡具模具、器具及生产家具等购置费。

① 国内设备购置费由设备原价、设备成套服务费、运杂费等费用组成。

② 进口设备购置费由到岸价及关税、消费税、增值税、银行财务费、外贸手续费、海关监管手续费、车辆购置附加税、国内运杂费等费用组成。

（5）工程建设其他费，是指从工程筹建起到工程竣工验收交付使用止的整个建设期间，前期工程费、建筑安装工程费、设备及工器具购置费以外，经省级以上人民政府及其授权单位批准的各类必须列入工程造价的费用。其静态部分包括土地征用及各种补偿、补助费、建设单位管理费、土地使用费、研究试验费、勘察设计费（施工图审查费）、工程保险费、工程监理费、供电补贴费、生产准备费、办公及生活家具购置费、水资源费、引进技术和进口设备其他费、施工机构迁移费、联合试运转费、基本预备费、铺底流动资金等。

2. 动态费用由工程项目建设期内工程建设其他费中的动态部分及新开征税费组成。

（1）工程建设其他费中的动态部分包括价差调整预备费、建设期贷款利息等。

（2）新开征税费，是指由国务院和省人民政府或其授权部门批准必须列入工程造价，在建设期内发生的新增税费。

第十四条 初步设计概算应根据批准的设计（计划）任务书、可行性研究投资估算、初步设计图纸及文字说明（工程项目表、设备表、材料表、结构特征一览表）和本部门或工程所在地主管部门颁发的概算定额（概算指标）及取费标准进行编制。

第十五条 初步设计概算的编制要求。

1. 主要建筑工程项目的概算，应根据初步设计平剖面图纸（附钢筋表）计算工程量，套用概算定额或综合预算定额进行编制。一般建筑工程项目的概算，可根据建筑结构特征一览表、材料表，套用概算指标或类似工程造价指标，以米、平方米、立方米、座为单位进行编制。

2. 主要安装工程项目的概算，应根据初步设计平、产、剖面图纸，设备表，材料表计算工程量，套用概算定额、综合预算定额或类似工程造价指标进行编制。一般安装工程项目概算，可根据设备表、材料表套用概算指标或类似工程造价指标进行编制。在无概算定额、概算指标、综合预算定额或造价指标的情况下，可根据设计深度的不同，酌情增加零星工程费用，但不能超过直接费用的_____%。

所有建筑工程及安装工程概算，均需编出钢材、木材、水泥三材用量表。

第十六条 设备购置费的编制。设备购置费，包括设备由交货地起运至施工现场或指定的现场堆放地为止的全部费用，由设备原价（出厂价）设备运杂费组成。

第十七条 设计概算的审核、审批。

设计概算书应随同初步设计文件按照初步设计审批办法，由本公司的主管部门按分级管理权限报国家有关部门和省、地建设行政主管部门审核/审批。设计单位必须如实地向审批部门反映概算的编制情况及存在的问题，必要时提供有关计算基础资料。

第十八条 公司应根据批准的概算合理安排使用投资，切实控制好建设项目的工程造价，对概算的执行全面负责。

第十九条 设计概算一经批准，不得任意突破。如必须突破初步设计概算时，其超出部分经原设计单位同意并修改后，由本公司的主管部门报原初步设计批准机关审核/审批。

<h3 style="text-align:center">第四章 预算编制</h3>

第二十条 施工图预算应根据批准的初步设计及概算文件、施工图设计图纸（建设工程设计图纸要有钢筋表）材料表、设备表和主管部门或工程所在地区颁发的预算定额和各项取费标准进行编制。

第二十一条 施工图预算的编制应满足以下要求。

1. 应根据预算定额规定的计算规则及施工图、材料表、设备表等有关设计文件，综合施工组织设计进行工程量的计算。

2. 定额的套用应与分项工程的特征、内容相匹配。若定额的内容、规定与分项工程的特征有差异时，套用定额可进行适当的调整换算；若无定额可套时，可编制补充定额。所编补充定额应报定额站备案。

3. 套用定额或单位估价表时，若定额基价或单位估价表单价，与工程所在地现行的同类人工费标准、材料预算价格、施工机械台班费有出入时，应进行价差调整，调整到与工程所在地现行的同类工资标准、材料预算价格和施工机械台班费相一致。套用地区定额时，按地区规定的价差系数调整；套用专业定额时，按定额主管部门发布的调整办法进行调整。

第二十二条 单位工程预算的内容包括直接费、间接费、计划利润。

1. 直接费的确定。直接费由人工费、材料费、施工机械使用费和其他直接费用组成。

（1）人工费，指直接从事建筑安装工程施工的生产工人的基本工资、工资性津贴及属于生产工人开支范围的各项费用，主要包括以下几项。

① 生产工人的基本工资、工资性质的津贴等。

② 生产工人辅助工资，指开会和执行必要的社会义务时间的工资，如职工学习、培训期间的工资；调动工作期间的工资和探亲假期的工资；因气候影响停工的工资；女工哺乳时间的工资；由行政直接支付的病（6个月以内）、产、婚、丧及其他法定假期的工资；徒工服装补助

费等。

③ 生产工人工资附加费，指按国家规定计算的支付生产工人的职工福利基金和工会经费。

④ 生产工人劳动保护费，指按国家有关部门规定标准发放的劳动保护用品的购置费、修理费、保健费和防暑降温费。

（2）材料费，指列入概预算定额的材料、构配件、零件和半成品用量以及周转材料的摊销量按相应的预算价格计算的费用。预算价格由材料原价、材料供销部门手续费、包装费、运输费、材料运输装卸过程中的合理损耗费、材料采购及保管费组成。

（3）施工机械使用费，指列入概预算定额的施工机械台班量按相应机械台班费定额计算的建筑安装工程施工机械使用费，施工机械安、拆及进出场费和定额所列其他机械费。施工机械台班费包括折旧费、大修理费、经常修理费、安拆费及场外运费、燃料动力费、人工费、施工运输机械的养路费及车船税等。

（4）其他直接费的确定。其他直接费是指概预算定额中分项定额规定以外发生的费用，包括：

① 冬雨季施工增加费；

② 夜间施工增加费；

③ 流动施工津贴；

④ 因场地窄小等特殊情况而发生的材料二次搬运费；

⑤ 生产工具用具使用费；

⑥ 检验试验费；

⑦ 矿山工程施工增加费；

⑧ 工程定位复测、工程点交、场地清理费。

（5）直接费中的人工工资标准、材料预算价格、施工机械台班费按工程所在省、市、地区的规定计算。直接费中的其他直接费，执行专业部定额的，按专业部的规定计算；执行工程所在省、市、地区定额的，按工程所在省、市、地区的规定计算。

2. 间接费的确定。间接费由施工管理费和其他间接费用组成。

（1）施工管理费。

① 工作人员的工资，指施工企业的行政、经济、技术、试验、警卫、消防、炊事和勤杂人员以及行政管理部门汽车司机等的基本工资、辅助工资和工资性质的津贴（包括副食品补贴、煤粮差价补贴、上下班交通补贴等）。不包括由材料采购保管费支付的人员的工资及营业外开支的人员的工资。

② 工作人员工资附加费，指按照国家规定计算的支付工作人员职工福利基金和工会经费。

③ 工作人员劳动保护费，指按国家有关部门规定标准发放的劳动保护用品的购置费、修理费和保健费、防暑降温费等。

④ 职工教育经费，用于企业职工的后续职业教育和职业培训。

⑤ 办公费，指行政管理办公用的文具、纸张、账表、印刷、邮电、书报、会议、水电、烧水和集体取暖（包括现场临时宿舍取暖）用煤等费用。

⑥ 差旅交通费，指职工因公出差、调动工作（包括家属）的差旅费、住勤补助费、市内交通和误餐补助费、职工探亲路费、劳动力招募费、职工离退休金、退职一次性路费、工伤人员就医路费、工地转移以及行政管理部门使用的交通工具的油料、燃料、养路费、车船税。

⑦ 固定资产使用费，指行政管理部门和试验部门使用的属于固定资产的房屋、设备、仪器等的折旧基金，大修理基金，维修、租赁费以及房产税、土地使用税等。

⑧ 行政工具用具使用费，指行政管理使用的，不属于固定资产的工具、器具、家具、交通工具和检验、试验、测绘、消防用具等的购置、摊销和维修费。

⑨ 利息，指施工企业在按照规定支付银行的计划内流动资金贷款利息。

⑩ 其他费用，指上述项目以外的其他必要的费用支出，费用包括支付工程造价管理机构的预算定额编制及管理经费、定额测定费、支付临时工管理费、民兵训练费、经有权部门批准应由企业负担的企业性上级管理费（没有规定的不列）印花税等。

（2）其他间接费。

① 临时设施费，指施工企业为进行建筑安装工程施工所必需的生活和生产用的临时建筑物、构筑物和其他临时设施费用等。临时设施包括临时宿舍、文化福利及公用事业房屋与构筑物、仓库、办公室、加工厂以及规定范围内道路、水、电、管线等临时设施和小型临时设施。临时设施费内容包括临时设施的搭设、维修、拆除费或摊销费。临时设施费用由施工企业包干使用，按专用基金核算管理。

② 基本劳动保险基金，主要是指建设单位向相关行业主管机构交纳的施工企业员工的离、退休工资及工资附加费、价格补贴、交通费补贴、书报费、洗理费、退职职工一次性生活补助费、6个月以上病伤假职工的工资和福利费用等。

间接费的计取实行与直接法的计取相配套的原则，即凡采用中央各专业部颁发的定额直接法的工程，套用中央各专业部颁发的法用定额；凡采用各地区颁发的定额直接法的工程，套用地区颁发的法用定额。

3. 计划利润的确定按国家有关主管部门颁发的文件的规定执行。

第二十三条 税金的确定。

税金包括应计入建筑安装工程造价内的增值税、城市建设维护税及教育费附加等。

第五章 附 则

第二十四条 本制度由财务部会同公司其他有关部门解释。

第二十五条 本制度配套办法由财务部会同企业其他有关部门另行制定。

第二十六条 本制度自____年__月__日起实施。

 文案范本

概预算审查制度

第一条 为了加强对工程项目概预算过程的监督，保证建设资金合理、合法、有效使用，不断提高投资项目的管理水平，根据国家有关法律规定，结合企业实际情况，特制定本制度。

第二条 本制度所称工程项目概预算，是指公司（含分公司、子公司）以自建、外包、分包等形式实施工程建设项目时所进行的概算及预算。

第三条 责任单位。

工程项目的概预算管理部门分别为工程部、财务部、审计部，各自的职责如下。

1. 工程项目部收集编制工程项目预算的各种资料，编制并执行工程项目预算。

2. 财务部对概预算编制的各种依据进行审核，对数值进行复核演算。

3. 审计部对概预算编制、报批过程进行审计监控，确保编制过程的规范性。

第四条 工程项目概预算的审查要求检验工程概预算的合规性、合法性、合理性、真实性，重点审查以下8个方面。

1. 是否执行国家、地方概预算定额标准。

2. 是否按国家或地方政策调整材料价格、调整定额等的文件规定执行。

3. 是否正确套用定额标准。

4. 是否按国家或地方政府规定标准收取费用。

5. 主要材料价格的真实性。

6. 是否按施工图及更改资料计算工程工作量，同时审查更改资料的合规性和有效性。

7. 是否按国家规定的计费程序操作，有无违反操作程序多计费的问题。

8. 其他重要事项。

第五条　需要审查的资料包括但不限于以下内容。

1. 审查项目申报书。

2. 审查建议书或可行性研究报告。

3. 审查立项或初步设计批复文件。

4. 审查项目支出明细预算及编制说明。

5. 审查工程量的计算方式。

6. 审查材料预算价格。

7. 审查概预算编制人员资质。

8. 审查其他相关资料及依据。

第六条　审查程序。

1. 审计部根据公司审计委员会指示组织专项审计小组。

2. 向工程部发送审计通知单，一般是在概预算经总经理审批通过后。

3. 开展调查确证工作，实施实质性的审计工作。

4. 撰写工作底稿，根据工作底稿完成审计报告。

5. 上交审计报告至总经理办公室及审计委员会。

6. 对审计结果的执行情况进行后续审计。

第七条　本制度适用于公司及下属各分、子公司。

第八条　本制度从下发之日起开始执行，由公司审计部负责解释。

文案范本

工程概预算控制流程

序号	业务流程	责任部门/人	配合/支持部门	不相容职责	监督检查方法	相关制度
1	进行工程项目论证和勘查	项目部		审核	检查项目部成员是否具备规定资格	《工程项目决策实施办法》
2	编制工程概算书	项目部	工程部	审核审批	检查工程概算书的编制程序是否符合规定	《工程项目概预算控制细则》
3	委托外部单位对工程概算进行审核	相关部门			检查工程概算编制的合理性	《工程项目概预算控制细则》
4	对工程概算进行演算和复核	财务部	各部门	审批	工程项目概算编制是否得到总经理审批	《工程项目决策实施办法》
5	依据施工图编制预算书	项目部	各部门	审核	检查预算书是否依据项目工程师提供的施工图进行编制;是否由工程部经理进行审核	《工程项目竣工清理控制制度》
6	确认工程预算不超过投资估算	财务部		审批	检查工程预算是否按规定进行报批	《工程项目竣工清理控制制度》
7	报政府相关职能部门批示	工程部	各部门	审批	检查项目是否得到政府主管部门的审批	《工程项目竣工决算控制制度》
8	进入开工筹备阶段	工程部	各部门		检查是否按时进行开工筹备工作	《工程项目决策实施办法》
9	对工程实施过程进行监督	审计部	工程部		检查审计部是否按规定要求进行监督	《工程项目决策实施办法》

九、工程项目质量控制

请参阅以下相关文案。

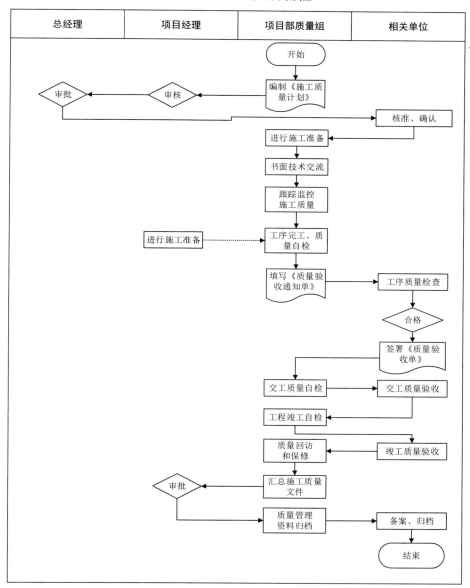

工程项目质量控制流程

十、施工项目成本控制

（一）施工项目成本控制的内容

施工项目成本控制内容如表 13-2 所示。

表 13-2 施工项目成本控制内容

项目施工阶段	内　　　容
投标承包阶段	对项目工程成本进行预测、决策
	中标后组建与项目规模相适应的项目经理部，以减少管理费用
	公司以承包合同价格为依据，向项目经理部下达成本目标
施工准备阶段	审核图纸，选择经济合理、切实可行的施工方案
	制定降低成本的技术组织措施
	项目经理部确定自己的项目成本目标
	进行目标分解
	反复测算平衡后编制正式施工项目计划成本
施工阶段	制定落实检查各部门、各级成本责任制
	执行检查成本计划，控制成本费用
	加强材料、机械管理，保证质量，杜绝浪费，减少损失
	搞好合同索赔工作，及时办理增加账，避免经济损失
	加强经常性的分部分项工程成本核算分析以及月度（季年度）成本核算分析，及时反馈，以纠正成本的不利偏差
竣工阶段 保修期间	尽量缩短收尾工作时间，合理精简人员
	及时办理工程结算，不得遗漏
	控制竣工验收费用
	控制保修期费用
	提出实际成本
	总结成本控制经验

（二）施工项目成本控制的方法

1．以施工图预算控制成本支出

在施工项目成本控制中，可按施工图预算，实行"以收定支"，或者叫"量入为出"，是有效的方法之一。这样对人工费、材料费、钢管脚手、钢模板等周转设备使用费、施工机械使用费、构件加工费和分包工程费实行有效的控制。

2．以施工预算控制人力资源和物质资源的消耗

项目开工以前，应根据设计图纸计算工程量，并按照企业定额或上级统一规定的施工预算定额编制整个工程项目的施工预算，作为指导和管理施工的依据。对生产班组的任务安排，必须签收施工任务单和限额领料单，并向生产班组进行技术交底。要求生产班组根据实际完成的工程量和实耗人工、实耗材料做好原始记录，作为施工任务单和限额领料单结算的依据。任务完成后，根据回收的施工任务单和限额领料进行结算，并按照结算内容支付报酬（包括奖金）。为了便于任务完成后进行施工任务单和限额领料与施工预算对比，要求在编制施工预算时对每一个分项工程工序名称进行编号，以便对号检索对比，分析节超。

3．建立资源消耗台账，实行资源消耗中间控制

资源消耗台账，属于成本核算的辅助记录。

4．应用成本与进度同步跟踪的方法控制分部分项工程成本

为了便于在分部分项工程的施工中同时进行进度与费用的控制，可以按照横道图和网络图的特点分别进行处理，即横道图计划的进度与成本的同步控制，网络图计划的进度和成本的同步控制。

5．建立项目成本审核签证制度，控制成本费用支出

在发生经济业务的时候，首先要由有关项目管理人员审核，最后经项目经理签证后支付。审核成本费用的支出，必须以有关规定和合同为依据，主要有：国家规定的成本开支范围；国家和地方规定的费用开支标准和财务制度；施工合同；施工项目目标管理责任书。

6．坚持现场管理标准化，堵塞浪费漏洞

现场管理标准化的范围很广，比较突出而需要特别关注的是现场平面布置管理和现场安全生产管理。

7．定期开展"三同步"检查，防止项目成本盈亏异常

"三同步"就是统计核算、业务核算、会计核算同步。统计核算即产值统计，业务核算即人力资源和物质资源的消耗统计，会计核算即成本会计核算。根据项目经济活动的规律，这三者之间有着必然的同步关系。这种规律性的同步关系具体表现为：完成多少产值、消耗多少资源、发生多少成本，三者应该同步。否则，项目成本就会出现盈亏异常的偏差。"三同步"的检查方法可从以下三方面入手：时间上的同步、分部分项工程直接费的同步和其他费用同步。

8．应用成本控制的财务方法——成本分析表法来控制项目成本

作为成本分析控制手段之一的成本分析表，包括月度成本分析表和最终成本控制报告表（见表13-5）。月度成本分析表又分直接成本分析表（见表13-3）和间接成本分析表（见表13-4）。月度直接成本分析表主要反映分部分项工程实际完成的实物量与成本相对应的情况，以及与预算成本和计划成本相对比的实际偏差和目标偏差，为分析偏差产生的原因和针对偏差采取相应措施提供依据。月度间接成本分析表主要反映间接成本的发生情况，以及与预算成本和计划成本相对比的实际偏差和目标偏差，为分析偏差产生的原因和针对偏差采取相应的措施提供依据。此外，还要通过间接成本占产值的比例来分析其支用水平。最终成本控制报告表主要是通过已完实物进度、已完产值和已完累计成本，联系尚需完成的实物进度，尚可上报的产品和还将发生的成本，进行最终成本预测，以检验实现成本目标的可能性，并可为项目成本控制提出新的要求。这种预测，工期短的项目应该每季度进行一次，工期长的项目可每半年进行一次。

表 13-3　月度直接成本分析表

年　月

分项工程编号	分项工程工序名称	实物单位	实物工程量				预算成本		计划成本		实际成本		实际偏差		目标偏差	
			计划		实际											
			本月	累计	本月	累计	本月	累计	本月	累计	本月	累计	本月	累计	本月	累计
甲	乙	丙	1	2	3	4	5	6	7	8	9	10	11=5-9	12=6-10	13=7-9	14=8-10

表 13-4　月度间接成本分析表

项目名称　　　　　　　　　　　　　　年　月　　　　　　　　　　　　　单位：元

间接成本编号	间接成本项目	产值		预算成本		计划成本		实际成本		实际偏差		目标偏差		占产值的百分数（%）	
		本月	累计	本月	累计	本月	累计	本月	累计	本月	累计	本月	累计	本月	累计
甲	乙	1	2	3	4	5	6	7	8	9=3−7	10=4−8	11=5−7	12=6−8	13=7÷1	14=8÷2

表 13-5　最终成本控制报告表

项目名称　　　　　　　　　　　　　　年　月　　　　　　　　　　　　　单位：元

进度	已完主要实物进度			到竣工尚有主要实物进度		
造价	预算造价	元	已完累计产值	元	到竣工尚可报产值	元	预测最终工程造价	元

成本项目	到本月为止的累计成本				预计到竣工还将发生的成本				最终成本预测			
	预算成本	实际成本	降低额	降低率	预算成本	实际成本	降低额	降低率	预算成本	实际成本	降低额	降低率
甲	1	2	3=1−2	4=3÷1	5	6	7=5−6	8=7÷5	9=1+5	10=2+6	11=9−10	12=11÷9
一、直接成本												
1. 人工费												
2. 材料费												
其中：结构件												
周转材料费												
3. 机构使用费												
4. 其他直接费												
二、间接成本												
1. 现场管理人员工资												
2. 办公费												
3. 差旅交通费												
4. 固定资产使用费												
5. 物资消耗费												
6. 低值易耗品摊销费												
7. 财产保险费												
8. 检验试验费												
9. 工程保修费												
10. 工程排污费												
11. 其他												
三、合计												

9. 加强质量管理、控制质量成本

（1）质量成本的构成。质量成本是指为确保和保证满意的质量而发生的费用以及没有达到满意的质量所造成的损失。

施工项目质量成本的构成如表 13-6 所示。

表 13-6　质量成本构成

成本构成项目	预防成本	含　义	包含的费用项目
控制成本	鉴定成本	为了确保工程质量而进行预防工作所发生的费用，即为使故障成本和鉴定成本减到最低限度所需要的费用	<ul><li>质量工作计划费</li><li>工序能力控制、研究费</li><li>质量信息费</li><li>质量管理教育费</li><li>质量管理活动费</li></ul>
	内部故障成本	为了确保工程质量达到质量标准要求而对工程本身以及对材料、构配件、设备进行质量鉴别所需的一切费用	<ul><li>材料检验费</li><li>工序质量检验费</li><li>竣工检验费</li><li>机械设备试验、维修费</li></ul>
故障成本	外部故障成本	在施工过程中，由于工程本身的缺陷而造成的损失以及为处理缺陷所发生的费用之和	<ul><li>返工损失</li><li>返修损失</li><li>事故分析处理费</li><li>停工损失</li><li>质量过剩支出</li><li>技术超前支出</li></ul>
	预防成本	工程交付使用后发现质量缺陷，受理用户提出的申诉而进行的调查、处理所发生的一切费用	<ul><li>回访保修费</li><li>劣质材料额外支出</li><li>索赔费用</li></ul>

（2）质量成本分析。质量成本分析是根据质量成本核算的资料进行归纳、比较和分析，找出影响成本的关键因素，从而提出改进质量和降低成本的途径，进一步寻求最佳质量成本。质量成本分析的内容有：

1）质量成本总额的构成内容分析；

2）质量成本总额的构成比例分析；

3）质量成本各要素之间的比例关系分析；

4）质量成本占预算成本的比例分析。

（3）质量成本控制。根据上述分析资料，对影响质量成本较大的关键因素，采取有效措施，进行质量成本控制。质量成本控制表如表 13-7 所示。

表 13-7　质量成本控制表

关键因素	措　施	执行人、检查人
降低返工、停工损失，将其控制在占预算成本的1%以内	（1）对每道工序事先进行技术质量交底 （2）加强班组技术培训 （3）设置班组质量员，把好第一道关 （4）设置施工队技监点，负责对每道工序进行质量复检和验收	

续表

关键因素	措　　施	执行人、检查人
	（5）建立严格的质量奖罚制度，调动班组积极性	
减少质量过剩支出	（1）施工员要严格掌握定额标准，力求在保证质量的前提下，使人工和材料消耗不超过定额水平 （2）施工员和材料员要根据设计要求和质量标准，合理使用人工和材料	
健全材料验收制度，控制劣质材料减少额外损失	（1）材料员在对现场材料和构配件进行验收时，发现劣质材料时要拒收、退货，并向供应单位索赔 （2）根据材料质量的不同，合理加以利用以减少损失	
增加预防成本，强化质量意识	（1）建立从班组到施工队的质量 QC 攻关小组 （2）定期进行质量培训 （3）合理地增加质量奖励，调动职工积极性	

（三）施工项目成本控制的程序

请参阅以下相关文案。

文案范本

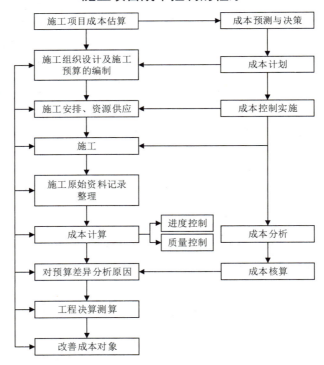

施工项目成本控制的程序

十一、子公司重大投资项目管理控制

请参阅以下相关文案。

文案范本

子公司投资项目评估流程

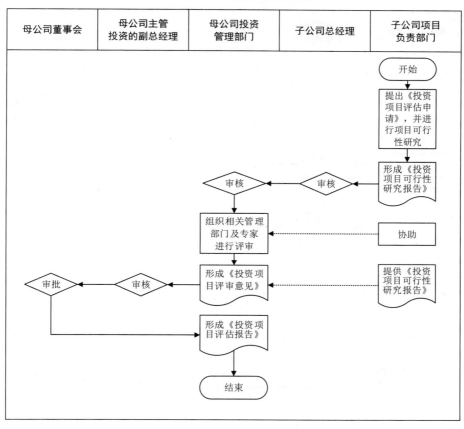

母公司董事会	母公司主管投资的副总经理	母公司投资管理部门	子公司总经理	子公司项目负责部门

文案范本

子公司重大投资项目控制流程

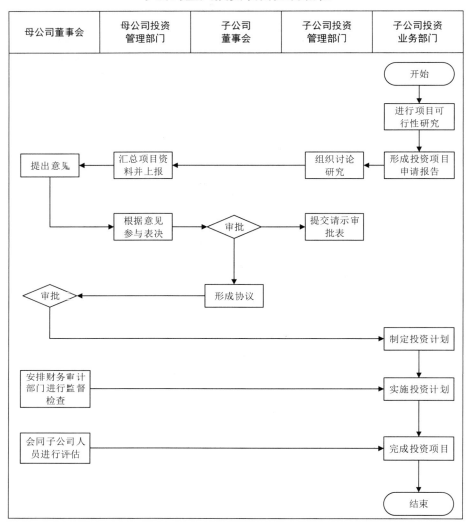

母公司董事会	母公司投资管理部门	子公司董事会	子公司投资管理部门	子公司投资业务部门

十二、工程项目的监督检查

（一）监督检查主体

1. 监事会

依据公司章程对公司工程项目管理进行检查监督。

2. 审计部门

依据公司授权和部门职能描述，对公司工程项目管理进行审计监督。

3. 财务部门

依据公司授权，对公司工程项目管理进行财务监督。

4．上级对下级

进行日常工作监督检查。

（二）监督检查内容

1．工程项目业务相关岗位及人员的设置情况

重点检查是否存在不相容职务混岗的现象。

2．工程项目业务授权批准制度的执行情况

重点检查重要业务的授权批准手续是否健全，是否存在越权审批行为。

3．工程项目决策责任制的建立及执行情况

重点检查责任制度是否健全，奖惩措施是否落实到位。

4．概预算控制制度的执行情况

重点检查概预算编制的依据是否真实，是否按规定对概预算进行审核。

5．各类款项支付制度的执行情况

重点检查是否按规定办理竣工决算、实施决算审计。

（三）监督检查结果处理

对监督检查过程中发现的工程项目内部控制中的问题和薄弱环节，负责监督检查的部门应告知有关部门，公司有关部门应当采取措施，及时加以纠正和完善；公司监督检查部门应按照内部管理权限向上级有关部门报告工程项目内部控制监督情况和有关部门的整改情况。

十三、工程项目管理制度综合文案

请参阅以下相关文案。

文案范本

工程项目管理制度

1．目的

为保证会计核算的真实性，保证工程项目投资的安全完整，最大限度利用公司资源，维护财经纪律，贯彻执行企业财务制度及会计准则，促使公司加强管理和科学投资决策，特制定工程项目投资管理制度，请××集团所属子/分公司遵照执行。

2．工程项目的预算制度

编制控制工程项目立项、建造和合理运用资金的年度预算。具体参见集团公司《××预算制度》，工程项目的立项和建造都应当依据预算，对实际支出与预算的差异以及未列入预算的特殊事项，应履行特别的审批手续。

3．授权审批制度

公司的资本性预算必须通过董事会等高层管理机构批准方可生效。所有工程项目的立项和建造均需要经公司管理者的书面认可。

4．账簿记录制度

公司设置在建工程总账，同时设置在建工程明细分类账和在建工程项目登记卡，按照工程项目类别和每项工程项目进行明细分类核算。对投入的工程物资等及时、正确进行记录和核算。

5．职责分工制度

对工程项目的预算、决算、招标、评标、工程质量监督等必须明确划分责任，由专门部门和专人负责。

6. 工程项目的监督管理制度

公司对工程项目发包、承包、施工、验收的全过程实施监督管理，组织各部门协作配合，调整各方面利益，以确保工程项目总目标的最终实现。

7. 工程项目咨询与设计

工程项目设计程序包括总体规划设计、初步设计、技术设计、施工图设计、设计概预算。

8. 工程项目招标、评标、定标和商签合同

公司根据技术胜任能力、管理能力、资源的可利用性、收费的合理性、专业的全面性、社会信誉以及质量保证等因素来选择承包商。公司根据项目总承包体制及各项工程特点，明确各分包工程的范围，制定总承包及各分包工程的招标文件。在确定承包商之前，应对各个备选单位进行调查，并进行投资资格的初步审查，了解该单位的资质信誉、实力、工程业绩是否符合该工程项目的要求，并且要求投标方以书面的形式向公司承诺不转包该专业工程。

开标时，应有公司负责人、总承包商、各分包商、设计主持人、专业负责人、工程监理负责人、专业工程师等有关人员出席，严格按照合法、合理的程序进行。

经过评标，确定承包商洽谈并商签承包合同。

9. 工程施工与监理

公司为保证工程质量必须成立专门的负责小组或聘请专门的监理机构对工程质量进行监督。做好施工的技术交底，监督按照设计图纸的规范和规程施工，加强各施工环节隐蔽工程的质量检查，做好质量分析工作。

10. 工程项目的成本控制

公司于投资准备期估算成本控制总目标，安排公司主要管理人员对指标进行认真分析，然后落实成本控制目标。

11. 工程项目竣工验收

公司在工程项目验收工作前，根据工程项目的性质、大小，成立竣工验收领导小组负责竣工验收工作。

竣工验收的程序为：单项工程验收；全部工程验收；工程项目竣工决算的内容与审查。

竣工决算应上报：竣工决算报表和竣工财务决算情况说明书。

对于上报的竣工决算报表和财务决算情况说明书，应做到：记载情况全面系统，真实可靠，报表项目填列齐全，无缺报漏报。

在工程项目支出上应做到：工程项目属于计划范围以内，无计划外工程；增加的工程要得到上级主管部门批准；属于设计变更方面，要有设计部门变更设计的手续；各项费用支出符合财务制度的规定。不铺张浪费。

12. 工程项目评价

公司按照工程项目设计的要求与规定，主要从技术、财务和经济三个方面，对项目建成后实际达到的各项指标进行分析总结，并与可行性研究方案、计划任务书、设计计划、概预算等资料进行对比，以检查设计的完成程度，分析完成或未成的原因，借以总结经验和教训，为以后投资决策提供参考资料。

13. 工程物资的保管制度

公司对工程物资视同存货进行管理，确保工程物资的安全和完整，防止出现被盗和挪用的现象。

为保证会计核算的真实性，保护对外投资的安全完整，最大限度利用公司资源，维护财经纪律，贯彻执行企业财务制度及会计准则，促使公司加强投资管理和科学投资决策，特制定投资管理制度，请××集团所属子/分公司遵照执行。

附件：

1. 工程项目投资经济分析表
2. 工程项目投资效益分析表

附件1：工程项目投资经济分析表

编制单位：　　　　　　　　　　　　　　　　　　　　　　　　方案编号：

投资类别	□购置更换设备		投资方案说明			投资有效期限		
	□开发产品组件					预计开始日期		
	□提高生产效率					负责部门		
	□财务投资					计算利息		
投资收益分析	年月	投资收益说明	投资性质或资金来源（利率）	当期收益金额	累计收益总额（利息）	当期投资金额	累计收益总额（利息）	净利益
	合　计							
	填表说明	填写投资款项及收益性说明	收益名称或资金来源及利息	填写预定收益金额	当期收益总额加本期利息及收益	填写预定投资金额	当前投资总额加本期投资、利息	收益总额减投资额
回收年限：		总利益：			投资价值：		□良好　　　□尚可 □不佳，但符合公司政策	

附件2：工程项目投资效益分析表

编制单位：　　　　　　　　　　　　　年度

投资名称及说明	投资类别				预计投资金额	已支付金额	完成程度		估计收益状况			
	产品	产量	财务	其他			已完	%	金额	收益期	回收年限	收益率
1												
2												
3												
4												

续表

投资名称及说明	投资类别				预计投资金额	已支付金额	完成程度		估计收益状况			
	产品	产量	财务	其他			已完	%	金额	收益期	回收年限	收益率
5												
6												
7												
8												
9												
10												
11												
合　计												

第二节　工程项目管理流程控制

一、工程立项控制

工程立项是项目决策过程的起点，是工程项目建议书和可行性研究的基础，是工程项目控制的一个关键环节，应由一个部门归口管理。

企业应当指定专门机构归口管理工程项目，根据发展战略和年度投资计划，提出项目建议书，开展可行性研究，编制可行性研究报告。

（一）工程立项业务流程及风险

1．工程立项业务流程

工程立项业务流程如图 13-11 所示。

2．工程立项潜在风险

工程立项环节的主要风险是：投资意向与国家产业政策和企业发展战略相违背，项目建议书的内容不符合要求，项目性质及用途模糊、建设规模、标准不明确，投资估算和进度安排等不协调。这是立项过程中特别要关注的风险。

（二）工程项目建议书

项目建议书是建设单位的工程投资意向，综合考虑产业政策、发展战略、经营计划等提出的建设某项目的建议文件，是对拟建项目提出的框架性总体设想。

项目建议书的主要内容包括项目的必要性和依据、产品方案、拟建规模、建设地点、投资估算、资金筹措、项目进度安排、经济效果和社会效益的估计、环境影响的初步评价等。

企业管理当局应高度重视工程项目投资机会研究，授权各有关部门参与，充分考虑下列有关因素。

（1）拟建项目产品用途及其在一定市场范围乃至国民经济和人民生活中的作用。

（2）初步的市场需求调查结论，这是最重要的，包括当前需求和潜在需求。

（3）现有诸种经济因素的调查，主要指涉及制造这种产品的生产要素条件。

（4）其他地区或企业在类似情况下从事同一或类似经营活动的调查。

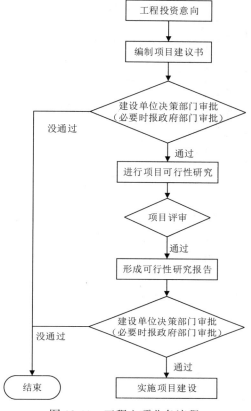

图 13-11　工程立项业务流程

（5）拟建项目与其他产业部门的关系，主要是关于原料来源（包括进口渠道）或在未来出口中在国际市场竞争中可能的地位。

（6）产品更新换代、多样化方向延伸的机会及潜在问题。

（7）经济性一般分析。

（8）投资倾向和保护政策要求。

综合上述研究形成预测性结论，完成项目建议书。

以上过程是粗线条的，但又是务实的。这一阶段并不需要进行详细计算，主要是匡算和估算，关键在于思路与方法正确。依据是本地区或临近地区类似项目或公认的经验数据。

对于非重大项目，也可以不编项目建议书，但仍需开展可行性研究，其重点是探讨该项目投资的必要性与可能性。项目建议书编制完成后，应报企业决策机构审议批准，并视法规要求和具体情况，报有关政府部门审批或备案。

 文案范本

企业产能扩建工程项目建议书

一、项目扩建背景及目标

1. 项目扩建的背景

（1）国内外形势分析，如下表所示。

国内外形势分析

国际经济形势对项目扩建的影响	消费者需求角度	
	投资需求角度	
	进出口需求角度	
	价格角度	
国内经济形势对项目扩建的影响	消费者需求角度	
	投资需求角度	
	出口需求角度	
	价格角度	

（2）企业现有情况。

① 企业现有产品种类概况（具体内容略）。

② 企业的技术装备及硬件设施概况（具体内容略）。

③ 企业的管理水平（具体内容略）。

④ 企业在同行业中的地位（具体内容略）。

⑤ 企业的人力资源状况（具体内容略）。

2. 项目扩建后的目标

项目的扩建目标是指项目扩建后能达到的产能和取得的效果，它将作为项目验收的主要依据（具体目标略）。

二、项目扩建后的市场预测分析

1. 产品国内外需求及市场预测

（1）市场需求现状分析（具体内容略）。

（2）主要目标市场的初步预测（具体内容略）。

2. 国内已有和在建同类项目市场分析

（1）国内已有和在建同类项目的生产能力（具体内容略）。

（2）国内已有和在建同类项目的产量情况（具体内容略）。

（3）国内已有和在建同类项目变化趋势的初步预测（具体内容略）。

3. 国内已有和在建同类项目产品的进出口情况（具体内容略）

4. 国内已有和在建同类项目的国际市场前景的初步估计（具体内容略）

三、项目扩建后的产品方案和生产方案

1. 主要产品及副产品具体方案（见下表）

主要产品方案

主要产品品种			
产品规格		质量标准	
拟建规模			

副产品方案

副产品品种			
产品规格		质量标准	
拟建规模			

2．产品方案合规情况（见下表）

产品方案合规性分析

产品方案是否符合国家产业政策要求	□是	□否
产品方案是否符合行业发展规划要求	□是	□否
产品方案是否符合技术政策要求	□是	□否

3．对扩建后生产方案的初步分析

（1）扩建初步备选方案（具体内容略）。

（2）优选方案（具体内容略）。

四、项目扩建工艺技术初步方案

（1）工艺路线和生产方法简述（具体方法略）。

（2）工艺技术（软件）来源的选择与初步比较（具体内容略）。

（3）需要引进技术和进口设备概况。需要引进技术和进口设备概况主要包括范围、内容、国别及厂商的筛选等（具体范围略）。

五、项目扩建原材料、燃料和动力的供应分析

1．原材料和燃料供应分析（见下表）

原材料和燃料供应分析

资源项目	供应种类	规　　格	年需用量	供应来源	可靠性
主要原材料					
辅助材料					
燃料					

2．资源品位、成分分析（具体内容略）

3．动力资源供应分析（见下表）

动力资源供应分析

主要动力项目	小时用量	供应方式	供应条件
水			
电			
燃气			
其他			

六、扩建条件和场址初步方案

1．扩建地点的自然条件和社会、经济条件（具体内容略）

注：应指明扩建地点是否符合当地规划的要求。

2. 场址方案选择的初步意见（具体内容略）

七、公用工程和辅助设施初步方案

1. 公用工程初步方案（具体内容略）

2. 辅助设施初步方案（具体内容略）

3. 土建（建筑与结构）初步方案（具体内容略）

八、环境保护

1. 扩建项目环境概况（具体内容略）

注：扩建项目环境概况包括拟建场址周围大气、地面水、地下水、噪声等环境质量状况。

2. 企业"三废"排放和环保工作情况（具体内容略）

3. 拟建生产装置污染源的位置、所排污染物的种类数量、浓度、排放方式（具体内容略）

4. 拟采用的原料路线、工艺路线、主要生产装备的初步方案是否符合清洁生产的要求（具体内容略）

5. 环境保护和综合利用的初步方案（具体内容略）

注：环境保护和综合利用的初步方案遵循"达标排放""总量控制""以新带老"的环保原则。

九、项目实施初步规划

1. 扩建工期总体规划

扩建工期初步规划的原则是把停产或减产损失减少到最低限度（具体内容略）。

2. 项目扩建进度（见下表）。

项目扩建进度表

项目实施阶段	主要建设目标及内容	项目进度	存在问题

十、投资估算和资金筹措方案

1. 投资估算

（1）扩建投资估算。

① 主体工程和协作配套工程所需的扩建投资估算（具体内容略）。

② 外汇需要量估算（具体内容略）。

（2）初步计算扩建期利息（具体内容略）。

（3）流动资金估算（具体内容略）。

（4）扩建项目工程总投资。

① 固定资产投资（具体内容略）。

② 流动资金（具体内容略）。

（5）报批项目总投资（具体内容略）。

2. 资金筹措方案

（1）资金来源。

① 项目资本金（具体内容略）。

② 贷款资金（具体内容略）。

（2）逐年资金筹措数额和初步安排使用方案（具体方案略）。

十一、经济效益和社会效益的初步评价

1. 产品成本和费用估算（具体内容略）

2. 财务分析

（1）静态指标。

① 投资利润率（具体分析略）。

② 投资利税率（具体分析略）。

③ 资本净利润率（具体分析略）。

④ 投资回收期（具体分析略）。

⑤ 全员劳动生产率（具体分析略）。

（2）动态指标。

① 全投资财务内部收益率（具体分析略）。

② 全投资财务净现值（具体分析略）。

③ 自有资金财务内部收益率（具体分析略）。

④ 自有资金财务净现值（具体分析略）。

（3）借款偿还能力分析（具体分析略）。

（4）外汇平衡能力分析（具体分析略）。

（5）不确定性分析（具体分析略）。

3. 国民经济分析

（1）内部收益率分析（具体分析略）。

（2）净现值分析（具体分析略）。

4. 社会效益分析

（1）对节能的影响（具体影响略）。

（2）对环境保护和生态平衡的影响（具体影响略）。

（3）提高产品质量对用户的影响（具体影响略）。

（4）对提高国家、地区和部门科技进步的影响（具体影响略）。

（5）对节约劳动力或提供就业机会的影响（具体影响略）。

（6）对减少进口节约外汇和增加出口创汇的影响（具体影响略）。

（7）对地区或部门经济发展的影响（具体影响略）。

十二、结论与建议

1. 结论综述（具体内容略）

2. 存在问题（具体问题略）

3. 建议（具体建议略）

十三、附件

1.《项目可行性研究报告》

2.《扩建项目场址选择初步方案报告》

3. 主要原材料、燃料、动力供应及运输等初步意向性文件或意见

4. 资金筹措方案初步意向性文件

5. 有关部门对扩建地址或征用土地的初步意见

6. 邀请外国厂商来华进行初步交流的计划

文案范本

项目评价分析流程

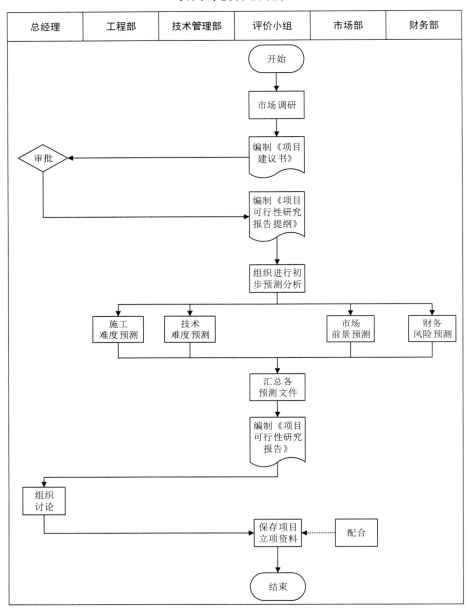

（三）工程项目可行性研究

可行性研究报告的内容主要包括：项目概况，项目建设的必要性，市场预测，项目建设选址及建设条件论证，建设规模和建设内容，项目外部配套建设，环境保护，劳动保护与卫生防疫，消防、节能、节水，总投资及资金来源，经济、社会效益，项目建设周期及进度安排，招投标法规定的相关内容等。

可行性研究是对建设项目在技术、工程、财务、经济、组织、外部协作条件上是否合理和可行，进行全面分析、论证、作多方案比较，为立项决策提供依据。

可行性研究是项目投资前期的一个决定性阶段，是投资前期工作的核心内容。对于一些耗资大或技术复杂的项目，一般还要分为：初步可行性研究，辅助研究，详细可行性研究。

1．初步可行性研究

初步可行性研究介于机会研究和详细可行性研究之间。其研究目的和内容与详细可行性研究基本相同，只是获得的数据资料粗略一些。初步可行性研究中涉及的价格、费用、资金的运用、投资回报只是一种估算。其工作重心是对机会研究阶段提出的项目建议予以鉴别和估价，特别是看其方法、出发点等是否客观。其目的是：

（1）判断投资机会是否确有前途；

（2）是否有必要通过详细可行性研究来判断项目概念的客观性；

（3）提出影响项目是否真正可行的关键因素，并在此基础上确定是否要对这些关键因素（包括市场、竞争、原料、厂址、生产规模、技术档次等）进行辅助研究；

（4）项目投资建议是否可行，有无进行详细可行性研究的必要，特别是有无必要与项目有关的投资融资机构深入讨论资金供应的可能及解决途径。

总而言之，初步可行性研究的结果应使企业基本能确定该项目是否可行，是否有必要对某些特殊问题进行详细调研。

2．辅助研究

辅助研究是对投资项目中某些特殊、重要但又不明确的因素进行专题性讨论，是支持可行性研究的重要手段。常见的辅助研究包括以下专题。

（1）市场研究，包括市场需求的调查和预测、市场渗透的机会预测及影响供求和渗透的可能因素。

（2）原材料供应研究，着重研究原材料来源，其目前主渠道和价格构成，对未来原材料来源、稳定性、价格的预测。

（3）适用技术选择，包括可选设备的供应来源、技术档次、成本费用、与国产设备兼容的可能性；设备选型对投资、经营成本、经营效率的影响。

（4）规模研究，包括市场需求与技术、设备选择之间的关系。

（5）厂址选择，包括建厂各种条件的调查研究，如对现存基础设备可利用程度、环保投入进行研究，对多个厂址利弊予以比较，最好提出推荐性结论。

总之，辅助研究是对初步可行性研究的充实。它可以是上述其中的一个专题，也可以是多个专题。它要求比机会研究更深入细致一些，最终拿出推荐性意见及其依据。

3．详细可行性研究

它是对拟建设项目进行全面的技术经济论证，既是企业投资决策最基本的依据，又是银行及其他融资机构提供贷款的依据。其内容基本与初步可行性研究相同，但它已不只停留在定性研究上，还采用了较可靠较准确的数字，也就是说是一种以定量为主的研究。

可行性研究考虑的因素一般有市场分析、技术分析及财务经济分析。

（1）市场分析。它是详细可行性研究的第一个分析对象。市场现存或潜在的需求是引起投资的动因，原料的投入或者基础设施情况是研究的重要内容。

（2）技术分析。它是详细可行性分析的另一个重要内容，包括工程项目使用技术在一定范围的同行中的地位、具体制造与工艺技术、设备选型、土建施工、安装和经营管理技术等。

（3）财务经济分析。它是确定项目是否可行的决定因素。工程项目是一笔巨大的投资，而投资是旨在获得更大回报的货币垫付行为；如果不能保证投资能带来比存款利息高得多的回报，企业就不会投资这个项目。它包括阐述与分析筹资的来源、方式及成本，核算生产成本，分析该项目的预期投资回报率和预期投资回收期。

在市场经济条件下，企业进行可行性研究时对市场需求、价格及项目投产后的生产与销售不可能掌握得很准；即使当时是准的，但由于各种不确定因素会发生变化，如供求与价格、进口商或国内同行竞争的影响发生变动，所以还需要对盈利率进行敏感性分析。

经过以上分析，可形成工程项目可行性研究报告。

企业也可以委托具有相应资质的专业机构开展可行性研究，并按照有关要求形成可行性研究报告。

（四）工程项目评审与决策

可行性研究报告形成后，建设单位应当组织有关部门和委托具有相应资质的专业机构，对可行性研究报告进行全面审核和评价，提出评审意见，作为项目决策的重要依据。

1. 项目评审

这一环节的主要风险是：项目评审流于形式，权限配置不合理，决策程序不规范，可能导致决策失误，给企业带来巨大经济损失。

在项目评审过程中，应当重点关注项目投资方案、投资规模、资金筹措、生产规模、投资效益、布局选址、技术、安全、设备、环境保护等方面，核实相关资料的来源和取得途径是否真实、可靠和完整。

企业应当组织规划、工程、技术、财会、法律等部门的专家对项目建议书和可行性研究报告进行充分论证和评审，出具评审意见，作为项目决策的重要依据。

项目进行具体分析评审时应该详细充分考虑下列内容。

（1）项目投资的必要性，论证项目对企业发展的必要性。从国民经济和社会发展等宏观角度审查建设项目是否符合国家的产业政策、行业规划和地区规划，是否符合经济和社会发展需要。分析市场预测是否准确，项目规模是否经济合理，产品的性能、品种、规格构成和价格是否符合国内外市场需求的趋势和有无竞争能力。

（2）分析建设条件与生产条件的相关因素是否具备。

1）项目所需资金能否落实，资金来源是否符合国家有关政策规定。

2）分析选址是否合理，总体布置方案是否符合国土规划、城市规划、土地管理和文物保护的要求和规定。

3）项目建设过程中和建成投产后原料、燃料的供应条件，及供电、供水、供热、交通运输等要求能否落实。

4）项目的"三废"治理是否符合保护生态环境的要求。

（3）分析工艺、技术和设备需求满足能力。

1）分析项目采用的工艺、技术、设备是否符合国家的技术发展政策和技术设备政策，是否可行、先进、适用、可靠，是否有利于资源的综合利用，有利于提高产品质量、降低消耗、提高劳动生产率。

2）分析项目所采用的新工艺、新技术、新设备是否安全可靠。

3）分析引进设备有无必要，是否符合国家有关规定和国情，能否与国内设备、零配件、工艺技术相互配套。

（4）是否具备建筑工程的选择方案和标准。

1）察看建筑工程有无不同方案的比选，分析推荐的方案是否经济、合理。

2）审核工程地质、水文、气象、地震等自然条件对工程的影响和采取的治理措施。

3）评价建筑工程采用的标准是否符合国家的有关规定，是否贯彻了勤俭节约的方针。

（5）对工程项目基础经济数据的测算。

1）分析投资估算的依据是否符合国家或地区的有关规定，工程内容和费用是否齐全，有无高估冒算、任意提高标准、扩大规模，以及有无漏项、少算、压低造价等情况。

2）资金筹措方式是否可行，投资计划安排是否得当。

3）报告中的各项成本费用计算是否正确，是否符合国家有关成本管理的标准和规定。

4）产品销售价格的确定是否符合实际情况和预测变化趋势，各种税金的计算是否符合国家规定的税种和税率。

5）对预测的计算期内各年获得的利润额进行审核与分析。

6）分析报告中确定的项目建设期、投产期、生产期等时间安排是否切实可行。

（6）财务效益分析。从项目本身出发，结合国家现行财税制度和现行价格，对项目的投入费用、产出效益、偿还贷款能力，以及外汇效益等财务状况，来判别项目财务上的可行性。审查效益指标主要是复核财务内部收益率、财务净现值、投资回收率、投资利润率、投资利税率和固定资产借款偿还期。涉外项目还应评价外汇净现值、财务换汇成本等指标。

（7）不确定性分析。审查不确定性分析一般应对报告中的盈亏平衡分析、敏感性分析进行鉴定，以确定项目在财务上、经济上的可靠性和抗风险能力。

评审机构在上述分析评审时，应当重点关注拟建项目是否符合国家产业政策和企业的发展战略，在技术与工程上是否可行，经济效益是否良好。同时应坚持顾全大局，做到突出重点与全面分析相结合、宏观效益分析与微观效益分析相结合，定量分析与定性分析相结合，动态分析与静态分析相结合，主体工程建设分析与配套工程分析相结合，在此基础上提出评审意见。

对工程项目建议书和可靠性研究在完成以上评审意见的基础上，提交企业最高决策机构，进而作出是否投资决策。未经评审程序的项目不得提交立项决策。

企业可以委托具有相应资质的专业机构对可行性研究报告进行评审，出具评审意见。从事项目可行性研究的专业机构不得再从事可行性研究报告的评审。

2．项目决策

建设单位应当依据可行性研究报告的评审意见，按照规定的程序和权限，对工程项目进行决策，决策过程中必须有完整的书面记录。

企业应当按照规定的权限和程序对工程项目进行决策，决策过程应有完整的书面记录。重大工程项目的立项，应当报经董事会或类似权力机构集体审议批准。总会计师或分管会计工作的负责人应当参与项目决策。任何个人不得单独决策或者擅自改变集体决策意见。工程项目决策失误应当实行责任追究制度。

工程项目评审与审批是企业投资决策的基本依据，其结果也是项目融资机构贷款的依据。一旦项目评审结论对可行性研究报告予以肯定，投资决策形成，投资前期准备工作即宣告结束，项目将进入执行阶段。

企业应当在工程项目立项后、正式施工前，依法取得建设用地、城市规划、环境保护、安全、施工等方面的许可。

项目立项决策制度

第一条 为规范企业工程项目决策的管理，依据国家相关法规及企业有关章程规定，特制定本制度。

第二条 本制度所称工程项目立项决策是指集团企业本部、全资子企业、控股或参股子企业一定金额以上的工程项目的建设、改造、装修、维护等。

第三条 工程项目决策必须遵循民主化、科学化、规范化原则。

1. 民主化，严禁个人单独决策工程项目或擅自改变集体决策意见。

2. 科学化，工程项目的立项研究必须按照科学的方法并保持严谨的态度。

3. 规范化，工程项目决策必须纳入集团企业重大决策程序，遵循相应的管理规范或实施细则。

第四条 工程项目决策应以集团整体战略规划为依据。

1. 集团本部及其全资子企业的决策结果应符合集团的整体战略规划。

2. 对控股或参股子企业的重大决策要尽量引导其符合集团的整体战略规划。

第五条 在工程项目的决策过程中，企业的相关部门应履行其职能，提供必要的、合理的建议。

1. 工程部，为工程项目提供技术方面的支持，编制项目建议书和项目可行性研究报告。

2. 财务部，为工程项目提供财务方面的参考意见。

3. 审计部，对决策的过程实施监督审计。

4. 法务部，为工程项目提供法律方面的支持。

5. 其他相关部门根据需要给予必要的支持和配合。

第六条 对需要外包的工程项目进行决策时应该明确以下事项。

1. 明确发包方式（包工包料或包工不包料）。

2. 明确招标程序。

3. 明确招标执行人员的权限和责任。

第七条 工程项目内部审批权限和程序如下。

1. 工程项目投资未超过最近一个会计年度净资产值的 5%，由总裁办公会议评估论证并批准。

2. 工程项目投资未超过最近一个会计年度净资产值的 20%，由总裁办公会议评估论证，报董事会批准。

3. 超过以上投资额的项目由总裁办公会议评估论证，经董事会审议通过后提交股东大会审议批准。

第八条 集团企业审计委员会对工程项目决策程序的合法性实行审计，对决策的实施过程进行监督，对决策的结果负责评审并作出结论。

第九条 本制度解释权及修改权归集团企业董事会。

第十条 本制度自发布之日起生效。

文案范本

工程项目决策流程

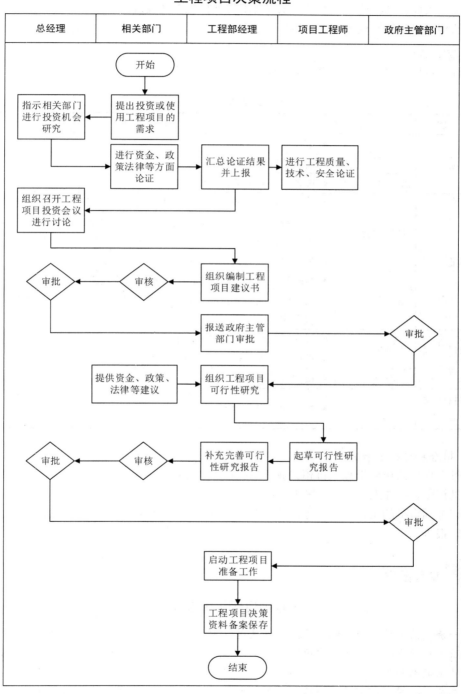

（五）授权审批

1. 授权方式

公司对董事会的授权由公司章程规定和股东大会决议；公司对董事长和总经理的授权，由公司董事会决议；总经理以下人员，无权对工程项目是否建设进行审批；公司经理对工程项目建设中的相关事务的授权（如工程签证、价款支付等），公司以临时授权的方式明确。

2. 审批权限

工程项目控制审批权限如表 13-8 所示。

表 13-8　工程项目控制审批权限

项　　　目	审批人	审批权限
工程立项	董事长	• 审批 • 授权总经理审批
	总经理	• 按董事会或董事长的授权审批
工程审批	股东大会	• 一个工程项目或在设计、技术、功能最终用途等方面密切相关的多项工程的工程造价达到或占公司总资产比重较大的 • 工程项目建成使公司的主业或产业结构发生重大变化 • 公司股东大会决议需报股东大会批准的事项
	董事会	• 对除须股东大会批准以外的工程项目进行审批或授权董事长 • 对报股东大会审批的工程项目事前提出预案，经董事会决议通过后报股东大会审批
工程项目外包合同签署	董事长	• 签署（由股东大会批准的项目） • 授权总经理签署（一般项目）
	总经理	• 按授权签署
工程项目建设过程事务	授权审批人	• 按公司授权范围审批

3. 批准和越权批准处理

审批人根据公司对工程项目相关业务授权批准制度的规定，在授权范围内进行审批，不得超越审批权限；经办人在职责范围内，按照审批人的批准意见办理工程项目业务；对于审批人超越授权范围审批的工程项目业务，经办人有权拒绝并应拒绝办理，并及时向审批人的上一级授权部门报告。

文案范本

工程项目授权审批制度

第一条　为规范公司工程项目业务开展过程中的授权审批行为，明确授权范围、责任和权限，加强工程项目授权管理，维护项目实施的工作秩序，根据国家相关法律、法规和公司实际情况，特制定本制度。

第二条　公司工程部是工程项目业务的主办部门，其他部门根据需要给予配合和协助。

第三条　工程项目小组的成立。

1. 公司工程项目立项审批通过后，工程部经理依据公司总经理的授权，根据工程规模大小组织成立工程项目小组。

2. 工程项目小组第一负责人为项目经理，由工程部经理推荐，人力资源部审核后由总经理任命。

3. 工程项目小组根据需要配置技术、会计、文员等具体岗位，人员由项目经理推荐，经工程部经理和人力资源部经理审核后交由总经理批准。

4. 工程项目小组所有参与人员必须具备以下4个条件：

（1）属于公司全职工作人员；

（2）掌握相关的专业知识和技能；

（3）能够切实维护公司的利益；

（4）熟悉相关项目业务法规、政策。

第四条　工程项目在组织和实施过程中，必须按照规定的授权审批流程开展各项工作，具体内容如下。

1. 工程项目决策授权审批流程。

（1）工程部经理上报《项目建议书》。

（2）总经理审批后由工程部经理组织进行可行性研究。

（3）工程部经理上报《可行性研究报告》。

（4）总经理组织专项会议审议。

（5）审议通过后工程项目立项。

2. 工程项目概预算授权审批流程。

（1）工程项目经理上报《工程项目概预算报告》。

（2）工程部经理审核。

（3）财务部经理审核。

（4）总经理审批通过后执行。

3. 工程项目进度款支付授权审批流程。

（1）工程承包单位提出进度款支付申请。

（2）项目经理对照合同检查后上报。

（3）工程部经理审核。

（4）财务部经理审核。

（5）总经理审批通过后由财务部办理支付手续。

4. 工程项目竣工决算授权审批流程。

（1）项目经理提交《竣工决算书》。

（2）工程部经理审核。

（3）财务部经理审核。

（4）总经理审批通过后执行。

第五条　对于审批人超越授权范围审批的工程项目业务，经办人有权拒绝办理，并及时向审批人的上级授权部门报告。

第六条　授权、审批均应有文件记录，授权应有《授权委托书》，方便以后查考。

第七条　本制度由工程部会同公司其他有关部门解释。

第八条　本制度配套办法由工程部会同公司其他有关部门另行制定。

第九条　本制度自____年__月__日起实施。

文案范本

工程项目立项审批表

填报部门：　　　　　　　　　　　填报日期：

项目名称		项目负责人	
投资概算		申报部门	
预计开工时间		预计竣工时间	
工程发包形式			

工程建设的必要性：

工程建设的计划安排：

工程项目部意见：

主管副总意见：

总经理意见：

董事会意见：

**文案范本**

工程项目立项审批流程

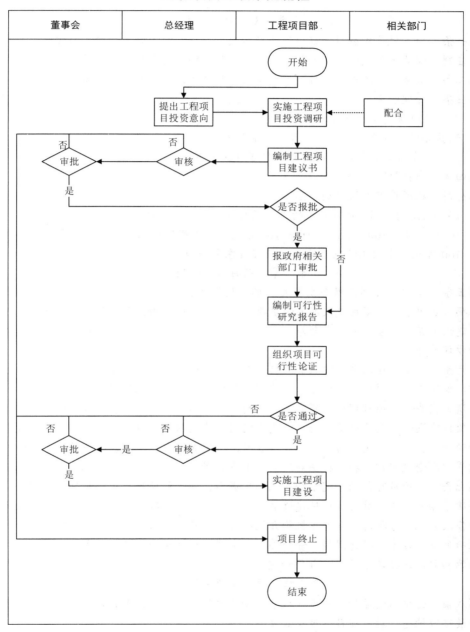

董事会	总经理	工程项目部	相关部门

（图中流程节点文字）

开始

提出工程项目投资意向 — 实施工程项目投资调研 — 配合

编制工程项目建议书

审核（否）— 审批（否）是

是否报批（是／否）

报政府相关部门审批

编制可行性研究报告

组织项目可行性论证

是否通过（否／是）

审核（否）— 审批（否）是

实施工程项目建设

项目终止

结束

（六）工程项目立项管理综合制度

请参阅以下相关文案。

工程项目立项管理制度

第一章 总 则

第一条 为了规范本公司工程项目审批和决策程序，加强对工程项目的管理和监督，落实各级责任制，以便化解风险，减少损失，提高效益，特制定本制度。

第二条 本制度所称工程项目，是指企业进行的建造、安装等土建活动。

第三条 管理职责。

1. 工程项目部负责统筹项目立项事宜。

2. 预算合同部负责工程项目概算与预算编制。

3. 总经理负责审批权限范围内的工程项目立项事宜。

第四条 审批权限划分。

本公司工程项目审批权限划分如下。

1. 10万元以下（含10万元）的工程项目立项，由总经理审批。

2. 10万元以上100万元以下（含100万元）的工程项目立项，须由董事会会议审批。

3. 100万元以上的工程项目立项，须经股东大会审议通过。

第二章 项目可行性研究

第五条 工程项目部根据企业发展战略以及年度投资计划，并结合企业高层的投资意向，提出《项目建议书》。《项目建议书》的主要内容包括：项目的必要性和依据、产品方案、拟建规模、建设地点、投资估算、资金筹措、项目进度安排、经济效果和社会效益的估计、环境影响的初步评价等。

第六条 《项目建议书》按照审批权限审批通过后，由工程项目部具体负责项目可行性研究工作。如果工程规模较大，也可聘请外部专业机构开展可行性研究工作，并最终出具《项目可行性研究报告》。《项目可行性研究报告》的内容包括：项目概况、项目建设的必要性、市场预测、项目建设选址及建设条件论证、建设规模和建设内容、项目外部配套设施建设、环境保护、劳动保护、卫生防疫、消防、节能、节水、总投资及资金来源、经济效益、社会效益、项目建设周期及进度安排、招投标法规定的相关内容等。

第七条 《项目可行性研究报告》编制完成后，由工程项目部组织规划、工程、技术、财会、法律等相关专业人员对《项目建议书》和《项目可行性研究报告》进行论证和评审。如果工程规模较大，也可聘请外部专业机构开展项目论证与评审工作。在项目评审过程中，应当重点关注项目投资方案、投资规模、资金筹措、生产规模、布局选址、技术、设备、环境保护等资料来源和取得途径是否真实、可靠和完整。

第三章 项目立项审批与决策

第八条 论证通过后的《项目建议书》和《项目可行性研究报告》经总经理、董事会和股东大会最终审批通过后，项目方可正式立项。

第九条 项目立项的审批应严格遵守工程项目审批权限实施，且决策过程中应有完整的书面记录。

第十条 100万元以上的工程项目必须经最高决策层审议通过，且经股东大会批准方可立项。

第四章　项目立项责任追究

第十一条　任何人不得随意改变项目立项决策程序，如果出现擅自变更决策事件，将追究相关人员的责任，如因决策变更给企业带来损失的，则需责任人补偿相应的损失。

第十二条　工程项目决策过程中，每个参与决策者都有平等发表各自意见的权利，并承担相应的责任。当某一工程项目立项决策失误时，将追究赞成立项人员的责任；反对该项目的决策人员可免于追究责任，但必须在会议纪要中申明自己的反对立场及反对原因。

第五章　附　　则

第十三条　项目立项通过后，工程项目部负责指定专人办理工程项目的报建手续，并在正式施工前取得建设用地、城市规划、环境保护、安全、施工等方面的行政许可。

第十四条　工程项目立项过程中产生的各种文件、资料必须建立专门的档案保存。

第十五条　本制度由工程项目部拟订和修改，由总经理办公会审批。

第十六条　本制度由工程项目部负责解释。

第十七条　本制度自发布之日起实施。

二、工程设计控制

请参阅以下相关文案。

文案范本

工程项目图样签收单

图样名称及编号		收图人员	
工程名称		收图日期	
		收图数量	

简单说明：

施工单位确认：	建设单位确认：

三、工程招标控制

工程招标是招标人在发包项目之前，依照法定程序，以公开招标或约请招标方式，鼓励潜在的投标人依据招标文件参与竞争，通过评定，从中择优选定中标人的一种经济活动。

企业的工程项目一般应当采用公开招标的方式，择优选择具有相应资质的承包单位和监理单位。

（一）招标业务流程

招标过程包括招标、投标、开标、评标和定标五个主要环节，在工程项目的各种招标活动中，施工招标最有代表性，现以公开招标为别，业务流程如图 13-12 所示。

招标环节的主要风险是：招标人肢解建设项目，招标过程中的舞弊及欺诈行为。

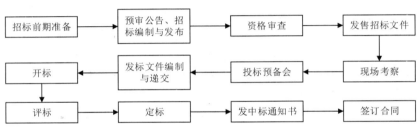

图 13-12　公开招标业务流程

（二）招标与投标

1. 招标

招标主要包括：招标前准备、发布招标公告、资格预审公告发布。在前期准备阶段，应确定招标组织方式（自行招标、委托招标）、招标方式（公开招标、约请招标）、划分标段等。

公开招标，是招标人在指定的报刊、电子网络或其他媒体上发布招标公告，吸引众多的投标人参加投标竞争，招标人从中择优选择中标单位的招标方式。约请招标，也称选择性招标，它是由招标人根据自己的经验和有关供应商、承包商资料及以往业绩情况，选择一定数目的企业（一般应约请 5～10 家为宜，不得少于 3 家），向其发出投标邀请书，邀请他们参加投标竞争。

企业应当依照国家招投标法的规定，遵循公开、公正、平等竞争的原则，发布招标公告。提供载有招标工程的主要技术要求、主要合同条款、评标的标准和方法，以及开标、评标、定标的程序等内容的招标文件。企业可以根据项目特点决定是否编制标底。需要编制标底的，标底编制过程和标底应当严格保密。在确定中标人前，企业不得与投标人就投标价格、投标方案等实质性内容进行谈判。

招标文件可以自行制定，也可以委托专业机构编制。

建设工程项目设计招标文件通常由项目法人委托监理单位或咨询公司编制，是指导设计单位正确投标的依据，它既要全面分析拟建项目的特点和设计要求，还应详细提出应当遵守的投标规定。根据《建筑工程设计招投标管理方法》的规定，建设工程项目设计招标文件应当包括以下内容。

（1）工程名称、地址、占地面积、建筑面积等。已批准的项目建议书或者可行性研究报告。工程经济技术要求。

（2）城市规划管理部门确定的规划控制条件和用地红线图。

（3）可供参考的工程地质、水文地质、工程测量等建设场地勘察测查报告。供水、供电、供气、供热、环保、市政道路等方面的基础资料。

（4）招标文件答疑、路勘现场的时间和地点。招标文件编制要求及评标原则。

（5）投标文件送达的截止时间。拟签订合同的主要条款。未中标方案的补偿办法。建设工程项目设计招标文件一经发出，招标人不得随意变更。需要进行必要的澄清或者修改时，应当在提交投标文件截止日期 15 日前，书面通知所有的招标文件收受人。

建筑工程施工招标文件编制的注意事项包括以下几点。

（1）评标原则和评标方法细则，尤其是计分方法在招标文件中要明确。

（2）投标价格，一般结构不太复杂或工期在 12 个月以内的工程，可以采用固定价格，考虑一定的风险系数。结构复杂或大型工程，工期在 12 个月以上的，应采用调整价格。调整方法和调整范围在招标文件中明确。

（3）招标文件中应该明确投标价格计算依据。

（4）质量标准必须达到国家施工验收规范合格标准，对于要求质量达到优良标准时，应计取补偿费用，补偿费用的计算方法应按国家或地方的有关文件规定执行，并在招标文件申明确。

（5）招标文件中的建筑工期应该参照国家或地方颁发的工期定额来确定，如果要求的工期比工期定额缩短 20%以上（含 20%）的，应计算赶工措施费。赶工措施费如何计取应该在招标文件中明确。由于施工单位原因造成不能按照合同工期竣工时，计取赶工措施费的需扣除，同时还应该承担该建造单位带来的损失。损失费用的计算方法或规定应该在招标文件中明确。

（6）如果建筑单位要求按合同工期提前竣工交付使用，应该考虑计取提前工期奖，提前工期奖的计算方法应在招标文件中明确。

（7）招标文件中应该明确投标准备时间，即从开始发放招标文件之日起，至投标截止时的时间期限，最短不得少于 20 天。

（8）在招标文件中应明确投标保证金数额，一般该保证金数额不超过投标总价的 2%，投标保证金的有效期应超过投标有效期。

（9）中标单位应按规定向招标单位提交履约担保，履约担保可采用银行保函或履约担保书。履约担保比率一般为：银行出具的银行保函为合同价格的 5%，履约担保书为合同价格的 10%。

（10）投标有效期的确立应视工程情况确定，结构不太复杂的中小型工程的投标有效期可定为 28 天；结构复杂的大型工程有效投标期可定为 56 天。

（11）材料或设备采购、运输、保管的责任应该在招标文件中明确。如果建筑单位提供材料或设备，应列明材料或设备名称、品种或型号、数量，以及提供日期和交货地点等；还应该在招标文件中明确招标单位提供的材料或设备计价和结算退款的方式、方法。

（12）关于工程量清单。招标单位按照国家颁布的统一工程项目划分、统一计量单位和统一的工程量计算规则，根据施工图纸计算工程量，提供给投标单位作为投标报价的基础。结算拨付工程款时以实际工程量为依据。

（13）合同专用条款的编写。招标单位在编制招标文件时，应该根据《中华人民共和国合同法》《建筑工程施工合同管理办法》的规定和工程具体情况确定"招标文件合同专用条款"内容。

（14）投标单位在收到招标文件后，若有问题需要澄清，应于收到招标文件后以书面形式向招标单位提出，招标单位将以书面形式或投标预备会的方式予以解答，答复将送给所有获得招标文件的投标单位。

（15）招标人对已经发出的招标文件进行必要的澄清或修改的，应当在招标文件要求提交投标文件截止时间至少 15 日前，以书面形式通知所有招标文件收受人，该澄清或修改内容为招标文件的组成部分。

2．发布招标公告

在采用公开招标的方式下，招标人向所有潜在的投标人发布的一种广泛的通告，其目的是使所有潜在的投标人都具有公平的投标竞争机会。这一环节的主要风险是：招标人肢解建设项目或逃避公开招标，投标资格因人而异、相关人员违法违纪泄露标底等舞弊行为。因此必须按照《招标投标法》《工程建设施工招标投标管理办法》等相关法律法规规范进行，防范舞弊行为产生。

3．投标

它是指投标人根据招标人提出的招标条件，经过现场考察、投标预备会投票文件编制，在规定时间内以密函方式向招标人递交投标文件，提出自己的报价和优惠条件，在开标时由招标人对各投标人的报价及其他条件进行比较，从而确定中标人并与之达成协议。这一阶段的风险是招投标人串通作弊，提供虚假资料，冒用他人名义投标等，故必须严格审查密切关注。

（三）开标、评标和定标

投标工作结束后，应组织开标、评标和定标工作。

1．开标控制

在选择承包单位时，企业可以将工程的勘察、设计、施工、设备采购一并发包给一个项目总承包单位，也可以将其中的一项或者多项发包给一个工程总承包单位，但不得违背工程施工组织设计和招标设计计划，将应由一个承包单位完成的工程肢解为若干部分发包给几个承包单位。

企业应根据项目总承包体制及各项工程的特点，明确各分包工程的范围，制定总承包及各分包工程的招标文件。在确定承包商之前，企业应对各备选单位进行调查，并进行投标资格的初步审查，了解该单位的资质信誉、实力、工程业绩是否符合该工程项目要求，并且要求投标方以书面形式向企业承诺不转包该专业工程。

企业应当依法组织工程招标的开标、评标和定标。并接受有关部门的监督。

企业在开标过程中应由企业负责人、总承包商、各分包商、设计主持人及专业负责人、工程监理负责人、专业工程师等有关人员出席，在开标过程中，可邀请公证机构进行检查和公正，防范舞弊产生。

2．评标控制

评标是依据招标文件的规定和要求，对投标文件所进行的审查、评审和比较，是确定中标人的必经程序，是保证招标成功的关键环节。因此，需要由企业和代理机构独自承担，任何单位和个人不得非法干预，以保证评标公正性。

企业应当依法组建评标委员会。评标委员会由企业的代表和有关技术、经济方面的专家组成。评标委员会应当客观、公正地履行职务、遵守职业道德，对所提出的评审意见承担责任。企业应当采取必要的措施，保证评标在严格保密的情况下进行。评标委员会应当按照招标文件确定的标准和方法，对投标文件进行评审和比较，择优选择中标候选人。

评标工作应由企业、施工总承包、设计总承包、监理负责方等有关人员组成的评标小组负责实施，评标的原则是根据标价、工期、质量标准、主要材料用量及材料生产厂家、施工组织设计及初步的施工进度计划、社会信誉等进行评价。

企业应根据技术胜任能力、管理能力、资源的可利用性、收费的合理性、专业的全面性、社会信誉以及质量保证等因素来选择承包商，保证工程项目的质量要求。

评标人员要遵守职业道德，在中标结束前应严格保密，不得私下接触投标人，不得收受投标人任何形式的商业贿赂，并对提出的评审意见承担责任。

评标委员会成员和参与评标的有关工作人员不得透露对投标文件的评审和比较、中标候选人的推荐情况以及与评标有关的其他情况，不得私下接触投标人，不得收受投标人的财物或者其他好处。

3．定标管理控制

企业应当按照规定的权限和程序从中标候选人中确定中标人。及时向中标人发出中标通知书，在规定的期限内与中标人订立书面合同，明确双方的权利、义务和违约责任。企业和中标人不得再行订立背离合同实质性内容的其他协议。

中标人确定后，建设单位应当在规定期限内，遵循《企业内部控制应用指引第 16 号——

合同管理》规定，同中标人订立书面合同。期间应关注三方面工作。

（1）制定严格的工程管理制度，明确各部门在工程合同管理中及履行中的职责、严格按照合同行使权利和履行义务。

（2）建设施工合同、各类分包合同、工程项目施工内部承包合同等应当按照国家或本单位制定的示范文本内容填写，清楚列明质量、进度、资金、安全等各项具体标准，有施工图纸的，应作为合同重要附件，与合同具有同等法律效力。

（3）应当建立合同履行情况台账，记录合同的实际履约情况，并随时督促对方当事人及时履行其义务，确保合同如期完成。

 文案范本

工程项目招标管理制度

第一章　总　则

第一条　目的。

为了规范工程项目承包方选择和评定程序，降低工程项目承包过程中风险，节约工程项目投资，保证工程项目质量，特制定本制度。

第二条　依据本制度制定主要依据《中华人民共和国招标投标法》《中华人民共和国建筑法》以及《企业内部控制应用指引》。

第三条　适用范围。

本制度适用于公司各类工程项目的招标管理工作。

第四条　管理部门。

本公司工程项目的招标管理工作由工程项目部具体负责。

第五条　招标的原则

1. 公开、公正。

2. 标价与成本相结合。

3. 工程性质与施工能力相结合。

第六条　工程项目的招标形式分为公开招标和邀请招标。

1. 公开招标是指公司以招标公告的方式邀请不特定的法人或者其他组织投标。

2. 邀请招标是指招标人以投标邀请书的方式邀请特定的法人或者其他组织投标。

3. 凡工程项目额度在××万元以上的，原则上采用公开招标的形式，特殊情况下的工程项目采用邀请招标的形式。

工程项目额度在××万元以下的，可以采用议标的形式。

4. 公开招标工程项目的发包可实行自行招标或委托招标代理机构办理招标事宜。在选择招标代理机构时，应选择依法设立的、具备招标代理资格、具有丰富的招标代理业务经验的中介组织代理招标事宜。招标代理机构的确定应考虑招标业绩与代理费等因素。

5. 有下列情形之一的，经董事会批准，可不进行招标。

（1）由于不可抗力造成紧急情况，从而无法开展有效的招标活动的。

（2）采用特定专利、专有技术或对建筑艺术造型有特殊要求的。

（3）潜在投标人少于三家不能形成有效竞争的。

（4）法律、法规规定的其他不适宜招标的。

第二章 招标文件编制、审核与发送

第七条 招标文件的编制。

招标文件由公司自行编制或由招标代理机构编制。

第八条 招标文件主要包括以下内容。

1. 招标项目的范围、招标项目适用的技术标准。

2. 投标公司技术资质、等级要求。

3. 投标报价及招标项目规定采用的概（预）算定额、费用定额。

4. 招标项目价格调整因素和双方共同遵循的价格调整文件类别。

5. 参考价格、暂估价格的价差处理办法，补充单价的确认方式。

6. 设计变更以及其他技术、经济洽商的可调整种类、限额及其确认方式和处理办法。

7. 对招标项目的特殊情况或不可预见因素的处理方式。

8. 招标项目建设材料、设备的供应方式与计价、结算方法以及采购、运输、保管责任。

9. 工程质量标准与质量责任及补偿办法。

10. 工期要求，工程款拨付、工程结算规则与方式。

11. 评标标准与评标方法；投标文件编制、提交、修改、撤回的要求，投标有效期及开标的时间地点。

12. 合同的主要条款。

13. 其他相关内容。

第九条 编制标底。

公开招标的标底原则上均委托社会中介机构编制，非委托的标底由工程项目部组织编制。标底由总工程师组织审批，需要报招标管理机构审定的报招标管理机构审定。编制完成后的标底在公布前应严格保密。

第十条 评审招标文件。

招标文件编制好后，公司工程项目、预算合同部、财务、法律等职能部门就其中主要条款及要求作出书面评审，报总工程师及总经理确认，确认后的评审记录为招标文件修改及正式成文的依据。

第十一条 招标文件审批通过后，经由工程项目部或招标中介机构发送给准备参加投标的单位或组织。

第十二条 招标文件中不得标明或要求特定的材料供应商，不得含有倾向和排斥潜在竞标人的条款。

第三章 资格预审、开标、评标与定标

第十三条 资格预审。

工程招标前应对工程承包商进行资格预审。资格预审由工程项目部组织，预算合同部、财务部等相关部门配合。资格预审的主要内容如下。

1. 是否具备发包工程项目要求的施工资质。

2. 是否具有与承担本标的工程内容相配套的技术实力与机械装备。

3. 近两年的合同（包括内容）履行情况，权威部门认定的施工质量情况。

4. 近两年的年终财务报表及流动资金状况，在资金和债务方面是否存在纠纷。

5. 现有施工任务（含在建及未开工工程）。

6. 拟承担本工程的项目经理、技术负责人的管理、技术素质。

7. 法律法规规定的其他情况。

第十四条　参与投标人资格审查工作的人员必须认真、负责，严禁收受潜在投标人的财物，否则将受到相应处罚。

第十五条　开标。

1. 开标时间应该与招标文件中规定的开标日期一致。

2. 开标地点应为招标文件中预先确定的地点，如果开标地点发生变动，则应事先通知所有投标人。

3. 开标的主持人由工程项目负责人担任，如果招标委托给外部代理机构，则主持人由外部代理机构相关人员担任。

4. 开标之前，任何人不得泄露有关投标人的任何信息资料。

第十六条　评标。

1. 本公司的评标由评标委员会具体负责。评标委员会由本公司内部高级管理人员及外聘有关技术经济方面的专家组成，委员会人数应为5人以上单数的，其中技术、经济方面的专家不得少于成员总数的2/3，本公司以外的专家不得少于成员总数的2/3，委员会负责人可由其成员推举产生或由本公司总经理确定。

2. 评标委员会外聘专家资质。

（1）从事相关专业领域工作满8年，具有高级职称或同等专业水平。

（2）客观公正、诚信廉洁，具备较高的思想道德水平和职业修养。

（3）熟悉招标、投标的法律法规，并具有与招标项目相关的实践经验。

3. 下列人员不得担任评标委员会成员。

（1）工程项目主管部门或监督部门的人员。

（2）与投标人存在近亲关系、经济利益或其他利害关系的人员。

（3）曾在招标、投标活动中因违法违纪行为受过处罚的人员。

（4）有可能影响公正评标的其他人员。

4. 评标程序。

本公司工程项目评标遵循以下程序。

（1）评标委员对所有符合标准的投标文件进行综合评议，重点关注投标人的资质、技术、质量、施工组织等方案是否满足要求。

（2）评标委员会遵循低价中标（低于成本价除外）原则，为符合条件的投标人打分。

（3）根据所有评标委员的打分，对所有投标人进行综合排名。

（4）评标委员会将综合排名前三位的投标人列为候选中标人，推荐给本公司。

5. 评标委员会在评标时，出现以下情节之一的，应作废标处理。

（1）投标人以他人名义投标、串通投标或以行贿手段谋取中标的。

（2）投标文件内容不全、字迹模糊、无法辨认的。

（3）无法定代表人出具委托意向书的。

（4）其他应作废标处理的。

第十七条　定标。

1. 在确定中标人前，公司任何人不得与投标人就投标价格、投标方案等实质内容进行谈判。公司应从评标委员会推荐的3个中标候选人中确定1个中标人。

2. 中标人确定后，工程项目部应向中标人发中标通知书，同时通知未中标人，并与中标人在××日内签订合同。

第四章　附　　则

第十八条　本制度由工程项目部拟订和修改，由总经理办公会审批。

第十九条　本制度由工程项目部负责解释。

第二十条　本制度自发布之日起实施。

文案范本

标底编制管理制度

第一章　总　　则

第一条　目的。

为制定科学、合理的标底，加强项目招标标底管理，规范造价管理，维护公司的利益，结合本公司特点，特制定本制度。

第二条　适用范围。

本制度适用于公司所有工程招标项目标底的编制管理。

第二章　标底编制的原则与岗位职责

第三条　标底编制的原则。

1. 根据国家规定的统一工程项目划分、统一计量单位和统一计算规则以及施工图纸、招标文件，参照国家编制的基础定额和国家、行业、地方规定的技术标准、规范，确定工程量和计算标底价格。

2. 一个单项工程或一个单位工程只能编制一个标底。

3. 标底的计价内容、计算依据应与招标文件的规定完全一致。

4. 标底价格应由成本、利润、税金组成，一般应控制在批准的总概算或修正、调整概算及投资包干的限额内。

5. 标底价格应考虑人工、材料、机械等价格变动因素，还应包括施工过程中的不可预见费、包干费和措施费等。

6. 标底编制人员与标底审定人员必须分离；参与标底编制的人员，不得同时参与投标人的投标文件编制工作。

7. 标底一经审定应密封保存至开标，所有接触过标底的人员均负有保密责任，不得泄露。

第四条　公司的标底编制工作主要由预算部负责完成，规划部、工程部、招标管理办公室等负责提供资料支持。内部审计部负责标底的审计工作。其主要职责如下。

1. 预算部负责工量清单、标底编制、复审工作，确保其准确性和合理性。

2. 规划部负责及时提供方案、有效的施工图纸及其他相关资料。

3. 工程部负责提供施工组织设计、设备选型、开工计划、图纸会审纪要等相关资料。

4. 招标管理办公室负责向预算部提供招标书、发包范围、定额取费类别、供材范围、分判计划等相关资料，并负责组织招标以及招标答疑，负责授标、分判、合同的签订。

5. 内部审计部负责审计标底制作过程及制作完成后的标底，确保其符合公司规定。

第三章　标底文件的主要构成

第五条　招标标底文件主要由标底报审表和标底正文两大部分构成。

第六条　标底报审表是招标文件和标底正文内容的综合摘要，通常包括以下主要内容。

1. 招标工程综合说明。

2. 标底价格。

3. 招标工程总造价中各项费用的说明。

第七条 标底正文主要包括以下内容。

1. 总则：主要说明标底编制单位的名称、持有的标底编制资质等级证书，标底编制的人员及其执业资格证书，标底具备条件，编制标底的原则和方法，标底的审定机构，对标底的封存、保密要求等内容。

2. 标底的要求及其编制说明：主要说明招标人在方案、质量、期限、方法、措施等诸方面的综合性预期控制指标或要求，并阐释其依据、包括和不包括的内容、各有关费用的计算方式等。

第四章 标底的编制实施

第八条 选择标底价格编制的基础。编制基础应根据招标图纸的深度、工程复杂程度、招标文件对投标报价的要求等进行选择。

1. 如果招标图是施工图，标底应以施工图以及施工图预算为基础进行编制。

2. 如果招标图是技术设计或扩大初步设计，标底应以概算为基础或以扩大综合定额为基础来编制。

3. 如果招标时只有方案图或初步设计，标底可用平方米造价指标或单元指标进行编制。

4. 招标文件规定采用定额计价的，招标标底价根据拟建工程所在地的建设工程单位估价表或定额、工程项目计算类别、取费标准、人工、材料、机械台班的预算价格、政府的市场指导价等进行编制。

5. 招标文件规定采用综合单价的（单价中包括所有费用），标底应采用综合单价计算。

6. 如果招标文件没有对工程量计算规则作出具体规定或部分未作具体规定，可根据公司项目主管部门规定的工程量计算规则进行计算。对于定额中没有包含的项目，可根据有造价管理部门定期颁布的市场指导价进行计算。

第九条 编制标底价格前应具备以下五大参考要素。

1. 招标文件的商务条款和相关的其他条款。

2. 工程施工图纸、编制工程量清单的基础资料、编制标底所依据的施工方案、工程建设地点的现场地质、水文以及地上情况的有关资料。

3. 工程施工图纸设计交底。

4. 基础定额、地方定额和有关技术标准规范。

5. 人工、材料、设备、机械台班等要素价格，以及市场间接费、利润、价格的一般水平。

第十条 编制标底价格的程序如下。

1. 确定特殊施工方法、工程量清单、临时设施布置及临时用地表、材料设备清单、补充消耗量定额等。

2. 确定人工、材料、设备、机械台班的市场价格。

3. 确定间接费、利润和计算税金。

4. 采用固定价格的工程，测算施工周期内人工、材料、设备、机械台班等价格变动的风险系数。

第十一条 编制标底价格的注意事项如下。

1. 明确标底价格的计算说明。

2. 工程量清单应与投标须知、合同条件、合同协议条款、技术规范和图纸一起使用。

3. 工程量清单所列的工程量是招标人估算的和临时的，作为编制标底价格及投标报价的共同基础。

4. 根据工程量清单所填入的单价与合价，应按约定的定额消耗标准及市场价格确定，作为直接费的基础。间接费、利润、税金、现场因素费用、施工技术措施费、赶工措施费及采用固定价格的工程测算的风险金等费用，计入标底价格其他相应的计算表中。

5. 采用综合单价的工程量清单中所填入的单价和合价，应包括人工费、材料费、机械费、间接费、利润、税金以及采用固定价格的工程所测算的风险金等全部费用。

6. 工程量清单不再重复或概括工程及材料的一般说明。在编制和填写每一项工程的单价和合价时，应参考投标须知和合同文件的有关条款。

7. 标底价格除非特别注明，所有标价应以人民币表示。

第十二条 根据工程特点和要求，如需采取特殊施工方法，应在标底中说明施工方法和采取的措施等可能影响工程造价的因素。

第五章　标底文件的审定与管理

第十三条 公司的标底文件在编制完成后，需首先提交内部审计人员或监理人员在招标前对其进行审核。

第十四条 标底编制人员和标底审定人员必须严格区分，不准以编代审、编审合一。

第十五条 经审定的标底文件及标底总价需提交公司招标管理办公室、招标委员会逐级审定、核准后方能生效。

第十六条 经核准确定的标底文件应密封保存。

1. 标底密封后，由招标办公室负责保管。

2. 核准后的标底总价为招标工程的最终标底价，未经招标委员会授权，任何人无权再变更标底总价。

3. 标底文件及其标底总价自编制之日起至公布之日止应严格保密，不得泄露。

第六章　附　则

第十七条 本制度由预算部制定、内部审计部审定，经总经理批准后生效，解释权、修改权归预算部所有。

第十八条 本制度自下发之日起实施。

文案范本

工程项目招标申请表

编号：　　　　　　　　　　　　　　日期：

工程名称		建设地点	
招标形式		计划工期	
质量要求		合同形式	
计划招标时间		项目概算	
投标范围			
项目概况			
项目技术标准及要求			
投标人资格要求			
预算合同部意见			
主管副总意见			
总经理意见			

项目发包控制流程

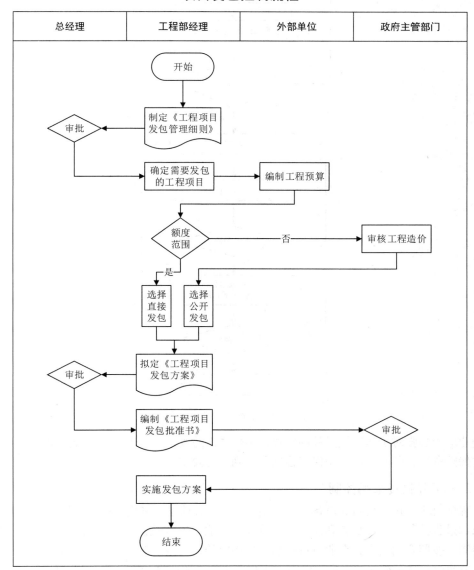

总经理	工程部经理	外部单位	政府主管部门

（流程图内容）

开始 → 制定《工程项目发包管理细则》 → 审批 → 确定需要发包的工程项目 → 编制工程预算 → 额度范围（否→审核工程造价；是→选择直接发包／选择公开发包）→ 拟定《工程项目发包方案》→ 审批 → 编制《工程项目发包批准书》→ 审批 → 实施发包方案 → 结束

四、工程建设控制

　　工程建设是指工程建设的实施阶段，包括工程监理、工程物资采购和工程价款结算。工程质量、进度和成本主要取决于该阶段。

　　工程建设阶段主要风险是：忽视质量盲目赶进度、费用虚列、偷工减料、安全管理松懈，使资金超支、造成工程隐患。

（一）工程建设业务流程

工程建设业务流程如图 13-13 所示。

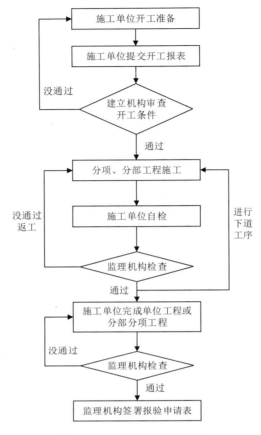

图 13-13　工程建设业务流程

　　企业应当加强对工程建设过程的监控，实行严格的概预算管理，切实做到及时备料，科学施工，保障资金，落实责任，确保工程项目达到设计要求。

（二）工程物资采购控制

　　工程项目物资包括材料和设备，它直接关系到工程质量、进度和投资。物资采购风险主要是：采购过程控制不力、材料和设备质次价高，可能导致"豆腐渣"工程。在施工过程中必须严加控制。按照合同约定，企业自行采购工程物资的，应当按照《企业内部控制应用指引第 7 号——采购业务》等相关的规定，组织工程物资采购、验收和付款；由承包单位采购工程物资的，企业应当加强监督，确保工程物资采购符合设计标准和合同要求。严禁不合格工程物资投入工程项目建设。重大设备和大宗材料的采购，应当根据有关招标采购的规定执行。

（三）工程监理控制

　　工程监理是指具有相关资质的监理单位受建设单位的委托，依据国家批准的工程项目建设文件、有关工程建设的法律、法规和工程建设监理合同及其他工程建设合同，代替建设单位对承建单位的工程建设实施监控的一种专业化活动。根据我国规定的必须依法监理的工程，建设单位通常是通过招标的形式委托具有相应资质的工程监理单位实施监理，并与其签订建设工程委托监理合同，约定委托监理的阶段（设计监理、施工监理、设备监造）工作范围和主要内容（质量控制、造价控制、进度控制、安全监理、合同管理等）。它是工程建设中的一项重要的监控措施，对工程质量优劣发挥着关键的作用。

1. 工程监理制度

企业应当实行严格的工程监理制度，委托经过招标确定的监理单位进行监理。工程监理单位应当依照国家法律法规及相关技术标准、设计文件和工程承包合同，对承包单位在施工质量、工期、进度、安全和资金使用等方面实施监督。

为保证工程建设质量，企业应加强施工阶段的监督管理，建立和实施工程监理制度，明确相关程序要求和责任。企业可以由专门小组也可以委托专门的监理机构进行工程质量监督。企业可以使用全面质量管理体系对施工过程中进行质量管理，包括：做好施工的技术交底，监督按照设计图纸和规范、规程施工；进行施工质量检查和验收，加强对施工工程各个环节特别是隐蔽工程进行质量检查；实施质量分析，防止施工过程中类似质量问题的再次发生。

2. 监理人员职责

工程监理制度能否正确地贯彻执行，并发挥其应有的作用，关键是工程监理人员要具备良好的职业操守，坚持职业道德。

工程监理人员应当具备良好的职业操守，客观公正地执行监理任务，发现工程施工不符合设计要求、施工技术标准和合同约定的，应当要求承包单位改正；发现工程设计不符合建筑工程质量标准或者合同约定的质量要求的，应当报告企业要求设计单位改正。

未经工程监理人员签字，工程物资不得在工程上使用或者安装，不得进行下一道工序施工，不得拨付工程价款，不得进行竣工验收。

文案范本

工程监理管理制度

第一章 总 则

第一条 为了规范工程项目监理机构选择程序，做好工程监理机构的管理工作，确保工程项目的施工质量，特制定本制度。

第二条 本制度适用于本公司所有项目工程监理机构管理工作。

第三条 工程项目部为工程监理的归口管理部门，具体负责工程监理机构选择、管理以及联系等相关事宜。

第二章 工程监理机构的选择

第四条 本公司工程监理机构的选择主要通过公开招标方式进行。工程项目部具体负责招标公告的编制、发布以及招标书的编制和发送等事宜。

第五条 工程项目部组织相关部门以及主管领导对投标的工程监理机构进行评议，并最终确定中标监理机构。

第六条 工程监理机构应具备的资质。

1. 具备相应的企业或组织机构资质。

2. 具备同类工程阶段的监理经验或全过程监理经验。

3. 具备与该工程所包括的设计、土建、安装、装修全部工作内容相适应的实际工作能力，全面进行"三控"（进度控制、质量控制、投资控制）"两管理"（合同管理、信息管理）和安全文明施工。

4. 具有进行工程建设项目现代化管理的能力。

5. 具有编写符合规程、规范的竣工资料的能力。

6. 拥有一定数量的具备工程监理资格的监理工程师等。

第七条　工程项目部通过招标方式确定中标监理机构后，由甲乙双方法人代表签订《建设工程委托监理合同》，明确工程监理的任务，在施工阶段监理机构需依据合同规定按时进驻施工现场。

<h3 style="text-align:center">第三章　工程监理机构的监督</h3>

第八条　开工前工程监理机构的准备工作。

1. 工程项目部负责检查监理机构开工前的准备工作，督促其建立、完善内部质量控制体系，各专业均应配有专职监理工程师，明确岗位责任制等。

2. 监理人员进驻施工现场前，工程项目部应将项目监理组织情况、监理工程师名单及所授权限书面通知施工单位。

3. 由项目总监理工程师组织有关专业监理工程师对开工前由施工单位提交的本工程施工组织设计、施工方案和各项技术措施进行审查认可，如有不同意见应书面向施工单位提出。

4. 监理工程师必须参加图样会审及主要分项工程的施工技术交底，熟悉施工图样、设计变更单、技术核订单、施工图补充文件等，了解设计意图和技术质量标准，发现和解决图样中的问题，找出工程的特点、重点、难点，以便采取相应措施。

第九条　施工过程中工程监理机构的工作。

1. 监理机构须配合施工进度，确定监理人员现场值班制度。

2. 根据总进度计划，要求施工单位提出各分部、分项工程的季度、月度的具体计划安排，组织各专业监理工程师审查其可行性并提出意见。

3. 监理工程师会签各种设计变更，设计的工程变动和工程投资增减，应按监理合同规定向本公司工程项目部反馈或提交意见书。

4. 凡影响工程进度和投资的设计变更，均应取得本公司工程项目部现场代表的同意。

5. 项目总监理工程师或指定的监理工程师代表，须参加现场有关施工例会，提出监理意见。

6. 监理工程师督促施工单位负责定期检查安全防护措施，如发现安全隐患可直接向施工单位及负责人提出整改或提出停止施工的意见，直至以书面形式向本公司工程项目部反映。监理工程师必须熟悉本专业的安全技术要求，认真审查有关施工方案和应采取的安全防护措施，督促施工单位在施工中严格遵守安全技术规程、法规。

7. 现场若出现质量或安全事故，监理工程师应及时向本单位上级和本公司汇报，由监理机构组织有关单位研究处理方案，并责成责任方写出书面事故报告和提出具体处理方案，经设计单位、本公司和监理机构同意后进行处理。

8. 深入现场检查保证质量措施的落实情况，如发现有不按施工规范和设计图样要求施工，影响工程质量的，应及时向施工单位负责人提出改正意见；如施工单位没有改正，在报告本公司工程项目部得到同意的情况下可向施工单位提出书面停止施工的通知。

9. 监理工程师审核施工单位按工程进度提交的形象进度和已完成工程量月报，对工程量增减变化的设计变更等内容执行情况审查，同时检查是否满足质量要求；如不合格，则不予签认并及时汇报本公司工程项目部。

第十条　竣工后工程监理机构的工作。

1. 监理工程师在接到施工单位提交的工程竣工报告和验收资料后，项目总监理工程师应组织各专业监理工程师进行审查竣工验收资料和初验，经初验合格后，由项目总监理工程师签认竣工报告，再向本公司工程项目部提交竣工报告，由工程项目部确定日期组织有关单位和人员参加正式验收工作。

2. 监理机构必须对竣工的技术资料严格审查、清理，并协助施工单位做好技术资料的归档工作，报请监理工程师审查后提交本公司工程项目部。

第四章　对监理的考核与监理效果评价

第十一条　对监理考核的内容包括管理水平、总监素质、监理工程师的素质、上岗情况、监理组织机构的完善和监理手段。

第十二条　监理效果的评价内容。

本公司对监理效果的评价内容如下表所示。

监理效果评价表

对成绩方面的评价	对失误方面的评价
1. 设计图样的审查	
2. 深入现场及时发现并解决问题	1. 工程项目部对监理机构的评价
3. 向工程项目部提出合理性建议	2. 施工单位对监理机构的评价
4. 帮助施工单位解决疑难问题	

第五章　附　　则

第十三条　本制度由工程项目部拟订和修改，由总经理办公会审批。

第十四条　本制度由工程项目部负责解释。

第十五条　本制度自发布之日起实施。

文案范本

工程项目安全控制流程

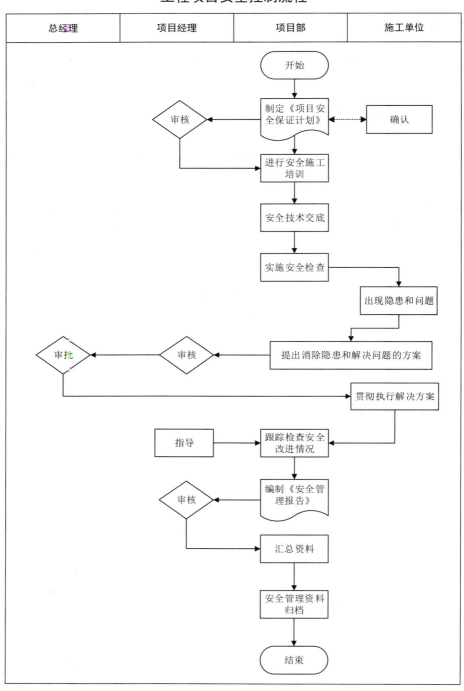

总经理	项目经理	项目部	施工单位

（四）工程价款结算、支付控制

1. 工程价款结算控制

工程价款结算是指对建设工程的发包（承包）合同价款进行约定和依据合同约定进行工程预付款、工程进度款、工程竣工价款结算的活动。

（1）工程价款结算流程及潜在风险。工程进度款结算流程，如图 13-14 所示。

图 13-14 工程进度款结算流程

工程价款结算潜在风险是：建设资金使用管理混乱，项目资金不落实，导致工程进度延缓或中断，使整个工程效益受到损失。

企业财会部门应当加强与承包单位的沟通，准确掌握工程进度，根据合同约定，按照规定的审批权限和程序办理工程价款结算，不得无故拖欠。

（2）控制措施。

1）建立和完善工程价款结算制度、明确工作流程和职责权限，对价款支付条件、方式及核算程序等作出明确规定，并认真审核切实执行。

2）资金筹措和使用与工程进度一致，根据项目组成和进度编制资金使用计划，确保按期支付价款，不得提前支付。

3）财会部门加强与施工单位和监理机构沟通，准确掌握工程进度，正确反映资产价值。

4）若工程实际成本超过工程项目预算，应及时分析原因，按规定的程序处理。

2. 进度价款支付控制

企业应建立工程进度价款支付环节的控制制度，对价款支付的条件、方式以及会计核算程序作出明确规定，确保价款支付及时、正确。对于重大项目，应考虑聘请符合国家资质规定的中介机构，如招标代理、工程监理、财务监理等，协助企业进行工程项目的管理。

（1）工程进度款的支付。工程进度款的支付要按工程项目进度或者合同约定进行，不得随意提前支付。工程进度款按下列程序办理（见表 13-9）。

1）施工单位根据当月工程完工形象进度和施工图预算，编制工程进度表，根据累计完成进度和已付款情况编制工程价款结算单。

2）工程监理人员对工程进度上的形象进度和工程量进行审核。

3）工程预算人员到现场进一步核实工程形象进度、工程量，根据预算单价核实工程进度。

4）基建部门负责人对工程进度表进行审批。

5）按照公司授权，价款支付审批人，根据工程进度款和工程价款结算单，审批支付金额。

6）财务部门进一步核实工程价款结算单，核对工程进度表、工程价款结算单、发票复核无误后，办理支付。

表 13-9　价款支付程序

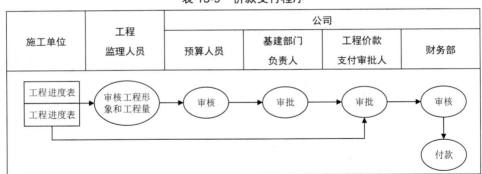

（2）财务审核和支付。

1）会计人员应对工程合同约定的价款支付方式、有关部门提交的价款支付申请及凭证、审批人的批准意见等进行审查和复核。复核无误后，方可办理价款支付手续。

2）会计人员在办理价款支付业务过程中发现拟支付的价款与合同约定的价款支付方式及金额不符，或与工程实际完工进度不符等异常情况，应及时报告。对于必要的项目变更应经过相关部门或中介机构（如工程监理、财务监理等）的审核。

3）因工程变更等原因造成价款支付方式及金额发生变动的，由相关部门提供完整的书面文件和其他相关资料。会计人员应对工程变更所涉及的价款支付进行审核。

（3）任何工程完工与施工单位办理竣工结算后，按合同规定预留质保金；质保金，按合同规定到期后，由相关部门提出申请，并经基建部门、工程使用部门、审计部门签署意见，经批准人批准后方能支付；质保金不得提前支付。

（4）企业应加强对工程项目资金筹集与运用、物资采购与使用、财产清理与变现等业务的会计核算，真实、完整地反映工程项目成本费用发生情况、资金流入流出情况及财产物资的增减变动情况，并按有关规定加强对在建工程项目减值情况的定期检查和归口管理，减值准备的计提标准和审批程序。

文案范本

工程项目进度控制流程

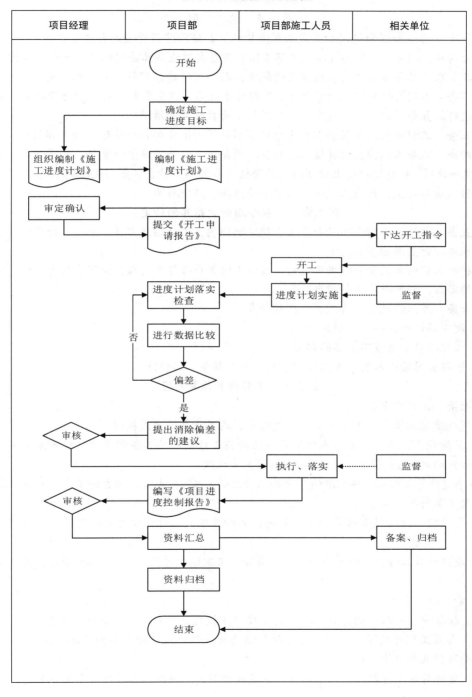

项目经理	项目部	项目部施工人员	相关单位

开始

确定施工进度目标

组织编制《施工进度计划》

编制《施工进度计划》

审定确认

提交《开工申请报告》

下达开工指令

开工

进度计划落实检查

进度计划实施

监督

进行数据比较

偏差

否

是

提出消除偏差的建议

审核

执行、落实

监督

审核

编写《项目进度控制报告》

资料汇总

备案、归档

资料归档

结束

工程项目价款结算管理制度

第一章 总 则

第一条 为了加强和规范本公司工程价款结算，保障建设资金的合法、合规、安全使用，加速资金周转，提高资金使用效率，根据国家有关基本建设法律法规以及《企业内部控制应用指引》的要求，结合公司相关管理制度的规定，联系工程建设实际，制定本制度。

第二条 本制度所称工程价款结算，是指对建设工程的发承包合同价款进行约定和依据合同约定进行工程预付款、工程进度款、工程竣工价款结算的活动。

第三条 工程价款结算活动在公司总经理领导下由财务部归口管理，相关部门配合。

第四条 从事工程价款结算活动，应当遵循合法、平等、诚信的原则，并符合国家有关法律、法规和政策，应自觉接受上级部门的监督检查和外部审计、审查。防止多结、少结、重结、漏结、错结业务发生，杜绝工程价款结算中的违法、违纪行为。

第二章 工程合同价款结算的约定

第五条 招标工程的合同价款应当在规定时间内，依据招标文件、中标人的投标文件，由公司与承包人订立书面合同约定。

非招标工程的合同价款依据审定的工程预（概）算书与承包人在合同中约定。合同价款在合同中约定后，任何一方不得擅自改变。

第六条 下列情况不予办理工程价款结算。

1. 没有签订合同的工程项目。

2. 工程项目中质量不合格的部分。

3. 未经公司验收核实（或无计算依据）的工程量、工程价。

第三章 工程价款结算内容

第七条 工程进度款。

工程进度款采用月预支、季（年）度结算、竣工清算的方式拨付。

1. 月份预支工程款：承包人按公司下达的施工计划和施工组织设计，按不高于下达的月份施工计划的××%或当季投资计划××%预支工程款。

2. 季度结算工程款：按批准的季度验工计价的××%扣除月份预支的工程款和应抵扣的工程预付款（备料款）等拨付。

3. 年度验工计价结算方式与季度相同，第四季度验工计价结算与年度验工计价结算合并办理。

4. 竣工结算工程款：按批准的竣工结算值（末次验工计价）的××%扣除已拨付的工程款等拨付。

5. 资金拨付原则。

（1）按集中统一拨付的原则办理，没有按时提报用款计划的当月资金不做安排。

（2）当月工程进度没有达到当月预付款额度或当期验工计价结算金额低于预拨款额度时，在次月的预付款额度中扣回。

（3）当公司由于贷款等原因不能按计划足额拨付时，应按到位的总资金到位率同等的比例拨付。

6. 资金拨付流程。

（1）月份预支工程款流程：承包人于每月 5 日前上报财务部月份用款计划。财务部将月份用款计划收集汇总，经工程项目部、财务部会签，报分管领导审核，经总经理审批后，每月 15 日前一次集中拨付给各承包人。

（2）季（年）度工程结算款流程：承包人每季度第 1 个月 10 日前上报财务部资金收支季报表。财务部根据批准的季（年）度验工计价，与承包人核对往来账项一致并经双方签认后，由财务部编制各承包人结算情况表，报分管领导审核，经总经理审批后 10 日内拨付。

（3）竣工结算工程款流程：财务部根据批准的竣工结算值（末次验工计价），与承包人核对往来账一致并双方签认后，由财务部编制承包人结算情况表，承包人将结算情况表报公司综合管理部、工程项目部、财务部会签，报分管领导审核，经总经理审批后拨付。

第八条　预付款。

1. 公司按承包人当年预计完成投资额（扣除甲方提供的材料设备费）为基数的××%办理预付款。

2. 预付款的支付。承包人需提交预付款保函，预付款保函的担保金额应与预付款金额相同。预付款由财务部按规定提出支付意见，报分管领导审核，经总经理审批后拨付。

3. 预付款的扣回与还清。

预付款的扣回办法：每年 1 月开始施工的项目，从 7 月至 12 月支付月份工程款中，每月抵扣预付工程款的××%；年度中间开始施工的项目，从预付工程款后第 7 个月支付月份工程款开始抵扣预付工程款，至次年 1 月支付上年度工程进度款时全部抵扣完毕；年度施工期不足 7 个月的项目，当年不抵扣预付工程款，从次年 1 月支付上年度工程进度款中一次性抵扣上年全部预付工程款。

第九条　索赔价款结算。

发承包人未能按合同约定履行自己的各项义务或发生错误，给另一方造成经济损失的，由受损方按合同约定提出索赔，索赔金额按合同约定支付。

第四章　工程价款结算争议处理

第十条　委托工程造价咨询机构编审工程竣工结算，应按合同约定和实际履约事项认真办理，出具的竣工结算报告经发、承包双方签字后生效。当事人一方对报告有异议的，可对工程结算中有异议部分，向有关部门申请咨询后协商处理，若不能达成一致的，双方可按合同约定的争议或纠纷解决程序办理。

第十一条　公司对工程质量有异议，已竣工验收或已竣工未验收但实际投入使用的工程，其质量争议按合同保修条款执行；已竣工未验收且未实际投入使用的工程以及停工、停建工程的质量争议，应当对有争议部分的竣工结算暂缓办理，双方可就有争议的工程委托有资质的检测鉴定机构进行检测，根据检测结果确定解决方案，或按工程质量监督机构的处理决定执行，其余部分的竣工结算依照约定办理。

第十二条　当事人对工程造价发生合同纠纷时，可通过下列办法解决。

1. 双方协商确定。

2. 按合同条款约定的办法提请调解。

3. 向有关仲裁机构申请仲裁或向人民法院起诉。

第十三条　本制度由财务部负责制定、解释及修改。

第十四条　本制度经总经理办公会讨论通过，自公布之日起执行。

（五）工程设计变更控制

1．工程设计变更内容

工程建设一般周期较长，由于内外部条件的变化，有时确实需要变更。工程变更包括工程量、项目内容、计划进度、施工条件等，但最终都表示为设计变更。工程变更潜在的风险是：现场控制不力，工程变更频繁导致费用超支、工程延期、经济效益受损。

2．设计变更要求

企业应当严格控制工程变更，确需变更的，应当按照规定的权限和程序进行审批。重大的项目变更应当按照项目决策和概预算控制的有关程序和要求重新履行审批手续。因工程变更等原因造成价款支付方式及金额发生变动的，应当提供完整的书面文件和其他相关资料，并对工程变更价款的支付进行严格审核。

3．设计变更控制

工程变更原因必须明确，若为设计失误、施工缺陷等人为因素发生的变更，应追究当事人单位和人员的责任。发生单项工程报废，必须经有关部门鉴定，并经批准，才能转销。对工程变更价款的支付，应实施严格审批制度，变更文件必须齐备，变更工程量的计算必须经监理机构签字确认，防止施工单位虚列工程费用。

 文案范本

工程项目设计变更管理制度

第一章 总 则

第一条 为了加强本公司工程建设管理，规范本工程设计变更行为及变更工作程序，控制工程变更费用，保证工程项目质量，依据相关法律法规的规定，结合《企业内部控制应用指引》的要求，联系本公司实际情况，制定本制度。

第二条 本规定适用于所有土建工程的设计变更管理工作。

第三条 工程项目部负责工程变更项目的审查和管理工作。工程项目部同时负责变更工程量的审核，预算合同部负责变更单价的审核。

第二章 工程项目设计变更的分类

第四条 本制度所称设计变更，是指从工程项目施工图设计文件批准之日起至通过竣工验收正式交付使用之日止，对批准的施工图设计文件所进行的修改、完善和调整等行为，分优化设计、完善设计和新增工程。

优化设计是指在工程正式开工之后，通过现场勘察、核对、分析、论证和比选，在保证使用安全和不降低技术标准的前提下，通过新技术、新工艺和新材料的应用，对原设计进行优化的变更行为，其目的是保证质量、减少损害、方便施工、降低造价、缩短工期、减少运营费用等。

完善设计是指工程正式开工之后，发现因测量勘察深度不足、调查预测失当，导致设计方案不合理、设计错漏，或因项目实施过程中新颁布生效的国家标准、技术规范等原因，必须对原设计文件进行修改、完善和补充的变更行为。

新增工程是指工程正式开工之后，至项目竣工验收之前，因社会经济发展或提高服务水平等方面的需要，对原批准设计规模新增加了内容并予以实施的变更行为。

第五条 根据提出变更申请和变更要求部门的不同，将工程设计变更方式划分为三种，即

工程项目部变更、监理机构变更、施工单位变更。

1. 工程项目部变更，包含高层领导提出变更、工程项目部提出变更、设计单位提出变更。

2. 监理机构变更，是指监理工程师根据现场实际情况提出的工程变更，如工程项目变更、新增工程变更等。

3. 施工单位变更，是指施工单位在施工过程中发现设计与施工现场的地形、地貌、地质构造等情况不一致而提出来的工程变更。

第三章　工程项目设计变更的审批权限

第六条　一般性工程项目的变更审批权限。

一般性工程项目是指未列入本公司重点工程项目的工程，工程项目总预算在100万元以下。

1. 单项工程变更累计费用≤3万元的设计变更由总监理工程师审批。

2. 单项工程变更累计费用>3万元且<20万元的设计变更由工程项目部审批。

3. 单项工程变更累计费用≥20万元由工程项目部初审、总经理审核、董事会审批。

4. 如果是新增加的项目，需要确定新单价，都要报工程项目部审批。

第七条　重点工程项目的变更审批权限。

1. 单项工程变更累计费用≤10万元的设计变更由工程项目部审批。

2. 单项工程变更累计费用>10万元且<100万元的设计变更由工程项目部审核、总经理审批。

3. 单项工程变更累计费用≥100万元的设计变更由工程项目部初审、总经理审核、股东大会审批。

第八条　紧急变更是指施工现场突然发生、难以预料的事件，需要立即作出变更决定，如推迟变更，将会给国家和社会造成重大损失。当这种情况发生时，工程项目总监理工程师应在征得工程项目部经理口头同意的情况下，立即主持现场的变更工作，并于开始变更后七日之内办理有关变更手续。

第九条　监理（监理工程师变更审批权限之内的除外）设计、施工单位未经工程项目部审批，擅自决定工程变更的应由变更单位和个人承担所造成的一切费用和损失，情节特别严重的，工程项目部可诉诸法律。

第四章　工程项目设计变更的程序

第十条　由施工单位提出的工程项目变更申请，须经总监理工程师审核。如果该申请超过总监理工程师的审批权限，则由总监理工程师审核通过后，报请工程项目部审批。

第十一条　由监理机构提出的工程变更申请，须报请工程项目部审批。

第十二条　工程项目部提出工程变更申请或者接到施工单位提出的工程变更申请、工程监理机构提出的工程变更申请时，应组织施工单位、监理机构共同商讨工程变更方案。

第十三条　工程变更方案按照审批权限进行审批通过后，由工程项目部将工程变更方案提交给工程设计机构进行工程项目变更设计。

第十四条　设计机构重新设计的工程设计方案按照审批程序审批通过后，由工程项目部交付工程监理机构。

第十五条　工程监理机构根据变更后的工程设计方案，向施工单位发送工程变更指令，由施工单位具体执行工程变更施工操作。

第十六条　工程变更后单价的确定遵循下列原则。

1. 合同中已有适用于变更工程的单价，按合同已有的价格确定。

2. 合同中已有类似于变更工程的单价，可以参照此价格确定。

3. 合同中没有适用或类似于变更工程的单价，应参照本工程招投标时确定的费率、单价，由施工单位通过卓价分析计算后上报变更单价，并按审批权限批准。

第十七条 曰设计单位原因引起的设计变更并对工程造成损失的，该损失由设计单位承担；由监理机构原因引起的设计变更并对工程造成损失的，监理机构应承担一定的费用；由施工单位原因引起的设计变更并对工程造成损失的，施工单位应承担相应的费用。

第五章　附　则

第十八条 本管理制度由工程项目部拟订和修改，由总经理办公会审批。

第十九条 本管理制度由工程项目部负责解释。

第二十条 本管理制度自发布之日起实施。

 文案范本

工程项目变更申请表

招标编号：　　　　　　　　　　　　　　　　　　　填报日期：

工程项目名称		提出变更单位盖章	
变更内容		变更理由	
项目中标总价		变更后的项目总价	
变更对工期及其他方面造成的影响说明			
施工单位意见	签字：　　　　日期：　　　　盖章：		
工程监理意见	签字：　　　　日期：　　　　盖章：		
建设单位意见	签字：　　　　日期：　　　　盖章：		
备　注			

（六）相关综合文案

请参阅以下相关文案。

文案范本

工程变更控制流程

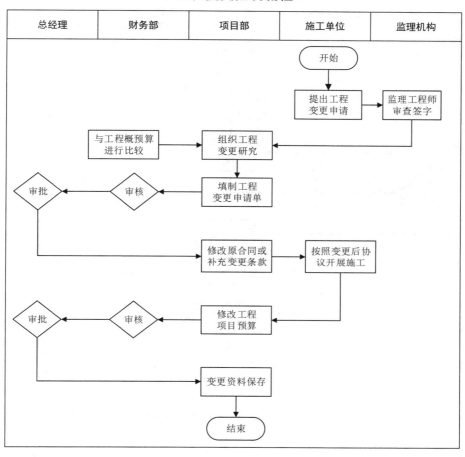

文案范本

工程项目建设管理流程

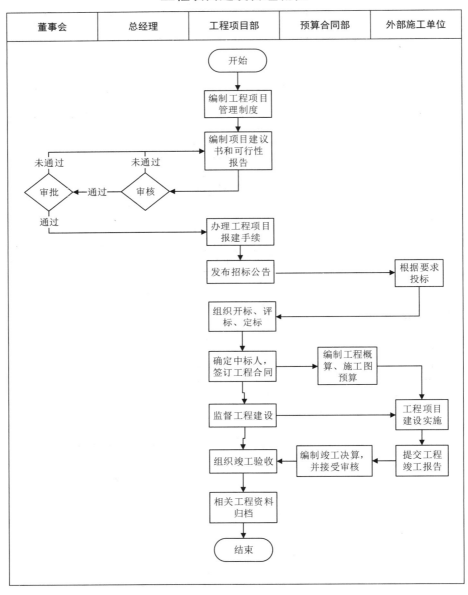

五、工程竣工验收控制

企业应建立竣工决算环节的控制制度，对竣工清理、竣工决算、决算审计、竣工验收等作出明确规定，确保竣工决算真实、完整、及时。

（一）竣工结算

在工程项目竣工验收时，施工单位根据工程承包合同、施工招投标文件等编制竣工决算书；工程竣工结算由公司基建部门组织相关专业人员进行审核；工程竣工结算经审核后，由审计部门或委托中介机构进行审计，未经审计的竣工结算，财务部门不得支付工程结算款；工程结算审计书，施工单位和审计人员必须签字认可。

（二）工程竣工决算

在编制工程竣工决算前，由公司相关部门对所有财产和物资进行清理，并如实填写并妥善保管竣工清理清单。同时加强对工程剩余物资的管理，对需处置的剩余物资，应明确处置权限和审批程序，并将处置收入及时入账。

企业应组织有关部门及人员对竣工决算进行审核，重点审查决算依据是否完备，相关文件资料是否齐全，竣工清理是否完成，决算编制是否正确，并及时组织工程项目竣工验收，确保工程质量符合设计要求。

企业应建立竣工决算审计制度，及时组织竣工决算审计，并对竣工验收进行审核，重点审查验收人员、验收范围、验收依据、验收程序等是否符合国家有关规定，并考虑聘请专业人士或中介机构帮助企业验收。未实施竣工决算审计的工程项目，原则上不得办理竣工验收手续。因生产经营急需确需组织竣工验收的，应同时进行竣工决算审计。

（三）验收合格的工程项目

基建部门应及时编制财产清单，办理资产移交手续，并加强对资产的管理。

（四）工程项目核算与记录

企业应按会计核算的有关规定及时进行会计核算和记录。

 文案范本

工程项目竣工验收管理制度

第一章　总　则

第一条　为加强对本公司的工程项目建设验收管理、规范工程项目验收程序，依据国家相关法律法规的规定以及《企业内部控制应用指引》的要求，结合本公司实际情况，特制定本制度。

第二条　本制度适用于本公司所有工程项目的验收管理。

第三条　领导机构。

本公司成立专门的工程项目验收领导小组，具体负责工程项目竣工验收工作。该小组的组成人员包括：

组长：副总经理（主管工程项目）；

组员：总工程师、工程项目部经理、预算合同部经理、财务部经理等。

第二章 工程项目竣工验收应具备的条件

第四条 完成工程设计和合同约定的各项内容。

第五条 施工单位在工程完工后对工程质量进行检查，确认工程质量符合有关工程建设强制性标准，符合设计文件及合同要求，并提出工程竣工报告。工程竣工报告应经项目经理和施工单位有关负责人审核签字。

第六条 对于委托监理的工程项目，监理机构对工程进行了质量评价，具有完整的监督资料，并提出工程质量评价报告。工程质量评价报告应经总监理工程师和监理机构有关负责人审核签字。

第七条 勘察、设计单位对勘察、设计文件及施工过程中由设计单位签署的设计变更通知书进行确认。

第八条 有完整的技术档案和施工管理资料。

第九条 有工程使用的主要建筑材料、建筑构配件和设备合格证及必要的进场试验报告。

第三章 工程项目竣工验收程序

第十条 工程完工后，施工单位组织各单位项目经理、技术负责人对工程的实体和观感质量以及交工资料进行检查验收，当发现问题后，立即进行整改直至达到设计和规范要求。

第十一条 施工单位在自检通过后，向项目工程监理机构提交《工程竣工报验单》。工程监理机构对工程项目进行全面检查和验收，确认工程达到设计和规范要求后，由项目总监理工程师签署《工程竣工报验单》，并向本公司工程项目部提出工程竣工验收申请。

第十二条 本公司工程项目部收到工程竣工验收申请后，应当立即组织工程项目竣工验收领导小组对工程项目实施验收，并且应当在工程竣工验收 2 个工作日前将验收的时间、地点及验收组名单通知到位。工程项目验收领导小组可根据验收工程的特点，邀请外部专家加入验收小组。

第十三条 组织工程竣工验收。

工程竣工验收内容包括如下项目：

1. 审阅建设、勘察、设计、施工、监理机构提供的工程档案资料；

2. 查验工程实体质量；

3. 对工程施工、设备安装质量和各管理环节等方面作出总体评价，形成工程竣工验收意见，验收人员签字。

第十四条 工程竣工验收合格后，应及时编写工程竣工验收报告，一式四份。

第四章 工程项目竣工验收报告

第十五条 工程项目竣工验收报告应包括以下内容：

1. 工程概况；

2. 建设单位执行基本建设程序情况；

3. 对工程勘察、设计、施工、监理等方面的评价；

4. 工程竣工验收时间、程序、内容和组织形式；

5. 工程竣工验收意见等内容。

第十六条 工具竣工报告经签字确认后，应及时归档保管，作为工程项目验收的主要依据。

第五章 附 则

第十七条 本制度由工程项目部拟定和修改，由总经理办公会审批。

第十八条 本制度由工程项目部负责解释。

第十九条 本制度自发布之日起实施。

 **文案范本**

竣工决算管理制度

第一条 目的。

为合理确定工程造价，正确核定新增固定资产的价值，考核分析投资效果，建立健全经济责任制，特制定本制度。

第二条 竣工决算编制依据。

1. 经批准的可行性研究报告、投资估算书、初步设计或扩大初步设计、概算书及修正概算书。

2. 经批准的施工图设计及其施工图预算书。

3. 设计交底或图纸会审会议纪要、设计变更记录。

4. 施工记录或施工签证单及其他施工过程中发生的费用记录。

5. 招投标的标的、承包合同、工程结算等有关资料。

6. 历年基建资料、财务决算及批复文件。

7. 设备、材料调价文件和调价记录。

8. 竣工图及各种竣工验收资料。

9. 有关财务核算制度、办法和其他有关资料。

第三条 竣工决算的编制要求。

1. 及时、完整、准确。

2. 竣工决算由公司财务部组织工程部等相关部门的人员在竣工验收后_____日以内完成。

第四条 竣工决算的内容。

竣工决算的内容包括竣工财务决算说明书、竣工财务决算报表、工程竣工图和工程造价对比分析等四个部分。其中竣工财务决算说明书和竣工财务决算报表又合称为竣工财务决算，它是竣工决算的核心内容。

1. 竣工财务决算说明书。

竣工决算编制说明是对竣工决算报表进行分析和补充说明的文件，主要内容包括以下几项：

（1）工程概况；

（2）工程概预算执行情况说明和分析，包括招标方式、结果以及重大设计变更情况；

（3）对概预算和决算进行对比分析，说明资金使用的情况；

（4）各项技术经济指标的完成情况；

（5）工程建设其他费用使用情况的说明（包括征地、拆迁费、建设单位管理费、监理费等）；

（6）财务管理工作的经验、存在的主要问题和解决措施等；

（7）造价控制的经验与教训总结；

（8）工程决算编制中有关问题处理的说明；

（9）其他需要说明的事项。

2. 竣工财务决算报表。

（1）根据国家和行业相关法律规范，大中型建设工程项目竣工财务决算报表包括"竣工财务决算审批表""竣工工程概况表""竣工财务决算表""建设工程项目交付使用财产总表""建设工程项目交付使用财产明细表"等；小型建设工程项目竣工决算报表一般包括"竣工财务决算审批表""竣工决算总表"和"交付使用财产明细表"。除上述报表外，还可根据需要编制"结余设备材料明细表""应收、应付款明细""结余资金明细表"等，作为竣工决算报表的附件。

（2）竣工财务决算报表可参考下表所示的内容编制。

竣工财务决算报表主要内容

项目划分	主要内容
竣工工程概况表	1. 根据已批设计，列出有关概算的计划数字 2. 分列批准的初步设计和竣工后实际形成的新增生产能力或效益 3. 实际完成的主要工程 4. 建设项目从开工到竣工的全部建设成本，包括主要材料的消耗等 5. 主要技术经济指标，主要包括单位生产能力投资、形成固定资产比例、单位产品成本等指标 6. 其他，如是否存在收尾工程等
竣工财务决算表	1. 投资来源 （1）国家预算内投资；（2）利用银行贷款；（3）自筹资金；（4）利用外资；（5）其他来源 2. 投资支出 （1）交付使用财产；（2）待摊资金；（3）在建工程 3. 结余资金
交付使用资产表	1. 交付使用固定资产的构成情况，包括建筑安装工程费、设备费用和其他费用 2. 流动资产金额 3. 无形资产金额 4. 长期待摊费用金额 5. 其他资产金额
交付使用财产明细表	1. 建设工程按单位工程分别填列交付使用的竣工工程及其价值；设备安装工程按设备、工具、器具等，逐台、逐项填列名称、规格型号、单位、数量和价值 2. 流动资产名称、单位、数量、金额和无形资产的名称、金额

3. 竣工工程平面示意图。

建设工程竣工图是真实地记录各种地上、地下建筑物、构筑物等情况的技术文件，主要编制要求具体如下。

（1）凡按原设计施工图竣工没有变动的，由施工单位在原施工图上加盖"竣工图"标志后，即作为竣工图。

（2）凡在施工过程中，虽有一般性设计变更，但能将原施工图加以修改补充作为竣工图的，可不重新绘制，由施工单位负责在原施工图（必须是新蓝图）上注明修改的部分，并附以"设计变更通知单"和施工说明，加盖"竣工图"标志后，作为竣工图。

（3）凡结构形式改变、施工工艺改变、平面布置改变、项目改变以及有其他重大改变，不宜再在原施工图上修改、补充时，应由原设计单位重新绘制改变后的竣工图。施工单位负责在新图上加盖"竣工图"标志，并附以有关记录和说明，作为竣工图。

4. 工程造价比较分析。

工程造价比较分析的主要内容如下：

（1）主要实物工程量；

（2）主要材料消耗量；

（3）主要设备材料的价格；

（4）大型机械设备、吊装设备的台班量；

（5）采取的计价依据及其收费标准；

（6）采取的施工方案和措施；

（7）考核建筑及安装工程费、措施费、间接费、工程建设其他费用等的执行情况。

第五条 竣工决算编制组织。

1. 竣工决算编制工作公司（建设单位）总体负责，统一组织，参建单位分工编制。

2. 公司（建设单位）成立由财务、工程技术、统计等人员组成的编制机构，共同负责竣工决算的编制工作，并由财务总监作为负责人。

第六条 竣工决算编制步骤。

1. 收集、汇总、整理和分析决算资料。这些资料的内容包括所有的技术资料、工料结算的经济文件、施工图纸和各种变更与签证资料等。资料分析的目的是要确保资料准确、完整、齐全。

2. 清理各项财务、债务和结余物资，做到工程完毕账目清晰、账物相等、账账相符。清理的主要事项包括核对账目，清点核实结余的各种材料、工器具和设备等。

3. 核实工程变动情况。通过重新核实各单位工程、单项工程的造价，将竣工资料与原设计图纸进行查对、核实，确认实际变更情况，并按照有关规定对原预算进行增减调整，重新核定建设项目实际造价。

4. 编制建设工程竣工决算说明。按照竣工决算说明的内容要求编写文字说明。

5. 填写竣工决算报表。

6. 做好工程造价对比分析。

7. 清理、装订好竣工图。

8. 上报主管部门审查，同时抄送有关设计单位，并把其中财务成本部分送交开户银行签证。

第七条 竣工决算编制完成后，公司组织工程、财务、统计等人员开展内部审核，重点审查以下内容：

1. 决算依据是否完备；

2. 相关文件资料是否齐全；

3. 竣工清理是否完成；

4. 决算编制是否正确。

第八条 相关文件表单。

1.《竣工财务决算说明书》。

2."竣工财务决算审批表""竣工工程概况表""竣工财务决算表"。

3."建设工程项目交付使用财产总表""建设工程项目交付使用财产明细表"。

4."结余设备材料明细表""应收、应付款明细表""结余资金明细表"。

5."设计变更通知单"。

文案范本

工程竣工验收记录表

工程竣工验收记录表		编号	
工程名称		建设单位名称	
验收项目		设计单位名称	
开工日期		监理机构名称	
竣工日期		施工单位名称	
验收内容、范围及数量：			
验收结论：			
遗留问题及解决方案：			
建设单位签章盖章：		设计单位签章盖章：	
监理机构签章盖章：		施工单位签字盖章：	

工程竣工验收流程

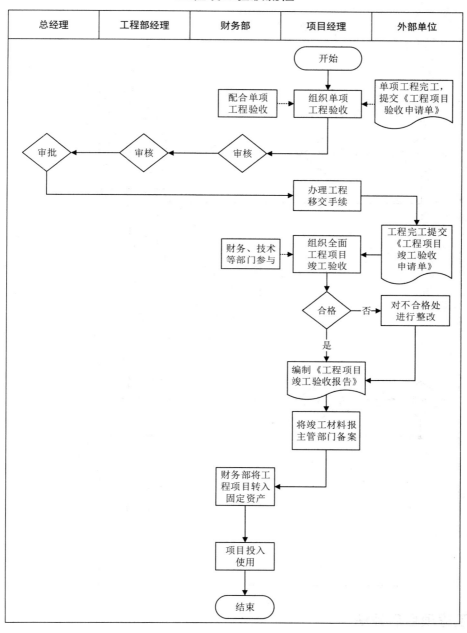

文案范本

工程竣工决算流程

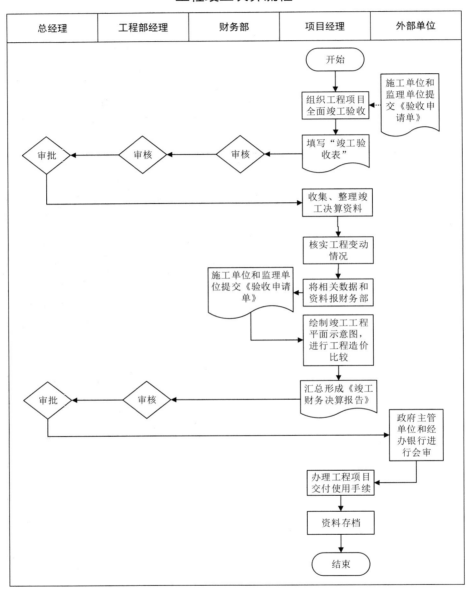

总经理	工程部经理	财务部	项目经理	外部单位

开始

组织工程项目全面竣工验收

施工单位和监理单位提交《验收申请单》

审批 ← 审核 ← 审核 ← 填写"竣工验收表"

收集、整理竣工决算资料

核实工程变动情况

施工单位和监理单位提交《验收申请单》

将相关数据和资料报财务部

绘制竣工工程平面示意图，进行工程造价比较

审批 ← 审核 ← 汇总形成《竣工财务决算报告》

政府主管单位和经办银行进行会审

办理工程项目交付使用手续

资料存档

结束

六、工程项目后评估

　　企业应建立工程项目后评估制度，对完工工程项目的经济性与项目建议书和可行性研究报告提出的预期经济目标进行对比分析，并作为绩效考核和责任追究的基本依据。通常应由基建部门会同相关部门，对项目的立项决策、设计、施工、竣工验收、生产运营全过程进行系统评估，通过评价对项目决策过程进行监督，从已完成项目中总结经验教训，达到改善工程项目的管理水平等目的。

评价的基本内容包括：项目效益评价；项目影响评价，包括经济影响评价、环境影响评价、社会影响评价等；项目过程评价；项目持续性评价。对项目评估后，应编写项目后评估报告，包括结果与问题、成功度评价、建议、经验教训等。

文案范本

工程项目后评估流程

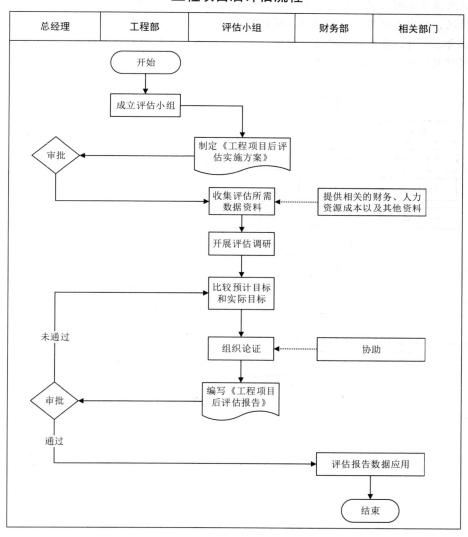

七、工程项目内控综合流程

请参阅以下相关文案。

文案范本

工程项目内部控制业务流程

工程项目控制包括建立规范的工程项目决策程序，明确相关机构和人员的职责权限，建立工程项目投资决策的责任制度，加强工程项目的预算、招投标、质量管理等环节的会计控制，防范决策失误及工程发包、承包、施工、验收等过程中的舞弊行为等控制内容。企业应根据自身实际情况，制定工程项目业务流程，明确项目决策、概预算编制、价款支付、竣工决算等环节的控制要求，并设置相应的记录或凭证，如实记载各环节业务的开展情况，确保工程项目全过程得到有效控制。具体地讲，工程项目内部控制流程如下图所示。

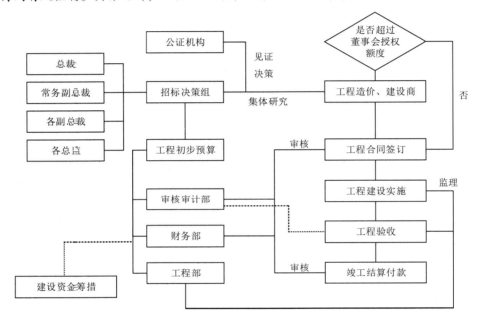

××公司工程项目决策业务流程

工程项目业务流程

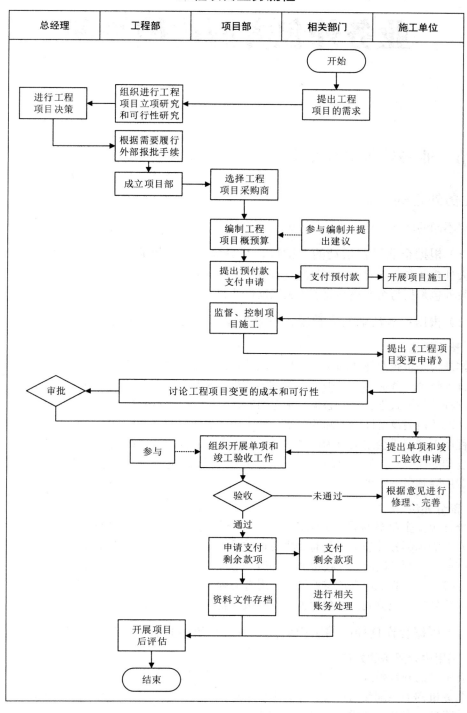

第十四章

业务外包方面内控管理

第一节　业务外包综合文案

一、业务外包的类型

根据不同的标准，外包业务可分为以下几类。

（一）根据企业经营活动的关键性，可分为重大外包业务和一般外包业务

重大外包业务是指对企业生产经营有重大影响的外包业务。

一般外包是指与企业核心业务无关辅助性业务。

（二）根据业务活动的完整性，可分为整体外包和部分外包

1. 整体外包

整体外包是将企业业务的所有流程，从计划、安排、执行以及业务分析全部外包，由外部供应商管理整个业务流程，并根据企业的需要进行调整。整体外包属于重大外包。

在这种外包模式下，企业必须与承包商签订合同，合约内容应包括产品质量、交货期、技术变动，以及相关设备性能指标的要求。整体外包强调企业之间的长期合作，长期合作关系将在很大程度上抑制机会主义行为的产生，因为一次性的背叛和欺诈在长期合作中将导致针锋相对的报复和惩罚。外包伙伴可能会失去相关业务，因此，这种合作关系会使因机会主义而产生的交易费用降到最低限度。

2. 部分外包

部分外包指企业根据需要将业务的组成部分分别外包给该领域的优秀服务供应商。例如，企业的人力资源部分外包，根据需要将劳资关系、员工聘用、培训和解聘等分别外包给不同的外部供应商。一般来说部分外包也属于一般外包业务，是与核心业务无关的辅助性活动，如临时性服务等。当企业的业务量突然增大，现有流程和资源不能完全满足业务的快速扩张时，可以通过部分外包，充分利用外包资源，获得规模经济优势，提高工作效率。

（三）根据合作伙伴间的组织形式分为：利用中介服务的外包和无中介的外包

1. 利用中介服务的外包

在有中介的外包模式中，厂商和外包供应商并不直接接触，双方与中介服务组织签订契约，由中介服务机构去匹配交易信息，中介组织通过授权佣金获利。这种利用中介组织的外包模式可以大大降低厂商和外包供应商的搜索成本，提高交易的效率。例如，麦当劳在我国许多城市

的员工雇佣就是采用这种模式。

2. 无中介的外包

在无中介的外包模式中，厂商和外包供应商可以借助于互联网进行，如美国 CISCO 公司将 80%的产品生产和配送业务通过其"生产在线"网站实行外包，获得 CISCO 授权的供应商可以进入 CISCO 数据库，得到承包供货的信息。

二、业务外包的方式

（一）研发外包

研发外包是利用外部资源弥补自己开发能力的不足。

（二）生产外包

它是企业将自己的资源专注在新产品的开发、设计和销售上。企业将不再拥有自己的生产厂房和设备，而将生产及相关的研究"外包"给其他的生产企业。

（三）物流外包

它是企业将物流活动"外包"给专业的物流公司来完成。

（四）非核心业务全部外包

本企业只从事具有竞争优势的核心业务，除此之外业务全部"外包"。

（五）全球范围业务外包

企业在全球范围内寻求业务外包，在世界经济市场范围内竞争。

三、业务外包的主要控制目标

（一）整合企业有效资源，实现公司战略目标

企业的资源是有限的，为了达成企业战略目标，企业需要分析其现实状况，将有限的资源发挥到能够创造最大价值的业务活动中。对于一些非核心业务，可以通过外包来实现。

（二）降低企业生产成本，提高企业经济效益

通过业务外包，利用外包服务单位的专业化优势，可以在一定程度上降低企业成本，同时提高效率，保持企业的竞争优势。

（三）选择合适服务伙伴，分担企业经营风险

外包作为公司的一项策略，需要选择正确的合作伙伴，通过坦诚合作实现共同发展，为顾客提供最满意的服务。同时，通过选择适合的外包商，可以分担企业发展过程中遇到的企业风险。

（四）实行分级授权管理，规范业务外包业务

业务外包方案的制定和审批是经过不同部门进行且经过适当授权的。

（五）合理选择承包单位，降低企业外包成本

通过选择适当的外包方，满足公司需求，同时又能降低企业外包成本。

（六）签订有效外包合同，防范企业法律风险

通过明确外包合同内容，可以从法律角度预防企业风险，提高双方合作满意度。

（七）做好外包过程管理，切实履行企业义务

外包业务的有效履行有赖于企业的过程管理，尤其外包环境发生较大变化时，外包的过程管理尤显重要。

（八）适时验收外包成果，归档整理相关资料

外包业务完成时，要及时组织验收外包业务，通过总结，积累经验和教训。

（九）及时记录外包业务，规范进行会计核算

外包业务需要保证及时准确完整地得以记录并支付相关费用。同时，将其在当期明细账和会计报告中予以反映。

四、业务外包各环节的主要风险点

（一）制定业务外包实施方案环节的主要风险点

制定业务外包实施方案是指企业根据年度生产经营计划和业务外包管理制度，结合确定的业务外包范围，制定实施方案。该环节的主要风险如下。

（1）企业缺乏业务外包管理制度，导致制定实施方案时无据可依。

（2）业务外包管理制度未明确业务外包范围，可能导致有关部门在制定实施方案时，将不宜外包的核心业务进行外包。

（3）实施方案不合理、不符合企业经营特点或内容不完整，可能导致业务外包失败。

（二）审核批准环节的主要风险点

审核批准是指企业应当按照规定的权限和程序审核批准业务外包实施方案。该环节的主要风险如下。

（1）审批制度不健全，导致对业务外包的审批不规范。

（2）审批不严格或者越权审批，导致业务外包决策出现重大疏漏，可能引发严重后果。

（3）未能对业务外包实施方案是否符合成本效益原则进行合理审核以及作出恰当判断，导致业务外包不经济。

（三）选择承包方环节的主要风险点

选择承包方是指企业应当按照批准的业务外包实施方案选择承包方。该环节的主要风险如下。

（1）承包方不是合法设立的法人主体，缺乏应有的专业资质，从业人员也不具备应有的专业技术资格，缺乏从事相关项目的经验，导致企业遭受损失甚至陷入法律纠纷。

（2）外包价格不合理，业务外包成本过高导致难以发挥业务外包的优势。

（3）存在接受商业贿赂的舞弊行为，导致相关人员涉案。

（四）签订业务外包合同环节的主要风险点

确定承包方后，企业应当及时与选定的承包方签订业务外包合同，约定业务外包的内容和范围，双方权利和义务，服务和质量标准，保密事项，费用结算标准和违约责任等事项。该环节的主要风险如下。

（1）合同条款未能针对业务外包风险作出明确的约定，对承办方的违约责任界定不够清晰，导致企业陷入合同纠纷和诉讼。

（2）合同约定的业务外包价格不合理或成本费用过高，导致企业遭受损失。

（五）组织实施业务外包环节的主要风险点

组织实施业务外包是指企业严格按照业务外包制度、工作流程和相关要求，组织业务外包过程中人、财、物等方面的资源分配，建立与承包方的合作机制，为下一环节的业务外包过程管理做好准备，确保承包方严格履行业务外包合同。企业在组织实施业务外包时，应当根据业务外包合同条款，落实双方应投入的人力资源、资金、硬件及专有资产等，明确承包方提供服务或产品的工作流程、模式、职能架构、项目实施计划等内容。该环节的主要风险如下。

（1）组织实施业务外包的工作不充分或未落实到位，影响下一环节业务外包过程管理的有效实施，导致难以实现业务外包的目标。

（2）外部环境变化时，未及时调整业务外包管理模式，导致企业出现失误甚至失败。

（六）业务外包过程管理环节的主要风险点

根据业务外包合同的约定，承包方会采取在特定时点向企业一次性交付产品或在一定期间内持续提供服务的方式交付业务外包成果。由于承包方交付成果的方式不同，业务外包过程也有所不同，前者的业务外包过程是指承包方对产品的设计制造过程，后者的业务外包过程是指承包方持续提供服务的整个过程。该环节的主要风险是如下。

（1）承包方在合同期内因市场变化等原因不能保持履约能力，无法继续按照合同约定履行义务，导致业务外包失败和本企业生产经营活动中断。

（2）承包方出现未按照业务外包合同约定的质量要求持续提供合格的产品或服务等违约行为，导致企业难以发挥业务外包优势，甚至遭受重大损失；管控不力，导致商业秘密泄露。

（七）验收环节的主要风险点

在业务外包合同执行完成后需要验收的，企业应当组织相关部门或人员对完成的业务外包合同进行验收。该环节的主要风险如下。

（1）验收方式与业务外包成果交付方式不匹配，验收标准不明确，验收程序不规范，使验收工作流于形式，不能及时发现业务外包质量低劣等情况，可能导致企业遭受损失。

（2）验收资料归档不完备，导致后续的法律风险。

（八）会计控制环节的主要风险点

会计控制是指企业应当根据国家统一的会计准则制度，加强对外包业务的核算与监督，并做好外包费用结算工作。该环节的主要风险如下。

（1）缺乏有效的业务外包会计系统控制，未能全面真实地记录和反映企业业务外包各环节的资金流和实物流情况，可能导致企业资产流失或贬损。

（2）业务外包相关会计处理不当，可能导致财务报告信息失真。

（3）结算审核不严格、支付方式不恰当、金额控制不严，可能导致企业资金损失或信用受损。

五、业务外包各环节的关键控制要点

（一）制定业务外包实施方案环节的关键控制要点

（1）建立和完善业务外包管理制度，根据各类业务与核心主业的关联度、对外包业务的控制程度以及外部市场成熟度等标准，合理确定业务外包的范围，并根据是否对企业生产经营有重大影响对外包业务实施分类管理，以突出管控重点，同时明确规定业务外包的方式、条件、程序和实施等相关内容。

（2）严格按照业务外包管理制度规定的业务外包范围、方式、条件、程序和实施等内容制定实施方案，避免将核心业务外包，同时确保方案的完整性。

（3）根据企业年度预算以及生产经营计划，对实施方案的重要方面进行深入评估以及复核，包括承包方的选择方案、外包业务的成本效益及风险、外包合同期限、外包方式、员工培训计划等，确保方案的可行性。

（4）认真听取外部专业人员对业务外包的意见，并根据其合理化建议完善实施方案。

（二）审核批准环节的关键控制要点

（1）建立和完善业务外包的审核批准制度。明确授权批准的方式、权限、程序、责任和相关控制措施，规定各层级人员应当在授权范围内进行审批，不得超越权限审批。

（2）在对业务外包实施方案进行审查和评价时，应当着重对比分析该业务项目在自营与外包情况下的风险和收益，确定外包的合理性和可行性。

（3）财务负责人或企业分管会计工作的负责人应当参与重大业务外包的决策，对业务外包的经济效益作出合理评价。

（4）对于重大业务外包方案，应当提交董事会或类似权力机构审批。

（三）选择承包方环节的关键控制要点

（1）充分调查候选承包方的合法性，即是否为依法成立、合法经营的专业服务机构或经济组织，是否具有相应的经营范围和固定的办公场所。

（2）调查候选承包方的专业资质、技术实力及其从业人员的履历和专业技能。

（3）考察候选承包方从事类似项目的成功案例、业界评价和口碑。

（4）综合考虑企业内外部因素，对业务外包的人工成本、营销成本、业务收入、人力资源等指标进行测算分析，合理确定外包价格，严格控制业务外包成本。

（5）引入竞争机制，按照有关法律法规，遵循公开、公平、公正的原则，采用招标等适当方式，择优选择承包方。

（6）按照规定的程序和权限从候选承包方中作出选择，并建立严格的回避制度和监督处罚制度，避免相关人员在选择承包方过程中出现受贿和舞弊行为。

（四）签订业务外包合同环节的关键控制要点

（1）在订立外包合同前，充分考虑业务外包方案中识别出的重要风险因素，并通过合同条款予以有效规避或降低。

（2）在合同的内容和范围方面，明确承包方提供的服务类型、数量、成本，以及明确界定服务的环节、作业方式、作业时间、服务费用等细节。

（3）在合同的权利和义务方面，明确企业有权督促承包方改进服务流程和方法，承包方有责任按照合同协议规定，将外包实施的现状告知企业，并对存在问题进行有效沟通。

（4）在合同的服务和质量标准方面，应当规定外包商最低的服务水平要求以及如果未能满足标准实施的补救措施。

（5）在合同的保密事项方面，应具体约定对于涉及本企业机密的业务和事项，承包方有责任履行保密义务。

（6）在费用结算标准方面，综合考虑内外部因素，合理确定外包价格，严格控制业务外包成本。

（7）在违约责任方面，制定既具原则性又体现一定灵活性的合同条款，以适应环境、技术和企业自身业务的变化。

（五）组织实施业务外包环节的关键控制要点

（1）按照业务外包制度、工作流程和相关要求，制定业务外包实施全过程的管控措施，包括落实与承包方之间的资产管理、信息资料管理、人力资源管理、安全保密管理等机制，确保承包方在履行外包业务合同时有章可循。

（2）做好与承包方的对接工作，通过培训等方式确保承包方充分了解企业的工作流程和质量要求，从价值链的起点开始控制业务质量。

（3）与承包方建立并保持畅通的沟通协调机制，以便及时发现并有效解决业务外包过程存在的问题。

（4）梳理有关工作流程，提出每个环节上的岗位职责分工、运营模式、管理机制、质量水平等方面的要求，并建立对应的即时监控机制，及时检查、收集和反馈业务外包实施过程的相关信息。

（六）业务外包过程管理环节的关键控制要点

（1）在承包方提供服务或制造产品的过程中，密切关注重大业务外包承包方的履约能力，采取承包方动态管理方式，对承包方开展日常绩效评价和定期考核。

（2）对承包方的履约能力进行持续评估，包括承包方对该项目的投入是否能够支持其产品或服务质量达到企业预期目标，承包方自身的财务状况、生产能力、技术创新能力等综合能力是否满足该项目的要求。

（3）建立即时监控机制，一旦发现偏离合同目标等情况，应及时要求承包方调整改进。

（4）对重大业务外包的各种意外情况作出充分预计，建立相应的应急机制，制定临时替代方案，避免业务外包失败造成企业生产经营活动中断。

（5）有确凿证据表明承包方存在重大违约行为，并导致业务外包合同无法履行的，应当及时终止合同，并指定有关部门按照法律程序向承包方索赔。

（6）切实加强对业务外包过程中形成的商业信息资料的管理。

（七）验收环节的关键控制要点

（1）根据承包方业务外包成果交付方式的特点，制定不同的验收方式。一般而言，可以对最终产品或服务进行一次性验收，也可以在整个外包过程中分阶段验收。

（2）根据业务外包合同的约定，结合在日常绩效评价基础上对外包业务质量是否达到预期目标的基本评价，确定验收标准。

（3）组织有关职能部门相关人员，严格按照验收标准对承包方交付的产品或服务进行审查和全面测试，确保产品或服务符合需求，并出具验收证明。

（4）验收过程中发现异常情况的，应当立即报告，查明原因，视问题的严重性与承包方协商采取恰当的补救措施，并依法索赔。

（5）根据验收结果对业务外包是否达到预期目标作出总体评价，据此对业务外包管理制度和流程进行改进和优化。

（八）会计控制环节的关键控制要点

（1）企业财会部门应当根据国家统一的会计准则制度，对业务外包过程中交由承包方使用的资产、涉及资产负债变动的事项以及外包合同诉讼等加强核算与监督。

（2）根据企业会计准则制度的规定，结合外包业务特点和企业管理机制，建立完善外包成本的会计核算方法，进行有关会计处理，并在财务报告中进行必要、充分的披露。

（3）在向承包方结算费用时，应当依据验收证明，严格按照合同约定的结算条件、方式和标准办理支付。

六、外包业务的管理制度

（一）建立和完善业务外包管理制度

企业应当根据年度生产经营计划和业务外包管理制度，结合确定的业务外包范围，拟订实施方案，按照规定的权限和程序审核批准。

业务外包管理制度应明确业务外包的范围、外包方式、条件、程序和实施等相关内容。明确相关部门和岗位的职责权限，强化业务外包过程的监控，防范外包风险。违背年度生产经营计划的业务外包，不得进行外包，否则可能影响企业的生产经营计划和战略。

（二）明确审议批准权限

企业业务外包应根据授权批准的年度生产经营计划中，包含了相关业务外包条款，同时要依据企业已批准实行的外包管理制度。在此基础上拟定业务外包实施方案。并根据不同的内容及其重要性，遵循企业规定的流程和授权，经审核批准后实施。

总会计师或分管会计工作的负责人应当参与重大业务外包的决策。重大业务外包方案应当提交董事会或类似权力机构审批。

（三）制定科学合理外包策略

企业应根据外部环境要求和中长期发展战略需要，合理确定业务外包内容及策略，要充分利用外部优势，避免将核心业务外包。常见的外包业务包括：采购、设计、加工、销售、营销、物流、资产管理、人力资源、客户服务等。

企业应当指定相关职能部门编制外包项目计划书，具体阐述业务外包背景、外包内容、实施程序、潜在主要风险、应对措施和预期收益等信息，经本部门负责人审核后，提交董事长、总经理审议。必要时，还应提交董事会及其审计委员会讨论审议。

 文案范本

业务外包管理制度

第一章 总 则

第一条 为了规范公司对外包业务承包商的管理，完善公司外包业务模式，降低成本，提高效率，加强核心竞争力，保证公司的经营质量，特制定本制度。

第二条 适用范围。

本制度适用本公司所有外包业务。

第三条 职责分工。

1. 总经理办公室为业务外包的职能主管部门，负责公司范围内业务外包管理制度的贯彻与调整、各部门业务外包工作的监督与评估。

2. 公司财务部为业务分包合同签订的主管部门，负责合同的审查。

3. 业务主管部门为业务外包的主要执行部门，组织编制承包商招标文件，负责本部门内所有业务外包承包商的集中招标采购工作。

4. 各部门负责人为外包业务承包商的管理成员，负责监管外包业务承包商的工作。

第二章　业务外包范围

第四条　本公司业务外包范围包括：技术研发、资信调查、可行性研究和委托加工等项目。

第五条　外包方式包括整体外包和部分外包。对于技术含量较高且比较复杂的项目，可考虑分包给不同的承包方，以便于集中各个承包方的优势。

第六条　业务外包的要求。

1. 涉及企业核心技术、核心竞争力，且与企业主营业务关系密切的项目，不得进行外包。

2. 不涉及企业核心技术、核心竞争力，且与企业主营业务关系不密切的项目，可根据企业实际情况决定是否外包；企业无法短期内完成的项目可外包给其他承包商；企业能够独立完成且经济效益较佳的项目，一般不得外包。

第三章　承包商的选择与确定

第七条　承包商资信调查。

被列为候选承包商的机构，必须接受本公司的相关资信调查。本公司对承包商资信调查的范围包括资质、规模、业绩、信誉等。具体方案有两种。

1. 查看证件。

（1）工商行政管理部门签发的企业营业执照。

（2）相关主管部门签发的企业资质等级证书。

（3）企业所在地税务部门签发的税务登记证。

（4）当地政府主管部门需要提供的其他各类能够证明资信情况的证件。

2. 实地考察。

（1）对承包商的规模、经营状况、办公条件的考察。

（2）对法人或委托法人的考查。

（3）对以往客户的考查。

（4）对承包商以往业绩及信誉的考查。

第八条　承包商数据库。

业务部门经过考察评估，写出综合评估意见。经评审合格的承包商，进入备选承包商数据库，可参加本公司的业务外包招标活动。

第九条　承包商选择流程。

1. 由业务部门向主管副总、总经理提出业务外包申请，填写"公司业务外包申请审批表"。

2. 业务外包申请通过后，由总经理办公室根据外包业务的规模、特点，发布业务外包信息或外包业务招标信息。一般情况下，公司外包业务金额超过××万元的，必须通过招标形式确定承包商。

3. 总经理办公室向备选承包商数据库中的相关领域企业发送外包业务招标通知，并由业务部门负责收集投标信息，并进行初审，筛选合格承包商，填写"承包商推荐审核表"报公司总经理办公室。

4. 公司办公室组织相关部门对业务部门推荐承包商的进行综合评审，整理意见，并确定承包商，报总经理审批。

第十条　业务外包合同风险控制。

公司业务部门在订立外包合同前，应充分考虑业务外包中识别出的重要风险因素，并通过合同条款予以有效规避或降低。

1. 在合同的内容和范围方面，明确承包商提供的服务类型、数量、成本，以及明确界定服务的环节、作业方式、作业时间、服务费用等细节。

2. 在合同的权利和义务方面，明确企业有权督促承包商改进服务流程和方法，承包商有责任按照合同协议规定的方式和频率，将外包实施的进度和现状告知企业，并对存在问题进行有效沟通。

3. 在合同的服务和质量标准方面，应当规定外包商最低的服务水平要求以及如果未能满足标准实施的补救措施。

4. 在合同的保密事项方面，应具体约定对于涉及本企业机密的业务和事项，承包商有责任履行保密义务。

5. 在费用结算标准方面，综合考虑内外部因素，合理确定外包价格，严格控制业务外包成本。

6. 在违约责任方面，制定既具原则性又体现一定灵活性的合同条款，以适应环境、技术和企业自身业务的变化。

第十一条 业务外包合同签订。

1. 业务部门根据公司评审意见，与承包商进行洽谈外包合同相关事宜。

2. 业务部门与承包商就业务外包合同相关条款谈妥之后，需要将合同文本发送至财务部、法务部等相关部门进行审核。

3. 经相关部门审议无误后，业务部门可与承包商签订正式的外部合同。

第四章　业务外包实施控制

第十二条 外包合同签订后，业务部门负责与承包商接洽外包业务实施事宜。

第十三条 企业应对承包商建立考核制度，全面管理业务外包工作中承包商的行为，有效监管承包商的履约情况。

第十四条 业务部门每季度需要对承包商的履约能力进行持续评估，包括承包商对该项目的投入是否能够支持其产品或服务质量达到企业预期目标，承包商自身的财务状况、生产能力、技术创新能力等综合能力是否满足该项目的要求。

第十五条 公司根据每季度对承包商评估结论，判断其是否存在偏离合同目标的情况，如果存在，应及时要求承包商调整改进。

第十六条 公司对重大业务外包的各种意外情况作出充分预计，建立相应的应急机制，制定临时替代方案，避免业务外包失败造成企业生产经营活动中断。

第十七条 当有确凿证据表明承包商存在重大违约行为，并导致业务外包合同无法履行时，本公司应当及时终止合同，并指定有关部门按照法律程序向承包商索赔。

第五章　业务外包验收

第十八条 业务外包验收的形式。

本公司业务外包项目验收的形式包括分阶段验收和整体验收两种。一般情况下，能分阶段验收的，尽量分阶段实施验收。

第十九条 业务外包的验收。

1. 产品加工外包项目的验收，可按照质量检验人员的检验结果及合同约定标准执行验收。

2. 服务外包项目的验收，按照合同约定的标准及客户服务满意度执行验收。

3. 技术研发外包项目的验收，由研发部组织相关专家进行论证，论证通过即验收通过。

第二十条 外包业务不合格的处理。

1. 产品加工外包项目中出现不合格品，由承包商返工，并承担延期责任。

2. 服务外包项目不合格的，则按照合同扣减其服务费用。

3. 技术研发外包项目不合格的，将由其重新组织研发，并承担公司相应的损失。

第二十一条 费用结算。

公司业务部门应当严格按照合同约定的结算条件、分包业务标准和验收证明进行交付。财务部门应审核相应的结算申请单、发票等原始凭证，审核无误后进行账务处理，记账凭证须经不相容岗位人员稽核。

第六章 附 则

第二十二条 本制度由总经理办公室制定、修订，最终解释权归总经理办公室所有。

第二十三条 本制度自公布之日起实施。

七、相关综合文案

请参阅以下相关文案。

 文案范本

外包业务流程控制制度

第一章 总 则

第一条 为使本公司外包业务流程顺畅合理，对外包业务过程进行有效控制，保证外包业务或服务满足公司规定的要求，特制定本制度。

第二条 本制度适用于公司所有的业务外包活动。

第三条 业务外包的含义。

1. 本制度所称业务外包，主要是指公司（以下又称发包方）为实现战略经营目标，通过合同或协议等形式将业务职能的部分或全部交由外部服务提供商（以下简称承包方）提供的一种管理行为。

2. 常见的业务外包包括：采购、设计、加工、销售、营销、物流、资产管理、人力资源、客户服务等。

第二章 外包业务流程及控制

第四条 制定外包战略。

1. 在决定是否将业务项目外包时，应考虑以下三个方面的因素。

（1）此项业务是否是利用本公司没有的设备、生产系统、专业人员及专门技术。

（2）此项业务外包可以降低成本。

（3）此项业务外包能够产生比自己运作更多的利益等。

2. 准确把握公司核心竞争力与盈利环节，避免将公司核心业务外包。

第五条 编制外包项目计划书。

公司在确定业务外包内容后，指定与该项业务相关的职能部门编制计划书。计划书主要包括以下内容。

1. 业务外包的背景，如公司外部环境要求及公司中长期发展战略。

2. 业务外包内容，将部分还是全部业务职能交由承包商提供。

3. 业务外包的具体实施程序。

4. 业务外包的主要风险和预期收益。

5. 其他相关内容。

第六条 成立外包业务归口管理部门。

1. 外包项目计划书通过审核后，成立外包业务归口管理部门，由业务部门负责人、有关

咨询专家、外包项目协调管理人员、合同协商管理人员等组成，有必要时还应包括法律及财会专业人员。

2. 业务归口管理部门负责业务外包项目的具体实施，确保业务外包流程的顺利执行。

第七条 选择承包方。

1. 外包业务归口管理部门发布投标公告，并与候选承包商建立联系，发放《外包项目竞标邀请书》及相关材料。参与竞标的候选承包商指定期限之内提交《投标书》及相关材料，主要内容包括项目解决方案、实施计划、资源配置、报价等。

2. 归口管理部门对承包方进行资质预审，评估承包方的综合能力。评估因素主要包括五个方面。

（1）承包方承包类似项目的经验、服务能力、资格认证和信誉。

（2）承包方是否与本公司存在直接或潜在的竞争关系。

（3）承包方在知识产权保护方面的力度和效果。

（4）承包方的性能价格比是否合适。

（5）其他因素。

3. 确定标底并进行公开招标。

4. 组织公司其他职能部门进行开标、评标、定标。归口管理部门给出候选承包方的综合竞争力排名，会同相关管理层及其他职能部门负责人分析与候选承包方建立外包合同的风险，根据实际情况挑选出一家或几家公司作为业务承包方。

5. 归口管理部门和承包方就《外包项目合同》的主要条款进行谈判，达成共识，由合同双方代表签署《外包项目合同》。

第八条 归口管理部门负责培训涉及外包业务流程的员工，确保员工正确理解和掌握业务外包项目相关政策制度。

第九条 归口管理部门根据合同约定，为承包方提供必要协作条件，并指定专人定期检查和评估项目进展情况。

第十条 项目结束或合同到期时，归口管理部门负责对外包业务产品（服务）进行验收。如出现承包方最终提供的产品（服务）与合同约定不一致时，及时告知承包方进行调整。

第十一条 与承包方就最终产品（服务）达成一致后，由承包方提交费用支付申请，归口管理部门就申请书的合理性进行审核。审核通过后，开具付款证书，按照公司规定程序审批，支付承包方费用。

第十二条 对于因承包方原因导致外包合同未完整履行，归口管理部门负责向承包方进行索赔。

1. 指定专人对承包方认可的赔偿事项进行跟踪、报告，及时收回并追究责任人责任。

2. 采用法律手段解决长期未决的赔款。

3. 若终止对承包方的索赔，由归口管理部门提出申请，详细说明终止索赔理由，报公司总经理以上级别管理层审批后执行并备案。

第三章　附　则

第十三条 本制度自＿＿＿年＿＿月＿＿日起执行。

第十四条 本制度由公司总经理办公室负责制定和解释。

第十五条 本制度配套办法由财务部会同公司其他有关部门另行制定。

第十六条 相关文件表单。

1.《外包项目竞标邀请书》。

2. 《投标书》。

3. 《外包项目合同》。

业务外包管理流程

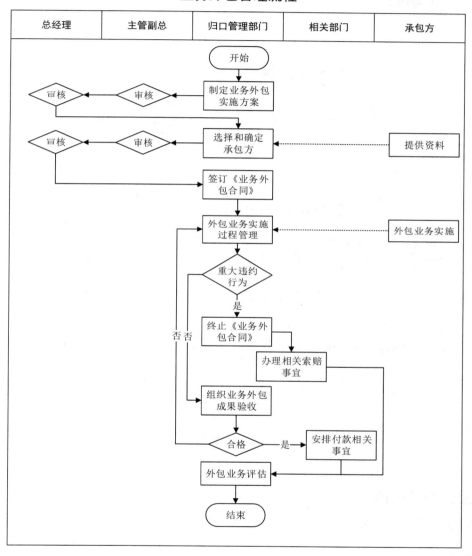

第二节　业务外包过程管理

一、业务外包需求

请参阅以下相关文案。

 文案范本

业务外包需求识别流程

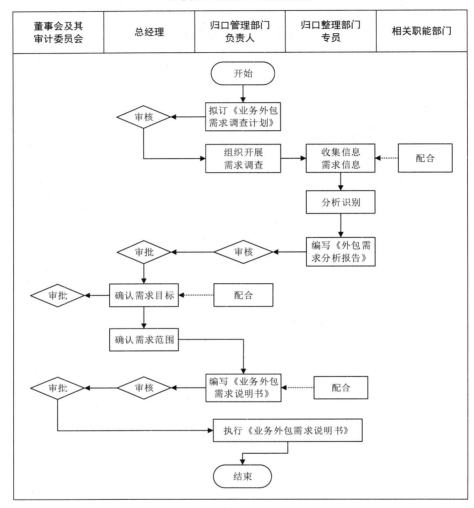

董事会及其审计委员会	总经理	归口管理部门负责人	归口整理部门专员	相关职能部门

二、业务外包申请

请参阅以下相关文案。

 文案范本

业务外包申请审批表

外包业务名称			
外包业务负责部门		外包负责人	
外包业务类别			

续表

外包业务描述			
业务外包原因			
业务外包期限		业务外包费用	
业务外包对象			
外包对象相关资历说明			
主管副总审批意见			
总经理审批意见			
董事长审批意见			

文案范本

核心业务外包申请流程

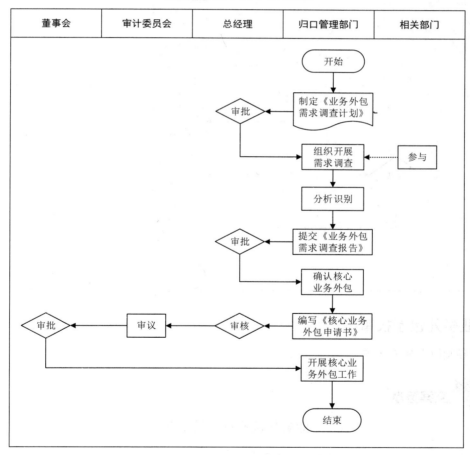

非核心业务外包申请流程

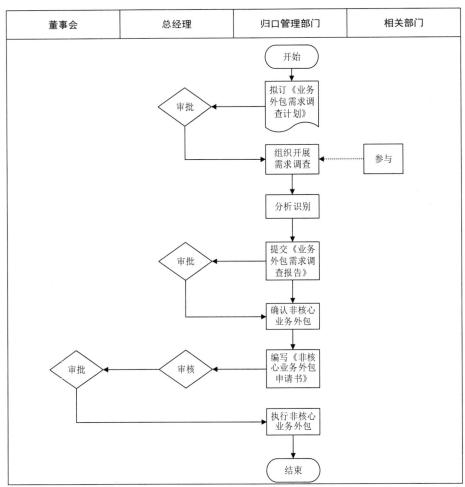

三、业务外包授权审批

请参阅以下相关文案。

业务外包授权审批制度

第一章 总 则

第一条 为了使企业业务外包活动更加规范、有序,明确各部门和相关岗位在业务外包管理工作中的授权范围及审批权限,根据国家法律法规及公司章程的规定,特制定本制度。

第二条 本制度适用于企业在对采购、设计、加工、销售、营销、物流、资产管理、人力资源、客户服务等业务进行外包时涉及的授权审批事项。

第二章　业务外包的授权审批范围及内容

第三条　业务外包申请的授权审批。

1. 企业相关部门编制外包项目计划书，具体阐述业务外包背景、外包内容、实施程序、主要风险和预期收益等信息。

2. 相关部门负责人审核计划书。

3. 董事长、总经理对计划书进行审议。

4. 采购、设计、物流、人力资源管理、客户服务等非核心业务，或涉及金额小于 3 000 万元的外包项目，由董事长、总经理办公室审议批准。

5. 加工、销售、营销、资产管理等核心业务，或涉及金额达 3 000 万元（含）以上的外包项目，由董事长、总经理审核后，提交董事会及其审计委员会审议批准。

第四条　外包合同签订的授权审批。

1. 外包业务归口管理部门对承包方进行资质审核及遴选后，引入合格的外包合作伙伴。根据外包业务性质不同，拟定不同形式的合同文本。

2. 归口管理部门负责人会同法律顾问对合同进行初审。初审通过后，根据合同金额交由不同级别管理层审批。

3. 合同金额在 300 万元以内的外包协议，由总经理审批。

4. 合同金额在 300 万～3 000 万元的外包协议，由董事长审批。

5. 合同金额在 3 000 万元以上的外包协议，提交董事会或股东（大）会审批。

第五条　外包业务费用支付的授权审批。

1. 归口管理部门接到承包方付款请求后，在评价外包业务项目的基础上对其提交的付款申请进行全面确认，修改或删除不合理部分，计算付款净金额。

2. 由部门负责人会同法律顾问对付款申请进行审核，并签发支付证书。

3. 财会人员对支付证书进行审核，财务部门负责人复审合格后，根据支付金额交由不同级别管理层审批。

4. 单次涉及金额在 300 万元以内的申请，由总经理审批；300 万～3 000 万元的申请，由董事长审批；3 000 万元以上的申请，由董事会或股东（大）会审批。

5. 财务部门负责人确认审批程序无误后，由财会人员给予支付。

第三章　授权期间与授权调整

第六条　总经理及以上级别的被授权人，其授权有效期根据公司章程中规定执行。

第七条　外包业务归口管理部门的被授权人，其授权有效期自外包项目启动时始至外包项目结束时终。

第八条　发生下列情况时，授权机构可调整或撤销原授权。

1. 受权人发生重大越权行为。

2. 受权人的行为失当造成重大经营风险或法律责任。

3. 经营环境、内部机构和管理体制发生重大变化。

4. 业务外包计划发生重大变化。

5. 其他情况。

第四章　附　　则

第九条　业务外包项目所涉及的授权审批应当在授权范围内进行，不得超越审批权限。

第十条　违反规定不履行或不完全履行授权审批的行为，要追究相关责任人的责任，进行经济处罚和行政处罚。

第十一条　本制度由总经理办公室负责制定和解释，经总经理审批后执行。

项目计划书审核流程

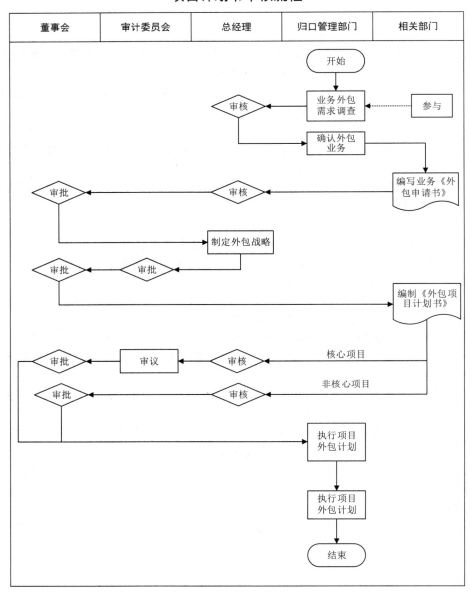

四、承包商管理

（一）承包商管理办法

请参阅以下相关文案。

文案范本

承包商管理办法

第一章　总　　则

第一条　目的。

本系统旨在通过高效的承包商管理方法，建立重视安全、健康、环保、品质的工作环境。本办法的目的包括：

1. 确保承包商的表现与本公司产品品质政策及目标相一致，并符合相关的法律法规；

2. 建立选择承包商自我整改的机制，确保承包商有能力以安全、健康、环保的方式生产；

3. 确立对承包商的履约表现进行定期评估和反馈机制，促使承包商不断改善服务，以及确保所有问题均能得到及时纠正。

第二条　适用范围。

本办法适用于所有业务外包的承包商。

第三条　管理职责。

1. 本公司业务部门负责对相关业务承包商的作业监督与评价，并根据审批权限报相关主管确认。

2. 总经理办公室负责定期与承包商进行信息交流与组织协调，并对承包商档案分类管理及新进承包商的综合评价。

3. 总经理办公室负责通过对业务承包商开标、评标、决标程序或议价来确定中标承包商。

第二章　承包商的选择

第四条　收集往年与本公司有合作业务的承包商，通过承包商评价选择合适的承包商。

第五条　通过各种报纸、网络等媒体公布本公司所需业务承包商条件，招集有意愿且能够为本公司提供服务机构为候选供应商。

第六条　总经理办公室负责将所收集的新老承包商的具体资料建立资料库，并对承包商进行评价，合格者列入"合格承包商一览表"。

第七条　在发包过程中，原则上"合格承包商一览表"内合格承包商全部可以作为候选承包商参与竞标活动，不合格者禁用。

第八条　业务外包时，总经理办公室将对口业务承包商作为候选承包商，由总经理办公室与候选承包商联系并发送"邀标书"。

第九条　开标时，由总经理办公室组织业务对口部门负责人、主管领导以及外部专家对候选承包商进行评标，确定中标承包商。

第十条　承包商应当于中标后按中标业务量缴纳一定量的工作保证金，金额按招标人所规定的缴纳标准执行，由财务专款专户管理，直至该中标工程完成后再予以无息退还。如承包商悔标或拒不依合同要求时间及技术标准执行，该保证金将予以没收。

第三章　承包商的监督与评价

第十一条　业务对口部门负责对已录用承包商生产质量与进度全程监督，对于不合格业务，要求立即返工并出具"返工通知单"限期整改；对不能按最初预定日期完工的现象要逐一记录在案。返工与超完工期的次数作为评价承包商的重要指标。

第十二条　年底，总经理办公室组织相关业务部门对承包商的交付日期、质量状况、客户满意度等维度进行评价，评价结果填写在"承包商评分卡"上，分为A、B、C、D、E五级，交总经理办公室备案。

第十三条　总经理办公室在外包实施期间需随机对承包商作业质量、进度进行抽查、评估。

第四章　承包商的奖惩

第十四条　除合同规定的奖励办法外，另将予以记点建档，被评为特 A 级的承包商，将颁发证书。在下个业务外包期限内，该承包商具有优先承包权，可免开标直接议价。

第十五条　承包商不得私自将外包业务转包他方，一经举报属实即以违约论处，并把该包商列为 D 级承包商。D 级承包商将失去以后继续承包本公司外包业务的资格。

第十六条　承包商企业内出现异常事件（如拖欠工人工资、环境污染、违规用工等）导致的案件，影响业务品质或进度，将列为 D 级承包商。

第五章　承包商的档案管理

第十七条　总经理办公室将对包商评价的结果，即"承包商评分卡"分类整理，并确定该承包商级别。

第十八条　总经理办公室定期对承包商的信誉、合同履约情况、产品或服务质量等进行评估，并编制"承包商评核表"。

"承包商评核表"每年年底更新一次，若遇有变更，则及时更新，列入不合格包商名册者，不得参加投标。

第十九条　总经理办公室不定期与承包商进行信息交流，可以采用分发或传真"承包商问卷调查表"方式，收集承包商对本公司的意见与建议。将问卷表内反馈项目分类统计，分送各业务部门参考。

第二十条　总经理办公室对于收集到的承包商资料按要求作相应分类保存，以便及时查找与参考。

第六章　附　　则

第二十一条　本制度由总经理办公室制定、修订，最终解释权归总经理办公室所有。

第二十二条　本制度自公布之日起实施。

（二）承包商情况调查表

请参阅以下相关文案。

文案范本

承包商情况调查表

单位名称		联系人	
单位地址		邮政编码	
联系电话		员工人数	
上一年度营业收入		上一年度利润状况	
企业性质			
供应产品	产品名称		
	执行标准		
生产设备	设备名称		
	设备数量		

续表

检验设备	设备名称	
	测试项目	
检验机构	检验人员	
	检验标准	
调查情况总评		
备注		

（三）资质审查

请参阅以下相关文案。

文案范本

承包方资质审核遴选制度

第一章　总　　则

第一条　为使本公司外包业务流程顺畅、合理，确保引入合格的外包合作伙伴，顺利实现业务外包计划，特制定本制度。

第二条　本制度适用于本公司各部门及下属各分公司，公司全资子公司和控股子公司可参照执行。

第二章　承包方资质审核遴选流程

第三条　归口管理部门确定承包方资质标准及遴选办法，并上报总经理审核。

第四条　总经理对承包方资质标准及遴选办法审核之后，由归口管理部门发布《招标公告》。

第五条　归口管理部门与候选承包商建立联系。参与竞标的候选承包商在指定期限内提交《投标书》及相关材料，主要内容包括项目解决方案、实施计划、资源配置、报价等。

第六条　归口管理部门对承包方进行资质预审，评估承包方的综合能力。评估因素主要包括以下五个方面。

（1）承包方类似项目的经验、服务能力、资格认证和信誉。

（2）承包方是否与本公司存在直接或潜在的竞争关系。

（3）承包方在知识产权保护方面的力度和效果。

（4）承包方提供的服务性价比是否合适。

（5）其他因素。

第七条　归口管理部门组织进行开标、评标、定标工作。归口管理部门给出候选承包方的综合竞争力排名。

第八条　归口管理部门同相关管理层及其他职能部门负责人分析与候选承包方建立外包合同的风险，根据实际情况挑选出一家或几家公司作为业务承包方，并提交总经理审定，最后确定业务外包承包商。

第九条　归口管理部门和承包方就《外包项目合同》的主要条款进行谈判，达成共识，由合同双方代表签署《外包项目合同》。

第三章　附　　则

第十条　本制度由公司总经理办公室负责制定和解释。

第十一条　本制度自____年__月__日起实施。

第十二条 相关文件表单。

1.《招标公告》。

2.《投标书》。

3.《外包项目合同》。

文案范本

承包方资质审查流程

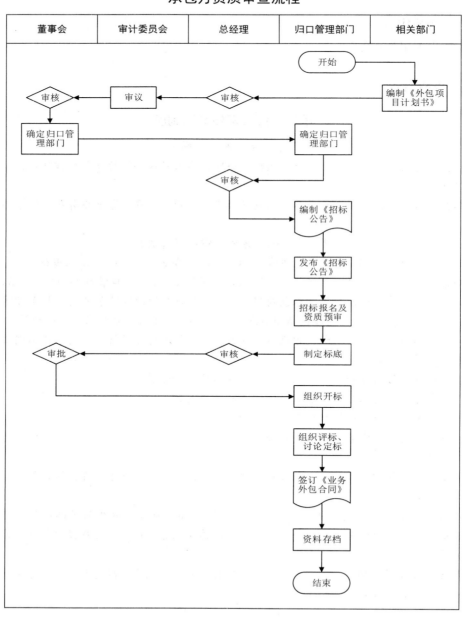

承包方资质审查表

编号：　　　　　　　　　　　　　　日期：

公司名称				
公司地址				
法　　人				
联 系 人				
电　　话		传　真		
电子邮件		网　址		
公司概况	注册资本额（万元）			
	成立日期			
	营业执照编号			
	平均营业额			
	往来银行名称			
	外协厂商数			
设备概况	名称			
	台数			
	厂牌规格			
	购入时间			
	购入成本			
	性能			
主要产品	名称		所占比例	
	名称		所占比例	
	名称		所占比例	
	名称		所占比例	
主要客户	名称		所占比例	
	名称		所占比例	
	名称		所占比例	
	名称		所占比例	
材料来源	材料名称		材料名称	
	供应厂商		供应厂商	
	价格		价　格	
	备注		备　注	
职工概况	职能		大学学历	
	人数		大专学历	
	干部人数		高中学历	
	员工人数		平均月薪	

确认：　　　　　　　　审核：　　　　　　　　填表：

（四）承包商推荐审核表

请参阅以下相关文案。

承包商推荐审核表

业务主管部门		外包时间	
外包业务名称			
外包业务内容			
意向合作承包商推荐			
名称			
性质（集体/个人）			
资质情况			
信誉情况			
联系人			
联系方式			
承包费用			
业务主管部门评价			
审核	业务主管部门意见		
	总经理办公室意见		
	财务部意见		
	总经理审定		

（五）外包业务承包方选择

请参阅以下相关文案。

承包方选择控制流程

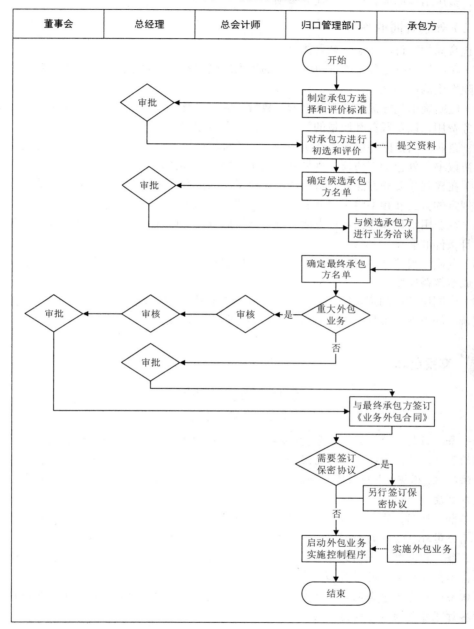

五、业务外包合同签订

业务外包合同签订阶段的主要风险是：合同条款未对外包风险作出明确约定、对违约责任界定不清晰、合同约定的外包价格不合理，可能导致企业业务受损。

（一）业务外包合同签订的要求

企业应当按照规定的权限和程序从候选承包方中确定最终承包方，并签订业务外包合同。业务外包合同内容主要包括：外包业务的内容和范围，双方权利和义务，服务和质量标准，保密事项，费用结算标准和违约责任等事项。

（二）外包合同的签订

外包合同的签订应考虑下列具体因素。

（1）在签订前应充分考虑承包中潜在的重大风险因素，并通过合同条款进行有效规避，以降低风险发生的可能性。

（2）应明确承包方提供的服务类型、数量、成本以及界定的业务环节、作业方式、完成时间、服务费用，以及服务和质量的标准，最低的服务水平等。

（3）企业应当根据外包业务性质的不同，及时与承包方签订不同形式的合同协议文本，包括技术协议书、外包加工协议、规划实验大纲、资讯合同协议等。

（4）在权利和义务方面，应明确企业有权督促承包方改进业务流程和方法；承包方有责任按合同规定的方式和频率将承包业务实施状况告知发包方。

（5）在费用结算和违约责任方面，既要坚持原则又要体现一定的灵活性，以适应环境、技术和自身条件的变化。

（6）企业应当综合考虑内外部因素，合理确定外包价格，严格控制业务外包成本，切实做到符合成本效益原则。

（7）合同协议应约定保密事项条款，企业应当根据外包项目实施情况和外界环境的变化，不断更新、修正保密条款，必要时可与承包方补签保密协议。

 文案范本

外包合同管理制度

第一章　总　则

第一条　目的。随着公司业务量的增加，公司的对外合作愈加广泛，为加强本公司对外业务合同的管理，规范和约束公司的经营行为，减少和避免因合同管理不当造成的损失，维护公司的合法权益，根据《中华人民共和国合同法》及国家有关法律法规，结合本公司的实际情况，特制定本制度。

第二条　适用范围。凡与本公司签订的所有外包合同，必须遵守国家法律法规，且合同内容有利于公司外包业务的顺利完成。本制度适用于公司所签订的一切业务外包合同。

第三条　订立外包合同的原则。订立外包合同时，应遵循自愿平等、互利有偿和诚实守信的原则，不得有损公司的利益和形象。

第四条　业务外包合同内容涉及国家安全或重大利益需要保密的，按相关规定办理，并与承包方签订《外包项目保密协议书》。

第二章　合同签订

第五条　外包合同签订前，需要填写"外包业务审批表"，按公司的相关规定填写合同、审批表盖章，并满足下列要求。

1. 合同金额在 300 万元以内的外包协议，由总经理审批，且需总经理签章。
2. 合同金额在 300 万 ~ 3 000 万元的外包协议，由董事长审批，且需董事长签章。

3. 合同金额在 3 000 万元以上的外包协议，提交董事会或股东（大）会审批，且需加盖公章。

第六条　合同文本要规范，根据外包业务的性质，按公司的相关规定格式填写，内容要详实，必要时要补充保密协议书附件、技术协议书附件、外包项目咨询合同书附件。

第七条　公司应当在外包合同中具体约定下列事项。

（1）对于涉及本公司机密的业务和事项，承包方有责任履行保密义务。除合同约定的保密事项外，公司应当根据业务外包项目实施情况和外界环境的变化，不断更新、修正保密条款，必要时可与承包方补签保密协议。

（2）公司有权获得和评估业务外包项目的实施情况和效果，获得具体的数据和信息，督促承包方改进服务流程和方法。

（3）承包方有责任按照合同规定的方式和频度，将外包实施的进度和现状告知公司，并对存在的问题进行有效沟通。

第三章　外包合同经费管理及执行

第八条　外包合同经费根据项目进展情况，按合同规定分阶段外拨，如需全额拨出需提出充分、正当的理由。经费外拨时，归口管理部门应填写"外包合同经费拨转申请表"。

第九条　合同生效后，归口管理部门应指定专人对外包业务进行定期或阶段性检查，检查内容包括经费的适用情况、业务进度情况及存在的问题。

第十条　对于问题较大的外包合同应终止执行，并追究当事人的责任。

第四章　外包合同的保管

第十一条　公司所有业务外包合同均要由印章管理部门统一编号，便于业务外包合同的管理。

第十二条　合同档案管理人员专门保管业务外包合同协议、与业务外包合同有关的主合同（如保密合同、技术协议、咨询合同等）。

第五章　附　　则

第十三条　本制度自＿＿＿＿年＿＿月＿＿日起实施。

第十四条　本制度有关内容如有与国家有关法规抵触的，以国家有关法规为准。

第十五条　相关文件表单。

1.《外包项目保密协议书》。

2. "外包业务审批表"。

3. "外包合同经费拨转申请表"。

文案范本

外包协议管理流程

序号	业务流程	责任部门/人	配合/支持部门	不相容职责	监督检查方法	相关制度
1	拟定《业务外包合同》及相关协议	归口管理部门	生产部、法律顾问	审批	审核所拟定的《业务外包合同》及相关协议是否符合国家法律法规	《外包合同协议管理规定》
2	董事会审批《业务外包合同》及相关协议	董事会	归口管理部门、生产部、法律顾问		检查董事会是否及时审批《业务外包合同》及其相关协议	《外包合同协议管理规定》
3	签订《业务外包合同》	归口管理部门	董事会	审批	检查签订《业务外包合同》的程序是否正确，是否存在越权行为	《外包合同协议管理规定》
4	对所签订的《业务外包合同》进行编号	印章管理部门		签订合同	检查业务外包合同及相关协议编号是否连续和准确	《外包合同协议管理规定》
5	合同专用章管理人员对签署合同用印的程序审核无误后加盖公章	印章管理部门	归口管理部门		通过抽检外包合同的方式检查合同用章管理人员的用章程序是否符合企业相关规定	《外包合同协议管理规定》
6	合同及协议盖章后交由归口管理部门保管	归口管理部门	印章管理部门		核查盖章后的《业务外包合同》是否及时交由归口管理部门保管	《外包合同协议管理规定》
7	业务外包合同履行完毕后交由企业档案管理部门保管	档案管理部门			检查档案管理部门是否将《业务外包合同》及其相关协议和附件分类保存	《外包合同协议管理规定》、《档案管理规定》

六、业务外包方案实施

（一）业务外包方案实施方面的风险

对承包商情况不明、选择有误，或未审出合同条款中含有的欺诈、内外串通作弊等，可能给企业造成经济损失。为此，应关注以下工作。

1. 业务承包方应具备条件

企业应当按照批准的业务外包实施方案选择承包方。承包方至少应当具备下列条件：① 承包方是依法成立和合法经营的专业服务机构或其他经济组织，具有相应的经营范围和固定的办公场所；② 承包方应当具备相应的专业资质，其从业人员符合岗位要求扣任职条件，并具有

相应的专业技术资格；③ 承包方的技术及经验水平符合本企业业务外包的要求。

2．承包方选择应关注重点

选择承包方应关注的风险是：承包方不是合法设立的法人主体、缺乏应有的专业资质、从业人员不具备应有的专业技术资格、缺乏从事相关项目的经验，外包价格不合理、成本过高或存有商业贿赂的舞弊行为等，可能导致不能发挥业务外包优势，对企业带来损害。因此，在选择时应注意以下内容。

（1）承包方是否已经办理工商执照，及按规定应具有专业资质及认证证书。

（2）承包方是否与公司有较长的合作历史，诚信度如何，技术专业背景和实力，从业人员的履历及专业技能，从事类似项目的成功案例、业界评价和口碑。

（3）对一些未与公司合作过承包方，但经济实力雄厚，可以采取交纳加盟保证金的形式进行合作，利益共享，风险共担。

（4）承包方只合作企业经营业务，不与其他竞争对手发生合作关系。

（5）承包方是否熟悉公司业务，具备丰富的社会资源和运营经验。

（6）承包方是否遵守国家法律法规，遵守与公司签订的合作协议。

（7）承包方技术、人才、承包成本、财务状况等能否满足运营要求。

企业应当综合考虑内外部因素，合理确定外包价格，严格控制业务外包程度，切实做到符合成本效益原则。

（二）业务外包实施中控制

业务外包策略及方案的实施，是业务外包流程中核心问题，对完成企业的战略至关重要。

这一环节可能出现的风险有：承保方在合同期内已因种种原因，无法履行合约规定义务，承保方未能按合同约定的质量要求持续提供合格的产品和服务，或因管制不力导致商业秘密泄露，业务外包策略不科学、市场环境发生巨大变化，合同难以持续履行，会计控制不力等，可能导致企业受损。

1．强化业务外包实施的管理

企业应当加强业务外包实施的管理，严格按照业务外包制度、工作流程和相关要求，组织开展业务外包，并采取有效的控制措施，确保承包方严格履行业务外包合同。

（1）强化外包管控人员的职能。企业应当建立业务外包岗位责任制，明确外包实施中相关部门和岗位的职责权限、资产管理政策、流程中断应急措施及审批程序。对涉及业务外包人员进行培训，确保员工掌握业务外包的管理内容及相关要求。业务外包多的单位，应建立相应的管理协调机构，组织开展业务外包，解决实施过程中所遇到的实际问题和矛盾，协调业务外包的实施。业务外包归口部门应指定专人跟踪/监督业务外包流程管理制度的执行情况，发现问题及时修订与完善。

（2）及时做好对接、沟通与协调工作。企业应当做好与承包方的对接工作，加强与承包方的沟通与协调，及时收集相关信息，发现和解决外包业务日常管理中存在的问题。

① 及时做好对接工作。企业的合作伙伴有时还会与其他企业之间发生业务往来，从而发生业务之间的关联、委托业务与承包方业务的关联，其中一项业务开展发生问题，可能影响其他几项业务的开展，因此需要企业做好协调工作，包括做好相关委托机构与承包方的对接工作，确保经营活动遵循预定的目标前进。

② 加强与承包方的沟通与协调。要确保业务外包顺利进行，还需要做好与承包方及相关委托机构主动沟通与协调，及时收集相关信息并对信息进行整理与分析，发现业务外包存在的

问题，及时谋取解决问题的途径和方法。

③ 密切关注承包方履约能力。对于重大业务外包，企业应当密切关注承包方的履约能力，建立相应的应急机制，避免业务外包失败造成本企业生产经营活动中断。

企业应当根据业务外包的实际情况，定期或不定期地对所有重要承包方的能力进行评估，确定业务可持续能力等级，并制定相应的应对方案。

2. 做好会计工作控制

企业应当根据国家统一的会计准则制度，加强对外包业务的核算与监督，做好业务外包费用结算工作。

企业外包核算是会计工作的一部分，企业在进行业务外包过程中，应当根据国家统一的会计准则制度的规定及要求进行核算，按约定支付外包费用。同时企业的财会机构还应从财务及会计方面对业务外包进行监督。

3. 持续评估承包方的履约能力

企业应当对承包方的履约能力进行持续评估，有确凿证据表明承包方存在重大违约行为，导致业务外包合同无法履行的，应及时终止合同。

企业还应制定合理的业务可持续计划，业务可持续计划评估报告应当及时提交企业领导审阅。当承包方的履约能力下降，或存有重大违约行为，并影响企业业务外包的可持续发展时，应及时启动相应的应急方案，或终止外包合同。避免业务外包失败造成企业商业活动的中断。

承包方违约并造成企业损失的，企业应当按照合同对承包方进行索赔，并追究责任人责任。

4. 外包合同验收

业务外包合同执行完成后需要验收的，企业应当组织相关部门或人员对完成的业务外包合同进行验收，出具验收证明。

承包方提供的产品和服务应当与业务外包合同的约定一致。当需要的承包方最终提供的产品或服务进行验收时，应组织有关专业机构和人员参与验收。验收结束后要出具验收证明，所有参与验收的人员，包括组织的相关专业机构人员和承包商排除的参与验收的人员，都应在验收证明上签字或盖章。

验收过程中发现异常情况，应当立即报告，查明原因，按合同规定及时处理，并将问题及时报告企业相关人员。

文案范本

外包业务实施控制流程

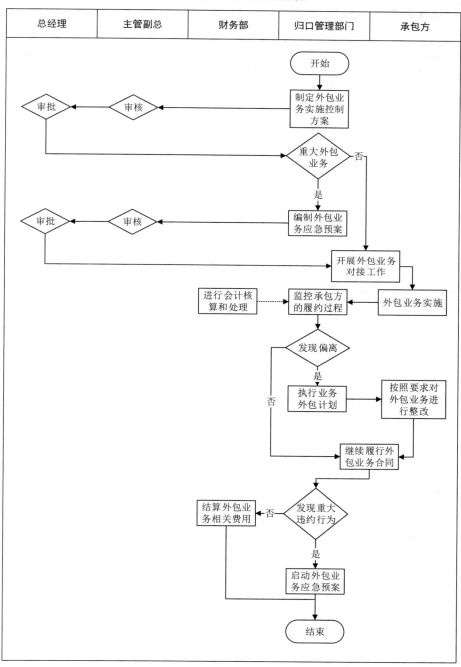

七、外包产品验收管理

请参阅以下相关文案。

 文案范本

外包产品验收管理流程

序号	业务流程	责任部门/人	配合/支持部门	不相容职责	监督检查内容	相关制度
1	质检部编写《检验指导书》	质检部	生产部、仓储部、归口管理部门	审核审批	审核质检部所编写的《检验指导书》是否符合要求	《外包产品验收制度》
2	承包商按业务外包合同约定交货	仓储部	生产部、质检部、归口管理部门、财务部	审核	检查仓储部门是否及时按合同约定接收承包商的交货	《外包产品验收制度》
3	质检部按照《检验指导书》和验收标准进行检验	质检部	生产部、仓储部、归口管理部门、财务部	审核	检查质检部相关检验人员是否按照《检验指导书》和验收标准进行验收	《外包产品验收制度》
4	质检人员填写《检验记录》	质检部	仓储部、归口管理部门	审核	通过抽检产品的方式验证质检人员填写的《检验记录》是否真实、正确、完整	《外包产品验收制度》
5	将检验合格的产品入库或运送至客户处	仓储部、运输部	归口管理部门、财务部	审核审批	检查仓储部是否及时把检验合格产品入库或运输部是否及时把合格产品运送至客户处	《外包产品验收制度》

 文案范本

外包服务项目验收单

外包服务项目名称	
外包服务承接单位	
外包服务验收标准	
外包服务验收意见	
验收入（签字）	验收日期：
服务费用支付情况（财务部填写）	
主管副总意见	

八、业务外包考核

请参阅以下相关文案。

业务外包考核管理办法

第一章　总　　则

第一条　为了规范本公司的外包业务，保证本公司业务持续经营，维护公司的声誉，根据本公司《业务外包管理制度》的相关规定，特制定本办法。

第二条　与本公司签订外包服务协议的服务承包商适用本办法。

第三条　承包商应当遵循本办法，制定本公司业务考核细则，并纳入公司考核管理体系。

第二章　承包商的义务

第四条　各承包商应严格遵照合同内容执行，依照法律法规、规章及标准规定，履行合同义务，承担相应的安全生产责任。对口业务部门负责对其工作进行监督考核管理。

第五条　各承包商如遇到问题需要与本公司相关部门联系，可及时与外包业务部门沟通，根据双方沟通的结果与其他部门联系。

第六条　外包业务部门一旦发现承包商未按规定执行合同内容，一般情况可提出警告，限期改正，如有严重违约，业务部门可汇报分管领导后，由总经理办公会决定是否重新招标更换承包商。

第三章　承包商的管理

第七条　对口业务部门为承包商主管部门，负责职责范围内业务外包管理制度的贯彻与调整。

第八条　对口业务部门的项目负责人员为外包业务承包商的考核管理成员，负责安排人员进行监管、记录外包业务承包商的日常工作，进行现场指挥和协调工作。

第九条　如承包商未按合同规定进行生产，外包业务部门未及时发现情况，出现问题要由承包商负主要责任，公司根据情况，酌情对相关部门及相关人员按照公司相应规章制度进行处理。

第四章　业务外包考核实施

第十条　本公司对业务外包考核的过程分为三个阶段：事前考核、事中考核和事后考核。

第十一条　事前考核。

事前考核主要是对承包商相关资质的考核，其具体内容如下。

1. 承包商是否具备承担外包业务的相关资历。

2. 承包商以往有无相关业务承包经验。

3. 承包商以往承包任务完成水平如何。

4. 承包商以前的客户对其工作满意度如何等。

第十二条　事中考核。

外包对口业务部门负责对承包商的日常运营考核管理工作，具体考核内容如下。

1. 承包商是否严格按照合同约定组织生产经营活动。

2. 承包商是否严格执行安全生产相关制度与规范，如果业务部门发现其没有按照相关规范执行，可要求其立即整改；情节严重的，要报告给相关的主管领导，并要求承包商停工或终止外包合同。

3. 承包商履行合同过程中是否按照本公司要求的技术标准或工艺进行生产，如果未达到公司要求，则应及时责令其改正。

4. 承包商在使用本公司生产物料或设备进行生产过程中，如果损坏相关的设备或设施，则应照价赔偿，并承担相应的法律责任。

第十三条 事后考核。

外包对口业务部门及相关验收部门负责对承包商的完成业务质量的最终考核，具体内容如下。

1. 承包商是否在合同规定的时间内完成生产任务，如未按合同约定时间完成生产，则需赔偿相应的违约金。

2. 承包商在完成任务过程中，如遇不可抗力导致生产任务无法完成的，应及时将相关信息报送对口业务部门，并由业务部门报请主管领导审批。

3. 对承包商生产或服务质量的考核是所有考核项目中最重要的部分，承包商如产品或服务质量不达标则不仅要进行返工，还需赔偿相应的延期责任。

4. 对生产或服务任务完成较好的承包商，本公司将给予一定的奖励。

（1）为承包商支付一定金额的绩效优异奖，仅限提前完成任务且质量较佳的承包商。

（2）将承包商的外包业务期限无条件延长。

第五章 附 则

第十四条 本办法由总经理办公室制定、修订，最终解释权归总经理办公室所有。

第十五条 本制度自公布之日起实施。

 **文案范本**

承包商考核评价表

承包商编号		考核日期	
承包商名称		分包商供应产品	
供货能力及履约情况			
产品质量表现			
服务质量			
满意程度（顾客满意度）			
不合格品记录			
评价意见			
参评人员			
公司意见			

第十五章

成本费用方面内控管理

第一节 成本费用控制综述

一、成本控制系统

（一）组织系统

成本控制系统必须与企业组织机构相适应，即企业预算是由若干分级的小预算组成的。每个小预算代表一个分部、车间、科室或其他单位的财务计划。与此有关的成本新体制，如记录实际数据、提出控制报告等，也都是分小单位进行的。这些小单位作为责任中心，必须有十分明确的、由其控制的行动范围。按其所负责任和控制范围不同，分为成本中心、利润中心和投资中心。成本中心是以达到最低成本为经营目标的一个组织单位；利润中心是以获得最大净利润为目标的一个组织单位；投资中心是以获得最大的投资收益率为经营目标的一个组织单位。按企业的组织结构合理划分责任中心，是进行成本控制的必要前提。

（二）信息系统

成本控制系统的另一个组成部分是信息系统，也就是责任会计系统。责任会计系统是企业会计系统的一部分，负责计量、传送和报告成本控制使用的信息。

责任会计系统主要包括编制责任预算、核算预算的执行情况、分析评价和报告业绩三个部分。

通常企业分别编制销售、生产、成本和财务等预算。这种预算主要按生产经营的领域来落实企业的总体计划。为了进行控制，必须分别考察各个执行人的业绩，这就要求按责任中心来重编预算，按责任中心来落实企业的总体计划。这项工作被称为责任预算，其目的是使各责任中心的管理人员明确其应负的责任和应控制的事项。

在实际业务开始之前，责任预算和其他控制标准要下达给有关人员，他们以此控制自己的活动。对实际发生的成本、取得的收入和利润，以及占用的资金等，要按责任中心来汇集和分类。为此，需要在各明细账设置时考虑责任中心分类的需要，并与预算的口径一致。在进行核算时，为减少责任的转嫁，分配共同费用时，应按责任归属选择合理的分配方法。各单位之间相互提供产品或劳务，要拟定适当的内部转移价格，以利于单独考核各自的业绩，报告预算的执行情况。在预算期末要编制业绩报告，比较预算和实际的差异，分析差异的产生原因和责任归属。此外，要实行例外报告制度，对预算中没有规定的事项和超过预算限额的事项，要及时向适当的管理级别报告，以便及时作出决策。

（三）考核制度

考核制度是控制系统发挥作用的重要因素。考核制度的主要内容如下。

1．规定代表责任中心目标的一般尺度

它因责任中心的类别而异，可能是销售额、可控成本、净利润或投资收益率。必要时还要确定若干次级目标的尺度，如市场份额、次品率、占用资金的限额等。

2．规定责任中心目标尺度的唯一解释方法

例如，什么是销售额，是总销售额还是扣除折让和折扣后的销售净额。作为考核标准，对它们必须事先规定正式的解释。

3．规定业绩考核标准的计量方法

例如，成本如何分摊，相互提供劳务和产品使用的内部转移价格，使用历史成本还是使用重置成本计量等，都应作出明确规定。

4．规定采用的预算标准

例如，使用固定预算还是弹性预算，是宽松的预算还是严格的预算，编制预算时使用的各种常数是多少等。

5．规定业绩报告的内容、时间、详细程度等

例如，业绩报告是半年报告一次还是一个季度或者一年报告一次，季度报告是否应该和年度报告一样详细等。

（四）奖励制度

奖励制度是维持控制系统长期有效运行的重要因素。人的工作努力程度受业绩评价和奖励办法的影响。经理人员往往把注意力集中到与业绩评价有关的工作上面，尤其是业绩中能够影响奖励的部分。因此，奖励可以激励人们努力工作。

奖励有货币奖励和非货币奖励两种形式，如提升、加薪、表扬、奖金等。惩罚也会影响工作努力程度，惩罚是一种负奖励。

规定明确的奖励办法，让被考核人明确业绩与奖励之间的关系，知道什么样的业绩将会得到什么样的奖励。恰当的奖励制度将引导人们去约束自己的行为，尽可能争取好的业绩。奖励制度是调动人们努力工作、以求实现企业总目标的有力手段。

二、成本费用控制目标

（一）保证成本费用发生的合法性

成本费用是企业利润的抵减项目，在收入确定的情况下，成本费用越多，利润就会越少；成本费用越少，利润就会越多。而企业利润是国家税收的重要来源，为了保证这一税收来源的真实性、充足性和稳定性，国家制定了有关法律法规对成本费用的开支范围、归集项目、确认条件、计量标准、记录规则、报告条例都做出了明确的规定。企业必须依据这些规定来进行成本费用控制，通过控制成本费用发生过程中的各项手续、程序、各种文件记录以及账面的反映和财务报表的披露等，使成本费用的发生符合国家法律法规的规定。

（二）保证成本费用发生的合理性

企业的成本费用哪些应该发生，哪些不应该发生，国家的相关法律法规都做了原则性的规定，企业的规章制度也都做了具体的规定。成本费用的控制必须保证成本费用发生的合理性，

应该发生的让其发生，不应该发生的就不让其发生。为此，企业应该制定严格的控制标准和控制程序来保证成本费用发生的合理性。

（三）保证成本费用发生的有效性

成本费用发生的有效与否与企业的内部控制制度直接相关。企业应当建立健全内部控制制度，完善业务处理流程，在业务流程上设置控制点，采取审批、签发、审核、稽核等措施，使整个成本费用的发生处于有序的控制之中，保证成本费用的发生能够有利于提高企业的经济效益。

（四）保证成本费用确认的正确性

企业在成本费用确认的过程中很容易出现将费用作为资产挂账，导致当期费用低估，资产价值高估的后果；将资产列为费用，导致当期费用高估，资产价值低估的结果；或者随意变更成本计算方法和费用分配方法，导致成本费用失真等问题。这些问题都严重影响了成本费用确认的正确性。因此，企业必须根据有关法律法规的规定，正确划分生产成本和期间费用的界限、资本性支出和收益性支出的界限、营业支出和营业外支出的界限以及本期成本费用与下期成本费用的界限等，根据成本费用的确认条件准确地对成本费用进行确认，以保证成本费用确认的正确性。

（五）保证成本费用计量的准确性

成本费用计量的正确性是以成本费用的正确确认为前提的。成本费用的计量不仅涉及会计信息载体，如记账凭证、明细账、总账等的可靠性，而且还涉及财务报表的正确性。为了保证成本费用计量的准确，企业应在成本费用的计量过程中设置核查、稽查、对账等控制点，防止发生有意或者无意的计量错误。对于特殊产品、材料的计量还应请示专家的意见，采用物理或者化学等合理的计量方法进行计量。对于有损耗的存货应该制定合理的损耗额度，以此为标准对这些存货进行准确的计量。准确计量企业所发生的成本费用是正确计量企业利润总额、所得税和净利润的重要保证。

（六）保证成本费用记录和报告的真实性和及时性

企业每日进行账务处理，划分年度、季度、月度进行财务报表的编制，目的是想利用真实、及时、有用的会计信息为企业的生产经营服务。成本费用信息的真实性、及时性是其有用性的重要前提，虚假、滞后的信息是无用的信息。企业应采取各种控制措施，加强对生产经营活动过程中成本费用的控制，保证成本费用记录和报告的真实性和及时性，从而确保成本费用信息的有用性。

三、成本费用业务中的常见弊端

（一）成本费用管理上失控

（1）成本费用支出不预算、无审批、缺乏严格的控制程序和方法；

（2）成本费用支出失控，超预算开支现象严重；

（3）成本费用凭证不规范，其主要表现为：有的单位以"白条"入账；有的单位商品发票、劳务发票和收款收据不分，相互替代；有的单位以发票、收据的副本或复印件入账。

（二）成本费用核算上失真

（1）成本费用结转、摊销不实。有的单位虚列费用、虚计成本，任意调节成本费用与利润；

有的单位利用"预提"或"待摊"的方法，提前或延迟费用分摊，造成成本费用与收入不配比，与应计会计期间不符。

（2）成本费用分配不当。有的单位成本费用分配方法选用不当，随意变更；有的单位成本费用方法运用不正确，在费用分配时任意增减分配对象应负担的费用，分配方法名存实亡。

（3）商品、材料退货核算不正确，在产品盘亏不上账，致使产品生产成本虚增实减或虚减实增。

四、成本控制风险

（一）成本控制风险产生的原因

1．宏观环境复杂多变

企业管理的宏观环境复杂多变是企业产生风险的外部原因。宏观环境包括经济环境、法律环境、市场环境、社会文化环境、资源环境等因素。这些因素存在于企业之外，但对企业的经营管理产生重大的影响。宏观环境的变化对企业来说，是难以准确预见和无法改变的。宏观环境的不利变化必然给企业带来风险。例如，世界原油价格上涨导致成品油价格上涨，使运输企业增加了营运成本，减少了利润，无法实现预期的财务目标。成本管理的环境具有复杂性和多变性，外部环境变化可能为企业带来某种机会，也可能使企业面临某种威胁。企业如果不能适应复杂而多变的外部环境，对外部环境不利变化不能进行科学的预见，反应滞后，措施不力，就会产生成本风险，使企业经营举步维艰。

2．成本控制意识淡薄产生的风险

企业作为经营活动的主体，必然面临成本风险，成本风险是客观存在的。但在现代企业管理中，许多企业风险意识淡薄，缺乏正确的市场风险意识，对成本控制的重要性认识不够，对可能产生的风险也没有一个足够的认知，从而使成本开支具有普遍的随意性和盲目性，预算仅当摆设，制度流于形式，成本控制的作用不能得到充分发挥，产生成本控制风险。

3．成本转嫁产生的风险

当一个部门以不可控成本替代其可控成本时，成本转嫁就发生了。对于按可控成本评价的生产部门来说，它有动力用固定成本来替代变动成本，因为成本责任中心通常不对不可控成本的上升负责，结果是尽管该中心的可控成本降低了，但企业的整体成本可能上升了——固定成本随着变动成本的下降反而上升了。成本控制的有效运用，要求成本管理者预见这种转嫁，规避成本转嫁风险。成本转嫁降低了业绩评价系统的激励作用和公正性，所以成本管理者对成本转嫁应高度重视和关注，在制定各成本责任中心的成本时要通盘、充分考虑责任中心之间的联系。

4．过分关注短期成本目标产生的风险

应该引起企业注意的问题是许多业绩评价系统过分关注年度短期成本数据，使管理者只注意短期成本目标的实现而忽视长期战略因素对成本的影响，从而影响到企业成本控制的可持续性及成本竞争优势的可持续性，使企业的可持续发展受到制约和威胁。许多企业缺乏科学完善的分析方法和评价考核方法，不能对被考核者的成本控制绩效进行客观公正的分析和评价，不能充分调动被考核者的主观能动性和责任感，反而使其产生消极、抵触等不利于成本控制的系统风险。

5．成本预算宽余产生的风险

预算宽余是成本的预算值和期望值之间的差额。适度的预算宽余有助于公正地评价业绩和

促进决策目标的实现，这种有限的、对外部环境不确定性因素的预算防护，可以降低成本责任中心的风险厌恶程度，有助于促进成本责任中心的工作目标与企业高层管理者的决策目标达成一致。成本责任中心常常在其预算中留有一定数额的宽余，以应付未预料到的不利事件，但数额较大的预算宽余可能是由于管理者企图使成本目标更容易实现而留有的余地，这意味着企业整体业绩可能低于应有水平。因此，为了规避预算宽余造成的成本控制风险，成本管理人员需要重视预算宽余的程度及合理性。

6. 成本控制的方法与措施不当产生的风险

成本控制是在生产经营活动中，利用会计所提供的各种信息，以不断降低成本和提高经济效益为目的，对影响成本的各种因素加以控制和管理，及时发现与预定目标成本之间的差异，找出产生差异的原因，采取措施，消除不利差异，保证成本目标与成本预算任务完成的活动。成本控制要求实施全员、全过程、全方位的控制。许多企业往往只重视对生产人员的管理，却忽视了对非生产人员的管理；只重视对生产环节的成本控制，却忽视了对产品设计、材料采购、商品销售等环节的成本控制；只注重对价值活动实施控制，对生产经营活动中的非价值活动或与价值活动无紧密关系的活动，如人事管理、生产计划、生产调度等却忽视了。

企业在成本控制活动中，应根据不同的价值活动、不同的成本动因、不同的经营环节、不同的人员、不同的费用项目，采用不同的成本控制方法和措施。如果采取的方法和措施与实际控制对象不匹配，不但不能发挥成本控制的积极作用，反而会产生控制风险，使损失增加或成本上升。

（二）成本控制风险的类型

1. 成本控制风险按控制的实施部门划分

成本控制风险按其控制的实施部门，可分为宏观成本控制风险和微观成本控制风险两类。

（1）宏观成本控制风险。宏观成本控制风险是指国家综合经济管理部门采取各种措施来降低企业成本费用的过程中，受成本控制失效或不确定性因素的影响所产生的风险。

国家宏观经济管理部门出台的各项政策方针，对企业成本费用的发生影响很大，如成本开支范围、税费的收取比例、价格政策、产业扶持政策等，都会对企业的成本费用造成重大的影响。如果国家综合经济管理部门制定一些有利于企业成本控制的政策，就可以从宏观上控制企业成本费用的发生，降低成本控制风险。如果宏观经济管理部门制定的方针政策不利于控制企业成本费用，企业的成本控制风险就会增加，企业所采取的降低成本、控制成本费用发生的各项措施，效果就不会非常明显。

（2）微观成本控制风险。微观成本控制风险是指企业的成本管理部门在整个企业范围内所实施的成本控制措施的失效给企业带来的风险。

实施有效的微观成本控制，可以使企业有效地防范成本控制风险，同时，企业内部各级核算单位（如基本生产车间、辅助生产车间、各职能科室等），也应根据企业成本管理部门下达给本核算单位的各项有关成本指标，并结合本核算单位的具体情况，制定出合理的成本控制程序和方法，进而确保全厂控制目标的完成。

2. 成本控制风险按其与被控对象的关系划分

成本控制风险按其与被控对象的关系，可分为直接成本控制风险和间接成本控制风险两类。

（1）直接成本控制风险。直接成本控制风险是指企业制定了无效的成本控制制度、方法、标准等，直接对企业发生的经济活动进行控制所造成的风险。企业发生的各项经济业务都需要经过会计部门进行反映和控制，直接成本控制不需要经过许多中间环节，而是由会计部门直接实施，因而，不恰当的直接成本控制造成的不利的风险也是非常明显的。

（2）间接成本控制风险。间接成本控制风险是指某些活动不是由会计部门直接实施控制而是由企业的其他职能部门和有关的职工参与，企业的会计部门只是通过有关的规章制度、方法间接地对其进行控制，由于这些部门错误的成本控制措施给企业带来的风险。例如，企业的材料采购成本控制风险、生产车间消耗控制风险、产品的销售费用成本控制风险等。

3．成本控制风险按其控制的依据划分

成本控制风险按其控制的依据，可分为政策成本控制风险、制度成本控制风险和会计准则成本控制风险三类。

（1）政策成本控制风险。政策成本控制风险是指企业没有按照国家的方针政策对企业的成本进行控制所造成的风险。企业的任何经济活动都必须符合国家的各项方针政策，符合宪法和法律的要求，如果企业没有根据有关的政策和法令来控制企业成本费用的开支，其必定是不合理或违法的，不仅会增加企业的成本费用，而且会增加企业的违法处罚风险。

（2）制度成本控制风险。制度成本控制风险是指企业错误地运用内部各有关部门制定的各项规章制度对企业的成本费用进行控制所带来的风险。由于国家综合经济管理部门对企业的成本一般不再进行直接管理，因此，适用于企业内部的各项成本控制的规章制度应由企业自己制定，这就要求企业的成本管理部门根据本企业成本控制的特点，拟定出相应的成本控制的有关规章制度。制定出来的各项规章制度应是切实可行的，并且各单位都能认真贯彻执行，其具体要求就是这些规章制度应具有较强的可操作性。可操作性是制定规章制度的基本要求，如果一项规章制度没有可操作性，其制定得再好也不能得到很好的执行，结果必定会适得其反，增加企业的成本控制风险。

（3）会计准则成本控制风险。会计准则成本控制风险是指根据国家颁布的会计准则的要求，在进行成本费用的处理时，企业没有自觉参照会计准则的要求或者由于理解差异的原因，没有完全将会计准则作为控制的依据所带来的风险，这样既没有达到成本控制的作用，同时，又给企业带来成本控制风险。

4．成本控制风险按其实施的时间划分

成本控制风险按其实施的时间，可分为事前成本控制风险、事中成本控制风险和事后成本控制风险三类。

（1）事前成本控制风险。事前成本控制风险是指在经济业务发生前，根据有关资料进行分析、综合、预测，制定出相应的成本控制措施，但由于制定不合理的成本控制措施使经济业务没有朝着预期的方向发展而带来的风险。

例如，对开发新产品成本的控制，在产品尚未开始生产之前，就应根据该产品的特点、结构、所耗材料和工时等情况，制定出相应的消耗定额等资料，但市场环境等不确定因素的影响使成本控制没有达到预期的效果，增加了企业的成本控制风险。

（2）事中成本控制风险。事中成本控制风险是指在成本形成过程当中，对成本开支错误地进行成本控制所带来的风险。

事中控制是成本控制的重要阶段，因为事前控制是在预测的基础上所进行的控制，这种控制的实际效果是有限的，实际执行过程中会出现种种预先并不能完全预料到的突发或意外事件。所以，应在经济业务进行过程当中，根据已发生的经济业务并结合分析其今后的发展趋势，及时发现问题并采取有效的措施予以解决，只有这样，才能不断纠正实际执行中所出现的偏差，实现控制目标，从而达到控制的目的，最终降低事中成本控制风险。

（3）事后成本控制风险。事后成本控制风险是指在经济业务完成后，企业根据实际执行的

结果等信息资料将其与计划或预算控制目标对比时出现失误，提出错误的改进措施，使被控目标没有顺利完成而增加的风险。

事后控制与事中控制不同，它们虽然都要对实际执行的信息资料进行收集、整理、加工，并与被控目标对比进行反馈控制，但事中控制是在经济业务并未完成时进行的，它起着预防本期偏差发生的作用，而事后控制是在经济业务发生之后进行的，它起着"亡羊补牢"的作用，预防下期偏差发生。正因为事后控制与事中控制的作用不同，所以二者给企业带来的成本控制风险也不同。

5. 成本控制风险按其控制手段划分

成本控制风险按其控制手段，可分为技术成本控制风险和管理成本控制风险两类。

（1）技术成本控制风险。技术成本控制风险是指将现代科学技术方法及控制论的方法运用于成本控制中而造成的风险，如成本控制过程中利用电子计算机造成的风险等。

（2）管理成本控制风险。管理成本控制风险是通过一些管理手段来对成本进行控制而造成的风险，如政策控制、制度控制等造成的成本控制风险。

6. 成本控制风险按战略性与战术性之间的关系划分

按战略性和战术性之间的关系，可以分为战略性成本管理风险和战术性成本管理风险两类。

（1）战略性成本管理风险。战略性成本管理风险是在企业战略成本管理中，对保持企业持续适应变化的环境和影响环境的战略成本管理目标可能造成损害的各种因素。这类风险主要有战略成本管理者的素质、分析方法的运用，企业外部政治、法律、经济、社会、技术和自然环境等的影响，企业内部所有者与经营者的管理能力、职业操守和收入状况、企业资源的配置、企业文化的建设、经营管理的情况等。

（2）战术性成本管理风险。战术性成本管理风险是在企业根据战略制定计划、预算、标准等，执行计划、预算、标准等过程中发生的可能对战术成本管理目标有影响的因素，这类风险涉及资料的收集、整理、计划和预算编制、执行及组织工作中的影响因素。

7. 成本控制风险按管理角度划分

从管理角度可以分为成本信息扭曲产生的风险和成本上升产生的风险两类。

（1）成本信息扭曲产生的风险。成本信息扭曲产生的风险是由于成本核算不正确产生的。例如，不能正确归集成本费用、不能正确划分期间费用、成本控制标准过时、制造费用分配标准不合理等。成本信息扭曲能影响甚至误导企业的相关管理决策。

（2）成本上升产生的风险。成本上升产生的风险是指成本升高，超过控制标准所带来的损失。例如，材料价格上涨、工资提高、汇率变动、技术进步等因素都会导致成本上升。

（三）成本控制风险因素的识别

1. 综合性成本风险因素

（1）企业经营管理者的经营战略选择、目标市场的选择、厂址选择、风险决策的偏好以及管理层变动等。

（2）企业会计准则、财务制度的修订，企业会计政策的变更等。

（3）企业经营决策及经营目标的设定、财务预算的状况等。

（4）内部控制系统的适当性、完善性和有效性。

（5）企业的组织、经营、技术、政策的变化等。

（6）企业的员工数量、知识水平、技能状况和道德行为。

（7）市场对企业产品的需求、消费者偏好、竞争条件及其变化。

866 最新内部控制管理操作实务全案

（8）材料供应渠道、质量及价格变动。

（9）新产品、新技术的出现，电子商务、网络信息技术的发展。

（10）产品价格、营销策略、营销渠道的变动。

（11）税法修订及进出口政策、汇率变动。

（12）企业的防火、防盗、环保、保卫条件及其变化。

（13）企业风险管理的现状和能力。

（14）销售成本率、可比产品成本降低率、成本利润率等指标的变化。

（15）企业愿景，企业文化，企业管理机制、体制。

（16）本企业的主要竞争对手、客户、供应商的情况。

（17）产品结构、新产品开发、市场开发。

（18）国内外与本企业相关的政治、法律环境，经济形势，影响企业的新法律法规和政策。

2．产品研发成本风险因素

（1）研制活动过程及结果。

（2）产品成本的70%在研制阶段决定，因此，产品设计先天不足是成本控制最大的风险。

（3）产品选型不正确、不合理。

（4）产品结构不合理。

（5）产品选用材料及配方。

（6）工艺方案及生产工艺流程的选择。

（7）工艺过程的改良。

3．物资采购阶段的风险因素

（1）材料未来价格变动趋势。

（2）材料能否及时供应。

（3）购买材料的运输费、保险费等的变化。

（4）采购人员的差旅费等。

（5）进口材料的汇率波动。

（6）材料采购批量及库存变动。

（7）收受贿赂及回扣，支付价款不合理。

（8）采购价高质次，入库验收不认真、不准确。

4．生产阶段成本风险因素

（1）材料消耗定额、材料利用率、材料成材率变动。

（2）劳动生产率、工时定额、劳动者的工作态度。

（3）外购动力、燃料、水资源。

（4）设备维修、安全保障、设备利用率、生产效率。

（5）产品质量变动，产品合格率、废品率、返修率等。

（6）技术滞后性，生产安全性，材料耗用失控，产品能否按期、按质、按量完成等。

（7）生产部门之间缺乏协调性。

（8）生产车间私自接活，私设仓库，各项消耗报告不实。

（9）环境污染状况及举措。

5．产品销售领域成本风险因素

（1）广告宣传使用时间、地点、广告形式、广告效果等。

（2）产品销售运输费、保管费、保险费等。

（3）产品销售佣金、折扣、折让、销售奖励等。

（4）产品库存、赊销比例、应收账款周转期、坏账损失等。

（5）销售人员素质、推销艺术、销售渠道、"三包"费用等。

（6）信用政策、虚假销售、隐瞒销售收入、截留销售收入等。

6．人力资源成本风险因素

（1）招聘人员不合格、人员配备不合理、技术低、不适应企业发展需要等。

（2）薪酬制度落后、晋升渠道不畅、奖惩不明，人的积极性未能充分发挥等。

（3）技术人员不稳定，培训及投资不足等。

（4）职工出勤率、劳动生产率的变动。

（5）企业文化缺失，缺乏团队精神。

7．财会成本风险因素

（1）会计制度不合理、预算脱离实际，货币资金控制不力等。

（2）资产管理混乱、资金被挪用、贪污盗窃等。

（3）核算出错、报表虚假、账实不符、预算失控等。

（4）财会信息加工、储存、备份不善，纳税筹划不当等。

（5）资产、负债、资产负债率、偿债能力、盈利能力、资金周转率。

（6）产品存货及其占销售成本的比重。

（7）成本预算、核算中曾经发生或容易发生错误的环节。

（8）制造成本、管理费用、销售费用、财务费用预算控制执行情况。

以上所列仅仅是带有普遍性的对成本影响比较大的一些重要因素，有的能够用数据表达，有的难以用数据表达，而且风险因素本身处于经常的变化之中。因此，在实际工作中，必须根据实际情况以及企业自身的特点，进行风险的识别。

（四）成本控制风险管理策略

1．成本控制风险管理策略

成本控制风险管理策略，是指企业根据自身条件和外部环境，围绕企业成本战略，确定风险偏好、风险承受度、风险管理有效性标准，选择风险承担、风险避免、风险转移、风险利用、风险抑制与控制等适合的风险管理工具总体策略，并确定风险管理所需人力和财力资源的配置原则。

风险管理策略有时也称风险管理工具，通常包括风险保留、风险避免、风险转移、风险利用、风险抑制与控制等方法。

（1）风险保留。风险保留又称风险接受，是指企业自己承担风险损失。当某种风险不能避免时，企业只能自己保留承担风险，这是最为普遍与最小阻力的风险处理方式。例如，原材料物价上涨，企业不能避免，只能接受。

1）风险保留条件。一般情况下，企业遇到下列情形可以采用保留风险策略。

① 接受管理风险的费用比采取其他方式的附加费用低。

② 预测的最大可能损失比较低，而这些损失是企业在短期内能够承受的。

③ 企业具有自我保险和控制损失的优势，一般来说，企业每年接受管理的风险最高额为年税前收入的5%左右，超过这个限度就不宜采取保留风险策略。

按照风险接受程度，保留风险策略可以分为全部保留风险和部分保留风险。全部保留风险是企业主动采取决策，全部承担某个项目可能出现的损失，并拥有充分的财力应对损失的发生。部分保留风险是指根据企业的实际情况，决定部分担负可能面临的风险损失。

2）风险保留处理方式。

① 将发生的损失计入当期损益。它通常适用于处理那些损失频率小、损失程度较低的风险，或损失频率高但损失程度低的风险。这些风险通常被企业视为摆脱不掉或不可避免的风险损失。

② 建立意外损失基金。意外损失基金又称自保基金或应急基金，是企业根据风险评估所了解的风险特征，并根据企业本身的财务能力，预先提取用以补偿风险事件损失的一种基金。它通常适用于处理风险损失较大，无法摊入经营成本的风险损失。这种做法的好处是可以节约附加保费、获取投资收效、降低道德风险和理赔迅速；缺点是受自保基金规模限制，可能发生财务周转困难；或应急基金严重不足。

③ 建立专项基金。专项基金为应付可能面临的各项损失风险，企业根据不同用途设置的专项基金，如意外损失基金、设备更新基金等。它要求企业每年从资金中提取一定数额的基金。采用此种方法，企业可以积累较多的资金储备，形成一定的抗风险能力。但是，专项基金的管理成本较高，管理不好会引发挪用资金等问题。

④ 从外部借入资金。当企业无法在风险损失发生后，从内部筹集到足够的资金时，可以选择从企业外部借入资金，弥补风险事故带来的损失。企业可以与金融机构达成应急贷款和特别贷款协议。当某些风险事故发生概率比较小且损失未发生时，签订应急贷款协议具有优势。当重大的损失事故发生后，企业无法从内部筹措到资金时，只能向外部金融机构申请特别贷款。金融机构批准这两种贷款的条件较高，都要求企业具有较强的竞争优势、资信状况较好、偿还贷款的能力较强等。尤其是特别贷款，要求条件会更加苛刻。例如，要求企业在未来一段时间内有条件偿还贷款、提供质押担保或第三方的担保等，企业获得贷款很不容易。

3）风险保留的优缺点。

① 优点。

A. 成本较低。因为从长远来看，保险费等其他费用的总金额可能会超过平均损失。以保险来说，其费用中除了必须包含补偿损失所需的费用外，还包括保险公司的运营成本以及各种利税。因此，在保险费中只有一部分是用来补偿损失的，而另一部分则是保险公司的各种成本和税收。显然，接受风险可以使企业避免许多费用的发生。

B. 控制理赔进程。企业可以通过采用接受风险策略控制理赔进程。在很多情况下，保险公司复杂的理赔过程以及赔偿数额不能使企业满意，而其理赔工作又常常不及时，使企业的损失不能得到赔偿，影响企业恢复生产的进程。

C. 提高警惕性。在采用接受风险策略的情况下，企业更注重损失控制，会尽可能减少损失发生的频率和损失的严重程度。企业一旦决定自己控制风险，就会以高度的警觉来实施这一计划，注重风险管理的教育与培训。相反，在采用购买保险等其他方式的情况下，企业往往不注意用控制手段的办法来防范风险。

② 缺点。

A. 可能的巨额亏损。在特殊情况下，如发生巨灾等，采用接受风险策略可能会使企业面临承担巨额的风险损失，以致可能危及企业的生存与发展。这说明，接受风险策略只适用于风险保持在一定限度内的情况，超过则会给企业带来不利的后果。

B. 可能更高的成本费用。在接受风险策略下，企业往往需要聘请专家进行指导和评估，在某些情况下，可能会比采用其他策略支出的费用更大，同时，如果采用购买保险的方式分散风险，保险公司可以将各种费用在很多的投保公司之间分推，具体到每个公司身上的部分不可能很多。而如果仅仅依靠企业自身的力量，其费用开支就远比保险公司大得多。因此，在某些情形下，接受风险的费用开支可能比其他方式更高。

C. 获得服务种类和质量的限制。由于企业自身实力有限，当采取风险保留策略时，本来由保险公司提供的一些专业化的服务就失去了作用。

（2）风险避免。风险避免也称风险规避，即选择放弃、停止或拒绝等方式处理面临的风险。例如，采取中止交易、减少交易量、离开市场等方式避免风险发生。

风险避免是各种风险管理技术中最简单也最消极的一种方法。采取风险规避措施对风险损失的可能性消除了，但一定的机会也可能会丧失。例如，企业为避免坏账、呆账损失，采取风险规避策略，不予赊销。这种措施确实避免了呆账、坏账的发生，但却失去了客户和销售机会。

1）风险避免的条件。采取风险避免策略，必须考虑以下条件。

① 风险不可避免。欲避免某种风险也许是不可能的。

② 经济上合得来。采用规避风险的方式最经济，可能未来收益大于控制成本。

③ 防范副作用发生。避免一项风险可能产生另外的新的风险，如赊销问题。

2）风险避免的方式。企业应该恰当地调动自己的能动性，分情况采取以下几种风险避免方式。

① 完全拒绝承担。通过风险评估后，企业直接拒绝承担某种风险。

② 逐步试探承担。通过风险评估发现，进行某项经营活动一步到位的风险太大，企业难以承担，此时运用分步实施的策略，则可以回避掉一部分风险，也可以使得企业有机会、有时间，待竞争能力和抗风险能力增强后再进行该项经营活动。

③ 中途放弃承担。进行某项经营活动时，由于外在环境变化等原因，企业选择中途终止承担风险。

3）风险避免的优缺点。

风险避免具有以下优点。

① 有效避免了可能遭受的风险损失。采取此种策略在风险还没有时就可以将其消除掉。

② 企业可以将有限的资源，应用到风险效益更佳的项目上，这样就节省了企业资源，减少了不必要的浪费。

风险避免具有以下缺点。

① 虽然企业主动放弃了对风险的承担，但这也是无奈的选择，风险避免同时意味着风险收益的丧失，也意味着经济收益的丧失。

② 由于风险时时刻刻都存在，所以绝对的风险避免是不大可能实现的，而且过度避免风险也会使企业丧失驾驭风险的能力，降低企业的生存能力。

③ 虽然风险避免是消除风险比较有效的方法，但对于已经存在的风险，风险避免策略则不适用。风险避免一般适用于在某项工作的计划阶段确定，以避免投资失误或者中途改变工作方案造成的经济损失。

④ 风险避免必须建立在准确的风险识别的基础上，而企业的判断能力是有限的，对风险的认识总会存在偏差，风险避免并非总是有效的。

（3）风险转移。风险转移是指企业通过契约、合同、经济、金融工具等形式，将损失的财务和法律责任转嫁给他人，降低风险发生频率、缩小损失幅度。风险转移与风险避免相比，它不是通过放弃、中止的方法，而是寻求转移的方法积极防范风险；风险转移与风险抑制和控制相比，都属于积极应对风险的控制决策，只是从控制力量看，转移风险更注重与企业外部力量的合作来管理风险，而风险控制与抑制在于发挥自身的力量来管理和控制风险；从风险控制手段达到的结果看，风险控制与抑制是通过直接的控制手段来防范风险，风险转移则通过间接手段控制风险。

风险转移的形式有三种：控制型非保险转移、财务型非保险转移和保险转移。

1）控制型非保险转移。控制型非保险转移是通过契约、合同将损失的财务和法律责任转嫁给他人，从而解脱自身的风险威胁。控制型非保险转移包括外包、租赁、出售、回租等方式。

① 外包。外包又称转包或分包。转让人通过转包或分包合同，将其认为风险大的业务转移给非保险业的其他人，从而将相应的风险全部或部分转移给承包人。

② 租赁。出租人通过合同将有形或无形的资产交给承租人使用，承租人支付一定租金，承租人对所租物只有使用权。

③ 出售。通过买卖契约将与财产或活动相关联的风险转移给他人。

④ 售后回租。这是将出售和租赁合并操作的风险转移方式。为避免错过市场行情或由于资金紧张将资产整体卖掉，然后租回部分资产。

2）财务型非保险转移。财务型非保险转移就是利用经济处理手段，转移经营风险。财务型非保险转移包括保证、再保证、中和或集合、证券化、股份化等方式。

① 保证。保证是保证人与被保证人通过某种契约签署的、为使保证人履行相关义务以确保被保证人的合法和既得利益的文件，其中，有执行和约双方应尽责任的要求，如有违背，保证可能被取消或作相应调整。

② 再保证。由于事项重大，为使被保证人的利益确实得到保护，在"保证"的基础上，由实力或声望更高的团体或个人通过合约或契约对被保证人所作的承诺。

③ 中和或集合。这是利用套期保值、远期合约等方式将损失机会与获利机会平衡，通常用于投机风险的处理。

④ 证券化。利用可转换债券、双汇率债券等金融工具方式，满足投资人、筹资方利益的需要。这是一种双赢风险转移。

⑤ 股份化。股份化实际属于风险的分散。通过发行股票的方式，将企业风险转嫁给多数股东，这种操作实际上只是分散了原股东的风险，增强了企业抵抗风险的能力，企业的运营风险并未得到转移。

3）保险转移。企业对于自身既不能控制、抑制也不能转移的风险，或者根据外部与内部环境的变化对控制效果有一定的担忧，可以采用投保的方式转移风险。例如，商品运输途中的保险，可以避免由于意外事故给企业造成的损失。

控制型、财务型风险转移与保险型风险转移比较，各有优点，同时，又受到相关条款政策的限制，它们的优缺点比较如表 15-1 所示。

表 15-1　控制型非保险转移、财务型非保险转移和保险转移的比较

风险转移	控制型、财务型	保险型
优点	① 适用对象广泛 ② 直接成本低 ③ 操作手法灵活	① 合同条款经过严格审查 ② 保证系数大 ③ 损失保证相对确定
局限	① 操作及面临损失时，存在不确定性 ② 有关法律许可的限制 ③ 合同理解的差异，会引起效率与效果的问题	① 受到合同条款的严格限制 ② 成本相对较高

续表

风险转移	控制型、财务型	保险型
适用条件	① 是以双赢为目的的合作关系 ② 契约当事人对相关内容的理解争取一致 ③ 受让人有能力并愿意承担财务和法律责任	保险机构规定的业务事项

（4）风险利用。风险利用是把风险当作机遇，利用运营中的困难通过风险战略，开拓市场，实现更大的战略目的。例如，利用价格低的国产材料替代进口材料、通过改进生产工艺提高材料利用率、降低原材料消耗等。风险利用是最为积极的风险管理战略，它对于培养经理人风险偏好、建立企业文化有重要的意义。

海尔集团正是利用劣质冰箱的风险事件，引以为戒，加强质量成本管理，把企业做大做强，培育了世界瞩目的"海尔文化"。

1）风险利用方式。风险利用的方式有配置、多样化、扩张、创造、重新设计、价格杠杆、仲裁、重新谈判等。

① 配置。通过增加或更换新的技术设施、人力资源或管理系统，使原来的系统发挥更大的效能，从而降低风险。

② 多样化。多样化又叫多元化，即利用资源优势，开拓市场，以纵向或横向为方向，开始多元化经营。

③ 扩张。企业为抢占市场或为获得财务的利益，有效利用资源，通过吸收合并、创立合并、控股合并等形式投资，实行战略扩张，可以分散和降低风险。

④ 创造。这是一种前瞻性风险管理战略。在企业产品的生命周期刚进入成长期不久，便利用技术和资源优势，开发设计新产品，引导消费者需求。

⑤ 重新设计。重新设计又叫企业流程再造，是对企业流程的根本性的再思考和重新设计，从而使成本、质量、服务和反应速度等具有时代特征的关键指标获得巨大的改善。

⑥ 价格杠杆。价格杠杆是指充分利用产品的竞争优势，结合市场状况调整产品价格，从而规避风险。

⑦ 仲裁。当出现某些未决事件时，可以充分利用法律，提请仲裁来转移风险。

⑧ 重新谈判。与利益相关者重新谈判来商定价格或服务，可以有效化解风险。

2）风险分散方式。在风险利用策略中还可通过对风险进行分散、分摊以及对风险损失进行控制，将大风险化为小风险，变大损失为小损失，实现风险控制的目的。

① 风险分散。风险分散是指将企业面临的风险，划分为若干个风险较小而价值低的独立单位，分散在不同的空间，以减少企业遭受风险损失的程度。其目的是减少任何一次损失发生造成的最大可能损失的幅度。

风险分散管理最有名的一句话就是"不要把鸡蛋放在一个篮子里"。以投资为例，企业适当的投资组合可以降低机会成本并分散企业风险。但是，投资组合并不能降低企业面对市场的总体风险，只能降低单个投资项目的独有风险。在进行投资组合时，需要对可供选择的投资、项目、产品进行评价。

需要强调的是，在进行投资组合时，切忌盲目分散投资。将资金投入过多的项目，有可能会使分给每个投资项目的资金不足，难以保证项目的顺利达成。同时，资金的分散也很难使企业形成核心竞争产品，没有竞争优势。这种"乱撒胡椒面"的现象不仅不会分散企业的风险，反而会加剧投资风险，甚至造成巨额风险损失。例如，巨人集团盲目追求多元化经营，涉足了计算机、房地产、保健品等行业，跨度太大，而新进入的领域并非优势所在，却急于铺摊子，有限资金被严重分散，其结果是导致资金链断裂，拖垮了整个公司。

② 风险分摊。风险分摊是指由于单个企业抗风险能力有限，则选择与多个风险承受企业承担属于某个市场的一定风险，从而降低本企业所承担的风险。由于风险与收益相互配比，风险分摊与收益分摊是相辅相成的。

具体到单个具有一定风险的项目来说，风险分摊最常见的形式是联合投资。通过联合投资协议，投资企业根据各自的情况选择不同的资金进入时期、进入金额条件，在保证投资项目顺利实施的情况下，投资各方在共享收益的同时，分散各自承担的风险，从而达到提高资源利用效率、分担资金风险的目的，同时，可以减少市场上同行业的竞争度，从而降低整个领域的非系统风险。

但是，需要注意的是，联合投资的运作实施建立在多家企业合作的基础之上，各个投资企业都谋求以更少的成本获得更多的利润分配，而在合作契约通常不完备的情况下，各个投资主体之间可能会存在利益冲突，出现"搭便车"的情况。例如，联合投资中某一企业付出的努力较少，但仍按照比例分摊了投资收益，另一投资企业却同时承担了大部分风险。这样会严重打击联合投资人的积极性，不利于发挥联合投资的协同管理效果，也不利于项目的顺利进行，无法实现正常的风险分摊。

③ 备份风险单位。备份风险单位是指企业再备份一份维持正常的经营活动所需资源，在原有资源因各种原因不能正常使用时，备份风险单位可以代替原有资产发挥作用。需要注意的是，备份风险单位并没有使原有风险变小，而是重复设置风险或者风险单位的一部分，在风险事故发生时使用备份的风险单位。也就是说，备份风险单位可以减少一次事故的损失程度，但并未减少风险损失发生的概率。例如，计算机文件备份并将备份文件隔离存放，有助于起到减少损失的作用，而企业的重要财务资料的缺失，会给企业带来严重的问题和财务风险，备份风险单位可以起到损失抑制的作用。

（5）风险抑制与控制。风险抑制与控制是指企业对既不愿放弃也不愿转移的风险，通过查找风险因素，借助风险事故形成损失的源头，降低损失发生的可能性、频率，缩小损失程度，达到风险控制目的的系统控制方法。风险抑制和控制是一种积极的风险管理策略。例如，对生产设备进行检查，可以发现安全隐患，从而及早采取措施加以防范，有效抑制风险的发生。

风险抑制与控制的方法有预防性控制、检查性控制、纠正性控制、指导性控制、补偿性控制等。

2．成本控制风险管理解决方案

风险管理解决方案是在风险识别、风险衡量、风险评估、选择风险管理策略的基础上，根据企业所处的环境制定的。方案的制定与执行直接影响风险管理的效果。因此，制定科学、合理、可行的解决方案是风险管理的重点。

（1）成本风险管理解决方案制定的条件。企业在制定方案前，需要考虑面临的各种成本风险因素，这些因素是制定方案的前提条件。

1）应考虑企业面临的主要风险。

① 环境风险。环境风险是指外部的能够影响企业经营模式的风险因素，如政治风险、行业风险、监管风险、灾难风险等。

② 过程风险。过程风险是指由于企业未能有效地获得、管理、更新、处置其资产，或者未能有效满足客户的需求，或者存在资产滥用，或者成本费用失控，导致未能创造价值的风险。

③ 决策所需信息风险。决策所需信息风险是指用以支持企业经营模式、报告企业内外部经营业绩、评估企业经营绩效所需的成本信息的不相关性或可靠性导致的风险。

2）考虑选择风险管理策略的因素。在制定风险管理方案时，要考虑与管理方案决策有关的因素和风险的性质。在制定方案前，应考虑未来会发生什么风险、对企业成本的影响如何等，只有把未来的发生情况弄清楚，方案才可行。

（2）风险管理解决方案制定的程序。

1）确定风险管理目标。企业进行风险管理时，首先需要确定风险管理目标。企业风险管理的目标就是以最小的成本获得最大的安全保障。因此，企业应根据是否建立了整体的风险管理目标及监督结构、所面临的风险情况等实际，确定风险管理目标。

2）设计风险管理解决方案。根据风险管理目标、企业面临的特定风险和特定条件，企业可以设计特定的一个或多个风险管理解决方案，如表 15-2 所示。

表 15-2　风险管理解决方案

程　　　度 可能性	高	低
高	避免/转移	转移/自留
低	转移/自留	接受

3）选择并执行风险管理最佳解决方案。在设计各种风险管理解决方案后，需要比较分析各种风险管理解决方案的实施成本，进行决策并寻求各种风险管理策略的最佳组合。由于风险管理解决方案的执行贯穿于整个风险管理活动的始末，在执行中由于企业内外环境的变化，面临的风险也可能发生变化，这就需要对风险管理解决方案进行调整与改进，以适应变化的需要。

4）风险管理解决方案的效果评价。风险管理解决方案的效果评价是指对风险管理解决方案的效益和实用性进行分析、检查、评估和修正。风险的特性，如隐蔽性、复杂性和多变性，有时，可能使风险管理解决方案不能发挥其作用，达不到预期效果和目标。这就需要对风险管理解决方案执行效果进行实时评价与调整，使风险管理解决方案更加完善。

（3）成本控制风险管理解决方案。由于各个企业内外部环境不同，所面临的成本风险也不一样，因此，需要根据实际制定特定的风险管理解决方案。

1）战略成本风险管理方案。企业战略面临许多风险，这里以企业并购为例，说明面临风险应采取的解决方案。由于并购能够给企业带来规模经济、扩大市场占有率、财务协同及降低经营风险等优势，很多企业积极并购，并把它作为重要的发展战略手段。虽然并购活动发生率高，但是成功率却较低。企业并购活动中隐含大量风险，企业必须采取有效措施，并购中，企业要从并购信息风险、并购决策风险、并购财务风险和并购整合风险等方面防范并购风险。

2）财务成本风险管理方案。企业财务成本风险根源于自然和经济社会环境的不确定性、市场经济的复杂性、企业理财过程和经营活动的复杂性、经营者认识能力的滞后性以及手段方法的有限性。财务成本风险贯穿于企业资金运动的全过程，企业财务成本风险管理的目标是以最小的成本确保企业资金的连续性、稳定性和效益性。因此，企业应通过专家意见、指标分析、报表分析等方法对财务成本风险进行识别后，再采取不同的应对策略与方法。

3）竞争成本风险管理方案。企业竞争就是在市场经济条件下，企业作为商品生产者和经营者，为了谋求长期生存发展，追求经济利益最大化，获得有利的生存能力和生存空间而争夺、较量和对抗的经济关系。由于企业现有的竞争性资源非常有限，企业为了获得对自己有利的各种资源，如资金、技术、人力资源，就必须参与竞争。因此，企业应针对不同的竞争态势，制定不同的解决方案，使企业有效降低或避免风险，获得成本竞争优势。

4）组织风险管理。企业的组织结构是否合理决定了该组织在解决问题时是否有效，在遇到风险时是否能够及时作出反应。这在很大程度上决定了企业面临风险时的处理能力。不同类型的企业组织结构面临不同的风险，其采取的风险管理解决方案也会不同。因此，企业应结合自己的类型和组织结构，制定科学合理的成本风险管理解决方案。

（五）成本核算的风险控制措施

1. 真正做到管算结合，算为管用

所谓管算结合，算为管用，就是成本核算应当与加强企业成本管理相结合，做到管中有算，算中有管，所提供的成本信息应当满足企业经营管理和决策的需要。进行成本核算，首先应根据有关法规和制度，以及企业成本计划和相关的消耗定额，对各种支出进行审核和控制，从而分析确定各项开支是否存在不合法或不合理的项目，并划分应计入生产费用和应计入期间费用的项目，对各项费用的发生情况以及费用脱离标准和定额的差异进行日常控制、核算和分析，将分析结果及时反馈给有关的预测和决策部门。凡是不合法、不合理、不符合企业规定的开支项目，应该尽量制止，如果已经无法制止，应追究责任，采取措施防止以后再发生；对于标准和定额脱离实际情况而发生的差异，应该按规定的程序予以修订。其次对于已经发生的生产经营管理费用，应分别进行归集并处理，对于生产费用应按产品进行归集，以便正确计算各种产品的成本，为正确进行产品成本分析和考核，挖掘降低成本的潜力提供相关和可靠的成本信息；对于经营管理费用应按期间进行归集，直接计入当期损益。

成本核算的资料，必须真实可靠，使成本管理要用得上，否则，如果成本核算提供的资料信息不真实、不准确，就会给成本管理带来风险损失。同时，成本管理本身也需要成本核算的资料作为支撑，否则，成本管理就会没有依据，犹如空中楼阁，失去信息基础，凸显管理风险。

2. 正确划分各种费用界限

为了正确地进行成本核算，提供真实有效的成本信息，必须正确划分以下六个方面的费用界限。

（1）划分正常支出和非正常支出的界限。企业发生的支出，大部分属于生产经营正常支出，但也有一些非正常损失项目的发生。例如，自然灾害、固定资产盘亏、毁损等，都不是由于日常的生产经营活动而发生的支出。这些支出既没有增加新的经济资源，也没有为创造收入作出任何贡献。因此，这些支出既不能列入资产，也不能做报告期费用，而只能做营业外支出，从收益中扣减。进行成本核算时，要注意将这类非正常支出与正常的生产经营费用区分开来，如果将两者混淆，就会导致成本费用虚增，影响成本核算的真实可靠性。

（2）划分资本性支出和收益性支出的界限。正常支出分为资本性支出和收益性支出两类。收益性支出是指该支出的发生仅与本期收入的取得有关。例如，用于产品的生产工人工资、固定资产的折旧等；资本性支出是指该支出的发生不仅与本期收入的取得有关，而且还与其他会计期收入有关，如购置固定资产、无形资产等。区分资本性支出和收益性支出是为了正确计算各期的损益，正确反映资产的价值。如果把资本性支出作为收益性支出，就会少计资产的价值，多计当期费用，少计利润；反之，如果把收益性支出作为资本性支出，则会少计当期费用，多计资产的价值，虚计利润。

（3）划分产品成本和期间费用的界限。制造业的生产费用应该计入产品成本，产品成本要在产品生产完工并对外销售后才能计入企业的损益，并从当期收入中补偿。而当期投入生产的产品不一定都能完工，更不一定都在当期销售，而当月销售的产品也不一定都是当月投入生产

的。所以，本月发生的生产费用不一定能够计入当月损益从当月收入中得到补偿，而期间费用不计入成本，直接计入当期损益。

因此，为了正确计算产品成本和期间费用，正确地计算企业在各个月的损益，还必须将收益性支出进行正确划分，以区分产品成本和期间费用的界限。

（4）正确划分各个月的费用界限。为了按月分析和考核成本计划的执行情况和结果，正确计算各月损益，必须正确划分各月的费用界限。核算各月成本费用时，要切实贯彻权责发生制的原则，不能混淆各月的生产费用。

（5）划清各种产品的费用界限。为了分析和考核各种产品的成本计划和成本定额的执行情况，应分别计算各种产品的成本。因此，应该计入本月产品成本的生产费用，还应在各种产品之间进行分配。属于某种产品单独发生的，能够直接计入该种产品的费用，应直接计入该产品的成本；属于几种产品共同发生的，不能直接计入某种产品的费用，应采用适当的分配方法分配计入这些产品的成本。

（6）划清完工产品与在产品的费用界限。每个会计期末，各种产品所归集的费用都要在完工产品与月末在产品之间进行划分，以分别计算完工产品的成本和在产品的成本。

如果不能正确划分上述费用界限，就会掩盖真实的成本水平和费用结构，使成本信息失真、失灵，增加成本预测决策和控制的风险。

3. 严格执行成本开支范围的规定

为了统一成本所包括的内容，规范成本补偿的标准，保持成本开支的可比性，防止乱挤乱摊成本，保证企业成本和损益计算的正确性，国家规定了统一的成本开支标准，作为企业进行成本核算工作的依据。企业在实际工作中应严格遵守成本开支范围的规定。

成本开支范围是国家根据成本的经济内涵、国家的分配方针等的具体要求而作出的规定。这种规定有利于企业做好成本核算工作，保证成本核算工作的质量，有利于正确确定企业的利润和税金，解决国家与企业之间的分配关系，而且应随着国家管理和政策变化的需要而相应改变。成本开支范围一经确定，应保持相对稳定，以保证不同年度的产品成本具有可比性，便于进行成本分析和考核。

如果企业不遵守国家的成本开支标准，随意扩大成本开支标准和范围，既不能提供真实的成本信息，影响信息使用者经营决策的正确性，也会大大增加企业违法处罚的风险，从而得不偿失。

4. 做好各项基础工作

为了加强成本审核、控制，正确、及时地计算成本，企业应做好以下各项基础工作。

（1）建立健全原始记录和凭证，并建立合理的凭证传递程序。原始记录和凭证是进行成本核算的首要条件，是反映生产经营活动的原始资料，是进行成本预测、编制成本计划、进行成本核算和成本分析的依据。因此，企业对生产经营过程中材料的领用、工时的消耗、动力消耗、费用开支、废品的发生、在产品的内部转移、产成品和半成品的入库、产品质量检验等，都要有真实完整的原始记录和凭证。同时，根据成本核算和管理的需要，做好各种原始凭证的填写、审核、传递和保管工作。

（2）建立健全材料物资的计量、收发、领退和盘点制度。为了进行成本核算和管理，必须对材料物资的收发、领退和结存进行计量，建立健全材料物资的计量、收发、领退和盘点制度。材料物资的收发、领退，在产品和半成品的内部转移以及产成品的入库等，均应填制相应的凭证，经过一定的审批手续，并经过严格的计量、验收和交接，对于库存的各种材料物资、车间的在产品和产成品等，均应按规定进行清查盘点。做好这些工作，不但是正确计算成本的必要条件，也是完善内部控制，加强企业管理，保护企业财产物资安全完整的有效措施。

（3）建立健全定额管理制度。定额是企业在生产经营中，对人力、财力、物力的配备、利用和消耗以及获得的成果等方面所应遵循的标准或应达到的水平。制造业中产品的各种定额，既是编制成本计划、分析和考核成本的依据，也是审核和控制成本的标准，而且在计算成本时，往往要用产品的原材料和工时的定额消耗量或定额费用作为分配实际费用的标准。因此，为了加强成本核算和管理，企业必须建立健全定额管理制度，制定先进、合理、切实可行的消耗定额，并随着生产的发展，技术的进步和管理上的要求不断修订，以充分发挥其应有的作用。

（4）建立健全内部结算价格制度。对于在企业内部各部门、车间之间进行转移的材料、燃料、动力、在产品、半成品和劳务等，都要制定合理的内部结算价格，作为内部结算的依据。采用内部结算价格在部门、车间之间相互进行结算，可以明确经济责任，简化和减少核算工作，便于考核厂内各单位成本计划的完成情况。内部结算价格一般以标准单位成本计算，也可以标准单位成本加上一定的利润作为内部结算价格，内部结算价格应保持相对稳定性，一般在年内不变。

（5）建立成本信息系统。通过互联网的功能多样、资源共享、网络连通、系统兼容等优势，能够及时、便捷地生成和获得所需的各种信息资源，能够有效地学习先进经验，快捷地改善服务，满足信息使用需求，促进成本管理水平不断提高。

上述基础工作是否建立健全，直接关系到企业成本信息的及时度、准确度和可靠度，也直接关系到企业有关财产物资的安全完整。因此，健全的成本管理基础工作，必将有效规避和防范成本风险。

5. 正确确定财产物资的计价与价值转移方法

在制造业中，为了保证产品生产的顺利进行，需要购买大量的生产设备和原材料，这些财产物资的价值随着生产经营的使用和消费，转移到产品成本和期间费用中去。因此，这些财产物资的计价和价值转移方法会影响成本和费用计算的正确性，如固定资产原值的计价方法、固定资产的折旧方法、低值易耗品的摊销方法、材料的计价方法等。为了正确计算成本费用，对于这些财产物资的计价和价值转移方法，应当在合理基础上力求简便，对于国家有统一规定的项目，应采用国家规定的方法和标准。

各种方法一经确定，应保持相对稳定，不得随便改变，以保证成本信息的可比性，也可以防止由于随意变更计价方法和标准带来的成本不确定性风险。

6. 根据生产特点和管理要求，选择适当的成本计算方法

产品成本是在生产过程中形成的，产品的生产工艺流程和生产组织不同，所采用的产品成本计算方法也不同。计算产品成本是为了加强成本管理，因此，企业只有根据生产特点和管理要求，选择适当的成本计算方法，才能正确及时地计算产品成本，为成本管理提供有用的成本信息。

生产组织、生产工艺过程和管理要求不同，成本计算方法就不同。而生产特点和管理要求对产品成本计算方法的影响，主要表现在成本计算对象的确定不同。成本计算对象是成本计算的核心，是区别成本计算方法的主要标志。

为了适应各种类型的生产特点和管理要求，在产品成本计算工作中有三种不同的产品成本计算对象，以及以产品成本计算对象为标志的三种不同的产品成本计算方法。

（1）以产品品种为成本计算对象的产品成本计算方法称为品种法，它一般适用于单步骤的大量生产，也可用于不要求分步骤计算成本的多步骤的大量、大批生产。

（2）以产品批别为成本计算对象的产品成本计算方法称为分批法，它适用于单件、小批量的单步骤生产或管理上不要求分步骤计算成本的多步骤生产。

（3）以产品生产步骤为成本计算对象的产品成本计算方法称为分步法，它适用于大量、大批的多步骤生产。

以上三种方法，是计算产品实际成本必不可少的方法，因而是产品成本计算的基本方法。因为这三种方法与不同生产类型的特点有着直接的联系，而且涉及成本计算对象的确定。由于产品成本计算对象不外乎就是分品种、分批别和分步骤三种，因而基本方法也就是这三种。

除了上述三种基本方法外，在产品的品种、规格繁多的企业中，为简化成本计算工作，还采用了一种简便的产品成本计算方法——分类法。从计算产品成本的角度来说，分类法不是必不可少的，因而可以称为辅助方法。

根据企业实际选择合适的成本计算方法，能避免由于成本核算方法选择不当带来的成本核算信息与实际产生偏差的风险。

（六）成本控制风险评估应注意的关键环节

1. 审批

目的是保证成本目标正确，切实可行。根据企业的经营目标和生产车间、职能部门提供的有关资料编制的成本计划，必须由企业领导层审批。

2. 分解

目的是保证成本目标的落实。财务部门把成本指标和费用预算，层层分解，落实到相应的归口部门和生产车间。

3. 执行

目的是保证各项成本指标的完成。职能部门、生产车间在组织生产时，要严格按照执行计划，控制成本费用不超预算。

4. 授权审批

目的是保证成本费用的真实、合法、合理。各职能部门、生产车间，在报销有关成本费用时，必须交由有关授权审批人审签。

5. 费用摊提

财务部门要按照规定对有关成本费用进行合理分摊和提取，保证成本费用核算真实、合法。

6. 审核

财务人员对有关成本费用的原始凭证，要进行认真审核，按照规定登记入账，并在期末进行核对，发现差错及时纠正。

7. 比较分析

目的是考核成本目标完成情况。财务人员在期末将成本实际数与计划数进行对比分析，发现差异，寻找原因，为未来的经营决策提供资料和信息。

通过对以上关键环节的评估，可以有效防范成本控制风险。

（七）风险评价标准和评价分值

请参阅以下相关文案。

 **文案范本**

某种成本风险发生的评价标准和评价分值

风险事故发生的可能性	可能发生的概率	风险度评价
很高：风险事故发生几乎不可避免	≥1/2	10
	1/3	9
高：风险事故发生与以往经常发生的事故相似	≥1/8	8
	1/20	7
中等：风险事故的发生与以往有时发生的事故有关，但是与不占主要工艺的过程有关	1/80	6
	1/400	5
	1/2 000	4
低：风险事故的发生较少与以往偶尔发生的事故有关	≥1/15 000	3
很低：风险事故的发生很少与过去极少发生的事故完全相同	1/15 000	2
极低：风险事故不太可能发生，与过去极少发生的事故完全相同	1/150 000	1

 **文案范本**

生产成本风险度的评价标准和评价分值

损　害	风险度评价标准	风险度评价
无警告的严重危害	可能危害财产或设备的操作者。风险可以严重影响系统安全运行或者不符合政府法规，风险度很高。事故发生时无警告	10
有警告的严重危害	可能危害财产或设备的操作者。风险可以严重影响系统安全运行或者不符合政府法规，风险度很高。事故发生时有警告	9
很高	生产线严重破坏，可能使100%的产品报废，系统无法运行，丧失基本功能	8
高	生产线破坏不严重，产品需要筛选，部分（低于100%）报废，系统能够运行，性能下降	7
中等	生产线破坏不严重，部分（低于 100%）产品报废（不筛选），系统能运行，舒适性或方便性项目失效	6
低	生产线破坏不严重，产品需要100%返工，系统能运行，舒适性和方便性项目性能下降	5
很低	生产线破坏不严重，产品经筛选，部分（少于100%）需要返工，装配或涂装或尖响和喀响不符合要求，产品有缺陷	4
轻微	生产线破坏较轻，部分（少于100%）产品需要在生产线其他工位返回，装配或涂装或尖响和喀响不符合要求，部分产品有缺陷	3
很轻微	生产线破坏较轻，部分（少于100%）产品需要在生产线上原工位返工，装配或涂装或尖响和喀响不符合要求，极少部分产品有缺陷	2
无	没有影响	1

五、成本费用控制的内容

（一）成本控制的内容

1．生产成本控制

生产成本指企业为生产产品而发生的费用，主要包括直接材料、直接人工和制造费用。

（1）直接材料控制。直接材料，包括企业生产经营过程中实际消耗的原材料、辅助材料、备品备件、外购半成品、燃料、动力、包装物以及其他直接材料。控制主要是通过制定消耗定额和严格有关制度、手续实施控制。要对材料出入库严格实行计量检验，大力推广新工艺、新技术，开展材料代用和综合利用；要及时发现和解决采购不合理、用料不经济、领发不严格、回收无制度以及废品多、单耗高等问题，从而使产品单位直接材料成本有所下降。

（2）直接人工控制。直接人工成本包括企业直接从事产品生产人员的工资、奖金、津贴和补贴以及职工福利费等。直接人工控制主要是通过人员定岗定编，制定工资基金限额和工时消耗定额等实施控制。企业应根据生产任务合理安排使用劳动力，实行定员定额，控制各种产品的实际工时消耗。采用计件工资制的企业，应制定先进合理的产品计件单价，确保劳动生产率增长大于工资水平的增长，从而降低产品的直接人工成本。

（3）制造费用控制。制造费用包括企业各个生产单位（分厂、车间）为组织和管理生产所发生的生产单位管理人员工资，生产单位房屋、建筑物、机器设备等的折旧费、租赁费（不包括融资租赁费）、修理费、机物料消耗、低值易耗品摊销、取暖费、水电费、办公费、差旅费、运输费、保险费、设计制图费、试验检验费、劳动保护费、职工福利费、在产品和毁损（含盘盈）季节性和修理期间的停工损失以及其他制造费用。制造费用控制主要是通过编制制造费用预算和有关的费用开支标准实施控制。制造费用开支不仅在绝对数上不得突破预算指标，而且在内容上要符合财务制度规定，严格遵守开支范围和开支标准。

2．特定成本控制

成本控制除了对生产成本进行控制外，还应该对某一方面的特定成本进行控制，如产品设计成本控制、产品质量成本控制、产品周期成本控制、工艺方案成本控制、工艺装配成本控制、设备维修成本控制等。

（1）产品设计成本控制。构成产品成本的费用主要发生在生产过程中，而对成本控制却不能仅限于产品生产阶段。产品设计成本控制就是在生产设计阶段，通过对产品的价值工程分析，选择最佳方案以控制投产后的产品成本。产品成本的高低在一定情况下主要是由该产品在设计、研制阶段的工作质量所决定的，所以在新产品设计研制阶段开展价值工程，效果最为显著。在这一阶段进行价值分析可以提高产品及其零件的标准；利用价值工程的分析方法，可以去掉无用的或不必要的零部件，采用先进的生产工艺和生产流程；通过价值工程，可以节约能源和材料的使用．从而使产品的功能与成本控制保持在最佳状态，降低产品成本，改进产品质量，最终提高企业的经济效益。

（2）产品寿命周期成本控制。产品寿命周期成本就是用户为获得某种功能而耗费的成本。在这里，用户购买某种产品的目的是为了某种功能。产品寿命周期成本包括产品的购买成本和运行维护成本（使用成本）两部分，产品寿命周期成本中的购买成本和使用成本因商品的不同而不同。对于耐用产品来说，购买成本与使用成本有密切关系，购买成本低的，往往使用成本高；购买成本高的，往往使用成本低。对产品寿命周期成本进行控制要求进行全面的成本管理，扩大成本控制范围，将成本控制延伸至产品的整个寿命期限。对降低产品成本的考虑不能只局限于生产成本，而应考虑成本与质量之间的关系，以及质量与销售、利润的关系。产品寿命周期成本控制还要求维护成本的节约必须大于购买成本的提高，或维护成本的提高必须小于购买成本的降低，即维护成本和购买成本的变动应以降低总的产品寿命周期成本为目标。

（3）设备维修成本控制。作为产品成本的一个组成部分，设备维修成本更应得到足够的控制。特别是随着现代科技的进步，设备的运行、维护成本在产品所占的份额也越来越大，对设备维修成本的控制也越来越受到重视。设备成本控制是通过制定合理的设备维修计划来实现的。

设备维修成本控制的目的并不仅于降低设备维修成本。如果只注意于降低设备维修成本，可能会造成为了节约维护成本而让设备带病运行，不仅会缩短设备的使用寿命，影响产品的质量水平，还有可能造成停工事故，给企业造成严重的损失。所以，设备维修成本预算要和设备定期维护制度相结合，在设备运行状态良好的前提下努力降低设备维护成本。

（4）质量成本的控制。在新技术环境下，质量、时间、成本是企业获得并保持竞争优势的重要法宝，产品或服务的质量在一定程度上决定了企业能否确保并扩展市场份额。质量成本是企业为了保证和提高产品质量而支出的一切费用以及因未达到质量标准而产生的一切损失。如何加强成本管理，提高产品的质量，让企业在产品竞争中靠质量、信誉取胜，是企业在市场竞争中立于不败之地的重要保证。质量成本包括预防成本、鉴定成本、损失成本（内、外部损失成本）。

1）预防成本。为防止产品质量达不到预定标准而发生的成本，一般发生于研究开发阶段。如质量工程、质量培训、质量报告等方面发生的成本。

2）鉴定成本。为保证产品质量达到预定标准而对产品进行检测所发生的成本，一般发生在生产阶段，如原、辅材料检验与测试，包装检验，鉴定作业的监督，产品验收，过程验收等方面发生的成本。

3）损失成本。损失成本分为内部和外部损失成本。内部损失成本是由于产品达不到预定标准而发生的故障成本，一般发生在生产阶段。它指产品在进入市场之前，由于产品存在缺陷而发生的成本，如废料、返工、修复、停工、重新检验、重新测试以及改变设计等方面发生的成本等。外部损失成本是指产品进入市场之后，由于产品存在缺陷而发生的成本，一般发生于营销阶段。例如，由于产品未达到应有的质量水平而失去销售机会、质量低劣造成的退货与折扣、保修费、修理费，因顾客不满意，进行投诉而发生的成本，以及由此而失去的市场份额形成的损失。

通常把预防成本与鉴定成本称为质量保证成本，是企业为了减少故障成本而自愿发生的；把内部差错成本与外部差错成本称为质量损失成本（也称故障成本）。由于预防和鉴定成本通常来说是预先可以控制的，也称为可控质量成本。质量损失成本（故障成本）则往往是事先难以控制的，称为不可控质量成本。质量损失成本会随着产品质量的提高而下降，质量保证成本却会随着产品质量的提高而提高。在低质量水平下，质量保证成本上升速度较慢；在高质量水平下，质量保证成本上升速度却加快了许多。即使产品质量有一个较小的提高，也必须花费较大的质量保证费用，因此企业在实施成本控制的过程中，要寻找一个合适的质量水平，使质量成本最低。

（二）费用控制的内容

1. 管理费用控制

管理费用是指为生产经营活动的正常进行而发生的各项费用，包括公司经费、工会经费、职工教育经费、劳动保险费、待业保险费、董事会费、咨询费、聘请中介机构费、诉讼费、排污费、绿化费、税金、土地使用费、土地损失补偿费、技术转让费、研究开发费、业务招待费、计提的坏账准备和存货跌价准备、存货盘盈盘亏、矿产资源补偿费、其他管理费用，以及专利权、商标权、著作权、土地使用权等无形资产的摊销。它与产品成本有很大的不同，其大部分属于固定费用性质；从成本责任来看，管理费用属于不可控成本。管理费用的高低大都由企业规模和管理水平决定，职工个人对其无太多的约束力，是企业整体的一次费用支出，而不像制造成本中的直接材料、直接人工和变动制造费用那样可以通过"价格差异"和"数量差异"的分析来控制其发生。其固定性决定其主要体现在企业高层领导管理人员的决策，不易被人们所意识而失去控制。

2. 销售费用控制

销售费用是企业为销售产品而支出的各种费用，包括企业销售商品过程中发生的运输费、装卸费、包装费、保险费、展览费和广告费，为销售本企业商品而专设销售机构（含销售网点、售后服务网点等）的职工工资及福利费、类似工资性质的费用、业务费等经营费用，以及商业企业在购买商品过程中发生的运输费、装卸费、包装费、保险费、运输途中的合理损耗和入库前的整理挑选费等。它与产品成本有着很大的差别。与管理费用相比，销售费用中具有更多的变动费用性质，如销售费用中的运输费、委托代销手续费、包装费、装卸费、支付中介人的佣金等。这些费用随着产品销售量的增减而增减。从成本控制分析的角度来看，变动费用一般通过控制单位变动成本支出和结合销售量来控制，因此，销售费用更易控制。企业在对销售费用的预算控制时，其中部分销售费用采用弹性预算法进行预算，并相应地采用弹性控制。由于销售费用是因为销售产品（或商品）而发生的费用，且一般常发生于企业的销售业务部门，作用于销售业务。因此，将销售费用的支出与取得的销售效绩联系起来，以销售效绩来衡量销售费用支出的合理性和有效性，借以激励销售人员降低费用、节约开支，是基本的控制措施。

3. 财务费用控制

企业发生的财务费用指企业为筹集生产经营所需资金等而发生的各项费用（不包括为购建固定资产而发生的，应于固定资产达到可使用状态前按规定应予资本化、计入固定资产价值的筹资费用）。财务费用的控制是与借款筹集资金的经济活动控制分不开的，对其控制在很大程度上归属于筹资控制。财务费用的控制要点有：

一是控制借款数额，从而控制借款费用；

二是控制借款种类，不能借超过企业承担能力的高利息款项；

三是控制因签发带息票据和票据贴现而产生的财务费用；

四是控制借款费用资本化范围，正确计量资本化金额；

五是做好考核工作，通过考核控制财务费用。

六、成本费用控制制度

（一）职务分离控制

生产环节需要进行分离的不相容职务主要有：一是授权批准产品生产计划与具体执行计划人员的职务分离；二是仓库保管、成本会计记账、生产管理人员、材料物资和产品检验人员的职务相分离等。

1. 不相容岗位分离

企业应建立成本费用业务的岗位责任制，明确内部相关部门和岗位的职责、权限，确保办理成本费用业务的不相容岗位相互分离、制约和监督。同一岗位人员应定期作适当调整和更换，避免同一人员长时间负责同一业务。

（1）成本费用预算的编制与审批分离；

（2）成本费用支出的审批与执行分离；

（3）成本费用支出的执行与相关会计记录分离。

2. 成本费用管理职责

（1）总经理职责。总经理对公司成本费用内部控制的建立健全和有效实施以及成本费用支出的真实性、合理性、合法性负责；对公司的成本费用管理进行职责合理划分和授权。

（2）财务总监。具体领导成本核算和成本管理工作；组织制定公司成本费用管理办法；组织相关部门编制成本、费用定额和标准成本；控制主管部门的成本费用。

（3）总工程师。组织改善生产工艺和技术，为降低生产成本提供技术支持；组织编制产品消耗定额；控制主管部门的成本费用。

（4）公司其他高管人员。按照公司职责分工，组织领导成本费用管理的相关工作；控制主管部门的成本费用。

（5）财务部门。负责拟定和修改公司成本管理制度；拟定公司成本、费用定额和标准成本，参与制定生产消耗定额；配备成本核算员，具体负责成本核算和管理工作；控制本部门费用和归口管理费用。

（6）审计部。对公司成本费用的真实性、合理性、合法性进行审计控制；控制本部门费用。

（7）各事业部。控制本部门的成本、费用；合理划分成本费用控制职责，分解成本费用控制指标，对产品生产的供、产、销和提供劳务各环节的成本费用进行全面控制；参与制定和严格执行公司的生产消耗定额、成本和费用定额；根据公司的有关规定制定各事业部的成本费用控制具体实施细则。

（8）其他职责部门。参与制定公司的成本、费用定额，按公司的部门职能描述，完成本部门的成本费用管理工作；控制本部门费用和归口管理费用。

3. 人员素质要求

企业应配备合格人员办理成本费用的核算业务，并通过培训，不断提高他们的业务素质和职业道德水准。通过宣传培训和奖惩措施，增强全体员工自觉形成节约成本费用的意识。通常办理成本费用核算的人员应具备良好的职业道德和业务素质，熟悉国家有关的法律、法规，遵纪守法，客观公正，并符合公司规定的岗位规范要求。

（二）授权批准控制

企业应建立严格的授权批准制度，明确审批人对成本费用业务的授权批准方式、权限、程序、责任和相关控制措施，规定经办人办理成本费用业务的职责范围和工作要求。审批人应根据成本费用授权批准制度的规定，在授权范围内进行审批，不得超越审批权限。经办人应在职责范围内，按照审批人的批准意见办理成本费用业务。

1. 授权方式

成本费用除公司另有规定，需经股东大会或董事会批准的成本费用项目外，由公司总经理审批；公司总经理对各级人员的授权在每年年初以文件的方式明确。

2. 审批权限

成本费用审批权限如表15-3所示。

表 15-3 成本费用审批权限

项　　目	审批人	审批权限
一、成本、费用预算	董事会	按公司预算管理办法规定审批
二、成本、费用开支标准	董事会	1. 董事会审批 2. 授权总经理审批
三、成本、费用支出	股东大会、董事会	公司另有规定须由股东大会、董事会批准事项
	总经理	1. 审批 2. 授权审批

3. 批准方式

由董事会批准的事项，经董事会决议后，由董事长签批；公司的成本费用预算、成本和费用定额、生产消耗定额、成本费用开支标准等，经董事会或经理办公会议批准后，以公司文件的形式批准下达；成本费用支出，按公司授权，在原始凭证上签批。

4. 批准和越权批准处理

审批人根据公司成本费用业务授权批准制度的规定，在授权范围内进行审批，不得超越审批权限；经办人在职责范围内，按照审批人的批准意见办理成本费用业务；对于审批人超越授权范围审批的成本费用业务，经办人有权拒绝办理，并及时向审批人的上一级授权部门报告。

（三）财产安全控制

财产安全控制是指了为确保企业财产物资安全完整所采取的各种方法和措施。在生产过程中，材料物资应该采取永续盘存制、定期的实地盘存制与不定期的实地盘存制相结合的方法，以保证企业的材料物资在每一个会计时点都账实相符。建立健全原材料、在产品、产成品等各项物资的收发、领退、转移、报废制度。对于盘盈盘亏存货必须及时查明原因进行正确的处理。对财产物资按照顺序编号与存放，便于清查、点数和保管等。还可以利用日益发达的计算机技术进行辅助管理。财产安全控制制度要和存货的保管制度相结合，有助于企业加强管理。

（四）人员素质控制

生产经营活动离不开人的参与，企业人员素质的高低直接影响企业的发展。现代企业都应该重视人才的培养。

企业应该配备合格的技术、管理、生产人员。合格的技术人员具有较高的开发、设计新产品的能力；合格的管理人才具有丰富的生产管理经验和生产管理知识；合格的生产人员具有较高的生产技能，遵守生产纪律和操作规程。

企业应该实行员工的考核制度，对员工的职业能力进行全面的考查，对员工的工作业绩进行考核评估，员工凭合格证书上岗工作。建立员工定期培训制度，不断提高员工的职业道德素质和技术业务素质。

企业还应该建立奖惩制度，建立激励机制，鼓励员工积极创新和勤奋工作，提高生产质量和效率，奖励有功者。建立必要的升迁机制，对工作出色者给予升迁奖励，对玩忽职守者、不能胜任者给予降职或下岗等处分。

七、成本费用控制的关键点

（一）控制目标

确立成本费用控制目标的依据及措施如下。

1．企业生产经营的总体目标

企业在预算期一般根据市场定有的企业生产经营的总体目标（如利润或净资产收益率的实现水平等），它是企业各生产经营部门所有工作的共同奋斗目标，当然也是企业成本费用控制必须服从的目标。企业可由财务和生产技术等经营部门一起，遵循既先进又可行的原则确定企业完成生产经营总体目标应该控制的制造成本、采购成本、管理费用与销售费用的水平，并将其分解落实到生产经营各个部门。在确定控制目标的过程中，应根据成本费用的不同特点，有针对性地采取不同的测算方法。例如，对于制造成本可以依据标准成本、定额成本、目标成本等进行测算，也可以根据企业的现实及预期未来的情况变化所导致的影响成本因素的变化，加以确定；对于营销费用可按销售地区、销售渠道等将营销费用分解为固定费用和变动费用分别测算，对于管理费用可按各管理部门完成预期工作需要的费用水平等加以测算确定。

2．树立正确的控制观念

确定企业成本费用控制的目标，应使目标具有可考核性，避免使用诸如"努力降低成本费用"的定性模糊术语；确定企业成本费用的控制目标，要正确认识成本费用的属性：成本费用是为产生收益而必须耗费的经济资源，是为企业现实的和长远的价值增长而付出的代价，因此，成本费用水平不是越低越好，而是需要在衡量现实与未来的利益的基础上，将成本费用控制在合理的水平上；确定企业成本费用的控制目标，要在现实性与先进性二者之间进行权衡，现实性是要考虑企业的实际情况，先进性是要考虑同行业的先进水平和企业的最佳水平，使目标既可行，又有能够起到促使各责任主体努力改善生产经营管理水平的目的。

3．确定的目标必须具有合理的行为导向

目标是一种行为导向，成本费用控制目标的确定，应与企业的其他相关目标相协调。企业成本费用控制系统是企业生产经营管理系统中的子系统，其运行要受到其他系统的影响，只有企业成本费用控制系统的导向与其他控制系统相协调，才能够将责任主体的目标导向良性运行。例如，对于企业生产部门的制造成本的控制，就必须与质量、品种、产量等控制指标相协调，合理确定在绩效考核中各项指标的分数比重，以防止制造部门为追求自身利益，只注重某项指标的完成，而忽略其他方面进而给企业造成负面效应的情况的发生，如果在考核指标的确定中，成本消耗的控制指标完成情况占绩效考核总体分数的绝对比重的话，就会导致制造部门为追求利益而忽视质量的情况，反之亦然；再如，对销售费用的控制指标的确定上，应与销售部门应完成的销量、应收账款周转率、坏账损失控制率等指标相衔接，有利于销售部门全面完成各项指标，如果在绩效考核中，销量占有极高的比重的话，可能就会导致销售部门为完成销量而忽视费用控制情况的发生，从而使企业的退货损失加大或销售费用上升到不合理的水平。

4．要考虑未来控制环境的变动

企业成本费用的水平，受制于成本费用形成的企业内部和外部经济环境的变动，成本费用控制目标的确定，必须要考虑环境变化的影响。影响企业成本的外部因素主要有政治、经济、法律、文化、科学技术水平等，正确地判断未来环境的发展趋势，是正确确定并合理调整成本控制目标的前提。在确定企业的成本费用目标时，采购部门对企业所用主要原材料的供应状况、市场价格的变动趋势、原材料产地的政治、经济变动等因素所引起的采购成本及供应状况要加以正确估测；营销部门应对所生产产品的市场容量、消费者的消费倾向、市场供求状况、主要竞争对手的经营状况及企业的竞争措施、企业市场的拓展等方面进行科学的预计，以正确确定企业的销售费用水平；财务部门应对国家金融政策的动态、资本市场的情况、利率的走势、汇率的变化等进行准确的判断，以确定企业的融资成本和资金供应；人事部门应对国家劳动法规政策的调整、环境保护措施的变动、政府相关部门对企业管理所引起的人力资源成本和管理的

相关费用项目的变动等进行预测，以正确确定管理费用的相关项目的水平。

5．要正确确定成本费用控制的标准

可供企业选择的成本费用的控制标准有全面预算、目标成本、定额成本、标准成本等。一般来说，全面预算可以涵盖其他控制标准，其他标准可以作为全面预算中的部分标准，具备条件的企业，应实行全面预算管理，以明确企业的奋斗目标、协调企业经济资源的配置和部门之间的关系、考核各责任主体的经济责任、控制生产经营活动。但是，预算的编制及实施费时费力，如果企业规模较小，也可以采用其他控制标准。具体采用的标准，应根据企业生产经营的实际情况加以确定。

（二）成本控制的组织

成本费用控制关键点中的组织是指为实现控制目标，利用工作流程及组织系统等形式，对企业成本费用控制过程所进行的指挥、协调等工作的统称。成本控制能否实现控制目标，很大程度上取决于成本控制过程的组织工作的合理性。组织工作涉及谁来组织、怎样组织的问题，有效地进行成本费用控制过程的组织，必须做好下列环节的工作。

1．企业应建立以总会计师为核心，有关生产经营主管参与的成本控制组织系统

总会计师是成本费用控制的牵头组织者，各专业技术主管参与成本费用的控制过程，体现了财务与技术的结合。该成本控制组织系统的主要职责包括：拟定控制目标；根据反馈信息制定纠正成本差异措施；调整控制标准；组织控制系统的工作；制定生产经营绩效考核及奖惩方案；协调成本控制过程中的各部门关系，制定成本控制的工作流程等。

2．正确确定成本控制中有关部门的责任

企业应在区分可控成本与不可控成本的基础上，本着谁是责任主体谁负责的原则，将成本控制的责任予以分解，确定各项成本费用的责任归属。应该指出，在企业成本费用的控制过程中，财务部门是一个综合监控部门，负责责任成本的核算、报告、履行情况的分析，提出降低成本的建议等职能性工作，但不能将企业成本控制造成的成本的高低的责任归属于财务部门。

3．成本费用控制的动力导向应以激励为主

传统的主要控制方式是依靠经理人员的权力命令的强权式控制，这种控制方式强调的是人的被动服从性，与当今的文明、民主社会所倡导的对人的充分尊重性已经相悖。现代控制是强调业绩与报酬挂钩的激励性控制。在成本控制中，体现激励性导向，要求企业正确确定绩效考核的各项指标及奖惩措施。

4．合理配置企业资源

合理配置企业经济资源，即合理确定子公司的自由现金净流量的支配数额，防止经理人员基于营造经营帝国的欲望驱动而盲目投资，造成企业投资损失成本的膨胀；合理确定流动资产的配置量，防止造成资金的浪费；合理确定生产设备及其他固定资产的需要量，避免固定资产的闲置和浪费；对用于企业非效益化的支出应严格规定其限额。合理配置人力资源，充分发挥专业技术人员在成本控制中的"专家"作用。

5．发挥内部审计机构在控制中的重要作用

审计是控制组织过程中的一个重要环节，通过审计，可以界定成本费用支出的有效性和合理性，有助于对责任主体的绩效进行正确的评价，并有效地扼制浪费性的支出。

6．规划成本费用控制的流程

有效的成本费用控制，依赖于企业成本费用的控制流程。在制定成本费用控制流程时，要

合理确定各级管理人员在成本费用控制中的权力与责任，科学设计成本费用的审批、审核、记录、报告等工作流程，在控制目标之内的支出，可适当放宽审批权限，但对超预算等标准的费用支出，审批权限一般应集中于总经理或总经理授权的人员。对于采购过程的采购成本，应由财务或审计部门进行市场追踪和监控，生产过程的耗费应由品控、财务、审计等部门进行监控，销售过程的费用支出应由财务或审计等部门共同监督。

（三）信息反馈

信息反馈是指对实际发生的成本费用信息进行收集、确认、计量、计算、报告等一系列工作的总称。信息反馈涉及各责任主体绩效的评价，报告的信息也是经理人员进行决策、编制计划和建立业绩标准的依据。企业建立一个有效的信息反馈系统，是成本费用控制的关键环节。为此，企业在信息反馈系统的设计上，应做好下列环节的工作。

1. 信息反馈系统的建立要依据企业成本费用控制组织系统的特点

信息反馈的目的是满足成本费用控制过程中各级经营管理人员的需要，为其评价绩效和改善工作提供依据。成本费用控制组织系统的特点不同，信息报告的层次与对象就不完全相同，提供哪些信息，取决于成本控制的各个组织层次的需要。例如，在集权管理模式下，信息的报告对象可能更多地集中于企业高层管理人员，但在分权管理模式下，就要满足各个管理层次的需要，在全员管理模式下，要满足所有成本控制主体（包括职工）的需要。

2. 信息反馈系统应集中于例外性信息的报告

并不是说所有的信息对于所有管理人员都是必需的，有用的信息应有助于管理人员改善管理。因此，根据著名的 80/20 定律，在信息反馈中，要善于抓住 20%关键的问题进行报告，进而促使管理人员根据重大问题改善管理。那种期望将微小的不利因素都控制在萌芽状态的想法是不现实的；相反，面面俱到的控制只能削弱控制的机能。

3. 提高信息的准确度和确保及时性

准确度包括：信息的真实性，信息必须是客观实际的真实反映；信息的公正性，信息必须是不偏不倚地反映客观实际，信息的评价必须符合经济活动的规律，信息反映的范围必须是责任者能够控制的；信息的有效性，信息必须能够促使管理人员改善管理效率。信息的及时性是指成本信息反馈系统反馈的信息应及时满足管理的需要。为提高信息的准确度，在设计信息反馈系统时，应该根据管理的要求，在充分考虑应提供哪些信息、采用什么形式提供信息、对谁提供信息的基础上，选用适合企业特点的实际成本与责任成本核算方法，对信息的生成做到记录与检查分开、相互验证、保证信息的相对准确。为保证信息提供的及时性，企业必须考虑信息收集、报告的时间，一般而言，按月报告是难以满足事中控制的需要的。因此，如果管理需要，企业应按周、天或旬报告成本费用的发生情况。

4. 根据企业的实际情况，组织实际成本与责任成本的核算

在中小企业，由于经济业务相对于大型企业比较简单，因此，可将实际成本费用的核算与责任成本费用的核算在一套账簿中进行，按照企业责任考核的需要，在账簿中依责任中心设置明细账即可。但大型企业业务繁杂，可专设责任会计进行核算。

（四）责任评价

责任评价是指根据责任主体的控制标准及实际资料，对责任主体的责任履行情况进行认定、分析、考核、奖惩等一系列工作的总称。在成本费用控制中，责任评价关系到责任主体的业绩认定及由此而带来的利益，也关系到企业成本费用控制的激励与约束的有效性进而关系到成本

费用控制动力机制的作用程度。有效地进行责任评价，应做好下列工作。

1. 使成本费用的水平能够揭示责任主体的责任履行状况

成本费用的水平只有与责任主体的业绩相关，才能够发挥成本控制的作用。为此，企业应正确确定成本费用分类的基础。例如，对于营销费用就应该区分固定费用与变动费用，对于固定费用，如广告费、办公费等实行定额控制，对于运费、退货损失、销售佣金等变动费用实行定率控制；再如，对于制造成本也应区分为固定与变动部分并进行相应的考核与分析，对于管理费用中的研究开发费、人力资源成本等可实行预算总额控制等。

2. 正确处理奖励与惩罚的关系

奖励实际上也是一种约束，因为奖励是一种对工作绩效的肯定，不能完成任务的责任主体负有得不到奖励甚至被解雇的压力；惩罚是保证在员工自觉性较低的情况下促使其努力工作的必要措施。只罚不奖容易引起情绪的低落，而只奖不罚则会放纵人的劣性。奖励具有促使人积极向上的作用，而惩罚具有抑制劣性的作用。在确定奖惩措施时，应根据企业的实际情况，妥善处理二者的关系。一般企业奖励大于惩罚为好。

3. 选择恰当的激励方式

激励不仅仅是金钱的激励，精神鼓励、培养员工的集体主义精神也是重要的激励方式。建立怎样的激励措施，与企业文化的氛围和企业倡导的宗旨是相关的。

4. 责任报告应尽可能符合经理人员的阅读方式

责任报告是为经理人员改进管理服务的，因此，报告的方式应避免过于财务专业化，做到通俗易懂。

5. 对责任的界定要清晰

在企业实际工作中，某项成本费用的水平，是多个部门共同作用的结果。例如，退货损失与营销责任相关，也与质量监控相关，还和制造部门相关；再如，原材料消耗与生产部门的加工水平相关，也与采购的原材料的质量相关。工资成本的高低与生产部门的人力利用水平相关，也与人力资源部门的人员安排、工资水平相关。正确界定责任，就要确定责任归属的认定方法，同时要求分析人员要根据有关证明材料进行责任认定。

八、企业成本控制的具体要求

（一）对企业进行技术研发所需经费的规定

《企业财务通则》第三十八条规定："企业技术研发和科技成果转化项目所需经费，可以通过建立研发准备金筹措，据实列入相关资产成本或者当期费用。符合国家规定条件的企业集团，可以集中使用研发费用，用于企业主导产品和核心技术的自主研发。"

《企业财务通则》第三十九条规定："企业依法实施安全生产、清洁生产、污染治理、地质灾害防治、生态恢复和环境保护等所需经费，按照国家有关标准列入相关资产成本或者当期费用。"

除此之外，国家还对企业的科研经费给予了减免税收的优惠，依据《财政部、国家税务总局关于促进企业技术进步有关财务税收问题的通知》（财工字〔1996〕41号）的规定，企业控股并从事工业生产经营的股份制企业、联营企业，扩展到所有财务核算制度健全、实行查账征收企业所得税的各种所有制的盈利工业企业（包括从事采矿业、制造业、电力、燃气及水的生产和供应业的企业），凡当年发生的技术开发费比上年实际发生额增长达到10%以上（含10%），其当年实际发生的费用除按规定据实列支外，经由主管税务机关审核批准后，可再按其实际发生额的 50%，直接抵扣当年应纳税所得额。增长未达到 10%以上的，不得再加计扣除。

对盈利的工业企业研究开发费用比上年增长达到 10%以上的，其实际发生额的 50%，如大于企业当年应纳税所得额，可就其不超过应纳税所得额的部分，予以抵扣；超过部分，当年和以后年度均不再扣除。

亏损企业发生的研究开发费用，只能按规定据实列支，不实行增长达到一定比例抵扣应纳税所得额的办法。

（二）企业销售折扣、折让以及其他费用的处理

在企业的销售业务中，经常会出现销售折扣、折让以及佣金、回扣、手续费、劳务费、提成、返利、进场费、业务奖励等支出。

销售折扣，是指债权人为鼓励债务人在规定的期限内付款，而向债务人提供的债务减让；销售折让，是指企业因售出商品的质量不合格等原因而在售价上给予的减让。

《企业财务通则》第四十条规定："企业发生销售折扣、折让以及支付必要的佣金、回扣、手续费、劳务费、提成、返利、进场费、业务奖励等支出的，应当签订相关合同，履行内部审批手续。企业开展进出口业务收取或者支付的佣金、保险费、运费，按照合同规定的价格条件处理。企业向个人以及非经营单位支付费用的，应当严格履行内部审批及支付的手续。"

（三）企业职工的薪酬、福利的相关规定

1．在薪酬办法上，不再一刀切，允许特事特办

《企业财务通则》第四十一条规定："企业可以根据法律、法规和国家有关规定，对经营者和核心技术人员实行与其他职工不同的薪酬办法，属于本级人民政府及其部门、机构出资的企业，应当将薪酬办法报主管财政机关备案。"

《企业财务通则》第四十二条规定："企业应当按照劳动合同及国家有关规定支付职工报酬，并为从事高危作业的职工缴纳团体人身意外伤害保险费，所需费用直接作为成本（费用）列支。经营者可以在工资计划中安排一定数额，对企业技术研发、降低能源消耗、治理'三废'、促进安全生产、开拓市场等作出突出贡献的职工给予奖励。"

2．明确企业有义务为职工缴纳"四险一金"

《企业财务通则》第四十三条规定："企业应当依法为职工支付基本医疗、基本养老、失业、工伤等社会保险费，所需费用直接作为成本（费用）列支。已参加基本医疗、基本养老保险的企业，具有持续盈利能力和支付能力的，可以为职工建立补充医疗保险和补充养老保险，所需费用按照省级以上人民政府规定的比例从成本（费用）中提取。超出规定比例的部分，由职工个人负担。"

《企业财务通则》第四十四条规定："企业为职工缴纳住房公积金以及职工住房货币化分配的财务处理，按照国家有关规定执行。职工教育经费按照国家规定的比例提取，专项用于企业职工后续职业教育和职业培训。工会经费按照国家规定比例提取并拨缴工会。"

（四）对企业承担个人消费支出的限制

由于我国的国有企业一直执行低工资、高福利的分配政策，很多企业以承担个人各项支出的形式，向职工提供了超过国家规定的薪酬。在本次《企业财务通则》的修订中，明确规定企业不得承担的属于个人的支出项目，确保了企业以这种方式变相的向职工提供超过国家标准的薪酬待遇。

《企业财务通则》第四十六条规定："企业不得承担属于个人的下列支出：

（1）娱乐、健身、旅游、招待、购物、馈赠等支出。

（2）购买商业保险、证券、股权、收藏品等支出。

（3）个人行为导致的罚款、赔偿等支出。

（4）购买住房、支付物业管理费等支出。

（5）应由个人承担的其他支出。"

（五）企业有权拒绝的费用支出

长期以来，我国的企业尤其是国有企业负担较重。在国家正规的税收之外，一些地方政府、行业协会、社会团体等也向企业摊派、征收一些额外的费用。

在国有企业改革中，国家一直把减轻企业负担作为一项重要的工作来抓，在多部法规中规定了企业有拒绝摊派的权利，企业有权拒绝任何部门和单位向企业摊派人力、物力、财力。企业遇到摊派时，可以向审计部门或者其他政府有关部门控告、检举、揭发摊派行为，要求作出处理。除法律和国务院另有规定外，企业有权抵制任何部门和单位对企业进行检查、评比、评优、达标、升级、鉴定、考试、考核。

在《企业财务通则》的修订中，**再次**明确了企业有拒绝摊派的权利，《企业财务通则》第四十五条规定："企业应当依法缴纳行政事业性收费、政府性基金以及使用或者占用国有资源的费用等。企业对没有法律法规依据或者超过法律法规规定范围和标准的各种摊派、收费、集资，有权拒绝。"

九、成本费用管理的监督检查

（一）监督检查主体

1. 监事会
依据公司章程对公司成本费用管理进行检查监督。

2. 审计部门
依据公司授权和部门职能描述，对公司的成本费用进行审计监督。

3. 财务部门
依据公司预算和标准成本，对成本费用支出进行实时监控。

4. 上级对下级
进行日常工作检查监督。

（二）监督检查内容

1. 成本费用业务相关岗位及人员的设置情况
重点检查是否存在成本费用业务不相容职务混岗的现象。

2. 成本费用业务授权批准制度的执行情况
重点检查成本费用业务的授权批准手续是否健全，是否存在越权审批的行为。

3. 成本费用预算制度的执行情况
重点检查成本费用支出的真实性、合理性、合法性和是否超出预算范围。

4. 成本费用核算制度的执行情况
重点检查成本费用的记录、报告的真实性和完整性。

（三）检查结果处理

对监督检查过程中发现成本费用内部控制中的薄弱环节，公司有关责任部门和责任人应当采取措施，及时加以纠正和完善。

第二节　成本费用控制细述

一、成本控制的方法

（一）成本预算控制

成本预算是企业成本控制的主要方法，是企业财务预算中最基本的预算。它要求企业加强成本预算编制、执行、分析、考核等环节的管理，明确预算项目，建立预算标准，规范预算的编制、审定、下达和执行程序，及时分析和控制预算差异，采取改进措施，确保预算的执行。

强化成本预算控制，要求企业严格按照预算执行。在日常控制中，企业应当健全凭证记录，完善各项管理规章制度，严格执行生产经营月度计划和成本费用的定额、定率标准，加强适时的监控。对预算执行中出现的异常情况，企业有关部门应及时查明原因，提出解决办法。企业可以结合自身情况，建立相应的成本预算，如产品成本预算、制造费用预算、营业成本预算、期间费用预算等。企业各职能部门应当充分利用自身管理优势，对在成本中占重要份额的能耗、成材率等重点指标进行全过程的控制，并有针对性地采取措施，使降低成本指标落到实处，最终形成一系列贯穿全生产过程的预算控制线，确保成本预算指标的全面完成。

（二）质量成本控制

企业应当结合自身特点，推行质量成本控制办法。一般按发生原因不同，将质量成本划分为以下五类。

1．预防成本

预防成本即为了防止产生不合格品与质量故障而发生的各项费用。

2．检验成本

检验成本即为检查和评定产品质量、工作质量、工序质量、管理质量是否满足规定要求和标准所需的费用。

3．内部缺陷成本

内部缺陷成本即产品交用户前由于自身的缺陷造成的损失以及处理故障所支出的费用之和。

4．外部缺陷成本

外部缺陷成本即产品交用户后，因产品质量缺陷引起的一切损失费用。

5．外部质量保证成本

外部质量保证成本即为提供用户要求的客观证据所支付的费用。产品质量是企业的生命，在竞争非常激烈的情况下，由于产品质量方面所存在的问题，很可能会导致企业处于被动地位，影响到今后集团系列产品的销售，甚至可能会被淘汰出局。正因为如此，有的管理学家遂主张"零瑕疵"，从长远利益来看，这种观点是正确的，因为消灭瑕疵虽会导致近期质量成本的提高，但却能提高竞争力，生产效率也必会因此相应提高，从而企业的远期效益也就会大幅度增长。因此把追求长期的综合程度更高的股东价值最大化作为经营目标，据此对技术革新和市场信息等环境要素进行审视，对竞争者进行分析，不仅注重企业外部信息，更用战略的眼光来看待企业内部信息，这样才能使企业长期健康而稳定地发展。

质量成本控制，是指根据预定的质量成本目标，对实际工作中发生的所有质量成本，进行指导、限制和监督，及时发现问题，及时采取有效措施，或不断推广先进经验，以促进产品质量成本不断下降，取得最佳经济效益而实施的一种管理行为。实施质量成本控制，可以在产品质量、成本和经济效益三者之间寻求一个相对平衡。

质量成本控制的主要程序：建立和健全质量成本管理的组织体系；确定预算控制指标和误差范围；对产品整个寿命周期进行全过程的控制。其中最后一个程序包括设计阶段、制造阶段和使用阶段。

需要注意的是，合理有效地控制产品质量成本必须通力合作，多管齐下，合理运用统计、预测、计划、分析、核算等多种方法，对产品生产各个环节都进行有效的管理。同时，企业应结合自身特点，在实行基本质量成本管理方法和理念的基础上，适当引入质量成本预算管理、作业质量成本管理、战略质量成本管理、目标质量成本管理等方法。

（三）成本定额管理

成本定额管理，是指在资源价格一定的前提下，通过事先制定单位产品或活动的标准资源消耗量，控制产品成本和期间费用水平的一种成本控制方法。

成本定额管理的关键，首先在于制定标准消耗量。一般方法有经验估计法、类推比较法、统计分析法和技术测定法。其次要通过成本核算，揭示实际消耗量与定额的差异。最后，分析定额差异的原因，找出责任者，并将差异及时反馈到责任部门或责任者，以便采取切实有效的措施加以解决。成本定额管理与企业的经济责任制相结合，能收到更好的效果。

需要指出的是，如果产品或经济活动消耗的资源价格也发生变动，那么企业除了制定标准消耗量以及比较量的差异外，还需制定各类资源的标准单价，以及比较价的差异，这就是通常所说的"标准成本管理"。从这个角度看，成本定额管理和标准成本管理的理念是一致的。

（四）成本全员管理和全过程控制

成本的全员管理，是指在加强专业成本管理的基础上，要求人人、事事、时时都按照定额、标准或者预算进行成本控制。需要向全体职工宣传各种成本限额和考评标准，使人人皆知、人人明白。

全过程的成本控制，是指贯穿成本形成的全过程，扩大到产品寿命周期成本的全部内容，包括设计成本、研制成本、工艺成本、采购成本、制造成本、销售成本、管理成本、运行成本、维修成本、保养成本等。

企业实行全员成本管理，就要充分调动各个部门、职工的积极性和主动性，使每个职工都了解自己在成本控制中的作用，明确自己的职责和权限，建立广泛的责任成本制度，将企业的专业成本控制和群众性成本控制工作结合起来，才能使企业各项费用定额、费用开支标准、成本目标等更加趋于合理，降低成本的措施才能得到更好的执行。为了调动全体职工成本控制的积极性，企业应注意：需要有客观的、准确的、适用的控制标准；鼓励参与制定标准，至少也要让职工充分了解控制标准建立的依据和必要性；让职工了解企业的困难和实际情况，自觉适应工作的需要；建立适当的激励措施，激发全员成本控制的积极性；冷静地处理成本超支和过失。始终记住分析成本不利差异的根本目的，是寻求解决问题的办法，而不是处罚。

企业实行全过程成本管理，其成本控制不应当只局限于生产过程的制造成本，而应当贯穿成本形成的全过程，扩大到产品寿命周期成本的全部内容，即包括产品在企业内部所发生的规划成本、设计成本、研制成本、工艺成本、质量成本、功能成本、采购成本、销售成本、物流成本、管理成本，以及产品在用户使用过程中发生的运行成本、维修成本、保养成本等各个方面。实践证明，只有当产品的整个寿命周期成本得到有效控制，成本才会显著降低。

实行全面成本管理，对企业职工的要求比较高，主要包括：具有控制成本的愿望和成本意识，养成节约成本的习惯，关心成本控制的结果；具有合作精神，理解成本控制是一项集体的努力过程，而不是个人活动，必须在共同目标下齐心协力；能够正确理解和使用成本控制信息，据以改进工作，降低成本。

文案范本

成本费用预算控制制度

第一章　总　　则

第一条　目的。

为了保证成本费用预算的有效执行，特制定本制度。

第二条　责权单位。

1. 财务部负责本制度的制定、修改、废除等工作。

2. 总裁负责本制度制定、修改、废除等的审批。

第二章　成本费用预算分解

第三条　企业根据成本费用预算、定额和支出标准，分解成本费用预算指标。

第四条　成本费用预算指标一经批复下达，各预算执行部门必须认真组织实施。

第五条　各部门应将成本费用预算指标层层分解，横向到边、纵向到底，落实到部门的各单位、各环节和各岗位，形成全方位的成本费用预算执行责任体系。

第六条　在分解预算指标时，应考虑内部产品和劳务互供的影响，指标与措施同步，责权利相统一。

第七条　各部门应将年度预算作为指导，编制月度预算，以确保年度财务预算目标的实现。

第八条　各部门应当结合年度预算的完成进度，按照规定格式编制月度预算报表，经本部门负责人确认后，按照企业全面预算管理办法的规定上报财务部和总裁，总裁审核确认并予以批准。

第九条　月度预算下达后，各部门严格按照批复，将完成月度预算的各项生产经营指标落实到责任单位和个人。

第三章　成本费用预算控制

第十条　各部门在日常控制中，应当健全凭证记录，完善各项管理规章制度，严格执行生产消耗、费用定额定律标准，加强实时的监控。对于预算执行中出现的异常情况，应及时查明原因，予以解决。

第十一条　财务部与采购、生产、计划、营销等部门加强沟通，充分发挥牵头和监控作用，及时发现成本费用预算执行过程中的问题，督促有关部门解决，并自觉进行成本费用控制。

第十二条　采购部控制。

1. 原材料及各种辅料、物资的采购是生产经营环节的源头，其成本在产品成本中占有较大比重，采购部和其他对采购成本有影响的部门要负责采购成本的控制。

2. 采购部应适应市场经济的变化，货比三家，提高采购率、大厂直供率和合同订货率，减少中间环节，减少企业库存，防止重复采购，避免物资积压，降低采购成本，节约采购资金。

第十三条　生产技术部控制。

1. 生产技术部要加强生产装置物耗、能耗和加工损失管理，降低生产消耗，提高产品产量。

2. 要推进科技进步，开发高附加值产品，改进工艺和操作，对技术投入的产出负责，提高产出率。

第十四条　设备部控制。

1. 设备部要加强对维修费用和设备更新费用的预算控制，通过对设备的精心操作、日常维护保养和提高大修质量，确保装置的长周期运转。

2. 维修工程和更新项目必须纳入正常的工程预、决算管理，规定标准以上的维修工程和更新项目的预、决算应由工程审计机构进行必要的审核，防止效益流失。

第十五条　安全环保部控制。

1. 安全环保部门要抓好生产装置的安全生产，减少因安全事故和非计划停工造成的损失。

2. 消除、减少环保责任事故，本着"高效、节约"的原则，控制安全环保费用。

第十六条　各责任单位要加强原材料、产成品、半成品、在产品的计量验收工作，从接货、装卸、运输、进厂、入库、发货、出库等环节入手，专人负责、准确计量，严格统计，努力减少途耗、库耗。

第十七条　制造费用和期间费用各项目要按照"谁发生，谁控制，谁负责"的原则，责任到人，从严从紧，精打细算。

第十八条　各部门应建立成本预测制度，把成本费用管理的重点放到事前预测和过程控制上。

1. 企业事先应对生产计划、生产工艺方案进行成本预测，根据预测数据进行决策，优化生产方案，合理配置资源，使成本费用得到事前控制。

2. 事中要定期对生产过程的生产经营情况进行成本预测，根据预测结果及时采取控制措施，使成本得到事中控制。

第四章　附　　则

第十九条　本制度由财务部负责解释。

第二十条　本制度经总裁审批后自颁布之日起开始执行。

 文案范本

成本费用预算管理流程

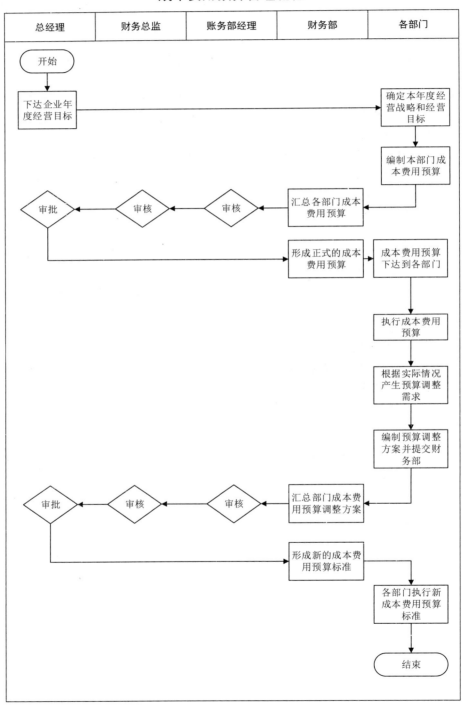

二、成本控制的程序

（一）传统成本控制程序

1．制定成本控制标准

制定成本控制标准是实施成本控制的基础和前提条件。没有标准就无所谓控制。标准的制定，要本着先进合理、切实可行、科学严谨等原则。

成本控制活动贯穿于企业经济活动的全过程，因而，在经济活动的每个阶段，每项因素都必须制定相应的标准，形成一个成本控制的标准体系。在这个标准体系里，既有总括性的标准指标，也有在该项总指标下的分解指标。

2．成本控制标准的论证

成本控制标准制定后，该标准是否合理，能否对它进行考核，以及整个成本在体系中标准有无遗漏等，都需要论证。要组织有关部门和人员采用比较先进、科学的方法，对控制标准进行详细论证，以使控制标准更加科学合理并具有可操作性。同时，要论证各责任单位的各项控制标准能否保证企业总控制目标的完成。

3．制定实施成本控制标准的措施

成本控制标准制定出来后，应将其进行分解，落实到具体的责任单位和人员。由于成本控制标准是需要经过一定的努力才能够完成的，所以，每个部门、每位职工，都应根据本单位、本人成本控制的任务，制定相应的措施方案，以保证成本控制任务的完成。

4．成本控制的实施

成本控制的实施是保证成本控制质量、达到预期控制目标的关键阶段。要依据企业所制定的各项成本控制措施和成本控制方法，对企业经济活动进行控制。

在成本控制的实施过程中，企业的成本管理部门应经常深入成本控制的基层中，进行调查研究，提出存在的问题和解决办法，对各部门之间出现的矛盾，应进行协调，使成本控制能达到预期的目标。

5．差异的计算和分析

通过将成本控制实际资料和成本控制标准相对比，可确定实际脱离标准的差异额，并且要对差异产生的原因进行分析。差异产生的原因有很多，需要进行综合、全面的分析。有时，一种差异可能是由几个部门的工作引起的，不便于归属责任，而且差异的计算方法也直接影响到差异额的大小，这就为企业成本管理部门进行差异原因分析带来了一定的困难。所以，在进行差异计算和产生差异的原因分析时，应特别注意协调各方面的关系，找出问题的症结所在，提出真实可靠、各方面都能认可的原因来。

6．差异的消除

对于成本控制中产生的差异，除了要分析产生差异的原因及归属于具体哪些不同的责任单位外，还要提出具体的改进措施反馈到经济活动中，以便及时消除差异，使企业实现既定的目标，这也是反馈控制的关键环节。需要注意的是，提出各项改进措施，并具体落实到各责任单位和生产阶段，逐渐地消除差异，这样的过程可能不止一次，要经过几次反复，让提出的改进措施不断完善，才能最终消除差异。

如果差异经过几个成本控制过程都不能予以消除，则应查明原因。可能是控制标准制定得不合理、消除差异的措施不得力、差异产生的原因分析得不准确等，应查明原因逐一予以解决。

（二）现代成本控制程序

现代企业成本控制程序也称成本控制环节，主要包括以下内容。

1．成本预测

成本预测是企业在市场调查、品种预测、销售预测、价格预测等一系列预测的基础上，研究企业外部环境和内部因素等成本的依存关系，对一定时期的成本目标、成本水平及预见的成本变动趋势所作的科学的测算，从而有效规避和防范可能的风险，使成本管理工作更符合企业经营管理的要求；在进行成本预测时，既要参考历史资料，又要与同行业同类型竞争对手的有关成本资料进行比较分析，还要研究人力、物力、财力的资源配置情况，以及市场情况等相关因素，以作出尽可能正确的预测。

2．成本决策

成本决策是根据成本预测提供的数据和其他有关资料，在若干个与生产经营和成本有关的方案中，选择最优方案，作出正确的成本决策，确定目标成本，使之成为企业奋斗的目标。成本决策是制定成本计划的前提，也是提高经济效益的重要途径。

3．成本计划

成本计划是根据成本决策所确定的目标成本，具体规定在一定时期内为完成生产经营任务应发生的生产费用，并提出保证成本计划顺利实现所应采取的各项措施。编好成本计划，使企业员工明确降低成本的目标，挖掘成本的潜力，是确保企业获取最优经济效益的关键环节之一。成本计划是成本考核的依据。

4．成本监控

成本监控也称成本跟踪，是指在生产经营过程中，根据成本计划对各项实际发生或将要发生的成本费用进行审核、控制，观察成本动态，将其限制在成本计划之内，以保证成本计划的执行。成本监控是成本管理工作中的重要环节，通过成本监控，可以防止浪费，及时揭示存在的问题，消除生产中的损失，实现成本控制的目的。

5．成本核算

成本核算是对生产经营过程中实际发生的成本费用，按照一定的对象和标准进行归集和分配，以计算确定各对象的总成本和单位成本。成本核算是成本管理的基础，没有成本核算所提供的成本资料，成本控制的其他工作就无法进行。成本核算方法一经确定，不得随便改变，以保证成本指标的可比性。

6．成本分析

成本分析是根据成本核算提供的成本数据和其他有关资料，与本期计划成本，上年同期实际成本，本企业历史先进水平及国内外先进竞争对手的成本水平、成本结构等进行比较，确认成本差异，并且分析其原因，查明相关经济责任，以便采取措施，改进生产经营管理，降低成本费用，以提高经济效益。通过成本分析，可以为成本考核提供依据，并为未来的成本预测和决策以及编制成本计划提供资料。

7．成本考核

成本考核是在成本分析的基础上，定期地对成本计划的执行结果进行评定和考核。为了分清经济责任，使成本考核更加合理，在对企业成本计划和企业内部各责任成本指标的执行结果进行考核时，都应剔除客观因素（不可控因素）对成本的影响。成本考核应该与奖励制度相结合，以充分调动企业职工执行成本计划，提高经济效益的积极性。例如，邯钢实行"成本否决"

并严格进行成本考核，就是成功经验之一。

以上七个部分是相互联系、相互依存、缺一不可的整体，共同构成现代企业成本控制程序。成本预测是成本决策的前提，成本决策是成本预测的结果，成本计划是成本决策所确定的目标的具体化，成本监控对成本计划的实施进行监督保障，成本核算是对成本决策目标是否实施以及控制效果的最后检验，成本分析能查明执行差异的原因，对决策正确与否作出判断，成本考核是实现决策目标的重要保障机制。只有七个部分形成一个有机整体，才能有效控制可能的风险。

成本费用控制业务流程

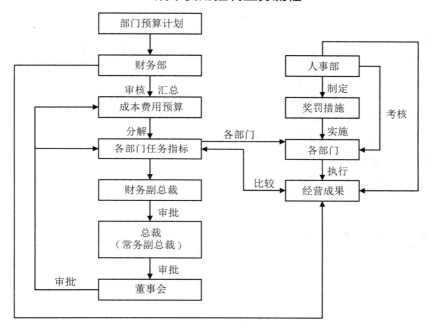

三、生产阶段的成本费用控制

（一）直接材料成本的控制

1．努力降低采购成本

（1）建立一支高素质的采购队伍。采购员竞争上岗，制定计划材料价格，将实际采购价格与计划价格对比分析，货比三家，比价采购，以考核其工作成效。

（2）建立一个高效率的市场信息网络，可以在大量的信息中筛选价廉物美的材料进行采购。

（3）制定一系列结算把关制度。材料入库由仓库保管员核对数量，检验员检测质量，严把材料进货关，减少数量和质量方面的损失，以降低成本。

2．努力降低消耗量

把生产部门提供的单位产品材料的标准耗用量作为企业投料的主要依据，对超过标准用量的材料，应由生产部门提出申请，并说明具体原因作为修改定额及补料的依据。

3. 在保证生产的前提下，控制材料的采购批量

企业要根据每月的生产作业计划确定材料的经济采购批量，合理分期分批采购，最大限度地减少资金占用成本。

4. 变外购商品为自制零件

企业有机器设备闲置或外购商品价格较高、批量较大时，可将外购改为自制，用管理会计方法测算边际成本，促使降低产品成本。

5. 控制废品率

加强生产过程中的产品质量控制工作。

（二）直接人工成本的控制

一是提高劳动生产率，降低人工成本。对职工进行岗位培训和定期轮训，提高职工的业务素质和工作效率。定期对企业的劳动定额重新进行核实，对工时定额的正确性进行验证。二是合理组织投产规模和批量规划，防止停工待料或"卡脖子"现象。根据月生产作业计划和产品的生产工艺路线，对各工序进行分析，确定关键路线，在综合生产能力不变的情况下，制定生产计划和批量，对关键路线优先安排生产，对生产能力所限的合理安排外协加工，努力做到均衡生产。三是搞好机器设备的维护保养工作，发挥机器设备的最大生产能力，充分发挥人的潜力，合理组织人力，减少不必要的待工时间。

（三）制造费用的控制

对制造费用中的各项费用，要进行成本性态分析，区别各项费用的性态关系，进而提出意见。

四、期间费用及其他费用的控制

1. 管理费用的控制

管理费用的控制一般采用总额控制，结合上年的实际发生情况和今年的销售预测，编制管理费用的预算，对预算指标按可控制性原则进行分解，并下达各行政处室作为其控制指标，纳入奖惩。每月要求各行政科室编制费用消耗计划，经批准后执行。在报销费用时，严格按照会计制度及企业的有关文件要求办理，合理支付费用开支。

2. 财务费用的控制

一是加强企业资金预算和资金调度。编制资金预算时，应结合采购预算、生产预算、销售预算、费用预算等，同时根据生产部门确定的生产计划、采购计划，编制企业资金调度安排表，合理使用资金。按照成本效益的原则合理筹集资金，充分利用国家利率调整的机遇，筹集较低利率的资金，采取措施提前归还利率较高的银行贷款，减少逾期贷款，减少利息支出，降低财务费用支出。二是实行资金统一调度，提高资金运用效率，减少资金沉淀。三是充分利用国家给予的优惠政策，进行"债转股"。

3. 销售费用的控制

（1）对销售费用中的工资、福利费、低值易耗品实行总额控制，按照年初批准的预算执行，按年进行考核、兑现。

（2）对销售费用中的办公费、修理费、三包损失等，按照以往的销售额与这些费用的关系，确定一个既合理又较为可行的系数，并建立弹性预算进行控制考核。

（3）将销售费用与销售回款联系起来，将销售人员工资、奖金直接挂钩。若销售费用指标

超比例，则扣发奖金甚至工资。随着市场竞争的日趋剧烈，产品的销售价格大幅度下降，同时，企业间的拖欠严重，造成营运资金成本过高，使企业的盈利空间越来越小。因此，必须把企业内部管理工作的重点放在控制成本和降低费用上，应用管理会计方法对成本进行控制，提高企业的经济效益。

需要注意的是，企业在进行成本费用控制时，应坚持企业的一切成本费用控制活动应以成本效益观念作为支配思想，实现由传统的"节约、节省"观念向"花钱即为省钱"的现代效益观念转变。成本费用控制的终极目标是提高收益水平，提高成本效率，而非降低成本。

费用支出程序

申请部门	归口管理部门	审批人	财务部门	要 求
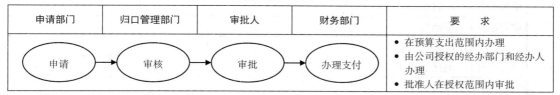				• 在预算支出范围内办理 • 由公司授权的经办部门和经办人办理 • 批准人在授权范围内审批

销售费用管理控制办法

第一章 总 则

第一条 目的。

为了规范公司销售费用的使用程序，有效控制销售费用支出，提高公司营销系统所有资源的利用率，本着节约、有利于销售工作的原则，结合本公司的实际情况，特制定本办法。

第二条 适用人员范围。

本办法适用于公司营销系统及驻外销售机构的所有在职员工。

第三条 适用范围。

1. 本办法适用于公司销售人员的差旅费、通信费、业务招待费及驻外销售机构的办公费用。

2. 上述费用之外的销售费用，如广告宣传费、促销费用、公关费用、运输费用、赔偿费用、退换货费用、包修费用、营销人员薪酬、培训费用、办公会议费用等，不在本办法的控制范围之内。这些费用的控制，可参照公司其他相关制度的规定，或按月度预算执行。

第二章 销售费用控制原则

第四条 预算控制原则。

1. 营销系统各部门应按月编制各项销售费用分类预算（如下表所示，出于全面性考虑，本表将公司可能发生的所有销售费用全部列出，其中，加粗文字是本办法的控制重点），经财务部试算平衡后，报总经理批准后执行。

销售费用预算表

编号： 单位：元

项 目			年度销售费用计划额度				元	
			1月		2月		3月	
			金额	销售比重（%）	金额	销售比重（%）	金额	销售比重（%）
销售费用	1. 销售变动费用	（1）销售佣金						
		（2）运费						
		（3）包装费						
		（4）保管费						
		（5）燃料费						
		（6）促销费						
		（7）广告宣传费						
		（8）消耗品费用						
		（9）其他费用						
		小　计						
	2. 销售固定费用	（1）销售人员费用 ① 工资						
		② 奖金						
		③ 福利费						
		④ 劳保费						
		⑤ 其他费用						
		小　计						
		（2）销售固定经费 ① 差旅费						
		② 通信费						
		③ 业务招待费						
		④ 折旧费						
		⑤ 修缮费						
		⑥ 保险费						
		小　计						
合　计								

2. 本办法控制范围内的销售费用，均应在预算范围内开支使用。

3. 每月月末，营销系统各部门的相关负责人及销售专员应对本月发生的销售费用进行分项统计，填写"销售费用分析表"，开展偏差分析，及时发现问题，并采取措施。例如，某销售专员发生的业务费用过高时，可调整访问路线或降低住宿标准等。

第五条 实行提成制人员费用控制原则。

1. 实行提成制的人员的工资、奖金、费用实行包干制，因开展业务发生的差旅费、通信费、业务招待费在其提成中开支。

2. 在预算范围内的费用按标准预支差旅费，按季度考核作总决算，季度超支在下一期提成中扣回。年度超支不得滚入下一年度。

第六条 营销系统其他人员费用控制原则。

销售管理人员、销售内勤人员等发生的差旅费、通信费,在预算范围内的按标准开支报销,超支部分自己承担。

第三章　销售费用支出审批规定

第七条　除个人包干费用之外的费用,如业务招待费,须先申请后使用;紧急情况下须电话向上级主管申请,后补办申请手续。

第八条　各类销售费用发生后,销售人员需在出差回道公司后一周内办理报销手续,对于出差超过一个月、不能在月度结清费用的销售人员,须通过邮寄的方式把票据寄回公司,由销售部内勤人员代为履行报销审批程序,财务部把相应款项汇入当事人账户。

第九条　销售费用借支或报销额度规定。

1. 根据销售人员出差路程、时间等因素确定借款额度,并以其月工资为最高额度。

2. 借支或报销额度审批权限应参考公司具体授权规定。

第十条　销售费用支出与报销审批程序。

1. 销售费用支出的当事人提出预算范围内的费用支出申请后,报本部门负责人或主管领导批准。

2. 销售费用支出当事人在得到主管领导的批准后,执行销售费用支出事项。

3. 财务部对当事人的销售费用支出情况进行审查,主要审查费用支出的相关凭证填写是否标准、票据有效性、出差日期是否准确以及申请程序、预算标准以及出差报告是否符合规定等内容。

4. 营销总监负责对预算范围内及相应权限内的费用进行审批。

5. 费用支出报销得到营销总监批准后,直接由财务部付款报销,超标准、超权限的费用报销需经总经理审批。

6. 总经理负责预算外、超标准、营销总监审批权限以外的销售费用支出的报销审批。

第四章　通信费、差旅费控制

第十一条　个人通信费以实际费用发票报销。

第十二条　实行提成制人员的通信费、差旅费按公司规定的标准进行预支(参见下表所列的销售部相关人员的通信费、差旅费开支标准),结算奖金时扣除。

营销系统的通信费、差旅费开支标准

所属部门	职位	个人通信费标准（元/月）	差旅费标准					
			长途交通工具标准		出差市内补助			
			飞机	火车	市内交通	伙食	住宿	小计
营销总监		实报	机票	火车软卧	—	—	—	实报
销售部	经理		4折机票	火车硬卧	20	40	140	200
	六区经理		—	火车硬座				
	省区经理		—	火车硬座				
	销售专员		—	火车硬座				
市场部	经理		4折机票	火车硬卧	实报			
	市场主管		—	火车硬座	实报			
	市场专员		—	火车硬座	实报			
客服部	经理		4折机票	火车硬卧	实报			
	客服专员		—	火车硬卧				
	其他人员		—	火车硬座	实报			

1. 上表中出差市内补助，以普通城市为标准，如出差到其他城市，可按三级标准予以增加。

（1）出差到省会城市，部门经理的住宿费用按____元/天、其他人员的住宿费用按____元/天进行报销。

（2）出差到经济发达地级城市，如温州、大连、宁波、青岛、无锡、东莞等城市，可参照省会城市的标准执行。

（3）出差到北京、上海、广州、深圳等城市，部门经理的住宿费用按____元/天、其他人员的住宿费用按____元/天进行报销。

2. 如两个同性别人员同时出差至同一个地方，则扣减一个人的住宿费（以职务级别高的为准），其他补助不变。

3. 住宿费用必须凭发票按实际金额报销，超支部分自己负担，其他补助按标准报销，但必须提供相应的收据凭据。

4. 部门经理级人员出差如有4折以下机票到达目的地，可以搭乘飞机。

5. 如因紧急事务而超标准（如需搭乘飞机限时赶赴出差地），必须经过营销总监的批准。

6. 若出差交通为长途客车，其费用实报实销，不在上述标准中执行。

第十三条 驻外销售机构的人员的通信费、差旅费实行包干制，由公司独立核算并另行制定标准。

第五章　业务招待费控制

第十四条 销售人员开发的新客户来公司考察，费用由公司承担，但需事先报请营销总监批准（详细注明住宿天数、陪客餐费、回程路费等）。

第十五条 公司老客户临时来公司办事，公司承担一天的费用（住宿及餐费）。

第十六条 客户来公司住宿标准____元/天，总经理、营销总监作陪餐费实报，其他人员作陪餐费以____元/每人/每餐标准，按发票报销。

第十七条 销售部出差人员开发新客户或老客户交流感情，可适当与客户会餐，但必须事先报请部门经理批准。部门月招待费用总额不得超过2 000元，每笔不得超过150元，凭当地发票报销，特殊情况需报请营销总监批准。

第六章　驻外销售机构费用控制

第十八条 公司同意设立驻外销售机构（如办事处、仓库等）的片区，销售机构的办公室租赁费（含物业管理费）、仓库租赁费、水电费由公司承担（具体明细见下表），根据公司正常审批程序报销。

驻外销售机构费用一览表

城市级别	租赁费	行政办公费用	生活补助	水电费	物业费
普通城市					
省会城市及经济较发达地级城市					
北京、上海、广州、深圳					

备注：经济发达地级城市如温州、大连、宁波、青岛、无锡、东莞等城市。

第十九条 行政办公费用主要指在当地的固定电话、传真、复印、打印等办公费用，个人通信费参照公司的统一标准执行。

第二十条　公司总部人员驻销售机构办公的，按驻外天数每天补助 15 元的驻外补助。

第二十一条　驻外销售机构的人员在当地的车船费用以当地公交车票据为报销依据。

第二十二条　驻外销售机构的人员往返公司或出差外地按公司的标准费用报销。

第二十三条　驻外销售机构的人员需添置办公设备时，参照公司的采购管理规定执行。

第二十四条　驻外销售机构的日常费用开支由财务部根据各销售机构的预算拨付备用金，出纳（可兼职）负责备用金的保管与支付事宜。费用开支情况由公司总部负责审计，审计不合格的费用由销售机构的主要负责人追回不应报销的费用。

第二十五条　不独立考核盈亏的销售机构由出纳负责邮回费用开支单据冲销备用金借款。

第二十六条　独立考核盈亏的销售机构的费用开支经审计合格后直接计入本机构的当期费用。

第七章　附　　则

第二十七条　本办法由公司总部财务部制定，报总经理审批后，自公布之日起执行。

第二十八条　本办法由公司总部财务部负责解释、修订。

文案范本

销售人员薪资控制标准

一、目的

为使销售人员的薪资发挥积极的作用，同时对其进行合理控制，特制定本标准。

二、适用范围

本标准适用于全体销售人员。

三、销售人员薪资控制办法

（一）薪资结构控制

1. 销售人员薪资由固定薪资（基本工资）及浮动薪资（提成、奖金）两部分组成。

2. 固定薪资比重与销售人员的职级成正比，销售总监固定薪资比重为 70%，销售经理为 50%，销售主管为 40%，销售专员为 30%。

（二）销售费用控制

1. 对销售合同签订过程中产生的销售费用采取包干办法，超出部分与薪资挂钩。

2. 设定销售费用占合同利润额的最高比例，并与薪资挂钩。

（三）应收账款控制

1. 设定最低回款率及回款周期警戒线，并与销售人员的薪资挂钩。

2. 浮动薪资（提成+奖金）=回款完成率×绩效工资基数×60%+销售完成率×绩效工资基数×30%+销售考核分数×绩效工资基数×10%。

（1）回款完成率=当月实际回款÷回款任务

（2）销售完成率=当月实际销售额÷销售任务

销售费用控制流程

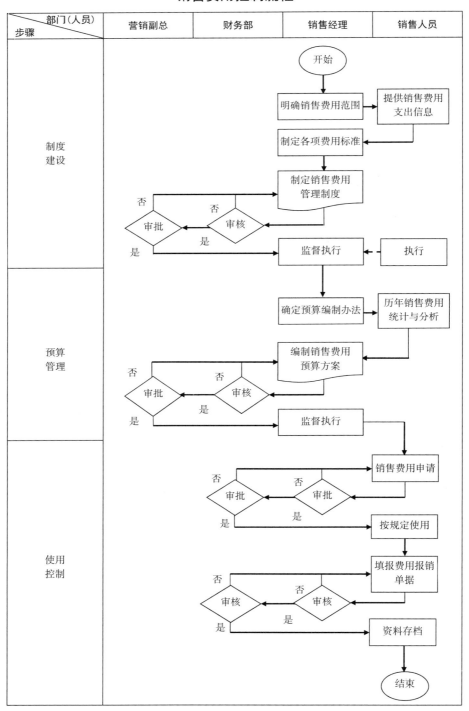

部门（人员） 步骤	营销副总	财务部	销售经理	销售人员
制度 建设				
预算 管理				
使用 控制				

开始

明确销售费用范围　提供销售费用支出信息

制定各项费用标准

制定销售费用管理制度

否　审批　否　审核　是
是

监督执行　执行

确定预算编制办法　历年销售费用统计与分析

编制销售费用预算方案

否　审批　否　审核　是
是

监督执行

销售费用申请

否　审批　否　审批　是
是

按规定使用

填报费用报销单据

否　审核　否　审核　是
是

资料存档

结束

文案范本

销售人员差旅费控制制度

第一章　总　　则

第一条　目的。

为控制销售人员的差旅费用，提高出差效率，规范出差人员的审批及报销程序，根据本公司的实际情况，特制定本制度。

第二条　适用范围。

本制度适用于公司全体销售人员。

第三条　相关定义。

1. 长期出差者，指到公司所在城市以外地区开展业务时，在同一地区出差一个月以上者。

2. 同一地区，通常是以"市、区"为行政单位，但是如果在同一地区到两个以上地方出差时，尽管住宿地点不变却发生不能正常出勤的情况时，可以视为不同地区的出差。

3. 近郊出差，是指可以用通勤车或市内交通工具往返的出差地。

第二章　出差审批流程

第四条　出差申请程序。

1. 因公出差的销售人员必须事先填写"出差申请单"，注明出差地点、事由、天数、所需资金等相关事宜，经销售部经理审核签字，分管销售副总批准后方可出差。未经审批的，不予借支和报销差旅费。

2. 审批原则。

（1）出差地点设置有公司销售分支机构或办事处，不批准出差。

（2）对于可通过现有通信方式解决的业务，不批准出差。

（3）合同额度预计在＿＿＿万元以下，差旅费预计在＿＿＿元以上的业务，不批准出差。

（4）如有特殊情况，须报公司总经理审核批准。

3. "出差申请单"由财务部留存，并作为销售费用的考核依据。

4. 出差前在预定金额的范围内可以预支差旅费，预支的差旅费含标准内的车船费、出差期间的住宿费、日补贴。借款时须附有核准后的、有上述内容的"出差申请单"及"预借差旅费申请单"。有尚未清理的借款时，销售人员不得继续申请借款。"预借差旅费申请单"如下表所示。

预借差旅费申请单

申请日期：　　年　月　日

起讫地点	自　　　　　经　　　　　至			
出差日期	月　日至　月　日共　　天			
事　　由				
月	日	项　目	摘　　要	金　　额
合　计			附单据　　张	

总经理：　　　　分管副总：　　　　部门经理：　　　　出差人：

5. 差旅费借支程序如下左图所示。

第五条 差旅费报销程序（如下右图所示）。

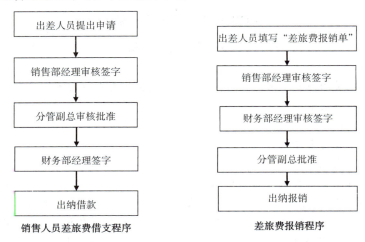

销售人员差旅费借支程序   差旅费报销程序

1. 销售人员出差归来，必须在 10 个工作日内办理报销手续，如实填写"差旅费报销单"，并列明事由、时间、线路后交销售部经理、分管副总签字，再由财务部按包干标准审核报销。

2. 凡与原"出差申请单"规定的地点、天数、人数、交通工具不符的差旅费不予报销，因特殊原因或情况变化需改变路线，增加天数、人数，改乘交通工具等，需经公司总经理签署意见后方可报销。

第三章 差旅费计算

第六条 差旅费包括车船费、住宿费、日补贴。

1. 差旅费按正常路程计算，但因业务情况或不得已改变路程的时候，按实际路程计算。

2. 车船费、住宿费按规定标准报销。

3. 日补贴按照出差天数计算。

（1）出发时间为中午 12 点之前（含 12 点）的，出差当日按全天计日补贴。

（2）出发时间为中午 12 点之后的，出差当日按半天计日补贴。

（3）返回出发地时间为中午 12 点之前（含 12 点）的，返回日当天按半天计日补贴。

（4）返回出发地时间为中午 12 点之后的，返回日当天按全天计日补贴。

第七条 公司交通设施的使用及差旅费的减额支付。

1. 销售人员到交通方便的地方出差时，应尽量使用公司拥有的或者借用的设施以及公共交通工具，其差旅费如下表所示减额支付。

差旅费减额支付表

有交通车辆时	提供住宿时	提供餐饮时
不支付交通费	不支付住宿费	支付日补贴的 50%

2. 从公司外收到全部或部分差旅费时，公司不再支付其全部或部分差旅费。

第八条 出差期间的缺勤处理。

出差期间因私事而缺勤，公司不支付其住宿费及日补贴，如有生病或其他不得已的原因缺勤时，可参照实际情况支付日补贴及住宿费。

第九条 特殊差旅费。

陪同上级人员、外宾出差或因其他原因，实际发生的费用超过本人的所得定额（车船费、住宿费、日补贴）时，经公司总经理批准，其差旅费可以支付实际费用或所得定额以上的费用。

第十条 差旅费报销应取得合法的票据，住宿费项目包括住宿起讫日期、住宿人数在内的所有信息，销售人员必须填写完整、准确，否则视为非合理票据，不予报销。

第四章 出差定额包干标准

第十一条 公司销售人员差旅费实行定额包干，报销标准如下表所示。

差旅费定额包干报销标准一览表

职 务	车 船 费				住 宿 费			
	航空	铁路	轮船	其他	一类地区	二类地区	三类地区	四类地区
销售副总	实费	实费	实费	实费	实费	实费	实费	实费
销售部经理、副经理	一般	软卧	二等	实费	400	350	300	260
一线销售人员	一般	硬卧	三等	实费	350	300	260	220

第十二条 车船费、住宿费的计算，按发票在规定标准内报销。

第十三条 销售人员乘坐飞机时，要得到分管副总经理批准，同时满足以下条件。

1. 确属突发情况，乘坐火车等交通工具已来不及。

2. 乘坐火车时间超过 12 小时。

3. 陪同重要客人。

第十四条 特殊情况下住宿费超过标准的，要得到总经理批准后方可报销。

第十五条 住宿费标准为住宿房间标准，一线销售人员若两人（同性别）同时出差，则为两人标准。

第十六条 出差地区分类。

1. 一类地区：经济特区（深圳、珠海、汕头、厦门、海南）及直辖市（京、津、沪、渝）。

2. 二类地区：省会城市及副省级城市、计划单列市（青岛、大连）。

3. 三类地区：一般城市。

4. 四类地区：县级地区以下。

第十七条 如果没有住宿费发票，公司每天按 50 元的标准予以报销。

第十八条 出差当天在宾馆没有标准间时，住比标准间高一档次的房间费用予以报销。

第十九条 出差人员日补助额度按级别设置如下。

1. 销售副总：400 元。

2. 销售部经理、副经理：300 元。

3. 一线销售人员：150 元。

第五章 其他要求

第二十条 员工出差应本着厉行节约、提高工作效率、为公司开源节流的原则，不大手大脚，铺张浪费。

第二十一条 若未经公司相关领导同意，私自在非出差地区逗留或超时逗留所发生的一切费用由当事人自己承担，所发生的时间按事假或旷工处理，扣发工资。

第二十二条 出差人员应将工作进展情况及时向主管领导汇报，提高工作效率，力争在最短的时间内完成工作。

第六章 附 则

第二十三条 本制度由财务部负责制定、修订，营销总监负有协助财务部进行解释的责任。

第二十四条 本制度自____年__月__日起实施。

文案范本

销售业务招待费控制办法

第一条 目的。

为规范并控制本公司的业务招待费支出，特制定本办法。

第二条 适用范围。

本办法适用于公司全体销售人员。

第三条 业务招待费支出办法。

1. 销售部必需的招待费支出实行"预算控制、逐笔报批"的管理方式。

（1）根据销售业务的难易程度，销售部经理事先拟订《年度业务招待费预算建议标准》，经销售副总汇总审核后，拟订出销售部门的《年度业务招待费支出计划》及分解计划，根据审批权限经财务部经理复审后，报送总经理审批。

（2）业务招待费计入销售部费用包干指标。

（3）销售部一线销售人员实际每笔支出业务招待费之前，必须填写《业务招待申请审批单》（见下表）。经上级领导批准后方可列支，未经事先批准者一律不得报销。

业务招待申请审批单

经办部门：   经办人：

来客单位				
来客姓名及职位				
招待理由				
申请支出金额（大写）		￥： 元		
年度支出计划	累计支出		可用数额	
总经理审批意见		销售副总审核意见		
实际支出金额（大写）		￥： 元	单据张数	
总经理审批意见	财务部经理复审意见	经办会计初审意见	销售副总审核意见	

2. 一线销售人员的招待费申请程序。

（1）一线销售人员的业务接待，经相关领导批准后，向财务部会计借支（额度不得超过当月基本薪资），并于24小时内凭借有效票据报销该笔支出。

（2）若遇到临时性招待，需通过电话向上级领导申请批准后自行垫支，并于招待事宜结束后24小时内，补填《业务招待申请审批单》，凭借有效票据报销。

第四条 业务招待开支标准。

1. 按照级别不同，业务招待开支标准设定如下。

（1）一线销售人员（包括销售主管及销售专员），招待标准为50元/位。

（2）经理及人员（包括销售部副经理及经理），招待标准为75元/位。

2. 业务经办人根据需要尽量在公司定点饭店安排招待业务。

3. 业务招待时，可由业务经办人的上一级主管领导陪同参与，费用计入业务经办人借支款。

4. 本公司人员数量不可超过对方。

第五条　费用报销审批手续。

1. 经办人员必须在每笔招待支出发生后的 24 小时内，将《业务招待申请审批单》连同有效票据报送财务部经办会计初审。

2. 财务部经办会计初审无误后报送财务部经理复审，再报总经理审批。

第六条　本办法自＿＿＿年＿月＿日起实施。

 **文案范本**

广告费用控制管理规定

第一章　总　　则

第一条　目的。

为合理控制公司广告费用的支出，特制定本规定。

第二条　适用范围。

本规定适用于公司广告企划部、各区域销售分支机构。

第二章　管理职责

第三条　广告企划部。

1. 负责对各项广告费用的计划、申报、分配和下达。

2. 负责对广告费用执行情况的审核、跟踪、监控和指导。

3. 负责对广告费用计划的统筹、汇总和台账管理。

4. 负责对各阶段广告费用的已付和未付款情况进行跟踪统计。

5. 负责定期编制费用使用情况的分析报告。

6. 负责组织对相关部门广告费用的使用情况进行不定期检查。

7. 根据不同时期的要求，及时向营销中心上报专项广告费用计划和物料需求计划。

8. 负责随时跟踪各区域资源使用情况的合理性，一旦发现问题及时指导并予纠正。

9. 负责对专项费用执行情况的审核、跟踪、监控和指导。

第四条　财务部。

1. 负责对广告费用所发生的结算单据进行审核把关。

2. 负责对广告费用进行控制和核销。

3. 负责组织对相关部门广告费用的使用情况进行不定期检查。

第五条　各区域销售分支机构。

1. 严格按审核好的费用指标执行，定期上报各阶段各项费用的使用情况，建立详细的费用台账并定期上报。

2. 严格按有关规定收集、整理和汇总已发生广告费用的结算资料，及时将资料寄回费用对口部门进行审核及报销。

第六条　采购部。

1. 严格按营销中心企划部已审批下来的项目费用指标采购物料、赠品和礼品。

2. 定期上报各阶段各项目的使用情况，建立费用台账并上报营销中心企划部。

第三章　费用控制措施

第七条　广告费用使用范围。

1. 各区域销售分支机构日常广告费的使用范围包括媒体费用、场外促销活动、户外广告，终端广告制作、改善、物料制作及其他费用等。

2. 广告企划部费用的使用范围包括各终端建设费用（如形象端架、店招制作或改造等）各类物料、市场支持专项促销费用等，以及公司品牌形象宣传费用、在地方或中央级媒体的发布费用、公司各产品统一活动推广费用等。

第八条 费用计划的制定与下达。

1. 费用项目分类如下。

类　别	费用项目
广告类	央视广告、地方影视广告、电台广告、杂志硬广告、报纸硬广告、户外广告、展览展示、创意设计和广告公司代理费等
公关类	商超采购接待费、记者劳务费、新闻发布会、新闻稿酬、报纸软文、杂志软文、电视节目制作费、赞助费、网络维护费、各种记者采访接待费用等
促销赠品类	终端采购的赠品、礼品等
终端建设类	终端展示展具、专柜费、店招费、卖场及促销物料等
其他	不在以上之列的项目

2. 广告企划部每月 25 日前将次月整体广告费用计划向销售总监、总经理提出申报，销售总监、总经理于 30 日前批示费用计划并下发至广告企划部。

3. 根据各区域每月销售回款额的实际完成情况，企划部分别计核各区域的固定广告费用，并确认上月各区域的变动广告费用，于每月 5 日前下发至各区域销售分支机构的销售部经理、主管处。

第九条 费用申报和使用流程。

1. 费用申报。

（1）企划部费用，广告企划部提出申请，销售总监审核，总经理批准。

（2）营销中心各区域广告的费用，先向营销中心企划部提出申请，销售总监审核，总经理批准。

2. 费用使用流程。广告企划部起草及申报合同，销售总监审批，财务部备案，总经理签字并盖合同章后安排制作。

第十条 费用报销规定。

1. 费用报销应严格按公司的相关规定执行，报销时《合同审批表》上必须附有综合管理部统一编制的合同编号，同时准备好正式的发票、合同、送货单、验收单和照片等单据。

2. 各区域销售分支机构在各项广告业务执行完毕后应立即收齐相关手续，务必于 15 天内将资料寄回总部核销。如未在规定的期限内执行，总部有权视其为作废，费用由区域人员自行承担。

3. 费用报销的周期原则为发票入账后一个月内付款，对于一些特殊费用可按合同相关协议付款。

第十一条 费用控制与检核。

1. 各区域必须严格按费用台账格式要求，将当月广告费用发生情况详细填报和控制，并在每月 5 日前分别上报广告企划部，凡不在台账范围内的费用一律不予报销。

2. 总部将对各区域进行不定期抽查，发现不如实申报或制造虚假费用者，将给予经办人及相关人员相应处罚通报，情况严重直至免职。

3. 广告企划部每月负责将终端广告费用使用情况及付款执行情况进行汇总分析，并上报相关领导。

第四章　检查与考核

第十二条 每季度对广告费用的使用情况考核一次，费用虚报部分与各区域相关人员薪酬挂钩。区域经理是广告费用控制的主要责任人，将视情况对区域经理、主任进行经济处罚。

第十三条 对未经审核上报的台账和不符合规定或随意提出修改的，将对各区域经理和相关责任人进行通报，且对修改意见不予确认，发生额均以第一次上报的为准，由此产生的后果，一律由各区域销售分支机构经理和销售人员全部承担。

第十四条 对已交回的结算资料因把关不力、不符合结算要求，总部需要退回的，如核销金额达 2 000 元以上，每次扣罚各区域销售分支机构经理及相关责任人 50 元。

第十五条 对于不能按时上报费用使用情况的责任部门，广告企划部有权拒绝下月的场外促销活动、终端广告费用等的呈报。

第十六条 对于不实申报或虚报费用等情况，一经发现，视其影响程度，给予行政处分，直至开除。

第十七条 对一年内出现三次违规行为的，应提报人力资源部等相关部门进行处理。

第五章　附　　则

第十八条 本规定由企划部负责解释、补充及修订。

第十九条 本规定自＿＿＿年＿月＿日起实施。

 文案范本

公关礼品管理控制办法

第一条 目的。

为有效管理公关活动中公关礼品的订购与发放，控制公关礼品费用，提高公关礼品效果，特制定本办法。

第二条 职责。

公关礼品原则上由办公室统一订购及发放。

第三条 礼品订购控制。

1. 销售部根据销售工作实际情况统计所需的公关礼品，于年初报办公室。

2. 办公室对每年统一购买的礼品提出需求申请，根据金额不同经公司管理层或公司授权人员审批同意后，按公司相关采购办法签订合同。

3. 货比三家，择优选择，最大限度提高资金的使用率。购买金额达到招标采购标准的，必须进行招标采购。

4. 礼品款式和设计应严格遵循企业 CI 策划思想，不得追求贵重奢侈，须注意风格的继承性和统一性，保持公司整体形象的和谐统一。

5. 销售部所需礼品原则上到办公室领取，特殊情况也可按需采购，但必须上报办公室申请并经办公室主任批准后方可购买，累计金额在 2 000 元以内的由办公室主任签字购买，2 000元以上的由总经理签字购买。未经办公室审批或超标准购买礼品的不予报销。

第四条 礼品发放控制。

1. 各销售部门应本着节俭的原则，严格控制礼品的领取和发放。

2. 礼品领用程序。

（1）各销售部门须详细填写礼品申请单，特别是赠送单位及用途。

（2）礼品申请单经主管领导审核签字。

（3）礼品申请单报公司办公室主任批准后，到行政部物品专员处领取。

（4）行政部物品专员根据已批礼品申请单填写出库单办理领取手续，出库单一式三联，一联留行政部记账，二联转财务部记账，三联返回销售部。

3. 需购买节日礼品时，由各销售部门填写年节赠送礼品预算申请单，由办公室统一汇总报公司领导审批后统购或分购。

4. 各销售部门已领用的物品，再发放时须做好登记使用记录，以备核查。

第五条 本办法自____年__月__日起实施。

五、标准成本控制

（一）标准成本控制要求

标准成本控制要求如表 15-4 所示。

表 15-4　标准成本控制要求

项　目	操作人	基本要求
标准成本制定	财务部组织，采购、行政、生产技术等部门参加	依据公司的生产消耗定额、历史成本水平制定 标准成本水平在行业内先进水平的基础上，经过努力可以实现 标准成本尽量体现数量标准和价格标准，同时标准成本的计算口径符合成本核算规程要求
成本核算	财务部	按照公司的成本核算规程要求核算 编制成本报表 将实际成本与标准成本比较，计算成本差异
成本分析	财务总监主持，财务部组织相关部门参加	对差异进行分析，寻找产生差异的原因 根据差异原因，拟定改进措施 提出成本分析报告
成本管理改进	财务总监组织相关部门实施	根据成本分析报告，公司经理层制定改进措施 颁布改进措施和组织实施 跟踪改进措施的落实和成效
成本考核和奖惩	财务总监组织	财务部根据成本核算情况，报告标准成本的执行情况 根据公司奖惩规定对责任主体进行奖惩

（二）标准成本控制业务流程

标准成本控制业务流程如图 15-1 所示。

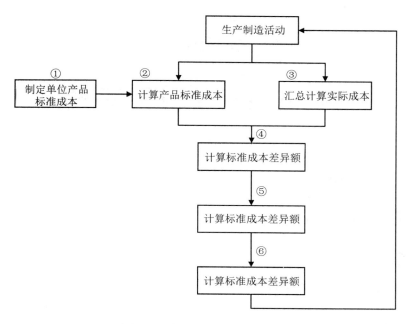

图 15-1　标准成本控制业务流程

说明：

① 单位产品标准成本=直接材料标准成本+直接人工标准成本+制造费用标准成本。

② 产品标准成本=产品实际产量×单位产品标准成本。

③ 产品实际成本=实际材料成本+实际人工成本+实际制造费用。

④ 标准成本差异额=实际成本-标准成本。

⑤ 分析成本差异的原因。

⑥ 提出成本控制报告。

第十六章

合同方面内控管理

第一节　合同管理综述

一、合同管理内控目标

（一）合同管理总体要求及目标

企业应当加强合同管理，确定合同归口管理部门，明确合同拟定、审核、执行等环节的程序和要求，定期检查和评价合同管理中的薄弱环节。采取相应控制措施，促进合同有效履行，切实维护企业的合法权益。

企业在实施合同管理过程中应关注下列事项。

1. 建立分级授权管理制度

合同管理应根据企业经营的性质、组织机构的设置、管理层级状况，建立合同授权标准制度。企业重大投资、筹资决策等重大合同，由企业最高决策机构——董事会批准；特别重大合同由最高权力机构——股东（大）会负责审议通过；企业最高执行机构——经理层，负责制定和落实各项合同管理制度，并直接参与重要合同的谈判、签订、履行和监控等。企业合同管理制度的建立、确定合同审批权限等报董事会批准后执行；企业最高监督机构——监事会负责监督企业董事、经理和其他高级管理人员对重大合同管理责任的履行情况。

分级授权管理制度要求企业应当根据经济业务性质、组织机构设置和管理层级安排，建立合同分级授权管理制度。属于总公司管理权限的合同，分支机构不得签署。对于分支机构的重大投资类、融资类、担保类、知识产权类、不动产类合同，应当向总公司提出报批申请，并经总公司合同管理机构批准后办理。总公司应当加强对分支机构合同订立、履行情况的监督检查。

2. 实行统一归口管理

企业可以根据实际情况指定法律部门等作为合同归口管理部门，对合同实施统一规范管理，具体审核合同条款的权利义务对等性，管理合同标准文本，定期检查和评价合同管理中的薄弱环节，采取相应控制措施，促进合同的有效履行等。

3. 明确职责分工

企业各业务部门作为合同的承办部门负责在职责范围内承办相关合同，并履行合同调查、谈判、订立、履行和终结责任。企业财会部门侧重于履行对合同的财务监督职责。

4. 健全考核与责任追究制度

企业应当健全合同管理考核与责任追究制度，开展合同完结后评估，对合同订立、履行过程中出现的违法违规行为，应当追究有关机构或人员的责任。

合同管理目标：合同内容完整、合同签订合规、合同执行严谨、规避合同风险、维护企业权益。

（二）合同管理的主要控制目标

1. 优化合同管理流程

因业务需要，公司从合同策划到合同履行后的档案归档一般需要较长的周期。如果中间环节管理不善，很容易导致合同执行混乱甚至出现合同纠纷。通过合同管理流程的梳理，可以优化其流程。

2. 降低合同管理风险

风险无处不在，合同管理的风险主要集中显现在履行阶段，但也隐含在整个合同管理流程中，尤其以合同准备阶段为甚，且是各种因素综合影响的结果。合同管理的目标是做到"事前预防"，通过合同条文的明确，可以有效保障公司利益，降低其风险水平。

3. 提高合同管理效率

通过有效甄别合同潜在风险，规范合同条款以及管理流程，可以减少合同管理过程中的"盲点"，提高合同管理的效率。

4. 规范合同过程管理

通过合同签订前的需求调查、合同签订、合同执行以及归档管理等环节，促进合同的规范管理。确保不同职责互相分离以及分级授权的实现等，既能提高效率又能降低风险。

5. 推动公司规范管理

合同管理是企业日常管理的重要内容。合同管理的规范有效无疑可以促进和推动企业相关管理水平的持续提高，为企业的规范运营提供良好的保障。

二、合同关键环节控制

企业在实施合同管理内部控制过程中，至少应加强对关键环节的控制（见表 16-1）。

表 16-1　合同关键环节控制

合同控制岗位	主要职责	不相容职责
董事长	• 授权总经理代表企业使合同相关职权 • 签署合同（协议）签章授权委托书 • 审批超出总经理权限的重大合同（协议）	• 审批企业合同管理制度 • 审批总经理权限内的合同
总经理	• 审批企业合同管理制度 • 审批企业主营业务格式合同 • 审批各部门的合同文本 • 审核超出各部门负责人审核权限的合同 • 负责对外重大合同协议的谈判与签章	• 制定企业合同管理制度 • 制定企业格式合同 • 制定各部门的合同文本 • 审批超出职权限的合同
法务部经理	• 审核企业合同管理制度 • 审核企业格式合同 • 审核各部门合同文本 • 参与重大合同的谈判 • 审核企业合同台账 • 审核有关合同纠纷的法律诉讼文件	• 制定企业合同管理制度 • 制定企业格式合同 • 制定各部门合同文本 • 参与一般性合同的谈判 • 设置企业合同台账

续表

合同控制岗位	主要职责	不相容职责
各部门负责人	• 草拟与本部门业务相关的合同文本内容 • 协助拟定企业主营业务格式合同 • 负责超出业务经办人员权限的合同谈判 • 初审业务经办人员与合同对方拟定的合同条款 • 监督本部门合同的签订及履行情况	• 制定企业格式合同 • 审核本部门的合同文本 • 负责经办人员权限内的合同谈判 • 在授权委托的范围外签订合同
法律顾问	• 草拟企业合同管理制度 • 草拟企业主营业务格式合同 • 草拟企业重大或特殊合同 • 监督、指导各部门起草及修订合同文本 • 查证拟签约对象的合同身份及法律资格 • 审查业务经办人员与合同对方拟定的合同具体条款 • 参与法律关系复杂的合同谈判 • 协助业务经办人员依法签订、变更和接触合同 • 检查合同履行情况 • 协助各部门处理合同的纠纷 • 负责合同纠纷的仲裁及诉讼	• 审核企业合同管理制度 • 审核企业主营业务核实合同 • 审核企业重大或特殊合同 • 拟定各部门的合同文本 • 参议一般性合同的谈判 • 与合同对待签订合同 • 办理合同变更、清洁手续
业务经办人员	• 对拟定签约对象进行资格调查 • 与合同对方商谈合同条款,负责拟定合同 • 在授权委托的范围内签订合同 • 定期汇报合同的履行情况 • 与合同对方协商解决合同纠纷 • 办理合同变更、清洁手续	• 拟定企业合同管理制度 • 拟定本部门合同文本 • 审核与合同对待拟定的合同 • 在授权委托的范围外签订合同 • 对合同对方提起仲裁或诉讼
财务人员	• 调查拟签约对象的资信状况 • 按照合同约定条款办理财务手续 • 按照合同约定条款收付款项 • 按照合同约定条款履行赔偿责任	• 拟定企业合同管理制度 • 拟定企业格式合同 • 办理合同变更、清洁手续
合同档案管理员	• 设置企业合同台账 • 建立和保管合同档案	• 审核企业合同台账
印章管理人员	• 保管合同专用章	• 使用合同专用章

三、合同风险管理

企业合同管理至少应关注下列风险。

（1）未订立合同、未经授权对外订立合同、合同对方主体资格未达要求、合同内容存在重大疏漏和欺诈，可能导致企业合法权益受到侵害。

（2）合同未全面履行或监控不当，可能导致企业诉讼失败、经济利益受损。

（3）合同纠纷处理不当，可能损害企业利益、信誉和形象。

　　上述风险并不是合同管理风险的全部，而是其中的重要部分。只要不是先款后货的交易，都要签订供求合同。有很多收不回来的欠款和合同订立有很大关系。不少企业的合同风险意识不够，签订的很多合同未经认真审查，使得很多条款暗藏"杀机"，为企业的经营埋下隐患。而有时一个极小的疏忽就可能给企业带来灭顶之灾。因此，如何在订立合同时防范合同欺诈，预防合同纠纷的发生，已成为众多企业经营活动中的管理目标。

（一）明确合同主体

　　合同是双方当事人进行交易的意思表示，企业一旦与不具备合同主体资格的当事人签订了合同，就会陷入一种有预谋的法律风险之中，这种有预谋的法律风险较之不当签约造成的损害更大。

1. 合同主体风险类型

　　合同主体风险在企业实践中是经常遇到的法律风险类型。

　　（1）有限责任的恶意利用风险。有限责任公司的主要特点是公司以全部注册资本为限对外承担责任，股东以出资额为限对公司债务承担有限责任。个别蓄意欺诈者会以很低的资本注册有限责任公司，取得当事人资格，签订大宗合同，欺诈另一方合同当事人，给其造成巨大经济损失。在出现较大的赔偿责任或者损害时，则申请公司破产清算。

　　（2）虚构合同主体风险。虚拟合同主体一般有两种形式：一是利用注册要求差异虚拟合同主体（如通常所说的皮包商，即只有营业证明，不能提供法人资格、注册资本及法人地址等）；二是利用挂靠、借用名义等方式虚拟合同主体。合同主体是合同权利义务的最终承担者，若与法律意义上并不存在的交易对方签订合同，企业就无法确定到底谁该承担合同的权利义务，因此企业面临的法律风险非常巨大。虽然按照法律规定企业可以在发生纠纷时追究被挂靠方的责任，但解决该法律纠纷付出的代价对企业而言已经构成了严重的法律风险。

　　（3）主体变更的不当利用风险。由于商业活动变动的频繁，履行合同的主体变更是常见的。若交易对方恶意利用主体变更，将给企业带来法律风险。

　　（4）主体不适格风险。法律对一些商业活动主体有特殊要求，在从事这样的经济活动时，若主体不适格则可能导致合同无效。个别商人会利用这种规则故意制造主体不适格的情况，进行欺骗，给当事人造成法律风险。

2. 如何防范合同主体风险

　　合同主体不合格将直接影响到合同的法律效力。因此，为防范欺诈行为，减少交易风险，合同主体应当作为签订合同时第一个应当注意的问题。

　　总经理在签约时要着重审查当事人的主体资格、资信能力和履约能力等。首先要查看对方的营业执照和企业参加年检的证明资料，了解其经营范围以及对方的资金、信用、经营情况，其项目是否合法等。对于标的额大的交易，还应到工商、税务、银行等单位调查对方当事人的资信能力。

　　如果对方有担保人，也要调查其担保人，不能仅凭其名片、介绍信、工作证、公章、授权书、营业执照复印件等证件就相信对方。有的企业因没有参加年检而已被工商部门吊销营业执照，如果稍一疏忽，就可能掉进一些不法分子设置的陷阱。同时也要审查签约人的资格，查看对方提交的法人开具的正式书面授权证明，了解对方的合法身份和权限范围，以确保合同的合法性和时效性。

　　尤其需要注意的是，对资金数额巨大、产权交易等抵押合同和生产经营合同要依照有关法律规定及时办理抵押登记和鉴证手续，以保证合同的合法性、严密性和完备性。

（二）选择合适的合同形式

按照外在表现形式，合同可分为要式合同和非要式合同。一般而言，要式合同要求当事人双方必须采取一定形式订立才能生效，如书面文字、数据电文、传真等，而口头合同中当事人则以口头语言为意思表示。不同的合同形式存在的履约风险也不同。

1. 口头合同风险防范

如果法律未规定必须采用书面形式，只要当事人协商一致，采取口头形式订立合同也具有法律效力。例如，有些企业之间因为长期的合作，起先有合同，后来就变成了口头合同；还有些企业由于行业习惯，也广泛存在着口头合同形式。口头合同最大的优点就是快捷、简便，但由于口头合同看不见，也摸不着，如果碰到不讲信用的当事人就可能造成巨大的、无法挽回的损失。因此，口头合同一般适用于标的较小或现场结算的交易。

企业在收集以资证明口头合同存在的单据时，重点要放在收货单、对账单以及还款计划书上。

（1）关于收货单。收货单表明卖方履行了购销合同的主要义务——交付货物。这是企业要客户支付货款的重要凭据，有效收货单上应注明货物的规格、型号、品名、单价、数量、金额、送货日期、送货人、收货单位等，最重要的是要有收货人的签名或收货单位的盖章，该收货人应是合同上约定或能提供授权委托书的收货人，避免以后产生纠纷。如送货时合同上约定的收货人不在，应先电话联系收货人，确定临时收货人，事后再及时让合同约定的收货人补签收货单。

（2）对账单、欠款确认书或还款计划书。对于交易频繁的长期客户，或供货期较长的交易，企业应定期或及时与客户对账，以免整个交易结束或合作结束后再来对账，否则较为复杂，也可能因人员变动而无法对清。

如客户表示因资金困难而无法按时支付货款，应要求客户出具欠款确认书或还款计划书，在欠款确认书或还款计划书中写明客户承认的欠款原因、欠款数额、还款的具体时间，最好约定由公司所在地法院管辖，也可找信誉较好的第三方企业作担保。

以上都是合同履行的证据，企业应注意收集，只有手头证据多了客户才不敢轻易违约。

2. 书面合同风险防范

对于重要的交易，或者初次合作的客户，大部分企业在签约合同时都会采用书面形式。当发生纠纷时，必须根据书面合同的约定平息纷争。因此，签订书面合同时，约定要尽可能详细。

这里需要特别指出的是，签订书面合同不等于万事大吉，由于书面合同仅是双方的交易意向，不能等同于合同的实际履行，因此企业也要搜集整理各种履行合同的证据。尤其是自己在履行了合同时要有对方的确认，如付款要有对方出具的收据，送货要有对方确认收到货物的证明等。

3. 电子合同风险防范

电子合同又称电子商务合同，是双方当事人之间通过数据电文、电子邮件等形式签订的明确双方权利义务关系的一种电子协议。电子合同其实也属于书面合同，不过是书面合同的电子化，是合同的新形式。

电子商务活动中，交易双方当事人实施的是无纸化贸易，通过电子商务系统进行网上谈判，将磋商结果形成文件，以电子文件形式签订贸易合同，明确各方权利、义务、标的商品的种类、数量、价格、交货地点、交货期、交易方式、结算方式、运输方式、违约责任、服务、索赔等合同条款。交易双方用 EDI 签约或用数字签字签约，形成电子合同，传递订单、提单、保险单等，这些电子单证被记录和保存在磁性介质中，储存于计算机的存储设备内，然后采用电子数据和电子邮件形式交换。目前，电子合同已被赋予了明确的法律地位，这一点是不容置疑的。

网络交易中的交易证据多以电子化形式出现，这需要引起企业的注意，认真做好证据的收集和固定工作。

采用传真的形式与客户订立合同进行交易的，由于传真件不能等同于原件，很难被法院单独采信，因此，如必须采用传真交易，首先要在合同中明确约定双方传真号码，传真件如有可能必须由客户确认，并收集、整理已经履约合同的证据。

（三）明确合同内容

合同作为双方当事人必须遵照执行的一份契约，其内容必须具体明确，不能含糊其辞、模棱两可，否则极易发生分歧从而影响合同的正常履行。

合同内容一般由合同条款和附属文件两部分构成，附属文件主要包括双方约定的各种文字、图、表等资料，而合同条款则主要包括以下内容。

1．当事人的名称和地址

这是每一份合同都必须具备的条款，当事人是合同的主体。如果合同中不写明当事人，连谁与谁做交易都搞不清楚，就无法确定权利的享受和义务的承担，发生纠纷也难以解决，特别是在合同涉及多方当事人的时候更是如此。除直接当事人以外，合同中还要把各方当事人名称或地址都写清楚。

2．标的

标的是合同当事人权利义务指向的对象。标的是合同成立的必要条件，是一切合同的必备条款。没有标的，合同不能成立，合同关系无法建立。

合同的种类很多，合同标的也多种多样。

（1）有形财产。有形财产是指具有价值和使用价值并且法律允许流通的有形物。有形财产依不同的分类有生产资料与生活资料、种类物与特定物、可分物与不可分物、货币与有价证券等。

（2）无形财产。无形财产是指具有价值和使用价值并且法律允许流通的不以实物形态存在的智力成果，如商标、专利、著作权、技术秘密等。

（3）劳务。劳务是指不以有形财产体现其成果的劳动与服务，如运输合同中承运人的运输行为，保管与仓储合同中的保管行为，接受委托进行代理、居间、行纪行为等。

（4）工作成果。工作成果是指在合同履行过程中产生的、体现履约行为的有形物或者无形物。例如，承揽合同中由承揽方完成的工作成果，建设工程合同中承包人完成的建设项目，技术开发合同中的委托开发合同的研究开发人完成的研究开发工作等。

合同对标的的规定应当清楚明白、准确无误，对于名称、型号、规格、品种、等级、花色等都要约定得细致、准确、清楚，防止差错。特别是对于不易确定的无形财产、劳务、工作成果等更要尽可能地描述准确、明白。企业在订立合同时还应当注意各种语言、方言以及习惯称谓的差异，避免不必要的麻烦和纠纷。

3．数量

在大多数的合同中，数量是必备条款，没有数量合同是不能成立的。许多合同只要有了标的和数量，即使对其他内容没有规定，也不妨碍合同的成立与生效。因此，数量是合同的重要条款。对于有形财产，数量是对单位个数、体积、面积、长度、容积、重量等的计量；对于无形财产，数量是个数、件数、字数以及使用范围等多种量度方法；对于劳务，数量为劳动量；

对于工作成果，数量是工作量及成果数量。一般而言，合同的数量要准确，而且要选择使用共同接受的计量单位、计量方法和计量工具；根据不同情况要求不同的精确度，允许有尾差、磅差、超欠幅度、自然耗损率等。

4. 质量

对有形财产来说，质量是物理、化学、机械、生物等性质；对于无形财产、服务、工作成果来说，也有质量高低的问题，并有特定的衡量方法。对于有形财产而言，质量也有外观形态问题。质量指标、技术要求，包括性能、效用、工艺等，一般以品种、型号、规格、等级等体现出来。质量条款的重要性是毋庸赘言的，许许多多的合同纠纷都是由此引起的。

5. 价款或者报酬

价款或者报酬是指一方当事人向对方当事人所付出代价的货币支付。价款一般指对提供财产的当事人支付的货币，如买卖合同的货款、租赁合同的租金、借款合同中借款人向贷款人支付的本金和利息等。报酬一般是指对提供劳务或者工作成果的当事人支付的货币，如运输合同中的运费、保管合同与仓储合同中的保管费以及建设工程合同中的勘察费、设计费和工程款等。

为了确保价款或者报酬能够及时足额地收回，企业必须在合同中明确规定价款或者报酬的支付方式，从源头上降低企业经营风险。

（1）最好采用先款后货的方式，这样经营风险已经转移到需方身上，供方的风险就会很小甚至不存在。

（2）采用先交部分定金方式，这种情况可以减少供方的风险。合同中一般应注明：交付定金之日起合同生效。

（3）如果确需采用先货后款的方式，则要注意把握好需方的整体实力、信誉度、付款时间的长短及手续交接等，在签订合同时应要求需方提供加盖需方单位公章的营业执照复印件，需方收货人若非其法定代表人，收货人必须持有由法定代表人签字并由需方单位盖章的授权委托书，注明委托事项、委托权限、委托期限等。

（4）要注意列明每项商品的单价。有些企业在购销合同中标的是多类商品，但却只在合同中明确商品的总价款，而不确定具体每种商品的单价，一旦合同部分履行后发生争议，就难以确定尚未履行部分商品的价款。

6. 履行期限、地点和方式

履行期限是指合同中规定的当事人履行自己的义务，如交付标的物、价款或者报酬，履行劳务、完成工作的时间界限。履行期限直接关系到合同义务完成的时间，涉及当事人的期限利益，也是确定合同是否按时履行或者迟延履行的客观依据。履行期限可以是即时履行的，也可以是定时履行的；可以是在一定期限内履行的，也可以是分期履行的。不同的合同对履行期限的要求是不同的，期限可以以小时计、以天计、以月计，可以以生产周期、季节计，也可以以年计。期限可以是非常精确的，也可以是不十分确定的。不同的合同，其履行期限的具体含义是不同的。买卖合同中卖方的履行期限是指交货的日期、买方的履行期限是交款日期，运输合同中承运人的履行期限是指从起运到目的地卸载的时间，工程建设合同中承包方的履行期限是从开工到竣工的时间。正因如此，期限条款还是应当尽量明确、具体，或者明确规定计算期限的方法。

履行地点是指当事人履行合同义务和对方当事人接受履行的地点。不同的合同履行地点有不同的特点。例如，买卖合同中，买方提货的，在提货地履行；卖方送货的，在买方收货地履行。在工程建设合同中，在建设项目所在地履行。在运输合同中，从起运地运输到目的地为履行地点。履行地点有时是确定运费由谁负担、风险由谁承担以及所有权是否转移、何时转移的依据。履行地点也是在发生纠纷后确定由哪一地法院管辖的依据。因此，履行地点在合同中应当规定得明确、具体。

履行方式是指当事人履行合同义务的具体做法。不同的合同决定了履行方式存在差异。买卖合同是交付标的物，而承揽合同是交付工作成果。合同履行可以是一次性的，也可以是在一定时期内的，或是分期、分批的。运输合同按照运输方式的不同可以分为公路、铁路、海上、航空等方式。履行方式还包括价款或者报酬的支付方式、结算方式等，如现金结算、转账结算、同城转账结算、异地转账结算、托收承付、支票结算、委托付款、限额支票、信用证、汇兑结算、委托收款等。履行方式与当事人的利益密切相关，应当从方便、快捷和防止欺诈等方面予以选择，并且要在合同中有明确规定。

7．违约责任

违约责任是指当事人一方或者双方不履行合同或者不适当履行合同时依照法律的规定或者按照当事人的约定应当承担的法律责任。许多合同只规定了双方交易的主要条款，却忽略了双方各自应尽的责任和义务，特别是违约应承担的责任。这样就等于无形中为双方解除了应负的责任，削弱了合同的约束力。还有一种情况是，虽然规定了一方违约另一方可以向其追索违约金和赔偿金，但条款写得含糊笼统，没有明确的数额，这样也会引起争议。所以，企业一定要明确违约金和赔偿金的数额或计算方法。

（四）监督合同履行过程

合同一经承诺，即具有法律效力，企业要及时了解和掌握合同履行的情况。由于在履行合同的过程中会存在许多不确定性因素，如签订合同的双方会因为某些情况而变更合同的内容，或者由于存在不可抗力因素而导致合同难以履行等。因此，防范合同履行风险对企业来说非常重要。

1．合同履行过程中的管理

为了加强企业合同管理，企业首先要建立合同管理部门和合同管理制度，从组织机构、管理规章层面对合同履行进行规范。合同管理部门可以实行并落实分级管理制度、集中管理制度和承办人负责制度。

（1）分级管理制度。按照合同金额、期限等一定的标准对合同行为进行划分后，实行区别管理就是分级管理。例如，企业可规定销售金额在1 500元以下的合同由具体业务人员负责审核、签署、监督履行，而1 500元以上的合同行为须由企业法定代表人审核、签署、监督履行。这种管理模式的优势在于可适当放权给业务人员、减少管理层工作量，还可在一定程度上控制风险。

（2）集中管理制度。在企业内部建立相关部门，集中管理合同文本和控制合同进度。合同管理机构或部门负责对企业所有合同文本、往来信函、传真件原件、信函凭证、送货凭证的原件及业务人员的业务报表进行统一管理。实行集中管理的目的在于避免合同原件散落、遗失，同时便于企业负责人及时了解全部合同的进展情况，以及集中对业务人员的业务进展情况进行审查和考核。

（3）承办人负责制度。承办人员负责制度是指企业的每笔合同都有专人负责跟进，以有效防范合同履行风险，同时避免出现因遗忘及业务人员责任不清而出现的相互扯皮等现象。

2．合同履行过程中的证据收集

在实践中，企业合同履行过程中的风险更多的是来自对方的履约情况。对此，企业需要从以下两方面加以注意。

（1）认真审查接收支票。企业在接收支票时要认真审查，避免因银行退票而带来麻烦和损失。审查内容主要包括以下几项：

1）收款人名称是否正确；

2）书写是否清楚，字迹是否潦草；

3）大小写金额是否一致，大写数字是否正确；

4）印鉴（公章和法定代表人印章）是否清晰；

5）如果是经过背书的支票，应审查背书是否连续；

6）有无伪造、变造的痕迹等。

（2）认真审查收据。收据也可以有效地规避合同风险。

3．合同履行过程中的风险补救

合同履行过程中一旦发生风险，企业可根据合同履行情况适时运用撤销权、变更权和不安抗辩权保护自身的合法权益。具体内容如表 16-2 所示。

表 16-2　合同履行过程中发生风险的补救措施

具体措施	操作内容
避免合同修改带来新的法律风险	企业必须有效控制和规范合同修改程序，将合同修改与合同签订同样对待，避免合同修改带来新的法律风险
及时协商变更、撤销或解除合同	变更合同：对合同内容进行修改和补充时必须由双方协商
	撤销合同：如果发现签订合同之时己方意思表示不真实，包括重大误解、显失公平等，可行使撤销权
	解除合同：因发生了不可抗力事件，或因情势变更、对方当事人严重违约等事由不能或不宜履行合同、继续合同关系的，可通过双方协商或一方行使解除权解除合同
及时行使法定抗辩权利	行使不安抗辩权：合同中明确约定了履行次序，己方作为先履行一方，有足够证据证明对方出现财务危机或濒临破产等
	行使先履行抗辩权：己方作为后履行一方，在对方未先履约或履行不符合约定时
	行使同时履行抗辩权：合同中未明确约定履行次序，双方的债务均已到清偿期
在诉讼时效期间	当通过协商、调解途径解决不了合同争议时，应当及时提请仲裁或起诉

文案范本

合同风险防范制度

第一章　总　　则

第一条　目的。

1．为确保合同的签订符合国家及行业有关规定和公司自身利益，防范合同签订过程中的舞弊、欺诈等风险，特制定本制度。

2．为使公司从被动地应付和处理合同纠纷转变到主动地预防合同纠纷，增强公司的应变、发展和竞争能力，避免经济损失，特制定本制度。

第二条　适用范围。

本制度适用于公司合同订立的风险管理。

第二章　规范合同过程各岗位的权责

第三条　合同订立前的资格审查。

1. 合同订立前由财务人员负责调查拟签约对象的资信状况。

2. 由合同的业务经办人负责对拟签约对象进行资格调查。

3. 每月月初，公司应定期对经营活动中经常签订购销合同的人员和经营管理层进行培训。

4. 法务部经理负责审核公司格式合同和各部门合同文本的合法性、合理性。

5. 法务部经理负责审核公司合同台账和有关合同纠纷的法律诉讼文件的合法性、合理性。

6. 法律顾问负责查证拟签约对象的合法身份及法律资格。

第四条　合同订立前的内容谈判

1. 合同的相关业务经办人负责与合同对方商讨合同条款，负责拟定合同。

2. 法律顾问负责协助业务经办人员依法签订、变更和解除合同。

3. 法律顾问负责审查业务经办人员与合同对方拟定的合同具体条款。

第五条　合同订立前的文本拟定。

1. 法律顾问负责草拟合同管理制度、主营业务格式合同以及重大或特殊合同。

2. 法律顾问应严格审查对方当事人的主体资格、资信情况和履约能力。对合同条款要认真推敲，防止发生歧义和误解，对资金数额巨大、产权交易等抵押合同和生产经营合同要依照有关法律规定及时办理抵押登记和鉴证手续，以保证合同的合法性、严密性和完备性。

3. 各部门负责人负责草拟与本部门业务相关的合同文本内容。

第六条　合同订立后的履行。

1. 合同签订后，各部门负责人要及时监督本部门合同的签订及履行情况，法律顾问实时检查合同履行情况，各业务经办人负责定期汇报合同的履行情况。

2. 合同订立后由财务人员按照合同约定条款办理财务手续、收付款项并履行赔偿责任。

3. 公司应建立合同档案和合同报表制度，总结合同管理中的经验教训。

第七条　合同违约后的自我保护。

1. 对于合同的违约行为，公司应及时申请仲裁或向人民法院提起诉讼。

2. 对合同欺诈行为，公司要及时采取措施，尽量减少和避免损失，并请求有关部门予以处罚。

第三章　制定风险防范的各项措施

第八条　合同订立前的风险防范。

1. 公司应争取合同的起草权，斟酌选用对自己有力的措施。

2. 合同订立前应认真审查签约对象的主体资格和信用等级，减少交易风险。

第九条　合同内容详细化的风险防范。

1. 对于合同本身内容，公司应指定专人负责了解合同性质，减少合同在以后的履行中和使用法律条款争议带来的经济损失。

2. 合同中涉及的价款支付，如果是先款后货，经营风险就会转移到需求方；如果采用先付定金的方式，可减少供方的风险；如果采用先货后款的方式，公司应对需求方的整体实力、信誉度、付款时间的长短及手续交接做好详细调查。

3. 合同的各项内容应尽量细化，用词要精确，避免歧义，防止合同部分履行后发生争议，难以确定尚未履行的部分商品的价款。

4. 合同中应明确规定双方应承担的义务、违约的责任，明确违约金和赔偿金的数额或计算方法，避免以后发生争议引起的经济损失。

5. 公司应让法律专业人员参与合同的签订，或委托公证、鉴证机关进行公证或鉴证。对重大项目的合同，公司应聘请律师进行咨询解决或由公司常年法律顾问负责，预防合同纠纷。

第十条 合同资料的妥善保存。

1. 下级合同归口管理部门应当定期对合同进行统计、归集，并编制合同报表，报上级合同归口管理部门，由上级对下级合同订立情况进行检查。

2. 根据法律规定及公司需要，审核通过后的合同文本应及时上报，经国家有关主管部门审查或备案。

3. 审核通过的合同报总经理审批后，应统一分类并进行连续编号，且由合同档案管理人员专人保管。

第四章 附 则

第十一条 本制度由公司法务部制定并负责解释。

第十二条 本制度报总经理审批通过后生效。

第十三条 本制度自____年__月__日起实施。

四、合同登记管理

（一）合同登记环节的主要风险点及内控要求

合同登记环节的主要风险是：合同档案不全、合同泄密、合同滥用等。

合同管理部门应当加强合同登记管理；充分利用信息化手段，定期对合同进行统计、分类和归档；详细登记合同的订立、履行和变更等情况，实行合同的全过程封闭管理。

同时，规范合同管理人员职责，明确合同流转、借阅和归还的职责权限和审批程序等规定，要严格保护国家或商业秘密。

（二）合同管理台账

请参阅以下相关文案。

 文案范本

合同管理台账

序 号	合同编号	合同性质	合同名称	签订日期	合同期限	合同标的	合同金额	合同对方	对方联系人	联系电话
1										
2										
3										
4										
5										

**文案范本**

合同登记流程

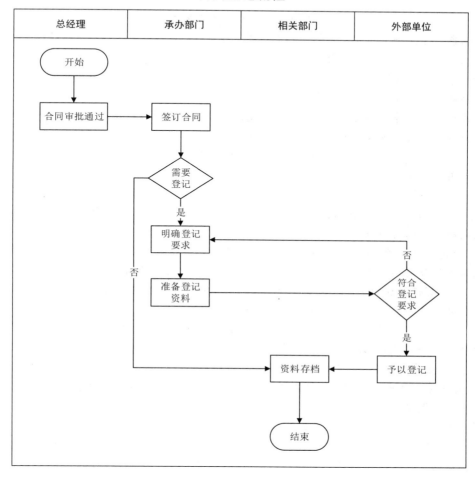

总经理	承办部门	相关部门	外部单位

开始

合同审批通过 → 签订合同

需要登记

是

明确登记要求

否

准备登记资料

符合登记要求

否

是

予以登记

资料存档

结束

五、合同档案管理

请参阅以下相关文案。

**文案范本**

合同档案管理规定

第一章 总 则

第一条 目的。

1. 为加强合同文档的管理工作，提高档案管理水平，逐步实现公司合同管理工作的规范化、制度化、科学化，特制定本规定。

2. 为文档使用过程中便于对文档进行移交、保留、发放和借阅，特制定本规定。

第二条 适用范围。

1. 本规定主要是用来规范合同档案的接收、保管、使用流程。

2. 本规定所指的合同档案是公司在业务经营中形成的以工程、销售项目为中心的资料总和。

第二章 合同档案管理的原则

第三条 合同档案的管理实行信息化管理，由公司合同管理主管部门集中统一管理，以确保档案的完整、安全和有效利用。

第四条 合同管理主管部门负责统筹、协调、组织、整理、保管公司所有合同文档，并负责监督指导各业务分公司、各部门的合同管理工作。

第五条 各业务分公司、各部门应分别建立健全合同文档的形成、积累、整理、归档工作体系，并确定一名网络人员负责合同文档管理。

第三章 合同档案管理的分类和归档

第六条 合同档案管理的分类。

1. 普通合同档案。合同标的在_____万元资金支出或_____万元资金收入以下的合同。

2. 重要合同档案。合同标的超出_____万元资金支出或_____万元资金收入以下的合同。

第七条 合同的归档。

1. 凡是有法律效用的文件材料，合同履行完毕后，合同主管部门经办人应向兼职管理员对自己审查的合同办理关闭手续并进行归档，实行合同全过程的闭环管理。

2. 凡是有机密性的文件，由专职合同管理员审核合同，应由兼职合同管理员提交专职合同管理员办理关闭手续并进行归档，实行合同全过程的闭环管理。

3. 合同一般性附件、合同签收记录、履行情况记录等在合同履行完毕后一个月内归档，并将上年度的合同报表上报法律事务部。

4. 合同主管部门及法律部门均应按照《_____公司合同管理办法》要求建立管理台账。

5. 对于重大合同的签订，合同主管部门应按照《_____公司合同实施管理实施细则》报公司主管部门按规定程序办理。

第八条 合同档案归档的主要工具。

1. "合同存档登记台账"：用于各单位登录所接收的文档，作为文档立卷的记录，是核查案卷管理情况的汇总凭据和索引。

2. "合同文档使用登记台账"：作为文档借阅、复印、发送、移交等使用过程的记录，是原始凭证。

3. "合同文档清单"：主要用来对成套文档或种类、页数较多的文档进行详细列明。

4. "合同文档管理评审表"：作为文档管理的监督工具，是管理评审工作的原始凭证，也是考核文档管理工作的依据。

第四章 合同档案管理的过程管理

第九条 合同档案的存档管理。

1. 合同档案管理员获得新文档后，应及时登记"合同文档存档登记台账"，确定合同编号、规范管理，分年度整理归档，显著标明合同的简要内容，并逐个建立档案，与合同有关的是文书要附在合同卷内归档，履行完毕后，按档案保管期限保管。

2. 合同档案管理员可根据档案的重要程度，建立不同的"合同文档存档登记台账"。

3. 合同档案密级按"绝密""机密"和"秘密"三种进行，合同档案管理单位只能提升送交单位预定的密级。

4. 合同档案的复印发送、原件转移需要核定使用单位是否有权保留；原件借阅和复印借阅两种形式都要求到期归还；复印借阅的文档归还后，可由文档管理单位视情况销毁或保留复印件。

5. 合同保密文档应加盖密级印章，可起到保密提示作用。

6. 合同档案管理员应及时清理合同文档产生和使用过程中，产生的一些中间文档或暂时性文档。

7. 合同文档的保存条件要采取防火、防潮、防有害生物等措施，以确保合同文档的安全。

8. 合同管理组要加强对合同档案的统计工作，要以原始记录为依据，编制合同统计清单。

第十条　合同档案的移交和查阅。

1. 各分公司在正式签署合同后需将合同正本原件移交合同管理组。

2. 合同关闭后各分公司应由指定的网络管理员将全套合同资料向合同管理组移交。

3. 合同项目终止后各分公司需将该项目的所有技术资料汇总成册，经分公司业务经理鉴定，具有长久保存价值的技术资料向合同管理组移交。

4. 移交的合同文档必须注明合同编号并保证齐全、完整，必须层次分明，符合其形成规律。

5. 合同文档移交时，必须编制档案移交清册并当面清点，以双方签字认可后方为完成交接手续。

6. 各分公司、各部门员工可在合同管理组查阅合同文档，确实因工作需要需借出查阅，需经分公司、部门主管领导签字同意后，方可在合同管理组办理相关借阅手续，以影印件借出。合同原件无特殊情况不得外借。

第十一条　合同档案管理违规管理的惩罚办法。

1. 保存的合同文档每半年清理核对一次，如有遗失、损毁，要查明原因，及时处理，并追究相关人员责任。

2. 借阅人不得涂改、伪造、撕毁合同档案材料，违者视情节予以处罚。

3. 合同文档的密级为机密，任何人不得擅自将合同对外公开，违者视情节予以处罚。

第五章　附　则

第十二条　本规定由公司行政部会同法务部制定并负责解释。

第十三条　本规定自＿＿＿年＿月＿日起实施。

第十四条　相关文件表单。

1. "合同文档存档登记台账"和"合同文档使用登记台账"。

2. "合同文档清单"和"合同文档管理评审表"。

六、合同保密制度

请参阅以下相关文案。

合同保密制度

第一条　为保守公司合同的秘密，维护公司的利益，特制定本制度。

第二条　本制度适用于本公司全体员工，公司所有人员都有保守公司秘密的义务。

第三条　密级确定。

公司合同秘密的密级分为 "绝密""机密"和"秘密"三级，属于公司秘密合同及相关文件、资料，应当在文件的右上角标明密级。

1. "绝密"合同是指此类合同文件资料的泄密会使公司的利益受到特别严重的损害，直接影响公司权益的重要决策文件及资料，包括但不限于总经理与有关人员商议的战略、经营、人事等重要的合同文档信息，此项密级由总经理确定。

2. "机密"合同是指此类合同文件资料的泄密会使公司受到严重的损害，主要是指公司在履行规划、投资论证报告、财务报表、统计资料、审计报告、重要会议记录、公司经营情况时签订合同的相关文件资料。

3. "秘密"合同是指此类合同文件资料的泄露会使公司的利益受到损害，主要指公司正式文件、文书档案、经济往来文书、人事档案、合同协议、协议职员工资性收入、尚未进入市场或未公开的各类信息。

第四条 各类密级合同保存期限。

1. 保密等级的划分由拟定文件或报告的部门负责人或分管领导确定，经总经理批准后，由部门负责人组织实施。

2. 对公司所产生的合同事项应当及时确定密级，最迟不得超过 10 个工作日。

3. "绝密"级文件的保密期限为永久，"机密"级文件的保密期限为 10 年，"秘密"级文件的保密期限为 3 年。

第五条 各类密级合同的保密措施。

1. "绝密"合同相关文件资料的制作、收发、传递、使用、复制、摘抄、保存和销毁，应由总经理委托专人执行。

2. "机密"合同相关文件资料，未经过总经理批准，不得复制或摘抄；收发、传递和外出携带"机密"相关文件资料应由指定人员担任，并在设备完善的保险装置中保存。

3. "秘密"合同相关文件资料，在对外交往与合作中需要提供时，应当事先经总经理批准。

4. "秘密"合同相关文件资料，应选择具有保密条件的场所，根据需要，限定参加人员范围，对参加涉及密级事项的人员予以指定，并确定其内容是否传达及传达范围。

第六条 解除和降低密级。

1. 解密和降低密级由合同文档管理人员提供清单，报总经理批准后执行。

2. 解密和降低密级操作应由总经理委托专人监管，合同文档管理人员具体实施。

3. 合同文档解密后一律当场销毁。

4. 销毁程序为：总经理委托专人按清单一一核对正确无误后，用碎纸机或燃烧的方式进行销毁。

第七条 责任与奖惩。

1. 给予当事人辞退并追究其法律责任或酌情赔偿经济损失的处分。

（1）利用职权强制他人违反保密规定的。

（2）故意或过失泄露公司秘密，给公司造成严重后果或重大经济损失的。

（3）违反本保密制度规定，为他人窃取、刺探、收买或违章提供公司秘密的。

2. 给予当事人警告的处分。

（1）已泄露公司秘密但已采取补救措施的。

（2）违反保密措施中规定的内容，泄露公司秘密，尚未给公司造成严重后果或经济损失的。

3. 其他情况的处理。

（1）不遵守保密制度，泄露秘密，尚未造成不良影响或损失的，给予通报批评及以上处罚。

（2）不遵守保密制度，泄露公司秘密，造成不良影响或损失的，或泄露公司"机密"级别以上信息资料，即使未造成不良影响或损失的，给予降职降薪及以上处罚。

（3）不遵守保密制度，泄露公司秘密，造成严重影响和损失的，或泄露公司"绝密"级别以上信息资料，即使未造成不良影响或损失的，应给予解除劳动合同及以上处罚。

（4）出卖公司秘密的或利用公司秘密为己谋利的，除赔偿公司经济损失外，还要交司法部门处理。

第八条 本制度由行政部负责制定、解释和修改。

第九条 本制度报总经理审批通过后生效。

第十条 本制度自____年__月__日起实施。

七、合同印章管理

请参阅以下相关文案。

合同印章管理办法

第一条 为了规范公司合同印章的使用和管理，防范公司在合同管理中的风险，维护公司的合法权益，根据公司有关规定，制定本办法。

第二条 本办法所称的合同印章是指公司对外订立、变更、解除合同时所使用的合同专用章。

第三条 公司总经理办公室设立印章保管员，专门负责合同印章的保管。

第四条 印章保管员对合同印章管理负有以下职责：

1. 妥善保管合同印章；

2. 严格按照公司规定使用合同印章；

3. 建立合同印章使用登记簿，严格登记印章的使用情况。

第五条 印章保管员管理合同印章时，应注意以下事项：

1. 合同印章应保存在带锁的文件橱中或保险柜里；

2. 不得在空白合同书上加盖合同印章；

3. 不得将合同印章遗失、毁损或擅自交与他人；

4. 不得擅自将合同印章带出公司办公区域使用。

第六条 各部门使用合同印章时，必须严格履行登记手续，填写"用印申请表"，注明用印时间、事由、合同数量、经办人、代理人、批准人。

第七条 合同承办部门向印章保管员申请使用合同印章时，须提交以下文件：

1. 经主管副总及以上领导签字的"用印申请表"，或"合同会签单"；

2. 经总经理或其授权代理人批准并签署的正式合同文本；

3. 合同由授权代理人签署的，需同时提供有效的授权委托书。

第八条 印章保管员应严格审核上述文件，确保用印手续齐全、程序合规后方可用章，盖章时要加盖骑缝。

第九条 所有人员必须严格按照公司规定使用合同印章，对不符合用印手续的合同，印章保管员有权拒绝办理。

第十条 合同印章发生遗失、损毁、被盗等情况时，印章保管员应立即向总经办主任或总经理报告，并及时采取补救措施，依法公告作废。

第十一条 凡违反本办法规定，给公司造成经济损失的，企业有权给予处分，并要求责任人员赔偿造成的损失，情节严重构成犯罪的，移交司法机关处理。

第十二条 本办法由总经办制定、修订，最终解释权归总经办所有。

第十三条 本办法自公布之日起实施。

附件：合同印章使用登记簿，如下表所示。

合同印章使用登记簿

用印日期	合同名称	合同编号	份数	申请部门	经办人	保管人	备注

合同印章使用控制流程

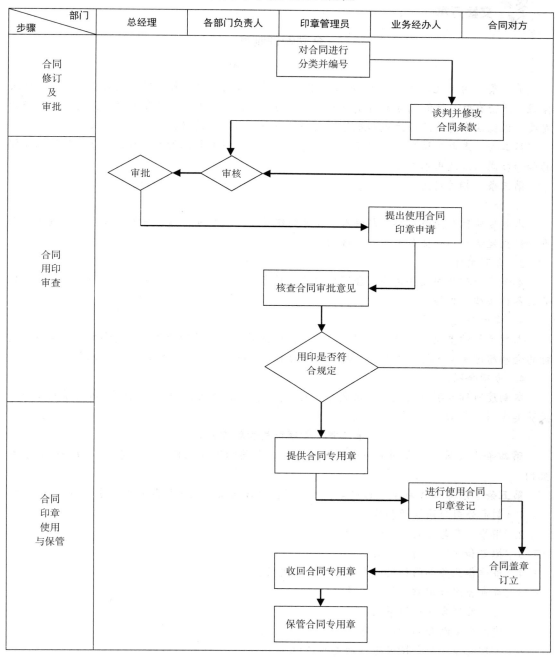

步骤＼部门	总经理	各部门负责人	印章管理员	业务经办人	合同对方
合同修订及审批			对合同进行分类并编号	谈判并修改合同条款	
合同用印审查	审批	审核	提出使用合同印章申请　核查合同审批意见　用印是否符合规定		
合同印章使用与保管			提供合同专用章　收回合同专用章　保管合同专用章	进行使用合同印章登记	合同盖章订立

八、合同管理综合制度

请参阅以下相关文案。

 **文案范本**

合同管理制度

第一章　总　则

第一条　为了规范××公司（以下简称"公司"）合同管理工作，确保公司签订的合同合法合规、严密有效，降低或避免因合同风险带来的经济损失，维护公司合法权益，促进生产经营发展，根据国家有关法律法规和规范性文件，结合公司实际情况，特制定本制度。

第二条　本制度适用于公司及各子公司发生经济活动时订立的所有合同。公司与员工签订的劳动合同，不适用本制度。

第三条　相关定义。

1. 合同。

本制度所称合同是指公司与法人、其他组织及自然人之间，作为平等法律主体为设立、变更、终止经济权利和义务关系而达成的协议。

2. 合同文件。

本制度所称合同文件是指与合同的订立、补充、履行、变更和解除，以及合同纠纷处理相关的各种法律性文件。

3. 重大合同。

本制度所称重大合同是指法律关系复杂，对公司的生产经营活动有重要影响，或合同年度标的金额超过××万元（含本数）或单笔标的金额超过××万元（含本数）的合同。

4. 专项合同。

本制度所称专项合同包括关联交易合同、资产重组类合同、对外担保合同、银行借款合同、投资类合同、无形资产转让类合同。

第二章　管理机构和职责分工

第四条　公司实施合同分级管理。法务部为合同的管理机构，各业务部门为合同的承办机构。

第五条　法务部作为合同的归口管理部门，对合同实施统一规范管理，主要有以下职责。

1. 制定公司合同管理制度。

2. 指导、参与重大合同的谈判。

3. 拟定和管理合同标准文本。

4. 审核各业务部门拟定的合同文本及相关条款。

5. 负责合同专用章的管理工作。

6. 负责处理合同纠纷事宜。

7. 建立和更新合同管理台账。

8. 定期对合同履行情况进行检查和评价。

第六条　各业务部门在本部门职能范围内承办相关合同，主要有以下职责。

1. 对合同对方实施资信调查，确保合同对方具备履约能力。

2. 与合同对方进行谈判，确定合同的主要内容及项目。

3. 按公司规定的权限与对方订立合同。

4. 跟踪和监督合同履行情况，对合同履行实施有效监控。

5. 报告合同履行过程中发生的补充、变更、解除等情况，并根据审批意见及时处理。

6. 报告合同履行过程中发生的纠纷，提供相关证据材料，并协助法务部处理合同纠纷。

第七条　财务部在合同管理中主要有以下职责。

1. 审核合同文本中的相关财务条款。

2. 按照合同约定及时办理相关结算业务。

3. 对合同订立、履行、补充、变更、解除等环节实施会计监督。

第八条　公司合同管理实行承办人责任制，各承办部门应指定专门的承办人负责办理合同全过程的各项业务。

第九条　子公司订立的合同应由子公司负责保管原件，合同条款涉及母公司权利和义务的，子公司应向母公司提交合同副本，以便母公司存档。

第三章　合同调查、审核与订立

第十条　在合同订立前，合同承办部门的承办人应对合同对方的主体资格、资信状况、履约能力、经营状况、市场需求、产品、服务质量、价格等背景资料进行了解和调查，准确评估对方当事人的履约能力。

第十一条　实施合同调查，应重点关注以下几项内容。

1. 审查被调查对象的身份证件、法人登记证书、资质证明、授权委托书等证明原件。

2. 取得调查对象经审计的财务报告、以往交易记录等财务和非财务信息，评估其财务风险和信用状况。

3. 进行现场调查，实地了解和全面评估合同对方的生产能力、技术水平、产品和质量等生产经营情况。

4. 与合同对方的主要供应商、客户、开户银行、主管税务机关等部门沟通，了解其信誉情况。

5. 建立并及时更新合同对方的商业信用档案，以便在合同履行过程中持续关注其资信变化。

第十二条　合同承办部门初步确定合同对象后，应在授权范围内与对方进行合同谈判，按照自愿、公平原则，明确双方的权利和义务及违约责任。

第十三条　重大合同、专项合同的谈判还应组织法律、技术、财务等专业人员参与谈判，必要时可聘请外部专家参与相关工作。

第十四条　合同承办部门根据合同协商、谈判结果拟订合同文本，确保合同语言严谨、简练、准确，条款齐全，权利和义务清楚。

第十五条　凡国家或本公司有标准文本或示范文本的，应当优先适用，并应按照标准文本或示范文本的要求填写。

第十六条　拟订的合同文本应送交法务部审核、总经理审批后方可形成正式合同。

第十七条　重大合同、专项合同的审核应组织法律、技术、财务等部门进行会审，并送交董事会审议通过后方可订立正式合同。合同会审具体规定详见公司合同会审管理制度。

第十八条　公司各业务部门不得以自己的名义对外签订合同。

第四章　合同履行

第十九条　公司应当遵循诚实信用原则严格履行合同，对合同履行实施有效监控，强化对合同履行情况及效果的检查、分析和验收，确保合同全面、有效履行。

第二十条　合同生效后，与合同对方未约定质量、价款或履行地点等内容或约定不明确的，合同承办部门应及时补充协议；不能与合同对方达成补充协议的，按照国家相关法律法规或合同有关条款确定。

第二十一条 合同履行涉及公司多个部门，合同承办部门应当就合同协作事宜与有关部门进行及时、准确沟通，有关部门应予以积极配合。

第二十二条 合同订立后，发生合同不能履行或不能完全履行等情形，承办人应当及时向所在部门负责人、法务部负责人和主管副总报告，采取补救措施，减少损失，并于××个工作日内通知对方。

第二十三条 合同的履行不受承办人变动的影响，承办人职位变动或离职时，应当办理合同交接手续。

第五章 合同变更与解除

第二十四条 在合同履行过程中，发现以下情形已经或可能导致公司利益严重受损的，应按规定的权限和程序办理变更或解除事宜。

1. 发现合同显失公平的。
2. 合同条款有误的。
3. 合同对方有欺诈行为的。
4. 相关政策发生重大调整的。
5. 市场发生重大变化的。

第二十五条 承办人应及时报告可能需要合同变更、解除的情形，并与合同对方协商一致，办理合同变更或解除事宜。

第二十六条 合同的变更、解除应采用书面形式，变更、解除的审批权限和程序，与合同订立的审批权限和程序相同。

第二十七条 合同承办部门在收到合同对方要求变更或解除合同的通知后，应及时提请所在部门负责人、法务部负责人处理。

第二十八条 办理合同的变更、解除，应关注以下事项。

1. 合同主体变更、解除，应征得合同各方同意。
2. 合同内容涉及担保条款的，应征求原担保单位的同意并在变更协议上加盖担保单位的印章。
3. 经登记、批准、鉴证、见证、公证的合同，变更协议应重新登记、批准、鉴证、见证、公证。
4. 合同中订有保密条款或附有保密协议的，合同解除后，其效力并不受影响。
5. 涉及双方当事人的变更或合同内容的变更，应同时变更保密条款或保密协议。

第二十九条 变更、解除合同的协议在正式达成之前，合同承办部门应根据实际情况，采取继续履行、补救或中止履行等措施。

第三十条 对于合同履行过程中发生的纠纷，应按照合同约定的方式及时处理，需采用诉讼或仲裁方式解决的，应转至法务部处理。

第六章 附　　则

第三十一条 合同管理人员按照公司档案管理有关规定负责合同的保管和外借事宜。
第三十二条 劳动劳务关系合同管理制度由公司人力资源部另行制定。
第三十三条 本制度自公司董事会审议通过之日起实施，修订时亦同。

第二节　合同管理流程

一、合同管理综合流程

合同管理从大的方面可以划分为合同订立阶段和合同履行阶段。合同订立阶段包括合同调查、合同谈判、合同文本拟定、合同审批、合同签署等环节；合同履行阶段涉及合同履行、合同变更、合同解除、合同结算、合同登记等环节。

合同管理如图 16-1 所示，合同管理流程图如图 16-2 所示。

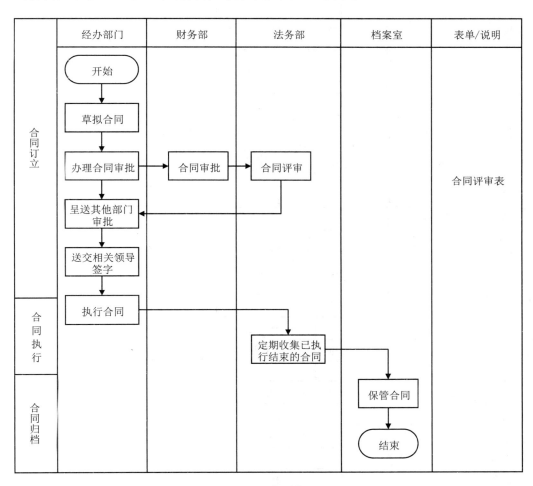

图 16-1　合同管理

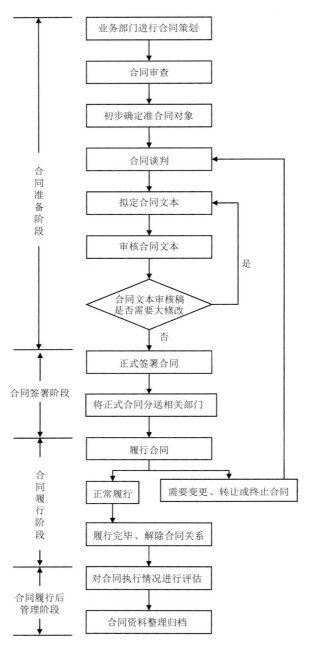

图 16-2　合同管理流程

文案范本

合同管理流程

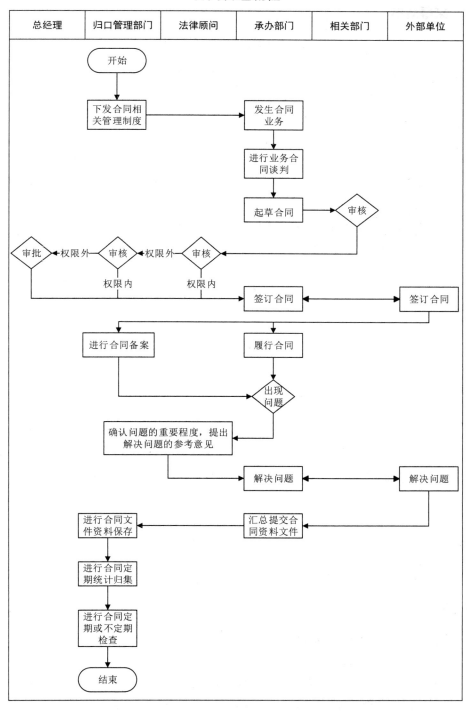

二、合同对象选择

请参阅以下相关文案。

合同对象选择控制流程

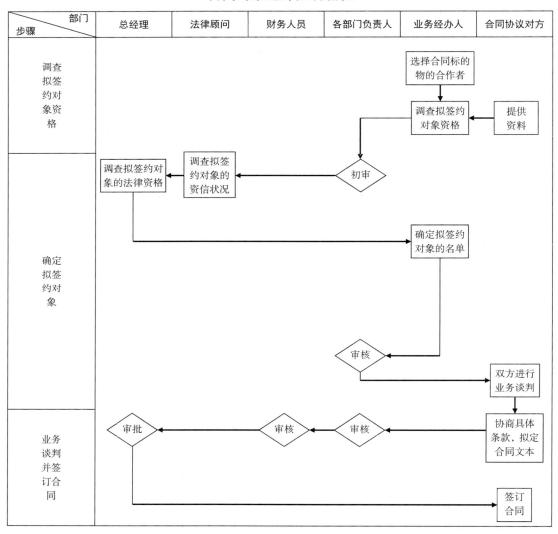

三、合同调查

（一）合同调查应关注的风险

1. 忽视对方主体资格审查

忽视被调查对象的主体资格审查，与不具有相应民事行为能力和民事权利能力，或不具备应有特定资质，或不具备代理权，或越权代理的主体签订合同，导致合同无效，或引发潜在合同风险。

2．错误判断对方信用状况

合同签订前错误判断被调查对象的信用状况，或在合同履行过程中没有持续关注对方的资信变化，致使企业蒙受损失。

3．错误估计对方履约能力

没有认真调查错误评价合同对方的履约能力，将不具备履约能力的对方确认为有能力，或将有能力的对方排除在合同之外，最终导致合同无法执行，影响企业经营目标无法实现。

（二）合同调查环节的关键控制要点

（1）审查被调查对象的身份证件、法人登记证书、资质证明、授权委托书等证明原件，必要时，可通过发证机关查询证书的真实性和合法性，关注授权代理人的行为是否在其被授权范围内，在充分收集相关证据的基础上评价主体资格是否恰当。

（2）获取调查对象经审计的财务报告、以往交易记录等财务和非财务信息，分析其获利能力、偿债能力和营运能力，评估其财务风险和信用状况，并在合同履行过程中持续关注其资信变化，建立和及时更新合同对方的商业信用档案。

（3）对被调查对象进行现场调查，实地了解和全面评估其生产能力、技术水平、产品类别和质量等生产经营情况，分析其合同履约能力。

（4）与被调查对象的主要供应商、客户、开户银行、主管税务机关和工商管理部门等沟通，了解其生产经营、商业信誉、履约能力等情况。

四、合同谈判

（一）合同谈判潜在的主要风险

（1）谈判时疏忽大意，忽略了合同中的重大问题，或在重大问题上做出不恰当让步。

（2）谈判经验不足，缺乏技术、法律和财务知识的支撑，导致谈判被动、出现不利条款。

（3）谈判未注意保密，泄露本企业谈判策略，导致企业在谈判中处于不利地位。

（二）合同谈判环节的关键控制要点

（1）收集谈判对手资料，充分熟悉谈判对手情况，做到知己知彼；研究国家相关法律法规、行业监管、产业政策、同类产品或服务价格等与谈判内容相关的信息，正确制定本企业谈判策略。

（2）关注合同核心内容、条款和关键细节，具体包括合同标的的数量、质量或技术标准，合同价格的确定方式与支付方式，履约期限和方式，违约责任和争议的解决方法、合同变更或解除条件等。

（3）对于影响重大、涉及较高专业技术或法律关系复杂的合同，组织法律、技术、财会等专业人员参与谈判，充分发挥团队智慧，及时总结谈判过程中的得失，研究确定下一步谈判策略。

（4）必要时可聘请外部专家参与相关工作，并充分了解外部专家的专业资质、胜任能力和职业道德情况。

（5）加强保密工作，严格责任追究制度。

（6）对谈判过程中的重要事项和参与谈判人员的主要意见，予以记录并妥善保存，作为避免合同舞弊的重要手段和责任追究的依据。

文案范本

合同谈判流程

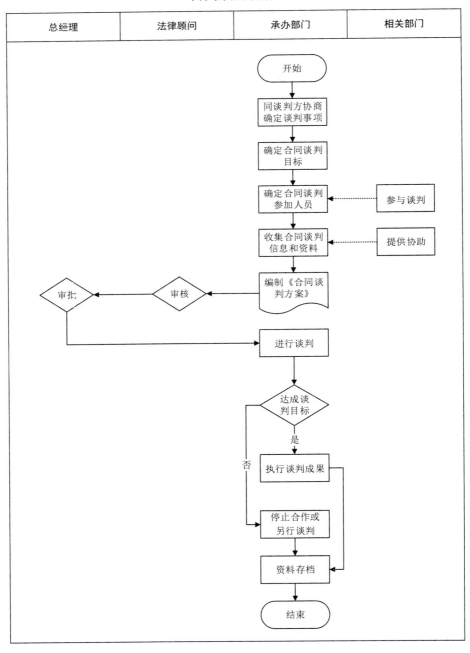

文案范本

谈判记录表

记录人：　　　　　　　　　　　　　日期：　　年　月　日

供货方		供货时间	
谈判时间		谈判地点	
采购产品名称		数量	
产品规格和型号		目标价格	
技术要求			
质量要求			
谈判内容描述			
谈判主要争议点			
谈判结果			
谈判参与人员		签字： 　　　　　日期　年　月　日	
主管领导审批意见		签字： 　　　　　日期　年　月　日	

五、合同文本拟订

（一）合同文本拟订的风险

1．合同形式不恰当

选择不恰当的合同形式，合同与国家法律法规、行业产业政策、企业总体战略目标或特定业务经营目标发生冲突，可能导致企业损失。

2．合同内容不完善

合同内容和条款不完整，表述不严谨、不准确，或存在重大疏漏和欺诈，可能导致企业合法利益受损。

3．合同含有欺诈

通过操作合同金额故意拆分合同、规避合同管理规定，应报经国家有关主管部门审查或备案的未履行相应程序，利用合同搞欺诈，可能导致合同纠纷。

（二）合同文本拟定环节的关键控制要点

（1）企业对外发生经济行为，除即时结清方式外，应当订立书面合同。

（2）严格审核合同需求与国家法律法规、产业政策、企业战略目标的关系，保证其协调一致；考察合同是否以生产经营计划、项目立项书等为依据，确保完成具体业务经营目标。

（3）合同文本一般由业务承办部门起草，法律部门审核；重大合同或法律关系复杂的特殊合同应当由法律部门参与起草。国家或行业有合同示范文本的，可以优先选用，但对涉及权利义务关系的条款应当进行认真审查，并根据实际情况进行适当修改。

（4）通过统一归口管理和授权审批制度，严格合同管理，防止通过化整为零等方式故意规

避招标的做法和越权行为。

（5）由签约对方起草的合同，企业应当认真审查，确保合同内容准确反映企业诉求和谈判达成的一致意见，特别留意"其他约定事项"等需要补充填写的栏目，如不存在其他约定事项时注明"此处空白"或"无其他约定"，防止合同后续被篡改。

（6）合同文本须报经国家有关主管部门审查或备案的，应当履行相应程序。

六、合同审核、审批

（一）合同审核环节的主要风险

合同审核人员因专业素质或工作态度等原因，未能发现合同文本中的不当内容和条款；审核人员虽然通过审核发现问题但未提出恰当的修订意见；合同起草人员没有根据审核人员的改进意见修改合同，导致合同中的不当内容和条款未被纠正。

（二）合同审核环节的关键控制要点

（1）审核人员应当对合同文本的合法性、经济性、可行性和严密性进行重点审核，关注合同的主体、内容和形式是否合法，合同内容是否符合企业的经济利益，对方当事人是否具有履约能力，合同权利和义务、违约责任和争议解决条款是否明确等。

（2）建立会审制度，对影响重大或法律关系复杂的合同文本，组织财会部门、内部审计部、法律部、业务关联的相关部门进行审核，内部相关部门应当认真履行职责。

（3）慎重对待审核意见，认真分析研究，慎重对待，对审核意见准确无误地加以记录，必要时对合同条款作出修改并再次提交审核。

文案范本

合同、协议授权审批制度

第一章　总　　则

第一条　为明确企业合同、协议审批权限，规范企业合同、协议订立行为，加强对合同、协议使用的监督，防范和降低因合同、协议的签订而给企业带来的风险，特制定本制度。

第二条　规范企业合同、协议的拟定、审批及签章工作，以符合《中华人民共和国公司法》和《中华人民共和国合同法》等法律法规及规范性文件的有关规定，确保合同、协议的顺利履行，维护企业的合法权益。

第二章　适用范围

第三条　本制度所称合同、协议指企业与自然人、法人及其他组织设立、变更、终止民事权利义务的合同或协议。

第四条　本制度适用于企业所有书面合同、协议的审批，包括冠以合同、合约、协议、契约、意向书等名称的规范性文件的审批。

第五条　本制度中所称部门指代表企业洽谈、签订合同、协议的各业务、职能部门。

第六条　本制度中所称业务经办人是合同、协议谈判、签订及履行的第一责任人，并有责任保证合同、协议最终文本与经各级审批后的合同文本在条款内容上的一致性。

第三章　授权审批职责

第七条　合同、协议分类。

1. 一般性合同、协议：标的资金支出在____万元以下或资金收入在____万元以下的合同、协议。

2. 重大合同、协议：标的超出＿＿＿万元资金支出或＿＿＿万元资金收入的合同、协议。

第八条　企业对外签订合同、协议均由董事长授权总经理代表企业行使职权。

第九条　总经理职责。

1. 总经理审批企业所有格式合同和各部门的合同、协议文本。

2. 总经理负责企业对外重大合同、协议的签章，审核超出各部门负责人审核权限的合同、协议。

3. 总经理授权业务经办人员代表企业签订合同、协议。

第十条　法务部经理审核企业格式合同、协议和各部门合同、协议文本。

第十一条　各部门负责人职责。

1. 负责草拟与本部门业务相关的合同、协议文本。

2. 协助法律顾问拟定企业主营业务格式合同、协议。

3. 初步审核业务经办人员与合同对方商定的合同具体条款。

第十二条　法律顾问职责。

1. 草拟企业主营业务格式合同、协议或企业重大、特殊合同、协议。

2. 监督、指导各部门起草及修订合同、协议文本。

第四章　授权审批流程

第十三条　原则上，在业务谈判、双方达成一致意见后，各部门应尽可能使用企业制定的格式合同、协议或部门合同、协议文本。

第十四条　法律顾问草拟的格式合同、协议应经法务部经理、总经理审核批准后形成正式的书面合同、协议，变更程序亦同。

第十五条　各部门草拟的合同、协议文本应经法律顾问审查、法务部经理审核、总经理审批后形成正式的书面合同、协议，变更程序亦同。

第十六条　业务经办人员与合同、协议对方拟定的一般性合同、协议须经所属部门负责人初审、法律顾问审查后形成正式的合同、协议，变更程序亦同。

第十七条　业务经办人员与合同、协议对方拟定的重大合同、协议须经所属部门负责人初审、法律顾问审查、法务部经理审核、总经理审批后形式正式的合同、协议，变更程序亦同。

第五章　附　　则

第十八条　本制度由企业法务部制定并负责解释。

第十九条　本制度报总经理办公室审议批准后生效。

第二十条　本制度自＿＿＿年＿＿月＿＿日起实施。

　文案范本

合同协议编制会审制度

第一章　总　　则

第一条　目的。

1. 确保合同协议行为符合国家法律法规，避免公司遭受外部处罚、经济损失和信誉损失，特对合同协议编制前的资格审查、内容谈判和文本拟定进行规范。

2. 防范和控制合同协议可能的风险，规范公司合同协议的编制行为，加强合同协议编制的监督。

第二条 适用范围。

1. 本制度适用于公司各类合同格式和部门合同协议的编制。

2. 本制度适用于公司各类格式合同协议、部门合同协议文本的制定，以及对业务经办人员与合同协议对方拟定的合同协议的会审。

第三条 本制度所称会审指合同协议在拟稿以后，正式生效之前，由合同协议关键条款涉及的其他专业部门（如技术、财务、审计等相关部门）会同公司法务部对合同协议文本进行审核。

第二章 合同协议的编制

第四条 选择合同协议对方。

公司应对合同标的物的生产商、价格及变化趋势、质量、供货期和市场分布等方面进行综合分析论证，掌握市场情况，合理选择合同协议对方。

第五条 合同协议编制前的资格审查。

1. 公司应当对拟签约对象的民事主体资格、注册资本、资金运营、技术和质量指标保证能力、市场信誉、产品质量等方面进行资格审查。

2. 对于重大合同协议或法律关系复杂的合同协议，公司应当指定法律、技术、财会、审计等专业人员参加谈判，必要时可以聘请外部专家参与。对于谈判过程中的重要事项应当予以记录。

3. 对于合同协议方，公司应确定其是否具有合同协议的履约能力和独立承担民事责任的能力，并查证对方签约人的合法身份和法律资格。

第六条 明确合同协议内容。

1. 合同协议编制内容至少应该包含以下条款：合同编号、日期、合同内容、合同范围、双方的权利和义务、协议期限、支付数额、支付方式、违约责任和不可抗力条款等。

2. 合同内容和合同范围条款应明确，避免范围界定不明给公司造成经济损失。

3. 双方的权利和义务条款要特别注明，避免给公司造成经济损失。

4. 协议期限、支付数额和支付方式条款要详细具体地说明，确保合同的有效履行。

5. 对于违约责任条款，第一不要遗漏，第二要全面，第三幅度可以高，但不要太高，因为太高会导致条款无效，失去约束力。

6. 不可抗力条款尽量列举其具体范围、证明条件和通知期限。

第七条 确定合同协议的形式。

1. 在磋商过程中，电子邮件、传真或口头等方式协商的合同协议，最后应以签订正式合同确认书为准。

2. 为避免合同协议风险，即使通过传真、信件、电报、电子邮件或书面方式协商一致的，最后也应集中归纳到一份纸面合同上，规避电子证据（电子邮件、电子数据、传真）的缺陷。

第八条 合同协议的编制要求。

1. 合同协议文本原则上由承办部门起草。

2. 重大合同协议或特殊合同协议应当由公司的法律部门参与起草，必要时可聘请外部专家参与起草。

3. 对于由对方起草的合同协议，公司应指定专人进行认真审查，确保合同协议内容准确。

4. 国家或行业有示范合同协议文本的，公司可以优先选用，但在选用时，对涉及权利义务关系的条款应当进行认真审查，并根据公司的实际需要进行修改。

第九条 合同协议编制的程序。

1. 各部门负责人根据部门合同文本的业务范围，起草部门业务合同文本，并递交法律顾问进行审核。

2. 法律顾问对各部门递交的业务合同文本进行审核，并出具书面意见。

3. 各部门负责人根据法律顾问出具的书面意见，修改合同文本，并递交给上级主管进行审核、审批。

4. 各部门负责人将重新修改后的合同文本递交给法律顾问、法务部经理、总经理审核、审批后，根据审核、审批的意见编制正式的合同文本。

第三章　合同协议的会审

第十条　合同协议拟定。

1. 法律顾问会同各部门起草公司格式合同协议、各部门拟定本部门合同协议文本以及业务经办人与合同协议对方拟定合同协议时，分别由法律顾问、各部门负责人及业务经办人负责合同协议在会审过程中的传递。

2. 合同协议拟定者须按公司规定在《合同会审单》上填写合同会审部门及人员名称。

3. 合同协议拟定者负责合同连同《合同会审单》在整个会审过程中的传递，直到合同协议盖上合同专用章后结束。

第十一条　合同会审主体及内容

1. 法务部主要负责对合同协议对方当事人身份和资格进行审查及对合同争议解决方式进行审核。

2. 技术部主要负责对合同标的物是否符合国家各项标准（产品质量、卫生防疫等）、公司技术标准等进行审查。

3. 财务部主要负责对合同对方资信情况、价款支付等的审查。

4. 法务部和财务部负责违约责任条款的审查，包括违约金的赔偿及经济损失的计算等。

第十二条　合同协议会审要点。

1. 合法性。包括合同协议的主体、内容和形式是否合法，合同协议订立程序是否符合规定，会审意见是否齐备，资金的来源、使用及结算方式是否合法以及资产动用的审批手续是否齐备等。

2. 经济性。主要指合同协议内容是否符合公司的经济利益。

3. 可行性。包括签约方是否具有资信及履约能力，是否具备签约资格，担保方式是否可靠以及担保资产权属是否明确等。

4. 严密性。包括合同协议条款及有关附件是否完整齐备，文字表述是否准确，附加条件是否适当合法，合同协议约定的权利义务是否明确以及数量、价款、金额等标示是否准确。

第十三条　参与合同协议会审的部门应根据会审职责安排人员按时参加会审工作。

第十四条　会审人员应对合同协议中相关内容认真仔细审查，发现疑问之处，应及时与合同协议拟定部门进行沟通。

第十五条　会审中发现合同协议中确有不妥之处的，应责成合同协议拟定部门修改或重拟，直至确认合同无误。

第十六条　各会审部门对合同的会审工作时间累计不得超过＿＿＿个工作日。

第十七条　根据法律规定及公司需要，会审通过后的合同协议文本应及时报经国家有关主管部门审查或备案。

第十八条　会审通过的合同协议报总经理审批后，应统一进行分类连续编号，并由合同档案管理人员专人保管。

第四章　附　则

第十九条　本制度由公司行政部制定并负责解释。

第二十条　本制度报总经理审批通过后生效。

第二十一条　本制度自＿＿年＿月＿日实施。

合同管理授权审批情况

企业应明确合同订立、履行各环节的授权审批权限，使相关部门和人员在其职责权限范围内行使相应的职权（见下表）。

合同管理授权审批情况

事　项	文件或文书名称	编制及审批机构			
		相关部门	合同承办部门	法务部	总经理
合同订立	合同管理制度			制定	审批
	合同资信调查表		填制	审核	
	合同会签审核制度	参与	参与	制定	审批
	合同文本		拟订	审核	审批
	合同专用章保管制度			制定	审批
合同履行	合同补充协议		拟订	审核	审批
	合同变更协议书		拟订	审核	审批
	合同解除协议书		拟订	审核	审批
纠纷处理	合同纠纷处理制度			制定	审批
	合同纠纷和解协议书			拟订	审批

合同审批意见表

填报部门		填报人	
合同名称		合同编号	
合同甲方		合同金额	
合同乙方		对方联系人及电话	
附件资料	共　份： □1. 企业法人营业执照复印件； □2. 法定代表人身份证明文件； □3. 对方单位资质证明复印件； □4. 授权委托书及代理人身份证复印件； □5. 其他：		

续表

对方单位资信状况	□优秀 □良好 □好 □一般			
对方单位技术工艺水平	□优秀 □良好 □好 □一般			
预付款特别注明				
合同内容介绍	经办人签字： 日期：			
经办部门负责人意见				
相关协作部门负责人意见				
财务部意见				
法务部意见				
总经理意见				

文案范本

合同草案审核表

合同编号：　　　　　　　　　　　　　　　　　　　　　日期：　年　月　日

合同类型	□ 标准合同　　　□ 重大合同　　　□ 其他类合同		
合同名称		送审日期	
合同承办人		联系电话	
合同背景			
需特别解决的法律风险			
主管部门意见	审核人： 日期：		
财务部门意见	审核人： 日期：		
法务部门或律师意见	审核人： 日期：		
董事长或总经理意见	审核人： 日期：		
审核附件材料	附件份数		
	报送人		

文案范本

合同审核流程

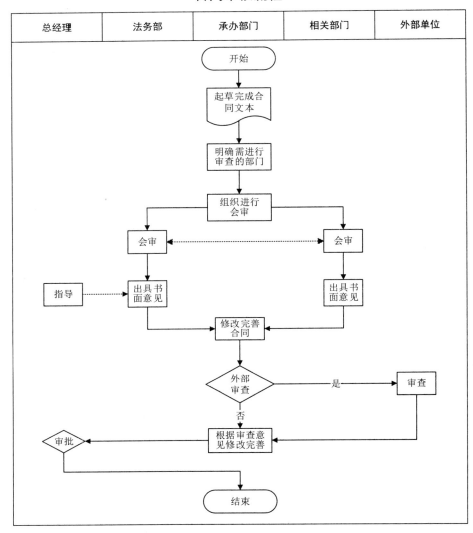

七、合同签署

合同签署环节的主要风险：超越权限签订合同，合同印章管理不当，签署后的合同被篡改，因手续不全导致合同无效等。

合同签署环节的关键控制要点：

（1）按照规定的权限和程序与对方当事人签署合同。对外正式对外订立的合同应当由企业法定代表人或由其授权人签名或加盖有关印章。授权签署合同的，应当签署授权委托书。

（2）严格合同专用章保管制度，合同经编号、审批及企业法定代表人或由其授权人签署后，方可加盖合同专用章。用印后保管人应当立即收回，并按要求妥善保管，以防止他人滥用。保管人应当记录合同专用章使用情况以备查，如果发生合同专用章遗失或被盗现象，应当立即报

告公司负责人并采取妥善措施，如向公安机关报案、登报声明作废等，以最大限度消除可能带来的负面影响。

（3）采取恰当措施，防止已签署的合同被篡改，如在合同各页码之间加盖骑缝章、使用防伪印记、使用不可编辑的电子文档格式等。

（4）按照国家有关法律、行政法规规定，需办理批准、登记等手续之后方可生效的合同，企业应当及时按规定办理相关手续。

 **文案范本**

合同订立权限分级授予制度

第一章 总 则

第一条 为明确公司合同订立中的各级权限，规范公司合同订立行为，加强对合同使用的监督，防范和降低因合同的签订给公司带来的风险，特制定本制度。

第二条 规范公司合同订立前的拟定、审批及合同订立后的签章工作，以符合《中华人民共和国公司法》和《中华人民共和国合同法》等法律法规及规范性文件有关规定，确保合同的顺利履行，维护公司的合法权益。

第二章 适用范围

第三条 本制度所称合同指公司与自然人、法人及其他组织设立、变更、终止民事权利义务的合同或协议。

第四条 本制度适用于公司所有的书面合同审批，包括冠以合同、合约、协议、契约、意向书等名称的规范性文件的审批。

第五条 本制度中所称部门指代表公司洽谈、签订合同协议的各业务、各职能部门。

第六条 本制度中所称业务经办人是合同谈判、签订及履行的第一责任人，并有责任保证合同最终文本与经各级审批后的合同文本在条款内容上的一致性。

第三章 合同订立前的授权审批

第七条 合同分类。

1. 一般性合同：合同标的在＿＿＿万元资金支出或＿＿＿万元资金收入以下的合同。

2. 重大合同：合同标的超出＿＿＿万元资金支出或＿＿＿万元资金收入的合同。

第八条 公司对外签订合同均由董事长授权总经理代表公司行使职权。

第九条 总经理职责。

1. 总经理审批公司所有格式合同和各部门的合同文本。

2. 总经理负责公司对外重大合同的签章，并审核超出各部门负责人审核权限的合同。

3. 总经理授权业务经办人员代表公司签订合同。

第十条 法务部经理审核公司格式合同和各部门合同文本。

第十一条 各部门负责人职责。

1. 负责草拟与本部门业务相关的合同文本。

2. 协助法律顾问拟定公司主营业务格式合同。

3. 初步审核业务经办人员与对方商定的合同具体条款。

第十二条 法律顾问职责。

1. 监督、指导各部门起草及修订合同文本。

2. 草拟公司主营业务格式合同或公司重大、特殊合同。

<h2>第四章　授权审批流程</h2>

第十三条　原则上，在业务谈判、双方达成一致意见后，各部门应尽可能使用公司制定的格式合同或部门合同文本。

第十四条　法律顾问草拟的格式合同应经法务部经理、总经理审核批准后形成正式书面合同，变更程序亦同。

第十五条　各部门草拟的合同文本应经法律顾问审查、法务部经理审核、总经理审批后形成正式书面合同，变更程序亦同。

第十六条　业务经办人员与合同对方拟定的一般性合同，需经所属部门负责人初审、法律顾问审查后正式订立合同，变更程序亦同。

第十七条　业务经办人员与合同对方拟定的重大合同，需经所属部门负责人初审、法律顾问审查、法务部经理审核、总经理审批后方能订立正式合同，变更程序亦同。

<h2>第五章　附　则</h2>

第十八条　本制度由公司法务部制定并负责解释。

第十九条　本制度报总经理审批通过后生效。

第二十条　本制度自____年__月__日实施。

文案范本

合同会签流转单

合同承办部门		承办人	
合同名称		合同编号	
		合同金额	
合同主要内容			

会签意见

1. 承办部门： 签字： 日期：	2. 技术部： 签字： 日期：	3. 财务部： 签字： 日期：
4. 法务部： 签字： 日期：	5. 主管副总： 签字： 日期：	6. 总经理： 签字： 日期：

注：合同草案形成时，由承办部门，承办人按会签流程送交相关会签部门，会签人签署意见，并根据会签意见汇总制定合同正式文本。

合同订立控制流程

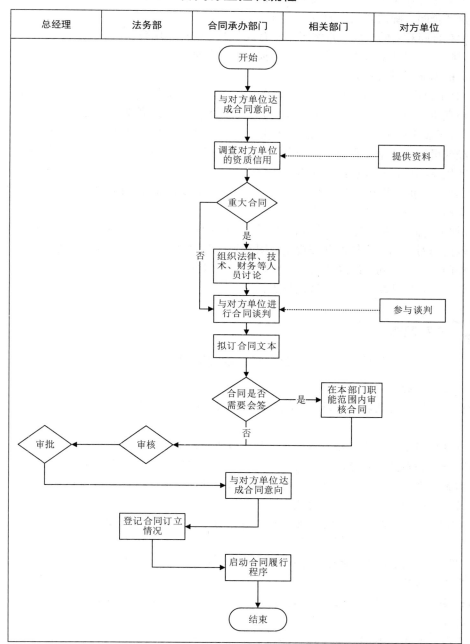

总经理	法务部	合同承办部门	相关部门	对方单位

八、合同履行

合同履行环节的主要风险：本企业或合同对方当事人没有恰当地履行合同中约定的义务；合同生效后，对合同条款未明确约定的事项没有及时协议补充，导致合同无法正常履行；在合同履行过程中，未能及时发现已经或可能导致企业利益受损情况，或未能采取有效措施；合同纠纷处理不当，导致企业遭受外部处罚、诉讼失败，损害企业利益、信誉和形象等。

合同履行环节的关键控制要点：

（1）强化对合同履行情况及效果的检查、分析和验收，全面适当执行本企业义务，敦促对方积极执行合同，确保合同全面有效履行。

（2）对合同对方的合同履行情况实施有效监控，一旦发现有违约可能或违约行为，应当及时提示风险，并立即采取相应措施将合同损失降到最低。

（3）根据需要及时补充、变更甚至解除合同。

1）对于合同没有约定或约定不明确的内容，通过双方协商一致对原有合同进行补充；无法达成补充协议的，按照国家相关法律法规、合同有关条款或者交易习惯确定。

2）对于显失公平、条款有误或存在欺诈行为的合同，以及因政策调整、市场变化等客观因素已经或可能导致企业利益受损的合同，按规定程序及时报告，并经双方协商一致，按照规定权限和程序办理合同变更或解除事宜。

3）对方当事人提出中止、转让、解除合同的，造成企业经济损失的，应向对方当事人书面提出索赔。

4）加强合同纠纷管理，在履行合同过程中发生纠纷的，应当依据国家相关法律法规，在规定时效内与对方当事人协商并按规定权限和程序及时报告。合同纠纷经协商一致的，双方应当签订书面协议；合同纠纷经协商无法解决的，根据合同约定选择仲裁或诉讼方式解决。企业内部授权处理合同纠纷，应当签署授权委托书。

 文案范本

合同履行验收制度

第一条 目的。

为监督合同的有效履行，避免或减少因违约或纠纷给公司带来的损失，特制定本制度。

第二条 适用范围。

本制度适用于公司所有合同协议在履行中出现的违约、无法履约和延迟履约等行为的处理。

第三条 公司应指定专人对合同履行情况进行实施追踪并及时向上级主管汇报。

第四条 合同到期时，应及时与对方办理相关清结手续，了结权利义务关系。

第五条 合同到期无法履行的处理。

1. 因合同显失公平、条款有误或对方有欺诈行为等情形的，合同归口管理部门应负责处理。

2. 因合同无法履行，对公司造成大的经济损失的，公司可以请求仲裁机构或法院对原合同予以变更或解除。

第六条 公司应当按照相关内部控制规定成立或指定独立的合同协议审查部门，确保合同有效履行。

第七条 公司财务部门应当根据合同条款审核执行结算业务。

第八条 凡未按合同条款履约的，或应签订书面合同而未签订的，或验收未通过的业务，财务部门有权拒绝付款。

第九条 变更或解除合同的审核程序与合同协议订立前的审核程序相同，解除合同还应当报有关部门办理注销手续。

第十条 本制度由行政部会同公司其他有关部门解释。

第十一条 本制度报总经理审批通过后生效。

第十二条 本制度自____年__月__日起实施。

 **文案范本**

合同履行情况评估

合同作为企业承担的独立民事责任、履行权利义务的重要依据，是企业管理活动的重要痕迹，也是企业风险管理的主要载体。为此，企业应当建立合同履行情况评估制度，至少于每年年末对合同履行的总体情况和重大合同履行的具体情况进行分析评估。

评估的内容是：合同的签订是否符合程序；合同审核的意见是否得到合理采纳，不采纳的主要原因及其产生的后果；合同是否全面履行，重大合同未履行的主要原因分析和教训总结；合同履行中是否存在不足，应当采取何种改进措施；合同纠纷是否得到妥善处理；合同是否适当归档；合同管理工作中的成绩与创新，是否存在违法、违规行为；合同管理内部控制的设计和执行是否有效；是否提出提高合同管理效率和效果的建议等。对分析评估中发现合同履行中存在的不足，应当及时加以改进。

企业应当健全合同管理考核与责任追究制度。对合同订立、履行过程中出现的违法违规行为，应当追究有关机构和人员的责任。

文案范本

合同履行控制流程

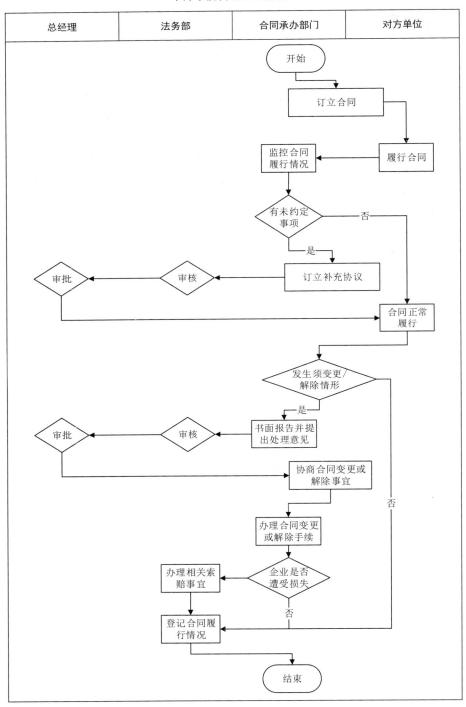

九、合同变更

请参阅以下相关文案。

合同变更管理方法

第一条 目的。

为确保合同的有效履行，及早发现合同协议中不规范、不合理的情况，维护公司合法权益，避免或减少因违约或纠纷给公司带来的损失，特制定本办法。

第二条 适用范围。

本办法适用于公司所有合同的变更管理。

第三条 合同变更的程序。

1. 业务经办人在合同履行过程中如果发现合同条款欠妥，需要进行变更，则应向部门经理申请变更合同。

2. 各部门经理和法律顾问负责对业务经办人提出的变更合同的申请进行审核。

3. 法律顾问负责向总经理提出变更合同意见。

4. 变更合同意见经总经理审批后，由业务经办人向合同对方提出变更或解除合同的要求。

5. 业务经办人和合同对方协商变更合同的条款，并将达成合同的书面协议递交给部门经理、法律顾问进行审核，审核无误后，由总经理审批。

6. 合同变更的书面协议得到各部门经理和法律顾问的审核、总经理审批后，业务经办人和合同对方签订合同变更的书面协议。

7. 合同档案管理人员负责保管合同变更的书面协议及材料。

第四条 变更合同到期无法履行的处理。

1. 因变更的合同条款存在显失公平、存在错误或对方有欺诈行为等情形的，合同归口管理部门应负责处理。

2. 因变更的合同无法履行，对公司造成大的经济损失的，公司可以请求仲裁机构仲裁或法院予以宣判。

第五条 若合同双方对合同协议的变更产生纠纷的，任何单位或个人未经授权，不得向合同对方做出实质性答复或承诺。

第六条 本办法由公司行政部制定并负责解释。

第七条 本办法报总经理审批通过后生效。

第八条 本办法自＿＿＿年＿月＿日起实施。

合同变更解除流程

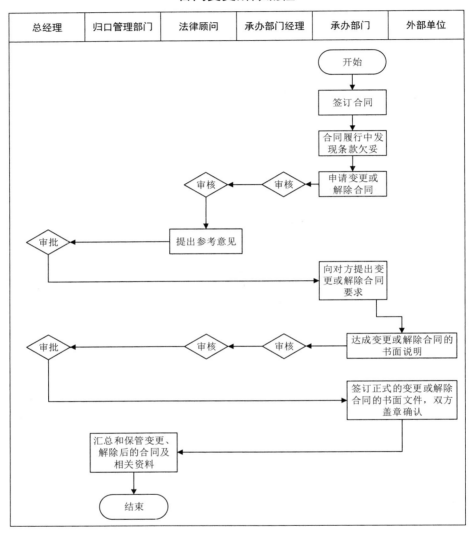

十、合同结算

合同结算的主要风险有：违反合同条款；未按合同规定期限、金额或方式付款；疏于管理，未能及时催收到期合同款项；在没有合同依据的情况下盲目付款等。

企业财会部门应当根据合同条款审核后办理结算业务。未按合同条款履约的，或应签订书面合同而未签订的，财会部门有权拒绝付款，并及时向企业有关负责人报告。

十一、合同、协议违约及纠纷处理

请参阅以下相关文案。

文案范本

合同、协议违约及纠纷处理制度

第一章 总 则

第一条 为监督合同、协议的有效履行，及早发现违约情况，以避免或减少因违约或纠纷给企业带来的损失，保障本企业的合法权益，根据《中华人民共和国合同法》及企业相关规定，特制定本制度。

第二条 本制度适用于企业所有合同、协议发生违约及纠纷情况的处理。

第二章 合同违约处理

第三条 合同、协议签订后进入执行阶段，业务经办人员应随时跟踪合同、协议的履行情况，若发现合同、协议对方可能发生违约、不能履约或延迟履约等行为，或企业自身可能无法履行或延迟履行合同、协议，应及时报告领导处理。

第四条 针对合同、协议对方违约的情形，可采取以下措施处理。

1. 要求合同、协议对方继续履行合同、协议。

继续履行合同、协议是违约对方必须承担的法律义务，也是本企业享有的法定权利。不论违约对方是否情愿，只要存在继续履行的可能性，本企业就有权要求违约对方继续履行原合同、协议约定的义务。

2. 要求合同、协议对方支付违约金。

合同、协议对方违约时，本企业可按照合同、协议约定要求违约对方支付违约金。

3. 要求定金担保。

合同、协议对方违约时，本企业可按照合同、协议约定及《中华人民共和国担保法》向对方收取定金作为债权的担保。违约对方履行债务后，可将定金抵作价款或者收回，若违约对方不履行约定债务，则无权要求返还定金。

4. 要求赔偿损失。

合同、协议对方因不履行合同义务或者履行合同义务不符合约定，而给本企业造成损失的，本企业有权提出索赔，具体赔偿金额可由业务经办部门会同法律顾问与合同、协议对方协商确定。

第五条 若企业自身发生违约行为，业务经办部门或人员应与合同对方协商解决办法，并以书面形式上报总经理，经批准后承担相应的责任、履行相关义务。

第三章 合同纠纷处理

第六条 若合同、协议履行过程中发生纠纷，业务经办人员应在规定时效内与合同、协议对方协商谈判，并及时上报主管领导。

第七条 双方经协商达成一致意见后，签订书面补充协议，由双方法定代表人或其授权人签章 并加盖单位印章后生效。

第八条 若合同、协议纠纷经协商无法解决，应依合同、协议约定选择仲裁或诉讼方式解决。

第九条 企业法律顾问会同相关部门研究仲裁或诉讼方案，报总经理批准后实施。

第十条 纠纷处理过程中，企业任何部门或个人未经授权，不得向合同、协议对方作出实质性的答复或承诺。

第四章 附 则

第十一条 本制度解释权归法务部。

第十二条 本制度由法务部负责制定，经总经理审核批准后实施。

文案范本

合同、协议纠纷处理控制流程

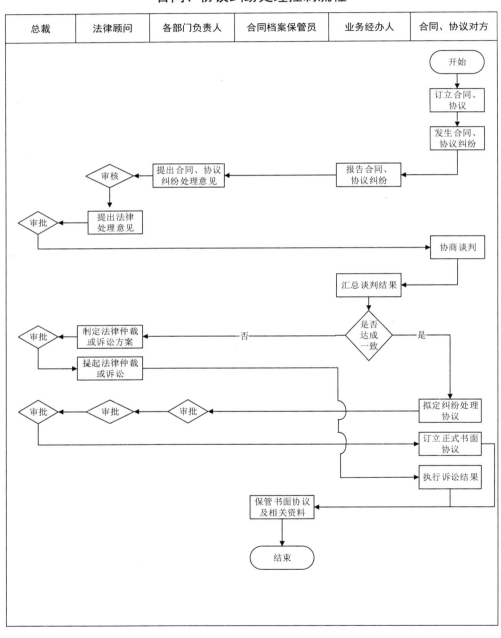

第十七章

全面预算方面内控管理

第一节　全面预算管理综述

一、预算控制的目标

全面预算控制的目标主要包括：建立全面、科学、高效、有序的预算管理体系，提高预算的科学性和严密性；规范预算编制、审批、执行、分析、调整、考核程序，激励员工积极性，防范因重大错弊而导致的风险损害。确保实现发展战略目标和其他有关重大决策。

二、预算管理体制的建立健全

预算管理体制的设置应遵循合法科学、高效有力、经济适度、全面系统等基本原则。

全面预算管理组织机构基本架构如图 17-1 所示。

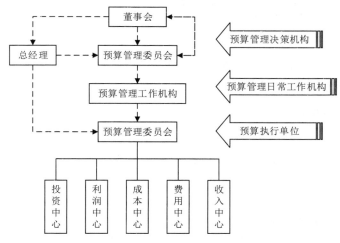

图 17-1　全面预算管理组织机构基本架构

（一）预算管理委员会

1. 组成人员

它是专门履行全面预算管理职责的决策机构。其成员由企业负责人、副总、内部相关部门负责人组成，总会计（或分管会计工作的负责人）负责预算管理工作的组织领导。

2．主要职责

（1）制定颁布企业全面预算管理的制度，包括预算政策、措施、办法、要求等；

（2）根据企业战略规划和年度经营目标，确定预算方案，预算目标分解方案、预算编制方法和程序；

（3）组织编制、综合平衡预算草案，批准正式年度预算；

（4）协调解决预算编制和执行中的重大问题；

（5）审议预算调整依据，授权审批；

（6）审议预算考核和奖惩方案；

（7）对从专门预算总的执行情况进行审核；

（8）其他有关全面预算管理事宜。

（二）预算管理工作机构

1．组成人员

它是在预算管理委员会下设立的日常管理机构，一般设在财务部门，主任由总会计师兼任。工作人员除财务部门人员外，还吸收计划人员、人力资源、生产销售等业务部门人员参加。

2．主要职责

（1）拟定全面预算管理制度，落实制度的执行；

（2）拟定预算总目标分解方案及有关预算编制程序、预算方案，报预算管理委员会审定；

（3）组织指导各级预算单位开展预算编制；

（4）审核各单位预算初稿，进行综合评衡并提出修改意见和建议；

（5）汇总编制企业的全面预算草案，提交预算管理委员会审查；

（6）追踪、监控预算执行情况；

（7）定期汇报预算单位执行情况，提交分析报告，对存在问题提出修改意见和建议；

（8）接受各预算单位预算调整申请，根据预算执行情况拟订年度预算调整方案，报预算委员会审议；

（9）协助解决预算编制和执行中遇到的问题；

（10）提出预算考核和奖惩方案，报预算管理委员会审批，并组织实施预算考核及奖惩等。

（三）预算执行单位

1．组成人员

预算执行单位包括企业内部各职能部门及所属单位等，责任划分应遵循分级分层、权责利相结合，并与企业组织机构设置相适应原则，确定执行单位。

2．主要职责

（1）提供编制预算的各项基础资料；

（2）全面预算的编制和上报工作；

（3）将本单位指标层层分解，落实到各部门各单位；

（4）严格执行经批准的预算，监督检查本单位预算执行情况；

（5）及时监督、分析预算的执行情况，解决预算执行中的问题；

（6）根据环境变化及预算执行情况提出预算调整申请；

（7）组织实施本单位预算考核和奖惩工作；

（8）配合预算考核做好与企业总预算的平衡、执行监控、考核与奖惩等工作。

各预算执行单位负责人应当对本单位预算的执行结果负责。

三、预算管理的组织设置

企业推行全面预算管理，必须设立一个权威性和独立性较强的预算管理委员会，作为预算管理的最高权威机构，其主要部门及职能如下：

（1）主任一般由总经理担任，负责预算管理的重要事项，以保证预算管理的权威性；

（2）预算管理委员会下设置办公室，由财务部负责人兼主任，以财务部为主导，负责预算管理的日常工作；

（3）预算管理委员会分别吸收营销、生产、采购、技术、信息、质检、内审、人力资源管理部门的负责人担任委员；

（4）在预算管理委员会之下，设立价格委员会、业绩考评委员会和内部审计委员会，分别负责制定销售及价格政策、业绩考核、制定和实施奖惩制度、预算执行结果的审计等项工作。

公司预算管理通常可分设决策机构、常设执行机构和执行机构（见图 17-2）。各级机构在其职权范围内负责具体事宜。

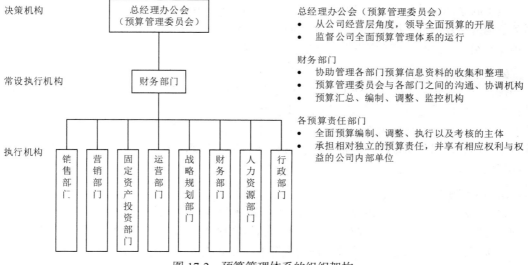

图 17-2　预算管理体系的组织架构

（一）决策机构——总经理办公会（或预算管理委员会）

总经理办公会（预算管理委员会）是一个非常设机构，成员包括公司总经理、各分管副总、财务部门经理及其他业务或管理部门经理，由公司总经理担任管理委员会主任，副总（分管财务）担任委员会常务副主任。另设立预算管理委员会秘书，由财务部门预算具体编制与操作人员担任。其预算管理的主要职责如下。

1. 预算启动

每年定期召开预算启动会议，根据公司战略规划，确定公司年度运作计划、年度经营目标。

2. 预算平衡会议

每年定期召开跨部门的预算平衡会议，确定对各部门预算及部门运作计划的修改意见。

3. 预算正式下达

下年度年初公司收到集团公司正式下达的年度预算指标后，确定年度经营目标和年度预算的调整意见。

4．超预算审批

对在其审批权限范围内的一般支出类超预算申请进行审批；对在其审批权限范围内的工程项目进行可研会审和设计会审。

5．预算执行分析与预算调整

每年定期依据预算执行分析结果，确定年中各部门对年度预算提出的调整申请。

6．其他预算管理职责

制定和下达公司日常预算管理制度；批准下发公司年度运作计划、临时预算方案、各次预算管理会议决议等正式管理文件；对公司内部其他例外、紧急或重要的预算管理事项或预算冲突进行仲裁与决议。

（二）常设执行机构——财务部门

其预算管理职责如下。

1．预算启动

负责收集和汇总各部门提交的下年度初步预测报告与相关资料，对公司年度财务预测进行财务数据分析和建议，提交总经理办公会商议，以确定公司年度战略目标与方案；在各部门组建预算小组后，进行年度预算编制工作的培训，并下发全套预算表格和编制说明。

2．预算编制、修改和汇总

每年 11 月前，完成并提交本部门下年度人力资源需求、部门内部一次性固定资产购置需求；每年 11 月底之前对各部门递交的预算表格进行初步审核和沟通调整；编制本部门负责的资产、负债、收支类预算表格，以及三大主要财务报表预算；提交年度汇总预算初稿和特殊预算事项说明；根据公司预算预审批会议决议修改本部门年度运作计划与相关预算，并**再次**收集各部门的修改稿加以汇总上报。

3．预算预下达和正式下达

每年 12 月将总经理及各分管副总会签完毕的下年度临时预算方案正式下发；编制公司年度预算方案；下年度 2 月底以前依据公司下达的年度预算指标，提出对公司原预算方案的调整建议；按年初预算调整会决议修改本部门预算方案，并收集各部门修改稿加以汇总上报。

4．超预算审批

对在其审批权限范围内的一般支出类超预算申请进行审批，必要时对原预算进行相应的调整；对在其审批权限范围内的工程项目，参与可研会审、设计会审和合同会审，必要时对原年度投资安排和投资预算进行相应的调整。

5．预算执行分析与预算调整

对预算实际执行情况进行评估时，提供各部门与预算相关的实际发生数、业务统计数据，并对各部门填制返回的预算执行分析表进行汇总和进一步分析；定期对本部门的预算执行情况进行分析和总结，并编制部门业务分析报告，寻找产生预算与执行差异的原因，提出改进建议；每年 6 月上旬参考上半年部门实际运作及公司、部门计划变动情况，提交下半年度本部门预算调整申请与建议；汇总和初步平衡各部门的年中预算调整建议；根据年中预算管理委员会的预算调整决议，制定公司预算调整计划并调整预算；每年定期收集和汇总各部门对预算管理体系的调整建议，在报批预算管理委员会审批通过后正式更新有关制度和表格。

6．其他预算职责

在相关预算管理会议后，将会议决议内容整理成文，并及时送交有关部门。

（三）执行机构

执行机构主要包括销售部门、营销部门、固定资产投资部门、运营部门、战略规划部门、人力资源部门、行政部门。其预算管理职责如下。

1．预算启动

年度预算正式启动前，对下一年度部门经营管理情况或收支进行初步预测。

2．预算编制和修改

每年 10 月初根据公司年度运作计划、内外部统计分析数据和市场营销规划编制本部门年度运作计划；根据部门运作计划和市场情况及其他相关资料，编制本部门相关预算，并按管理流程中的时限要求将相关预算资料送交相关部门；根据公司总经理办公会（预算管理委员会）预审批与预下达、预算正式下达等会议决议，修改部门年度运作计划和预算方案。

3．超预算审批

按审批权限设置要求，对本部门内的预算内、预算外申请事项进行部门审批；对审批权限范围内、并与销售相关的工程项目，参与可研会审、设计会审和合同会审。

4．预算执行分析与预算调整

定期对本部门的预算执行情况进行分析和总结，并编制部门业务分析报告，寻找产生预算与执行差异的原因，提出改进建议；每年年中参考上半年部门实际运作及公司、部门计划变动情况，提交下半年度本部门预算调整申请与建议；每年定期至少二次参考实际运作变动情况，提出对相关预算编制方法和预算表格或预算管理流程的调整需求与建议。

四、预算激励

（一）物质激励

在物质激励过程中，应把有实效的行为及预算执行情况作为重要的奖励因素，以调动预算工作人员执行预算的积极性。

企业通过物质奖励调动预算工作人员的积极性时，不能把奖金与工资放在一起。工资是由企业统一发给员工以维持生计的，奖金则是由管理者对预算工作人员绩效评价后，按预算执行情况和个人的贡献进行分配，以此显示物质激励的公平性。

企业在实施物质激励时，应注意以下几个问题。

1．物质激励应与相应的制度结合起来

企业应根据自己的实际情况建立一套制度，创造一种氛围，以减少不必要的内耗，使预算工作人员以最佳的工作效率为实现企业目标多作贡献。

2．物质激励要公平，但不能搞"平均主义"

预算工作人员对他们所得的报酬是否满意并不只看绝对值，还要进行社会纵向或横向比较，判断自己是否得到了公平对待。企业进行差别奖励，更能调动员工的积极性。

（二）精神激励

物质激励存在一些缺陷，它有时候会造成同事之间彼此封锁消息，影响工作的正常开展。而精神激励则在较高层次上调动员工的工作积极性，其激励是深层次的，维持时间也较长。

较常用的精神激励的方法有以下几种。

1. 目标激励

企业目标是企业凝聚力的核心，它能够在理性和信念的层次上激励预算人员。

2. 参与激励

激励每一位员工参与到预算执行和管理中来，各自为实现预算执行目标而做出自己的贡献，这是调动他们积极性的有效方法。

3. 荣誉激励

荣誉激励不仅成本低，而且效果好。

（三）情感激励

情感激励就是加强各级预算管理者和员工的感情沟通，尊重员工，使之始终保持良好的情绪和高昂的工作热情。情绪具有一种动机激发功能，因为在心境良好的状态下工作思路开阔、思维敏捷、解决问题迅速。因此，加强企业内部的沟通与协调，是情感激励的有效方式。

除了直接的激励因素外，影响激励效果的还有许多间接因素，如激励的及时性、公平性、持续性；企业战略目标及各级预算目标与员工个体目标的一致性；预算人员的个体特征；激励强度；违反规范行为的事前预防和事后处理等。

总之，建立与预算评价结果相对应的激励机制，首先要反映员工所创造的企业价值，强调企业的长期业绩，而非短期效益；其次要考虑企业的文化背景，要获得全体员工的认同，而不是顾此失彼；再次要具有足够的激励作用和吸引力，充分发挥员工的创造性和主动性；最后要注意激励中的约束问题，对于没有实现预算目标而需要承担责任的相关部门和个人应采取严厉的惩罚措施，以促进企业组织内部的良性竞争。

五、预算管理的要求

企业应当加强全面预算工作的组织领导，明确预算管理体制以及各预算执行单位的职责权限、授权批准程序和工作协调机制。

企业应当设立预算管理委员会履行全面预算管理职责，其成员由企业负责人及内控相关部门负责人组成。

预算管理委员会主要负责拟定预算目标和预算政策，制定预算管理的具体措施和办法，组织编制、平衡预算草案，下达经批准的预算，协调解决预算编制和执行中的问题，考核预算执行情况，督促完成预算目标。预算管理委员会下设预算管理工作机构，由其履行日常管理职责。预算管理工作机构一般设在财会部门。

总会计师或分管会计工作的负责人，应当协助企业负责人负责企业全面预算管理工作的组织领导。

六、预算控制的关键点、环节

（一）预算管理政策的制定

公司应制定预算管理政策，明确预算编制过程中的部门职责、编制原则、编制要求、编制程序、预算执行的监督和预算调整程序，确保预算编制依据合理、程序适当、方法科学。该制度以企业正式文件的形式下发，作为企业标准由下属公司遵照执行。

（二）明确预算工作职责分工

公司应建立预算管理体系，明确预算管理体系中的决策机构、预算管理部门及各预算执行单位在全面预算管理体系中的机构设置、人员配置和职责权限。

（三）明确预算编制要求

公司应制定预算管理政策，明确预算编制以经营方针为依据、围绕经营目标及利润目标编制。

预算编制需要围绕企业战略发展规划，根据国家宏观经济形势及政策走向，正确分析判断市场形势，结合企业实际生产状况，综合考虑影响预算年度的财务收支和经营成果的各种因素。

（四）明确预算审核流程

公司应制定预算管理政策，明确预算审核流程。公司全面预算获经恰当管理层批准后，应当以文件形式下达执行。

（五）预算执行情况的监控

公司应制定对预算执行情况的监控程序，明确预算指标分解方式、预算执行审批权限和要求、预算执行情况报告等，落实预算执行责任制，确保将预算指标层层分解，从横向和纵向落实到内部各部门、各环节和各岗位。

（六）预算执行情况的分析

公司应制定预算管理政策，明确定期召开财务预算执行情况分析会议，各预算执行部门汇报财务预算的执行情况，分析研究财务预算执行中存在的问题，纠正财务预算的执行偏差，研究解决问题的方案措施并加以落实。对于财务预算执行中发生的新情况、新问题及出现偏差较大的重大项目，查找原因，提出改进经营管理的措施和建议。

（七）预算调整

公司应制定预算管理政策，明确预算调整的前提和程序。预算调整方案经归口职能部门审核后交财务部门负责人审核，经过恰当管理层批准后方可实施。

（八）预算执行情况的考核

公司应建立预算执行考核制度，对所有预算执行单位和个人进行考核，考核结果与奖惩相挂钩。预算管理部门定期组织预算执行情况考核，将各预算执行单位负责人签字上报的预算执行报告和已掌握的动态监控信息进行核对，确认各预算执行单位完成预算的真实性。

七、预算管理风险

企业实行全额预算管理，至少应关注下列风险：不编制预算或预算不健全，可能导致企业经营缺乏约束和盲目经营；预算目标不合理、编制不科学，可能导致企业资源浪费和发展战略难以实现；预算缺乏刚性、执行不力、考核不严，可能导致预算管理流于形式。

（一）预算编制风险及其管理

1．预算编制的风险

企业预算编制环节的基本程序包括：目标确定与下达，预算编制与上报，预算审查与平衡，预算审议批准等。

预算编制环节存在的主要风险如下。

（1）企业使命、愿景的陈述过于宽泛或狭窄，缺乏长远的目标与战略规划。例如，一些企业对长远目标的表述是，做"国际一流的企业""在行业中做到数一数二"等。

（2）经营战略不明晰，职能战略不配套。例如，某上市公司的经营战略是"资本加技术，发展与合作"；还有很多上市公司将自己的经营战略表述为"集团战略、品牌战略、国际化战略"等，这样的经营战略太笼统、太模糊。经营战略与职能战略不协调的例子也很多。例如，某企业在经营上是采用的是成本领先的战略，但与竞争对手相比，却在生产这一职能战略上追求质量的领先，引入更高素质员工，购买先进高价的设备，过分追求原料或配件的品质，等等。这就是经营战略与职能战略的不协调。

（3）规划（五年、十年）与年度经营计划的联结不够紧密，对企业内部管理、外部环境的分析不够透彻，总部与分支机构在预算目标上"讨价还价"，造成年度目标过低或过高，预算目标的可靠性差。

（4）部门内部和部门之间的计划缺乏协调性，容易发生公司资源分配的冲突。例如，销售预算、生产预算不与资本预算（长期投资预算）相结合，则可能会使部分有效订单不能实现。

（5）预算指标单一。有些企业预算目标主要是收入和利润，甚至不编制预计的资产负债表和现金流量表，只编制预计的利润表。并且，某些指标的定义（如收入）与财务会计的收入定义差异很大，还有一些企业以回款率等指标来代替资产周转率指标。这不仅会引起预算分析报告中数据运用上的混乱，还会影响预算考核与评价。

（6）不能根据变化了的情况修正预算"假设"。预算的编制是建立在一系列的假设之上的，这些假设包括原材料的价格、销售价格、员工薪酬、税收和其他政策环境情况等。不少企业在编制下一年的预算时，往往不能及时根据变化的环境，及时修正这些假设。

（7）预算编报不及时。有些企业上年 11 月、12 月开始编预算，当年 2 月、3 月才能下达预算，待预算下达时，往往事过境迁，为时已晚。

2．预算编制风险的管理

这一环节的风险管理主要应侧重于以下方面。

（1）做好企业的使命、远景、战略方向、战略规划、年度业务计划与财务计划（预算）的协调工作。

战略方向确认企业进入某一产业领域的限制条件与战略目标；战略规划是在限制条件下作出的战略决策或大致的行动方案；年度计划与预算则决定着如何实施战略也就是更为详细的行动计划。例如，国内有一家中药厂商这方面就做得比较好。其长远的目标是要成为国内中药企业前三名，衡量的指标是销售收入；具体的年度经营目标是：计划年度销售收入比上年增长 40%，销售费用率控制在 25%左右。销售收入再按区域、渠道、产品结构等进行分解；实现目标的战略是：产品销售向终端转移（医院、药店）；加强与代理商合作，拓展新的销售区域；利用资金优势，加强产品研发，更新生产与检测设备，提高产品质量，等等。

（2）企业预算目标的科学与合理，是预算管理成败的关键。

这里的关键有两个：一是加强基础数据的采集与管理，使预算目标的确立建立在可靠的基础之上。我们认为，缺少基础数据的有效支持是预算效果不理想的一个极其重要的原因。二是提高预测的准确性。企业需要及时地分析外部环境变化、竞争对手的经营策略，正确确定企业的销售收入、成本、费用和利润目标。并且，为了提高预测的准确性，预测还需要从整体上进行。整体预测可以避免不切实际的假设，以及内部各指标预测的不协调。例如，在预测销售收入与盈利增长的同时，还需要考虑销售收入的增长所需要的营运资本和机器设备的增长，以及资产增长所需要的资金来源。

（3）通过对上年经营业绩的分析，根据企业的经营水平、季节变化、行业发展趋势，以及成本的可控性等因素，给各部门下达切合实际的目标。预算目标体系应该在短期与长期、财务与非财务、领先与滞后、内部与外部之间取得正确的平衡，否则就会给预算的执行与考核造成隐患。在这方面，平衡计分卡的指标设计理念值得我国国内企业认真地学习和借鉴。

（4）企业特别是大型企业应该运用先进的预算管理软件，不断提高预算编制、汇总的自动化程度，以便预算能够及时地上传下达，避免企业的经理们被淹没在海量数据的计算、审核之中，从而影响企业长远规划、经营战略的制定与执行。

（二）预算执行风险及其管理

1．预算执行环节的风险

企业预算的执行环节，具体包括预算的执行与控制，预算分析与反馈，预算调整等。这一环节存在的主要风险如下。

（1）各责任中心控制重点不明确。

（2）不能正确地核算产品成本，造成产品定价错误，影响企业产品的竞争力或盈利目标的实现。

（3）预算分析报告缺乏历史的、基本的业务数据，缺乏行业数据，缺乏与竞争对手的比较，对业务数据的分析不够深入，不能揭示经营中存在的风险，不能对经营策略改变的财务后果进行评估。

（4）不能根据外部环境和市场变化适时调整业务计划与预算，从而造成企业资源的错配。或者不按规定的程序随意调整预算。

2．预算执行环节的风险管理

对于预算执行与控制环节的风险管理，企业应重点做好以下工作。

（1）确定企业内部各责任中心预算的控制重点。企业的预算，从内容上看，有销售预算、生产预算（包括直接材料、直接人工和制造费用预算）；从层次上分，包括分支机构的预算和本部职能部门（分别属于不同的责任中心，有些是成本中心、有些是利润中心甚至投资中心）。不少企业将大量的精力放在管理费用和生产成本的控制上，而对销售收入的完成情况，存货采购成本的控制重视不够，销售收入和存货采购成本，恰恰是大多数企业预算执行情况不好的主要因素。

（2）适应外部环境的变化，正确核算产品成本。不少企业特别是大型企业，采用材料计划成本和劳动定额的方式来核算企业的产品成本。但众所周知，市场环境瞬息万变，各种原材料、辅助材料价格的波动幅度越来越大，期限越来越短，企业必须及时修订材料的计划价格、消耗定额，以及劳动定额，否则就会造成成本核算的严重失真，扭曲企业的产品定价和产品结构决策，从而影响企业目标利润的实现。

（3）将费用控制与价值创造相结合。有些企业犯有"大企业病"，行政建制的观念依然很强，员工出差只能坐火车，老总出差才能坐飞机，不能将费用支出与价值创造统一起来进行考虑，"捡了芝麻丢了西瓜"。而有些企业的职能部门，本来费用预算有结余，支出也可以避免，但往往年终突击将钱花完，以使来年预算宽松。

（4）企业应建立预算执行预警机制，提高预算执行分析报告的质量。预算执行情况的分析报告是控制的基础，也是企业预警机制的重要组成部分。分析报告应该能够反映出企业经营战略的实现程度；应该可以从产品、渠道、区域等多个维度反映出企业预算执行情况；能够及时地揭示出企业经营中存在的重要风险；能够及时反映出企业战略上调整或修正后的财务后果。

（5）关于预算的调整，我们认为过于强调预算的刚性或严肃性是一种不智的行为。如果企业出现以下情况，预算就应该及时、主动地调整：国家政策法规发生重大变化，致使预算的编制基础不成立，或导致预算与执行结果产生重大偏差；市场环境、经营条件、经营方针发生重大变化，导致预算对实际经营不再适用；企业发生合并、分立等行为或内部组织结构出现重大调整，导致原预算不适用，等等，但预算调整必须基于"客观"因素发生"重大"变化，应该按规定程序进行调整，并且，调整频率不宜太高。

（三）预算考核风险及其管理

1. 预算考核环节的风险

（1）预算考核流于形式。例如，有些企业在年终进行预算考核时，当一些分公司、子公司没有全面完成预算目标时，分公司、子公司的经营班子只需要强调一下外部环境的变化，竞争的加剧等客观因素，考核往往就顺利通过，只不过拿不到超额奖金而已（基础奖金考虑到税收筹划在平时已经发放）。

（2）业绩操纵。临近年末，有的预算单位发现预算目标难以完成时，往往会进行业绩操纵。特别是当预算目标比较单一时（如主要是收入和利润时），这种情况出现的概率会大大增加。业绩操纵的手段多种多样，包括提前确认收入，延迟必要的费用支出（如研发支出、修理支出、广告支出、渠道开拓支出），增加存货，等等。

（3）仅根据预算执行结果对各预算单位进行业绩评价和相应的激励，考核不全面。或者，有些企业的预算考核，考核指标的定义模糊，不仅不能量化，且权重过大。

例如，有些企业的分支机构，预算目标完成得很好，应该得到较高的货币或非货币形式的奖励。但总部考核部门往往以管理水平低、企业文化建设差等指标压低对预算单位的业绩评价，从而扭曲了企业的绩效考核。

2. 预算考核环节的风险管理

加强预算考核环节的风险管理的措施包括以下几点。

（1）建立科学的业绩评价制度（绩效考核的多重标准），妥善解决预算管理中的行为问题。企业的业绩评价一定要与预算的目标体系有良好的协调。这样，预算考核的主要内容就是比较预算目标与实际执行结果，避免考核中的意见分歧和讨价还价。国内有一家上市公司，在某一年年末对各子公司进行预算考核时发现，各子公司在预算报告中都认为其完成了预算的主要目标（收入、利润），但各子公司的财务报表，以及集团合并的财务报表却显示巨额亏损。主要原因就在于预算目标的定义不清晰，以及各子公司的业绩操纵。例如，收入确认，在财务会计上是有严格的确认条件的，但在一些子公司预算报告中，只要与客户签订了合同，产品已经发出就确认为收入（而不管是否收到客户的验收单），甚至将一些产品尚未发送到客户手中的订单也全部确认为收入。在子公司的预算报告中，资产的减值也未能正确地计提，与财务报表中资产减值损失项目的金额有较大的差异。还有一些子公司为完成利润目标，缩减广告支出、研究与开发支出、渠道开拓支出，延迟机器设备的更新或修理以减少相关费用，所有这些行为，不仅会造成虚盈实亏，也会严重影响企业的发展后劲。

（2）明确预算考核的内容。预算考核的内容分为两类：一是预算目标考核；二是预算体系运行情况考核。预算目标的考核应侧重经营的效率与效果，包括收入、利润、资产周转率等财务指标，市场占有率、客户满意度等非财务指标，以及研究与开发、广告宣传、渠道拓展等长期指标。预算体系运行的考核是对企业各预算部门预算管理水平的考核，如预算编制的准确性与及时性（这一点非常重要，直接影响到预算期及以后期间资金调度和投融资安排等），预算执行力；预算调整是否按程序进行；预算分析报告的质量等。国内不少企业往往忽视对预算体系运行的考核，所以，年年搞预算，但预算管理水平始终提不高。

（3）加强预算考核的严肃性。企业应当建立严格的绩效评价与预算执行考核奖惩制度，坚持公开、公正、透明的原则，对所有预算执行单位和个人进行考核，切实做到有奖有惩、奖惩分明，不断提升预算管理水平，促进企业全面实现预算管理目标。

第二节　全面预算管理流程

一、流程综述

全面预算业务流程一般包括预算编制、预算执行和预算考核。各步骤具体内容如图 17-3 所示。

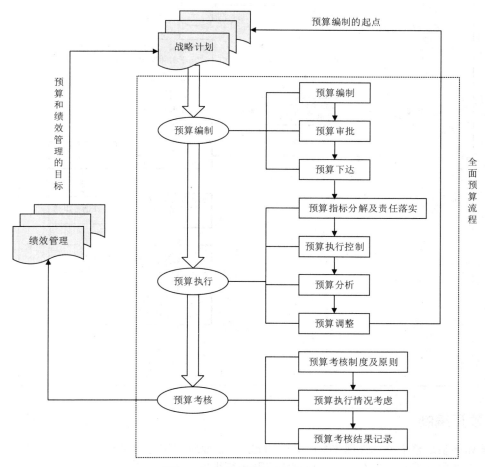

图 17-3　全面预算基本业务流程

预算工作业务流程

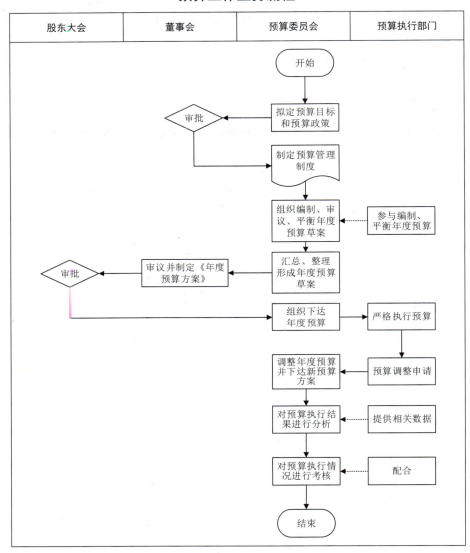

股东大会	董事会	预算委员会	预算执行部门

二、预算编制

预算编制是整个预算管理体系的基础和起点。企业应在建立和完善预算编制工作制度的基础上，实施预算编制、方案论证、草案审议及预算批准、下达等工作。

（一）预算编制制度与风险

企业应当建立和完善预算编制工作制度，明确编制依据、编制程序、编制方法等内容。确保预算编制依据合理、程序适当、方法科学，避免预算指标过高或过低。

企业应当在预算年度开始前完成全面预算草案的编制工作。

预算编制应关注下列风险。

（1）预算编制所依据的信息资料不充分、基础数字不真实，可能导致预算目标与战略规划、经营计划、市场环境、企业实际相脱离，导致预算目标难以实现。

（2）预算编制以财务部门为主、业务部门参与程度较低，可能导致预算内容不全面，责、权、利不匹配，预算之间缺乏整合，导致全面预算难以发挥统率作用。

（3）预算编制程序不规范，横向、纵向信息未充分沟通，相互衔接配合不够，可能导致预算目标缺乏准确性、合理性和可行性，不能充分发挥预算作用。

（4）预算编制方法使用不当，可能导致预算目标的科学性、合理性和可行性。

（5）预算目标及指标体系设计不完善、不完整，缺乏科学性及全面性，可能导致预算管理在实现发展战略、经营目标，促进绩效考评等方面的功能难以发挥。

（6）预算编制的时间太早或太晚，可能导致预算准确性不高，影响预算的执行。

（二）确定预算编制机构及职责分工

以目标利润为导向的企业预算管理组织体系是管理过程中起主导作用的集合体，也是模式运行的主体，它由预算管理委员会、预算专职部门以及预算责任网络构成。

1．预算管理委员会

预算管理委员会在组织体系中居于领导核心地位，它是由企业的董事长或总经理任主任委员，吸收企业内各相关部门的主管，如主管销售的副总经理、主管生产的副总经理、主管财务的副总经理等人员组成。对以目标利润为导向的企业预算管理来说，预算管理委员会是最高管理机构。它组织有关人员对目标利润进行预测，审查、研究、协调各种预算事项，由它主持召开的预算会议，是各部门主管参加预算目标的确定、对预算进行调整的主要形式。

预算管理委员会的主要职责包括以下几项。

（1）制作有关预算管理的政策、规定、制度等相关文件。

（2）组织企业有关部门或聘请有关专家对目标利润进行预测。

（3）审议、确定目标利润，提出预算编制的方针和程序。

（4）审查各部门编制的预算草案及整体预算方案，并就必要的改善对策提出建议。

（5）在预算编制、执行过程中发现部门间有彼此抵触现象时，予以必要的协调。

（6）将经过审查的预算提交董事会，通过后下达正式预算。

（7）接受预算与实际比较的定期预算报告，在予以认真分析、研究的基础上提出改善的建议。

（8）根据需要，就预算的修正加以审议并作出相关决定。

2．预算专职部门

预算专职部门主要是处理与预算相关的日常管理事务。

因为预算管理委员会的成员基本是由企业内部各主管兼任，预算草案由各相关部门分别提供，而预算方案是企业的一个全面性生产经营计划，预算管理委员会在预算会议上所确定的预算方案绝不是各相关部门预算草案的简单汇总，因此必须设立一个专门机构来具体负责预算的汇总编制，并处理日常管理事务。

同时，在预算执行过程中，可能存在一些潜在的提高经济效益的改善方法或者发生一些部门为了完成预算目标而采取一些短期行为的现象，若管理者不能及时得到这些信息，就会给预算工作带来不利的影响。因此必须实行预算责任单位与预算专职部门相互监控的方式，使它们之间具有内在的互相牵制作用。预算专职部门应直接隶属于预算管理委员会，以确保预算机制的有效运作。

3．预算责任网络

预算责任网络是以企业的组织结构为基础建立的，是预算的责任主体，由投资中心、利润中心、成本中心组成。

确定责任中心是预算管理的一项基础工作，责任中心是企业内部成本、利润、投资的发生单位，这些内部单位被要求完成特定的职责，其责任人被赋予一定的权力，可对该区域进行有效的控制。

根据不同责任中心的控制范围和责任对象的特点，可将其分为三种：成本中心、利润中心和投资中心。

（1）成本中心及其职责。成本中心是成本发生单位，一般没有收入，或仅存在少量无规律的收入，责任人可以对成本发生进行控制，但不能控制收入与投资，因此成本中心只需对成本负责，无须对利润情况和投资效果承担责任。

成本中心又可以分成两种：标准成本中心和费用中心。标准成本中心必须是产品稳定而明确，并且熟悉单位产品所需投入的责任中心，典型代表是制造业工厂、车间、工段、班组等。费用中心，适用于产出物不能用财务指标来衡量或者投入和产出之间没有密切关系的单位，包括一般行政管理部门，如会计、人事、劳资等。

对于每项需要加以控制的费用，各责任中心都必须确定主要责任人。尽管每一个责任人都有明确的责任范围，但并不是对责任范围内所发生的费用都要负责，有的应负主要责任，有的只负次要责任，各级责任人只能控制各自责任范围内的可控费用。对于企业中难以确定责任归属的费用项目，不宜硬性归属到某个部门，可由企业财务部门直接控制。

（2）利润中心及其职责。利润中心既能控制成本，又能控制收入。因此，它不但要对成本和收入负责，也要对收入与成本的差额即利润负责。

利润中心属于企业中的较高层次，同时具有生产和销售的职能，有独立的、经常性的收入来源，可以决定生产什么产品、生产多少、生产资源在不同产品之间如何分配，也可以决定产品销售价格、制定销售政策。它与成本中心相比具有更大的自主经营权。

利润中心有两种类型：一种是自然的利润中心，它直接向企业外部出售产品，在市场上进行购销业务，有很大的独立性；另一种是人为的利润中心，它主要在企业内部按照内部转移价格出售产品，如企业内部的辅助部门，包括修理、供电、供水、供气等单位，可以按固定价格向生产部门收费，它们也可以被确定为人为的利润中心。

（3）投资中心及其职责。投资中心是指不仅能控制成本和收入，而且能控制占用资产。也就是说，在以目标利润为导向的企业预算管理中，该责任中心不仅要对成本、收入、利润预算负责，而且还必须对与目标投资利润率或资产利润率相关的资本预算负责。所以，只有具备经营决策权和投资决策权的独立经营单位才能成为投资中心。

一般来讲，常将一个独立经营的常规企业视为一个投资中心。投资中心应具有比其他责任中心更大的独立性和自主权，它由企业内部最高管理层组成，拥有一定的资金支配权，在调配资金余缺时，应研究这些资金投放到哪个方面才是最有利的。投资中心的具体责任人应该是以厂长、经理为代表的企业最高决策层，投资中心的预算目标就是企业的总预算目标。

投资中心必然是一个成本中心，又是利润中心，它不仅要从成本、收益来考核其经营成果，还要从投入的资金效果来考核工作成绩。投资中心是控制投资效率的责任中心，通常用增长的赢利与投资的比率来衡量其业绩。

总之，预算各职能部门构成一个严密的预算管理组织系统，从最高层次的主管，到各个部门全都纳入预算体系中，明确各管理层业务部门对预算的权责，相互配合工作，从而保证预算管理工作卓有成效。

（三）控制预算编制依据

企业编制年度预算"应当根据发展战略和年度生产经营计划，综合考虑预算期内经济发展政策，市场环境等因素"来编制，从而警告企业要防止不考虑发展战略和年度生产经营计划，经济发展政策和市场环境变化，而盲目地编制脱离实际的预算计划。这种不切实际的预算必然带来不良的后果。

（四）控制预算编制方法

企业可以选择或综合运用固定预算、弹性预算、滚动预算等方法编制预算。

1．固定预算

固定预算是根据预算内正常的、可实现某一业务量水平而编制的预算。它通常用于固定费用或者数额比较稳定的预算项目，如广告费、科研费、房租等。

2．弹性预算

弹性预算是在按照成本（费用）习性分类的基础上，根据量、本、利之间的依存关系编制的预算。它通常适用于与预算执行单位业务量有关的成本（费用）利润等预算项目。

3．滚动预算

滚动预算是随时间的推移和市场条件的变化而自行延伸并进行同步调整的预算，通常适用于季度预算的编制。

根据预算管理的要求，企业可采用不同的方法编制相关的预算。一般采用固定预算、弹性预算或滚动预算相结合的方法，不要强求统一。

（五）控制预算编制程序

企业在编制年度全面预算时，应当"按照上下结合、分级编制、逐级汇总的程序"。这样可以有效防范由少数人靠拍脑袋编造脱离客观实际的全面预算。

全面预算编制基本程序如图 17-4 所示。

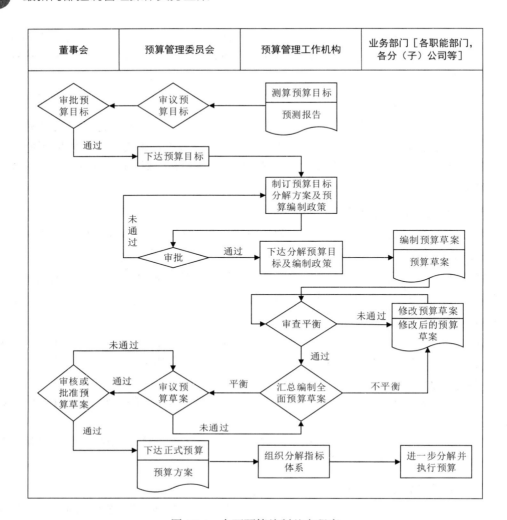

图 17-4　全面预算编制基本程序

 文案范本

全面预算编制管控制度

第一条　目的。

为建立科学的全面预算管理体制，健全和精确管理工作目标，动态监控运营状况，促进企业生产经营在科学预算基础上的健康有序发展，特制定本制度。

第二条　内容及适用范围。

1. 本制度重点规范各部门的预算分类、编制及企业财务的预算控制。

2. 本制度适用于企业总部、下属分企业、全资子企业。

第三条　预算编制原则。

全员参与、上下结合、分级编制、逐级汇总、综合平衡。

第四条　预算分类。

1. 按照编制时间划分为年度预算、季度预算和月度预算三种形式。

2. 按照预算内容划分为生产经营预算、资本预算、财务预算三种形式，如下所示。

项　目	内　容
生产经营预算	销售预算、生产预算、直接材料预算、直接人工预算、制造费用预算、产品成本预算、销售费用预算、管理费用预算、财务费用预算
财务预算	预计现金流量表、预计利润表、预计资产负债表
资本预算	对外投资预算、基建工程预算、固定资产更新预算

3. 按照预算控制功能划分为：企业整体预算、部门预算和项目预算三种形式，其中部门预算包括部门费用、成本预算、部门工作目标预算等。

第五条　预算编制单位。

企业设两级预算单位，即作为一级预算单位的企业和作为二级预算单位的各部门和分支机构。

第六条　预算编制方式。

企业预算编制采用自上而下与自下而上相结合的方式。

1. 企业预算委员会提出企业的参考性目标，经董事会审批后逐级分解下达。

2. 二级预算单位依据企业参考性目标对本单位的要求编制本单位预算。

3. 预算委员会汇总二级预算单位的预算，并编制企业总体预算，履行报批程序。

第七条　预算编制方法。

预算编制有固定预算、弹性预算、零基预算、滚动预算和概率预算五种基本方法，具体如下所示。

预算方法	预算编制具体操作
固定预算	以预算期内正常的、可实现的某一业务量（如生产量、销售量）水平作为唯一的基础，以上期实际业绩为依据，以单一的会计年度为预算期，确定各项预算指标数据的方法
弹性预算	以业务量、成本和利润之间的依存关系为依据，以预算期可预见的各种业务量水平为基础，编制能够适应多种情况预算的方法
零基预算	对于任何一个预算期或预算项目，都不以现有的预算数为基数，而是从零开始，完全按照有关部门的职责范围和经营需要来安排有关项目预算数额的方法
滚动预算	随着时间推移而自动递补，使其始终保持一定期限（通常为1年）的一种预算编制方法　以月份为单位进行滚动编制预算的方式，称为逐月滚动预算；以季度为单位进行滚动编制预算的方式，称为逐季滚动预算
概率预算	对预算期内不确定的各预算构成变量，根据客观条件做出近似的估计，估计可能变动的范围及出现在各个变动范围的概率，再通过加权平均计算有关变量在预期内期望值的预算编制方法

第八条　年度预算编制程序。

1. 每年12月3日前，预算委员会负责人须向董事会提交年度预算完成情况（12月用预计数），企业总裁向董事会提交下年度经营预测的报告。

2. 每年12月10日前，董事会下达主要经营指标。

3. 每年12月15日前，预算委员会组织各部门经理召开预算工作会议，将下年度的总体目标分解到各部门，并按时间分解至四个季度。

4. 各部门经理组织编制本部门预算（草案）后交预算委员会汇总、审核、整理，形成企业总体预算。

5. 年度预算必须于 12 月 25 日～12 月 30 日之间，经董事会审核后提交股东大会审批，通过后下发至各部门正式执行。

第九条 月度预算编制程序。

1. 月度预算要求每月 30 日前，由各部门经理根据年度预算目标和本期完成进度，拟定下月份指标，向预算委员会提交月度预算（草案）。

2. 预算委员会负责组织整理、汇总报董事会批准。

第十条 临时预算编制程序。

1. 临时预算是由特殊项目或接受某项临时交办任务的负责人，根据管理需要提出某一时期或阶段的预算。

2. 项目负责人负责编制，其直接上级和预算委员会负责审查，具体指标按审批权限批准，审批权限以外的项目由董事会批准。

3. 经董事会批准后实施。要求在项目正式启动之前完成这类预算的编审工作。

第十一条 在各项预算编制和执行过程中，因特殊情况无法确定的回款目标，其资金临时缺口由预算委员会负责制定备用筹资方案。

第十二条 各部门必须根据预算委员会提出的预算编制及其操作要求，及时编制、上报、下达规定时期的预算，并接受考核。

第十三条 本制度由董事会批准后执行、修改或废止。

第十四条 本制度实施后，既有的类似制度自行终止，与本制度规定相抵触的以本制度为准，与国家有关规定相抵触的，以国家有关规定为准。

文案范本

预算编制工作流程

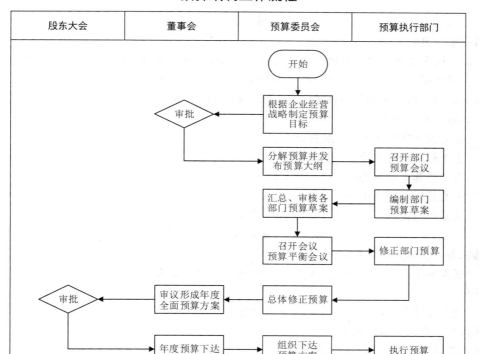

股东大会	董事会	预算委员会	预算执行部门

开始

根据企业经营战略制定预算目标

审批

分解预算并发布预算大纲 → 召开部门预算会议

汇总、审核各部门预算草案 ← 编制部门预算草案

召开会议预算平衡会议 → 修正部门预算

审议形成年度全面预算方案 ← 总体修正预算

审批

年度预算下达 → 组织下达预算方案 → 执行预算

预算编制资料保存

结束

三、预算审批、下达

预算审批是预算委员会将预算草案送交企业最高的权力机构进行审核批准，该阶段的主要风险是：全面预算未经适当审核批准或超越授权审批，可能导致预算权威性不够、执行不力，或可能因重大差错、舞弊而导致损失。为此企业预算管理委员会应当对预算管理工作机构在综合平衡基础上提交的预算方案进行研究论证，从企业发展全局角度提出建议，形成全面预算草案提交董事会。

企业董事会审核全面预算草案应当重点关注预算科学性和可行性，确保全面预算与企业发展战略、年度生产经营计划相协调。

企业的全面预算应当按照相关法律法规及企业章程的规定，报经审议批准，批准后，应当以文件形式下达执行。

 文案范本

预算授权批准制度

第一章 总 则

第一条 目的。

按照"权责分明、相互制约、相互监督"的原则，企业在实施预算控制时必须明确预算审批机构、预算制定机构和预算执行机构，并按照岗位分工控制的原则，赋予上述机构及有关部门在预算控制中的相应职责和权限。基于此目的，特制定本制度。

第二条 责任单位。

1. 企业预算审批机构——股东大会。
2. 企业预算制定机构——董事会。
3. 企业预算管理机构——预算委员会。
4. 企业预算支持机构——财务部。
5. 预算执行机构——企业各部门/分公司/分支机构。

第二章 预算编制的授权审批

第三条 预算目标定和形成。

1. 预算委员会根据公司发展战略和经营目标，拟定企业预算目标和政策，报董事会和股东大会审批。
2. 预算委员会将批准的预算目标下达到企业各部门和各子公司、分公司。

第四条 部门预算编制上报。

企业各部门按照下达的财务预算目标和政策，结合自身实际情况，编制本部门详细的预算方案，并按规定时间上报企业预算委员会。

第五条 审查平衡。

企业预算委员会对各部门上报的预算方案进行审查、汇总和平衡。在审查过程中，应当进行充分协调，对发现的问题提出调整意见，并反馈给各部门予以修改。

第六条 审议批准。

预算委员会在各部门修正调整的基础上重新汇总各部门预算方案，编制企业预算方案，上报企业董事会审核，股东大会审批，形成企业正式年度预算方案。

第三章 预算执行中的授权审批

第七条 企业预算审批、分解与下达。

企业预算经过股东大会批准后，在各责任中心间进行分解、下达，各部门/分公司/分支机构为企业预算的责任单位。

第八条 各项业务预算的执行。

各责任单位按照预算责任分解情况分别承担业务预算、费用预算及资金预算等各类预算的执行职能。

第九条 财务支出的审批。

1. 预算内资金支出实行责任人限额审批；限额以上资金支出实行总经理审批。
2. 预算外支出需提交预算委员会审议，董事会和股东大会审批。

第四章 预算调整中的授权审批

第十条 预算调整申请。

　　企业各部门/分公司/分支机构在预算执行过程中出现以下情况时，可提出预算更改及修订申请。

　　1. 预算执行的差异率超出预算差异的可容忍范围，并分析合理，则需进行修订。

　　2. 发生不可预见情况（特别是市场行情的意外变化），并对预算执行有重大影响，则需在发生当期及时修订预算。

　　第十一条　申请审批。

　　1. 预算委员会汇总各单位提交的预算调整申请，编制预算变更对照表，并说明总变更数对企业目标的影响程度，提交董事会审议，最终由股东大会审批。

　　2. 预算委员会根据审批意见对预算调整方案进行平衡协调，形成新的预算调整方案。

　　3. 预算委员会将新的预算调整方案下达到各单位，各单位执行新预算。

第五章　预算分析与考核的授权审批

　　第十二条　企业各部门/分公司/分支机构定期编制预算执行情况报告，上交预算委员会。

　　第十三条　财务部对各单位提交的预算执行情况报告进行分析，编制总体预算执行情况分析报告。

　　第十四条　预算委员会根据分析结果，编制各责任中心的奖惩方案，交董事会审批。

　　第十五条　根据审批的奖惩方案，及时对各责任中心进行奖惩，以调动部门及相关人员的积极性。

第六章　附　　则

　　第十六条　预算委员会负责对本制度进行解释和修改。

　　第十七条　本制度自颁布之日起执行。

文案范本

预算业务授权流程

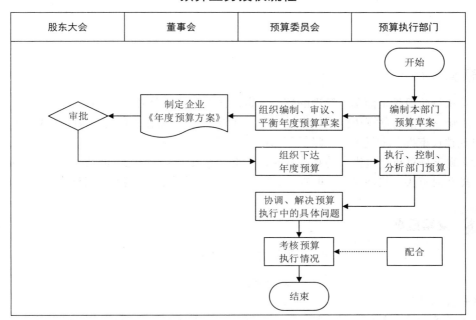

预算报批工作流程

总经理	财务总监	财务部	各部门

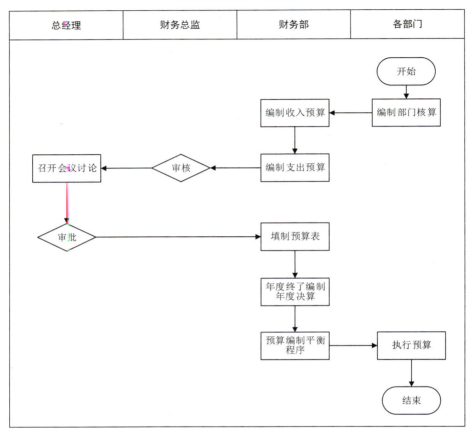

四、预算执行

预算执行阶段是全面预算管理的核心内容，其主要风险有两个方面：

（1）缺乏严格的预算执行授权审批制度，可能导致预算执行随意、预算审批权限及程序混乱、出现越权审批、重复审批，降低预算执行效率和严肃性；

（2）缺乏预算执行过程中的有效监控，可能导致预算执行情况不能及时沟通、差异及存在问题不能及时解决、机遇难以及时抓住，削弱预算监督作用，影响预算目标完成。

预算执行控制制度

第一章　总　　则

第一条　目的。

为了确保企业的各项预算执行到位，维护企业预算管理的严肃性，杜绝预算执行过程中的违规行为，特制定本制度。

第二条　预算执行机构及职责。

1. 集团所属各分（子）公司、各部门是预算的执行机构和责任主体。
2. 实际经营活动必须严格执行分解后的各项预算标准。
3. 预算执行的直接责任人是各责任主体的负责人和各分（子）公司负责人。

第三条　预算执行控制权限。

预算执行控制权限的划分具体如下所示。

预算执行事项	权限部门
预算内行为	预算执行机构责任人对各项支出预算进行实质性审查，并在授权范围内独立决策 财务部对预算执行机构的各项支出进行有效性审核，并将相关结果反馈给执行机构责任人
预算外行为	总裁在授权范围内对预算外行为的合理性进行审定 预算委员会在授权范围内对预算外行为的合理性进行审定 董事会对未进行授权的重大预算外行为进行最终审批和决策

第四条　预算执行责任划分。

具体责任划分如下所示。

部　门	主要预算责任对象	责任形式
生产部	生产预算、直接材料预算、直接人工预算、制造费用预算、产品成本预算	负责执行、落实并对执行结果负有直接责任
营销部	毛利预算、销售费用	
财务部	现金预算、财务费用预算	
总裁、总裁办公室、各相关部门	管理费用	
采购部	采购预算、资金周转、付款率、采购价格、期末库存预算	

<h2 style="text-align:center">第二章　预算执行事项的申请和批复</h2>

第五条　预算内事项的申请。

对于预算内事项的申请，须编制预算内事项申请书。申请书的内容如下。

1. 预算内事项的活动和金额。
2. 预算事项在预算书和工作计划报告书中的相应编号或类别名称。
3. 预算事项预计进行的时间以及提出申请的责任部门或责任人、经办部门或经办人等。

第六条　预算外事项的申请。

对于预算外事项的申请，须编制预算外事项申请书，内容如下。

1. 注明预算支出的原因，包括经营环境、原预算目标的合理性以及其他原因。
2. 详细说明预算外支出的金额，预期回报等数据。
3. 具有审核、审批权人员的签名。

第七条　财务部、预算委员会、总裁、董事会在各自的权限范围内履行各类预算事项申请的核查和批准权。

<h2 style="text-align:center">第三章　预算执行结果控制</h2>

第八条　建立预算执行台账。

1. 集团企业、下属分（子）公司及各部门均建立预算执行统计台账，并由专人负责统计，及时登记，每日总结，并主动与财务对账，做到日清日结。

2. 台账要按照预算的具体项目详细记录预算数量、金额、实际发现数、差异数、累计预算数、累计实际发生数、累计差异、差异说明等。

第九条 签订各级预算执行责任书，确保预算执行到位。

1. 责任书的体系。

（1）董事长与总裁签订集团的总体预算执行责任书。

（2）总裁与其直接下级预算单位的负责人签订各单位或部门的预算责任合同书。

（3）各基本预算单位的负责人与有关管理人员签订执行责任合同书。

2. 预算责任书的内容包括主要的预算指标、完成要求、奖惩措施，责任书附件包括经批准的预算文件、完成预算的具体措施等。

第十条 预算执行情况总结和反馈。

1. 企业建立信息反馈系统，对各分（子）公司、各部门执行预算的情况进行跟踪监控，不断调整执行偏差，确保预算目标的实现。

2. 在预算执行过程中各级预算单位应定期召开预算例会，对照预算指标及时总结预算执行情况、计算差异、分析原因、提出改进措施，同时确定下期的工作重点。预算例会按照召开的频度应当形成不同形式的预算反馈表。

3. 将本单位或本部门预算反馈表连同预算工作总结送交财务部。

4. 财务部每月按照部门编制预算执行表，比较实际与预算目标的差异，并进行差异分析，填写分析结论，作为预算委员会检查和考评预算执行情况的依据。

第十一条 编制预算执行情况报告。

1. 集团企业各分（子）公司和各部门定期编制预算执行情况报告，编制频率为年度、半年度和季度。

2. 预算执行情况报告须遵循以下要求。

（1）各分（子）公司和各部门在进行分析时，应与上一年度同期进行对比分析。

（2）各分（子）公司和各部门在进行季度预算执行情况分析时，应进行下季度预测，包括但不限于市场分析、销售收入预测、重大成本支出预测、季度利润预测、资本性支出完成预测等。

（3）各分（子）公司和各部门在进行第二季度分析时，应对全年完成情况进行预测。

（4）第四季度需按月提交月度预算支出预测，分别在9月、10月、11月底报送本月完成情况及下月的预算支出预测。

第十二条 预算结余可以跨月度使用，但不能跨年度。

第十三条 下属子公司预算执行控制。

1. 下属子公司应严格控制费用支出，按专项对费用进行使用和控制，各项目费用当月有节余的，可以结转下月使用。未经财务部审批，严禁各项目费用之间相互替代使用。

2. 下属子公司在当月经营过程中如果发生了超预算情况，先用上月节余弥补，如果节余不足弥补，按超预算金额的不同报不同部门审批，如果当月超预算金额在预算金额___%以内的，由下属子公司总经理审批；超过___%的，需交集团财务部和预算委员会审批。

第四章 附 则

第十四条 本制度由预算委员会负责制定、修订及解释工作。

第十五条 本制度自颁布之日起执行。

文案范本

预算执行控制流程

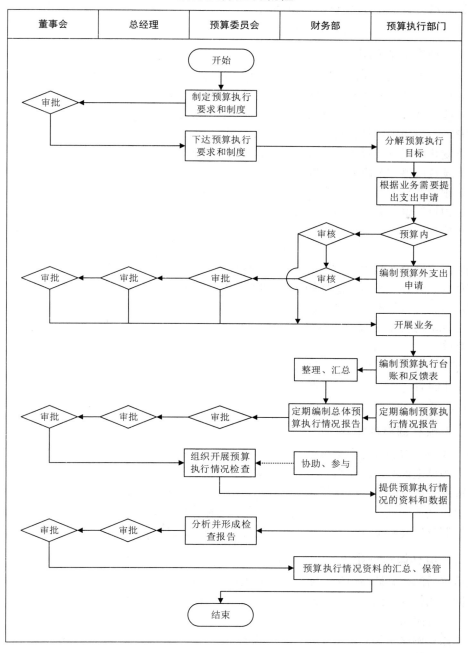

五、预算调整

企业批准下达的预算应当保持稳定，不得随意调整。由于市场环境，国家政治或不可抗力等客观因素，导致预算执行发生重大差异确需调整预算，应当履行严格的审批程序。

对预算进行调整，必须具有一定的程序。一般情况下，预算调整需要经过申请、审议、批准三个主要程序。

（一）预算调整的申请

内部预算执行机构在执行过程中，由于市场环境、经营条件、国家法规政策等发生重大变化，或出现重大自然灾害等不可抗力、公共紧急事件等，致使预算的编制基础不成立，或者将导致预算执行结果产生重大差异的，经企业决策机构批准，可以调整预算。

调整预算应当由预算执行单位逐级向决策机构提出书面报告，阐述预算执行的具体情况、客观因素变化情况及其对预算执行造成的影响程度，提出预算的调整幅度。

审批预算调整方案应当符合以下要求：

（1）预算调整事项应当符合企业发展战略和年度生产经营目标；

（2）预算调整方案应当客观、可行；

（3）预算调整重点应当放在预算执行中出现的重要的、非正常的、不符合常规的关键性差异方面。

如果需要修改调整预算，首先应由预算执行人或编制人提出申请。调整申请应说明调整的理由（如内、外环境发生了怎样的变化，执行原预算遇到怎样不可克服的困难或损失等），调整的初步方案（具体的调整点、调整方法等），调整前后的预算指标对比（调整后的预算指标测算、指标前后对比的差异、相应的补偿措施等）以及调整后预算的负责人、执行人等情况。单位预算管理部门应当对预算执行机构提交的预算调整报告进行审核分析，集中编制出年度预算调整方案，提交决策机构审议批准，然后下达执行。

对于不符合上述要求的预算调整报告和调整方案，预算管理部门和单位决策机构应当予以否决。

（二）预算调整的审议

预算执行或编制人提出调整申请后，应经由一定的审议，并提出审议意见。担任审议的部门通常是预算工作组。由预算工作组担任审议人，也应要求申请人的上级部门首先对申请签署意见。审议意见应说明审议参与人和过程，包括对申请同意、反对或补充修改的内容（修改意见应征得申请人同意）。为了使审议意见切合实际和有理有据，审议人有必要对申请调整事项做深入的调查研究和论证，不可随意作出同意或否定的意见。审议人应对审议意见负责。

（三）预算调整的批准

经审议后的预算调整申请，即可报送有关部门批准。批准人应在审阅有关资料后，提出同意或不同意调整的书面意见。不同意的，应简单说明理由；同意的，应说明补充意见，然后下发给申请人遵照执行。

由于预算调整属于非正常事项，而且其牵扯面广，对其他相关部门也会产生影响，并且可能引起一系列的变化，所以需要从严把握。鉴于此，预算调整的审批权限应该高度集中。

预算委员会是全面预算管理的最高权力机构，通常倾向于预算调整的审批权限应集中于预算委员会，尤其是涉及预算目标责任的调整。如果没有专设的预算委员会，则应由企业最高权力机构批准。

　　必须注意的是，在建立了法人治理结构的现代企业中，有关经营权的界定还必须符合现代企业制度的要求。我国《公司法》规定，股东大会是企业的最高权力机构，审议批准公司年度财务预算、决算方案，决定投资计划的权力在股东大会，所以企业的年度预算及预算执行情况应由董事会向股东大会报告并得到批准。涉及经营战略的预算调整事项，如重大资本投资、企业联营、经营方向的改变等，也应由董事会、股东会讨论批准。

　　董事会是向股东会负责的企业权力执行机构，制定公司的年度财务预算、决算方案的权力在董事会。通常，预算的编制及重大调整均应在董事会的领导下进行。

　　公司经理的职权是组织实施公司年度经营计划、财务预算和投资计划等，但董事会可以授权公司经理层，如预算委员会或总经理办公会议等，具体办理预算编制与调整的事宜，并可授权其在一定范围内批准预算调整事项，如补充临时预算、增加急需资金、调整销售方式和产品结构等。

六、预算反馈

　　预算控制系统要发挥其应有的职能，必须依赖于灵活有效的预算反馈机制。预算反馈控制包括预算反馈制度和预算反馈报告两部分。

（一）预算反馈制度

　　为了保证预算目标的顺利实现，在预算执行过程中，各级预算单位应定期召开预算例会，对照预算指标及时总结预算执行情况、计算差异，提出改进措施。预算例会按照召开的周期应当形成不同形式的预算反馈报告。

（二）预算反馈报告

　　预算反馈报告是预算管理信息的具体结果，是对报告期预算执行情况的总结和反映，同时也是预算考评和对经营者奖惩的主要依据。预算反馈报告根据上报的期间不同，分为年度报告、季度报告、月度报告等，具体选择可根据企业的具体情况而定。

　　由于预算反馈报告在预算管理中的特殊地位，所以经理人要给予充分的重视。编制预算报告，应遵循以下基本原则。

1. 真实

　　预算反馈报告是企业整个生产经营过程的总结，真实性是对其最基本的要求，否则会给企业带来一系列的决策和控制失误。

2. 及时

　　预算反馈报告是实施控制和企业决策的重要依据，必须及时地编制和上报。预算反馈报告的及时性是调控职能实现的关键。

3. 系统

　　预算管理要求预算反馈报告制度以责任中心为基础，对预算执行情况进行系统的记录和计量，从而形成预算反馈报告。在预算管理中，不同层次的责任中心具有不同的预算责任目标，因而需要不同的预算反馈报告。但不论是投资中心、利润中心、成本中心，预算反馈报告都应覆盖各责任主体，并突出责任预算目标的完成情况。预算反馈报告应以最基层为起点，逐级汇总上报，直至企业最高决策层，形成企业的预算反馈报告系统。

4. 灵活

　　预算反馈报告在形式上可以多样化，如采用报表、数据分析、文字说明等。预算反馈报告最基本的形式是用报表方式反映预算差异，但更重要的是分析和揭示产生预算差异的原因，并提出改进意见和建议。

总之，实施有效的预算监控，建立完善的监控系统，可以帮助企业加强预算管理，使预算真正发挥约束企业行为、帮助企业发展的重要作用。

七、预算分析

通过预算分析可总结经验、吸取教训、发现问题，为改进工作、防范风险损害提供依据。预算分析是预算管理中的重要环节，如果预算分析不正确、不科学、不及时，可能削弱预算执行的效果，可能导致预算考评不客观、不公平；对于预算差异原因的解决措施不得力，可能导致预算分析形同虚设。为此企业预算管理工作机构和各预算执行单位，应当建立预算执行情况分析制度，定期召开预算执行分析会议，通报预算执行情况，研究、解决预算执行中存在的问题，提出改进措施。

为确保分析结果客观公正，企业在分析预算执行情况时应特别关注三点。

（1）应当充分收集有关财务、业务、市场、技术、政策、法律等方面的信息资料。

（2）应根据不同情况分别采用比率分析、比较分析、因素分析等方法。

（3）应从定量与定性两个层面充分反映预算执行单位的现状、发展趋势及其存在的潜力。查明产生问题原因及责任归属，纳入业绩考核范畴，并提出改进措施与建议，将分析结果反馈上报。

预算分析工作流程

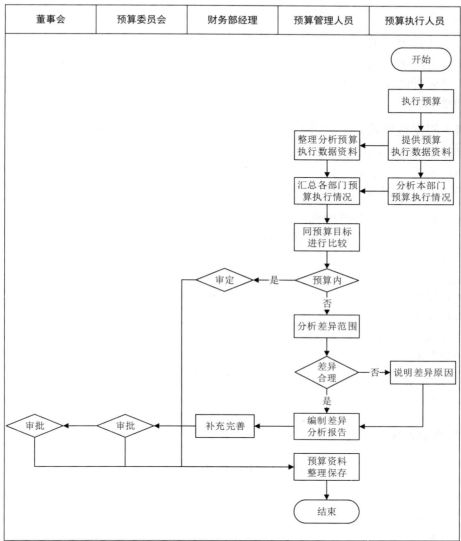

八、预算考评

预算考核和评价（简称"预算考评"）过程就是对预算执行效果的认可过程。预算考评原则主要包括以下几项。

（一）没有实现预算目标就说明执行者没有有效地执行预算

因为进行利润预算管理的根本目的是要实现目标利润，在目标利润确定之前，预算管理人员已进行各方面合理的预测，因此在预算考评时如无特殊原因，未能实现预算目标就说明执行者未能有效地执行预算。

（二）制定与预算考评相适应的激励制度

一套切实可行的激励制度会使员工加倍地付出努力，从而会取得更好的成绩。预算考评的真正意义就在于通过考评这种形式激发预算执行者的积极性和主动性，没有科学的激励制度，预算考评也就失去了它的真正意义。企业应根据自己的具体情况，制定科学、合理的奖惩制度，激励预算执行者完成或超额完成预算。

（三）注意考评的适时进行

只有及时对预算执行结果进行考核评价，并依据奖惩制度及时兑现，才有助于管理上的改进，保证目标利润的完成。如果本期的预算执行结果拿到下期或更长时间进行考评，就失去了考评的激励作用。

（四）根据预算修正情况进行考评

由于企业有时候会出现一些不可控的特别事件或因素，如产业环境的变化、市场的变化、执行政策的改变、气候的变化、重大意外灾害等。企业受到这些因素的影响后，就应及时按程序修正预算，考评也应该按修正后的预算进行。

（五）遵循分级考评的原则

预算考评是根据企业预算管理的组织结构层次或预算目标的分解次序进行的，预算执行者是预算考评的主体对象，每一级责任单位负责对其所属的下级责任单位进行预算考评，而本级责任单位预算的考评则由所属上级部门来进行。不同的责任中心应有不同的侧重点，如成本中心以评价责任成本预算执行结果为主；利润中心以评价责任利润预算执行结果为主；投资中心则以评价资本所创的效益为主。

对预算执行结果的考评，能够反映整个企业的经营业绩与企业员工的绩效，可以帮助企业管理者衡量有关预算目标的实现程度，为预算目标的顺利实现提供可靠的保障并为编制下一期预算提供丰富有价值的资料。预算考评具有较强的激励作用，可以通过奖惩制度激发管理者的工作能动性和积极性。

文案范本

预算分析与考核控制

预算执行过程中，预算责任单位要及时检查、追踪预算的执行情况，形成预算差异分析报告，于每月上旬将上月预算差异分析报告交预算部（财务部），最后由预算部（财务部）形成总预算差异分析报告，交全面预算管理委员会，为全面预算管理委员会对整个预算的执行进行动态控制提供资料依据。预算差异分析报告应有以下内容：

一、本期预算额、本期实际发生额、本期差异额、累计预算额、累计实际发生额、累计差异额；

二、对差异额进行的分析；

三、产生不利差异的原因、责任归属、改进措施以及形成有利差异的原因和今后进行巩固、推广的建议。

预算反馈是全面预算管理组织的重要组成，预算的规划和控制职能都离不开反馈，预算管理委员会、预算编制机构、预算监控机构、预算协调机构发挥作用的前提是要有完善的反馈组织作后盾。预算反馈组织即预算信息流组织，亦即预算执行过程的报告体系，它是预算下达过程的逆向信息流动，是预算执行情况的自下而上的层层汇集和向上报告过程，因此它因预算执行组织的设立而异，有什么样的预算执行组织就会有与之相应的信息流组织，也就是说，每一层次的预算执行组织同时也应该是反馈组织。

 **文案范本**

预算超支管理流程

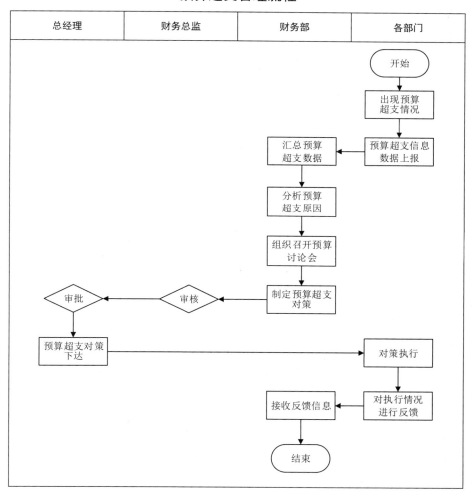

总经理	财务总监	财务部	各部门

开始

出现预算超支情况

预算超支信息数据上报

汇总预算超支数据

分析预算超支原因

组织召开预算讨论会

制定预算超支对策

审核

审批

预算超支对策下达

对策执行

接收反馈信息

对执行情况进行反馈

结束

第三节　全面预算管理综合文案

请参阅以下相关文案。

××药业股份有限公司全面预算管理制度

（经 2013 年 4 月 12 日公司召开的七届六次董事会审议通过）

第一章　总　　则

第一条　为加强公司内部控制，规范公司预算管理活动，促进公司各项预算管理工作全面化、科学化、规范化、程序化的开展，使公司全面预算管理工作顺利、有效的落实，提高公司管理和盈利能力，特制定本制度。

第二条　本规定适用于公司所有单位（分厂、职能部门）。各分（子）公司和其他控股公司可参照本规定制定相应的管理细则。

第二章　职责与分工

第三条　职责。

公司董事会下设预算管理委员会，履行全面预算的管理。

第四条　预算管理委员会成员：主任由公司董事长/总经理担任；副主任由财务总监担任；成员包括公司所有副总及各分（子）公司负责人。

第五条　预算管理委员会职责：

（1）制定颁布企业全面预算管理制度，包括预算管理的政策、措施、办法、要求等；

（2）根据企业战略规划和年度经营目标，拟定预算目标，并确定预算目标分解方案、预算编制方法和程序；

（3）组织编制、综合平衡预算草案；

（4）下达经批准的正式年度预算；

（5）协调解决预算编制和执行中的重大问题；

（6）审议预算调整方案，依据授权进行审批；

（7）审议预算考核和奖惩方案；

（8）对企业全面预算总的执行情况进行考核；

（9）其他全面预算管理事宜。

第六条　预算管理委员会下常设预算管理工作小组，履行预算管理委员会的日常工作职责，该预算管理工作小组设在财务部。

第七条　预算管理工作小组成员：组长由财务总监担任；成员包括财务部及其他部门经理。

第八条　预算管理工作小组职责：

（1）拟订企业各项全面预算管理制度，并负责检查落实预算管理制度的执行；

（2）拟定年度预算总目标分解方案及有关预算编制程序、方法的草案，报预算管理委员会审定；

（3）组织和指导各级预算单位开展预算编制工作；

（4）预审各预算单位的预算初稿，进行综合平衡，并提出修改意见和建议；

（5）汇总编制企业全面预算草案，提交预算管理委员会审查；

（6）跟踪、监控企业预算执行情况；

（7）定期汇总、分析各预算单位预算执行情况，并向预算管理委员会提交预算执行分析报告，为委员会进一步采取行动拟定建议方案；

（8）接受各预算单位的预算调整申请，根据企业预算管理制度进行审查，集中制定年度预算调整方案，报预算管理委员会审议；

（9）协调解决企业预算编制和执行中的有关问题；

（10）提出预算考核和奖惩方案，报预算管理委员会审议；

（11）组织开展对企业二级预算执行单位（企业内部各职能部门、所属分（子）企业等，下同）预算执行情况的考核，提出考核结果和奖惩建议，报预算管理委员会审议；

（12）预算管理委员会授权的其他工作。

第九条　预算执行单位包括企业内部各职能部门、所属分（子）公司，预算执行单位在预算管理委员会和预算管理工作小组的指导下，组织开展本部门或本公司全面预算的编制工作，严格执行批准下达的预算。

第十条　预算执行单位职责：

（1）负责本单位全面预算的编制和上报工作；

（2）提供编制与审核预算的各项基础资料；

（3）将本单位预算指标层层分解，落实到各部门、各环节和各岗位；

（4）严格执行经批准的预算，监督检查本单位预算执行情况；

（5）及时分析、报告本单位的预算执行情况，解决预算执行中的问题；

（6）根据内外部环境变化及企业预算管理制度，提出预算调整申请；

（7）组织实施本单位内部的预算考核和奖惩工作；

（8）配合预算管理部门做好企业总预算的综合平衡、执行监控、考核奖惩等工作；

（9）执行预算管理部门下达的其他预算管理任务。

第三章　预算编制

第十一条　依据公司战略规划及年度经营计划，制定预算目标，确保预算编制真正成为战略规划和年度经营计划的具体行动方案。

第十二条　预算管理部门应明确各部门、单位的预算编制责任，使企业各部门、单位的业务活动全部纳入预算管理范围。

第十三条　预算管理工作小组统一制定预算表、预算指标和预算编制说明，将企业经营、投资、财务等各项经济活动的各个方面、各个环节纳入预算编制范围。

第十四条　各预算执行单位按照下达的预算目标和预算政策，结合自身特点以及预测的执行条件，认真测算并提出本单位的预算草案。

第十五条　各预算执行单位预算编制人员，需进行外部环境的调研和预测，包括对企业预算期内客户需求、同行业发展等市场环境的调研，以及宏观经济政策等社会环境的调研，确保预算编制以市场预测为依据，与市场、社会环境相适应。同时，结合上一期间的预算执行情况制定本期预算。

第十六条　公司各预算编制部门的预算数据必须有基础数据来源，无法取得基础数据的预算数据应当进行详细的分析或适当的职业判断。

第十七条　各预算执行单位应有专人负责本部门的预算编制工作，经部分负责人审核确认后，逐级汇总上报至预算管理部门。

第十八条　本单位预算表。公司各部门应按照预算管理部门要求，按时保质提交。

第四章　预算审批

第十九条　预算管理工作机构应与预算执行单位进行充分协调、沟通，审查平衡预算草案。

第二十条　预算管理委员会对预算管理工作机构在综合平衡基础上提交的预算方案进行研究论证，从企业发展全局角度提出进一步调整、修改的建议，形成企业年度全面预算草案。

第二十一条　根据预算草案的内容，根据需要及时提交至董事会审议；董事会审核全面预算草案，确保全面预算与企业发展战略、年度生产经营计划相协调。

第五章　预算实施与控制

第二十二条　企业全面预算一经批准下达，预算执行单位将各项费用预算控制指标分解到每个责任部门，使各项指标落到实处，时间上将年度预算指标分解细化为季度、月度预算，通过实施分期预算控制，实现年度预算目标，确保公司效益。

第二十三条　严格资金支付业务的审批控制，及时制止不符合预算目标的经济行为，确保各项业务和活动都在授权的范围内运行。

第二十四条　预算执行程序。预算范围内的部门费用，按照公司原资金支付审批程序进行。

第二十五条　重大预算项目需特别关注。对于工程项目、对外投融资等重大预算项目，企业应当密切跟踪其实施进度和完成情况，实行严格监控。对于重大的关键性预算指标，要密切跟踪、检查。

第二十六条　各部门必须严格遵守已批准实施的公司预算，各部门在预算年度内的经济活动必须在现有预算范围内按预算执行程序进行，以确保公司总预算与各部门预算之间的协调与一致。

第二十七条　预算管理工作小组应当加强与各预算执行单位的沟通，运用财务信息和其他相关资料监控预算执行情况，采用恰当方式及时向预算管理委员会和各预算执行单位报告、反馈预算执行进度、执行差异及其对预算目标的影响，促进企业全面预算目标的实现。

第二十八条　各预算执行部门在执行预算时如发现预算节余，不得违反经济活动的常规性用尽预算，避免消耗性资源浪费。

第六章　预算差异分析

第二十九条　预算执行部门在日常的各项经济活动中应当严格执行各自的预算控制指标，定期对实际发生情况与预算控制指标进行比较分析，积累基础资料，出具分析报告递交至预算管理小组。

第三十条　存在预算偏差或差异，分析差异产生的原因，落实责任部门，并提出改进措施和建议。因内部执行导致的预算差异，应分清责任归属，与预算考评和奖惩挂钩，并将责任单位或责任人的改进措施的实际执行效果纳入业绩考核；因外部环境变化导致的预算差异，应分析该变化是否长期影响企业发展战略的实施，并作为下期预算编制的影响因素。

第三十一条　预算差异分析报告包括以下内容：

（1）本期预算额、本期实际发生额、本期差异额、累计预算额、累计实际发生额、累计差异额；

（2）对差异额进行分析；

（3）产生不利差异的原因、责任归属、改进措施及形成有利差异的原因和今后进行巩固、推广的建议等。

第三十二条　预算管理小组定期收集各预算执行单位递交的分析报告，对本期预算的执行情况进行汇总分析。定期召开预算执行分析会议，通报预算执行情况，研究、解决预算执行中存在的问题，认真分析原因，提出改进措施。

第三十三条　预算管理小组应当在年终组织各预算执行部门编写预算工作总结报告，认真总结年度全面预算工作的经验和存在不足，分析预算与实际执行结果的差异程度和影响因素，研究制定改进措施。

第七章　预算的调整

第三十四条　下达执行的年度预算，一般不予调整。但预算执行单位在执行过程中由于市场环境、经营条件、政策法规等发生重大变化，致使预算的编制基础不成立，或者将导致预算执行结果产生重大偏差的，可以申请调整预算。

第三十五条　预算调整分为日常性追加调整和年度编制调整。

第三十六条　日常性追加调整：

（1）指由于预测不准确或外部经营环境变化导致不进行调整就会影响到正常生产经营或预算目标实现的事项；

（2）提出预算追加调整前，应首先采取其他措施来弥补，只有在无法弥补的情况下，才能提出财务预算追加调整的申请；

（3）提出追加调整申请时，应当提供有关原因、依据、金额测算等资料；

（4）预算追加调整申请应提前（至少提前五个工作日）向上级申请预算追加或项目之间进行调整，预算追加或调整需按照下表中的事项和审批权限进行；

（5）因特殊情况或紧急事项发生的预算外项目支出，应上报总经理、董事长审批，财务部依据相关签报审批文件办理付款，在紧急事项结束后应当补充相关预算追加调整的手续。

日常性预算追加调整授权审批表

预算内容		金额大小（元）	审批流程
经营预算	1. 研发类（研发费用） 2. 销售类（销售计划、成本） 3. 生产类（生产成本、材料采购、直接人工、制造费用等） 4. 管理类（管理费用） 5. 财务类（资金、预计财务报告）	单项 50 万以下	分管副总→财务总监→总经理（总经理办公会）
		单项 50 万~200 万	分管副总→财务总监→总经理（总经理办公会）→董事长
		单项 200 万以上	分管副总→财务总监→总经理（总经理办公会）→预算管理委员会→董事会
投资预算	公司在预算期内进行资本性投资的活动，主要包括固定资产投资预算、债券预算	500 万以下	分管副总→财务总监→总经理（总经理办公会）
		500 万~1 000 万	分管副总→财务总监→总经理（总经理办公会）→董事长
		1 000 万以上，且占公司最近一期经审计净资产 12.5%以下的投资	分管副总→财务总监→总经理（总经理办公会）→预算管理委员会→董事会
		占公司最近一期经审计净资产 12.5%以上的投资	分管副总→财务总监→总经理（总经理办公会）→预算管理委员会→董事会→股东大会

注：

1. 对于重大预算追加调整申请，应提交至预算管理委员会审议，若预算管理委员会无法平衡解决的，应上报至董事会审议
2. 本表金额大小中的"以下"均包含该数字、"以上"均不包含该数字
3. 相关负责人只能在本权限内审批，严格控制无预算的资金支出

第三十七条　年度编制调整。

（1）年度编制调整包括半年度和全年度调整，是基于对下个周期的重大事项或经营管理预测而进行的调整。年度调整应在半年度或年度终了的最后一个月内提出预算调整申请。

（2）预算执行部门应当向预算管理小组提出书面调整报告，阐述预算执行的具体情况、客观因素变化情况及其对预算执行造成的影响程度，提出预算的调整幅度。

（3）预算管理小组应对预算执行单位的预算调整报告进行审核分析，比较调整前后预算指标的差异、调整后预算指标可能对企业预算总目标的影响等内容。集中编制企业年度预算调整方案，逐级提交至预算管理委员会/董事会审批后方可下达执行。年度预算调整按照本制度预算编制审批程序进行。

第八章　预算考核

第三十八条　预算管理委员会是公司预算考核的牵头决策部门，预算管理工作小组是预算考核的执行部门。

第三十九条　按照上级考核下级原则，由预算管理工作小组对下级预算执行单位实施考核；预算执行与预算考核相互分离原则，避免发生自我考核。

第四十条　预算考核实行按季、半年和年度考核，预算控制指标完成情况直接与各部门负责人的奖金挂钩。

第四十一条　科学设计预算考核指标体系，预算考核指标要以各执行单位承担的预算指标为主，同时本着相关性原则，增加一些全局性的预算指标和与其关系密切的相关执行单位的预算指标；考核指标应以定量指标为主，同时根据实际情况可辅之以适当的定性指标。

第四十二条　遵照公开、公正、公平原则实施预算考核。将全面预算考核程序、考核标准、奖惩办法、考核结果等及时公开。

第四十三条　预算执行单位上报的预算执行报告是预算考核的基本依据，应当经本单位负责人签章确认。

第四十四条　企业预算管理委员会及工作小组定期组织预算执行情况考核时，应当将各预算执行单位负责人签字上报的预算执行报告和已掌握的动态监控信息进行核对，确认各执行单位预算完成情况。必要时，可实行预算执行情况内部审计办法。

第四十五条　各预算执行单位应当将各自承担的预算控制指标考核结果进行分解，切实落实到个人，将预算控制结果和部门及部门负责人、岗位责任人的经济利益有效结合起来。真正做到奖罚兑现、责任到人。

第九章　附　　则

第四十六条　本制度由预算管理工作小组负责制定与修改，经董事会批准后颁布实施。

第四十七条　本规定由预算管理工作小组负责解释说明。

×× 药业股份有限公司

2013 年 4 月 12 日

第十八章

内部信息传递方面内控管理

第一节 内部信息传递综述

一、内部报告形成及风险防范

（一）内部报告指标体系设置

1. 主要风险

该环节的主要风险是：指标体系的设计未能结合企业的发展战略，指标体系级次混乱，与全面预算管理要求相脱节，并且一旦设定后未能根据环境和业务变化有所调整。

2. 相关要求

（1）企业应当根据发展战略、风险控制和业绩考核要求，科学规范不同级次内部报告的指标体系，采用经营快报等多种形式，合理设置关键信息指标和辅助信息指标，全面反映与企业生产经营管理相关的各种内外部信息。

（2）内部报告指标体系的设计应当与全面预算管理相结合，并随着环境和业务的变化不断进行修订和完善。设置内部报告指标体系时，应当关注企业成本费用预算的执行情况。

（3）内部报告应当简洁明了、通俗易懂、传递及时，便于企业各管理层级和全体员工掌握相关信息，正确履行职责。

3. 目标设置管控措施

（1）目标制定依据。企业的战略目标和具体的战略规划为内部报告控制目标的确定提供了依据。企业应认真研究企业的发展战略、风险控制要求和业绩考核标准，根据各管理层级对信息的需求和详略程度，建立一套级次分明的内部报告指标体系。

（2）目标分解落实。企业内部报告指标确定后，应进行细化，层层分解，使各责任中心及其各相关职能部门都有自己明确的目标，以利于控制风险并进行业绩考核。通过内部信息传递使企业的战略目标、战略规划、内部报告的控制目标、各责任中心以及各职能部门的控制目标成为相互联系、不断细化的一个体系。

（3）信息反馈要求。内部报告需要依据全面预算的标准进行信息反馈，将预算控制的过程和结果向企业内部管理层报告，以有效控制预算执行情况、明确相关责任、科学考核业绩，并根据新的环境和业务，调整决策部署，更好地规划和控制企业的资产和收益，实现资源的最有效配置和管理的协同效应。

（二）内部信息传递流程设置

企业在实际操作中，应结合自身业务特点和管理要求，构建和优化内部信息传递流程（见图 18-1）。

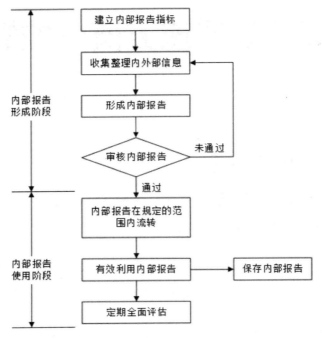

图 18-1　内部信息传递流程

该环节的主要风险是：收集的内外部信息过于散乱，不能突出重点；内容准确性差，据此信息进行的决策容易误导经营活动；获取内外部信息的成本过高，违反了成本效益原则。

（三）内部报告管理

1．指引提出要求

企业应当制定严密的内部报告流程，充分利用信息技术，强化内部报告信息集成和共享，将内部报告纳入企业统一信息平台，构建科学的内部报告网络体系。企业内部各管理层级均应制定专人负责内部报告工作，重要信息应及时上报，并可以直接报告高级管理人员。企业应当建立内部报告审核制度，确保内部报告信息质量。

2．内部报告风险

该环节的主要风险是：内部报告未能根据内部各使用单位的需求进行设计与编制；内容不完整，编制不及时，报告形式不规范；未经审核即向有关部门传递。

3．内部报告管理措施

（1）根据特定服务对象的需求，选择信息收集过程中应重点关注的信息类型和内容。为特定对象、特定目标服务的信息，具有更高的适用性，对于使用者具有更现实更重要的意义。因此需要根据信息需求者要求按照一定的标准对信息进行分类汇总。

（2）对信息进行审核和鉴别，对已经筛选的资料作进一步的检查，确定其真实性和合理性。企业应当检查信息在事实与时间上有无差错，是否合乎逻辑，其来源单位、资料份数、指标等是否完整。

（3）企业应当在收集信息的过程中考虑获取信息的便利性及其获取成本的高低，如果需要较大代价获取信息，则应当权衡其成本与信息的使用价值，确保所获取信息符合成本效益原则。

为了提高内部报告的质量，正确发挥外部信息的作用，应该关注以下事项。

（1）关注内部报告的内容。内容是信息最重要的特征，包括准确性（没有错误）、相关性（与使用者相关）和完整性（包含所需信息）。编制单位应紧紧围绕内部报告使用者的信息需求，以内部报告指标体系为基础，编制内容全面、简洁明了、通俗易懂的内部报告，便于企业各管理层级和全体员工掌握相关信息，正确履行职责。起草内部报告，形成总结性结论，并提出相应的建议，应对发展趋势、策略规划、前景预测等提供重要的分析指导，为企业的效益分析、业务拓展提供有力的保障。

（2）关注内部报告的时间。在使用相关信息作决策的时候，时间是一个关键性因素，它包括及时性和适时性。及时性意味着在你需要信息的时候拥有它。如果没有能够在合适的时间得到合适的信息，几乎不可能做出任何正确的决定。适时性意味着拥有最新的信息，在当今飞速发展的商业环境中，昨天的信息常常意味着对今天没有价值。

（3）关注内部报告的程序。企业应合理设计内部报告编制程序，提高编制效率，保证内部报告能在第一时间提供给相关管理部门。对于重大突发事件应以速度优先，尽可能快地编制出内部报告，向董事会报告。

（4）关注内部报告审核。企业应当建立内部报告审核制度，设定审核权限，确保内部报告信息质量。企业必须对岗位与职责分工进行控制，内部报告的起草与审核岗位分离，内部报告在传递前必须经签发部门负责人审核。对于重要信息，企业应委派专门人员对传递过程进行复核，确保信息正确地传递给使用者。

（5）关注内部报告的形式。主要表现在细节与形式，细节要详细核实，形式则多种多样，如图表、打印文稿、电子邮件、口头叙述、声音等。

企业内部报告因报告类型不同、反映的信息特点不同，内部报告的格式也不尽一致。一般情况下，企业内部报告应当包括报告名、文件号、执行范围、内容、起草或制定部门、报送和抄送部门及时效要求等。

（四）外部信息获取

为了随时掌握有关市场状况、竞争情况、政策及环境的变化，保证企业发展战略和经营目标的实现，企业应当完善外部重要相关信息的收集机制和传递机制，使重要信息能够及时获得并向上级呈报。

企业应当关注市场环境、政策变化等外部信息对企业生产经营管理的影响。广泛收集、分析、整理外部信息，并通过内部报告传递到企业内部相关管理层级，以便采取应对策略。

企业可通过行业协会、社会中介机构、业务往来单位、市场调查、来信来访、网络媒体以及有关监管部门等渠道，获取外部信息。

该环节的主要风险是：收集的外部信息过于散乱，不能突出重点；内容准确性差，据此进行经营决策容易产生误导。

（五）反馈信息获取

1. 广泛收集合理化建议

企业应当拓宽内部报告渠道，通过落实奖励措施等多种有效方式，广泛收集合理化建议。

企业将合理化建议纳入内部报告体系，引起各级管理部门高度重视。实践证明，管理层对员工合理化建议的态度不积极，将造成员工对公司经营管理漠不关心，影响员工忠诚度；同时，也将失去采纳员工的好建议、改善管理的机会。

2. 加强反舞弊机制建设

企业应当重视和加强反舞弊机制建设，通过设立员工信箱、投诉热线等方式，鼓励员工及企业利益相关方举报和投诉企业内部的违法违规、舞弊和其他有损企业形象的行为。

（1）反舞弊潜在风险。该环节的主要风险是：忽视对员工道德准则的培养，内部审计监察不严，内部人员未经授权或者采取其他不法方式侵占、挪用企业资产，在财务会计报告和信息披露等方面存在虚假记录、误导性陈述或者重大遗漏等，董事、监事、经理及其他保管人员滥用职权，相关机构和人员串通舞弊，企业对举报人保护力度小，信访事务处理不及时，缺乏相应的舞弊风险评估机制。

（2）强化反舞弊措施。

1）企业应当重视和加强反舞弊机制建设，对员工进行道德行为培训，通过设立员工信箱、投诉热线等方式，鼓励员工及企业利益相关方举报和投诉企业内部的违法违规、舞弊和其他有损企业形象的行为。

2）企业应当通过审计委员会对信访、内部审计、监察、接受举报过程中收集的信息进行复查，监督管理层对财务报告施加不当影响的行为、管理层进行的重大不寻常交易以及企业各管理层级的批准、授权、认证等，防止企业资产侵占、资金挪用、虚假财务报告、滥用职权等现象的发生。

3）企业应当建立反舞弊情况通报制度，定期或不定期召开反舞弊情况通报会，由审计部门通报反舞弊工作情况，分析反舞弊的形式，评价现有反舞弊控制措施和程序。

4）企业应当建立举报人保护制度，设立举报各类主体、举报程序，明确举报投诉处理程序，并做好投诉记录的保存。切实落实举报人保护制度是举报投诉制度有效运行的关键。结合企业的实际情况，明确举报人应向谁举报，以何种方式进行举报，举报内容的界定等；确定举报责任主体接到投诉报告后进行调查的程序、办理时限、办理结案要求及将调查结论提交董事会处理的程序等。

二、内部信息传递方面文案范本

请参阅以下相关文案。

内部信息相关规章制度

1. 目的与范围

1.1 为规范××股份有限公司（以下简称公司）和公司所属全资及控股子公司（以下简称分支机构）的重大信息内部报告工作，保证公司内部重大信息的快速传递、归集和有效管理，及时、准确、全面、完整地披露信息，维护投资者的合法权益，根据《中华人民共和国公司法》、《中华人民共和国证券法》等法律法规和公司章程的规定，结合本公司的实际情况，制定本制度。

1.2 本制度适用于公司董事、监事、高级管理人员及公司各部门、各分支机构。

2. 相关定义

内部信息传递是指公司内部各管理层级之间通过内部报告形式传递生产经营管理信息的过程。

3. 公司重大信息的内容

3.1 公司重大信息包括但不限于以下内容。

3.1.1 拟提交公司董事会审议的事项。

3.1.2 拟提交公司监事会审议的事项。

3.1.3 发生或拟发生以下重大交易事项：

购买或出售长期资产；

对外投资（含委托理财、委托贷款等）；

提供财务资助；

提供担保；

租入或租出资产；

签订管理方面的合同（委托经营，受托经营等）；

赠与或受赠资产；

债权或债务重组；

研究与开发项目的转移；签订许可协议；

其他重要交易。

3.1.4 发生或拟发生以下关联交易事项：

前款所述交易事项；

购买原材料、燃料、动力；销售产品、商品；

提供或接受劳务；委托或受托销售；与关联人共同投资；其他通过约定可能发生资源或义务转移的事项。

3.1.5 重大诉讼事项。

3.1.6 拟变更募集资金投资项目，基建或技改项目的立项、变更及相关事宜。

3.1.7 业绩报告与业绩预告的修正事项。

3.1.8 利润分配和资本公积金转增股本事项。

3.1.9 公司股票交易的异常波动事项。

3.1.10 公司回购股份相关事项。

3.1.11 公司发行可转换公司债权事项。

3.1.12 公司及公司股东发生承诺事项。

3.1.13 公司出现下列面临重大风险情形的：

发生重大亏损或遭受重大损失；

重大债务、未清偿到期重大债务或重大债权到期未获清偿；可能依法承担的重大违约责任或大额赔偿责任；

计提大额资产减值准备；

公司决定解散或者被政府有关机关依法责令关闭；公司预计出现资不抵债（净资产为负值）；

主要债务人出现资不抵债或进入破产程序，公司对其未提足坏账准备；主要资产被查封、扣押、冻结或被抵押、质押；

主要或全部业务陷入停顿；

公司因涉嫌违法违纪违规被政府有关机关调查或受到重大行政或刑事处罚；公司董事、监事、高级管理人员因涉嫌违法违规被政府有关机关调查或采取强制措施及出现其他无法履行职责的现象。

3.1.14 公司出现下列情形之一的：

变更公司名称、公司章程、股票简称、注册资本、注册地址、办公地址和联系电话等；

董事会通过发行新股或其融资方案；

证监会发行审核委员会对公司发行新股或者其他再融资申请提出相应的审核意见；

持有公司股份 5%以上的股东或实际控制人持股情况或控制公司之一的发生或拟发生变更；

公司董事长、总裁、董事（含独立董事）或三分之一以上的监事提出辞职或发生变动；

生产经营情况、外部条件或生产环境发生重大变化（包括产品价格、原材料采购、销售方式发生重大变化等）；

订立重要合同，可能对公司的资产、负债、权益或经营成果产生重大影响；新颁布的法律、行政法规、部门规章、政策可能对公司经营产生重大影响；解聘为公司审计的会计师事务所；

法院裁定禁止控股股东转让其所持股份；

任一股东所持公司 5%以上的股份被质押、冻结、司法拍卖、托管或设定信托；

获得大额政府补贴等额外收益、转回大额资产减值准备或者发生可能对公司的资产、负债、权益或经营成果产生重大影响的其他事项。

3.2 发生

3.1 所列事项时，重大信息内部报告责任人应提供的材料包括但不限于以下内容。

3.2.1 重大信息内部报告，包括发生重大事项的原因，各方基本情况，重要事项内容，对公司经营的影响等。

3.2.2 重要事项所涉及的协议书或意向书等。

3.2.3 重要事项所涉及的政府批文或法律文书等。

3.2.4 中介机构关于重要事项所出具的意见书等。

4. 重大信息内部报告的管理

4.1 公司重大信息适时报告制度。

4.2 公司董事、监事、高级管理人员及公司各部门负责人，各分支机构的总经理为重大信息内部报告责任人，分支机构办公室主任为联络人。其职责如下。

4.2.1 负责并督促相关工作人员做好对重大信息的收集、整理。

4.2.2 组织编写重大信息内部报告，并提交报告。

4.2.3 对报告的真实性、准确性和完整性进行审核。

4.2.4 及时学习和了解法律、行政法规、部门规章对重大信息的有关规定。

4.2.5 负责做好与公司重大信息内部报告有关的保密工作。

4.3 重大信息内部报告的形式及时间期限。

4.3.1 重大信息内部报告形式：

书面形式；

传真形式；

电子邮件形式；

会议纪要或决议形式。

4.3.2 重大信息内部报告的时间期限。

定期报告：每月初 5 日内提交报告。

非定期报告：以上实时报告均属于非定期报告。

按要求报告：董事会秘书认为有必要时，报告义务人应在 2 个工作日内提交进一步的相关资料，包括合同、政府批文、法院裁定与判决等。

4.4 重大信息内部报告的传递程序。

4.4.1　公司各部门、各分支机构知道或应该知道重要事项的具体业务经办人员，于确定事项发生当日向相关重大信息内部报告责任人报告。

4.4.2　相关重大信息内部报告责任人实时编写重大信息内部报告，准备相关材料，并对报告和材料的真实性、准确性和完整性进行审核。

4.4.3　相关重大信息内部报告责任人将重大信息内部报告及相关资料提交公司董事会秘书进行审核、评估。

4.4.4　相关重大信息内部报告责任人将重大信息内部报告及相关资料提交相应的行政办公会议研究、审核。

4.4.5　董事会秘书组织将确定需要履行信息披露义务的重大信息内部报告及相关资料提交董事长审定，对确定需要提交董事会审批的重要事项，提交董事会审议。

4.5　当本制度3.1所列示的事项触及下列几点时，重大信息内部报告责任人必须及时向董事会秘书提交书面报告，并保证报告的真实性、准确性、完整性。

4.5.1　公司各部门或分支机构拟将重要事项提交董事会或监事会审议时。

4.5.2　有关各方拟就该重要事项进行协商或谈判时。

4.5.3　重大信息内部报告责任人及其他知情人员知道或应该知道该重要事项时。

4.6　重大信息内部报告责任人应及时向董事会秘书报告已披露重要事项的进展情况。

4.6.1　董事会决议、监事会决议和股东大会决议的执行情况。

4.6.2　就已披露的重要事项与当事人签署意向书或协议书发生重大变更甚至被解除、终止的，应及时报告相关情况及原因。

4.6.3　重要事项被政府有关部门批准或否决的。

4.6.4　重要事项及主要标的逾期未完成的。

4.7　重大信息内部报告责任人及其他知情人员在信息披露前，应当将该信息的知情者控制在最小范围内，不得泄露公司的内幕信息，不得进行内幕交易或配合他人操纵股票及其衍生品种交易价格。公司在其他公共传媒披露的信息不得先于指定媒体，不得以新闻发布或答记者问等其他形式代替公司公告。

4.8　对因瞒报、漏报、误报导致重大事项未及时上报或报告失实的，公司追究相关责任人的责任。

4.9　董事会秘书处建立重大信息内部报告档案，作为对重大信息内部报告责任人的考核依据。

　文案范本

××机械发展股份有限公司信息披露内部控制制度

（经2014年3月3日第五届董事会第十九次会议审议通过）

1．总则

为了进一步规范××机械发展股份有限公司（以下简称"公司"）的重大信息内部报告行为，确保信息披露的公平性，保护股东和其他利益相关者的合法权益，根据《中华人民共和国公司法》《中华人民共和国证券法》《上市公司信息披露制度》《深圳证券交易所股票上市规则》和《××机械发展股份有限公司章程》及其他相关规定，制定本制度。

为了避免重大信息随意外露，公司高管人员，包括董事、监事、总经理、副总经理、财务总监以及有可能接触到本制度所规定的信息的其他人员，必须严格遵守本制度，保证公司信息

披露的公平性。

2. 重大信息

有下列情形之一的被定义为公司重大信息。

2.1 交易信息。本条所指的"交易"包括下列事项：

（一）购买或出售资产；

（二）对外投资（含委托理财、委托贷款等）；

（三）提供财务资助；

（四）提供担保；

（五）租入或租出资产；

（六）签订管理方面的合同（含委托经营、受托经营等）；

（七）赠与或受赠资产；

（八）债权或债务重组；

（九）研究与开发项目的转移；

（十）签订许可协议；

（十一）根据法律法规认定的其他交易。

2.1.1 交易涉及的资产总额占上市公司最近一期经审计总资产的 10% 以上；该交易涉及的资产总额同时存在账面值和评估值的，以较高者作为计算数据。

2.1.2 交易标的（如股权）在最近一个会计年度相关的主营业务收入占上市公司最近一个会计年度经审计主营业务收入的 10% 以上，且绝对金额超过 1 000 万元。

2.1.3 交易标的（如股权）在最近一个会计年度相关的净利润占上市公司最近一个会计年度经审计净利润的 10% 以上，且绝对金额超过 100 万元。

2.1.4 交易的成交金额（含承担债务和费用）占上市公司最近一期经审计净资产的 10% 以上，且绝对金额超过 1 000 万元。

2.1.5 交易产生的利润占上市公司最近一个会计年度经审计净利润的 10% 以上，且绝对金额超过 100 万元。上述指标计算中涉及的数据如为负值，取其绝对值计算。

2.2 风险信息

2.2.1 由于非抗力遭受重大损失。

2.2.2 发生重大债务、未清偿到期重大债务或重大债权到期未获清偿。

2.2.3 可能依法承担的重大违约责任或大额赔偿责任。

2.2.4 计提大额资产减值准备。

2.2.5 股东大会、董事会的决议被法院依法撤销。

2.2.6 公司决定解散或者被有权机关依法责令关闭。

2.2.7 公司预计出现资不抵债（一般指净资产为负值）。

2.2.8 主要债务人出现资不抵债或进入破产程序，上市公司对相应债权未提取足额坏账准备。

2.2.9 主要资产被查封、扣押、冻结或被抵押、质押。

2.2.10 主要或全部业务陷入停顿。

2.2.11 公司因涉嫌违法违规被有权机关调查或受到重大行政、刑事处罚。

2.2.12 公司董事、监事、高级管理人员因涉嫌违法违规被有权机关调查或采取强制措施及出现其他无法履行职责的情况。

2.2.13 公司认定的其他重大风险情况。

2.3 变更信息。

2.3.1 变更公司名称、股票简称、公司章程、注册资本、注册地址、办公地址 和联系电话等，其中公司章程发生变更的，还应当将新的公司章程在指定网站上披露。

2.3.2 经营方针和经营范围发生重大变化。

2.3.3 变更会计政策、会计估计。

2.3.4 董事会通过发行新股或其他再融资方案。

2.3.5 中国证监会发行审核委员会对公司发行新股或者其他再融资申请提出相应的审核意见。

2.3.6 持有公司 5%以上的股份的股东或实际控制人持股情况或控制公司的情况发生或拟发生较大变化。

2.3.7 公司董事长、经理、董事（含独立董事）三分之一以上的监事提出辞职或发生变动。

2.3.8 生产经营情况、外部条件或环境发生重要变化（包括产品价格、原材料采购、销售方式发生重大变化等）。

2.3.9 签署与日常经营活动相关的销售产品或商品、提供劳务、承包工程等重大合同，单笔合同金额在 5 000 万元人民币以上的，或者公司或深交所认为可能对公司财务状况、经营成果和盈利前景产生较大影响的合同。

2.3.10 新颁布的法律、行政法规、部门规章、政策可能对公司经营产生重大影响。

2.3.11 聘任、解聘为公司审计的会计师事务所。

2.3.12 法院裁定禁止控股股东转让其所持股份。

2.3.13 任一股东所持公司 5%以上股份被质押、冻结、司法拍卖、托管或者设定信托。

2.3.14 获得大额政府补贴等额外收益，转回大额资产减值准备或者发生可能对公司的资产、负债、权益或经营成果产生重大影响的其他事项。

2.4 与上市公司业绩、利润等事项有关的信息，如财务业绩、盈利预测和利润分配及公积金转增股本等。

2.5 与上市公司收购兼并、重组、重大投资、对外担保等事项有关的信息。

2.6 与公司经营事项有关的信息，如开发新产品、新发明、新的顾客群和新的供应商，订立未来重大经营计划，获得专利、政府部门批准，签署重大合同。

2.7 依照证监机构或证交所的要求认定的其他情形。

3. 信息披露的责权规定

3.1 董事会秘书是公司对外信息披露工作的主要联系人，即所有的信息外传工作均应由董事会秘书依法合规进行。董事（不包括兼任董事会秘书的董事）、监事、高级管理人员和其他人员除非获得董事会的书面授权，不得向外传递非公开重大信息。

3.2 公司董事会秘书应对上报的内部重大信息进行分析和判断。如按规定需要履行信息披露义务的，董事会秘书应及时向董事会报告，提请董事会履行相应程序并对外披露。

对于并非需要股东会、董事会决议的、但属于应披露的重大信息，由董事会秘书审查，并报董事长批准后方可对外报送。报送时加盖公司董事会的印章。

3.3 董事会秘书因工作情况不能履行对外信息披露的责任时，由公司的证券事务代表临时代理其对外信息披露的工作。

4. 内部信息传递

4.1 公司内部信息传递采取报告制。

4.2 公司的主要部门如公司办公室、证券事务部、战略与投资部、法律事务部、财务部、资产管理部、规划技改处、审计处、经营计划处、经营销售部、技术研究院，在判断部门将要进行（或正在进行）的事件涉及第 1 条所规定的重大信息所涵盖的情况时，部门负责人应及时将事件内容以简明扼要的书面形式报告给公司证券部。

对于部门不能确认正在进行的事件是否属于重大信息的情况，部门负责人应以口头方式与董事会秘书或证券事务代表取得联系，在认为必要时，须在规定的时间内给出书面报告。

（见附表一重大信息报告表）

4.3 当董事会秘书需了解重大事项的情况和进展时，相关部门（包括公司控股子公司）及人员应予以积极配合和协助，及时、准确、完整地进行回复，并根据要求提供相关资料。

4.4 公司的重要会议文件，包括公司办公会、经营计划会、销售工作会、财务工作会、新产品方案讨论会及其他专题会议所形成的会议文件，应由主持会议的部门负责发给董事会秘书一份。

4.5 公司的各类行政文件、计划文件，均应发送至董事会秘书。

4.6 对于控股股东实际控制人或上级主管部门发生或可能发生的重大事项，由董事会秘书函征控股股东或上级主管部门，在确认应予以披露时，应及时地、持续地进行相关信息披露。

5. 信息管理

公司证券事务部是公司内部信息传递的集中管理部门，对于公司各部门报送的重大信息报告、会议资料，由公司证券部责成专人、按时间顺序分类进行登记，并负责在接到报告的当天通知到董事会秘书。

（见附表二 重大信息登记及处理情况表）

6. 保密

6.1 公司的高级管理人员以及因工作关系接触到公司尚未公开的重大信息的其他人员，在该信息尚未公开披露之前负有保密义务，不得向外传递非公开重大信息。

6.2 公司不得在公司网站、《秦川发展》报、公司电视中心或其他内部刊物上刊载非公开披露的重大信息。

6.3 对接受或邀请特定对象对股份公司（包括集团公司）的调研、交流、沟通、采访等活动，接待部门应事先制定接待计划。对拟向外提供的文字资料，必要时应 送董事会秘书进行审查。

6.4 接待单位应对接待过程予以详细记载，内容应至少包括活动时间、地点、方式（书面或口头）；各方当事人姓名、职务；活动中谈论的有关上市公司的内容、提供的有关资料等，并在活动结束后两日内以文字材料报董事会秘书备查。

7. 处罚

对于违反本制度、但未造成不良后果者，视情况给予经济处罚和行政处分；

对于违反本制度、并对公司和二级市场股票价格造成影响的人员，将按照有关法律法规处理。

8. 对控股子公司的要求

8.1 本制度适用于公司的控股子公司。

8.2 控股子公司没有权利和义务对外披露母公司未公告的重大信息。

8.3 控股子公司的重大信息上传工作由子公司指定专人（指定的专人须报母公司公司办备案）负责，按照统一的格式通过母公司办公室转报公司证券部，然后按照合规的方式进行披露。

9. 本制度经董事会批准生效。

10. 本制度解释权归董事会。

附表一　重大信息报告表

信息来源单位（部门）		信息种类		进展情况	
报送时间	年　月　日	保密级别		保存编号	
信息内容（或摘要）					
报告部门主管意见			证券部处理意见		

注：

1. 信息种类为：A. 交易信息；B. 风险信息；C. 变更信息；D. 与上市公司业绩、利润等事项有关的信息；E. 上市公司收购兼并、重组、重大投资、对外担保等事项有关的信息；F. 与公司经营事项有关的信息；G. 其他。

2. 进展情况分为：拟发生、已发生（未完成）、已完成三种。

附表二　重大信息登记及处理情况表

来文时间	信息编号	来文部门（单位）	信息种类	内容摘要	保密级别	处理意见	经手人	备注
年　月　日								
年　月　日								
年　月　日								
年　月　日								
年　月　日								
年　月　日								
年　月　日								
年　月　日								
年　月　日								
年　月　日								

注：

1. 信息种类为：A. 交易信息；B. 风险信息；C. 变更信息；D. 与上市公司业绩、利润等事项有关的信息；E. 上市公司收购兼并、重组、重大投资、对外担保等事项有关的信息；F. 与公司经营事项有关的信息；G. 其他

2. 进展情况分为：拟发生、已发生（未完成）、已完成三种。

××集团股份有限公司大股东、实际控制人信息问询制度

（2013 年 6 月 6 日经公司第七届董事会第十一次会议审议通过）

第一章　总　则

第一条　为进一步完善××集团股份有限公司（以下简称"公司"）法人治理结构，规范大股东、实际控制人的行为，确保信息披露的真实、准确、完整、及时和公平，根据《中华人民共和国公司法》《中华人民共和国证券法》《上市公司治理准则》《深圳证券交易所股票上市规则》等法律、法规、规范性文件，结合《公司章程》等公司制度的有关规定，制定本制度。

第二条　本制度所称"大股东"是指具备下列条件之一的股东：

1. 直接持有公司股本总额 50%以上的股东；

2. 持有股份的比例虽然不足 50%，但依其持有的股份所享有的表决权已足以对股东大会的决议产生重大影响的股东；

3. 在公司股东名册中持股数量最多的股东；

4. 中国证监会认定的其他情形。

第三条　本制度所称实际控制人是指虽不直接持有公司股份，或者其直接持有的股份达不到大股东要求的比例，但通过投资关系、协议或者其他安排，能够实际支配公司行为的自然人或法人。

第四条　本制度适用于公司大股东、实际控制人及其关联方的行为和信息披露等相关工作。本制度中对大股东、实际控制人的所有规定，均同样适用于其关联方。

第二章　一般原则

第五条　大股东、实际控制人对公司和中小股东承担忠实勤勉义务。

第六条　大股东、实际控制人不得利用关联交易、利润分配、资产重组、对外投资等任何方式损害公司和中小股东的合法权益。

第七条　大股东、实际控制人应当履行其作出的公开声明和各项承诺，不得擅自变更或解除。

第八条　大股东、实际控制人不得通过任何方式违规占用公司资金，包括但不限于下列情形：

1. 要求公司有偿或无偿、直接或间接地拆借资金给其使用；

2. 要求公司通过银行或非银行金融机构向其提供委托贷款；

3. 要求公司委托其进行投资活动；

4. 要求公司为其开具没有真实交易背景的商业承兑汇票；

5. 要求公司代其偿还债务；

6. 要求公司为其垫付、承担工资、福利、保险、广告等费用、成本和其他支出；

7. 要求公司在没有商品和劳务对价情况下以其他方式向其提供资金；

8. 不及时偿还公司承担对其的担保责任而形成的债务；

9. 中国证监会及深圳证券交易所认定的其他情形。

第九条　大股东、实际控制人应当善意使用其控制权，不得利用其控制权从事有损于公司和中小股东合法权益的行为。

第十条　大股东、实际控制人应当保证公司资产完整、人员独立、财务独立、机构独立和业务独立，不得通过任何方式影响公司的独立性。

第十一条　大股东、实际控制人与公司之间进行交易，应当严格遵守公平性原则，不得通过任何方式影响公司的独立决策。

第十二条　大股东、实际控制人不得利用公司未公开重大信息牟取利益。

第十三条　大股东、实际控制人应当严格按照有关规定履行信息披露义务，并保证披露的信息真实、准确、完整，不得有虚假记载、误导性陈述或者重大遗漏。

第十四条　大股东、实际控制人应当积极配合公司履行信息披露义务，并如实书面回答相关问询。

第十五条　大股东、实际控制人不得以任何方式泄露公司的未公开重大信息，不得进行内幕交易、操纵市场或者其他欺诈活动。

第三章　恪守承诺和善意行使控制权

第十六条　大股东、实际控制人应当采取有效措施保证其做出的承诺能够有效施行，对于存在较大履约风险的承诺事项，大股东、实际控制人应当提供履约担保。担保人或履约担保物发生变化导致无法或可能无法履行担保义务的，大股东、实际控制人应当及时告知公司，并予以披露，同时提供新的履约担保。

第十七条　大股东、实际控制人在相关承诺尚未履行完毕前转让所持公司股份的，不得影响相关承诺的履行。

第十八条　大股东、实际控制人应当保证公司人员独立，不得通过以下方式影响公司人员独立：

1. 通过行使提案权、表决权以外的方式影响公司人事任免；
2. 通过行使提案权、表决权以外的方式限制公司董事、监事、高级管理人员以及其他在公司任职的人员履行职责；
3. 聘任公司高级管理人员在大股东、实际控制人或其控制的企业担任除董事、监事以外的职务；
4. 向公司高级管理人员支付薪金或其他报酬；
5. 要求公司人员无偿为其控制的企业或其指定个人提供服务；
6. 有关法律、法规、规范性文件规定及深圳证券交易所认定的其他情形。

第十九条　大股东、实际控制人应当保证公司财务独立，不得通过以下方式影响公司财务独立：

1. 将公司资金纳入其控制的财务体系管理；
2. 通过借款、违规担保等方式占用公司资金；
3. 要求公司为其支付或垫支工资、福利、保险、广告等费用或其他支出；
4. 有关法律、法规、规范性文件规定的其他情形。

第二十条　大股东、实际控制人应当保证公司业务独立，不得通过以下方式影响公司业务独立：

1. 与公司进行同业竞争；
2. 要求公司与其进行显失公平的关联交易；
3. 无偿或以明显不公平的条件要求公司为其提供资金、商品、服务或其他有关资产；
4. 法律、法规、规范性文件规定及深圳证券交易所认定的其他情形。

第二十一条　大股东、实际控制人应当保证公司机构独立和资产完整，不得通过以下方式影响公司机构独立和资产完整：

　　1．与公司共用主要机器设备、厂房、商标、专利、非专利技术等；

　　2．与公司共用原材料采购和产品销售系统；

　　3．与公司共用机构和人员；

　　4．通过行使提案权、表决权以外的方式对公司董事会、监事会和其他机构行使职权进行限制或施加其他不正当影响；

　　5．有关法律　法规、规范性文件规定及深圳证券交易所认定的其他情形。

　　第二十二条　大股东、实际控制人应当充分保护中小股东的投票权、提案权、董事提名权的权利，不得以任何理由限制、阻挠其权利的行使。

　　第二十三条　大股东、实际控制人应当确保与公司进行公平的交易，不得通过欺诈、虚假陈述或者其他不正当行为等任何方式损害公司和中小股东的合法权益。

　　第二十四条　大股东、实际控制人不得利用其对公司的控制地位，牟取属于公司的商业机会。

　　第二十五条　大股东、实际控制人提出议案时应当充分考虑和把握议案对公司和中小股东利益的影响。

<h3 style="text-align:center">第四章　买卖公司股份行为制度</h3>

　　第二十六条　大股东、实际控制人不得利用他人账户或向他人提供资金的方式来买卖公司股份。

　　第二十七条　大股东、实际控制人应当严格遵守股份转让的法律规定和作出的各项承诺，保持公司股权结构的稳定。

　　第二十八条　大股东、实际控制人买卖公司股份时，应当严格遵守公平信息披露原则，不得利用未公开重大信息牟取利益。

　　第二十九条　大股东、实际控制人买卖公司股份时，应当严格按照《上市公司收购管理办法》等相关规定履行审批程序和信息披露义务，不得以任何方式规避审批程序和信息披露义务。

　　第三十条　大股东、实际控制人出售股份导致或有可能导致公司大股东或实际控制人发生变更的，大股东、实际控制人应当兼顾公司整体利益和中小股东的利益。

　　第三十一条　大股东、实际控制人转让公司控制权时，应当就受让人以下情况进行合理调查：

　　1．受让人受让股份意图；

　　2．受让人的资产以及资产结构；

　　3．受让人的经营业务及其性质；

　　4．受让人是否拟对公司进行重组，重组是否符合公司的整体利益，是否会侵害其他中小股东的利益；

　　5．对公司或中小股东可能产生重大影响的其他情形。

　　第三十二条　大股东、实际控制人转让公司控制权时，应当注意协调新老股东更换，防止公司出现动荡，并确保公司董事会以及公司管理层稳定过渡。

<h3 style="text-align:center">第五章　信息披露管理</h3>

　　第三十三条　大股东、实际控制人出现下列情形之一的，应当及时通知公司并配合其履行信息披露义务：

　　1．对公司进行或拟进行重大资产或债务重组的；

　　2．持股或控制公司的情况已发生或拟发生较大变化的；

3. 持有、控制公司 5%以上股份被质押、冻结、司法拍卖、托管、设置信托或被依法限制表决权;

4. 自身经营状况恶化，进入破产、清算等状态的;

5. 对公司股票及其衍生品种交易价格有重大影响的其他情形。上述情形出现重大变化或进展的，大股东、实际控制人应当及时通知公司，向深圳证券交易所报告并予以披露。

第三十四条 大股东、实际控制人对涉及公司的未公开重大信息应当采取严格的保密措施，一旦出现泄漏应当及时通知公司并督促公司及时公告。

第三十五条 大股东、实际控制人应当保证信息披露的公平性，对应当披露的重大信息，应当在第一时间通知公司并通过公司对外披露，依法披露前，大股东、实际控制人及其他知情人员不得对外泄漏相关信息。

第三十六条 公司股价出现异常波动，或公共传媒上出现与大股东、实际控制人有关的、对公司股票及其衍生品种交易价格可能产生较大影响的报道或传闻，大股东、实际控制人应当立即及时就有关报道或传闻所涉及事项准确告知公司，并积极配合公司的调查和相关信息披露工作。

第三十七条 大股东、实际控制人应当特别注意筹划阶段重大事项的保密工作，出现以下情形之一的，大股东、实际控制人应当立即通知公司，并依法披露相关筹划情况和既有事实:

1. 该事件难以保密;

2. 该事件已经泄露或者市场出现有关该事项的传闻;

3. 公司股票及其衍生品种交易已发生异常波动。

第三十八条 公司向大股东、实际控制人进行问询时，应当采用书面形式，大股东、实际控制人应当积极配合，并立即及时、如实的书面回复，保证相关信息和资料的真实、准确和完整。

第三十九条 公司应当对书面问询函及大股东、实际控制人的书面回复及相关资料进行存档备案。

第六章 附 则

第四十条 本制度未尽事宜，按国家有关法律、法规、规范性文件和《公司章程》的规定执行;本制度如与国家日后颁布的法律、法规、规范性文件相抵触时，本制度相关条款将相应修订。

第四十一条 本制度由公司董事会负责解释和修订。

第四十二条 本制度自公司董事会审议通过之日起生效实施。

××集团股份有限公司

2013 年 6 月 6 日

第二节 内部信息传递过程管理

一、内部信息收集

请参阅以下相关文案。

内部信息收集控制流程

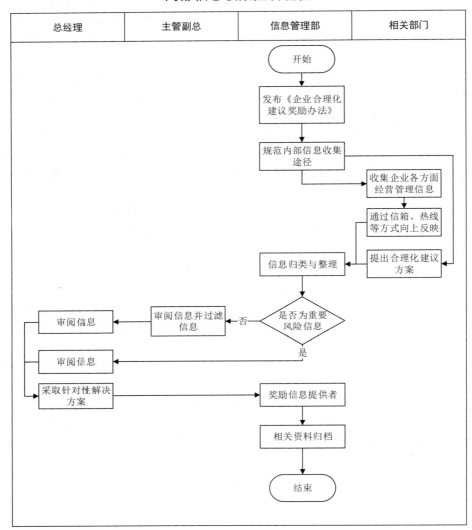

总经理	主管副总	信息管理部	相关部门

开始

发布《企业合理化建议奖励办法》

规范内部信息收集途径

收集企业各方面经营管理信息

通过信箱、热线等方式向上反映

信息归类与整理 ← 提出合理化建议方案

审阅信息 ← 审阅信息并过滤信息 ← 否 ← 是否为重要风险信息

是

审阅信息

采取针对性解决方案 → 奖励信息提供者

相关资料归档

结束

二、内部报告审核

请参阅以下相关文案。

内部报告审核制度

第一章　总　则

第一条　目的。

为规范企业内部报告的审核工作，明确审核人员的职责与权限，提高内部报告的质量，特制定本制度。

第二条 适用范围。

本制度适用于企业内部报告的审核工作及其相关人员。

第三条 职责权限。

1. 信息管理部经理，负责内部报告的初次审核及修改意见的提出工作。

2. 运营总监，负责内部报告的最终审批工作。

第二章 审核程序及审核内容

第四条 内部报告审核程序。

内部报告审核程序如下图所示。

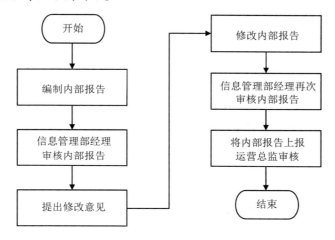

内部报告审核程序

第五条 内部报告审核内容。

信息管理部对内部报告内容进行审核，主要从以下三个方面进行。

1. 内部报告内容是否真实、全面、完整。

企业内部报告应当包括报告名、文件号、执行范围、内容、起草或制定部门、报送和抄送部门及时效要求等。

2. 内部报告指标体系是否科学。

内部报告指标体系应当根据内部各"信息用户"的需求进行选择，以满足其经营决策、业绩考核、企业价值与风险评估的需要。

3. 内部报告格式是否符合公司要求。

内部报告的编写应严格按照公司相关规定进行，格式必须符合公司相关规范。

第三章 附 则

第六条 本制度由信息管理部制定、修订和解释。

第七条 本制度由公司总经理审批通过后自发布之日起执行。

文案范本

内部报告审核流程

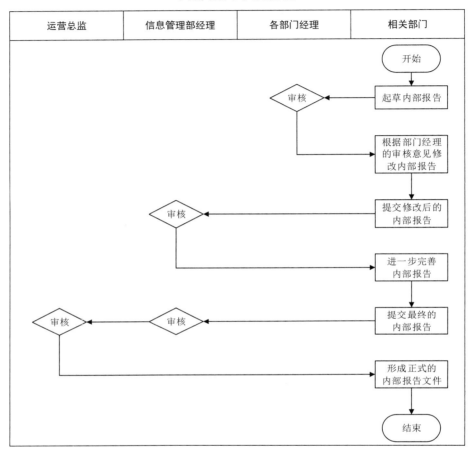

三、内部报告使用

内部报告使用环节的主要风险是：管理层在决策时没有充分使用内部报告提供的信息，内部报告未能用于风险识别和控制，商业秘密通过企业内部报告被泄露。

（一）用于指导生产经营

企业各级管理人员应当充分利用内部报告管理和指导企业的生产经营活动，及时反映全面预算执行情况，协调企业内部相关部门和各单位的运营进度，严格绩效考核和责任追究，确保企业实现发展目标。

内部控制要求企业实行全面预算管理，明确各责任单位在预算管理中的职责/权限，规范预算的编制、审定、下达和执行程序，强化预算约束，这就需要企业有效地将预算控制与内部报告接轨，通过内部报告及时反映预算执行情况。运营控制应当建立运营情况分析制度，分析的信息来自内部报告。经理层要求综合运用生产、购销、投资、筹资、财务等方面的信息，通过各种分析方法，发现存在的问题，及时查明原因并加以改进。绩效考评控制要求企业建立和实

施绩效考评和责任追究制度，科学设置考核指标体系。考核指标所需数据也源于内部报告。只有依据及时、准确，按规范流程形成的报告信息，对各责任单位和全体员工业绩的定期考核评价才能透明、客观，才能有效防止"暗箱操作"，考核结果才更有说服力。可见及时正确的内部报告，对企业生产经营活动至关重要。

（二）用于风险控制

企业应当有效利用内部报告进行风险评估，准确识别和系统分析企业生产经营活动中的内外部风险，确定风险应对策略，实现对风险的有效控制。

内部报告反映了企业采购、生产、销售、筹资、投资、市场、政策等各方面的信息，各管理层级应当适时通过这些信息对企业生产经营管理中存在的风险进行评估，准确识别和系统分析企业生产经营活动中的内外部风险，确定风险应对策略，实现对风险的有效控制。

企业对于内部报告反映的问题应当及时解决；涉及突出问题和重大风险的，应当启动应急预案。

（三）做好保密与保管

该环节的主要风险是：企业缺少内部报告/保密的保管制度，内部报告的保管存放杂乱无序，对于重要资料的保管期限过短，保密措施不严。

1．内部报告保密

企业应当制定严格的内部报告保密制度，明确保密内容、保密措施、密级程度和传递范围，防止泄露商业秘密。

1）企业应当制定严格的内部报告保密制度，明确保密内容、保密措施、密级程度和传递范围，防止泄露商业秘密。有关公司商业秘密的重要文件要由企业较高级别的管理人员负责，至少由两人共同管理，放置在专用保险箱内。查阅保密文件，必须经该高层管理人员同意，由两人分别开启相应的锁具方可打开。

2）企业应从内部信息传递的时间、空间、节点、流程等方面建立控制，通过权责分离、授权接触、监督和检查等手段防止商业秘密泄露。

2．内部报告保管

1）企业应当建立内部报告保管制度，各部门应当指定专人按类别保管相应的内部报告。

2）为了便于内部报告的查阅、对比分析，提高内部报告的有用性，企业应按类别保管内部报告，对影响较大的、金额较高的，如企业重大重组方案、企业债券发行方案等要严格保管。

3）对不同类别的报告应按其影响程度规定其保管年限，只有超过保管年限的内部报告方可予以销毁。对影响重大的内部报告，应当永久保管。

（四）内部报告评估

该环节的主要风险是：企业缺乏完善的内部报告评价体系，对各信息传递环节和传递方式控制不严，针对性传递不及时、信息不准确的内部报告缺乏相应的惩戒机制。

企业应当建立内部报告的评价制度，定期对内部报告的形成和使用进行全面评估，重点关注内部报告的及时性、安全性和有效性。

内部报告是否全面、完整，内部信息传递是否及时、有效，对内部报告的利用是否符合预期做到胸中有数，这就要求企业建立内部报告评估制度，通过对一段时间内部报告的编制和利用情况进行全面的回顾和评价，掌握内部信息的真实状况。企业对内部报告的评估应当定期进行，具体由企业根据自身管理要求做出规定，至少每年度对内部报告进行一次评估。内部报告评估应当重点关注报告的及时性、信息传递的有效性和安全性。经过评估发现内部报告存在缺陷的，企业应当及时进行修订和完善，确保内部报告提供的信息及时、有效。

 **文案范本**

信息授权使用制度

第一条 为了进一步加强公司保密信息的管理，降低泄密风险，确保信息系统安全稳定地运行，特制定本制度。

第二条 信息部应对所有的重要信息进行密级划分，包括书面形式和电子媒介形式保存的信息。

第三条 信息等级划分。

1. 一级保密信息，适用于一般信息，其遭到破坏和泄露后，会对公司相关人员的合法权益产生损害。

2. 二级保密信息，适用于公司各个部门内部一般信息，其遭到破坏和泄露后，会对公司相关部门的合法权益产生损害。

3. 三级保密信息，适用于涉及公司利益的一般信息，其遭到破坏和泄露后，会对公司的相关交易事项产生负面影响。

4. 四级保密信息，适用于涉及公司利益的重要信息，其遭到破坏和泄露后，会影响公司的绝大多数交易的进行，对公司利益产生严重影响。

5. 五级保密信息，适用于涉及公司利益的重大信息，其遭到破坏和泄露后，会影响公司正常运营，对公司的整体形象产生严重损害。

第四条 不同类别信息的授权使用。

1. 一级保密信息必须经过信息部主管的签字同意方可使用。

2. 二级保密信息必须经过信息部经理的签字同意方可使用。

3. 三级保密信息必须经过信息部经理和相关部门经理的共同签字同意方可使用。

4. 四级保密信息必须经过公司财务总监的签字同意方可使用。

5. 五级保密信息必须经过公司总经理的签字同意方可使用。

第五条 本制度由信息部会同公司其他有关部门进行解释。

第六条 本制度配套办法由信息部会同公司其他有关部门另行制定。

第七条 本制度自____年__月__日起实施。

内部报告使用控制流程

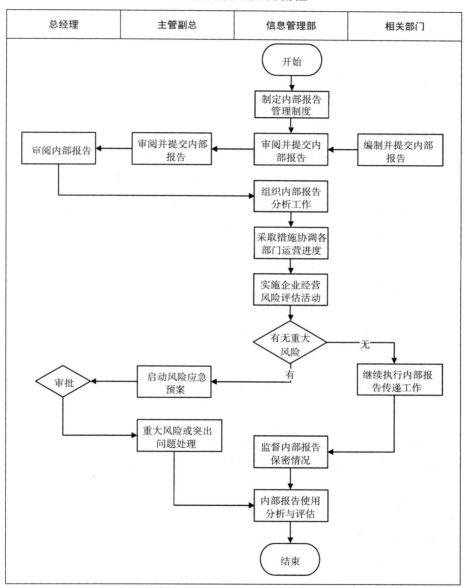

四、内部信息保密

请参阅以下相关文案。

文案范本

内部信息保密管理制度

第一章　总　　则

第一条　目的。

1. 保护公司内部信息，维护公司利益。

2. 防止公司内部信息泄露，确保信息的完整和安全，科学保管、高效有序地利用内部信息。

第二条　适用范围。

本制度适用于所有直接或者间接进行内部信息管理的人员。

第二章　内部信息系统安全维护

第三条　公司在信息获取、处理、存储、消除等各环节保护内部信息的完整性、保密性、可用性。

第四条　存储内部信息时应具备相应的安全要求，包括存储位置、存储方式等，对于重要的内部信息，应根据系统实际情况提供必要的加密手段。

第五条　公司应完善权限管理，支持权限最小化原则，合理授权，加强人员管理，保证对内部信息的访问不超过职位本身工作范围。

第六条　操作员通过操作界面进行信息查询时，系统自动将操作员工号、查询时间、查询内容等信息记录到操作日志中。

第七条　传输内部信息过程中，经过不安全网络时，需要对传输的内部信息提供加密和完整性校验。

第八条　系统管理员须定期对相关系统的对外接口（网络、第三方系统、合作运营系统等）实施定期检查，避免出现不可控访问路径。

第九条　不允许公司相关合作运营系统直接与核心网络连接，或直接存储内部信息。

第三章　内部信息密级管理

第十条　内部信息管理人员根据公司文件信息保密规定界定内部信息的密级。

第十一条　内部信息的密级分为绝密、机密、密级三级。

1. 在公司经营发展中，直接影响公司权益的重要内部信息为绝密级。

2. 公司重要的业务往来内部信息为机密级。

3. 公司一般业务往来内部信息为秘密级。

第十二条　凡属公司"机密""绝密"的内部信息，管理人员登记编目时，必须在检索工具备注栏写上"机密""绝密"字样，必须单独存放、专人管理，其他人员未经许可，不得接触。

第十三条　属于公司机密的信息，须确定保密期限，保密期限届满将自行解密。

第四章　内部信息使用人员管理

第十四条　公司需与维护或使用各相关系统的人员签订内部信息保密协议，加强相关人员对内部信息的保密意识，明确保密要求和管理规定，保证不向任何单位和个人泄露公司内部信息。

第十五条　因经营服务和生产维护的需要，经领导授权或许可，相关人员可以按照规定对内部信息进行查询，查询内容不得向无关人员泄露。

第十六条　对于有权查看相关信息的人员，公司实施"三不准"。

1. 不准在私人交往或通信中泄露内部信息。

2. 不准在公共场所谈论内部信息。

3. 不准通过普通电话、明码电报或私人通信泄露内部信息。

第十七条　维护或使用各相关系统的人员因工作需要获得内部信息后，未经许可不得告知他人，更不能作为商业用途使用。

第十八条　在对外交往与合作中如果需要提供内部信息资料，应当事先通过信息管理部经理批准。

第十九条　严格执行公司内部信息查询权限，非工作直接需要，一律不授予员工查询权，具体授权岗位由部门经理提报，由公司总经理最终确定。

第二十条　有权限员工应严格保管好系统密码，严禁借给他人使用，凡是系统记录的操作工号，均视同工号所有人本人操作。

第二十一条　员工从授权查询岗位调离时，其所在部门经理应及时通知有关管理部门终止授权。

第二十二条　信息管理部定期进行内部信息安全检查，相应信息的使用部门经理进行经常性抽查，每季度对所属员工抽查一遍。

<h3 style="text-align:center">第五章　责任和处罚</h3>

第二十三条　相关工作人员发现内部信息已经泄露或者可能泄露时，应当立即采取补救措施并及时报告信息管理主管及信息管理部经理。相关人员接到报告后，应立即作出处理。

第二十四条　内部信息泄密行为包括以下两种。

1. 内部信息被不应得知者得知。

2. 内部信息超出了限定的接触范围，无法证明未被不应得知者得知。

第二十五条　对违规查询内部信息但未向他人泄露者，给予记过处分。

第二十六条　出现下列情况之一者，公司将给予警告，并扣罚＿＿＿～＿＿＿元的罚金。

1. 泄露秘密，尚未造成严重后果或经济损失的。

2. 已泄露秘密但采取了有效的补救措施的。

第二十七条　出现下列情况之一者，公司将予以辞退并酌情追偿经济损失。

1. 故意或过失泄露公司重要的内部信息，造成严重后果或重大经济损失的。

2. 违反保密规定，为他人窃取、刺探公司商业秘密的。

3. 以公谋私，滥用职权，强制他人泄密的。

第二十八条　员工涉嫌违法犯罪的，公司移交司法机关处理。

<h3 style="text-align:center">第六章　附　　则</h3>

第二十九条　本制度由信息管理部负责制定、修改与解释。

第三十条　本制度经总经理审批后自发布之日起实施。

五、内部报告保管

请参阅以下相关文案。

文案范本

内部报告保管流程

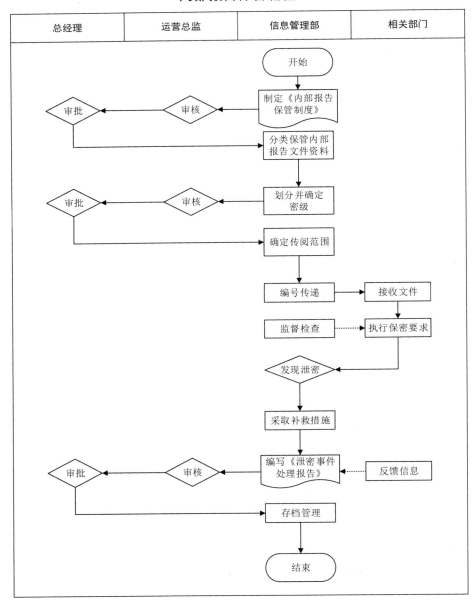

总经理	运营总监	信息管理部	相关部门

（流程图内容：

开始

制定《内部报告保管制度》→审核→审批

分类保管内部报告文件资料

划分并确定密级→审核→审批

确定传阅范围

编号传递→接收文件

监督检查┈┈→执行保密要求

发现泄密

采取补救措施

编写《泄密事件处理报告》┈┈反馈信息→审核→审批

存档管理

结束）

六、内部信息传递

企业应当加强对内部信息传递与报告的管理，梳理内部信息传递过程中的薄弱环节，并对这些薄弱环节及事项予以重点控制和规范。

请参阅以下相关文案。

 文案范本

内部信息传递管理制度

第一章 总 则

第一条 为了实现企业生产经营管理信息在内部各管理层级之间的有效流通和充分利用，根据国家相关法律法规的规定，以及《企业内部控制应用指引》的要求，结合公司实际，制定本制度。

第二条 本制度所称"内部信息传递"，是指公司内部各管理层级之间通过内部报告形式传递生产经营管理信息的过程。

第三条 管理职责。

1. 信息管理部为本公司内部信息传递的监管部门，负责信息渠道及信息平台的建设与管理工作。

2. 总经理办公室负责信息利用、内部报告审核与使用的归口管理部门。

3. 各部门负责本部门相关信息的收集以及内部报告的编制与上报工作。

第二章 内部报告的形成

第四条 信息管理部负责根据公司发展战略目标、年度经营计划和风险控制要求，针对各管理层级对信息需求的详略程度，建立以业绩考核标准为中心的层次分明的内部报告指标体系，具体包括：

1. 满足使用者信息需求的统计报表和分析报告；

2. 过程导向指标，包括生产量、质量合格率、客户满意度指数、生产安全事故数、员工培训率和年均培训时间、员工满意度指数等；

3. 结果导向指标，包括销售收入、应收账款回收率、生产成本、利润总额等。

第五条 内部报告编制的基本要求。

1. 为了使收集的信息更具真实性和有效性，要求内部报告的格式必须标准化。

2. 内部报告编制要落实具体的负责人、内容和时间。

3. 内部报告编制完成后，必须经过主管领导对报告的质量、及时性和合规性审核。

第六条 本公司各类信息的报送由信息报送归口部门负责，具体的信息报送责任包括：

1. 董事会办公室负责与董事会决议执行有关的内部信息报告；

2. 总经理办公室负责与年度经营计划执行、工作总结（述职报告）相关的内部信息报告；

3. 人力资源部负责以绩效考核为中心的内部信息报告；

4. 生产部负责生产信息子系统的内部信息报告；

5. 销售部负责营销信息子系统的内部信息报告；

6. 财务部负责财务信息子系统的内部信息报告；

7. 采购部负责采购信息子系统的内部信息报告；

8. 运输仓储部负责运输仓储信息子系统的内部信息报告。

第七条 合理化建议报告的形成。

企业内部员工可根据自身掌握的信息，对企业经营发展或生产经营过程提出自己的看法或主张，并形成合理化建议报告。合理化建议报告经主管领导审核后，经总经理办公室组织论证，如对企业发展确有帮助或对企业业绩改善有利，公司将对建议提出者给予一定的奖励。

第八条 其他内部报告途径。

　　信息管理部应积极拓展企业内部信息传递与沟通渠道，确保员工与高层管理者沟通顺畅。信息管理部可以通过运用网络信箱、内部论坛等途径收集员工反馈的意见。

第三章　内部报告的使用

　　第九条　公司各级管理人员应充分利用内部报告管理和指导生产经营活动，及时反映全面预算执行情况，协调内部相关部门和各单位的运营进度，严格绩效考核和责任追究，确保实现战略目标及年度运营目标。

　　第十条　公司应有效利用内部报告进行风险评估，准确识别和系统分析生产经营活动中的内外部风险，确定风险应对策略，实现对风险的有效控制，对于内部报告反映出的问题应当及时解决，涉及突出问题和重大风险的，应启动应急预案。

　　第十一条　公司制定严格的内部报告保密制度，明确保密内容、保密措施、保密级别和传递范围，防止泄露商业秘密。

　　第十二条　为了保障内部报告的及时性、安全性和有效性，公司对内部报告的评估与绩效考核系统相结合，促进对内部报告的形成和使用的定期评估，及时发现内部报告形成和使用过程中的问题并进行修正。

第四章　附　　则

　　第十三条　本制度由信息管理部制定、修订及解释，并经总经理办公会讨论通过。

　　第十四条　本制度自公布之日起实施。

文案范本

内部传递信息登记表

序号	信息提供人姓名	信息主题	信息类别	主要内容	联系电话	接收时间	信息应用
1							
2							
3							
4							
5							
6							
7							
8							
9							
10							

文案范本

内部信息传递授权审批情况

　　企业应明确内部信息传递报告、文件、制度规范的授权审批权限，使相关部门和人员在其职责权限范围内行使相应的职权，见下表。

内部信息传递授权审批情况

事　　项	文件或文书名称	编制及审批机构			
		相关部门	信息管理部	主管副总	总经理
内部报告形成	相关内部报告	编制	审核	审阅	审阅
	内部信息传递管理制度		编制	审核	审批
	合理化建议奖励办法		编制	审核	审批
内部报告传递	内部报告保密管理制度		编制	审核	审批
	内部报告传递记录	填制	审核		
内部报告使用	内部报告分析报告		编制	审核	审批
	内部报告评价管理制度		编制	审核	审批

文案范本

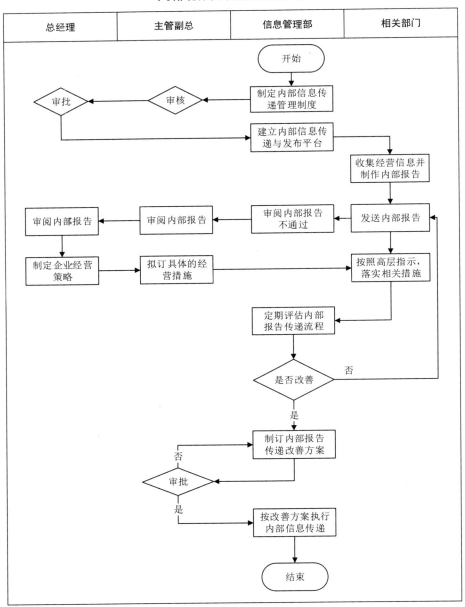

内部报告传递控制流程

七、内部报告评估

请参阅以下相关文案。

文案范本

内部报告评估管理制度

第一条　目的。

为了加强对公司内部报告评估的管理，规范内部报告评估工作，提高内部报告的质量，特制定本制度。

第二条　适用范围。

本制度适用于公司内部报告的评估工作。

第三条　组建内部报告评估小组。

公司成立评估小组，负责内部报告评估工作，评估小组组长为信息管理部经理，组员有信息管理主管、信息管理专员、各相关部门负责人等。内部报告评估小组的职责如下。

1. 选择评估方法，制定评估方案。

2. 组织开展评估工作，收集各种评估信息。

3. 编写内部报告评估工作报告。

4. 汇总内部报告评估结果，提出工作改进意见。

第四条　内部报告编写过程评估。

信息管理部对内部报告的编写过程进行评估，主要从以下三个方面实施。

1. 编写过程中资料收集是否全面、完整。

2. 编写人员是否按照编写规范进行编写。

3. 编写过程中有无弄虚作假行为。

第五条　内部报告内容评估。

信息管理部对内部报告内容进行评估，主要从以下三个方面实施。

1. 内部报告内容是否真实、全面、完整。

2. 内部报告内容侧重点是否突出。

3. 内部报告的内容是否符合公司要求。

第六条　内部报告使用效果评估。

评估小组主要通过对各部门进行调查来发现内部报告在使用过程中的优点和不足。

第七条　评估结果反馈。

评估小组需将汇总后的评估结果反馈给内部报告编写部门，并提出相应的改进意见。

第八条　本制度由信息管理部制定、修订和解释。

第九条　本制度由公司总经理审批通过后自发布之日起执行。

文案范本

内部报告评估管理流程

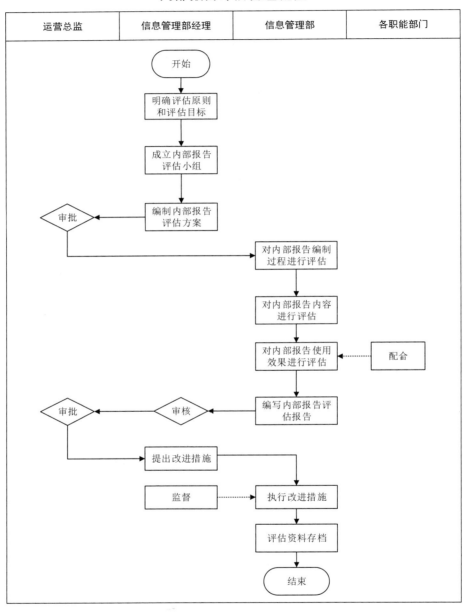

第十九章

信息系统方面内控管理

第一节　信息系统控制综述

一、信息系统内控的目标

（一）信息系统业务目标

信息系统业务目标是指企业在开发使用信息系统的过程中，在系统开发、系统使用、系统维护等环节应达到的标准：

（1）保证信息系统满足生产经营业务需求；

（2）保证达到信息系统开发预期目标，系统运行安全稳定；

（3）保证系统出现故障能及时恢复，系统具有扩展性和集成性；

（4）保证灾难恢复计划完整、具体；

（5）保证信息系统的可靠性、稳定性、安全性及数据的完整性和准确性。

（二）信息系统合规目标

信息系统的合规目标是指企业在开发使用信息系统的过程中，为防止违反国家法律法规及内部规章制度的情况出现而制定的工作目标。具体目标如下：

（1）保证符合国家及监管部门法律法规的有关要求；

（2）保证遵守保护知识产权的有关法律法规，使用合法软件；

（3）保证企业业务活动的真实性、合法性和效益性。

二、信息系统内控的功能

（一）预防性功能

通过防止或组织来避免错误、灾害、事故、舞弊等的发生。例如，通过设置口令来防止非法接触和使用终端、主机、数据文件和程序，以避免对数据文件和程序进行破坏、篡改或非法复制。

（二）监测性控制功能

通过找出、发现已经发生的错误、灾害、事故、舞弊等来防止危害的扩大或者使损失得到补偿。例如，计算机操作系统通过记录和报告系统法记录非法修改系统软件、应用程序或数据文件的行为。

（三）校正性控制功能

通过更正和交正已检测出错误，处置发生的舞弊行为，以及处理和补救已发生的灾害来减轻危害，使系统恢复正常。例如，通过文件和程序备份措施，补救因灾害造成的数据和程序损毁的危害。

三、信息系统内控的类型

计算机会计信息系统的内部控制一般分为两类，即一般控制和应用控制。它们均是计算机应用于会计信息系统所产生的特殊控制，用来预防、发现和纠正系统中所发生的错误、舞弊和故障，使系统能正常运行，是其提供可靠和及时的会计信息的重要保证。

（一）一般控制

一般控制指对计算机信息系统的研制开发、组织、鉴定、应用环境等进行的控制。一般控制所采用的控制措施普遍适用于某一单位的会计系统，同时也为每一应用系统提供了环境。一般控制的强弱直接影响到每项计算机应用的成败，可以说，一般控制是应用控制的基础。一般性控制通常包括对数据中心操作、系统软件购买和维护、数据入口安全以及应用系统开发和维护控制。

1．数据中心操作控制

这些控制包括工作设定和时间安排、操作员行为、后台支持和恢复程序以及或有事件或灾害补偿计划。在一个复杂陈旧的环境中，这些控制还涉及容量规划和资源分配与利用。在一个高科技环境中，工作时间安排是自动的，工作控制语言是在线的。储存管理工具自动将数据文件卸载到高速驱动器中，并期待下一项工作。移动网络超级用户不再需要手工记录控制台日志，因为它不是打印出来的？而是保持在系统中。在一个联合控制台上每秒钟闪现的几百条信息支持了众多的大型机。小型机则不用关照地日夜运转。

2．系统软件控制

这些控制包括对系统软件，即操作系统、数据库管理系统、通信软件、安全软件和系统工具（具有运行系统和支持应用系统的功能）的有效采购、运行和维护。系统活动的主要指导者，系统软件也提供系统日志、追踪和监督功能。系统软件可以报告应用工具的使用，因此如果有人进入强大的数据修改功能，至少它们的使用情况被记录下来并形成报告供复核之用。

3．入口安全控制

随着通信网络的发展，这类控制日益重要。系统的用户可能远在世界那端，也可能就在厅外。有效的入口安全控制能保护系统，防止不当进入和系统的非法授权使用。如果设计良好，还能拦截黑客和其他侵犯者。充分的入口控制措施，如经常更换拨号数字，或运用回拨——该系统让潜在用户返回授权数字，而非允许直接进入系统，则可以有效防止非授权的进入。入口安全控制将授权用户限制在其工作必需的应用系统或应用功能中，支持适当的职责分工。对允许或限制进入的用户界面应经常及时查看。前任或不满的职员相对黑客可能更加危险；终端雇员密码和用户代码应立即改变。通过防止非授权使用和更改系统，数据和程序的完整性得以保护。

4．应用系统开发和维护控制

应用系统的开发和维护对多数企业而言一度是高成本领域。全部成本包括管理信息系统（MIS）资源、所需的时间、人们完成任务所需的技巧以及所需的硬件和软件等都必须考虑到。

为控制这些成本，许多企业形成了一定形式的系统开发方法论。它提供了系统设计和运用的结构，概述了特定的阶段，将需求文件化，通过设定批准和核对点来控制项目的开发或维护。该方法论应提供有关系统需求变更的适当控制，这可能包括对需求变更的必要授权，对变更的检查、批准、结果测试和实施草案，以保证正确地实施变化。系统内部开发的另一选择是使用软件包，这一方法日渐流行。销售商提供灵活性的、集成的系统，允许通过利用系统的嵌入式选择为客户量身订制。很多系统开发方法将购买软件包视作一种开发的可选方案，并包括必要的步骤以提供有关选择和实施流程的控制。

（二）应用控制

应用控制是指对计算机信息系统中具体的数据处理功能的控制。应用控制具有特殊性，不同的应用系统有不同的处理方式和处理环节，因而有不同的控制问题和控制要求。应用控制被设计用于控制应用过程，协助保证交易处理的完整性、准确性、交易授权和有效性。应用控制包括输入控制、处理控制和输出结果控制。其中特别需要注意的是应用系统的有关接口，因其常与其他系统相连，而这些系统也需要控制，以保证所有用于处理的信息适当地输入和输出。

计算机对控制的一个最有意义的贡献就是其防止错误进入系统的能力，以及一旦错误存在，及时加以发现和改正的能力。鉴于此，许多应用性控制依赖于计算机的编辑核对功能，包括数据的格式、存在性、合理性和其他检查，这些功能在开发应用系统时已经内置其中。如果这些系统的数据检查功能设计正确，它们就能在数据录入系统时协助提供控制。

（三）一般性控制和应用性控制之间的关系

一般性控制用于支持应用性控制的功能，两者都用于保证信息处理过程的完整性和准确性。一般性控制用于保证建立在计算机程序基础上的应用性控制得以实施。例如，计算机匹配和编辑检查功能对数据的在线录入进行测试。当数据不匹配或格式错误，它们可以提供及时的反馈，以便作出修改。它们显示出错信息，说明数据哪里出错，或编制例外事项报告以便进行跟踪。如果没有充分的一般性控制，也就不可能依赖应用性控制，因为应用性控制的前提是假设系统本身运行良好，与正确的文件相匹配，或所提供的出错信息准确反映了问题所在，或在例外事项报告中包括了所有的意外。

另一个表明需要在应用性控制和一般性控制之间寻求平衡的例子是完整性控制，它通常在某类涉及预先编号文件的交易中使用。这些通常是内部产生的文件，如采购订单就运用了预先编号的形式。复印件将被标出或不能被接受。为了使这种控制有效，按照其设计，系统将拒绝不正确的事项或对之悬而不决，而用户则得到一个列示所有丢失的、复制的和范围之外事项的报告。那么，那些需要依靠报告内容进行追踪调查的人，怎能知道报告中所有应该列示的项目都已经如实列示了呢？答案就是一般性控制。对系统开发的控制要求对应用程序进行仔细的复核和测试，以保证报告程序具有严密的逻辑性，以及测试确定所有的例外事项得到报告。为了提供应用程序执行之后的控制，入口安全和系统维护控制保证了应用程序没有遭受非法进入或修改，而是得到了所需的授权修改。数据中心运行控制和系统软件控制保证了文件正确地运用和适当地更新。

四、信息系统的风险

信息系统与企业营运的联系变得既深又广，信息系统风险也随之成为突出的整体营运风险因素，广泛存在于企业中，而且是有层次分布的，不同层次风险的表现形式不同。风险就是结果的不确定性，是对预期目标的偏差，因而对不同层次目标的偏差形成了不同层次的信息系统风险：业务目标风险、信息系统风险和过程（活动）风险。分析业务目标和信息系统风险是为了明确信息系统建设运维过程中的工作重心，过程（活动）风险分析则利于实现风险控制的可操作性，制定出具体的内部控制措施（见图 19-1）。

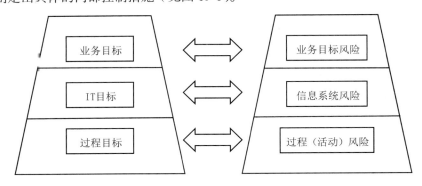

图 19-1　信息系统风险层次分析

（一）业务目标风险

信息系统的作用就是帮助企业降低成本、改进产品和服务以及提高决策水平等业务需求，故信息系统最大的风险是无法满足这些业务需求，业务目标实现具有不确定性。业务目标风险主要分为三大类风险：战略风险、业务风险和客户风险。

1. 战略风险

战略风险指因信息系统设计与运行缺陷，可能无法满足战略层面的需求，如无法达到改进公司治理和透明度、无法为战略决策提供可靠和有用的信息以及管理产品和业务创新等。

2. 业务风险

业务风险指因信息系统设计与运行缺陷，可能无法满足业务层面的需求，如无法对业务需求变更提供灵活快捷的响应、无法改善和维护业务流程以及降低流程成本等。

3. 客户风险

客户风险指因信息系统设计与运行缺陷，可能导致客户流失甚至市场份额下降，如无法改善客户倾向和服务、无法提供有竞争力的产品和服务。

（二）信息系统风险

信息系统风险则是信息系统的特有风险，是对业务风险在信息系统领域的转化，主要表现为信息系统设计与运行方面的缺陷。信息系统风险主要分为安全性风险、效能风险、效率风险和法规遵循风险。

1. 安全性风险

安全性风险指因外部攻击、不当使用，可能导致未经授权者变更、存取或使用信息的风险，以及信息或应用程序因系统故障或天灾而无法存取的风险。有时为了强调后一种风险，而将其单独列示为持续性风险。

2. 效能风险

效能风险指因系统架构不良、网络壅塞、容量不足等原因，可能导致应用程序或人员（甚或 IT 整体）效能不足而减低企业生产力或价值的风险。

3．效率风险

效率风险指因为投资超预算、规划不合理等原因，致使信息系统投入与产出不协调，无法通过优化（生产率最高且符合经济效益）资源使用来提供信息的风险。

4．法规遵循风险

法规遵循风险指信息处理不符合法规、信息系统或业务政策要求的风险。

以上风险排列顺序并未暗示四个风险的优先次序，每个组织都有自己的独特信息系统风险概况，而这些元素的优先顺序排定正是建立在企业战略、治理要求及运营需求基础上的。

（三）过程（活动）风险

信息系统风险的源头在于信息系统设计开发与运行维护过程中存在的风险，所以欲控制信息系统风险，必须进一步分析信息系统设计开发与运行维护过程中存在的风险，即过程（活动）风险。过程（活动）风险就分布于信息系统设计开发与运行维护过程及其具体活动中，每个阶段、每个具体活动特点不同，其过程（活动）风险也不相同。

五、信息系统归口管理

请参阅以下相关文案。

　文案范本

计算机信息系统归口管理制度

第一条　目的。

为了加强计算机信息系统的管理工作，规范归口管理部门的业务内容，特制定本制度。

第二条　范围。

计算机信息系统归口管理的业务一般包括：信息系统开发、变更和维护等工作。

第三条　信息系统开发归口管理。

1．计算机信息系统开发包括自行设计、外购调试和外包合作开发。

2．在开发信息系统时，应当充分考虑业务和信息的集成性，优化流程，并将相应的交易权限嵌入到系统程序中，预防、检查、纠正错误和舞弊行为，确保业务活动的真实性、合法性和效益性。

3．信息系统开发业务由信息部信息系统开发主管负责，上级主管领导为信息部经理和信息总监。

4．信息系统开发必须经过正式授权。

具体程序包括：

（1）用户部门提出需求；

（2）信息部经理和信息总监进行审核；

（3）总经理和董事会（超过100万元的项目由董事会审批）审批通过后交由信息部进行开发；

（4）系统分析人员设计方案；

（5）程序员编写代码；

（6）测试员进行测试；

（7）系统最终上线；

（8）维护人员进行系统维护。

第四条 对于外包合作开发的项目，应加强对外包第三方的监控。

第五条 外购调试或外包合作开发等需要进行招标的信息系统开发项目，应按照招标程序公平、公正、公开进行招标。

第六条 信息系统变更归口管理。

信息系统上线后，发生的功能变更必须经过严格审核和审批，具体程序参照信息系统开发业务。

第七条 信息系统维护归口管理。

1. 倡导采用预防性措施确保计算机信息系统的持续运行。常见预防性措施包括但不限于日常检测、设立容错冗余、编制应急预案等。

2. 信息系统的日常检测由信息部维护主管负责，上级主管领导为信息部经理和信息总监。

3. 信息系统发生故障，应由信息部维修主管制定维修方案，交由信息部经理和信息总监审核与审批后组织人员进行维修。

4. 信息系统发生紧急情况，应由信息部维修主管制定紧急预案，交由信息部经理和信息总监审核与审批后组织人员实施。

第八条 本制度由信息部会同公司其他有关部门进行解释。

第九条 本制度配套办法由信息部会同公司其他有关部门另行制定。

第十条 本制度自____年__月__日起实施。

六、信息系统授权审批

请参阅以下相关文案。

信息系统管理授权审批制度

第一条 为了提高企业信息系统的可靠性、稳定性、安全性，特制定本制度。

第二条 本制度适用于信息部与各用户部门使用企业信息系统的相关人员。

第三条 企业中涉及信息系统方面的工作统一由信息部负责。

第四条 信息系统管理授权的方式。

企业信息系统的授权以职位说明书和授权书为基准，逐级授权，其他授权方式或越级授权视为无效。

第五条 企业信息系统管理授权程序。

1. 总经理授权主管副总全面负责企业信息系统的开发、管理、修改等工作。

2. 运营总经理授权信息部经理负责信息系统的开发、管理、修改等具体工作。

3. 信息部经理授权给下属员工，完成相应工作。

第六条 企业信息系统管理的文件审批程序，如下图所示。

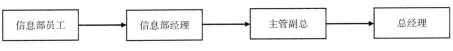

信息系统管理的文件审批程序

第七条　企业中的各用户部门对信息系统只有根据其职级的使用权与建议权，而无修改权，否则造成的全部后果由当事人承担。

第八条　本制度由信息部制定，解释权、修改权归属信息部。

第九条　本制度自总经理审批之日起实施，修订时亦同。

文案范本

信息系统授权审批情况

企业在明确信息系统规划、开发、运行与维护等工作的授权审批权限时，会编制各种文件、制度、规范等，这些文件需要相关部门和人员在其职责权限范围内行使相应的职权（见下表）。

信息系统内部控制授权审批情况

事　　项	文件或文书名称	编制及审批机构			
		相关部门	信息管理部	主管副总	总经理
信息系统规划	信息系统整体规划		编制	审核	审批
	信息系统管理制度		编制	审核	审批
	信息系统项目建设方案		编制	审核	审批
信息系统开发	信息系统开发需求	提出	审核		
	信息系统验收报告		编制	审核	审批
	信息系统培训文件		编制	审批	
信息系统运行与维护	信息系统操作规范		编制	审批	
	用户管理制度		编制	审核	审批
	系统数据定期备份制度		编制	审批	
	信息授权使用制度		编制	审核	审批

七、信息系统岗位职责

（一）信息系统岗位职责的控制目标

（1）建立明晰的、灵活的、响应及时的信息系统组织架构，并为每一个岗位准确定义职责，为信息系统工作提供有效的组织保证。

（2）信息系统部门和最终用户部门应有充分的职责分离，包括部门之间及各部门内部，以提高在日常工作中及时发现信息系统错误的可能性。

（二）信息系统岗位职责的主要风险点

（1）信息系统部门的组织模式不合理，如权力集中度与分散度不平衡，可能无法有效调动各方面积极性，及时响应信息系统运行需求。

（2）信息系统组织层级过多，汇报关系过于复杂，可能导致各层管理者之间沟通不畅，影响信息系统建设与维护效率。

（3）信息系统组织内部角色和职责定义不清，存在重叠或空白，可能造成推诿扯皮现象，影响信息系统团队的合作。

（4）信息系统部门和最终用户部门未实现充分的职责分离，可能无法及时发现工作中发生的错误与舞弊问题。

（三）信息系统岗位职责的关键控制点

1．信息系统岗位职责的总体要求

信息系统岗位职责不仅涉及信息技术部门，还包括公司高层层团队以及相关财务、人事等支持部门的职责与定位。其总体结构关系如图 19-2 所示。

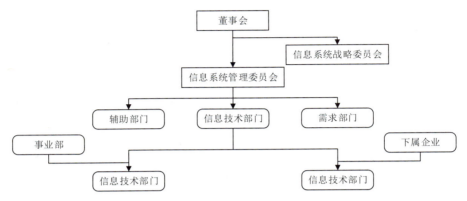

图 19-2　信息系统岗位职责总体关系

（1）信息系统战略委员会。信息系统战略委员会由董事会成员及外部专家组成，负责在信息系统战略目标、预算以及业务匹配等方面提供建议，对信息系统战略管理进行指导，确保信息技术成为董事会会议日程的常规内容之一，并通过结构化的方式得到处理。信息系统战略委员会不能作出任何最终决策，同时也不能参与企业的日常管理，只是作为提议者向董事会和管理层提供信息系统建议。

（2）信息系统管理委员会。信息系统管理委员会是由企业各部门主管及相关人员组成的高层管理团队，他们定期沟通交流，就以下问题作出决策：

1）根据实施情况复查信息系统战略复查，保证信息系统与企业方面的一致性。

2）根据信息系统整体战略规划和需求管理原则，管理项目组合，划分项目优先级。

3）审查预算提议，控制和批准信息系统部门权限以外的资本支出。

4）审查所有业务部门与所有外包商的合作。

5）进行项目实施后评价和信息系统绩效评价。

（3）信息技术部门。信息技术部门包括运行管理职能、技术支持职能、应用系统开发职能、质量与安全管理职能、数据管理和用户服务六大职能，每个职能下又分设不同的岗位以分解并实现工作任务与目标。信息技术部门职责如图 19-3 所示。

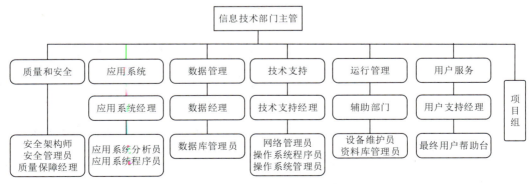

图 19-3　信息技术部门职责

1）运行管理。运行经理负责计算机操作人员的管理，包括准确有效地运行信息处理设施所需的所有员工，如资料库管员和设备维护员。设备维护员负责对信息处理设施中的计算机及其他设备进行日常操作与管理；资料库管理员负责登记、发布、接收和保管所有的程序和数据文件。

2）技术支持。技术支持经理负责对维护系统软件的系统管理员、系统程序员和网络管理员的工作进行管理。

① 系统管理员负责维护主要的计算机系统，典型职责包括：增加和配置新的工作站、设置用户账号、安装系统级软件、执行病毒保护程序、分配海量存储空间；

② 网络管理员负责管理网络基础设施中的关键组成部分，如路由器、防火墙、远程访问等；

③ 系统程序员负责维护系统软件，包操作系统软件。该职位可能被赋予无限制地访问整个系统的权限。

3）应用系统开发。应用系统经理负责实施新系统和维护现有系统的程序员和分析员。

① 应用系统分析员在系统开发的初始阶段参与工作，了解用户的需求，开发需求和功能定义，制定高级设计文档；

② 应用系统程序员负责开发新系统和维护生产中使用的系统。

4）质量与安全。安全管理员的职责通常包括：

① 维护对数据和其他信息系统资料的访问规则；

② 在分配和维护授权用户 ID 和口令时，保护其安全性和保密性；

③ 监测违反安全规定的行为并采取纠正行动；

④ 定期审查和评估安全政策并向管理层提出必要的修改意见；

⑤ 计划并推动面向所有员工的安全知识宣讲活动并进行监督；

⑥ 测试安全架构，评价安全的健全性，发现可能的威胁。

安全架构师负责评价安全技术，设计物理防护边界、访问控制、用户身份识别等安全措施，并建立安全政策和安全需求。质量保障经理负责在所有的信息技术领域协调和推动质量管理活动。

5）数据管理。数据经理负责数据资产管理和大型信息系统环境下的数据结构设计。数据库管理员负责定义和维护公司数据库系统的数据结构，主要职责包括：确定面向计算机的物理数据定义；调整物理数据定义，以优化性能；选择和使用数据库优化工具；测试和评估程序员的操作和优化工作的使用；回答程序员的咨询，培训程序员数据库结构方面的知识；实施数据库定义控制、访问控制、更新控制和并发控制；监测数据库的使用、收集运行统计数据和调整数据库；定义和启动备份和恢复程序。

6）用户服务。用户支持经理负责联系信息系统部门和最终用户。

① 最终用户负责与业务应用系统的具体操作，是产品和服务的最终使用者；

② 帮助台负责帮助用户使用应用系统和改善软件及信息处理设施，主要活动：替用户采购硬件和软件等；帮助用户解决硬件和软件困难；培训用户使用硬件、软件和数据库；回答用户的问询；监督技术开发和通知用户与其有关的进展；确定与生产系统有关的问题来源并启动更正行动；通知用户可能影响其硬件、软件升级安装的控制的硬件、软件或数据库问题；启动提高效率的变更。

2. 信息系统岗位的职责分离

信息系统岗位的职责分离如表 19-1 所示。

表 19-1　信息系统岗位的职责分离

	控制组	系统分析员	应用程序员	帮助台和支持经理	最终用户	数据录入员	计算机操作员	数据库管理员	网络管理员	系统管理员	安全管理员	系统程序员	质量保证人员
控制组	■	×	×	×		×	×	×	×	×		×	
系统分析员	×	■		×	×		×					×	×
应用程序员	×	×	■	×	×		×					×	
帮助台和支持经理	×	×	×	■	×							×	
最终用户			×	×	■	×						×	
数据录入员	×	×	×	×	×	■						×	
计算机操作员	×		×	×	×	×	■	×				×	
数据库管理员	×	×	×	×			×	■				×	
网络管理员	×	×	×	×					■			×	
系统管理员	×		×	×		×				■		×	×
安全管理员		×									■	×	×
系统程序员		×	×	×		×	×	×	×	×	×	■	×
质量保证人员		×	×		×							×	■

注：×表示职能合并可能会产生潜在的控制风险。

以上职责分离并不是一个行业标准，在使用时不要绝对化。由于各企业的规模大小及人员配备情况不同，职责分离程度也不同。

3．补偿控制

由于资源限制等原因，企业可合并部分的分离职责，但同时必须建立补偿控制来减轻因缺乏职责分离造成的风险，补偿性措施包括但不限于以下内容。

（1）审计踪迹。审计踪迹是所有设计优良的系统的基本组成部分，它通过提供追踪线索来帮助信息技术部门、用户部门和审计师跟踪信息处理的来龙去脉。

（2）核对。绝大多数情况下，核对是用户的责任。同时，应用程序可以通过控制总计和平衡表来完成有限的核对工作。这种验证增加了信息系统成功运行的置信度。

（3）监督性审核和独立性审核。可以通过现场观察和问询来执行监督性审核和独立性审核，可以在一定程度上防止因缺乏职责分离造成的错误与舞弊问题。

（4）例外报告。对于在核对、审核及日常运行中发现的特殊事项，应及时形成例外报告并上报有关主管领导。例外报告需及时处理，且留有处理痕迹。

八、信息系统管理关键环节/点

虽然信息系统的管理存在着各种各样的风险，但企业可以通过加强控制关键环节的手段使风险趋于无限小，需要控制的关键环节及关键点如表 19-2 所示。

表 19-2　信息系统管理关键点控制

控制事项	要控制的关键点
岗位设置	1．合理设置信息系统规划与开发岗位，合理分配其分工及权限 2．实施信息系统归口管理制度，建立有效的工作机制

续表

控制事项	要控制的关键点
信息系统规划	1. 开展与企业战略相结合，内在一致的信息系统战略规划 2. 结合企业各项业务需求制定信息系统实施规划
信息系统开发	1. 提出切实可行的信息系统建设方案，经审核后实施 2. 跟踪信息系统开发全过程，积极参与系统测试 3. 为信息系统设置权限管理与操作日志功能 4. 对信息系统进行完善的验收测试 5. 做好系统上线前的各项准备工作，制定具体的上线计划
运行与维护	1. 建立规范的信息系统日常运行管理规范 2. 开展定期的信息系统例行检查及数据备份 3. 制定严格的信息系统升级变更审核标准及工作流程 4. 设置权限管理、操作日志等安全管理体系 5. 严格管理信息系统内部信息保管工作

九、信息系统管理制度

请参阅以下相关文案。

 文案范本

信息系统管理制度

第一章　总　则

第一条　目的。

为了确保本公司信息系统安全、有效运行，根据有关法律、法规和政府有关规定，以及《企业内部控制应用指引》的要求，结合公司实际情况，特制定本制度。

第二条　本制度适用于对信息信息系统的管理。

第三条　管理职责。

1. 信息管理部为信息系统的归口管理部门，负责公司范围内的计算机信息系统安全管理工作。

2. 分管信息技术的副总经理负责信息管理各类制度、方案、规划的审核与审批工作。

3. 总经理对企业的信息管理负有领导责任，具体负责审批重要的信息管理制度、规划等。

第二章　信息系统的开发

第四条　信息管理部根据企业的整体发展规划，编制具体的信息系统建设整体规划，并报主管副总及总经理审批。

第五条　信息管理部根据信息系统建设整体规划提出项目建设方案，明确建设目标、人员配备、职责分工、经费保障和进度安排等相关内容，按照规定的流程报批通过后实施。

第六条　信息系统设计过程中应当听取各部门的意见，并组织信息系统需求调研工作，收集各部门对信息系统的需求，并确定信息系统的关键控制点。

第七条　本公司信息系统开发包括自行开发、外购调试和业务外包三种方式。一般情况下，涉及企业核心竞争力的信息系统，且本公司有能力独立开发的，都由本公司自行开发；本公司信息管理部没有能力开发的系统可采取外购调试或业务外包的模式。

第八条 信息系统开发过程中，信息管理部应指派专人全程跟踪，并做好与开发机构或研发人员的沟通和协调工作，以确保系统开发任务达到预期目标。

第九条 信息系统开发完成后，由信息管理部组织相关部门负责人、主管领导或外聘专家对信息系统进行验收。信息系统开发人员不得参与信息系统的验收工作。

第十条 信息系统验收通过后，系统开发人员应将系统开发的全套资料交付信息管理部，并由信息管理部归档保存。

第三章　信息系统的运行与维护

第十一条 信息管理部应在信息系统投入使用前，对信息系统操作人员和管理人员进行相关培训，确保信息系统操作人员能够独立完成日常操作任务。

第十二条 信息管理部负责信息系统的日常运行与维护工作，对服务器等关键信息设备应指定专人负责检查维护，及时处理异常情况。未经授权，任何人不得接触关键信息设备。机房设备发生故障时，应及时上报公司信息管理部经理处理，并对故障的处理过程及结果进行详细登记。

第十三条 信息系统操作人员不得擅自进行系统软件的删除、修改等操作；不得擅自升级、改变系统软件版本；不得擅自改变软件系统环境配置。

第十四条 信息管理部负责根据业务性质、重要性程度、涉密情况等确定信息系统豹安全等级，建立不同等级信息的授权使用制度，确保企业信息安全。

第十五条 信息管理部对系统设备中涉及机密的重要数据进行销毁，严格按照国家有关法规和对电子档案的管理规定，妥善保管相关数据资料。

第十六条 硬件设备的报废应由使用部门提出书面申请，信息管理部根据设备的使用情况进行审核，提出设备报废清单，按固定资产报废程序办理。

第四章　附　则

第十七条 本制度由信息管理部制定、修订及解释。

第十八条 本制度经总经理办公会讨论通过。

第十九条 本制度自公布之日起实施。

第二节　信息系统具体控制

一、信息系统的业务流程

（一）信息系统设计开发流程

1. 系统规划与准备

根据企业的整体目标和发展战略，明确企业总体信息需求，确定信息系统的发展战略，制定信息系统建设总计划，其中包括确定拟建系统的总体目标、功能、大致规模和粗略估计所需资源，并根据需求的轻、重、缓、急程度及资源和环境的约束，把系统建设内容分解成若干开发项目，以分期分批进行系统开发。主要工作包括 IT 战略规划、IT 规划、投资管理、质量管理、项目管理、人力资源管理等。

2. 系统设计与实施

这一阶段的主要工作是根据系统规划阶段确定的拟建系统总体方案和开发项目的安排，分期分批进行系统设计。信息系统开发是企业信息活动的重要基础，直接决定着企业的信息技术水平。首先进行需求分析，调查信息系统应具备的属性和功能，并将其用适当的形式表达出来；

然后根据信息系统需求，对系统架构、内容、模块、界面和数据等进行定义和实施。主要工作包括需求分析、应用系统设计、基础设施获取、运行准备、测试与发布等。

（二）信息系统运行维护流程

1. 系统运行管理

信息系统交付使用开始，开发工作即告结束，运行工作随即开始。信息系统的运行管理就是控制信息系统的运行，记录其运行状态，保证系统正常运行，并进行必要的修改与扩充，以便及时、准确地向企业提供必要的信息，以满足业务工作和管理决策的需要，其主要工作内容包括日常运行管理（如数据记录与加工、设备管理、安全管理等）、运行情况的记录以及对系统的运行情况进行检查和评价。

2. 系统维护管理

为保证信息系统正常而可靠地运行，并能使系统不断得到改善和提高，对应用系统、数据、代码和硬件的维护管理，可以分为纠错性维护、适应性维护、完善性维护和预防性维护。纠错性维护是指对系统进行定期的或不定期检修，更新易损部件、排除故障、消除隐患等工作；适应性维护是指由于管理或技术环境发生变化，系统中某些部分已不能满足需求，对这些部分进行适当调整的维护工作；完善性维护是指用户对系统提出了某些新的信息需求，因而在原有系统的基础上进行适当的修改，完善系统的功能；预防性维护是对预防系统可能发生的变化或受到的冲突而采取的维护措施。

一般来说，信息系统运行维护是系统生命周期中历时最久的阶段，也是信息系统实现其功能、发挥效益的阶段，科学的组织与管理是系统正常运行、充分发挥其效益的必要条件，而及时、完善的系统维护是系统正常运行的基本保证。据统计，有些信息系统在运行和维护阶段的开支占整个系统成本的三分之二左右，而这一阶段需用的专业技术人员占信息系统专业技术人员的 50%~70%。主要工作包括运行管理、事件管理、问题管理、配置管理、连续性管理、可用性管理和能力管理等。

（三）信息系统安全管理实践

信息系统安全管理即针对当前企业面临的病毒泛滥、黑客入侵、恶意软件、信息失控等复杂环境制定相应的防御措施，保护企业信息和信息系统不被未经授权的访问、使用、泄露、中断、修改和破坏，为企业信息和信息系统提供保密性、完整性、真实性、可用性、不可否认性服务。

安全管理手段分为技术类手段和管理类手段两大类，是确保信息系统安全不可分割的两个部分。技术类手段与信息系统提供的技术安全机制有关，主要通过在信息系统中部署软硬件并正确地配置其安全功能来实现，从物理安全、网络安全、应用安全和数据安全几个层面提出；管理类手段与信息系统中各种角色参与的活动有关，主要通过控制各种角色的活动，从政策、制度、规范、流程以及记录等方面作出规定来实现，从安全管理制度、安全管理机构和人员安全管理等几个方面提出。

（四）信息系统岗位职责实践

信息系统建设与运营是一个长期持续的过程，需要一个专门的机构负责，并能够不断完善该职责，以适应企业发展的需要。信息部门作为企业的一个职能部门，需要清楚了解自己的角色定位，才能明白自己拥有的权利和担负的职责，进而有效地执行任务。信息部门并不产生直接利润或收益，但通过信息化的手段提高其他部门的效益，降低运行成本，同样为企业创造了价值，从而也就体现了自身的价值所在。

信息部门的组织结构有分散型、集中型和联盟型三种代表性的模式。分散模式中，各信息机构分散于下属企业或事业部中，没有统一的中央管理部门或只有名义上的中央管理部门，独立决策与管理；集中模式中，存在统一的中央管理部门，对各下属企业或事业部的信息部门进行强有力的管理，从资金、人员等各方面进行统筹管理；联盟模式中，中央管理部门在业务和行政上均拥有相当大的权利，直接管理部门下级机构，同时还存在一些下级机构不由中央管理部门负责而是由下属企业或事业部负责。

二、信息系统政策制定

请参阅以下相关文案。

重要信息系统政策制定流程

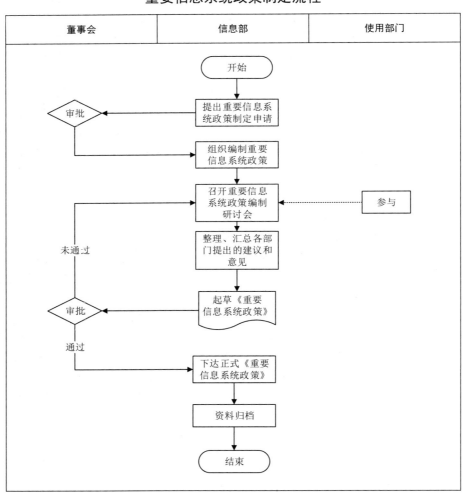

三、信息系统战略规划

请参阅以下相关文案。

文案范本

信息系统战略规划流程

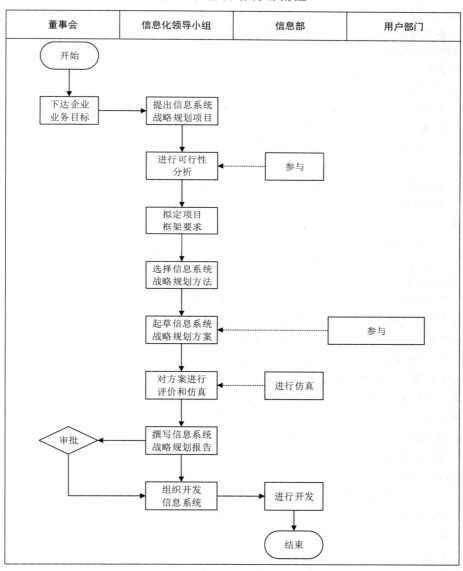

四、信息系统建设运行管理

请参阅以下相关文案。

文案范本

计算机信息系统建设运行管理规定

1. 总则

1.1　为规范计算机信息系统的建设、运行、维护管理，有效保障计算机信息系统的安全正常运行制定本规定。

1.2　本规定依据《中华人民共和国计算机信息系统安全保护条例》《中华人民共和国计算机信息网络国际联网管理暂行规定》《计算机信息网络国际联网安全保护管理办法》《计算机病毒防治管理办法》等有关规定制定。

2. 适用范围

2.1　本规定中所指计算机信息系统包括网络系统、应用系统和基础设施。

2.2　本规定中网络系统是指营业收费网和办公互联网。营业收费网是与其他网络隔离的专用网（以下简称内网），办公互联网是指企业内部办公用途网络和互联网接入系统（以下简称外网）。

2.3　本规定中应用系统是指在各类软硬件平台和应用平台，其中软硬件平台包括服务器、存储器、操作系统、数据库系统、中间件等，应用平台包括从事运行、管理、监控、维护、安全保障等方面的各类计算机应用软件。

2.4　本规定中基础设施是指广域网和局域网系统以及保障计算机信息系统正常运行的消防、供电、空调、监控等机房设施。

3. 职责权限

3.1　集团公司计算机信息系统建设与管理由信息中心统一规划、建设和管理。根据"谁使用，谁负责"的原则，各部门和计算机用户实行分工负责管理。各部门应指派专人负责计算机网络与信息系统的管理与维护，并保持人员相对稳定。

3.2　信息中心负责计算机网络和信息系统的规划、设计、开发、运行、维护和安全保障的管理；负责计算机网络和信息系统的竣工验收；负责拟定信息化建设方案及设备预算，报公司领导审核；负责内网、外网的日常管理和运行维护，负责计算机应用系统及相关的管理、监控、维护等软件系统的整体管理和运行维护；做好业务系统的维护。

3.3　各部门、各单位负责各自辖区范围内网、外网的日常管理和运行维护，负责在各自网段上运行的计算机及软件系统的整体管理和运行维护。

4. 基础设施建设

4.1　机房设施和办公楼局域网网络系统是计算机信息系统的重要基础设施，必须本着"配置合理、功能完善、适度超前、使用方便"的原则进行规划、设计和建设应与办公基础设施同步规划、设计和建设。

4.2　机房应根据计算机信息系统运行要求和实际情况配置必要的基础设备、设施，主要包括温度调节设备、UPS 电源、防雷设施（开关）接地屏蔽设施、防静电地板、消防器材、供配电设备、防盗设备等。有条件的应将设备间和控制室设计成里外间分开。

4.3　局域网网络系统应根据办公楼面积和使用情况，并考虑今后可预计的增量进行设计和建设。网线应选择市场中主流、知名、专业品牌的超五类以上双绞线，对楼层较高、跨度较大的布线系统，网络干线应使用光缆。网络布线配件应选择与网线同一品牌的产品。

4.4　基础设施建设应根据公司的有关规定，经过必要的组织程序择优选择施工单位。承担

基础设施建设的施工单位必须是有资质、有经验、有信誉、有质保的专业公司。必要时应聘请监理监督，保证工程质量。项目建设完工后，应由使用单位牵头，组织相关人员进行验收，并根据验收情况出具报告。必要时可聘请有关专家参与验收。

5. 应用系统建设

5.1 计算机应用系统建设的基本要求是根据实际需求，统一规划，统一标准，适度超前，量力而行。信息系统应具备先进性、实用性、安全性、稳定性、可扩充性、可管理性，功能完备，界面友好，维护简便。

5.2 软硬件平台建设原则要满足应用系统的使用需求，应根据应用系统的运行要求、用户规模、数据流量、数据存储量、响应速度等要素配置服务器、存储器、操作系统、数据库系统、中间件及其他相关软件。

5.3 应用系统的建设应做好系统规划、分析、设计和开发。

5.3.1 系统规划主要包括可行性研究，确定要解决的问题，搜集系统背景资料，了解现行系统状况，定义新系统需求，订立系统工作进程，制作项目计划书等，应用系统的使用部门应在此阶段提出详细的需求，信息中心负责将需求汇总整理形成需求分析报告，并由使用部门负责人签字确认。

5.3.2 信息中心将根据确认后的需求分析报告进行系统分析、设计和开发。系统分析主要包括建立系统数据流程图，建立系统数据字典，制作系统分析文件等；系统设计主要包括结构设计，数据处理设计，输出设计，输入设计，人机界面设计，制作系统设计文件等；系统开发主要包括程序编写与调试，系统测试，系统安装，系统运行维护，系统试运行，制作系统文件等。

5.3.3 需求的变更。在应用系统尚未验收阶段的需求变更，需由使用部门书面提出，加盖使用部门公章并由使用部门负责人签字同意；应用系统验收后的需求变更，需由使用部门书面提出，并加盖使用部门公章并报请使用部门和信息中心分管领导签字确认后交信息中心办理；涉及多各使用部门的应用系统的需求变更，无论验收与否都需要由各部门提出并由集团公司领导签字同意后交由信息中心办理。

5.4 应用系统的建设应根据公司的有关规定，经过必要的组织程序（如招标、邀标灯）择优选择实施单位。承担实施的单位必须是有资质、有经验、有信誉、有质保的专业公司。必要时应聘请信息监理监督，保证工程质量。

5.5 应用系统的项目管理应严格依照信息系统项目管理规程的规定进行管理，应用系统的使用部门应该对于项目各阶段形成的文档予以确认，项目建设完工后，应由使用单位牵头，组织相关人员进行验收，并根据需求分析报告、项目管理阶段文档和验收实际情况出具验收报告。必要时可聘请有关专家参与验收。

6. 网络系统建设

6.1 计算机信息系统网络建设的基本要求是：根据集团公司的发展需求，由信息中心统一规划，统一设计，统一配置。

6.2 保证计算机信息系统网络的安全，是网络建设基本要求，在建设过程中必须依照国家规定进行规划和设计。营业收费等内部网络，在非安全措施下严禁与互联网和其他网络相连接。

6.3 计算机网络结构、协议、接口、接入方式等，有特殊需要的，按特殊需要建设和配置。没有特殊需要的计算机网络应采用星型拓扑结构，使用 TCP/IP 协议。办公网应采用专线接入方式。

6.4 网络设备（交换机、路由器等）应由信息中心统一配置。网络交换设备应具备 3 层交换功能，网络路由设备应配置为模块化结构。网络核心设备应采用双引擎、双电源结构，满足高性能、高可靠性要求。

6.5 涉密计算机网络的规划和设计，应按国家的有关规定办理。

7. 网络安全

7.1 网络安全管理的总体要求是：为了保护网络的安全，应根据网络的安全要求，采用技术手段，建立完整的、有效的、相应的安全策略；采用管理手段，建立相应的安全管理制度。

7.2 建立和完善网络安全保护、防御、隔离、检测、报警和处理技术措施，加强信息安全用户权限控制、身份鉴别和信息加密等管理措施，确保网络安全。

7.3 防御网络攻击，保护网络安全。根据网络系统的安全需求和使用情况，采用有效技术手段，建立网络入侵检测和防范系统，配置相应的防火墙、VPN、入侵检测、防病毒、日志审计、终端管理等网络安全设备。

7.4 加强网络安全防范体系建设，建立网络安全管理制度、安全域（网段）边界防护管理、数据安全管理体制、安全检测分析系统（漏洞扫描工具，主机安全检测工具，网络安全检测工具）。

7.5 对投入运行的计算机网络要定期进行安全监测。信息中心应根据使用要求，检查网络结构和设备运行情况，检查网络安全设备是否能够满足使用需要，网络安全管理是否到位，网络安全制度的执行情况，检查是否存在网络安全隐患等。发现问题要及时提出整改意见。

7.6 要采用现代科技手段，逐步建立计算机信息系统运行监控预警预报系统，有效防止和解决网络安全突发性事件。

7.7 凡在局域网内外网上工作的计算机及其设备实行网卡物理绑定，使用部门不得擅自移位和变更用途，不得擅自改变微机的硬件、软件、系统配置、网络连线。确因工作需要移位或变更用途的，由使用部门提出申请，经批准后，由网络信息中心负责承办。严禁擅自使用路由器等设备设立"网内网"。

8. 设备运行管理维护

8.1 系统和网络设备运行维护是保证网络运行的关键，实行分工负责。信息中心负责网络设备、服务器及网络线路的维护。各部门负责部门服务器、终端计算机的系统和设备维护，信息中心应提供必要的技术支持。维护人员应至少每天检查服务器的运行情况，并做好检查记录。

8.2 任何单位和个人不得私自变更网络设备的配置，如移动网络设备、更改交换机接线等。不得在服务器上安装除必要服务外的其他软件，不准使用服务器上互联网，禁止在服务器上安装娱乐软件和从事娱乐活动。

8.3 系统数据和密码管理实行领导监督下的管理员负责制。

8.3.1 系统重要数据必须定时备份。逐步建立重要数据双存储系统，确保数据安全。

8.3.2 系统密码由管理员负责设定，报信息中心统一备案。管理员定期修改服务器的管理密码，修改后的密码立即填写《系统密码维护备案表》，及时向信息中心备案。严禁任何个人不得单独一人保管密码或擅自修改密码。

8.4 设备维护人员应定期检查网络设备的运行情况。主交换机、防火墙、路由器等重要设备至少每周检查一次，并做好设备巡查记录。

8.5 常用工具软件分类与管理。凡集团公司购买的正版软件，随计算机设备所带的软件，属于重要软件，应至少制作两套备份，由用户自行管理妥善保存。凡计算机外部设备驱动程序、外单位免费赠送的软件，为一般软件，由用户自行备份保存。用户下载外网软件，需经过防病毒等安全检测后，方可安装使用。

8.6　系统软件维护管理原则是系统的服务器和客户端业务软件统一由网络信息中心进行日常的维护和升级，未经授权，不得擅自改动程序所在的路径和配置。由集团公司开发的应用软件，属于重要软件，应至少制作两套备份。原软件光盘（或磁盘）作为原始盘封存，第一套备份为后备盘存档，第二套备份为日常使用的用户盘。当用户盘损坏时，使用后备盘重新备份用户盘。只有后备盘损坏时，方可动用原始盘备份后备盘。

9.　网络运行维护

9.1　信息中心负责内网、外网的日常管理和运行维护，对所管理的网络设备、网络配置、网络专线、网络连线及网络系统运行情况进行有效监测，确保网络系统的正常运行和使用。

9.2　各部门负责各自辖区范围内网、外网的日常管理和运行维护，对各自所管理的网络设备、网络配置、网络专线、网络连线及网络系统运行情况进行有效监测，确保网络系统的正常运行和使用。

9.3　集团公司的网段地址由信息中心统一分配，信息中心负责上网计算机 IP 地址配置。

9.4　计算机网络系统是信息化建设的基础设施，全体人员要爱护网络设施和设备，正确合理使用网络资源。网络使用人员要严格按照网络管理人员设定的 IP 地址使用，不得擅自更改和篡用 IP 地址。

9.5　在保障网络安全的前提下，为节省开支，使用同一台微机上内、外网的必须安装经过有关部门认可的双网隔离卡和硬盘。严禁在未经允许的情况下，一台微机装两块网卡内、外网混合使用。

10.　网络终端设备

10.1　终端设备配置。终端一般指网络中的一台可能由任何人操作的计算机，要求终端配置的一致性，不同的终端要尽量使用管理部门认可的、统一的操作系统，为保证终端安全必须安装公司统一规定的正版防病毒软件，并及时更新升级软件版本。

10.2　终端设备接入前审查。

10.2.1　对于需要接入网络的终端，必须由使用人提交书面申请并经信息中心领导批准后方能由管理员接入网络。

10.2.2　对于要接入网络的计算机必须经过网络管理人员的检查，确认其安装了必需的网络安全软件后方可接入网络，并且不允许安装和使用与办公无关的软件，否则视为非法接入终端，管理员有权阻断其与网络的连接。

10.2.3　终端设备的接入。

10.2.3.1　对于接入网络的终端设备，使用者要定期进行病毒检测，发现病毒立即处理并报告网络管理部门。

10.2.3.2　网络使用者不得利用计算机网络从事危害国家安全、泄露国家机密等犯罪活动，不得在网上使用"黑客技术"干扰网络用户、破坏网络系统和设备，否则将不允许接入网络。

11.　突发性事件应急管理

11.1　应建立网络信息安全应急预案，有效解决和处理网络信息安全突发性事件，责任清晰，任务明确，有效组织，把网络信息安全事故影响和损失减小到最低限度。

11.2　网络信息系统突发性事件是指突然发生的、非常规的、影响面大、需要立即进行处理的网络信息系统严重故障。突发性事件应急管理的总体要求是：迅速检查故障症状，确定故障影响范围，及时向上级领导汇报，在一定范围内发布突发性事件公告，启用相关应急处理预案。

11.3　对机房内影响面大的重要应用系统和设备，信息中心要事先制定相关应急处理措施

最新内部控制管理操作实务全案

和提前准备应急使用设备。当突发性事件发生时，能够在最短时间内恢复重要应用系统的临时运行，维持重要应用系统的基本使用。

11.4 各部门对各自使用和管理的影响面大的重要应用系统和设备要事先制定相关应急处理措施和提前准备应急使用设备。当突发性事件发生时，能够在最短时间内恢复重要应用系统的临时运行，维持重要应用系统的基本使用。

12. 系统故障处理和事故报告

12.1 网络系统故障分为一般故障和严重故障。一般故障是局部的、单个应用的、影响面较小、不会引发多方面问题的故障；严重故障是区域性的、多应用的、影响面较大、可能引发多方面问题的故障。

12.2 网络系统故障处理要根据职责分工，由管理、维护部门（人员）负责解决。

12.2.1 一般故障由各系统维护人员检查故障症状，确定故障范围，查找故障原因，提出解决故障的办法，并向本级主管部门领导汇报。在不影响其他使用的情况下，尽快排除故障，恢复网络信息系统的正常运行。

12.2.2 严重故障处理。发现或接到故障报告后由信息中心立即检查故障症状，查明故障范围，判明严重故障时，在查找故障原因的同时，应立即报告领导。领导根据故障性质启动应急预案，按预案规定程序组织抢修。

12.3 事故分类。

12.3.1 责任事故。管理部门（人员）未按规定进行管理、维护、操作或操作失误造成的事故；使用部门（人员）未按规定操作或操作失误造成的事故。

12.3.2 其他事故。非人为因素设备或系统发生意外故障造成的事故；由于网络运营商设备、线路等原因造成的事故；由于外力破坏或人力不可抗拒的原因造成的事故。

五、信息系统开发、变更与维护

（一）信息系统开发的内部控制

1. 信息系统开发的控制目标

（1）制定科学的信息系统战略规划，以便有效地指导信息系统建设工作，有效整合信息系统的各种功能，保证信息系统能够满足现在和将来的业务需求。

（2）通过信息系统投资及投资组合的有效决策，以及合理的信息系统预算，保证与信息系统战略的一致性，并持续地改进成本有效性，提高对业务收益率的贡献。

（3）及时并按质量标准完成信息系统开发与验收工作，灵活响应管理与业务需求，将信息系统与业务流程有效集成。

（4）制定并执行科学的信息系统实施方案，保证初始数据的准确完整、知识转移的充分有效，使信息系统顺利地转交给使用部门。

（5）保证符合国家及监管部门有关信息系统开发的法律法规要求。

2. 信息系统开发的主要风险点

（1）缺乏信息系统规划与方案，或规划与方案不合理，可能无法有效地指导信息系统建设工作，易造成信息孤岛，无法满足现在和将来的业务需求。

（2）信息系统投资决策及预算管理失误，可能造成信息系统投资超支或浪费，降低对业务收益率的贡献，甚至无法有效支持信息系统的战略规划。

（3）信息系统开发工作组织定位不合理、职责设置不明确、流程与政策不明晰，可能造成工作盲区或重复，影响信息系统的开发效率与效果。

（4）缺乏有胜任能力和工作热情的信息系统人员，无法为信息系统开发工作提供人力资源保障，可能影响信息系统开发工作的顺利开展。

（5）缺乏有效的信息系统质量管理、风险管理、绩效测评等体系，项目群或项目管理水平不足，可能造成无法在约定的时间、预算和质量内完成项目的交付。

（6）业务功能和控制需求调研不充分，可能无法把业务功能和控制需求转化成有效的解决方案以及系统功能，造成信息系统不能满足业务要求。

（7）信息系统设计流程或方法不当，可能造成无法及时并以合理成本提供应用软件，甚至造成信息系统存在较多的设计缺陷。

（8）信息系统基础设施不完整或达不到标准要求，可能无法为应用系统提供与既定信息系统架构和技术标准相一致的合适平台。

（9）信息系统测试不充分或不科学，或缺乏有效的验收工作，可能无法保证新开发的或变更的系统上线后不会出现大的问题。

（10）操作手册不详细、用户培训等知识转移和数据初始化工作不到位，可能影响信息系统运行维护工作的正常进行。

3. 信息系统开发的关键控制点

（1）制定和实施战略规划。信息系统战略规划帮助关键利益相关者更好地理解信息系统的机遇及其限制，该战略规划应评估当前绩效、识别信息系统能力和人力资源的需求，明确必需的投资规模、优先级，并通过战术计划实施。信息技术部门牵头负责制定和实施信息系统战略规划。

首先，调研企业业务战略规划和公司对信息系统的战略需求，从业务贡献、功能性、稳定性、复杂性、成本等分析评估当前信息系统的能力，了解相关技术的最新发展趋势，分析信息系统与战略需求存在的差距，及时将调研、评估和分析等工作成果与相关部门沟通和向公司领导汇报。调研分析过程中，需求部门必须提供有效的配合，才能保证信息系统战略规划与公司战略需求保持高度的一致性。然后，协调业务和信息系统各方意见，与有关的利益相关方共同编制战略规划，并通过公司的审批手续。同时，建立信息系统战略规划和业务战略规划的双向协调机制，及时修订信息系统战略规划，保证与企业战略需求保持动态的一致。信息系统战略规划应指明信息系统目标如何协助达成企业的战略目标，包括但不限于：

1）确定信息系统的远景与目标；

2）设定信息系统的整体架构，如技术架构、信息架构等；

3）建立信息系统的中长期计划，如3年、5年等规划；

4）投资、人员、时间等进行分析，并制定实施计划。

文案范本

信息系统战略制定与实施流程

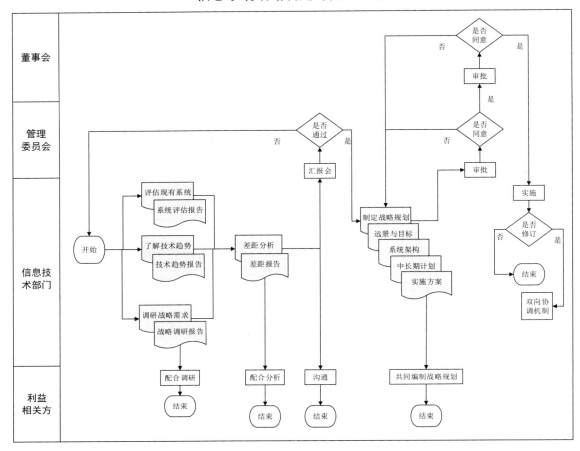

（2）系统开发组织工作。

1）建立财务管理规范。财务部门牵头负责建立和实施财务管理规范，与利益相关方协商，以识别和控制在信息系统战略规划和战术计划中的总成本和收益，评价和管理财务价值、未交付所需能力的风险以及未实现预期收益的风险，建立和维护管理信息系统投资项目群的财务管理框架。在财务框架中，应确认投资优先级，以确认强制性、支持性和自主性的投资；应清晰分配和监控实现收益和控制成本的责任；该流程既要支持编制和实施整个信息系统预算，又要能够根据项目内信息系统组件的具体情况，支持编制和实施单个项目群的预算。

2）搭建开发组织。在董事会层面建立信息系统战略委员会，建立由高级管理层、业务管理层和信息系统管理层组成的信息系统管理委员会；人事部门负责招聘、培训并激励开发人员，建立支持业务需要的信息系统开发团队，并实施角色和职责的分离，减少单个成员危及关键流程安全的可能性，还要建立定期检查开发组织的流程，以调整人员配备需求，满足预期目标业务和适应环境变化。

3）定义工作流程。管理委员会授权相关责任部门定义信息系统战略规划和项目计划的执行流程，应包括开发流程、流程结构与相互关系、所有权、成熟度、绩效测评；应整合面向信

息系统的各个流程、企业优化组合管理流程、业务流程和业务变更流程；应整合在质量管理体系（QMS）和内部控制框架之中，所有职能都应有适当的流程、管理政策，并将组织职责整合到决策和执行等工作流程中。

4）建立项目管理体系。为了管理信息系统项目，企业需要建立项目管理体系。这个体系应确保项目间的优先级和相互协调，应包括：主计划、资源分配、交付物的定义、用户的核准、交付方式、质量保证、正式的测试计划以及实施后的评审。其中主要表现形式为项目计划，由信息技术部门负责制定和完善。

项目计划包括协调多项目间的活动和相互依赖关系，管理所有项目对期望成果的贡献，解决资源需求和冲突，确保单个项目与项目群的目标保持一致。该计划定义了项目管理的范围、边界以及在每个项目中采用的方法，应集成到项目群管理流程之中。具体内容包括：项目管理方法、项目范围说明书、项目启动、项目计划、项目资源、项目风险管理、项目质量计划、项目变更控制、项目绩效测评、报告和监控、项目关闭。信息技术部门制定项目或项目群计划，并上报管理委员会审批，并以此作为控制和评价项目的标准。在项目计划实施过程中，信息技术部门应定期编写并上报进展报告，管理委员会将进展报告与项目计划对比，开展目标考核工作；若实际进展与计划偏差较大，就需要修订项目计划并完成审批程序。监督部门应以被批准的项目计划为基础制定监督计划，全程跟进项目计划制定和执行过程，开展阶段性检查和临时性检查，并及时向董事汇报，与管理委员会沟通。

文案范本

项目计划制定及执行流程

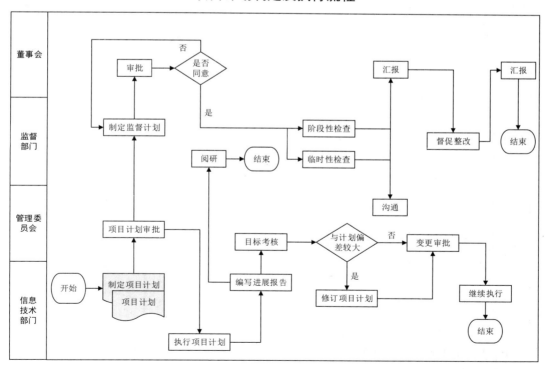

（3）识别功能需求。为了确保有效地满足业务需求，在获取和研发新的信息系统或功能之前，需进行需求分析、识别、划分优先等级、详细说明并批准业务功能及技术需求，涵盖了为达到预期成果所需的全部因素。此项工作需由信息技术部门和需求部门共同完成或成立专门项目组负责。

首先，信息技术部门制定需求识别方案，并配合需求部门开展需求识别、提炼和分析等工作；需求部门依据识别方案开展需求收集，将可能使用产品的用户分成不同组别，在每组用户中选择数位能真正代表他们需求的代表进行需求调研，了解和观察用户执行业务的过程。然后，需求部门进行提炼和分析收集到的需求，并确定需求的优先顺序，将它们编成需求文档，包括业务需求说明书；需求部门还需编写验收测试案例。再者，信息技术部门验证需求是完整的、一致的、明确的，确定是否所有的需求和软件需求规格说明书达到要求，解决利益相关者之间对需求的不同意见和矛盾，解决需求和可用资源之间的矛盾；信息部门还需编写系统测试案例。最后，将需求信息上报管理委员会评审，形成技术评审报告，抄送相关部门领导确认需求真实性与完整性，最终确定需求内容。需求转化过程中，信息技术部门还需跟踪需求实现情况，形成需求跟踪矩阵，并及时将其向有关人员沟通、汇报。

 文案范本

信息系统功能需求识别流程

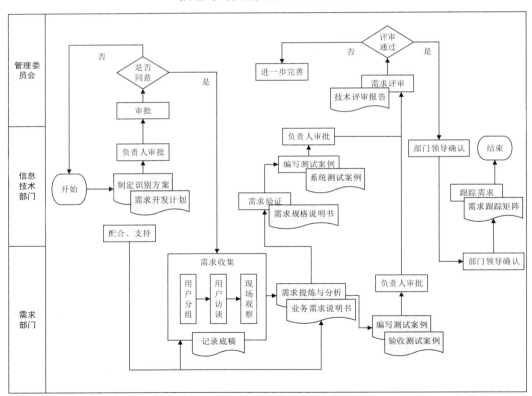

当完成需求识别后，不可避免会发生需求变更。当发生需求变更时，由需求部门提出需求变更申请，经本部门负责人审批同意后，报信息技术部门审核。信息技术部门评估变更的影响，分析潜在影响和成本变化，并与用户沟通以确定哪些需求可以变更。如果变更影响较大或需求

部门与技术部门无法达成一致，则需报管理委员会审批。需求变更实施后，信息技术部门需变更相关文档，必要时修订项目实施方案。

文案范本

信息系统功能需求变更流程

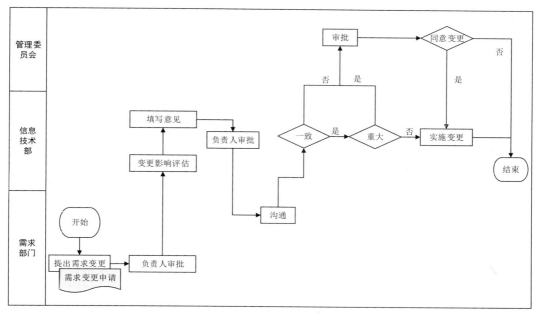

（4）设计解决方案。设计解决方案主要任务是在各种技术和实施方法中权衡利弊、精心设计、合理使用资源，设计出新系统的详细设计方案，主要内容包括系统总体架构设计、功能模块设计、数据库设计、输入输出设计、处理流程及硬件选择。该项工作是由信息技术部门或下设的专门项目组负责。

1）信息技术部门制定系统设计计划并报负责人审批，对系统设计工作进行全面部署。

2）进行概要设计，开发系统流程图和实体关系图模型，确定应用系统的设计方法、过程步骤，确定数据文件或数据库文件设计，描述输入输出要求形成概要设计说明书。

3）根据概要设计进行详细设计，细化开发方案和系统功能要求，形成详细设计说明书。概要设计和详细设计都需要经管理委员会及各需求部门评审通过方可执行。详细设计完成后，就可以把设计方案交给系统开发人员进行编程了。

 文案范本

信息系统解决方案设计流程

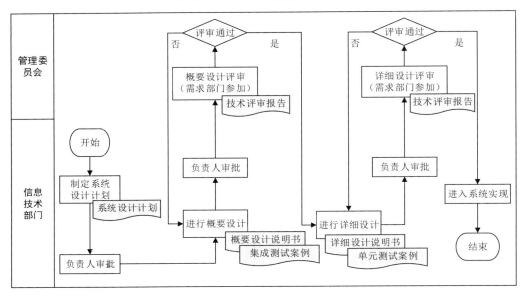

（5）开发应用系统。信息系统必须按照业务需求予以开发，跟踪并记录每一个需求（包括所有被拒绝的需求）的状态，并严格遵循设计说明书、开发及文档标准。在适当的位置，利用自动控制手段来执行业务控制和应用控制，落实应用安全和可用性的需求，响应已识别的风险。该项工作是由信息技术部门或下设的专门项目组负责。

在开发过程中，开发人员需制定系统实现计划并报负责人审批，然后搭建开发测试环境，开展编码工作。编码过程中，需进行单元测试和集成测试等质量保证措施，以检测并修订编程等类型的错误，达到需求所定义的、企业质量策略和程序所要求的软件质量标准。在开发后期，编写用户操作手册和安装维护手册。

 文案范本

应用系统开发流程

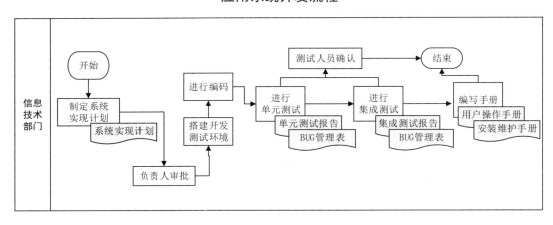

（6）配备基础设施。基础设施配备需要与已经批准的技术战略和开发及测试环境的有关规定相一致，确保为业务应用系统提供持续的技术支持，满足既定的业务功能及技术需求，并符合组织的技术发展方向。此项目工作需信息技术部门与物资采购部门共同负责。

根据信息系统要求和企业物资采购管理制定，信息技术部门制定技术基础设施的配备需求，并建立验证环境以支持对基础设施组件测试及集成测试，物资采购部门制定和实施采购计划。在硬件和基础设施软件的配置、集成和维护过程中，执行内部控制、安全和审计措施，如招投标采购制度、供应商管理制度等，以保护资源并确保其可用性和完整性，明确定义配置敏感基础设施组件的职责，让开发和集成基础设施组件的人员理解这些职责，并且监控和评估他们的工作情况。

（7）运维前期保障。编制相关文件和手册，并提供培训，使新系统的知识具备可用性，以确保应用系统和基础设施的正确使用和操作。该项工作是由信息技术部门或下设的专门项目组负责。

信息技术部门制定并实施"传、帮、带"的知识传授计划，以透明方式培训新人、传授知识、移交责任，培训范围包括业务管理者、系统使用者和维护者。向业务管理层转移知识，以确保他们掌握应用系统和数据的所有权，并对服务的交付与质量、内部控制、应用系统的管理行使职责。向系统使用者转移知识，以确保他们在支持业务流程的过程中能够有效地和有效率地使用应用系统。向运营维护人员转移知识，以确保他们能够根据服务水平要求，有效地且有效率地交付、支持和维护应用系统及相关的基础设施。

（8）信息系统测试。信息系统测试工作将信息系统的软硬件及外部支持设备、数据和人员等元素结合在一起，对计算机系统进行一系列的组装测试和确认测试，一般包括恢复测试、安全测试、压力测试和性能测试，然后将测试结果与预期结果进行对比说明，分析解决测试中发现的系统问题。该项工作是由信息技术部门或下设的专门项目组负责。

信息技术部门制定基于已定义的任务、职责和输入输出等标准的系统测试计划，对测试过程所使用的资源与方法进行描述，包括涉及的人员和信息设施，并确保该计划被相关部门正式批准。然后，建立测试环境，实施信息系统测试，形成测试报告并经测试人员签字确认。在测试过程中如果发现测试方法有错误或不规范，就需要将测试计划重新加以设计和实施，直至顺利完成测试，达到所需要的结果。

文案范本

信息系统测试流程

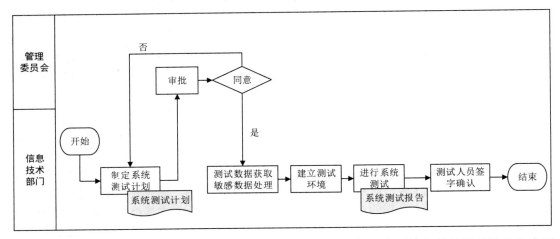

（9）变更管理。所有变更（包括紧急维护和补丁，以及与生产环境相关的基础设施和应用系统的变更）均以正式的、可控制的方式进行管理；变更实施前（包括对程序、流程、系统和服务参数变更）均获记录、评估和授权；变更实施后，按既定的计划审核变更的结果，确保变更对生产环境的稳定性及完整性造成负面影响的风险降至最低。该项工作是由信息技术部门或下设的专门项目组负责。

有关部门提出变更请求后，信息技术部门进行记录、过滤和归类定级，并组织专业团队进行分析，形成处理意见。涉及重大变更或处理意见影响大，信息技术部门需将变更申请及处理意见上报管理委员会审批，并根据审批意见执行。实施变更后，信息技术部门还需跟踪评估变更运行情况，启动配置管理程序，及时修改配置项属性数据。若运行效果不佳，则启动还原计划，将变更影响降低到最小。另外，建立一个非常规的变更流程，用于处理紧急变更的提出、测试、记录、评估和授权。

信息系统变更管理流程

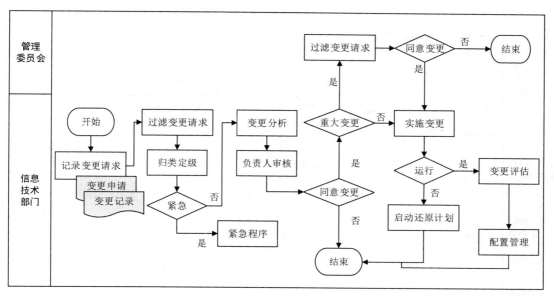

（10）信息系统实施。当开发与测试人员完成必须测试，准备交付信息系统时，进行验收上线阶段，相应地还要实施后评审，确保运营系统达到与预期一致的结果。该项工作是由信息技术部门牵头负责。

首先信息技术部门制定验收和上线计划并上报管理委员会审批，并开展组件验收，同时系统运行部门进行功能验收后；然后，信息技术部门汇总测试结果形成验收报告，经信息技术部门和系统运行部门签字确认后报管理委员会审批。测试完成后，实施上线方案，控制系统转换到生产环境的迁移，将系统运行的初始数据成功的转换并导入信息系统中，并形成上线报告。如有必要，新、旧系统应并行运行一段时间，并且比较运行情况和结果。管理委员会组织有关部门进行实施后的评估工作，并将上线及评估情况上报董事会。

信息系统验收上线流程

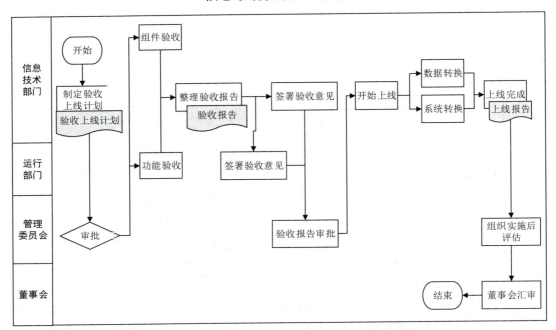

信息系统开发制度

第一条 目的。

为了防止系统在开发过程中可能出现错误和偏差，确保系统设计合理、正确，特制定本制度。

第二条 范围。

信息系统开发包括系统规划、系统分析、系统设计、系统实施、系统维护与评价五个阶段。

第三条 系统规划管理。

1. 系统规划管理阶段参与人员及分工。

（1）信息总监做信息系统开发项目的总体规划。

（2）信息系统开发项目经理根据总体规划制定开发计划。

（3）系统分析员负责搜集开发资料。

2. 系统规划阶段存在的风险及应对策略。

（1）市场竞争风险，竞争优势有可能被仿效。应对策略是增加自身特色，提高系统的技术含量和竞争优势。

（2）政治、经济环境和法律、法规风险。应对策略是做详尽的可行性分析，采用先进工具进行风险控制。

（3）缺乏高层领导支持。应对策略是培训、沟通、聘请权威专家讲座等。

第四条　系统分析管理。

1. 系统分析管理阶段参与人员及分工。

（1）系统分析员进行资料分析。

（2）终端用户对系统提出使用要求。

2. 系统分析阶段存在的风险及应对策略。

（1）不合理的组织结构可能影响项目小组进行系统分析的效果。应对策略是业务流程重组，对内部进行调整。

（2）用户需求的多样性以及用户的数量和重视程度可能加大系统分析工作的工作量。应对策略是建立多样性的沟通渠道，加强沟通。

第五条　系统设计管理。

1. 系统设计管理阶段参与人员及分工。

（1）系统设计员进行设计新系统总体结构框架设计、代码设计、数据库设计、输入/输出设计、处理流程及模块功能的设计。

（2）数据库管理员根据数据的不同用途、使用要求、统计渠道、安全保密性等，决定数据的整体组织形式、表或文件的形式，以及决定数据的结构、类别、载体、组织方式、保密等级等一系列的问题。

2. 系统设计阶段存在的风险及应对策略。

（1）开发团队经验不足可能造成信息系统开发时间过长。应对策略是全面考察开发团队，选择有经验的开发人员，并建立有效的监督机制。

（2）系统开发技术过于复杂、技术不成熟或过时用户需求的多样性以及用户的数量和重视程度可能加大系统分析工作的工作量。应对策略是加强技术交流，集中精力解决技术难题，有条件的应设有备选方案。

第六条　系统实施管理。

1. 系统实施管理阶段参与人员及分工。

（1）程序设计员进行程序设计和系统调试及试运行。

（2）数据库管理员进行数据收集，数据格式的标准化与规范化。

（3）终端用户对系统试运行效果提出意见和建议。

2. 系统实施阶段存在的风险及应对策略。

（1）时间和费用超出预算可能造成信息系统开发成本过高。应对策略是编制详尽、科学的预算，加强内部成本管理和控制。

（2）用户经验不足可能导致系统功能不完整。应对策略是加强教育培训。

第七条　系统维护与评价管理。

1. 系统维护与评价管理阶段参与人员及分工。

（1）系统维护人员进行日常运行维护和系统的更新维护。

（2）数据库管理员进行数据库和代码维护。

2. 系统维护与评价阶段存在的风险及应对策略。

（1）数据是否准确、安全及保密直接影响信息系统开发的效果。应对策略是进行合理的系统设计，采用防火墙和加密技术。

（2）系统目标不明确、缺乏软件质量监控可能导致系统功能不健全。应对策略是制定明确目标，加强质量管理。

第八条　本制度由信息部会同公司其他有关部门进行解释。

第九条 本制度配套办法由信息部会同公司其他有关部门另行制定。

第十条 本制度自＿＿＿年＿月＿日起实施。

文案范本

信息系统开发、变更与维护控制流程

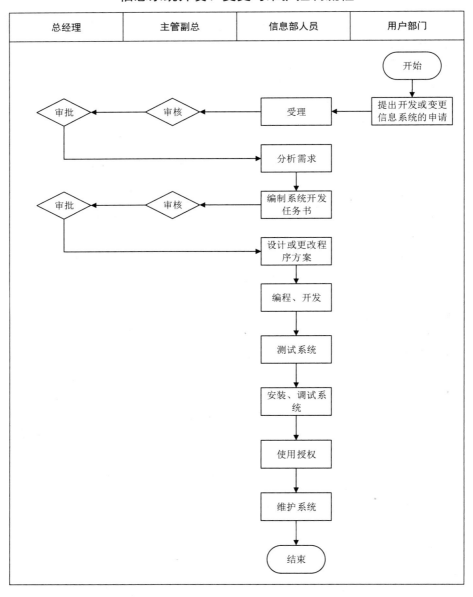

信息系统开发流程

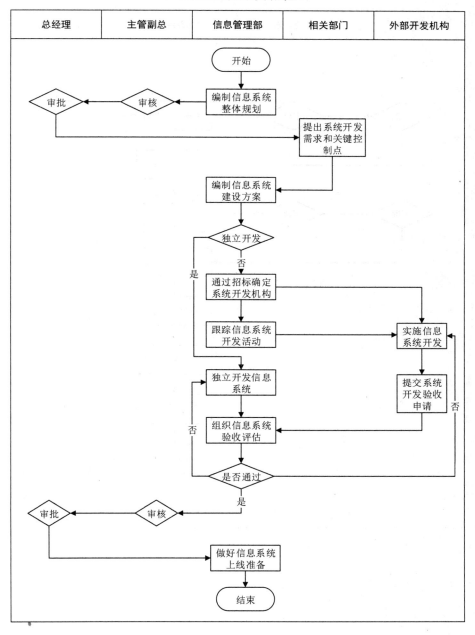

文案范本

信息系统自行开发流程

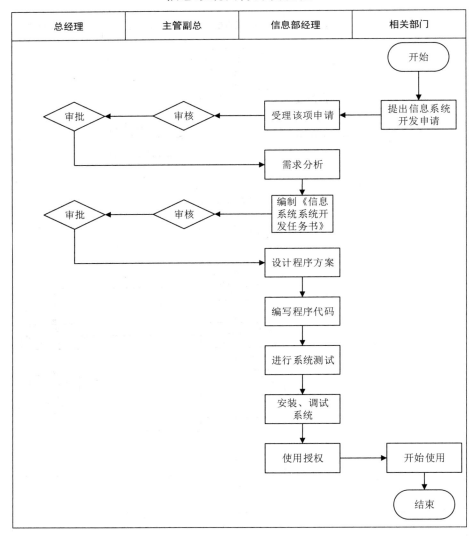

文案范本

信息系统开发招标流程

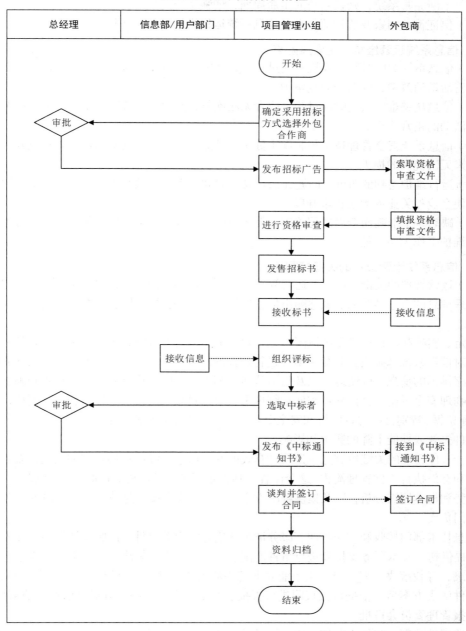

（二）信息系统运营维护的内部控制

1. 信息系统运营维护的控制目标

（1）保证信息系统的正常、可靠、安全地运行，充分发挥信息系统的作用。

（2）不断完善系统，延长系统的生命周期，增强系统的生命力。

（3）保证符合国家及监管部门有关信息系统运行维护的法律法规要求。

2. 信息系统运营维护的主要风险点

（1）信息系统响应时间和停机时间过长，其性能和容量无法满足业务需求，可能影响企业生产经营活动的效率，降低企业竞争力。

（2）信息从灾难中恢复时间过长，或者无法恢复，使信息系统服务中断，可能影响企业生产经营活动的正常运行。

（3）信息系统安全管理技术与制度不健全，可能将信息资产的脆弱性暴露在危险境地，给企业带来无法挽回的损失。

（4）运行维护遇到的事件、问题无法在规定时间内得到有效解决，影响信息系统的有效运行，可使企业相关业务无法正常开展。

（5）缺乏一个准确而全面的配置库，无法确保硬件和软件配置信息的完整性，可能导致信息系统维护工作无序、低效。

3. 信息系统运营维护的关键控制点

（1）运营管理的关键控制点。运营管理主要是运营部门的职责，主要包括利用操作规程来有效管理信息的有效性输入、敏感输出信息的保护、基础设施的性能监控以及确保硬件的预防性维护。

制定、实施和维护信息系统运营流程，确保全体运营人员熟悉与其相关的运营任务；制定和实施对信息系统基础设施和相关事件进行监控的流程，确保运营日志中记载了充分的按时间发生顺序排列的信息，以便运营以及与运营活动相关的时间顺序能够重建、审查和测试；建立适当的物理安全设施、会计核算和库存管理手段对信息系统敏感资产进行管理。例如，专用表格、流通票据、特别目的的打印机和安全令牌；制定和实施确保基础设施得到及时维护的流程，减少硬件失效或性能下降的频率和影响。

（2）事件管理的关键控制点。为及时有效地响应信息系统用户的查询和问题，需要一个精心设计和有效执行事件管理流程。这个流程包括设定服务台的功能，用来登记、处理事件升级、进行趋势和根本原因分析，以及提供解决方案。该项工作主要信息技术部门下设的服务台及其支持部门负责。

信息技术部门接收和记录呼叫、服务请求和信息需求等事件，按照事件类型及优先级进行分类，提供初步技术服务支持和进行事件匹配。如果事件不能解决，按照事件升级程序适当地逐步升级，寻找解决方案。当发生不能立即解决的紧急事件，应该提供合适的临时解决方法。确定事件解决方案后，依据审批权限进行报批后实施，事件或解决方案对信息系统影响重大，则需上报管理委员会审批。

确保事件处理一直处于监控之中，记录了事件处理的步骤，包括未解决的事件（已知错误和临时解决方法），为其他管理团队提供信息，并且在需要的地方传递给适当的管理团队，实现与问题管理和容量管理等流程一起紧密工作。

信息系统事件管理流程

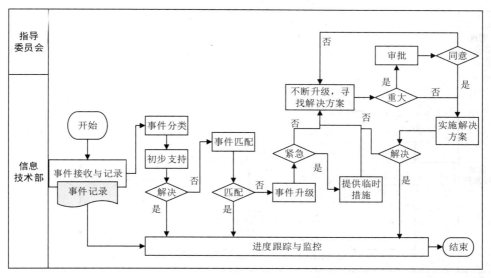

（3）问题管理的关键控制点。有效的问题管理需要识别和分类问题，分析问题根本原因并解决问题，制定改进建议以及维护问题记录和审阅纠正操作状态，从而改进服务水平，减少成本和改进客户方便性和满意度。该工作由信息技术部门负责。

信息技术部门有团队执行流程来识别、记录和分类存在的问题，确定种类、影响、紧急程度和优先级，然后将问题正确的分类到相关的组或者域（举例，硬件、软件、支持软件）进行调查和诊断，查找根本原因。其次进行问题评估，分析原因和影响，识别可以接受的解决方案。确定解决方案后，依据审批权限进行报批后实施，问题或解决方案对信息系统影响重大，则需上报管理委员会审批。在影响变得紧急情况下，问题管理应该升级该问题，可能将它提交给一个适当的委员会来提高问题的优先级或者执行一个适当的紧急处理。在证实成功排除已知错误后，或者在与业务部门对如何处理问题达成一致后，引入适当的程序来关闭问题记录。

在整个解决流程中，部门负责人应获得问题和错误处理进程的定期报告，应该监控问题和已知错误对用户服务的持续影响，确保问题管理系统提供了足够的审计追踪工具，以跟踪、分析和确定所有下述报告问题：所有关联的配置项、未解决的问题和事件、已知的和可疑的错误、问题趋势跟踪。

文案范本

信息系统问题管理流程

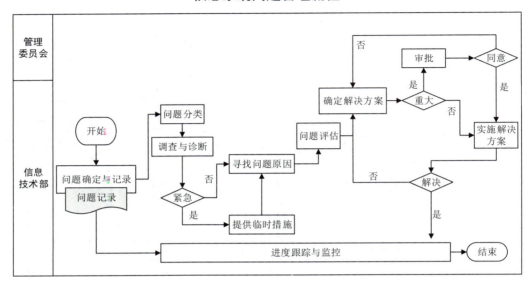

（4）配置管理的关键控制点。一个准确和全面的配置库包括硬件和软件完整的配置信息，利于促进更高的系统可用性、生产问题最小化和更快地解决问题。配置管理包括收集初始配置信息、建立基线、验证和审计配置信息，并在需要的时候更新配置库。该项工作由信息技术部门负责。

信息技术部门建立一个支持工具和中心配置库，以便包含配置项中的所有硬件和软件的相关信息，包括基础设施组件及其相互关系、所有人或负责人及可用的文档等方面的信息，包括配置项在其生命周期内所处的状态（如开发中、测试中、库存中、使用中及停止使用）及相关历史信息。建立配置程序以支持对配置库的所有改变的管理和记录，保证配置数据处于不断更新中，保证只有经过授权和确认的配置项才能记录和保存在数据库中。首先运维等归口管理部门提出变更申请，经本部门负责人审批后上报信息技术部门。信息技术部门识别申请更新的数据，确定是否需要纳入配置管理的控制范围，并审核配置项属性的详细程度（包括深度和广度）（有标准），包括配置项之间的关系，是否符合配置库管理系统的要求。之后报部门负责人审批，确保只有经过批准并包括在产品目录中以后才能被记录；实施变更，并根据需求设置配置基线，作为开发和测试新配置的起点，作为新配置存在问题时的备用配置。

同时，将这些程序与变更管理、事件管理和问题管理程序集成，以监控和记录所有的资产和资产的变更；定期检查配置数据以便检验和确认当前和历史配置的完整性。参照软件使用政策定期检查已安装的软件，以识别私自安装的、没有许可证的或者任何超出当前许可协议的软件的事例，并将上述监控中发现的问题及时报告、应对并纠正错误和偏差。

信息系统配置项更新管理流程

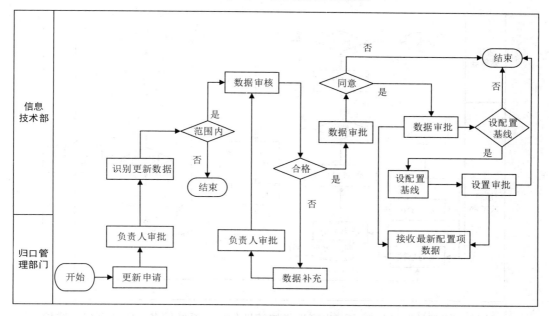

（5）性能和容量管理的关键控制点。性能和容量管理是基于工作负载、储存需求和例外需求来预测未来需求，必须有一个定期检查当前 IT 资源的性能和容量的流程，为支持业务需求的信息资源持续可用提供保证。性能和容量管理由信息技术部负责。

信息技术部门持续地监控基础设施组件的满足需求的能力，如 CPU 利用率、磁盘利用率、网络利用率以及软件许可证的数量等，对由监控得到的监控数据进行分析，分析预计未来增加以及潜在瓶颈；定期进行信息系统资源的性能和容量预测，识别工作负载趋势和需求变化，为可能的重新部署识别出额外的容量。考虑正常的工作负载、突发事件、存储需求和 IT 资源的生命周期等因素，提供所需的容量和性能，做好如下安排：区分任务优先级、容错机制、资源分配实践，维持和调整当前的 IT 性能，处理诸如恢复能力、紧急事件、当前和计划工作负荷、存储计划和资源获得等问题，把由于容量不足和性能退化引起服务中断的风险降低到最低程度。

根据能力监控和需求变化情况，信息技术部门定期组织能力分析，适时提出能力变动申请，并履行适当的审批手续。根据申请批复情况进行应用选择，考察运行新的或改进的服务所需要的资源；在考虑监控信息和预测数据的基础上，采用合适的模拟工具，预测基础设施的运行情况，确保合理成本的容量和性能能够有效完成的工作负载。综合以上工作成果，制定和实施能力计划，能力计划描述了当前及未来对信息系统基础设施能力的需求、信息系统服务需求以及过期组件的替换以及技术方面的最新发展，应包括性能预测、升级点、基础设施升级（资本、运营、人员）的预计成本等方面的信息。

信息系统性能和容量管理流程

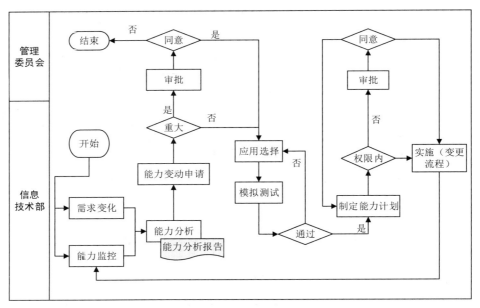

（6）连续性管理的关键控制点。为了提供持续性的信息系统服务，需要开发、维护和测试信息系统持续性计划，提供定期的持续性计划的培训，从而最大限度地减少主要服务中断的可能性和对关键业务功能和流程的影响。该项工作由信息技术部门负责。

建立了一个信息系统持续性框架，使用一致的流程支持企业级的业务持续性管理。框架的目标应当是辅助决定基础设施所需的恢复力，以及推动灾难恢复和信息系统应急计划的制定。框架应当说明持续性管理的组织结构，包括内外部服务提供者及他们的管理者和客户的角色、任务和职责，以及计划流程，该流程建立规则和结构来记录、测试和执行灾难恢复和信息系统应急计划。计划还应当包括关键资源的识别、关键影响因素的说明、关键资源可用性的监控和报告、替代的处理以及备份和恢复原则。

基于框架建立信息系统持续性计划，旨在降低关键业务功能和流程中断带来的影响。计划应当根据潜在业务影响的风险理解，明确所有信息系统关键服务对破坏承受能力、替代的处理和恢复能力的需求。它们还应当包括使用指南、角色和职责、程序、沟通流程和测试方法。定义和管理了分发策略，确保计划被适当和安全地分发，对于合适的经授权的团体来说，计划随时随地都是可用的。应当关注使计划在所有灾难情形下都容易得到。

把注意力集中在信息系统持续性计划所指定的最关键项目上，在恢复情形下建立恢复能力和优先级。避免恢复次要项目对注意力的分散，确保响应和恢复与业务需求的优先排序一致，成本保持在可接受的水平并与法规和合同要求一致。考虑不同等级的承受能力、响应和恢复需求（例如，1~4小时，4~24小时，超过24小时）以及关键业务的运营周期。

维护信息系统持续性计划，鼓励信息系统管理层定义和执行变更控制程序，确保信息系统持续性计划保持最新版本并持续反映实际的业务需求。清晰、及时地传达程序和职责的变更信息。向所有相关方提供定期的培训会议，培训内容是关于假设事件或灾难发生时的程序和他们的角色和职责。通过应急测试结果来检验和提升培训。

定期测试信息系统持续性计划，确保信息系统能有效恢复，发现计划的缺陷，保持计划的相关性。这需要细致的准备文档资料、测试结果报告，以及根据测试结果实施相应的行动计划。将单一应用的测试恢复的范围与端对端测试的集成测试方案和集成供应商测试一起考虑。

 文案范本

信息系统开发、变更与维护管理制度

第一章　总　　则

第一条　为了提高企业的经营绩效与工作效率，提升企业信息系统的可靠性、稳定性与安全性，特制定本制度。

第二条　本制度适用于信息部以及各用户部门涉及使用企业信息系统的相关人员。

第二章　系统开发与变更

第三条　企业信息系统开发所遵循的原则。

1. 因地制宜原则。

应根据行业特点、企业规模、管理理念、组织结构、核算方法等因素设计适合本单位的计算机信息系统。

2. 成本效益原则。

计算机信息系统的建设应当能起到降低成本、纠正偏差的作用，根据成本效益原则，企业可以选择对重要领域中的关键因素进行信息系统改造。

3. 理念与技术并重原则。

信息系统建设应当将信息系统技术与信息系统管理理念整合，倡导全体员工积极参与信息系统建设，正确理解和使用信息系统，提高信息系统的运作效率。

第四条　项目部人员在信息系统开发中要将相应的交易权限嵌入到系统程序中，以便检查、纠正错误和舞弊行为。

第五条　系统开发任务书内容。

1. 信息系统名称。

2. 信息系统应该达到的技术性能。

3. 信息系统的操作环境。

4. 开发信息系统的具体工作计划。

5. 开发信息系统的人员与协作单位。

6. 开发信息系统的费用预算。

第六条　所选的外包合作开发信息系统的机构必须有合作开发信息系统的经验，并加强对其的监控力度。

第七条　测试专员需将系统测试中所出现的问题记录成册，定期交予信息部经理。

第八条　在信息系统安装调试前的必要工作如下。

1. 制定紧急预案，以确保新系统发生故障时能切回到旧系统。

2. 必须完成整体测试和用户验收测试后才可安装调试。

第九条　新旧系统切换时，进行数据迁移必须建立数据迁移计划并对迁移结果进行测试。

第十条　安装后的信息系统功能变更时，须重新按照系统开发的有关程序进行。

第三章　信息系统的维护

第十一条　对于企业自主开发的信息系统，根据其大小及性能定期检测、定期维护。

第十二条 数据库管理专员将数据库中的数据定期备份，以防止系统出现问题时数据丢失。

第十三条 信息系统出现问题时，信息部员工按应急预案进行处理。

第四章 附 则

第十四条 本制度由信息部制定，其解释权、修改权归属信息部。

第十五条 本制度自总裁审批之日起实施，修改时亦同。

信息系统开发维护流程

序号	业务流程	责任部门/人	配合/支持部门	不相容职责	监督检查方法	相关制度
1	提出信息系统开发申请	使用部门	信息部	审核审批	检查信息系统开发申请是否符合公司相关要求	《信息系统管理细则》
2	信息部经理和总经理审核审批	信息部、总经理		申请	检查信息系统开发申请的审批是否符合相关要求	《信息系统管理细则》
3	编制系统开发书	信息部		测试	检查系统开发书编制工作是否详细完备	《信息系统管理细则》
4	设计程序方案	信息部		测试	检查程序方案是否符合公司实际需要	《信息系统管理细则》
5	编写程序代码	信息部		测试	检查程序代码是否存在错误	《信息系统管理细则》
6	进行系统测试	信息部	使用部门	编写代码	检查系统测试工作是否彻底、没有遗漏	《信息系统管理细则》
7	安装调试系统	信息部	使用部门		检查安装调试工作是否符合实际工作要求	《信息系统管理细则》
8	进行系统维护	信息部	使用部门		检查系统维护工作是否按时按量完成	《信息系统管理细则》

六、信息系统安全

（一）信息系统安全管理的控制目标

通过信息系统安全管理工作，不断发现、堵塞系统安全漏洞，预防、发现、制止利用或者针对系统进行的不法活动，预防、处置各种安全事件和事故，提高系统安全系数，确保计算机信息系统安全可用。

（二）信息系统安全管理的主要风险点

（1）信息系统硬件和软件存在内在缺陷，可能直接造成信息系统故障，还会为恶意攻击提供机会，降低系统安全性能。

（2）信息系统硬件和软件受到人为恶意攻击，可能导致运行效率下降甚至异常或中断，破坏数据的有效性和完整性，也可能导致敏感数据的泄露、滥用。

（3）信息系统使用与维护管理不当，可能导致系统安全性能下降甚至系统异常、停车的事件，使信息系统运营效率低。

（4）自然灾害，如雷电、鼠害、火灾、水灾、地震、停电、违章施工等，可能对信息系统安全构成现实威胁。

（三）信息系统安全管理的关键控制点

1. 信息系统的制度与组织管理

（1）授权专门的部门或人员负责制定由总体方针、安全策略、管理制度、操作规程等构成全面的信息安全管理制度体系，说明机构安全工作的总体目标、范围、原则和安全框架等。

（2）应组织相关人员对制定的安全管理制度进行论证和审定；通过正式、有效的方式发布；应定期或不定期对安全管理制度体系的合理性和适用性进行检查和审定，对存在不足或需要改进的安全管理制度进行修订。

（3）应设立信息安全管理工作的职能部门，设立系统管理员、网络管理员、安全管理员等岗位，并定义各个工作岗位的职责、分工和技能要求。

（4）应定期对各个岗位的人员进行安全技能及安全认知的考核；应对关键岗位的人员进行全面、严格的安全审查和技能考核；应对各类人员进行安全意识教育、岗位技能培训和相关安全技术培训。

2. 信息系统建设中的安全管理

（1）制定和审核安全设计方案。首先，信息技术部门统一考虑总体安全策略和总体规划，制定安全技术框架、安全管理策略和详细设计方案；然后，管理委员会组织相关部门和有关安全技术专家对总体安全策略、安全技术框架等文件的合理性和正确性进行论证和审定，并且经过批准后实施。

（2）制定和实施软件开发管理制度。通过一系列管理制度，明确开发过程的控制方法和人员行为准则，确保开发环境与实际运行环境物理分开，开发人员和测试人员分离，测试数据和测试结果受到控制，对程序资源库的修改、更新、发布进行授权和批准。

（3）软件开发过程中，要求开发人员参照指定代码编写安全规范编写代码，形成软件设计的相关文档和使用指南；软件完成开发后，检测软件质量，检测软件包中可能存在的恶意代码和后门，要求开发单位提供软件的源代码、相关设计文档和使用指南。

（4）制定产品采购和使用管理制度。信息技术部门负责产品的采购，预先对产品进行选型测试，确定产品的候选范围，并确保安全产品采购和使用符合国家的有关规定。

（5）制定详细的工程实施方案和管理制度，明确说明实施过程、控制方法、行为准则，以控制实施过程；在实施过程中，信息技术部门全程跟进工程实施管理。

（6）根据设计方案或合同要求等制定测试验收方案，由信息技术部负责组织公司有关部门人员参与系统验收工作，在测试验收过程中应详细记录测试验收结果，并形成测试验收报告。必要时委托第三方测试单位对系统进行安全性测试，并出具安全性测试报告。

3. 信息系统运营中安全管理

（1）环境控制。

1）机房和办公场地应选择在具有防震、防风、防雷击和防雨等能力的建筑内，但应避免设在建筑物的高层或地下室，以及用水设备的下层或隔壁；采取措施防止水蒸气结露和地下积水转移与渗透，不得穿过机房屋顶和在活动地板下安装水管。

2）机房应设置火灾自动消防系统，能够自动检测火情、自动报警，并自动灭火；应设置温、湿度自动调节设施，使机房温、湿度的变化在设备运行所允许的范围之内。

3）在机房供电线路上配置稳压器和过电压防护设备，建立备用供电系统，提供短期的备用电力供应，至少满足主要设备在断电情况下的正常运行要求。

4）应采用接地方式防止外界电磁干扰和设备寄生耦合干扰；应对关键设备和磁介质实施电磁屏蔽，电源线和通信线缆应隔离铺设，避免互相干扰；采用防静电地板，主要设备应采用必要的接地防静电措施。

5）在机房门口设置门禁系统和监控报警系统，并配备机房安全管理人员，控制、鉴别和记录进入机房的人员，进入机房的来访人员应经过申请和审批流程，并限制和监控其活动范围。

（2）访问控制。

1）身份鉴别信息应具有不易被冒用的特点，口令应有复杂度要求并定期更换；应提供用户身份标识唯一和鉴别信息复杂度检查功能，保证应用系统中不存在重复用户身份标识，身份鉴别信息不易被冒用。

2）应启用访问控制功能，依据安全策略控制用户对信息资源的访问，严格控制用户对有敏感标记的重要信息资源的访问；授予不同账户为完成各自承担任务所需的最小权限，并实现管理用户的权限分离。

3）对登录信息系统的用户进行身份鉴别，重要管理员终端登录限制应通过设定终端接入方式、网络地址范围等条件，主要系统组件应对同一用户选择两种或两种以上组合的鉴别技术来进行身份鉴别。

4）根据安全策略设置登录失败处理功能，可采取结束会话、限制非法登录次数和当网络登录连接超时自动退出等措施；应及时删除多余的、过期的账户，及时终止离岗员工的所有访问权限。

（3）数据控制。

1）应保证存储用户鉴别信息、系统内的文件、目录和数据库记录等资源的空间，被释放或再分配给其他用户前得到完全清除，无论这些信息是存放在硬盘上还是在内存中。

2）在通信双方建立连接之前，应利用密码技术进行会话初始化验证，并对通信过程中的整个报文或会话过程进行加密，防止鉴别信息在网络传输过程中被窃听，保证通信过程中数据的完整性和保密性。

3）应具有在请求的情况下为数据原发者或接收者提供数据原发证据和接收证据的功能，并结合电子签章等技术手段，提高数据有抗抵赖性。

4）应能够检测到系统管理数据、鉴别信息和重要业务数据在传输和存储过程中完整性受到破坏，并在检测到完整性错误时采取必要的恢复措施。

（4）设备控制。

1）编制并保存与信息系统相关的资产清单，建立资产安全管理制度，规定信息系统资产管理的责任人员或责任部门，并规范资产管理和使用的行为。

2）应建立介质安全管理制度，对介质的存放环境、使用、维护和销毁等方面作出规定；确保介质存放在安全的环境中，对各类介质进行控制和保护，并实行存储环境专人管理；对介质在物理传输过程中的人员选择、打包、交付等情况进行控制；对存储介质的使用过程、送出维修以及销毁等进行严格的管理。

3）对带出工作环境的存储介质进行内容加密和监控管理，对送出维修或销毁的介质应首先清除介质中的敏感数据，对保密性较高的存储介质未经批准不得自行销毁；应对重要介质中的数据和软件采取加密存储，并根据所承载数据和软件的重要程度对介质进行分类和标识管理。

4）应建立基于申报、审批和专人负责的设备安全管理制度，对信息系统的各种软硬件设备的选型、采购、发放和领用等过程进行规范化管理。

5）应建立配套设施、软硬件维护方面的管理制度，对其维护进行有效的管理，包括明确维护人员的责任、涉外维修和服务的审批、维修过程的监督控制等。

6）应对终端计算机、工作站、便携机、系统和网络等设备的操作和使用进行规范化管理，按操作规程实现主要设备（包括备份和冗余设备）的启动/停止、加电/断电等操作。

（5）入侵防范。

1）充分利用技术手段监视端口扫描、强力攻击、木马后门攻击、拒绝服务攻击、缓冲区溢出攻击、IP碎片攻击和网络蠕虫攻击等入侵攻击，记录攻击源IP、攻击类型、攻击目的、攻击时间，在发生严重入侵事件时应提供报警。

2）采取安装防恶意代码软件等有效措施检测和清除恶意代码，并定期维护恶意代码库的升级和检测系统的更新，对主机防病毒产品、防病毒网关和邮件防病毒网关上截获的危险病毒或恶意代码进行及时分析处理，并形成书面的报表和总结汇报。

3）操作系统应遵循最小安装的原则，仅安装需要的组件和应用程序，并应定期对网络系统进行漏洞扫描，对发现的网络系统安全漏洞进行及时的修补。

4）应提高所有用户的防病毒意识，及时告知防病毒软件版本，在读取移动存储设备上的数据以及网络上接收文件或邮件之前，先进行病毒检查，对外来计算机或存储设备接入网络系统之前也应进行病毒检查。

（6）安全审计。

1）应对网络系统中的网络设备运行状况、网络流量、用户行为等进行日志记录，并保护审计进程，避免受到未预期的中断；保护审计记录，避免受到未预期的删除、修改或覆盖等。

2）审计范围应覆盖到服务器和重要客户端上的每个操作系统用户和数据库用户；审计记录应包括事件的日期和时间、用户、事件类型、事件是否成功及其他与审计相关的信息。

3）提供对审计记录数据进行统计、查询、分析及生成审计报表的功能，并指定专人负责运行日志的日常维护和报警信息分析和处理工作，以便及时发现异常行为。

（7）安全事件处置。

1）应制定安全事件报告和处置管理制度，明确安全事件的类型，规定安全事件的现场处理、事件报告和后期恢复的管理职责，任何情况下用户均不应尝试验证弱点。

2）应制定安全事件报告和响应处理程序，确定事件的报告流程，响应和处置的范围、程度，以及处理方法等，分析和鉴定事件产生的原因，收集证据，记录处理过程，总结经验教训，制定防止再次发生的补救措施。

3）应在统一的应急预案框架下制定不同事件的应急预案，应急预案框架应包括启动应急预案的条件、应急处理流程、系统恢复流程、事后教育和培训等内容。

 文案范本

安全设备基本情况表

填表人：　　　　　　　　　填报日期：

序号	网络安全设备名称	型号（软件/硬件）	物理位置	所属网络区域	系统及运行平台	端口类型及数量	是否热备	备　注
1								
2								
3								
4								
5								
6								
7								
8								

 文案范本

信息系统泄密责任追究制度

第一章　总　　则

第一条　为规范公司员工使用信息系统的行为，增强其安全意识，确保公司信息系统的安全运行，保护公司的商业机密，根据国家有关信息系统安全和保密管理的法规，结合我公司的经营管理实际情况，特制定本制度。

第二条　本制度是公司信息系统泄密责任追究的基本制度，适用于公司各部门的信息系统管理工作。

第三条　网络部是公司信息系统泄密责任追究的日常管理部门，负责监督、检查和指导各部门信息系统的安全保密工作。

第二章　信息系统安全管理规定

第四条　公司的业务软件系统、财务软件系统及其他软件一律不外借。

第五条　员工在使用各种系统时，若有要事离开，应先退出系统或将桌面锁定。

第六条　员工日常办公发送电子邮件时，必须使用公司邮箱，未经允许不得使用个人电子邮箱发送日常办公文件。请不要打开电子邮件中的未知附件，对于陌生的电子邮件，请予直接删除。

第七条　为了信息安全或其他特别的原因，综合管理部有权随时关闭外网，或者直接关闭某人的上网权限。

第八条　为了保证网络带宽稳定和防止计算机病毒入侵，员工不得在网上下载软件、音乐、电影或电视片段。

第九条　不得利用黑客软件以任何形式攻击公司的其他计算机或服务器。

第十条　公司员工不得恶意修改公司数据、电子文档等重要资料。

第十一条　含有重要信息的资料废弃时，应及时销毁，以免被误用。

第十二条 输出资料使用后若无保存需要，应进行适当的毁弃处理；输出资料一般应保存到文件服务器上，以确保在必要时能够使用。

第十三条 责任人离职时，其个人所有的笔记本计算机或存储设备需经过综合管理部的检查，将公司资料备份后删除。

第三章 信息系统主要泄密途径及责任追究

第十四条 用户审批及权限分配过程中的主要泄密途径及其责任追究有以下几种情况。

1. 因权限审批人员审批不严而分配给用户不应有的权限造成信息泄露的，追究权限审批人员的责任，根据泄密的程度及是否对公司造成经济损失，进行记过、罚款、赔偿损失等处罚。

2. 因网络部信息系统管理人员操作不当而给用户不应有的权限造成信息泄露的，追究网络部信息系统管理人员的责任，对其进行记过、罚款、赔偿损失等处罚。

第十五条 在信息系统的使用过程中，因以下用户操作的原因造成信息泄露的，追究操作用户的责任，根据泄密的程度及对公司造成损失的程度，对其进行记过、罚款、辞退、赔偿损失等处罚；泄密严重者，依法追究其法律责任。

1. 删除计算机内文件造成他人数据丢失以及故意修改、泄露公司信息的。
2. 将个人用户名、密码转借或转让他人者。
3. 故意制作、传播计算机病毒等破坏性程序，危害公司计算机信息网络安全者。
4. 对发生故障的终端设备进行送修时，未进行加密处理和监修的。
5. 随意丢弃保存有公司机密信息的存储介质的。
6. 接受他人贿赂，故意泄露公司信息的。
7. 其他因个人保管不当无意或故意泄露公司信息的。

第十六条 网络部在进行信息系统的维护管理过程中，由于出现以下技术问题，网络部虽有能力解决，但因疏于防范或大意而造成信息泄露的，追究网络部相关人员的责任，根据泄密的程度及对公司造成损失的程度，对其进行记过、罚款、辞退、赔偿损失等处罚。

1. 信息系统防护系统失效，而未及时切断网络连接的。
2. 信息系统受到攻击时，未及时关闭服务器并切断网络连接的。
3. 发现有用户违规进入信息系统访问、下载公司信息而未及时断开其访问权限的。
4. 因网络部信息系统管理人员安全保密意识不强，造成信息系统管理存在其他漏洞，而造成公司信息泄露的。

第十七条 网络部在进行信息系统的维护管理过程中，对出现的技术问题无能力解决，及时上报后仍造成信息泄露的，不追究相关人员的责任；没有及时上报的，仍追究网络部相关人员的责任。

第十八条 因其他不可预知原因造成信息系统信息泄露的，应严密核查，存在责任人的，依据公司的相关规定追究相关责任人的责任。

第四章 附 则

第十九条 本制度由网络部负责制定，网络部具有修订权与解释权。

第二十条 本制度自发布之日起开始实施。

信息密级划分表

信息等级	适用情况	内　容
一级	一般信息	遭到破坏和泄露后，会对公司相关人员的合法权益产生损害
二级	公司各部门内部的一般信息	遭到破坏和泄露后，会对公司相关部门的合法权益产生损害
三级	涉及公司利益的一般信息	遭到破坏和泄露后，会对公司的相关交易事项产生负面影响
四级	涉及公司利益的重要信息	遭到破坏和泄露后，会影响公司的绝大多数交易的进行，对公司利益产生严重影响
五级	涉及公司利益的重大信息	遭到破坏和泄露后，会影响公司正常运营，对公司的整体形象产生严重损害

信息系统访问安全管理制度

第一章　总　　则

第一条　为了提高企业信息系统的可靠性、稳定性与安全性，特制定本制度。

第二条　本制度适用于信息部以及各用户部门涉及使用企业信息系统的相关人员。

第二章　信息系统中的等级与账号

第三条　将企业信息系统中的信息、数据按级别划分，员工可依其账号的权限进行阅读、使用。

第四条　企业信息系统中的信息与数据根据其重要程度与泄密风险划分为五级，包括以书面形式和电子媒介形式保存的信息。

1. 绝密级，总裁级别的人员可以阅读、使用。

2. 机密级，副总级别、总监级别可以阅读、使用。

3. 秘密级，部门经理级别可以阅读、使用。

4. 重要级，部门主管级别可以阅读、使用。

5. 普通级，普通员工可以阅读、使用。

第五条　信息部根据员工的职级与权限编发账号，员工每人对应着唯一的账号，只允许使用自己的账号，禁止使用他人的账号；否则，造成的后果由使用者和账号泄露者共同承担。

第六条　企业员工越级使用企业的信息系统时，必须经过上级领导授权，以授权书为准，否则视为非法使用，按企业的相关制度进行处理。

第七条　账号申请程序。

1. 使用部门提出使用企业信息系统的申请。

2. 信息部门出具账号分析报告。

3. 运营总监审核。

4. 总裁审批。

5. 信息部编发账号。

第八条　信息系统中的超级账户，必须有总裁签名的授权书，否则不得编发账户。

第九条　企业人员离职、调动时，信息部人员要及时对其账号进行撤销或修改。

第三章　操作人员规范

第十条　未经培训的操作人员禁止使用信息系统。

第十一条　企业信息系统中的软件升级、杀毒、安装等由信息部统一操作，禁止用户部门的操作人员擅自进行系统软件的删除、升级、杀毒、改变或卸载。

第十二条　对于信息部工作人员在信息系统中设置的安全参数与软件系统环境配置等，禁止用户部门的操作人员修改。

第十三条　操作人员离开工作现场时，要锁定或退出已经运行的程序，防止他人利用自身账号操作；否则，造成的后果由当事人自己承担。

第十四条　更换操作人员或密码泄露后，用户必须及时修改密码。

第十五条　企业信息系统中的信息、数据为企业资产，禁止未经授权的操作人员使用存储介质存储。

第四章　信息部人员确保安全的规范

第十六条　信息部指定人员定期审阅信息系统中的账号，避免有授权不当或非授权账号存在。

第十七条　信息部指定人员监测各账号使用信息系统的情况，发现异常及时上报信息部经理。

第十八条　信息系统管理员应加强对防火墙、路由器等网络安全方面的管理，防范外网对信息系统造成损害。

第五章　附　　则

第十九条　本制度由信息部制定，解释权、修改权归属信息部。

第二十条　本制度自总裁审批之日起实施，修改时亦同。

文案范本

信息系统访问安全控制流程

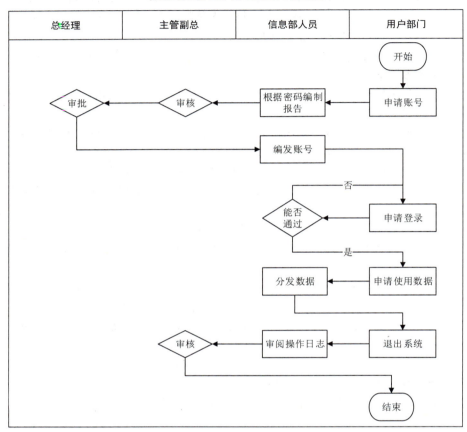

总经理	主管副总	信息部人员	用户部门

 文案范本

系统访问安全管理流程

序号	业务流程	责任部门/人	配合/支持部门	不相容职责	监督检查方法	相关制度
1	提出公司信息系统账号申请	使用部门	信息部	审核审批	检查信息系统账号申请是否符合公司相关要求	《账号审批管理办法》
2	信息部经理审批后编发账号	信息部		申请	检查账号申请的审批是否符合相关要求	《账号审批管理办法》
3	设置安全参数与软件系统环境配置	信息部	使用部门	操作使用	检查安全参数与软件系统环境配置是否符合实际需要	《账号审批管理办法》
4	定期检查账号使用情况	信息部	使用部门	操作使用	检查是否存在违规使用账号情况	《账号审批管理办法》
5	加强防火墙等网络安全方面的管理	信息部		测试	检查网络安全工作是否能够保障生产运营的正常进行	《信息系统管理细则》

 文案范本

计算机上机操作记录制度

《会计核算软件管理的几项规定（试行）》中对会计核算软件的使用单位有明确要求——要有必要的上机操作制度。为了更好地完成系统维护的任务，了解故障发生的原因、地点、时间，以及如何处理和处理结果等情况，并作为下阶段合理调整机时分配的依据，严格财务微机管理制度，现规定如下。

一、计算机操作人员必须登记当天所有上机操作情况。要求填写日期、操作员姓名、操作内容、运行时间和运行情况。

二、操作过程中没有问题则在运行情况及备注栏填写运行正常字样，若有问题发生则应及时登记记录并向系统管理员报告。

三、不得进行未作登记记录的任何软硬件维护工作。

四、系统管理员在维护过程中发现的异常现象和处理方法、处理结果都应有所记载，对于重大运行故障，除按规定登记外还须另行填写故障报告单。

五、操作记录每月装订成册，日常由档案管理人员妥善保管，年终整理归档。

六、要真实完整地填写操作记录，如果发生不登记者，按经济责任制有并条款处理。

以上规定由系统管理员监督执行，请所有操作及维护人员遵照执行。

业务数据备份情况表

填表人：　　　　　　　　　　　填报日期：

序号	备份数据名	介质类型	备份周期	保存期	是否异地保存	过期处理方法	所属备份系统
1							
2							
3							
4							
5							
6							
7							
8							

系统数据定期备份制度

第一章　总　　则

第一条　目的。

为了规范公司数据备份管理工作，合理存储历史数据及保证数据的安全性，防止数据丢失与损坏，确保公司知识产权利益和技术资料不受损失，特制定本制度。

第二条　本制度是公司信息系统数据定期备份的基本制度，适用于公司各职能部门信息系统数据定期备份的管理工作。

第三条　管理职责。

1. 信息管理部是公司信息系统数据定期备份的日常管理部门，负责监督、检查和指导各部门信息系统数据的定期备份工作。

2. 各部门都应指定专人对本部门重要信息数据进行备份。

第四条　信息数据的备份包括定期备份和临时备份两种。定期备份是指按照规定的日期定期对数据进行备份；临时备份是指在特殊情况（如软件升级、设备更换、感染病毒等）下，临时对信息数据进行备份。

第二章　数据备份管理

第五条　信息数据根据系统情况和备份内容，可以采取以下备份方式。

1. 完全备份：对备份的内容进行整体备份。

2. 增量备份：仅备份相对于上一次备份后新增加和修改过的数据。

3. 差分备份：仅备份相对于上一次完全备份之后新增加和修改过的数据。

4. 按需备份：仅备份应用系统需要的部分数据。

第六条　为了保证所备份的内容可再现系统运行环境，数据备份内容应包括网络系统的所有关键数据。具体指计算机和网络设备的操作系统、应用软件、系统数据和应用数据。

第七条　根据公司情况将数据分为一般数据和重要数据两种。信息管理部针对这两种数据采取不同的备份方法。

第八条 一般数据的备份。

一般数据主要是指：个人或部门的各种信息及办公文档、电子邮件、人事档案、考勤管理、监控数据等。例如，服务器共享文件夹下面的数据其具体备份方法为：由各部门每月自行备份，部门经理负责整理归档后刻盘，系统管理员每半年对一般数据资料进行选择性收集归档。

第九条 重要数据的备份。

重要数据主要包括：各部门日常表单记录，财务数据、技术部门图样、标书、合同、办公自动化系统、企业资源计划（ERP）服务器数据等。重要数据的备份方法如下。

1. 财务部每月底将当月电子账、表格等数据统一整理，系统管理员负责刻盘，由财务管理部保存。

2. 技术部门已定稿的图样、标书须在每月底前，由各部门的文件管理员上传至服务器，由系统管理员做光盘和硬盘备份。

3. 当服务器、交换机及其他系统主要设备配置更新变动，以及服务器应用系统、软件修改后均要在改动当天进行备份。

第三章 数据备份介质及保存

第十条 数据备份可选择硬盘、光盘、磁带等存储介质，要确保备份数据的可恢复性。存储介质应存放在无磁性、辐射性的安全环境.

第十一条 数据备份时必须建立备份文件档案及档案库，详细记录备份数据的信息。要做好数据备份的文卷管理，所有备份要有明确的标识，具体包括：卷名、运行环境、备份人。

第十二条 数据备份至少应保留两份复印件，一份在数据处理现场，以保证数据的正常快速恢复和数据查询，另一份统一放在公司档案室，确保备份数据万无一失。

第十三条 所有备份介质一律不准外借，不准流出公司，任何人员不得擅自取用，若要取用需经相关部门批准，借用人员使用完介质后，应立即归还，由备份管理员检查，确认介质完好。

第十四条 备份介质要每半年进行检查，以确认介质能否继续使用、备份内容是否正确。一旦发现介质损坏，应立即更换，并对损坏介质进行销毁处理。

第十五条 长期保存的备份介质，必须按照制造厂商确定的存储寿命定期转储，磁盘、光盘等介质使用有效期规定为三年，三年后更换新介质进行备份。需要长期保存的数据，应在介质有效期内进行转存，防止存储介质过期失效。

第四章 附 则

第十六条 本制度由信息管理部制定、修订及解释，并经总经理办公会讨论通过。

第十七条 本制度自公布之日起实施。

信息系统安全检查项目表

类　　别	检查项目	是香符合要求	备　　注
安全管理制度	管理制度是否健全		
	管理制度制定与发布程序		
	管理制度评审与修订		
安全管理机构	安全组织管理机构是否健全		
	是否有专门的安全管理人员		
	安全管理人员岗位职责是否明晰		
	安全管理人员是否定期进行检查		
人员安全管理	离岗人员安全管理		
	是否将网络安全列入人员考核项目		
	是否进行安全意识教育和培训		
	是否有针对外部人员访问的管理措施		
	关键岗位人员是否签署保密协议		
系统建设管理	系统安全级别设定		
	系统安全方案设计		
	产品采购与使用管理		
	自行软件开发是否达标		
	外包软件开发是否达标		
	测试验收是否合理		
	系统交付资料是否完备		
系统运行与维护管理	介质管理是否达标		
	系统环境是否达标		
	设备运行是否正常		
系统运行与维护管理	网络安全管理是否到位		
	系统安全管理是否到位		
	是否有恶意代码防范管理方法		
	系统变更管理规范是否健全		
	是否定期进行数据备份与恢复		
	安全事件处理是否得当		
	应急预案是否健全		

文案范本

灾难恢复计划书

一、定义

本计划书所称灾难恢复为信息系统灾难恢复。灾难恢复计划包括：灾难备份系统实施、灾难备份中心的建设与运行维护、灾难恢复预案管理、应急响应和恢复。

二、组织机构及其职责

1. 总经理或信息总监为信息系统灾难恢复工作的责任人，负责灾难恢复需求分析和策略制定。

2. 董事会参与制定和审核灾难恢复策略，保证灾难恢复策略与经营目标的一致性。

3. 灾难恢复的组织机构由信息部的管理、业务、技术等相关人员组成。

4. 信息部总监负责灾难恢复预案的审批、维护和演练，负责资源准备和经费审批。

5. 信息部经理负责灾难备份中心的日常运行和管理。

6. 信息部主管负责灾难恢复预案的制定、灾难备份中心的日常运行和维护。

7. 信息部专员负责灾难备份中心的日常运行和维护。

三、灾难等级

1. 第一类：信息系统短时间中断会影响公司的关键业务的进行，并造成重大经济损失。

2. 第二类：信息系统短时间中断会影响公司部分业务的正常进行，并造成较大经济损失。

3. 第三类：信息系统短时间中断会影响公司某个或某些部门业务的正常进行，可能造成间接损失。

四、灾难恢复的目标要求

1. 第一类灾难等级恢复要求：

（1）第四级电子传输及完整设备支持；

（2）RTO≤36 小时，RPO≤8 小时。

2. 第二类灾难等级恢复要求：

（1）第三级电子传输和部分设备支持；

（2）RTO≤72 小时，RPO≤24 小时。

3. 第三类灾难等级恢复要求：

（1）第二级备用场地支持；

（2）RTO≤7 天，RPO≤36 小时。

五、灾难备份系统实施要求

1. 建立数据备份系统、备用数据处理系统和备用网络系统，技术方案中所涉及的系统应获得同信息系统相当的安全保护，具有可扩展性。

2. 应确保技术方案满足灾难恢复策略的要求，组织开展灾难恢复技术方案和业务功能恢复的测试，并记录和保存测试结果，以保证灾难恢复时最终用户能正常使用灾难备份系统。

3. 应充分考虑到灾难备份系统的处理能力、存储容量、网络宽带能否满足业务运作要求。

4. 应建立灾难备份系统的技术支持体系。

六、灾难备份中心的运行维护

1. 建立完善的灾难备份中心运行维护管理制度和流程，包括灾难备份的流程和管理制度，灾难备份中心机房的管理制度，硬件系统、系统软件和应用软件的运行管理制度，灾难备份中心信息安全管理制度，灾难备份系统的变更管理流程，灾难恢复预案以及相关技术手册的保管、分发、更新和备案制度等。

2. 灾难备份中心专业运行维护队伍包括基础设施和灾难备份系统运行维护及技术支持人员，保障设备和系统正常稳定地运行。

3. 定期检测维护灾难恢复设施，保持备份数据的一致性、可用性和完整性，保障数据备份系统、备用数据处理系统、备用网络系统在灾难恢复和运行阶段的正常运作，保障能够提供切换和运行时的技术支持。

4. 支持关键业务功能恢复的灾难备份中心应实行 7×24 小时监控，记录灾难备份系统运行过程中输出的相应记录表单与统计信息；记录机房环境、系统运行和网络状态等监控信息。

七、灾难恢复预案

1. 灾难预案的内容应包含：灾难恢复组织机构各工作岗位的职责、灾难恢复的整个过程以及灾难恢复所需的资料和配套资源等。预案的结构、内容和步骤清晰明确，适合在紧急情况下使用等内容。

2. 应加强灾难恢复预案与其他应急预案体系的有机结合。

3. 灾难恢复预案应按照由模拟到实际、从易到难、从局部到整体的原则进行测试和演练，及时总结评估，完善灾难恢复预案，通过演练使得相关人员熟悉灾难恢复操作及流程。

4. 信息部应定期组织开展灾难恢复预案的演练工作。灾难恢复预案每年至少演练一次，演练类型分为模拟演练、实战演练、部分演练和全面演练。

5. 演练工作文档应包含演练计划、现场记录和结论评估，演练工作文档应存档保管。

八、应急响应和灾难恢复

1. 信息部应建立科学的灾难预警机制，在信息系统发生紧急事件后，应建立应急指挥中心，统一领导、协调和指挥所有应急响应工作，加强信息沟通和跨部门协调，提高机构整体的应急响应和应急处置能力；组织灾难恢复专业人员尽快对事件进行响应和评估；采取相应的风险处置和弥补措施，降低可能造成的损失，防范事态恶化；根据对紧急事件的处置和评估结果，决策是否对灾难备份中心发出灾难预警。

2. 公司应加强媒体公关和客户服务工作，避免造成恶劣的社会影响。发生重大灾难事件，应根据有关要求，及时向董事会报告。

3. 灾难恢复工作人员应根据灾难恢复预案执行相关的指挥和操作工作，并及时跟踪事态变化和恢复进程，加强沟通，加强恢复工作的统一指挥和管理。

4. 公司应保证并合理配置恢复所需的各项资源，确保灾难恢复工作的顺利实施。

5. 应明确信息系统的重建方案，在进行信息系统重建前应评估灾难造成的损失。

6. 灾难恢复之后，应及时组织相关人员进行总结，修订灾难恢复策略和灾难恢复预案。

 文案范本

信息系统应急制度

第一条 为了进一步加强信息系统应急管理，提高应对紧急情况的能力，确保信息系统安全稳定地运行，特制定本制度。

第二条 信息部应成立应急管理小组，处理信息系统的突发事件。

第三条 相关职责。

1. 信息部经理职责：

（1）全面领导应急管理工作；

（2）负责信息系统突发事件总体组织和指挥调度；

（3）协调各部门在应急管理工作中的分工和工作关系；

（4）组织编制《应急操作手册》。

2.　信息部主管职责：

（1）负责组织制定应急对策；

（2）对应急管理工作进行监督和检查；

（3）定期组织有关人员分析研究应急管理工作中出现或可能出现的新情况、新问题；

（4）向公司领导汇报情况。

3.　信息部应急专员职责：

（1）负责配合信息部经理和主管执行应急预案；

（2）参与应急处理和应急演练。

第四条　为应付信息系统突发事件应准备好的各种应急物资，主要包括：

1.　物质资源准备主要有电源动力、网络通信、生产服务器、数据及软件；

2.　人力资源准备，重要技术岗位要建立双人或多人的备份制度；

3.　应急操作手册的编写和维护；

4.　建立重要信息系统例行检查制度，对机房环境、动力电源、防雷系统、网络设备等重要系统应每季度全面彻底地检查一次，保证系统的完好可用。

第五条　应急措施实施。

1.　发生应急事件时，各部门、各岗位要相互支持，相互配合，听从指挥。

2.　应急启动工作流程。

（1）操作人员应加强监控，一旦发现异常信息，按《应急操作手册》进行初步判断，并立即报告信息部经理或主管。

（2）信息部经理或主管对情况进行判断，属于应急事件，立即启动应急操作流程。

（3）由操作人员按《机房操作手册》规定的步骤进行操作，并随时向信息部主管报告执行结果。

（4）操作人员处理后未能立即解决，信息部技术人员应第一时间赶赴现场进行应急处理，并报告信息部经理。

（5）短时间内能够解决的问题，则进入应急恢复和总结环节。

（6）短时间内不能解决的问题，信息科技部经理要立即报告信息总监。

（7）信息总监根据经验判断是否立即启动应急流程。

（8）信息总监判断属于重大信息系统问题，应及时将应急方案提交总经理审批。

（9）信息总监组织成立应急领导小组，赶赴现场进行指挥。

3.　应急处理工作流程。

（1）应急领导小组做好应急事件的通知和预告，组织与协调各项应急处理工作。

（2）参与应急处理的各部门应统一服从领导指挥，全力配合，做好各项应急处理工作。

（3）正常工作时间内发生应急事件要求应急实施人员5分钟内到达现场，严格按照《应急操作手册》进行应急处理。

（4）节假日、双休日期间发生应急事件，要求应急实施人员60分钟内到达现场。

（5）信息部应急专员应严格按照《应急操作手册》所规定的步骤快捷实施应急处理，同时记录全过程的情况，认真采集和整理现场第一手资料，做好故障信息日志的保护和应急过程处理步骤的记录。

（6）对于应急故障处理期间发生的新问题、新信息，应急实施成员应及时报告现场总指挥。

（7）对于出现超出《应急操作手册》界定的应急事件响应条件的，应急领导小组应组织技术人员研究分析，迅速提出解决措施。

第六条 应急恢复和总结。

1. 应急处理结束后，应急实施成员应必须尽快恢复系统运行环境，并进行严格的检查和验证。

2. 信息部相关人员应认真总结应急事件发生的原因、处理过程和经验教训，提出整改措施和方案，形成《应急处理总结报告》，上报信息总监和总经理。

3. 根据应急处理的实际情况对《应急操作手册》进行补充和完善。

第七条 本制度由信息部会同公司其他有关部门进行解释。

第八条 本制度配套办法由信息部会同公司其他有关部门另行制定。

第九条 本制度自____年__月__日起实施。

会计信息系统安全保障制度

第一章　总　则

第一条 为了保证会计信息系统的安全和稳定，确保会计信息的完整，特制定本制度。

第二条 本制度所指的信息化会计档案是指存储在磁介质或光盘介质的会计数据和计算机打印出来的书面等形式的会计数据，包括记账凭证、会计凭证、会计报表（包括报表格式和计算公式）等。

第二章　会计信息系统保密措施

第三条 财务部会计信息化操作人员进入本企业的财务软件时，都要设置密码，并严守密码，不得告诉他人，密码要定期更换；操作人员离开计算机时需退出财务软件系统，以确保财务数据得以保密。

第四条 财务部只有会计信息数据库管理人员能进入财务数据库，其他人员不得进入；如确实需要进入的，必须经财务部经理同意，并在计算机管理人员的知道下完成。

第三章　会计信息系统安全措施

第五条 安装有财务软件的计算机设备需专人专用、专人保管。

第六条 计算机管理人员要定期对计算机设备进行检查，保证计算机设备的正常运行。

第七条 不能随便使用他人的U盘或移动硬盘，在使用移动介质之前一定要进行病毒测试，未经计算机管理人员同意不得安装其他软件，防止病毒的侵入。

第八条 坚决不允许他人未经财务部经理的许可进入服务器。

第四章　附　则

第九条 本制度由财务部制定，解释权、修改权归财务部。

第十条 本制度子总经理审批之日起实施，修改时亦同。

信息系统安全管理制度

第一章 总 则

第一条 目的。

为了保障本公司信息系统的正常运行，防范各类信息安全事故发生，根据国家相关法律法规的规定，结合《企业内部控制应用指引》的要求，特制定本制度。

第二条 适用范围。

本制度适用于所有信息系统的安全管理工作。

第三条 信息管理部为信息系统安全的归口管理部门，对信息系统安全负有主要责任。

第二章 人员安全管理

第四条 所有信息系统操作人员和管理人员必须接受信息系统操作培训，且经培训合格后方可操作信息系统。

第五条 信息系统操作人员必须严格按照操作规程和用户权限、岗位职责进行系统操作，不得将个人用户账号外泄，因违反上述规定造成信息损坏、泄露的，要追究相关人员的责任。

第六条 离职人员办理离职手续时，信息管理部应同步删除其用户名，防止本公司信息外泄。

第七条 信息系统服务器由专人负责维护和管理，非信息系统管理人员不得进入信息系统服务器所在区域，更不得接触服务器。

第八条 对于公司信息系统中的各种数据，个人不得随意进行复制、备份，确因工作原因需要复制数据，需经主管领导审批后方可实施。

第三章 网络安全管理

第九条 未经系统管理员批准，任何人不得改变网络拓扑结构、网络设备布置、服务器、路由器配置和网络参数，外部计算机未经系统管理员允许，不得接入公司内部网络。

第十条 各部门工作计算机未安装防火墙或杀毒软件的，不得入网。信息管理部定期对接入互联网的计算机进行安全防护方面的管理，降低网络安全风险。

第十一条 信息管理部利用防火墙、路由器等网络设备，实施漏洞检测、入侵检测等技术，加强对信息系统防护，防范来自网络的攻击和非法入侵。

第十二条 对于通过网络传输的涉密或关键数据，应当采取加密措施，确保信息传递的保密性、准确性和完整性。

第十三条 任何人不得在公司的局域网上制造传播任何计算机病毒，不得故意引入病毒。网络使用者发现病毒应立即向系统管理员报告以便获得及时处理。

第四章 计算机软件安全管理

第十四条 信息系统操作人员不得随意在各终端及局域网上安装任何与工作无关的软件程序，但经审批通过的管理软件除外。

第十五条 信息系统操作人员因工作需要确需安装某一种软件时，应向信息管理部提出申请，并由信息管理部指定专人负责安装。

第十六条 所有接入计算机的光盘、U盘、硬盘都必须进行查毒程序，如因接入上述介质造成病毒传播，将追究相关人员的责任。

第五章　计算机硬件安全管理

第十七条　按照谁使用、谁负责的原则，落实负责人，负责保管所用的网络设备和线路的完好。两人以上共用的用户，必须明确一人负责。

第十八条　计算机操作人员应保持计算机环境清洁，下班之前退出所有程序并关闭计算机，切断电源方可离开。

第十九条　信息管理部应指定专人负责服务器的维护与保养工作，确保服务器能够正常运行。

第二十条　信息管理部定期对与信息系统有关的设备进行检查，发现异常及时给予处理，确保信息系统能够正常、稳定地运行。

第二十一条　与信息系统相关的设备，必须向正规厂商采购，不得采购冒牌、劣质商品。

第六章　附　　则

第二十二条　本制度由信息管理部制定、修订及解释，并经总经理办公会讨论通过。

第二十三条　本制度自公布之日起实施。

七、信息系统硬件管理

硬件设备的管理包括对设备所处的环境进行的温度、湿度、防火、防雷击、防静电等的控制，也包括对人文环境的控制，如防止无关人员进入计算机工作区域、防止设备被盗、防止设备用于其他方面等。企业应建立一套完备的管理制度以保证设备的完好和正常运行。

（1）制定计算机信息系统硬件管理制度，对设备的新增、报废、流转等情况建档登记，统一管理。

（2）将计算机硬件设备放置在合适的物理环境中，由专人负责管理和检查，其他任何人未经授权不得接触计算机信息系统硬件设备。

（3）硬件设备的更新、扩充、修复等工作应当由相关人员提出申请，报上级主管负责人审批。未经允许，不得擅自拆装硬件设备。

（4）加强计算机机房的物理安全管理。机房内应当配备必要的环境设施，对于主要系统服务器应当配备不中断电源供给设备。

（5）企业操作人员应当严格遵守用电安全，不得在计算机专用线路上使用其他用电设备。为了防止电压不稳对信息系统硬件的损坏，企业可以使用电源保护器和线路调节器平缓电压的振荡。

（6）完善计算机信息系统硬件设备异常状况处理制度。一经发生异常现象（如冒烟、打火、异常声响等），应当立即通知有关部门，不得擅自处理。

文案范本

信息系统硬件管理制度

第一章　总　　则

第一条　为了保持企业信息系统的稳定，加强信息系统的硬件管理，特制定本制度。

第二条　本制度适用于信息部与各用户部门涉及使用企业信息系统的相关人员。

第三条　本制度所指的硬件是指计算机的可视部分及周边设备，包括打印机、扫描仪、存储器及网络设备等。

第二章　硬件采购

第四条　硬件设备的购买程序参照《硬件购买控制流程》。

第五条　购买回的硬件必须经由信息部人员检测，以确认其符合产品标准，若不符合，则由采购人员联系厂家退换。

第六条　购买回的硬件需注意保存好其使用说明书、驱动程序及保修书。

第七条　经检测完好的硬件由信息部人员统一贴上标签。

第八条　所贴标签内容如下。

1. 硬件名称、编号。

2. 硬件购买日期。

3. 硬件使用部门、人员或保管人。

第九条　信息部人员将标签上的内容统一记入《企业硬件管理档案》。

第三章　硬件的使用

第十条　企业的硬件设施由授权人员使用，未经授权的人员一律不得使用。

第十一条　使用硬件时禁止在硬件周围抽烟、吃零食、嗑瓜子等，以防对硬件造成损伤。

第十二条　未经允许禁止移动硬件的位置，移动硬件时需得到信息部的批准并在信息部的监督下移动，否则造成的后果由当事人承担。

第十三条　任何人禁止更换硬件上的标签与硬件的部件，发现后将严厉惩处。

第四章　硬件的保管、报修、维护

第十四条　用户部门需指派专人对硬件进行保管，没有指派专人的，视部门经理为保管人。

第十五条　硬件保管人因离职、调动等发生变化时，信息部工作人员要及时更新信息。

第十六条　当硬件出现问题时，及时联系信息部人员，禁止私自修理、拆卸硬件。

第十七条　信息部人员需对出现问题的硬件进行判断，若自己能处理则自己处理，若自己处理不好则联系厂商。

第十八条　修理或维护过的硬件由信息部修理或维护人员与保管人共同填写并保存硬件维护记录表，信息部人员须将此条信息记入企业硬件管理档案并定期由信息部经理及运营总监审核。

第十九条　信息部人员需定期对硬件进行查错和重组，以确保其稳定。

第二十条　硬件设备因老化、损耗及其他原因报废时，信息部工作人员应对其进行检测，填写硬件报废单，并将此信息记入档案。

第五章　附　则

第二十一条　本制度由信息部制定，解释权、修改权归属信息部。

第二十二条　本制度自总裁审批之日起实施，修改时亦同。

文案范本

硬件设备日常管理办法

第一章　总　则

第一条　为了加强信息系统的硬件管理，保持企业信息系统的稳定运行，特制定本办法。

第二条　本办法适合信息部与各用户部门涉及使用企业信息系统的相关人员。

第三条　本办法所指的硬件是指计算机的可视部分及周边设备，包括打印机、扫描仪、存储器及网络设备等。

第二章 硬件采购

第四条 硬件设备的购买申请由使用部门提出并填制"硬件设备请购单",其内容应包括硬件设备名称、规格、型号、单价、总额、主要制造厂商以及购置原因等。

第五条 "硬件设备请购单"由所在部门经理审核后提交至信息部经理审批,单件设备价格在5万元以上或总批量价格在10万元以上的应提交至信息总监和总经理审核审批。

第六条 总经理审批签字后送交采购部进行采购。

第七条 购买的硬件必须经信息部相关人员检测,以确认其符合产品标准,若不符合则由采购人员联系厂家退换。

第八条 购买回的硬件需注意保存好其使用说明书、驱动程序及保修书。

第九条 经检测完好的硬件由信息部人员统一贴上标签。

第十条 所贴标签内容:

1. 硬件名称、编号;
2. 硬件购买日期;
3. 硬件使用部门、人员或保管人。

第三章 硬件的使用

第十一条 企业的硬件设施由授权人员使用,未经授权人员一律不得使用。

第十二条 使用硬件时禁止在硬件周围抽烟、吃零食、嗑瓜子等,以防对硬件造成污染或损伤。

第十三条 未经允许禁止移动硬件的位置,移动硬件时需得到信息部的批准并在信息部的监督下移动,否则造成的后果由当事人承担。

第十四条 任何人禁止更换硬件上的标签与硬件的部件,发现后将按公司相应规定进行处罚。

第四章 硬件的保管、报修、维护

第十五条 使用部门需指派专人对硬件进行保管,没有指派专人的,视部门经理为保管人。

第十六条 硬件保管人因离职、调动等发生变化时,信息部工作人员要及时更新信息。

第十七条 当硬件出现问题时,及时联系信息部人员,禁止私自修理、拆卸硬件。

第十八条 信息部人员应对出现问题的硬件进行检查并联系厂商进行维修。

第十九条 修理或维护过的硬件由信息部修理或维护人员与保管人共同填写并保存"硬件维护记录表",信息部人员需将此条信息记入《硬件管理档案》并定期由信息部经理及运营总监审核。

第二十条 信息部人员应定期对硬件进行检查和维护,以确保其性能稳定。

第二十一条 硬件设备因老化、损耗及其他原因报废时,由信息部工作人员进行检测后填写"硬件报废单",经审批通过后进行报废处理,同时将信息记入档案。

第五章 附 则

第二十二条 本办法由信息部会同公司其他有关部门进行解释。

第二十三条 本办法配套办法由信息部会同公司其他有关部门另行制定。

第二十四条 本办法自____年__月__日起实施。

文案范本

硬件设备应急处理办法

第一章 总 则

第一条 为了进一步加强信息系统硬件应急管理，提高应对紧急情况的能力，确保信息系统硬件安全，特制定本办法。

第二条 信息部应成立应急管理小组，处理信息系统的突发事件。

第三条 本办法所指的硬件是指计算机的可视部分及周边设备，包括打印机、扫描仪、存储器及网络设备等。

第四条 硬件设备突发事件分类：

1. 关键设备或系统的故障；

2. 自然灾害（水、火、电等）造成的物理破坏；

3. 人为操作失误造成的安全事件。

第二章 硬件设备突发事件预防措施

第五条 建立安全、可靠、稳定运行的机房环境，做好防火、防盗、防雷电、防水、防静电及防尘等工作。

第六条 建立备份电源系统，重要系统采用可靠、稳定硬件，进行备份等措施，落实数据备份机制，遵守安全操作规范。

第七条 加强所有人员防火、防盗的基本技能。

第三章 硬件设备突发事件应急预案

第八条 办公室漏水应急预案。

1. 工作人员发现机房漏水后应立即通知信息部主管或经理。

2. 信息部主管或经理组织人员检查房屋及空调系统，空调系统漏水应及时联系设备供应方进行处理。

3. 墙体或窗户渗漏水，应立即通知行政部，及时清除积水，进行墙体或窗户维修，避免不必要的损失。

第九条 发生被盗或人为损害事件应急预案。

1. 使用者发现设备被盗或有人为损害设备情况时，应立即报告信息部主管并保护好现场。

2. 信息部主管组织人员勘察现场，确属盗窃案件应立即通知公安部门，清点被盗物资或盘查人为损害情况，做好必要的影像记录和文字记录。

3. 使用部门人员应积极配合公安部门进行调查，并将有关情况向信息部经理汇报。

第十条 办公室长时间停电应急预案。

1. 接到长时间停电通知后，信息部经理应根据停电时间、电池电能贮备、供电管理部门信息、网络和信息运行情况等及时通知公司各部门人员，并告知在停电前停止业务、保存数据。

2. 信息部经理应及时通知行政部启动备用发电设备，保证工作正常进行且业务数据不丢失。

第十一条 通信网络故障应急预案。

1. 发生通信线路中断、路由器故障、流量异常等情况，操作人员应及时报告信息部经理。

2. 信息部经理组织人员及时查清通信网络故障位置，通知相关通信网络运营商进行维修，同时切断故障区与服务器的网络连接。

3. 相关技术人员配合维修人员逐步恢复故障区与服务器的网络连接，恢复通信网络。

4. 信息部经理负责编制故障分析报告，上报信息总监和总经理。

第十二条 核心设备硬件故障应急预案。

1. 发生核心设备硬件故障后，信息部经理应组织人员查找故障设备及故障原因，并进行先期处理。

2. 故障设备在短时间内无法修复，应启动备份设备保持系统正常运行。

3. 联系相关厂商，相关人员应填写设备故障报告单备查。

4. 故障排除后，信息部主管应在合适时间替换备用设备。

第十三条 自然灾害事故应急预案。

1. 遇到暴雨雷鸣天气时，信息部应及时关闭所有服务器，切断电源，暂停内部计算机网络工作。

2. 暴风雨天气结束后，信息部应对各部门的硬件设备进行检查，若出现故障，应及时进行维修或通知厂家修理。

第四章　附　　则

第十四条 本办法由信息部会同公司其他有关部门负责解释。

第十五条 本办法配套办法由信息部会同公司其他有关部门另行制定。

第十六条 本办法自＿＿＿＿年＿＿月＿＿日起实施。

文案范本

信息系统硬件购买控制流程

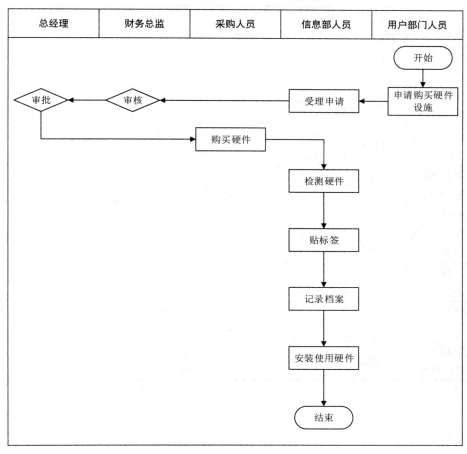

文案范本

系统硬件管理控制流程

序号	业务流程	责任部门/人	配合/支持部门	不相容职责	监督检查内容	相关制度
1	硬件设备采购申请	使用部门	信息部	审核审批	检查硬件设备采购申请是否符合公司的相关要求	《信息系统硬件管理制度》
2	申请审批后进行采购	采购部	信息部	申请	检查硬件采购申请审批是否符合相关要求	《信息系统硬件管理制度》
3	验收后交付使用	信息部	使用部门		检查硬件验收工作是否详细、完备	《信息系统硬件管理制度》
4	硬件出现问题，提出维修申请	使用部门	信息部	审核审批	检查硬件维修申请是否符合公司实际需要	《信息系统硬件管理制度》
5	进行维修或厂家维修	信息部	使用部门		检查硬件维修过程是否有详细记录、是否规范	《信息系统硬件管理制度》
6	对硬件系统进行维护	信息部	使用部门		检查硬件维护工作是否细致、彻底	《信息系统硬件管理制度》
7	硬件报废申请	使用部门	信息部	审核审批	检查硬件报废申请是否符合实际工作要求	《信息系统硬件管理制度》
8	申请审批后进行报废	信息部	使用部门	申请	检查硬件报废工作是否规范	《信息系统硬件管理制度》

文案范本

信息系统硬件维护控制流程

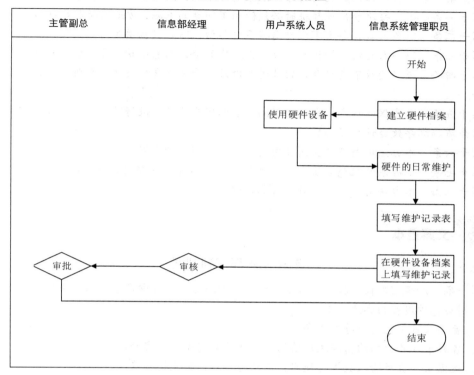

主管副总	信息部经理	用户系统人员	信息系统管理职员

开始

建立硬件档案

使用硬件设备

硬件的日常维护

填写维护记录表

在硬件设备档案上填写维护记录

审核

审批

结束

八、会计信息系统

请参阅以下相关文案。

文案范本

会计信息化操作管理办法

第一条　为了提高财务部门的工作效率，减少会计信息化带来的风险，特制定本办法。

第二条　本办法适用于财务部门所有人员。

第三条　本办法所指的会计信息化是指利用计算机信息技术代替人工进行财务信息处理，以及替代部分由人工完成的对会计信息进行分析和判断的过程。

第四条　本办法所指的信息化会计档案是指存储在磁性介质或光盘介质的会计数据和计算机打印出来的书面等形式的会计数据，包括记账凭证、会计账簿、会计报表（包括报表格式和计算公式）等数据。

第五条　财务部的计算机只允许用作企业的会计、财务工作，禁止在计算机上聊天、打游戏等。

第六条　财务部的计算机专人专用，禁止交叉使用。

第七条　企业会计信息的录入由专人负责，被指派人员保管好自己的账号与密码，严防泄露。

第八条　会计收集的原始凭证在录入计算机之前必须经由审核人员审核，审核人员做好审核记录。

第九条　会计在计算机上编制好记账凭证时，由审核人员上机审核并做好审核记录。

第十条　会计打印出的账表由财务部经理负责审核，定期报送财务总监审核。

第十一条　财务每次使用计算机时必须使用不间断的电源，防止因断电导致核心数据丢失。

第十二条　财务人员在每次下班前需将系统备份，防止数据丢失。

第十三条　财务人员经过授权后定期将系统中的会计信息备份，存储于其他介质中保存好。

第十四条　未经授权不得对会计软件进行修改、升级或更换硬件，否则造成的后果由当事人承担。

第十五条　负责保管信息化会计档案的人员需定期检查，做好防火、防尘和防潮工作，防止存储介质损坏导致会计档案丢失。

第十六条　本办法由财务部会同公司其他有关部门进行解释。

第十七条　本办法的配套办法由财务部会同公司其他有关部门另行制定。

第十八条　本办法自____年__月__日起实施。

 文案范本

电算化内部控制制度

第一条　加强程序操作控制。为了保证信息处理质量，减少产生差错和事故的概率，制定上机守则与操作规程的办法如下。

1. 无关人员不能随便进入机房。
2. 各种录入的数据均需经过严格的审批并具有完整、真实的原始凭证。
3. 数据录入员对输入数据有疑问，应及时核对，不能擅自修改。
4. 机房工作人员不能擅自向任何人提供任何资料和数据。
5. 不准把外来的U盘带进机房。
6. 发生输入内容有误的，需按系统提供的功能加以改正，如编制补充登记或负数冲正的凭证加以改正。
7. 开机后，操作人员不能擅自离开工作现场。
8. 要做好日备份数据，同时还要有周备份、月备份。

第二条　加强人员职能控制。企业必须制定相应的组织和管理控制，明确职责分工，加强组织控制。

第三条　加强系统安全控制。主要包括接触控制和环境保护、安全控制。主要的控制措施如下。

1. 禁止非计算机操作人员操作公司计算机。
2. 设置操作权限限制。
3. 数据存储和处理相隔离。
4. 设置接触与操作的日志控制。
5. 注意环境保护控制，注重机房环境保护，配备保护性设备，以及安全供电系统的安装等。

第四条　加强内部审计。

1. 对会计资料定期进行审计。

2. 审查机内数据与书面资料的一致性。

3. 监督数据保存方式的安全、合法性，防止发生非法修改历史数据的现象。

4. 对系统运行各环节进行审查，防止存在漏洞。

 **文案范本**

会计信息化控制流程

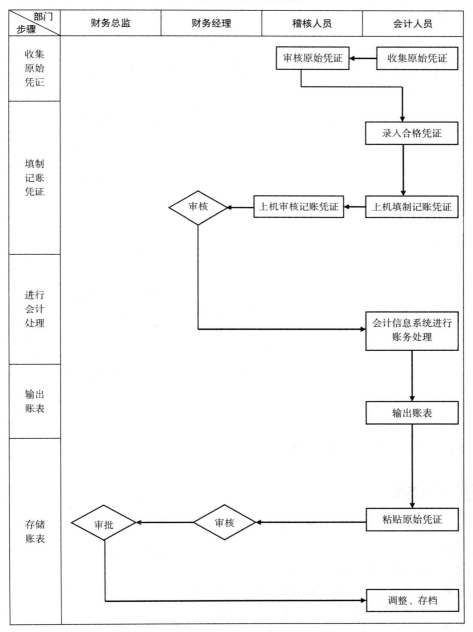

会计信息管理人员操作流程

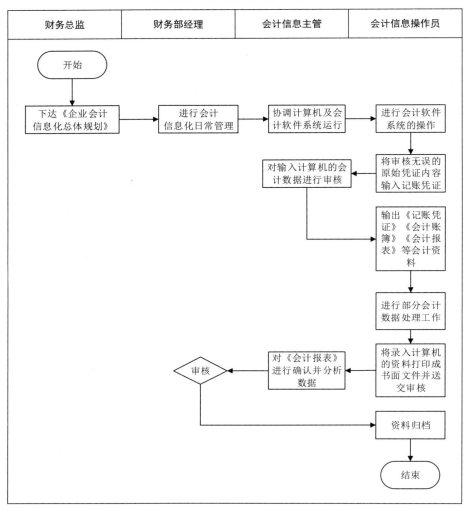

信息化会计档案管理制度

第一条 为了保证会计信息化工作的顺利开展，保障信息化会计档案的安全与完整，现根据国家相关法规，结合本企业实际情况，制定本制度。

第二条 本制度所指的会计信息化是指利用计算机信息技术代替人工进行财务信息处理，以及替代部分由人工完成的对会计信息进行分析和判断的过程。

第三条 本制度所指的信息化会计档案是指存储在磁性介质或光盘介质的会计数据和计算机打印出来的书面等形式的会计数据，包括记账凭证、会计账簿、会计报表（包括报表格式和计算公式）等数据。

1. 会计凭证类数据：原始凭证、记账凭证、汇总凭证、其他会计凭证。

2. 会计账簿类数据：总账、明细账、日记账、固定资产卡片、辅助账簿、其他会计账簿。

3. 财务报告类数据：季度、年度财务报告，包括会计报表、附表、附注及财务情况说明书、其他财务报告。

4. 其他类数据：银行存款余额调节表、银行对账单、其他应当保存的会计核算专业资料、会计档案移交清册、会计档案保管清册、会计档案销毁清册。

第四条　电算审查人员负责信息化会计档案的管理，其日常工作归会计信息主管（一般由会计主管兼任）监督检查。

第五条　信息化会计档案按会计档案管理的规定执行，会计电算化系统开发的全套文件档案资料视同会计档案进行管理，保存期限为截止系统停止使用或重大更改后3年。

第六条　存储于磁带、磁盘等磁介质中的资料（包括会计凭证、科目余额、科目名称及编码、会计电算化的取数公式、计算公式等程序或数据资料），在没有打印成书面文件之前要妥善保管。

第七条　信息化会计档案的存放要做到防消磁、防火、防潮、防盗、防尘、防高温、防虫害；会计数据的备份盘要存放在两个不同的地点，并定期复制。

第八条　本制度由财务部会同公司其他有关部门解释。

第九条　本制度配套办法由财务部会同公司其他有关部门另行制定。

第十条　本制度自＿＿＿＿年＿＿月＿＿日起实施。

文案范本

信息化会计档案的管理流程

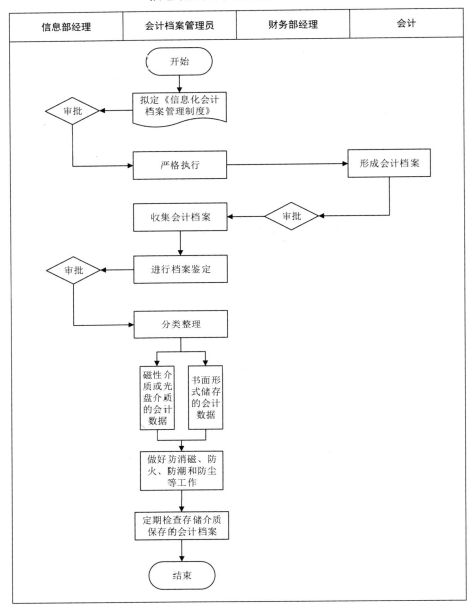

反侵权盗版声明

电子工业出版社依法对本作品享有专有出版权。任何未经权利人书面许可，复制、销售或通过信息网络传播本作品的行为；歪曲、篡改、剽窃本作品的行为，均违反《中华人民共和国著作权法》，其行为人应承担相应的民事责任和行政责任，构成犯罪的，将被依法追究刑事责任。

为了维护市场秩序，保护权利人的合法权益，我社将依法查处和打击侵权盗版的单位和个人。欢迎社会各界人士积极举报侵权盗版行为，本社将奖励举报有功人员，并保证举报人的信息不被泄露。

举报电话：（010）88254396；（010）88258888

传　　真：（010）88254397

E-mail：　dbqq@phei.com.cn

通信地址：北京市万寿路 173 信箱
　　　　　电子工业出版社总编办公室

邮　　编：100036